In de reeks Prisma Woordenboeken zijn de volgende delen verschenen:

Nederlands
Nederlands-Engels
Engels-Nederlands
Nederlands-Duits
Duits-Nederlands
Nederlands-Frans
Frans-Nederlands
Nederlands-Spaans
Spaans-Nederlands
Nederlands-Italiaans
Italiaans-Nederlands

Nederlands Duits

drs. G.A.M.M. van der Linden

PRISMA

Prisma Woordenboeken worden in de handel gebracht door:

Uitgeverij Het Spectrum B.V.
Postbus 2073
3500 GB Utrecht

Omslagontwerp: Karel van Laar, De Bilt
Vormgeving: Studio PlantijnCasparie Heerhugowaard Chris van Egmond bNO
Zetwerk: PlantijnCasparie Heerhugowaard B.V.
Druk: Koninklijke Wöhrmann B.V., Zutphen
Ontwerp database: AND Software, Rotterdam

Eerste tot en met eenentwintigste druk 1956-1992.
Tweeëntwintigste, volledig herziene druk 1993.
Drieëntwintigste, volledig herziene druk 1996.
Vierentwintigste, herziene druk 1999 (eerste oplage).

ISBN 90 274 6662 9
NUGI 503

www.spectrum.nl

Voorwoord bij de 22ᵉ druk

Dit Prisma Woordenboek is, evenals de andere Prisma Woordenboeken, ingrijpend gewijzigd ten opzichte van de voorgaande drukken. Deze wijziging heeft betrekking op verschillende aspecten van het woordenboek.
In de eerste plaats is de selectie van trefwoorden aangepast. Zo werd bij het maken van deze selectie een groot aantal trefwoorden om uiteenlopende redenen niet langer geschikt geacht voor opname. Hiermee kwam ruimte vrij voor de opname van nieuwe trefwoorden, die tot het actuele karakter van het boek hebben bijgedragen. De selecties van de trefwoorden in de verschillende Prisma Woordenboeken werden met elkaar vergeleken, waardoor voor de hand liggende woorden of begrippen die in een minderheid van de delen ontbraken, alsnog konden worden opgenomen. Om deze vergelijking mogelijk te maken, werden de woordenboeken in een databank opgeslagen.
Een ander belangrijk punt waarop de woordenboeken zijn gewijzigd, betreft de informatie die achter de trefwoorden wordt gegeven. Deze informatie is herzien en waar nodig verbeterd en uitgebreid, zowel voor wat het Nederlands als voor wat de vreemde taal betreft. Ook voor dit deel van de bewerking is van de voordelen van de automatische opslag van gegevens gebruik gemaakt.
Nieuw zijn ook de aanhangsels achter in de Prisma Woordenboeken, waarin grammaticale en soms ook andere, meer praktische informatie is opgenomen. Hierdoor en door de nieuwe, goed leesbare typografie waarmee de inhoudelijke vernieuwing van de Prisma Woordenboeken is onderstreept, is het gebruik van dit woordenboek aanmerkelijk vergemakkelijkt.

Spectrum Lexicografie

Voorwoord bij de 24ᵉ druk

Vanaf de vorige druk wordt de nieuwe Nederlandse spelling gehanteerd. Met ingang van het schooljaar 1996 is de nieuwe spelling verplicht in het onderwijs en in ambtelijke stukken in Nederland en Vlaanderen. In de loop van 1995 zijn de nieuwe regels bekend geworden. Deze regels worden in alle Prisma Woordenboeken op dezelfde wijze toegepast. Men heeft zich daarbij laten adviseren door een redactieraad spelling, bestaande uit drs. W. Th. de Boer, prof. dr. D. Geeraerts en prof. dr. A.H. Neijt.
In enkele gevallen wijkt de spelling van een trefwoord af van die in de nieuwe Woordenlijst Nederlandse Taal (Wdl). Voor zover zulke verschillen betrekking hebben op de ministeriële besluiten aangaande de spelling (en niet binnen de marges vallen waarbinnen die besluiten variatie toelaten) zijn de desbetreffende trefwoorden (18 in getal) gemarkeerd met een sterretje en worden beide spellingvormen gegeven.
***vliegenzwam** (*Wdl:* vliegezwam) *Fliegenpilz* [m]

In de 24ᵉ druk wordt ook de nieuwe Duitse spelling gebruikt. Sinds 1 augustus 1998 mag op Duitstalige scholen uitsluitend volgens de nieuwe spelling worden onderwezen. De oude spelling geldt tot en met het einde van het schooljaar 2004/2005 niet als fout, maar wordt wel als achterhaald beschouwd. Spellingvarianten worden in de vertaling aangegeven met een schuine streep.

Aanwijzingen voor het gebruik

NEDERLANDSTALIG GEDEELTE

Informatie over de trefwoorden, betekenissen, voorbeeldzinnen en idiomen is zo beperkt mogelijk gehouden. Voor zover deze informatie wordt gegeven, dient deze om de vertaling(en) te verduidelijken. Er wordt van uitgegaan dat de Prisma Woordenboeken door Nederlandstaligen worden geraadpleegd, van wie wordt verondersteld dat zij weten hoe deze trefwoorden etc. op de juiste wijze worden gebruikt. Om deze reden en om ruimte te sparen wordt bij het Nederlands niet aangegeven wanneer sprake is van formeel, informeel of ander bijzonder taalgebruik. Om dezelfde redenen is spaarzaam met grammaticale informatie omgesprongen.

TREFWOORDEN

Woorden die op dezelfde wijze worden geschreven, maar met een verschillende klemtoon worden uitgesproken (voorkómen vs. vóórkomen), zijn als aparte trefwoorden opgenomen, die elk zijn voorzien van een klemtoonaccent.
Veelgebruikte prefixen en woorden waarmee veel samenstellingen kunnen worden gevormd, zijn als aparte trefwoorden opgenomen.
Wanneer een trefwoord niet wordt gevonden, is het raadzaam onder synonieme woorden te zoeken.

VOORBEELDZINNEN EN IDIOMEN

In de Prisma Woordenboeken Nederlands-Vreemde taal is een onderscheid gemaakt tussen voorbeeldzinnen en idiomatische uitdrukkingen. Voorbeeldzinnen zijn zinnen die het gebruik van een trefwoord in een bepaalde betekenis demonstreren. Ze staan daarom achter deze betekenis en zijn aangegeven met een sterretje (⋆).
Idiomatische uitdrukkingen zijn zinnen waarin het trefwoord weliswaar voorkomt, maar waarin dit niet in een van de onderscheiden betekenissen wordt gebruikt. Tot deze uitdrukkingen behoren bijvoorbeeld spreekwoorden. De idiomen worden voorafgegaan door een driehoekje (▾).

INFORMATIE OVER DE VREEMDE TAAL

Van zelfstandige naamwoorden die uitsluitend als meervoud voorkomen, is dit aangegeven. Ook worden de naamvallen bij werkwoorden en voorzetsels vermeld. De vrouwelijke vorm van de vertalingen van zelfstandige naamwoorden wordt alleen gegeven wanneer deze onregelmatig is.

Aanduidingen van geslachten bij woordcombinaties staan niet achter het hoofdwoord, maar achter de woordgroep als geheel. Dus: *Rundfunkanstalt mit mehr als 450.000 Mitgliedern* [v] in plaats van *Rundfunkanstalt* [v] *mit mehr als 450.000 Mitgliedern.*

Aanvullende grammaticale informatie over de vreemde taal is te vinden in de overzichten achterin dit boek.

Bijzondere tekens

Trefwoorden zijn vet gedrukt. Alle informatie die niet cursief is gezet, heeft betrekking op het Nederlands, alle cursieve informatie heeft betrekking op de vreemde taal.

•	Elke betekenisomschrijving van een trefwoord wordt voorafgegaan door een bolletje en staat tussen ronde haken.
...	Elke specificering van een betekenis of vertaling staat tussen geknikte haken, evenals vakgebied- en stijlaanduidingen.
[...]	Grammaticale informatie staan tussen rechte haken.
★	Voorbeeldzinnen worden voorafgegaan door een sterretje.
▼	Idiomatische uitdrukkingen worden voorafgegaan door een driehoekje.
I, **II** enz.	Aanduidingen van grammaticale categorieën (zelfstandig naamwoord, bijvoeglijk naamwoord, soorten werkwoorden enz.) worden voorafgegaan door vet gedrukte Romeinse cijfers.
~	Een tilde vervangt het trefwoord in voorbeeldzinnen en idiomatische uitdrukkingen.
/	Een schuine streep scheidt woorden die onderling verwisselbaar zijn.
↑	Dit teken geeft aan dat de vertaling formeler is dan het vertaalde woord, voorbeeld of idioom.
↓	Dit teken geeft aan dat de vertaling minder formeel is dan het vertaalde woord, voorbeeld of idioom.
≈	Dit teken geeft aan dat de vertaling een benadering is van het vertaalde woord, voorbeeld of idioom; een exacte vertaling kan in dat geval niet worden gegeven.
-	Een koppelteken na een woord in het Duits geeft aan dat dit woord als deel van een samenstelling met andere woorden gecombineerd kan worden.
[3]	Cijfers tussen vierkante haken geven aan welke naamval in combinatie met een voorzetsel of werkwoord wordt gebruikt. Een 2 staat voor de Genitiv, een 3 voor de Dativ, een 4 voor de Akkusativ.

Lijst van gebruikte afkortingen

aanw vnw	aanwijzend voornaamwoord
adm.	administratie
astron.	astronomie
betr vnw	betrekkelijk voornaamwoord
bez vnw	bezittelijk voornaamwoord
bijw	bijwoord
bio.	biologie
bnw	bijvoeglijk naamwoord
chem.	scheikunde
comp.	informatica
econ.	economie
etw.	etwas
euf.	eufemisme
ev	enkelvoud
fig.	figuurlijk
fil.	filosofie
form.	formeel
foto.	fotografie
geo.	geografie
gesch.	geschiedenis
hand.	handel
hww	hulpwerkwoord
iem.	iemand
inf.	informeel
iron.	ironie
jmd.	jemand
jmdm.	jemandem
jmdn.	jemanden
jmds.	jemandes
jur.	juridisch
kind.	kindertaal
kww	koppelwerkwoord
landb.	landbouw
lit.	literatuur
luchtv.	luchtvaart
lw	lidwoord
m	mannelijk
med.	medisch
mil.	militair
muz.	muziek
mv	meervoud
nat.	natuurkunde
o	onzijdig
onb vnw	onbepaald voornaamwoord
onp ww	onpersoonlijk werkwoord
onv ww	onvervoegbaar werkwoord
on ww	onovergankelijk werkwoord
ov ww	overgankelijk werkwoord
pej.	pejoratief
pers vnw	persoonlijk voornaamwoord
plant.	plantkunde
pol.	politiek
psych.	psychologie
rel.	religie
scheepv.	scheepvaart
taalk.	taalkunde.
techn.	techniek
telw	telwoord
tv	televisie
tw	tussenwerpsel
uitr vnw	uitroepend voornaamwoord
v	vrouwelijk
vero.	verouderd
vr vnw	vragend voornaamwoord
vulg.	vulgair
vw	voegwoord
vz	voorzetsel
wisk.	wiskunde
wkd vnw	wederkerend voornaamwoord
wkd ww	wederkerend werkwoord
wkg vnw	wederkerig voornaamwoord
ww	werkwoord

zanglijster *Singdrossel* [v]
zangstem *Singstimme* [v]
zangvereniging *Gesangverein* [m]
zangvogel *Singvogel* [m]
zanik *Nörgler* [m]
zaniken *nörgeln,* ⟨dreinen⟩ *quengeln,* ⟨leuteren⟩ *faseln* ⋆ om iets ~ *um etw. betteln*
zat I [bnw] • (dronken) *besoffen, voll* • (beu) *satt* ⋆ ik ben het zat *ich habe/bin es satt; ich habe die Nase voll davon* • (verzadigd) *satt* **II** [bijw] *massig, massenweise* ⋆ hij heeft geld zat *er hat massenhaft Geld* ⋆ dat is zat *das ist genug; das reicht*
zaterdag *Samstag* [m], *Sonnabend* [m] ⋆ 's ~s *samstags; am Sonnabend*
zatlap *Trunkenbold* [m]
ze • (onbepaald voornaamwoord) *man, die Leute* ⋆ zoals ze zeggen *wie man sagt* • (meewerkend voorwerp enk.) *ihr* • (meewerkend voorwerp mv.) *ihnen* • (onderwerp) *sie* • (lijdend voorwerp) *sie*
zebra *Zebra* [o]
zebrapad *Zebrastreifen* [m]
zede • (zedelijk gedrag) *Sitten* [mv], *Moral* [v] ⋆ in strijd met de goede zeden zijn *gegen die guten Sitten verstoßen* • (gewoonte) *Sitte* [v], *Brauch* [m] ⋆ zeden en gewoonten *Sitten und Gebräuche*
zedelijk *sittlich, moralisch*
zedelijkheid *Sittlichkeit* [v], *Moralität* [v]
zedeloos *sittenlos*
zeebenen ⋆ ~ hebben ≈ *seefest sein*
zeer I [het] *Schmerz* [m] ⋆ een oud zeer *ein altes Übel* **II** [bnw] *schmerzhaft* ⋆ een zeer hoofd *ein schmerzender Kopf* ⋆ de wond doet zeer *die Wunde tut weh* ▾ iem. tegen het zere been schoppen *jmdn. vor den Kopf stoßen* **III** [bijw] *sehr* ⋆ al te zeer *allzu sehr* ⋆ dat is zeer modern *das ist hochmodern* ⋆ dank u zeer! *besten Dank!*
zeggen • (bevelen) *zu sagen haben* ⋆ als ik wat te ~ had *wenn es nach mir ginge* ⋆ ik heb het hier voor het ~ *ich habe hier das Sagen* • (oordelen) *sagen* • (beduiden) *heißen, besagen* ⋆ dat zegt mij niets *das sagt mir nichts* ⋆ dat zegt nog niets *das braucht noch nichts zu heißen* • (aanmerken) *aussetzen* ⋆ tegen het voorstel valt niets te ~ *gegen den Vorschlag ist nichts einzuwenden* ⋆ hij heeft op alles wat te ~ *er hat an allem was auszusetzen* • (meedelen) *erzählen, sagen, sprechen* ⋆ zeg niet dat je het vergeten bent! *sag bloß, du hast es vergessen!* ⋆ de waarheid ~ *die Wahrheit sagen* ⋆ iets hardop ~ *etw. laut sagen* ⋆ ik heb het hem horen ~ *ich habe gehört, wie er es sagte* ⋆ ik zeg geen nee *da sage ich nicht nein/Nein* • (veronderstellen) *annehmen* ⋆ zeg dat ik een uur weg was *nehmen wir mal an, ich war eine Stunde weg* ▾ zo gezegd, zo gedaan *gesagt, getan* ▾ eens gezegd, blijft gezegd *versprochen ist versprochen* ▾ zeg dat wel! *das kann man wohl sagen!* ▾ dat wil ~ *das heißt* ▾ daar valt veel voor te ~ *das hat viel für sich* ▾ houd dat voor gezegd *lass dir das gesagt sein* ▾ om zo te ~ *sozusagen*
zeggenschap *Verfügungsgewalt* [v], *Verfügungsrecht* [o]

een specificering van betekenis of vertaling staat tussen geknikte haken

bolletjes geven de verschillende betekenissen van een trefwoord aan

een tilde vervangt het trefwoord (langer dan 4 karakters) in voorbeeldzin of idiomatische uitdrukking

het geslacht en het getal van de vertaling worden aangegeven tussen vierkante haken

dit teken geeft aan dat een vertaling een benadering is van het Nederlands

vet gedrukte Romeinse cijfers geven het onderscheid tussen grammaticale categorieën aan

een sterretje geeft een voorbeeldzin aan

(spelling)varianten worden in de vertaling aangegeven met een schuine streep.

een driehoekje geeft een idiomatische uitdrukking aan

A

a • (letter) *A* [o] ⋆ van a tot z *von A bis Z* • (muzieknoot) *a* [o] ▾ wie a zegt, moet ook b zeggen *wer A sagt, muss auch B sagen*
aai *Streicheln* [o], *Liebkosung* [v]
aaien *liebkosen, streicheln* ⋆ iem. over het hoofd ~ *jmdm. über den Kopf streicheln*
aak *Schleppkahn* [m], *Kahn* [m]
aal *Aal* [m] ▾ zo glad als een aal *aalglatt; glatt wie ein Aal*
aalbes • (vrucht) *Johannisbeere* [v] • (struik) *Johannisbeerstrauch* [m]
aalmoes *Almosen* [o]
aalmoezenier *Militärgeistliche(r)* [m]
aalscholver *Kormoran* [m]
aambeeld → **aanbeeld**
aambei *Hämorrhoide* [v], *Hämorride* [v]
aan I [bijw] • (in werking) *eingeschaltet* ⋆ de radio staat aan *das Radio ist an* • (aan het lichaam) *an* ⋆ trek je schoenen aan! *zieh deine Schuhe an!* • (op zekere wijze) ⋆ kalmpjes/rustig aan *immer mit der Ruhe* ▾ er is niets aan *es ist ein Kinderspiel* ▾ ervan op aan kunnen *darauf vertrauen können* ▾ zij reed af en aan *sie fuhr hin und her* **II** [vz] • (op een (vaste) plaats) *an* [3] ⋆ aan het strand *am Strand* • (naar iets toe) *an* [4] ⋆ aan land gaan *an Land gehen* • (als gevolg van) *an* [3] ⋆ aan kanker sterven *an Krebs sterben* • (wat betreft) *an* [3] ⋆ een gebrek aan vitaminen *ein Mangel an Vitaminen* • (meewerkend voorwerp) *an* [4] ⋆ iets aan iem. geven *jmdm. etw. geben* ▾ het is niet aan mij om dat te zeggen *es ist nicht an mir, das zu sagen* ▾ van nu af aan *von jetzt an*
aanbakken *anbrennen*
aanbeeld *Amboss* [m]
aanbellen *klingeln*
aanbesteden • (opdragen) *vergeben* • (gelegenheid geven voor prijsopgave) *ausschreiben*
aanbesteding • (handeling) *Ausschreibung* [v] ⋆ openbare ~ *öffentliche Ausschreibung* [v] • (opdracht) *Submission* [v], *Zuschlag* [m] ⋆ bij ~ *auf dem Submissionswege*
aanbetalen *anzahlen*
aanbetaling *Anzahlung* [v]
aanbevelen *empfehlen* ⋆ het is aan te bevelen... *es empfiehlt sich, ...* ⋆ ik houd me aanbevolen *ich empfehle mich*
aanbevelenswaardig *empfehlenswert*
aanbeveling *Empfehlung* [v]
aanbiddelijk *anbetungswürdig*
aanbidden *anbeten,* ‹dwepen› *anhimmeln*
aanbidder *Anbeter* [m], *Verehrer* [m]
aanbieden *anbieten* ⋆ iets ter ondertekening ~ *etw. zur Unterzeichnung vorlegen* ⋆ zijn ontslag ~ *seinen Rücktritt einreichen* ⋆ iem. een cadeau ~ *jmdm. ein Geschenk überreichen* ⋆ zich ~ om iets te doen *sich anbieten, etw. zu tun*
aanbieding • (aanbod) *Angebot* [o] • (koopje) *Angebot* [o], *Sonderangebot* [o] ⋆ een speciale ~ *ein preisgünstiges Angebot*
aanbinden *anbinden, befestigen,* ‹van schaatsen› *anschnallen* ▾ de strijd met iem. ~ *den Kampf gegen jmdn. aufnehmen*
aanblijven *bleiben* ⋆ iem. laten ~ *jmdn. im Amt belassen*
aanblik • (het zien) *Anblick* [m] ⋆ bij de eerste ~ *auf den ersten Blick* • (wat gezien wordt) *Anblick* [m]
aanbod *Angebot* [o], ‹schriftelijk› *Offerte* [v] ⋆ vraag en ~ *Angebot und Nachfrage*
aanboren *anbohren* ⋆ nieuwe bronnen ~ *neue Quellen erschließen*
aanbouw *Anbau* [m]
aanbouwen *anbauen*
aanbraden *anbraten*
aanbranden *anbrennen*
aanbreken I [het] ⋆ bij het ~ van de dag *bei Tagesanbruch* **II** [ov ww] • (beginnen te gebruiken) *anbrechen,* ‹noodgedwongen› *angreifen* ⋆ het spaargeld ~ *die Ersparnisse angreifen* ⋆ een nieuwe fles wijn ~ *eine neue Flasche Wein anbrechen* **III** [on ww] • (beginnen) *anbrechen,* ‹plotseling› *hereinbrechen*
aanbrengen • (plaatsen) *montieren, anbringen, befestigen* ⋆ veranderingen ~ *Änderungen vornehmen* • (verklikken) *anzeigen* • (werven) *(an)werben* • (veroorzaken) *verursachen* • (meebrengen) *herbeischaffen, heranbringen*
aandacht *Aufmerksamkeit* [v], *Interesse* [o] ⋆ de ~ trekken *die Aufmerksamkeit auf sich ziehen* ⋆ iets onder iemands ~ brengen *jmdn. auf etw. aufmerksam machen* ⋆ zij heeft geen ~ voor hem *sie schenkt ihm keine Beachtung*
aandachtig *aufmerksam*
aandeel • (portie) *Beteiligung* [v], *Anteil* [m] ⋆ een ~ in een zaak hebben *an einem Unternehmen beteiligt sein* ⋆ ~ in de winst *Gewinnbeteiligung* [v] • (bijdrage) *Beitrag* [m], *Anteil* [m] ⋆ ergens een ~ in hebben *an etw. teilnehmen/mitwirken* • (econ.) *Aktie* [v] ⋆ de koers van de aandelen stijgt/daalt *der Aktienkurs steigt/fällt*
aandeelhouder *Aktionär* [m], *Aktieninhaber* [m]
aandelenkapitaal *Aktienkapital* [o], *Grundkapital* [o]
aandenken • (souvenir) *Andenken* [o] • (gedachtenis) *Erinnerung* [v]
aandienen I [ov ww] *anmelden* **II** [wkd ww] *sich vorstellen, sich melden*
aandikken • (dikker maken) *dicker machen* • (overdrijven) *übertreiben* ⋆ een verhaal ~ *eine Geschichte aufbauschen*
aandoen • (aantrekken) *anziehen* • (aansteken) *einschalten* • (bezoeken) ‹met schip› *anlaufen,* ‹met vliegtuig› *anfliegen* • (berokkenen) *zufügen, antun* • (een indruk geven) *anmuten*
aandoening • (ontroering) *Rührung* [v], ‹zintuiglijk› *Empfindung* [v] • (kwaal) *Erkrankung* [v]
aandoenlijk *rührend, ergreifend*
aandraaien *anziehen*
aandragen *herantragen, herbeitragen* ⋆ hij kwam er opeens mee ~ *auf einmal kam er damit an*
aandrang • (aansporing) *Drängen* [o] ⋆ op ~ van zijn broer *auf Drängen seines Bruders* • (druk/behoefte) *Andrang* [m], *Nachdruck* [m] ⋆ met ~ *nachdrücklich*
aandrijfas *Antriebsachse* [v]
aandrijven I [ov ww] • (aansporen) *anspornen, antreiben, anstacheln* • (techn.) *(an)treiben* **II** [on ww] • (aanspoelen) *anschwemmen*
aandrijving *Antrieb* [m]
aandringen *dringen, drängen* ⋆ op iets ~ *auf etw. drängen* [4] ⋆ na lang ~ *nach langem Drängen* ⋆ op ~ van zijn vader *auf das Drängen seines Vaters*
aandrukken *(an)drücken, (fest)drücken* ⋆ zich tegen de muur ~ *sich an die Wand drücken* ⋆ tegen zich ~ *an sich drücken*
aanduiden • (betekenen) *bedeuten, bezeichnen*

A

A

• (aanwijzen) *bezeichnen* ⋆ iets met een pijl ~ *etw. mit einem Pfeil kennzeichnen*
aanduiding • (aanwijzing) *Andeutung* [v], *Kennzeichen* [o] • (beschrijving) *Angabe* [v], *Bezeichnung* [v]
aandurven *sich (ge)trauen, wagen*, ‹in staat achten› *sich (zu)trauen* [3] ⋆ iem. ~ *es mit jmdm. aufnehmen* ⋆ het niet ~ *nicht den Mut dazu haben; es nicht wagen*
aanduwen • (aandrukken) *andrücken* • (door duwen starten) *anschieben*
aaneen • (ononderbroken) *nacheinander, hintereinander* • (aan elkaar vast) *aneinander, zusammen*
aaneengesloten *zusammengefügt, aneinander gereiht*
aaneenschakeling *Aneinanderreihung* [v], *Verkettung* [v], *Reihe* [v], *Kette* [v]
aaneensluiten *sich zusammenschließen, sich zusammentun*
aanfluiting *Hohn* [m], *Verhöhnung* [v] ⋆ dat was echt een ~ *das war der reinste Hohn*
aangaan I [ov ww] • (betreffen) *angehen, anbelangen, betreffen* ⋆ wat mij aangaat *was mich betrifft* • (beginnen) *anfangen, beginnen, eingehen* ⋆ de strijd weer ~ *den Kampf wieder aufnehmen* **II** [on ww] • (heengaan) *(hin)gehen* ⋆ achter iem. ~ *hinter jmdm. hergehen* ⋆ achter iets ~ *hinter etw. her sein* • (beginnen) *beginnen, anfangen* ⋆ het licht gaat aan *das Licht geht an*
aangaande *in Bezug auf* [4], ‹hand.› *betreffs* [2] ⋆ ~ dat onderwerp *was dieses Thema betrifft*
aangapen *angaffen, anglotzen*
aangebonden ▾ kort ~ zijn *kurz angebunden sein*
aangeboren *angeboren*
aangebrand • (aangebakken) *angebrannt* ⋆ hier ruikt het ~ *hier riecht es angebrannt* • (boos) *beleidigt, eingeschnappt, pikiert* ▾ gauw ~ zijn *schnell beleidigt/eingeschnappt sein*
aangedaan • (ontroerd) *gerührt, bewegt* • (aangetast) *angegriffen*
aangelegenheid *Angelegenheit* [v], *Sache* [v]
aangenaam *angenehm, behaglich*, ‹van bericht› *erfreulich*, ‹van warmte, rust› *wohltuend* ⋆ ~! *sehr erfreut!*
aangeschoten *angeheitert* ▾ ~ zijn *einen Schwips haben*
aangeslagen • (emotioneel geraakt) *verstört, betroffen* • (met aanslag bedekt) *beschlagen*
aangetrouwd *angeheiratet*
aangeven • (aanreiken) *(her)reichen, geben* ⋆ geef mij de schroevendraaier eens aan *reiche mir bitte den Schraubenzieher* • (aanduiden) *angeben*, ‹niet precies› *andeuten*, ‹schetsen› *umreißen* ⋆ de thermometer geeft 10 graden aan *das Thermometer zeigt 10 Grad* • (officieel melden) *anzeigen, angeben, melden* ⋆ de dader heeft zichzelf aangegeven *der Täter hat sich gestellt* ⋆ heeft u iets aan te geven? *haben Sie etw. zu verzollen?*
aangewezen ⋆ de ~ persoon *die gegebene/richtige Person* ⋆ op iem. ~ zijn *auf jmdn. angewiesen sein*
aangezicht *Gesicht* [o], ‹form.› *Angesicht* [o], *Antlitz* [o]
aangezichtspijn *Gesichtsschmerz* [m]
aangezien *da, weil*
aangifte *Meldung* [v], *Angabe* [v], ‹belastingaangifte› *Steuererklärung* [v], ‹douane› *Zollerklärung* [v], ‹officieel› *Anzeige* [v] ⋆ ~ doen *Anzeige erstatten*
aangiftebiljet *Steuererklärung* [v]
aangrenzend *angrenzend, benachbart*
aangrijpen • (vastpakken) *ergreifen* • (ontroeren) *ergreifen, rühren* ⋆ zijn dood heeft mij erg aangegrepen *sein Tod hat mich sehr mitgenommen*
aangrijpend *rührend, ergreifend*
aangrijpingspunt *Angriffspunkt* [m]
aanhaken *anhaken, anhängen*, ‹wagon› *ankoppeln*
aanhalen • (citeren) *anführen, zitieren* • (vaster trekken) *anziehen, zuziehen* ⋆ connecties ~ *Verbindungen vertiefen* • (liefkozen) *liebkosen*
aanhalig *anschmiegsam*, ‹inf.› *verschmust*
aanhaling • (het citeren) *Zitieren* [o], *Anführung* [v] • (citaat) *Zitat* [o]
aanhalingsteken *Anführungszeichen* [o], *Gänsefüßchen* [o]
aanhang *Anhang* [m], ‹pej.› *Sippschaft* [v]
aanhangen *anhängen* ⋆ een geloof ~ *sich zu einem Glauben bekennen*
aanhanger *Anhänger* [m]
aanhangig *anhängig* ⋆ een voorstel ~ maken *einen Vorschlag einreichen*
aanhangsel • (aanhangend deel) *Anhängsel* [o] ⋆ het wormvormig ~ van de blinde darm *Blinddarm* [m]; *Appendix* [m] • (bijlage) *Appendix* [m], *Nachtrag* [m], *Anhang* [m]
aanhangwagen *Anhänger* [m]
aanhankelijk *anhänglich*
aanhef *Anfang* [m], *Beginn* [m]
aanheffen *anfangen*, ‹form.› *anheben*, ‹lied, geschreeuw› *anstimmen*
aanhikken *Mühe/Schwierigkeiten haben (mit), sich scheuen*
aanhoren *anhören* [4], *zuhören* [3] ⋆ dat is niet om aan te horen ≈ *man kann sich das nicht länger mit anhören*
aanhouden I [ov ww] • (tegenhouden) *aufhalten* • (arresteren) *festnehmen, verhaften* • (blijven houden) *anlassen, beibehalten* ⋆ een betrekking ~ *eine Beziehung aufrechterhalten* • (uitstellen) *aufschieben, verschieben*, ‹jur.› *aussetzen* **II** [on ww] • (volhouden) *nicht lockerlassen*, ‹aandringen› *darauf drängen* • (voortduren) *fortwähren, (an)dauern* ⋆ de regen houdt aan *der Regen hält an* • (gaan naar) *sich halten* ⋆ rechts ~ *sich rechts halten*
aanhoudend *anhaltend, andauernd, unausgesetzt, fortwährend*
aanhouder ▾ de ~ wint *Beharrlichkeit führt zum Ziel*
aanhouding *Verhaftung* [v], *Festnahme* [v] ⋆ bevel tot ~ *Haftbefehl* [m]
aanjagen • (aandoen) *einjagen* ⋆ iem. angst ~ *jmdm. Angst einjagen* • (techn.) *antreiben*
aankaarten *anschneiden, zur Sprache bringen*
aankijken • (kijken naar) *ansehen* • (overdenken) *sich überlegen* • (~ **op**) *verdächtigen*
aanklacht *Anklage* [v] ⋆ een ~ tegen iem. indienen *gegen jmdn. Klage erheben*
aanklagen *anklagen, verklagen* ⋆ iem. wegens diefstal ~ *jmdn. wegen Diebstahls anklagen*
aanklager *Ankläger* [m] ⋆ openbare ~ *Staatsanwalt* [m]
aanklampen *ansprechen*
aankleden • (kleren aantrekken) *ankleiden, anziehen* • (inrichten) *ausstatten, einrichten*
aankleding *Ausstattung* [v], ‹versiering› *Dekoration* [v]
aankloppen • (op deur kloppen) *anklopfen* • (~ **bij**) ⋆ bij iem. ~ *sich an jmdn. wenden*
aanknopen *anknüpfen* ⋆ een gesprek ~ *ein*

Gespräch anknüpfen
aanknopingspunt *Anhaltspunkt* [m]
aankoeken *sich festsetzen,* ‹koken› *anbacken*
aankomen • (aanraken) *berühren* • (arriveren) *eintreffen, ankommen* • (naderen) *daherkommen, herankommen* • (doel treffen) *treffen* ⋆ die klap kwam hard aan *das hat gesessen* • (zwaarder worden) *zunehmen* • (te berde brengen) *ankommen* ⋆ kom me daar niet mee aan! *bleibe mir damit vom Leibe!* • (~ **op**) ⋆ hier komt het op aan *hierauf kommt es an; hierum dreht es sich* ⋆ nu komt het erop aan *jetzt gilt's* ▾ iets zien ~ *etw. vorhersehen* ▾ alles op hem laten ~ *alles auf ihn ankommen lassen*
aankomend • (aanstaand) *nächst, kommend* • (beginnend) *angehend* ⋆ een ~ onderwijzer *ein angehender Lehrer*
aankomst *Ankunft* [v]
aankondigen *bekannt geben, ankündigen, ansagen*
aankondiging *Ankündigung* [v], *Ansage* [v], *Bekanntgabe* [v], ‹form.› *Anzeige* [v] ⋆ tot nadere ~ *bis auf weiteres*
aankoop *Kauf* [m]
aankoopsom *Kaufsumme* [v]
aankopen *(an)kaufen*
aankruisen *ankreuzen*
aankunnen *gewachsen sein* [3], ‹problemen› *bewältigen können* ⋆ iem./iets ~ *jmdm./einer Sache gewachsen sein*
aankweken • (opkweken) *ziehen, züchten* • (opwekken) *erwecken,* ‹door opvoeding› *(an)erziehen*
aanlanden • (aan land komen) *anlegen, landen* • (terechtkomen) *ankommen*
aanlandig *auflandig*
aanleg • (constructie) *Konstruktion* [v], *Anlage* [v], *Bau* [m] ⋆ de ~ van elektriciteit *das Anlegen von Elektrizität* ⋆ in ~ zijn *im Bau sein* • (talent) *Talent* [o], *Begabung* [v], *Anlage* [v] • (vatbaarheid) *Anfälligkeit* [v]
aanleggen I [ov ww] • (maken) *anlegen,* ‹van brug, weg etc.› *bauen* ▾ het met iem. ~ *sich mit jmdm. anlegen* **II** [on ww] • (aan de wal gaan liggen) *anlegen*
aanlegplaats *Anlegeplatz* [m]
aanleiding *Veranlassung* [v], *Anlass* [m] ⋆ naar ~ van *aus Anlass* [2]; *anlässlich* [2] ⋆ ~ geven tot iets *Anlass/Veranlassung zu etw. geben*
aanlengen *verdünnen*
aanleunen *(an)lehnen* ▾ zich iets laten ~ *sich etw. gefallen lassen*
aanleunwoning *Altenwohnheim* [o]
aanlijnen *anleinen, an die Leine nehmen* ⋆ de hond ~ *den Hund an die Leine nehmen*
aanlokkelijk *anziehend, verlockend*
aanlokken • (aantrekken) *(an)locken, anziehen* • (bekoren) *reizen* ⋆ lokt jou dat aan? *reizt dich das?*
aanloop • (inleiding) *Vorbemerkung* [v] • (bezoek) *Besuch* [m] • (sport) *Anlauf* [m]
aanloophaven *Anlaufhafen* [m]
aanloopkosten *Anlaufkosten* [mv]
aanloopperiode *Anlaufzeit* [v]
aanlopen I [ov ww] • (een haven aandoen) *anlaufen* **II** [on ww] • (naderen) *hinlaufen* ⋆ komen ~ *herbeigelaufen kommen* ⋆ de hond is komen ~ *der Hund ist zugelaufen* • (even langsgaan) *vorbeischauen* • (een kleur krijgen) *Farbe bekommen* ⋆ rood ~ *rot anlaufen* • (tegen iets aan schuren) *schleifen* ▾ achter iem. ~ *jmdm. nachlaufen*
aanmaak *Anfertigung* [v], *Herstellung* [v]
aanmaken • (fabriceren) *herstellen, anfertigen* • (klaarmaken) *zubereiten* • (aansteken) *anmachen, anzünden*
aanmanen *(er)mahnen, auffordern*
aanmaning *Aufforderung* [v], *Mahnung* [v], ‹gesproken› *Ermahnung* [v]
aanmatigen *sich anmaßen* ⋆ zich vrijheden ~ *sich Freiheiten herausnehmen*
aanmatigend *anmaßend, überheblich, dünkelhaft* ⋆ een ~ optreden *ein anmaßendes Auftreten*
aanmelden • (aankondigen) *(an)melden, ankündigen* • (opgeven) *anmelden*
aanmelding *Anmeldung* [v]
aanmeren *festmachen, anlegen*
aanmerkelijk *ansehnlich, beträchtlich, erheblich*
aanmerken • (afkeurend opmerken) *beanstanden* ⋆ op alles iets aan te merken hebben *an allem etw. auszusetzen haben* • (beschouwen als) *betrachten*
aanmerking • (kritiek) *Bedenken* [o], *Einwendung* [v] ⋆ ~en maken op iets *Einwendungen machen gegen etw.* • (beschouwing) ⋆ in ~ komen *in Frage/infrage kommen; in Betracht kommen* ⋆ in ~ nemen *in Betracht ziehen; berücksichtigen* ⋆ de omstandigheden in ~ genomen *unter Berücksichtigung der Umstände*
aanmeten I [ov ww] *anmessen* **II** [wkd ww] ⋆ zich een houding ~ *überheblich sein*
aanmodderen *pfuschen, schludern* ⋆ zij moddert maar wat aan met haar werk *sie pfuscht ziemlich rum bei der Arbeit*
aanmoedigen • (aansporen) *ermutigen, ermuntern* • (bevorderen) *fördern*
aanmonsteren *anmustern, anheuern*
aannaaien *annähen*
aanname *Annahme* [v], *Hypothese* [v]
aannemelijk • (redelijk) *akzeptabel* • (geloofwaardig) *glaubhaft, glaubwürdig*
aannemen • (in ontvangst nemen) *annehmen, entgegennehmen* • (accepteren) *annehmen* ⋆ neem dat maar van me aan! *das kannst du mir ruhig glauben!* • (eigen maken) *annehmen, aneignen* • (veronderstellen) *annehmen, vermuten* • (in dienst nemen) *einstellen, anstellen* • (adopteren) *adoptieren, annehmen* • (als lid opnemen) ‹rel.› *konfirmieren,* ‹in vereniging/partij› *aufnehmen*
aannemer *Bauunternehmer* [m]
aanpak *Vorgehensweise* [v], *Vorgehen* [o] ⋆ het is een hele ~ *dies ist ein schwieriges Unterfangen* ⋆ dit vereist een harde ~ *hier muss man mit aller Schärfe vorgehen*
aanpakken • (hard werken) *anpacken* ⋆ hij weet van ~ *er kann zupacken* • (vastpakken) *anfassen* ▾ iem. eens goed ~ *jmdn. hart anpacken*
aanpalend *anliegend, angrenzend, benachbart*
aanpappen *anbiedern* ▾ met iem. ~ *sich bei jmdm. anbiedern*
aanpassen I [ov ww] • (passen) *anprobieren* • (geschikt maken) *anpassen* **II** [wkd ww] *sich anpassen* ⋆ zich aan de omstandigheden ~ *sich den Verhältnissen anpassen*
aanpassing *Anpassung* [v]
aanpassingsvermogen *Anpassungsfähigkeit* [v]
aanplakbiljet *Plakat* [o], *Anschlagzettel* [m]
aanplakken • (vastplakken) *ankleben* ⋆ ~ verboden! *Plakate ankleben verboten!* • (bekendmaken) *anschlagen*
aanplant • (het aanplanten) *Anbau* [m] • (het aangeplante) *Anpflanzung* [v]
aanplanten *anpflanzen*
aanpoten • (flink doorwerken) *sich ins Zeug legen*

A

• (voortmaken) *voranmachen*
aanpraten *aufschwatzen, aufreden*
aanprijzen *anpreisen*
aanraden *empfehlen* [3], *(an)raten* [3] ⋆ op ~ van *auf Anraten* [2]
aanraken *berühren,* ‹even› *anrühren*
aanraking • (het aanraken) *Berührung* [v] • (contact) ⋆ met iem. in ~ komen *mit jmdm. in Kontakt kommen* ⋆ met de wet in ~ komen *mit dem Gesetz in Konflikt kommen/geraten*
aanranden • (overvallen) *angreifen* ⋆ een jongen ~ *sich an einem Jungen vergreifen* • (verkrachten) *vergewaltigen*
aanrander *Angreifer* [m], ‹verkrachter› *Vergewaltiger* [m]
aanranding *Angriff* [m], ‹verkrachting› *Vergewaltigung* [v]
aanrecht *Anrichte* [v]
aanreiken *(herüber)reichen*
aanrekenen *anrechnen*
aanrichten *anrichten*
aanrijden I [ov ww] • (in botsing komen) *anfahren* ⋆ een kind ~ *ein Kind anfahren* **II** [on ww] • (rijdend naderen) *heranfahren* ⋆ op iem. ~ *auf jmdn. zufahren*
aanrijding *Zusammenstoß* [m]
aanroepen *anrufen*
aanrukken *(her)anrücken, (her)anmarschieren* ▾ een fles wijn laten ~ *eine Flasche Wein auffahren lassen*
aanschaf *Ankauf* [m], *Anschaffung* [v]
aanschaffen *anschaffen*
aanschieten • (licht verwonden) *anschießen* • (gauw aantrekken) *fahren in, schlüpfen in* • (aanklampen) *ansprechen*
aanschouwelijk *anschaulich* ⋆ iets ~ maken *etw. anschaulich machen*
aanschouwen *erblicken,* ‹aandachtig bekijken› *betrachten* ⋆ ten ~ van *angesichts* [2] ⋆ het levenslicht ~ *das Licht der Welt erblicken*
aanschrijven *berechnen* ⋆ iem. ~ *jmdm. etw. schriftlich mitteilen; jmdn. schriftlich auffordern* ▾ bij iem. goed aangeschreven staan *bei jmdm. gut angeschrieben sein*
aanschuiven I [ov ww] • (dichterbij brengen) *(her)anschieben, (her)anrücken* **II** [on ww] • (dichterbij komen) *anschieben* ⋆ u kunt hier ~ *Sie können sich hier dazusetzen*
aanslaan I [ov ww] • (kort raken) *anschlagen* ⋆ een toets ~ *eine Taste anschlagen* • (waarderen) *einschätzen, veranschlagen,* ‹belasting› *veranlagen* ⋆ iem. hoog ~ *jmdn. schätzen* **II** [on ww] • (starten van motor) *anspringen* • (succes hebben) *einschlagen, ankommen* • (vasthechten) *ansetzen* • (beslaan) *beschlagen*
aanslag • (aanval) *Attentat* [o] • (belastingaanslag) *Steuerbescheid* [m] • (schietklare stand) *Anschlag* [m] • (afzetting) *Ansatz* [m], *Belag* [m], *Beschlag* [m] • (muz.) *Anschlag* [m]
aanslagbiljet *Steuerbescheid* [m]
aanslibben *anschwemmen*
aansluiten I [ov ww] • (verbinden) *verbinden* • (aaneen doen sluiten) *anschließen* **II** [on ww] • (verbonden zijn) *anschließen, sich anschließen* ⋆ de jurk sluit nauw aan *das Kleid ist eng anliegend* **III** [wkd ww] • (meedoen) *sich anschließen* • (lid worden) ⋆ zich bij een vereniging ~ *einem Verein beitreten* • (het eens zijn) ⋆ zich bij een mening ~ *sich einer Meinung anschließen*
aansluiting • (verbinding) *Verbindung* [v] ⋆ in ~ op *im Anschluss an* • (contact) *Anschluss* [m]
aansluitkosten *Anschlussgebühren* [mv]
aansmeren • (dichtsmeren) *mörteln, mit Mörtel verputzen* • (aanpraten) *aufschwatzen, aufreden*
aansnijden • (afsnijden) *anschneiden* • (aankaarten) *anreißen, ansprechen*
aanspannen • (vastmaken) *anspannen* • (beginnen) *einleiten* ⋆ een proces ~ *gegen jmdn. ein Verfahren einleiten; gegen jmdn. klagen* • (strak trekken) *anziehen*
aanspoelen *antreiben, anspülen, anschwemmen*
aansporen *anspornen, anregen* ⋆ iem. ~ om te gaan werken *jmdn. zur Arbeit anspornen*
aansporing *Anregung* [v], *Anreiz* [m], *Ansporn* [m] ⋆ op ~ van iem. *auf jmds. Betreiben (hin)*
aanspraak • (sociaal contact) *Kontakt* [m] • (recht) *Anspruch* [m] ⋆ ~ maken op *Anspruch auf etw. erheben*
aansprakelijk *verantwortlich,* ‹jur.› *haftbar* ⋆ iem. ~ stellen voor *jmdn. verantwortlich/haftbar machen für*
aansprakelijkheid *Verantwortlichkeit* [v] ⋆ wettelijke ~ *Haftpflicht* [v]
aansprakelijkheidsverzekering *Haftpflichtversicherung* [v]
aanspreekbaar *ansprechbar*
aanspreken • (het woord richten tot) *ansprechen, anreden* ⋆ iem. met jij/u ~ *jmdn. duzen/siezen* ⋆ iem. over iets ~ *jmdn. wegen etw. ansprechen* • (gaan gebruiken) *anbrechen, angreifen* • (in de smaak vallen) *ansprechen, gefallen*
aanstaan • (op een kier staan) *angelehnt sein* • (bevallen) *gefallen* • (in werking zijn) *laufen* ⋆ de televisie staat aan *der Fernseher läuft*
aanstaande I [de] *Zukünftige(r)* [m] **II** [bnw] • (eerstkomend) *nächst, kommend,* ‹op handen zijnde› *bevorstehend* ⋆ de ~ verkiezingen *die bevorstehenden Wahlen* ⋆ ~ zondag *kommenden Sonntag* • (toekomstig) *zukünftig* ⋆ de ~ moeder *die werdende Mutter* ⋆ mijn ~ echtgenoot *mein künftiger/zukünftiger Ehemann*
aanstalten *Anstalten* [mv] ⋆ ~ maken om weg te gaan *Anstalten machen wegzugehen*
aanstampen *feststampfen, festtreten*
aanstaren *anstarren*
aanstekelijk I [bnw] *ansteckend* **II** [bijw] *auf ansteckende Weise*
aansteken • (besmetten) *anstecken* • (doen branden) *anzünden*
aansteker *Feuerzeug* [o]
aanstellen I [ov ww] *an-/einstellen* **II** [wkd ww] *sich anstellen,* ‹nuffig› *sich zieren* ⋆ stel je niet zo aan! *stell dich nicht so an!* ⋆ zich belachelijk ~ *sich lächerlich aufführen*
aansteller *Wichtigtuer* [m]
aanstellerig *geziert, zimperlich*
aanstellerij *Gehabe* [o], ‹nuffig› *Geziertheit* [v]
aanstelling *Ein-/Anstellung* [v], ‹voor een ambt› *Ernennung* [v] ⋆ vaste ~ *feste Anstellung* ⋆ akte van ~ *Ernennungsurkunde* [v]
aansterken *sich erholen, wieder zu Kräften kommen*
aanstichten *anstiften*
aanstichter *Anstifter* [m]
aanstichting *Anstiftung* [v] ⋆ op ~ van *auf Betreiben* [2]
aanstippen • (even aanraken) *berühren, antippen,* ‹med.› *betupfen* • (even noemen) *berühren, erwähnen* • (aankruisen) *markieren*
aanstoken • (opruien) *aufwiegeln, aufstacheln* • (aanwakkeren) *schüren*

A

aanstonds *(so)gleich, sofort*
aanstoot *Anstoß* [m], *Ärgernis* [o] ⋆ ~ geven *Anstoß erregen* ⋆ ~ nemen aan iets *an etw. Anstoß nehmen* [3]
aanstootgevend *anstößig, Anstoß erregend*
aanstoten *anstoßen*
aanstrepen *anstreichen*
aansturen *ansteuern, zusteuern* ⋆ op de haven ~ *auf den Hafen zusteuern* ▾ op iets ~ *auf etw. abzielen/hinzielen*
aantal ‹bepaald› *Zahl* [v], ‹een verzameling› *Menge* [v], ‹onbepaald› *Anzahl* [v] ⋆ na een ~ jaren *nach einer Reihe von Jahren* ⋆ gering in ~ *wenig an der Zahl* ⋆ in ~ overtreffen *zahlenmäßig überlegen sein*
aantasten • (aanpakken) *angreifen* • (aanvreten) *anfressen* ⋆ het metaal is door zuur aangetast *das Metall ist von Säure angefressen* ⋆ zijn gezondheid is aangetast *seine Gesundheit ist angegriffen*
aantasting *Angriff* [m] ⋆ een ~ van de rechtsorde *ein Angriff auf die Rechtsordnung*
aantekenen • (opschrijven) *(sich) notieren* ⋆ hoger beroep ~ *Berufung einlegen* [v] ⋆ een brief ~ *einen Brief einschreiben lassen* • (opmerken) *bemerken*
aantekening • (notitie) *Notiz* [v], *Anmerkung* [v], ‹toelichting› *Erläuterung* [v] • (vermelding) *Vermerk* [m] • (het noteren) *Aufzeichnung* [v], *Notieren* [o]
aantijging *Beschuldigung* [v]
aantikken I [ov ww] • (even aanraken) *antippen*, ‹zwemsport› *anschlagen* **II** [on ww] • (oplopen) ‹inf.› *sich zusammenläppern*
aantocht ⋆ in ~ zijn *im Anmarsch/Anzug sein*
aantonen • (laten zien) *ausweisen, darlegen, aufzeigen* • (bewijzen) *beweisen, nachweisen*
aantoonbaar *nachweislich*
aantreden *antreten*
aantreffen • (tegenkomen) *antreffen* • (vinden) *vorfinden*
aantrekkelijk *anziehend, reizend, reizvoll*, ‹van voorstel› *verlockend*
aantrekken I [ov ww] • (aanlokken) *hinziehen* ⋆ zich aangetrokken voelen tot iem. *sich zu jmdm. hingezogen fühlen* • (vasttrekken) *anziehen* ⋆ de broekriem ~ *den Gürtel enger schnallen* • (aandoen) *anziehen* • (naar zich toe trekken) *anziehen* • (werven) *werben* **II** [on ww] • (zich herstellen) *anziehen, steigen* **III** [wkd ww] ⋆ zich iets ~ *sich etw. zu Herzen nehmen* ⋆ zich er niets van ~ *sich nichts daraus machen*
aantrekkingskracht • (aantrekkelijkheid) *Anziehungskraft* [v] • (nat.) *Schwerkraft* [v]
aanvaardbaar *akzeptabel, annehmbar*
aanvaarden • (op zich nemen) *übernehmen, auf sich nehmen* ⋆ de verantwoordelijkheid ~ *die Verantwortung übernehmen* • (beginnen) *aufnehmen, antreten* ⋆ een functie ~ *eine Stelle antreten* • (in gebruik nemen) *annehmen*
aanval • (het aanvallen) *Angriff* [m] • (uitbarsting) *Anfall* [m] ⋆ een ~ van koorts *ein Fieberanfall* • (sport) *Angriff* [m]
aanvallen *angreifen, anfallen* ▾ iem. op zijn standpunt ~ *jmdn. wegen seines Standpunkts angreifen*
aanvalsoorlog *Angriffskrieg* [m]
aanvang *Anfang* [m], *Beginn* [m]
aanvangen *anfangen, beginnen*
aanvangs- *Anfangs-, Beginn-*
aanvangstijd *Anfangszeit* [v]
aanvankelijk I [bnw] *anfänglich, Anfangs-* ⋆ de ~e snelheid *die Anfangsgeschwindigkeit* **II** [bijw] *anfangs, am Anfang*
aanvaring *Zusammenstoß* [m] ⋆ in ~ komen *zusammenstoßen*
aanvechtbaar *anfechtbar*
aanvechten *bestreiten, anfechten*
aanvechting *Anfechtung* [v], ‹verleiding› *Versuchung* [v]
aanvegen *ausfegen, auskehren*
aanverwant • (aangetrouwd) *angeheiratet, verschwägert* • (nauw betrokken bij) *zugehörig*
aanvliegen I [ov ww] • (heftig aanvallen) *angreifen* ⋆ iem. ~ *jmdn. anfahren* **II** [on ww] • (vliegend naderen) *(her)anfliegen* ▾ hij kwam meteen aangevlogen *er kam sofort angesaust*
aanvoelen I [ov ww] • (begrijpen) *sich einfühlen (in)*, ‹van gevoelens› *nachempfinden* ⋆ een stemming ~ *eine Stimmung intuitiv erfassen* **II** [on ww] *sich anfühlen* ⋆ dat voelt plakkerig aan *das fühlt sich klebrig an*
aanvoer • (aanvoerleiding) *Zuleitung* [v] • (het aanvoeren) *Zufuhr* [v], ‹militair› *Nachschub* [m]
aanvoerder *Leiter* [m], *Anführer* [m], *Führer* [m], ‹sport› *Mannschaftskapitän* [m]
aanvoeren • (leiden) *(an)führen* • (ergens heen brengen) *(her)antransportieren* • (naar voren brengen) *anführen*
aanvoering *Leitung* [v], *Anführung* [v], *Führung* [v] ⋆ onder ~ van *unter Anführung* [2]
aanvraag • (verzoek) *Anfrage* [v], *Antrag* [m] ⋆ een ~ indienen *etw. beantragen* • (bestelling) *Anforderung* [v]
aanvragen • (bestellen) *bestellen* • (verzoeken) *bitten (um)*, ‹officieel› *beantragen*, ‹form.› *nachsuchen (um)*
aanvreten • (aan iets vreten) *anfressen* • (aantasten) *angreifen*
aanvullen • (volledig maken) *ergänzen, vervollständigen* ⋆ elkaar ~ *sich ergänzen* • (vol maken) *auffüllen, (aus)füllen*
aanvulling *Ergänzung* [v] ⋆ ter ~ van *zur Ergänzung* [2]
aanvuren *anfeuern*
aanwaaien • (zonder moeite verkrijgen) *zufliegen, anfliegen* ⋆ haar waait altijd alles aan *ihr fliegt immer alles zu/an* • (door de wind worden aangevoerd) *anwehen* ▾ ergens komen ~ ‹inf.› *hereingeschneit kommen*
aanwakkeren I [ov ww] • (heviger maken) *schüren*, ‹vuur› *anfachen* **II** [on ww] • (heviger worden) *zunehmen* ⋆ de wind is aangewakkerd *der Wind hat zugenommen*
aanwas *Anwachsen* [o], *Zunahme* [v], ‹jur.› *Zuwachs* [m]
aanwenden *anwenden, benutzen, gebrauchen, aufwenden* ⋆ zijn invloed ~ *seinen Einfluss einsetzen* ⋆ al zijn krachten ~ *alle Kräfte aufwenden*
aanwennen *sich angewöhnen*
aanwensel *Angewohnheit* [v], ‹inf.› *Tick* [m]
aanwerven *(an)werben*
aanwezig ‹van personen› *anwesend*, ‹form.› *zugegen*, ‹van zaken› *vorhanden*
aanwezigheid *Anwesenheit* [v], *Gegenwart* [v], ‹delfstoffen› *Vorkommen* [o], ‹goederen› *Vorhandensein* [o]
aanwijsbaar *nachweisbar*
aanwijzen • (laten zien) *zeigen (auf)* ⋆ de barometer wijst mooi weer aan *das Barometer zeigt schönes Wetter an* • (bestemmen) ⋆ iem. als erfgenaam ~ *jmdn. zum Erben bestimmen*
aanwijzing • (inlichting) *Anweisung* [v] • (indicatie) *Hinweis* [m]

A

aanwinst • (verworven bezit) *Erwerb* [m] ⋆ een nieuwe ~ *eine Neuerwerbung* • (verrijking) *Gewinn* [m]
aanwippen ⋆ bij iem. ~ *bei jmdm. vorbeischauen/hereinschauen*
aanwrijven I [ov ww] • (verwijten) *anhängen* ⋆ iem. van alles en nog wat ~ *jmdm. allerlei anhängen* **II** [on ww] • (wrijven tegen) *sich reiben (an)* [3]
aanzet *Ansatz* [m], *Anlauf* [m]
aanzetten I [ov ww] • (in werking zetten) *einschalten*, ‹motoren› *anlassen* • (aansporen) *antreiben, anspornen, bewegen* ⋆ iem. tot een moord ~ *jmdn. zum Mord anstiften* • (benadrukken) *ansetzen* • (vastmaken) ⋆ een knoop ~ *einen Knopf annähen* **II** [on ww] • (vastkoeken) *ansetzen* • (komen) *erscheinen, auftauchen*
aanzicht • (voorkomen) *Erscheinung* [v] • (aanblik) *Anblick* [m] • (kant van waaruit iets gezien wordt) *Ansicht* [v]
aanzien I [het] • (het bekijken) *Anschauen* [o], *Ansehen* [o] • (uiterlijk) *Aussehen* [o] • (achting) *Ansehen* [o] ⋆ in hoog ~ staan *in hohem Ansehen stehen* ▾ ten ~ van *in Bezug auf* [4] **II** [ov ww] • (kijken naar) *betrachten, ansehen* • (door het uiterlijk zien) *anmerken, ansehen* ⋆ men kan het hem ~ *man sieht es ihm an* • (~ **op**) *achten, schätzen* ⋆ iem. ergens op ~ *jmdn. wegen etw. im Verdacht haben* • (~ **voor**) *betrachten, halten* ⋆ niet voor vol ~ *nicht ernst nehmen* ⋆ waar zie je mij voor aan? *wofür hältst du mich?* ▾ iets nog even ~ *noch ein Weilchen abwarten*
aanzienlijk • (groot) *beträchtlich, bedeutend, ansehnlich* • (voornaam) *angesehen, vornehm*
aanzitten • (aan tafel zitten) *bei Tisch sitzen* • (aanraken) ⋆ overal ~ *alles anfassen*
aanzoek *Antrag* [m], *Heiratsantrag* [m] ⋆ iem. een ~ doen *jmdm. einen Heiratsantrag machen*
aanzuiveren *begleichen*
aanzwellen *anschwellen*
aanzwengelen *ankurbeln*
aap *Affe* [m] ▾ zich een aap lachen *sich einen Ast lachen* ▾ daar komt de aap uit de mouw *jetzt hast du die Katze aus dem Sack gelassen* ▾ in de aap gelogeerd zijn *in Teufels Küche geraten*
aar *Ähre* [v]
aard • (gesteldheid) *Beschaffenheit* [v], *Naturell* [o], *Charakter* [m] ⋆ dat ligt niet in zijn aard *das liegt nicht in seiner Art* ⋆ vrolijk van aard zijn *ein fröhlicher Mensch sein* • (soort) *Art* [v], *Natur* [v] ⋆ anders van aard *anders geartet* ⋆ van allerlei aard *allerhand* ⋆ iets van voorbijgaande aard *etw. Vorübergehendes*
aard- *erd-, Erd-*
aardappel *Kartoffel* [v] ⋆ gekookte ~en *Salzkartoffeln* ▾ hij praat met een hete ~ in de keel *er nuschelt*
aardappelmeel *Kartoffelmehl* [o]
aardappelmesje *Kartoffelschäler* [m]
aardappelpuree *Kartoffelpüree* [o]
aardas *Erdachse* [v]
aardbaan *Erdbahn* [v]
aardbei *Erdbeere* [v]
aardbeving *Erdbeben* [o]
aardbodem *Erdboden* [m]
aardbol *Erdkugel* [v]
aarde • (grond) *Erde* [v], *Boden* [m] • (aardbol) *Erde* [v] ▾ ter ~ bestellen *beerdigen/bestatten* ▾ in goede ~ vallen *auf fruchtbaren Boden fallen*
aardedonker *stockfinster, stockdunkel*
aarden I [bnw] *irden, aus Erde* ⋆ ~ wal *Erdwall* [m] ⋆ een ~ pot *ein irdener Topf* **II** [ov ww] ‹techn.› *erden* **III** [on ww] • (wennen) *sich einleben, Wurzeln schlagen, sich (ein)gewöhnen* ⋆ hij kan hier niet ~ *er kann hier nicht heimisch werden* • (~ **naar**) *ähnlich sein* ⋆ hij aardt naar zijn moeder *er ist seiner Mutter ähnlich*
aardewerk *Steingut* [o], *Keramik* [v ev], *Tongeschirr* [o] ⋆ Delfts ~ *Delfter Fayencen*
aardgas *Erdgas* [o]
aardig • (vriendelijk) *liebenswürdig, nett, freundlich* ⋆ hij was erg ~ voor me *er war sehr nett zu mir* • (nogal) *ganz schön, ziemlich* • (leuk om te zien) *liebenswert, hübsch, nett, ganz schön*
aardigheid • (geschenk) *Aufmerksamkeit* [v] • (grap) *Spaß* [m] ⋆ de ~ is eraf *es hat seinen Reiz verloren* ⋆ iets voor de ~ doen *etw. aus Spaß tun* • (plezier) *Freude* [v], *Vergnügen* [o]
aardigheidje *kleine Aufmerksamkeit* [v]
aardkloot *Erdkugel* [v]
aardkorst *Erdkruste* [v]
aardleiding *Erdleitung* [v]
aardlekschakelaar *Sicherungsschalter* [m]
aardolie *Erdöl* [o]
aardrijkskunde *Geographie* [v], ‹schoolvak› *Erdkunde* [v]
aardrijkskundig *geographisch*
aards *irdisch*
aardschok *Erdstoß* [m]
aardverschuiving *Erdrutsch* [m]
aardwetenschappen *Geowissenschaften* [mv]
aardworm *Regenwurm* [m]
aars *After* [m]
aarts- *Erz-, erz-*
aartsbisdom *Erzbistum* [o]
aartsbisschop *Erzbischof* [m]
aartsengel *Erzengel* [m]
aartshertog *Erzherzog* [m]
aartslui *erzfaul*
aartsvader *Patriarch* [m]
aartsvijand *Erzfeind* [m]
aarzelen *zögern, zaudern*
aarzeling *Zögern* [o], *Zaudern* [o]
aas I [de] *Ass* [o] **II** [het] • (dood dier) *Aas* [o] • (lokaas) *Köder* [m]
aaseter *Aasfresser* [m]
aasgier *Aasgeier* [m]
AAW *Allgemeine(s) Erwerbsunfähigkeitsgesetz* [o] ⋆ in de AAW zitten *eine Erwerbsunfähigkeitsrente beziehen*
abattoir *Schlachthof* [m]
abc *Abc* [o]
abces *Abszess* [m]
ABC-wapens *ABC-Waffen* [mv]
abdij *Abtei* [v]
abdis *Äbtissin* [v]
abdomen *Unterleib* [m], ‹insecten› *Hinterleib* [m]
abject *verächtlich, verwerflich*
abnormaal *unnormal, abnormal, anomal*
abominabel *scheußlich, abscheulich* ⋆ een ~ slecht boek *ein miserables Buch*
abonnee *Abonnent* [m], ‹van telefoon› *Fernsprechteilnehmer* [m]
abonneenummer *Telefonnummer* [v]
abonneetelevisie *Pay-TV* [o]
abonnement *Abonnement* [o]
abonneren *abonnieren* ⋆ zich ~ op een tijdschrift *eine Zeitschrift abonnieren*
aborteren I [ov ww] • (zwangerschap afbreken) *abtreiben* ⋆ zij heeft zich laten ~ *sie hat abgetrieben* **II** [on ww] • (miskraam hebben) *eine Fehlgeburt haben*, ‹med.› *abortieren*
abortus • (ingreep) *Schwangerschaftsabbruch* [m],

Abtreibung [v] • (miskraam) *Fehlgeburt* [v]
abortuskliniek *Abtreibungsklinik* [v]
abracadabra *Abrakadabra* [o]
abri *Wartehäuschen* [o]
abrikoos • (boom) *Aprikosenbaum* [m] • (vrucht) *Aprikose* [v]
abrupt *jäh, abrupt*
abscis *Abszisse* [v]
absent *abwesend*
absentie *Abwesenheit* [v], ‹form.› *Absenz* [v]
absentielijst *Abwesenheitsliste* [v]
absolutie *Absolution* [v], *Lossprechung* [v] ★ ~ verlenen *Absolution erteilen; lossprechen*
absolutisme *Absolutismus* [m]
absoluut I [bnw] *absolut* II [bijw] *unbedingt, durchaus, absolut*
absorberen *absorbieren*
absorptie *Absorption* [v]
abstract *abstrakt*
abstractie *Abstraktion* [v]
abstraheren *abstrahieren*
absurd *absurd*
abt *Abt* [m]
abuis I [het] *Versehen* [o], *Irrtum* [m] ★ per ~ *aus Versehen; versehentlich* II [bnw] *falsch* ★ u bent ~ *Sie irren sich*
abusievelijk *aus Versehen, versehentlich*
acacia *Akazie* [v]
academicus *Akademiker* [m]
academie *Akademie* [v] ★ militaire ~ *Militärhochschule* [v]
academisch *akademisch* ★ ~ ziekenhuis *Universitätsklinik* [v]
a capella *a cappella*
acceleratie *Beschleunigung* [v], *Akzeleration* [v]
accelereren *akzelerieren*
accent *Akzent* [m]
accentueren *akzentuieren, betonen*
acceptabel *akzeptabel*
acceptatie *Akzeptieren* [o], *Akzeptation* [v], *Annehmen* [o], ‹erkenning› *Akzeptierung* [v]
accepteren *akzeptieren, annehmen,* ‹zich laten welgevallen› *hinnehmen*
acceptgiro *Überweisungsformular* [o]
accessoire *Accessoire* [o], *Zubehörteil* [o]
accijns *Verbrauchssteuer* [v] ★ vrij van ~ *steuerfrei* ★ ~ op tabak *Tabaksteuer* [v]
acclamatie *Akklamation* [v] ★ bij ~ aannemen *per Akklamation annehmen*
acclimatiseren *sich akklimatisieren*
accolade *Akkolade* [v]
accommodatie • (inrichting) *Ausstattung* [v], ‹verblijf› *Unterkunft* [v] • (aanpassing) *Akkommodation* [v], ‹van het oog› *Anpassung* [v], ‹van ideeën› *Angleichung* [v]
accordeon *Akkordeon* [o]
accountancy ‹leer, wetenschap› *Wirtschaftswissenschaft* [v], ‹werk› *Rechnungswesen* [o]
accountant *Wirtschaftsprüfer* [m], *Rechnungsprüfer* [m]
accountantsverklaring *Bericht des Wirtschaftsprüfers* [m]
accrediteren *akkreditieren*
accu *Batterie* [v], *Akku* [m]
accumulatie *Akkumulation* [v], *Häufung* [v]
accuraat *akkurat, genau, sorgfältig*
accuratesse *Genauigkeit* [v], *Sorgfältigkeit* [v], *Akkuratesse* [v]
aceton *Aceton* [o]
ach *ach* ▾ ach en wee roepen *Ach und Weh schreien*
achilleshiel *Achillesferse* [v]
achillespees *Achillessehne* [v]
acht I [de] • (aandacht) *Acht* [v] ★ in acht nemen *in Betracht ziehen* ★ acht geven *achten auf* [4] ★ geen acht slaan op *außer Acht lassen* ★ zich in acht nemen *sich in Acht nehmen* ★ zich in acht nemen voor *sich hüten vor* [3] ★ geef acht! *stillgestanden!* • (cijfer) *Acht*, ≈ ‹schoolcijfer› *Zwei* [v] • (roeiteam) *Acht* [v] II [telw] *acht* ★ om de acht maanden *alle acht Monate* ★ met z'n achten *zu acht*
achtbaan *Achterbahn* [v]
achtbaar *ehrenwert, achtbar*
achteloos • (onoplettend) *nachlässig, unachtsam* • (onverschillig) *achtlos*
achten • (vinden) *halten für, ansehen als* ★ iem. tot iets in staat ~ *jmdm. etw. zutrauen* ★ ik acht het mogelijk *ich halte es für möglich* • (waarderen) *schätzen, respektieren, achten*
achter I [bijw] • (aan de achterkant) *hinten* ★ zij woont ~ *sie wohnt nach hinten heraus* • (in achterstand) *zurück, im Rückstand* ★ het team staat ~ *die Mannschaft liegt im Rückstand* ★ de klok loopt ~ *die Uhr geht nach* ★ zij is ~ bij de anderen *sie steht hinter den anderen zurück* II [vz] • (na) *hinter* [4] ★ ~ elkaar *hintereinander* • (met iets/iemand voor zich) *hinter* [3,4] ★ de bal ligt ~ de boom *der Ball liegt hinter dem Baum* ★ ~ het stuur *am Steuer* ▾ ~ de waarheid komen *die Wahrheit herausbekommen* ▾ overal iets ~ zoeken *hinter allem etw. suchen/vermuten*
achter- *hinter-*
achteraan • (aan de achterkant) *hinten* • (achterheen) *hinterher* ★ daar moeten wij meteen ~ *da müssen wir sofort hinterher*
achteraf • (naderhand) *hinterher, nachträglich* • (afgelegen) *abseits, abgelegen*
achterbak *Kofferraum* [m]
achterbaks *heimtückisch, hinterlistig*
achterban *Basis* [v], ‹aanhangers› *Anhängerschaft* [v]
achterband *Hinterreifen* [m]
achterbank *Rücksitz* [m]
achterblijven *zurückbleiben*
achterbuurt *schlechte(s) Viertel* [o]
achterdeur *Hintertür* [v]
achterdocht *Argwohn* [m], *Misstrauen* [o] ★ ~ krijgen *Argwohn schöpfen*
achterdochtig *argwöhnisch*
achtereen *hintereinander, nacheinander*
achtereenvolgens *nacheinander*
achtereind • (achterste deel) *Hinterstück* [o] • (achterwerk) *Hinterteil* [o] ▾ zo stom als het ~ van een varken *so dumm wie Bohnenstroh*
achteren *hinten* ★ van ~ aanvallen *von hinten angreifen; hinterrücks angreifen* ★ een stap naar ~ doen *einen Schritt nach hinten machen* ★ van ~ naar voren *von hinten nach vorne*
achtergrond *Hintergrund* [m] ★ op de ~ raken *in den Hintergrund treten*
achtergrondinformatie *Hintergrundinformationen* [v]
achtergrondmuziek *Hintergrundmusik* [v]
achterhaald *überholt* ★ een ~e zaak *ein alter Zopf*
achterhalen • (te pakken krijgen) *greifen* • (terugvinden) ‹abstract› *herausfinden,* ‹concreet› *aufspüren* ★ niet meer te ~ zijn *sich nicht mehr ermitteln lassen* ★ de waarheid ~ *die Wahrheit herausbekommen*
achterheen ★ ergens ~ zitten *hinter etw. her sein* [3]
achterhoede • (mil.) *Nachhut* [v] • (sport) *Abwehr* [v]

A

achterhoofd *Hinterkopf* [m]
achterhouden • (bij zich houden) *zurückbehalten*, ‹verduisteren› *unterschlagen* • (geheimhouden) *verheimlichen, verschweigen*
achterin *hinten*
achterkant *Rückseite* [v]
achterklap *Klatsch* [m], *Tratsch* [m]
achterkleinkind *Urenkel* [m]
achterklep *Heckklappe* [v]
achterland *Hinterland* [o]
achterlaten *zurücklassen, hinterlassen* ⋆ de bagage in het hotel ~ *das Gepäck im Hotel zurücklassen* ⋆ een goede indruk ~ *einen guten Eindruck hinterlassen*
achterlicht *Rücklicht* [o]
achterliggen • (ergens achter liggen) *hinter jmdm./etw. liegen* • (minder ver zijn) *zurückbleiben*, ‹sport› *zurückliegen* ⋆ ~ op schema *im Verzug sein*
achterlijf *Hinterleib* [m]
achterlijk *zurückgeblieben*
achterlopen • (personen) *hinter seiner Zeit zurückbleiben* • (uurwerk) *nachgehen*
achterna *nachher, hinterher*
achternaam *Familienname* [m]
achternagaan • (volgen) *folgen* [3], *hinterhergehen* [3], *nachgehen* [3] • (gaan lijken op) ⋆ zij gaat haar moeder achterna ‹fig.› *sie tritt in die Fußstapfen ihrer Mutter*
achternalopen *nachlaufen*
achternamiddag *Spätnachmittag* [m]
achternazitten • (achtervolgen) *nachsetzen* [3] • (controleren) *hinterher sein* [3]
achterneef • (zoon van neef/nicht) ≈ *entfernte(r) Verwandte(r)* [m] • (zoon van oom-/tantezegger) *Großneffe* [m]
achternicht • (dochter van neef/nicht) ≈ *entfernte Verwandte* [v] • (dochter van oom-/tantezegger) *Großnichte* [v]
achterom *hintenherum*
achterop • (op de achterkant) *hintendrauf* • (achter) ⋆ ~ raken *ins Hintertreffen geraten*
achterover *rücklings, hintenüber-, nach hinten* ⋆ hij viel ~ op de grond *er fiel hintenüber zu Boden; er fiel rücklings zu Boden*
achteroverdrukken *unterschlagen*
achteroverslaan I [ov ww] • (snel drinken) *hinunterstürzen, hinunterschütten* II [on ww] • (vallen) *nach hinten stürzen, hintenüberstürzen* ⋆ daar sla je steil van achterover *da fällst du echt vom Hocker*
achterpand *Rückenstück* [o]
achterpoot *Hinterpfote* [v], *Hinterfuß* [m]
achterruit *Heckscheibe* [v]
achterruitverwarming *Heckscheibenheizung* [v]
achterst *hinter, hinterst*
achterstallig *ausstehend, rückständig* ⋆ het ~e *Rückstände* [mv]
achterstand *Rückstand* [m]
achterste • (zitvlak) *Hintern* [m], *Hinterteil* [o] • (achterstuk) *Hintere* [o]
achterstellen *zurücksetzen*
achterstevoren *verkehrt herum, falsch herum*
achtertuin • (tuin achter het huis) *Garten hinter dem Haus* [m] • (buitenlands gebied) *politische(s) Hinterland* [o]
achteruit I [de] *Rückwärtsgang* [m] II [bijw] *rückwärts, nach hinten*
achteruitgaan • (naar achteren gaan) *rückwärts gehen, zurückgehen* • (verslechteren) *zurückgehen, abwärts gehen*
achterúítgang *Rückgang* [m], ‹verval› *Niedergang* [m]
áchteruitgang *Hinterausgang* [m]
achteruitkijkspiegel *Rückspiegel* [m]
achtervoegsel *Nachsilbe* [v], *Suffix* [o]
achtervolgen *verfolgen*
achtervolging *Verfolgung* [v]
achtervolgingswaanzin *Verfolgungswahn* [m]
achterwaarts *rückwärts, zurück*
achterwege ⋆ ~ blijven *unterbleiben* ⋆ ~ laten *unterlassen*
achterwerk *Hintern* [m], *Gesäß* [o]
achterwiel *Hinterrad* [o]
achterwielaandrijving *Hinterradantrieb* [m]
achterzijde *Rückseite* [v]
achting *Achtung* [v]
achtste I [bnw] ⋆ drie ~ liter *drei achtel Liter* ⋆ ‹muz.› ~ noot *Achtelnote* [v] II [telw] *achte*
achttien *achtzehn* → **acht**
acne *Akne* [v]
acquireren *erwerben, anschaffen, akquirieren*
acrobaat *Akrobat* [m]
acrobatiek *Akrobatik* [v]
acrobatisch *akrobatisch*
acroniem *Akronym* [o]
acryl I [het] *Acryl* [o] II [bnw] *Acryl-*
act *Akt* [m] ⋆ een act opvoeren ‹doen alsof› ‹inf.› *eine Schau abziehen*
acteren • (toneelspelen) *spielen* • (doen alsof) *schauspielern*
acteur *Schauspieler* [m]
actie • (protestactie) *Aktion* [v], *Kampagne* [v] • (handeling) *Tat* [v], *Handlung* [v], *Aktion* [v] ⋆ in ~ komen *aktiv werden* ⋆ ~ en re~ *Wirkung und Gegenwirkung* • (jur.) *Klage* [v]
actiecomité *Aktionskomitee* [o]
actief • (bezig) *aktiv* ⋆ ~ kiesrecht *aktives Wahlrecht* • (in dienst) *tätig* • (econ.) ⋆ een actieve balans *eine aktive Handelsbilanz*
actiegroep *Bürgerinitiative* [v]
actieradius *Aktionsradius* [m], *Reichweite* [v], ‹vliegtuig› *Flugbereich* [m]
activa *Aktiva* [mv] ⋆ ~ en passiva *Aktiva und Passiva* ⋆ vlottende ~ *Umlaufvermögen* [o]
activeren *aktivieren*
activist *Aktivist* [m]
activiteit *Aktivität* [v], *Tätigkeit* [v]
actrice *Schauspielerin* [v]
actualiteit *Aktualität* [v]
actualiteitenprogramma *Magazin* [o]
actueel *aktuell* ⋆ actuele vraagstukken *aktuelle Fragen*
acupunctuur *Akupunktur* [v]
acuut *akut*
adagio I [het] *Adagio* [o] II [bijw] *adagio*
Adam *Adam* [m]
adamsappel *Adamsapfel* [m]
adamskostuum *Adamskostüm* [o]
adapter *Adapter* [m]
adapteren *anpassen, adaptieren*
adder *Natter* [v] ▾ een ~ aan zijn borst koesteren *eine Schlange am Busen nähren*
à decharge ⋆ een getuige ~ *ein Entlastungszeuge* [m]
adel *Adel* [m]
adelaar *Adler* [m]
adelborst *Seekadett* [m]
adelen *adeln*
adellijk *adlig*
adelstand *Adelsstand* [m] ⋆ in de ~ verheffen *in den Adelsstand aufnehmen*
adem *Atem* [m] ⋆ buiten adem raken *außer Atem*

kommen ⋆ op adem komen *wieder zu Atem kommen* ⋆ zijn adem inhouden *seinen Atem anhalten* ▾ in één adem *im selben Atemzug* ▾ de laatste adem uitblazen *den letzten Atem aushauchen* ▾ een lange adem hebben *einen langen Atem haben* ▾ iemands hete adem in de nek voelen *jmdn. im Nacken haben* ▾ de langste adem hebben *den längeren Atem haben*
adembenemend *atemberaubend*
ademen *atmen*
ademhalen *atmen*
ademhaling *Atmung* [v] ⋆ kunstmatige ~ *künstliche Beatmung* [v]
ademhalingswegen *Atemwege* [mv]
ademloos *atemlos*
ademnood *Atemnot* [v]
adempauze *Atempause* [v]
ademtocht *Atemzug* [m]
adequaat *adäquat, angemessen*
ader • (bloedvat) *Ader* [v] • (bodemlaag) *Goldader* [v]
aderlaten • (afzetten) *schröpfen,* ‹scherts› *zur Ader lassen* • (bloed aftappen) *Blut abzapfen*
aderlating *Aderlass* [m]
aderverkalking *Arterienverkalkung* [v]
adhesie • (instemming) *Beifall* [m] ⋆ ~ betuigen met een voorstel *einem Vorschlag beistimmen* • (nat.) *Adhäsion* [v]
adieu *adieu, tschüs/tschüss*
adjectief *Adjektiv* [o], *Eigenschaftswort* [o]
adjudant *Gehilfe* [m]
adjunct I [de] *Stellvertreter* [m], *Mitarbeiter* [m] **II** [voorv] *stellvertretend, beigeordnet, Vize-* ⋆ ~-directeur *Vizedirektor* [m]
administrateur *Finanzbuchhalter* [m], ‹algemeen› *Verwalter* [m]
administratie *Verwaltung* [v]
administratief *administrativ, Verwaltungs-* ⋆ ~ medewerker *Bürokraft* [v]
administratiekantoor *Verwaltungsbüro* [o], ‹bankiershuis› *Geschäftsstelle* [v]
administratiekosten *Verwaltungskosten* [mv], *Bearbeitungsgebühr* [v]
administreren *verwalten*
admiraal *Admiral* [m]
admiraliteit *Admiralität* [v]
adolescent *Jugendliche(r)* [m]
adolescentie *Adoleszenz* [v]
adonis *Adonis* [m]
adopteren *adoptieren*
adoptie *Adoption* [v], *Kindesannahme* [v]
adoptiefkind *Adoptivkind* [o]
adoptiefouder *Adoptiveltern* [mv]
adoreren *anbeten, adorieren*
adrem *schlagfertig*
adrenaline *Adrenalin* [o]
adres • (straat en woonplaats) *Adresse* [v], *Anschrift* [v], ‹verblijfplaats› *Wohnsitz* [m], *Wohnort* [m] ⋆ per ~ *per Adresse* • (verzoekschrift) *Bittgesuch* [o], ‹petitie› *Petition* [v] ▾ bij hem ben je aan het verkeerde ~ *bei ihm bist du an der falschen Adresse*
adresboek *Adressbuch* [o]
adresseren I [ov ww] • (van adres voorzien) *adressieren* **II** [on ww] • (rekest indienen) *eine Eingabe machen*
adreswijziging *geänderte/neue Anschrift* [v]
Adriatische Zee *Adria* [v]
adsorberen *adsorbieren*
advent *Advent* [m], *Adventszeit* [v]
adverteerder *Inserent* [m]
advertentie *Anzeige* [v], *Annonce* [v], *Inserat* [o]
advertentiecampagne *Anzeigenkampagne* [v]
adverteren *inserieren, werben*
advies • (raadgeving) ‹deskundig advies› *Gutachten* [o], ‹raad› *Rat* [m] ⋆ van ~ dienen *(jmdn.) beraten* ⋆ ~ geven *Rat geben* • (hand.) *Empfehlung* [v]
adviesbureau *Beratungsstelle* [v] ⋆ juridisch ~ *Rechtsberatung* [v]
adviesorgaan *Beratungsgremium* [o]
adviesprijs *Preisempfehlung* [v], *Richtpreis* [m]
adviseren *empfehlen, raten*
adviseur *Berater* [m]
advocaat • (raadsman) *Anwalt* [m], *Rechtsanwalt* [m] • (drank) *Eierlikör* [m]
advocaat-generaal *stellvertretende(r) Generalstaatsanwalt* [m]
advocatencollectief *Anwaltskollektiv* [o]
advocatuur *Anwaltschaft* [v]
aerobics *Aerobic* [o]
aërodynamisch *aerodynamisch*
aëroob *aerob*
af I [bnw] *fertig* **II** [bijw] • (vandaan/weg) *ab, weg, entfernt* ⋆ ver van de weg af *weitab vom Weg* ⋆ af en aan *hin und her* • (naar beneden) *ab, hinunter* ⋆ hij viel van het dak af *er fiel vom Dach herunter* • (bij benadering) ⋆ op het gevaar af *auf die Gefahr hin* • (bevrijd/verlost van) *los* ⋆ daar ben ik van af! *das habe ich hinter mir* **III** [vz] *ab* [3] ⋆ prijzen af fabriek *Preise ab Werk*
afasie *Aphasie* [v]
afbakenen *abstecken, abgrenzen,* ‹scheepv.› *abbaken*
afbeelden *abbilden, darstellen*
afbeelding *Abbildung* [v]
afbekken *anschnauzen*
afbellen • (afzeggen) *telefonisch absagen,* ‹inf.› *abtelefonieren* • (iedereen opbellen) *herumtelefonieren*
afbestellen *abbestellen*
afbetalen • (deels betalen) *abbezahlen, auf Raten bezahlen* • (helemaal betalen) *ablösen*
afbetaling *Teilzahlung* [v], *Ratenzahlung* [v] ⋆ op ~ kopen *auf Teilzahlung kaufen;* ‹inf.› *abstottern*
afbetalingstermijn *Zahlungstermin* [m]
afbeulen *schinden* ⋆ zich ~ *sich abrackern*
afbijten • (bijtend wegnemen) *abbeißen* • (verf wegnemen) *abbeizen*
afbijtmiddel *Abbeizmittel* [o]
afbinden • (losmaken) *abbinden, losbinden* • (med.) *abschnüren, abbinden,* ‹met een klem› *abklemmen*
afbladderen *abblättern*
afblaffen *anschnauzen*
afblazen *abblasen*
afblijven *nicht berühren* ⋆ ~! *Hände weg!* ⋆ blijf van me af! *rühr mich nicht an!*
afbluffen ⋆ iem. ~ *jmdm. über den Mund fahren*
afboeken *abbuchen*
afbouwen • (afmaken) *fertig stellen, fertig bauen* • (geleidelijk opheffen) *abbauen*
afbraak *Abbruch* [m], ‹chem.› *Abbau* [m]
afbraakpand *abbruchreife(s) Gebäude* [o]
afbraakprijs *Schleuderpreis* [m] ⋆ tegen ~ verkopen *zu Schleuderpreisen verkaufen; verschleudern*
afbraakproduct ‹chem.› *Zersetzungsprodukt* [o], ‹algemeen› *Abbauprodukt* [o]
afbranden I [ov ww] • (door branden verwijderen) *abbrennen* **II** [on ww] • (door brand vernietigd worden) *niederbrennen*
afbreekbaar ⋆ biologisch ~ *biologisch abbaubar*
afbreken • (slopen) *abreißen*

A

A

• (eraf-/kapotbreken) *abreißen, abbrechen* • (beëindigen) *abbrechen* • (afkraken) *zerhacken, verreißen* • (demonteren) *abbrechen* • (chem.) *abbauen*
afbrengen *abbringen, ablenken* ▾ het er goed van ~ *gut davonkommen;* ‹bij examen, wedstrijd› *gut abschneiden*
afbreuk *Abbruch* [m] ▾ ~ doen aan iets *einer Sache Abbruch tun* [3]
afbrokkelen *abbröckeln*
afbuigen *abbiegen, abbrechen*
afchecken *abchecken*
afdak *Schutzdach* [o], *Vordach* [o]
afdalen *(hin)absteigen, heruntersteigen, hinuntersteigen* ⋆ in de mijn ~ *in die Grube einfahren*
afdaling *Abstieg* [m], *Heruntersteigen* [o], ‹sport› *Abfahrtsrennen* [o], ‹rijdend› *Abfahrt* [v]
afdanken • (wegsturen) ‹afwijzen› *abweisen,* ‹ontslaan› *entlassen* • (wegdoen) *abschaffen, ausrangieren*
afdankertje *abgetragene(s)/ausrangierte(s) Kleidungsstück* [o]
afdekken • (bedekken) *zudecken* • (afruimen) *abräumen, abdecken*
afdeling *Abteilung* [v], ‹in ziekenhuis› *Station* [v], ‹overheid› *Amt* [o]
afdelingschef *Abteilungsleiter* [m]
afdingen *abhandeln,* ‹inf.› *herunterhandeln*
afdoen • (afnemen) *abnehmen,* ‹van prijs› *abschlagen* • (afhandelen) *erledigen,* ‹ter zijde schuiven› *abtun* ⋆ een afgedane zaak *eine beschlossene Sache* ⋆ dat is afgedaan *das ist/wäre erledigt* ▾ afgedaan hebben ‹bij zaken› *ausgedient haben;* ‹bij personen› *zum alten Eisen gehören* ▾ dat doet aan de zaak niets af *das ändert nichts an der Sache*
afdoend • (beslissend) *schlagend, entscheidend* ⋆ een ~ bewijs *ein schlagender Beweis* • (doeltreffend) *wirksam* ⋆ een ~ middel *ein wirksames Mittel*
afdraaien • (door draaien verwijderen) *wegdrehen, abdrehen* • (afspelen) ‹van film› *vorführen,* ‹van plaat› *abspielen* • (wegdraaien) ⋆ het hoofd ~ *den Kopf wegdrehen*
afdracht *Abgabe* [v]
afdragen *auftragen, abtragen*
afdrijven I [ov ww] • (med.) *abtreiben* **II** [on ww] • (weggedreven worden) *abtreiben,* ‹van onweer› *abziehen*
afdrogen • (een pak slaag geven) *durchprügeln* • (droog maken) *(ab)trocknen, abwischen*
afdronk *Nachgeschmack* [m]
afdruipen • (druipend vallen) *abtropfen* • (weglopen) *sich trollen*
afdruiprek *Abtropfgestell* [o]
afdruk *Abdruck* [m], ‹foto› *Abzug* [m]
afdrukken ‹van boek, krant› *abdrücken,* ‹van foto's› *abziehen*
afduwen *abstoßen,* ‹naar beneden› *herunterstoßen,* ‹verdringen› *abdrängen* ⋆ zij werd van de rand afgeduwd *sie wurde vom Rand gestoßen*
afdwalen *abkommen, abschweifen* ⋆ van de weg ~ *vom Weg abkommen* ⋆ van het onderwerp ~ *vom Thema abschweifen* ▾ van het rechte pad ~ *vom Pfad der Tugend abweichen*
afdwingen • (gedaan krijgen) *erzwingen* • (inboezemen) *abzwingen* ⋆ respect ~ *Ehrfurcht gebieten*
affaire • (kwestie) *Affäre* [v], *Angelegenheit* [v] • (verhouding) *Affäre* [v]
affectie • (genegenheid) *Zuneigung* [v] • (aandoening) *Affektion* [v]
affiche *Plakat* [o]
afficheren *plakatieren, affichieren,* ‹fig.› *zur Schau stellen*
affiniteit *Affinität* [v]
affix *Affix* [o]
afgaan • (naar beneden gaan) *hinuntergehen, hinabgehen* • (afgeschoten worden) *abgehen, losgehen* • (blunderen) *sich blamieren* • (~ **op**) *sich verlassen (auf)* [4] ⋆ ~ op de eerste indruk *nach dem ersten Eindruck urteilen* ⋆ op iemands oordeel ~ *sich auf jmds. Urteil verlassen*
afgang *Blamage* [v]
afgedaan • (onbruikbaar) *nicht zu gebrauchen, ungeeignet* • (econ.) *gehandelt* ▾ zij heeft voor mij ~ *die ist für mich erledigt*
afgeladen *gerammelt voll, proppenvoll*
afgelasten *absagen, absetzen*
afgeleefd *altersschwach, abgelebt* ⋆ een ~e grijsaard *ein abgelebter Greis*
afgelegen *abgelegen*
afgelopen *letzt, vergangen, vorig* ⋆ ~ jaar *vergangenes/voriges Jahr* ⋆ ~ zondag *(am) letzten Sonntag* ▾ ~! *Schluss!*
afgemat *erschöpft, ermattet*
afgemeten • (afgepast) *abgemessen* • (kortaf) *gemessen* ⋆ ~ spreken *gemessen sprechen*
afgepeigerd *ausgelaugt, ausgepumpt, fix und fertig*
afgestompt *abgestumpft*
afgevaardigde *Abgeordnete(r)* [m] ⋆ huis van ~n *Abgeordnetenhaus* [o]
afgeven I [ov ww] • (overhandigen) *abgeben,* ‹van bewijsstukken en documenten› *ausstellen,* ‹van goederen› *abliefern* • (verspreiden) *verbreiten* ⋆ een sterke geur ~ *einen starken Geruch verbreiten* • (sport) ⋆ de bal ~ *den Ball abspielen* **II** [on ww] • (kleurstof loslaten) *abfärben* • (~ **op**) ⋆ op iem. ~ *über jmdn. herziehen* **III** [wkd ww] *sich einlassen, sich abgeben*
afgezaagd *abgedroschen*
afgezant *Abgesandte(r)* [m]
afgezien ⋆ ~ van *abgesehen von* [3]
afgezonderd *abgesondert,* ‹van personen› *zurückgezogen,* ‹van plaats› *abgelegen*
Afghanistan *Afghanistan* [o]
afgieten *abgießen*
afgietsel *Abguss* [m]
afgifte *Abgabe* [v], ‹van bewijsstukken en documenten› *Ausstellung* [v], ‹van goederen› *Auslieferung* [v] ⋆ ~ van bagage *Gepäckabfertigung* [v] ⋆ bewijs van ~ *Ablieferungsbescheinigung* [v]
afglijden • (van iets afraken) *abgleiten, abrutschen* • (glijdend naar beneden komen) *hinuntergleiten, herunterrutschen* ⋆ de trap ~ *die Treppe herunterrutschen*
afgod • (idool) *Idol* [o], *Abgott* [m] • (onechte god) *Abgott* [m]
afgooien *hinunterwerfen, herunterwerfen* ⋆ iets van het dak ~ *etw. vom Dach hinunterwerfen*
afgraven *abgraben*
afgrendelen *absperren, abriegeln*
afgrijselijk *scheußlich, grauenhaft, grässlich*
afgrijzen *Grauen* [o]
afgrond *Abgrund* [m]
afgunst *Neid* [m], *Missgunst* [v]
afgunstig *neidisch, missgünstig*
afhaaldienst *Abholservice* [m]
afhaalrestaurant ≈ *Restaurant, bei dem man Essen mitnehmen kann* [o]
afhaken I [ov ww] • (losmaken) *abhängen, abhaken* **II** [on ww] • (niet meer meedoen)

abhaken
afhalen • (ophalen) *abholen* • (van iets ontdoen) *lösen, abziehen* ⋆ het beddengoed ~ *das Bett abziehen* ⋆ de was ~ *die Wäsche abnehmen*
afhandelen *erledigen,* ‹van onderwerp, thema› *abhandeln*
afhandig ⋆ iem. iets ~ maken *jmdm. etw. abspenstig machen*
afhangen • (naar beneden hangen) *herunterhängen* • (~ **van**) *abhängen (von)*
afhankelijk • (niet-zelfstandig) *abhängig* • (~ **van**) ⋆ het is ~ van het weer *es ist vom Wetter abhängig*
afhelpen *befreien* ⋆ iem. van zijn geld ~ *jmdn. um sein Geld erleichtern*
afhouden • (inhouden) *einbehalten, abziehen* • (weghouden) *fern halten, abhalten,* ‹sport› *sperren* ⋆ zij kon haar ogen er niet van ~ *ihre Augen konnten sich daran nicht satt sehen*
afhuren *mieten*
afkalven • (kalven) *kalben* • (afbrokkelen) *abbröckeln*
afkammen *heruntermachen*
afkanten • (scherpe kant wegnemen) *abrunden* • (handwerk afmaken) ‹breiwerk› *abketten,* ‹stof› *einsäumen*
afkappen • (afhakken) *abhauen, abschlagen* • (plotseling beëindigen) *abrupt beenden, zunichte machen*
afkatten *angiften*
afkeer *Abneigung* [v], *Widerwille* [m], ‹hekel› *Abscheu* [m], ‹walging› *Ekel* [m]
afkeren *abwenden,* ‹afweren› *abwehren*
afkerig *abgeneigt,* ‹form.› *abhold* ⋆ zij is ~ van geweld *sie hat eine Abneigung gegen Gewalt*
afketsen I [ov ww] • (verwerpen) *verwerfen* ⋆ een voorstel ~ *einen Vorschlag verwerfen* **II** [on ww] • (terugstuiten) *abprallen* • (verworpen worden) *scheitern*
afkeuren • (niet goedkeuren) *missbilligen,* ‹levensmiddelen/huis› *für untauglich/ unbewohnbar erklären,* ‹waren› *aussortieren* • (mil.) *ausmustern*
afkeuring • (het ongeschikt verklaren) *Missbilligung* [v] • (het niet goedkeuren) *Tadel* [m]
afkickcentrum *Entziehungsheim* [o]
afkicken *eine Entziehungskur machen*
afkijken I [ov ww] • (leren door te kijken) *absehen,* ‹inf.› *abgucken* ⋆ dat heeft zij van haar zus afgekeken *das hat sie ihrer Schwester abgesehen* **II** [on ww] • (spieken) *abschreiben*
afkleden *schlank machen*
afklemmen *abklemmen, abquetschen,* ‹knellen› *einklemmen*
afkloppen *abklopfen* ▾ ~! *toi, toi, toi!*
afkluiven *abnagen*
afknappen • (knappend breken) *zerreißen* • (mentaal instorten) *zusammenbrechen, zusammenklappen* ⋆ op iem. ~ *von jmdm. enttäuscht sein;* ‹inf.› *von jmdm. genug haben*
afknapper *Reinfall* [m]
afkoelen *abkühlen*
afkoker *mehlige Kartoffel* [v]
afkomen • (naar beneden komen) *herunterkommen* ⋆ kom van het dak af! *komm vom Dach (he)runter!* • (kwijtraken) *loswerden* ⋆ we konden niet van hem ~ *wir konnten ihn nicht loswerden* • (voltooid worden) *fertig werden* • (aan iets ontsnappen) *davonkommen* ⋆ zonder straf ervan ~ *ungestraft davonkommen* • (~ **op**) *angelockt werden von, zukommen auf* [4] ▾ de dingen op zich af laten komen *die Dinge auf sich zukommen lassen*
afkomst *Herkunft* [v], *Abkunft* [v] ⋆ van Duitse ~ zijn *deutscher Herkunft sein*
afkomstig *stammend* ⋆ deze machines zijn uit Duitsland ~ *diese Maschinen stammen aus Deutschland* ⋆ zij is uit Australië ~ *sie ist gebürtige Australierin*
afkondigen *verkünden, ausrufen, erklären,* ‹huwelijk› *aufbieten* ⋆ de noodtoestand ~ *den Notzustand verhängen* ⋆ een amnestie ~ *eine Amnestie erlassen*
afkoopsom *Abstandssumme* [v], ‹bij schadeloosstelling› *Abfindung* [v]
afkopen ‹uitbetalen› *auszahlen,* ‹vooral bij schadeloosstelling› *abfinden,* ‹vrijkopen› *loskaufen*
afkorten *kürzen, abkürzen*
afkorting *Abkürzung* [v]
afkraken *verreißen,* ‹inf.› *heruntermachen*
afkrijgen *fertig bekommen*
afkunnen *schaffen, fertig werden* ⋆ dat kan ik niet alleen af *damit werde ich nicht allein fertig*
aflaat *Ablass* [m]
aflandig *ablandig* ⋆ ~e wind *ablandiger Wind; vom Festland kommender Wind*
afleggen • (afdoen) *abwerfen* • (volbrengen, doen) *machen, ablegen,* ‹van eed› *leisten* ⋆ een bezoek ~ *einen Besuch machen* ⋆ een bekentenis ~ *ein Geständnis ablegen* ▾ het tegen iem. ~ *den Kürzeren ziehen*
afleiden • (oorsprong aanwijzen) *herleiten, ableiten* • (concluderen) *schließen, folgern* • (laten weggaan) *ableiten* • (op andere gedachten brengen) *ablenken*
afleiding • (verstrooiing) *Zerstreuung* [v], *Ablenkung* [v] ⋆ iem. ~ bezorgen *jmdn. ablenken/ zerstreuen* • (taalk.) *Ableitung* [v]
afleidingsmanoeuvre *Ablenkungsmanöver* [o]
afleren *abgewöhnen* ⋆ dat zal ik je wel ~ *ich werde dir das schon austreiben*
afleveren *abliefern* ⋆ goederen thuis ~ *Waren zu Hause abliefern*
aflevering • (het afleveren) *(Ab)lieferung* [v] • (deel van een reeks) ‹van boek› *Lieferung* [v], ‹van televisieserie/tijdschrift› *Folge* [v], ‹van tijdschrift› *Heft* [o]
afleveringstermijn *Ablieferungsfrist* [v], ‹bestellingen› *Lieferfrist* [v]
aflezen • (helemaal (voor)lezen) *verlesen* • (uit wijzerstand opmaken) *ablesen*
aflikken *ablecken*
afloop • (einde) *Ende* [o], ‹termijn› *Ablauf* [m] ⋆ na ~ van de les *nach der Stunde* • (uitslag) *Ausgang* [m]
aflopen I [ov ww] • (helemaal langslopen) *entlanggehen, entlanglaufen, ablaufen,* ‹inf.› *abklappern* **II** [on ww] • (naar beneden lopen) *herunterlaufen, hinuntergehen* ⋆ de weg loopt af *der Weg ist abschüssig* • (eindigen) *ausgehen, aufhören, zu Ende gehen, enden,* ‹van overeenkomst of ambtstermijn› *auslaufen* ⋆ het contract loopt af *der Vertrag läuft aus* ⋆ goed ~ *gut ausgehen* ⋆ de wissel loopt af *der Wechsel ist fällig* ⋆ dat loopt verkeerd af *das geht schief* • (rinkelen) *ablaufen, klingeln* • (hellen) *bergab gehen, zu Ende gehen* • (~ **op**) *zugehen,* ‹rennend› *zulaufen*
aflossen • (afbetalen) *tilgen* • (vervangen) *ablösen*
aflossing • (afbetaling) *Tilgung* [v] ⋆ vervroegde ~ *vorzeitige Tilgung* • (vervanging) *Ablösung* [v]

A

aflossingstermijn • (bedrag) *Tilgungsrate* [v] • (looptijd) *Tilgungsfrist* [v]
afluisteren *abhören, belauschen, abhorchen*
afmaken I [ov ww] • (beëindigen) *fertig machen, erledigen, fertig stellen,* ‹van een studie› *absolvieren* • (doden) *umbringen, abschlachten* • (afkraken) *abkanzeln, fertig machen, heruntermachen,* ‹vulg.› *zur Sau machen* **II** [wkd ww] ⋆ zich van iets ~ *sich etw. vom Hals schaffen*
afmatten *erschöpfen*
afmelden *abmelden* ⋆ zich ~ *sich abmelden*
afmeren *anlegen, ankern* ⋆ een schip ~ *ein Schiff vertäuen*
afmeten • (meten) *bemessen, abmessen,* ‹ruimtelijk› *ausmessen* • (beoordelen) *abwägen*
afmeting • (maat) *Dimension* [v] • (omvang) *Maß* [o], *Ausmaß* [m] ⋆ een beest van gigantische ~en *ein Tier von gigantischen Ausmaßen*
afmonsteren I [ov ww] • (ontslaan) *abmustern* **II** [on ww] • (ontslag nemen) *abmustern*
afname • (afzet) *Abnahme* [v] • (vermindering) *Abnahme* [v], *Rückgang* [m], *Verringerung* [v]
afnemen I [ov ww] • (wegnemen) *wegnehmen, abnehmen,* ‹van kaart› *abheben* • (kopen) *abnehmen* • (laten afleggen) *ablegen* ⋆ hiervoor moet men een test afleggen *hierfür muss man sich einer Prüfung unterziehen* • (schoonpoetsen) *abwischen* ⋆ stof ~ *abstauben* • (afzetten) *abnehmen* • (afruimen) *abräumen* ⋆ de tafel ~ *den Tisch abdecken/abräumen* **II** [on ww] • ((ver)minderen) *abnehmen, sich verringern, nachlassen* ⋆ de wind is afgenomen *der Wind hat nachgelassen*
afnemer *Käufer* [m], *Abnehmer* [m]
afnokken • (weggaan) *abschwirren, abzwitschern* • (ophouden met werken) *Feierabend/Schluss machen*
aforisme *Aphorismus* [m]
afpakken *abnehmen, wegnehmen* ⋆ iem. iets ~ *jmdm. etw. wegnehmen*
afpalen *abstecken*
afpassen *abmessen,* ‹afmeten d.m.v. passen› *abschreiten* ⋆ geld ~ *abzählen*
afpeigeren *schinden*
afperken *abstecken, abgrenzen*
afpersen *abzwingen,* ‹onder bedreiging› *erpressen* ⋆ iem. geld ~ *von jmdm. Geld erpressen*
afpikken *klauen, stibitzen*
afpoeieren *abfertigen,* ‹inf.› *abwimmeln*
afpraten *besprechen* ⋆ heel wat ~ *über allerhand plaudern*
afprijzen *reduzieren, herabsetzen*
afraden *abraten*
afraffelen ‹inf.› ‹mondeling› *herunterleiern,* ‹schriftelijk› *hinschmieren*
aframmelen *verprügeln, verhauen*
afranselen *verprügeln, verhauen*
afrasteren *umzäunen*
afrastering *Umzäunung* [v], *Einzäunung* [v], ‹resultaat› *Zaun* [m]
afreageren *abreagieren*
afreizen I [ov ww] • (bereizen) *durchreisen, bereisen* ⋆ heel Duitsland ~ *ganz Deutschland durchreisen* **II** [on ww] • (vertrekken) *abreisen, abfahren*
afrekenen *abrechnen* ⋆ ober, ~! *Herr Ober, zahlen bitte!* ▾ met hem reken ik nog wel af! *mit ihm werde ich noch abrechnen!*
afrekening • (het afrekenen) *Abrechnung* [v] • (nota) *Rechnung* [v]
afremmen I [ov ww] • (matigen) *dämpfen, bremsen* **II** [on ww] • (remmen) *(ab)bremsen*
africhten *dressieren, abrichten*
afrijden • (naar beneden rijden) *hinunterfahren* • (rijexamen doen) *den Führerschein machen* • (wegrijden) *abfahren, wegfahren, wegreiten*
Afrika *Afrika* [o]
Afrikaan *Afrikaner* [m]
Afrikaander *Bure* [m]
Afrikaans I [het] *Afrikaans* [o] **II** [bnw] *afrikanisch*
afrikaantje *Studentenblume* [v], *Tagetes* [v]
afrit *Abfahrt* [v], *Ausfahrt* [v]
afroep *Abruf* [m] ⋆ op ~ *auf Abruf*
afroepen *ausrufen* ▾ onheil over iem. ~ *Unheil auf jmdn. herabrufen*
afrokapsel *Afrolook* [m]
afrollen I [ov ww] • (naar beneden rollen) *hinunterrollen, hinabrollen* • (uitrollen) *abrollen* **II** [on ww] • (zich ontrollen) *abrollen*
afromen *abrahmen*
afronden *abrunden,* ‹naar boven› *aufrunden*
afrossen • (roskammen) *striegeln* • (afranselen) *verprügeln, verdreschen*
afruimen *abräumen*
afrukken • (met ruk aftrekken) *abreißen* • (masturberen) ⋆ zich ~ *sich einen runterholen*
afschaffen • (wegdoen) *entlassen* • (opheffen) *abschaffen*
afschampen *abprallen* ⋆ de kogel schampt op de muur af *die Kugel prallt an der Mauer ab*
afscheid *Abschied* [m] ⋆ ~ nemen *Abschied nehmen*
afscheiden • (losmaken) *absondern, trennen,* ‹chem.› *abscheiden* ⋆ zich van een kerk ~ *aus der Kirche austreten* • (uitscheiden) *ausscheiden, absondern*
afscheiding • (scheiding) *Trennung* [v] ⋆ de ~ tussen de twee kamers *die Trennwand zwischen den beiden Zimmern* • (afgescheiden stof) *Absonderung* [v], *Ausscheidung* [v]
afscheidingsbeweging *Separatistenbewegung* [v]
afscheids- *Abschieds-*
afscheidsfeest *Abschiedsfeier* [v]
afscheidsgroet *Abschiedsgruß* [m]
afschepen *abwimmeln, abspeisen* ⋆ iem. met iets ~ *jmdn. mit etw. abspeisen*
afschermen *abschirmen*
afschieten I [ov ww] • (doodschieten) *abschießen* • (ruimte afscheiden) *abschotten, abteilen* **II** [on ww] • (~ **op**) ⋆ op iem. ~ *auf jmdn. zuschießen; auf jmdn. losgehen*
afschilderen • (beschrijven) *schildern, darstellen, beschreiben* ⋆ iets rooskleurig ~ *etw. schönfärben* • (afmaken) ⋆ een huis ~ *ein Haus fertig streichen*
afschilferen *abschuppen,* ‹verf› *abblättern*
afschminken *abschminken*
afschrift *Abschrift* [v], *Duplikat* [o]
afschrijven *abbuchen*
afschrijving • (bewijs van afboeking) ⋆ automatische ~ *Dauerauftrag* [m] • (afzegging) *Abschreibung* [v]
afschrikken *abschrecken*
afschrikwekkend *abschreckend*
afschudden *abschütteln*
afschuimen • (schuim afscheppen) *abschöpfen* • (afzoeken) *durchstreifen*
afschuiven • (wegschuiven) *wegschieben, fortschieben* • (afwentelen) *abwälzen* ⋆ iets op een ander ~ *etw. auf jmdn. anderen abwälzen*
afschuw *Abscheu* [v], *Ekel* [m] ⋆ ~ hebben van iem./iets *sich vor jmdm./etw. ekeln; jmdn./etw. verabscheuen*

afschuwelijk • (heel slecht/lelijk) *scheußlich* • (afschuwwekkend) *abscheulich, entsetzlich*
afslaan I [ov ww] • (in prijs verlagen) *herabsetzen, senken* • (wegslaan) *wegschlagen, verjagen* ⋆ van zich ~ *sich wehren* • (tegenhouden) *zurückschlagen, abwehren, abschlagen* ⋆ een aanval ~ *einen Angriff abschlagen/abwehren* • (weigeren) *ablehnen, ausschlagen* **II** [on ww] • (van richting veranderen) *abbiegen* • (niet meer werken) *aussetzen* ⋆ de motor slaat af *der Motor versagt*
afslachten • (slachten) *abschlachten* • (in groten getale doden) *niedermetzeln*
afslag • (veiling) *Abschlag* [m] • (prijsvermindering) *Preissenkung* [v], *Preisermäßigung* [v] • (afrit) *Ausfahrt* [v]
afslanken I [ov ww] • (slanker maken) *schlanker machen* **II** [on ww] • (slanker worden) *abnehmen, abmagern, schlanker werden* • (kleiner worden) ⋆ dat bedrijf moet ~ *der Betrieb muss abbauen*
afsluiten • (ontoegankelijk maken) *(ab)sperren* ⋆ een weg ~ *eine Straße sperren* • (op slot doen) *abschließen, verschließen* • (eind maken) *abschließen* ⋆ ~d examen *Abschlussprüfung* [v] • (overeenkomst sluiten) *abschließen* ⋆ een contract ~ *einen Vertrag abschließen*
afsluiting • (het ontoegankelijk maken) *Abschluss* [m], ‹deur/kamer e.d.› *Abschließen* [o], ‹water/gas e.d.› *Absperrung* [v] • (iets dat afsluit) *Verschluss* [m], ‹versperring› *Sperre* [v]
afsluitpremie *Abschlussprämie* [v]
afsluitprovisie *Abschlussprovision* [v]
afsmeken *erflehen* ⋆ iem. iets ~ *von jmdm. etw. erflehen*
afsnauwen *anfahren*, ‹inf.› *anschnauzen*
afsnijden *abschneiden*
afsnoepen *wegschnappen* ⋆ iem. iets ~ *jmdm. etw. wegschnappen*
afspelen I [ov ww] *abspielen* **II** [wkd ww] *sich abspielen*
afspiegelen • (afschilderen) *darstellen* ⋆ iem. als een schurk ~ *jmdn. als einen Schurken darstellen* • (weerspiegelen) *abspiegeln, widerspiegeln*
afspiegeling *Spiegelung* [v], *Spiegelbild* [o]
afsplitsen I [ov ww] *abspalten* **II** [wkd ww] ‹personen› *sich abspalten*, ‹wegen/leidingen› *sich gabeln*
afspoelen *abspülen*
afspraak • (overeenkomst) *Vereinbarung* [v], *Abmachung* [v] ⋆ volgens ~ *laut Vereinbarung; wie verabredet* ⋆ tegen de ~ *gegen die Abmachung* • (ontmoeting) *Verabredung* [v]
afspreken *(sich) verabreden, abmachen, absprechen* ⋆ afgesproken! *abgemacht!* ▾ afgesproken werk *ausgemachte Sache* [v]; *abgekartete(s) Spiel* [o]
afspringen • (naar beneden springen) *(her)abspringen, hinunterspringen, herunterspringen* • (afketsen) *abspringen* • (~ **op**) *zuspringen auf* [4]
afstaan *abtreten, verzichten auf* [4]
afstammeling *Nachkomme* [m]
afstammen *(ab)stammen*
afstand • (lengte tussen twee punten) *Abstand* [m], *Entfernung* [v], *Distanz* [v], ‹traject› *Strecke* [v] ⋆ een grote ~ afleggen *eine große Strecke zurücklegen* [v] ⋆ op grote ~ *in großer Entfernung* • (het afstaan) *Verzicht* [m], *Überlassen* [o], ‹van hoge functie› *Abtreten* [o], *Abdanken* [o] ⋆ ~ doen van zijn rechten *auf seine Rechte verzichten*
afstandelijk *zurückhaltend*
afstandsbediening *Fernbedienung* [v]
afstandsrit *Fernfahrt* [v], ‹te paard› *Dauerritt* [m]
afstapje *Stufe* [v] ⋆ denk om het ~! *Vorsicht, Stufe!*
afstappen • (naar beneden stappen) *hinuntersteigen, (her)absteigen, heruntersteigen* • (~ **van**) *absteigen* ⋆ van een onderwerp ~ *ein Thema fallen lassen* • (~ **op**) *zugehen auf* [4]
afsteken I [ov ww] • (aansteken) *anzünden, entzünden* • (uitspreken) ⋆ een toespraak ~ *eine Rede halten* • (wegsteken) *abstecken* **II** [on ww] • (duidelijk uitkomen) *sich abheben gegen/von, abstechen gegen/von*
afstel *Aufgabe* [v], *Einstellung* [v] ⋆ uitstel is geen ~ *aufgeschoben ist nicht aufgehoben*
afstellen *einstellen*
afstemmen • (instellen) *abstimmen*, ‹radio› *einstellen* • (verwerpen) *verwerfen, niederstimmen*
afstempelen *abstempeln*
afsterven *absterben*
afstevenen *lossteuern (auf)* [4], *zusteuern (auf)* [4]
afstijgen *hinuntersteigen, heruntersteigen*, ‹van rijdier› *absteigen*
afstoffen *abstauben*
afstompen *abstumpfen*
afstoppen *stoppen*
afstotelijk *abstoßend, widerlich*
afstoten I [ov ww] • (wegstoten) *abstoßen*, ‹chem.› *ausscheiden* ⋆ van zich ~ *zurückstoßen; von sich abweisen* **II** [on ww] • (afkeer inboezemen) *abprallen*
afstotend *abstoßend, widerlich*
afstraffen *bestrafen*, ‹verbaal› *abkanzeln*
afstrepen *abhaken, wegstreichen*
afstrijken • (aansteken) *anzünden, anstreichen* • (door strijken verwijderen) *abstreichen, entfernen* ⋆ een afgestreken eetlepel zout *ein gestrichener Esslöffel Salz*
afstropen • (villen) *abziehen* • (plunderen) *plündern*
afstuderen *das Studium beenden*
afstuiten • (afketsen) *abprallen* • (~ **op**) ⋆ ergens op ~ *scheitern an etw.* [3]
aftaaien *abhauen, verduften*
aftakelen • (aftuigen van schip) *abtakeln* • (achteruitgaan) *herunterkommen, verfallen* ⋆ zij ziet er afgetakeld uit *sie sieht abgetakelt/heruntergekommen aus* ⋆ zij takelt af *mit ihr geht es abwärts*
aftakeling *Verfall* [m]
aftakking *Abzweigung* [v]
aftands *verschlissen* ⋆ een ~e auto *ein klappriger Wagen*
aftappen *anzapfen*, ‹med.› *abnehmen*
aftasten *abtasten*
afte *Entzündung an der Mundschleimhaut* [v], *Geschwür an der Mundschleimhaut* [o]
aftekenen I [ov ww] *paraphieren, abzeichnen* **II** [wkd ww] *sich abzeichnen* ⋆ zich ~ tegen *sich abheben von*
aftellen *abzählen*
aftershave *Rasierwasser* [o], *Aftershave* [o]
aftiteling *Nachspann* [m]
aftocht *Abzug* [m], *Rückzug* [m] ▾ de ~ blazen *klein beigeben*
aftoppen • (top afhalen van) *stutzen, kappen* • (verminderen) *kürzen*
aftrap *Anstoß* [m]
aftrappen *anstoßen*
aftreden I [het] ⋆ het ~ van de minister *der Rücktritt des Ministers* **II** [on ww] *abtreten, zurücktreten* ⋆ de burgemeester treedt af *der Bürgermeister legt sein Amt nieder*

A

aftrek • (vraag) *Absatz* [m] ⋆ gretig ~ vinden *reißenden Absatz finden* • (korting) *Abzug* [m], *Preisnachlass* [m] ⋆ de prijs na ~ van korting *der Preis abzüglich Rabatt* ⋆ 10 jaar (gevangenisstraf) met ~ van voorarrest *10 Jahre (Haft) unter Anrechnung der Untersuchungshaft*
aftrekbaar *absetzbar*, ‹econ.› *abzugsfähig*
aftrekken I [ov ww] • (seksueel bevredigen) *wichsen* • (in mindering brengen) *abziehen*, ‹fiscaal› *absetzen*, ‹verrekenen› *verrechnen*, ‹wiskunde› *subtrahieren* • (wegtrekken) *herunterziehen* **II** [on ww] • (weggaan) *weggehen, sich verziehen*
aftrekpost *Abzugsposten* [m]
aftreksel *Aufguss* [m], *Extrakt* [m] ▾ de film is een slap ~ van het boek *der Film ist der reinste Abklatsch des Buchs*
aftreksom *Subtraktion* [v]
aftrektal *Minuend* [m]
aftroeven *abtrumpfen*
aftroggelen *abluchsen*, ‹bedrieglijk› *abschwindeln*
aftuigen • (het tuig afhalen) ‹scheepv.› *abtakeln*, ‹paard› *abschirren* • (afranselen) *verprügeln, verhauen*
afvaardigen *delegieren, abordnen* ⋆ een delegatie naar Duitsland ~ *eine Delegation nach Deutschland entsenden*
afvaardiging *Abordnung* [v], *Delegation* [v]
afvaart *Abfahrt* [v]
afval *Abfall* [m] ⋆ radioactief ~ *radioaktive Abfälle* [mv]; *Atommüll* [m]
afvalemmer *Abfalleimer* [m]
afvallen • (naar beneden vallen) *herunterfallen, herabfallen* • (vermageren) *abnehmen, abmagern* • (ontrouw worden) *abfallen, abtrünnig werden* ⋆ van het geloof ~ *vom Glauben abfallen*
afvallig *abtrünnig*
afvallige *Abtrünnige(r)* [m]
afvalproduct *Abfallprodukt* [o]
afvalstof *Abfallstoff* [m] ⋆ radioactieve ~fen *radioaktive(r) Müll* [m]
afvalwater *Abwasser* [o]
afvalwedstrijd *Ausscheidungskampf* [m]
afvegen *abwischen*
afvloeien I [ov ww] • (droogmaken) *(ab)löschen* **II** [on ww] • (wegstromen) *abfließen* • (ontslagen worden) ⋆ personeel laten ~ *Personal abbauen*
afvloeiingsregeling ≈ *Regelung in Bezug auf den Personalabbau* [v]
afvoer • (het afvoeren) *(Ab)transport* [m] • (afvoerleiding) *Ablauf* [m], *Abfluss* [m]
afvoeren • (wegvoeren) *transportieren*, ‹van gevangenen› *abführen* • (schrappen) *streichen*
afvragen *sich fragen*
afvuren *abfeuern*
afwachten *abwarten* ⋆ ik kan het nauwelijks ~ *ich kann es kaum erwarten*
afwachting *Erwartung* [v] ⋆ in ~ van uw antwoord *Ihrer Antwort entgegensehend*
afwas *Abwasch* [m]
afwasborstel *Spülbürste* [v]
afwasmachine *(Geschirr)spülmaschine* [v]
afwasmiddel *Spülmittel* [o]
afwassen • (schoonwassen) *abwaschen* • (afwas doen) *spülen*
afwatering *Entwässerung* [v]
afweer *Abwehr* [v]
afweergeschut *Flugabwehrkanone* [v], *Flak* [v], *Flugabwehrgeschütz* [o]
afweermechanisme ‹infectiewerend› *Abwehrkräfte* [mv], ‹psychologie› *Abwehrmechanismus* [m]
afweerstof *Antikörper* [m], *Abwehrstoff* [m]
afwegen • (wegen) *abwiegen* • (overdenken) *abwägen*
afwenden *abwenden*
afwennen *abgewöhnen*
afwentelen • (wegrollen) *(herunter)wälzen* • (afschuiven) *abwälzen*
afweren *abwehren*
afwerken ‹perfectioneren› *die letzte Hand an etw. legen*, ‹van iets immaterieels› *erledigen*, ‹van iets materieels› *fertig stellen* ⋆ afgewerkte olie *Altöl* [o]
afwerking • (het afwerken) *Erledigung* [v] • (wijze van afwerken) *Verarbeitung* [v], *Ausführung* [v]
afwerpen *herunterwerfen, abwerfen* ▾ dat heeft vruchten afgeworpen *es hat Früchte getragen*
afweten ⋆ het laten ~ ‹afzeggen› *absagen*; ‹tekortschieten› *versagen*
afwezig • (verstrooid) *zerstreut* • (absent) *abwesend*
afwezigheid • (absentie) *Abwesenheit* [v] • (verstrooidheid) *Zerstreutheit* [v] ▾ schitteren door ~ *durch Abwesenheit glänzen*
afwijken *abweichen*
afwijking *Abweichung* [v]
afwijzen • (niet toelaten) *ablehnen* ⋆ ergens ~d tegenover staan *einer Sache abgeneigt sein* • (niet laten slagen) *abweisen* • (afslaan) *abschlagen, zurückweisen* ⋆ mijn aanvraag werd afgewezen *mein Gesuch wurde abschlägig beschieden*
afwijzing *Abweisung* [v], *Ablehnung* [v]
afwikkelen • (loswinden) *abwickeln* • (afhandelen) *erledigen, abwickeln*
afwimpelen *ablehnen*, ‹inf.› *abwimmeln*
afwisselen I [ov ww] • (beurtelings vervangen) *ablösen* ⋆ elkaar ~ *sich abwechseln* ⋆ zon en regen wisselen elkaar vandaag af *Sonne und Regen wechseln sich heute ab* **II** [on ww] • (telkens anders worden) *abwechseln*
afwisselend I [bnw] *abwechslungsreich, bunt* **II** [bijw] *abwechselnd, wechselweise*
afwisseling *Abwechslung* [v], *Wechsel* [m] ⋆ voor de ~ *zur Abwechslung*
afzakken • (minder worden) *abrutschen, absinken, nachlassen* • (naar beneden zakken) *heruntersteigen, hinuntersteigen* • (stroomafwaarts gaan) ⋆ de rivier ~ *flussabwärts treiben*
afzakkertje ▾ een ~ nemen *noch einen zum Abgewöhnen trinken*
afzeggen *absagen*
afzender *Absender* [m]
afzet *Absatz* [m]
afzetgebied *Absatzgebiet* [o]
afzetmarkt *Absatzmarkt* [m]
afzetten • (amputeren) *absetzen, amputieren* • (verkopen) *absetzen* • (oplichten) *schröpfen, prellen, betrügen* • (laten uitstappen) *absetzen* • (ontslaan) *absetzen* • (afsluiten) *ausschalten, abstellen* • (aanslag vormen) *sich ablagern, sich absetzen*, ‹van slib› *ablagern* • (afduwen) *wegsetzen, wegstoßen* • (uit-/afzetten) *markieren, absetzen*, ‹bouwgrond› *abstecken* ▾ iets niet van zich kunnen ~ *etw. nicht loswerden können*
afzetter *Betrüger* [m], ‹inf.› *Halsabschneider* [m]
afzetterij *Betrug* [m], *Schwindel* [m], *Prellerei* [v]
afzetting • (ontslag) *Absetzung* [v] ⋆ ~ uit een ambt *Amtsenthebung* [v] • (amputatie) *Amputation* [v], *Abnahme* [v] • (vorming van neerslag) *Ablagerung* [v]

afzichtelijk *grässlich, scheußlich, widerwärtig*
afzien I [ov ww] • (overzien) *überschauen, überblicken, übersehen* **II** [on ww] • (lijden) *sich abmühen* • (~ **van**) *absehen von* [3], *verzichten auf* [4] ⋆ van een voornemen ~ *einen Plan aufgeben*
afzienbaar *absehbar*
afzijdig *abseitig* ⋆ zich ~ houden van *sich fern/abseits halten von*
afzonderen I [ov ww] • (in afzondering plaatsen) *(ab)trennen* • (afzonderlijk plaatsen) *absondern* **II** [wkd ww] *sich abkapseln, sich absondern, sich zurückziehen*
afzondering • (eenzaamheid) *Zurückgezogenheit* [v] • (het afzonderen) *Absonderung* [v]
afzonderlijk I [bnw] *einzeln* ⋆ ~ geval *Einzelfall* [m] **II** [bijw] *für sich, einzeln*
afzuigkap *Abzugshaube* [v], *Abzug* [m]
afzwaaien ‹militair› *die Militärzeit beenden*
afzwakken I [ov ww] • (zwakker maken) *abschwächen* **II** [on ww] • (zwakker worden) *nachlassen, schwächer werden*
afzwemmen ≈ *den Freischwimmer machen*
afzweren *abschwören* ⋆ de drank ~ *dem Alkohol abschwören*
agenda • (boekje) *(Termin)kalender* [m], ≈ ‹voor school› *Hausaufgabenheft* [o] • (bezigheden) *Tagesordnung* [v] ⋆ van de ~ afvoeren *von der Tagesordnung streichen*
agens *Agens* [o]
agent • (politieagent) *Polizist* [m] • (vertegenwoordiger) *Vertreter* [m]
agentschap *Agentur* [v], *Vertretung* [v], *Filiale* [v]
ageren *agieren*
agglomeratie *Agglomeration* [v]
aggregaat *Aggregat* [o]
agio *Agio* [o]
agitatie *Agitation* [v]
agnost *Agnostiker* [m]
agrariër *Landwirt* [m], *Agrarier* [m]
agrarisch *landwirtschaftlich, agrarisch*
agressie *Aggression* [v]
agressief *aggressiv*
agressiviteit *Aggressivität* [v]
agressor *Aggressor* [m]
agrobiologie *Agrobiologie* [v]
aha-erlebnis *Aha-Erlebnis* [o]
aids *AIDS* [o]
air *Haltung* [v] ⋆ zij neemt een air aan alsof ze alles weet *sie gebärdet sich, als wüsste sie alles*
airconditioning *Klimaanlage* [v], *Airconditioning* [o] ⋆ van ~ voorzien *klimatisiert*
akela *Wölflingsgruppenleiter* [m]
akelig • (onwel) *schlecht, übel* ⋆ daar word ik ~ van *davon wird mir schlecht* • (naar) *ekelhaft, unangenehm, widerlich, eklig* ⋆ ~ weer *unangenehmes Wetter* ⋆ ~e jongen *ekliger/widerlicher Kerl*
Aken *Aachen* [o]
akkefietje • (karweitje) *Kleinigkeit* [v], *Kleinkram* [m], ‹vervelend› *Dreckarbeit* [v] ⋆ ~s opknappen *Kleinkram erledigen* • (kleinigheid) *Kleinigkeit* [v]
akker *Acker* [m]
akkerbouw *Ackerbau* [m]
akkoord I [het] • (overeenkomst) *Abkommen* [o], ‹jur.› *Vergleich* [m], ‹afspraak› *Vereinbarung* [v], ‹verdrag› *Vertrag* [m] ⋆ tot een ~ komen *zu einem Übereinkommen gelangen* ⋆ het op een ~je gooien *sich einigen* • (muz.) *Akkord* [m] **II** [bnw] *in Ordnung*, ‹inf.› *okay* ⋆ ~ gaan *einverstanden sein* **III** [tw] *einverstanden*, ‹inf.› *okay*
akoestiek *Akustik* [v]
akoestisch *akustisch* ⋆ ~ signaal *Schallsignal* [o]
akte • (deel van toneelstuk) *Aufzug* [m], *Akt* [m] • (schriftelijk stuk) *Urkunde* [v] ⋆ akte van geboorte *Geburtsurkunde* [v] • (bevoegdheid, vergunning) *Zeugnis* [o], *Diplom* [o], *Schein* [m], *Lizenz* [v] ⋆ een m.o.-akte ≈ *eine Lehrbefugnis* ▾ akte nemen van iets *etw. zur Kenntnis nehmen*
aktetas *Aktenmappe* [v], *Aktentasche* [v]
al I [onb vnw] *all, jede(r)*, ‹geheel› *ganz* ⋆ niets van dat al *nichts von alledem* ⋆ wie komen er zo al? *wer kommt denn alles?* ⋆ eens en voor al *ein für alle Mal* ⋆ al zijn vermogen *sein ganzes Vermögen* ⋆ al dat/het mooie *alles Schöne* ⋆ al het werk was voor niets *die ganze Arbeit war umsonst* ⋆ al met al *alles in allem* **II** [bijw] • (steeds) *stets, immer* ⋆ hij leest al maar door *er liest in einem fort* ⋆ al kleiner en kleiner *immer kleiner* ⋆ hij sprak al werkend *er redete, während er arbeitete* • (reeds) *schon, bereits* ▾ al naar gelang *je nachdem* **III** [telw] *alle(s)*, ‹personen› *alle*
à la carte *à la carte*
alarm *Alarm* [m] ⋆ ~ slaan *Alarm schlagen* ⋆ loos ~ *blinde(r) Alarm*
alarmcentrale *Notruf* [m]
alarmeren *alarmieren*
alarminstallatie *Alarmanlage* [v]
alarmnummer *Notrufnummer* [v], *Notruf* [m]
alarmtoestand *Alarmbereitschaft* [v], *Alarmzustand* [m]
Albanees I [de] *Albaner* [m] **II** [het] *Albanisch(e)* [o] **III** [bnw] *albanisch*
Albanië *Albanien* [o]
albast *Alabaster* [m]
albatros *Albatros* [m]
albino *Albino* [m]
album *Album* [o]
alchemie *Alchimie* [v], *Alchemie* [v]
alcohol *Alkohol* [m]
alcoholisch • (alcohol bevattend) *alkoholisch, alkoholhaltig* • (alcoholverslaafd) *alkoholsüchtig* • (door alcohol veroorzaakt) *alkoholisch*
alcoholisme *Alkoholismus* [m]
alcoholist *Alkoholiker* [m]
alcoholvrij *alkoholfrei*
aldaar *ebenda, da, dort* ⋆ de burgemeester ~ *der dortige Bürgermeister*
aldoor *immerfort, fortwährend*
aldus *also, so* ⋆ het verhaal ging ~ *die Sache hat sich folgendermaßen/wie folgt zugetragen*
alert *alert* ⋆ ~ op iets zijn *auf etw. bedacht sein/achten* ⋆ ~ reageren *reaktionsschnell sein* ⋆ ~ zijn ↓ *auf Draht/Zack sein*
alfa *Alpha* [o]
alfabet *Alphabet* [o]
alfabetisch *alphabetisch*
alfabetiseren *alphabetisieren*
alfanumeriek *alphanumerisch*
alfastraling *Alphastrahlung* [v]
alfawetenschap *Geisteswissenschaft* [v]
alg *Alge* [v]
algebra *Algebra* [v]
algeheel *völlig, gänzlich* ⋆ algehele ontevredenheid *allgemeine Unzufriedenheit*
algemeen I [het] ⋆ in het ~ *im Allgemeinen* **II** [bnw] • (publiek) *allgemein* ⋆ algemene vergadering *Generalversammlung* [v]; ‹van aandeelhouders› *Hauptversammlung* [v] ⋆ algemene ontwikkeling *Allgemeinbildung* [v] ⋆ algemene geschiedenis *Weltgeschichte* • (vaag, niet concreet) *generell* ⋆ ~ voortgezet onderwijs ≈ *allgemein bildende(r) weiterführende(r) Unterricht* **III** [bijw] *gemeinhin, allgemein*
algemeenheid • (het algemeen zijn)

A

A

Allgemeinheit [v] • (gemeenplaats) *Gemeinplatz* [m]
Algerije *Algerien* [o]
algoritme *Algorithmus* [m]
alhier *hier* ⋆ de school ~ *die hiesige Schule*
alhoewel *obgleich, obschon*
alias *alias*
alibi *Alibi* [o]
alimentatie • (toelage) *Unterhaltsbeitrag* [m], ‹aan kind› *Alimente* [mv] • (levensonderhoud) *Alimentation* [v]
alinea *Absatz* [m]
alkalisch *alkalisch*
alkaloïde *Alkaloid* [o]
alkoof *Alkoven* [m]
Allah *Allah* [m]
allang *längst, schon lange*
alle I [onb vnw] *alle, all der/die/das* ⋆ alle plezier was eraf *der ganze Spaß war weg* [m] II [telw] *alle*
allebei *(alle) beide*
alledaags • (van elke dag) *alltäglich* ⋆ ~e sleur *Alltagstrott* [m] • (heel gewoon) *alltäglich, gewöhnlich* ⋆ een ~ gezicht *ein Durchschnittsgesicht* [o]
alledag *täglich* ⋆ het leven van ~ *das alltägliche Leben*
allee I [de] *Allee* [v] II [tw] *allez!, los, komm!*
alleen I [bnw] *allein* ⋆ de herinnering ~ *al die bloße Erinnerung* II [bijw] *allein*, ‹slechts› *nur, bloß* ⋆ niet ~ ... maar ook *nicht nur ..., sondern auch* ⋆ enkel en ~ *einzig und allein; lediglich*
alleenheerschappij *Alleinherrschaft* [v]
alleenrecht *Alleinrecht* [o], *Monopol* [o]
alleenstaand • (losstaand) *vereinzelt* ⋆ een ~ geval *Einzelfall* [m] • (alleenwonend) *allein stehend*
allegaartje *Sammelsurium* [o], *Durcheinander* [o], *Mischmasch* [m]
allegorie *Allegorie* [v]
allemaal I [bijw] ⋆ ~ onzin *alles Unsinn/Quatsch* II [telw] *alle*
allemachtig I [bijw] *riesig* II [tw] *ach du lieber Himmel!* ▾ wel ~! *du meine Güte!*
allemansvriend *Jedermannsfreund* [m]
allengs *allmählich, nach und nach*
aller- *aller-, Aller-*
allereerst I [bnw] *allererst* II [bijw] *zunächst*
allergie *Allergie* [v]
allergisch *allergisch*
allerhande *allerhand, allerlei*
Allerheiligen *Allerheiligen* [o] ⋆ met ~ *an/zu Allerheiligen*
Allerheiligste *Allerheiligste* [o]
allerijl ⋆ in ~ *in aller Eile*
allerlaatst *allerletzt*
allerlei I [het] *Allerlei* [o] II [bnw] *allerlei*
allerminst I [bnw] *allerwenigste, allermindeste* ⋆ op zijn ~ *zumindest; mindestens; wenigstens* II [bijw] *keineswegs, alles andere als, nicht im Geringsten* ⋆ daar zal zij ~ blij mee zijn *darüber wird sie sich durchaus nicht freuen*
Allerzielen *Allerseelen* [o]
alles I [het] *alles* ⋆ muziek is ~ voor haar *sie lebt für die Musik* ⋆ jij bent mijn ~ *du bist mein Ein und Alles* ⋆ het heeft er ~ van *es sieht sehr danach aus* II [onb vnw] *all* ⋆ ~ op ~ zetten *alles daransetzen* ⋆ er was van ~ en nog wat *es gab alles Mögliche* ⋆ ~ bij elkaar *alles in allem*
allesbehalve *keineswegs, alles andere als*
allesbrander *Allesbrenner* [m]
alleseter *Allesfresser* [m]
alleszins *in jeder Hinsicht, durchaus*
alliantie *Allianz* [v]
allicht *natürlich, selbstverständlich*
alligator *Alligator* [m]
all-in *alles inklusive, alles (e)inbegriffen, pauschal* ⋆ ~reis *Pauschalreise* [v] ⋆ ~prijs *Pauschalpreis* [m]
alliteratie *Alliteration* [v]
allochtoon *Mitbürger ausländischen Ursprungs* [m]
allooi *Gehalt* [m]
allopathie *Allopathie* [v]
all-risk *vollkasko*
all-riskverzekering *Vollkaskoversicherung* [v], *Vollkasko* [v]
allround *vielseitig, Allround-*
all terrain bike *Geländefahrrad* [o]
allure *Format* [o], ‹van personen› *Allüre* [v] ⋆ ~s van een ster hebben *Starallüren haben* ⋆ een vrouw/man met ~ *eine Frau/ein Mann von Format*
Alluvium *Holozän* [o], *Alluvium* [o]
almaar → **alsmaar**
almacht *Allmacht* [v]
almachtig *allmächtig*
almanak *Almanach* [m]
alom *überall* ⋆ alom bekend *weit und breit bekannt*
alomtegenwoordig *allgegenwärtig*
alomvattend *allumfassend, alles umfassend*
aloud *uralt, alt, althergebracht*
alp *Alp* [v], *Alm* [v]
Alpen *Alpen* [mv]
alpenweide *Alm* [v]
alpien *alpin*
alpinisme *Alpinismus* [m]
alpinist *Alpinist* [m]
alpino *Baskenmütze* [v]
als • (zoals, gelijk) *wie* ⋆ rood als bloed *rot wie Blut* ⋆ even groot als ik *genauso groß wie ich* ⋆ hij stierf als een misdadiger *er starb wie ein Verbrecher* ⋆ als daar zijn Goethe en Schiller *so wie Goethe und Schiller* • (indien) *wenn* ⋆ als het mooi weer is, ga ik uit *wenn es schönes Wetter ist, gehe ich aus* • ((telkens) wanneer) *wenn* ⋆ als ik vakantie heb, ga ik naar mijn oom *wenn ich Ferien habe, fahre ich zu meinem Onkel* ⋆ ik ga naar bed als het licht wordt *ich gehe ins Bett, wenn es hell wird* • (in de hoedanigheid van) *als* ⋆ Napoleon stierf als banneling *Napoleon starb als Verbannter* ▾ als het ware *gleichsam; sozusagen*
alsjeblieft • (wil je zo vriendelijk zijn?) *gefälligst* ⋆ hou ~ op *hör bitte/gefälligst auf* • (graag) *bitte*
alsmaar *ständig, dauernd, fortwährend*
alsmede *sowie, wie auch*
alsnog *hinterher, nachträglich* ⋆ je kunt het ~ doen *du kannst es immer noch machen* ⋆ zij mocht ~ meedoen *sie durfte doch mitmachen*
alsof *als ob*
alsook *sowie, wie auch*
alstublieft I [bijw] *bitte* II [tw] *bitte*, ‹bij geven› *bitte schön*, ‹ter bevestiging› *na und wie*, ‹vol verbazing› *sieh mal einer an*
alt • (stem) *Alt* [m], *Altstimme* [v] • (instrument) *Bratsche* [v] • (persoon) *Alt* [m], *Altistin* [v]
altaar *Altar* [m]
alternatief I [het] *Alternative* [v] II [bnw] *alternativ*
althans *jedenfalls, wenigstens*
altijd *immer, stets* ⋆ voor ~ *für immer*
altruïsme *Altruismus* [m]
altviool *Bratsche* [v]
aluminium I [het] *Aluminium* [o] II [bnw] *aluminium-, Aluminium-*
aluminiumfolie *Aluminiumfolie* [v]

alvast • (nu al) *schon* • (voorlopig) *vorläufig, einstweilen*
alvleesklier *Bauchspeicheldrüse* [v]
alvorens I [bijw] *vorher* **II** [vw] *bevor, ehe* ⋆ ~ te vertrekken *bevor sie abfuhren*
alweer *schon wieder*
alwetend *allwissend*
amalgaam *Amalgam* [o]
amandel • (boom) *Mandelbaum* [m] • (vrucht) *Mandel* [v] • (klier) ⋆ ~en *Mandeln* [mv]
amanuensis ≈ *Gehilfe* [m]
amateur *Amateur* [m], ‹pej.› *Stümper* [m]
amateurisme *Amateurismus* [m]
amateuristisch *Amateur-, amateurhaft, stümperhaft, dilettantisch*
amateurvoetbal *Amateurfußball* [m]
amazone *Amazone* [v]
***amazonenzit** (Wdl: amazonezit) *Damensitz* [m]
ambacht *Handwerk* [o], *Gewerbe* [o] ▼ twaalf ~en, dertien ongelukken ≈ *vielerlei Gewerbe, keinerlei Erwerbe*
ambachtelijk *handwerklich*
ambassade *Botschaft* [v]
ambassadeur *Botschafter* [m]
ambiance *Ambiente* [o]
ambiëren *anstreben, nach etw. streben*
ambigu *zwei-/doppeldeutig, mehrdeutig*
ambitie • (eerzucht) *Ehrgeiz* [m], *Ambition* [v] • (ijver) *Eifer* [m]
ambitieus • (eerzuchtig) *ehrgeizig, ambitiös* • (ijverig) *eifrig, strebsam*
ambivalent *ambivalent*
ambt *Amt* [o] ⋆ het ambt van rechter *das Richteramt*
ambtelijk *amtlich, Amts-*
ambtenaar *Beamte(r)* [m]
ambtenarenapparaat *Beamtenapparat* [m]
ambtenarij • (bureaucratie) *Bürokratie* [v], *Bürokratismus* [m] • (de ambtenaren) *Beamtentum* [o]
ambtsaanvaarding *Amtsantritt* [m]
ambtseed *Amtseid* [m]
ambtsgeheim *Amtsgeheimnis* [o]
ambtshalve *von Amts wegen, amtshalber*
ambtsketen *Amtskette* [v]
ambtskledij *Amtskleidung* [v]
ambtstermijn *Amtsperiode* [v], *Amtszeit* [v]
ambtswege ⋆ van ~ *von Amts wegen; amtlich*
ambtswoning *Amtswohnung* [v]
ambulance *Krankenwagen* [m]
ambulant *ambulant*
amechtig *keuchend, außer Atem*
amen I [het] *Amen* [o] ▼ op alles ja en amen zeggen *zu allem ja und amen sagen; zu allem Ja und Amen sagen* **II** [tw] *amen*
amendement *Amendement* [o]
amenderen *amendieren*
Amerika *Amerika* [o]
Amerikaan *Amerikaner* [m]
Amerikaans I [het] *Amerikanisch(e)* [o] **II** [bnw] *amerikanisch*
ameublement *(Wohnungs)einrichtung* [v]
amfetamine *Amphetamin* [o]
amfibie *Amphibie* [v]
amfibievoertuig *Amphibienfahrzeug* [o]
amfitheater *Amphitheater* [o]
amfoor *Amphore* [v]
amicaal *freundschaftlich*
aminozuur *Aminosäure* [v]
ammonia *Ammoniaklösung* [v]
ammoniak *Ammoniak* [o]
ammunitie *Munition* [v]
amnestie *Amnestie* [v]
amoebe *Amöbe* [v]
amok ⋆ amok maken *Amok laufen*
amoreel *unmoralisch*
amorf *amorph*
amoureus *amourös*
ampel *weitschweifig*
amper *kaum*
ampère *Ampere* [o]
amplitude *Amplitude* [v]
ampul *Ampulle* [v]
amputatie *Amputation* [v]
amputeren *amputieren*
Amsterdam *Amsterdam* [o]
amulet *Amulett* [o]
amusant *unterhaltsam, amüsant*
amusement *Amüsement* [o], *Vergnügen* [o]
amuseren I [ov ww] *unterhalten, vergnügen, amüsieren* **II** [wkd ww] *sich amüsieren, sich unterhalten, sich vergnügen* ⋆ we hebben ons kostelijk geamuseerd *wir haben uns prächtig/königlich amüsiert*
anaal *anal*
anabool *anabol*
anachronisme *Anachronismus* [m]
anachronistisch *anachronistisch*
anaëroob *anaerob*
anagram *Anagramm* [o]
anakoloet *Anakoluth* [o]
analfabeet *Analphabet* [m]
analfabetisme *Analphabetismus* [m]
analist *Laborant* [m], ‹comp.› *Systemanalytiker* [m], ‹chem.› *Chemielaborant* [m]
analogie *Analogie* [v]
analoog • (overeenkomstig) *entsprechend* • (niet-digitaal) *analog*
analyse *Analyse* [v]
analyseren *analysieren*
analytisch *analytisch*
ananas *Ananas* [v]
anarchie *Anarchie* [v]
anarchisme *Anarchismus* [m]
anarchist *Anarchist* [m]
anathema *Anathema* [o]
anatomie *Anatomie* [v]
anatomisch *anatomisch*
anciënniteit *Dienstalter* [o], *Anciennitätsprinzip* [o]
ander I [bnw] *ander* ⋆ een of ~e man *irgendein Mann* ⋆ zij voelde zich een ~ mens *sie fühlte sich wie verwandelt* ⋆ in het ~e geval *andernfalls* **II** [onb vnw] *der/die/das andere* ⋆ de een of de ~ *der eine oder der andere* ⋆ het een en ~ *etw.; manches* ⋆ iets als geen ~ kunnen *etw. können wie kein anderer* ⋆ ~e gegevens *weitere Angaben* ⋆ onder ~e *unter anderem; unter anderen* **III** [telw] *der/die/das Nächste, der/die/das Zweite* ⋆ om de ~e week *jede zweite Woche*
anderhalf *anderthalb*
andermaal *noch einmal*
andermans ⋆ ~ kinderen *anderer Leute Kinder*
anders • (gewoonlijk) ⋆ zij is later dan ~ *sie kommt später als sonst* • (verder) ⋆ ~ nog iets? *haben Sie sonst noch einen Wunsch?* • (op andere wijze) *anders* • (zo niet, dan) *sonst* ⋆ ~ ga ik alleen *sonst gehe ich allein(e)*
andersdenkend *anders denkend*
andersom *andersherum, umgekehrt* ⋆ ga ~ staan *stell dich andersherum hin*
anderstalig *anderssprachig*
anderszins *irgendwie anders, sonst wie*
anderzijds *andererseits*

A

A

andijvie *Endivie* [v]
Andorra *Andorra* [o]
andragogie *Andragogik* [v]
andreaskruis *Andreaskreuz* [o]
androgyn *androgyn*
anekdote *Anekdote* [v]
anemoon *Anemone* [v]
anesthesie *Anästhesie* [v]
anesthesist *Anästhesist* [m]
angel • (vishaak) *Angel* [v], *Angelhaken* [m] • (bio.) *Stachel* [m]
Angelsaksisch *angelsächsisch*
angina *Angina* [v], *Mandelentzündung* [v]
anglist *Anglist* [m]
Angola *Angola* [o]
angora *Angora* [o]
angorawol *Angorawolle* [v]
angst *Furcht* [v], *Angst* [v] ⋆ dodelijke ~ *Todesangst*
angstaanjagend *Furcht erregend, beängstigend*
angsthaas *Angsthase* [m]
angstig • (bang) *angstvoll, ängstlich* • (angstaanjagend) *beängstigend*
angstvallig • (bang) *ängstlich* • (zorgvuldig) *peinlich genau*
angstwekkend *beängstigend*
angstzweet *Angstschweiß* [m]
anijs *Anis* [m]
animatie *Animation* [v]
animatiefilm *(Zeichen)trickfilm* [m]
animeermeisje *Animiermädchen* [o], *Animierdame* [v]
animeren *animieren, anregen*
animo • (levendige stemming) *Schwung* [m] • (zin om iets te doen) *Lust* [v] ⋆ met ~ aanpakken *energisch in Angriff nehmen* ⋆ iets met veel ~ doen *etw. mit Lust und Liebe tun*
animositeit *Animosität* [v]
anjer *Nelke* [v]
anker *Anker* [m]
ankeren *ankern*
annalen *Annalen* [mv]
annex *mit* [3]
annexatie *Annektierung* [v], *Annexion* [v]
annexeren *annektieren, sich einverleiben*
anno *anno*
annonce *Anzeige* [v], *Annonce* [v]
annotatie *Anmerkung* [v]
annoteren *kommentieren*
annuïteit *Annuität* [v]
annuleren *absagen, annullieren*
annulering *Annullierung* [v]
annuleringsverzekering *Rücktrittskostenversicherung* [v]
annunciatie *Annunziation* [v]
Annunciatie *Annunziation*
anode *Anode* [v]
anomalie *Anomalie* [v]
anoniem *anonym*
anonimiteit *Anonymität* [v]
anorak *Anorak* [m]
anorexia nervosa *Magersucht* [v]
anorganisch *anorganisch*
ansicht *Ansichtskarte* [v]
ansichtkaart *Ansichtskarte* [v]
ansjovis *Anschovis* [v]
antagonist *Antagonist* [m]
Antarctica *Antarktis* [v]
Antarctisch *antarktisch*
antecedent **I** [het] • (voorafgaand feit) *Antezedens* [o] [mv: *Antezedenzien*] ⋆ iemands ~en nagaan *Erkundigungen über jmds. Vorleben einziehen* • (taalk.) *Bezugswort* **II** [bnw] *vorangegangen,* ‹geo.› *antezedent*
antenne • (bio.) *Fühler* [m], *Antenne* [v] • (techn.) *Antenne* [v]
anti- *anti-, Anti-*
antibioticum *Antibiotikum* [o]
anticiperen *antizipieren*
anticlimax *Antiklimax* [v]
anticonceptie *Empfängnisverhütung* [v]
antidateren *vordatieren*
antiek **I** [het] *Antiquitäten* [mv] ⋆ handelaar in ~ *Antiquitätenhändler* [m] **II** [bnw] • (oud) *altertümlich* • (uit de oudheid) *antik* ⋆ de ~e beschaving *die antike Kultur*
antiekbeurs *Antiquitätenmesse* [m]
antiheld *Antiheld* [m]
antilichaam *Antikörper* [m], *Immunkörper* [m]
Antilliaan *Antillianer* [m]
antilope *Antilope* [v]
antimaterie *Antimaterie* [v]
antipathie *Antipathie* [v]
antiquair *Antiquitätenhändler* [m], ‹in oude boeken› *Antiquar* [m]
antiquariaat *Antiquariat* [o]
antiquarisch *antiquarisch*
antiquiteit *Antiquität* [v]
antireclame *schlechte Reklame* [v]
anti-semiet *Antisemit* [m]
anti-semitisme *Antisemitismus* [m]
antiseptisch *antiseptisch*
antislip *Gleitschutz* [m]
antistatisch *antistatisch*
antistof *Antikörper* [m], *Immunkörper* [m]
antithese *Antithese* [v]
antivries *Frostschutzmittel* [o]
antoniem *Antonym* [o]
antraciet **I** [de/het] *Anthrazit* [m] **II** [bnw] *anthrazitfarben*
antropologie *Anthropologie* [v]
antropoloog *Anthropologe* [m]
antroposofie *Anthroposophie* [v]
antwoord • (reactie) *Antwort* [v], *Erwiderung* [v], ‹weerwoord› *Entgegnung* [v] ⋆ ~ geven *beantworten* ⋆ in ~ op uw brief *in Beantwortung Ihres Schreibens* ⋆ op alles een ~ weten *auf alles eine Antwort wissen* • (oplossing) *Lösung* [v] ▾ van zo'n ~ ben ik niet gediend *eine solche Antwort verbitte ich mir*
antwoordapparaat *Anrufbeantworter* [m]
antwoorden **I** [ov ww] • (antwoord geven) *antworten* **II** [on ww] • (als antwoord geven) *beantworten, erwidern,* ‹ertegen inbrengen› *entgegnen* ⋆ op een vraag ~ *eine Frage beantworten*
antwoordenvelop *Rückumschlag* [m]
antwoordformulier *Antwortformular* [o]
antwoordnummer ≈ *Postfach, zu dem man eine Rückantwort portofrei schicken kann* [o]
anus *After* [m], ‹med.› *Anus* [m]
A-omroep ≈ *Rundfunkanstalt mit mehr als 450.000 Mitgliedern* [v]
aorta *Aorta* [v]
AOW • (wet) ≈ *gesetzliche Altersrentenversicherung* [v] • (uitkering) ≈ *gesetzliche Altersrente* [v] • (premie) ≈ *Sozialabgaben für die gesetzliche Altersrentenversicherung* [mv]
apache *Apache* [m]
Apache *Apache* [m]
apart • (bijzonder) *seltsam, eigenartig,* ‹exclusief› *apart* • (afzonderlijk) *einzeln, gesondert, separat* ⋆ een ~e ingang *ein separater Eingang* ⋆ iets ~ leggen *etw. beiseite legen*

apartheid *Apartheid* [v], *Rassentrennung* [v]
apartheidswet *Rassengesetz* [o]
apartje *Gespräch unter vier Augen* [o]
apathie *Apathie* [v]
apathisch *apathisch*
apegapen ▾ op ~ liggen *auf dem letzten Loch pfeifen*
apenliefde *Affenliebe* [v]
aperitief *Aperitif* [m]
apert *offenkundig, offensichtlich*
apetrots *stolz wie Oskar*
apezuur ▾ zich het ~ werken *sich abrackern* ▾ zich het ~ lopen *sich abhetzen*
APK *TÜV (Technische(r) Überwachungs-Verein)* [m] ⋆ de auto is APK gekeurd *das Auto ist vom TÜV abgenommen*
aplomb *Aplomb* [m]
Apocalyps *Apokalypse* [v]
apocrief *apokryph* ⋆ de ~e boeken *die Apokryphen*
apodictisch *apodiktisch*
apollinisch *apollinisch*
apologie *Apologie* [v]
apostel *Apostel* [m]
apostolisch *apostolisch*
apostrof *Apostroph* [m]
apotheek *Apotheke* [v]
apotheker *Apotheker* [m]
apotheose *Apotheose* [v]
apparaat *Apparat* [m]
apparatuur *Apparatur* [v]
appartement *Appartement* [o]
appel I [de] • (boom) *Apfelbaum* [m] • (vrucht) *Apfel* [m] ▾ door de zure ~ heenbijten *in den sauren Apfel beißen* ▾ voor een ~ en een ei *für einen Apfel und ein Ei* ▾ de ~ valt niet ver van de boom *der Apfel fällt nicht weit vom Stamm* ▾ een ~tje voor de dorst *ein Notgroschen* ▾ een ~tje met iem. te schillen hebben *ein Hühnchen mit jmdm. zu rupfen haben* **II** [het] *Appell* [m]
appelboom *Apfelbaum* [m]
appelflap *Apfeltasche* [v]
appelflauwte *Ohnmacht* [v] ⋆ een ~ krijgen *in Ohnmacht fallen*
appelleren • (jur.) *Berufung einlegen* • (~ **aan**) *appellieren*
appelmoes *Apfelmus* [o]
appelsap *Apfelsaft* [m]
appeltaart *Apfelkuchen* [m]
appendix *Appendix* [m]
appetijtelijk *appetitlich*
applaudisseren *Beifall klatschen, applaudieren*
applaus *Applaus* [m], *Beifall* [m]
appliqueren *applizieren*
apporteren *apportieren*
appreciëren *würdigen, schätzen* ⋆ iets weten te ~ *etw. zu schätzen wissen*
après-ski *Après-Ski* [o]
april *April* [m] ▾ ~ doet wat hij wil *der April macht, was er will* ▾ 1 ~! *April, April!*
à propos *apropos, übrigens*
aquaduct *Aquädukt* [m/o]
aquaplaning *Aquaplaning* [o]
aquarel *Aquarell* [o]
aquarelleren *mit Wasserfarben malen, aquarellieren*
aquarium *Aquarium* [o]
ar *Pferdeschlitten* [m]
ara *Ara* [m]
arabesk *Arabeske* [v]
Arabier *Araber* [m]
Arabisch I [het] *Arabisch(e)* [o] **II** [bnw] *arabisch*
arbeid *Arbeit* [v] ⋆ ongeschoolde ~ *ungelernte Arbeit* ▾ Dag van de Arbeid *Tag der Arbeit*
arbeiden *arbeiten*
arbeider *Arbeiter* [m]
arbeidersbeweging *Arbeiterbewegung* [v]
arbeidersbuurt *Arbeiterviertel* [o]
arbeidsbemiddeling *Arbeitsvermittlung* [v]
arbeidsbureau *Arbeitsamt* [o]
arbeidsconflict *Arbeitskonflikt* [m]
arbeidscontract *Arbeitsvertrag* [m], *Dienstvertrag* [m]
arbeidsinspectie • (toezicht) *Gewerbeaufsicht* [v] • (overheidsinstelling) *Gewerbeaufsichtsamt* [o]
arbeidsintensief *arbeitsintensiv*
arbeidskracht *Arbeitskraft* [v]
arbeidsloon *Arbeitslohn* [m]
arbeidsmarkt *Arbeitsmarkt* [m]
arbeidsongeschikt *arbeitsunfähig, erwerbsunfähig*
arbeidsovereenkomst *Arbeitsvertrag* [m], *Dienstvertrag* [m] ⋆ de collectieve ~ *der Tarifvertrag*
arbeidsplaats *Arbeitsplatz* [m]
arbeidsproces *Arbeitsprozess* [m]
arbeidsrecht *Arbeitsrecht* [o]
arbeidsreserve *Arbeitsreserve* [v]
arbeidstherapie *Arbeitstherapie* [v]
arbeidstijdverkorting *Arbeitszeitverkürzung* [v]
arbeidsverleden *berufliche(r) Werdegang* [m]
arbeidsvermogen • (mate waarin arbeid verricht kan worden) *Leistungsvermögen* [o] • (nat.) *Leistung* [v]
arbeidzaam *arbeitsam, fleißig*
arbiter *Schiedsrichter* [m]
arbitrage ‹sport› *Schiedsspruch* [m], ‹jur.› *Arbitrage* [v], ‹hand.› *Arbitrage* [v]
arbitragecommissie *Schiedsgericht* [o]
arbitrair • (willekeurig) *willkürlich*, ‹form.› *arbiträr* • (scheidsrechterlijk) *schiedsgerichtlich*
Arbowet *Arbeitsschutzgesetz* [o]
arcade *Arkade* [v]
arceren *schraffieren*
archaïsch *archaisch, altertümlich, frühzeitlich*
archaïsme *Archaismus* [m]
archeologie *Archäologie* [v]
archeoloog *Archäologe* [m]
archetype *Archetyp(us)* [m]
archief *Archiv* [o]
archipel *Archipel* [m]
architect *Architekt* [m]
architectonisch *architektonisch*
architectuur *Architektur* [v]
architraaf *Architrav* [m], *Epistyl* [o]
archivaris *Archivar* [m]
Arctica *Arktis* [v]
arctisch *arktisch*
are *Ar* [m/o]
arena *Arena* [v]
arend *Adler* [m]
arendsblik *Adleraugen* [mv]
argeloos *arglos*
Argentinië *Argentinien* [o]
arglistig • (boosaardig) *bösartig, niederträchtig, boshaft* • (gemeen) *hinterlistig, heimtückisch, arglistig*
argument *Argument* [o]
argumentatie *Argumentation* [v]
argumenteren I [ov ww] • (met argumenten aantonen) *begründen* **II** [on ww] • (betogen) *argumentieren, Argumente vorbringen*
argusogen *Argusaugen* [mv] ▾ iets met ~ bekijken *etw. mit Argusaugen betrachten*
argwaan *Argwohn* [m], *Verdacht* [m], *Misstrauen*

A

[o] ⋆ iemands ~ wekken *jmds. Argwohn erregen* ⋆ ~ tegen iem./iets koesteren *Argwohn gegen jmdn./etw. hegen* ⋆ zij kreeg ~ *sie schöpfte Verdacht*
argwanend *misstrauisch, argwöhnisch*
aria *Arie* [v]
aristocraat *Aristokrat* [m]
aristocratie *Aristokratie* [v]
aristocratisch *aristokratisch*
aritmetica *Arithmetik* [v]
ark *Hausboot* [o], *Wohnschiff* [o] ⋆ de ark van Noach *die Arche Noah*
arm I [de] *Arm* [m] ⋆ met de armen over elkaar *mit verschränkten Armen* ▾ iem. in de arm nemen *jmdn. zu Rate/zurate ziehen* ▾ de sterke arm *der starke Arm des Gesetzes; die Obrigkeit; die (Staats)gewalt* **II** [bnw] • (meelijwekkend) *bedauernswert, beklagenswert, arm* • (~ **aan**) *arm an* ▾ arm als een kerkrat *arm wie eine Kirchenmaus* ▾ de armen van geest *die geistig Armen*
armband *Armband* [o], ‹van stof› *Armbinde* [v]
armelijk *armselig, ärmlich*
Armenië *Armenien* [o]
armetierig *armselig, dürftig, jämmerlich*
armlastig *Not leidend, bedürftig*
armlengte *Armlänge* [v]
armleuning *Armlehne* [v]
armoede *Armut* [v], *Not* [v], *Elend* [o] ⋆ bittere ~ *bittere Armut* ⋆ in ~ vervallen *in Armut geraten*
armoedig • (karig, schraal) *dürftig, mager* • (haveloos) *ärmlich, schäbig*
armoedzaaier *Hungerleider* [m], *Habenichts* [m]
armsgat *Ärmelloch* [o]
armslag *Spielraum* [m], *Bewegungsfreiheit* [v]
armzalig • (armoedig) *elend, ärmlich, armselig* • (onbeduidend) *erbärmlich, armselig, unbedeutend*
Arnhem *Arnheim* [o]
aroma *Aroma* [o]
aromatisch *aromatisch*
aromatiseren *aromatisieren*
arrangement *Arrangement* [o]
arrangeren *arrangieren*
arrenslee *Pferdeschlitten* [m]
arrest • (hechtenis) *Freiheitsentzug* [m], *Haft(strafe)* [v] • (gerechtelijke uitspraak) *Urteilsverkündung* [v], *Urteil* [o] • (beslaglegging) *Sicherstellung* [v], *Beschlagnahmung* [v]
arrestant • (gearresteerde) *Gefangene(r)* [m], *Häftling* [m] • (beslaglegger) *Vollstreckungsbeamte(r)* [m]
arrestatie *Festnahme* [v], *Verhaftung* [v]
arrestatiebevel *Haftbefehl* [m]
arresteren • (in hechtenis nemen) *verhaften, festnehmen* • (beslag leggen) *beschlagnahmen, sicherstellen*
arriveren *ankommen, eintreffen*
arrogant *arrogant, anmaßend, eingebildet*
arrogantie *Arroganz* [v], *Überheblichkeit* [v]
arrondissement *Verwaltungsbezirk* [m], *Arrondissement* [o]
arrondissementsrechtbank *Landgericht* [o]
arsenaal *Arsenal* [o]
arsenicum *Arsen* [o]
artefact *Artefakt* [o]
arterie *Arterie* [v]
articulatie *Artikulation* [v]
articuleren *artikulieren*
artiest *Künstler* [m], ‹variété en circus› *Artist* [m]
artikel • (wetsbepaling) *Paragraph* [m], *Artikel* [m] ⋆ volgens ~ 26 van de grondwet *nach/laut Artikel 26 des Grundgesetzes* • (voorwerp) *Ware* [v], *Artikel* [m] ⋆ huishoudelijke ~en *Haushaltswaren* [mv] • (geschreven stuk) *Artikel* [m], *Aufsatz* [m]
artillerie *Artillerie* [v]
artisjok *Artischocke* [v]
artistiek *künstlerisch*
artotheek *Artothek* [v]
arts *Arzt* [m] [v: *Ärztin*]
artsenbezoeker *Ärztevertreter* [m]
artsenij *Arznei* [v]
as • (verbrandingsresten) *Asche* [v] • (spil) *Achse* [v] • (middellijn) *Achse* [v] • (muz.) *As* [o] ▾ in de as leggen *in Schutt und Asche legen*
asbak *Aschenbecher* [m]
asbest I [het] *Asbest* [m] **II** [bnw] *Asbest-, aus Asbest*
asceet *Asket* [m]
ascendant • (dierenriemteken) *Aszendent* [m] • (overwicht) *Einfluss* [m], *Autorität* [v]
ascese *Askese* [v]
ascetisch *asketisch*
aselect *willkürlich, beliebig*
aseptisch *aseptisch*
asfalt *Asphalt* [m]
asfalteren *asphaltieren*
asgrauw *aschgrau*
asiel • (toevluchtsoord) *Asyl* [o] ⋆ iem. politiek ~ verlenen *jmdm. politisches Asyl gewähren* • (dierenverblijf) *Tierheim* [o]
asielzoeker *Asylant* [m]
asjemenou *Manometer!, ach, du grüne Neune!, potz Blitz!*
asociaal *asozial*
aspect • (gezichtspunt) *Gesichtspunkt* [m], *Aspekt* [m] • (vooruitzicht) *Perspektive* [v], *Aussicht* [v]
asperge *Spargel* [m] ⋆ ~s steken *Spargel stechen*
aspirant *Aspirant* [m], *Anwärter* [m]
aspiratie • (aanblazing) *Aspiration* [v] • (eerzucht) *Bestrebung* [v], *Ambition* [v]
aspirine *Aspirin* [o]
assemblage *Montage* [v], ‹resultaat› *Montageprodukt* [o]
assemblee *Versammlung* [v], *Assemblee* [v]
assembleren *zusammenbauen, montieren*
assenkruis *Achsenkreuz* [o]
Assepoester *Aschenbrödel* [o], *Aschenputtel* [o]
assertief *selbstsicher*
assimilatie *Assimilation* [v], *Gleichstellung* [v]
assimileren *assimilieren, angleichen*
assistent *Assistent* [m], *Gehilfe* [m]
assistentie *Assistenz* [v], *Unterstützung* [v] ⋆ iem. ~ verlenen *jmdm. Assistenz leisten*
assisteren *assistieren, Assistenz leisten*
associatie *Assoziation* [v], ‹econ.› *Arbeitsgemeinschaft* [v]
associatief *assoziativ*
associëren *assoziieren* ⋆ zich ~ *sich assoziieren; sich vereinigen; sich zusammenschließen*
assortiment *Sortiment* [o], *Warenangebot* [o]
assuradeur *Versicherer* [m]
assurantie *Versicherung* [v]
aster *Aster* [v]
asterisk *Asteriskus* [m]
astma *Asthma* [o]
astrologie *Astrologie* [v]
astroloog *Astrologe* [m], *Sterndeuter* [m]
astronaut *Astronaut* [m]
astronomie *Astronomie* [v]
astronomisch *astronomisch*
astronoom *Astronom* [m]
Aswoensdag *Aschermittwoch* [m]

asymmetrisch *asymmetrisch*
asymptoot *Asymptote* [v]
asynchroon *asynchron*
atavisme *Atavismus* [m]
atavistisch *atavistisch*
ATB *Geländefahrrad* [o]
atelier *Atelier* [o], *Werkstatt* [v]
atheïsme *Atheismus* [m]
atheïst *Atheist* [m]
Athene *Athen* [o]
atheneum ≈ *Gymnasium* [o]
atjar ≈ *Essiggemüse* [o]
Atlantische Oceaan *Atlantik* [m], *Atlantische(r) Ozean* [m]
atlas • (boek met kaarten) *Atlas* [m] [mv: *Atlanten*] • (halswervel) *Atlas* [m]
atleet *Athlet* [m]
atletiek *Leichtathletik* [v]
atletisch *athletisch*
atmosfeer *Atmosphäre* [v]
atmosferisch *atmosphärisch*
atol *Atoll* [o]
atomair *atomar*
atonaal *atonal*
atoom *Atom* [o]
atoombom *Atombombe* [v]
atoomdreiging *atomare Bedrohung* [v]
atoomgeleerde *Atomphysiker* [m]
atoomgewicht *Atomgewicht* [o]
atoomtijdperk *Atomzeitalter* [o]
atoomwapen *Kernwaffe* [v], *Atomwaffe* [v]
atropine *Atropin* [o]
attaché *Attaché* [m] ⋆ de cultureel ~ *der Kulturattaché*
attachékoffer *Aktenkoffer* [m], *Diplomatenkoffer* [m]
attaque • (beroerte) *Attacke* [v], *Anfall* [m] • (mil.) *Angriff* [m], *Attacke* [v]
attenderen *hinweisen auf* [4], *aufmerksam machen auf* [4]
attent • (opmerkzaam) *aufmerksam, wachsam* • (vriendelijk) *aufmerksam, zuvorkommend*
attentie • (aandacht) *Aufmerksamkeit* [v] ⋆ ter ~ van (t.a.v.) *zu Händen (z. Hd.)* [2] ⋆ ~! *Achtung!* • (blijk van vriendelijkheid) *Aufmerksamkeit* [v]
attest *Zeugnis* [o], *Attest* [o] ⋆ dokters~ *ärztliche(s) Attest*
attractie • (aantrekking) *Attraktion* [v], *Anziehung* [v] • (trekpleister) *Attraktion* [v]
attractief *attraktiv*
attributief *attributiv* ⋆ attributieve zin *Attributsatz* [m]
attribuut *Attribut* [o]
au *aua, au*
aubade *Ständchen* [o], *Morgenständchen* [o]
au bain-marie *im Wasserbad*
aubergine *Aubergine* [v]
audiëntie • (terechtzitting) *Gerichtsverhandlung* [v] • (gehoor) *Audienz* [v]
audiorack *Stereoturm* [m]
audiovisueel *audiovisuell*
auditie ‹spelen› *Vorspielen* [o], ‹spreken› *Vorsprechen* [o], ‹zingen› *Vorsingen* [o]
auditief *auditiv*
auditorium *Auditorium* [o]
au fond *letzten Endes, im Grunde*
augurk *saure Gurke* [v], *Essiggurke* [v]
augustus *August* [m]
aula *Aula* [v]
au pair I [de] *Aupairmädchen* [o] **II** [bijw] *au pair*
aura *Aura* [v]
aureool • (stralenkrans) *Heiligenschein* [m] • (glans) *Aureole* [v]
auspiciën *Auspizien* [mv]
ausputzer *Libero* [m], *Ausputzer* [m]
Australië *Australien* [o]
Australiër *Australier* [m]
Australisch *australisch*
autarkie *Autarkie* [v]
auteur *Verfasser* [m], *Autor* [m], ‹van literaire teksten› *Schriftsteller* [m]
auteursrecht *Urheberrecht* [o] ⋆ bescherming van het ~ *Urheberschutz* [m]
authenticiteit *Authentizität* [v]
authentiek *authentisch* ⋆ ~ afschrift *beglaubigte Abschrift* [v]
autisme *Autismus* [m]
autistisch *autistisch*
auto *Auto* [o] ⋆ tweedehands auto *Gebrauchtwagen* [m]
auto- *auto-, Auto-*
autobiografie *Autobiographie* [v], *Autobiografie* [v]
autobom *Autobombe* [v]
autobus *Bus* [m], *Omnibus* [m]
autocoureur *Rennfahrer* [m]
autocraat *Autokrat* [m]
autocratie *Autokratie* [v]
autodidact *Autodidakt* [m]
autogordel *Sicherheitsgurt* [m] ⋆ zijn ~ omdoen *sich anschnallen*
autokerkhof *Autofriedhof* [m]
automaat *Automat* [m]
automatenhal *Spielhalle* [v]
automatiek *Automatenstraße* [v], *Automatenrestaurant* [o]
automatisch *automatisch* ⋆ ~e sluiter *Selbstauslöser* [m] ⋆ ~e piloot *Autopilot* [m]
automatiseren *automatisieren*
automatisering *Automatisierung* [v]
automatisme *Automatismus* [m]
automobilist *Autofahrer* [m]
automonteur *Kraftfahrzeugmechaniker* [m]
autonomie *Autonomie* [v]
autonoom *autonom*
auto-ongeluk *Autounfall* [m]
autopapieren *Kraftfahrzeugpapiere* [mv]
autopark *Fuhrpark* [m], *Wagenpark* [m]
autoped *Roller* [m]
autopsie *Autopsie* [v]
autoradio *Autoradio* [o]
autorijden *Auto fahren*
autoriseren *autorisieren*
autoritair *autoritär*
autoriteit *Autorität* [v] ⋆ de ~en *die Behörden* [mv]
autoslaaptrein *Autoreisezug mit Schlafwagen* [m]
autosloperij *Schrottplatz* [m]
autosnelweg *Autobahn* [v]
autosport *Motorsport* [m], *Autosport* [m]
autoverhuur *Autoverleih* [m]
autovrij *autofrei*
autoweg *Autostraße* [v]
avance *Avance* [v]
avant-garde *Avantgarde* [v]
avenue *Avenue* [v]
averechts I [bnw] • (verkeerd) *falsch, verkehrt* • (andersom ingestoken) *links* ⋆ ~e steek *linke Masche* [v] **II** [bijw] • (andersom ingestoken) ⋆ twee rechts twee ~ *zwei rechts, zwei links* • (verkeerd) *verkehrt* ⋆ ~ uitwerken *sich gegenteilig auswirken*
averij *Schaden* [m], ‹scheepv.› *Havarie* [v] ⋆ het schip liep ~ op *das Schiff erlitt Havarie*

A

A-verpleging *Krankenpflege* [v]
aversie *Widerwille* [m], *Aversion* [v]
A-viertje *DIN-A4-Blatt* [o]
avifauna *Vogelwelt* [v]
avocado *Avocado* [v], *Avocato* [v]
avond *Abend* [m] ⋆ 's ~s *abends; am Abend* ⋆ tegen de ~ *gegen Abend* ⋆ iedere ~ weer *Abend für Abend* ⋆ op zekere ~ *eines Abends*
avondeten *Abendessen* [o], *Abendbrot* [o]
avondjurk *Abendkleid* [o]
avondkleding ‹voor dames› *Abendkleid* [o], *Abendtoilette* [v], ‹voor heren› *Abendanzug* [m]
avondklok *Polizeistunde* [v], *Sperrstunde* [v]
avondkrant *Abendzeitung* [v], *Abendblatt* [o]
avondland *Abendland* [o]
avondmaal • (avondeten) *Abendbrot* [o] • (rel.) *Abendmahl* [o] ⋆ viering van het Avondmaal *Abendmahlsfeier* [v]
avondmens *Nachtmensch* [m]
avondrood *Abendrot* [o]
avondschool *Abendschule* [v]
avondspits *abendliche(r) Stoßverkehr* [m], *Feierabendverkehr* [m]
Avondster *Abendstern* [m]
avondverkoop *Verkauf nach Ladenschluss* [m]
avondvierdaagse ≈ *Wanderung, die an vier aufeinander folgenden Abenden stattfindet* [v]
avondvullend *abendfüllend*
avondwinkel *Geschäft, das abends geöffnet ist* [o]
avonturier *Abenteurer* [m]
avontuur *Abenteuer* [o], ‹riskante onderneming› *Wagnis* [o]
avontuurlijk *abenteuerlich*
avontuurtje *Liebelei* [v], *Flirt* [m]
axioma *Axiom* [o]
ayatollah *Ajatollah* [m]
azalea *Azalee* [v]
azen *lauern auf* [4] ⋆ hij aast op die functie *er ist auf diesen Posten aus*
Azerbeidzjan *Aserbaidschan* [o]
Aziaat *Asiat* [m]
Aziatisch *asiatisch*
Azië *Asien* [o]
azijn *Essig* [m]
azijnzuur *Essigsäure* [v]
Azoren *Azoren* [mv]
Azteken *Azteken* [mv]
azuren *azurn, azurfarben, azur-/himmelblau*

B

b • (letter) *B* [o] • (muzieknoot) *h* [o]
baai • (stof) *Wollflanell* [m] • (inham) *Bai* [v]
baal *Ballen* [m]
baaldag *schlechte(r) Tag* [m], ‹inf.› *Scheißtag* [m]
baan • (betrekking) *Stelle* [v] • (weg) *Bahn* [v], *Straße* [v] • (strook stof) *Bahn* [v], *Breite* [v] • (sport) ⋆ wedloop op de korte baan *Kurzstreckenlauf* [m] ▾ dat is van de baan *das hat sich erledigt* ▾ ruim baan maken *Platz machen* ▾ op de lange baan schuiven *auf die lange Bank schieben*
baanbrekend *bahnbrechend*
baanrecord *Streckenrekord* [m]
baanvak *Bahnstrecke* [v]
baanwachter *Bahnwärter* [m]
baar I [de] • (draagbaar) *Bahre* [v] • (staaf edelmetaal) *Barren* [m], *Stange* [v] • (golf) *Woge* [v] **II** [bnw] *bar* ⋆ baar geld *Bargeld* [o]
baard *Bart* [m] ▾ de ~ in de keel hebben *im Stimmbruch sein*
baardgroei *Bartwuchs* [m] ⋆ zware ~ *starke(r) Bartwuchs* [m]
baarlijk *leibhaftig* ⋆ ~e nonsens *absolute(r) Unsinn* [m]
baarmoeder *Gebärmutter* [v]
baarmoederhalskanker *Gebärmutterhalskrebs* [m]
baars *Barsch* [m]
baas *Chef* [m], *Boss* [m] ⋆ zijn eigen baas zijn *sein eigener Herr sein* ⋆ zij is de baas *sie führt das Regiment* ▾ iem. de baas zijn *jmdm. überlegen sein* ▾ de baas spelen *den Meister machen* ▾ over iem. de baas spelen *jmdn. schulmeistern* ▾ je hebt altijd baas boven baas *jeder findet seinen Meister*
baat • (voordeel) *Vorteil* [m], ‹winst› *Gewinn* [m] ⋆ ten bate van *zugunsten* [2] ⋆ baat vinden bij iets *von etw. Nutzen haben* ⋆ de gelegenheid te baat nemen *die Gelegenheit nutzen* • (opbrengst) *Nutzen* [m]
baatzuchtig *gewinnsüchtig, eigennützig*
babbel • (mond) *Gosche* [v], *Schnabel* [m] • (praatje) *Schwätzerei* [v] ⋆ hij heeft heel wat ~s *der hat 'ne ganz schön große Klappe* ▾ een vlotte ~ hebben *ein flinkes Mundwerk haben*
babbelaar • (kletskous) *Schwätzer* [m], *Plappermaul* [o] • (snoep) ≈ *Karamellbonbon* [m/o]
babbelen *schwätzen, plaudern, plappern*
babbelkous *Plappermaul* [o], *Schwätzer* [m]
babbeltje *Schwätzchen* [o]
baby *Baby* [o]
babydoll *Babydoll* [o]
babyfoon *Babyphon* [o]
babysit *Babysitter* [m]
babysitten *babysitten*
babysitter *Babysitter* [m]
bacil *Bazillus* [m], *Bazille* [v]
bacon *Bacon* [m]
bacterie *Bakterie* [v]
bacterieel *bakteriell*
bacteriologisch *bakteriologisch*
bad *Bad* [o]
badcel *Badezimmer* [o], *Nasszelle* [v]
badderen *planschen, plantschen*
baden I [ov ww] • (in bad doen) *baden* **II** [on ww] • (een bad nemen) *baden* • (~ in) *schwelgen* ⋆ in weelde ~ *im Luxus schwelgen* ⋆ in licht ~ *in Licht getaucht sein* ⋆ in zweet ~ in

Schweiß gebadet sein
badgast Badegast [m], Kurgast [m]
badge Button [m]
badhanddoek Badehandtuch [o]
badhuis Badehaus [o]
badineren *scherzen, spaßen*
badjas Bademantel [m]
badkamer Badezimmer [o]
badkuip Badewanne [v]
badlaken Badetuch [o]
badmeester Bademeister [m]
badminton Federball [m], Badminton [o]
badmuts Badekappe [v]
badpak Badeanzug [m]
badplaats • (kuuroord) Bad [o] • (plaats aan zee) Badeort [m]
badschuim Schaumbad [o]
badstof Frottee [m/o]
badwater Badewasser [o] ▾ het kind met het ~ weggooien das Kind mit dem Bade ausschütten
badzout Badesalz [o]
bagage Gepäck [o]
bagagedepot Gepäckaufbewahrung [v]
bagagedrager Gepäckträger [m]
bagagekluis Gepäckschließfach [o]
bagagerek Gepäckablage [v]
bagageruimte Gepäckraum [m], ‹personenauto› Kofferraum [m]
bagatel Bagatelle [v], Kleinigkeit [v]
bagatelliseren *bagatellisieren, verharmlosen*
bagger Schlamm [m]
baggeren I [ov ww] • (uit het water halen) *baggern* **II** [on ww] • (waden) *waten*
baggermachine Bagger [m]
bah bah!, bäh!, pfui! ▾ zij zei boe noch bah *sie gab keinen Laut von sich*
Bahama's Bahamas [mv]
bahco *verstellbare(r) Schraubenzieher* [m]
bajes Knast [m], Kittchen [o]
bajesklant Knastbruder [m]
bajonet Bajonett [o]
bak • (vergaarplaats) Behälter [m], Gefäß [o], ‹emmervormig› Kübel [m], ‹kommetje› Napf [m], ‹schaal› Schüssel [v], ‹vierkant› Kasten [m] • (bajes) Loch [o], Kittchen [o] ⋆ de bak indraaien *im Kittchen landen* • (mop) Witz [m]
bakbeest Ungeheuer [o], Koloss [m]
bakboord Backbord [o]
bakeliet Bakelit [o]
baken Bake [v] ▾ de ~s zijn verzet *das Blatt hat sich gewendet*
bakermat Heimat [v], Wiege [v]
bakerpraatje Ammenmärchen [o]
bakfiets Lieferfahrrad [o]
bakkebaard Backenbart [m] ⋆ met ~en *mit Koteletten* [mv]
bakkeleien • (ruziën) *sich streiten* • (vechten) *sich raufen*
bakken I [ov ww] • (door verhitting eetbaar of hard maken) ‹aardewerk› *brennen*, ‹brood e.d.› *backen*, ‹groente, vis e.d.› *braten* ⋆ ge~ aardappelen Bratkartoffeln **II** [on ww] • (zakken) *durchfallen*
bakker Bäcker [m]
bakkerij Bäckerei [v], Backstube [v]
bakkes Fratze [v] ▾ hou je ~! *halt die Klappe/ Fresse!*
bakkie • (aanhangwagentje) Anhänger [m] • (zendapparatuur) CB-Funkgerät [o] • (kopje koffie) Tasse Kaffee [v] ⋆ slap ~ Blümchenkaffee [m]
bakmeel Mehl mit Backpulverzusatz [o]
bakpoeder Backpulver [o]
baksteen Backstein [m], Ziegel(stein) [m] ▾ zinken als een ~ *sinken wie ein Stein*
bakvis Backfisch [m]
bakzeilhalen • (terugkrabbelen) *klein beigeben* • (scheepv.) *die Segel backholen*
bal I [de] • (bolvormig voorwerp) Ball [m], Kugel [v] • (testikel) Hoden [m] • (deel van voet) Ballen [m] ▾ wie kaatst, moet de bal verwachten *wer austeilt, muss auch einstecken können* ▾ er geen bal van afweten *keine blasse Ahnung haben* **II** [het] Ball [m] ⋆ bal masqué Maskenball
balanceren *balancieren*
balans • (weegschaal) Waage [v] • (hand.) Bilanz [v] ⋆ de ~ opmaken *die Bilanz aufstellen*; ‹fig.› *die Bilanz ziehen*
baldadig *mutwillig, übermütig*
baldadigheid Ausgelassenheit [v], Mutwille [m], Übermut [m]
baldakijn Baldachin [m]
Balearen Balearen [mv]
balein I [de] Fischbeinstab [m] **II** [het] Fischbein [o]
balen ⋆ ~ van iets *etw. satt haben; die Nase von etw. voll haben*
balie • (leuning) Geländer [o], Balustrade [v] • (toonbank) Schalter [m] • (advocaten) Anwaltschaft [v] • (rechtbank) Gericht [o]
baliekluiver Müßiggänger [m]
baljurk Ballkleid [o]
balk • (stuk hout/metaal) Balken [m] • (notenbalk) Notenlinien [mv]
Balkan Balkan [m]
Balkanstaten Balkanstaaten [mv]
balken *iahen*
balkon • (uitbouw) Balkon [m] • (ruimte in trein) Plattform [v] • (rang) Balkon [m]
ballade Ballade [v]
ballast Ballast [m]
ballen I [ov ww] • (samenknijpen) *ballen, zusammenballen* **II** [on ww] • (spelen met bal) *Ball spielen*
ballenjongen Balljunge [m]
ballentent • (uitgaansgelegenheid) *etepetete Laden* [m], Schickimickiladen [m] • (kermistent) Wurfbude [v]
ballerina Ballerina [v]
ballet Ballett [o]
balletdanser Balletttänzer [m]
balling Verbannte(r) [m]
ballingschap Verbannung [v], Exil [o]
ballon • (luchtballon) (Luft)ballon [m] • (omhulsel) Glocke [v] • (tekstballon) Sprechblase [v]
ballonvaren *im Ballon fahren/fliegen*
ballotage Ballotage [v]
ballpoint Kugelschreiber [m]
balorig • (slecht gehumeurd) *widerspenstig* • (onwillig) *unwillig*
balpen Kugelschreiber [m], Kuli [m]
balsem Balsam [m]
balsemen *balsamieren*
balspel Ballspiel [o]
balsport Ballsport [m]
Baltisch *baltisch*
balts Balz [v]
balustrade Balustrade [v]
balzaal Ballsaal [m]
balzak • (scrotum) Hodensack [m] • (biljartzak) Ballfänger [m]
bamboe • (rietsoort) Bambus [m] • (stengel) Bambusrohr [o]
bami Bamigoreng [o]

B

ban *Bann [m]* ⋆ iem. in de ban doen *den Bann über jmdn. verhängen*
banaal *banal*
banaan *Banane [v]*
banaliteit *Banalität [v]*
bananenrepubliek *Bananenrepublik [v]*
band • (verbondenheid) *Band [o]* • (transportband) *Band [o]* ⋆ werk aan de lopende band *Fließbandarbeit [v]* • (muziekgroep) *Band [v]* • (boekomslag) *Einband [m]* • (boekdeel) *Band [m]* • (luchtband) *Reifen [m]* ▾ aan de lopende band *am laufenden Band* ▾ aan banden leggen *bändigen* ▾ uit de band springen *über die Stränge schlagen*
bandage *Bandage [v]*
bandeloos *zügellos*
bandenlichter ≈ *Hilfe zum Herausnehmen des Fahrradreifens [v]*
bandenpech *Reifenpanne [v]*
bandenspanning *Reifendruck [m]*
bandiet *Bandit [m]*
bandje • (schouderbandje) *Träger [m]* • (cassettebandje) *Kassette [v], Band [o]*
bandopname *Bandaufnahme [v]*
bandplooibroek *Bundfaltenhose [v]*
banen ⋆ zich een weg ~ *sich einen Weg bahnen*
banenplan ≈ *Arbeitsbeschaffungsmaßnahme (ABM) [v]*
bang • (bevreesd) ⋆ ik ben bang voor iets/iemand *ich fürchte mich vor etw./jmdm.* ⋆ bang zijn *Angst haben; (sich) fürchten* • (snel angstig) *bang, ängstlich*
bangelijk *ängstlich, furchtsam*
bangerd *Angsthase [m]*
bangerik *Angsthase [m]*
Bangkok *Bangkok [o]*
Bangladesh *Bangladesch [o]*
bangmakerij *Einschüchterung [v]*
banier *Banner [o]*
banjeren *herumtigern, herumstreifen*
banjo *Banjo [o]*
bank • (zitmeubel) ‹bekleed› *Sofa [o]*, ‹onbekleed› *Bank [v]* • (geldinstelling) *Bank [v]* ⋆ bank van lening *Leihhaus [o]*
bankafschrift *Kontoauszug [m]*
bankbiljet *Banknote [v], Geldschein [m]* ⋆ ~ van 20 Mark *Zwanzigmarkschein*
banket • (feestmaal) *Bankett [o], Festessen [o]* • (gebak) ≈ *Blätterteiggebäck mit Marzipanfüllung [o]*
banketbakker *Konditor [m]*
banketbakkerij *Konditorei [v]*
banketletter ≈ *Mandelgebäck in Buchstabenform [o]*
bankgeheim *Bankgeheimnis [o]*
bankier *Bankier [m]*
bankoverval *Banküberfall [m]*
bankrekening *Bankkonto [o], Konto [o]*
bankroet **I** [het] *Bankrott [m], Konkurs [m]* **II** [bnw] *bankrott*
banksaldo *Bankguthaben [o]*
bankschroef *Schraubstock [m]*
bankstel *Couchgarnitur [v]*
bankwerker *Schlosser [m]*
bankwezen *Bankwesen [o]*
banneling *Verbannte(r) [m]*
bannen *(ver)bannen*
bantamgewicht *Bantamgewicht [o]*
banvloek *Bannfluch [m]*
baptist *Baptist [m]*
bar **I** [de] • (café) *Bar [v]* • (evenwichtsbalk) *Stange [v]* **II** [bnw] • (koud) *rau* • (erg) *arg* ⋆ het werd haar te bar *ihr ging der Hut hoch* ▾ het al te bar maken *es zu bunt treiben* **III** [bijw] *furchtbar, schrecklich*
barak *Baracke [v]*
barbaar *Barbar [m]*
barbaars *barbarisch*
barbarisme *Barbarismus [m]*
barbecue • (toestel) *Grill [m]* • (maaltijd) *Barbecue [o]*
***barbecueën** (Wdl: barbecuen) *grillen*
Barbertje ▾ ~ moet hangen *einen Schuldigen findet man immer*
barbier *Barbier [m]*
barbituraat *Barbiturat [o]*
bard *Barde [m]*
baren • (ter wereld brengen) *zur Welt bringen, gebären* • (veroorzaken) *erregen* ⋆ opzien ~ *Aufsehen erregen*
barenswee *Geburtswehe [v], Wehe [v]*
Barentszzee *Barentssee [v]*
baret *Barett [o]*
bariton *Bariton [m]*
barkeeper *Barkeeper [m], Barmann [m]*
barkruk *Barhocker [m]*
barmhartig *barmherzig*
barmhartigheid *Barmherzigkeit [v]*
barnsteen *Bernstein [m]*
barok **I** [de] *Barock [m/o]* **II** [bnw] *barock*
barometer *Barometer [o]*
baron *Baron [m]*, ‹Duitse› *Freiherr [m]*
barones *Baronin [v]*, ‹Duitse› *Freifrau [v]*
barrage • (dam) *Sperrung [v]* • (sport) *Stichkampf [m], Stechen [o]*
barrel **I** [de] *Abfall [m]* ⋆ aan ~s *in Scherben* **II** [het] *Barrel [o]*
barrevoets *barfuß*
barricade *Barrikade [v]*
barricaderen *(ver)barrikadieren*
barrière *Barriere [v]*
bars *barsch, grob, schroff*
barst *Riss [m]*, ‹in glas› *Sprung [m]* ▾ ik snap er geen ~ van *das kapier ich absolut nicht*
barsten • (barsten krijgen) *bersten*, ‹aardewerk› *springen* ⋆ tot ~s toe vol *(bis) zum Bersten voll* • (uit elkaar springen) *(zer)platzen* ▾ iem. laten ~ *jmdn. sitzen lassen*
bas *Bass [m]*
basaal *basal*
basalt *Basalt [m]*
base *Base [v]*
baseren *basieren (auf) [3], gründen (auf) [4]* ⋆ gebaseerd zijn op *beruhen auf [3]*
basilicum *Basilikum [o]*
basiliek *Basilika [v]*
basilisk *Basilisk [m]*
basis • (grondslag) *Basis [v], Grundlage [v]* • (wisk.) *Basis [v]* • (mil.) *Stützpunkt [m]*
basis- *basis-, Basis-*
basisinkomen • (minimuminkomen) *Mindestlohn [m]* • (inkomen zonder toeslag) *Grundgehalt [o]*
basisonderwijs *Grundschulunterricht [m]*
basisschool *Grundschule [v]*
Bask *Baske [m]*
Baskenland *Baskenland [o]*
basketbal **I** [de] *Basketball [m]* **II** [het] *Basketball [m]*
Baskisch **I** [het] *Baskisch(e) [o]* **II** [bnw] *baskisch*
bassin • (zwembad) *Bassin [o]* • (bekken) *Becken [o]*
bassist *Bassist [m]*

bassleutel Bassschlüssel [m]
bast • (schors) Rinde [v], Borke [v] • (lijf) Leib [m]
basta basta!, Schluss jetzt!
bastaard Bastard [m]
basterdsuiker Farinzucker [m]
bastion Bastion [v]
Bataaf Bataver [m]
bataljon Bataillon [o]
Batavier Bataver [m]
bate ⋆ ten bate van zugunsten [2]
baten nutzen, nützen
batig ⋆ ~ saldo Überschuss [m]; ‹econ.› Aktivsaldo [m]
batikken batiken
batterij Batterie [v]
bauxiet Bauxit [m]
bavarois Cremespeise [v], kalt gerührte Creme [v]
baviaan Pavian [m]
bazaar Basar [m]
Bazel Basel [o]
bazelen faseln
bazig herrisch, herrschsüchtig
bazin Chefin [v]
bazooka Bazooka [v]
bazuin Posaune [v]
beademen beatmen
beademing Beatmung [v] ⋆ mond-op-mond~ Mund-zu-Mund-Beatmung
beambte Beamte(r) [m] [v: Beamtin]
beamen • (met ja beantwoorden) bejahen, bestätigen • (het eens zijn met) einverstanden sein mit
beangstigen beängstigen
beantwoorden I [ov ww] • (reageren op) erwidern • (antwoord geven op) beantworten **II** [on ww] • (~ **aan**) entsprechen, übereinstimmen ⋆ aan de verwachting ~ der Erwartung entsprechen
beat Beat [m]
beauty Prachtstück [o], ‹mooi meisje› Schönheit [v]
beautycase Kosmetikkoffer [m]
bebloed blutig
beboeten ⋆ iem. ~ jmdm. eine Geldstrafe auferlegen
bebop • (haardracht) Bürstenschnitt [m] • (muz.) Bebop [m]
bebossen bewalden, ‹opnieuw› aufforsten
bebouwen bebauen
bebouwing Bebauung [v]
becijferen beziffern
becommentariëren kommentieren
beconcurreren Konkurrenz machen [3] ⋆ iem. ~ mit jmdm. konkurrieren
bed • (slaapplaats) Bett [o] ⋆ naar bed gaan ins Bett gehen • (bloembed) Beet [o] ▾ zijn bedje is gespreid er setzt sich ins gemachte Nest
bedaagd betagt
bedaard ruhig, gelassen
bedacht • (voorbereid) ⋆ daar was ik niet op ~ darauf war ich nicht gefasst • (strevend naar) ⋆ op zijn voordeel ~ zijn auf seinen Vorteil bedacht sein
bedachtzaam bedächtig, bedachtsam
bedanken I [ov ww] • (dank betuigen) danken ⋆ iem. voor iets ~ sich bei jmdm. für etw. bedanken; jmdm. für etw. danken **II** [on ww] • (afslaan) (dankend) ablehnen ▾ daar bedank ik (feestelijk) voor dafür bedanke ich mich bestens
bedankje • (dankwoord) Danksagung [v], Dankeschön [o] • (opzegging) Absage [v]
bedaren I [ov ww] • (tot rust brengen) beruhigen, besänftigen **II** [on ww] • (tot rust komen) sich beruhigen, sich fassen

beddengoed Bettzeug [o]
bedding • (geul) Bett [o] • (onderlaag) Schicht [v]
bede Bitte [v]
bedeesd schüchtern, scheu
bedekken bedecken
bedekking Bedeckung [v]
bedekt • (niet openlijk) bedeckt, verblümt ⋆ in ~e termen mit verhüllenden Worten • (afgedekt) bedeckt ⋆ ~e lucht bewölkte(r)/umwölkte(r) Himmel [m]
bedelaar Bettler [m]
bedelarij Bettelei [v]
bedelarmband Armband mit Anhängern [o]
bedelen betteln
bedelstaf ⋆ tot de ~ brengen an den Bettelstab bringen
bedeltje Anhänger [m]
bedelven begraben ⋆ onder het puin bedolven worden unter den Trümmern verschüttet/begraben werden
bedenkelijk bedenklich
bedenken I [ov ww] • (overwegen) bedenken, erwägen • (verzinnen) ersinnen, erdenken • (iets schenken) bedenken **II** [wkd ww] es sich anders überlegen
bedenking • (bezwaar) Bedenken [o], Einwand [m] ⋆ ~en opperen Einwände erheben • (overweging) Erwägung [v]
bedenktijd Bedenkzeit [v]
bederf Verderben [o], Fäulnis [v], Fäule [v]
bederfelijk verderblich
bederven I [ov ww] • (slechter maken) verderben, verpfuschen • (verwennen) verziehen, verwöhnen **II** [on ww] • (onbruikbaar worden) verderben, verfaulen
bedevaart Wallfahrt [v], Pilgerfahrt [v] ⋆ op/ter ~ gaan wallfahren
bedevaartganger Wallfahrer [m], Pilger [m]
bedevaartplaats Wallfahrtsort [m]
bedgenoot Bettgenosse [m]
bediende Diener [m], ‹in winkel› Gehilfe [m], ‹op kantoor› Angestellte(r) [m]
bedienen I [ov ww] • (helpen) bedienen • (rel.) ⋆ een stervende ~ einem Sterbenden die Sterbesakramente erteilen **II** [wkd ww] ⋆ zich van iets ~ sich einer Sache bedienen
bediening • (het helpen) Bedienung [v] • (rel.) Spendung/Erteilung der Sterbesakramente [v]
bedieningspaneel Schalttafel [v], Schaltbrett [o]
bedillen bemängeln
beding Bedingung [v]
bedingen bedingen ⋆ een hoge prijs ~ einen hohen Preis erzielen
bedisselen in Ordnung bringen, organisieren
bedlegerig bettlägerig
bedoeïen Beduine [m]
bedoelen • (aanduiden) meinen • (beogen) ⋆ de bedoelde persoon die betreffende Person ⋆ als bedoeld in artikel 10 nach Artikel 10
bedoeling • (oogmerk) Absicht [v], Zweck [m] ⋆ met goede ~en in besten Absichten ⋆ het ligt in mijn ~ es ist meine Absicht • (betekenis) Sinn [m]
bedoening Betrieb [m], Getue [o]
bedompt dumpf(ig), stickig
bedonderd • (gek) bescheuert, bekloppt ⋆ ben je helemaal ~? bist du völlig übergeschnappt? • (beroerd) beschissen, erbärmlich ⋆ er ~ uitzien mitgenommen/schlecht aussehen
bedonderen beschummeln, beschwindeln, bemogeln
bedorven • (rot) verdorben, ‹van eieren/groenten e.d.› faul • (verwend) verzogen

B

bedotten *beschwindeln, bemogeln, betrügen*
bedrading *Verdrahtung* [v], *Verkabelung* [v]
bedrag *Betrag* [m], *Summe* [v] ⋆ ten ~e van *über einen Betrag von*
bedragen *betragen, sich belaufen auf* [4]
bedreigen *drohen, bedrohen*
bedreiging *Bedrohung* [v], *Drohung* [v]
bedremmeld *bestürzt, betreten*
bedreven *erfahren, gewandt, geschickt* ⋆ ~ zijn in iets *in einer Sache bewandert sein*
bedriegen *betrügen, beschwindeln, hintergehen*
bedrieger *Betrüger* [m], *Schwindler* [m]
bedrieglijk *betrügerisch, schwindlerisch,* ‹misleidend› *trügerisch*
bedrijf • (onderneming) *Betrieb* [m], *Geschäft* [o] • (deel van toneelstuk) *Aufzug* [m], *Akt* [m] • (werking) *Betrieb* [m] ⋆ in/buiten ~ stellen *in/außer Betrieb setzen* • (beroepstak) *Gewerbe* [o] ▾ tussen de bedrijven door *unterdessen; nebenbei*
bedrijfsadministratie ‹kantoor› *Betriebsverwaltung* [v], ‹systeem› *Rechnungswesen* [o]
bedrijfsarts *Werkarzt* [m], *Betriebsarzt* [m]
bedrijfschap *Unternehmerverband* [m] ⋆ ~ voor de landbouw *Bauernschaft* [v]
bedrijfseconomie *Betriebswirtschaft* [v]
bedrijfsgeheim *Betriebs-/Firmengeheimnis* [o]
bedrijfshygiëne *Gewerbe-/Betriebshygiene* [v]
bedrijfskapitaal *Betriebskapital* [o]
bedrijfsklaar *betriebsbereit, betriebsfähig*
bedrijfskunde *Betriebswissenschaft* [v]
bedrijfsleider *Betriebsleiter* [m]
bedrijfsleven *Geschäftsleben* [o]
bedrijfstak *Branche* [v]
bedrijfsvereniging *Berufsgruppenverein* [m]
bedrijven *treiben,* ‹misdaad› *verüben,* ‹zonde› *begehen*
bedrijvig • (levendig) *lebhaft* • (ijverig) *tätig, geschäftig, rührig*
bedrijvigheid • (levendigheid) *Lebhaftigkeit* [v] • (ijver) *Tätigkeit* [v], *Geschäftigkeit* [v] ⋆ in deze industrie heerst grote ~ *in dieser Industrie herrscht Hochbetrieb*
bedrinken *sich betrinken*
bedroefd *betrübt, traurig*
bedroeven *betrüben*
bedroevend • (treurig) *traurig* • (armzalig) *erbärmlich* ⋆ ~ weinig *herzlich wenig*
bedrog *Betrug* [m], *Schwindel* [m]
bedruipen ⋆ zichzelf kunnen ~ *sein Auskommen haben*
bedrukken *bedrucken*
bedrukt *niedergeschlagen, deprimiert*
bedstee *Bettnische* [v]
bedtijd ⋆ het is ~! *es ist Schlafenszeit!*
beducht *besorgt, beängstigt*
beduiden • (betekenen) *bedeuten* • (aanduiden) *zu verstehen geben*
beduidend *bedeutend*
beduimelen *abgreifen, anschmuddeln*
beduusd *verdutzt, bestürzt, betreten*
beduvelen *bemogeln, verschaukeln, beschummeln* ▾ ben je beduveld? *bist du verrückt/übergeschnappt?*
bedwang ⋆ iem. in ~ houden *jmdn. in Schach halten*
bedwelmen • (bewusteloos maken) *betäuben* • (in roes brengen) *berauschen* ⋆ ~de middelen *Rauschmittel* [mv]
bedwingen *bezwingen*
beëdigen • (eed laten afleggen) *vereidigen, unter Eid nehmen* • (bekrachtigen) *beeidigen*
beëindigen *beenden*
beek *Bach* [m]
beeld • (indruk, idee) *Bild* [o] ⋆ een ~ geven van *ein Bild vermitteln von* ⋆ in ~ brengen *bildlich darstellen* • (afbeelding) *Bild* [o], ‹in gips, hout e.d.› *Plastik* [v], *Figur* [v] • (beeldhouwwerk) *Standbild* [o], *Statue* [v] ⋆ het wassen ~ *die Wachsfigur*
beeldbuis • (televisie) *Mattscheibe* [v] • (techn.) *Bildröhre* [v]
beelddrager *Bildträger* [m]
beeldend *plastisch, bildhaft* ⋆ ~e kunsten *bildende(n) Künste* ⋆ ~ kunstenaar *bildende(r) Künstler*
beeldenstorm *Bildersturm* [m]
beeldhouwen *bildhauern,* ‹hout› *schnitzen,* ‹steen› *meißeln*
beeldhouwer *Plastiker* [m], *Bildhauer* [m]
beeldhouwkunst *Skulptur* [v], *Bildhauerkunst* [v]
beeldhouwwerk *Bildhauerwerk* [o]
beeldig *reizend, bildschön*
beeldmerk *Waren-/Markenzeichen* [o]
beeldplaat *Bildplatte* [v]
beeldpunt *Bildpunkt* [m], *Rasterpunkt* [m]
beeldscherm *Bildschirm* [m]
beeldschoon *bildhübsch/-schön*
beeldspraak ‹abstract› *Bildersprache* [v], ‹concreet› *Sinnbild* [o]
beeldverhaal *Bildergeschichte* [v]
beeltenis *Bildnis* [o], *Porträt* [o]
been • (ledemaat) *Bein* [o] ⋆ op de been zijn *auf den Beinen sein* ⋆ slecht ter been *schlecht zu Fuß* ⋆ iem. op de been helpen *jmdm. auf die Beine helfen* • (bot) *Knochen* [m], *Bein* [o] • (wisk.) *Schenkel* [m] ▾ op zijn laatste benen lopen *auf dem letzten Loch pfeifen* ▾ de benen nemen *ausreißen* ▾ ergens geen been in zien *sich kein Gewissen aus etw. machen* ▾ met het verkeerde been uit bed stappen *mit dem linken Fuß zuerst aufstehen* ▾ met beide benen op de grond staan *mit beiden Füßen auf der Erde stehen* ▾ op de been brengen *auf die Beine stellen* ▾ de benen uit zijn lijf lopen om iets *sich die Beine ablaufen nach etw.* ▾ op zijn achterste benen gaan staan *sich auf die Hinterbeine stellen*
beenbreuk *Knochen-/Beinbruch* [m]
beendergestel *Knochengerüst* [o]
beenmerg *Knochenmark* [o]
beenmergtransplantatie *Knochenmarktransplantation* [v]
beenwarmer *Stutzen* [m]
beer • (roofdier) *Bär* [m] • (varken) *Eber* [m] • (drek) *Jauche* [v], *Fäkalien* [mv]
beerput *Senkgrube* [v]
beest • (dier) *Tier* [o], ‹wild› *Bestie* [v] • (ruw mens) *Bestie* [v], *Biest* [o] ▾ de ~ uithangen *die Sau herauslassen* ▾ zich gedragen als een ~ *sich schändlich/unmöglich benehmen* ▾ bij de ~en af! *tierisch!*
beestachtig I [bnw] *bestialisch, viehisch* **II** [bijw] • (ruw) *bestialisch* • (erg) ⋆ het is ~ koud *es ist saukalt*
beestenboel *Schweinestall* [m], *Sauwirtschaft* [v]
beet • (het bijten) *Biss* [m] • (wond) *Biss* [m], *Bisswunde* [v] • (hap) *Bissen* [m]
beethebben • (vast hebben) *festhalten* • (voor de gek houden) *hereinlegen*
beetje *wenig, bisschen* [o] ⋆ alle ~s helpen *Kleinvieh macht auch Mist*
beetnemen • (ertussen nemen) *anführen, hereinlegen,* ‹bedriegen› *beschwindeln* • (beetpakken) *ergreifen*

beetpakken *greifen, (an)fassen, packen*
beetwortel *Zuckerrübe* [v]
bef *Beffchen* [o]
befaamd *bekannt, berühmt*
begaafd *begabt, talentiert*
begaafdheid *Talent* [o], *Begabung* [v]
begaan I [bnw] ⋆ ik ben met hem ~ *er dauert mich* **II** [ov ww] • (uitvoeren) *begehen, verüben* • (betreden) *betreten* ⋆ op de begane grond *im Erdgeschoss* **III** [on ww] • (zijn gang gaan) *gewähren, machen* ⋆ laat mij maar ~ *lass mich nur machen*
begaanbaar *gangbar, begehbar*
begeerlijk *begehrenswert*
begeerte *Begierde* [v], ‹hevig› *Gier* [v]
begeesteren *begeistern*
begeleiden *begleiten, betreuen* ⋆ ~d schrijven *Begleitschreiben* [o]
begeleider • (vergezeller) *Betreuer* [m], *Begleiter* [m] • (muz.) *Begleiter* [m]
begeleiding • (het vergezellen) *Betreuung* [v] • (het ondersteunen) *Betreuung* [v] • (muz.) *Begleitung* [v]
begenadigd *begnadet*
begenadigen *begnadigen*
begeren I [het] *Begehr* [m/o], *Begehren* [o] **II** [ov ww] *begehren*
begerig *begierig, gierig,* ‹zinnelijk› *lüstern*
begeven I [ov ww] • (in de steek laten) *im Stich lassen* • (kapotgaan) *versagen* **II** [wkd ww] *sich begeben* ⋆ zich op weg ~ *sich auf den Weg machen*
begieten *begießen*
begiftigen *bedenken, beschenken*
begijn *Begine* [v]
begijnhof *Beginenhof* [m]
begin *Anfang* [m], *Beginn* [m] ⋆ ~ april *Anfang April* ⋆ van het ~ af *von Anfang an* ⋆ in/aan het ~ *am Anfang* ⋆ aan het ~ van het nieuwe jaar *zum Beginn des neuen Jahres* ⋆ deze wetenschap staat nog aan het ~ *diese Wissenschaft steckt noch in den Anfängen* ▾ alle ~ is moeilijk *aller Anfang ist schwer*
beginkapitaal *Start-/Anfangskapital* [o]
beginneling *Anfänger* [m]
beginnen I [ov ww] • (gaan doen) *beginnen* **II** [on ww] • (aanvangen) ⋆ om te ~ *zunächst* • (~ **over**) ⋆ hij begint er altijd weer over *er fängt immer wieder davon an*
beginner → **beginneling**
beginrijm *Stabreim* [m], *Alliteration* [v]
beginsel • (principe) *Prinzip* [o] • (grondslag) *Grundsatz* [m] ⋆ de eerste ~en *die ersten Anfänge* ⋆ in ~ *prinzipiell; grundsätzlich* ⋆ in ~ aanwezig *im Ansatz vorhanden*
beginselverklaring *Grundsatzerklärung* [v]
beglazing *Verglasung* [v] ⋆ dubbele ~ *Doppelfenster* [o]
begluren *belauern*
begonia *Begonie* [v]
begoochelen *betören, blenden*
begraafplaats *Friedhof* [m]
begrafenis *Beerdigung* [v], *Begräbnis* [o]
begrafenisonderneming *Beerdigungs-unternehmen/-institut* [o]
begrafenisstoet *Leichenzug* [m]
begraven ‹dode› *begraben, beerdigen, bestatten,* ‹schat› *vergraben*
begrensd *begrenzt,* ‹beperkt› *beschränkt*
begrenzen *begrenzen*
begrijpelijk *begreiflich, verständlich, fasslich*
begrijpen • (omvatten) *enthalten, einschließen* ⋆ eronder begrepen *mit einbegriffen* • (verstandelijk bevatten) *begreifen, verstehen* ⋆ begrepen? *verstanden?;* ‹inf.› *kapiert?* ⋆ iem. verkeerd ~ *jmdn. missverstehen* ▾ het op iem. begrepen hebben *es auf jmdn. abgesehen haben* ▾ ik heb het niet op haar begrepen *sie ist mir nicht geheuer*
begrip • (het kunnen begrijpen) *Fassungskraft* [v], ‹inzicht› *Verständnis* [o], *Einsicht* [v] ⋆ zij is vlug van ~ *sie begreift schnell* ⋆ geen ~ voor *kein Verständnis für* • (denkbeeld) *Begriff* [m], *Vorstellung* [v]
begripsverwarring *Begriffsverwirrung* [v]
begroeien *bewachsen*
begroeiing *Begrünung* [v], *Bewuchs* [m]
begroeten *begrüßen*
begroeting *Begrüßung* [v]
begroten *schätzen* ⋆ de kosten ~ op *die Kosten veranschlagen auf* [4]
begroting • (raming) *Kostenvoranschlag* [m], *Budget* [o], *Etat* [m] • (het stuk) *Haushalt* [m], *Etat* [m]
begrotingstekort *Budgetdefizit* [o]
begunstigde *Begünstigste(r)* [m]
begunstigen • (bevoordelen) *begünstigen* • (bevoorrechten) *bevorzugen*
begunstiger *Gönner* [m], *Förderer* [m]
beha *BH* [m], *Büstenhalter* [m]
behaaglijk *behaglich, gemütlich*
behaagziek *kokett, gefallsüchtig*
behaard *behaart, haarig*
behagen I [het] *Behagen* [o] ⋆ ~ scheppen in *Gefallen finden an* [3] **II** [on ww] *behagen, gefallen*
behalen ‹goede cijfers› *bekommen,* ‹overwinning› *davontragen,* ‹prijs/voordeel› *gewinnen,* ‹roem› *erwerben,* ‹succes/winst› *erzielen*
behalve *außer, ausgenommen*
behandelen • (omgaan met) *behandeln* ⋆ iem. streng ~ *streng mit jmdm. verfahren* • (bespreken) *besprechen, behandeln, erörtern* ⋆ wat wordt in dit boek behandeld? *worüber handelt dieses Buch?*
behandeling • (het omgaan met iets) *Behandlung* [v] • (uiteenzetting) *Erörterung* [v] • (med.) ⋆ zich onder dokters~ stellen *sich ärztlich behandeln lassen*
behandelkamer *Sprechzimmer* [o], *Behandlungszimmer* [o]
behang *Tapete* [v]
behangen • (behang aanbrengen) *tapezieren* • (hangen aan) *behängen*
behanger *Tapezierer* [m]
behappen ⋆ iets kunnen ~ *mit etw. zurande/zu Rande kommen*
behartigen *vertreten, wahren*
behaviorisme *Behaviorismus* [m]
beheer • (leiding) *Leitung* [v] • (bestuur en toezicht) *Verwaltung* [v] ⋆ in eigen ~ *in Selbstverwaltung* ⋆ het ~ voeren over iets *etw. verwalten* ⋆ raad van ~ *Verwaltungsrat* [m]
beheerder *Verwalter* [m]
beheersen I [ov ww] *beherrschen* **II** [wkd ww] *sich beherrschen*
beheerst *beherrscht, gefasst*
beheksen *behexen, verhexen*
behelpen *sich behelfen*
behelzen *beinhalten, enthalten*
behendig *gewandt, geschickt, behände*
behendigheidsspel *Geschicklichkeitsspiel* [o]
behept *behaftet (mit)* [3]
beheren • (besturen) *verwalten* ⋆ de erfenis ~ *den Nachlass verwalten* • (exploiteren) *bewirtschaften*

B

B

behoeden *behüten, schützen vor* ⋆ iem. voor een fout ~ *jmdn. vor einem Fehler bewahren*
behoedzaam *bedächtig, behutsam*
behoefte • (gemis) ⋆ in een ~ voorzien *ein Bedürfnis befriedigen* ⋆ naar ~ *je nach Bedarf* • (verlangen) *Bedarf [m]* ⋆ dringend ~ aan iets hebben *dringend etw. brauchen/bedürfen* • (ontlasting) *Bedürfnis [o]* ⋆ zijn ~ doen *seine Notdurft verrichten*
behoeftig *Not leidend, bedürftig*
behoeve *zwecks [2]* ⋆ ten ~ van haar *ihretwillen*
behoeven *brauchen, bedürfen* ⋆ dit behoeft geen uitleg *dies bedarf keiner Erklärung*
behoorlijk • (flink) *beträchtlich, ordentlich* ⋆ een ~ bedrag *eine beträchtliche Summe* • (zoals het hoort) *gebührend, gehörig, anständig*
behoren *gehören* ⋆ naar ~ *wie es sich gehört* ⋆ zoals het behoort *wie es sich gebührt/ziemt*
behoud • (het in stand houden) *Erhaltung [v]* ⋆ met ~ van salaris *unter Beibehaltung des Gehaltes [v]* • (redding) *Rettung [v], Bewahrung [v], Erhaltung [v]*
behouden I [bnw] *unversehrt, unverletzt, wohlbehalten* ⋆ in ~ haven zijn *im sicheren Hafen sein* **II** [ov ww] • (blijven houden) *behalten* • (niet kwijtraken) *erhalten, bewahren* ⋆ het natuurgebied ~ *das Naturgebiet erhalten*
behoudend *konservativ*
behoudens • (behalve) *abgesehen von [3], außer [3]* ⋆ ~ de burgemeester ook de wethouders *neben dem Bürgermeister auch die Stadträte* • (op voorwaarde van) *vorbehaltlich [2]* ⋆ ~ instemming van de anderen *vorbehaltlich der Zustimmung der anderen*
behoudzucht *Konservativismus [m]*
behuisd *behaust* ⋆ goed ~ zijn *eine gute Wohnung haben*
behuizing • (woning) *Wohnung [v]* • (huisvesting) *Unterkunft [v]*, ‹negatief› *Behausung [v]*
behulp *Hilfe [v]* ⋆ met ~ van een touw *mit/unter Zuhilfenahme eines Seils*
behulpzaam *dienstfertig, gefällig, behilflich* ⋆ iem. ~ zijn *jmdm. behilflich sein*
beiaardier *Glöckner [m], Glockenspieler [m]*
beide *beide*
Beieren *Bayern [o]*
beige *beige*
beijveren *sich bemühen, bestrebt sein*
beïnvloeden *beeinflussen*
Beiroet *Beirut [o]*
beitel *Meißel [m]*
beitelen *meißeln* ▾ dat zit gebeiteld *das kann nicht mehr schief gehen*
beits *Beize [v]*
beitsen *beizen*
bejaard *alt, betagt, bejahrt*
bejaarde *Alte(r) [m]*, ‹euf.› *Senior [m]*
bejaardentehuis *Altersheim [o]*
bejaardenverzorgster *Altenpflegerin [v]*
bejaardenwoning *Altenwohnung [v]*
bejegenen *begegnen, behandeln* ⋆ iem. onheus ~ *jmdm. unhöflich begegnen*
bek • (mond) *Schnauze [v], Maul [o], Fresse [v]* ⋆ hou je bek! *halt das Maul/die Fresse!* ⋆ een grote bek hebben *eine große Schnauze/Klappe haben* • (mond van dier) *Schnauze [v], Maul [o]* • (snavel) *Schnabel [m]*
bekaaid ⋆ ergens ~ afkomen *übel davonkommen*
bekaf *hundemüde, todmüde*
bekakt *affektiert, gemacht*
bekend • (ervan wetend) *bekannt, geläufig* ⋆ zoals ~ *bekanntlich* • (beroemd) ⋆ een ~e schilder *ein namhafter Maler*
bekende *Bekannte(r) [m]*
bekendheid • (het bekend zijn met) *Wissen [o], Kenntnis [v]* ⋆ er werd ~ aan gegeven *es wurde publik gemacht* • (faam) *Bekanntheit [v]*
bekendmaken *bekannt geben, bekannt machen*
bekendstaan *bekannt sein (wegen), gelten (als)*
bekennen • (toegeven) *bekennen, gestehen* • (zien) *sehen, erkennen* ⋆ geen mens te ~ *kein Mensch zu sehen* • (schuld bekennen) *zugeben, (ein)gestehen* ⋆ de dader heeft bekend *der Täter hat gestanden* ⋆ zijn ongelijk ~ *sein Unrecht (ein)gestehen*
bekentenis *Eingeständnis [o], Bekenntnis [o]*, ‹jur.› *Geständnis [o]* ⋆ een grote ~ *ein umfangreiches Geständnis/Bekenntnis*
beker • (mok) *Becher [m]* • (trofee) *Pokal [m]* ▾ laat deze ~ aan mij voorbijgaan *lass diesen Kelch an mir vorübergehen*
bekeren *bekehren*
bekerwedstrijd *Pokalspiel [o]*
bekeuren *ein Strafmandat erteilen* ⋆ bekeurd worden *einen Strafzettel bekommen*
bekeuring *Bußgeld [o], Strafzettel [m]*
bekijken • (overdenken) *besehen, erwägen* • (kijken naar) *betrachten, ansehen, besichtigen*
bekijks *Aufsehen [o]* ⋆ veel ~ hebben *großes Aufsehen erregen*
bekken *Becken [o]*
beklaagde *Angeklagte(r) [m]*
beklaagdenbank *Anklagebank [v]*
bekladden • (belasteren) *verleumden, beflecken* • (besmeuren) *beschmieren, beklecksen*
beklag *Beschwerde [v]* ⋆ zijn ~ doen over *sich beschweren über*
beklagen I [ov ww] • (medelijden tonen) *bedauern, bemitleiden* • (betreuren) *beklagen* **II** [wkd ww] *sich beschweren, sich beklagen*
bekleden • (bedekken) *polstern* • (vervullen) *bekleiden*
bekleding *Bezug [m], Polsterung [v], Verkleidung [v], Vertäfelung [v]*
beklemmen • (benauwen) *beengen, bedrücken* • (vastknellen) *einklemmen*
beklemtonen *betonen*
beklijven *haften*
beklimmen *besteigen*
beklinken *abmachen, vereinbaren*
beknellen *einklemmen* ⋆ bekneld raken *eingeklemmt werden*
beknibbelen ⋆ ~ op *sparen an* ⋆ op deze uitgaven kunnen we niet ~ *an diesen Ausgaben können wir nicht sparen*
beknopt *kurz* ⋆ ~e versie *Kurzfassung [v]*
beknotten *beschränken*, ‹personen› *einschränken*
bekocht *hereingelegt, betrogen*
bekoelen *abkühlen*
bekogelen *bewerfen*
bekokstoven *abkarten, aushecken*
bekomen *bekommen* ⋆ het eten bekomt hem slecht *das Essen bekommt ihm schlecht* ⋆ wel bekome het u *wohl bekomms*
bekomst ⋆ zij kreeg haar ~ *sie hat ihren Teil abbekommen*
bekonkelen *abkarten*
bekoorlijk *anmutig, reizend*
bekopen *bezahlen* ⋆ het met de dood ~ *es mit dem Leben bezahlen*
bekoren *reizen*, ‹verrukken› *entzücken, bezaubern*
bekoring • (aantrekkingskracht) *Reiz [m]* • (verzoeking) *Versuchung [v], Verführung [v]*

bekorten *abkürzen, verkürzen, kürzen*
bekostigen *bezahlen, finanzieren* ⋆ zijn levensonderhoud ~ *den Lebensunterhalt bestreiten*
bekrachtigen • (ratificeren) *ratifizieren* • (bevestigen) *bekräftigen*
bekrachtiging *Bekräftigung* [v], *Bestätigung* [v], ‹jur.› *Ratifizierung* [v]
bekritiseren *kritisieren*
bekrompen • (kortzichtig) *borniert, engstirnig, beschränkt* ⋆ ~ opvattingen *bornierte(n) Ansichten* • (niet ruim) *eingeengt, eng*
bekronen • (belonen) ⋆ een bekroond boek *ein preisgekröntes Buch* • (bedekken) *(be)krönen*
bekroning *Krönung* [v]
bekruipen *beschleichen*
bekvechten *sich streiten, sich zanken*
bekwaam • (kundig) *geschickt* • (in staat tot) *fähig*
bekwaamheid *Fähigkeit* [v], *Befähigung* [v], ‹jur.› *Befugnis* [v]
bekwamen *ausbilden*
bel • (luchtbel) *Blase* [v] ⋆ bellen blazen *Seifenblasen machen* • (schel) *Glocke* [v], *Klingel* [v] ⋆ de bel laten gaan *es klingeln lassen* ▾ aan de bel trekken *Lärm schlagen*
belabberd *miserabel, elend*
belachelijk *lächerlich*
beladen *beladen*
belagen *bedrängen*
belager *Bedränger* [m]
belanden *landen*
belang • (betekenis) *Bedeutung* [v] ⋆ ~ hechten aan *Wert legen auf* [4] ⋆ ~ stellen in *sich interessieren für* ⋆ drukte van ~ *viel Betrieb* • (voordeel) *Interesse* [o] ⋆ algemeen ~ *Gemeinwohl* [o] • (aandeel) ⋆ ~en in een bedrijf hebben *an einer Firma beteiligt sein*
belangeloos • (onbaatzuchtig) *uneigennützig* • (gratis) *gratis, unentgeltlich*
belangenorganisatie *Interessenverband* [m], *Interessengruppe* [v]
belanghebbend *interessiert* ⋆ de ~e partijen *die beteiligten Parteien*
belangrijk *wesentlich, erheblich, bedeutend, wichtig*
belangstellend *interessiert*
belangstelling *Anteilnahme* [v], *Teilnahme* [v], *Interesse* [o]
belangwekkend *interessant*
belast *beladen*
belastbaar *steuerpflichtig*
belasten • (belasting heffen) *mit Steuern belegen* • (last leggen op) *belasten* • (~ **met**) *beauftragen* ⋆ belast met *zuständig für*
belasteren *verleumden, diffamieren*
belasting • (verplichte bijdrage) *Steuer* [v] ⋆ ~ heffen *Steuern erheben* ⋆ ~ ontduiken *Steuern hinterziehen* • (last, druk) *Druck* [m], *Belastung* [v] ⋆ maximale ~ *Höchstbelastung*
belastingaangifte *Steuererklärung* [v]
belastingaanslag • (bedrag) *Steuerveranlagung* [v] • (kennisgeving) *Steuerbescheid* [m]
belastingaftrek *Steuerabzug* [m]
belastingbiljet *Steuerbescheid* [m]
belastingconsulent *Steuerberater* [m]
belastingdienst *Finanzamt* [o]
belastingdruk *Steuerlast* [v]
belastingparadijs *Steuerparadies* [o]
belastingvrij *steuerfrei* ⋆ ~e voet *Steuerfreibetrag* [m]
belastingvrijdom *Steuerfreiheit* [v]
belazerd • (gek) *bekloppt, bescheuert* • (slecht) *beschissen, traurig* ⋆ dat is ~ *das ist unter aller Sau*
belazeren *hereinlegen,* ‹inf.› *bescheißen* ⋆ ik voel me belazerd *ich fühle mich beschissen*
belbus ≈ *Bus, den man telefonisch bestellt* [m]
beledigen *beleidigen, kränken*
belediging *Beleidigung* [v], *Kränkung* [v]
beleefd *höflich*
beleefdheid *Höflichkeit* [v]
beleg • (belegering) *Belagerung* [v] ⋆ de staat van ~ afkondigen *den Ausnahmezustand verhängen* • (broodbeleg) *Belag* [m]
belegen *abgelagert* ⋆ ~ kaas *ältere(r) Käse* [m]
belegeren *belagern*
beleggen • (bedekken) *belegen* • (investeren) *anlegen*
belegging *Kapitalanlage* [v]
beleggingsfonds • (instelling) *Kapitalanlagefonds* [m] • (effecten) *Anlagepapiere* [mv], *festverzinsliche(n) Papiere* [mv]
beleggingspand *Anlageobjekt* [o]
beleid • (gedragslijn) *Politik* [v] • (tact) *Umsicht* [v] ⋆ met ~ te werk gaan *umsichtig vorgehen*
beleidslijn *Kurs* [m]
beleidsnota ≈ *Konzept* [o], *Programm* [o]
belemmeren *hemmen, behindern*
belemmering *Hindernis* [o], *Behinderung* [v], *Hemmung* [v]
belendend *benachbart, angrenzend*
belenen *verpfänden, beleihen*
belerend *belehrend*
beletsel *Hindernis* [o]
beletten *hindern, verwehren* ⋆ iem. de toegang ~ *jmdm. den Zutritt verwehren* ⋆ iem. ~ te werken *jmdn. von der Arbeit abhalten*
beleven • (doormaken) *durchmachen* • (meemaken) *erleben*
belevenis *Erlebnis* [o]
belevingswereld *Erlebniswelt* [v]
belezen *belesen*
Belg *Belgier* [m]
België *Belgien* [o]
Belgisch *belgisch*
belhamel *Balg* [m/o]
belichamen *verkörpern*
belichaming *Verkörperung* [v]
belichten • (licht laten schijnen op) *beleuchten* • (foto.) *belichten*
belichting • (het belichten) *Beleuchtung* [v] • (foto.) *Belichtung* [v]
believen I [het] *Belieben* [o] **II** [ov ww] • (willen hebben) *mögen* • (willen doen) *wünschen*
belijden • (bekennen) *bekennen* • (aanhangen) *sich bekennen* ⋆ het katholieke geloof ~ *sich zum Katholizismus bekennen* ▾ iets alleen met de mond ~ *nur ein Lippenbekenntnis ablegen*
belijdenis *Bekenntnis* [o] ⋆ ~ doen *ein Glaubensbekenntnis ablegen*
bellen I [ov ww] • (telefoneren) *telefonieren, anrufen* ⋆ bel je me? *rufst du mich an?* ⋆ zij is net aan het ~ *sie telefoniert gerade* **II** [on ww] • (aanbellen) *klingeln, läuten* • (signaal geven) *läuten*
bellettrie *Belletristik* [v]
belofte • (toezegging) *Versprechen* [o] ⋆ valse ~n *falsche(n) Versprechungen* ⋆ een ~ doen/nakomen/verbreken *ein Versprechen geben/einhalten/brechen* • (gelofte) *Gelübde* [o]
belonen *belohnen*
beloning *Belohnung* [v]
beloop *Verlauf* [m] ⋆ de zaak op zijn ~ laten *der Sache ihren Lauf lassen*
belopen • (bedragen) *sich belaufen (auf)* [4],

B

B

betragen • (lopen over iets) *begehen, belaufen*
beloven *versprechen*
beluisteren • (afluisteren) *abhören* • (luisteren naar) *(sich) anhören*
belust *begierig,* ‹bel.› *geil* ⋆ ~ zijn op erpicht/ *versessen sein auf* [4]
bemachtigen • (te pakken krijgen) *erstehen,* ‹met geld› *sich beschaffen* • (buitmaken) *sich bemächtigen*
bemalen *entwässern*
bemannen *besetzen*
bemanning *Bemannung* [v], *Besatzung* [v]
bemanningslid *Mitglied der Besatzung* [o]
bemerken *bemerken*
bemesten *düngen*
bemiddelaar • (intercedent) *Arbeitsvermittler* [m] • (tussenpersoon) *Mittelsperson* [v], *Vermittler* [m]
bemiddeld *bemittelt, begütert,* ‹inf.› *betucht*
bemiddelen *schlichten*
bemiddeling *Vermittlung* [v]
bemind *beliebt*
beminnelijk *liebenswert/-würdig*
beminnen *lieb haben, lieben*
bemoederen *bemuttern*
bemoedigen *Mut machen, ermutigen*
bemoeial ⋆ hij is een ~ *er steckt seine Nase in alles*
bemoeien • (zich mengen in) *eingreifen, sich einmischen* ⋆ bemoei je er niet mee! *misch dich nicht ein!* • (zich bekommeren om) *sich kümmern (um)*
bemoeienis • (inmenging) *Einmischung* [v] • (bemoeiing) *Zuständigkeit* [v]
bemoeilijken *erschweren*
bemoeiziek ⋆ ~ iem. *Person, die sich in alles einmischt* [v]
bemoeizucht *Neigung, sich in alles einzumischen* [v]
benadelen *schaden, benachteiligen*
benaderen • (zich wenden tot) *sich wenden an* [4] • (aanpakken) *herangehen an* [4] • (dichter komen tot) *sich nähern*
benadering • (het naderbij komen) *Annäherung* [v] • (aanpak) *Vorgehensweise* [v] ▾ bij ~ *annähernd*
benadrukken *betonen*
benaming • (naamgeving) *Benennung* [v] • (naam) *Bezeichnung* [v]
benard *bedrängt, misslich*
benauwd • (moeilijk ademend) *beklemmt, beklommen* ⋆ zij heeft het ~ *sie bekommt keine Luft* • (drukkend) *drückend, schwül* • (niet ruim) *eng* • (angstig) *ängstlich*
benauwen • (beklemmen) *bedrücken, beklemmen* • (beangstigen) *beängstigen*
bende • (groot aantal) *Haufen* [m], *Masse* [v] • (wanorde) *Durcheinander* [o], *Chaos* [o] • (groep) *Bande* [v]
beneden I [bijw] • (lager gelegen) *unten* ⋆ van boven naar ~ *von oben nach unten* ⋆ ~ komen *herunterkommen* ⋆ naar ~ *hin-/herunter* • (minder dan) *unter* ⋆ ~ de dertig *unter dreißig* **II** [vz] *unter* [3], ‹lager dan› *unterhalb* [2] ⋆ ~ iem. staan *jmdm. unterstehen*
benedenhuis *Parterrewohnung* [v]
benedenloop *Unterlauf* [m]
benedenverdieping *untere(s) Stockwerk* [o], *Parterre* [o], *Erdgeschoss* [o]
benedenwoning *Parterrewohnung* [v]
benefiet *Benefiz* [o]
Benelux *Benelux* [v]
benemen *nehmen* ⋆ het uitzicht ~ *die Aussicht versperren* ⋆ de adem ~ *den Atem rauben*
benen I [bnw] *beinern, knöchern* **II** [on ww] *stiefeln* ⋆ erop af ~ *drauf zustiefeln*
benenwagen ▾ met de ~ *auf Schusters Rappen*
benepen • (bekrompen) *kleinlich, engstirnig* • (benauwd) *beklemmt, bedrückt*
benevens *samt* [3], *mit* [3]
bengel *Bengel* [m], *Schlingel* [m]
bengelen *baumeln*
benieuwd *neugierig, gespannt* ⋆ ~ naar *neugierig nach* [3]; *gespannt auf* [4]
benieuwen *neugierig/gespannt sein* ⋆ het zal mij ~ *da bin ich mal gespannt*
benijden *beneiden, neidisch sein (auf)* [4] ▾ beter benijd dan beklaagd *besser Neider als Mitleider*
benijdenswaardig *beneidenswert*
benjamin • (jongste kind) *Nesthäkchen* [o], *Benjamin* [m] • (lieveling) *Herzblatt* [o]
benodigd *erforderlich, benötigt, nötig*
benodigdheden *Benötigte(s)* [o], *Erforderliche(s)* [o] ⋆ alle ~ *alles Erforderliche*
benoemen • (naam geven) *benennen* • (aanstellen) *ernennen*
benoeming *Ernennung* [v] ⋆ akte van ~ *Ernennungsurkunde* [v]
benul *Ahnung* [v], ‹inf.› *Schimmer* [m] ⋆ geen flauw ~ van iets hebben *keine blasse Ahnung von etw. haben;* ‹inf.› *keinen blassen Schimmer von etw. haben*
benutten • (uitbuiten) *ausnutzen* • (nuttig gebruiken) *wahrnehmen, (be)nutzen* ⋆ de gelegenheid ~ *die Gelegenheit wahrnehmen/ nutzen*
benzine *Benzin* [o], ‹inf.› *Sprit* [m]
benzinepomp • (station) *Tankstelle* [v] • (toestel) *Zapfsäule* [v], *Tanksäule* [v] • (techn.) *Benzinpumpe* [v]
benzinestation *Tankstelle* [v]
benzinetank *Benzintank* [m]
beo *Beo* [m]
beoefenaar ‹van de wetenschap› *Wissenschaftler* [m], ‹van muziek› *Musiker* [m], ‹van sport› *Sportler* [m]
beoefenen *ausüben,* ‹sport› *treiben*
beogen *vorhaben, beabsichtigen, bezwecken*
beoordelen *beurteilen*
beoordeling *Bewertung* [v], *Beurteilung* [v]
bepaald I [bnw] *bestimmt, festgelegt, festgesetzt* **II** [bijw] *durchaus, bestimmt, entschieden* ⋆ zij werd ~ onvriendelijk *sie wurde entschieden unfreundlich*
bepakking *Gepäck* [o]
bepalen • (richten, beperken) *anordnen* • (vaststellen) *festlegen/-setzen, bestimmen*
bepaling • (vaststelling) *Bestimmung* [v] • (omschrijving) *Beschreibung* [v], *Definition* [v] • (voorschrift) *Anordnung* [v] • (beding) *Bedingung* [v], *Voraussetzung* [v], ‹in een contract› *Klausel* [v] • (taalk.) *Bestimmung* [v]
beperken I [ov ww] • (begrenzen) *einschränken, beschränken* ⋆ de oplage is beperkt tot vijftig exemplaren *es gibt eine begrenzte Auflage von fünfzig Exemplaren* • (inkrimpen) *einschränken* ⋆ snelheid ~ *Geschwindigkeit drosseln* **II** [wkd ww] *sich beschränken* ⋆ zich tot iets ~ *sich auf etw. beschränken* [4]
beperking • (grens) *Grenze* [v], *Schranke* [v] • (inkrimping) *Beschränkung* [v]
beperkt *beschränkt, begrenzt*
beplanten *bepflanzen*
beplanting *Bepflanzung* [v]
bepleiten *plädieren (für), eintreten (für), befürworten*

bepraten • (bespreken) *besprechen, bereden, durchsprechen* • (overhalen) *überreden, bereden,* ‹inf.› *beschwatzen*
beproefd *erprobt, bewährt*
beproeven • (proberen) *versuchen* • (op de proef stellen) *erproben, testen, prüfen*
beproeving • (proef) *Heimsuchung* [v] • (tegenspoed) *Schicksalsschlag* [m]
beraad *Erwägung* [v], *Überlegung* [v] ⋆ iets in ~ nemen *etw. in Erwägung ziehen* ⋆ na rijp ~ *nach reiflicher Überlegung*
beraadslagen *beraten, beratschlagen* ⋆ met iem. ~ over iets *sich mit jmdm. über etw. beraten*
beraadslaging *Beratung* [v], *Beratschlagung* [v]
beraden I [bnw] *besonnen* **II** [wkd ww] *sich überlegen, sich besinnen*
beramen • (ontwerpen) *planen, entwerfen,* ‹pej.› *anzetteln* • (begroten) *veranschlagen*
berde ▾ iets te ~ brengen *etw. zur Sprache bringen*
berechten *verurteilen*
beredderen *erledigen, in Ordnung bringen*
bereden *beritten*
beredeneren • (uiteenzetten) *darlegen, auseinander setzen* • (logisch verklaren) *begründen, erörtern, erläutern*
beregoed *riesig*
bereid *bereit*
bereiden *bereiten,* ‹eten› *zubereiten*
bereiding *Bereiten* [o], ‹eten› *Zubereitung* [v], ‹productie› *Erzeugung* [v], *Herstellung* [v]
bereidwillig *bereitwillig, hilfsbereit*
bereik *Reichweite* [v], *Bereich* [m] ⋆ dat ligt buiten mijn ~ *das ist außerhalb meiner Reichweite;* ‹is onbegrijpelijk› *das geht über meinen Horizont*
bereikbaar *erreichbar*
bereiken *erreichen*
bereisd *weit gereist*
berekend *geeignet* ⋆ deze ruimte is er niet op ~ *dieser Raum ist dazu nicht geeignet* ⋆ zij is voor deze taak ~ *sie ist dieser Aufgabe gewachsen*
berekenen • (uitrekenen) *aus-/errechnen* • (in rekening brengen) *an-/berechnen* • (voor- en nadeel afwegen) *abwägen, be-/ausrechnen*
berekenend *berechnend, eigennützig*
berekening *Berechnung* [v] ⋆ uitkomst van de ~ *Ergebnis* [o] ⋆ volgens menselijke ~ *nach menschlichem Ermessen*
berenklauw *Bärenklau* [m]
berenmuts *Bärenfellmütze* [v]
beresterk *bärenstark*
berg • (grote heuvel) *Berg* [m] • (hoop) *Berg* [m], *Haufen* [m] ▾ de haren rijzen mij te berge *die Haare stehen mir zu Berge* ▾ ergens als een berg tegenop zien *einer Sache mit Furcht entgegensehen*
bergafwaarts *bergab*
bergbeklimmer *Bergsteiger* [m]
bergen • (in veiligheid brengen) *bergen, retten* • (opbergen) *aufbewahren,* ‹vlag, zeil› *einholen* • (onderbrengen) *unterbringen*
berggeit *Bergziege* [v]
berghelling *Berghang* [m] ⋆ tegen de ~ *am Berghang*
berghok • (ruimte) *Abstellraum* [m], *Abstellkammer* [v] • (schuur) *Schuppen* [m]
berging • (het bergen) *Bergen* [o], *Bergung* [v] • (bergruimte) *Abstellraum* [m], *Abstellkammer* [v], ‹schuur› *Schuppen* [m]
bergkam *Gebirgskamm* [m]
bergkast *Abstellschrank* [m], ‹hok› *Abstellkammer* [v]
bergketen *Gebirgskette* [v]
bergkristal *Bergkristall* [m]
bergmeubel *Mehrzweckschrank* [m]
bergopwaarts *bergauf*
bergpas *Gebirgspass* [m]
bergplaats • (plaats om iets te bewaren) *Aufbewahrungsort* [m], ‹in huis› *Abstellraum* [m], ‹voor fietsen› *Unterstellraum* [m] • (opslagplaats) *Lagerraum* [m], *Lager* [o]
bergrede *Bergpredigt* [v]
bergrug *Gebirgsrücken* [m]
bergsport *Bergsport* [m]
bergtop *Gipfel* [m], ‹rond› *Bergkuppe* [v]
beriberi *Beriberi* [v]
bericht *Bericht* [m], *Nachricht* [v], *Meldung* [v], ‹advertentie› *Anzeige* [v] ⋆ een kort ~ *eine Kurzmeldung*
berichten *berichten, melden, mitteilen*
berijden *reiten*
berin *Bärin* [v]
berispen *zurechtweisen, tadeln, rügen* ⋆ zijn baas heeft hem berispt *sein Chef hat ihm einen Verweis/eine Rüge erteilt*
berisping *Zurechtweisung* [v], *Tadel* [m], *Rüge* [v], *Verweis* [m]
berk *Birke* [v]
Berlijn *Berlin* [o]
berm *Böschung* [v]
bermprostitutie *Autostrich* [m]
bermtoerisme ≈ *Erholung am Straßenrand* [v]
bermuda *Bermudashorts* [mv], *Bermudas* [mv]
beroemd *berühmt*
beroemdheid • (het beroemd zijn) *Berühmtheit* [v], *Ruhm* [m], *Berühmtsein* [o] • (beroemd persoon) *Berühmtheit* [v]
beroemen *sich rühmen* [2], ‹pej.› *sich brüsten (mit)*
beroep • (verzoek) *Appell* [m] ⋆ een ~ doen op iemands gezond verstand *einen Appell an die Vernunft richten* ⋆ een ~ doen op iemands eergevoel *an jmds. Ehrgefühl appellieren* • (vak) *Beruf* [m], ‹ambacht› *Handwerk* [o], *Gewerbe* [o] ⋆ een ~ uitoefenen *einen Beruf ausüben* • (benoeming) *Berufung* [v], *Ruf* [m] • (jur.) *Berufung* [v] ⋆ in hoger ~ veroordeeld worden *in zweiter/letzter Instanz verurteilt werden* ⋆ tegen een vonnis in ~ gaan *gegen ein Urteil Berufung einlegen* ⋆ tegen een beslissing in ~ gaan *gegen eine Entscheidung Einspruch erheben*
beroepen I [ov ww] *berufen, ernennen* **II** [wkd ww] *sich berufen,* ‹jur.› *sich beziehen, Berufung einlegen* ⋆ zich op iem. ~ *sich auf jmdn. berufen*
beroepengids *Branchenverzeichnis* [o]
beroeps *Profi-*
beroepsbevolking *Erwerbstätigen* [mv], *Berufstätigen* [mv]
beroepsdeformatie *Berufsdeformation* [v]
beroepsgeheim *Berufsgeheimnis* [o]
beroepshalve *berufsbedingt*
beroepskeuze *Berufswahl* [v] ⋆ adviesbureau voor ~ *Berufsberatungsstelle* [v]
beroepsleger *Berufsheer* [o]
beroepsmilitair *Berufssoldat* [m]
beroepsopleiding *Berufsausbildung* [v]
beroepsverbod *Berufsverbot* [o]
beroepsvoetbal *Profifußball* [m]
beroerd *miserabel, elend, erbärmlich,* ‹inf.› *mies, lausig* ⋆ zij is niet te ~ om zoiets te doen *sie ist durchaus zu so etw. bereit*
beroeren • (even aanraken) *an-/berühren, streifen, anfassen* • (verontrusten) *auf-/erregen*
beroering • (onrust) *Erregung* [v], *Aufruhr* [m] ⋆ in ~ brengen *in Aufruhr versetzen* • (het aanraken) *Berührung* [v]
beroerte *Schlaganfall* [m]

B

berokkenen *zufügen, bereiten* ⋆ iem. schade ~ *jmdm. Schaden zufügen* ⋆ iem. leed ~ *jmdm. Kummer bereiten*
berooid *mittellos*
berouw *Reue* [v] ⋆ ~ over iets hebben *etw. bereuen*
berouwen *bereuen*
berouwvol *reuevoll*
beroven *berauben* ⋆ zich van het leven ~ *sich umbringen; sich das Leben nehmen*
berucht *berüchtigt, verrufen*
berusten • (zich schikken) *sich fügen (in)* [4], *sich ergeben (in)* [4], *sich abfinden (mit)* ⋆ in zijn lot ~ *sich mit seinem Schicksal abfinden* • (~ **op**) *sich gründen (auf)* [4], *beruhen (auf)* [3] • (~ **bij**) *verwahrt werden*
berusting *Ergebenheit* [v]
bes • (muzieknoot) *b* [o] • (vrucht) *Beere* [v] • (oude vrouw) *Mütterchen* [o]
beschaafd • (niet barbaars) *zivilisiert, kultiviert* • (goed opgevoed) *gebildet, dezent, gepflegt*
beschaamd • (zich schamend) *beschämt* ⋆ iem. ~ maken *jmdn. beschämen* • (verlegen) *verlegen, verschämt, schüchtern*
beschadigen *beschädigen,* ‹inf.› *ramponieren*
beschadiging *Schaden* [m], *Beschädigung* [v]
beschamen • (teleurstellen) *enttäuschen* • (beschaamd maken) *beschämen*
beschamend *beschämend*
beschaving *Zivilisation* [v], *Kultur* [v]
bescheid • (schriftstuk) *Schriftstück* [o], *Akte* [v] • (bericht) *Bescheid* [m], *Antwort* [v]
bescheiden • (niet opdringerig) *anspruchslos, bescheiden* • (matig) *bescheiden, einfach*
bescheidenheid • (het bescheiden zijn) *Bescheidenheit* [v], *Anspruchslosigkeit* [v] • (geringheid) *Einfachheit* [v], *Schlichtheit* [v]
beschermeling *Schützling* [m], *Protegé* [m], ‹pej.› *Günstling* [m]
beschermen • (begunstigen) *fördern* • (behoeden) *(be)schützen* ⋆ beschermd gebied *Naturschutzgebiet* [o]
beschermengel *Schutzengel* [m]
beschermheer *Förderer* [m], *Schirmherr* [m], *Gönner* [m]
beschermheilige *Schutzheilige(r)* [m]
bescherming *Schutz* [m] ⋆ onder ~ van *im/unter dem Schutz* [2] ⋆ iem. in ~ nemen *jmdn. in Schutz nehmen* ⋆ ~ van gegevens *Datenschutz* [m]
beschermvrouw *Schirmherrin* [v], *Förderin* [v], *Gönnerin* [v]
bescheuren *sich tot-/kranklachen* ⋆ om je te ~! *zum Totlachen!*
beschieten • (schieten op) *beschießen, unter Beschuss nehmen* • (betimmeren) *vertäfeln*
beschijnen *bescheinen, beleuchten*
beschikbaar *verfügbar, zur Verfügung stehend* ⋆ ~ zijn/hebben *zur Verfügung stehen/haben*
beschikken I [ov ww] • (beslissen) *entscheiden* ⋆ afwijzend over iets ~ *etw. ablehnen* **II** [on ww] • (~ **over**) *verfügen*
beschikking • (zeggenschap) ⋆ ter ~ stellen *zur Verfügung stellen* • (besluit) *Verfügung* [v]
beschilderen *bemalen,* ‹inf.› *anmalen,* ‹verven› *anstreichen*
beschimmeld • (met schimmel bedekt) *schimmelig, verschimmelt* • (oud en smerig) *vergammelt*
beschimpen *beschimpfen, verhöhnen*
beschoeiing *Uferbefestigung* [v]
beschonken *betrunken* ⋆ in ~ toestand ‹inf.› *im Suff* [m]
beschoren *beschert*
beschot • (lambrisering) *Vertäfelung* [v], *Holzverkleidung* [v] • (afscheiding) *Bretterwand* [v], *bretterne Trennwand* [v]
beschouwen • (bezien) *besehen* ⋆ alles wel beschouwd *alles in allem* ⋆ op zichzelf beschouwd *an und für sich* • (~ **als**) *betrachten*
beschouwend *beschaulich*
beschouwing • (overdenking) *Betrachtung* [v] • (bespreking) *Betrachtungsweise* [v] ⋆ buiten ~ laten *außer Acht/Betracht lassen*
beschrijven *beschreiben* ⋆ met geen pen te ~ *unbeschreiblich*
beschrijving *Beschreibung* [v], *Darstellung* [v], *Schilderung* [v] ⋆ dat tart elke ~ *das spottet jeder Beschreibung*
beschroomd *verlegen, verschüchtert, schüchtern, zaghaft*
beschuit ≈ *Zwieback* [m]
beschuldigde *Beschuldigte(r)* [m], ‹jur.› *Angeklagte(r)* [m]
beschuldigen *beschuldigen,* ‹jur.› *anklagen* ⋆ iem. van diefstal ~ *jmdn. des Diebstahls beschuldigen*
beschuldiging *Beschuldigung* [v], ‹aanklacht› *Anklage* [v] ⋆ akte van ~ *Anklageschrift* [v] ⋆ iem. in staat van ~ stellen *jmdn. unter Anklage stellen*
beschut *windgeschützt*
beschutten *(be)schützen*
beschutting *Schutz* [m]
besef • (bewustzijn) *Bewusstsein* [o] • (begrip) *Erkenntnis* [v] ⋆ niet het minste ~ hebben *nicht die geringste Ahnung haben* ⋆ hij kwam tot het ~ dat ... *er kam zu der Erkenntnis, dass ...*
beseffen *einsehen, begreifen, sich einer Sache bewusst sein*
besje *Oma* [v], *Mütterchen* [o]
beslaan I [ov ww] • (bekleden met metaal) *bekleiden* • (innemen) *(aus)füllen* • (van hoefijzers voorzien) *beschlagen* **II** [on ww] • (vochtig worden) *beschlagen*
beslag • (deeg) *Teig* [m] • (metalen bekleedsel) *Beschlag* [m] • (hoefijzers) *Hufbeschlag* [m] • (het in bezit nemen) *Beschlag* [m], ‹jur.› *Pfändung* [v], *Beschlagnahme* [v], *Arrest* [m] ⋆ ~ leggen op iemands tijd *jmds. Zeit beanspruchen; jmds. Zeit in Anspruch nehmen*
beslapen *schlafen* ▾ zich op iets ~ *etw. überschlafen*
beslechten *schlichten, bereinigen, beilegen*
beslissen • (besluiten) *beschließen,* ‹form.› *verfügen* ⋆ je moet nu ~ *du musst dich jetzt entscheiden* • (uitkomst bepalen) *entscheiden* ⋆ zij wist de wedstrijd in haar voordeel te ~ *sie konnte den Wettkampf für sich entscheiden*
beslissend *entscheidend, ausschlaggebend, bestimmend*
beslissing • (besluit) *Entscheidung* [v], *Entschluss* [m], ‹pol.› *Beschluss* [m] ⋆ een ~ nemen *einen Entschluss fassen; eine Entscheidung treffen* • (uitslag) *Ausschlag* [m]
beslist I [bnw] • (zeker) *entschieden, ausgemacht* • (vastberaden) *energisch, entschlossen* **II** [bijw] • (zeker) *bestimmt, gewiss, sicher* • (vastberaden) *entschieden*
beslommering *Beschäftigung* [v], ‹zorg› *Sorge* [v] ⋆ de dagelijkse ~en *die täglichen Mühen*
besloten • (vast van plan) *entschlossen* • (niet openbaar) *geschlossen* ⋆ in ~ kring *in geschlossener Gesellschaft* ⋆ ~ vennootschap (BV) *Gesellschaft mit beschränkter Haftung (GmbH)* [v]
besluipen *beschleichen*
besluit • (beslissing) *Entschluss* [m] ⋆ een ~ nemen *einen Entschluss fassen* ⋆ niet in staat zijn

een ~ te nemen *sich nicht entschließen können* • (einde) *Schluss* [m]
besluiteloos *unschlüssig, unentschlossen*
besluiten • (een besluit nemen) *beschließen, entscheiden* ⋆ doen ~ *veranlassen* • (eindigen) *abschließen, beschließen, beenden* • (concluderen) *folgern, schließen*
besluitvaardig *entschlossen, resolut*
besluitvorming *Entscheidung* [v], ‹administratie› *Beschlussfassung* [v]
besmeren *bestreichen, beschmieren,* ‹bevuilen› *beschmutzen*
besmettelijk • (op anderen overgaand) *ansteckend* • (gauw vuil wordend) *schmutzempfindlich*
besmetten • (aansteken) *anstecken, infizieren* • (vervuilen) *verseuchen* • (bevlekken) *beflecken, beschmutzen*
besmettingshaard *Ansteckungs-/Infektionsherd* [m]
besmeuren *beschmutzen, verschmutzen, besudeln* ⋆ met bloed besmeurd *blutverschmiert*
besmuikt I [bnw] *anrüchig* **II** [bijw] *verschmitzt*
besnijden • (snijden) *beschneiden,* ‹kunst› *schnitzen* • (besnijdenis toepassen) *beschneiden*
besnijdenis *Beschneidung* [v]
besnoeien *beschneiden, kürzen*
besodemieterd *bescheuert, bekloppt* ⋆ ben je helemaal ~? *spinnst du?*
besogne *Angelegenheit* [v], *Geschäft* [o] ⋆ veel ~s hebben *viel am/auf dem Hals haben*
bespannen • (trekdieren spannen voor) *bespannen* • (iets spannen op) *bespannen,* ‹met doek› *beziehen,* ‹met snaren› *besaiten*
besparen *(ein)sparen, (er)sparen* ⋆ bespaar me die onzin! *(er)spar mir den Unsinn!*
besparing • (het sparen) *Einsparung* [v] • (het gespaarde) *Ersparnis* [v]
bespelen • (beïnvloeden) *beeinflussen* • (muziek maken) *spielen* ⋆ het orgel ~ *(auf der) Orgel spielen* [v]
bespeuren *(ver)spüren, wittern*
bespieden *bespitzeln, belauern, nachspionieren*
bespiegelen *reflektieren, beschaulich nachdenken* ⋆ ~d *beschaulich; besinnlich*
bespiegeling *Betrachtung* [v], *Überlegung* [v] ⋆ ~en houden *Betrachtungen anstellen*
bespioneren *nachspionieren*
bespoedigen *beschleunigen, vorantreiben*
bespottelijk *lächerlich*
bespotten *verspotten*
bespreekbaar *diskutabel, erwägenswert* ⋆ dit thema is niet voor iedereen ~ *dieses Thema ist für viele tabu* ⋆ dat is hier wel ~ *darüber kann man hier offen reden*
bespreken • (spreken over) *besprechen* • (reserveren) *reservieren* • (recenseren) *besprechen*
bespreking • (het bespreken) *Besprechung* [v] ⋆ onderwerp van ~ *Gesprächsthema* [o] • (onderhandeling) *Verhandlung* [v] • (recensie) *Besprechung* [v], *Rezension* [v] • (reservering) *Reservierung* [v]
besprenkelen *besprengen, anfeuchten*
bespringen • (springen op) *sich stürzen auf* [4], *anspringen* • (aanvallen) *angreifen* • (dekken) *decken*
besproeien *besprengen, bewässern, besprühen*
bessensap *Johannisbeersaft* [m]
bessenstruik *Beerenstrauch* [m], ‹aalbessen› *Johannisbeere* [v]
best I [het] ⋆ zijn best doen *sein Bestes tun* ⋆ op zijn best *bestenfalls* ⋆ het beste! ‹bij ziekte› *gute Besserung!;* ‹afscheid› *alles Gute!* ⋆ het beste van iets maken *das Beste aus etw. machen* ▾ iets ten beste geven *etw. zum Besten geben* **II** [bnw] • (overtreffende trap van goed) *best, sehr gut* ⋆ naar mijn beste weten *nach bestem Wissen* ⋆ dat is best, maar ... *alles schön und gut, aber ...* • (waarde) *lieb* ⋆ beste vriend! *lieber Freund!;* ‹iron.› *Freundchen!* **III** [bijw] • (overtreffende trap van goed) *am besten* ⋆ dat weet jij het beste *das weißt du am besten* • (uitstekend) *ausgezeichnet* • (tamelijk) *ziemlich* • (waarschijnlijk) ⋆ dat is best mogelijk *das ist durchaus möglich* • (wel degelijk) ⋆ hij is best aardig *er ist ziemlich nett* ⋆ ik kan me dat best indenken *ich kann mir das gut vorstellen* • (zeker) *bestimmt* ⋆ het zal best lukken *es wird bestimmt klappen* **IV** [tw] ⋆ mij best, hoor! *von mir aus!*

B

bestaan I [het] • (er zijn) *Bestehen* [o] • (leven) *Existenz* [v], *Dasein* [o] ⋆ de strijd om het ~ *der Kampf ums Dasein* • (broodwinning) *Existenz* [v], *Auskommen* [o] ⋆ middelen van ~ *Existenzgrundlage* [v] ⋆ zijn ~ vinden in *sein Brot verdienen mit* **II** [on ww] • (zijn) *existieren, bestehen* ⋆ spoken ~ niet *es gibt keine Gespenster* • (mogelijk zijn) *möglich sein* ⋆ dat bestaat toch niet! *das gibt es doch nicht!* ⋆ hoe bestaat het! *wie ist es möglich!* • (~ **van**) *leben* • (~ **uit**) *bestehen, umfassen*
bestaansminimum *Existenzminimum* [o]
bestaansrecht *Existenz-/Daseinsberechtigung* [v]
bestaanszekerheid *Existenzsicherheit* [v]
bestand I [het] • (wapenstilstand) *Waffenstillstand* [m] • (verzameling gegevens) *Bestand* [m], ‹comp.› *Datei* [v] **II** [bnw] *beständig, gewachsen* ⋆ ~ zijn tegen iem. *jmdm. gewachsen sein* ⋆ ~ tegen hitte *hitzebeständig* ⋆ tegen de verleiding ~ zijn *der Verführung widerstehen können*
bestanddeel *Bestandteil* [m]
besteden • (uitgeven) *verwenden, aufwenden* ⋆ geld ~ aan *Geld verwenden für/zu* • (gebruiken, aanwenden) *anwenden, verwenden* ⋆ ik wil daar geen tijd aan ~ *ich möchte keine Zeit darauf verwenden* ⋆ aandacht ~ aan iem./iets *jmdm./einer Sache Aufmerksamkeit schenken* ⋆ zorg ~ aan *Sorgfalt verwenden auf* [4] ▾ het is aan haar niet besteed *sie ist es nicht wert*
besteding • (uitgave) *Aufwand* [m] • (het besteden) ⋆ ~ van tijd/geld *Zeit-/Geldaufwand* [m]
bestedingsbeperking *Sparen* [o]
bestedingspatroon *Konsumverhalten* [o], ‹overheid› *Ausgabenpolitik* [v]
bestek • (couvert) *Besteck* [o] • (begroting) *Konzept* [o] • (gedetailleerd plan) *Bauplan* [m] ⋆ volgens ~ gebouwd *nach Plan gebaut*
bestel ‹ordening› *Ordnung* [v], ‹systeem› *System* [o] ⋆ maatschappelijk ~ *Gesellschaftssystem/-ordnung*
bestelauto *Lieferwagen* [m]
bestelen *bestehlen,* ‹inf.› *beklauen*
bestellen I [ov ww] • (iets laten komen) *bestellen, anfordern* • (thuis bezorgen) *liefern,* ‹post› *zustellen, austragen* **II** [on ww] *bestellen*
besteller • (bezorger) *Lieferant* [m], ‹postbode› *Zusteller* [m], *Briefträger* [m] • (opdrachtgever) *Besteller* [m], *Auftraggeber* [m]
bestelling • (bezorging) *Lieferung* [v], *Zustellung* [v] • (order) *Bestellung* [v] ⋆ een ~ doen *eine Bestellung aufgeben*
bestemmen *bestimmen, vorsehen* ⋆ te bestemder

plaatse an Ort und Stelle
bestemming Bestimmung [v], Ziel [o] ⋆ plaats van ~ Bestimmungsort [m]
bestemmingsplan Flächennutzungsplan [m]
bestempelen • (noemen) bezeichnen, ‹pej.› abstempeln • (een stempel drukken op) stempeln

B

bestendig • (niet veranderlijk) beständig, dauerhaft • (duurzaam) dauernd, ständig
bestendigen aufrechterhalten, beibehalten
besterven I [ov ww] ⋆ het ~ van het lachen sterben vor Lachen ⋆ hij bestierf het van de schrik er erblasste vor Schrecken **II** [on ww] • (vlees laten liggen) abhängen
bestijgen er-/besteigen
bestoken • (lastig vallen) belästigen, zusetzen • (aanvallen) beschießen, belegen
bestormen bestürmen
bestraffen • (berispen) rügen, tadeln • (straffen) (be)strafen
bestralen bestrahlen
bestraling Bestrahlung [v]
bestraten pflastern
bestrating • (het bestraten) Pflasterung [v] • (wegdek) Pflaster [o]
bestrijden • (vechten tegen) bekämpfen • (aanvechten) bestreiten, abstreiten
bestrijdingsmiddel Bekämpfungsmittel [o]
bestrijken • (kunnen bereiken) erreichen • (besmeren) bestreichen
bestrooien bestreuen
bestseller Bestseller [m], Verkaufsschlager [m]
bestuderen • (studie maken van) studieren • (onderzoeken) untersuchen, erforschen
bestuiven bestäuben
besturen • (sturen, bedienen) steuern, lenken, ‹van werktuigen› bedienen ⋆ een schip ~ ein Schiff steuern ⋆ een auto ~ ein Auto lenken • (leiding geven) leiten, führen ⋆ de koningin bestuurt het land die Königin regiert das Land ⋆ een stad ~ eine Stadt verwalten
besturingssysteem Steuerungssystem [o]
bestuur • (bewind) Führung [v], ‹regeringssysteem› Regierung [v] • (college van bestuurders) ‹gemeente› Stadtrat [m], ‹overheid, kerk› Behörde [v], ‹universiteit› Universitätsrat [m], ‹vereniging, groot bedrijf› Vorstand [m] ⋆ het dagelijks ~ geschäftsführende Instanz [v] • (het leiden) Leitung [v] • (beheer) Verwaltung [v]
bestuurder • (leidinggevende) Leiter [m] • (voertuigbestuurder) Fahrer [m], ‹van trein› Lokführer [m]
bestuursapparaat Verwaltungsapparat [m]
bestuurskunde Verwaltungswissenschaft [v]
bestuurslid Vorstandsmitglied [o]
bestuursrecht Verwaltungsrecht [o]
bestwil ⋆ een leugen om ~ eine Notlüge ⋆ ik zeg het om haar ~ ich sage es zu ihrem Besten
bèta Beta [o]
betaalbaar bezahlbar, erschwinglich ⋆ betaalbare prijzen erschwingliche(n) Preise
betaalcheque Barscheck [m]
betaald • (beroeps) Berufs-, Profi- ⋆ ~ voetbal Profifußball [m] • (gehuurd) bezahlt ⋆ ~e liefde käufliche Liebe [v] ▾ iem. iets ~ zetten jmdm. etw. heimzahlen
betaalkaart Postscheck [m]
betaalmiddel Zahlungsmittel [o]
betaalpas Scheckkarte [v]
betalen • (vergelden) bezahlen • (de kosten voldoen) (be)zahlen ⋆ in klinkende munt ~ in/mit klingender Münze bezahlen
betaling Zahlung [v] ⋆ ~ in termijnen Ratenzahlung [v] ⋆ bewijs van ~ Zahlungsbeleg [m] ⋆ zijn ~en staken seine Zahlungen einstellen ⋆ achterstallige ~ Zahlungsverzug [m]
betalingsbalans Zahlungsbilanz [v]
betalingstermijn ‹bedrag› Rate [v], ‹datum› Zahlungstermin [m], ‹tijdsbestek› Zahlungsfrist [v]
betalingsverkeer Zahlungsverkehr [m]
betamelijk schicklich
betamen sich schicken, sich gebühren
betasten berühren, betasten, ‹pej.› befummeln
bètastraling Betastrahlung [v]
bête dümmlich, dumm
betekenen • (waarde hebben) ⋆ iets voor iem. ~ jmdm. etw. bedeuten • (betekenis hebben) bedeuten ⋆ wat moet dat ~? was soll das heißen?
betekenis • (inhoud, bedoeling) Bedeutung [v], Sinn [m], Inhalt [m] ⋆ de diepere ~ der tiefere Sinn ⋆ in de letterlijke ~ van het woord im wahrsten Sinne des Wortes • (belang) Bedeutung [v] ⋆ dat is van geen ~ das ist bedeutungslos ⋆ een zaak van ~ eine wichtige Angelegenheit ⋆ ~ toekennen aan iets einer Sache Bedeutung beimessen
beter I [bnw] • (vergrotende trap van goed) besser ⋆ tegen ~ weten in wider besseres Wissen • (genezen) gesund ⋆ het gaat al ~ met haar es geht ihr schon besser • (van bepaald niveau) gut, anspruchsvoll ▾ ergens ~ van worden von etw. profitieren **II** [bijw] besser ⋆ het gaat weer ~ es geht wieder aufwärts ▾ des te ~ umso besser
béteren bessern, sich bessern
beterschap Besserung [v] ⋆ ~! gute Besserung!
beteugelen zügeln, bändigen
beteuterd betreten, verdutzt
betichten bezichtigen, beschuldigen ⋆ iem. van iets ~ jmdn. einer Sache bezichtigen/beschuldigen
betijen gewähren, sich legen ⋆ iem. laten ~ jmdn. gewähren lassen
betimmeren mit Holz verkleiden, vertäfeln
betitelen betiteln
betoeterd behämmert, beknackt ⋆ ben je ~? hast du einen Knall?
betogen I [ov ww] • (beredeneren) argumentieren, darlegen **II** [on ww] • (demonstreren) demonstrieren
betoger Demonstrant [m]
betoging Kundgebung [v], Demonstration [v]
beton Beton [m], ‹gewapend› Stahlbeton [m] ⋆ ~ storten Beton gießen
betonen sich erweisen
betonmolen Mischmaschine [v]
betonrot Betonrost [m]
betonvlechter Betonbauer [m]
betoog Argumentation [v], Erörterung [v], Darlegung [v]
betoveren • (bekoren) bezaubern, betören ⋆ een ~d schepsel ein zauberhaftes Geschöpf • (beheksen) verzaubern
betovergrootmoeder Ururgroßmutter [v]
betovergrootvader Ururgroßvater [m]
betovering • (beheksing) Verzauberung [v], Zauber [m] ⋆ onder ~ zijn im Bann sein • (bekoring) Zauber [m]
betrachten ‹van deugd› üben, ‹van geheimhouding› bewahren, ‹van plicht› erfüllen, nachkommen ⋆ geduld ~ Geduld üben/bewahren
betrappen ertappen, ‹inf.› erwischen
betreden • (stappen op) bewandeln • (binnengaan) betreten
betreffen • (betrekking hebben op) sich handeln um • (aangaan) betreffen, anbelangen ⋆ wat mij betreft was mich betrifft/anbelangt

betreffende *in Bezug auf* [4], *bezüglich* [2], *hinsichtlich* [2]
betrekkelijk I [bnw] *relativ* ⋆ ~e bijzin *Relativsatz* [m] ⋆ ~ voornaamwoord *Relativpronomen* [o] **II** [bijw] *ziemlich*
betrekken I [ov ww] • (erbij halen) *einbeziehen, hinzuziehen* • (gaan bewonen) *beziehen* • (koopwaar afnemen) *beziehen* **II** [on ww] • (somber worden) *sich verfinstern* • (bewolkt worden) *sich bewölken*
betrekking • (baan) *Stelle* [v], ‹inf.› *Job* [m] ⋆ naar een ~ solliciteren *sich um eine Stelle bewerben* • (band, verband) *Beziehung* [v], *Bezug* [m] ⋆ met ~ tot *bezüglich* [2]; *in Bezug auf* [4] ⋆ goede ~en hebben *gute Beziehungen haben*
betreuren *bedauern*, ‹verlies› *beklagen*
betreurenswaardig *bedauerlich, beklagenswert, bedauernswert*
betrokken • (somber) *betrübt* • (bewolkt) *bedeckt, bewölkt*
betrokkenheid *Engagement* [o], *Verbundenheit* [v]
betrouwbaar *zuverlässig*
betten *betupfen*
betuigen • (uitspreken) *bekunden, äußern*, ‹dank› *aussprechen*, ‹liefde› *erklären* • (te kennen geven) *bezeugen* ⋆ zijn onschuld ~ *seine Unschuld beteuern*
betuttelen *bekritteln, schulmeistern*
betweter *Besserwisser* [m], ‹inf.› *Klugscheißer* [m]
betwijfelen *bezweifeln*
betwistbaar • (te betwisten) *anfechtbar* • (twijfelachtig) *fragwürdig*
betwisten • (ontzeggen) ‹een recht› *absprechen*, ‹toegang› *verwehren* • (strijden om bezit) *streitig machen* ⋆ een betwist gebied *ein umstrittenes Gebiet* • (aanvechten) *bestreiten*, ‹jur.› *anfechten*
beu ⋆ ik ben het beu *ich hab's satt; ich bin's leid* ⋆ iem./iets beu worden *jmdn./etw. leid/satt sein; jmdn./etw. satt haben*
beugel • (tandbeugel) *Spange* [v] • (stijgbeugel) *Steigbügel* [m]
beuk • (boom) *Buche* [v] • (bouwk.) *Schiff* [o] ▾ de beuk er in zetten *loslegen* ▾ de beuk erin! *los geht's!; nichts wie ran!*
beuken I [bnw] *Buchen-, aus Buche* **II** [ov ww] *donnern*
beukennootje *Buchecker* [v], *Ecker* [v]
beul • (wreedaard) *Rohling* [m] • (scherprechter) *Henker* [m], *Scharfrichter* [m] ▾ zo brutaal als de beul *frech wie Dreck*
beulen *sich abrackern, sich abschinden*
beunhaas • (prutser) *Pfuscher* [m] • (zwartwerker) *Schwarzarbeiter* [m]
beuren • (tillen) *heben* • (verdienen) *verdienen*
beurs I [de] • (portemonnee) *Beutel* [m] • (studiebeurs) *Stipendium* [o] ⋆ van een ~ studeren *mit einem Stipendium studieren* • (hand.) *Börse* [v] ⋆ naar de ~ gaan *auf die Börse gehen* **II** [bnw] *überreif*
beursberichten *Börsenberichte* [mv]
beursindex *Aktienindex* [m]
beurskoers *Börsenkurs* [m]
beurskrach *Börsenkrach* [m]
beursnotering *Börsennotierung* [v]
beursstudent *Stipendiat* [m], ‹in Duitsland› *Bafögstudent* [m]
beurt *Reihe* [v] ⋆ om ~en *reihum* ⋆ om de ~ *der Reihe nach* ⋆ ieder op zijn ~ *alle der Reihe nach* ⋆ zijn ~ afwachten *warten, bis man an die Reihe kommt* ⋆ ik op mijn ~ ... *ich meinerseits ...* ⋆ aan de ~ zijn *an der Reihe sein*; ‹inf.› *dran sein* ▾ te ~ vallen *zuteil werden* ▾ iem. een ~ geven *jmdn. bumsen/ficken*
beurtelings *abwechselnd*
beuzelarij • (wissewasje) *Lappalie* [v] • (kletspraat) *Geschwätz* [o]
bevaarbaar *befahrbar*
bevallen • (baren) *gebären, entbinden* ⋆ ~ van een kind *ein Kind gebären/zur Welt bringen* • (in de smaak vallen) *gefallen, zusagen* ⋆ het is me goed ~ *es hat mir zugesagt* ⋆ bevalt het huis je? *gefällt dir das Haus?*
bevallig *anmutig*
bevalling *Entbindung* [v], *Geburt* [v]
bevangen *überkommen, befallen* ⋆ ik werd door vrees/slaap ~ *Furcht/Schlaf befiel mich*
bevaren *fahren (auf)* [3], *befahren*
bevattelijk • (begrijpelijk) *fasslich*, ‹allgemein› *verständlich* • (vlug van begrip) *intelligent, klug*
bevatten • (inhouden) *enthalten* • (begrijpen) *begreifen, erfassen*
bevattingsvermogen *Auffassungsgabe* [v]
bevechten • (vechten tegen) *bekämpfen* • (behalen) *erkämpfen*
beveiligen • (beschermen) *schützen vor* [3] • (veilig maken) *sichern*
beveiliging • (het beveiligen) *Sicherung* [v] • (beveiligingsmiddel) *Schutzmittel* [o]
bevel *Befehl* [m] ⋆ ~en geven *Befehle erteilen*
bevelen *befehlen*
bevelhebber *Kommandant* [m], *Befehlshaber* [m]
bevelschrift *Befehl* [m]
beven *beben, zittern*
bever *Biber* [m]
beverig *zittrig*, ‹inf.› ‹door ouderdom› *tattrig*, ‹van koorts› *fiebrig*
bevestigen • (vastmaken) *befestigen* • (bekrachtigen) *bekräftigen* ⋆ de uitzondering bevestigt de regel *Ausnahmen bestätigen die Regel* • (beamen) *bejahen, bestätigen* • (rel.) *konfirmieren*
bevestiging • (bekrachtiging) *Bestätigung* • (het vastmaken) *Befestigung* [v] • (erkenning) *Bestätigung* [v]
bevinden I [ov ww] *befinden, erachten, halten (für)* **II** [wkd ww] *sich befinden*
bevinding *Schluss* [m]
bevlieging *Anwandlung* [v]
bevloeien ‹planten› *berieseln*, ‹stuk land› *bewässern*
bevlogen *begeistert, leidenschaftlich*
bevochtigen *befeuchten, anfeuchten*
bevoegd • (bekwaam) *kompetent* • (gerechtigd) *befugt, berechtigt*, ‹gemachtigd› *zuständig* ⋆ de ~e autoriteiten *die zuständigen Behörden* ⋆ hij is niet ~ daarover te beslissen *er hat keine Entscheidungsbefugnis*
bevoegdheid *Befugnis* [v], *Zuständigkeit* [v] ⋆ iem. ruimere bevoegdheden geven *jmds. Zuständigkeitsbereich erweitern*
bevolken *bevölkern*
bevolking *Bevölkerung* [v]
bevolkingsdichtheid *Bevölkerungsdichte* [v]
bevolkingsexplosie *Bevölkerungsexplosion* [v]
bevolkingsgroep *Bevölkerungsgruppe* [v]
bevolkingsregister *Einwohnermeldeamt* [o]
bevoogden *bevormunden*
bevoordelen *begünstigen*, ‹voortrekken› *vorziehen* ⋆ iem. ~ boven *jmdn. bevorzugen vor* [3]
bevooroordeeld *voreingenommen*
bevoorraden *bevorraten*, ‹leger› *mit Nachschub versorgen*, ‹voorraad leveren› *beliefern*
bevoorrechten *bevorzugen, privilegieren* ⋆ een bevoorrechte positie *eine privilegierte Stellung*

B

B

⋆ ‹jur.› bevoorrechte schuldeiser *Vorzugsschuldner* [m]
bevorderen • (begunstigen) *fördern, anregen* • (doen opklimmen) *befördern*, ‹scholieren› *versetzen*
bevorderlijk *förderlich* ⋆ ~ voor de gezondheid *der Gesundheit zuträglich/förderlich*
bevrachten *befrachten*
bevragen ⋆ te ~ bij hem *er erteilt nähere Auskunft*
bevredigen *befriedigen, zufrieden stellen*
bevrediging *Befriedigung* [v]
bevreemden *befremden*
bevreemding *Befremden* [o]
bevreesd *ängstlich* ⋆ ~ zijn dat ... *fürchten, dass ...*
bevriend *befreundet*
bevriezen I [ov ww] • (stijf van kou laten worden) *einfrieren* ⋆ bevroren vlees *Gefrierfleisch* [o] • (blokkeren) *sperren* **II** [on ww] • (stijf door kou worden) *gefrieren*, ‹dichtvriezen› *zufrieren*, ‹doodvriezen› *erfrieren*
bevrijden *befreien, erlösen*
bevrijding *Befreiung* [v]
bevrijdingsdag ≈ *Befreiungstag* [m]
bevroeden *erfassen*, ‹vermoeden› *ahnen*
bevruchten *befruchten*
bevruchting *Befruchtung* [v]
bevuilen *beschmutzen*
bewaarder • (bewaker) *Wärter* [m] • (iem. die bewaart) *Hüter* [m]
bewaken • (waken over) *bewachen* ⋆ bewaakte spoorwegovergang *Bahnübergang mit Schranke* [m] • (controleren) ⋆ de begroting ~ *die Einhaltung des Haushalts überwachen*
bewaker *Wärter* [m], ‹waker› *Wächter* [m]
bewaking *Bewachung* [v]
bewandelen *gehen, beschreiten* ⋆ de gerechtelijke weg ~ *den Rechtsweg beschreiten*
bewapenen *bewaffnen*, ‹oorlogsvoorbereiding› *(auf)rüsten*
bewapening *Bewaffnung* [v], ‹van staten› *Rüstung* [v]
bewapeningswedloop *Wettrüsten* [o]
bewaren • (in stand houden) *aufheben* ⋆ een geheim ~ *ein Geheimnis aufbewahren* ⋆ deze handschriften zijn goed bewaard gebleven *diese Handschriften sind gut erhalten* • (behoeden) *bewahren, schützen, behüten* • (opbergen) *aufbewahren*, ‹veilig› *verwahren*
bewaring • (het bewaren) *Aufbewahrung* [v] ⋆ in ~ geven *in Verwahrung geben* • (opsluiting) *Gewahrsam* [m] ⋆ huis van ~ *Untersuchungsanstalt* [v]; *Zuchthaus* [o]
beweeglijk *lebhaft, beweglich*, ‹onrustig› *unruhig*
beweegreden *Beweggrund* [m]
bewegen I [ov ww] • (in beweging brengen) *bewegen* • (overhalen) *veranlassen, bewegen* **II** [wkd ww] • (zich verroeren) *sich bewegen*, ‹voorzichtig› *sich regen/rühren* • (omgang hebben met) *verkehren*
beweging • (het bewegen) *Bewegung* [v] • (stroming) *Bewegung* [v] ▾ uit eigen ~ *aus eigenem Antrieb*
bewegingsvrijheid *Bewegungsfreiheit* [v]
bewegwijzering *Beschilderung* [v]
beweren *behaupten*
bewering *Behauptung* [v]
bewerkelijk *viel Arbeit machend*, ‹onpraktisch› *unpraktisch*
bewerken • (bewerkstelligen) *veranlassen, bewirken* • (behandeling laten ondergaan) *bearbeiten*
bewerking *Bearbeitung* [v] ⋆ een nieuwe ~ *eine Überarbeitung* ⋆ een ~ voor film *eine Filmbearbeitung*
bewerkstelligen *bewerkstelligen, bewirken*, ‹bereiken› *erreichen*
bewesten *westlich (von)*
bewijs • (blijk, teken) *Beweis* [m], *Nachweis* [m] • (hetgeen waaruit iets blijkt) *Beweis* [m], ‹attest› *Zeugnis* [o], ‹betaalbewijs› *Beleg* [m] ⋆ ~ van goed gedrag *polizeiliche(s) Führungszeugnis* ⋆ bij gebrek aan ~ *aus Mangel an Beweis*
bewijslast *Beweislast* [v]
bewijsmateriaal *Beweismaterial* [o]
bewijsvoering *Beweisführung* [v]
bewijzen • (aantonen) *beweisen, nachweisen*, ‹met bewijs staven› *belegen* • (betuigen) ⋆ iem. een dienst ~ *jmdm. einen Dienst erweisen*
bewind *Regierung* [v], ‹beheer› *Verwaltung* [v] ⋆ aan het ~ komen *die Regierung übernehmen* ⋆ het ~ voeren *regieren*
bewindvoerder *Leiter* [m], *Minister* [m], ‹jur.› *Konkursverwalter* [m]
bewogen *bewegt, gerührt*
bewolking *Bewölkung* [v]
bewonderaar *Bewunderer* [m]
bewonderen *bewundern*
bewondering *Bewunderung* [v]
bewonen *bewohnen*
bewoner *Bewohner* [m]
bewoording ⋆ in duidelijke ~en te verstaan geven *klar und deutlich zu verstehen geben*
bewust • (wetend) *bewusst* ⋆ ik ben het mij niet ~ *ich bin mir dessen nicht bewusst* • (betreffende) *bewusst* ⋆ de ~e persoon *die betreffende/fragliche Person* • (opzettelijk) *absichtlich*
bewusteloos *bewusstlos, ohnmächtig*
bewustheid *Bewusstheit* [v]
bewustzijn *Bewusstsein* [o] ⋆ weer tot ~ komen *wieder zu sich kommen*
bewustzijnsvernauwing *Bewusstseinsverengung* [v]
bezaaien *besäen*
bezadigd *ruhig, besonnen*
bezatten *sich vollaufen lassen, sich besaufen*
bezegelen *besiegeln*
bezem *Besen* [m]
bezemwagen ≈ *Besenwagen* [m]
bezeren *verletzen, verwunden*
bezet • (druk) *besetzt* • (gevuld met mensen) *besetzt*
bezeten *besessen, toll*
bezetten *besetzen* ⋆ ~de macht *Besatzungsmacht* [v]
bezetter *Besatzungsmacht* [v]
bezetting *Besetzung* [v]
bezettoon *Besetztzeichen* [o]
bezichtigen *besichtigen*
bezichtiging *Besichtigung* [v]
bezield *beseelt, begeistert*
bezielen • (leven geven aan) *beseelen* • (inspireren) *begeistern* ⋆ wat bezielt je? *was ist denn in dich gefahren?*
bezieling • (enthousiasme) *Begeisterung* [v] • (van ziel voorzien) *Beseelung* [v]
bezien • (denken over) *sich durch den Kopf gehen lassen, erwägen* ⋆ dat staat nog te ~ *das ist noch fraglich* • (bekijken) *betrachten, besehen*
bezienswaardigheid *Sehenswürdigkeit* [v]
bezig *beschäftigt* ⋆ aan iets ~ zijn *mit etw. beschäftigt sein* ⋆ ijverig ~ zijn *fleißig bei der Arbeit sein* ⋆ juist met iets ~ zijn *gerade dabei sein*
bezigen *anwenden, gebrauchen*

bezigheid *Beschäftigung* [v]
bezigheidstherapie *Beschäftigungstherapie* [v]
bezighouden • (in beslag nemen) *beschäftigen* • (amuseren) *unterhalten*
bezijden ⋆ ~ de waarheid *nicht der Wahrheit entsprechend/gemäß*
bezinken • (naar bodem zakken) *sich (ab)setzen* • (verwerken) *verarbeiten*
bezinksel *Bodensatz* [m], *Niederschlag* [m], *Ablagerung* [v]
bezinnen *sich besinnen*
bezinning *Besinnung* [v] ⋆ tot ~ komen *zur Besinnung kommen*
bezit *Besitz* [m] ⋆ ~ van iets nemen *Besitz von etw. ergreifen*
bezittelijk ⋆ ~ voornaamwoord *Possessivpronomen* [o]
bezitten *besitzen*
bezitter *Besitzer* [m], ‹eigenaar› *Eigentümer* [m], ‹houder› *Inhaber* [m]
bezitterig *Besitz ergreifend*
bezitting *Besitz* [m]
bezoedelen *besudeln*
bezoek *Besuch* [m], ‹van een arts› *Visite* [v] ⋆ een ~ afleggen *einen Besuch machen/abstatten* ⋆ bij iem. op ~ gaan *jmdn. besuchen*
bezoeken • (beproeven) *heimsuchen* • (gaan naar) *besuchen*
bezoeker *Besucher* [m], *Gast* [m]
bezoeking *Prüfung* [v], *Heimsuchung* [v]
bezoektijd *Besuchszeit* [v]
bezoekuur *Besuchszeit* [v]
bezoldigen *besolden*
bezoldiging *Besoldung* [v]
bezondigen *sich versündigen*
bezonken *abgeklärt*
bezopen • (dronken) *besoffen* • (idioot) *verrückt, behämmert*
bezorgd • (ongerust) *besorgt* ⋆ ~ zijn om iem. *sich Sorgen um jmdn. machen* • (zorgzaam) *sorgsam*
bezorgdheid • (ongerustheid) *Besorgnis* [v] • (zorgzaamheid) *Sorge* [v]
bezorgen • (afleveren) *liefern*, ‹per post› *zustellen* ⋆ kranten/post ~ *Zeitungen/Post austragen* ⋆ de goederen worden gratis bezorgd *die Güter werden frei Haus geliefert* • (verschaffen) *besorgen, verschaffen*
bezorger *Austräger* [m]
bezuinigen *(ein)sparen* ⋆ op de uitgaven ~ *an den Ausgaben sparen*
bezuiniging *Einsparung* [v]
bezuren I [ov ww] • (bekopen) *büßen (für)* **II** [on ww] • (opbreken) *teuer zu stehen kommen*
bezwaar • (beletsel) *Schwierigkeit* [v] • (bedenking) *Beanstandung* [v], *Bedenken* [o] ⋆ als niemand er ~ tegen heeft *wenn niemand etw. dagegen hat* ⋆ ~ aantekenen *seine Bedenken äußern* ⋆ ~ maken *Einspruch erheben*
bezwaard *beschwert, bekümmert* ⋆ met een ~ hart *mit schwerem Herzen* ⋆ zich ~ voelen over iets *Gewissensbisse wegen etw. haben*
bezwaarlijk I [bnw] *schwierig, schwerlich* **II** [bijw] *beschwerlich*
bezwaarschrift *schriftliche Beschwerde* [v], *Beschwerdeschrift* [v]
bezwaren *belasten*
bezweet *verschwitzt, schweißbedeckt*
bezweren *beschwören*
bezwering *Beschwörung* [v]
bezwijken • (sterven) ⋆ aan een ziekte ~ *einer Krankheit erliegen* • (niet bestand zijn tegen iets) *erliegen, unterliegen, zusammenbrechen* ⋆ de dijk is bezweken *der Deich ist gebrochen* ⋆ onder een last ~ *einer Last erliegen; unter einer Last zusammenbrechen* • (toegeven) ⋆ voor een verleiding ~ *einer Versuchung erliegen*
bezwijmen *ohnmächtig werden*
Bhutan *Bhutan* [o]
biaisband *Schrägband* [o]
bibberen *zittern, beben* ⋆ ~ van de kou *zittern vor Kälte*
bibliografie *Bibliographie* [v]
bibliothecaris *Bibliothekar* [m]
bibliotheek *Bibliothek* [v], *Bücherei* [v]
biceps *Bizeps* [m]
bidden • (gebed doen) *beten* • (smeken) *anflehen*
bidet *Bidet* [o]
bidon *Trinkflasche* [v]
bidprentje • (prentje ter nagedachtenis) *Sterbebildchen* [o] • (heiligenprentje) *Heiligenbildchen* [o]
biecht *Beichte* [v] ⋆ private ~ *Ohrenbeichte* [v]
biechten *beichten*
biechtgeheim *Beichtgeheimnis* [o]
biechtstoel *Beichtstuhl* [m]
bieden • (aanbieden) *bieten* • (een bod doen) ⋆ hoger ~ dan een ander *jmdn. überbieten*
biedermeier *Biedermeier* [o]
biefstuk *Beefsteak* [o] ⋆ ~ tartaar *Tatarbeefsteak* [o]
biels *Bahnschwelle* [v]
bier *Bier* [o]
bierbrouwerij *Bierbrauerei* [v]
bierbuik *Bierbauch* [m]
bierkaai ▾ vechten tegen de ~ *gegen Windmühlen kämpfen*
bierviltje *Bierdeckel* [m]
bies • (oeverplant) *Binse* [v] • (boordsel) *Borte* [v], ‹op uniform› *Tresse* [v], ‹versieringslijn› *Zierstreifen* [m] ▾ zijn biezen pakken *die Kurve kratzen*
bieslook *Schnittlauch* [m]
biest *Biest* [m]
biet *Rübe* [v] ⋆ rode bieten *rote Bete* [v] ▾ ik begrijp daar geen biet van *ich verstehe nicht die Bohne davon*
bietsen *stibitzen, schnorren*
biezen I [bnw] ⋆ ~ mat *Binsenmatte* **II** [ov ww] *mit Borten besetzen*
big *Ferkel* [o]
bigamie *Bigamie* [v]
biggelen *kullern*
biggen *ferkeln*
bij I [de] *Biene* [v] **II** [bijw] • (slim) *auf dem Laufenden, auf der Höhe* ⋆ hij is goed bij *er ist auf Zack/Draht* • (bij bewustzijn) *bei Bewusstsein* ⋆ zij kwam weer bij *sie kam wieder zu sich* ▾ ik kan er met mijn verstand niet bij *das will mir nicht in den Kopf* ▾ dat hoort er nu eenmaal bij *das gehört eben hinzu* **III** [vz] • (in aanwezigheid van iets/iemand) *bei* [3] ⋆ zij kwam vroeger bij hen thuis *sie hat sie früher oft besucht* • (in een bepaald geval) *bei* ⋆ bij deze *hiermit* • (door/wegens) *durch* [4], *zu* [3] ⋆ bij toeval *durch Zufall* ⋆ bij wijze van spreken *sozusagen* ⋆ bij gebrek aan *mangels* [2] • (omstreeks) *gegen* [4] ⋆ bij achten *gegen acht* • (in de buurt van) *bei* [3], *in der Nähe von* [3] • (vergeleken met) *gegen* [4] ⋆ daar is zij helemaal niets bij *dagegen ist sie nichts* • (maal) ⋆ zes bij zes meter *sechsunddreißig Quadratmeter* • (met) *zu* [3] ⋆ bij honderden *zu Hunderten, zu hunderten* • (aan) *bei* [3], *an* [3] ⋆ zij leidde hem bij de hand *sie führte*

B

ihn an der Hand ⋆ bij zijn schouders pakken *an den Schultern packen* • (door middel van) *durch* [4] ⋆ bij de wet verboden *gesetzlich verboten* • (~ + **wkd vnw**) *bei* [3] ⋆ heb je het bij je? *hast du es dabei?* ⋆ zij stak het bij zich *sie steckte es ein* ▾ goed bij kas zijn *bei Kasse sein*

B

bijbaantje *Nebenbeschäftigung* [v], *Job* [m] ⋆ een ~ hebben *jobben*
bijbal *Nebenhoden* [m]
bijbedoeling *Nebenabsicht* [v]
bijbehorend *zugehörig*
bijbel *Bibel* [v]
bijbelkring *Bibelkreis* [m]
bijbels *biblisch*
bijbenen *Schritt halten, mithalten, mitkommen*
bijbetalen *zuzahlen, nachzahlen,* ‹trein, bus› *nachlösen*
bijblijven • (onthouden) *im Gedächtnis bleiben* ⋆ dat is me altijd bijgebleven *das habe ich nie vergessen* ⋆ dat zal mij altijd ~ *das wird mir immer in Erinnerung bleiben* • (niet achter raken) *Schritt halten, mitkommen*
bijbrengen • (leren) *beibringen* • (tot bewustzijn brengen) *zu Bewusstsein bringen*
bijdehand • (pienter) *gewandt* • (vrijpostig) *vorlaut, dreist*
bijdetijds *zeitgemäß*
bijdraaien • (toegeven) *zurückstecken, einlenken* • (scheepv.) *beidrehen*
bijdrage *Beitrag* [m] ⋆ eigen ~ *Eigenleistung* [v]
bijdragen *beitragen, beisteuern*
bijeen *beisammen, zusammen*
bijeenbrengen *zusammenbringen*
bijeenkomen *sich versammeln, zusammenkommen*
bijeenkomst *Zusammenkunft* [v], ‹ontmoeting› *Treffen* [o]
bijeenrapen *zusammenraffen* ⋆ bijeengeraapte rommel *zusammengewürfelte(s) Zeug* [o]
bijeenroepen *zusammenrufen,* ‹een vergadering› *einberufen*
bijenhouder *Imker* [m]
bijenkast *Bienenkasten* [m]
bijenkoningin *Bienenkönigin* [v]
bijenkorf *Bienenkorb* [m]
bijgaand *anbei, beigeschlossen, beiliegend*
bijgebouw *Nebengebäude* [o]
bijgedachte *Nebengedanke* [m]
bijgeloof *Aberglaube* [m]
bijgelovig *abergläubisch*
bijgenaamd *mit dem Beinamen,* ‹inf.› *mit dem Spitznamen*
bijgeval I [bijw] *zufällig(erweise)* **II** [vw] • (omdat) *da, weil* • (indien) *falls*
bijgevolg *folglich, demzufolge, infolgedessen*
bijhouden • (bijblijven) *Schritt halten, mithalten* • (blijven werken aan) *auf dem Laufenden bleiben* • (houden bij iets anders) *hinhalten*
bijkans *fast, beinahe*
bijkantoor *Zweigstelle* [v], *Nebenstelle* [v]
bijkeuken ≈ *Nebenraum der Küche* [m]
bijkomen • (bij bewustzijn komen) *wieder zu sich kommen* • (erbij komen) *hinzukommen, dazukommen* ⋆ er komt nog bij dat ... *es kommt noch hinzu, dass ...* • (herstellen) *sich erholen, zu Atem kommen, verschnaufen* ▾ dat moest er nog ~! *das fehlte gerade noch!*
bijkomend *hinzukommend* ⋆ ~e onkosten *Nebenkosten* ⋆ ~e bepalingen *Zusatzbestimmungen*
bijkomstig *nebensächlich*
bijkomstigheid *Nebensächlichkeit* [v]
bijl *Beil* [o], ‹met lange steel› *Axt* [v] ▾ het bijltje erbij neerleggen *die Flinte ins Korn werfen* ▾ met de botte bijl hakken *mit dem Holzhammer vorgehen*
bijlage *Anlage* [v]
bijleggen • (bijbetalen) *draufzahlen, zuzahlen, (hin)zulegen* • (goedmaken) *beilegen, schlichten*
bijles *Nachhilfe* [v], *Nachhilfeunterricht* [m]
bijlichten *leuchten* ⋆ iem. ~ *jmdm. leuchten*
bijna *fast, beinahe*
bijnaam *Bei-/Spitzname* [m]
bijnier *Nebenniere* [v]
bijou *Kleinod* [o], *Schmuckstück* [o]
bijpassen *hinzuzahlen, zulegen*
bijpassend *(dazu)passend, dazugehörig*
bijpraten *sich ausplaudern,* ‹inf.› *sich ausquatschen, klönen*
bijproduct *Nebenprodukt* [o]
bijrijder *Beifahrer* [m]
bijrol *Nebenrolle* [v]
bijschaven • (glad maken) *glatt-/zurechthobeln* • (beter maken) *perfektionieren, ausfeilen*
bijscholen *weiterbilden, fortbilden*
bijschrift *Randbemerkung* [v]
bijschrijven *gutschreiben*
bijslaap *Beischlaf* [m]
bijsluiter *Anwendungsvorschrift* [v]
bijsmaak *Beigeschmack* [m]
bijspijkeren • (bijwerken) *auf-/nachholen* ⋆ zijn kennis ~ *seine Kenntnisse auffrischen* • (bijspringen) *zuschustern/-schießen*
bijspringen *aushelfen,* ‹financieel› *beispringen*
bijstaan I [ov ww] • (helpen) *beistehen, helfen* **II** [on ww] • (herinneren) *sich dunkel erinnern an, sich entsinnen*
bijstand • (hulp) *Unterstützung* [v] • (uitkering) *Bei-/Sozialhilfe* [v] • (instantie) *Sozialamt* [o], *Fürsorge* [v]
bijstandsmoeder ≈ *von der Sozialhilfe lebende Mutter* [v]
bijstandsuitkering *Sozialhilfe* [v], *Unterstützung* [v]
bijstellen • (aanpassen) *anpassen* • (in juiste stand brengen) *einstellen,* ‹techn.› *justieren*
bijster I [bnw] ⋆ het spoor ~ zijn *die Spur verloren haben* **II** [bijw] *sonderlich, besonders*
bijsturen *korrigieren*
bijtanken • (brandstof bijvullen) *auftanken* • (energie opdoen) *auftanken*
bijtekenen *sich weiterhin verpflichten*
bijten I [ov ww] • (tanden zetten in) *beißen* ⋆ iets in tweeën ~ *etw. zer-/durchbeißen* **II** [on ww] • (tanden zetten in) *beißen* • (scherp zijn) *brennen, beißen* • (corroderen) *ätzen* ▾ van zich af ~ *sich seiner Haut wehren*
bijtend • (vinnig) *beißend* • (corroderend) *ätzend*
bijtijds • (op tijd) *(recht)zeitig* • (vroeg) *frühzeitig*
bijtrekken I [ov ww] • (plaatsen) *heranziehen* **II** [on ww] • (beter worden) *aufheitern* ⋆ de kleuren zullen ~ *die Farben gleichen sich mit der Zeit an*
bijtring *Beißring* [m]
bijvak *Nebenfach* [o]
bijval • (instemming) *Zustimmung* [v] • (applaus) *Applaus* [m], *Beifall* [m]
bijvallen *zustimmen, beistimmen*
bijverdienste *Nebenverdienst* [m], *Nebeneinkünfte* [mv]
bijverschijnsel *Begleit-/Nebenerscheinung* [v]
bijvoegen *(hin)zufügen*
bijvoeglijk *adjektivisch, attributiv, beifügend* ⋆ ~ naamwoord *Adjektiv* [o] ⋆ ~e bijzin *Adjektiv-/Attributivsatz* [m] ⋆ ~e bepaling *Attribut* [o]

bijvoegsel *Anhang* [m], ‹van krant› *Beilage* [v]
bijvoorbeeld *zum Beispiel*
bijwerken • (in orde maken) *ver-/nachbessern* ⋆ de boeken ~ *die Bücher aktualisieren/überarbeiten* • (extra les geven) ⋆ een leerling ~ *einem Schüler Nachhilfe geben* • (bijverdienen) *(hin)zuverdienen*
bijwerking *Nebenwirkung* [v]
bijwonen *miterleben, anwesend sein bei*
bijwoord *Adverb* [o] ⋆ ~ van tijd *Temporaladverb* [o]
bijwoordelijk *adverbial* ⋆ ~e bepaling *Adverbialbestimmung* [v]
bijzaak *Nebensache* [v] ⋆ dat is ~ *das ist nebensächlich*
bijzettafel *Beistelltisch* [m]
bijzetten • (erbij zetten) *hinzustellen, dazustellen* • (begraven) *begraben, beisetzen*
bijziend *kurzsichtig*
bijzijn *Beisein* [o], *Anwesenheit* [v] ⋆ in het ~ van mijn vriend *in Gegenwart meines Freundes*
bijzin *Nebensatz* [m]
bijzit *Konkubine* [v]
bijzonder I [bnw] *bemerkenswert, un-/außergewöhnlich* ⋆ met ~e zorg *mit außergewöhnlicher Sorgfalt* **II** [bijw] • (zeer) *außerordentlich, hauptsächlich* • (vooral) *besonders*
bijzonderheid • (detail) *Einzelheit* [v] ⋆ alle verdere bijzonderheden *alles Weitere* • (iets bijzonders) *Sehenswürdigkeit* [v]
bikini *Bikini* [m]
bikkelhard • (erg hard) *stein-/knochenhart* • (onvermurwbaar) *unbarmherzig, schonungslos, knallhart*
bikken • (afhakken) *(ab)hacken, (ab)klopfen* • (eten) *futtern, essen*
bil *Hintern* [m] ▾ hij moet met de billen bloot *er muss die Hosen herunterlassen*
bilateraal *bilateral*
biljard *Billiarde* [v]
biljart *Billard* [o]
biljartbal *Billardkugel* [v]
biljarten *Billard spielen*
biljet • (kaartje) *Eintrittskarte* [v] • (bankbiljet) *Geldschein* [m]
biljoen *Billion* [v]
billijk • (redelijk) *vernünftig, gerecht* • (rechtmatig) *berechtigt, rechtmäßig*
billijken *zustimmen, billigen*
bimetaal *Bimetall* [o]
binair *binär*
binden • (vastmaken) *(fest)binden* • (dik maken) ⋆ de soep ~ *die Suppe andicken*
bindend *verbindlich, bindend* ⋆ niet ~ *unverbindlich*
binding *Bindung* [v]
bindmiddel *Bindemittel* [o]
bindvlies *Bindehaut* [v]
bindweefsel *Bindegewebe* [o]
bingo *Bingo* [o]
bink *stramme(r) Junge* [m], *fesche(r) Typ* [m] ⋆ stoere bink *tolle(r) Hecht* [m] ▾ de bink uithangen *auf die Pauke/den Putz hauen*
binnen I [bijw] *drinnen* ⋆ van ~ naar buiten *von innen nach außen* ⋆ de deur van ~ sluiten *die Tür von innen abschließen* ⋆ te ~ schieten *einfallen* ⋆ van ~ en van buiten *in- und auswendig* ⋆ zij liep naar ~ *sie lief herein* ▾ zij is ~ *sie hat es zu etw. gebracht* **II** [vz] • (erin) *in* [3], *innerhalb* [2] ⋆ ~ mijn bereik *in meinem Bereich* • (minder dan) *innerhalb* [2], *innerhalb von* [3] ⋆ ~ het budget *im Rahmen des Etats* ⋆ ~ twee jaar *innerhalb zwei Jahren; innerhalb von zwei Jahren*
binnen- *innen-, Innen-*
binnenbaan • (binnenste baan) *Innenbahn* [v] • (overdekte baan) *Hallenbahn* [v]
binnenbad *Hallenbad* [o]
binnenband *Schlauch* [m]
binnenbocht *Innenkurve* [v]
binnenbrand *Kleinfeuer* [o]
binnendoor ⋆ ~ gaan *eine Abkürzung nehmen*
binnendringen *eindringen*
binnendruppelen *hereintröpfeln*
binnengaan *hineingehen* ⋆ de kamer ~ *das Zimmer betreten*
binnenhaven *Binnenhafen* [m]
binnenhuisarchitect *Raumgestalter* [m]
binnenin *im Innern*
binnenkant *Innenseite* [v]
binnenkomen *hineinkommen, eintreten, hereinkommen,* ‹schepen› *einlaufen*
binnenkomer *Einleitung* [v]
binnenkort *bald, demnächst*
binnenkrijgen • (ontvangen) *hereinbekommen, empfangen* • (inslikken) *reinbekommen* ⋆ hij heeft veel water naar binnen gekregen *er hat viel Wasser geschluckt*
binnenland • (het eigen land) *Inland* [o] • (geo.) *Landesinnere* [o] ⋆ de ~en van Frankrijk *das Binnenland Frankreichs*
binnenlands *inländisch,* ‹van producten› *einheimisch* ⋆ ~e handel *Innenhandel* [m] ⋆ ~e markt *Binnenmarkt* [m] ⋆ ~e politiek *Innenpolitik* [v] ⋆ ministerie van ~e zaken *Innenministerium* [o]
binnenlaten *hereinlassen, hineinlassen*
binnenloodsen *einschleusen* ⋆ schepen ~ *Schiffe in den Hafen lotsen*
binnenlopen *herein-/hineinlaufen, herein-/hineingehen* ⋆ een haven ~ *in einen Hafen einlaufen*
binnenplaats *Innenhof* [m]
binnenpretje *heimliche(s) Schmunzeln* [o] ⋆ ~s hebben *in sich hineinlachen*
binnenrijm *Binnenreim* [m]
binnenschipper *Binnenschiffer* [m]
binnenshuis *innerhalb des Hauses, im Haus*
binnenskamers *innerhalb des Zimmers, im Zimmer*
binnensmonds *im Mund* ⋆ ~ praten *nuscheln*
binnensport *Hallensport* [m]
binnenstad *Innenstadt* [v]
binnenste *Innere(s)* [o]
binnenstebuiten *verkehrt herum* ⋆ ~ keren *umkrempeln*
binnenvaart *Binnenschifffahrt* [v]
binnenvallen • (binnenkomen) *hereinplatzen* • (een inval doen) *eindringen*
binnenvetter *verschlossene Person* [v], *Grübler* [m] ⋆ hij is een ~ *er frisst alles in sich hinein*
binnenwaarts *einwärts*
binnenwater *Binnenwasser* [o] ⋆ ~en *Binnengewässer* [o]
binnenweg *Landstraße* [v]
binnenwerk • (werk binnenshuis) *Hausarbeit* [v] • (inwendige delen) *innere(r) Mechanismus* [m], ‹van klok› *Uhrwerk* [o]
binnenzak *Innentasche* [v]
binnenzee *Binnenmeer* [o]
bintje *Bintje* [o]
biochemie *Biochemie* [v]
biofysica *Biophysik* [v]
biogas *Biogas* [o]
biografie *Biographie* [v]

B

bio-industrie Intensivhaltung [v]
biologie Biologie [v]
biologisch biologisch
biologisch-dynamisch biologisch-dynamisch
bioloog Biologe [m]
biomassa Biomasse [v]
bioritme Biorhythmus [m]
bioscoop Kino [o]
biosfeer Biosphäre [v]
biotechnologie Biotechnologie [v]
biotoop Biotop [m/o]
bips Popo [m]
Birma Birma [o]
bis I [bijw] ⋆ nummer 5 en nummer 5 bis Nummer 5 und Nummer 5a **II** [tw] Zugabe!
bisamrat Bisamratte [v]
biscuit Keks [m]
bisdom Bistum [o]
biseksueel bisexuell
bisschop Bischof [m]
bisschoppelijk bischöflich
bissectrice Winkelhalbierende [v]
bistro Bistro [o]
bit I [de] Bit [o] **II** [het] Kandare [v]
bits bissig
bitter I [bnw] • (scherp van smaak) herb, bitter • (smartelijk) schwer, bitter • (verbitterd) verbittert **II** [bijw] furchtbar, bitter
bitterbal ≈ mit Fleischragout gefüllte Krokette [v]
bittergarnituur Cocktailhäppchen [mv]
bitterzoet bittersüß, bitter-süß
bivak Feldlager [o]
bivakkeren • (tijdelijk wonen) sich aufhalten, wohnen • (in de open lucht slapen) biwakieren
bizar absonderlich, bizarr
bizon Bison [m]
blaadje Blättchen [o] ▾ in een goed ~ staan gut angeschrieben sein
blaag Balg [m]
blaam • (smet) Makel [m] • (afkeuring) Tadel [m]
blaar • (zwelling) Blase [v] • (bles) Blesse [v]
blaarkop Blesse [v]
blaas Blase [v]
blaasbalg Blasebalg [m]
blaasinstrument Blasinstrument [o]
blaaskaak Großmaul [o]
blaaskapel Blaskapelle [v]
blabla Blabla [o]
black-out Blackout [o], Black-out [o]
blad • (deel van plant) Blatt [o] • (plat en breed voorwerp) Platte [v], ‹van anker› Flunke [v], ‹van werktuigen› Blatt [o] ⋆ blad van een tafel Tischplatte • (tijdschrift) Heft [o], Magazin [o] • (dienblad) Tablett [o] • (vel papier) Bogen [m], Blatt [o] ▾ hij is omgedraaid als een blad aan de boom er ist wie ausgewechselt
bladderen • (van verf) abblättern • (blaasjes vormen) Blasen bilden
bladerdeeg Blätterteig [m]
bladeren blättern
bladgoud Blattgold [o]
bladgroen Blattgrün [o]
bladgroente Blattgemüse [o]
bladluis Blattlaus [v]
bladmuziek Noten [mv]
bladspiegel Schriftspiegel [m]
bladstil völlig windstill
bladvulling Lückenbüßer [m]
bladwijzer • (leeswijzer) Lesezeichen [o] • (inhoudsopgave) Inhaltsverzeichnis [o]
bladzijde Seite [v]
blaffen bellen
blaffer Ballermann [m]
blaken • (branden) glühen, brennen • (vol zijn van) ⋆ ~d van gezondheid strotzend vor Gesundheit
blakeren sengen
blamage Blamage [v]
blameren blamieren
blancheren blanchieren
blanco blanko, unbeschrieben, ‹formulier› unausgefüllt ⋆ ~ stem Stimmenthaltung [v]
blank • (ongekleurd) weiß ⋆ ~ hout naturbelassene(s) Holz [o] • (onbedekt, onbeschreven) rein, blank • (onder water) überschwemmt
blanke Weiße(r) [m]
blasé blasiert
blasfemie Blasphemie [v]
blaten ‹geit› meckern, ‹schaap› blöken
blauw I [het] Blau [o] **II** [bnw] blau ▾ hij is van de ~e knoop er ist Abstinenzler
Blauwbaard Blaubart [m]
blauwbekken erbärmlich frieren
blauwboek Blaubuch [o]
blauwdruk • (negatief) Blaupause [v] • (schets) Konzept [o]
blauweregen Glyzinie [v]
blauwtje ▾ een ~ lopen einen Korb bekommen
blauwzuur Blausäure [v]
blazen I [ov ww] • (bespelen) blasen **II** [on ww] • (met kracht uitademen) pusten, ‹van dieren› fauchen
blazer • (jasje) Blazer [m] • (muz.) Bläser [m]
blazoen Wappenschild [o]
bleek I [de] Bleichen [o] **II** [bnw] blass, bleich, ‹van kleuren› fahl ⋆ ~ wegtrekken verbleichen
bleekgezicht Bleichgesicht [o]
bleekmiddel Bleichmittel [o]
bleekneus Bleichgesicht [o]
bleekscheet Bleichgesicht [o]
bleekselderij Stangensellerie [m]
bleekwater Bleichwasser [o]
bleken bleichen
blèren plärren
bles Blesse [v]
blesseren verletzen
blessure Verletzung [v]
bleu • (bedeesd) schüchtern • (lichtblauw) bleu, blassblau
blieven mögen ⋆ wat blieft? bitte?
blij froh, fröhlich, freudig ⋆ blij zijn over iets sich über etw. freuen ⋆ ik ben blij je te zien ich freue mich, dich zu sehen ⋆ iem. ergens blij mee maken jmdn. mit etw. erfreuen
blijdschap Freude [v] ⋆ van ~ vor Freude
blijheid Freude [v], Heiterkeit [v]
blijk Beweis [m], Zeichen [o] ⋆ als ~ van dankbaarheid als Zeichen der Dankbarkeit ⋆ ~ geven van iets etw. zeigen
blijkbaar offenbar, offensichtlich
blijken sich zeigen, sich ergeben, sich herausstellen ⋆ achteraf bleek hinterher stellte sich heraus ⋆ doen ~ van bekunden ⋆ daaruit blijkt daraus wird ersichtlich; daraus geht hervor ⋆ iets niet laten ~ sich etw. nicht anmerken lassen ⋆ dit middel is gebleken goed te zijn das Mittel hat sich bewährt
blijkens laut [2,3]
blijmoedig frohgemut, heiter ⋆ hij is altijd ~ er ist immer frohen Mutes
blijspel Lustspiel [o]
blijven I [on ww] bestehen, bleiben ⋆ iem. ~ aankijken jmdn. unverwandt anblicken ⋆ ~ leven

am Leben bleiben **II** [kww] *bleiben*
blijvend *bleibend* ⋆ van ~e invloed zijn *eine nachhaltige Wirkung haben*
blik I [de] *Blick* [m] ⋆ zijn blik verruimen *seinen Gesichtskreis erweitern* ⋆ een ruime blik hebben *ein weites Blickfeld haben* **II** [het] • (bus) *Büchse* [v], ‹conservenblik› *Konserve* [v] • (metaal) *Blech* [o] • (stofblik) *Kehrschaufel* [v]
blikgroente *Büchsengemüse* [o]
blikje *Dose* [v], *Büchse* [v]
blikken I [bnw] *blechern* **II** [on ww] *blicken* ▾ zonder ~ of blozen *ohne mit der Wimper zu zucken*
blikkeren *glitzern, funkeln*
blikopener *Dosenöffner* [m]
blikschade *Blechschaden* [m]
bliksem • (natuurverschijnsel) *Blitz* [m] • (persoon) ⋆ arme ~ *arme(r) Schlucker* ⋆ luie ~ *ein stinkfauler Kerl* ▾ loop naar de ~! *scher dich zum Teufel!* ▾ als door de ~ getroffen *wie vom Blitz gerührt* ▾ naar de ~ zijn *im Eimer sein*
bliksemafleider *Blitzableiter* [m]
bliksemen *blitzen*
bliksemflits *Blitz(strahl)* [m]
blikseminslag *Blitzschlag* [m]
bliksemoorlog *Blitzkrieg* [m]
bliksems *unheimlich, verdammt*
bliksemschicht *Blitzstrahl* [m]
bliksemsnel *blitzschnell*
bliksemstraal *Blitz* [m]
blikvanger *Blickfang* [m]
blikveld *Blickfeld* [o]
blind *blind*
blinddoek *Augenbinde* [v]
blinddoeken *die Augen verbinden*
blinde *Blinde(r)* [m] ▾ in het land der ~n is eenoog koning *unter Blinden ist der Einäugige König* ▾ hij oordeelt als een ~ over de kleuren *er redet, wie der Blinde von der Farbe*
blindedarm *Blinddarm* [m]
blindedarmontsteking *Blinddarmentzündung* [v]
blindelings *blindlings* ⋆ dat kan ik ~ *das kann ich im Schlaf*
blindemannetje ⋆ ~ spelen *Blindekuh spielen*
blindengeleidehond *Blindenhund* [m]
blinderen • (afdekken) *verblenden* • (kogelvrij maken) *panzern*
blindganger *Blindgänger* [m]
blindheid *Blindheit* [v]
blindstaren *sich verrennen*
blindvaren *völlig vertrauen*
blindvliegen *blind fliegen*
blinken *blinken, glänzen, leuchten*
blisterverpakking *Klarsichtverpackung* [v]
blits I [de] *große Schau* [v], *scharfe Sache* [v] ▾ de ~ met iets maken *mit etw. eine große Schau abziehen* **II** [bnw] *scharf, geil*
blitskikker *scharfe(r) Typ* [m]
blocnote *Schreibblock* [m]
bloed *Blut* [o] ⋆ ~ geven *Blut spenden* ⋆ in koelen ~e *kaltblütig* ⋆ de organisatie moet nieuw ~ hebben *dem Unternehmen muss neues/frisches Blut zugeführt werden* ⋆ blauw ~ hebben *blaues Blut in den Adern haben* ⋆ met ~ bevlekt *blutbefleckt* ▾ het ~ kruipt waar het niet gaan kan ≈ *man kann seine Herkunft nicht verleugnen* ▾ iem. het ~ onder de nagels vandaan halen *jmdn. bis aufs Blut reizen* ▾ kwaad ~ zetten *böses Blut schaffen* ▾ ik kan zijn ~ wel drinken *ich hasse ihn bis aufs Blut* ▾ zijn ~ kookt van woede *ihm kocht das Blut in den Adern* ▾ dat zet kwaad ~ *das schafft böses Blut* ▾ iemands ~ kunnen drinken *jmdn. auf den Tod nicht ausstehen können*
bloedarmoede *Blutarmut* [v]
bloedbaan *Blutbahn* [v]
bloedbad *Blutbad* [o]
bloedbank *Blutbank* [v]
bloedbezinking *Blutsenkung* [v]
bloedcel *Blutzelle* [v]
bloeddoorlopen *blutunterlaufen*
bloeddorstig *blutdürstig, blutrünstig*
bloeddruk *Blutdruck* [m] ⋆ verhoogde ~ *Bluthochdruck* [m]
bloedeigen *leiblich*
bloedeloos *blutleer*
bloeden • (boeten voor) ⋆ daar heeft hij voor moeten ~ *dafür hat er schwer bluten müssen* • (bloed verliezen) *bluten* ⋆ ~ als een rund *bluten wie ein Schwein* ⋆ tot ~s toe *bis aufs Blut* ▾ met ~d hart *blutenden Herzens*
bloederig *blutig* ⋆ ~e film *blutrünstige(r) Film* [m]
bloederziekte *Bluterkrankheit* [v]
bloedgang *Höllentempo* [o] ⋆ met een ~ *im Affentempo; mit 'nem Affenzahn*
bloedgeld • (loon voor misdaad) *Wergeld* [o] • (hongerloon) *Hungerlohn* [m]
bloedgroep *Blutgruppe* [v]
bloedheet • (zeer heet) *bullenheiß, brühheiß* • (hitsig) *scharf, geil*
bloedhond *Bluthund* [m]
bloedig • (bloederig) *blutig* • (heel erg) ⋆ ~e ernst *bittere(r) Ernst* [m] ⋆ zij heeft zo ~ haar best gedaan *sie hat sich so enorm viel Mühe gegeben*
bloeding *Blutung* [v]
bloedje ⋆ ~s van kinderen ≈ *beklagenswerte(n) Kinder*
bloedkoraal *Edelkoralle* [v]
bloedlichaampje *Blutkörperchen* [o]
bloedlink • (riskant) *äußerst/verdammt riskant* • (boos) *fuchsteufelswild*
bloedneus *Nasenbluten* [o] ⋆ iem. een ~ slaan *jmdm. die Nase blutig schlagen*
bloedproef *Blutprobe* [v]
bloedsomloop *Kreislauf* [m], *Blutkreislauf* [m]
bloedstollend • (bloed stollend) *blutstillend* • (spannend) *schauderhaft, grausig*
bloedstolsel *Blutgerinnsel* [o]
bloedstroom *Blutstrom* [m]
bloedsuikerspiegel *Blutzuckerspiegel* [m]
bloedtransfusie *Bluttransfusion* [v]
bloeduitstorting *Bluterguss* [m]
bloedvat *Blutgefäß* [o]
bloedvergieten *Blutvergießen* [o]
bloedvergiftiging *Blutvergiftung* [v]
bloedverlies *Blutverlust* [m]
bloedverwant *Blutsverwandte(r)* [m]
bloedworst *Blutwurst* [v]
bloedwraak *Blutrache* [v]
bloedzuiger • (uitbuiter) *Halsabschneider* [m], *Wucherer* [m], *Blutsauger* [m] • (dier) *Blutsauger* [m], *Blutegel* [m]
bloei • (ontplooiing) *Blüte* [v] ⋆ in de ~ van haar leven *in der Blüte ihrer Jahre* ⋆ de economische grote ~ *die wirtschaftliche Hochblüte* ⋆ tot ~ komen *aufblühen* • (het bloeien) *Blühen* [o] ⋆ in ~ staan *blühen*
bloeien *blühen* ⋆ een ~de zaak *ein florierendes Geschäft* ⋆ de handel bloeit *der Handel blüht/gedeiht*
bloeiwijze *Blütenstand* [m]
bloem • (plant) *Blume* [v] ⋆ iets met ~en zeggen *etw. durch die Blumen sagen* ⋆ bos ~en

B

Blumenstrauß [m] • (meel) Mehl [o] ▾ de ~ der natie ≈ die Spitzen der Nation
bloembed Blumenbeet [o]
bloembol Blumenzwiebel [v]
bloembollencultuur Blumenzwiebelzucht [v]
bloembollenteelt Blumenzwiebelzucht [v]
bloemencorso Blumenkorso [m]
bloemenslinger Blumengirlande [v]
bloemetje • (bos bloemen) Blumen [mv] ⋆ een ~ geven Blumen geben • (kleine bloem) Blümchen [o] ▾ de ~s buiten zetten einen draufmachen; auf den Putz hauen
bloemig blumig ⋆ ~e aardappelen mehlige(n) Kartoffeln
bloemist • (kweker) Florist [m] • (verkoper) Blumenhändler [m]
bloemisterij Blumengeschäft [o]
bloemknop Knospe [v]
bloemkool Blumenkohl [m]
bloemlezing Anthologie [v], Blütenlese [v]
bloemperk Blumenrabatte [v], Blumenbeet [o]
bloempot Blumentopf [m]
bloemrijk blumig, blumenreich
bloemschikken Blumenbinden [o]
bloemstuk Gesteck [o]
bloes Bluse [v]
bloesem Blüte [v]
blok • (stuk) Block [m], Klotz [m] ⋆ met blokken spelen mit Klötzen spielen • (huizenblok) Häuserblock [m] ⋆ een blokje omlopen einen (kleinen) Spaziergang machen ▾ slapen als een blok schlafen wie ein Murmeltier/Klotz ▾ een blok aan het been ein Klotz am Bein ▾ iem. voor het blok zetten jmdm. die Pistole auf die Brust setzen
blokfluit Blockflöte [v]
blokhut Blockhütte [v]
blokkade Blockade [v], Sperre [v] ⋆ de ~ van een land afkondigen die Blockade über ein Land verhängen
blokken pauken, büffeln
blokkendoos Baukasten [m]
blokkeren • (onttrekken aan het geldverkeer) blockieren ⋆ geblokkeerde gelden Sperrgelder [mv] ⋆ geblokkeerde rekening Sperrkonto [o] ⋆ geblokkeerd tegoed Sperrguthaben [o] • (toegang afsluiten) (ver)sperren
blokletter Druck-/Blockbuchstabe [m]
blokuur Doppel-/Blockstunde [v]
blokvorming Blockbildung [v]
blond blond ⋆ met ~e krullen blond gelockt
blonderen aufhellen, blondieren
blondine Blondine [v]
bloot • (onbedekt) nackt, bloß ⋆ onder de blote hemel unter freiem Himmel ⋆ op de blote huid dragen auf der blanken Haut tragen • (zonder hulpmiddel) ⋆ met het blote oog mit bloßem Auge ⋆ uit het blote hoofd auswendig ⋆ met blote handen mit bloßen Händen
blootgeven sich eine Blöße geben, sich bloßstellen
blootje ↑ Nacktheit [v] ⋆ in zijn ~ ‹mannen› im Adamskostüm; ‹vrouwen› im Evaskostüm
blootleggen • (van bedekking ontdoen) entblößen, bloßlegen • (onthullen) aufdecken
blootshoofds barhäuptig
blootstaan ⋆ aan vele gevaren ~ vielen Gefahren ausgesetzt sein
blootstellen aussetzen ⋆ aan de wind blootgesteld dem Winde ausgesetzt
blootsvoets barfuß
blos Röte [v] ⋆ blos van schaamte Schamröte [v]
blotebillengezicht ↓ Arschgesicht [o]
blowen kiffen
blozen erröten ⋆ iem. doen ~ jmdn. zum Erröten bringen ⋆ er ~d uitzien blühend aussehen
blubber Schlamm [m], Matsch [m] ▾ zich de ~ werken sich abschuften
blues Blues [m]
bluf • (opschepperij) Prahlerei [v], Aufschneiderei [v] • (het overbluffen) Bluff [m]
bluffen bluffen
blufpoker Angeberei [v]
blunder Schnitzer [m], Fauxpas [m]
blusapparaat Feuerlöschgerät [o], Löschgerät [o]
blussen löschen
blut pleite, ausgebeutelt
bluts Delle [v], Beule [v]
blutsen einbeulen, verbeulen
bnp BSP (Bruttosozialprodukt) [o]
boa Boa [v]
board Holzfaserplatte [v]
bobbel • (blaasje) Blase [v] • (bultje) Buckel [m], Hubbel [m] ⋆ straat met ~s holprige Straße [v]
bobbelen • (hard koken) sprudeln, brodeln • (bobbels hebben of krijgen) sich wellen
bobslee Bob [m]
bobsleeën mit einem Bob fahren
bochel • (gebochelde) Bucklige(r) [m] • (hoge rug) Buckel [m]
bocht I [de] Biegung [v], Kurve [v] ⋆ uit de ~ vliegen aus der Kurve getragen werden ▾ zich in allerlei ~en wringen sich drehen und winden **II** [het] Gesöff [o]
bochtig kurvig, kurvenreich, gewunden
bockbier Bockbier [o]
bod • (het bieden) Anbieten [o] ⋆ wie is er aan bod? wer ist an der Reihe?; ‹hand.› wer bietet? ⋆ een hoger bod doen überbieten ⋆ een lager bod doen unterbieten ⋆ het hoogste bod doen der Meistbietende sein ⋆ aan bod zijn bieten • (beurt) ⋆ wie is er aan bod ? ‹kaartspel› wer reizt?
bode Bote [m]
bodega Bodega [v]
bodem • (restje) ⋆ een ~pje in het glas laten einen kleinen Rest im Glas lassen • (grondvlak) ⋆ leeg tot op de ~ vollkommen/völlig leer ⋆ tot de ~ toe ledigen bis auf die/bis zur Neige leeren ⋆ dubbele ~ Doppelbödigkeit [v] • (grond) Boden [m] • (schip) Schiff [o] ▾ iets tot op de ~ uitzoeken einer Sache auf den Grund gehen
bodem- boden-, Boden-
bodemgesteldheid Bodenbeschaffenheit [v]
bodemkunde Bodenkunde [v]
bodemloos bodenlos ⋆ een ~ vat ein Fass ohne Boden
bodemmonster Bodenprobe [v]
bodemprijs Mindestpreis [m]
bodemsanering Bodensanierung [v]
bodemverontreiniging Bodenverschmutzung [v]
bodybuilding Bodybuilding [o]
bodywarmer Skiweste [v], Steppweste [v]
Boedapest Budapest [o]
Boeddha Buddha
boeddhisme Buddhismus [m]
boeddhist Buddhist [m]
boedel • (nalatenschap) Erbe [o], Erbschaft [v], Nachlass [m] ⋆ gladde ~ beglichene Erbmasse [v] ⋆ een ~ aanvaarden eine Erbschaft antreten • (bezit) Inventar [o], Hausrat [m] ⋆ desolate/insolvente ~ überschuldete Konkursmasse [v] ⋆ failliete ~ Konkursmasse [v]
boedelscheiding Auseinandersetzung [v], ‹van erfenis› Erbteilung [v]
boef Spitzbube [m], Schurke [m]
boeg Bug [m] ▾ het over een andere boeg gooien

einen anderen Kurs einschlagen ▾ wij hebben nog veel voor de boeg *wir müssen noch einiges tun*
boegbeeld *Galionsfigur* [v]
boegspriet *Bugspriet* [m/o]
boei • (baken) *Boje* [v] • (reddingsgordel) *Rettungsring* [m] • (kluister) *Fessel* [v] ⋆ iem. in de boeien slaan *jmdm. die Fesseln anlegen* ▾ een kleur als een boei krijgen *rot wie eine Tomate werden*
boeien • (fascineren) *faszinieren* • (in de boeien slaan) *fesseln*
boeiend *fesselnd, packend*
boek • (bundel) *Buch* [o] • (opschrijfboek) ⋆ te boek stellen *in die Bücher eintragen* ⋆ de boeken bijhouden *die Bücher führen* ⋆ te boek staande vordering *Außenstände* [mv] ▾ een open boek zijn *ein offenes Buch sein* ▾ slecht te boek staan *einen schlechten Ruf haben* ▾ goed te boek staan *einen guten Ruf genießen* ▾ dat is voor haar een gesloten boek *das ist für sie ein Buch mit sieben Siegeln*
Boekarest *Bukarest* [o]
boekbespreking *Buchbesprechung* [v]
boekbinden I [het] *Buchbinden* [o], *Buchbinderei* [v] **II** [onv ww] *Bücher binden*
boekbinder *Buchbinder* [m]
boekdeel *Band* [m]
boekdrukkunst *Buchdruckerkunst* [v]
boeken • (behalen) ⋆ winst ~ *Gewinne erzielen* • (in-/opschrijven) *buchen* ⋆ een post als verlies ~ *einen Posten als Verlust verbuchen*
boekenbal ≈ *Eröffnungsball der niederländischen Buchwerbungswoche* [m]
boekenbeurs *Buchmesse* [v]
boekenbon *Büchergutschein* [m]
boekenclub *Buchgemeinschaft* [v]
boekenkast *Bücherschrank* [m], *Bücherregal* [o]
boekenlegger *Lesezeichen* [o]
boekenlijst *Literaturliste* [v]
boekenmolen *drehbare(r) Regalständer* [m]
boekenplank *Bücherbrett* [o]
boekenrek *Bücherregal* [o]
boekensteun *Buchstütze* [v]
boekentaal • (literair taalgebruik) *Literatursprache* [v] • (stijf taalgebruik) *Amts-/Kanzleisprache* [v]
boekenweek ≈ *Buchwerbungswoche in den Niederlanden* [v]
boekenwijsheid *Buchwissen* [o]
boekenwurm *Leseratte* [v], *Bücherwurm* [m]
boeket *Blumenstrauß* [m]
boekhandel • (handel in boeken) *Buchgewerbe* [o], *Buchhandel* [m] • (winkel) *Buchladen* [m], *Buchhandlung* [v]
boekhouden I [het] *Buchführung* [v], *Buchhaltung* [v] ⋆ dubbel/Italiaans ~ *doppelte Buchführung* **II** [on ww] *die Buchführung machen, die Bücher führen*
boekhouder *Buchhalter* [m]
boekhouding • (het boekhouden) *Buchführung* [v], *Buchhaltung* [v] • (boekhoudafdeling) *Buchhaltung* [v]
boeking • (bespreking) *Buchung* [v] • (administratie) ⋆ ~ als verlies *Verbuchung* [v]
boekjaar *Geschäftsjahr* [o], *Wirtschaftsjahr* [v], ‹m.n. overheid› *Rechnungsjahr* [o]
boekstaven • (bewijzen) *belegen* • (opschrijven) *aufzeichnen, aufschreiben*
boekwaarde *Buchwert* [m]
boekweit *Buchweizen* [m]
boekwerk *Buch* [o], *Werk* [o], ‹scherts› *Schinken* [m]
boekwinst *Buchgewinn* [m]
boel *Menge* [v] ⋆ een smerige boel *ein Saustall* [v] ⋆ de boel aan kant maken *aufräumen* ⋆ het is hier een mooie boel *hier herrscht polnische Wirtschaft* ⋆ dat is me een mooie boel *das ist ja eine schöne Bescherung* ⋆ de boel de boel laten *alles stehen und liegen lassen* ⋆ zijn boeltje pakken *abhauen* ⋆ dooie boel *Flaute* ▾ de boel op stelten zetten *alles auf den Kopf stellen; großen Rabatz machen*

B

boeman *Butzemann* [m]
boemel *Bummelzug* [m] ▾ aan de ~ zijn *schlendern; bummeln; schwiemeln*
boemelen • (pret maken) *sumpfen, zechen* • (treinreis maken) *den Bummelzug nehmen*
boemerang *Bumerang* [m]
boender *Schrubber* [m], ‹met was› *Bohner* [m]
boenen • (met boenwas inwrijven) *bohnern* • (schoonmaken) *schrubben*
boenwas *Bohnerwachs* [o]
boer • (agrariër) *Bauer* [m], *Landwirt* [m] ⋆ de gezamenlijke boeren *die Bauernschaft* [ev] • (lomperik) *Bauer* [m], *Grobian* [m] • (speelkaart) *Bauer* [m], *Bube* [m], *Unter* [m] • (oprisping) *Rülpser* [m] ⋆ een boer laten *rülpsen;* ‹van baby's› *ein Bäuerchen machen* ▾ lachen als een boer die kiespijn heeft *gequält/gezwungen lachen* ▾ wat de boer niet kent, dat eet hij niet *was der Bauer nicht kennt, frisst er nicht* ▾ met iets de boer opgaan ≈ *etw. an den Mann bringen*
boerderij • (woning) *Bauernhof* [m], *Hof* [m] • (boerenbedrijf) *Landwirtschaft* [v]
boeren • (boer zijn) *Landwirtschaft betreiben, Ackerbau treiben* • (een boer laten) *rülpsen* ▾ goed ~ *gut wirtschaften*
boerenbedrijf *Bauern-/Landwirtschaft* [v]
boerenbedrog *Bauernfängerei* [v], *Schwindel* [m] ⋆ ~ plegen *auf Bauernfang ausgehen*
boerenbont • (stof) *Baumwollstoff mit kariertem Muster* [m] • (aardewerk) *Tischgeschirr mit stilisiertem Blumenmotiv* [o]
boerenbruiloft *Bauernhochzeit* [v]
boerenjongens *Rosinenbranntwein* [m]
boerenkaas ≈ *Käse vom Bauern* [m]
boerenkinkel *Bauerntölpel* [m]
boerenkool *Grünkohl* [m]
boerenslimheid • (slimheid) *Bauernschläue* [v] • (gezond verstand) *Bauernverstand* [m]
boerenverstand *gesunde(r) Menschenverstand* [m] ⋆ daar kan ik met mijn ~ niet bij *das ist zu hoch für mich*
boerin *Bäuerin* [v]
boers • (van/als een boer) *bäuerlich* • (lomp) *bäurisch*
boertig *burlesk, derbkomisch, possenhaft*
boete • (geldstraf) *Geldstrafe* [v], *Buße* [v] ⋆ ~ betalen *Buße/Strafe zahlen* • (genoegdoening) *Strafe* [v], ‹rel.› *Buße* [v] ⋆ ~ doen *büßen*
boetebeding *Konventionalstrafe* [v]
boetedoening *Bußübung* [v], *Buße* [v]
boetekleed *Büßergewand* [o], *Büßerhemd* [o]
boeten *büßen* ⋆ daar zul je voor moeten ~ *das sollst du mir büßen*
boetiek *Boutique* [v]
boetseren *modellieren, bossieren*
boetvaardig *reumütig, bußfertig*
boezem • (binnenste) *Brust* [v] ⋆ zijn ~ lucht geven *seinem Herzen Luft machen* • (hartholte) *Vorkammer* [v], *Vorhof* [m] • (borst) *Busen* [m], *Brust* [v]
boezemvriend *Busenfreund* [m]

B

bof • (gelukje) *Glück* [o] • (ziekte) *Mumps* [m], *Ziegenpeter* [m]
boffen *Schwein/Dusel haben* ⋆ reusachtig ~ *mächtigen Dusel/großes Schwein haben*
boffer *Glückspilz* [m]
bofkont *Glückspilz* [m]
bogen *sich rühmen* ⋆ op zijn succes ~ *sich mit seinen Erfolgen brüsten* ⋆ ~ op iets *sich einer Sache rühmen* ⋆ kunnen ~ op iets *etw. aufzuweisen haben*
bohémien I [de] *Bohemien* [m] **II** [bnw] *unkonventionell*
boiler *Boiler* [m], *Heißwasserspeicher* [m]
bok • (mannetjesgeit) *Bock* [m], *Ziegenbock* [m] • (hijstoestel) *Kran* [m] ⋆ drijvende bok *Schwimmkran* [m] • (zitplaats van koetsier) *Bock* [m], *Kutschbock* [m] • (flater) ⋆ een bok schieten *einen Bock schießen*
bokaal *Pokal* [m]
bokjespringen *Bock springen*
bokken *bocken*
bokkenpoot *Bocksfuß* [m]
bokkenpruik ▾ zij heeft de ~ op *ihr ist eine Laus über die Leber gelaufen*
bokkensprong *Bocksprung* [m] ▾ geen ~en kunnen maken *keine großen Sprünge machen können*
bokkig *bockbeinig, unwirsch, trotzig*
bokking *Bückling* [m]
boksbeugel *Schlagring* [m]
boksen *boxen* ▾ iets voor elkaar ~ *etw. hinkriegen*
bokser *Boxer* [m]
bokshandschoen *Boxhandschuh* [m]
bol I [de] • (bolvormig voorwerp) *Kugel* [v] ⋆ bol garen/wol *Knäuel Garn/Wolle* [m] • (broodje) *Semmel* [v], *Brötchen* [o] ⋆ Berliner bol *Berliner* [m] • (hoofd) *Kopf* [m] • (bloembol) *Zwiebel* [v], *Blumenzwiebel* [v] ⋆ de bollen staan in bloei *die Zwiebelpflanzen/Tulpen blühen* ▾ iem. een aai over zijn bol geven *jmdm. ein Gutes tun* ▾ het hoog in de bol hebben *die Nase hoch tragen* ▾ het is haar in haar bol geslagen *sie ist nicht bei Trost* **II** [bnw + bijw] • (bolvormig) *rund* ⋆ bol staan *sich wölben* ⋆ bolle en holle lenzen *konvexe und konkave Linsen* ⋆ bolle wangen *Pausbacken* [mv] • (opgezwollen) *prall* ▾ bol staan van de fouten *vor Fehlern strotzen*
bolbliksem *Kugelblitz* [m]
bolderkar *Handwagen* [m]
bolero *Bolero* [m]
bolgewas *Zwiebelpflanze* [v], *Zwiebelgewächs* [o]
bolhoed *Bowler* [m], ‹scherts› *Melone* [v]
bolide *Bolid* [m]
Bolivia *Bolivien* [o]
Boliviaan *Bolivier* [m], *Bolivianer* [m]
bolknak ≈ *dicke, große Zigarre* [v]
bolleboos *Ass* [o] ⋆ zij is een echte ~ ‹scherts› *sie ist ein Ass auf der Bassgeige*
bollen *sich wölben*
bollenveld ≈ *Feld mit Zwiebelpflanzen* [o]
bolletje • (broodje) *Brötchen* [o] • (kinderhoofd) *Köpfchen* [o]
bolrond *kugelrund, kugelförmig* ⋆ een ~ gezicht ‹scherts› *ein Mondgesicht*
bolsjewiek *Bolschewik* [m]
bolster • (schil van noten etc.) *Schale* [v], *Hülse* [v] ⋆ ~ van een eikel *Becher der Eichel* [m] • (kaf) *Spelze* [v], *Spreu* [v] ▾ ruwe ~, blanke pit *in einer rauen Schale steckt oft ein guter Kern*
bolvormig *kugelförmig* ⋆ ~e spiegel *gewölbte(r) Spiegel* [m] ⋆ ‹wisk.› ~e-driehoeksmeting *sphärische Trigonometrie* [v]
bolwerk *Bollwerk* [o], ‹fig.› *Hochburg* [v]
bolwerken *schaffen, bewältigen*
bom • (explosief) *Bombe* [v] • (grote hoeveelheid) *Haufen* [m], *Menge* [v] ⋆ dat kost een bom geld *das kostet einen (schönen) Batzen* ▾ de bom is gebarsten *die Bombe ist geplatzt* ▾ inslaan als een bom *einschlagen wie ein Blitz* ▾ zure bommen *saure Gurken* ▾ duizend bommen en granaten! *Donnerwetter!*
bomaanslag *Bombenattentat* [o], *Bombenanschlag* [m]
bombardement *Bombardement* [o], *Bombardierung* [v] ⋆ door ~ verwoeste huizen *ausgebombte(n) Häuser* ⋆ slachtoffer van een ~ *Bombengeschädigte(r)* [m]
bombarderen *bombardieren, beschießen*
bombarie *Tamtam* [o], *Spektakel* [m] ⋆ ~ schoppen *großes Tamtam machen*
bombast *Bombast* [m], *Schwulst* [m]
bombastisch *pompös, bombastisch, schwülstig*
bombrief *Briefbombe* [v]
bomen I [ov ww] • (scheepv.) *staken* **II** [on ww] • (praten) *diskutieren, plaudern*
bommelding *Bombendrohung* [v]
bommen *dröhnen*, ‹galmen› *hallen* ▾ het kan me niet ~ *das ist mir scheißegal*
bommentapijt *Bombenteppich* [m]
bommenwerper *Bombenwerfer* [m], *Bomber* [m]
bommoeder ≈ *bewusst allein erziehende Mutter* [v]
B-omroep ≈ *Rundfunkanstalt in den Niederlanden mit 300.000 - 450.000 Mitgliedern* [v]
bomtrechter *Bombentrichter* [m]
bomvol *proppenvoll, brechend/gerammelt voll*
bon • (betalingsbewijs) *Kassenzettel* [m] • (waardebon) *Gutschein* [m], *Bon* [m], ‹bij schaarstegoed› *Bezugsschein* [m] • (bekeuring) *Strafmandat* [o], *Strafzettel* [m] ⋆ op de bon gaan *einen Strafzettel bekommen*
bonafide *zuverlässig, seriös*
Bonaire *Bonaire* [o]
bonbon *Praline* [v]
bond • (vereniging) *Bund* [m] • (verbond) ⋆ bond van ondernemers *Unternehmerverband* [m] ⋆ lid zijn van de bond van onderwijzers *dem Lehrerbund angeschlossen sein* ⋆ lid van de Bond *Gewerkschaftsmitglied* [o]
bondgenoot *Verbündete(r)* [m], *Bundesgenosse* [m]
bondgenootschap • (verbond) *Bündnis* [o], *Allianz* [v] ⋆ een ~ aangaan/sluiten *ein Bündnis eingehen/schließen* • (statenbond) *Bund* [m], *Staatenbund* [m]
bondig *bündig*
bondscoach *Bundestrainer* [m]
bondsdag *Bundestag* [m]
bondskanselier *Bundeskanzler* [m]
bondspresident *Bundespräsident* [m]
bondsrepubliek *Bundesrepublik* [v]
bondsstaat *Bundesstaat* [m]
bonenkruid *Bohnenkraut* [m]
bonenstaak • (stok) *Bohnenstange* [v] • (mager mens) *Bohnenstange* [v], *Hopfenstange* [v]
bongo *Bongo* [v/o]
bonhomie *Jovialität* [v], *Gutmütigkeit* [v]
bonificatie • (vergoeding) *Vergütung* [v], *Entschädigung* [v] • (sport) *Zeitgutschrift* [v]
bonje *Knies* [m], *Stunk* [m], *Zoff* [m]
bonk • (brok) *Brocken* [m], *Klumpen* [m] • (lomperik) *Brocken* [m] ⋆ ruwe bonk *raue(r) Geselle* [m] ▾ één bonk zenuwen *ein Nervenbündel*
bonken • (beuken) *ballern* • (neuken) *bumsen*

Bonn *Bonn* [o]
bonnefooi ⋆ op de ~ *aufs Geratewohl*
bons • (leider) *hohe(s) Tier* [o] • (klap) *Schlag* [m], *Stoß* [m] ▾ iem. de bons geven *jmdm. den Laufpass geben* ▾ de bons krijgen *den Laufpass bekommen;* ‹blauwtje lopen› *einen Korb bekommen*
bont I [het] • (geruite stof) *bunte(r) Baumwollstoff* [m] • (pels) *Pelz* [m], *Fell* [o] • (kleurschakering) *Buntheit* [v], *Farbigkeit* [v] **II** [bnw] • (afwisselend) ⋆ bont gezelschap *gemischte Gesellschaft* [v] • (veelkleurig) *bunt* ⋆ bont gekleurd *vielfarbig* ▾ iem. bont en blauw slaan *jmdn. grün und blau schlagen* ▾ het al te bont maken *es zu bunt treiben*
bontjas *Pelzmantel* [m]
bonus *Prämie* [v], *Gratifikation* [v], *Bonus* [m]
bonze *Bonze* [m]
bonzen *ballern, hämmern, prallen* ⋆ mijn hoofd bonst van de koppijn *ich habe rasende Kopfschmerzen*
boodschap • (bericht) *Nachricht* [v], *Botschaft* [v] ⋆ een ~ krijgen *eine Nachricht erhalten* • (behoefte) ⋆ een kleine/grote ~ doen *sein kleines/großes Geschäft erledigen* • (opdracht) *Auftrag* [m] ⋆ iem. om een ~ sturen *jmdn. beauftragen, etw. zu erledigen* • (het inkopen) *Einkauf* [m] ⋆ een ~ doen *eine Besorgung machen* ⋆ ~pen doen *einkaufen* ▾ daar heb ik geen ~ aan *das bringt mir nichts*
boodschappenjongen *Laufbursche* [m]
boodschappenlijstje *Einkaufsliste* [v]
boodschapper *Bote* [m]
boog *Bogen* [m] ▾ de boog kan niet altijd gespannen zijn *allzu straff gespannt, zerspringt der Bogen* ▾ met een boog om iem./iets heen lopen *einen großen Bogen um jmdn./etw. machen*
boogschieten *Bogenschießen* [o]
boogschutter • (boogschieter) *Bogenschütze* [m] • (sterrenbeeld) *Schütze* [m]
bookmaker *Buchmacher* [m]
boom • (gewas) *Baum* [m] • (balk) *Sperrbaum* [m], *Schranke* [v] • (hoogconjunctuur) *Boom* [m] ▾ hoge bomen vangen veel wind *je höher der Baum, desto näher der Blitz* ▾ een boom over iets opzetten *etw. lang und breit besprechen* ▾ je kunt me de boom in! *vergiss es!* ▾ een boom van een kerel *ein baumlange(r) Kerl* [m] ▾ door de bomen het bos niet meer zien *den Wald vor lauter Bäumen nicht sehen*
boomchirurgie *Baumchirurgie* [v]
boomdiagram *Baumdiagramm* [o]
boomgaard *Obstgarten* [m]
boomgrens *Baumgrenze* [v]
boomkweker *Baumzüchter* [m]
boomkwekerij *Baumschule* [v]
boomschors • (schors van bomen) *Rinde* [v] • (chocola) *Borkenschokolade* [v]
boomstam *Baumstamm* [m]
boomstronk *Baumstumpf* [m]
boon *Bohne* [v] ▾ ik ben een boon als ... *ich fresse einen Besen, wenn ...*
boontje *Böhnchen* [o] ▾ een heilig ~ *ein Musterknabe* ▾ ~ komt om zijn loontje *das ist der Fluch der bösen Tat* ▾ zijn eigen ~s doppen *alles selbst machen* ▾ zij moet haar eigen ~s doppen *sie soll selbst schauen, wie sie zurechtkommt*
boor *Bohrer* [m] ⋆ elektrische boor *Elektrobohrer* [m]
boord I [de] • (rand) *Rand* [m] • (oever) *Ufer* [o] ⋆ ~en van de rivier *Flussufer* [o] **II** [het] • (halskraag) *Borte* [v] ⋆ stijve ~ *steife(r) Kragen* [m] ⋆ liggende ~ *Umlegekragen* [m] • (scheepv.) *Bord* [m] ⋆ van/aan ~ gaan *von/an Bord gehen* ⋆ over ~ vallen *über Bord gehen* ▾ dat is nog geen man over ~ *das ist doch kein Beinbruch* ▾ hou je benen binnen ~! *zieh die Beine an!* ▾ witte ~en *Beamte(n)*
boordcomputer *Bordcomputer* [m]
boordevol *randvoll, bis zum Rand voll*
boordwerktuigkundige *Flugzeugmechaniker* [m]
booreiland *Bohrinsel* [v]
boormachine *Bohrmaschine* [v]
boorplatform *Bohrinsel* [v]
boortol *Handbohrmaschine* [v]
boortoren *Bohrturm* [m]
boos • (kwaad) *böse, sauer* ⋆ boos kijken *garstig dreinschauen* ⋆ boze woorden *Streit* [m] ⋆ iem. boos maken *jmdn. ärgern* ⋆ boos op iets zijn *über etw. böse sein* ⋆ daar kan ik echt boos om worden *das kann mich richtig ärgern* ⋆ boos weglopen *zornig davonlaufen* • (kwaadaardig) *böse, schlecht* ⋆ boze gevolgen *verheerende(n) Folgen* ⋆ met boze opzet *aus böser Absicht* ▾ het boze oog hebben *den bösen Blick haben*
boosaardig • (gemeen) *bösartig, boshaft* ⋆ ~ lachje *hämische(s) Lächeln* [o] ⋆ ~e blik *tückische(r) Blick* [m] • (gevaarlijk) *bösartig* ⋆ een ~e ziekte *eine bösartige Krankheit*
boosdoener *Übeltäter* [m], ‹scherts› *Bösewicht* [m]
boosheid • (slechtheid) *Bosheit* [v], *Boshaftigkeit* [v] • (toorn) *Zorn* [m], *Wut* [v]
booswicht *Schurke* [m], *Schuft* [m]
boot *Boot* [o], ‹roeiboot› *Kahn* [m], *Nachen* [m], ‹stoomboot› *Dampfer* [m] ▾ de boot missen *den Anschluss verpassen* ▾ de boot afhouden *sich drücken* ▾ iem. in de boot nemen *jmdn. auf die Schippe nehmen* ▾ nu is de boot aan *jetzt ist der Teufel los*
bootsman *Bootsmann* [m]
boottocht *Dampferfahrt* [v], *Schiffsfahrt* [v]
boottrein ≈ *Zug mit Anschluss an eine Fähre* [m]
bootvluchteling *Boatpeople* [mv]
bootwerker *Hafenarbeiter* [m] ⋆ ‹pej.› manieren van een ~ *ungehobelte(s) Benehmen* [o] ▾ eten als een ~ *essen wie ein Scheunendrescher*
bord • (etensbord) *Teller* [m] • (speelbord) *Brett* [o] • (schoolbord) *Tafel* [v] ⋆ op het bord schrijven *an die Tafel schreiben* ⋆ voor het bord moeten komen *an die Tafel kommen müssen* • (uithangbord) *Schild* [o] • (naambord) *Schild* [o] ▾ een bord voor zijn kop hebben *ein Brett vorm Kopf haben* ▾ alles komt altijd op haar bord terecht *alles landet immer bei ihr* ▾ de bordjes zijn verhangen *das Blatt hat sich gewendet*
bordeel *Bordell* [o]
border *Rabatte* [v]
bordes • (verhoogde stoep) *Podest* [o], *Freitreppe* [v] • (trapportaal) *Treppenabsatz* [m]
bordpapier *Pappe* [v], *Karton* [m]
bordspel *Brettspiel* [o]
borduren *sticken*
boren I [ov ww] • (met boor maken) *bohren* ▾ iem./iets de grond in ~ *über jmdn./etw. den Stab brechen* ▾ de grond in geboord worden ‹bel.› *zur Sau gemacht werden* **II** [on ww] • (gaan door) *bohren* • (met boor werken) ⋆ het ~ naar aardolie *die Erdölförderung* ⋆ het ~ op zee *die Offshorebohrung*
borg • (persoon) *Bürge* [m], *Garantie* [v], *Gewähr* [v] ⋆ borg staan *Bürgschaft leisten* ⋆ ergens borg voor staan *sich verbürgen für* ⋆ die naam staat borg voor kwaliteit *der Name ist eine Garantie für*

Qualität • (onderpand) Kaution [v], Bürgschaft [v]
borgpen Splint [m], Sicherungsstift [m]
borgsom Kaution [v], Bürgschaft [v]
borgtocht • (waarborgsom) Kaution [v], Bürgschaft [v] • (borgstelling) Bürgschaft [v]
borrel • (sterkedrank) Schnaps [m] ⋆ een ~ te veel ophebben einen über den Durst trinken • (het samen drinken) ⋆ iem. op de ~ vragen jmdn. zum Umtrunk einladen
borrelen • (bubbelen) sprudeln, ‹kokend water› wallen • (borrels drinken) Schnaps trinken, zechen
borrelhapje ≈ herzhafte(s) Kleingebäck [o]
borrelpraat Stammtischgerede [o]
borreltafel Stammtisch [m]
borst • (lichaamsdeel) Brust [v] ⋆ een zwakke ~ hebben schwach auf der Brust sein • (boezem) Brust [v] ⋆ zware ~en üppige(r) Busen [m] ⋆ hangende ~en Hängebusen [m] ▾ uit volle ~ aus voller Kehle ▾ dat stuit mij tegen de ~ das geht mir gegen den Strich ▾ maak je ~ maar nat! mach dich auf etw. gefasst! ▾ een hoge ~ hebben/zetten sich in die Brust werfen ▾ zich op de ~ kloppen sich in die Brust werfen
borstbeeld • (beeldhouwwerk) Büste [v] • (afbeelding) Brustbild [o]
borstbeen Brustbein [o]
borstel • (stekels van dier) Borste [v] • (werktuig) Bürste [v]
borstelen bürsten ⋆ zijn haar ~ sich das Haar bürsten
borstelig borstig, struppig ⋆ ~e wenkbrauwen buschige(n) Augenbrauen
borstholte Brusthöhle [v]
borstkas Brustkorb [m]
borstplaat ≈ Zuckerplätzchen [o]
borstslag Brustschwimmen [o]
borststuk • (deel van harnas) Brustbedeckung [v] • (vlees) Bruststück [o]
borstvoeding Brustnahrung [v]
borstwering • (verdedigingsmuur) Brustwehr [v] • (balustrade) Brüstung [v]
borstzak Brusttasche [v]
bos I [de] Büschel [o], Bündel [o] ⋆ bos wortelen Bund Möhren [o] ⋆ bos bloemen Blumenstrauß [m] ⋆ bos sleutels Schlüsselbund [m] ⋆ bos haar Büschel Haare [o] **II** [het] Wald [m] ⋆ met bos begroeid bewaldet ▾ iem. het bos in sturen jmdn. in die Irre führen
bosbes Waldbeere [v] ⋆ blauwe ~ Heidelbeere [v] ⋆ rode ~ Preiselbeere [v]
bosbouw • (praktijk) Forstwirtschaft [v] • (leer) Waldbau [m], Forstwissenschaft [v]
bosbrand Waldbrand [m]
bosje • (struiken) Busch [m] ⋆ in de ~s im Gebüsch [o] • (bundeltje) Bündel [o], Büschel [o] ⋆ in ~s binden bündeln ⋆ ~ peterselie Bund Petersilien [o] ▾ bij ~s scharenweise
Bosjesman Buschmann [m]
Bosnië-Herzegovina Bosnien-Herzegowina [o]
Bosniër Bosnier [m]
Bosnisch bosnisch
bosrijk waldreich
bosuil Waldkauz [m]
bosviooltje Waldveilchen [o]
boswachter Förster [m]
bot I [de] • (vis) Flunder [m] • (plant.) Knospe [v] ⋆ in bot staan knospen **II** [het] Knochen [m] ⋆ hij heeft het in zijn botten er ist an der Gicht erkrankt ▾ tot op het bot bis auf die Knochen **III** [bnw + bijw] • (stomp) stumpf • (lomp) schroff, brüsk, plump ⋆ bot gedrag ungeschliffene(s) Benehmen [o] ▾ met de botte bijl mit der Holzhammermethode
botanicus Botaniker [m]
botanie Botanik [v]
botaniseren botanisieren
boter Butter [v] ⋆ ~ karnen buttern ⋆ ~ op een ~ham smeren ein Butterbrot schmieren ⋆ zo week als ~ butterweich ⋆ zo geil als ~ ‹vulg.› affengeil ⋆ het smelt als ~ in de mond es zergeht einem auf der Zunge ▾ ~ bij de vis ≈ Ware gleich bezahlen ▾ ~ op zijn hoofd hebben Dreck am Stecken haben ▾ ~ aan zijn achterste smeren en zelf droog brood eten ≈ mit Geld nicht umgehen können ▾ 't is met hem ~ aan de galg gesmeerd bei ihm ist Hopfen und Malz verloren
boterberg Butterberg [m]
boterbloem Butter-/Dotterblume [v]
boteren ▾ het botert niet tussen hen sie kommen nicht miteinander zurecht
boterham • (snee brood) Brot [o], ‹met boter› Butterbrot [o] • (levensonderhoud) Brot [o] ⋆ daar zit een dikke ~ in da gibt es viel zu verdienen ⋆ zijn ~ verdienen sich sein Brot verdienen ▾ een afgelikte ~ ein Flittchen [o]
boterkoek holländische(r) Butterkuchen [m]
boterletter ≈ Blätterteiggebäck in Buchstabenform [o]
botervloot Butterdose [v]
boterzacht butterweich
Botnische Golf Bottnische(r) Meerbusen [m]
botsautootje Skooter [m]
botsen • (stoten) prallen, ‹tegen elkaar› zusammenstoßen ⋆ tegen iets ~ gegen/auf etw. prallen [4] ⋆ tegen iem. ~ gegen/an jmdn. prallen • (in strijd komen) ⋆ de meningen botsten stevig die Meinungen stießen heftig aufeinander
botsing • (het botsen) Zusammenstoß [m] • (strijd) Kollision [v] ▾ met iets in ~ komen mit etw. in Konflikt geraten ▾ belangen komen in ~ Interessen kollidieren miteinander
Botswana Botswana [o]
bottelen auf Flaschen ziehen, in Flaschen abfüllen
bottenkraker Chiropraktiker [m]
botter ≈ kleine(s) Fischerboot [o]
botterik Schafskopf [m]
botulisme Botulismus [m]
botvieren frönen ⋆ zijn woede op iem. ~ seine Wut an jmdm. abreagieren ⋆ zijn lusten ~ sich ausleben
botweg glattweg, rundweg, rundheraus
boud kühn, ‹pej.› dreist
boudoir Boudoir [o]
bougiekabel Zündkabel [o]
bougiesleutel Kerzenschlüssel [m]
bouillon Fleischbrühe [v]
bouillonblokje Brühwürfel [m]
boulevard Boulevard [m], ‹langs de zee› Strandpromenade [v]
boulevardblad Boulevardzeitung [v], Boulevardblatt [o]
boulevardpers Boulevardpresse [v]
boulimie Bulimie [v]
bourgeois I [de] Spießbürger [m], ‹pej.› Spießer [m], Bourgeois [m] **II** [bnw] bürgerlich, ‹pej.› spießbürgerlich, spießig
bourgeoisie Bourgeoisie [v], Großbürgertum [o]
Bourgondiër Burgunder [m]
Bourgondisch burgundisch, genießerisch, großzügig
bout • (stuk vlees) Keule [v], ‹eend› Ente [v] • (staaf, pin) Bolzen [m] • (soldeerbout) Lötkolben [m]
bouvier Bouvier [m]
bouw • (het bouwen) Bau [m] • (constructie)

Aufbau [m] • (lichaamsbouw) *Körperbau* [m] • (bouwbedrijf) *Bau* [m] ⋆ in de bouw werken *auf dem Bau arbeiten*
bouwbedrijf • (bedrijfstak) *Bauwesen* [o], *Baugewerbe* [o] • (onderneming) *Baufirma* [v], *Bauunternehmen* [o]
bouwdoos • (blokkendoos) *Baukasten* [m] • (bouwpakket) *Bausatz* [m]
bouwen • (maken) *bauen* ⋆ zij bouwt een huis *sie baut sich ein Haus* ⋆ zij is tenger gebouwd *sie ist von zartem Bau* • (~ **op**) ⋆ op iem. ~ *bauen auf jmdn.* ▾ een feestje ~ *eine Fete schmeißen*
bouwgrond • (bouwterrein) *Bauland* [o], ‹bouwplaats› *Baustelle* [v] • (landbouwgrond) *Ackerland* [o], *Ackerboden* [m]
bouwjaar *Baujahr* [o]
bouwkeet *Bauhütte* [v]
bouwkunde *Architektur* [v]
bouwkundig *Bau-, bau-* ⋆ ~ ingenieur *Bauingenieur* [m] ⋆ ~ opzichter *Bauaufseher* [m]
bouwkundige *Architekt* [m]
bouwkunst *Architektur* [v], *Baukunst* [v]
bouwland *Ackerland* [o]
bouwmateriaal *Baumaterial* [o]
bouwnijverheid *Baugewerbe* [o], *Bauindustrie* [v]
bouwpakket *Bausatz* [m]
bouwplaat *Modellierbogen* [m]
bouwput *Baugrube* [v]
bouwrijp *baureif*
bouwsteen ‹ook fig.› *Baustein* [m]
bouwstijl *Baustil* [m]
bouwstof *Baumaterial* [o], *Baustoff* [m], ‹fig.› *Materialien* [mv]
bouwtekening *Bauentwurf* [v], *Bauzeichnung* [m]
bouwvak I [de] ≈ *Ferien des Baugewerbes* [mv] **II** [het] *Baufach* [o] ⋆ werklieden uit het ~ *Bauarbeiter*
bouwvakker *Bauarbeiter* [m]
bouwval *Ruine* [v], ‹fig.› *Wrack* [o]
bouwvallig *baufällig*, ‹ook fig.› *altersschwach*
bouwvergunning *Baugenehmigung* [v]
bouwwerk *Gebäude* [o], *Bau* [m]
boven I [bijw] • (hoger gelegen) *oben* ⋆ naar ~ *nach oben; hoch* ⋆ van ~ naar beneden *von oben nach unten* • (op de hoogste plaats) ⋆ ~ aan de lijst *oben auf der Liste* ⋆ de derde regel van ~ *die dritte Zeile von oben* ⋆ van ~ af *von oben* ▾ iem./iets te ~ gaan *jmdn./etw. in den Schatten stellen* ▾ iets te ~ komen *etw. überwinden* ▾ iets te ~ zijn *etw. überwunden haben* **II** [vz] • (ten noorden van) *oberhalb von* [3] ⋆ net ~ Parijs *ein wenig oberhalb von Paris* • (meer dan) *über* [3,4] ⋆ een rekening van ~ de 100 gulden *eine Rechnung von über 100 Gulden* • (hoger gelegen/geplaatst) *über* [3,4] ⋆ zij woont ~ mij *sie wohnt über mir* ▾ ~ zijn macht werken *sich übernehmen* ▾ baas ~ baas *jeder findet seinen Meister* ▾ dat gaat ~ mijn verstand *das ist mir zu hoch*
boven- *über-, Über-*
bovenaan *obenan*
bovenaanzicht *Draufsicht* [v], *Aufsicht* [v]
bovenaards • (bovengronds) *oberirdisch* • (hemels) *überirdisch*
bovenal *vor allem*
bovenarm *Oberarm* [m]
bovenbeen *Oberschenkel* [m]
bovenbouw • (de hogere klassen) ≈ *Oberstufe* [v] • (bouwk.) *Oberbau* [m]
bovenbuur ≈ *Nachbar* [m]
bovendien *außerdem, überdies*
bovengenoemd *oben erwähnt, oben genannt*
bovengrens *Obergrenze* [v]
bovengronds • (boven de grond) *oberirdisch* ⋆ ~e bouw *Hochbau* [m] ⋆ ~ werken ‹mijnwerk› *über Tage arbeiten* • (openlijk) *offen*
bovenhands *über den/dem Kopf* ⋆ ‹sport› ~e bal *Überkopfball* [m]
bovenhuis ≈ *Oberstock* [m], *Obergeschoss* [o]
bovenin *oben*
bovenkaak *Oberkiefer* [m]
bovenkamer • (kamer) *Zimmer im oberen Stock* [o] • (geestvermogen) *Oberstübchen* [o] ▾ er scheelt iets aan haar ~ *sie ist nicht richtig im Oberstübchen*
bovenkant *Oberseite* [v]
bovenkomen • (naar hogere verdieping komen) *heraufkommen, nach oben kommen* • (opwellen) ⋆ het oude gevoel kwam weer boven *das vertraute Gefühl kam wieder hoch* • (aan oppervlakte komen) *auftauchen*
bovenlaag • (bovenste laag) *obere Schicht* [v] • (hogere standen) *Oberschicht* [v]
bovenleiding *Oberleitung* [v]
bovenlichaam *Oberkörper* [m]
bovenlicht *Oberlicht* [o]
bovenlijf *Oberkörper* [m]
bovenloop *Oberlauf* [m] ⋆ ~ van de Donau *obere Donau* [v] ⋆ ~ van de Rijn *Oberrhein* [m]
bovenmate *übermäßig, überaus*
bovenmatig *übermäßig, ungemein*
bovenmenselijk *übermenschlich*
bovennatuurlijk • (boven de natuur uitgaand) *übernatürlich* ⋆ ~e kracht *übersinnliche Kraft* [v] • (rel.) *göttlich*
bovenop *obenauf* ▾ zij is er weer helemaal ~ *sie ist wieder ganz obenauf* ▾ ergens ~ zitten *sich in etw. einmischen* ▾ iem. er ~ helpen *jmdm. aufhelfen* ▾ dat ligt er dik ~ *das ist überdeutlich*
bovenst *höchst, oberst*
bovenstaand *oben erwähnt, oben stehend*
boventoon *höchste(r) Ton* [m], *Oberton* ‹muz.› ‹nat.› [m] ▾ de ~ voeren *das Feld beherrschen*; ≈ ‹van mensen› *die erste Geige spielen*; ‹van zaken› *vorherrschen*
bovenuit ⋆ zij komt er net ~ *sie ragt gerade darüber hinaus* ⋆ haar stem klonk overal ~ *ihre Stimme drang überall durch*
bovenverdieping *Oberstock* [m], *Obergeschoss* [o]
bovenzijde *Oberseite* [v]
bowl *Bowle* [v] ⋆ een bowl klaarmaken *eine Bowle ansetzen*
bowlen *bowlen*
bowling *Bowling* [o]
box • (kinderbox) *Laufgitter* [o] • (geluidsbox) *Box* [v], *Lautsprecherbox* [v] • (afgescheiden ruimte) *Box* [v]
boxershort *Boxershorts* [mv]
boycot *Boykott* [m] ⋆ een ~ tegen iem. afkondigen *den Boykott über jmdn. verhängen*
boycotten *boykottieren*
boze I [het] *Schlechte(s)* [o], *Übel* [o] **II** [bnw] ▾ dat is uit den boze *das ist vom Übel*
braadpan *Bratpfanne* [v]
braadslee *Bratpfanne* [v]
braadworst *Bratwurst* [v]
braaf • (deugdzaam) *brav, bieder* ⋆ brave Hendrik ≈ *brave(r) Heini* [m] ⋆ van brave ouders *von tüchtigen Eltern* • (gehoorzaam) *brav, artig* ⋆ ~ gehoorzamen *brav und bieder gehorchen*
braak I [de] *Einbruch* [m] ⋆ diefstal met ~ *Einbruchdiebstahl* [m] **II** [bnw] • (onbebouwd) *brach* ⋆ ~ liggen *brachliegen* ⋆ ~ laten liggen *brachlegen* • (onbewerkt m.b.t. kennis) *unbestellt*

B

braakbal *Gewölle* [o]
braakmiddel *Brechmittel* [o]
braaksel *Erbrochene(s)* [o], ‹vulg.› *Kotze* [v]
braam • (vrucht) *Brombeere* [v] • (ruwe rand) *Grat* [m]
brabbelen *murmeln*, ≈ ‹van kinderen› *plappern*
braden I [ov ww] • (bakken) ⋆ ge~ vlees *Braten* [m] ⋆ ge~ kalfsvlees *Kalbsbraten* [m] **II** [on ww] • (zonnebaden) *braten* ⋆ zij ligt in de brandende zon te ~ *sie lässt sich in der prallen Sonne braten*
braderie *Straßenfest* [o]
brahmaan *Brahmane* [m]
braille *Braille-/Blindenschrift* [v]
brainstormen *ein Brainstorming machen*
brainwave *Geistesblitz* [m]
brak I [de] • (hond) *Bracke* [m] • (snuffelaar) *Spitzel* [m] • (bengel) *Bengel* [m] **II** [bnw] *brackig* ⋆ brak water *Brackwasser* [o]
braken *sich erbrechen, sich übergeben* ⋆ bloed ~ *Blut spucken*
brallen *sich brüsten, prahlen*
brancard *Bahre* [v], *Tragbahre* [v]
branche *Branche* [v] ⋆ met de ~ vertrouwd *branchekundig* ⋆ niet vertrouwd met de ~ *branchefremd*
branchevervaging ≈ *Branchenhäufung* [v]
brand *Brand* [m], *Feuer* [o] ⋆ uitslaande ~ *Großbrand* [m] ⋆ ~ blussen *Feuer löschen* ⋆ in ~ vliegen *Feuer fangen* ⋆ in ~ staan *in Flammen stehen* ⋆ in ~ steken *in Brand setzen/stecken* ⋆ door ~ beschadigd *feuergeschädigt* ⋆ gevaar voor ~ *Feuergefahr* [v] ⋆ ~! *es brennt!; Feuer!* ⋆ ~ stichten *Brand stiften* ⋆ plaats van de ~ *Brandstelle* [v] ▾ iem. uit de ~ helpen *jmdm. aus der Klemme helfen* ▾ haar keel staat in ~ *sie hat einen tüchtigen Brand* ▾ de wereld staat in ~ *die Welt steht in Flammen*
brand- *brand-, Brand-*
brandbaar *brennbar* ⋆ licht ~ *feuergefährlich*
brandblaar *Brandblase* [v]
brandblusser *Feuerlöscher* [m], *Löscher* [m]
brandbom *Brandbombe* [v]
brandbrief *Brandbrief* [m]
branddeur *Notausgang* [m]
branden I [ov ww] • (verwonden) *brennen* ⋆ zijn tong/vingers ~ *sich die Zunge/Finger verbrennen* • (met vuur bewerken) ⋆ gebrande nootjes *gebrannte(n) Nüsse* ⋆ koffie ~ *Kaffee rösten* ⋆ het brood is zwart gebrand *das Brot ist verbrannt* ▾ zij is daar niet weg te ~ *man wird sie dort nicht los* **II** [on ww] • (gloeien) *brennen* • (licht/warmte uitstralen) ⋆ de kachel brandt *der Ofen ist an* ⋆ ~d heet *glühend heiß* • (brandend gevoel geven) ⋆ mijn ogen ~ van vermoeidheid *mir brennen die Augen vor Müdigkeit* ▾ ~ van ongeduld *brennen vor Ungeduld* ▾ ~d verlangen *heiße(s) Verlangen* [o] ▾ ~de kwestie *brennende Frage* [v] ▾ de vraag brandt mij op de lippen *mir brennt die Frage auf der Zunge*
brander *Brenner* [m]
branderig *brandig, brenzlig*
brandewijn *Branntwein* [m]
brandgang *Brandgasse* [v]
brandglas *Brennglas* [o]
brandhaard *Brandherd* [m]
brandhout *Brennholz* [o]
branding *Brandung* [v]
brandkast *Panzerschrank* [m], *Tresor* [m]
brandkraan *Hydrant* [m]
brandlucht *Brandgeruch* [m]
brandmeester *Brandmeister* [m]
brandmerk *Brandmal* [o]
brandmerken ‹ook fig.› *brandmarken*
brandnetel *Brennnessel* [v]
brandpreventie *Brandschutz* [m]
brandpunt *Brennpunkt* [m]
brandschilderen *auf Glas/Holz malen, in Glas/Holz brennen* ⋆ gebrandschilderd raam *Glasgemälde* [o] ⋆ het ~ *Brandmalerei* [v]; ‹op hout› *Holzbrandmalerei* [v]; ‹op glas› *Glasmalerei* [v]
brandschoon *blitzsauber, blitzblank*
brandsingel *Feuerschneise* [v]
brandslang *Feuerwehrschlauch* [m]
brandspuit *Feuerspritze* [v] ⋆ drijvende ~ *Feuerlöschboot* [o]
brandstapel *Scheiterhaufen* [m]
brandstichter *Brandstifter* [m]
brandstof *Brennstoff* [m], ‹voor motorvoertuigen› *Treibstoff* [m] ⋆ ~fen *Brennmaterialien* [mv]
brandtrap *Feuerleiter* [v]
brandveilig *feuersicher*
brandverzekering *Feuerversicherung* [v]
brandvrij *feuersicher*
brandweer *Feuerwehr* [v]
brandweerkorps *Feuerwehr* [v]
brandweerman *Feuerwehrmann* [m]
brandwond *Brandwunde* [v]
brandy *Brandy* [m]
brandzalf *Brandsalbe* [v]
branie • (lef) *Schneid* [m], *Waghalsigkeit* [v], ‹pej.› *Großtuerei* [v] ⋆ wat een ~! *so eine Aufschneiderei!* ⋆ ~ schoppen *Theater machen* • (branieschopper) *schneidige(r) Typ* [m], *Wagehals* [m], ‹pej.› *Großtuer* [m], *Protz* [m]
branieschopper *Angeber* [m], *Protz* [m]
brasem *Brachse* [v], *Brachsen* [m]
brassen I [ov ww] • (scheepv.) *brassen* **II** [on ww] • (veel eten en drinken) *schlemmen, prassen*
bravo I [het] *Bravo* [o], *Bravoruf* [m] **II** [tw] *bravo*
bravoure *Bravour* [v], ‹muz.› *Bravourstück* [o]
Brazilië *Brasilien* [o]
breed I [bnw] • (uitgebreid) *weit* ⋆ in de meest brede betekenis *im weitesten Sinne* ⋆ in brede kringen *in weiten Kreisen* • (wijd) *breit* ⋆ brede schouders hebben *breitschultrig sein* • (ruim) ⋆ ~ van opzet *großzügig* ▾ het niet ~ hebben *es nicht so dick haben* ▾ wie het ~ heeft, laat het ~ hangen *wer's lang hat, läßt's lang hängen* **II** [bijw] *breit* ⋆ zij was al lang en ~ thuis *sie war schon längst zu Hause* ⋆ iets ~ uitmeten *viel Aufhebens von etw. machen*
breedsprakig *weitläufig*, ‹pej.› *weitschweifig*
breedte *Breite* [v] ⋆ de totale ~ *Gesamtbreite* [v]
breedtecirkel *Breitenkreis* [m]
breedtegraad *Breitengrad* [m]
breeduit *breit*
breedvoerig *ausführlich, weitläufig*
breekbaar *zerbrechlich*
breekijzer *Brecheisen* [o], *Brechstange* [v]
breekpunt • (kritisch punt) *kritische(r)/strittige(r) Punkt* [m] • (breuk) *Bruchstelle* [v]
breien *stricken* ⋆ gebreid vest *Strickjacke* [v] ▾ iets recht ~ *etw. ins Lot bringen*
brein • (hersenen) *Gehirn* [o] ⋆ elektronisch ~ *Elektronenhirn* [o] • (verstand) *Kopf* [m], ‹pej.› *Hirn* [o] ⋆ helder ~ *klare(r) Kopf* ⋆ zij is het ~ achter de organisatie *sie ist der führende Kopf des Unternehmens*
breinaald *Stricknadel* [v]
breipen *Stricknadel* [v]
breiwerk *Strickarbeit* [v], *Strickzeug* [o]
breken I [ov ww] • (stuk maken) *brechen,*

zerbrechen ⋆ doormidden ~ entzweibrechen ⋆ in stukken ~ in Stücke brechen ⋆ zij heeft haar been gebroken sie hat sich das Bein gebrochen ⋆ vandaag heb ik veel gebroken heute habe ich vieles zerbrochen • (verbreken) ⋆ een zegel ~ ein Siegel aufbrechen • (opvangen) ⋆ een val ~ einen Sturz abfangen • (nat.) ⋆ ~d vlak lichtbrechende Oberfläche [v] ⋆ glas breekt het licht Licht bricht sich im Glas ▾ dit breekt haar hart dies bricht ihr das Herz ▾ een code ~ einen Kode knacken II [on ww] • (stuk gaan) (zer)brechen • (~ **met**) ⋆ met iem. ~ mit jmdm. brechen ▾ mijn hart breekt mir bricht das Herz ▾ ik ben gebroken ich fühle mich gerädert

breker Brecher [m]

brekingsindex Brechungsindex [m]

brem Ginster [m]

brengen • (vervoeren) bringen, ‹dragen› tragen ⋆ ik breng je naar het station ‹met de auto› ich fahre dich zum Bahnhof ⋆ naar bed ~ ins Bett bringen ⋆ in veiligheid ~ in Sicherheit bringen ⋆ op tafel ~ auftischen ⋆ de bagage naar boven/beneden ~ das Gepäck hoch-/heruntertragen • (doen geraken) ⋆ wat heeft je ertoe gebracht? was hat dich dazu veranlasst? ⋆ iem. ertoe ~ iets te doen jmdn. dazu bringen, etw. zu tun ⋆ dat bracht hen weer tot elkaar das führte sie wieder zusammen ⋆ iem. aan het twijfelen ~ jmdn. zum Zweifeln bringen ⋆ iem. iets aan het verstand ~ jmdm. etw. klarmachen ⋆ dat bracht mij in verrukking das hat mich in Begeisterung versetzt • (presenteren) ⋆ iem. iets in rekening ~ jmdm. etw. in Rechnung stellen ▾ onder woorden ~ ausdrücken

bres Bresche [v] ▾ voor iem. in de bres springen für jmdn. in die Bresche springen ▾ voor iem. op de bres staan sich für jmdn. stark machen

bretel Hosenträger [m]

breuk • (scheur) Bruch [m] ⋆ het is tussen hen tot een ~ gekomen zwischen ihnen ist es zum Bruch gekommen • (wisk.) ⋆ het rekenen met ~en die Bruchrechnung ⋆ tiendelige ~ Dezimalbruch ▾ zich een ~ aan iets tillen sich an einer Sache einen Bruch heben; ≈ sich mit einer Sache abmühen

breukvlak Bruchstelle [v]

brevet Diplom [o], ‹van piloot› Flugschein [m] ▾ ~ van onvermogen ‹iron.› Armutszeugnis [o]

brevier Brevier [o]

bridge Bridge [o]

bridgen Bridge spielen

brie Brie [m]

brief Brief [m] ⋆ aangetekende ~ Einschreibebrief ⋆ ingezonden ~ Leserbrief ⋆ een ~ bezorgen einen Brief zustellen ⋆ begeleidende ~ Begleitschreiben [o] ⋆ ~ van een luisteraar Hörerbrief ⋆ per ~ brieflich

briefgeheim Briefgeheimnis [o]

briefhoofd Briefkopf [m]

briefing Briefing [o]

briefje • (bankbiljet) Schein [m] ⋆ ~ van honderd Hundertmarkschein [m]; Hundertguldenschein [m] • (berichtje) Zettel [m] ⋆ ~ van de dokter ärztliche(s) Attest [o] ▾ dat geef ik je op een ~ das kann ich dir schriftlich geben

briefkaart Postkarte [v]

briefopener Brieföffner [m]

briefpapier Briefpapier [o] ⋆ vel ~ Briefbogen [m]

briefwisseling Briefwechsel [m], Korrespondenz [v]

bries Brise [v]

briesen schnauben ⋆ ~d van woede wutschnaubend

brievenbus Briefkasten [m]

brigade Brigade [v]

brigadier • (agent) Wachtmeister [m] • (verkeersbrigadier) Schülerlotse [m]

brij Brei [m]

brik • (rijtuig) Break [m/o] • (baksteen) Ziegel [m], Backstein [m] • (schip) Brigg [v]

B

briket Brikett [o]

bril Brille [v], Gläser [mv] ⋆ bril voor ver-/bijzienden Fern-/Nahbrille ⋆ hoornen bril Hornbrille ▾ iets door een gekleurde bril zien etw. durch eine gefärbte Brille betrachten

briljant I [de] Brillant [m] II [bnw] brillant, glänzend

brillantine • (haarcrème) Brillantine [v], Haarpomade [v] • (polijstmiddel) Politur [v]

brilslang Brillenschlange [v]

brink • (dorpsplein) Dorfplatz [m] • (met gras begroeid erf) Hof [m]

Brit Brite [m]

brits • (slaapplaats) Pritsche [v] • (achterste) Hintern [m] ⋆ voor de ~ krijgen Dresche bekommen

Brits I [het] Britisch(e) [o] II [bnw] britisch

broccoli Brokkoli [mv]

broche Brosche [v]

brochure Broschüre [v]

brodeloos brotlos

broeden • (ei doen uitkomen) brüten • (~ **op**) ⋆ zij zit op iets te ~ sie brütet über einer Sache

broeder • (broer) Bruder [m] • (verpleger) Pfleger [m]

broederdienst brüderliche(r) Dienst [m] ⋆ vrijstelling wegens ~ Freistellung wegen Anrechnung des von einem älteren Bruder geleisteten Wehrdienstes [v]

broederlijk brüderlich

broedermoord Brudermord [m]

broederschap • (het broerzijn) Brüderlichkeit [v] ⋆ vrijheid, gelijkheid, ~ Freiheit, Gleichheit, Brüderlichkeit • (vereniging) Bruderschaft [v], ‹van beroepsgenoten› Kammer [v]

broedgebied Brutrevier [o]

broedmachine Brutapparat [m]

broedplaats Brutplatz [m], ‹fig.› Brutstätte [v]

broeds brütig

broedsel Brut [v]

broei Schwüle [v] ▾ in de ~ zitten in der Patsche stecken

broeien • (heet worden) gären • (drukkend warm zijn) brüten, schwül sein • (dreigen) ⋆ er broeit wat da braut sich etw. zusammen

broeierig schwül

broeikas Treibhaus [o]

broeikaseffect Treibhauseffekt [m]

broeinest Brutstätte [v]

broek Hose [v] ▾ iem. achter de ~ zitten hinter jmdm. her sein ▾ een pak voor zijn ~ krijgen die Hosen voll kriegen ▾ iem. (een pak) voor zijn ~ geven jmdm. den Hintern versohlen

broekje Grünschnabel [m]

broekpak Hosenanzug [m]

broekriem Gürtel [m] ▾ de ~ aanhalen den Gürtel enger schnallen

broekrok Hosenrock [m]

broekzak Hosentasche [v] ▾ hij kent Haarlem als zijn ~ er kennt Haarlem wie seine Westentasche ▾ dat is vestzak-~ das geht in die eigene Tasche

broer Bruder [m]

broertje Brüderchen [o], kleine(r) Bruder [m] ▾ daar heeft hij een ~ dood aan das kann er auf den Tod nicht ausstehen

B

brok • (brokstuk) *Brocken* [m], ‹hap› *Bissen* [m] ⋆ brokken maken *Bruch machen* • (hoeveelheid) *Stück* [o], *Brocken* [m] ▾ hij kreeg een brok in de keel *er hatte einen Kloß im Hals*
brokaat *Brokat* [m]
brokkelen I [ov ww] • (in stukjes breken) *bröckeln* **II** [on ww] • (in stukjes uiteenvallen) *(zer)bröckeln*
brokkelig *bröcklig*
brokkenmaker *Tölpel* [m], *Tollpatsch* [m]
brokstuk *Bruchstück* [o]
brombeer *Brummbär* [m]
bromfiets *Mofa* [o], *Moped* [o]
bromfietser *Mofafahrer* [m], *Mopedfahrer* [m]
brommen • (geluid maken) *brummen* • (gevangen zitten) *brummen* • (bromfietsen) *Moped fahren* • (mopperen) *knurren* ⋆ ~ op iem. *schimpfen mit jmdm.* ▾ wat ik je brom *das kann ich dir flüstern*
brommer • (bromfiets) *Moped* [o], *Mofa* [o] • (iem. die bromt) *Brummer* [m]
bromtol *Brummkreisel* [m]
bromvlieg *Schmeißfliege* [v]
bron • (opwellend water) *Quelle* [v] ⋆ geneeskrachtige bron *Heilquelle; Heilbrunnen* [m] • (oorsprong) ⋆ bron van inkomsten *Erwerbsquelle* • (informatiebron) ⋆ opgave van de bronnen *Quellenangabe* [v]
bronchitis *Bronchitis* [v]
bronnenlijst *Quellenverzeichnis* [o]
brons *Bronze* [v]
bronst *Brunst* [v]
bronstig *brünstig*
bronstijd *Bronzezeit* [v]
bronsttijd *Brunstzeit* [v], *Brunftzeit* [v]
brontosaurus *Brontosaurus* [m]
bronwater • (water uit bron) *Quellwasser* [o] • (water als handelsartikel) *Mineralwasser* [o]
bronzen I [bnw] • (van brons) *Bronze-, bronzen* ⋆ ~ tijdperk *Bronzezeit* [v] • (bronskleurig) *bronzefarbig* **II** [ov ww] *bronzieren*
brood • (eetwaar) *Brot* [o] • (levensonderhoud) ⋆ daar is geen droog ~ mee te verdienen *das bringt nichts ein* ▾ ik kreeg het op mijn ~ *das wurde mir aufs Butterbrot geschmiert*
broodbeleg *Brotbelag* [m], ‹om te smeren› *Brotaufstrich* [m], ‹plakken worst, kaas› *Aufschnitt* [m]
broodboom *Brotbaum* [m]
broodje *Brötchen* [o] ⋆ ~ kaas *Käsebrötchen* ▾ zoete ~s bakken *kleine Brötchen backen*
broodjeszaak *Imbissstube* [v]
broodmaaltijd ‹'s avonds› *Abendbrot* [o], ‹'s middags› *Mittagbrot* [o]
broodmager *spindeldürr*
broodmes *Brotmesser* [o]
broodnijd *Brotneid* [m]
broodnodig *unentbehrlich*
broodplank *Brotschneidebrett* [o]
broodroof ▾ ~ aan iem. plegen *jmdn. um Lohn und Brot bringen*
broodrooster *Toaster* [m], *Röster* [m]
broodschrijver ≈ *Schriftsteller, der nur des Geldes wegen schreibt* [m]
broodtrommel • (lunchtrommel) *Butterbrotdose* [v] • (bewaartrommel) *Brotkasten* [m]
broodwinning *Broterwerb* [m]
broos • (breekbaar) *brüchig, zerbrechlich*, ‹etenswaren› *mürbe*, ‹glas, metaal› *spröde* • (zwak) *brüchig, zart* ⋆ een ~ gestel hebben *ein zartes Naturell haben*
bros *brüchig*, ‹brokkelig› *mürbe*, ‹glas, metaal› *spröde*, ‹knapperig› *knusp(e)rig*
brouwen • (bereiden) *brauen* • (veroorzaken) *planen, stiften*
brouwerij *Brauerei* [v] ▾ dat brengt leven in de ~ *das bringt Leben in die Bude*
brouwsel *Gebräu* [o]
brug *Brücke* [v] ▾ kom eens over de brug! *rück mal mit dem Geld heraus!*
bruggenhoofd • (steun waar brug op rust) *Brückenpfeilerkopf* [m] • (vooruitgeschoven stelling) *Brückenkopf* [m]
brugklas *Orientierungsstufe* [v]
brugleuning *Brückengeländer* [o]
brugpieper ≈ *Schüler in der ersten Klasse des weiterführenden Unterrichts* [m]
brugwachter *Brückenwärter* [m]
brui ▾ de brui aan iets geven *etw. satt haben*
bruid *Braut* [v]
bruidegom *Bräutigam* [m]
bruidsboeket *Brautstrauß* [m]
bruidsjapon *Brautkleid* [o]
bruidsjonker *Brautführer* [m]
bruidsmeisje *Brautjungfer* [v]
bruidspaar *Brautpaar* [o]
bruidsschat *Mitgift* [v]
bruidssluier • (sluier) *Brautschleier* [m] • (plant) *Knöterich* [m]
bruidssuiker ≈ *Pralinen, die die Braut zur Hochzeit verteilt* [mv]
bruikbaar *brauchbar, verwendbar, geeignet*
bruikleen *Gebrauchsleihe* [v] ⋆ in ~ *leihweise*; ‹bij kunstobject› *als Leihgabe* ⋆ iets in ~ geven *etw. leihweise überlassen*
bruiloft *Hochzeit* [v]
bruin *braun* ▾ hij bakt ze weer ~ *er treibt es mal wieder zu bunt*
bruinbrood *Weizenvollkornbrot* [o]
bruinen I [ov ww] • (bruin maken) *bräunen* **II** [on ww] • (bruin worden) *bräunen* ⋆ door de zon gebruind *sonnengebräunt*
bruinkool *Braunkohle* [v]
bruinvis *Braunfisch* [m]
bruisen *brausen*
bruistablet *Brausetablette* [v]
brulaap *Brüllaffe* [m]
brulboei • (zeeboei) *Heulboje* [v] • (persoon) *Brüllaffe* [m]
brullen *brüllen* ⋆ ~ van woede *vor Wut brüllen*
brunch *Brunch* [m]
brunette *Brünette* [v]
brutaal *frech*
brutaliteit *Frechheit* [v], *Unverschämtheit* [v]
bruto *Brutto-, brutto* ⋆ ~-opbrengst *Rohertrag* [m]
brutogewicht *Brutto-/Rohgewicht* [o]
brutoloon *Bruttolohn* [m]
bruusk *brüsk, schroff*
bruuskeren *brüskieren*
bruut I [de] *Rohling* [m], *Gewaltmensch* [m] **II** [bnw] *gewalttätig, brutal*
btw *MwSt. (Mehrwertsteuer)* [v]
bubbelbad *Whirlpool* [m]
buddy *Sterbebegleiter für Aidskranken* [m]
budget *Budget* [o], *Haushaltsplan* [m], *Etat* [m]
budgettair *budgetär, haushalts-/etatmäßig*
buffel *Büffel* [m]
buffer *Puffer* [m]
bufferstaat *Pufferstaat* [m]
buffervoorraad *Rücklage* [v], *Reserve* [v]
bufferzone *Pufferzone* [v]
buffet *Büfett* [o]

buggy *Buggy* [m]
bühne *Bühne* [v]
bui • (neerslag) *Schauer* [m], *Regenguss* [m] • (humeur) *Laune* [v] ⋆ een goede/kwade bui hebben *guter/schlechter Laune sein* ⋆ hij heeft zo z'n buien *er ist ein launenhafter Mensch* ▾ bij buien *ab und zu*
buidel *Beutel* [m]
buideldier *Beuteltier* [o]
buigbaar *biegbar, beugbar*
buigen I [ov ww] • (krom maken) *biegen, beugen* ⋆ met gebogen hoofd *mit gesenktem Kopf* ▾ zich over een probleem ~ *sich der Lösung eines Problems widmen* **II** [on ww] • (afbuigen) *biegen* ⋆ de weg buigt naar rechts *der Weg biegt nach rechts ab* • (buiging maken) *sich verbeugen* ⋆ ~ als een knipmes *einen Bückling machen* • (~ **voor**) ⋆ ~ voor iem. *sich vor jmdm. verbeugen* ▾ ~ of barsten *auf Biegen und Brechen*
buiging *Krümmung* [v], *Biegung* [v]
buigzaam *biegsam*
buiig • (humeurig) *launisch* • (regenachtig) *wechselhaft, unbeständig*
buik • (lichaamsdeel) *Bauch* [m] ⋆ zijn buik vol eten *sich den Bauch voll schlagen* ⋆ een buikje krijgen *sich ein Bäuchlein zulegen* • (bol gedeelte) ‹nat.› *Schwingungsbauch* [m] ▾ dat kun je op je buik schrijven *das kannst du vergessen* ▾ twee handen op één buik zijn *zusammenhalten wie Pech und Schwefel; unter eine Decke stecken*
buikdansen *bauchtanzen*
buikdanseres *Bauchtänzerin* [v]
buikgriep *Darminfektion* [v]
buiklanding *Bauchlandung* [v]
buikloop *Durchfall* [m]
buikpijn *Bauchschmerzen* [mv]
buikriem *Gürtel* [m] ▾ de ~ aanhalen *den Riemen enger schnallen*
buikspreken *bauchreden*
buikspreker *Bauchredner* [m]
buikvlies *Bauchfell* [o]
buikwand *Bauchdecke* [v]
buil • (zakje) *Tüte* [v] • (bult) *Beule* [v] ▾ daar kun je je geen buil aan vallen *das kann nicht schief gehen*
buis • (pijp) *Röhre* [v], *Rohr* [o] ⋆ buis van Eustachius *eustachische Röhre* • (televisie) *Röhre* [v]
buiswater *Spritzwasser* [o]
buit *Beute* [v] ⋆ iets buit maken *etw. erbeuten*
buitelen *purzeln*
buiteling • (bokkensprong) *Kapriole* [v] ⋆ hij maakt rare ~en *er macht seltsame Kapriolen* • (duikeling) *Purzelbaum* [m]
buiten I [het] *Landhaus* [o] **II** [bijw] • (niet betrokken bij) *draußen* • (op het platteland) ⋆ zij woont ~ *sie wohnt außerhalb der Stadt* • (buitenshuis) ⋆ ~ spelen *draußen spielen* ▾ zich aan iets te ~ gaan *in etw. schwelgen* **III** [vz] • (iets niet betreffende) *außer* [3] ⋆ ~ beschouwing *außer Betracht* • (zonder) *ohne* [4] ⋆ ~ adem *außer Atem* ⋆ ~ kennis *in Ohnmacht* ⋆ ~ mij om *ohne mein Mitwissen* ⋆ ~ twijfel/kijf *zweifelsohne* • (behalve) *außer* [3] ⋆ ~ haar vriendin wist niemand ervan *außer ihrer Freundin wusste keiner davon* • (niet binnen een plaats) *außer* [3], *außerhalb* [2] ⋆ ~ de deur *außer Hause* ⋆ ~ bereik *außer Reichweite* ▾ iets van ~ kennen *etw. auswendig kennen* ▾ ~ zichzelf zijn *außer sich sein*
buiten- *Außen-*
buitenaards *außerirdisch*
buitenbad *Freibad* [o]
buitenband *Mantel* [m]
buitenbeentje *Außenseiter* [m], *Eigenbrötler* [m] ⋆ een ~ zijn *aus der Art geschlagen sein*
buitenboordmotor *Außenbordmotor* [m]
buitendeur *Außentür* [v], ‹sluis› *Außentor* [o]
buitendienst *Außendienst* [m]
buitenechtelijk *außerehelich*
buitengaats *auf offener See, außerhalb des Hafens* ⋆ ~ gaan *in See stechen*
buitengebeuren *Außengeschehen* [o]
buitengewoon I [bnw] *außergewöhnlich, ungewöhnlich* ⋆ ~ hoogleraar *außerordentliche(r) Professor* [m] **II** [bijw] ⋆ niet ~ schrander zijn *nicht besonders klug sein*
buitenhuis *Sommerhaus* [o], ‹groot› *Landhaus* [o]
buitenissig *exzentrisch, extravagant, ausgefallen*
buitenkans *Chance* [v], *einmalige Gelegenheit* [v], *Glücksfall* [m]
buitenkansje *außerordentliche Chance* [v]
buitenkant *Außenseite* [v]
buitenland *Ausland* [o]
buitenlander *Ausländer* [m]
buitenlands *ausländisch, Auslands-* ⋆ ~e politiek *Außenpolitik* [v] ⋆ ministerie van ~e zaken *Außenministerium* [o] ⋆ ~e handel *Außenhandel* [m]
buitenleven *Landleben* [o]
buitenlucht • (lucht buiten) *frische Luft* [v] • (lucht op het platteland) *Landluft* [v]
buitenmens *Naturmensch* [m], *Naturfreund* [m]
buitenmodel *extra, abweichend, Sonder-*
buitenom *außen herum*
buitenplaats • (buitenhuis) *Landgut* [o], *Landsitz* [m] • (afgelegen plaats) *entlegene(r) Ort* [m]
buitenshuis ⋆ de nacht ~ doorbrengen *die Nacht außer Hause verbringen* ⋆ we eten vandaag ~ *wir essen heute auswärts*
buitensluiten *ausschließen*
buitenspel *abseits*
buitenspiegel *Außenspiegel* [m]
buitensporig *übermäßig*
buitensport *Sport im Freien* [m]
buitenstaander *Außenstehende(r)* [m], ‹ondeskundige› *Nichtfachmann* [m]
buitenverblijf *Sommerhaus* [o], *Wochenendhaus* [o], ‹groter› *Landsitz* [m]
buitenwacht *Außenstehende(n)* [mv]
buitenwereld • (de mensen om ons heen) *Öffentlichkeit* [v] • (wereld om ons heen) *Außenwelt* [v], *Umwelt* [v]
buitenwijk *Außenbezirk* [m], *Außenviertel* [o]
buitenzijde *Außenseite* [v]
buitmaken *erbeuten*
buizerd *Bussard* [m]
bukken • (buigen) *sich bücken* • (~ **voor**) *sich (einer Sache) beugen* ▾ gebukt gaan onder een last *eine schwere Bürde zu tragen haben*
buks *Büchse* [v]
bul • (stier) *Bulle* [m] • (oorkonde) *Diplom* [o] • (pauselijke brief) *päpstliche Bulle* [v]
bulderbaan ≈ *Lärmbelästigung verursachende Start- und Landebahn* [v]
bulderen • (spreken) *brüllen* ⋆ ~ tegen iem. *jmdn. anbrüllen* • (dreunen) *dröhnen*, ‹kanon› *donnern*, ‹storm› *toben*
buldog *Bulldogge* [v]
Bulgaar *Bulgare* [m]
Bulgaars I [het] *Bulgarisch(e)* [o] **II** [bnw] *bulgarisch*
Bulgarije *Bulgarien* [o]

B

B

bulk *Schiffsladung* [v] ⋆ graan in bulk *Bulkladung Getreide* [v]
bulken • (loeien) *muhen* • (brullen) *brüllen* • (~ **van**) ⋆ ~ van het geld *im Geld schwimmen*
bulkgoederen *Stürz-/Schütt-/Bulkgut* [o]
bulldozer *Bulldozer* [m], *Planierraupe* [v]
bullebak *Buhmann* [m], *Bärbeißer* [m]
bulletin *Bulletin* [o]
bult • (bochel) *Buckel* [m], ‹kameel› *Höcker* [m] • (buil) *Beule* [v] • (oneffenheid) *Unebenheit* [v], ‹inf.› *Buckel* [m] ▾ zich een bult lachen *sich schieflachen*
bultenaar *Bucklige(r)* [m]
bumper *Stoßstange* [v]
bundel • (pak, bosje) *Bündel* [o] • (verzameling, boekje) *Band* [m] ⋆ een ~ verzen *ein Gedichtband*
bundelen *bündeln*, ‹van gedichten› *sammeln* ⋆ de krachten ~ *die Kräfte vereinen*
bunder *Hektar* [o]
bungalow *Bungalow* [m]
bungalowpark *Bungalowpark* [m]
bungalowtent *Bungalowzelt* [o]
bungelen *baumeln*
bunker *Bunker* [m]
bunkeren • (brandstof innemen) *bunkern* • (veel eten) *reinhauen*, *spachteln*
bunsenbrander *Bunsenbrenner* [m]
bunzing *Iltis* [m]
bups *Trupp* [m], *Kram* [m]
burcht *Burg* [v], *Festung* [v]
bureau • (schrijftafel) *Schreibtisch* [m] • (afdeling) *Abteilung* [v], *Büro* [o] • (politiebureau) *Wache* [v]
bureaucratie *Bürokratie* [v]
bureaulamp *Schreibtischlampe* [v]
burengerucht *Ruhestörung durch Nachbarn* [v]
burgemeester *Bürgermeister* [m] ⋆ college van ~ en wethouders *Magistrat* [m]; *Stadtrat* [m]
burger *Bürger* [m] ⋆ in ~ lopen *in Zivil gehen* ▾ dat geeft de ~ moed *das freut den Menschen*
burgerbevolking *Zivilbevölkerung* [v]
burgerij • (klasse) *Bürgertum* [o], ‹niet-militairen› *Zivilisten* [mv] • (bevolking) *Bürgerschaft* [v]
burgerkleding *Zivilkleidung* [v], *Zivil* [o]
burgerlijk • (van de burgerstand) *bürgerlich*, *zivil* ⋆ ~e stand *Standesamt* [o] ⋆ ~ huwelijk *standesamtliche Trauung* [v] ⋆ ~e staat *Familienstand* [m] ⋆ ~ wetboek *bürgerliche(s) Gesetzbuch* [o] • (kleinburgerlijk) *spießbürgerlich*
burgerluchtvaart *Zivilluftfahrt* [v]
burgerman *Bürger* [m], ‹pej.› *Spießbürger* [m]
burgeroorlog *Bürgerkrieg* [m]
burgerplicht *Bürgerpflicht* [v]
burgerrecht *Bürgerrecht* [o]
burgervader *Bürgermeister* [m]
burgerwacht *Bürgerwehr* [v]
burlesk *burlesk*
Burundi *Burundi* [o]
bus • (trommel) *Dose* [v], *Büchse* [v] • (autobus) *(Auto)bus* [m] • (brievenbus) *Briefkasten* [m] ⋆ een brief op de bus doen *einen Brief einwerfen* ▾ dat klopt als een bus! *das stimmt haargenau*
buschauffeur *Busfahrer* [m]
busdienst *Busverkehr* [m]
bushalte *Bushaltestelle* [v]
buskruit *Schießpulver* [o] ▾ hij heeft het ~ niet uitgevonden *er hat das Pulver nicht erfunden*
buslichting *Leerung des Briefkastens* [v]
busstation *Busbahnhof* [m]
buste *Büste* [v]
bustehouder *Büstenhalter* [m]
butagas *Butangas* [o]
buts *Delle* [v]
button *Button* [m]
buur *Nachbar* [m]
buurjongen *Nachbarsjunge* [m]
buurland *Nachbar-/Anrainerland* [o], *Nachbar-/Anrainerstaat* [m]
buurman *Nachbar* [m]
buurmeisje *Nachbarstochter* [v], *Nachbarsmädchen* [o]
buurt • (omgeving) *Gegend* [v], *Umgebung* [v], *Nähe* [v] ⋆ ver uit de ~ *weit weg* • (wijk) *Stadtteil* [m] • (bewoners) *Nachbarschaft* [v]
buurtbewoner *Bewohner des Wohnviertels* [m]
buurtcafé ≈ *Stammkneipe* [v], *Stammlokal* [o]
buurten *einen Besuch beim Nachbarn machen*
buurthuis *Nachbarschaftshaus* [o]
buurtwerk *Sozialarbeit im Stadtviertel* [v]
buurtwinkel • (buurthuis) *Nachbarschaftshaus* [o] • (kleine winkel) *Tante-Emma-Laden* [m]
buurvrouw *Nachbarin* [v]
buut *Mal* [o], *Freimal* [o]
BV *GmbH (Gesellschaft mit beschränkter Haftung)* [v]
B-verpleging *psychiatrische Krankenpflege* [v]
B-weg *Straße zweiter Ordnung* [v]
byte *Byte* [o]
Byzantijns • (van/uit Byzantium) *byzantinisch* • (m.b.t. de griekse kerk) *griechisch-orthodox*

C

c • (letter) C [o] • (muzieknoot) *c* [o]
cabaret *Kabarett* [o]
cabaretier *Kabarettist* [m]
cabine *Kabine* [v]
cabriolet *Kabriolett* [o]
cacao *Kakao* [m]
cachet • (speciaal karakter) *Charakter* [m] ⋆ dat geeft de zaak extra ~ *das gibt der Sache eine besondere Note* • (zegel) *Siegel* [o], *Note* [v], *Gepräge* [o]
cactus *Kaktus* [m] [mv: *Kakteen*], *Kaktee* [v]
CAD • (consultatiebureau voor alcohol en drugs) *Beratungsstelle für Drogen- und Alkoholabhängige* [v] • (computer aided design) *CAD* [o]
cadans *Kadenz* [v]
cadeau *Geschenk* [o] ⋆ iem. iets ~ geven *jmdm. etw. schenken* [3] ⋆ iets ~ krijgen *etw. geschenkt bekommen*
cadeaubon *Geschenkgutschein* [m]
cadet *Kadett* [m]
cadmium • (cadmiumgeel) *Kadmiumgelb* [o] • (chem.) *Kadmium* [o]
café *Lokal* [o], *Wirtschaft* [v], *Kneipe* [v]
caféhouder *Wirt* [m]
cafeïne *Koffein* [o]
cafetaria *Cafeteria* [v], *Imbissstube* [v], *Schnellbüfett* [o]
caissière *Kassiererin* [v]
caisson *Caisson* [m]
caissonziekte *Caissonkrankheit* [v]
cake *Rührkuchen* [m]
calamiteit *Kalamität* [v], *missliche Lage* [v]
calcium *Kalzium* [o]
calculatie *Kalkulation* [v]
calculator • (rekenmachine) *Rechenmaschine* [v], *Taschenrechner* [m] • (beroep) *Kalkulator* [m]
calculeren *kalkulieren*
caleidoscoop *Kaleidoskop* [o]
callgirl *Callgirl* [o]
calorie *Kalorie* [v]
caloriearm *kalorienarm*
calvinisme *Kalvinismus* [m]
calvinistisch *kalvinistisch*
cambium *Kambium* [o]
Cambodja *Kambodscha* [o]
Cambrium *Kambrium* [o]
camee *Kamee* [v]
camel *kamelhaarfarben*
camera *Kamera* [v]
cameraman *Kameramann* [m]
camera obscura *Camera obscura* [v]
camouflage *Tarnung* [v]
camoufleren *tarnen*, ‹van handelingen› *verschleiern*
campagne *Kampagne* [v]
camper *Wohnmobil* [o]
camping *Campingplatz* [m]
campus *Campus* [m]
Canada *Kanada* [o]
Canadees **I** [de] *Kanadier* [m] **II** [bnw] *kanadisch*
canapé *Sofa* [o]
Canarische Eilanden *Kanarische(n) Inseln* [mv]
canon *Kanon* [m] • (erfpachtsom) *Erbpachtzins* [m]
canoniek *kanonisch*
cantate *Kantate* [v]
cantharel *Pfifferling* [m]
cantorij *Kantorei* [v]
canvas *Kanevas* [m]
cao *Tarifvertrag* [m]
capabel *befähigt, fähig, tüchtig*
capaciteit • (vermogen) *Kapazität* [v] • (bekwaamheid) *Fähigkeit* [v]
cape *Cape* [o], *Umhang* [m]
capitulatie *Kapitulation* [v]
capituleren *kapitulieren*
capriool *Kapriole* [v]
capsule *Kapsel* [v]
captain *Kapitän* [m]
capuchon *Kapuze* [v]
cara *chronische(s) aspezifische(s) respiratorische(s) Leiden* [o]
carambole *Karambolage* [v], *Karambole* [v]
caravan *Caravan* [m], *Wohnwagen* [m]
carbolineum *Karbolineum* [o]
carbonaat *Karbonat* [o]
carbonpapier *Kohlepapier* [o]
carburateur *Vergaser* [m]
carcinoom *Karzinom* [o], *Krebsgeschwulst* [v]
cardiogram *Kardiogramm* [o]
cardioloog *Kardiologe* [m]
cargadoor *Schiffsmakler* [m]
cargo *Kargo* [m], *Schiffsfracht* [v]
cariës *Karies* [v]
carillon *Glockenspiel* [o]
carnaval *Karneval* [m]
carnivoor **I** [de] *Karnivore* [m/v] **II** [bnw] *karnivor*
carpoolen *sich zu einer Fahrgemeinschaft zusammenschließen*
carport *überdachte(r) Parkplatz* [m]
carré *Karree* [o], *Viereck* [o]
carrière *Karriere* [v]
carrièreplanning *Karriereplanung* [v]
carrosserie *Karosserie* [v]
carte blanche *Carte blanche* [v]
carter *Kurbelgehäuse* [o]
cartografie *Kartographie* [v]
cartoon *Cartoon* [m/o]
cascade *Kaskade* [v]
casco • (romp) *Kasko* [m] • (verzekeringsterm) *Kaskoversicherung* [v]
cascoverzekering *Kaskoversicherung* [v]
cash **I** [de] *Bargeld* [o] **II** [bijw] *bar, cash*
casino *Kasino* [o], *Spielbank* [v]
cassatie *Kassation* [v]
casselerrib *Kasseler* [o]
cassette *Kassette* [v]
cassettebandje *Kassette* [v]
cassettedeck *Kassettendeck* [o]
cassetterecorder *Kassettenrekorder* [m]
cassis *Erfrischungsgetränk aus schwarzen Johannisbeeren* [o]
castagnetten *Kastagnetten* [mv]
castratie *Kastration* [v]
castreren *kastrieren*
catacombe *Katakombe* [v]
catalogiseren *katalogisieren*
catalogus *Katalog* [m]
catamaran *Katamaran* [m/o]
cataract *Katarakt* [v], *graue(r) Star* [m]
catastrofaal *katastrophal*
catastrofe *Katastrophe* [v]
catechese *Katechese* [v]
catechisatie *Katechisation* [v]
catechismus *Katechismus* [m]
categorie *Kategorie* [v]
categorisch *kategorisch*
categoriseren *kategorisieren*

catering *Verproviantierung* [v]
catharsis *Katharsis* [v]
***catheter** (Wdl: katheter) *Katheter* [m]
causaal *kausal, Kausal-*
cavalerie *Kavallerie* [v]
cavia *Meerschweinchen* [o]
cayennepeper *Cayennepfeffer* [m]
cc • (copie conform) ⋆ cc origineel *beglaubigte Kopie* [v] • (inhoudsmaat) *Kubikzentimeter* [m]
cd-speler *CD-Spieler* [m]
ceder *Zeder* [v]
cedille *Cedille* [v]
ceintuur *Gürtel* [m]
cel *Zelle* [v]
celdeling *Zellteilung* [v]
celebreren • (vieren) *feiern* • (de mis opdragen) *zelebrieren*
celgenoot *Zellengenosse* [m]
celibaat *Zölibat* [o]
cellist *Cellist* [m]
cello *Cello* [o]
cellofaan *Cellophan* ® [o], *Zellophan* [o]
celluloid *Zelluloid* [o]
cellulose *Zellulose* [v], *Zellstoff* [m]
Celsius *Celsius*
celstof *Zellstoff* [m]
celtherapie *Zellulartherapie* [v]
cement *Zement* [m]
cementen **I** [bnw] *Zement-, zementen* ⋆ de ~ vloer *der Zementboden* **II** [ov ww] *zementieren*
cementmolen *Mischmaschine* [v]
cenotaaf *Kenotaph* [o], *Zenotaph* [o]
censureren *zensieren*
censuur *Zensur* [v]
cent • (munt) *Cent* [m] • (geld) ⋆ tot de laatste cent betalen *auf Heller und Pfennig bezahlen* ▾ geen cent waard zijn *keinen Pfennig wert sein* ▾ geen rooie cent hebben *keinen roten Heller haben* ▾ iedere cent omkeren *jeden Pfennig dreimal umdrehen* ▾ een aardige cent verdienen *ein hübsches Sümmchen verdienen*
centaur *Kentaur* [m], *Zentaur* [m]
centi- *zenti-, Zenti-*
centimeter • (meetlint) *Messband* [o], *Metermaß* [o] • (maat) *Zentimeter* [m/o]
centraal *zentral* ⋆ centrale verwarming *Zentralheizung* [v]
Centraal-Afrikaanse Republiek *Zentralafrikanische Republik* [v]
centrale *Zentrale* [v] ⋆ elektrische ~ *Elektrizitätswerk* [o]; *Kraftwerk* [o]
centralisatie *Zentralisierung* [v]
centraliseren *zentralisieren*
centreren *zentrieren*
centrifuge *Zentrifuge* [v], ‹voor melk› *Seperator* [m], ‹voor wasgoed› *Wäscheschleuder* [v]
centrifugeren *zentrifugieren*, ‹van wasgoed› *schleudern*
centripetaal *zentripetal, Zentripetal-*
centrum *Zentrum* [o], *Stadtmitte* [v]
ceramiek *Keramik* [v]
ceremonie *Zeremonie* [v]
ceremonieel **I** [het] *Zeremoniell* [o] **II** [bnw] *zeremoniell*
ceremoniemeester *Festordner* [m], ‹aan het hof› *Zeremonienmeister* [m]
certificaat • (getuigschrift) *Zeugnis* [o] • (waardepapier) *Zertifikat* [o]
cervelaatworst *Zervelatwurst* [v]
cessie *Zession* [v]
cesuur *Zäsur* [v]
cfk *FCKW* [m]
chagrijn • (persoon) *Griesgram* [m] • (humeurigheid) *Verdrießlichkeit* [v], *Missmut* [m]
chagrijnig *missmutig, verdrießlich*
chalet *Chalet* [o]
champagne *Champagner* [m], *Sekt* [m]
champignon *Champignon* [m]
chanoekafeest *Chanukkafest* [o]
chanson *Chanson* [o]
chantage *Erpressung* [v]
chanteren *erpressen*
chaoot *Chaot* [m]
chaos *Chaos* [o]
chaotisch *chaotisch*
charge *Attacke* [v] ▾ getuige à ~ *Belastungszeuge* [m]
charisma *Charisma* [o]
charlatan *Scharlatan* [m]
charmant *charmant, reizend*
charme *Reiz* [m], *Charme* [m]
charmeren *entzücken, bezaubern*
charmeur *Charmeur* [m]
chartaal ⋆ ~ geld *Bargeld* [o]
charter • (vlucht) *Charterflug* [m] • (oorkonde) *Charta* [v]
charteren *chartern*
chartermaatschappij *Chartergesellschaft* [v]
chartervliegtuig *Charterflugzeug* [o]
chartervlucht *Charterflug* [m]
chassis • (onderstel auto) *Fahrgestell* [o], *Chassis* [o] • (raamwerk) *Rahmen* [m], *Einfassung* [v]
chaufferen *fahren*
chauffeur *Fahrer* [m], *Chauffeur* [m]
chauvinisme *Chauvinismus* [m]
checken *checken, kontrollieren, nachprüfen*
checklist *Kontrollliste* [v], *Checkliste* [v]
chef *Chef* [m], ‹hoofd› *Vorsteher* [m], *Leiter* [m], ‹superieur› *Vorgesetzte(r)* [m] ⋆ chef van de afdeling *Abteilungsleiter*
chef-kok *Chefkoch* [m], *Küchenchef* [m]
chemicaliën *Chemikalien* [mv]
chemicus *Chemiker* [m]
chemie *Chemie* [v]
chemisch *chemisch*
chemokar ≈ *Müllwagen, bei dem man Sondermüll abgeben kann* [m]
chemotherapie *Chemotherapie* [v]
cheque *Scheck* [m] ⋆ ~ aan toonder *Inhaberscheck* ⋆ ~ op naam *Namensscheck*
cherubijn *Cherub* [m], *Cherubim* [mv]
chic • (elegant) *schick, elegant* • (voornaam) *vornehm*
Chili *Chile* [o]
chimpansee *Schimpanse* [m]
China *China* [o]
Chinees **I** [de] *Chinese* [m] **II** [het] *Chinesisch(e)* [o] **III** [bnw] *chinesisch*
chinezen • (Chinees eten) *chinesisch essen* • (heroïne snuiven) *Heroin schnupfen*
chip *Chip* [m]
chipkaart *Chipkarte* [v]
chipolatapudding *Pudding mit kandierten Früchten und Biskuits* [m]
chips *Chips* [mv]
chiropracticus *Chiropraktiker* [m]
chirurg *Chirurg* [m]
chirurgie *Chirurgie* [v]
chirurgisch *chirurgisch*
chloor *Chlor* [o]
chloride *Chlorid* [o]
chloroform *Chloroform* [o]
chlorofyl *Chlorophyll* [o]

chocolaatje *Schokoladenplätzchen* [o]
chocolade *Schokolade* [v] ⋆ een beker ~ *ein Becher Kakao* ⋆ een reep ~ *eine Tafel/ein Riegel Schokolade*
chocoladeletter *Buchstabe aus Schokolade* [m]
chocolademelk *Schokolade* [v], *Kakao* [m]
chocolaterie *Süßwarengeschäft* [o]
chocopasta *Schokoladencreme* [v]
choke *Choke* [m]
cholera *Cholera* [v]
cholesterol *Cholesterin* [o]
choqueren I [ov ww] *schockieren* **II** [ov + on ww] *schockieren*
choreograaf *Choreograph* [m]
choreografie *Choreographie* [v]
christelijk *christlich*
christen *Christ* [m]
christen-democraat *Christdemokrat* [m]
christendom *Christentum* [o]
Christus *Christus* [m] ⋆ na/voor ~ *nach/vor Christus* ⋆ de geboorte van ~ *Christi Geburt*
chromosoom *Chromosom* [o]
chronisch *chronisch*
chronologie *Chronologie* [v]
chronologisch *chronologisch*
chronometer *Chronometer* [o]
chroom *Chrom* [o]
chrysant *Chrysantheme* [v]
cichorei *Zichorie* [v]
cider *Zider* [m], *Cidre* [m]
cijfer • (teken) *Ziffer* [v] • (beoordeling) *Note* [v], *Zensur* [v]
cijfercode *Ziffern code* [m], *Nummerncode* [m]
cijferen *rechnen*
cijferlijst *Zeugnis* [o]
cijfermateriaal *Zahlenmaterial* [o]
cijferslot *Zahlenschloss* [o]
cilinder *Zylinder* [m]
cilinderslot *Zylinderschloss* [o]
cineast *Filmemacher* [m], *Cineast* [m]
cinefiel I [de] *Filmfan* [m], *Cineast* [m] **II** [bnw] *filmbegeistert*
cipier *Gefängniswärter* [m]
cipres *Zypresse* [v]
circa *zirka, ungefähr, etwa*
circuit • (parcours) *Parcours* [m] • (stroomkring) *Stromkreis* [m] • (wereldje) *Szene* [v]
circulaire *Rundschreiben* [o], *Zirkular* [o]
circulatie *Zirkulation* [v], *Umlauf* [m], ‹van bloed› *Kreislauf* [m] ⋆ in ~ brengen *in Umlauf bringen*
circuleren *kursieren, zirkulieren, umlaufen*
circus *Zirkus* [m]
circusnummer *Zirkusnummer* [v]
cirkel *Kreis* [m] ▾ vicieuze ~ *Teufelskreis* [m]
cirkelen *kreisen*
cirkelredenering *Zirkelschluss* [m]
cirkelzaag *Kreissäge* [v]
cis *cis* [o]
ciseleren *ziselieren*
citaat *Zitat* [o]
citadel *Zitadelle* [v]
citer *Zither* [v]
citeren *zitieren*
citroen *Zitrone* [v]
citroengeel *zitronengelb*
citroenmelisse *Melisse* [v], *Zitronenmelisse* [v]
citroenvlinder *Zitronenfalter* [m]
citroenzuur *Zitronensäure* [v]
citrusvrucht *Zitrusfrucht* [v]
civiel *zivil, bürgerlich* ⋆ ~ recht *Zivilrecht* [o] ⋆ ~e vordering *Privatklage* [v]
civielrechtelijk *zivilrechtlich*
civilisatie *Zivilisation* [v]
civiliseren *zivilisieren*
claim • (aanspraak) *Forderung* [v], *Claim* [o], *Anspruch* [m] • (voorkeursrecht) *Bezugsrecht* [o]
claimen *fordern, beanspruchen, Anspruch erheben auf* [4]
clan • (stam) *Clan* [m], *Sippe* [v] • (hechte groep) *Clique* [v]
clandestien *heimlich, illegal* ⋆ ~e handel *Schwarzhandel* [m]
classicisme *Klassizismus* [m]
classicus *Altphilologe* [m]
classificatie *Klassifikation* [v]
classificeren *klassifizieren*
claustrofobie *Klaustrophobie* [v]
clausule *Klausel* [v]
claxon *Hupe* [v]
claxonneren *hupen*
clean • (zuiver) *sauber* • (zakelijk) *nüchtern, sachlich* • (afgekickt) *clean*
clematis *Klematis* [v]
clementie *Milde* [v]
clerus *Klerus* [m]
cliché *Klischee* [o]
clichématig *klischeehaft, klischiert*
cliënt • (klant) *Kunde* [m] • (jur.) *Mandant* [m]
clientèle *Kundschaft* [v], *Klientel* [v]
climax *Klimax* [v], *Höhepunkt* [m]
clinch *Clinch* [m]
clip • (paperclip) *Heftklammer* [v] • (videoclip) *Clip* [m]
clitoris *Klitoris* [v]
closet *Klosett* [o]
close-up *Nahaufnahme* [v]
clou *Clou* [m]
clown *Clown* [m]
club *Klub* [m]
clubgenoot *Vereinskamerad* [m]
clubhuis *Klub* [m], *Klubhaus* [o]
clubverband ⋆ in ~ *zusammen; im Verband*
cluster *Cluster* [m]
coach *Coach* [m]
coachen *coachen*
coalitie *Koalition* [v]
coalitiepartner *Koalitionspartner* [m]
coassistent ‹med.› ≈ *Famulus* [m]
coaster *Küstenfahrzeug* [o]
coating *Beschichtung* [v], *Schicht* [v]
coaxkabel *Koaxialkabel* [o]
cobra *Kobra* [v]
cocaïne *Kokain* [o]
cockpit *Cockpit* [o]
cocktail *Cocktail* [m]
cocktailjurk *Cocktailkleid* [o]
cocktailprikker *Spießchen* [o]
cocon *Kokon* [m]
code *Code* [m]
coderen *verschlüsseln, kodieren*
codex *Kodex* [m]
codicil *Kodizill* [o]
coëfficiënt *Koeffizient* [m]
coëxistentie *Koexistenz* [v]
coffeeshop *Café* [o]
cognac *Kognak* [m], *Weinbrand* [m]
coherent *kohärent*
coherentie *Kohärenz* [v]
cohesie *Kohäsion* [v]
coïtus *Koitus* [m]
coke • (cola) *Cola* [v/o] • (cocaïne) *Koks* [m]
cokes *Koks* [m]
col *Rollkragen* [m]
cola *Cola* [v/o]

C

cola-tic *Cola mit Schuss* [v/o]
colbert *Jackett* [o]
collaborateur *Kollaborateur* [m]
collaboratie *Kollaboration* [v]
collaboreren *kollaborieren*
collage *Collage* [v]
collectant *Sammler* [m]
collecte *Sammlung* [v], ‹in kerk› *Kollekte* [v]
collecteren *einsammeln, sammeln*
collectie *Sammlung* [v], ‹van artikelen› *Kollektion* [v]
collectief I [het] *Kollektiv* [o] **II** [bnw] *kollektiv, Kollektiv-* ⋆ het collectieve visum *das Sammelvisum* ⋆ ~ ontslag aanvragen ≈ *Entlassungen für mehrere Mitarbeiter gleichzeitig beantragen*
collectivisme *Kollektivismus* [m]
collega *Kollege* [m]
college • (bestuurslichaam) *Kollegium* [o] • (school) *Kolleg* [o] • (les) *Vorlesung* [v], *Seminar* [o] ⋆ ~ geven over *eine Vorlesung halten über* ⋆ ~ lopen/volgen *ein Seminar/eine Vorlesung besuchen*
collegedictaat *Nachschrift einer Vorlesung* [v], *Skript* [o]
collegegeld *Studiengebühren* [mv]
collegekaart *Studentenausweis* [m]
collegezaal *Hörsaal* [m]
collegiaal *kollegial*
collegialiteit *Kollegialität* [v]
collier *Kollier* [o], *Halskette* [v]
colloïde *Kolloid* [o]
colloquium *Kolloquium* [o]
colofon *Impressum* [o], *Kolophon* [m]
Colombia *Kolumbien* [o]
colonne *Kolonne* [v]
coloradokever *Koloradokäfer* [m], *Kartoffelkäfer* [m]
coloriet *Kolorit* [o]
colporteren *kolportieren*
colporteur *Kolporteur* [m]
coltrui *Rollkragenpullover* [m]
column *Kolumne* [v]
coma *Koma* [o]
comateus *komatös*
combi *Kombi(wagen)* [m]
combinatie *Kombination* [v]
combinatietang *Kombizange* [v]
combine *Kombine* [v], *Mähdrescher* [m]
combineren *kombinieren*
combo *Combo* [v]
comeback *Comeback/Come-back* [o]
comfort *Komfort* [m]
comfortabel *komfortabel, bequem*
comité *Ausschuss* [m], *Komitee* [o]
commandant *Kommandant* [m]
commanderen *kommandieren*
commando *Kommando* [o]
commandotroepen *Kommandotruppen* [mv]
commentaar *Kommentar* [m]
commentariëren *kommentieren*
commentator *Kommentator* [m]
commercial *Werbespot* [m]
commercie *Kommerz* [m]
commercieel *kommerziell*
commissariaat *Kommissariat* [o]
commissaris • (gemachtigde) *Kommissar* [m] • (bestuurslid) *Aufsichtsratsmitglied* [o], *Aufsichtsrat* [m]
commissie *Kommission* [v], *Ausschuss* [m] ⋆ in ~ geven *in Kommission geben* ⋆ ~ van advies *Beratungsausschuss* ⋆ ~ van beroep *Berufungsausschuss* ⋆ ~ van deskundigen *Fachausschuss* ⋆ ~ van onderzoek *Untersuchungsausschuss*
commissionair *Kommissionär* [m]
commode *Kommode* [v]
commotie *Aufregung* [v], *Erregung* [v] ⋆ die benoeming gaf veel ~ *die Ernennung verursachte viel Wirbel* ⋆ ~ maken *Aufregung verursachen*
communautair *gemeinschaftlich*
commune *Kommune* [v]
communicant *Kommunikant* [m]
communicatie • (contact) *Kommunikation* [v] • (verbinding) *Verbindung* [v]
communicatief *kommunikativ*
communicatiesatelliet *Nachrichtensatellit* [m], *Kommunikationssatellit* [m]
communicatiestoornis *Kommunikationsstörung* [v]
communicatiewetenschap *Kommunikationswissenschaft* [v]
communiceren *kommunizieren*
communie *Kommunion* [v] ⋆ zijn eerste ~ doen *zur Erstkommunion gehen*
communiqué *Kommuniqué* [o], *Kommunikee* [o]
communisme *Kommunismus* [m]
communist *Kommunist* [m]
communistisch *kommunistisch*
Comoren *Komoren* [mv]
compact *kompakt*
compact disc *CD* [v], *CD-Platte* [v]
compagnie *Kompanie* [v]
compagnon • (vennoot) *Kompagnon* [m], *Teilhaber* [m] • (makker) *Kumpan* [m]
compareren *(vor Gericht) erscheinen*
compartiment *Abteil* [o]
compatibel *kompatibel*
compatibiliteit *Kompatibilität* [v]
compendium *Kompendium* [o] [mv: *Kompendien*], *Abriss* [m]
compensatie *Kompensation* [v], *Ausgleich* [m] ⋆ ter/als ~ van *zum/als Ausgleich für*
compenseren *kompensieren, ausgleichen*
competent • (bekwaam) *kompetent* • (bevoegd) *zuständig, befugt, kompetent*
competentie • (bekwaamheid) *Kompetenz* [v] • (bevoegdheid) *Kompetenz* [v], *Zuständigkeit* [v]
competitie • (wedijver) *Wettbewerb* [m] • (sport) *Spielsaison* [v]
compilatie *Kompilation* [v]
compileren *kompilieren*
compleet *vollständig, komplett*
complement *Komplement* [o]
complementair *komplementär, Komplementär-*
completeren *komplettieren, vervollständigen*
complex I [het] *Komplex* [m] **II** [bnw] *komplex*
complicatie *Komplikation* [v], *Verwicklung* [v]
compliceren *komplizieren*
compliment *Kompliment* [o] ⋆ iem. een ~ maken *jmdm. ein Kompliment machen* [4]
complimenteren *gratulieren, beglückwünschen*
complimenteus *sehr höflich*
complot *Komplott* [o]
component *Komponente* [v]
componentenlijm *Zweikomponentenkleber* [m]
componeren *komponieren*
componist *Komponist* [m]
composiet • (chem.) *Komposite* [v] • (plant.) *Korbblütler* [m]
compositie *Komposition* [v]
compositiefoto *Phantombild* [o]
compost *Kompost* [m]
compote *Kompott* [o]
compressie *Kompression* [v], *Verdichtung* [v]

compressor *Kompressor* [m], *Verdichter* [m]
comprimeren *komprimieren, verdichten*
compromis *Kompromiss* [m]
compromitteren *kompromittieren*
computer *Rechner* [m], *Computer* [m]
computergestuurd *computergesteuert*
computerkraak *Eindringen in Computersysteme* [o], *Hacken eines Computers* [o]
computerprogramma *Computerprogramm* [o]
computertaal *Programmiersprache* [v]
C-omroep ≈ *kleine Sendeanstalt in den Niederlanden* [v]
concaaf *konkav*
concentraat *Konzentrat* [o]
concentratie *Konzentration* [v]
concentratiekamp *Konzentrationslager* [o]
concentreren I [ov ww] *konzentrieren* **II** [wkd ww] *sich konzentrieren*
concentrisch *konzentrisch*
concept • (ontwerp) *Entwurf* [m] ⋆ in ~ *im Konzept* • (begrip) *Konzept* [o]
conceptie • (denkbeeld) *Konzeption* [v], *Leitidee* [v] • (bevruchting) *Empfängnis* [v], ‹med.› *Konzeption* [v]
concern *Konzern* [m]
concert *Konzert* [o] ⋆ naar een ~ gaan *ins Konzert gehen*
concertbezoek *Konzertbesuch* [m]
concerteren *konzertieren*
concertganger *Konzertbesucher* [m]
concertgebouw *Konzerthalle* [v], *Philharmonie* [v]
concertmeester *Konzertmeister* [m]
concessie • (vergunning) *Konzession* [v] • (het toegeven) ⋆ ~s doen *Zugeständnisse/ Konzessionen machen*
conciërge *Hausmeister* [m]
concilie *Konzil* [o]
concipiëren *konzipieren, entwerfen*
conclaaf *Konklave* [o]
concluderen *folgern, schließen* ⋆ uit haar woorden concludeerde men *aus ihren Worten folgerte man*
conclusie *Schlussfolgerung* [v], *Folgerung* [v], ‹fil.› *Konklusion* [v]
concours *Wettbewerb* [m] ⋆ ~ hippique *Reitturnier* [o]
concreet *konkret*
concretiseren *konkretisieren*
concurrent *Konkurrent* [m]
concurrentie *Konkurrenz* [v], *Wettbewerb* [m] ⋆ ~ met iem. aangaan *jmdm. Konkurrenz machen* ⋆ oneerlijke ~ *unlautere(r) Wettbewerb*
concurrentiebeding *Konkurrenzklausel* [v], *Wettbewerbsklausel* [v]
concurrentieslag *Konkurrenzkampf* [m]
concurreren *konkurrieren*
condens *Kondenswasser* [o]
condensatie *Kondensation* [v]
condenseren *kondensieren*
conditie • (voorwaarde) *Bedingung* [v] • (toestand) *Kondition* [v], *Zustand* [m] ⋆ lichamelijke ~ *Konstitution* [v] ⋆ in ~ zijn *in Form sein*
conditietraining *Konditionstraining* [o]
condoléance *Kondolenz* [v], *Beileidsbezeigung* [v]
condoleantieregister *Kondolenzliste* [v]
condoleren *kondolieren, sein Beileid aussprechen/ bekunden* ⋆ iem. ~ met *jmdm. kondolieren zu* [3]
condoom *Kondom* [o]
condor *Kondor* [m]
conducteur *Schaffner* [m]
confectie *Konfektion* [v]
confectiekleding *Konfektion* [v]
confederatie *Staatenbund* [m], *Konföderation* [v]
conference • (lezing) *Konferenz* [v] • (voordracht) *Conférence* [v]
conferencier *Conférencier* [m]
conferentie *Konferenz* [v]
confereren *konferieren*
confessie *Bekenntnis* [o], *Geständnis* [o]
confessioneel *konfessionell*
confetti *Konfetti* [o]
confidentieel *vertraulich*
configuratie *Konfiguration* [v]
confiscatie *Konfiskation* [v]
confisqueren *konfiszieren*
conflict *Konflikt* [m]
conflictstof *Konfliktstoff* [m]
conflictueus *konfliktreich*
conform I [bnw] *konform, übereinstimmend* **II** [vz] *gemäß* [3] ⋆ ~ de eis *antragsgemäß*
conformeren • (schikken) *(sich) fügen, (sich) anpassen* ⋆ zich ~ aan iem./iets *sich jmdm./etw. angleichen/anpassen* • (doen overeenkomen) *anpassen*
conformisme *Konformismus* [m]
confrère *Kollege* [m], *Amtsbruder* [m]
confrontatie *Konfrontation* [v]
confronteren *konfrontieren*
confuus *konfus, verwirrt*
congé *Abschied* [m] ⋆ iem. zijn ~ geven *jmdm. den Laufpass geben* [m]
congenitaal *kongenital*
conglomeraat *Konglomerat* [o]
congregatie *Kongregation* [v]
congres *Kongress* [m] ⋆ lid van het ~ *Kongressmitglied* [o]
congruent *kongruent*
conifeer *Konifere* [v]
conjunctuur *Konjunktur* [v]
connectie • (verbinding) *Verbindung* [v] • (relatie) *Beziehung* [v]
connotatie *Konnotation* [v]
conrector *Konrektor* [m]
consciëntieus *gewissenhaft*
consecratie *Konsekration* [v]
consensus *Konsens(us)* [m]
consequent *konsequent*
consequentie *Konsequenz* [v]
conservatief *konservativ*
conservator *Konservator* [m]
conservatorium *Konservatorium* [o]
conserven *Konserven* [mv]
conserveringsmiddel *Konservierungsmittel* [o], *Konservierungsstoff* [m]
consideratie • (overweging) *Erwägung* [v] • (toegeeflijkheid) *Nachsicht* [v], *Rücksicht* [v] ⋆ ~ tonen *Nachsicht zeigen*
considereren • (in overweging nemen) *erwägen, berücksichtigen* • (hoogachten) *(hoch) achten*
consignatie *Konsignation* [v]
consigne • (opdracht) *Befehl* [m] • (wachtwoord) *Parole* [v]
consistent *konsistent*
consistentie *Konsistenz* [v]
consolidatie *Konsolidierung* [v]
consolideren *konsolidieren*
consonant *Konsonant* [m], *Mitlaut* [m]
consortium *Konsortium* [o]
constant *konstant*
constante *Konstante* [v]
constateren *feststellen, konstatieren*
constatering *Konstatierung* [v]

C

constellatie *Konstellation* [v]
consternatie *Bestürzung* [v]
constipatie *Verstopfung* [v]
constituent *Konstituente* [v]
constitutie • (grondwet) *Konstitution* [v], *Verfassung* [v], *Grundgesetz* [o] • (gestel) *Konstitution* [v]
constitutioneel *konstitutionell*
constructeur *Konstrukteur* [m]
constructie *Konstruktion* [v], *Bau* [m]
constructief *konstruktiv*
constructivisme *Konstruktivismus* [m]
construeren *konstruieren*
consul *Konsul* [m]
consulaat *Konsulat* [o]
consulent *Berater* [m]
consult *Konsultation* [v], *Beratung* [v]
consultatie *Konsultation* [v]
consultatiebureau *Beratungsstelle* [v]
consulteren *konsultieren*
consument *Konsument* [m], *Verbraucher* [m]
consumentenbond *Verbraucherverband* [m]
consumeren *konsumieren*
consumptie • (verbruik) *Konsum* [m], *Verbrauch* [m] • (vertering) *Verzehr* [m] ⋆ ~ verplicht *Verzehrzwang* [m]
consumptie- *Konsum-, konsum-*
consumptiebon *Verzehrbon* [m]
consumptieijs *Speiseeis* [o]
consumptiemaatschappij *Konsumgesellschaft* [v]
contact *Kontakt* [m]
contactadres *Kontaktadresse* [v]
contactadvertentie *Kontaktanzeige* [v]
contactdoos *Steckdose* [v]
contactgestoord *kontaktgestört*
contactlens *Kontaktlinse* [v], *Haftschale* [v]
contactlijm *Kontaktkleber* [m], *Kontaktleim* [m]
contactpersoon *Kontaktperson* [v]
contactsleutel *Zündschlüssel* [m]
container *Container* [m]
contant *bar* ⋆ à ~ *gegen bar/Kasse* ⋆ koop à ~ *Barkauf* [m] ⋆ tegen ~e betaling *gegen Barzahlung*
contanten *Bargeld* [o] ⋆ in ~ *in bar*
contemplatie *Kontemplation* [v]
content *zufrieden*
context *Kontext* [m], *Zusammenhang* [m]
continent *Kontinent* [m]
continentaal *kontinental* ⋆ ~ stelsel *Kontinentalsperre* [v]
contingent *Kontingent* [o]
continu *kontinuierlich*
continubedrijf *Dauerbetrieb* [m]
continueren *weiterführen, fortsetzen*
continuïteit *Kontinuität* [v]
continuüm *Kontinuum* [o]
conto *Konto* [o] [mv: *Konten*] ⋆ à ~ *a conto*
contour *Kontur* [v], *Umriss* [m]
contra I [de] *Konterrevolutionär* [m] **II** [het] ⋆ het pro en het ~ *das Pro und Kontra* **III** [bijw] *kontra* **IV** [vz] *kontra* [4]
contrabande *Konterbande* [v]
contrabas *Kontrabass* [m]
contraceptie *Empfängnisverhütung* [v], ‹med.› *Kontrazeption* [v]
contract *Kontrakt* [m], *Vertrag* [m] ⋆ bij ~ vastleggen *vertraglich festlegen* ⋆ volgens ~ *vertragsgemäß/-konform*
contractbreuk *Vertragsbruch* [m]
contracteren *kontrahieren, übereinkommen*
contractueel *vertraglich*
contradictie *Widerspruch* [m], *Kontradiktion* [v]
contramine *Gegenmaßnahme* [v] ▾ in de ~ zijn *ein Quertreiber sein*
contraproductief *kontraproduktiv*
Contrareformatie *Gegenreformation* [v]
contraspionage *Gegenspionage* [v]
contrast *Kontrast* [m]
contrasteren *kontrastieren*
contrastmiddel *Kontrastmittel* [o]
contrastregelaar *Kontrastregler* [m]
contrastwerking *Kontrastwirkung* [v]
contreien *Umgebung* [v], *Gegend* [v]
contributie *Beitrag* [m]
controle *Kontrolle* [v], *Prüfung* [v]
controleren *kontrollieren* ⋆ ~d geneesheer *Vertrauensarzt* [m]
controlestrookje *Kontrollabschnitt* [m]
controleur *Kontrolleur* [m]
controverse *Kontroverse* [v]
controversieel *kontrovers, widersprüchlich*
conveniëren *annehmbar sein, passen, gelegen sein*
conventie *Konvention* [v]
conventioneel *konventionell, herkömmlich*
convergent *konvergent*
convergeren *konvergieren*
conversatie *Konversation* [v], *Unterhaltung* [v]
converseren *konversieren, sich unterhalten*
conversie *Konversion* [v]
converteren *konvertieren*
convertibel *konvertibel*
convex *konvex* ⋆ ~e lens *Konvexlinse* [v]
convocaat *Einladungsschreiben* [o]
coöperatie • (samenwerking) *Kooperation* [v], *Zusammenarbeit* [v] • (vereniging) *Genossenschaft* [v]
coöperatief • (bereid samen te werken) *kooperativ* • (samenwerkend) *genossenschaftlich* ⋆ coöperatieve vereniging *eingetragene Genossenschaft* [v] ⋆ coöperatieve winkelvereniging *Konsumgenossenschaft* [v]
coöptatie *Ergänzungswahl* [v], *Kooptation* [v]
coöpteren *kooptieren, hinzuwählen*
coördinaat *Koordinate* [v]
coördinatenstelsel *Koordinatensystem* [o]
coördinatie *Koordination* [v]
coördinator *Koordinator* [m]
coördineren *koordinieren*
copieus *reichlich*
coproductie *Koproduktion* [v]
copromotor • (hoogleraar) *zweite(r) Doktorvater* [m] • (bevorderaar) *Mitförderer* [m]
copuleren *kopulieren*
copyright *Copyright* [o], *Urheberrecht* [o]
corduroy I [het] *Cord* [m], *Cordsamt* [m] **II** [bnw] *Cord-, Cordsamten* ⋆ een ~ broek *eine Cordhose*
coreferent *Korreferent* [m]
corner • (hoek) *Ecke* [v] • (hoekschop) *Eckstoß* [m], *Eckball* [m]
corporatie *Körperschaft* [v], *Korporation* [v]
corps *Korps* [o] ⋆ ~ diplomatique *diplomatisches Korps*
corpsbal ≈ *Mitglied einer Burschenschaft* [o]
corpulent *korpulent, beleibt*
corpus • (verzameling) *Korpus* [o] [mv: *Korpora*] • (lichaam) *Körper* [m], *Leib* [m]
correct *korrekt*
correctie *Korrektur* [v]
correctielak *Korrekturlack* [m]
corrector *Korrektor* [m]
correlaat *Korrelat* [o]
correlatie *Korrelation* [v]
correlatiecoëfficiënt *Korrelationskoeffizient* [v]

correspondent *Korrespondent* [m]
correspondentie *Korrespondenz* [v], *Briefwechsel* [m]
correspondentieadres *Korrespondenzadresse* [v], *Briefanschrift* [v]
corresponderen *korrespondieren*
corrigeren *korrigieren*
corrosie *Korrosion* [v]
corrupt *korrupt*
corruptie *Korruption* [v]
corsage *Ansteckblume* [v]
Corsica *Korsika* [o]
corso *Korso* [m]
corvee *Dienst* [m]
coryfee *Koryphäe* [v]
co-schap *Famulatur* [v] ⋆ ~pen lopen *famulieren*
cosinus *Kosinus* [m]
cosmetica *Kosmetika* [mv]
cosmetisch *kosmetisch*
Costa Rica *Costa Rica* [o]
couchette *Schlafwagen* [m]
coulant *kulant*
coulisse *Kulisse* [v]
countertenor *Countertenor* [m]
coup *Coup* [m], ‹staatsgreep› *Staatsstreich* [m] ⋆ een coup plegen *einen Putsch verüben*
coupe • (snit) *Schnitt* [m], *Fasson* [v] • (beker) *Schale* [v]
coupé *Abteil* [o]
couperen • (af-/bijsnijden) *kupieren* • (kaartspel) *abheben*
couplet *Strophe* [v]
coupon • (plaatsbewijs) *Coupon* [m], *Kupon* [m] • (dividendbewijs) *Kupon* [m], *Dividendenschein* [m], *Zinsschein* [m] • (lap stof) *Coupon* [m], *Kupon* [m] ⋆ ~s knippen *Coupons abtrennen*
coupure • (deelwaarde) *Stückelung* [v] • (weglating in film) *Kürzung* [v], *Schnitt* [m]
courant *gängig*
coureur *Rennfahrer* [m]
courgette *Zucchini* [v]
couturier *Couturier* [m]
couvert • (eetgerei) *Besteck* [o] • (envelop) *Briefumschlag* [m] ⋆ onder ~ *im Umschlag*
couveuse *Brutkasten* [m], *Inkubator* [m]
cover • (hoes) *(Schutz)umschlag* [m] • (muz.) *Cover* [o]
coveren • (bestrijken) *decken* • (autobanden vernieuwen) *runderneuern* • (vertolken) *eine Neufassung herausbringen*
cowboy *Cowboy* [m]
crack *Crack* [m]
cracker *Knäckebrot* [o]
cranberry *Preiselbeere* [v]
crank *Tretkurbel* [v], *Kurbel* [v]
crash • (financiële crisis) *Crash* [m], *Krach* [m] • (ernstig ongeluk) *Crash* [m], *Zusammenstoß* [m], ‹vliegtuig› *Absturz* [m]
crawl *Kraul* [o]
creatie *Kreation* [v]
creatief *kreativ*
creativiteit *Kreativität* [v]
crèche *Kinderkrippe* [v], *Kindertagesstätte* [v], *Kita* [v]
credit • (wat men schuldig is) *Kredit* [m] • (tegoed) *Haben* [o]
creditcard *Kreditkarte* [v]
crediteren • (bijschrijven) *gutschreiben* • (als schuld boeken) *kreditieren*
crediteur *Kreditor* [m], *Gläubiger* [m]
creditnota *Gutschrift* [v]
creditrente *Kreditzins* [m]
credo *Kredo* [o]
creëren *kreieren*
crematie *Feuerbestattung* [v], *Kremation* [v]
crematorium *Krematorium* [o]
crème *Creme* [v]
cremeren *einäschern*
creool *Kreole* [m]
crêpe • (materiaal) *Crêpe* [m], *Krepp* [m] • (flensje) *Crêpe* [v], *Krepp* [m]
crêpepapier *Krepppapier* [o]
creperen *krepieren*
cricket *Kricket* [o]
crime ≈ *Zumutung* [v], *Plage* [v] ⋆ het is een ~! *es ist furchtbar/schrecklich!*
criminaliteit *Kriminalität* [v]
crimineel I [bnw] • (misdadig) *kriminell* ⋆ criminele jeugd *kriminelle(n) Jugendliche* [mv] • (strafrechtelijk) *Kriminal-, Straf-* **II** [bijw] *schrecklich*
criminologie *Kriminologie* [v]
crisis *Krise* [v]
crisiscentrum *Krisenzentrum* [o], *Auffangzentrum* [o]
crisisteam *Krisenstab* [m]
criterium *Kriterium* [o]
criticus *Kritiker* [m]
croissant *Croissant* [o]
croquet *Krocket* [o]
cross *Cross* [m]
crossen *an einem Crosscountry teilnehmen*
crossfiets *BMX-Rad* [o]
croupier *Croupier* [m]
cru *roh, grob, derb*
cruciaal *entscheidend*
crucifix *Kruzifix* [o]
cruise *Kreuzfahrt* [v]
cruisen *eine Kreuzfahrt machen*
crypte *Krypta* [v]
cryptisch *kryptisch*
cryptogram *Kryptogramm* [o]
Cuba *Kuba* [o]
culinair *kulinarisch*
culmineren *kulminieren, gipfeln*
cultiveren *kultivieren*
cultureel *kulturell* ⋆ ~ akkoord *Kulturabkommen* [o]
cultus *Kult* [m]
cultuur • (bebouwing met gewas) ⋆ grond in ~ brengen *Land urbar machen* • (beschaving) *Kultur* [v]
cultuurbarbaar *Kulturbanause* [m]
cultuurdrager *Kulturträger* [m]
cultuurgeschiedenis *Kulturgeschichte* [v]
cultuurgewas *Kulturpflanze* [v]
cultuurlandschap *Kulturlandschaft* [v]
cultuurpessimist *Kulturpessimist* [m]
cultuurvolk *Kulturvolk* [o]
cum laude *cum laude, mit Lob*
cumulatief *kumulativ* ⋆ ~ preferente aandelen *kumulative Vorzugsaktien*
cup *Cup* [m]
cupwedstrijd *Pokalspiel* [o]
Curaçao *Curaçao* [o]
curatele *Vormundschaft* [v] ⋆ onder ~ stellen *entmündigen; unter Vormundschaft stellen*
curator • (toezichthouder) *Vormund* [m], *Pfleger* [m] ⋆ ~ in een faillissement *Konkursverwalter* [m] • (lid van raad van toezicht) *Kurator* [m]
curetteren *ausschaben, kürettieren*
curie *Kurie* [v]
curieus *merkwürdig, kurios*
curiositeit *Kuriosität* [v], *Kuriosum* [o]

curiositeitenkabinet *Kuriositätenkabinett* [o]
cursief *kursiv* ⋆ cursieve druk *Kursivdruck* [m]
cursiefje • (rubriek) *Glosse* [v], *Kolumne* [v] • (cursieve letter) *Kursivbuchstabe* [m]
cursist *Kursteilnehmer* [m]
cursiveren *kursiv setzen*
cursor *Cursor* [m], *Positionsanzeiger* [m]
cursus *Kurs* [m], *Lehrgang* [m] ⋆ schriftelijke ~ *Fernkurs*
curve *Kurve* [v]
custard *Custardpulver* [o]
cutter *Cutter* [m]
cv *Zentralheizung* [v]
cyaankali *Zyankali* [o]
cyanide *Zyanid* [o]
cyclaam *Alpenveilchen* [o], *Zyklamen* [o]
cyclisch *zyklisch*
cycloon *Zyklon* [m]
cycloop *Zyklop* [m]
cyclus *Zyklus* [m]
cynicus *Zyniker* [m]
cynisch *zynisch*
cynisme *Zynismus* [m]
cypers ⋆ ~e kat *Hauskatze* [v]
Cyprioot *Zypriot* [m]
Cyprisch *zyprisch*
Cyprus *Zypern* [o]
cyste *Zyste* [v]

C

D

d • (letter) D [o] • (muzieknoot) d [o]
daad *Tat* [v] ▾ de daad bij het woord voegen *etw. in die Tat umsetzen*
daadkracht *Tatkraft* [v]
daadwerkelijk *tatsächlich, wirklich*
daags • (per dag) *täglich, jeden Tag* • (op de dag) *am Tag* ⋆ ~ tevoren *am Tag zuvor*
daalder *Taler* [m]
daar I [bijw] ‹plaats› *da, dort,* ‹richting› *dorthin, dahin* **II** [vw] *weil, da*
daarbij • (bij dat) *dabei, dazu* ⋆ het blijft ~ *es bleibt dabei* • (bovendien) ⋆ ~ is zij ook nog heel aardig *außerdem ist sie auch noch sehr nett*
daardoor • (daar doorheen) *dadurch, da hindurch* • (door die oorzaak) *daher, dadurch, deswegen*
daarentegen *da(hin)gegen, hingegen*
daarginds *dort, drüben*
daarheen *dahin, dorthin*
daarin ‹plaats› *darin,* ‹richting› *dahinein* ⋆ doe dat maar ~ *tu das dahinein*
daarlangs *da/dort vorbei, vorüber, da/dort entlang* ⋆ de gracht loopt ~ *der Kanal führt dort entlang*
daarlaten *nicht in Betracht ziehen, auf sich beruhen lassen* ⋆ dat daargelaten *davon abgesehen*
daarna *danach*
daarnaast • (naast iets) *daneben, nebenan* • (bovendien) *außerdem* ⋆ ~ is hij nog koppig ook *außerdem ist er auch noch starrköpfig*
daarnet *vorhin, soeben*
daarom *darum, deshalb*
daaromheen *darum (herum),* ‹inf.› *drum herum*
daaromtrent • (betreffende iets) *darüber, diesbezüglich* • (ongeveer) *ungefähr* • (in die omgeving) *in der Umgebung*
daaronder *darunter*
daarop *darauf*
daaropvolgend *darauf folgend*
daarover *darüber*
daartegenover • (tegenover iets) *da/dort gegenüber* • (daarentegen) *demgegenüber, dagegen* ⋆ ~ staat dat hij heel netjes is *demgegenüber ist er sehr ordentlich*
daartoe *dazu*
daartussen *dazwischen*
daaruit *daraus* ⋆ ~ kun je concluderen dat *daraus lässt sich schließen, dass*
daarvan • (van iets) *daraus, davon* ⋆ ~ wordt schuimrubber gemaakt *daraus/davon wird Schaumgummi gemacht* • (van het genoemde) ⋆ wat zeg je ~? *was sagst du dazu?* ⋆ wat moet ~ terechtkomen? *was soll daraus werden?*
daarvandaan • (van die plaats af) *dorther* ⋆ ik kom net ~ *ich komme gerade dorther* ⋆ honderd meter ~ *hundert Meter davon entfernt* • (vandaar) *deswegen*
daarvoor • (voor iets) *davor* • (om die reden) *dafür, deswegen* ⋆ ~ hoef ik niet te komen *dafür brauche ich nicht zu kommen* • (in ruil voor) *dafür, stattdessen*
daarzo *ebenda, genau*
daas I [de] *Bremse* [v] **II** [bnw] *verwirrt,* ‹inf.› *verdattert*
dadel *Dattel* [v]
dadelijk I [bnw] • (daadwerkelijk) *tatsächlich* • (onmiddellijk) *unmittelbar, direkt* **II** [bijw] • (meteen) *(so)gleich, sofort* • (straks) *gleich* ⋆ kom je ~ even langs? *kommst du gleich kurz vorbei?*

dadelpalm *Dattelpalme* [v]
dader *Täter* [m]
dag I [de] *Tag* [m] ⋆ bij dag *am Tage* ⋆ elk uur van de dag *zu jeder Tageszeit* ⋆ dezer dagen *dieser Tage* ▾ op een goede dag *eines (schönen) Tages* ▾ voor dag en dauw *in aller Frühe; vor Tau und Tag* ▾ voor de dag ermee! *heraus damit!* ▾ aan de dag komen *ans Tageslicht kommen* ▾ aan de dag leggen *an den Tag legen* ▾ met de dag *von Tag zu Tag* ▾ gesprek van de dag *Tagesgespräch* [o] ▾ zo kan je toch niet voor de dag komen! *damit kannst du dich doch nicht sehen lassen!* ▾ het is kort dag *es ist höchste Zeit* ▾ dag in, dag uit *tagaus, tagein* **II** [tw] ‹afscheid› *auf Wiedersehen*, ‹begroeting› *(guten) Tag*
dag- *Tages-, Tag-*
dagafschrift *Tagesauszug* [m]
dagblad *Tageszeitung* [v]
dagboek *Tagebuch* [o]
dagdienst • (een dag durende dienst) *Tagesdienst* [m] • (dienst bij dag) *Tagschicht* [v]
dagdromen *Tagträumen nachhängen*
dagelijks I [bnw] • (daags) *täglich* ⋆ ~e behoefte *Tagesbedarf* [m] • (gewoon) *alltäglich* ⋆ ~ leven *Alltagsleben* [o] **II** [bijw] *täglich* ⋆ iets ~ doen *etw. täglich tun*
dagen I [ov ww] *vorladen* ⋆ iem. voor de rechtbank ~ *jmdn. vor Gericht laden* **II** [onp ww] *dämmern, tagen* ▾ het begint me te ~ *jetzt dämmert es mir*
dageraad *Tagesanbruch* [m], *Morgendämmerung* [v]
dagindeling *Tageseinteilung* [v]
dagjesmensen *Ausflügler* [mv]
daglicht *Tageslicht* [o] ▾ dat kan het ~ niet velen *das scheut das Tageslicht*
dagloner *Tagelöhner* [m]
dagloon *Tagelohn* [m]
dagpauwoog *Tagpfauenauge* [o]
dagschotel *Tagesgericht* [o]
dagtarief *Tagestarif* [m]
dagtocht *Tagestour* [v], *Tagesausflug* [m]
dagvaarden *vorladen*
dagvaarding *Vorladung* [v] ⋆ iem. een ~ betekenen *jmdm. eine Vorladung schicken*
dagverblijf • (personenverblijfplaats) *Tagesheim* [o], *Tagesstätte* [v], ‹in klinieken› *Tagesraum* [m] • (dierenverblijfplaats) *Freigehege* [o]
dagwaarde *Tageswert* [m]
dahlia *Dahlie* [v]
dak *Dach* [o] ▾ onder dak zijn *unter Dach und Fach sein* ▾ iem. iets op zijn dak schuiven *jmdm. etw. auf den Hals laden* ▾ geen dak boven zijn hoofd hebben *kein Dach über dem Kopf haben* ▾ hij heeft op zijn dak gekregen *er hat eins aufs Dach bekommen* ▾ iem. iem. op zijn dak sturen *jmdm. jmdn. auf den Hals schicken/hetzen*
dakgoot *Dachrinne* [v]
dakkapel *(senkrecht stehendes) Dachfenster* [o], *Dachgaupe* [v]
dakloos *obdachlos*
dakloze *Obdachlose(r)* [m]
dakpan *(Dach)pfanne* [v], *(Dach)ziegel* [m]
dakraam *Dachfenster* [o]
dakterras *Dachterrasse* [v]
daktuin *Dachgarten* [m]
dal *Tal* [o]
dalen • (omlaag gaan) *sinken, (ab)fallen* ⋆ de grond daalt hier *der Boden fällt hier ab* • (verminderen) *sinken, abnehmen, fallen, nachlassen, zurückgehen* ⋆ de koersen ~ *die Kurse fallen* ⋆ de temperatuur daalt *die Temperatur sinkt* ⋆ de winst daalt *der Gewinn geht zurück*
daling *Abnahme* [v], *Verringerung* [v], *Rückgang* [m] ⋆ ~ van het geboortecijfer *Rückgang der Geburtenrate* ⋆ de ~ van de prijs *der Preisrückgang*
dalmatiër *Dalmatiner* [m]
daltononderwijs *Unterricht nach Daltonplan* [m], *Daltonplan* [m]
dalurenkaart *Ermäßigungskarte zum Zugfahren außerhalb der Stoßzeiten* [v]
daluur ≈ *Zeiten von geringem Verkehrsaufkommen* [mv]
dam • (waterkering) *Damm* [m] ⋆ een dam opwerpen tegen iets ‹ook fig.› *einen Damm gegen etw. errichten* • (dubbele damschijf) *Dame* [v]
damast *Damast* [m]
dambord *Damebrett* [o]
dame *Dame* [v] ⋆ dames en heren *meine Damen und Herren*
damesblad *Frauenzeitschrift* [v]
damesfiets *Damen(fahr)rad* [o]
dameskapper *Damenfriseur* [m] [v: *Damenfriseuse*]
damesmode *Damenmode* [v]
damesverband *Damenbinde* [v]
damhert *Damhirsch* [m]
dammen *Dame spielen*
damp • (stoom) *Dampf* [m] • (rook) *Rauch* [m], *Qualm* [m] • (wasem) *Dampf* [m] • (nat.) *Dampf* [m]
dampen • (damp/rook afgeven) *dampfen* • (roken) *qualmen*
dampkring *Atmosphäre* [v]
damschijf *Damestein* [m]
damspel *Damespiel* [o]
damsteen *Damestein* [m]
dan I [bijw] • (op die tijd) *dann, danach* ⋆ we gaan dan pas *wir gehen dann erst* ⋆ tot dan moeten we wachten *bis dahin müssen wir warten* ⋆ morgen hebben we vrij, dan gaan we zwemmen *morgen haben wir frei, dann gehen wir schwimmen* ⋆ tot dan! *bis dann/nachher!* ⋆ nu en dan *dann und wann* ⋆ en dan? *und dann?* • (in dat geval) *dann, so* ⋆ en wat gebeurt er dan? *und was passiert weiter?* • (toch) *denn* ⋆ waarom dan? *wieso denn?* ⋆ dan niet! *dann eben nicht!* ⋆ en je zus dan? *und was ist mit deiner Schwester?* ⋆ en wat dan nog? *na, wenn schon?; na und?* ⋆ wees dan toch eindelijk stil! *nun sei doch endlich still!* ⋆ ik heb het dan ook heel vaak geprobeerd *ich habe es denn auch sehr oft versucht* **II** [vw] • (of) *oder* ⋆ al dan niet met partner *mit oder ohne Partner* • (na 'niet'/'niemand') ⋆ ik weet niet beter dan dat ze al weg is *soviel ich weiß, ist sie schon weg* • (na vergrotende trap) *als* ⋆ mooier/later dan ooit *schöner/später denn je* ⋆ liever vandaag dan morgen *eher heute als morgen* ⋆ beter iets dan niets *besser etw. als gar nichts* ⋆ zij heeft meer geluk dan ik *sie hat mehr Glück als ich* • (na 'anders') ⋆ heel anders dan bij ons *ganz anders als bei uns*
dancing *Tanzlokal* [o]
dandy *Dandy* [m]
danig *ganz schön, ordentlich, gewaltig*
dank *Dank* [m] ⋆ geen dank *nichts zu danken* ⋆ in dank ontvangen *dankend erhalten* ⋆ dank zij zijn ijver *dank seinem Eifer/seines Eifers* ⋆ met dank aan Sabine *mit Dank an Sabine*
dankbaar *dankbar*
dankbaarheid *Dankbarkeit* [v]
dankbetuiging *Dankesbezeigung* [v], ‹mondeling› *Dankeswort* [o], ‹reactie op

D

condoléances› Danksagung [v], ‹schriftelijk› Dankschreiben [o]
danken • (bedanken) danken [3], sich bedanken (bei) [3] ⋆ dank u danke schön ⋆ niets te ~ gern geschehen • (verschuldigd zijn) verdanken ⋆ iem. iets te ~ hebben jmdm. etw. zu verdanken haben ▾ dank je lekker! besten Dank!
dankzeggen sich bedanken (bei) [3], Dank sagen/danksagen [3]
dankzij dank [2,3] ⋆ ~ jou moeten we gaan lopen das haben wir dir zu verdanken, dass wir zu Fuß gehen müssen
dans Tanz [m] ▾ de dans ontspringen glimpflich davonkommen

D

dansen tanzen
danser Tänzer [m]
dansles Tanzstunde [v]
dansorkest Tanzorchester [o]
dansschool Tanzschule [v]
dansvloer Tanzfläche [v]
danszaal Tanzsaal [m]
dapper tapfer
dapperheid Tapferkeit [v]
dar Drohne [v]
darm Darm [m] ⋆ dikke darm Dickdarm [m] ⋆ dunne darm Dünndarm [m]
darmflora Darmflora [v]
dartel übermütig, ausgelassen
dartelen sich tummeln, herumtollen
das • (stropdas) Krawatte [v], Schlips [m], ‹strikje› Fliege [v] • (sjaal) Schal [m] • (dier) Dachs [m] ▾ dat deed haar de das om das gab ihr den Rest
dashboard Armaturenbrett [o]
dashond Dackel [m]
dasspeld Krawattennadel [v]
dat I [aanw vnw] der (da) [v: die (da)] [o: das (da)] ⋆ dat wil zeggen das heißt ⋆ daar heb je dat en dat voor nodig dazu brauchst du dieses und jenes **II** [betr vnw] der [v: die] [o: das] **III** [vw] dass ⋆ sinds dat seitdem
data Daten [mv]
databank Datenbank [v]
datacommunicatie Datenübertragung [v]
datatransmissie Datenübertragung [v]
datatypist Datentypist [m]
dateren I [ov ww] • (van datum voorzien) datieren **II** [on ww] • (stammen uit) datieren
datgene dasjenige ⋆ ~ wat je zei, was duidelijk das(jenige), was du sagtest, war deutlich
datief I [de] Dativ [m] **II** [bnw] übertragen ⋆ datieve voogdij übertragene Vormundschaft [v]
dato dato ⋆ de dato vom; ‹op oorkonde› de dato ⋆ ‹hand.› twee dagen na dato zwei Tage nach dato
datum Datum [o] ⋆ ~ postmerk Datum des Poststempels
datzelfde dasselbe, das Gleiche
dauw Tau [m]
dauwtrappen bei Sonnenaufgang einen Spaziergang machen
daveren dröhnen ⋆ de zware vrachtwagen daverde over de brug der schwere Lastwagen donnerte über die Brücke
daverend dröhnend, donnernd ⋆ een ~ applaus brausender Beifall [m]
davidster Davidstern [m], Davidsstern [m]
DDR DDR [v]
de der [v: die] [o: das]
deadline Deadline [v]
deal Deal [m], Geschäft [o]
dealen dealen
dealer • (handelaar in drugs) Dealer [m] • (vertegenwoordiger) Händler [m], Vertragshändler [m]
debacle Debakel [o]
debat Debatte [v] ⋆ vrij ~ freie Aussprache [v]
debatteren debattieren
debet • (linkerkolom van balans) Debet [o], Soll [o] ⋆ ~ staan rote Zahlen schreiben • (tegoed) Debet [o] ⋆ ~ en credit Debet und Kredit; Soll und Haben
debetnota Lastschrift [v]
debetrente Sollzinsen [mv]
debiel I [de] Schwachsinnige(r) [m] **II** [bnw] debil
debiteren • (als debet boeken) debitieren, belasten • (vertellen) auftischen • (aanrekenen) anrechnen, übel nehmen
debiteur Schuldner [m], Debitor [m]
debutant Debütant [m]
debuteren debütieren
debuut Debüt [o]
deca- deka-, Deka-
decaan • (faculteitsvoorzitter) Dekan [m] • (studieadviseur) Studienberater [m]
decadent dekadent
decadentie Dekadenz [v]
december Dezember [m]
decennium Dezennium [o], Jahrzehnt [o]
decent dezent
decentraliseren dezentralisieren
deceptie Enttäuschung [v]
deci- Dezi-
decibel Dezibel [o]
deciliter Deziliter [m/o]
decimaal I [de] Dezimale [v] **II** [bnw] dezimal, Dezimal- ⋆ ~ stelsel Dezimalsystem [o]
decimeren dezimieren
decimeter Dezimeter [m/o]
declamatie Deklamation [v]
declameren deklamieren
declaratie • (aangifte) Deklaration [v] • (onkostennota) Spesenrechnung [v]
declareren • (in rekening brengen) ‹nota› in Rechnung stellen, ‹onkosten› Spesen geltend machen • (aangifte doen) deklarieren
declinatie Deklination [v]
decoderen entschlüsseln, dekodieren
decolleté Dekolleté [o], Dekolletee [o]
deconfiture • (mislukking) Untergang [m], Misserfolg [m], Niederlage [v] • (bankroet) Konkurs [m]
decor • (omgeving) Kulisse [v], Hintergrund [m] • (bouwsel op toneel) Bühnenbild [o], Dekor [m/o]
decoratie • (versiering) Dekor [m/o] • (onderscheiding) Dekoration [v]
decoratief dekorativ
decoreren dekorieren
decorum Anstand [m], ‹form.› Dekorum [o]
decoupeerzaag Dekupiersäge [v]
decreet Dekret [o]
dédain Geringschätzung [v]
deduceren deduzieren
deductie Deduktion [v]
deeg Teig [m]
deegroller Nudelholz [o]
deel I [de] • (dorsvloer) Tenne [v] • (planken vloer) Dielenfußboden [m], ‹een plank› Diele [v] **II** [het] • (gedeelte) Teil [m], Anteil [m] ⋆ voor het grootste deel zum größten Teil ⋆ ten dele zum Teil ⋆ deel aan iets hebben an etw. beteiligt sein [3] • (boekdeel) Band [m]
deelachtig teilhaftig
deelbaar teilbar

deelgebied Teilgebiet [o]
deelgemeente Teilgemeinde [v]
deelgenoot • (compagnon) Kompagnon [m], Teilhaber [m] • (iem. die iets met een ander deelt) Schicksalsgefährte [m], ‹geheim› Mitwisser [m] ⋆ iem. ~ maken van zijn vreugde jmdn. an seiner Freude teilhaben lassen
deellijn Bisektrix [v]
deelname Anteilnahme [v], Teilnahme [v], Beteiligung [v]
deelnemen • (meedoen) sich beteiligen an [3], teilnehmen an [3] ⋆ ~ in een onderneming an einem Unternehmen beteiligt sein • (meevoelen) Anteil nehmen an [3]
deelnemer Teilnehmer [m]
deelneming • (meedoen) Teilnahme [v], Beteiligung [v] • (medeleven) Anteilnahme [v] ⋆ zijn ~ betuigen seine Anteilnahme aussprechen
deels zum Teil, teils
deelstaat Gliedstaat [m], ‹BRD› Bundesland [o]
deelstreep Bruchstrich [m]
deeltal Dividend [m], Zähler [m]
deelteken Teilpunkte [mv]
deeltijd Teilzeit [v] ⋆ in ~ werken eine Teilzeitbeschäftigung/-arbeit haben
deeltijdarbeid Teilzeitarbeit [v]
deeltijdbaan Teilzeitbeschäftigung [v]
deeltje Teilchen [o]
deelverzameling Teilmenge [v]
deelwoord Partizip [o], Mittelwort [o] ⋆ onvoltooid ~ erste(s) Partizip; Partizip Präsens ⋆ voltooid ~ zweite(s) Partizip; Partizip Perfekt
deemoed Demut [v]
deemoedig demütig
Deen Däne [m]
Deens I [het] Dänisch(e) [o] **II** [bnw] dänisch
deerlijk I [bnw] • (erg) schrecklich • (jammerlijk) jämmerlich, kläglich **II** [bijw] ⋆ zich ~ vergissen sich gewaltig irren
deernis Erbarmen [o], Mitleid [o]
deerniswekkend Mitleid erregend, erbarmungswürdig
defaitisme Defätismus [m]
defect I [het] Defekt [m], Schaden [m] **II** [bnw] defekt, schadhaft
defensie Verteidigung [v] ⋆ minister van ~ Verteidigungsminister [m]
defensief I [het] Defensive [v] ⋆ tot het ~ overgaan in die Defensive übergehen **II** [bnw] Defensiv-, defensiv ⋆ ~ verbond Defensivbündnis [o]
deficiëntie Defizit [o], Unzulänglichkeit [v]
defilé Defilee [o]
defileren defilieren
definiëren definieren
definitie Definition [v]
definitief definitiv, endgültig
deflatie Deflation [v]
deformeren deformieren, verunstalten
deftig vornehm
degelijk I [bnw] • (stevig) solide • (betrouwbaar) zuverlässig, gründlich **II** [bijw] solide, gediegen ⋆ wel ~ ganz bestimmt
degen Degen [m]
degene der(jenige) [v: (die)jenige]
degeneratie Degeneration [v]
dégénéré Degenerierte(r) [m]
degenereren degenerieren
degradatie Degradierung [v], ‹sport› Abstieg [m]
degradatiewedstrijd Abstiegsspiel [o]
degraderen I [ov ww] • (in rang verlagen) degradieren **II** [on ww] • (rang verliezen) degradiert werden, ‹sport› absteigen ⋆ de club is gedegradeerd der Verein ist abgestiegen
deinen (sich) wiegen, ‹vaartuigen› schaukeln, ‹water› wogen ⋆ een ~de gang ein wiegender Gang
deining • (opschudding) Aufregung [v] • (golfbeweging) Seegang [m], Wellengang [m]
dek • (scheepsvloer) Deck [o] • (bedekking) Decke [v]
dekbed Deckbett [o], Federbett [o]
dekbedovertrek Bettbezug [m]
deken • (bedekking) Decke [v] • (hoofd van groep) Dienst-/Rangälteste(r) [m], Vorsitzende(r) [m], ‹van ambassade› Doyen [m], ‹van faculteit› Dekan [m], ‹van kapittel› Propst [m], Dekan [m]
dekhengst Zuchthengst [m], Beschäler [m]
dekken • (bedekken) decken • (vergoeden) decken, erstatten
dekking Deckung [v]
deklaag Deckanstrich [m], ‹metaal, lak› Überzug [m]
dekmantel Deckmantel [m]
deksel Deckel [m]
dekzeil (Deck)plane [v]
del • (vrouw) ‹slet› Flittchen [o], ‹sloddervos› Schlampe [v] • (vallei) Mulde [v]
delegatie Delegation [v]
delegeren delegieren, abordnen
delen I [ov ww] • (splitsen) teilen, ‹wisk.› dividieren • (meevoelen) ⋆ een mening ~ eine Meinung teilen **II** [on ww] • (~ **in**) beteiligt sein (an) [3] ⋆ ~ in de winst am Gewinn beteiligt sein [m]
deler Teiler [m], Divisor [m]
delfstof Mineral [o]
delgen tilgen
delicaat • (netelig) delikat • (teer) zart, zierlich
delicatesse Delikatesse [v]
delict Delikt [o], Straftat [v]
deling • (het (ver)delen) Teilen [o], Teilung [v] • (rekenkunde) Division [v], Teilung [v]
delinquent Delinquent [m], Straftäter [m]
delirium Delirium [o]
delta Delta [o]
deltavliegen mit einem Drachen fliegen
Deltawerken Realisierung des Deltaplans [v]
delven I [ov ww] • (opgraven) ausgraben, ‹van delfstoffen› fördern ▾ het onderspit ~ den Kürzeren ziehen; unterliegen; den Kürzeren ziehen; unterliegen **II** [on ww] • (graven) graben, schaufeln
demagogie Demagogie [v]
demagoog Demagoge [m]
demarcatielijn Demarkationslinie [v]
demarreren ausreißen
dement senil
dementeren I [ov ww] • (logenstraffen) dementieren **II** [on ww] • (dement worden) senil werden
dementie Demenz [v], ‹med.› Dementia [v]
demilitariseren entmilitarisieren
demissionair demissioniert, zurückgetreten
demobiliseren • (de mobilisatie opheffen) demobilisieren • (ontslaan uit de krijgsdienst) entlassen
democraat Demokrat [m]
democratie Demokratie [v]
democratisch demokratisch
democratiseren demokratisieren
demografie Demographie [v]
demografisch demographisch
demon • (bovennatuurlijk wezen) Dämon [m]

• (slechterik) *Teufel* [m]
demonisch *dämonisch*
demonstrant *Demonstrant* [m]
demonstratie *Demonstration* [v]
demonstratief *demonstrativ*
demonstreren *demonstrieren*
demontabel *zerlegbar, demontierbar*
demonteren *demontieren, abbauen*
demoralisatie *Demoralisierung* [v]
demoraliseren *demoralisieren*
demotiveren *demotivieren*
dempen • (dichtgooien) *zuschütten, zuwerfen* ⋆ een gracht ~ *eine Gracht zuschütten* • (onderdrukken) *unterdrücken, dämpfen* ⋆ het geluid ~ *den Schall dämpfen*

D

demper • (schokdemper) *Dämpfer* [m] • (muz.) *Dämpfer* [m]
den *Kiefer* [v], ‹regionaal› *Föhre* [v] ⋆ zo slank als een den *so schlank wie eine Tanne*
denappel *Tannenzapfen* [m]
Den Bosch *Den Bosch* [o]
denderen *dröhnen*
denderend *großartig, einzigartig, enorm,* ‹inf.› *pfundig, doll* ⋆ ~ applaus *brausende(r) Beifall* [m]
Denemarken *Dänemark* [o]
Den Haag *Den Haag* [o]
denigrerend *abschätzig, geringschätzig*
denim ® *Denim* [m/o]
denkbaar *denkbar, erdenklich*
denkbeeld • (gedachte) *Gedanke* [m], *Idee* [v] • (plan) *Idee* [v] • (mening) *Meinung* [v], *Gedanken* [mv]
denkbeeldig *imaginär, fiktiv, eingebildet* ⋆ het ~e gevaar *die scheinbare Gefahr*
denken I [ov ww] • (van mening zijn) *denken, meinen, glauben* ⋆ dat had je gedacht! ‹inf.› *denkste!* ⋆ zonder er iets bij te ~ *ohne nachzudenken* ⋆ ieder denkt er het zijne van *jeder denkt sich dazu seinen Teil* ⋆ ik dacht bij mezelf *ik dachte mir* ⋆ ik denk erover weg te gaan *ich denke daran wegzugehen* ⋆ ik denk dat ze blijft *ich glaube, sie wird bleiben* ⋆ wat denk je hoeveel dat kost? *was meinst du, wie viel das kostet?* ⋆ je zou ~, dat ... *man könnte meinen, dass ...* ⋆ wie denk je wel dat je bent? *für wen hältst du dich eigentlich?* **II** [on ww] • (nadenken) *denken, meinen* ⋆ eerst ~, dan doen *erst denken, dann handeln* ⋆ hardop ~ *laut denken* ⋆ hoe denkt u erover? *was meinen Sie?* ⋆ aan iem./iets ~ *an jmdn./etw. denken* ⋆ zij doet me ~ aan die foto *sie erinnert mich an das Foto* ⋆ ze dènkt er niet aan *sie denkt nicht im Traum daran* ⋆ ik denk er precies zo over *ganz meine Meinung* ⋆ iem. aan het ~ zetten *jmdn. nachdenklich stimmen* • (van plan zijn) *beabsichtigen* ⋆ erover ~ iets te doen *beabsichtigen, etw. zu tun* • (niet vergeten) ⋆ denk erom! *pass auf!*
denker *Denker* [m]
denkfout *Denkfehler* [m]
denkpatroon *Denkmuster* [o]
denksport *Denksport* [m]
denkvermogen *Denkvermögen* [o]
denkwereld *Ideenwelt* [v]
denkwijze *Denkart* [v]
dennenappel *Kiefernzapfen* [m]
dennenboom *Kiefer* [v], ‹kerstboom› *Tannenbaum* [m], ‹regionaal› *Föhre* [v]
dennennaald *Kiefernnadel* [v]
deodorant *Deodorant* [o]
departement *Ministerium* [o]
dependance • (filiaal) *Dependance* [v], *Niederlassung* [v], *Zweigstelle* [v] • (bijgebouw) *Nebengebäude* [o], ‹hotel› *Dependance* [v]
deponeren • (neerleggen) *deponieren,* ‹bij de overheid› *vorlegen* • (in bewaring geven) *zur Aufbewahrung geben, deponieren, hinterlegen* • (getuigen, verklaren) *aussagen*
deportatie *Deportation* [v], *Zwangsverschickung* [v]
deporteren *deportieren*
deposito *Depositenkonto* [o], ‹geld› *Einlage* [v] ⋆ geld in ~ geven *Geld hinterlegen/in Verwahrung geben*
depositorekening *Depositenkonto* [o]
depot • (bewaarplaats) *Magazin* [o], *Lager* [o], *Depot* [o] • (wat bewaard wordt) *Depositum* [o], ‹geld› *Depot* [o] • (het deponeren) *Hinterlegung* [v], *Deposition* [v]
deppen *(ab)tupfen*
depressie *Depression* [v]
depressief *depressiv*
deprimeren *deprimieren, bedrücken*
deputatie *Deputation* [v], *Abordnung* [v]
der I [bijw] *da, dort* ⋆ her en der *allerorten; da und dort* **II** [lw] *der* ▾ de laatste der mohikanen *der letzte Mohikaner; der Letzte der Mohikaner*
derailleren *entgleisen*
derde I [de] *Dritte(r)* [m] ⋆ tegenover ~n *(einem) Dritten gegenüber* **II** [telw] *dritte(r)* [v: *dritte*] [o: *dritte(s)*] ▾ ten ~ *drittens* ▾ de Derde Wereld *die Dritte Welt* → **achtste**
derdegraadsverbranding *Verbrennung dritten Grades* [v]
derdegraadsverhoor *Verhör mit schwerer Folter* [o]
derderangs *drittklassig*
dereguleren *deregulieren*
deren • (schaden) *schaden* [3] • (verdriet doen) *anhaben können*
dergelijk *derartig, solch* ⋆ en ~e *und dergleichen* ⋆ of iets ~s *oder so etw.;* ‹inf.› *oder so was*
derhalve *deshalb, demnach, folglich*
derivaat *Derivat* [o]
dermate *dermaßen, derart*
dermatologie *Dermatologie* [v]
derrie • (laagveen) *Darg* [m], *Dark* [m] • (viezigheid) *Matsch* [m], *Schlamm* [m]
derrière *Hinterteil* [o], *Allerwerteste(r)* [m]
dertien *dreizehn* ▾ zo gaan er ~ in een dozijn *davon gehen zwölf auf ein Dutzend* → **acht**
dertig *dreißig* → **acht, twintig**
dertiger *Dreißiger* [m]
derven • (ontberen) *entbehren* • (mislopen) *entgehen*
des ⋆ des te beter *umso besser; desto besser*
desalniettemin *dennoch, trotzdem*
desastreus *katastrophal, verheerend*
desbetreffend *diesbezüglich,* ‹voor een bepaald vakgebied/materie› *einschlägig*
desem *Sauerteig* [m]
deserteren *fahnenflüchtig werden, desertieren*
deserteur *Deserteur* [m]
desertie *Desertieren* [o], *Fahnenflucht* [v]
desgevraagd ‹vorderen› *auf Verlangen,* ‹vragen› *auf Anfrage* ⋆ ~ geven we nadere inlichtingen *auf Anfrage geben wir nähere Auskünfte*
desgewenst *auf Wunsch*
design I [de/het] • (het ontwerpen) *Formgebung* [v], *Design* [o] • (object) *Design* [o] **II** [bnw] *Designer-* ⋆ ~ meubels *Designermöbel*
desillusie *Enttäuschung* [v], *Desillusion* [v]
desinfecteren *desinfizieren*
desinteresse *Desinteresse* [o], ‹onverschilligheid› *Gleichgültigkeit* [v]

deskundig ‹bevoegd tot beoordeling› *sachverständig*, ‹vakbekwaam› *sachkundig* ⋆ ~e leiding *sachkundige Leitung*
deskundige *Sachkenner* [m], *Experte* [m], *Fachmann* [m], ‹jur.› *Sachverständige(r)* [m]
desnoods *zur Not, nötigenfalls*
desolaat *desolat, trostlos*
desondanks *trotzdem, dennoch*
despoot *Despot* [m], *Tyrann* [m]
dessert *Dessert* [o], *Nachtisch* [m]
dessin *Dessin* [o], *Muster* [o], ‹tekening› *Zeichnung* [v]
destijds *damals, seinerzeit*
destructie *Destruktion* [v], *Zerstörung* [v]
destructief *destruktiv*, ‹afbrekend› *zersetzend*
detachement *Truppenabteilung* [v]
detacheren *an anderer Stelle arbeiten lassen*, ‹mil.› *abkommandieren*
detail *Detail* [o], *Einzelheit* [v] ⋆ in ~s treden *ins Detail gehen*
detailhandel *Einzelhandel* [m]
detailleren *detaillieren*
detaillist *Einzelhändler* [m]
detailopname *Detailaufnahme* [v]
detective • (persoon) *Detektiv* [m] • (roman) *Kriminalroman* [m], *Detektivroman* [m]
detector *Detektor* [m]
detentie *Haft* [v], ‹jur.› *Detention* [v] ⋆ huis van ~ *Haft(vollzugs)anstalt* [m]
determinant *Determinante* [v]
determineren *determinieren*, ‹bio.› *bestimmen*
determinisme *Determinismus* [m]
detineren *in Haft halten* ⋆ gedetineerd zijn *sich in Haft befinden*
detoneren • (vals klinken) *detonieren* • (ontploffen) *detonieren* • (uit de toon vallen) *fehl am Platz sein*, ‹van zaken› *unangebracht sein*
deugd *Tugend* [v]
deugdelijk • (gegrond) *solide, fundiert* • (degelijk) *solide, ordentlich, gediegen* ⋆ ~ blijken te zijn *sich bewähren; tauglich sein*
deugdzaam *tugendhaft*
deugen *taugen*
deugniet *Taugenichts* [m]
deuk • (buts) *Beule* [v], *Delle* [v] • (knauw) *Sprung* [m], *Riss* [m], ‹inf.› *Knacks* [m]
deuken I [ov ww] • (deuken maken) *verbeulen* **II** [on ww] • (deuken krijgen) *Beulen bekommen*
deun *Melodie* [v], *Lied* [o] ▾ een deuntje huilen *vor sich hin weinen*
deur *Tür* [v] ▾ dat doet de deur dicht *damit ist das Maß voll* ▾ iem. de deur uitzetten *jmdn. rausschmeißen* ▾ met de deur in huis vallen *mit der Tür ins Haus fallen* ▾ open deuren intrappen *offene Türen einrennen* ▾ het voorjaar staat voor de deur *das Frühjahr steht vor der Tür*
deurdranger *Türschließer* [m]
deurknop *Türgriff* [m]
deurpost *Türpfosten* [m]
deurwaarder *Gerichtsvollzieher* [m]
deuvel *Zapfen* [m]
deux-chevaux *Ente* [v]
devaluatie *Abwertung* [v]
devalueren I [ov ww] • (minder waard maken) *abwerten*, ‹econ.› *devalvieren* **II** [on ww] • (minder waard worden) *an Wert verlieren*, ‹geld› *abgewertet/devalviert werden*
devies • (stelregel) *Devise* [v], *Wahlspruch* [m] • (betaalmiddel) *Devisen* [mv]
deviezenhandel *Devisenhandel* [m]
deviezenreserve *Devisenreserve* [v]
Devoon *Devon* [o]
devoot • (vroom) *demütig, fromm* • (toegewijd) *ergeben*, ‹pej.› *devot*
devotie • (vroomheid) *Frömmigkeit* [v], *Demut* [v], ‹form.› *Devotion* [v] • (godsdienstige verering) *Verehrung* [v]
dextrose *Dextrose* [v]
deze *dieser* [v: *diese*] [o: *dies(es)*] ⋆ bij deze *hiermit*
dezelfde *derselbe* [v: *dieselbe*] [o: *dasselbe*] ⋆ van ~ leeftijd *gleichaltrig*
dia *Dia* [o]
diabetes *Diabetes (mellitus)* [m]
diabeticus *Diabetiker* [m]
diabolo *Diabolo* [o]
diacones *Diakonissin* [v]
diadeem *Diadem* [o]
diafragma • (lensopening) *Blende* [v] • (middenrif) *Diaphragma* [o], *Zwerchfell* [o]
diagnose *Diagnose* [v]
diagnosticeren *diagnostizieren*
diagnostisch *diagnostisch*
diagonaal I [de] *Diagonale* [v] **II** [bnw] *diagonal*
diagram *Diagramm* [o]
diaken *Diakon* [m]
diakritisch *diakritisch*
dialect *Dialekt* [m], *Mundart* [v]
dialectiek *Dialektik* [v]
dialectologie *Dialektologie* [v]
dialoog *Dialog* [m]
dialyse *Dialyse* [v]
diamant *Diamant* [m]
diamantair *Diamanthändler* [m]
diameter *Diameter* [m], *Durchmesser* [m]
diametraal *diametral*
diapositief *Dia(positiv)* [o]
diaprojector *Diaprojektor* [m]
diaraampje *Diarahmen* [m]
diarree *Durchfall* [m], ‹med.› *Diarrhö(e)* [v]
dicht I [bnw] • (gesloten) *zu* • (opeen) *dicht* ⋆ ~e mist *dichte(r) Nebel* [m] ⋆ ~ bij elkaar *dicht an/bei dicht; dicht beieinander* **II** [bijw] • (dichtbij) *dicht, nahe* ⋆ ~ bij het raam *nahe am Fenster* • (toe) *zu* ⋆ het wil niet ~ *es geht nicht zu*
dichtader *dichterische Ader* [v]
dichtbevolkt *dicht bevölkert, dicht besiedelt* ⋆ ~ gebied *Ballungsgebiet* [o]
dichtbij *nahe* ⋆ van ~ *von nahem*
dichtbundel *Gedichtsammlung* [v]
dichtdoen *zumachen*
dichten • (in dichtvorm schrijven) *dichten* • (dichtmaken) *stopfen, (ab)dichten* ⋆ een gat ~ *ein Loch stopfen*
dichter *Dichter* [m], *Poet* [m]
dichterlijk *dichterisch, poetisch*
dichtgooien • (met klap dichtdoen) *zuschlagen* ⋆ de deur ~ *die Tür zuschlagen* • (dichtmaken) *zuschütten* ⋆ een sloot ~ *einen Graben zuschütten*
dichtheid *Dichte* [v]
dichtklappen I [ov ww] • (hard dichtdoen) *zuschlagen, zuklappen, zuknallen* **II** [on ww] • (hard dichtgaan) *zufallen, zuschnappen, zuklappen* • (zich niet uiten) *sprachlos sein* ⋆ tijdens zijn examen klapte hij dicht *er brachte während seines Examens kein Wort heraus*
dichtkunst *Dichtkunst* [v]
dichtmaken *zumachen*
dichtregel *Verszeile* [v]
dichtslaan I [ov ww] • (krachtig dichtdoen) *zuschlagen* **II** [on ww] • (krachtig dichtgaan) *zuschlagen* • (psych.) *kein Wort herausbringen*
dichtslibben *verschlammen*
dichtspijkeren *zunageln*
dichtstbijzijnd *nächstgelegen*

D

dichttrekken I [ov ww] • (dichtdoen) *zuziehen* **II** [on ww] • (bewolkt worden) *sich zusammenziehen*
dichtvriezen *zufrieren*
dichtzitten • (niet zichtbaar zijn door mist) *zu sein* • (afgesloten zijn) *zu sein,* ‹buizen› *verstopft sein*
dictaat Diktat [o]
dictafoon Diktiergerät [o], Diktaphon [o]
dictator Diktator [m]
dictatoriaal *diktatorisch*
dictatuur Diktatur [v]
dictee Diktat [o]
D
dicteerapparaat Diktiergerät [o]
dicteren *diktieren*
dictie Diktion [v]
didactiek Didaktik [v]
didactisch *didaktisch*
die I [aanw vnw] *der* [v: *die*] [o: *das*], *dieser* [v: *diese*] [o: *dieses*], *jener* [v: *jene*] [o: *jenes*] ⋆ die tijd hebben we gehad *diese Zeit haben wir hinter uns* ⋆ niet die, maar die *nicht diese(r), sondern jene(r)* ⋆ met alle gevolgen van dien *mit allen entsprechenden Folgen* ⋆ hoe is die? *wie findest du den?* ⋆ die vrouw/man daar *die Frau/der Mann dort* ⋆ meneer die en die *Herr Soundso* **II** [betr vnw] *der* [v: *die*] [o: *das*], *welcher* [v: *welche*] [o: *welches*]
dieet Diät [v] ⋆ op ~ zijn *Diät halten*
dief Dieb [m]
diefstal Diebstahl [m] ⋆ ~ met braak *Einbruch(s)diebstahl* [m]
diegene *derjenige* [v: *diejenige*]
dienaangaande *diesbezüglich*
dienaar Diener [m]
dienblad Tablett [o]
diender Büttel [m] ▾ dooie ~ *Langweiler* [m]
dienen I [ov ww] • (in dienst zijn van) *dienen* • (van dienst zijn) ⋆ om u te ~ *zu Ihren Diensten* • (~ **van**) *dienen* ⋆ iem. van advies ~ *jmdn. beraten* ⋆ van repliek ~ *kontern* **II** [on ww] • (behoren) ‹absoluut nodig zijn› *müssen,* ‹eigenlijk nodig zijn› *sollen* ⋆ dat dien je te weten *das solltest du wissen* ⋆ dat dient gezegd te worden *das muss gesagt werden* • (als functie hebben) *dienen* ⋆ die gaten ~ om lucht door te laten *die Löcher sind dazu da, Luft durchzulassen* ⋆ tot voorbeeld ~ *als Beispiel dienen* • (geschikt/bruikbaar zijn) *dienen, zu nütze sein* ⋆ dat dient nergens toe *das ist zu nichts nütze* • (jur.) *verhandelt werden*
dienovereenkomstig *(dem)entsprechend*
dienst • (behulpzame daad) ⋆ wat is er van uw ~? *womit kann ich dienen?; Sie wünschen?* ⋆ iem. een ~ bewijzen *jmdm. einen Dienst erweisen* ⋆ iem. van ~ zijn *jmdm. helfen* ⋆ tot uw ~! *zu Ihren Diensten!* ⋆ in ~ der waarheid *im Dienste der Wahrheit* • (godsdienstoefening) Gottesdienst [m] • (het dienen) Dienst [m] • (betrekking) Stellung [v] ⋆ in ~ nemen *einstellen* ⋆ in ~ hebben *beschäftigen* ⋆ in vaste ~ *fest angestellt* • (het soldaat zijn) Militärdienst [m], ‹inf.› Bund [m] ⋆ in ~ moeten *zum Militär/Bund müssen* • (werking) ⋆ een doos deed ~ als tafel *ein Karton diente/fungierte als Tisch* ⋆ dit kan nog ~ doen *dies kann noch nützlich sein* • (overheidsinstelling) Amt [o], Behörde [v] ⋆ geheime ~ Geheimdienst [m] ▾ de ~ uitmaken *das Sagen haben*
dienstauto Dienstwagen [m]
dienstbaar • (bevorderlijk) *dienstbar, förderlich, dienlich* • (dienend) *dienend*
dienstbetrekking • (het in dienst zijn) Arbeitsverhältnis [o], ‹overheid› Dienstverhältnis [o] • (functie) Stellung [v], ‹overheid› Amt [o]
dienstbevel dienstliche(r) Befehl [m]
dienstbode Hausangestellte [v], ‹vero.› Dienstmädchen [o]
dienstdoend *Dienst habend*
dienstencentrum Dienstleistungszentrum [o]
dienstensector Dienstleistungssektor [m]
dienster Serviererin [v], Kellnerin [v]
dienstgeheim Dienstgeheimnis [o]
dienstig *förderlich* [3], *zweckdienlich, nützlich* [3]
dienstjaar Dienstjahr [o]
dienstklopper ‹leger› Kommisskopf [m]
dienstmeisje Hausangestellte [v], ‹vero.› Dienstmädchen [o]
dienstplicht Wehrpflicht [v] ⋆ vervangende ~ Ersatz-/Zivildienst [m]
dienstplichtig *wehrpflichtig*
dienstplichtige Wehrpflichtige(r) [m]
dienstregeling Fahrplan [m], ‹boekje van spoorwegen› Kursbuch [o], ‹van luchtvaart› Flugplan [m], ‹van werkzaamheden› Dienstplan [m]
dienstreis Dienstreise [v]
diensttijd • (arbeidsjaren voor pensioen) Dienstjahre [mv] • (mil.) Dienstzeit [v]
dienstverband Arbeitsverhältnis [o], ‹overheid› Dienstverhältnis [o]
dienstverlening Dienstleistung [v]
dienstweigeraar Wehrdienstverweigerer [m]
dienstweigering Gehorsamsverweigerung [v], ‹van dienstplicht› Wehrdienstverweigerung [v]
dienstwoning Dienst-/Amtswohnung [v]
dientengevolge *infolgedessen, dadurch*
diep *tief* ⋆ tot diep in de nacht *bis tief in die Nacht* ▾ uit het diepst van mijn ziel *aus tiefster Seele*
diepdruk Tiefdruck [m]
diepgaand *gründlich, tief gehend* ⋆ ~ onderzoek *eingehende Untersuchung* [v]
diepgang Tiefgang [m] ⋆ de roman heeft geen ~ *der Roman hat keinen geistigen Tiefgang*
diepgeworteld *tief eingewurzelt, eingefleischt*
dieplader Tieflader [m]
diepliggend *tief liegend*
diepte Tiefe [v]
diepte-interview Tiefeninterview [o]
diepte-investering Tiefeninvestition [v]
dieptepunt • (slechtste toestand) ⋆ een economisch ~ bereiken *einen wirtschaftlichen Tiefpunkt erreichen* • (laagste punt) Tiefpunkt [m]
diepvries • (het diepvriezen) Tiefkühlen [o], Tiefgefrieren [o] • (vriezer) ‹kast› Tiefkühl-/Gefrierschrank [m], ‹kist› Tiefkühl-/Gefriertruhe [v]
diepvriesmaaltijd (tiefgekühlte(s)) Fertiggericht [o]
diepvriesproduct Tiefkühlprodukt [o]
diepvriezen *einfrieren, tiefgefrieren*
diepvriezer Gefriertruhe [v], Gefrierschrank [m]
diepzee Tiefsee [v]
diepzinnig *tiefsinnig*
dier Tier [o]
dierbaar *teuer, lieb, wert*
dieren- Tier-
dierenarts Tierarzt [m] [v: Tierärztin]
dierenasiel Tierheim [o], Tierasyl [o]
dierenbescherming Tierschutz [m]
dierenbeul Tierquäler [m]
dierendag Tag des Tieres [m]
dierenriem Tierkreis [m] ⋆ teken van de ~ Tierkreiszeichen [o]
dierenrijk Tierreich [o]

dierentemmer *Dompteur* [m]
dierentuin *Tiergarten* [m], *Zoo* [m]
dierenvriend *Tierfreund* [m]
dierenwinkel *Tier-/Zoohandlung* [v]
diergeneeskunde *Tiermedizin* [v]
dierkunde *Zoologie* [v], *Tierkunde* [v]
dierlijk *tierisch*
diersoort *Tierart* [v]
diesel *Diesel* [m] ⋆ op ~ rijden *Diesel fahren*
dieselmotor *Dieselmotor* [m]
dieselolie *Diesel(kraftstoff)* [m], *Dieselöl* [o]
diëtetiek *Diätetik* [v]
diëtist *Diätist* [m]
dievegge *Diebin* [v]
dievenklauw ≈ *Sicherheitsschloss* [o]
dieventaal *Gaunersprache* [v]
differentiaal *Differenzial* [o]
differentiaalrekening *Differenzialrechnung* [v]
differentiatie *Differenzierung* [v]
differentiëren • (onderscheid aanbrengen) *differenzieren* • (in delen splitsen) *sich differenzieren, sich teilen* • (wisk.) *differenzieren*
diffuus *diffus*
difterie *Diphtherie* [v]
diggelen ⋆ aan ~ vallen *in Scherben gehen*
digitaal *digital* ⋆ het digitale horloge *die Digitaluhr*
dij *(Ober)schenkel* [m]
dijbeen *(Ober)schenkelknochen* [m]
dijk *Deich* [m] ⋆ de dijk breekt door *der Deich bricht* ▾ iem. aan de dijk zetten *jmdn. ausbooten* ▾ een dijk van een salaris *ein Bombengehalt*
dijkbreuk *Deichbruch* [m]
dijkdoorbraak *Deichbruch* [m]
dijkgraaf *Deichgraf* [m]
dijklichaam *Deichkörper* [m]
dik I [het] *Bodensatz* [m], *Satz* [m] ▾ door dik en dun *durch dick und dünn* **II** [bnw] • (van grote omvang) *dick* ⋆ dik worden *dick werden*; ‹van gewicht› *zunehmen* ⋆ dik pak sneeuw *dicke Schneedecke* [v] • (weinig vloeibaar) *zähflüssig, zäh* ⋆ dikke brij *Pampe* [v] • (ruim) *voll, gut* ⋆ een dik uur *eine gute Stunde* ⋆ een dikke 1000 gulden *gute 1000 Gulden* ⋆ dik tevreden *sehr zufrieden* • (innig) *dick, fest, intim* ⋆ dikke vrienden *dicke Freunde* ⋆ het is dik aan tussen hen *sie sind dick befreundet* • (dicht op elkaar) *dicht, dick* ⋆ dikke mist *dichte(r) Nebel* [m] ▾ dik doen *sich dick machen* ▾ het zit er dik in dat dat gebeurt *das wird höchstwahrscheinlich passieren*
dikdoenerij *Wichtigtuerei* [v]
dikhuidig *dickhäutig*
dikkerd *Dicke(r)* [m]
dikkop • (kikkervisje) *Kaulquappe* [v] • (persoon) *Dickkopf* [m]
dikte • (het dik zijn) *Korpulenz* [v], *Dicke* [v] • (dichtheid) *Dichtheit* [v] • (afmeting) *Dicke* [v], *Stärke* [v]
dikwijls *öfters, häufig, oft*
dikzak *Dickerchen* [o], ‹regionaal› *Dicksack* [m]
dildo *Godemiché* [m], *Dildo* [m]
dilemma *Dilemma* [o]
dilettant *Dilettant* [m]
dille *Dill* [m]
dimensie *Dimension* [v]
dimlicht *Abblendlicht* [o]
dimmen *abblenden*
diner • (maaltijd) *Abendessen* [o] • (feestmaal) *Diner* [o]
dineren *dinieren*
ding • (zaak/voorwerp) *Sache* [v], *Ding* [o] • (feit) *Ding* [o], *Sache* [v] • (jong meisje) *Ding* [o] ⋆ een lekker ding *ein süßes Ding*
dingen • (afdingen) *feilschen* • (~ **naar**) *sich bewerben um*
dinges *Dings(bums)* [m/v] [o] ⋆ mijnheer/mevrouw Dinges *Herr/Frau Sowieso; Herr/Frau Dings(bums)*
dinosaurus *Dinosaurier* [m]
dinsdag *Dienstag* [m]
diocees *Diözese* [v]
diploma • (onderscheiding) *Diplom* [o] • (getuigschrift) *Zeugnis* [o], ‹universiteit, hogeschool, ambacht› *Diplom* [o]
diplomaat *Diplomat* [m]
diplomatenkoffertje *Diplomatenkoffer* [m]
diplomatie *Diplomatie* [v]
diplomatiek *diplomatisch*
diplomeren *das Abschlußzeugnis ausstellen*, ‹universiteit, hogeschool, ambacht› *diplomieren* ⋆ een gediplomeerde verpleegster *diplomierte Krankenschwester* [v]
dippen *eintauchen*
dipsaus *Dip* [m]
direct I [bnw] *direkt, unmittelbar* ⋆ ~e levering *sofortige Lieferung* [v] ⋆ ~e verbinding ‹van trein› *direkte Verbindung* [v]; ‹van vliegtuig› *Direktflug* [m] ⋆ in haar ~e omgeving *in ihrer unmittelbaren Nähe* **II** [bijw] *direkt, unverzüglich, gleich, sofort* ⋆ dat niet ~! *das ja eigentlich nicht!* ⋆ zo ~ *sofort* ⋆ ~ bij aankomst *gleich bei der Ankunft* ⋆ ~ daarna *unmittelbar/gleich darauf*
directeur *Direktor* [m]
directeur-generaal *Generaldirektor* [m], ‹ministerie› *Ministerialdirektor* [m]
directie • (het leiden) *Direktion* [v], *Leiten* [o] • (leiding) *Geschäftsführung* [v], *Leitung* [v], *Direktion* [v]
directielid *Mitglied der Direktion* [o]
directoraat *Direktorat* [o]
dirigeerstok *Taktstock* [m]
dirigent *Dirigent* [m]
dirigeren *dirigieren*
dis • (tafel met eten) *Tafel* [v] • (maaltijd) *Mahlzeit* [v] • (muzieknoot) *dis* [o]
discipel *Schüler* [m], ‹rel.› *Jünger* [m]
disciplinair *disziplinarisch* ⋆ ~e straf *Disziplinarstrafe* [v]
discipline *Disziplin* [v]
disco • (discotheek) *Diskothek* [v] • (muziek) *Diskomusik* [v]
disconteren *diskontieren*
disconto *Diskont* [m]
discotheek • (discobar) *Disko(thek)* [v] • (platenverzameling) *Schallplattensammlung* [v], ‹archief› *Schallplattenarchiv* [o], ‹uitleen› *Phonothek* [v]
discreet *diskret*
discrepantie *Diskrepanz* [v]
discretie • (kiesheid) *Diskretion* [v] • (geheimhouding) *Diskretion* [v] ⋆ ~ verzekerd *Diskretion wird zugesichert* • (goeddunken) *Ermessen* [o]
discriminatie *Diskriminierung* [v]
discrimineren *diskriminieren*
discus *Diskus* [m]
discussie *Diskussion* [v] ⋆ voor ~ vatbaar *diskutabel*
discussieleider *Diskussionsleiter* [m]
discussiepunt *Diskussionspunkt* [m]
discussiëren *diskutieren*
discuswerpen *Diskuswerfen* [o]
discutabel • (voor discussie vatbaar) *diskutabel* • (aanvechtbaar) *strittig*

D

disk Diskette [v], Floppydisk [v]

diskdrive Diskettenlaufwerk [o]

diskette Diskette [v]

diskjockey Diskjockey [m]

diskrediet Misskredit [m], Diskredit [m]

diskwalificatie Disqualifikation [v]

diskwalificeren disqualifizieren

dispensatie Dispensation [v] ⋆ ~ aanvragen Dispensierung erbitten

dispersie Dispersion [v]

disputeren disputieren

dispuut • (discussie) Disput [m] • (studentenclub) ≈ (studentische) Verbindung [v]

dissel Deichsel [v]

dissertatie • (proefschrift) Dissertation [v], Doktorarbeit [v] • (verhandeling) wissenschaftliche Abhandlung [v]

dissident I [de] Dissident [m] **II** [bnw] anders denkend

dissonant I [de] Dissonanz [v] **II** [bnw] dissonant

distantie Distanz [v]

distantiëren sich distanzieren ⋆ zich van iets/iemand ~ sich von etw./jmdm. distanzieren

distel Distel [v]

distillatie Destillation [v]

distilleerderij Destillation [v], (Branntwein)brennerei [v]

distilleren destillieren

distinctie Distinktion [v]

distribueren verteilen, austeilen, distribuieren

distributie • (verdeling) Vertrieb [m], Verteilung [v], Distribution [v] • (rantsoenering) Rationierung [v]

district Bezirk [m], Kreis [m], ‹bos-/jacht-/mijndistrict› Revier [o], ‹kiesdistrict› Wahlkreis [m]

dit dies(es) ⋆ dit en dat dieses und jenes

ditmaal diesmal, dieses Mal

dito I [bnw] ebenfalls, gleichfalls, dito **II** [bijw] ▾ idem dito genau dasselbe

diva Diva [v]

divan Diwan [m]

divergent divergent

divergentie Divergenz [v]

divergeren divergieren

divers divers

diversen Diversa [mv], Allerlei [o], Vermischte(s) [o]

dividend Dividende [v]

divisie • (afdeling) Sektor [m], Produktionsbereich [m], Division [v] • (sport) Liga [v] ⋆ de eerste ~ die Zweite Bundesliga • (mil.) Division [v], Flottenverband [m] • (wisk.) Division [v]

DNA DNS [v], DNA [v]

do Do [o]

dobbelen würfeln

dobbelsteen Würfel [m]

dobber Schwimmer [m] ▾ een harde ~ hebben aan einen schweren Stand haben

dobberen schaukeln

docent Lehrer [m], ‹hogeschool, universiteit› Dozent [m]

doceren unterrichten, lehren, ‹universiteit› dozieren ⋆ Wim doceert aan de universiteit Wim doziert/lehrt an der Universität

doch jedoch

dochter Tochter [v]

dochteronderneming Tochterunternehmen [o]

dociel fügsam, gelehrig

doctor Doktor [m] ⋆ ~ honoris causa Ehrendoktor; Doktor honoris causa (Dr. h.c.) ⋆ ~ in de theologie Doktor der Theologie (Dr. theol.)

doctoraal I [het] Diplomprüfung [v], ‹in de geesteswetenschappen› Magisterprüfung [v] ⋆ zijn ~ doen sein Hochschul-/Universitätsstudium abschließen **II** [bnw] ⋆ ~ examen Hochschulabschluss [m] ⋆ het ~ diploma Diplom [o]; ‹in de geesteswetenschappen› Magister [m]

doctoraalstudent Kandidat [m], Student nach bestandener Zwischenprüfung [m]

doctoraat Doktorgrad [m], Doktorwürde [v]

doctorandus Akademiker [m], ‹aan proefschrift werkend› Doktorand [m]

doctrine Doktrin [v]

document Dokument [o]

documentaire Dokumentarbericht [m], Dokumentarfilm [m]

documentalist Dokumentalist [m], Dokumentar [m]

documentatie Dokumentation [v]

documenteren dokumentieren

dode Tote(r) [m]

dodelijk tödlich

doden töten

dodencel Todeszelle [v]

dodendans Totentanz [m]

dodenherdenking Totenfeier [v], Totenehrung [v]

dodenlijst Liste der Todesopfer [v], Liste der Gefallenen [v]

dodenmasker Totenmaske [v]

dodenmis Totenmesse [v]

dodenrijk Totenreich [o]

dodenrit Todesfahrt [v]

dodensprong Todessprung [m]

dodenstad Totenstadt [v]

dodental Zahl der Toten [v]

dodenwake Totenwache [v]

doedelzak Dudelsack [m]

doe-het-zelfzaak Heimwerkergeschäft [o]

doe-het-zelver Heimwerker [m]

doek I [de] Tuch [o] ▾ zo wit als een doek kreideweiß ▾ een doekje voor het bloeden ein schwacher Trost ▾ er geen doekjes om winden kein Blatt vor den Mund nehmen **II** [het] • (stof) Tuch [o] • (schilderslinnen) Leinwand [v] • (schilderij) Gemälde [o] • (projectiescherm) Leinwand [v] • (toneelgordijn) Vorhang [m]

doel • (doelwit) Ziel [o] • (goal) Tor [o] • (doeleinde) Ziel [o], Zweck [m], Absicht [v] ⋆ zich iets ten doel stellen sich etw. zum Ziel setzen ▾ het doel heiligt de middelen der Zweck heiligt die Mittel

doelbewust zielstrebig, zielbewusst

doeleinde • (oogmerk) Ziel [o], Zweck [m] • (bestemming) Zweck [m], Ziel [o]

doelen zielen

doelgebied Torraum [m]

doelgemiddelde Torverhältnis [o]

doelgericht zielstrebig, gezielt

doelgroep Zielgruppe [v]

doellijn Torlinie [v]

doelloos • (zonder doel) ziellos • (nutteloos) zwecklos

doelman Torwart [m]

doelmatig zweckmäßig, ‹econ.› effizient

doelpunt Tor [o] ⋆ eigen ~ Eigentor [o]

doelstelling Zielsetzung [v]

doeltrap Abstoß [m]

doeltreffend wirksam, ‹econ.› effektiv

doelwit Zielscheibe [v], Ziel [o]

doemdenken I [het] Untergangsstimmung [v] **II** [ww] schwarz sehen

doemen verurteilen ⋆ tot mislukking gedoemd

zum Scheitern verurteilt
doen I [het] *Tun* [o] ⋆ iemands doen en laten *jmds. Tun und Treiben* ▾ in goede doen zijn *gut betucht sein* ▾ niet slecht voor jouw doen *nicht schlecht in Anbetracht deiner Möglichkeiten* ▾ dat is geen doen *das hat keinen Zweck* ▾ iem. uit zijn doen brengen *jmdn. aus dem Häuschen bringen* ▾ helemaal uit zijn doen zijn *ganz aus dem Häuschen sein* **II** [ov ww] • (berokkenen) *bereiten*, ‹negatief› *zufügen* ⋆ cadeau doen *ein Geschenk machen* ⋆ verdriet doen *Kummer bereiten* ⋆ dat doet me niets *das lässt mich kalt* • (ertoe brengen) *machen* ⋆ iem. doen lachen *jmdn. zum Lachen bringen* ⋆ zich doen gelden *sich bemerkbar machen*; ‹van zaken› *sich geltend machen* • (verrichten) *tun, machen* ⋆ wat ga jij morgen doen? *was machst du morgen?*; *was hast du morgen vor?* ⋆ moeite doen *sich Mühe geben* ⋆ iets aan het doen zijn *dabei sein, etw. zu tun* ⋆ iets gedaan weten te krijgen *etw. erreichen* ⋆ iets te doen hebben *einiges zu tun haben* ⋆ niet weten wat te doen *nicht wissen, was man tun soll* • (functioneren) *funktionieren*, ‹effect hebben› *wirken* ⋆ de wasmachine doet het *die Waschmaschine funktioniert* • (schoonmaken) ⋆ de was doen *die Wäsche waschen* ⋆ de vaat doen *abwaschen* ⋆ de kamer doen *das Zimmer (sauber) machen* ▾ er niets aan kunnen doen *nichts dafür können* ▾ ik heb met haar te doen *sie tut mir Leid* ▾ zich ergens te goed aan doen *sich an etw. gütlich tun* **III** [on ww] • (zich gedragen) *tun, sich benehmen* ⋆ doen alsof *tun, als ob* ⋆ je doet maar! *nur zu!* ⋆ raar doen *sich merkwürdig benehmen* • (~ **aan**) *treiben* ⋆ ergens iets aan doen *gegen eine Sache etw. tun* ⋆ aan sport doen *Sport treiben* • (~ **over**) *brauchen* ⋆ ze doet er wel lang over *sie braucht dazu aber lange*
doende ‹inf.› *zugange* ⋆ met iets ~ zijn *mit einer Sache beschäftigt/zugange sein*
doenlijk *möglich*
doetje ‹man› *Trottel* [m], ‹vrouw› *Gans* [v]
doezelen *duseln, dösen*
doezelig • (slaperig) *duselig, benommen* • (vaag) *verschwommen*
dof • (niet helder) *dumpf, vage, schwach* • (gedempt) *gedämpft, dumpf* ⋆ een doffe knal *ein dumpfer Knall*
doffer *Täuber(ich)* [m]
dog *Dogge* [v]
dogma *Dogma* [o]
dogmatisch *dogmatisch*
dok *Dock* [o] ⋆ drijvend dok *Schwimmdock* [o]
doka *Dunkelkammer* [v]
dokken • (in dok brengen) *docken* • (betalen) *blechen*
dokter *Arzt* [m] [v: *Ärztin*]
dokteren • (patiënt zijn) *ärztlich behandelt werden* • (als dokter optreden) *praktizieren* • (~ **aan**) *herumdoktern an* [3]
doktersadvies *ärztliche(r) Rat* [m]
doktersassistente *Arzthelferin* [v]
doktersroman *Arztroman* [m]
doktersverklaring *ärztliche(s) Attest* [o]
dokwerker *Dockarbeiter* [m]
dol I [de] *Dübel* [m], ‹bij roeiriemen› *Dolle* [v] **II** [bnw + bijw] • (versleten) *überdreht* • (gek) *toll, verrückt, irre* ⋆ door het dolle heen zijn *außer Rand und Band sein* • (~ **op**) *versessen auf* ⋆ dol op iem. zijn *in jmdn. vernarrt sein* ⋆ dol op iets zijn *auf etw. versessen sein*
dolblij *unsagbar/unbeschreiblich/überaus froh*, ‹inf.› *ungeheuer/wahnsinnig/unheimlich froh*
doldraaien • (niet pakken van schroeven) *durchdrehen, überdrehen* • (controle verliezen) *durchdrehen*
doldriest *tollkühn*
dolen • (dwalen) *umherirren* • (zwerven) *umherschweifen* ⋆ een ~de ridder *ein fahrender Ritter*
dolfijn *Delphin* [m]
dolgelukkig *überglücklich*
dolgraag *liebend gern*, ‹inf.› *rasend gern* ⋆ iets ~ doen *etw. für sein Leben gern tun*
dolk *Dolch* [m]
dollar *Dollar* [m]
dolleman *Tobsüchtige(r)* [m], *Durchgedrehte(r)* [m]
dollemansrit *Wahnsinnsfahrt* [v]
dollen *herumtollen* ⋆ met iem. ~ *sich mit jmdm. balgen*
Dolomieten *Dolomiten* [mv]
dom I [de] *Dom* [m] **II** [bnw] *dumm* ▾ zich van de domme houden *sich dumm stellen* ▾ zo dom als het achtereind van een varken *dumm wie Bohnenstroh*
domein *Domäne* [v]
domesticeren • (tot huisdier maken) *domestizieren* • (plant.) *veredeln*
domheid *Dummheit* [v]
domicilie *Domizil* [o]
dominant I [de] *Dominante* [v] **II** [bnw] *dominant*
dominee *Pastor* [m], *Pfarrer* [m] ▾ daar gaat de ~ voorbij *ein Engel geht durchs Zimmer*
domineren *dominieren*
dominicaan *Dominikaner* [m]
Dominicaanse Republiek *Dominikanische Republik* [v]
domino *Domino* [o]
dominosteen *Dominostein* [m]
dommekracht • (werktuig) *Hebebaum* [m], *Hebestange* [v] • (persoon) *Kraftheini* [m]
dommelen *dösen*
dommerik *Dummkopf* [m], *Schafskopf* [m]
domoor *Blödian* [m]
dompelaar • (verwarmingsstaaf) *Tauchsieder* [m] • (zuiger) *Tauchkolben* [m] • (vogel) *Seetaucher* [m]
dompelen • (onder laten gaan) *(ein)tauchen* • (doen verzinken) *stürzen*
domper *Löschhütchen* [o] ▾ dat zet een ~ op de vreugde *das setzt der Sache einen Dämpfer auf*
dompteur *Dompteur* [m] [v: *Dompteuse*]
domweg *einfach* ⋆ iets ~ weigeren *etw. kurzerhand ablehnen* ⋆ iets ~ vergeten *etw. glatt vergessen*
donateur *Spender* [m]
donatie *Schenkung* [v], ‹jur.› *Donation* [v]
donder • (gerommel bij onweer) *Donner* [m] • (krachtterm) ⋆ om de ~ niet! *Pustekuchen!* ▾ als door de ~ getroffen *wie vom Donner gerührt* ▾ iem. op zijn ~ geven *jmdn. anmotzen* ▾ daar kun je ~ op zeggen *darauf kannst du Gift nehmen* ▾ hij geeft er geen ~ om *es ist ihm völlig Wurs(ch)t* ▾ arme ~ *arme(r) Teufel* [m]
donderbui *Gewitter* [o], ‹fig.› *Donnerwetter* [o]
donderdag *Donnerstag* [m] ⋆ Witte Donderdag *Gründonnerstag*
donderdags I [bnw] *donnerstäglich* **II** [bijw] *am Donnerstag, donnerstags*
donderen I [ov ww] • (lazeren) *schmeißen* ⋆ naar beneden ~ *herunterknallen* **II** [on ww] • (tekeergaan) *wettern, toben* • (vallen) *donnern* ⋆ de trap af ~ *die Treppe hinunterdonnern* **III** [onp ww] *donnern*
donderjagen *toben*

D

donderpreek *Strafpredigt* [v]
donders I [bnw] *verflucht* ⋆ die ~e kerel *der verflixte Kerl* **II** [bijw] *verdammt* ⋆ dat weet hij ~ goed *das weiß er verdammt genau* **III** [tw] *Donnerwetter*
donderslag *Donnerschlag* [m] ▾ als een ~ bij heldere hemel *wie ein Blitz aus heiterm Himmel*
dondersteen *Halunke* [m]
donderwolk *Gewitterwolke* [v]
donker I [het] *Dunkelheit* [v], *Dunkel* [o] ▾ zij knijpt de kat in het ~ *sie treibt's in aller Stille* **II** [bnw] *dunkel* ⋆ ~ haar *dunkles Haar* ⋆ ~e tijden *düstere Zeiten* ⋆ de ~e kamer *die Dunkelkammer* ⋆ de ~e middeleeuwen *das finstere Mittelalter* **III** [bijw] *schwarz, finster* ⋆ ik zie het ~ in *da sehe ich schwarz*
donor *Spender* [m]
donorcodicil *Spenderausweis* [m]
dons • (fijne veertjes) *Daunen* [mv], *Flaumfedern* [mv] • (fijne haartjes) *Flaum* [m], *Flaumhaar* [o]
donzen *Daunen-* ⋆ ~ dekbed *Daunendecke* [v]
donzig *flaumig*
dood I [de] *Tod* [m] ⋆ ter dood brengen *hinrichten* ▾ duizend doden sterven *tausend Tode sterben* ▾ als de dood voor iets zijn *eine Höllenangst vor etw. haben* **II** [bnw] *tot*
dood- ‹bij bnw› *tod-*, ‹bij ww› *tot-*
doodbloeden • (sterven) *verbluten* • (aflopen) *(sich) totlaufen*
dooddoener *Binsenweisheit* [v], *Redensart* [v], *Gemeinplatz* [m]
doodeenvoudig *kinderleicht, ganz einfach*
doodeng *beängstigend, schauderhaft, unheimlich*
doodergeren *sich zu Tode ärgern, sich totärgern*
doodgaan *sterben*, ‹van planten en dieren› *eingehen*
doodgeboren *tot geboren* ⋆ een ~ kind *eine Totgeburt;* ‹fig.› *ein tot geborenes Kind*
doodgewoon I [bnw] *ganz gewöhnlich/normal* **II** [bijw] *ganz einfach* ⋆ dat is ~ bedrog *das ist schlichtweg Betrug*
doodgooien • (overstelpen) *überhäufen* • (doden) *steinigen*
doodgraver *Totengräber* [m]
doodkalm *seelenruhig*
doodkist *Sarg* [m]
doodleuk *in aller Seelen-/Gemütsruhe*
doodlopen ⋆ deze straat loopt dood *dies ist eine Sackgasse*
doodmoe *todmüde*
doodop *völlig erschöpft, todmüde,* ‹inf.› *geschafft*
doodrijden I [ov ww] *totfahren* **II** [wkd ww] *sich zu Tode fahren, totfahren*
doods • (akelig) *unheimlich* ⋆ ~e stilte *Totenstille* [v] • (niet levendig) *öde, verlassen*
doodsangst *Todesangst* [v]
doodsbang *sterbensbang* ⋆ ~ zijn voor iets *eine Heidenangst vor etw. haben*
doodsbed *Totenbett* [o]
doodsbleek *totenblass*
doodschieten *erschießen,* ‹inf.› *totschießen*
doodseskader *Todesschwadron* [v]
doodsgevaar *Todesgefahr* [v]
doodshoofd *Totenkopf* [m]
doodskist *Sarg* [m]
doodsklok *Totenglocke* [v]
doodslaan *totschlagen,* ‹ook fig.› *erschlagen*
doodslag *Totschlag* [m]
doodsmak • (zware val) *schwere(r) Sturz/Fall* [m] • (dodelijke val) *tödliche(r) Sturz/Fall* [m]
doodsnood *Todesnot* [v], ‹fig.› *schwere Not* [v]
doodsschrik *Todesschreck* [m]
doodsstrijd *Todeskampf* [m], *Agonie* [v]
doodsteek *Todesstoß* [m]
doodsteken *erstechen,* ‹inf.› *totstechen*
doodstil *totenstill, mäuschenstill*
doodstraf *Todesstrafe* [v]
doodsverachting *Todesverachtung* [v]
doodsvijand *Todfeind* [m]
doodtij *Nipptide/-flut* [v]
doodvallen *zu Tode stürzen* ▾ val dood! *der Schlag soll dich treffen!*
doodverven *designieren, vorsehen* ⋆ de gedoodverfde kampioene *die haushohe Favoritin*
doodvonnis *Todesurteil* [o]
doodziek *todkrank*
doodzonde I [de] *Todsünde* [v] **II** [bnw] *jammerschade*
doodzwijgen *totschweigen*
doof *taub* ⋆ aan één oor doof *auf einem Ohr taub* ▾ doof zijn voor *taub sein für/gegen*
doofheid *Taubheit* [v]
doofpot *Asch(en)eimer* [m] ▾ iets in de ~ stoppen *etw. vertuschen*
doofstom *taubstumm*
dooi *Tauwetter* [o] ⋆ de dooi valt in *Tauwetter setzt ein; es beginnt zu tauen*
dooien *tauen*
dooier *Dotter* [m], *Eigelb* [o]
doolhof • (gecompliceerde zaak) *Wirrwarr* [m], *Labyrinth* [o] • (hof, tuin) *Irrgarten* [m]
doop *Taufe* [v]
doopceel *Taufschein* [m] ▾ iemands ~ lichten *jmds. Sündenregister aufschlagen*
doopjurk *Taufkleid* [o]
doopnaam *Taufname* [m]
doopsel *Taufe* [v]
doopsgezind *mennonitisch*
doopvont *Taufbecken* [o], *Taufstein* [m]
door I [bijw] • (van a naar b) *durch, hindurch* ⋆ het hele jaar door *das ganze Jahr durch* ⋆ ergens niet door kunnen *irgendwo nicht durchkönnen* ⋆ onder de brug door *unter der Brücke hindurch* ⋆ de hele dag door *den ganzen Tag über* • (versleten) *ver-/zerschlissen* ▾ iem. door en door kennen *jmdn. ganz genau kennen* ▾ dat kan ermee door *das geht gerade so* ▾ door en door koud *durch und durch kalt* **II** [vz] • (van a naar b) *durch* [4] ⋆ door de week *wochentags* ⋆ door de jaren heen *im Laufe der Jahre* ⋆ zij liep door de kamer *sie ging durchs Zimmer* • (oorzaak/middel) ⋆ door middel van *durch* [4]; *mittels* [2] • (wegens/vanwege) *wegen* [2]; *dadurch, dass* ⋆ door omstandigheden *umstandshalber*
dooraderd *geadert, geädert*
doorbakken ‹in de oven› *durchgebacken,* ‹in de pan› *durchgebraten*
doorbellen (telefonisch) *durchgeben* ⋆ de correspondent belde een bericht door *der Korrespondent gab einen Bericht durch*
doorberekenen *aufschlagen* ⋆ de kosten in de prijs ~ *die Kosten auf den Preis aufschlagen*
doorbijten I [ov ww] • (stukbijten) *durchbeißen* **II** [on ww] • (doorzetten) *sich durchbeißen*
doorbladeren *durchblättern*
doorbloed *durchblutet*
doorborduren *weiterspinnen*
doorbóren *durchbohren*
dóórboren *durchbohren*
doorbraak *Durchbruch* [m]
doorbranden *durchbrennen* ⋆ de gloeilamp is doorgebrand *die Glühbirne ist durchgebrannt*
dóórbreken *durchbrechen*

doorbrengen *verbringen*
doordacht *durchdacht*
doordat *dadurch, dass*
doordénken *sich genauer überlegen, weiterdenken, durchdenken*
dóórdenken *weiter nachdenken*
doordenkertje Rätsel [o]
doordouwen I [ov ww] • (doordrukken) *durchdrücken, durchsetzen* **II** [on ww] • (doorzetten) *seinen Willen durchdrücken/durchsetzen, sich durchsetzen*
doordraaien I [ov ww] • (verkwisten) *durchbringen* • (hand.) *durchdrehen, durch den Fleischwolf drehen* **II** [on ww] • (verder draaien) *weiterdrehen* • (overspannen raken) *durchdrehen* • (dol draaien) *überdrehen*
doordrammen *durchsetzen, durchdrücken* ⋆ hij weet altijd zijn zin door te drammen *er schafft es immer, seinen Willen durchzusetzen*
doordraven *drauflosreden, sich hineinsteigern in* [4]
doordrijven *quengeln, durchsetzen* ⋆ zijn zin ~ *seinen Willen durchsetzen*
doordríngen *durchdringen*
dóórdringen *durchdringen*
doordringend *durchdringend*
doordrukken I [ov ww] • (doordrijven) *durchsetzen,* ‹inf.› *durchdrücken* **II** [on ww] • (een doordruk maken) *durchdrucken*
doordrukstrip Durchdrückverpackung [v]
dooreen *durcheinander*
doorgaan • (verder gaan met) *weiter..., fortfahren, weitermachen* ⋆ ~ met lezen *weiterlesen* ⋆ met zijn verhaal ~ *mit seiner Erzählung fortfahren* • (voortduren) *andauern, weitermachen* • (toch gebeuren) *stattfinden* ⋆ het feest gaat niet door *das Fest fällt aus;* ‹fig.› *daraus wird nichts* • (verder gaan) *weitergehen* ⋆ ga je nog door? *machst du noch weiter?* • (gaan door iets) *(hin)durchgehen, gehen durch* • (~ **voor**) *gelten für/als* ⋆ voor een genie ~ *als Genie gelten*
doorgaand *durchgehend* ⋆ ~ verkeer Durchgangsverkehr [m]
doorgaans *gewöhnlich*
doorgang Durchgang [m] ⋆ geen ~ vinden *nicht stattfinden; ausfallen*
doorgangshuis Heim [o], ‹blijf-van-mijn-lijfhuis› Frauenhaus [o]
doorgeefluik Durchreiche [v]
doorgeven • (verder geven) *weitergeben, herüberreichen* • (verder vertellen) *melden*
doorgewinterd • (ervaren) *gestanden* • (onverbeterlijk) *eingefleischt*
doorgronden *ergründen*
doorhalen • (erdoor trekken) *durchziehen* • (schrappen) *(durch)streichen*
doorhaling Streichung [v], (Durch)gestrichene [o]
doorhebben ‹begrijpen› *kapieren,* ‹doorzien› *durchschauen* ⋆ ik heb hem door! *den kenn ich schon länger!*
doorheen *hindurch* ▾ zich er ~ slaan *sich durchschlagen*
doorkiesnummer Durchwahl(nummer) [v]
doorkijk Durchblick [m]
doorkijken I [ov ww] • (vluchtig inzien) *durchsehen* **II** [on ww] • (door iets kijken) *(hin)durchsehen*
doorkneed *versiert, bewandert,* ‹inf.› *gewiegt* ⋆ in zijn vak ~ *in seinem Fach bewandert sein*
doorkomen • (erdoor komen) *durchkommen* • (waarneembaar worden) *durchkommen,* ‹van zon, tanden› *durchbrechen* ⋆ die zender komt goed door *dieser Sender ist gut zu empfangen* ▾ er is geen ~ aan *ein Durchkommen ist nicht möglich*
doorkrúísen • (rondtrekken) *durchkreuzen* • (dwarsbomen) *durchkreuzen* ⋆ zij doorkruiste mijn plannen *sie durchkreuzte meine Pläne*
doorlaatpost Durchlass [m], ‹grenskantoor› Grenzstelle [v]
doorlaten *durchlassen*
doorleefd *gezeichnet*
doorleren *sich weiterbilden, sich fortbilden*
doorleven I [ov ww] • (doormaken) *durchmachen, durchleben, erleben* **II** [on ww] • (verder leven) *weiterleben*
doorlezen I [ov ww] • (doornemen) *durchlesen* **II** [on ww] • (verder lezen) *weiterlesen*
doorlichten *röntgen, durchleuchten*
doorliggen *sich wund liegen, sich durchliegen*
doorlópen • (volgen) *durchlaufen* • (gaan door) *durchgehen, durchlaufen*
dóórlopen I [ov ww] • (stuklopen) ‹schoenen› *durchlaufen,* ‹van voeten› *wund laufen* • (even inzien) *durchfliegen* ⋆ een boek ~ *ein Buch durchfliegen* **II** [on ww] • (doorgaan) *durchgehen, durchlaufen* ⋆ de nummering loopt door *eine fortlaufende Nummerierung* • (verder lopen) *weitergehen, weiterlaufen* • (lopen door) *durchgehen, durchlaufen* ⋆ zij liep tussen de bomen door *sie ging zwischen den Bäumen durch* • (overvloeien van kleuren) *auslaufen*
doorlopend *durchgehend,* ‹form.› *fortwährend,* ‹voortdurend› *ständig* ⋆ ~ abonnement Dauerkarte [v] ⋆ ~e voorstelling *durchgehende Vorstellung* [v]
doorloper • (puzzel) Schwedenrätsel [o] • (schaats) *friesische(r)* Holzschlittschuh [m]
doormaken *durchmachen*
doormidden *entzwei, mittendurch*
doorn Dorn [m]
doornat *durchnässt, durch und durch nass, triefend nass,* ‹inf.› *pudel-/patschnass*
doornemen • (doorlezen) *durchgehen* • (bespreken) *durchsprechen*
Doornroosje Dornröschen [o]
doorpraten I [ov ww] • (bespreken) *durchsprechen* **II** [on ww] • (verder praten) *weitersprechen*
doorprikken • (openen door te prikken) *aufstechen* ⋆ een blaar ~ *eine Blase aufstechen* • (ontzenuwen) *entkräften, durchschauen* ⋆ door een verhaal heen prikken *eine Geschichte entkräften/widerlegen*
doorregen *durchwachsen*
doorreis Durchreise [v]
doorrijden • (verder rijden) *durch-/weiterfahren* • (sneller rijden) *schneller fahren,* ‹inf.› *zufahren*
doorrijhoogte Durchfahrtshöhe [v]
doorschemeren *durchschimmern* ⋆ iets laten ~ *etw. durchblicken lassen*
doorschiéten *durchschießen*
dóórschieten • (doorgaan met schieten) *weiterschießen* • (te ver doorgaan) ‹bal› *am Ziel vorbeifliegen,* ‹touw› *ablaufen lassen* • (te ver doorgroeien) *ins Kraut schießen* ⋆ doorgeschoten slaplanten *geschossene(r)* Salat [m]
doorschijnend *durchscheinend, durchsichtig*
doorschuiven I [ov ww] • (verder schuiven) *weiterschieben, durchschieben,* ‹fig.› *weitergeben* ⋆ iets onder de deur ~ *etw. unter der Tür durchschieben* **II** [on ww] • (schuivend verder gaan) *aufrücken*
doorseinen *durchgeben*
doorslaan I [ov ww] • (stukslaan) *entzweischlagen, aufschlagen, durchbrechen* **II** [on

ww] • (verder slaan) weiterschlagen • (overhellen) ausschlagen ⋆ de balans slaat door der Zeiger der Waage schlägt aus • (kortsluiten) durchschlagen ⋆ de stoppen slaan door die Sicherung schlägt/brennt durch • (doordraven) faseln • (bekennen) gestehen ⋆ zij is doorgeslagen sie hat gequatscht
doorslaand ⋆ ~ bewijs schlagender Beweis
doorslag Durchschlag [m], Durchschrift [v] ▾ de ~ geven ausschlaggebend sein
doorslaggevend ausschlaggebend, entscheidend
doorslikken hinunterschlucken
doorsmeren abschmieren, ‹een onderhoudsbeurt geven› warten
doorsnede • (tekening) Durchschnitt [m] • (diameter) Durchmesser [m], Diameter [m] • (vlak) Schnitt [m], Schnittfläche [v]
doorsnee Durchschnitt [m]
dóórsnijden durchschneiden
doorspekken spicken
doorspelen zuspielen, weiterleiten ⋆ de vraag aan een ander ~ die Frage an jmdn. anderen weiterleiten
doorspoelen • (doordraaien) durchspulen • (reinigen) durchspülen
doorspreken erörtern, durchsprechen
doorstaan ertragen, erdulden, ‹examen, proef› bestehen, ‹te boven komen› überstehen
doorstéken durchstechen
dóórsteken I [ov ww] • (gaan/steken door) durchstecken **II** [on ww] • (kortere weg nemen) abschneiden
doorstoten durchstoßen, vordringen ⋆ tot de kern van de zaak ~ bis zum Kern der Sache vorstoßen
doorstrepen durchstreichen
doorstromen • (verder stromen) durchfließen • (doorschuiven) ‹in onderwijs› überwechseln (auf), ‹m.b.t. woningen› ziehen (in)
doortastend durchgreifend, energisch
doortimmerd ⋆ hecht/goed ~ gut aufgebaut/ fundiert
doortocht • (doorgang) Durchfahrt [v], Passage [v] • (het doortrekken) Durchreise [v], ‹militair› Durchmarsch/-zug [m]
doortrapt abgefeimt, durchtrieben ⋆ erg ~ zijn hundsgemein sein
doortrekken I [ov ww] • (wc doorspoelen) spülen • (verlengen) weiterführen, verlängern **II** [on ww] • (gaan door) durchziehen • (verder trekken) weiterziehen
doortrokken ‹met vocht› durchtränkt, ‹van haat› durchdrungen, erfüllt
doorvaart Durchfahrt [v]
doorverbinden verbinden
doorverwijzen überweisen ⋆ zij werd doorverwezen naar een specialist sie wurde zu einem/an einen Facharzt überwiesen
doorvoed wohlgenährt
doorvoer • (het doorvoeren) Transit [m], Durchfuhr [v] • (doorgevoerde waren) Transitgut [o]
doorvoeren • (transporteren) ein Transitgut befördern, transportieren • (ten uitvoer brengen) durchführen ⋆ een beleid ~ einen politischen Beschluss durchführen
doorvoerhaven Transithafen [m]
doorvoerrechten Durchfuhrzoll [m]
doorwaadbaar seicht
doorweekt durchweicht
doorwerken I [ov ww] • (geheel bestuderen) durcharbeiten **II** [on ww] • (verder werken) weiterarbeiten • (invloed hebben) fortwirken ⋆ haar inzet werkt op anderen door ihr Engagement überträgt sich auf andere
doorwrocht ‹van bouwwerk/constructie› gediegen, ‹van plan/opstel› ausgereift
doorzagen I [ov ww] • (in tweeën zagen) durchsägen, zersägen • (ondervragen) durchlöchern **II** [on ww] herumnerven
doorzakken • (verzakken) durchbiegen, ‹muur› versacken ⋆ doorgezakte voet Senkfuß [m] • (lang/veel drinken) versacken ⋆ we zijn gisteravond flink doorgezakt wir sind gestern Abend ganz schön versackt
doorzetten I [ov ww] • (laten doorgaan) durchsetzen **II** [on ww] • (volhouden) durchhalten • (krachtiger worden) zunehmen
doorzetter Kämpfernatur [v]
doorzettingsvermogen Durchhaltevermögen [o]
doorzeven durchsieben
doorzichtig durchsichtig, transparent, ‹fig.› durchschaubar
dóórzien durchsehen ⋆ de stukken ~ die Akten durchsehen
doorzitten I [ov ww] • (te veel zitten) (sich) durchsitzen **II** [on ww] • (draf uitzitten) aussitzen
doorzoeken durchsuchen
doorzonwoning ≈ Wohnung mit großen Fenstern an der Vorder- und Hinterseite des Hauses [v]
doos ‹groot en stevig› Kasten [m], ‹plat, vooral rond› Dose [v], ‹van papier, zeer dun hout› Schachtel [v] ⋆ een doosje lucifers eine Schachtel Streichhölzer ▾ uit de oude doos aus der Mottenkiste
dop • (omhulsel) ‹van ei, noot› Schale [v], ‹van peulvruchten› Hülse [v] • (dekseltje) ‹van pen› Kappe [v], ‹van tube› Deckel [m] • (oog) ⋆ kijk eens uit je doppen! mach die Augen mal auf! ▾ kunstenaar in de dop ein Künstler in spe
dope Rauschgift [o]
dopen • (de doop toedienen) taufen • (indompelen) (ein)tauchen, ‹soppen› (ein)tunken
doperwt grüne Erbse [v]
dopheide Glockenheide [v]
doping Doping [o]
dopingcontrole Dopingkontrolle [v]
doppen enthülsen
dopplereffect Dopplereffekt [m]
dopsleutel Steckschlüssel [m]
dor • (verdroogd) dürr, trocken • (saai) langweilig, öde
dorp Dorf [o]
dorpel Schwelle [v]
dorpeling Dorfbewohner [m], Dörfler [m]
dorps ländlich, dörflich, bäurisch
dorpsbewoner Dorfbewohner [m]
dorpsgek Dorftrottel [m]
dorpsgenoot ≈ Mitbürger [m]
dorpshuis Gemeindeamt [o], ‹cultureel centrum› Gemeindezentrum [o], ‹groter› Rathaus [o]
dorpskern Dorfkern [m]
dorsen dreschen
dorsmachine Dreschmaschine [v]
dorst • (behoefte aan drinken) Durst [m] • (sterk verlangen) Gier [v] ⋆ ~ naar macht Machtgier [v]
dorsten dürsten (nach)
dorstig durstig
dorsvlegel Dreschflegel [m]
dorsvloer Tenne [v]
doseren dosieren
dosis Dosis [v]
dossier Dossier [o], Akte [v]
dot • (plukje) Knäuel [m/o] ⋆ een dot haar ein

Büschel Haar [o] ⋆ dot watten *Wattebausch* [m] • (iets kleins, schattigs) ⋆ dot van een kind *goldige(s) Kind* [o] ⋆ dot van een hoedje *ein reizender Hut*
dotterbloem *(Sumpf)dotterblume* [v]
douane • (grenspost) *Zoll* [m], ‹kantoor› *Zollamt* [o] • (beambte) *Zollbeamte(r)* [m]
douanier *Zollbeamte(r)* [m]
doublé I [het] *Dublee* [o] **II** [bnw] *aus/in Dublee*
doubleren • (verdubbelen) *verdoppeln*, ‹form.› *duplieren* • (blijven zitten) *wiederholen*, ‹inf.› *sitzen bleiben*
douche • (stortbad) *Dusche* [v] ⋆ een ~ nemen *sich duschen* • (douchecel) *Duschkabine* [v] ▾ een koude ~ *eine kalte Dusche*
douchecel *Dusche* [v], *Nasszelle* [v]
douchegordijn *Duschvorhang* [m]
douchen *(sich) duschen*
douwen *knuffen, puffen, schubsen*
dove *Taube(r)* [m]
doven • (uitdoen) *(aus)löschen* • (temperen) *dämpfen*
dovenetel *Taubnessel* [v]
down *down, bedrückt, niedergeschlagen*
dozijn *Dutzend* [o] ⋆ per ~ verkopen *im Dutzend verkaufen*
draad • (lang en dun geheel) *Faden* [m], ‹van metaal› *Draht* [m] • (vezel) *Faser* [v], *Fiber* [v] • (schroefdraad) *Gewinde* [o] • (samenhang) *Faden* [m] ⋆ de ~ kwijtraken *den Faden verlieren* ▾ met iets voor de ~ komen *mit etw. herausrücken* ▾ haar leven hangt aan een zijden ~ *je ihr Leben hängt an einem seidenen/dünnen Faden* ▾ zij is altijd tegen de ~ in *sie ist ein Querkopf* ▾ tot op de ~ versleten *fadenscheinig*
draadloos *drahtlos* ⋆ draadloze telegrafie *Funktelegraphie* [v] ⋆ draadloze omroep *Rundfunk* [m]
draadnagel *Drahtnagel/-stift* [m]
draagbaar I [de] *Tragbahre* [v] **II** [bnw] *tragbar*
draagkarton *Tragepackung* [v]
draagkracht ‹techn.› *Tragkraft* [v], ‹van bedrijf/land› *Finanzkraft* [v], ‹van individu› *Vermögenslage* [v] ⋆ naar ~ betalen *nach Vermögenslage bezahlen*
draagkrachtig *einkommensstark, leistungsfähig* ⋆ minder ~ *einkommensschwach*
draaglijk *erträglich, annehmbar, passabel*
draagmoeder *Leihmutter* [v]
draagstoel *Tragsessel* [m], *Sänfte* [v]
draagtijd *Tragezeit* [v]
draagvermogen • (techn.) *Tragkraft* [v] • (scheepv.) *Ladefähigkeit* [v]
draagvlak *Tragfläche* [v]
draagwijdte *Tragweite* [v]
draai • (draaiing) *Drehung* [v], *Wendung* [v] • (klap) *Ohrfeige* [v] ⋆ iem. een ~ om de oren geven *jmdm. eine Ohrfeige geben* ▾ zijn ~ niet kunnen vinden *nicht in Gang kommen können*
draaibaar *drehbar* ⋆ ~ toneel *Drehbühne* [v]
draaibank *Drehbank* [v]
draaiboek *Drehbuch* [o]
draaicirkel *Wendekreis* [m]
draaideur *Drehtür* [v]
draaien I [ov ww] • (in het rond draaien) *drehen* • (keren/wenden) *drehen* • (afspelen) *laufen lassen, (ab)spielen* ⋆ een plaatje ~ *eine Platte spielen* • (telefoneren) *wählen* ⋆ een nummer ~ *eine Nummer wählen* • (bewerken) *drehen*, ‹hout› *drechseln* **II** [on ww] • (in het rond gaan) *sich drehen* • (wenden) *sich drehen* • (uitvluchten zoeken) *sich winden* ⋆ eromheen ~ *um den heißen Brei herumreden* • (functioneren) *laufen* ⋆ de zaak heeft dit jaar goed gedraaid *das Geschäft lief dieses Jahr gut* • (vertoond worden) *laufen* ⋆ welke film draait er deze week? *welcher Film läuft diese Woche?* ▾ het draait me voor de ogen *mir dreht sich alles*
draaierig *schwindlig*
draaiing *Drehung* [v], ‹bocht› *Biegung* [v], ‹bocht in weg› *Kurve* [v], ‹van een bal› *Drall* [m]
draaikolk *Strudel* [m]
draaikont *Heuchler* [m], *Wendehals* [m]
draaimolen *Karussell* [o]
draaiorgel *Drehorgel* [v]
draaischijf • (kiesschijf) *Wählscheibe* [v] • (draaitafel) *Plattenteller* [m] • (pottenbakkersschijf) *Drehscheibe* [v]
draaitafel *Plattenspieler* [m]
draaitol • (persoon) *Zappelphilipp* [m], *Quirl* [m] • (tol) *Kreisel* [m]
draak • (beest) *Drache* [m] • (melodrama) ‹roman› *Kitsch-/Schundroman* [m], ‹toneelstuk› *Rührstück* [o] • (akelig mens) *Drachen* [m] ▾ de ~ steken met iem. *seinen Spott mit jmdm. treiben*
drab • (modder) *Brei* [m], *Trübe* [v] • (bezinksel) *Bodensatz* [m]
dracht • (kleding) *Tracht* [v] • (drachtig zijn) *Trächtigkeit* [v]
drachtig *trächtig*
draf • (gang van paard) *Trab* [m] • (het hard lopen) ⋆ het op een drafje zetten *sich in Trab setzen* ⋆ op een drafje *schnell*
drafsport *Trabsport* [m]
dragen I [ov ww] • (op zich nemen) ⋆ de kosten ~ *die Kosten tragen* • (ondersteunen) *ruhen* • (aan/bij zich hebben) *tragen* ⋆ het was te zwaar om te ~ *es war zu schwer zum Tragen* ⋆ zij draagt altijd een zwarte jurk *sie trägt immer ein schwarzes Kleid* **II** [on ww] • (etteren) *nässen* • (reikwijdte hebben) *tragen*
drager • (wezen) *Träger* [m] • (voorwerp) *Träger* [m]
dragon *Estragon* [m], *Dragon* [m/o]
dragonder *Dragoner* [m]
drain *Drän* [m], *Drain* [m]
draineren *dränieren/drainieren*
dralen *zaudern, zögern*
drama *Drama* [o]
dramatiek *Dramatik* [v]
dramatisch *dramatisch* ⋆ doe niet zo ~! *mach kein Theater!*
dramatiseren *dramatisieren*
dramaturg *Dramaturg* [m]
drammen *drängeln, quengeln*
drang • (druk) *Druck* [m] • (aandrang) *Drang* [m], *Trieb* [m] ⋆ ~ tot stelen *Hang zum Stehlen* [m]
dranger *Türschließer* [m]
dranghek *Sperrgitter* [o]
drank • (vocht) *Getränk* [o], ‹form.› *Trank* [m] ⋆ spijs en ~ *Speis und Trank* • (alcoholische drank) *Alkohol* [m] ⋆ sterke ~ *Spirituosen* [mv] ⋆ aan de ~ zijn *dem Alkohol verfallen sein; alkoholsüchtig sein*
drankje • (geneesmiddel) *Sirup* [m], *Saft* [m] • (glaasje drank) *Getränk* [o], *Drink* [m]
drankmisbruik *Alkoholmissbrauch* [m]
drankorgel *Trunkenbold* [m], *Säufer* [m]
drankvergunning *Schankerlaubnis* [v], *Schankkonzession* [v]
draperen *drapieren*
drassig *sumpfig, schlammig*
drastisch *drastisch*

draven *eilen, rennen,* ‹van dieren› *traben,* ‹van mensen› *auf Trab sein* ⋆ ze loopt de hele dag al te ~ *sie ist schon den ganzen Tag auf Trab*
draverij *Trabrennen* [o]
dreadlock *Rastalocken* [mv]
dreef *Allee* [v] ▾ op ~ zijn *gut im Zuge sein; in Schwung sein* ▾ op ~ komen *in Gang kommen*
dreg *Dregge* [v], *Draggen* [m], ‹vishaak› *Drilling* [m]
dreggen *mit einem Draggen nach einer Sache/jmdm. fischen*
dreigbrief *Drohbrief* [m]
dreigement *Drohung* [v]

D

dreigen I [ov ww] • (bedreigen) *drohen* ⋆ hij dreigde haar het kind mee te nemen *er drohte ihr, das Kind mitzunehmen* **II** [on ww] • (staan te gebeuren) *drohen* ⋆ er dreigt gevaar *es droht Gefahr*
dreigend *drohend, bedrohlich*
dreiging *Drohung* [v]
dreinen *quengeln*
drek *Dreck* [m], *Kot* [m]
drempel • (belemmering) *Schwelle* [v] • (verhoging) *Schwelle* [v], *Türschwelle* [v]
drempelvrees *Schwellenangst* [v]
drempelwaarde *Schwellenwert* [m]
drenkeling ‹verdrinkend› *Ertrinkende(r)* [m], ‹verdronken› *Ertrunkene(r)* [m]
drenken *tränken*
drentelen *schlendern*
drenzen *quengeln*
dresseren *dressieren, abrichten*
dressing *Dressing* [o]
dressman *Dressman* [m]
dressoir *Büfett* [o], *Anrichte* [v]
dressuur *Dressur* [v], *Abrichtung* [v]
dreumes *Knirps* [m]
dreun • (het dreunen) *Dröhnen* [o] • (eentonig geluid) *Geleier* [o] • (klap) *Schlag* [m], *Hieb* [m]
dreunen *dröhnen*
drevel *Durchschlag* [m]
dribbel *Dribbling* [o]
dribbelen • (lopen) *trippeln* • (sport) *dribbeln*
drie I [de] *Drei* [v], ≈ ‹schoolcijfer› *Sechs* [v] **II** [telw] *drei* ⋆ we waren met ons drieën *wir waren zu dritt* ⋆ hoofdstuk drie *das dritte Kapitel* ▾ niet tot drie kunnen tellen *nicht bis drei zählen können* → **acht**
driebaansweg *dreispurige Straße* [v]
driedaags *dreitägig* ⋆ ~e koorts *Dreitagefieber* [o]
driedimensionaal *dreidimensional*
driedubbel *dreifach*
drie-eenheid *Dreieinigkeit* [v]
driehoek *Dreieck* [o]
driehoekig *dreieckig*
driehoeksverhouding *Dreiecksverhältnis* [o]
drieklank *Dreiklang* [m]
driekleur *dreifarbige Fahne* [v] ⋆ de Nederlandse ~ *rotweißblaue Fahne* [v] ⋆ de Franse ~ *Trikolore* [v]
Driekoningen • (personen) *Dreikönige* [mv] • (feest) *Dreikönigsfest* [o]
driekwart *drei viertel*
driekwartsmaat *Dreivierteltakt* [m]
drieledig *dreigliedrig*
drieling *Drilling* [m]
drieluik *Triptychon* [o]
driemaal *dreimal*
driemanschap *Triumvirat* [o]
driemaster *Dreimaster* [m]
driepoot • (stoeltje) *Dreifuß* [m], *Dreibein* [o] • (statief) *Rohrstativ* [o], *Dreibein* [o] • (letter m) *m* [o]
driespan *Dreigespann* [o], *Triga* [v]
driesprong • (bij wegen) *dreiarmige Weggabelung* [v] • (paardensport) *dreifache Kombination* [v]
driest • (roekeloos) *dreist, keck* • (brutaal) *frech*
driestemmig *dreistimmig*
drietal *Dreiheit* [v] ⋆ een ~ boeken *drei Bücher*
drietand *Dreizack* [m]
drietonner *Dreitonner* [m]
drievoud *Dreifache(s)* [o] ⋆ in ~ *in dreifacher Ausfertigung*
driewegstekker *Dreifachstecker* [m]
driewieler *Dreirad* [o]
driezitsbank *dreisitzige(s) Sofa* [o]
drift • (neiging) *Trieb* [m], ‹hartstocht› *Leidenschaft* [v], ‹psychologisch› *Drang* [m] ⋆ zijn ~en beteugelen *seine Triebe zügeln/bezähmen* • (woedeaanval) *Wut* [v], *Zorn* [m] ⋆ ~ welde in haar op *Wut stieg in ihr auf* • (het afdrijven) *Treiben* [o], *Drift* [v] ⋆ op ~ raken *ins Treiben kommen*
driftbui *Wutanfall* [m], *Zornausbruch* [m]
driftig I [bnw] • (opvliegend) *hitzig, aufbrausend, jähzornig* ⋆ ~ karakter *cholerische(s)/ aufbrausende(s) Wesen* [o] • (kwaad) *wütend, zornig* ⋆ hij werd zeer ~ *er wurde sehr wütend* **II** [bijw] *heftig* ⋆ ze stond ~ te gebaren *sie gestikulierte erregt*
driftkikker *Choleriker* [m], *Hitzkopf* [m]
drijfgas *Treibgas* [o]
drijfhout *Treibholz* [o]
drijfjacht *Treibjagd* [v]
drijfkracht ‹ook fig.› *Triebkraft* [v]
drijfnat *triefnass, triefend nass, durchnässt,* ‹inf.› *klitsch-/klatsch-/patschnass*
drijfnet *Treibnetz* [o]
drijfriem *Transmissions-/Treibriemen* [m]
drijfveer *Triebfeder* [v]
drijfzand *Mahl-/Treibsand* [m]
drijven I [ov ww] • (opjagen) *treiben, jagen* ⋆ paarden naar de markt ~ *Pferde zum Markt treiben* • (aanzetten) *treiben* ⋆ iets tot het uiterste ~ *etw. zum Äußersten treiben* ⋆ door ambitie gedreven *aus Ehrgeiz* • (uitoefenen) *treiben* ⋆ handel ~ *Handel treiben* ▾ iem. in het nauw ~ *jmdn. in die Enge treiben* **II** [on ww] • (stromen) *treiben, ziehen* ⋆ de wolken ~ door de lucht *die Wolken ziehen am Himmel* • (niet zinken) *treiben, schwimmen,* ‹aandrijven› *angeschwemmt werden* ⋆ het ijs drijft op de rivier *das Eis treibt auf dem Fluss* • (kletsnat zijn) *durchnässt sein,* ‹overstroomd zijn› *unter Wasser stehen* ⋆ de tafel dreef van de melk *die Milch schwamm auf dem Tisch* ▾ de organisatie drijft op haar *sie ist die treibende Kraft bei der Organisation*
drijver • (opjager) *Treiber* [m] • (voorwerp dat drijft) *Schwimmer* [m]
drilboor *Drillbohrer* [m]
drillen • (africhten) *drillen* • (boren) *drillen*
dringen I [ov ww] • (duwen) *drängen,* ‹inf.› *drängeln* ⋆ zich op de voorgrond ~ *sich in den Vordergrund drängen* ▾ de tijd dringt *die Zeit drängt* **II** [on ww] • (krachtig voortgaan) *(sich) drängen* ⋆ dring niet zo! *dräng nicht so!* ⋆ er werd vreselijk gedrongen *es war ein fürchterliches Gedränge* ⋆ zij probeerde door de menigte te ~ *sie versuchte, sich durch die Menge zu drängen*
dringend I [bnw] • (met aandrang) *dringend, inständig* ⋆ een ~ verzoek *eine dringende Bitte* • (urgent) *dringend* ⋆ een ~ probleem *ein brennendes Problem* **II** [bijw] • (met aandrang) *dringlich* ⋆ ~ verzoeken *dringlich bitten*

• (onmiddellijk) *dringend* ⋆ ik moet je ~ spreken *ich muss dich dringend sprechen*
drinkbaar *trinkbar*
drinkebroer *Zechbruder* [m]
drinken *trinken,* ‹inf.› *saufen*
drinkgelag *Trinkgelage* [o]
drinklied *Trinklied* [o]
drinkwater *Trinkwasser* [o]
drive-inwoning *Drive-in-Wohnung* [v]
droef *traurig, betrübt*
droefenis *Betrübtsein* [o], *Trauer* [v], *Betrübnis* [v]
droefgeestig *trübsinnig, schwermütig, melancholisch*
droesem *Hefe* [v], *Bodensatz* [m]
droevig • (verdrietig) *betrübt, traurig* • (bedroevend) *misslich, traurig, betrüblich*
drogen I [ov ww] • (droog maken) *trocknen* **II** [on ww] • (droog worden) *trocknen*
drogeren *dopen*
drogist *Drogist* [m]
drogreden *Scheinbeweis* [m], *Trugschluss* [m]
drol • (keutel) *Haufen* [m], *Wurst* [v], ‹van paard› *Pferdeapfel* [m] • (liefkozende benaming) *drollige(s) Kind* [o], *Knirps* [m]
drom *Haufen* [m], *Schar* [v] ⋆ in dichte drommen *in hellen Haufen; in großer Zahl*
dromedaris *Dromedar* [o]
dromen *träumen* ⋆ dat had ik nooit durven ~ *das hätte ich mir nicht träumen lassen* ⋆ ik kan dat boek wel ~ *ich kenne das Buch in- und auswendig* ▾ dat had je gedroomd! *das hast du dir gedacht!*
dromer *Träumer* [m]
dromerig • (mijmerend) *träumerisch, sinnend* • (onwerkelijk) *traumhaft, surreal*
drommel ⋆ een arme ~ *ein armer Schlucker/ Teufel* [m] ▾ om de ~ niet! *beileibe nicht!*
drommels I [bnw] *verdammt, verteufelt, verflixt* ⋆ die ~e jongen *dieser verflixte Kerl* **II** [bijw] ⋆ dat weet je ~ goed *das weißt du verdammt genau* **III** [tw] *verflixt!, verdammt!*
drommen *in Scharen kommen/gehen*
dronk *Trunk* [m], *Schluck* [m] ⋆ een ~ op iem. uitbrengen *auf jmdn. trinken*
dronkaard *Trinker* [m], *Trunkenbold* [m]
dronken • (bedwelmd) *betrunken* ⋆ iem. ~ voeren *jmdn. betrunken machen* • (~ **van**) *erfreut (über)* ⋆ ~ van vreugde *freudetrunken*
***dronkenlap** (Wdl: dronkelap) *Trunkenbold* [m], *Säufer* [m]
dronkenschap *Betrunkenheit* [v]
droog • (niet nat) *trocken* ⋆ ~ houden! *vor Nässe schützen!* ⋆ ~ weer *trockene(s) Wetter* [o] • (saai) *trocken* ⋆ een droge vent *ein trockener Kerl* [m] • (niet zoet) *trocken* ⋆ een droge wijn *ein trockener Wein* [m] ▾ dat levert geen ~ brood op *das bringt nichts ein*
droogbloem *Trockenblume* [v]
droogdoek *Abtrockentuch* [o], *Geschirrtuch* [o]
droogdok *Trockendock* [o]
droogkap *Trockenhaube* [v]
droogkloot *Trauerkloß* [m], *Muffel* [m], *Langweiler* [m]
droogleggen • (droogmaken) *trockenlegen* • (alcoholverkoop verbieden) *trockenlegen*
drooglijn *Wäscheleine* [v]
droogmaken • (afdrogen) *trocknen* • (droogleggen) *trockenlegen*
droogmolen *Trocken-/Wäschespinne* [v]
droogpruim *Langweiler* [m]
droogrek *Trockengestell* [o], *Wäscheständer* [m]
droogshampoo *Trockenshampoo* [o]
droogstaan • (zonder water zijn) *trocken/ vertrocknet sein* • (geen alcohol meer drinken) *trocken sein,* ‹scherts› *auf dem Trocknen sitzen*
droogstoppel *Trantüte/-funzel* [v], *Langweiler* [m]
droogte • (periode) *Trockenheit* [v] • (het droog zijn) *Trockenheit* [v]
droogtrommel *Wäschetrockner* [m]
droogvallen *auflaufen*
droom *Traum* [m] ▾ iem. uit de ~ helpen *jmdn. aufklären* ▾ dromen zijn bedrog *Träume sind Schäume*
droombeeld *Traumbild* [o]
droomwereld *Welt der Träume* [v]
drop *Lakritze* [v]
droppen • (neerlaten) *abwerfen* • (afzetten) *absetzen*
dropping • (het uitwerpen) *Abwurf* [m] • (spel) ≈ *Orientierungsspiel* [o]
dropwater *Lakritzwasser* [o]
drug *Droge* [v], *Rauschgift* [o] ⋆ drugs gebruiken *Rauschgift/Drogen nehmen/konsumieren* ⋆ verslaafd aan drugs *drogenabhängig; rauschgiftsüchtig* ▾ hard/soft drugs *harte/weiche Drogen*
drugsverslaafde *Drogenabhängige(r)* [m]
druïde *Druide* [m]
druif • (vrucht) *Traube* [v] • (persoon) ‹man› *komische(r) Kauz* [m], ‹vrouw› *komische Nudel* [v]
druilen I [on ww] • (zeuren) *lustlos sein, vor sich hin dösen* **II** [onp ww] *trübe sein*
druilerig • (lusteloos) *lustlos* • (regenachtig) *regnerisch*
druiloor *Dussel* [m]
druipen • (druppelen) *triefen, tropfen* ⋆ het zweet druipt langs mijn rug *mir trieft der Schweiß vom Rücken* • (nat zijn) *triefen, tropfen*
druiper *Tripper* [m]
druipnat *triefnass*
druipsteen *Tropfstein* [m]
druivensap *Traubensaft* [m]
druivensuiker *Traubenzucker* [m]
druk I [de] • (het duwen) ⋆ een lichte druk op de knop *ein leichter Knopfdruck* • (drukkende kracht) ⋆ onder druk zetten/staan ‹ook fig.› *unter Druck setzen/stehen* ⋆ ‹techn.› lage druk *Niederdruck* [m] • (aandrang) *Druck* [m] ⋆ zij stond erg onder druk *sie stand schwer unter Druck* ⋆ druk uitoefenen op iem. *Druck ausüben auf jmdn.* ⋆ onder de druk van de algemene opinie zwichten *unter dem Druck der öffentlichen Meinung nachgeben* ⋆ onder hoge druk werken *unter Hochdruck arbeiten* • (het boekdrukken) *Druck* [m] ⋆ in druk geven *in Druck geben* ⋆ in druk verschijnen *im Druck erscheinen* • (oplage) *Auflage* [v] ⋆ eerste druk *Erst-/Neuauflage* [v] **II** [bnw] • (met veel werk) ‹van bezigheden› *anstrengend,* ‹van personen› *beschäftigt* ⋆ zij heeft het druk met de voorbereidingen *sie hat alle Hände voll zu tun mit den Vorbereitungen* ⋆ ik heb het druk *ich habe viel zu tun* ⋆ een druk programma *ein volles Programm* ⋆ een drukke dag *ein schwerer/anstrengender Tag* • (levendig) *geschäftig,* ‹op straat› *belebt* ⋆ een druk dessin *ein aufdringliches Muster* • (goed bezocht) ⋆ druk bezocht *stark besucht* ⋆ op de najaarsbeurs was het erg druk *auf der Herbstmesse herrschte viel Betrieb* ⋆ een drukke winkel *ein stark besuchter Laden* ⋆ het was me te druk op dat feestje *es war mir zu voll auf dem Fest* ⋆ het was druk op straat *es herrschte starker Verkehr* ⋆ drukke straat *belebte Straße* [v] • (opgewonden) *lebhaft* ⋆ maak je niet druk! *reg dich ab!* ⋆ zich druk maken om *sich aufregen über* [4] ⋆ de kinderen zijn veel te druk

D

die Kinder sind viel zu laut ★ druk door elkaar praten *lebhaft/aufgeregt durcheinander reden* **III** [bijw] ‹levendig› *rege*, ‹vaak› *stark* ★ druk aan het schrijven/leren zijn *eifrig am Schreiben/Lernen sein* ★ er wordt druk over gesproken *man redet viel davon* ★ druk gebruik maken van *starken Gebrauch machen von*
drukdoenerij *Wichtigtuerei* [v]
drukfout *Druckfehler* [m]
drukinkt *Druckerschwärze* [v]
drukken I [ov ww] • (duwen) *drücken* ★ iem. iets in de hand ~ *jmdm. etw. in die Hand drücken* • (afdrukken) *drucken* • (tot last zijn) *lasten (auf)* ★ er drukt een zware last op haar *eine ernste Sorge (be)drückt sie; eine ernste Sorge lastet auf ihr* **II** [on ww] • (poepen) *groß machen*, ‹kindertaal› *Aa machen* • (kracht uitoefenen) *drücken* ★ op een knopje ~ *auf einen Knopf drücken* **III** [wkd ww] *sich drücken*
drukkend • (bezwarend) *drückend* • (benauwd) *drückend, schwül*
drukker • (boekdrukker) *Drucker* [m] • (drukknop) *Druckknopf* [m]
drukkerij *Druckerei* [v]
drukknoop *Druckknopf* [m]
drukkunst *Buchdruckerkunst* [v]
drukletter *Druckbuchstabe* [m]
drukmiddel *Druckmittel* [o]
drukpers *Druckpresse* [v] ▾ vrijheid van ~ *Pressefreiheit* [v]
drukproef *Fahne* [v], *Druck-/Korrekturfahne* [v]
drukte • (veel werk) *Aufwand* [m] • (ophef) *Umstände* [mv] ★ u hoeft voor ons geen ~ te maken *machen Sie sich wegen uns keine Umstände* ★ veel ~ om iets maken *viel Aufhebens von etw. machen* ★ veel ~ om niets *viel Lärm um nichts* • (leven, bedrijvigheid) *Betrieb* [m], ‹inf.› *Rummel* [m] ★ de verhuizing brengt veel ~ met zich mee *der Umzug bringt viel Rummel mit sich* ▾ kouwe ~ *Windmacherei* [v]; *Schaumschlägerei* [v] ▾ wat een kouwe ~! *so 'n Theater!*
druktemaker *Wichtigtuer* [m], *Aufschneider* [m], *Schwätzer* [m]
druktoets *Drucktaste* [v]
drukverband *Druckverband* [m]
drukwerk • (het drukken) *Druck* [m] ★ ~ opgeven *etw. in Druck geben* • (gedrukt stuk) *Druckwerk* [o] • (poststuk) *Drucksache* [v] ★ als ~ verzenden *als Drucksache versenden*
drum • (instrument) *Trommel* [v], *Drum* [v] • (vat) *Fass* [o]
drumband *Schlagzeugband* [v]
drummen *Schlagzeug spielen*
drummer *Schlagzeuger* [m]
drumstel *Schlagzeug* [o]
drup *Tropfen* [m]
druppel *Tropfen* [m] ▾ dat is een ~ op een gloeiende plaat *das ist ein Tropfen auf den heißen Stein* ▾ dat is de ~ die de emmer doet overlopen *das bringt das Fass zum Überlaufen; das schlägt dem Fass den Boden aus* ▾ op elkaar lijken als twee ~s water *sich gleichen wie ein Ei dem anderen*
druppelen I [ov ww] • (in druppels laten vallen) *tröpfeln, träufeln* ★ iets in het oor ~ *etw. ins Ohr träufeln* **II** [on ww] • (druipen) *tropfen*
druppelsgewijs • (druppel voor druppel) *tropfenweise* • (beetje voor beetje) *nach und nach* ★ de toeschouwers kwamen ~ binnen *die Zuschauer kamen nach und nach herein*
druppen *tropfen*
D-trein *D-Zug* [m], *Schnellzug* [m]
dualistisch *dualistisch*

D

dubbel I [het] • (dubbel exemplaar) *Dublette* [v] • (sport) *Doppel* [o] ★ gemengd ~ *gemischte(s) Doppel* ★ een ~ spelen *ein Doppel austragen* **II** [bnw] • (twee maal) *doppelt, Doppel-, doppel-* ★ ~e beglazing *Doppelfenster* [o] ★ geweer met ~e loop *doppelläufige(s) Gewehr* [o] ★ het ~e van de prijs betalen *den doppelten Preis zahlen* ★ de ~e punt *der Doppelpunkt* ★ de ~e salto *der zweifache Salto* • (tweeslachtig) ★ ~e bodem *doppelte(r) Boden* [m] ★ ~e moraal *doppelte Moral* [v] **III** [bijw] *doppelt, zweimal* ★ ~ zo erg *doppelt so schlimm* ★ zij ziet ~ *sie sieht doppelt* ▾ ~ parkeren *in zweiter Reihe parken* ▾ ~ en dwars *doppelt und dreifach*
dubbeldekker *Doppeldecker* [m]
dubbeldeks *zweistöckig*
dubbelganger *Doppelgänger* [m]
dubbelhartig *doppelzüngig*
dubbelop *zweifach*, ‹scherts› *doppelt gemoppelt*
dubbelparkeerder ≈ *jmd. der in der zweiten Reihe parkt*
dubbelrol *Doppelrolle* [v]
dubbelspel *Doppel(spiel)* [o]
dubbelspion *Doppelagent* [m]
dubbelspoor ‹bij geluidsinstallaties› *Doppelspur* [v], ‹bij rails› *Doppelgleis* [o]
dubbelster *Doppelstern* [m]
dubbeltje *Zehncentstück* [o] ▾ je weet nooit hoe een ~ rollen kan *man weiß nie, wie der Hase läuft* ▾ het is een ~ op zijn kant *es steht auf des Messers Schneide* ▾ elk ~ omdraaien *jeden Pfennig umdrehen* ▾ zo plat als een ~ *platt wie eine Flunder* ▾ op de ~s passen *mit dem Pfennig rechnen*
dubbelvouwen *zusammenfalten, zusammenklappen*
dubbelzijdig *zweiseitig, doppelseitig, beidseitig*
dubbelzinnig *doppeldeutig/-sinnig, zweideutig*
dubben *schwanken*
dubieus *dubios, dubiös, zweifelhaft*
dubio ▾ in ~ staan *im Zweifel sein*
Dublin *Dublin* [o]
duchten *(be)fürchten* ★ geen gevaar te ~ hebben *keine Gefahr zu befürchten haben*
duchtig *tüchtig, gehörig*
duel *Duell* [o], *Zweikampf* [m]
duelleren *sich duellieren* ★ ~ op de degen *ein Duell auf Degen*
duet *Duett* [o]
duf • (muf) *muffig* • (saai) *fade*, ‹bekrompen› *bieder*
duidelijk *deutlich, verständlich*, ‹helder› *klar*
duidelijkheid *Deutlichkeit* [v], *Klarheit* [v]
duiden I [ov ww] • (verklaren) *deuten, erklären* **II** [on ww] • (wijzen) *deuten, weisen* ★ op iets ~ *auf etw. deuten* ★ dat duidt duidelijk op iets anders *das weist deutlich auf etw. anderes hin*
duif *Taube* [v] ▾ onder iemands duiven schieten *jmdm. ins Handwerk pfuschen; jmdm. ins Gehege kommen*
duig *Daube* [v] ▾ in duigen vallen *in die Brüche gehen*
duik • (duikvlucht) *Sturzflug* [m] • (het duiken) *Tauchen* [o], ‹sprong› *Kopfsprung* [m] ★ een duik nemen *(ein)tauchen*
duikboot *Unterseeboot* [o], *U-Boot* [o]
duikbril *Taucherbrille* [v]
duikelaar *Stehauf* [m], *Stehaufmännchen* [o] ▾ hij is een slome ~ *er ist eine trübe Tasse*
duikelen *purzeln*
duiken • (duiksport beoefenen) *tauchen* • (wegkruipen) *sich vergraben* • (zich verdiepen

in) *sich vergraben* ⋆ in een onderwerp ~ *sich in ein Thema vergraben* • (lager bieden) ‹bij kaartspel› *eine niedrigere Karte ausspielen* ⋆ onder de prijs ~ *unter dem Preis des Konkurrenten verkaufen*
duiker • (persoon) *Taucher* [m] • (watergang) *Düker* [m]
duikklok *Taucherglocke* [v]
duikplank *Sprungbrett* [o] ⋆ ~ van één/drie meter *Ein-/Dreimeterbrett* [o]
duikvlucht *Sturzflug* [m]
duim • (vinger) *Daumen* [m] • (lengtemaat) *Zoll* [m] ▾ iem. onder de duim houden *jmdn. unter seiner Fuchtel halten* ▾ iets uit zijn duim zuigen *sich etw. aus den Fingern saugen*
duimbreed ▾ geen ~ wijken *keinen Finger-/Zollbreit weichen*
duimdik *daumendick, zolldick*
duimen ⋆ voor iem. ~ *jmdm. die Daumen halten/drücken*
duimendik ▾ dat ligt er ~ bovenop *das ist ganz offensichtlich; das ist sonnenklar*
duimendraaien *Daumen/Däumchen drehen*
duimschroef *Daumenschraube* [v]
duimstok *Zollstock* [m], *Metermaß* [o]
duin **I** [de] *Düne* [v] **II** [het] *Dünen* [mv]
duindoorn *Sanddorn* [m]
duinpan *Dünenkessel* [m]
duister **I** [het] *Dunkel* [o], ‹fig.› *Ungewisse* [o] ⋆ in het ~ zitten *im Dunkeln sitzen* ▾ een sprong in het ~ *ein Sprung ins Ungewisse* ▾ in het ~ tasten *im Dunkeln tappen* **II** [bnw] • (donker) *dunkel, finster* ⋆ ~ als de nacht *finster wie die Nacht* • (onduidelijk) *unklar* ⋆ het is me volkomen ~ *es ist mir schleierhaft* ⋆ de toekomst is ~ *die Zukunft ist ungewiss* • (onguur) *dunkel, obskur* ⋆ een ~ vermoeden *eine dunkle/dumpfe Ahnung* [v] ⋆ ~e praktijken *obskure Praktiken*
duisternis *Dunkelheit* [v], *Finsternis* [v], ‹fig.› *Dunkel* [o]
duit • (munt) *Heller* [m] • (geld) *Moneten* [mv], ‹inf.› *Kies* [m], *Kohle* [v] ⋆ dat heeft een aardige duit gekost *das hat ein kleines Vermögen gekostet* ⋆ hij heeft geen rooie duit *er hat keinen roten/lumpigen Heller* ▾ een duit in het zakje doen *seinen Senf dazugeben*
Duits **I** [het] *Deutsch(e)* [o] **II** [bnw] *deutsch*
Duitser *Deutsche(r)* [m]
Duitsland *Deutschland* [o]
Duitstalig *in/auf Deutsch, deutschsprachig*
duivel *Teufel* [m] ▾ als men van de ~ spreekt, trapt men op zijn staart *wenn man vom Teufel spricht, ist er nicht weit* ▾ loop naar de ~! *scher dich zum Teufel!* ▾ het is of de ~ ermee speelt *es ist doch wie verhext* ▾ als een ~tje uit een doosje *wie ein Blitz aus heiterem Himmel* ▾ zijn ziel aan de ~ verkopen *ein Pakt mit dem Teufel schließen* ▾ hij is te dom om voor de ~ te dansen *er ist dümmer als die Polizei erlaubt* ▾ de ~ hale je! *hol dich der Teufel!*
duivelin *Teufelin* [v]
duivels **I** [bnw] • (als van een duivel) *teuflisch* ⋆ een ~ plan *ein teuflischer Plan* • (woedend) *wütend* ⋆ des ~ zijn *fuchsteufelswild sein* **II** [tw] *Teufel noch mal!*
duivelskunstenaar • (tovenaar) *Teufelskünstler* [m], *schwarze(r) Magier* [m] • (erg handig mens) *Tausendsassa* [m]
duivenmelker • (houder) *Taubenzüchter* [m] • (handelaar) *Taubenhändler* [m]
duiventil *Taubenschlag* [m]
duizelen *schwindeln* ⋆ mijn hoofd duizelt *mein Kopf schwindelt; der Kopf schwindelt mir*
duizelig *schwindlig*
duizeling *Schwindelgefühl* [o]
duizelingwekkend *Schwindel erregend* ⋆ ~e hoogte *schwindelnde Höhe* [v]
duizend *tausend* ⋆ ~en mensen *tausend und abertausend Menschen; Tausende/tausende Menschen*
duizendje *Tausender* [m]
duizendkunstenaar *Alleskönner* [m]
duizendpoot • (iem. die alles kan) *Tausendsassa* [m] • (dier) *Tausendfüßler* [m]
duizendschoon *Tausendschön* [o]
duizendste *tausendst* ⋆ de ~ klant *der tausendste Kunde* → **achtste**

D

duizendtal *Tausend* [o]
dukaat *Dukaten* [m]
dulden • (verdragen) *ertragen, dulden* • (toelaten) *dulden*
dummy • (stroman) *Strohmann* [m] • (demonstratiemodel) *Dummy* [m], *Attrappe* [v] • (blinde in kaartspel) *Strohmann* [m]
dump • (winkel) *Verkauf aus Heeresbeständen* [m] • (opslagplaats) *Heerlager* [o]
dumpen • (verkopen) *zu Schleuderpreisen verkaufen* • (storten) *abladen* • (in de steek laten) *sitzen lassen*
dumpprijs *Schleuderpreis* [m]
dun • (niet dik) *dünn* • (niet dicht opeen) *dünn* ⋆ dun gezaaid zijn *dünn gesät sein*
dunbevolkt *dünn besiedelt/bevölkert*
dundruk *Dünndruck* [m]
dunk • (mening) *Meinung* [v] ⋆ een hoge dunk van zichzelf hebben *dünkelhaft sein* ⋆ ik heb er geen hoge dunk van *ich halte nicht viel davon; ich verspreche mir nicht viel davon* • (sport) *Dunking* [o]
dunken *meinen* ⋆ mij dunkt dat... *mich dünkt/mir scheint, dass...* ⋆ me dunkt! *das ist gar nicht ohne!*
dunnetjes *dünn*
duo • (duet) *Duo* [o] • (twee personen) *Duo* [o]
duobaan ≈ *Arbeitsstelle für zwei Teilzeitarbeitende* [v]
duopassagier *Sozius(fahrer)* [m]
dupe *Gelackmeierte(r)* [m], *Dumme(r)* [m] ⋆ zij is er weer de dupe van *sie ist wieder die Dumme/Gelackmeierte*
duperen *schädigen, täuschen,* ‹form.› *düpieren*
duplicaat *Duplikat* [o]
duplo ⋆ in ~ *in zweifacher/doppelter Ausfertigung*
duren • (voortgaan) *dauern, währen* • (tijd in beslag nemen) *dauern* ⋆ de onderhandelingen ~ lang *die Verhandlungen dauern lange*
durf *Mut* [m], *Courage* [v], *Wagemut* [m], *Kühnheit* [v]
durfal *(wage)mutiger/couragierter Mensch* [m]
durven *wagen, sich trauen,* ‹het lef hebben› *sich erdreisten* ⋆ ik durf niet in het water te springen *ich traue mich nicht, ins Wasser zu springen* ⋆ je durft zeker niet *du traust dich wohl nicht*
dus **I** [bijw] *so, auf diese Weise, solchermaßen* ⋆ dus sprak zij *so sprach sie* **II** [vw] *also, folglich* ⋆ ik kan het hem dus vertellen? *ich kann es ihm also erzählen?*
dusdanig **I** [aanw vnw] *solch, derartig* **II** [bijw] *so, derart, dermaßen*
duster *Morgenrock/-mantel* [m]
dusver ▾ tot ~ *bisher; bis jetzt*
dutten *dösen, ein Nickerchen machen*
duur **I** [de] *Dauer* [v] ⋆ op den duur *auf die Dauer* ⋆ de pret was van korte duur *der Spaß war von kurzer Dauer* ⋆ voor de duur van twee jaar *für die*

Dauer von zwei Jahren **II** [bnw] • (niet goedkoop) *teuer, kostspielig* ⋆ dit zijn dure tijden *dies sind teure Zeiten* • (gewichtig) *fein, vornehm* ⋆ duur doen *auf vornehm machen* ⋆ dure mensen *feine Leute* ⋆ een dure eed zweren *schwören bei allem, was einem heilig ist* **III** [bijw] ▾ het kwam haar duur te staan *es kam sie teuer zu stehen*
duursport *Dauersport* [m]
duurte *Teuerung* [v], *hohe(r) Preis* [m], *Kostspieligkeit* [v]
duurzaam • (lang goed blijvend) *dauerhaft* • (lang durend) *(an)dauernd* ▾ ~ gescheiden *dauernd getrennt*
duw *Stoß* [m], ‹minder hard› *Schubs* [m]
duwen *stoßen, drücken, drängen,* ‹minder hard› *schubsen* ⋆ iem. opzij ~ *jmdn. zur Seite drängen*
dwaalleer *Irrlehre* [v], *Irrglaube* [m]
dwaallicht • (persoon) *falsche(r) Prophet* [m] • (vlam) *Irrlicht* [o]
dwaalspoor *Irrweg* [m] ▾ iem. op een ~ brengen *jmdn. irreführen/in die Irre führen* ▾ op een ~ zitten *auf den Holzweg sein*
dwaas I [de] *Tölpel* [m], *Narr* [m], *Tor* [m] **II** [bnw] *töricht, närrisch*
dwaasheid *Dummheit* [v], *Torheit* [v], ‹onzin› *Unsinn* [m] ⋆ dwaasheden vertellen *Unsinn reden* ⋆ dwaasheden begaan *Dummheiten machen*
dwalen • (dolen) *irren* • (zich vergissen) *sich irren*
dwaling *Irrtum* [m] ⋆ een rechterlijke ~ *ein Justizirrtum*
dwang *Zwang* [m]
dwangarbeid *Zwangsarbeit* [v]
dwangbevel *Zwangsvollstreckung* [v]
dwangbuis *Zwangsjacke* [v]
dwangmatig *zwanghaft*
dwangneurose *Zwangsneurose* [v]
dwangsom *Zwangsgeld* [o]
dwarrelen *wirbeln*
dwars I [bnw] • (haaks op) *quer,* ‹scheef› *schräg* ⋆ met ~e strepen *mit Querstreifen; quer gestreift* • (onwillig) *störrisch, querköpfig* **II** [bijw] ⋆ iem. de voet ~ zetten *jmdm. in die Quere kommen* ⋆ ~ tegen iets ingaan *quer schießen* ⋆ ~ door een gebied trekken *ein Gebiet durchqueren* ⋆ ~ door het bos *quer durch den Wald* ⋆ ~ door de velden *querfeldein* ⋆ dat zit me ~ *das wurmt mich* ▾ iem. ~ zitten *jmdm. quer fliegen*
dwarsbomen *entgegenarbeiten* ⋆ iem. ~ *jmdm. entgegenarbeiten* ⋆ iem. in iets ~ *jmdn. an einer Sache hindern* ⋆ iemands plannen ~ *jmds. Pläne durchkreuzen*
dwarsdoorsnede *Querschnitt* [m]
dwarsfluit *Querflöte* [v]
dwarskop *Querkopf* [m]
dwarslaesie *Querschnittlähmung* [v] ⋆ hij heeft een ~ *er ist querschnitt(s)gelähmt*
dwarsliggen *sich quer legen*
dwarsligger • (biels) *Schwelle* [v], *Bahnschwelle* [v] • (dwarsdrijver) *Querkopf* [m], *Querulant* [m]
dwarsligging *Querlage* [v]
dwarsstraat *Querstraße* [v] ▾ ik noem maar een ~ *nur als beliebiges Beispiel; nur als willkürliches Beispiel*
dwarszitten *behindern, stören*
dweepziek *schwärmerisch,* ‹fanatiek› *fanatisch*
dweil • (lap) *Putzlappen* [m], *Scheuerlappen* [m] • (slons) ‹man› *Liederjan* [m], ‹vrouw› *Schlampe* [v]
dweilen *(auf)wischen* ▾ dat is ~ met de kraan open *das ist vergebliche Liebesmüh*
dwepen *schwärmen* ⋆ ~de bewondering *Schwärmerei* [v] ⋆ met ~de ogen aankijken *anhimmeln* ⋆ ergens ~d over spreken *von einer Sache schwärmen* ⋆ ~ met een dichter/een boek *schwärmen für einen Dichter/ein Buch*
dwerg *Zwerg* [m]
dwergachtig *zwergenhaft, zwergartig*
dwergvolk *Zwergvolk* [o]
dwingeland *Tyrann* [m]
dwingelandij *Tyrannei* [v]
dwingen • (noodzaken) *zwingen, nötigen* ⋆ gedwongen huwelijk *Mussehe* [v] ⋆ hij was ertoe gedwongen *er war dazu genötigt* ⋆ zij dwong hem te blijven *sie zwang ihn zu bleiben* ⋆ de omstandigheden hebben haar gedwongen *die Umstände nötigten sie* ⋆ gedwongen lening *Zwangsanleihe* [v] ⋆ gedwongen verkoop *Zwangsversteigerung* [v] ⋆ met ~de stem verlangen *mit gebieterischer Stimme fordern* ⋆ gedwongen lachen *zwanghaft/gekünstelt lachen* ⋆ gedwongen vriendelijk *gekünstelt freundlich* • (met geweld induwen) *(hinein)zwängen*
dynamica *Dynamik* [v]
dynamiek *Dynamik* [v]
dynamiet *Dynamit* [o]
dynamisch *dynamisch*
dynamo *Dynamo* [m], *Dynamomaschine* [v]
dynastie *Dynastie* [v]
dyslexie *Legasthenie* [v]

E

e • (letter) E [o] • (muzieknoot) *e* [o]
eau de cologne *Kölnischwasser* [o], *Eau de Cologne* [o]
eb *Ebbe* [v]
ebbenhout *Ebenholz* [o]
echec *Misserfolg* [m], *Fehlschlag* [m], *Schlappe* [v] ⋆ ~ lijden *eine Schlappe erleiden*
echo *Widerhall* [m], *Echo* [o]
echoën *echoen, widerhallen*
echolood *Echolot* [o]
echoscopie *Ultraschall* [m]
echt I [de] *Ehebund* [m], *Ehe* [v] **II** [bnw] • (wettig) *gesetzmäßig, legitim* ⋆ echte en onechte kinderen *eheliche und uneheliche Kinder* • (onvervalst) *echt, richtig* ⋆ echte parels *echte Perlen* ⋆ echt van kleur *farbecht* ⋆ een echte Hollander *ein richtiger/typischer Holländer* **III** [bijw] *wirklich, echt* ⋆ iets echt doms *etw. wirklich Dummes* ⋆ ik ben echt geschrokken *ich bin richtig/echt erschrocken*
echtbreuk *Ehebruch* [m] ⋆ ~ plegen *Ehebruch begehen*
echtelijk *Ehe..., ehelich* ⋆ ~e staat *Ehestand* [m]
echten *legitimieren, anerkennen*
echter *aber, allerdings, jedoch*
echtgenoot *Ehemann* [m] [v: *Ehefrau*], *Gatte* [m]
echtheid *Echtheit* [v]
echtpaar *Ehepaar* [o]
echtscheiding *Ehescheidung* [v]
eclatant *eklatant*
eclips *Eklipse* [v]
ecologie *Ökologie* [v]
ecologisch *ökologisch* ⋆ ~ evenwicht *ökologisches Gleichgewicht*
econometrie *Ökonometrie* [v]
economie *Wirtschaft* [v], *Wirtschaftslehre* [v], *Wirtschaftswissenschaft* [v] ⋆ geleide ~ *Planwirtschaft* [v]
economisch • (zuinig) *sparsam* • (m.b.t. economie) *wirtschaftlich, ökonomisch* ⋆ ~e politiek *Wirtschaftspolitik* [v] ⋆ ~e situatie *Wirtschaftslage* [v]
econoom *Wirtschaftswissenschaftler* [m]
ecosysteem *Ökosystem* [o]
ecru *ekrü*, ‹ongebleekt› *ungebleicht*, ‹touwkleurig› *naturfarben*
ecu *ECU* [m]
Ecuador *Ecuador* [o]
eczeem *Ekzem* [o]
Edammer • (persoon) *Edamer* [m] • (kaas) *Edamer Käse* [m]
ede → **eed**
edel • (zeer goed) *edel* ⋆ edel wild *Edelwild* [o] • (adellijk) *adlig*
edelachtbaar *hochwohlgeboren* ⋆ Edelachtbare! ‹aanspreking› *Herr*
edele *Adlige(r)* [m]
edelhert *Rothirsch* [m]
edelman *Edelmann* [m]
edelmetaal *Edelmetall* [o]
edelmoedig *edelmütig*
edelmoedigheid *Edelmut* [m]
edelsmid *Goldschmied* [m]
edelsteen *Edelstein* [m]
editie • (uitgave) *Ausgabe* [v] • (oplage) *Auflage* [v]
educatie *Erziehung* [v], *Bildung* [v]
educatief *erzieherisch*
eed *Eid* [m] ⋆ eed van trouw *Treueid* ⋆ een eed afleggen *einen Eid ablegen/schwören* ⋆ verklaring onder ede *eidliche Erklärung* ⋆ een eed doen *einen Eid leisten* ⋆ onder ede bevestigen *unter Eid bezeugen* ▾ ik durf er een eed op te doen *ich nehme es auf meinen Eid*
EEG *EG* [v], *EWG* [v]
eega *Gatte* [m], *Gemahl* [m]
eekhoorn *Eichhörnchen* [o]
eekhoorntjesbrood *Steinpilz* [m]
eelt *Schwielen* [mv] ▾ eelt op je ziel hebben *unbeugsam sein; abgehärtet sein*
een I [de] *Eins* [v], ≈ ‹schoolcijfer› *Sechs* [v] **II** [onb vnw] *ein* ⋆ er nog eentje drinken *noch einen heben* **III** [telw] *ein* ⋆ het is een uur *es ist eins* ⋆ half een *halb eins* ⋆ een voor een *einer nach dem andern* ⋆ de een of ander *irgendeiner* ⋆ de op een na de beste *der Zweitbeste* ⋆ een op de vier *jeder Vierte* ⋆ een en al onzin *reiner Unsinn* ⋆ een keer een is een *ein mal eins ist eins* ▾ het een en ander *dieses und jenes; einiges* **IV** [lw] *ein* ⋆ een man of twintig *ungefähr/etwa zwanzig Leute* → **acht**
eenakter *Einakter* [m]
eend *Ente* [v]
eendagsvlieg *Eintagsfliege* [v]
eendelig *einteilig*, ‹boek› *einbändig*
eendenkooi *Entenfang* [m], *Entenkoje* [v]
***eendenkroos** (Wdl: eendekroos) *Entengrün* [o]
eender *gleich* ⋆ het is mij totaal ~ *es ist mir gleichgültig/ganz egal*
eendracht *Einigkeit* [v], *Eintracht* [v]
eendrachtig *einträchtig*
eenduidig *eindeutig*
eeneiig *eineiig*
eenentwintigen *Siebzehnundvier spielen*
eengezinswoning *Einfamilienhaus* [o]
eenheid *Einheit* [v]
eenheidsprijs *Einheitspreis* [m]
eenheidsworst ≈ *Einerlei* [o]
eenhoorn *Einhorn* [o]
eenjarig *einjährig*
eenkennig *scheu, ängstlich*
eenling • (eenzelvig persoon) *Einzelgänger* [m] • (enkeling) *Einzelne(r)* [m]
eenmaal *einmal* ⋆ ~, andermaal, voor de derde maal *zum Ersten, zum Zweiten, zum Dritten*
eenmalig *einmalig*
eenmanszaak *Einzelunternehmung* [v]
eenoudergezin *Einelternfamilie* [v]
eenpansmaaltijd *Eintopf* [m]
eenparig • (gelijkmatig) *gleichförmig* • (eenstemmig) *einstimmig*
eenpersoons *Einpersonen-* ⋆ ~bed *Einzelbett* [o] ⋆ ~auto *Einsitzer* [m] ⋆ ~kamer *Einzelzimmer* [o]
eenrichtingsverkeer *Einbahnverkehr* [m] ⋆ straat met ~ *Einbahnstraße* [v]
eens I [bnw] *einig, einverstanden* ⋆ het eens worden/zijn *einig werden/sein* ⋆ het eens zijn met iets/iemand *mit etw./jmdm. einverstanden sein* ⋆ daarin ben ik het volkomen met je eens *darin stimme ich vollkommen mit dir überein* **II** [bijw] • (als versterking) *einmal* ⋆ zij kan niet eens lezen *sie kann nicht einmal lesen* ⋆ voor eens en altijd *ein für alle Mal* • (één keer) *ein Mal* ⋆ hoor eens! *hör mal* • (ooit) *einst* ⋆ er was eens ... *es war einmal*
eensgezind *einig, einträchtig, einmütig, einhellig*
eensklaps *plötzlich, auf einmal*
eenslachtig *eingeschlechtig*
eensluidend *gleich lautend, übereinstimmend*

eenstemmig *einstimmig*
eentalig *einsprachig*
eentje • (een van de genoemde soort) *eine(r/s)* • (alleen) *allein* ⋆ op mijn ~ *ganz allein* ▾ hij is me er ~ *er ist mir auch einer*
eentonig *eintönig*
een-tweetje • (onderonsje) *Gespräch unter vier Augen* [o] • (sport) *Doppelpass* [m]
eenvormig *einförmig*
eenvoud *Einfachheit* [v]
eenvoudig I [bnw] • (vol eenvoud) *schlicht, einfach* • (bescheiden) *anspruchslos, bescheiden* **II** [bijw] *einfach, geradezu*
eenvoudigweg *einfach, geradezu*
eenwording *Einigung* [v] ⋆ politieke ~ *politische(r) Zusammenschluss*
eenzaam • (alleen) *einsam* ⋆ eenzame opsluiting *Einzelhaft* [v] • (stil, afgelegen) *öde*

E

eenzaamheid *Einsamkeit* [v]
eenzelvig *zurückgezogen*
eenzijdig *einseitig*
eer I [de] *Ehre* [v] ⋆ iem. in zijn eer aantasten *jmds. Ehre antasten* ⋆ iem. in zijn eer herstellen *jmdn. wieder zu Ehren bringen* ▾ iem. de laatste eer bewijzen *jmdm. die letzte Ehre erweisen* ▾ zijn naam eer aandoen *seinem Namen Ehre machen* **II** [vw] *ehe, bevor*
eerbaar *ehrbar, ehrenhaft*
eerbetoon *Huldigung* [v], *Ehrerbietung* [v]
eerbewijs *Ehrung* [v], *Ehrerweisung* [v]
eerbied • (achting) *Ehrfurcht* [v], *Achtung* [v] ⋆ ~ voor de wet *Achtung vor dem Gesetz* • (eerbewijs) *Ehrerbietung* [v]
eerbiedig *ehrfurchtsvoll, ehrerbietig* ⋆ op ~e afstand *in respektvoller Entfernung*
eerbiedigen *respektieren, achten*
eerbiedwaardig *ehrwürdig*
eerdaags *demnächst, bald*
eerder • (vroeger) *eher, früher* • (liever) *lieber, eher* • (waarschijnlijker) *eher, vielmehr*
eergevoel *Ehrgefühl* [o] ⋆ op iemands ~ werken *jmdn. bei seiner Ehre packen*
eergisteren *vorgestern*
eerherstel • (rehabilitatie) *Rehabilitierung* [v], *Ehrenrettung* [v] • (boete) *Sühne* [v]
eerlijk I [bnw] *ehrlich, offen*, ‹fatsoenlijk› *anständig* ▾ ~ duurt het langst *ehrlich währt am längsten* **II** [bijw] • (naar waarheid) *ehrlich, offen* ⋆ ~ zijn mening zeggen *offen seine Meinung sagen* • (werkelijk) *wirklich* ⋆ ~ waar *wirklich wahr*
eerlijkheid *Ehrlichkeit* [v]
eerlijkheidshalve *ehrlichkeitshalber*
eerloos *ehrlos*
eerst • (vóór de rest) *erst, zuerst* ⋆ ~ ben jij aan de beurt, dan zij *erst kommst du an die Reihe, dann sie* ⋆ het ~ *zuerst* • (in het begin) *erst, zuerst, anfangs, zunächst* ⋆ ~ ging alles goed *erst/zuerst/anfangs ging alles gut* ⋆ ~ leek het niet zo erg *zunächst sah es nicht so schlimm aus*
eerste I [de] *erste(r/s)* ⋆ de ~ *de beste der/die/das Erstbeste* **II** [telw] • (niet laatste) *erste(r/s)* ⋆ ten ~ *erstens* ⋆ de ~ van de maand *der Monatserste* [m] ⋆ voor de ~ keer *zum ersten Mal* • (belangrijkste) *erste(r/s)* ⋆ ~ hulp (bij ongelukken) *erste Hilfe* [v] ⋆ ~ minister *Premierminister* [m] → **achtste**
eerstegraads *des ersten Grades* ⋆ ~ verbranding *Verbrennung ersten Grades* [v] ⋆ ~ lesbevoegdheid ≈ *Lehrbefähigung für die Oberstufe* [v]
eerstejaars I [de] *Erstsemester* [o] **II** [bnw] *im ersten Semester*
eersteklas *erstklassig* ⋆ ~ hotel *erstklassiges Hotel*
eersteklascoupé *Abteil erster Klasse* [o]
eerstelijns *primär*
eersterangs *erstklassig*
eerstvolgend *nächst*
eervol *ehrenvoll*
eerwaard *ehrwürdig*, ‹van katholiek priester› *hochwürdig* ⋆ de ~e vader *der ehrwürdige Vater* ⋆ ~e moeder *ehrwürdige Mutter*
eerzaam *ehrbar* ⋆ eerzame lieden *biedere Leute*
eerzucht *Ehrgeiz* [m]
eerzuchtig *ehrgeizig*
eetbaar *essbar, genießbar* ⋆ eetbare paddestoel *Speisepilz* [m]
eetcafé *Gaststätte* [v], *Lokal* [o]
eetgelegenheid *Gaststätte* [v], *Lokal* [o]
eetgerei *Essbesteck* [o]
eethoek • (plaats) *Essecke* [v], *Essplatz* [m] • (meubels) *Esszimmer* [o]
eethuis *Gaststätte* [v], *Lokal* [o]
eetkamer *Esszimmer* [o], *Speisezimmer* [o]
eetlepel *Esslöffel* [m]
eetlust *Esslust* [v], *Appetit* [m]
eetstokje *Stäbchen* [o]
eettent *Lokal* [o], *Gaststätte* [v]
eetzaal *Speisesaal* [m]
eeuw • (tijdperk) *Zeitalter* [o] • (lange tijd) ⋆ ik wacht al eeuwen op je *ich warte schon eine halbe Ewigkeit auf dich* • (periode) *Jahrhundert* [o] ▾ de Gouden Eeuw *das goldene Zeitalter*
eeuwenoud *jahrhundertealt, uralt*
eeuwig *ewig* ⋆ voor ~ *auf ewig* ⋆ ~ en altijd *immer und ewig*
eeuwigheid *Ewigkeit* [v] ⋆ ik heb je in geen ~ gezien *ich habe dich eine Ewigkeit nicht gesehen* ⋆ de ~ ingaan *in die Ewigkeit eingehen*
eeuwigheidswaarde *Ewigkeitswert* [m]
eeuwwisseling *Jahrhundertwende* [v]
effect • (uitwerking) *Effekt* [m] ⋆ ~ hebben *Effekt/Wirkung haben* • (hand.) *Wertpapier* [o], *Effekten* [mv] • (sport) *Effet* [o]
effectbal *angeschnittene(r) Ball* [m]
effectenbeurs *Effektenbörse* [v]
effectief • (werkelijk) *effektiv, tatsächlich* • (doeltreffend) *effektiv, wirksam* ⋆ ~ middel *wirksames Mittel*
effen • (vlak) *eben, flach* ⋆ ~ vlak *ebene Fläche* • (eenkleurig) *einfarbig* ⋆ ~ blauw *einfarbig blau* • (zonder uitdrukking) *unbewegt* ⋆ met een ~ gezicht *mit unbeweglicher Miene*
effenen *ebnen* ▾ de weg ~ voor iem. *den Weg für jmdn. ebnen*
efficiënt *effizient*
efficiëntie *Effizienz* [v]
eg *Egge* [v]
EG *EG* [v]
egaal • (vlak) *egal, gleich* • (eenkleurig) *egal*
egaliseren *ebnen, egalisieren*
egalitair *egalitär*
Egeïsche Zee *Ägäis* [v]
egel *Igel* [m]
eggen *eggen*
ego *Ego* [o], *Ich* [o]
egocentrisch *egozentrisch*
egoïsme *Selbstsucht* [v], *Egoismus* [m]
egoïst *Egoist* [m]
egoïstisch *selbstsüchtig, egoistisch*
egotrip *Egotrip* [m]
egotrippen *auf dem Egotrip sein*
egotripper *Egotripper* [m]
Egypte *Ägypten* [o]
egyptologie *Ägyptologie* [v]

EHBO *erste Hilfe* [v]
ei • (doetje) *Pflaume* [v] • (bio.) *Ei* [o] ⋆ gebakken ei *Spiegelei* [o] ▾ eieren voor zijn geld kiezen *auf Nummer Sicher/sicher gehen* ▾ beter een half ei dan een lege dop *besser einen Spatz in der Hand als eine Taube auf dem Dach* ▾ het ei van Columbus *das Ei des Kolumbus*
eicel *Eizelle* [v]
eidereend *Eiderente* [v]
eidooier *Eidotter* [m], *Eigelb* [o]
eierdop • (eierschaal) *Eierschale* [v] • (eierbekertje) *Eierbecher* [m]
eierkoek ≈ *Amerikaner* [m]
eierschaal *Eierschale* [v]
eierstok *Eierstock* [m]
eigeel *Eigelb* [o]
eigen • (van iem. of iets) *eigen* ⋆ ~ weg *Privatweg* [m] ⋆ voor ~ gebruik *für den Eigenbedarf* ⋆ uit ~ beweging *aus eigenem Antrieb* • (vertrouwd) *vertraut* ⋆ zich iets ~ maken *sich etw. aneignen*
eigenaar *Besitzer* [m], *Inhaber* [m], *Eigentümer* [m]
eigenaardig • (kenmerkend) *eigentümlich, eigenartig* • (zonderling) *sonderbar, merkwürdig*
eigenaardigheid • (vreemde eigenschap) *Eigentümlichkeit* [v] • (eigenheid) *Eigenart* [v], *Sonderbarkeit* [v]
eigenbaat *Selbstsucht* [v], *Ichsucht* [v]
eigenbelang *Eigeninteresse* [o], *Eigennutz* [m] ⋆ handelen uit ~ *eigennützig handeln*
eigendom *Eigentum* [o], *Besitz* [m]
eigendunk *Eigendünkel* [m]
eigengemaakt *selbst gemacht*
eigengereid *eigensinnig, eigenbrötlerisch* ⋆ ~ persoon *Eigenbrötler* [m]
eigenhandig *eigenhändig* ⋆ ~ geschreven brief *handgeschriebener Brief*
eigenlijk *eigentlich*
eigenmachtig *eigenmächtig*
eigennaam *Eigenname* [m]
eigenrichting *Selbstjustiz* [v] ⋆ ~ plegen *Selbstjustiz üben*
eigenschap *Eigenschaft* [v]
eigentijds *kontemporär, zeitgenössisch*
eigenwaan *Hochmut* [m], *übersteigertes Selbstbewusstsein* [o]
eigenwaarde *Eigenwert* [m] ⋆ gevoel van ~ *Selbstwertgefühl* [o]
eigenwijs *naseweis*
eigenzinnig *eigensinnig, eigenwillig*
eik *Eiche* [v]
eikel *Eichel* [v]
eiken *eichen*
eiland *Insel* [v]
eilandengroep *Inselgruppe* [v]
eileider *Eileiter* [m]
eind • (slot/afloop) *Ende* [o], *Schluss* [m] ⋆ tot een goed einde brengen *zu einem guten Ende führen* ⋆ een eind maken aan iets *einer Sache ein Ende machen* ⋆ er komt geen eind aan *es nimmt kein Ende* ⋆ tegen het eind van de maand *gegen Ende des Monats* ⋆ ten einde brengen/lopen *zu Ende bringen/gehen* • (laatste stuk) *Ende* [o] • (stuk van beperkte lengte) *Strecke* [v], *Stück* [o] ⋆ een heel eind *eine ganze Strecke* ▾ het bij het rechte eind hebben *Recht haben* ▾ het bij het verkeerde eind hebben *Unrecht haben* ▾ tot het bittere eind *bis zum bitteren Ende* ▾ eind goed, al goed *Ende gut, alles gut* ▾ daar is het eind van zoek *da ist kein Ende abzusehen* ▾ er een eind aan maken *sich das Leben nehmen* ▾ aan het kortste eind trekken *den Kürzeren ziehen* ▾ aan het langste eind trekken *am längeren Hebel sitzen*
eindbedrag *Endbetrag* [m], *Endsumme* [v]
eindbestemming *Ziel* [o], *Endstation* [v]
eindcijfer *Gesamtnote* [v]
einddiploma *Abschlusszeugnis* [o], ‹van vwo› *Reifezeugnis* [o], *Abiturzeugnis* [o]
eindelijk *endlich, schließlich*
eindeloos *endlos*
einder *Horizont* [m]
eindexamen *Abschlussprüfung* [v], ‹van vwo› *Abitur* [o], *Reifeprüfung* [v] ⋆ ~ doen *Abitur machen*
eindfase *Schlussphase* [v]
eindig • (beperkt) *endlich, vergänglich* • (wisk.) *endlich*
eindigen I [ov ww] • (een eind maken aan) *beend(ig)en* **II** [on ww] • (ophouden) *enden, aufhören*, ‹form.› *(ab)schließen*, ‹van contract› *erlöschen* ⋆ de brief eindigt met de woorden *der Brief schließt mit den Worten*
eindje • (kort stuk) *Stückchen* [o] • (korte afstand) *Katzensprung* [m] ⋆ een ~ met iem. meelopen *jmdn. ein Stück begleiten* ▾ de ~s nauwelijks aan elkaar kunnen knopen *mit seinem Geld kaum auskommen*
eindklassement *Gesamtwertung* [v]
eindproduct *Enderzeugnis* [o], *Endprodukt* [o]
eindpunt *Endpunkt* [m], *Schlusspunkt* [m] ⋆ ~ van de tram *Endhaltestelle* [v]
eindrapport • (afsluiting van onderzoek) *Abschlussbericht* [m] • (schoolrapport) *Abschlusszeugnis* [o], *Versetzungszeugnis* [o]
eindredactie *Schlussredaktion* [v]
eindspurt *Endspurt* [m]
eindstand *Endstand* [m], *Endergebnis* [o], ‹bij schaken› *Schlussstellung* [v]
eindstation *Endstation* [v]
eindstreep *Ziel* [o], *Ziellinie* [v] ▾ de ~ halen *das Ziel erreichen*
eis • (het dwingend verlangde) *Forderung* [v], *Anforderung* [v] ⋆ hoge eisen stellen aan *hohe Ansprüche/große Anforderungen stellen an* [4] • (vordering) ‹bij civiel proces› *Klage* [v], ‹bij strafproces› *Strafantrag* [m] ⋆ eis tot schadevergoeding *Schadenersatzforderung*; ‹in civiel proces› *Klage auf Schadenersatz*
eisen • (verlangen) *fordern, verlangen* • (vergen) *erfordern* • (jur.) *beantragen* ⋆ een straf ~ *eine Strafe beantragen* ⋆ ~de partij *Kläger* [m]
eiser ‹jur.› *Kläger* [m]
eisprong *Eisprung* [m]
eivol *gedrängt voll*
eiwit • (wit van ei) *Eiweiß* [o] • (proteïne) ⋆ ~ten *Eiweißstoffe*
ejaculatie *Ejakulation* [v], *Samenerguss* [m]
ekster *Elster* [v]
eksteroog *Hühnerauge* [o]
el *Elle* [v]
elan *Elan* [m], *Schwung* [m]
eland *Elch* [m]
elasticiteit *Elastizität* [v]
elastiek • (rubber bandje) *Gummiband* [o] • (rubber) *Gummi* [m/o]
elastisch *elastisch*
elders *anderswo, sonst wo*
eldorado *Eldorado* [o]
electoraat *Wähler* [mv]
elegant *elegant*
elegie *Elegie* [v]
elektra • (stroom) *elektrische(r) Anschluss* [m], *elektrische(r) Strom* [m] • (apparaten) *Elektroartikel* [mv]
elektricien *Elektrotechniker* [m], *Elektriker* [m]

E

elektriciteit Elektrizität [v]
elektriciteitsbedrijf Elektrizitätswerk [o]
elektriciteitscentrale Elektrizitätswerk [o], Kraftwerk [o]
elektrisch *elektrisch* ⋆ ~ fornuis Elektroherd [m] ⋆ ~e tram Elektrische [v]
elektrocardiogram Elektrokardiogramm [o], EKG [o]
elektrocuteren *durch den elektrischen Stuhl hinrichten*
elektrode Elektrode [v]
elektro-encefalogram Elektroenzephalogramm [o], EEG [o]
elektrolyse Elektrolyse [v]
elektromagneet Elektromagnet [m]
elektromonteur Elektromonteur [m]
elektromotor Elektromotor [m]
elektron Elektron [o]
elektronica Elektronik [v]
elektronisch Elektronen-, *elektronisch*
elektroshock Elektroschock [m]
elektrotechniek Elektrotechnik [v]
element Element [o] ▾ in zijn ~ zijn *in seinem Element sein*
elementair *elementar* ⋆ ~ onderwijs Elementarunterricht [m]
elf I [de] • (getal) Elf [v] • (sprookjesfiguur) Elfe [v], Elf [m] **II** [telw] *elf* ⋆ raad van elf Elferrat [m] ⋆ met z'n elven zu *elft* → **acht**
elfde *elfte* → **achtste**
elfendertigst ▾ op zijn ~ *im Schneckentempo; langsam und umständlich*
elftal Elf [v], Fußballelf [v] ⋆ nationaal ~ Nationalmannschaft [v]
elimineren *eliminieren*
elitair *elitär*
elite Elite [v]
elixer Elixier [o]
elk *jede(r)* [v: *jede*] [o: *jede(s)*]
elkaar *sich, uns,* ‹form.› *einander,* ‹inf.› *euch* ⋆ zij houden van ~ *sie lieben sich* ⋆ wij schrijven ~ *wir schreiben einander/uns* ▾ door ~ *durcheinander* ▾ uit ~ *auseinander* ▾ het is voor ~ *es ist geschafft*
elleboog Ellbogen [m] ▾ het achter de ellebogen hebben *es faustdick hinter den Ohren haben*
ellende Elend [o], Jammer [m]
ellendeling Lump [m], *elende(r)* Kerl [m]
ellendig *elend, jämmerlich* ⋆ dat ~e geld *das leidige Geld*
ellenlang *ellenlang*
ellepijp Elle [v]
ellips Ellipse [v]
elliptisch *elliptisch*
elpee Langspielplatte [v]
els • (boom) Erle [v] • (priem) Ahle [v]
El Salvador El Salvador [o]
Elzas Elsass [o]
email Email [o], Emaille [v], Schmelz [m]
emailleren *emaillieren*
emancipatie Emanzipation [v]
emancipatorisch *emanzipatorisch*
emanciperen *emanzipieren*
emballage Verpackung [v]
embargo Embargo [o]
embleem Emblem [o]
embolie Embolie [v]
embryo Embryo [m]
emeritaat Emeritierung [v]
emeritus *emeritiert* ⋆ ~ hoogleraar *emeritierter* Hochschulprofessor [m]
emfyseem Emphysem [o]
emigrant Emigrant [m], Auswanderer [m]
emigratie Emigration [v], Auswanderung [v]
emigreren *emigrieren, auswandern*
eminent *eminent, hervorragend*
eminentie • (titel) Eminenz [v] • (voortreffelijkheid) Vorzüglichkeit [v]
emir Emir [m]
emiraat Emirat [o]
emissie Emission [v]
emmer Eimer [m]
emmeren *quengeln, nörgeln*
emoe Emu [m]
emolumenten Nebeneinnahmen [mv]
emotie • (bewogenheid) Emotion [v] • (ontroering) Rührung [v]
emotioneel *emotional, emotionell*
empirisch *empirisch*
emplacement Gelände [o]
employé *Angestellte(r)* [m]
emulgator Emulgator [m]
emulsie Emulsion [v]
en *und* ⋆ hij spreekt én Engels én Duits *er spricht sowohl Englisch als (auch)/wie Deutsch* ⋆ groter en groter *immer größer*
encefalogram Enzephalogramm [o]
enclave Enklave [v]
encycliek Enzyklika [v]
encyclopedie Enzyklopädie [v]
encyclopedisch *enzyklopädisch*
endeldarm Mastdarm [m]
endemisch *endemisch*
endogeen *endogen*
endossement Indossament [o]
ene *ein* [v: *eine*], *ein gewisser* [v: *eine gewisse*] ⋆ ene Peter heeft gebeld *ein gewisser Peter hat angerufen*
enenmale ▾ ten ~ *völlig; ganz und gar*
energie Energie [v]
energiebedrijf Elektrizitätsgesellschaft [v]
energiebesparing Energieeinsparung [v]
energiek *energisch, tatkräftig*
energieverbruik Energieverbrauch [m]
enerzijds *einerseits*
enfant terrible Enfant terrible [o]
enfin *kurz, kurzum, kurz und gut*
eng • (nauw) *eng* • (griezelig) *unheimlich*
engagement Engagement [o]
engageren *engagieren*
engel • (hemels wezen) Engel [m] • (lief persoon) ⋆ ~ van een kind Goldkind [o]
Engeland England [o]
engelbewaarder Schutzengel [m]
engelenbak Rang [m], Olymp [m]
engelengeduld Engelsgeduld [v]
engelenhaar Engelshaar [o]
Engels I [het] Englisch(e) [o] **II** [bnw] *englisch*
Engelsman Engländer [m]
Engelstalig *englischsprachig, in/auf Englisch*
engerd Ekel [o], Scheusal [o]
engte Enge [v], ‹van berg› Engpass [m]
enig I [bnw] • (enkel) *einzig, einzigartig* ⋆ ons enig kind *unser einziges* Kind [o] ⋆ enig erfgenaam Universalerbe [m]; *alleiniger* Erbe [m] • (leuk) *schön, herrlich* ⋆ die jurk staat je enig *das Kleid steht dir ausgezeichnet* **II** [onb vnw] *einig* ⋆ over enige tijd *über kurz oder lang* ⋆ zonder enig gevaar *ohne die geringste Gefahr; ohne jede Gefahr* ⋆ zonder enige twijfel *ohne jeden Zweifel*
enigerlei *irgendwelch, irgendein*
enigermate *einigermaßen*
enigszins *einigermaßen* ⋆ als het ~ mogelijk is *wenn es irgendwie möglich ist*
enkel Knöchel [m]

enkeling *Einzelne(r)* [m]
enkelspel *Einzelspiel* [o]
enkeltje *einfache Fahrkarte* [v]
enkelvoud *Einzahl* [v]
enkelvoudig *einfach*
en masse *en masse*
enorm *enorm*
en passant *en passant*
en plein public *vor allen Leuten, öffentlich*
en profil *en profil, im Profil*
enquête *(Meinungs)umfrage* [v], ‹politiek› *Erhebung* [v], *Enquete* [v], *Untersuchung* [v] ⋆ een ~ houden *eine Umfrage veranstalten* ⋆ de parlementaire ~ *die parlamentarische Untersuchung*
enquêteren I [ov ww] • (ondervragen) *interviewen* **II** [on ww] • (enquête houden) *eine Umfrage machen/veranstalten*
enquêteur *Interviewer* [m]
ensceneren *in Szene setzen, inszenieren*
ensemble *Ensemble* [o]
ent *Pfröpfling* [m], *Pfropfreis* [o]
enten *pfropfen*
enteren *entern*
entertainen *unterhalten*
enthousiasme *Begeisterung* [v], *Enthusiasmus* [m]
enthousiast I [bnw] *begeistert, hingerissen,* ‹hartstochtelijk› *leidenschaftlich* ⋆ een ~e menigte *eine begeisterte Menschenmenge* **II** [bijw] *begeistert* ⋆ ~ op iets reageren *mit Begeisterung auf etw. reagieren*
entiteit *Entität* [v]
entourage *Umgebung* [v], *Entourage* [v]
entrecote *Entrecote* [o]
entree • (het binnentreden) *Eintritt* [m] • (ingang) *Eingang* [m] • (toegangsprijs) *Eintritt* [m], *Eintrittsgeld* [o] ⋆ vrij ~ *freier Zutritt*
entrepot *Lagerhaus* [o] ⋆ goederen in ~ opslaan *Güter unter Zollverschluss einlagern* ⋆ goederen in ~ *unverzollte Güter* ⋆ fictief/particulier ~ *Privatzolllager* [o]
envelop *(Brief)umschlag* [m], *Kuvert* [o]
enzovoorts *und so weiter*
enzym *Enzym* [o]
epaulet *Epaulette* [v]
epicentrum *Epizentrum* [o]
epidemie *Epidemie* [v]
epidemisch *epidemisch*
epiek *Epik* [v]
epigram *Epigramm* [o]
epilepsie *Epilepsie* [v]
epilepticus *Epileptiker* [m]
epileren *epilieren*
epiloog *Epilog* [m]
episch *episch* ⋆ ~ dichter *Epiker* [m] ⋆ ~e poëzie *Epik* [v]
episcopaat *Episkopat* [o]
episode *Episode* [v]
epistel *Epistel* [v]
epitaaf *Epitaph* [o], *Epitaphium* [o]
epos *Epos* [o]
equator *Äquator* [m]
equatoriaal *äquatorial*
Equatoriaal-Guinea *Äquatorialguinea* [o]
equipe *Equipe* [v]
equivalent *Äquivalent* [o]
er • (daar) *da, es* ⋆ ik ben er ook geweest *ich bin auch da/dort gewesen* ⋆ hij woonde er niet meer *er wohnte nicht mehr da/dort* • (zonder betekenis) ⋆ wie komt er vanavond? *wer kommt heute Abend?* ⋆ hij ziet er moe uit *er sieht müde aus* ⋆ er komt regen *es gibt Regen* ⋆ wat is er? *was gibts?; was ist los?; was ist denn?* ⋆ wat is er gebeurd? *was ist geschehen?* ⋆ er wordt gebeld *es klingelt* ⋆ ik begin er aan *ich fange damit an* ⋆ ik houd er van *ich liebe es* ⋆ er was eens ... *es war einmal* ⋆ er is/zijn *es gibt* ⋆ er is een God *es gibt einen Gott* ⋆ ik heb er nog twee *ich habe davon noch zwei* ⋆ wat zal er van hem worden? *was wird aus ihm werden?*
eraan *daran*
erachter *dahinter* ⋆ ~ zijn ‹ontdekt› *dahinter gekommen sein;* ‹begrepen› *etw. geschnallt haben*
eraf *ab, los* [4], *befreit von* [3] ⋆ nu is het nieuwe eraf *jetzt hat es den Reiz der Neuheit verloren* ⋆ de knoop is eraf *der Knopf ist ab* ⋆ de aardigheid is eraf *es hat seinen Reiz verloren*
erbarmelijk *erbärmlich*
erbij *dabei* ▾ ~ lopen als *herumlaufen wie* ▾ ~ zijn *dran sein* ▾ hoe kom je ~! *wie kommst du darauf!*
erboven *darüber* ⋆ ~ staan *darüber stehen*
erdoor *durch* ⋆ zij is ~ *sie ist durchgekommen; sie hat es geschafft*
erectie *Erektion* [v]
eredienst *Gottesdienst* [m]
eredivisie *Bundesliga* [v]
eredoctoraat *Ehrendoktorwürde* [v]
erekwestie *Ehrensache* [v]
erelid *Ehrenmitglied* [o]
eremetaal *Plakette* [v], *Abzeichen* [o]
eren *ehren* ⋆ de doden eren *die Toten in Ehren halten*
ereplaats *Ehrenplatz* [m]
erepodium *Siegerpodest* [o]
ereprijs • (prijs) *Ehrenpreis* [m] • (plant) *Ehrenpreis* [m/o]
ereschuld *Ehrenschuld* [v]
eretitel *Ehrentitel* [m]
eretribune *Ehrentribüne* [v]
erewoord *Ehrenwort* [o]
erf *Hof* [m]
erfdeel *Erbteil* [o], ‹form.› *Erbe* [o] ⋆ wettelijk ~ *Pflichtteil* [m]
erfelijk *erblich*
erfelijkheid *Erblichkeit* [v], *Vererbung* [v]
erfelijkheidsleer *Vererbungslehre* [v]
erfenis *Erbschaft* [v]
erfgenaam *Erbe* [m] ⋆ tot ~ benoemen *zum Erben einsetzen*
erfgoed *Erbgut* [o]
erflater *Erblasser* [m]
erfopvolging *Erbfolge* [v]
erfpacht *Erbpacht* [v]
erfrecht *Erbrecht* [o]
erfstuk *Erbstück* [o]
erfzonde *Erbsünde* [v]
erg I [het] • (opzet) *Absicht* [v] ⋆ zonder erg *unabsichtlich; ohne Arg/Absicht* • (besef) *Verdacht* [m], *Misstrauen* [o] ⋆ ergens erg in hebben *etw. bemerken/vermuten* ⋆ ergens geen erg in hebben *ahnungslos/arglos sein* **II** [bnw] • (schandelijk) *übel, böse* • (zeer vervelend) *arg, schlimm* • (ernstig) *schlimm, böse* ⋆ een erge vergissing *ein böser Irrtum* ⋆ het ergste vrezen *das Schlimmste befürchten* ⋆ in het ergste geval *schlimmstenfalls* ⋆ het is niet zo erg *es ist nicht so schlimm* **III** [bijw] *sehr* ⋆ des te erger *umso schlimmer* ⋆ erg duur *sehr teuer*
ergens • (op een plaats) *irgendwo* ⋆ ~ heen *irgendwohin* ⋆ ~ vandaan *irgendwoher* ⋆ ~ anders *anderswo; sonst wo* ⋆ ~ anders heen *anderswohin; sonst wohin* ⋆ ~ anders vandaan *sonst woher; anderswoher* • (in enig opzicht) *irgendwie, in gewisser Hinsicht* • (iets) *etwas* ⋆ ~

E

naar zoeken etw. suchen ⋆ zij stond ~ naar te kijken sie sah sich etw. an
ergeren I [ov ww] ärgern **II** [wkd ww] sich ärgern ⋆ zich ~ over sich ärgern über ⋆ zich ~ aan Anstoß nehmen an [3]
ergerlijk ärgerlich, anstößig
ergernis Ärger [m]
ergonomie Ergonomie [v]
erheen dahin
erin darin ▾ dat zit er niet in das ist nicht drin
erkend anerkannt ⋆ een ~ beroep ein staatlich anerkannter Beruf
erkennen • (als wettig aanvaarden) anerkennen ⋆ erkend diploma/middel anerkannte(s) Diplom/Mittel [o] • (inzien, toegeven) erkennen, (ein)gestehen, zugeben ⋆ zijn fout ~ seinen Fehler erkennen

E

erkenning • (inzicht) Erkenntnis [v] ⋆ tot de ~ komen dat zu der Erkenntnis kommen, dass • (wettige aanvaarding) Anerkennung [v] • (bekentenis) Eingeständnis [o]
erkentelijk erkenntlich, dankbar
erkentelijkheid Erkenntlichkeit [v]
erker Erker [m]
erlangs (daran) vorbei
ermee damit ▾ het kan ~ door es geht gerade so ▾ je hebt alleen jezelf ~ du stehst bloß dir selbst im Licht
ernaast • (naast het bedoelde) daneben • (mis) falsch, ‹inf.› daneben ⋆ ~ zitten sich irren
ernst • (serieusheid) Ernst [m] ⋆ in alle ~ in allem/vollem Ernst • (zwaarte) Schwere [v] ⋆ de ~ van een misdrijf die Schwere eines Verbrechens
ernstig ernsthaft, ernst, ernstlich, schwer ⋆ de toestand is ~ die Lage ist ernst ⋆ met een ~ gezicht mit ernsthafter Miene ⋆ ~e man ernsthafte(r) Mann ⋆ ~ woord ernste(s) Wort ⋆ ~e zaak ernste Sache ⋆ ~ ongeluk schwere(s) Unglück ⋆ ~ ziek ernstlich/schwer krank ⋆ ~e verliezen schwere Verluste
erop darauf ▾ met alles erop en eraan mit allem Drum und Dran ▾ ik sta erop ich bestehe darauf
eroscentrum Eroscenter [o]
erosie Erosion [v]
erotiek Erotik [v]
erotisch erotisch
ertegen dagegen ⋆ ik kan er niet meer tegen ich kann es nicht länger ertragen
ertoe dazu ⋆ wat doet het ~ was solls
erts Erz [o]
ertussen dazwischen
erudiet (hoch)gebildet
eruit heraus ⋆ ~! raus!; hinaus!
eruitzien aussehen
eruptie Eruption [v]
ervandoor weg ⋆ ~ gaan abhauen; ausreißen; durchbrennen
ervaren I [bnw] erfahren, bewandert ⋆ ~ in zaken geschäftskundig **II** [ov ww] erfahren
ervaring Erfahrung [v]
erven I [de] Erben [mv] **II** [ov ww] erben
erwt Erbse [v] ⋆ grauwe erwt Ackererbse ⋆ groene erwt grüne Erbse
erwtensoep Erbsensuppe [v]
es • (boom) Esche [v] • (muzieknoot) es [o]
escalatie Eskalation [v]
escaleren eskalieren
escapade Eskapade [v], Seitensprung [m]
escorte Eskorte [v], Geleit [o]
escorteren eskortieren, begleiten
esculaap Äskulapschlange [v], Äskulapstab [m]
esdoorn Ahorn [m]
eskader Geschwader [o] ⋆ ~ bommenwerpers Bombengeschwader
eskimo Eskimo [m]
esp Zitterpappel [v], Espe [v]
Esperanto Esperanto [o]
esplanade Esplanade [v]
essay Essay [m/o]
essentie Wesen [o], Essenz [v]
essentieel essentiell/essenziell, wesentlich
establishment Establishment [o]
estafette Staffellauf [m], Staffel [v]
estheet Ästhet [m]
esthetica Ästhetik [v]
esthetisch ästhetisch
Estland Estland [o]
etablissement Etablissement [o]
etage • (verdieping) Stock [m], Stockwerk [o] ⋆ op de tweede ~ im zweiten Stock • (flat) Etage [v], Wohnung [v]
etalage Schaufenster [o]
etalagepop Schaufensterpuppe [v]
etaleren auslegen/-stellen
etaleur Schaufensterdekorateur [m]
etappe Etappe [v] ⋆ in ~n etappenweise
eten I [het] • (voedsel) Essen [o] • (maaltijd) Essen [o] ⋆ te eten vragen zum Essen einladen **II** [ov ww] • (nuttigen) essen **III** [on ww] • (de maaltijd gebruiken) essen ⋆ uit eten gaan essen gehen
etenstijd Essenszeit [v]
etenswaar Esswaren [mv]
etentje Essen [o]
eter Esser [m] ⋆ een grote eter ein starker Esser
ether Äther [m]
etherreclame Rundfunk- und Fernsehreklame [v]
ethica Ethik [v]
ethiek Ethik [v]
Ethiopië Äthiopien [o]
ethisch ethisch
ethologie Ethologie [v]
etiket Etikett [o]
etiquette Etikette [v] ⋆ de ~ in acht nemen die Etikette wahren/einhalten
etmaal 24 Stunden [mv] ⋆ het duurt een ~ es dauert 24 Stunden
etnisch ethnisch
etnologie Ethnologie [v]
ets Radierung [v]
etsen • (graveren) radieren • (aantasten) ätzen
ettelijke etliche
etter • (pus) Eiter [m] • (naarling) Ekel [o]
etterbuil • (rotzak) Ekelpaket [o] • (gezwel) Eiterbeule [v]
etteren • (etter afscheiden) eitern • (klieren) quengeln
etude Etüde [v]
etui Etui [o], Behälter [m], Futteral [o]
etymologie Etymologie [v]
eucharistie Eucharistie [v]
eufemisme Euphemismus [m]
eufemistisch euphemistisch, beschönigend
euforie Euphorie [v]
euforisch begeistert
eunuch Eunuch [m], Eunuche [m]
Euratom Euratom [v], Europäische Atomgemeinschaft [v]
eurocheque Euroscheck [m], Eurocheque [m]
euromarkt Euromarkt [m]
Europa Europa [o]
Europeaan Europäer [m]
Europees europäisch
euthanasie Euthanasie [v]

euvel I [het] *Übel* [o] ▾ aan hetzelfde ~ mank gaan *an demselben Übel leiden* **II** [bnw] *übel* ⋆ de ~e moed hebben *die Unverschämtheit haben; sich erdreisten*
Eva *Eva* [v]
evacuatie ‹van gebied› *Räumung* [v], ‹van personen› *Evakuierung* [v]
evacué *Evakuierte(r)* [m]
evacueren *evakuieren, räumen*
evaluatie *Evaluierung* [v], *Evaluation* [v]
evalueren *evaluieren, bewerten*
evangelie *Evangelium* [o] ⋆ het ~ van Johannes *das Evangelium nach Johannes*
evangelisatie *Evangelisierung* [v]
evangelisch *evangelisch*
evangelist *Evangelist* [m]
even I [bnw] • (onverschillig) *gleichgültig, einerlei* • (deelbaar door twee) *gerade* ⋆ even getal *gerade Zahl* **II** [bijw] • (net zo) *gleich, ebenso* ⋆ wij zijn even oud *wir sind gleich alt* • (een korte tijd) *mal, eben, kaum* ⋆ hoor eens even! *hör mal!* ⋆ wil je dit even voor me doen? *würdest du das (schnell) mal für mich tun?* • (versterkend) *mal*
evenaar *Äquator* [m]
evenals *ebenso wie, gleichwie*
evenaren *gleichkommen, gleichtun* ⋆ iem. in iets ~ *es jmdm. an/in etw. gleichtun* [3]
evenbeeld *Ebenbild* [o]
eveneens *ebenfalls*
evenement *Ereignis* [o]
evengoed • (evenzeer) *genauso* • (toch) *trotzdem*
evenknie ⋆ iemands ~ zijn *jmdm. ebenbürtig sein*
evenmin *ebenso wenig*
evenredig *verhältnismäßig, entsprechend,* ‹wisk.› *proportional* ⋆ ~e vertegenwoordiging *Verhältniswahlsystem* [o] ⋆ omgekeerd ~ *umgekehrt proportional* ⋆ recht ~ zijn met *im direkten Verhältnis stehen zu*
evenredigheid *Verhältnis* [o], ‹wisk.› *Proportion* [v] ⋆ in ~ met *im gleichen Verhältnis zu* [3] ⋆ naar ~ van *je nach Verhältnis*
eventjes *einen Augenblick, kurz* ⋆ kom ~ hier *komm mal her*
eventualiteit *Eventualität* [v], *Möglichkeit* [v]
eventueel *eventuell, etwaig*
evenveel *gleich viel, ebenso viel* ⋆ ~ als *ebenso viel wie*
evenwel *aber, jedoch, dennoch, gleichwohl*
evenwicht *Gleichgewicht* [o] ⋆ het ~ bewaren *sich im Gleichgewicht halten*
evenwichtig *ausgeglichen* ⋆ een ~ karakter *ein ausgeglichener Charakter*
evenwichtsbalk *Schwebebalken* [m]
evenwichtsorgaan *Gleichgewichtsorgan* [o]
evenwichtsstoornis *Gleichgewichtsstörung* [v]
evenwijdig *parallel* ⋆ een ~e lijn *eine Parallele*
evenzeer *ebenso wohl, in gleichem Maße*
evenzo *ebenso*
everzwijn *Wildschwein* [o]
evident *augenscheinlich, evident*
evocatie *Evokation* [v]
evolueren *evolvieren*
evolutie *Evolution* [v]
ex I [de] *Ehemalige(r)* [m] ⋆ zijn ex *seine Ehemalige* [v] **II** [vz] *ex* ⋆ ex dividend *ohne Dividende*
ex- *ehemalig, früher, Ex-*
exact *exakt, genau*
examen *Examen* [o], *Prüfung* [v] ⋆ voor een ~ zakken *in einer Prüfung/einem Examen durchfallen* ⋆ ~ doen *Examen machen*
examenkoorts *Prüfungsangst* [v], *Lampenfieber* [o]
examenvrees *Prüfungsangst* [v]
examinator *Examinator* [m], *Prüfer* [m]
examineren *examinieren, prüfen*
excellent *exzellent*
excellentie *Exzellenz* [v] ⋆ Zijne Excellentie *Seine Exzellenz*
excentriek *exzentrisch* ⋆ zij gedraagt zich ~ *sie benimmt sich exzentrisch*
exceptioneel *exzeptionell* ⋆ ~ geval *Ausnahmefall* [m]
exces *Exzess* [m]
exclusief I [bnw] *exklusiv* **II** [bijw] *exklusive, ausschließlich* ⋆ ~ de bediening *ohne Bedienung; Bedienung nicht einbegriffen*
excommuniceren *exkommunizieren*
excursie *Exkursion* [v], *Ausflug* [m]
excuseren *entschuldigen, verzeihen*
excuus *Entschuldigung* [v], *Verzeihung* [v] ⋆ zijn ~ maken *sich entschuldigen* ⋆ om ~ vragen *um Entschuldigung bitten*
executeren • (terechtstellen) *exekutieren, hinrichten* • (jur.) *vollstrecken*
executeur *Exekutor* [m], *Vollstrecker* [m]
executie • (terechtstelling) *Hinrichtung* [v] • (jur.) *Vollstreckung* [v], *Exekution* [v] ⋆ bij ~ verkopen *zwangsweise verkaufen*
executiewaarde *Verkaufswert bei Zwangsversteigerung* [m]
exegese *Exegese* [v]
exemplaar *Exemplar* [o]
exemplarisch *exemplarisch*
exerceren *exerzieren*
exercitie *Exerzieren* [o], ‹geestelijk› *Exerzitium* [o]
exhibitionisme *Exhibitionismus* [m]
exhibitionist *Exhibitionist* [m]
existentialisme *Existentialismus/Existenzialismus* [m]
existentie *Existenz* [v]
existeren *existieren, bestehen*
exogeen *exogen*
exorbitant *exorbitant, enorm*
exotisch *exotisch*
expanderen I [ov ww] • (uitbreiden) *ausbreiten, ausdehnen* **II** [on ww] • (zich uitbreiden) *expandieren, sich ausbreiten, sich ausdehnen*
expansie *Expansion* [v]
expansiedrang *Expansionsdrang* [m]
expansievat *Ausdehnungsgefäß* [o]
expediëren *spedieren, expedieren, versenden*
expediteur *Spediteur* [m]
expeditie • (tocht) *Expedition* [v] • (verzending) *Spedition* [v]
experiment *Experiment* [o], *Versuch* [m]
experimenteel *experimentell, Experimental-, Experimentier-* ⋆ ~ stadium *Experimentierstadium* [o]
experimenteren *experimentieren*
expert *Experte* [m], *Sachverständige(r)* [m]
expertise *Expertise* [v]
explicatie *Explikation* [v], *Erklärung* [v]
expliciet I [bnw] *explizit* **II** [bijw] *explizit, ausdrücklich*
expliciteren *explizieren, erklären*
exploderen *explodieren, platzen*
exploitant *Unternehmer* [m]
exploitatie • (uitbuiting) *Ausbeutung* [v], *Exploitation* [v] • (het winstgevend maken) *Betrieb* [m], ‹van mijn› *Ausbeutung* [v]
exploiteren • (gebruik maken van) *in Betrieb setzen/haben,* ‹van mijn› *ausbeuten* • (uitbuiten) *ausbeuten*
exploratie *Erforschung* [v], *Exploration* [v]

E

exploreren *erforschen, explorieren*
explosie Explosion [v]
explosief I [het] *Sprengsatz* [m] **II** [bnw] *explosiv, Spreng-* ⋆ explosieve stof *Sprengstoff; Explosivstoff* [m]
exponent Exponent [m]
export Export [m], *Ausfuhr* [v]
exporteren *exportieren, ausführen*
exporteur Exporteur [m]
exportvolume *Umfang des Exports* [m]
exposé Exposé/Exposee [o], *Auseinandersetzung* [v]
exposeren *ausstellen*
expositie • (tentoonstelling) *Ausstellung* [v] • (uiteenzetting) *Darstellung* [v] • (blootstelling) *Exposition* [v]
expres I [de] *Fernschnellzug* [m], *D-Zug* [m] **II** [bijw] • (met opzet) *absichtlich* • (speciaal) *eigens*

E

expresbrief Eilbrief [m]
expresse Eilsendung [v], Eilzustellung [v] ⋆ iets per ~ verzenden *etw. per Eilpost verschicken* ⋆ per ~ *durch Eilboten*
expressie Ausdruck [m]
expressief *ausdrucksvoll, expressiv*
expressionisme Expressionismus [m]
exprestrein *Fernschnellzug* [m], *D-Zug* [m]
exquis *ausgesucht, erlesen, exquisit*
extase Ekstase [v], *Verzückung* [v] ⋆ in ~ *in Ekstase*
extern *extern*
extra I [bnw] *extra, Extra-, zusätzlich, Zusatz-, Sonder-, besonders, mehr-* ⋆ ~ aanbieding *Sonderangebot* [o] ⋆ ~ kwaliteit *extrafeine/erstklassige Qualität* [v] **II** [bijw] *extra, zusätzlich, besonders*
extraatje Extra [o], *Zugabe* [v], *Sonderleistung* [v]
extract • (uittreksel) *Extrakt* [m], *Auszug* [m] • (aftreksel) *Extrakt* [m]
extraneus Gasthörer [m]
extrapoleren *extrapolieren*
extravagant *extravagant, übertrieben*
extravert I [de] *Extravertierte(r)* [m] **II** [bnw] *extravertiert, extrovertiert*
extreem *extrem*
extremist Extremist [m]
extrovert → **extravert**
eyeliner Eyeliner [m]
ezel • (dier) *Esel* [m] • (schildersezel) *Staffelei* [v] ▾ een ezel stoot zich geen tweemaal aan dezelfde steen *ein gebranntes Kind scheut das Feuer*
ezelsbruggetje Eselsbrücke [v]
ezelsoor Eselsohr [o]

F

f • (letter) F [o] • (muzieknoot) *f* [o]
fa Fa [o]
faalangst *Angst zu versagen* [v]
faam • (goede naam) *Ruf* [m] • (vermaardheid) *Ruhm* [m], *Bekanntheit* [v]
fabel Fabel [v]
fabelachtig *fabelhaft, sagenhaft*
fabricage Herstellung [v]
fabriceren *herstellen, erzeugen, fabrizieren*
fabriek Fabrik [v]
fabrieksfout Fabrikationsfehler [m]
fabrieksgeheim Fabrikationsgeheimnis [o]
fabrieksprijs Fabrikpreis [m]
fabrikaat • (product) *Fabrikat* [o] • (maaksel) *Industrieerzeugnis* [o]
fabrikant • (fabriekseigenaar) *Fabrikant* [m] • (producent) *Hersteller* [m]
fabuleus • (buitengewoon) *fabelhaft, sagenhaft* • (fabelachtig) *fabulös, unwahrscheinlich*
façade Fassade [v]
facet • (aspect) *Aspekt* [m] • (geslepen vlak) *Facette* [v]
facetoog Facettenauge [o]
faciliteit • (tegemoetkoming) *Erleichterung* [v], *Vergünstigung* [v] • (voorziening) *Anlage* [v]
factie Faktion [v]
factor Faktor [m]
factotum Faktotum [o]
factureren *fakturieren*
factuur Rechnung [v]
facultatief *wahlfrei, fakultativ* ⋆ ~ vak *Wahlfach* [o]
faculteit Fakultät [v] ⋆ ~ der geneeskunde *medizinische Fakultät*
Faeröer Färöer [m]
fagot Fagott [o]
Fahrenheit Fahrenheit ⋆ 20 graden ~ *20 Grad Fahrenheit*
failliet *bankrott, zahlungsunfähig* ⋆ ~e boedel *Konkursmasse* [v] ⋆ ~ gegaan zijn *in Konkurs geraten sein;* ‹inf.› *Pleite gegangen sein* ⋆ zich ~ verklaren *den Konkurs anmelden*
faillissement Konkurs [m], *Bankrott* [m] ⋆ zijn eigen ~ aanvragen *den Konkurs anmelden/beantragen* ⋆ iemands ~ aanvragen *über jmdn. den Konkurs eröffnen* ⋆ in staat van ~ zijn *zahlungsunfähig sein*
fair *fair, ehrlich, anständig*
fakir Fakir [m]
fakkel Fackel [v]
falen *misslingen, scheitern, versagen*
falie ▾ iem. op zijn ~ geven ‹fysiek› *jmdm. die Jacke voll hauen* ▾ op zijn ~ krijgen ‹verbaal› *eins auf den Deckel bekommen*
faliekant *völlig, total* ⋆ het is ~ misgegaan *es ist völlig schief gegangen; es hat ein verkehrtes Ende genommen*
fallisch *phallisch*
fallus Phallus [m]
falset • (stemregister) *Falsett* [o], *Kopfstimme* [v] • (zanger) *Falsettist* [m]
falsetstem Falsettstimme [v]
falsificatie Fälschung [v]
falsificeren • (vervalsen) *(ver)fälschen, falsifizieren* • (weerleggen) *falsifizieren*
falsifiëren → **falsificeren**
fameus • (befaamd) *namhaft* • (verbazend) *famos*
familiaal *familiär*

familiair • (ongedwongen) *familiär* ⋆ ~ met iem. zijn *vertraulich mit jmdm. sein* • (vrijpostig) ⋆ niet zo ~! *nicht so aufdringlich!*
familie • (gezin) *Familie* [v] • (alle verwanten) *Verwandte(n)* [mv], *Verwandtschaft* [v] ⋆ zij is van goede ~ *sie ist aus guter Familie* ⋆ zij is ~ van me *sie ist mit mir verwandt; sie ist eine Verwandte von mir*
familiebedrijf *Familienbetrieb* [m]
familiegraf *Familiengrab* [o]
familiehotel *Familienhotel* [o]
familiekring *Familienkreis* [m]
familielid *Familienmitglied* [o], *Verwandte(r)* [m]
familienaam *Familienname* [m], *Zuname* [m]
familiestuk *Familienstück* [o]
familieziek ⋆ ~ zijn *einen Familienfimmel haben*
fan *Fan* [m]
fanaat *Fanatiker* [m]
fanaticus *Fanatiker* [m]
fanatiek *fanatisch*
fanatiekeling *blinde(r) Fanatiker* [m]
fanatisme *Fanatismus* [m]
fanclub *Fanklub* [m]
fancy-fair *Wohltätigkeitsbasar* [m]
fanfare • (muziekkorps) *Fanfarenzug* [m] • (muziekstuk) *Fanfare* [v]
fanmail *Fanpost* [v]
fantaseren *phantasieren/fantasieren*
fantasie • (verbeeldingskracht) *Phantasie/Fantasie* [v] • (muz.) *Phantasie/Fantasie* [v]
fantasienaam *Phantasiename/Fantasiename* [m]
fantast *Phantast/Fantast* [m]
fantastisch *phantastisch/fantastisch*
fantoom *Phantom* [o]
farao *Pharao* [m]
farce *Farce* [v]
farceren *farcieren*
farizeeër *Pharisäer* [m]
farmaceutisch *pharmazeutisch*
farmacie *Pharmazie* [v]
farmacologie *Pharmakologie* [v]
fascinatie *Faszination* [v]
fascineren *faszinieren*
fascisme *Faschismus* [m]
fascist *Faschist* [m]
fase *Phase* [v]
faseren *in Abschnitte einteilen*
fat *Geck* [m], *Lackaffe* [m]
fataal *fatal, verhängnisvoll*
fatalistisch *fatalistisch*
fata morgana *Fata Morgana* [v]
fatsoen • (goede manieren) *Anstand* [m] ⋆ zijn ~ houden *den Anstand wahren* ⋆ met goed ~ *anstandshalber* • (vorm) *Form* [v]
fatsoeneren *in Ordnung bringen*
fatsoenlijk *anständig*
fatsoenshalve *anstandshalber*
fatsoensrakker *Moralist* [m]
fauna *Fauna* [v]
fauteuil *Sessel* [m]
favoriet **I** [de] *Favorit* [m] **II** [bnw] *Lieblings-* ⋆ ~e bezigheid *Lieblingsbeschäftigung*
fax *Fax* [o]
faxen *faxen*
fazant *Fasan* [m]
februari *Februar* [m]
federaal *föderativ*
federalisme *Föderalismus* [m]
federatie *Föderation* [v]
fee *Fee* [v]
feedback *Feedback/Feed-back* [o]
feeëriek *feenhaft*
feeks *Hexe* [v]
feeling *Feeling* [o]
feest • (partij) *Fest* [o], *Fete* [v] • (viering) *Feier* [v]
feestdag *Feiertag* [m] ⋆ zon- en ~en *Sonn- und Feiertage* ⋆ christelijke ~ *christliche(r) Feiertag* ⋆ (on)veranderlijke ~ *(un)bewegliche(s) Fest* [o]
feestelijk *festlich* ▾ ik bedank er ~ voor na *ich danke bestens*
feesten *ein Fest feiern*
feestganger *Festteilnehmer* [m]
feestmaal *Festessen* [o]
feestneus • (masker) *Pappnase* [v] • (persoon) ⋆ hij is een echte ~ *er feiert die Feste, wie sie fallen*
feestnummer • (gangmaker) *Stimmungskanone* [v] • (hoofdpersoon van een feest) ‹bij jubileum› *Jubilar* [m], ‹bij verjaardag› *Geburtstagskind* [o] • (blad) *Jubiläumsausgabe* [v]
feestvarken ‹bij jubileum› *Jubilar* [m], ‹bij verjaardag› *Geburtstagskind* [o]
feestvieren *ein Fest feiern*
feilbaar *fehlbar*
feilen *versagen*
feilloos *fehlerlos*

F

feit *Tatsache* [v] ⋆ strafbaar feit *Straftat* ⋆ in feite *tatsächlich* ⋆ de feiten *der Tatbestand* [ev]
feitelijk **I** [bnw] *tatsächlich, eigentlich* **II** [bijw] *eigentlich, tatsächlich*
fel • (hevig) *heftig* ⋆ felle kleur *grelle Farbe* ⋆ fel protest *scharfe(r) Protest* ⋆ fel licht *grelle(s) Licht* ⋆ in de felle zon *in der brennenden/prallen Sonne* ⋆ felle bliksemschicht *grelle(r)/zuckende(r) Blitz* • (vurig) *scharf* • (~ **op**) ⋆ fel zijn op *scharf sein auf; brennen auf*
felicitatie *Gratulation* [v], *Glückwunsch* [m]
feliciteren ⋆ iem. ~ met iets *jmdm. gratulieren zu etw.*
feminisme *Feminismus* [m]
feministe *Feministin* [v]
feministisch *feministisch*
feniks *Phönix* [m]
fenomeen *Phänomen* [o]
fenomenaal *phänomenal*
feodaal *feudal* ⋆ ~ stelsel *Feudalsystem* [o]
feodalisme *Feudalismus* [m]
ferm • (flink) *tüchtig, energisch* • (zeer groot) *kräftig*
fermenteren *fermentieren, gären*
fervent *leidenschaftlich*
festijn • (feest) *Fest* [o] • (feestmaal) *Festessen* [o]
festival *Festival* [o], *Festspiele* [mv]
festiviteit *Festlichkeit* [v]
feston *Feston* [o]
fêteren *feiern*
fetisjisme *Fetischismus* [m]
fetisjist *Fetischist* [m]
feuilleton *Feuilleton* [o]
feut *Mulus* [m]
fez *Fes* [m]
fiasco *Fiasko* [o], *Misserfolg* [m]
fiat *Genehmigung* [v], *Zustimmung* [v] ⋆ ergens zijn fiat aan geven *etw. genehmigen*
fiber *Fiber* [v]
fiberglas *Fiberglas* [o]
fiche • (speelpenning) *Spielmarke* [v], *Fiche* [v] • (systeemkaart) *Zettel* [m]
fictie • (verzinsel) *Fiktion* [v] • (soort literatuur) *Dichtung* [v]
fictief *fiktiv* ⋆ fictieve winst *imaginärer Gewinn*
ficus *Ficus* [m]
fideel *fidel*
fiducie *Vertrauen* [o]
fielt *Halunke* [m], *Schurke* [m], *Schuft* [m]

fier *stolz*
fiets Fahrrad [o], ‹inf.› Rad [o]
fietsen *Rad fahren, radeln*
fietsenmaker Fahrradmechaniker [m], Fahrradschlosser [m]
fietsenrek Fahrradständer [m]
fietsenstalling (überdeckte(r)) Fahrradstand [m]
fietser Radfahrer [m]
fietspad Rad(fahr)weg [m]
fietspomp Fahrradpumpe [v]
fietstocht Radtour [v]
fietsvakantie Radtour [v]
figurant Komparse [m], Statist [m]
figuratief • (beeldend) *figurativ* • (versierend) *dekorativ*
figureren • (optreden als) *figurieren, auftreten* • (optreden als figurant) *figurieren, Statist sein*
figuur Figur [v] ▾ een goed ~ slaan *eine gute Figur machen*
figuurlijk *übertragen, bildlich*
figuurzaag Laubsäge [v]
figuurzagen *mit einer Laubsäge sägen*
F
Fiji Fidschiinseln [mv]
fijn • (in kleine deeltjes) *fein* ⋆ fijn wrijven *fein reiben; zerreiben* • (zeer goed, precies) *fein* ⋆ fijn gehoor *feine(s) Gehör* • (niet grof) *zart, fein* ⋆ fijn goud *Feingold* • (prettig) *nett, in Ordnung, o.k.* ⋆ fijne vent *prima Kerl* ▾ het fijne van de zaak *die Einzelheiten der Sache*
fijnbesnaard *zartbesaitet*
fijngevoelig *feinsinnig, feinfühlend, zartfühlend, feinfühlig*
fijnhakken *klein hacken, zerkleinern*
fijnknijpen *zerquetschen, zerdrücken*
fijnmaken *klein machen, feinreiben, zerreiben*
fijnproever Feinschmecker [m]
fijnschrijver dünne(r) Schreibstift [m]
fijntjes • (op fijne wijze) *fein* • (op slimme wijze) *schlau, listig* ⋆ ~ glimlachen *verschmitzt lächeln* ⋆ iets ~ zeggen *etw. verblümt sagen* ⋆ ~ aanvoelen *ein feines Gespür haben*
fijnzinnig *feinsinnig*
fijt Wurm [m]
fik • (brand) Feuer [o] ⋆ het staat in de fik *es brennt* • (hond) Spitz [m]
fikken I [de] Finger [mv] ⋆ blijf er met je ~ van af *bleibe mit deinen Pfoten weg davon* **II** [on ww] *brennen, lodern*
fiks *tüchtig, kräftig*
fiksen *hinkriegen, deichseln*
filantroop Philanthrop [m]
filatelie Philatelie [v]
file I [de] Stau [m] ⋆ in de file staan *im Stau stehen* **II** [de/het] Datei [v]
fileren *filetieren*
filet Filet [o]
filevorming Staubildung [v]
filharmonisch *philharmonisch*
filiaal Filiale [v], Zweigstelle [v], ‹bijkantoor› Nebenstelle [v]
filiaalhouder Filialleiter [m]
filigraan Filigran [o]
filippica Philippika [v]
Filippijnen Philippinen [mv]
film Film [m]
filmcamera Filmkamera [v]
filmen *filmen* ⋆ iets ~ *etw. (ver)filmen*
filmer Filmemacher [m]
filmhuis kommunale(s) Kino [o]
filmkeuring Filmzensur [v]
filmkritiek Filmkritik [v]
filmopname Filmaufnahme [v]
filmploeg Filmcrew [v]
filmrol • (filmband) Rollfilm [m] • (rol in een film) Filmrolle [v]
filmrolletje Film [m]
filmster Filmstar [m]
filmstudio Filmstudio [o]
filologie Philologie [v]
filosoferen *philosophieren*
filosofie Philosophie [v]
filosofisch *philosophisch*
filosoof Philosoph [m]
filter Filter [m/o]
filteren *filtern*
filterkoffie Filterkaffee [m]
filtersigaret Filterzigarette [v]
filterzakje Filtertüte [v]
filtreren *filtrieren, filtern*
Fin Finne [m]
finaal I [bnw] • (uiteindelijk) *final* • (algeheel) *total* **II** [bijw] *völlig, gänzlich*
finale • (muz.) Finale [o] • (sport) Finale [o], Schlussrunde [v]
finalist Finalist [m]
financieel *finanziell* ⋆ financiële politiek *Finanzpolitik* [v]
financiën Finanzen [mv]
financier • (geldbeheerder) Treuhänder [m], ‹van een stichting› Kurator [m] • (geldschieter) Finanzier [m], Geldgeber [m]
financieren *finanzieren*
financiering Finanzierung [v]
financieringstekort Finanzierungslücke [v]
fineer Furnier [o]
finesse Finesse [v]
fingeren *erdichten, fingieren* ⋆ gefingeerde koop *Scheinkauf* [m]
finish • (eindstreep) Ziel [o] ⋆ door de ~ gaan *durchs Ziel gehen* • (eindstrijd) Endkampf [m], Finish [o]
finishen *durchs Ziel gehen*, ‹paardensport› *finishen*
finishfoto Zielfoto [o]
finishing touch letzte(r) Schliff [m], *Tüpfelchen auf dem i* [o]
Finland Finnland [o]
Fins I [het] Finnisch(e) [o] **II** [bnw] *finnisch*
FIOD • (belasting) Steuerfahndung [v] • (douane) Zollfahndung [v]
firma Firma [v]
firmament Firmament [o]
firmant Teilhaber [m], Gesellschafter [m]
fis Fis [o]
fiscaal *steuerlich*
fiscus Fiskus [m]
fistel Fistel [v]
fit *fit, in bester Form* ⋆ zich niet al te fit voelen *sich nicht ganz wohl fühlen*
fitnesscentrum Fitnesscenter [o]
fitter Installateur [m]
fitting • (deel van gloeilamp) Fassung [v] • (houder voor gloeilamp) Fassung [v] • (verbindingsstuk) Fitting [o]
fixatie Fixierung [v]
fixeerbad Fixierbad [o]
fixeren *fixieren*
fjord Fjord [m]
flacon Flakon [m]
fladderen *flattern*
flagrant *flagrant*
flair Flair [o]
flakkeren *flackern*
flamberen *flambieren*
flamboyant *flamboyant*

flamingo Flamingo [m]
flanel Flanell [m]
flaneren *flanieren*
flank Flanke [v]
flankeren *flankieren*
flansen *hinpfuschen* ⋆ in elkaar ~ *zusammenschmieren*
flap Umschlagklappe [v]
flapdrol Niete [v], Flasche [v]
flapoor I [de] Person mit Segelohren [v] **II** [het] • (groot oor) Segelohren [mv] • (gerecht) stramme(r) Max [m]
flappen *hinwerfen* ▾ er alles uit~ *alles herausplappern*
flaptekst Klappentext [m]
flapuit Schwätzer [m], Klatschmaul [o]
flard Fetzen [m] ⋆ aan ~en scheuren *zerfetzen*
flashback Rückblende [v]
flat Etagenwohnung [v]
flater Schnitzer [m]
flatgebouw Etagenhaus [o], Hochhaus [o]
flatteren *schmeicheln*
flatteus • (flatterend) *schmeichelhaft* • (vleiend) *schmeichelnd*
flauw • (met weinig smaak) *fade, schal* • (zwak) *flau, matt, schwach* ⋆ geen ~ idee hebben *keine blasse Ahnung haben* • (zwak gebogen) *schwach* ⋆ ~e bocht *schwache Kurve* • (kinderachtig) *kindisch, albern* • (niet geestig) *abgedroschen, abgeschmackt* • (hand.) *flau*
flauwekul Quatsch [m]
flauwerd Kindskopf [m]
flauwiteit Kinderei [v]
flauwte Ohnmacht [v]
flauwtjes *schwach, matt*
flauwvallen *in Ohnmacht fallen, ohnmächtig werden*
flegma Phlegma [o]
flegmatiek *phlegmatisch*
flemen *schmeicheln* [3]
flensje Pfannkuchen [m]
fles Flasche [v] ▾ op de fles gaan/zijn *Pleite machen, pleite sein*
flesopener Flaschenöffner [m]
flessen *verschaukeln*
flessentrekker Schwindler [m]
flessentrekkerij Schwindel [m]
flesvoeding Flaschennahrung [v]
flets • (dof) *fahl, matt* • (ongezond) *abgespannt*
fleur Frische [v] ⋆ de ~ is eraf *es hat seine Frische verloren*
fleurig • (bloeiend) *blühend, frisch, farbenfroh* • (fris, vrolijk) *munter, heiter* ⋆ ~e kamer *heitere(s) Zimmer*
flexibel • (buigbaar) *flexibel, biegsam* • (inschikkelijk) *flexibel, anpassungsfähig* • (rekbaar) *variabel* ⋆ ~e werktijden *gleitende Arbeitszeiten*
flexibiliteit Flexibilität [v]
flexie Flexion [v]
flierefluiter Nichtsnutz [m]
flikflooien *lobhudeln, schäkern*
flikken • (klaarspelen) *fertig bringen, deichseln* • (streek leveren) ⋆ wie heeft haar dat geflikt? *wer hat ihr diesen Dienst erwiesen?*
flikker • (homo) Schwule(r) [m], Tunte [v] • (donder) ⋆ iem. op zijn ~ geven *jmdm. die Jacke voll hauen* ⋆ er geen ~ vanaf weten *keine blasse Ahnung davon haben*
flikkeren I [ov ww] • (smijten) *pfeffern, kippen* **II** [on ww] • (schitteren) *glitzern, flimmern*
flikkering Schimmer [m], Flimmern [o]
flikkerlicht Blinklicht [o]
flink I [bnw] • (stevig) *forsch, kräftig, stramm* • (moedig) *tapfer, beherzt, herzhaft* ⋆ ~e officier *schneidige(r) Offizier* ⋆ ~e vent *tüchtige(r) Kerl* • (behoorlijk) *hübsch, ordentlich, tüchtig* ⋆ een ~ eind *eine hübsche Strecke* ⋆ ~e som *bedeutende/ erhebliche Summe* ⋆ een ~e aanloop nemen *einen langen Anlauf nehmen* **II** [bijw] *gehörig, ordentlich, tüchtig* ⋆ iem. ~ de waarheid zeggen *jmdm. gehörig die Wahrheit sagen* ⋆ het regent ~ *es regnet gehörig/ordentlich* ⋆ het is ~ koud *es ist empfindlich kalt* ⋆ ~ zijn best doen *tüchtig arbeiten* ⋆ ik heb het ~ warm gekregen *mir ist ordentlich warm geworden*
flinter hauchdünne Scheibe [v]
flinterdun *hauchdünn*
flippen • (afknappen) *überhaben, satt haben, überdrüssig sein* • (onwel worden door drugs) *ausflippen*
flipperen *flippern*
flipperkast Flipper [m]
flirt • (het flirten) Flirt [m], Liebelei [v] • (persoon) Schäker [m] ⋆ zij/hij is een ~ *sie/er flirtet gern*
flirten *flirten*
flits Blitz [m]
flitsen I [ov ww] • (foto.) *blitzen* **II** [on ww] • (oplichten) *aufleuchten, zucken,* ‹met flitslamp› *blitzen*
flitsend *blitzend, strahlend*
flitser Blitzgerät [o]
flitslamp Blitzlampe [v]
flitslicht Blitzlicht [o]
flodder Platzpatrone [v]
flodderen *schlottern*
flodderig *schlottrig*
floep *schwupp!*
floepen *flutschen*
floers • (stof) Flor [m], Krepp [m] • (waas) Schleier [m]
flonkeren *funkeln*
floorshow Nachtklubprogramm [o]
flop Reinfall [m], Flop [m], ‹persoon› Niete [v]
floppen *misslingen, fehlschlagen*
floppydisk Floppydisk/Floppy Disk [v]
flora Flora [v]
floreren *florieren, blühen*
floret Florett [o]
florissant *blühend*
flossen *die Zähne mit Zahnseide reinigen*
fluctueren *schwanken, fluktuieren*
fluim Schleim [m]
fluisteren *flüstern, raunen,* ‹boosaardig› *zischeln,* ‹geheimzinnig› *tuscheln*
fluistertoon Flüsterton [m]
fluit • (blaasinstrument) Flöte [v] • (fluitsignaal) Pfiff [m]
fluitconcert • (concert) Flötenkonzert [o] • (afkeuring) Pfeifkonzert [o]
fluiten I [ov ww] • (roepen) *pfeifen* ⋆ de hond ~ *dem Hund pfeifen* • (sport) *pfeifen* **II** [on ww] • (op fluit spelen) *flöten* • (fluitgeluid maken) *pfeifen* ▾ je kunt ernaar ~ *du hast das Nachsehen*
fluitenkruid Wiesenkerbel [m]
fluitist Flötenspieler [m], ‹beroeps› Flötist [m]
fluitje • (instrument) Pfeife [v] • (signaal) Pfiff [m] ▾ dat is een ~ van een cent *das ist ein Kinderspiel*
fluitketel Pfeifkessel [m]
fluor Fluor [o]
fluoresceren *fluoreszieren*
fluoride Fluorid [o]

flutboek *Scharteke* [v]
flut- *Mist-*
fluweel *Samt* [m] ▾ hij zit op ~ *er ist auf Rosen gebettet*
fluweelzacht *samtweich*
fluwelen *samten, Samt-*
fluwelig *samtig*
FM ‹FM› *Frequenzmodulation* [v], ‹UKW› *Ultrakurzwelle* [v]
fnuikend *fatal*
fobie *Phobie* [v]
focus *Fokus* [m]
focussen *fokussieren*
foedraal *Futteral* [o]
foefje *Trick* [m], *Kniff* [m]
foei *pfui*
foeilelijk *abscheulich, potthässlich*
foerageren *Furage beschaffen*
foeteren *wettern, nörgeln, meckern, schimpfen*
foetsie *futsch*
foetus *Fetus* [m], *Fötus* [m]
F
föhn • (wind) *Föhn* [m] • (® haardroger) *Fön ®* [m]
föhnen *föhnen*
fok *Fock* [v]
fokken *züchten*
fokkenmaat *Matrose, der die Fock bedient* [m]
fokkenmast *Fockmast* [m]
fokker *Züchter* [m]
fokkerij • (het fokken) *Zucht* [v] • (fokbedrijf) *Züchterei* [v]
folder *Faltblatt* [o], *Prospekt* [m]
folie *Folie* [v]
folio *Folio* [o]
folklore *Folklore* [v]
folkmuziek *Folk* [m]
folteraar *Folterer* [m]
folteren *foltern, martern*
foltering *Folterung* [v]
fondant *Fondant* [m]
fonds • (geld) *Fonds* [m] • (stichting) *Fonds* [m], ‹van ziekenfonds› *Kasse* [v] • (waardepapier) *Wertpapier* [o], *Fonds* [m], *Effekten* [mv] • (boeken bij uitgever) *Verlag* [m]
fondspatiënt *Kassenpatient* [m]
fondue *Fondue* [o]
fonduen *Fondue essen*
fonduestel *Fondueset* [o]
fonetiek *Phonetik* [v]
fonetisch *phonetisch, lautlich*
fonkelen *funkeln*
fonkelnieuw *funkelnagelneu*
fonologie *Phonologie* [v]
fontanel *Fontanelle* [v]
fontein *Springbrunnen* [m]
foodprocessor *Küchenmaschine* [v]
fooi *Trinkgeld* [o]
fooienpot *Trinkgeldkasse* [v]
fopartikel *Scherzartikel* [m]
foppen *foppen*
fopspeen *Schnuller* [m]
forceren **I** [ov ww] • (door geweld openen) *aufbrechen, sprengen* • (doordrijven) *forcieren, erzwingen* ⋆ geforceerde mars *Gewaltmarsch* [m] **II** [wkd ww] *sich überanstrengen*
forel *Forelle* [v]
forens *Pendler* [m]
forensisch *gerichtlich*
forfait *Pauschale* [v], *Pauschbetrag* [m]
formaat *Format* [o]
formalisme *Formalismus* [m]
formaliteit • (uiterlijke vorm) *Formalität* [v] • (voorgeschreven gewoonte) *Formsache* [v], *Formalität* [v]
formateur *mit der Regierungsbildung Beauftragte(r)* [m]
formatie *Formation* [v]
formatteren *formatieren*
formeel • (officieel) *formell, förmlich* • (vorm betreffend) *formal*
formeren • (vormen) *formen* • (opstellen) *formieren, bilden*
formica **I** [het] *Kunststoffplatte* [v], *Kunststoff* [m] **II** [bnw] *Kunststoff-*
formidabel *fabelhaft, formidabel, außergewöhnlich*
formule *Formel* [v]
formuleren *formulieren*
formulering *Formulierung* [v]
formulier *Formular* [o], *Formblatt* [o] ⋆ een ~ invullen *ein Formular ausfüllen*
fornuis *Herd* [m]
fors *kräftig, stark*
forsgebouwd *kräftig (gebaut)*
forsythia *Forsythie* [v]
fort • (sterke kant) ⋆ dat is zijn fort niet *das ist nicht seine starke Seite* • (vesting) *Fort* [o]
fortificatie • (het fortificeren) *Befestigung* [v] • (vestingwerk) *Befestigungswerk* [o]
fortuin • (vermogen) *Vermögen* [o] • (geluk) *Glück* [o]
fortuinlijk *glücklich* ⋆ ~ zijn *Glück haben*
forum • (discussie) *Forum* [o] • (deskundigen) ⋆ ~gesprek *Podiumsdiskussion* [o]
fosfaat *Phosphat* [o]
fosfaatvrij *phosphatfrei*
fosfor *Phosphor* [m]
fossiel **I** [het] *Fossil* [o] **II** [bnw] *fossil*
foto *Foto* [o] ⋆ een foto nemen *ein Foto machen*
fotoalbum *Fotoalbum* [o]
foto-elektrisch *photoelektrisch*
fotogeniek *fotogen*
fotograaf *Fotograf* [m]
fotograferen *fotografieren*
fotografie *Fotografie* [v]
fotografisch *fotografisch*
fotohandelaar *Fotohändler* [m]
fotojournalist *Fotoreporter* [m]
fotokopie *Fotokopie* [v]
fotokopiëren *fotokopieren*
fotomodel *Fotomodell* [o]
fotomontage *Fotomontage* [v]
foton *Photon* [o]
fotoreportage *Bildbericht* [m], *Bildberichterstattung* [v]
fotorolletje *Film* [m]
fotosynthese *Photosynthese/Fotosynthese* [v]
fototoestel *Fotoapparat* [m], *Kamera* [v]
fotozaak *Fotogeschäft* [o]
fouilleren *durchsuchen* ⋆ iem. op wapens ~ *jmdn. nach Waffen durchsuchen*
foundation • (crème) *Grundierung* [v] • (lingerie) *Mieder* [o]
fourneren • (verschaffen) *verschaffen* • (geld storten) *einzahlen*
fournituren *Zutaten* [mv], ‹kleding› *Kurzwaren* [mv]
fout **I** [de] • (onjuistheid) *Fehler* [m] • (misslag) *Verstoß* [m] **II** [bnw] *falsch, verkehrt*
foutief *fehlerhaft, falsch*
foutloos *fehlerlos, fehlerfrei*
foyer *Foyer* [o], *Wandelhalle* [v]
fraai *schön, hübsch, nett* ⋆ dat is een ~e boel *das ist ein schöner Schlamassel*
fractie • (onderdeel) *Bruchteil* [m] ⋆ de koersen

waren een ~ hoger *die Kurse waren um einen Bruchteil höher* • (pol.) *Fraktion* [v]
fractievoorzitter *Fraktionsvorsitzende(r)* [m]
fractuur *Fraktur* [v]
fragiel *zerbrechlich, fragil*
fragment *Fragment* [o]
fragmentarisch *fragmentarisch*
fragmentatie *Zerteilung* [v], *Zersplitterung* [v]
framboos • (struik) *Himbeerstrauch* [m] • (vrucht) *Himbeere* [v]
frame *Rahmen* [m], *Gestell* [o]
Française *Französin* [v]
franchise *Franchise* [v]
franchisegever *Franchisegeber* [m]
franchisenemer *Franchiser* [m], *Franchisenehmer* [m]
franciscaan *Franziskaner* [m]
franco *frei, franko* ⋆ ~ vracht en rechten *fracht- und zollfrei*
francofoon *frankophon*
franje • (versiering) *Fransen* [mv] • (bijzaken) *Geschnörkel* [o], ‹gezeur› *leere(s) Gerede* [o]
frank I [de] *Franc* [m] **II** [bnw] *frei, offen* ⋆ ~ en vrij *frank und frei*
frankeren *frankieren, freimachen*
Frankrijk *Frankreich* [o]
Frans I [de] ▾ een vrolijke ~ *Bruder Lustig* **II** [het] *Französisch(e)* [o] **III** [bnw] *französisch*
Fransman *Franzose* [m]
Franstalig *französischsprachig, in/auf Französisch*
frappant *frappant*
frapperen *frappieren*
frase *Phrase* [v] ⋆ holle ~n *leere(n) Phrasen*
frater *Frater* [m]
fratsen ⋆ en nu is het afgelopen met die ~! *jetzt ist aber Schluss mit dem Unsinn!* ⋆ ~ maken *labern; dummes Zeug reden*
fraude *Betrug* [m]
frauderen *betrügen*
fraudeur *Betrüger* [m]
frauduleus *betrügerisch*
freak *Freak* [m]
freelance *freiberuflich* ⋆ ~ medewerker *freie(r) Mitarbeiter* [m]
freelancer *Freiberufler* [m]
frees *Fräse* [v]
freewheelen • (het kalm aan doen) *faulenzen, bummeln* • (in vrijloop fietsen) *im Freilauf fahren*
fregat *Fregatte* [v]
frêle *zart, zerbrechlich, fragil*
frequent *frequent, häufig*
frequenteren *frequentieren*
frequentie *Frequenz* [v]
fresco *Fresko* [o], *Freske* [v]
fresia *Freesie* [v]
fret • (dier) *Frettchen* [o], *Frettwiesel* [o] • (boor) *Nagelbohrer* [m]
freudiaans *freudianisch* ⋆ ~e verspreking *freudsche Fehlleistung* [v]
freule *Freifräulein* [o], *Freiin* [v]
frezen *fräsen*
frictie *Friktion* [v], *Reibung* [v]
friemelen *fummeln*
Fries I [de] *Friese* [m] **II** [het] *Friesisch(e)* [o] **III** [bnw] *friesisch*
Friesland *Friesland* [o]
friet *Fritten* [mv], *Pommes (frites)* [mv]
frietkraam *Pommesbude* [v]
Friezin *Friesin* [v]
frigide *frigid(e)*
frik *Schulmeister* [m], *Pauker* [m]
frikadel *Frikadelle* [v]
fris • (koel) *kühl* • (zuiver) *frisch* ▾ ik voel me zo fris als een hoentje *ich fühl mich munter wie ein Fisch im Wasser*
frisbee *Frisbee* [o]
frisdrank *Erfrischungsgetränk* [o]
frisheid *Frische* [v], *Kühle* [v]
frisjes *ziemlich kühl*
frites *Pommes frites* [mv], ‹inf.› *Pommes* [mv], *Fritten* [mv]
friteuse *Fritteuse* [v]
frituren *frittieren*
frituurpan *Fritteuse* [v]
frituurvet *Frittierfett* [o]
frivool *frivol*
fröbelen *herumbasteln, herumkramen*
frommelen • (kreukelen) *(zer)knittern, (zer)knüllen* • (friemelen) *fummeln*
frons *Falte* [v]
fronsen *runzeln*
front *Front* [v]
frontaal *frontal*
frontlijn *Frontlinie* [v]
frontsoldaat *Frontsoldat* [m]
fruit *Obst* [o]
fruitautomaat *Spielautomat* [m]
fruitboom *Obstbaum* [m]
fruiten *bräunen*
fruitig *fruchtig*
fruitmes *Obstmesser* [o]
fruitschaal *Obstschale* [v]
frunniken → **frutselen**
frustratie *Frustration* [v]
frustreren *frustrieren*
frutselen • (friemelen) *herumfingern* • (knutselen) *basteln*
fuchsia *Fuchsie* [v]
fuga *Fuge* [v]
fuif *Fete* [v], *Party* [v] ⋆ een fuif geven *eine Party/Fete steigen lassen*
fuifnummer *Bummler* [m]
fuik *Reuse* [v]
fuiven • (feestvieren) *feiern*, ‹met veel drank› *zechen*, ‹met veel eten› *schmausen* • (trakteren) *spendieren*
fulltime *ganztägig* ⋆ ~ baan *Ganztagsarbeit* [v]; *Fulltimejob/Full-Time-Job* [m] ⋆ ~ onderwijs *Ganztagsunterricht* [m]
fulmineren *wettern, toben*
functie • (taak) *Funktion* [v] • (betrekking) *Amt* [o], *Stellung* [v], *Stelle* [v]
functiebeschrijving *Beschreibung des Tätigkeitsfeldes* [v]
functietoets *Funktionstaste* [v]
functionaris *Amtsträger* [m], *Amtsinhaber* [m], *Funktionär* [m]
functioneel *funktionell*
functioneren *funktionieren*
fundament *Fundament* [o]
fundamentalisme *Fundamentalismus* [m]
fundamenteel *fundamental, grundlegend*
funderen • (fundering aanbrengen) *fundieren* • (baseren) *begründen*
fundering • (het funderen) *Fundieren* [o] • (fundament) *Fundierung* [v] • (grondslag) *Grund* [m]
funest *fatal, verhängnisvoll*
fungeren *fungieren* ⋆ ~d burgemeester *amtierende(r) Bürgermeister* [m]
funk *Funk* [m]
furie *Furie* [v]
furieus *wütend, tobend*
furore ⋆ ~ maken *Furore machen*

F

fuseren *fusionieren*
fusie Fusion [v] ⋆ een ~ aangaan *fusionieren*
fusilleren *füsilieren, standrechtlich erschießen*
fust • (verpakking) Verpackung [v] ⋆ met leeg fust mit Leerpackung • (vat) Fass [o] ⋆ wijn op fust Wein in Fässern
fut Energie [v], Kraft [v], Tatkraft [v] ⋆ er zit geen fut in die vent *er hat keinen Mumm in den Knochen*
futiel *unbedeutend, nichtig*
futiliteit Bagatelle [v], Lappalie [v], Nichtigkeit [v]
futloos *energielos, kraftlos, ohne Saft und Kraft*
futurisme Futurismus [m]
futuristisch *futuristisch*
fuut Lappenfuß [m], Haubentaucher [m]
fysica Physik [v]
fysicus Physiker [m]
fysiek I [het] Physis [v] **II** [bnw] *physisch*
fysiologie Physiologie [v]
fysiotherapeut Krankengymnast [m], Physiotherapeut [m]
fysiotherapie Physiotherapie [v], Krankengymnastik [v]
fysisch *physikalisch*

G

g • (letter) G [o] • (muzieknoot) *g* [o]
gaaf I [bnw] • (prachtig) *toll, irre, stark, klasse* • (ongeschonden) *rein, vollständig, ganz, makellos* **II** [bijw] *voll und ganz*
gaai Eichelhäher [m]
gaan • (in beweging zijn) *gehen*, ‹met vliegtuig› *fliegen*, ‹met voertuig› *fahren* ⋆ we hebben nog twee dagen te gaan *wir haben noch zwei Tage vor uns* ⋆ we gaan morgen op vakantie *wir fahren morgen in Urlaub* ⋆ het was een komen en gaan *es war ein Kommen und Gehen* • (gesteld zijn) ⋆ hoe gaat het met je? *wie gehts dir?* ⋆ hoe gaat het met de zaak? *was macht das Geschäft?* ⋆ het ga je goed *machs gut* • (beginnen) *anfangen* ⋆ we gaan werken *wir gehen an die Arbeit* ⋆ dadelijk gaat hij huilen *gleich fängt er an zu weinen* ⋆ ik ga zitten *ich setze mich* ⋆ ik ga me gauw omkleden *ich ziehe mich schnell um* ⋆ groter gaan wonen *eine größere Wohnung beziehen* ⋆ ga hem zeggen *sage ihm* ⋆ zij is hem gaan afhalen *sie holt ihn gerade ab* • (functioneren) *gehen, laufen* ⋆ de bel gaat *es klingelt* ⋆ de telefoon gaat *das Telefon läutet* • (~ **over**) *handeln von* ⋆ het boek/de film gaat over Napoleon *das Buch/der Film handelt von Napoleon* • (~ **voor**) ⋆ ik ga helemaal voor sportauto's *ich liebe Sportwagen* • (~ + **vz**) ⋆ naar de dokter gaan *zum Arzt gehen* ⋆ het gaat naar wens *es geht wunschgemäß/nach Wunsch* ⋆ dat traject gaat door de bergen *die Strecke führt durch die Berge* ⋆ naar bed gaan *ins Bett gehen* ⋆ in de politiek gaan *in die Politik gehen* ⋆ naar school gaan *zur Schule gehen; in die Schule gehen* ▾ naar de haaien/knoppen gaan *vor die Hunde gehen*
gaande • (in beweging) *in Bewegung, in Gang* ⋆ een gesprek ~ houden *ein Gespräch in Gang halten* • (aan de gang) *los* ⋆ wat is er ~? *was ist los?*
gaanderij → **galerij**
gaandeweg *nach und nach, allmählich*
gaap Gähnen [o]
gaar • (voldoende toebereid) *gar* • (duf) *fertig, müde* ▾ halve gare! *Spinner!*
gaarkeuken Garküche [v]
gaarne *gerne*
gaas • (weefsel) Gaze [v] • (vlechtwerk van metaal) Drahtgeflecht [o]
gaasje Kompresse [v], Gazebinde [v]
gabber Kumpel [m]
Gabon Gabun [o]
gade Gatte [m]
gadeslaan *beobachten*
gading Geschmack [m] ⋆ er is niets van mijn ~ bij *es ist nichts nach meinem Geschmack dabei; es ist nichts dabei, was mir gefällt*
gaffel • (gereedschap) Heugabel [v] • (scheepv.) Gaffel [v]
gage ‹van kunstenaars› Gage [v], ‹van scheepsvolk› Heuer [v]
gajes Gesindel [o], Pack [o]
gal Galle [v] ▾ zijn gal spuwen *Gift und Galle speien*
gala • (kleding) Gala [v], ‹voor mannen› Galaanzug [m], ‹voor vrouwen› Galakleid [o] • (feest) *prunkvolle(s)* Fest [o], ‹hoffeest› Fest am Hofe [o]
galabal Galaball [m]
galakostuum Galaanzug [m]
galant *galant, höflich*

galavoorstelling *Galaaufführung* [v], *Galavorstellung* [v]
galblaas *Gallenblase* [v]
galei *Galeere* [v]
galerie *Galerie* [v]
galeriehouder *Galerist* [o]
galerij *Galerie* [v], ‹in kerken› *Empore* [v]
galerijflat *Laubenganghaus* [o]
galg *Galgen* [m] ▾ hij groeit op voor galg en rad *er wird noch mal am Galgen enden*
galgenhumor *Galgenhumor* [m]
galgenmaal *Henkersmahlzeit* [v]
galjoen *Galeone* [v]
gallicisme *Gallizismus* [m]
gallisch ⋆ ~ van iets worden *etw. stößt jmdm. sauer auf*
galm • (klank) *Klang* [m], *Schall* [m] • (echo) *Widerhall* [m], *Hall* [m]
galmen I [ov ww] • (zingen) *erschallen lassen* ⋆ een lied ~ *ein Lied schmettern* **II** [on ww] • (luid klinken) *hallen, (er)schallen* • (weerkaatsen) *(wider)hallen*
galon • (lint) *Galon* [m], *Tresse* [v] • (boordsel) *Borte* [v]
galop *Galopp* [m] ⋆ in ~ *im Galopp*
galopperen *galoppieren*
galsteen *Gallenstein* [m]
galvanisch *galvanisch*
galvaniseren *galvanisieren*, ‹met zink› *verzinken*
Gambia *Gambia* [o]
game *Spiel* [o], ‹tennis› *Satz* [m]
gamma • (Griekse letter) *Gamma* [o] • (reeks) *Skala* [v]
gammastraling *Gammastrahlung* [v]
gammel • (niet stevig) *klapp(e)rig, hinfällig, gebrechlich, wack(e)lig*, ‹van gebouwen› *baufällig* • (slap, lusteloos) *ermattet*
gang • (doorloop) *Gang* [m], *Flur* [m], *Korridor* [m] • (manier van gaan) *Gang* [m] • (verloop) ⋆ de gewone gang van zaken *die übliche Prozedur* • (deel van menu) *Gang* [m] • (beweging) ⋆ aan de gang blijven *kein Ende nehmen wollen* ⋆ in volle gang *in vollem Gang* ⋆ iets is aan de gang *etw. ist im Gange* ⋆ zijn gang gaan *seinen Weg gehen* ⋆ zijn eigen gang gaan *seine eigenen Wege gehen* ⋆ iem. zijn gang laten gaan *jmdn. gewähren lassen* ⋆ alsjeblieft, ga je gang! *bitte sehr!* ⋆ alles gaat gewoon zijn gang *alles läuft wie üblich* ⋆ met iets aan de gang gaan *mit etw. anfangen* ⋆ hier is iets aan de gang *hier ist etw. los* • (gedrag, handelen) ⋆ iemands gangen nagaan *jmds. Tun und Treiben verfolgen* • (snelheid) *Tempo* [o] ⋆ er gang achter zetten *einen Gang zulegen*
gangbaar • (veel gekocht) *gängig* ⋆ gangbare koopwaar *(markt)gängige Ware* • (in omloop) *gängig* ⋆ een gangbare munt *eine gängige Münze* • (gebruikelijk) *gängig* ⋆ de gangbare aanpak *die gängige/übliche Handlungsweise* ⋆ de gangbare opvatting *die herrschende/gängige Meinung*
gangboord *Laufgang* [m]
gangenstelsel *Komplex von Gängen* [m]
gangetje • (snelheid) *Tempo* [o] ⋆ het gaat met een aardig ~ *es geht in flottem Tempo* • (voortgang) *Gang* [m] ⋆ alles gaat z'n ~ *die Sache geht ihren Gang*
gangmaker • (ijveraar) *Schrittmacher* [m] ⋆ hij was de ~ van het feest *er war die Stimmungskanone der Party* • (sport) *Schrittmacher* [m], ‹paardensport› *Pacemacher* [m]
gangpad *Durchgang* [m]
gangster *Gangster* [m]
gans I [de] • (vogel) *Gans* [v] ⋆ wilde gans *Wildgans* [v] • (persoon) *dumme Gans* [v] **II** [bnw + bijw] *ganz* ⋆ van ganser harte *von ganzem Herzen*
ganzenlever *Gänseleber* [v]
gapen • (geeuwen) *gähnen* • (dom toekijken) *gaffen* • (dreigend geopend zijn) *klaffen* ⋆ ~de afgrond *gähnende(r) Abgrund* [m] ⋆ een ~de wond *eine klaffende Wunde*
gaping • (opening) *Öffnung* [v], ‹spleet› *Spalte* [v] • (leemte) *Lücke* [v]
gappen *klauen*
garage • (autostalling) *Garage* [v] • (werkplaats) *Werkstatt* [v], *Autowerkstatt* [v]
garagehouder • (particulier bezitter) *Garagenbesitzer* [m] • (bedrijfsleider) *Inhaber einer Autowerkstatt* [m]
garanderen *garantieren, gewährleisten, verbürgen*
garant *Bürge* [m], *Garant* [m] ⋆ zich voor iem./iets ~ stellen *sich für jmdn./etw. verbürgen* ⋆ voor iem./iets ~ staan *für jmdn./etw. bürgen*
garantie *Garantie* [v], *Gewähr* [v] ⋆ ~ geven *Garantie geben*
garantiebewijs *Garantieschein* [m]
garantiefonds *Garantiefonds* [m]
garde *Garde* [v] ⋆ hij is nog van de oude ~ *er ist noch einer von der alten Garde*
garderobe • (klerenbewaarplaats) *Garderobe* [v] • (kleren) *Garderobe* [v]
gareel *Kummet* [o] ▾ iem. in het ~ brengen *jmdn. zur Ordnung rufen*
garen I [het] *Garn* [o], ‹getwijnd› *Zwirn* [m] **II** [bnw] *zwirnen* ⋆ ~ handschoenen *Zwirnhandschuhe*
garnaal *Garnele, Krabbe* [v]
garnalencocktail *Krabbencocktail* [m]
garneren *garnieren, verzieren, (aus)schmücken*, ‹met bont› *verbrämen*
garnering *Besatz* [m], ‹bont› *Verbrämung* [v], ‹kleding› *Garnierung* [v]
garnituur • (garneersel) *Verzierung* [v], *Garnitur* [v], ‹van eten› *Garnierung* [v] • (set voorwerpen) *Garnitur* [v], *Satz* [m]
garnizoen • (legerafdeling) *Garnison* [v] • (standplaats) *Quartier* [o], *Garnison* [v], *Standort* [m]
gas • (vluchtige stof) *Gas* [o] ⋆ gas geven *Gas geben* • (gasfornuis) *Gasherd* [m] ▾ gas terugnemen *Gas zurücknehmen*
gasaansteker *Gasanzünder* [m]
gasbedrijf *Gaswerk* [o], *Gasanstalt* [v]
gasbel *Gasblase* [v]
gasbrander *Gasbrenner* [m]
gasfabriek *Gaswerk* [o]
gasfitter *Gasinstallateur* [m]
gasfles *Gasflasche* [v]
gasfornuis *Gasherd* [m]
gaskachel *Gasofen* [m]
gaskamer *Gaskammer* [v]
gaskraan *Gashahn* [m]
gasleiding *Gasleitung* [v]
gaslek *Leck in der Gasleitung* [o]
gasmasker *Gasmaske* [v]
gasmeter *Gaszähler* [m]
gasoven *Gasofen* [m]
gaspedaal *Gaspedal* [o]
gaspit • (vlam) *Gasflamme* [v] • (brander) *Gasbrenner* [m] ⋆ fornuis met twee ~ten *zweiflammige(r) Gasherd* [m]
gasslang *Gasschlauch* [m]
gasstel *Gaskocher* [m]

gast • (bezoeker) Gast [m] ⋆ als gast optreden in de schouwburg *im Theater gastieren* ⋆ ongenode gasten *ungebetene(n) Gäste* ⋆ te gast zijn *zu Gast sein* • (gozer) *Bursche* [m] ⋆ ruwe gast *rohe(r) Bursche* [m] ⋆ vrolijke gast *lustige(r) Geselle* [m]
gastarbeider *Gastarbeiter* [m]
gastcollege *Gastvorlesung* [v]
gastenboek *Gästebuch* [o]
gastenverblijf *Gästehaus* [o]
gastgezin *Gastfamilie* [v]
gastheer *Gastgeber* [m]
gasthuis *Krankenhaus* [o]
gastland *Gastland* [o]
gastouder *Pflegeeltern* [mv]
gastronomie *Gastronomie* [v]
gastspreker *Gastredner* [m]
gastvrij *gastfreundlich, gastfrei*
gastvrijheid • (herberging) *Gastfreundschaft* [v], *Gastfreiheit* [v] • (gastvrij gedrag) *Gastlichkeit* [v], *Gastfreundlichkeit* [v]
gastvrouw *Gastgeberin* [v]
gasvlam *Gasflamme* [v]
gat • (opening) *Loch* [o] • (gehucht) *Kuhdorf* [o], *Kaff* [o] • (achterwerk) *Hintern* [m], ‹vulg.› *Arsch* [m] ▾ een gat in de lucht springen *einen Luftsprung machen; vor Freude an die Decke springen* ▾ niet voor één gat te vangen zijn *von allen Hunden gehetzt sein* ▾ een gat in de dag slapen *bis in die Puppen schlafen* ▾ ik zie er geen gat in *ich bin mit meiner Kunst am Ende* ▾ zij had het direct in de gaten *sie hat es sofort durchschaut* ▾ iem. in de gaten houden *jmdn. im Auge behalten* ▾ iem. in de gaten hebben *jmdn. durchschauen* ▾ zij kreeg iets in de gaten *ihr gingen die Augen auf* ▾ dat loopt in de gaten *das springt ins Auge* ▾ die zaak ligt op zijn gat *die Sache ist im Arsch/Eimer* ▾ hij heeft een gat in zijn hand *er wirft das Geld zum Fenster hinaus* ▾ het ene gat met het andere stoppen *das eine Loch zu- und ein anderes aufmachen*

G

gatenkaas *Käse mit Löchern* [m]
gatenplant *Monstera* [v]
gauw I [bnw] *schnell* II [bijw] • (snel) *rasch, schnell* ⋆ te gauw oordelen *voreilig urteilen* • (binnenkort) *bald*
gauwdief *Gauner* [m], ‹scherts› *Spitzbube* [m]
gauwigheid ⋆ in de ~ *in der Eile*
gave • (talent) *Gabe* [v] ⋆ de gave des woords *die Eloquenz* • (geschenk) *Geschenk* [o], *Gabe* [v]
gazelle *Gazelle* [v]
gazon *Rasen* [m]
geaard • (met aardleiding) *geerdet* • (van nature) *veranlagt*
geaardheid • (aard) *Wesen* [o], *Charakter* [m], *Natur* [v] ⋆ seksuele ~ *sexuelle Veranlagung* [v] • (gesteldheid) *Beschaffenheit* [v]
geacht *angesehen, geachtet, verehrt* ⋆ ~e heer *sehr geehrter Herr* ⋆ ~e vergadering! *sehr verehrte Anwesende!*
geadresseerde *Empfänger* [m]
geaffecteerd *affektiert*
geagiteerd *aufgeregt, erregt*
geallieerden *Alliierten* [mv]
geamuseerd *amüsiert*
geanimeerd *lebhaft, angeregt* ⋆ ~ gesprek *angeregte/lebhafte Unterhaltung*
gearmd *Arm in Arm, eingehakt*
geavanceerd *fortschrittlich*
gebaar • (uitdrukking) *Geste* [v] ⋆ met een breed ~ *mit großer Geste* • (beweging) *Gebärde* [v]
gebak *Kuchen* [m], *Gebäck* [o]
gebakje *Gebäck* [o]
gebakstel ≈ *ein Satz Kuchenteller*
gebaren *gestikulieren*
gebarentaal *Gebärdensprache* [v]
gebed *Gebet* [o] ▾ het is een ~ zonder einde *es nimmt kein Ende*
gebedsgenezer *Gesundbeter* [m]
gebeente *Knochengerüst* [o], *Gebeine* [mv] ▾ wee je ~! *wehe dir!*
gebeiteld ▾ ik zit ~ *ich sitze fest im Sattel*
gebekt ▾ goed ~ zijn *nicht auf den Mund gefallen sein*
gebelgd *verstimmt, verärgert*
gebergte *Gebirge* [o]
gebeten ▾ de ~ hond *der Prügelknabe; der Sündenbock* ▾ fel ~ op iem. zijn *einen Groll gegen jmdn. hegen*
gebeuren I [het] *Vorfall* [m], *Geschehen* [o], *Ereignis* [o] II [on ww] • (plaatsvinden) *geschehen, zutragen, sich ereignen, passieren* ⋆ wat gebeurd is, is gebeurd *vorbei ist vorbei* ⋆ dat mag nooit meer ~ *das darf nie wieder geschehen* ⋆ wat gebeurt hier nou? *was geht hier vor?* • (overkómen) *widerfahren, zustoßen, passieren, geschehen* ⋆ het zal je maar ~ ≈ *das ist kein Vergnügen* ⋆ wat is er met haar gebeurd? *was ist ihr denn passiert?* ⋆ dat zal me niet weer ~ *das wird mir nicht noch einmal passieren* • (gedaan worden) *geschehen, getan werden* ⋆ het is gebeurd *es ist erledigt*
gebeurtenis *Vorfall* [m], *Ereignis* [o] ⋆ dagelijkse ~sen *alltägliche Geschichten* ⋆ het concert was een ~ *das Konzert war ein Ereignis* ⋆ een vreemde ~ *eine seltsame/merkwürdige Geschichte* ⋆ blijde ~ *freudige(s) Ereignis* [o]
gebied • (kennisterrein) *Gebiet* [o], *Bereich* [m], *Branche* [v], ‹vakgebied› *Disziplin* [v], *Fachgebiet* [o] ⋆ dat ligt niet op mijn ~ *das fällt nicht in meinen Bereich* • (streek) *Gebiet* [o] ⋆ beschermd ~ *Schutzgebiet* [o] • (grondgebied) *Territorium* [o], ‹van een land› *Staatsgebiet* [o], *Hoheitsgebiet* [o]
gebieden I [ov ww] • (voorschrijven) *gebieten, befehlen* ⋆ voorzichtigheid is geboden *es ist Vorsicht geboten* ⋆ kiesheid gebiedt haar te zwijgen *Takt gebietet ihr zu schweigen* II [on ww] • (heersen) *gebieten, herrschen, walten* ⋆ hij beschikt en gebiedt over alles *er schaltet und waltet über alles*
gebit *Gebiss* [o]
gebladerte *Laub* [o], *Blätter* [mv]
geblesseerd *verletzt*
gebloemd *geblümt*
geblokt *kariert, gewürfelt*
gebocheld *bucklig*
gebod *Gebot* [o] ⋆ de tien ~en *die Zehn Gebote; der Dekalog*
gebonden • (niet vrij) *gebunden* ⋆ aan plaats noch tijd ~ *weder an Ort noch Zeit gebunden* • (ingebonden) ⋆ ~ boeken *gebundene(n) Bücher* • (niet dun) ⋆ een ~ soep *eine sämige Suppe* ▾ hij is aan handen en voeten ~ *ihm sind Hände und Füße gebunden*
geboomte *Bäume* [mv]
geboorte • (het geboren worden) *Geburt* [v] ⋆ sinds zijn ~ blind *von Geburt an blind* • (afkomst) ⋆ hij is Berlijner van ~ *er ist gebürtiger Berliner*
geboorteakte *Geburtsurkunde* [v]
geboortebeperking *Geburtenbeschränkung* [v]
geboortecijfer *Geburtenziffer* [v] ⋆ daling van het ~ *Geburtenrückgang* [m]
geboortedag *Geburtstag* [m]

geboortedatum Geburtsdatum [m]
geboortegolf Babyboom [m]
geboortejaar Geburtsjahr [o]
geboortekaartje Geburtsanzeige [v]
geboorteoverschot Geburtenüberschuss [m]
geboorteplaats Geburtsort [m]
geboorteregeling Geburtenregelung [v]
geboren • (ter wereld gebracht) ⋆ ~ en getogen *geboren und aufgewachsen* ⋆ een ~ Fransman *ein gebürtiger Franzose* ⋆ Mevrouw L., ~ K. *Frau L., geborene K.* • (van nature) ⋆ een ~ dichter *ein geborener Dichter*
geborgen *geborgen*
geborgenheid Geborgenheit [v]
geborneerd *borniert, engstirnig*
gebouw Gebäude [o]
gebrand • (geroosterd) *gebrannt* • (~ **op**) *erpicht/begierig auf* [4]
gebrek • (gemis) Mangel [m] ⋆ bij ~ aan beter *in Ermangelung eines Besseren* ⋆ wegens ~ aan *in Ermangelung* [2]; *mangels* [2] ⋆ hij heeft ~ aan geld *es mangelt ihm an Geld* ⋆ hij blijft met betalen in ~e *er bleibt mit der Zahlung in Verzug* • (mankement) Mangel [m] ⋆ een apparaat zonder ~en *ein einwandfreier Apparat* ⋆ een (technisch) ~ verhelpen *(technische) Mängel beheben* ⋆ (technische) ~en vertonen *(technische) Mängel aufweisen* • (handicap) ‹geestelijk› *geistige(s) Gebrechen* [o], *Schwäche* [v], ‹lichamelijk› *Gebrechen* [o], *Leiden* [o] ⋆ geen mens is zonder ~en *niemand ist ohne Fehler* ⋆ erfelijk ~ *angeborene(r) Fehler* [m]; *Erbfehler* [m] ⋆ de ~en van de ouderdom *die Gebrechen des Alters*
gebrekkig • (onvolkomen) *mangelhaft* ⋆ ~e kennis *unzulängliche(n) Kenntnisse* [mv] • (invalide) *gebrechlich*
gebroeders Brüder [mv], ‹hand.› Gebrüder [mv] ⋆ de ~ Grimm *die Brüder Grimm*
gebroken *gebrochen*
gebrouilleerd ⋆ ~ zijn *sich überworfen haben*
gebruik • (het benutten) Gebrauch [m] ⋆ ~ maken van *Gebrauch machen von; gebrauchen* ⋆ van de gelegenheid ~ maken *die Gelegenheit nutzen* ⋆ buiten ~ *außer Betrieb* ⋆ van iemands aanbod ~ maken *jmds. Angebot in Anspruch nehmen* ⋆ in ~ geven *zum Gebrauch überlassen* ⋆ het ~ van de bibliotheek *die Benutzung der Bibliothek* ⋆ het ~ van een bepaalde methode *die Anwendung einer bestimmten Methode* ⋆ bovenmatig ~ van alcohol is schadelijk *übermäßiger Genuss von Alkohol ist schädlich* ⋆ voor eigen/dagelijks ~ *für den persönlichen/täglichen Bedarf* • (gewoonte) Brauch [m], Sitte [v] ⋆ volgens oud ~ *nach altem Brauch* ⋆ een ~ afschaffen *mit einer Sitte brechen*
gebruikelijk *gebräuchlich, üblich* ⋆ dat is algemeen ~ *das ist allgemein üblich; das ist gang und gäbe* ⋆ dat is bij ons ~ *das ist bei uns üblich*
gebruiken • (aanwenden) *gebrauchen, benutzen* ⋆ iets weten te ~ *etw. zu nutzen wissen* ⋆ daar laat ik mij niet voor ~ *dazu gebe ich mich nicht her* ⋆ dat kan ik niet ~ *dafür habe ich keine Verwendung* ⋆ ik voel me gebruikt *ich komme mir ausgenutzt vor* ⋆ een tactiek ~ *eine Taktik anwenden* ⋆ iemands hulp ~ *jmds. Hilfe in Anspruch nehmen* • (nuttigen) *zu sich nehmen* ⋆ een broodje ~ *ein Brötchen essen* ⋆ een kop thee ~ *eine Tasse Tee trinken*
gebruiker Benutzer [m]
gebruikersvriendelijk *benutzerfreundlich*
gebruikmaking ‹gebruik› Benutzung [v], ‹toepassing› Anwendung [v] ⋆ met ~ van *unter Anwendung* [2]
gebruiksaanwijzing Gebrauchsanweisung [v]
gebruiksklaar *gebrauchsfertig*
gebruiksvoorwerp Gebrauchsgegenstand [m]
gecharmeerd ⋆ ~ van iem./iets zijn *von jmdm./etw. angetan sein* ⋆ daar ben ik niet zo van ~ ↓ *das gefällt mir nicht*
geciviliseerd *zivilisiert*
gecommitteerde Bevollmächtigte(r) [m]
gecompliceerd *kompliziert*
geconcentreerd • (sterk) *konzentriert* ⋆ ~ appelsap *konzentrierte(r) Apfelsaft* [m] • (aandachtig) *konzentriert* ⋆ ~ werken *konzentriert arbeiten*
gedaagde Beklagte(r) [m]
gedaan • (klaar) *fertig*, ‹econ.› *bezahlt* ⋆ iets van iem. ~ krijgen *jmdn. zu etw. bringen* ⋆ ik krijg het niet ~ *ich schaffe es nicht* ⋆ veel van iem. ~ krijgen *viel bei jmdm. erreichen* • (beëindigd) *vorüber, beendet* ▾ het is met hem ~ *es ist um ihn geschehen* ▾ dat is niets ~ *das ist/wird nichts*
gedaante • (uiterlijk) Gestalt [v] • (verschijning) ⋆ van ~ veranderen *eine andere Gestalt annehmen* ⋆ in de ~ van *in Gestalt* [2]
gedaanteverwisseling Metamorphose [v], Verwandlung [v]
gedachte • (het denken) Gedanke [m] ⋆ iets in ~n houden ‹rekening houden met› *etw. berücksichtigen*; ‹onthouden› *sich etw. merken*; ‹eraan denken› *an etw. denken* ⋆ ik zal er mijn ~n over laten gaan *ich werde es mir durch den Kopf gehen lassen* • (wat gedacht wordt) Gedanke [m], Idee [v] ⋆ iem. tot andere ~n brengen *jmdn. auf andere Gedanken bringen* ⋆ van ~n veranderen *es sich anders überlegen* ⋆ een ~ koesteren *einen Gedanken hegen* ⋆ aan de ~ wennen *sich mit dem Gedanken anfreunden*
gedachtegang Gedankengang [m]
gedachteloos *gedankenlos*
gedachtenis • (aandenken) Andenken [o] • (nagedachtenis) Erinnerung [v] ⋆ ter ~ van *zum Andenken an*
gedachtesprong Gedankensprung [m]
gedachtestreep Gedankenstrich [m]
gedachtewereld Gedankenwelt [v]
gedachtewisseling Meinungsaustausch [m], Gedankenaustausch [m]
gedachtig *eingedenk* [2]
gedag *guten Tag* ⋆ iem. ~ zeggen *jmdm. guten Tag sagen*
gedateerd *unzeitgemäß, veraltet*
gedecideerd *entschlossen, entschieden, bestimmt*
gedeelte Teil [m] ⋆ voor een ~ *zum Teil* ⋆ voor het grootste ~ *größtenteils* ⋆ in ~n afbetalen *in Raten (abbe)zahlen*
gedeeltelijk **I** [bnw] *teil-, Teil-* ⋆ ~e betaling *Teilzahlung* [v] ⋆ ~e vergoeding *Teilentschädigung* [v] ⋆ ~e maansverduistering *partielle Mondfinsternis* [v] **II** [bijw] *zum Teil, teilweise, teils*
gedegen *gründlich, gediegen*
gedeisd *ruhig*
gedekt • (niet fel) *gedeckt, matt* • (gevrijwaard tegen risico) *gedeckt, gesichert*
gedelegeerde • (afgevaardigde) Delegierte(r) [m/v], Abgeordnete(r) [m/v] • (diegene die een opdracht krijgt) Beauftragte(r) [m]
gedenkboek Festschrift [v]
gedenkdag Gedenktag [m]
gedenken • (herdenken) ⋆ de doden ~ *der Toten gedenken* • (niet vergeten) ⋆ iem. in zijn

G

testament ~ *jmdn. in seinem Testament bedenken*
gedenksteen Gedenkstein [m]
gedenkteken Denkmal [o]
gedenkwaardig *denkwürdig*
gedeprimeerd *niedergeschlagen, deprimiert*
gedeputeerde *Abgeordnete(r)* [m]
gedesillusioneerd *desillusioniert, enttäuscht*
gedesoriënteerd *desorientiert*
gedetailleerd *detailliert* ⋆ iets ~ vertellen *etw. bis ins kleinste Detail erzählen*
gedetineerde Häftling [m]
gedicht Gedicht [o]
gedienstig *gefällig, hilfsbereit, dienstwillig* ⋆ ~e geest *dienstbare(r) Geist* [m]
gedierte • (dieren) Tiere [mv] • (een beest) Tier [o]
gedijen *gedeihen*
geding Prozess [m], *Verfahren* [o] ⋆ een kort ~ aanspannen *eine einstweilige Verfügung beantragen* ▾ in het ~ zijn *zur Diskussion stehen*
gediplomeerd *diplomiert, geprüft*
gedisciplineerd *diszipliniert*
gedistilleerd I [het] *Spirituosen* [mv] ⋆ handel in wijnen en ~ *Spirituosen- und Weinhandlung* [v] II [bnw] *destilliert* ⋆ ~e drank *Spirituose* [v]

G

gedistingeerd *distinguiert, vornehm*
gedoe *Getue* [o], *Gehabe* [o] ⋆ wat een overdreven ~ *welch ein Theater* ⋆ geheimzinnig ~ *Geheimnistuerei* [v]
gedoemd *verurteilt, verdammt* ⋆ tot mislukking ~ *zum Scheitern verurteilt*
gedogen *tolerieren, dulden, zulassen*
gedonder • (het donderen) *Donnern* [o], *Gedonner* [o] • (ellende) ⋆ daar heb je het ~ *da haben wir die Bescherung* • (gezeur) *Ärger* [m], *Schererei* [v] ⋆ daar krijg je een hoop ~ mee *damit bekommst du viel Ärger*
gedoogzone ≈ *Strich* [m]
gedrag Benehmen [o], *Verhalten* [o] ⋆ van onbesproken ~ *unbescholten* ⋆ bewijs van goed ~ *Unbescholtenheitszeugnis* [o] ⋆ het ~ van virussen onderzoeken *das Verhalten von Viren untersuchen* ⋆ algemeen menselijk ~ *allgemein menschliches Verhalten* ⋆ wegens goed ~ *wegen guter Führung*
gedragen I [bnw] *getragen* ⋆ met ~ stem *mit getragener Stimme* II [wkd ww] *sich benehmen, sich verhalten*
gedragslijn *Verhaltensweise* [v], *Verhalten* [o] ⋆ een ~ voorschrijven *Verhaltensregeln bestimmen*
gedrang Gedränge [o]
gedreven *leidenschaftlich*
gedrocht Monstrum [o] [mv: Monstren], *Ungetüm* [o]
gedrongen • (kort en breed) *untersetzt, gedrungen* • (summier) *gedrängt*
gedrukt *bedrückt, niedergeschlagen* ⋆ een ~e beurs *eine gedrückte Stimmung an der Börse*
geducht • (gevreesd) *gefürchtet, Furcht erregend* ⋆ een ~e tegenstander *ein gefürchteter Gegner* • (flink) *gehörig, tüchtig* ⋆ een ~ pak slaag *eine gehörige Tracht Prügel*
geduld Geduld [v], *Ausdauer* [v] ⋆ alleen met ~ bereik je wat *nur mit Ausdauer wirst du etw. erreichen* ⋆ mijn ~ is op! *meine Geduld ist am Ende!*
geduldig *geduldig* ▾ papier is ~ *Papier ist geduldig*
geduldwerkje Geduldsübung [v], Geduldsarbeit [v]
gedurende *während* [2]
gedurfd *gewagt,* ‹pej.› *frech,* ‹koen› *kühn,* ‹vermetel› *verwegen*
gedurig *fortwährend, (an)dauernd, beständig* ⋆ in ~e vijandschap leven *in ständiger Feindschaft leben*
geduvel *Theater* [o] ⋆ daar begint het ~ weer! *da beginnt das Theater wieder!*
gedverderrie *igitt, igittigitt*
gedwee *folgsam, gefügig, fügsam* ⋆ ~ als een lam *lammfromm* ⋆ zich ~ aan iets onderwerpen *sich einer Sache willig fügen*
gedwongen *gezwungen, geziert, gekünstelt*
geef ▾ dat is praktisch te geef *das ist fast umsonst*
geëigend *geeignet*
geel I [het] • (kleur) *Gelb* [o] • (eidooier) *Eigelb* [o] II [bnw] *gelb* ⋆ gele koorts *Gelbfieber* [o] ▾ geel van nijd worden *gelb vor Neid werden* ▾ het wordt hem groen en geel voor de ogen *es wird ihm grün und gelb vor Augen*
geelkoper Messing [o]
geeltje *25-Gulden-Schein* [m]
geelzucht Gelbsucht [v]
geëmancipeerd *emanzipiert*
geëmotioneerd *emotional*
geen I [onb vnw] *kein* ⋆ ik kon geen oog dicht doen *ich habe kein Auge zugetan* ⋆ dat heb ik in geen jaren meer gedaan *das habe ich seit Jahren nicht mehr gemacht* II [telw] *kein* ⋆ geen één *kein Einziger*
geëngageerd *engagiert*
geenszins *keinesfalls, keineswegs* ⋆ ik ben ~ tevreden *ich bin durchaus nicht zufrieden*
geest • (ziel) *Geist* [m] ⋆ een kinderlijke ~ *ein kindliches Gemüt* • (onstoffelijk wezen) *Geist* [m], *Gespenst* [o] ⋆ kwade ~ *böse(r) Geist* ⋆ hij zag eruit als een ~ *er sah aus wie ein Gespenst* • (denkwijze, sfeer) ⋆ handelen in de ~ van *handeln im Sinne von* ⋆ niet volgens de letter, maar naar de ~ *nicht wörtlich, sondern sinngemäß* ▾ de ~ geven *den Geist aufgeben* ▾ voor de ~ roepen *sich vergegenwärtigen* ▾ het staat me voor de ~ *es schwebt mir vor Augen* ▾ de ~ krijgen in *Begeisterung geraten*
geestdodend *geisttötend*
geestdrift Begeisterung [v]
geestdriftig *begeistert, leidenschaftlich*
geestelijk • (kerkelijk) *geistlich* • (mentaal) *geistig, seelisch* ⋆ ~ gehandicapt *geistig behindert* ⋆ ~ gestoord *geisteskrank; geistesgestört* • (godsdienstig) *religiös*
geestelijke *Geistliche(r)* [m]
geestelijkheid Klerus [m], *Geistlichkeit* [v]
geestesgesteldheid • (wijze van denken) *Geisteshaltung* [v], *Einstellung* [v] • (stemming) *seelische Verfassung* [v], *Geistesverfassung* [v]
geesteskind *geistige(s) Eigentum* [o]
geestesoog *geistige(s) Auge* [o] ⋆ iets aan zijn ~ zien voorbijtrekken *etw. an seinem geistigen Auge vorüberziehen sehen*
geesteswetenschap *Geisteswissenschaft* [v]
geestesziek *geisteskrank, geistesgestört*
geestgrond Geest [v], *Geestland* [o]
geestig *geistreich* ⋆ ~e woordspeling *Wortwitz* [m] ⋆ ‹iron.› erg ~! *sehr witzig!*
geestigheid • (het geestig zijn) *Esprit* [m], *Geist* [m] • (geestige opmerking) *Witz* [m]
geestkracht *Geisteskraft* [v]
geestverruimend *bewusstseinserweiternd*
geestverschijning *Geistererscheinung* [v]
geestverwant I [de] *Wahlverwandte(r)* [m], *Geistesverwandte(r)* [m], ‹pol.› *Gesinnungsgenosse* [m] II [bnw] *gleich gesinnt, wahlverwandt, geistesverwandt*
geestverwantschap *Geistesverwandtschaft* [v]
geeuw Gähnen [o]

geeuwen *gähnen*
geeuwhonger Heißhunger [m]
gefingeerd *fingiert*
geflatteerd *schmeichelhaft, beschönigt*
geforceerd *erzwungen, gezwungen, forciert*
gefortuneerd *wohlhabend, vermögend*
gefrustreerd *frustriert*
gefundeerd *fundiert,* ‹doordacht› *(wohl) begründet*
gegadigde Interessent [m], ‹voor baan› Bewerber [m], Kandidat [m]
gegarandeerd *garantiert*
gegeven I [het] • (feit, geval) Information [v], Angabe [v] ⋆ ter zake doende ~s verstrekken *zweckdienliche Angaben machen* ⋆ ~s Daten [mv] ⋆ persoonlijke ~s Personalien [mv] ⋆ opslaan van ~s Datenspeicherung [v] ⋆ verwerking van ~s Datenverarbeitung [v] • (wisk.) ⋆ vast ~ *gegebene Größe* [v] **II** [bnw] *gegeben* ⋆ ~ de omstandigheden *unter den gegebenen Umständen* ⋆ op een ~ ogenblik *zu einem bestimmten Zeitpunkt*
gegevensbank Datenbank [v]
gegoed *bemittelt, vermögend* ⋆ ~e burgerij Großbürgertum [o]
gegroefd *zerfurcht*
gegrond *begründet, berechtigt* ⋆ om ~e redenen *aus triftigen Gründen* ⋆ is ~ op *gründet (sich) auf* [4]; *beruht auf* [3]
gehaaid *gerissen*
gehaast *hastig, eilig,* ‹inf.› *gehetzt* ⋆ altijd ~ zijn *es immer eilig haben*
gehakt Hackfleisch [o], Gehackte(s) [o]
gehaktbal Frikadelle [v], Bulette [v]
gehaktmolen Fleischwolf [m]
gehalte Gehalt [m]
gehandicapt *behindert, gehandikapt* ⋆ lichamelijk ~ *körperbehindert*
gehandicapte Behinderte(r) [m]
gehannes • (geknoei) Stümperei [v] • (gezeur) Nerverei [v]
gehard ‹van personen› *abgehärtet,* ‹van staal› *gehärtet*
geharrewar • (chaos) Durcheinander [o] • (gekrakeel) Gezänk [o]
gehavend • (toegetakeld (van mensen)) *arg/übel zugerichtet* • (beschadigd) *beschädigt,* ‹scheepv.› *havariert* ⋆ ~e kleding *zerfetzte/zerrissene* Kleider
gehecht ⋆ ~ zijn aan *hängen an* [3]
geheel I [het] Ganze(s) [o] ⋆ in het ~ *im Ganzen; insgesamt* ⋆ in zijn ~ *als Ganzes* ⋆ over het ~ genomen *im Großen (und) Ganzen* ⋆ in 't ~ niet *überhaupt nicht* **II** [bnw] *ganz, gänzlich* ⋆ het gehele jaar door *das ganze Jahr über* **III** [bijw] *ganz, völlig* ⋆ ~ en al *ganz und gar*
geheelonthouder Abstinenzler [m]
geheelonthouding Abstinenz [v]
geheid I [bnw] *eindeutig* **II** [bijw] *zweifelsohne, zweifellos*
geheim I [het] Geheimnis [o] ⋆ in het ~ *insgeheim; heimlich* ⋆ er geen ~ van maken *keinen Hehl daraus machen* ⋆ een publiek ~ *ein offenes Geheimnis* **II** [bnw] • (verborgen) *geheim, heimlich* ⋆ ~e politie Geheimpolizei [v] ⋆ ~ genootschap Geheimbund [m] ⋆ ~e la Geheimfach [o] • (geheimzinnig) *heimlich*
geheimhouden *geheim halten, verheimlichen*
geheimhouding Geheimhaltung [v] ⋆ plicht tot ~ Schweigepflicht [v] ⋆ onder de meest strikte ~ *unter der strengsten Verschwiegenheit*
geheimschrift Geheimschrift [v]
geheimtaal Geheimsprache [v]
geheimzinnig *mysteriös, geheimnisvoll* ⋆ een ~ huis *ein geheimnisumwittertes Haus*
geheimzinnigheid • (stiekem gedrag) Heimlichkeit [v] • (raadselachtigheid) Rätselhaftigkeit [v], Geheimnisvolle(s) [o]
gehemelte Gaumen [m]
geheugen Gedächtnis [o], Erinnerung [v], ‹comp.› Speicher [m], Datenspeicher [m] ⋆ in het ~ opslaan *speichern* ⋆ nog vers in het ~ liggen *noch haargenau wissen*
geheugensteuntje Gedächtnisstütze [v]
geheugenverlies Gedächtnisschwund [m]
gehoor • (het horen) Gehör [o] ⋆ ten gehore brengen *zu Gehör bringen* ⋆ ~ krijgen *Gehör finden* ⋆ een lied dat goed in het ~ ligt *ein eingängiges Lied* ⋆ aan iets ~ geven *einer Sache Folge leisten* ⋆ zij belde op, maar kreeg geen ~ *sie rief an, aber es meldete sich niemand* • (geluid) ⋆ dat is geen ~ *das kann man sich nicht mit anhören* • (zintuig) ⋆ absoluut ~ *absolute(s)* Gehör • (toehoorders) Zuhörerschaft [v], Zuhörer [mv]
gehoorapparaat Hörgerät [o]
gehoorbeentje Gehörknöchelchen [mv]
gehoorgestoord *schwerhörig*
gehoororgaan Gehörorgan [o]
gehoorsafstand Hörweite [v] ⋆ binnen ~ in Hörweite
gehoorzaal ‹muz.› Konzertsaal [m], ‹van universiteit› Hörsaal [m]
gehoorzaam *folgsam, gehorsam* ⋆ aan iem. ~ zijn *jmdm. gehorchen*
gehoorzaamheid Gehorsam [m] ⋆ ~ aan iem. *Gehorsam gegenüber jmdm.*
gehoorzamen *gehorsam sein* [3], *gehorchen* [3]
gehorig *hellhörig* ⋆ het is hier erg ~ *man hört hier alles*
gehouden *gebunden, verpflichtet* ⋆ tot iets ~ zijn *zu einer Sache verpflichtet sein*
gehucht Weiler [m]
gehumeurd *gelaunt* ⋆ goed ~ zijn *gut gelaunt sein*
gehuwd *verheiratet* ⋆ ~e staat Ehestand [m] ⋆ ~en Verheiratete(n) [mv]
geigerteller Geigerzähler [m]
geijkt • (gebruikelijk) *gängig, üblich, gebräuchlich* ⋆ ~e term *feststehende(r)* Ausdruck [m] • (voorzien van ijkmerk) *geeicht*
geil *geil, lüstern*
geilen *aufgeilen*
geïllustreerd *illustriert*
gein Jux [m], Spaß [m] ⋆ voor de gein *zum Scherz*
geinig *witzig*
geinponem Witzbold [m], Spaßvogel [m]
geïnteresseerd *interessiert* ⋆ de ~en die Interessenten ⋆ ergens in ~ zijn *an einer Sache interessiert sein*
geintje Spaß [m], Scherz [m] ⋆ geen ~s *mach keine Mätzchen; Spaß beiseite!* ⋆ kun je niet tegen een ~? *verstehst du keinen Spaß?*
geiser • (toestel) Durchlauferhitzer [m] • (warme bron) Geysir [m], Geiser [m]
geisha Geisha [v]
geit Ziege [v]
geitenkaas Ziegenkäse [m]
gejaagd *gejagt, gehetzt* ⋆ ~ leven *hektische(s)* Leben [o]
gejuich Jubel [m], Jauchzen [o]
gek I [de] • (krankzinnige) Verrückte(r) [m], Irre(r) [m], Idiot [m] • (dwaas) Narr [m] ▾ iem. voor de gek houden *jmdn. zum Narren halten* ▾ de gek steken met iem. *sich über jmdn. lustig machen* **II** [bnw] • (krankzinnig) *verrückt, geistesgestört*

G

⋆ het is om gek van te worden *es ist zum Verrücktwerden* ⋆ hij is lang niet gek *er ist gar nicht dumm* ⋆ ik ben me daar gek *ich bin doch nicht bekloppt* ⋆ gek zijn/worden *verrückt sein/werden* • (dwaas) *toll, albern, merkwürdig* ⋆ dat is lang niet gek *das ist gar nicht übel* ⋆ dat wordt mij te gek *das geht mir zu weit* ⋆ het al te gek maken *es gar zu toll treiben* • (~ **op**) *vernarrt (in)* [4], *verrückt (nach)* [3] ⋆ hij is gek op haar *er ist verrückt nach ihr* ⋆ zij is gek op chocola *sie ist ganz verrückt auf Schokolade*

gekant ⋆ tegen iets ~ zijn *gegen etw. sein*

gekheid *Spaß* [m], *Scherz* [m] ▾ alle ~ op een stokje *Scherz/Spaß beiseite* ▾ zonder ~ *im Ernst*

gekkenhuis *Irrenanstalt* [v]

gekkenwerk *Wahnsinn* [m], *Irrsinn* [m] ⋆ dat is ~! *das ist (heller) Wahnsinn!*

gekleed • (met kleren aan) *angezogen* ⋆ zij is altijd netjes ~ *sie ist immer gut gekleidet* • (keurig) ⋆ dat staat ~ *das sieht vornehm aus*

geklets *Geschwätz* [o] ⋆ dom ~ *dummes Geschwätz*

gekleurd • (met bepaalde kleur) *farbig* • (niet neutraal) *farbig, bunt, getönt* ▾ alles door een ~e bril zien *alles durch eine gefärbte Brille sehen*

G

geknipt *wie geschaffen (für)* ⋆ zij zijn ~ voor elkaar *die passen zueinander wie die Faust aufs Auge*

geknoei • (gepruts) *Pfuscherei* [v] • (bedrog) *Schwindel* [m] • (het gemors) *Kleckerei* [v]

gekonkel *Mauschelei* [v], *Intrigen* [mv]

gekostumeerd *kostümiert* ⋆ ~ bal *Kostümball* [m]

gekruid • (pikant) *pikant, frivol* ⋆ ~ verhaal *Pikanterie* [v] • (met kruiden) *pikant, gewürzt, würzig*

gekscheren *spotten, scherzen, spaßen*

gekte *Wahnsinn* [m], *Verrücktheit* [v]

gekunsteld *affektiert, gekünstelt*

gekwalificeerd • (gerechtigd) *befugt* • (bekwaam) *qualifiziert*

gel *Gel* [o]

gelaagd *geschichtet* ⋆ ~ glas *Verbundglas* [o]

gelaarsd *gestiefelt*

gelaat *Angesicht* [o], *Antlitz* [o]

gelaatskleur *Gesichtsfarbe* [v]

gelaatstrekken *Gesichtszüge* [mv]

gelaatsuitdrukking *Gesichtsausdruck* [m], *Miene* [v]

gelach *Lachen* [o], *Gelächter* [o]

geladen *geladen*

gelag *Zeche* [v] ▾ het ~ betalen *die Zeche zahlen* ▾ een hard ~ *ein schweres Los*

gelang ⋆ naar ~ je het vaker doet *je öfter du es machst*

gelasten *anordnen, befehlen*

gelaten *ergeben*

gelatenheid • (berusting) *Ergebenheit* [v] • (rust) *Gelassenheit* [v]

gelatine *Gelatine* [v]

gelazer *Ärger* [m], *Scherereien* [mv], ‹gedoe› *Theater* [o]

geld *Geld* [o] ⋆ contant geld *Bargeld* ⋆ buitenlands geld *ausländische Währung* [v] ⋆ bij gebrek aan geld *aus Geldmangel* [m] ▾ voor geen geld van de wereld *um keinen Preis* ▾ geld over de balk gooien *Geld zum Fenster hinauswerfen* ▾ hij zwemt in het geld *er schwimmt im Geld* ▾ geld als water verdienen *Geld wie Heu verdienen* ▾ te gelde maken *zu Geld machen*

geldautomaat *Geldautomat* [m]

geldbelegging *Geldanlage* [v]

geldboete *Geldstrafe* [v], *Geldbuße* [v]

geldcirculatie *Geldzirkulation* [v]

geldelijk *finanziell* ⋆ ~ voordeel *finanzielle(r) Vorteil* [m]

gelden • (van kracht zijn) *gelten* ⋆ de meeste stemmen ~ *die Mehrheit entscheidet* ⋆ zich doen ~ *sich geltend machen* ⋆ het besluit geldt voor iedereen *die Entscheidung trifft für alle zu* • (aangaan) ⋆ het verwijt geldt jou *der Vorwurf gilt dir*

geldgebrek *Geldmangel* [m]

geldig *gültig* ⋆ ~e redenen *triftige(n) Gründe*

geldigheid *Gültigkeit* [v]

geldigheidsduur *Gültigkeitsdauer* [v]

geldingsdrang *Geltungsdrang* [m], *Geltungsbedürfnis* [o]

geldkoers • (rentestand) *Geldkurs* [m] • (wisselkoers) *Devisenkurs* [m]

geldkraan ▾ de ~ dichtdraaien *den Geldhahn ab-/zudrehen*

geldmarkt *Geldmarkt* [m]

geldmiddelen • (financiële situatie) *Finanzen* [mv] • (inkomsten) *Geldmittel* [mv]

geldnood *Geldnot* [v] ⋆ in ~ zitten *in Geldnot sein*

geldomloop *Geldumlauf* [m]

geldontwaarding *Geldentwertung* [v]

geldschieter *Geldgeber* [m]

geldsom *Geldsumme* [v]

geldstuk *Münze* [v], *Geldstück* [o]

geldverkeer *Geldverkehr* [m]

geldwezen *Finanzwesen* [o]

geldwolf ⋆ hij was een ~ *für ihn zählte nur Geld*

geldzorgen *Geldsorgen* [mv]

geleden ⋆ pas ~ *unlängst; neulich* ⋆ een maand/een tijdje ~ *einen Monat/einige Zeit her; vor einem Monat/einiger Zeit* ⋆ het is al lang ~ *es ist schon lange her* ⋆ kort ~ *vor kurzem*

geleding • (deel) *Gliederung* [v], *Kategorie* [v] ⋆ maatschappelijke ~en *gesellschaftliche(n) Schichten* • (gewricht) *Glied* [o] ⋆ de ~ van het menselijk lichaam *der Gliederbau des menschlichen Körpers* • (verbindingsplaats) ‹plant.› *Gelenk* [o]

geleed *gegliedert*

geleedpotig *gliedfüßig* ⋆ ~ dieren/~en *Arthropoden* [mv]; *Gliederfüßer* [mv]

geleerd *gelehrt* ⋆ dat is mij te ~ *das ist mir zu hoch*

geleerde *Gelehrte(r)* [m]

geleerdheid *Gelehrtheit* [v]

gelegen • (liggend) *liegend* ⋆ Keulen is aan de Rijn ~ *Köln liegt am Rhein* • (geschikt) *gelegen* ⋆ het komt me niet ~ *es ist mir nicht gelegen* ⋆ te ~er tijd *zu gegebener Zeit* ▾ er is mij veel/weinig aan ~ *es liegt mir viel/wenig daran*

gelegenheid • (eet/slaapgelegenheid) *Gelegenheit* [v] ⋆ ~ om te overnachten *Übernachtungsmöglichkeit* [v] • (gunstige toestand) *Gelegenheit* [v] ⋆ de ~ te baat nemen *die Gelegenheit nutzen* ⋆ niet in de ~ zijn iets te doen *nicht in der Lage sein, etw. zu tun* • (gebeurtenis) *Gelegenheit* [v] ⋆ ter ~ van *anlässlich* [2] ▾ op eigen ~ ≈ *auf eigene Faust* ▾ de ~ maakt de dief *Gelegenheit macht Diebe*

gelegenheidskleding *Gesellschaftskleidung* [v]

gelei • (dril) *Sülze* [v] • (van vruchten) *Gelee* [o]

geleide • (het vergezellen) *Geleit* [o] ⋆ iem. ~ doen *jmdm. das Geleit geben* • (personen) *Begleitung* [v] ⋆ onder ~ van iem. *in jmds. Begleitung* ⋆ onder militair ~ *unter Eskorte* ▾ ten ~ *zum Geleit*

geleidehond *Blindenhund* [m]

geleidelijk *allmählich* ⋆ ~e toenadering *schrittweise Annäherung* [v] ⋆ ~ aan *nach und nach*

geleidelijkheid *allmähliche(r) Übergang* [m]
geleiden • (begeleiden) *begleiten, führen, geleiten* ⋆ iem. naar zijn plaats ~ *jmdn. an seinen Platz führen* • (nat.) *leiten* ⋆ ~d vermogen *Leitfähigkeit* [v]
geleider • (begeleider) *Begleiter* [m] • (nat.) *Leiter* [m]
geleiding *Leitung* [v]
geletterd *gebildet, studiert, gelehrt*
geleuter • (onzin) *Gefasel* [o] • (geklets) *Gelaber* [o]
gelid • (gewricht) *Glied* [o] • (rij) ⋆ in het ~ staan *in Reih und Glied stehen* ⋆ uit het ~ lopen *aus der Reihe tanzen* ⋆ gesloten gelederen *geschlossene(n) Reihen*
geliefd *geliebt, beliebt*
geliefde • (beminde) *Liebste(r)* [m], ‹bloedverwanten› *die Lieben* [mv] • (minnaar) *Geliebte(r)* [m]
geliefkoosd *beliebt, Lieblings-*
gelieven ‹iron.› *belieben* ⋆ u gelieve ons te berichten *teilen Sie uns bitte mit*
gelig *gelblich*
gelijk I [het] *Recht* [o] ⋆ iem. ~ geven *jmdm. Recht geben* ⋆ iem. in het ~ stellen *jmdm. Recht geben* ⋆ ~ krijgen *Recht bekommen/behalten* ⋆ daar heeft ze ~ in *damit hat sie Recht* ⋆ groot ~ hebben *vollkommen Recht haben* ⋆ ~/geen ~ hebben *Recht/Unrecht haben* ⋆ altijd ~ willen hebben *rechthaberisch sein* **II** [bnw] *gleich* ⋆ ~e tred met iets houden *Schritt mit einer Sache halten* ⋆ op ~e voet *auf dieselbe Weise* ⋆ met ~e wapenen strijden *mit gleichen Waffen kämpfen* **III** [bijw] • (hetzelfde) *gleich* ⋆ de twee treinen komen ~ aan *die zwei Züge kommen gleichzeitig an* ⋆ met iem. ~ op gaan *mit jmdm. Schritt halten* • (dadelijk) *gleich* ⋆ ik kom ~ *ich komme sofort/ gleich*
gelijkbenig *gleichschenkelig*
gelijke *Gleiche(r)* [m] [v: *Gleiche*] ⋆ haars/zijns/mijns ~ *ihres-/seines-/ meinesgleichen*
gelijkelijk *gleich, gleichermaßen*
gelijken *gleichen, ähnlich sehen, ähneln* ⋆ hij gelijkt sprekend op zijn broer *er sieht seinem Bruder zum Verwechseln ähnlich*
gelijkenis • (overeenkomst) *Ähnlichkeit* [v] • (parabel) *Parabel* [v], *Gleichnis* [o]
gelijkgericht *übereinstimmend*
gelijkgestemd *gleich gesinnt*
gelijkgezind *gleich gesinnt*
gelijkheid *Gleichheit* [v]
gelijklopen ⋆ ~de lijnen *parallele Linien* ⋆ loopt jouw klokje gelijk? *geht deine Uhr richtig?* ⋆ het spoor loopt gelijk met de weg *die Gleise laufen parallel zur Straße*
gelijkluidend *gleich lautend*
gelijkmaken • (op één hoogte brengen) *angleichen, gleichmachen* • (effenen van de grond) *planieren, ebnen*
gelijkmaker *Ausgleichstor* [o], *Ausgleichstreffer* [m] ⋆ de ~ scoren *den Ausgleich erzielen*
gelijkmatig *gleichmäßig* ⋆ ~ karakter *ausgeglichene(r) Charakter* [m]
gelijkmoedig *gleichmütig*
gelijknamig *gleichnamig* ⋆ ~e breuken *Brüche mit gleichem Nenner*
gelijkschakelen *gleichschalten*
gelijksoortig *gleichartig*
gelijkspel *Unentschieden* [o], *Gleichstand* [m] ⋆ de wedstrijd eindigde in een ~ *das Spiel endete unentschieden*
gelijkspelen *unentschieden spielen* ⋆ zij speelden gelijk *sie trennten sich unentschieden*
gelijkstaan • (overeenkomen met) *gleichkommen* • (evenveel punten hebben) *gleichstehen*
gelijkstellen *gleichsetzen, gleichstellen* ⋆ iem. met een ander ~ *jmdn. einem andern gleichstellen*
gelijkstroom *Gleichstrom* [m]
gelijktijdig *gleichzeitig*
gelijktrekken *angleichen*
gelijkvloers ‹begane grond› *ebenerdig*
gelijkvormig *einheitlich*, ‹wisk.› *ähnlich*
gelijkwaardig *gleichrangig, gleichwertig* ⋆ ~ tegenstander *ebenbürtige(r) Gegner* [m]
gelijkzetten ‹uurwerk› *richtig stellen* ⋆ zijn horloge ~ *seine Uhr stellen*
gelijkzijdig *gleichseitig*
gelinieerd *liniert, liniiert*
geloei • (geluid van runderen) ⋆ het ~ van de koeien *das Muhen der Kühe* • (gierend, huilend geluid) *Gebrüll* [o], *Geheul* [o]
gelofte *Gelübde* [o] ⋆ een ~ afleggen *ein Gelübde ablegen*
geloof • (godsdienst) *Glaube* [m] ⋆ zijn ~ belijden *seinen Glauben bekennen* • (vertrouwen) *Glaube* [m] ⋆ ~ aan iets hechten *einer Sache Glauben schenken*
geloofsartikel *Glaubenssatz* [m]
geloofsbelijdenis *Glaubensbekenntnis* [o]
geloofsbrief *Beglaubigungsschreiben* [o] ⋆ hij bood zijn geloofsbrieven aan *er überreichte sein Beglaubigungsschreiben*
geloofsleer *Glaubenslehre* [v]
geloofsovertuiging *religiöse Überzeugung* [v]
geloofsvrijheid *Glaubensfreiheit* [v], *Religionsfreiheit* [v]
geloofwaardig *glaubhaft*, ‹van personen› *glaubwürdig*
geloven I [ov ww] • (vertrouwen) *glauben* ⋆ niet te ~ *nicht/kaum zu glauben* ⋆ zijn ogen niet kunnen ~ *seinen Augen nicht trauen* • (menen, aannemen) *glauben* ⋆ ik geloof van wel *ich glaube schon* ⋆ hij wil mij doen ~ *er will mich glauben machen* ⋆ dat geloof ik graag *das glaube ich gern* **II** [on ww] • (gelovig zijn) *glauben* • (~ **in**) *glauben (an)* [4] ▼ hij moest eraan ~ *er hat dran glauben müssen*
gelovig *gläubig*
geluid ‹nat.› *Schall* [m] ⋆ snelheid van het ~ *Schallgeschwindigkeit* [v] • (bepaald geluid) *Geräusch* [o], *Laut* [m] ⋆ vreemde ~en *merkwürdige Geräusche* ⋆ geen ~ maken *keinen Laut von sich geben* • (timbre) *Klang* [m]
geluiddemper *Schalldämpfer* [m]
geluiddicht *schalldicht*
geluidloos *geräuschlos, lautlos*
geluidsbarrière *Schallgrenze* [v], *Schallmauer* [v]
geluidseffect *Klangeffekt* [m]
geluidsinstallatie *Stereoanlage* [v]
geluidsoverlast *Lärmbelästigung* [v]
geluidssnelheid *Schallgeschwindigkeit* [v]
geluidswal *Lärmschutzwall* [m]
geluimd *gelaunt* ⋆ goed ~ zijn *gut gelaunt sein*
geluk *Glück* [o] ⋆ zijn ~ beproeven *sein Glück versuchen* ⋆ ~ ermee *viel Glück* ⋆ op goed ~ *aufs Geratewohl* ⋆ meer ~ dan wijsheid *mehr Glück als Verstand* ⋆ ~ bij een on~ *Glück im Unglück* ⋆ van ~ mogen spreken *von Glück sagen können*
gelukkig I [bnw] • (fortuinlijk) *glücklich* ⋆ zich ~ prijzen *sich glücklich schätzen* • (voorspoedig) *glücklich* ⋆ ~ nieuwjaar! *ein glückliches neues Jahr!* • (tevreden) *glücklich* ⋆ volmaakt ~ *wunschlos glücklich* **II** [bijw] *zum Glück,*

G

glücklicherweise ⋆ ~ wist je het ein Glück, *dass du es wusstest*
geluksgevoel *Glücksgefühl* [o]
gelukstelegram *Glückwunschtelegramm* [o]
gelukstreffer *Glückstreffer* [m]
geluksvogel *Glückskind* [o], *Glückspilz* [m]
gelukwens *Glückwunsch* [m]
gelukwensen *beglückwünschen* [4], *gratulieren* [3]
gelukzalig *glückselig*
gelukzoeker *Glücksritter* [m]
gelul *Gequassel* [o], *Gequatsche* [o]
gemaakt • (geveinsd) *gespielt* • (gekunsteld) *gekünstelt, geziert*
gemaal I [de] *Gemahl* [m] **II** [het] *Pumpanlage* [v]
gemachtigde *Bevollmächtigte(r)* [m]
gemak • (gerief) *Bequemlichkeit* [v] ⋆ van alle ~ken voorzien *mit allen Bequemlichkeiten versehen* ⋆ van ~ houden *die Bequemlichkeit lieben* • (gemakkelijkheid) *Leichtigkeit* [v] ⋆ het ~ waarmee hij spreekt *die Gewandtheit, mit der er spricht* ⋆ hou je ~! *sei ruhig!* ⋆ er zijn ~ van nemen *es sich bequem machen* ⋆ iets met ~ kunnen doen *etw. ohne Mühe tun können* ⋆ iem. op zijn ~ stellen *jmdn. beruhigen* ⋆ op z'n dooie ~ *ganz gemächlich* ⋆ voor 't ~ *bequemlichkeitshalber*
gemakkelijk • (onbezorgd) *leicht* ⋆ jij hebt ~ praten *du hast gut reden* ⋆ het leven ~ opnemen *das Leben leicht nehmen* • (niet moeilijk) *leicht*, ‹persoon› *fügsam* ⋆ zij is niet ~ in de omgang *sie ist ein schwieriger Mensch* ⋆ je kunt je ~ vergissen *man kann sich leicht irren* ⋆ er ~ vanaf komen *billig davonkommen* ⋆ zo ~ als wat *kinderleicht* • (geriefelijk) *bequem* ⋆ een ~ leventje leiden *ein bequemes Leben führen*
gemakshalve *bequemlichkeitshalber, der Einfachheit halber*
gemakzucht *Bequemlichkeit* [v]
gemakzuchtig *bequem*
gemanierd • (zich correct gedragend) *manierlich* • (geaffecteerd) *manieriert*
gemankeerd *gescheitert*
gemaskerd *maskiert* ⋆ ~ bal *Maskenball* [m]
gematigd *gemäßigt*, ‹bezadigd› *maßvoll*
gember *Ingwer* [m]
gemeen • (slecht) *gemein* • (gewoon) *allgemein, öffentlich* • (laag, vals) *gemein, niederträchtig*, ‹lelijk› *scheußlich* ⋆ het is ~ koud *es ist höllisch kalt* • (gemeenschappelijk) *gemeinsam, gemeinschaftlich* ⋆ de gemene deler *der gemeinsame Teiler* ▾ gemene zaak met iem. maken *mit jmdm. gemeinsame Sache machen*
gemeend *aufrichtig*
gemeengoed *Gemeingut* [o]
gemeenplaats *Gemeinplatz* [m], *Klischee* [o]
gemeenschap • (het gemeenschappelijk hebben) *Gemeinschaft* [v] ⋆ buiten ~ van goederen *in Gütertrennung* • (omgang) *Verkehr* [m]
gemeenschappelijk *gemeinschaftlich*
gemeenschapszin *Gemein(schafts)sinn* [m]
gemeente • (bestuurlijke eenheid) ‹met stadsrecht› *Stadt* [v], ‹zonder stadsrecht› *Gemeinde* [v] • (gelovigen) *Gemeinde* [v]
gemeenteambtenaar *Kommunalbeamte(r)* [m]
gemeentebestuur ‹besturen› *Gemeindeverwaltung* [v], *Stadtverwaltung* [v], ‹raad› *Stadtrat* [m], *Gemeinderat* [m]
gemeentehuis *Rathaus* [o]
gemeentelijk *kommunal, Stadt-, Gemeinde-, Kommunal-, städtisch* ⋆ het ~ huisvestingsbureau *das städtische Wohnungsamt*
gemeentepils *Gänsewein* [m]
gemeenteraad *Stadtrat* [m], *Gemeinderat* [m]
gemeentereiniging *Stadtreinigung* [v]
gemeentesecretaris *Stadt-/Gemeindedirektor* [m]
gemeentewerken *städtisches Bauamt* [o]
gemeenzaam • (vertrouwelijk) *vertraulich* • (gewoon) *allgemein* ⋆ ~ taalgebruik *Umgangssprache* [v]
gemêleerd • (meerkleurig) *meliert* ⋆ ~ haar *grau melierte(n) Haare* [mv] • (gemengd) *gemischt*
gemelijk *griesgrämig, verdrießlich*
gemenebest *Staatengemeinschaft* [v]
gemenerik *Fiesling* [m], *Schuft* [m]
gemengd *vermischt, gemischt* ⋆ ~ huwelijk *Mischehe* [v] ⋆ ~ bedrijf *Mischwirtschaft* [v] ⋆ ~ gezelschap *gemischte Gesellschaft* [v]
gemiddeld *mittler, durchschnittlich, Durchschnitts-* ⋆ ~e snelheid *Durchschnittsgeschwindigkeit* [v]
gemiddelde *Durchschnitt* [m] ⋆ boven het ~ *überdurchschnittlich* ⋆ onder het ~ *unterdurchschnittlich* ⋆ de ~ waarde *Durchschnittswert* [m]
gemier *Gequassel* [o], *Gequatsche* [o]
gemis *Entbehren* [o], *Mangel* [m] ⋆ bij ~ van een opvolger *mangels eines Nachfolgers*
gemoed *Gemüt* [o]
gemoedelijk *gemütlich*
gemoedsaandoening *Gemütsregung* [v]
gemoedsrust *Gemütsruhe* [v]
gemoedstoestand *Gemütsverfassung* [v], *Gemütslage* [v]
gemoeid ⋆ je leven is ermee ~ *es geht um dein Leben* ⋆ er is veel geld mee ~ *es geht um viel Geld* ⋆ er is een hele dag mee ~ *ein ganzer Tag geht dabei drauf*
gemotoriseerd *motorisiert*
gems *Gämse* [v]
gemunt ⋆ het op iem. ~ hebben *es auf jmdn. abgesehen haben*
gemutst *gelaunt*
gen *Gen* [o]
genaamd *genannt* ⋆ een man, N. ~ *ein Mann namens N.*
genade • (barmhartigheid) *Gnade* [v] • (vergiffenis) *Erbarmen* [o] ⋆ bij Gods ~ *von Gottes Gnaden* ⋆ ~ voor recht laten gelden *Gnade vor/für Recht ergehen lassen* ▾ in iemands ogen ~ vinden *vor jmdm. Gnade finden*
genadebrood *Gnadenbrot* [o]
genadeloos *gnadenlos*
genadeslag *Gnadenstoß* [m]
genadig *gnädig* ▾ er ~ afkomen *glimpflich davonkommen*
gênant *genant, peinlich, unangenehm*
gene *jener* [v: *jene*] [o: *jenes*] ⋆ aan gene zijde van *jenseits* [2] ⋆ deze of gene *irgendeiner*
gêne *Gene* [v], *Zwang* [m], *Verlegenheit* [v]
genealogie *Genealogie* [v]
geneesheer *Arzt* [m]
geneesheer-directeur *leitende(r) Arzt* [m]
geneeskrachtig *heilkräftig* ⋆ ~e kruiden *Heilkräuter*
geneeskunde *Heilkunde* [v], *Medizin* [v]
geneeskundig ‹door een arts› *ärztlich*, ‹medisch› *medizinisch* ⋆ ~e dienst *Gesundheitsamt* [o] ⋆ de ~e verklaring *die ärztliche Bescheinigung*
geneesmiddel *Arznei* [v], *Heilmittel* [o]
geneeswijze *Heilmethode* [v], *Heilverfahren* [o]
genegen • (geneigd) *geneigt* • (goedgezind) *wohlgesinnt*
genegenheid *Zuneigung* [v] ⋆ ~ voor iem.

G

opvatten *Zuneigung zu jmdm. fassen*
geneigd *geneigt* ⋆ men is ~ te veronderstellen *man neigt zu der Annahme*
geneigdheid *Neigung* [v]
generaal I [de] *General* [m] **II** [bnw] *General-, allgemein* ⋆ generale repetitie *Generalprobe* [v]
generalisatie *Verallgemeinerung* [v], *Generalisierung* [v]
generaliseren *generalisieren, verallgemeinern*
generatie *Generation* [v]
generatiekloof *Generationsunterschied* [m]
generator *Generator* [m], ‹elektrisch› *Dynamomaschine* [v]
generen *sich genieren*
genereren *generieren*
genereus *generös, großzügig*
generiek *generisch*
genetica *Genetik* [v]
genetisch *genetisch*
geneugte *Vergnügen* [o], *Genuss* [m], *Freude* [v]
Genève *Genf* [o] ⋆ het Meer van ~ *der Genfer See*
genezen I [ov ww] • (beter maken) *heilen, genesen* **II** [on ww] • (beter worden) *heilen, kurieren* ▾ hij is er voor altijd van ~ *er ist kuriert*
geniaal *genial*
genialiteit *Genialität* [v]
genie I [de] *Pionierkorps* [o], *Pioniere* [mv] **II** [het] *Genie* [o]
geniep ⋆ in het ~ *heimlich; hinterrücks*
geniepig *hinterhältig, (heim)tückisch*
genieten I [ov ww] • (ontvangen) *genießen* ⋆ een goede reputatie ~ *sich eines guten Rufes erfreuen* ⋆ een goed salaris ~ *ein gutes Gehalt beziehen* **II** [on ww] • (vreugde beleven) *genießen* ⋆ van de natuur ~ *die Natur genießen* ⋆ heb je vandaag genoten? *hast du dich heute amüsiert?*
genitaliën *Genitalien* [mv]
genocide *Genozid* [m/o], *Völkermord* [m]
genodigde *Eingeladene(r)* [m] ⋆ een uitvoering voor ~n *eine Aufführung für geladene Gäste*
genoeg I [onb vnw] ⋆ ~ van iem./iets krijgen *von jmdm./etw. genug bekommen* ⋆ meer dan ~ van iets krijgen *etw. satt bekommen* **II** [bijw] *genug* ⋆ oud en wijs ~ zijn *alt genug sein* **III** [telw] *genug*
genoegdoening *Genugtuung* [v]
genoegen • (voldoening) *Gefallen* [o] ⋆ het doet mij ~ *es freut mich* ⋆ tot ~ van *zur Zufriedenheit* [2] ⋆ met wie heb ik het ~? *mit wem habe ich die Ehre?* ⋆ ~ scheppen in *Gefallen finden an* [3] • (plezier) *Vergnügen* [o], *Freude* [v], *Gefallen* [m] ⋆ ik heb het ~ u mede te delen *ich habe das Vergnügen, Ihnen mitzuteilen* ⋆ iem. een ~ doen *jmdm. einen Gefallen tun* ⋆ iem. het ~ doen *jmdm. den Gefallen tun* • (tevredenheid) *Zufriedenheit* [v] ⋆ ~ met iets nemen *sich mit etw. begnügen*
genoeglijk *vergnüglich*
genoegzaam *genügend*
genootschap *Gesellschaft* [v]
genot • (het genieten) *Genuss* [m] • (genoegen) ⋆ het is een ~ om naar te kijken *es ist eine Augenweide* • (vruchtgebruik) ⋆ het ~ van een weiland *der Nießbrauch einer Wiese* ⋆ ~ van de opbrengst *Nutznießung* [v]
genotmiddel *Genussmittel* [o]
genotzucht *Genusssucht* [v]
genotzuchtig *genusssüchtig*
genre *Genre* [o], *Gattung* [v]
genrestuk *Genrestück/-bild* [o]
gentleman *Gentleman* [m]
gentlemen's agreement *Gentlemen's Agreement* [o], *Vereinbarung auf Treu und Glauben* [o]
genuanceerd *nuanciert*
genus *Genus* [o]
geoefend *geübt, geschult*
geograaf *Geograph/Geograf* [m]
geografie *Geographie/Geografie* [v]
geografisch *geographisch/geografisch*
geologie *Geologie* [v]
geologisch *geologisch*
geoloog *Geologe* [m]
geometrie *Geometrie* [v]
geoorloofd *erlaubt*
georganiseerd *organisiert*
Georgië *Georgien* [o]
gepaard *gepaart, paarweise* ⋆ ~ gaan met *verbunden sein mit*
gepakt ▾ ~ en gezakt *mit Sack und Pack*
gepassioneerd *passioniert, leidenschaftlich*
gepast • (fatsoenlijk) *angemessen, schicklich* ⋆ de ~e beloning *die angemessene Belohnung* ⋆ een ~ woord *ein passendes Wort* • (afgepast) *passend* ⋆ ~ geld *abgezählte(s) Geld* ⋆ verzoeke met ~ geld te betalen *es wird gebeten, mit abgezähltem Geld zu zahlen*
gepeins *Nachsinnen* [o], *Nachdenken* [o], ‹gepieker› *Grübeln* [o]
gepensioneerd *pensioniert* ⋆ ~e *Pensionierte(r)* [m]; *Rentner* [m]
gepeperd • (duur) *gepfeffert* ⋆ een ~e rekening *eine gepfefferte/saftige Rechnung* • (pikant) *pikant* ⋆ ~e verhalen *deftige/scharfe Geschichten*
gepeupel *Pöbel* [m], *Mob* [m]
gepikeerd *pikiert, verärgert*
geploeter *Schinderei* [v]
geprikkeld *gereizt*
geprononceerd *prononciert* ⋆ ~e gelaatstrekken *ausgeprägte Gesichtszüge*
geproportioneerd *proportioniert* ⋆ goed ~ *proportioniert; wohlgestaltet*
geraakt • (gepikeerd) *gekränkt, verletzt* ⋆ gauw ~ zijn *sehr empfindlich sein* • (ontroerd) *gerührt*
geraamte • (skelet) *Gerippe* [o], *Skelett* [o] • (constructie) *Gerüst* [o]
geraas *Getöse* [o], ‹lawaai› *Lärm* [m]
geradbraakt *gerädert* ⋆ zich ~ voelen *sich wie gerädert fühlen*
geraden *ratsam* ⋆ het is je ~ *das möchte ich dir raten*
geraffineerd *raffiniert*
geraken *geraten, zu etw. gelangen*
geranium *Geranie* [v]
gerant *Geschäftsführer* [m]
gerecht I [het] • (eten) *Gericht* [o], *Speise* [v] • (rechtbank) *Gericht* [o] ⋆ voor het ~ verschijnen *vor Gericht erscheinen* **II** [bnw] *gerecht*
gerechtelijk *gerichtlich* ⋆ langs ~e weg *auf dem Rechtsweg*
gerechtigd *berechtigt*
gerechtigheid *Gerechtigkeit* [v]
gerechtshof *Oberlandesgericht* [o]
gerechtvaardigd *gerecht, berechtigt* ⋆ ~e twijfel *berechtigte(r) Zweifel* [m]
gereed • (af) *fertig* ⋆ ~ voor verzending *versandfertig* ⋆ ~ voor het gebruik *gebrauchsfertig* • (klaar voor een handeling) *bereit* ⋆ gerede aanleiding *willkommene(r) Anlass* [m]
gereedheid *Bereitschaft* [v]
gereedmaken *fertig machen*
gereedschap *Gerät* [o], *Werkzeug* [o]
gereedschapskist *Werkzeugkasten* [m]
gereformeerd *reformiert, kalvinistisch*

geregeld • (ordelijk) *ordentlich* • (regelmatig) *regelmäßig*
gerei *Gerät* [o], *Zeug* [o]
geremd *befangen, gehemmt*
gerenommeerd *renommiert, angesehen*
gereserveerd • (terughoudend) ⋆ ~ zijn *reserviert/zurückhaltend sein* • (besproken) *reserviert*
geriatrie *Geriatrie* [v]
gericht *gerichtet (auf)* [4], *gezielt (auf)* [4]
gerief *Bequemlichkeit* [v]
gerief(e)lijk *bequem, komfortabel, behaglich*
gerieven *dienen, Hilfe leisten*
gering • (onbeduidend) *geringfügig* • (klein) *gering* ⋆ bij het minste of ~ste gevaar *bei der geringsten Gefahr*
geringschatten *gering schätzen*
Germaan *Germane* [m]
Germaans **I** [het] *Germanisch(e)* [o] **II** [bnw] *germanisch* ⋆ ~e talen *germanische(n) Sprachen*
germanisme *Germanismus* [m]
geroezemoes *Geschwirr* [o]
geronnen ▾ zo gewonnen, zo ~ *wie gewonnen, so zerronnen*
geroutineerd *erfahren, bewandert, routiniert*
gerst *Gerste* [v]
gerstenat *Gerstensaft* [m]
gerucht • (praatje) *Gerücht* [o] ⋆ het ~ gaat dat... *es geht das Gerücht, dass ...* • (geluid) *Lärm* [m] ▾ in een kwaad ~ staan *in üblem Ruf stehen*
geruchtmakend *Aufsehen erregend*
geruim *geraum*
geruis *Geräusch* [o], ‹ruis› *Rauschen* [o]
geruisloos *geräuschlos*
geruit *gewürfelt, kariert*
gerust *ruhig* ⋆ daar kun je ~ op zijn *darauf kannst du dich verlassen* ⋆ ik ben er nog niet ~ op dat ... *ich bin noch nicht ganz sicher, dass ...* ⋆ dat mag ik ~ *das darf ich wohl*
geruststellen *beruhigen*
geruststelling *Beruhigung* [v]
geschenk *Geschenk* [o] ⋆ ten ~e geven *schenken; zum Geschenk machen*
geschenkverpakking *Geschenkverpackung* [v]
geschieden *geschehen*
geschiedenis *Geschichte* [v] ⋆ dat is een vreemde ~ *das ist eine merkwürdige Geschichte*
geschiedkundig *geschichtlich*
geschiedschrijver *Geschichtsschreiber* [m]
geschiedvervalsing *Geschichtsfälschung* [v]
geschift • (getikt) *verrückt, bekloppt* • (uiteengevallen) *geronnen*
geschikt • (bruikbaar) ‹in staat› *fähig*, ‹passend, gepast› *passend*, ‹personen› *geeignet* ⋆ de ~e man daarvoor *der geeignete Mann dafür* • (aardig) *nett*
geschil *Streit* [m], *Streitigkeit* [v]
geschilpunt *Streitpunkt* [m]
geschoold *geschult*, ‹met vakopleiding› *gelernt*
geschreeuw *Geschrei* [o], *Schreien* [o] ▾ veel ~ en weinig wol *viel Geschrei und wenig Wolle*
geschrift *Schrift* [v]
geschubd *schuppig*
geschut *Geschütz* [o] ▾ met grof ~ beginnen *schweres Geschütz auffahren*
gesel *Geißel* [v]
geselen *peitschen*
geseling *Geißelung* [v]
geserreerd *kurz und bündig, komprimiert*
gesetteld *etabliert*
gesitueerd *situiert* ⋆ goed ~ *in guten Verhältnissen*
geslaagd *erfolgreich* ⋆ ~ zijn voor een examen *eine Prüfung bestanden haben*
geslacht • (soort) *Gattung* [v] • (familie) *Geschlecht* [o]
geslachtelijk *geschlechtlich*
geslachtloos *geschlechtslos*
geslachtsdaad *Geschlechtsakt* [m]
geslachtsdeel *Geschlechtsteil* [m/o]
geslachtsdrift *Geschlechtstrieb* [m]
geslachtsgemeenschap *Geschlechtsverkehr* [m]
geslachtshormoon *Geschlechtshormon* [o]
geslachtsorgaan *Geschlechtsorgan* [o]
geslachtsrijp *geschlechtsreif*
geslachtsverkeer *Geschlechtsverkehr* [m]
geslachtsziekte *Geschlechtskrankheit* [v]
geslepen *verschlagen, durchtrieben*
gesloten • (dicht) *geschlossen*, ‹op slot› *verschlossen* ⋆ dat is een ~ boek *das ist ein Buch mit sieben Siegeln* ⋆ achter ~ deuren *hinter verschlossenen Türen* • (in zichzelf gekeerd) ⋆ zo ~ als het graf *verschwiegen wie ein Grab* ⋆ ~ zijn *verschlossen/zugeknöpft sein*
gesluierd *verschleiert*
gesmeerd • (probleemloos) *problemlos*, ‹zonder hapering› *reibungslos* • (geolied) *geschmiert*
gesodemieter *Theater* [o], *Ärger* [m]
gesorteerd • (ruim voorzien) *assortiert* ⋆ goed ~ *gut assortiert* • (diverse soorten) *sortiert, geordnet*
gesp *Schnalle* [v], ‹spang› *Spange* [v]
gespannen *gespannt*
gespeend *entwöhnt* ⋆ zij was ~ van talent *sie war ohne jegliches Talent*
gespen *zuschnallen, festschnallen, schnallen*
gespierd *muskulös*
gespikkeld *gesprenkelt*
gespitst ⋆ ~ op *begierig auf* [4]
gespleten *gespalten*
gesprek *Gespräch* [o], ‹zakelijk overleg› *Besprechung* [v] ⋆ met iem. in ~ zijn *mit jmdm. ein Gespräch führen;* ‹in onderhandeling zijn› *mit jmdm. unterhandeln* ⋆ het telefoonnummer is in ~ *die Telefonnummer ist besetzt*
gespreksgroep *Gesprächsgruppe* [v]
gesprekskosten *Gesprächskosten* [mv]
gesprekspartner *Gesprächspartner* [m]
gespreksstof *Gesprächsstoff* [m]
gespuis *Gesindel* [o], *Gelichter* [o]
gestaag **I** [bnw] • (bestendig) *beständig* • (gelijkmatig vóórtdurend) *stet, stetig, anhaltend, fortwährend* ⋆ gestage regen *anhaltende(r) Regen* **II** [bijw] *ständig, (an)dauernd*
gestalte *Gestalt* [v], *Figur* [v]
gestand ⋆ zijn belofte ~ doen *sein Versprechen halten/einlösen*
geste *Gebärde* [v], *Geste* [v]
gesteente *Gestein* [o]
gestel • (samengesteld geheel) *Konstitution* [v] • (lichaamsgesteldheid) *Gesundheit* [v]
gesteld **I** [bnw] • (toestand) *bestellt* ⋆ hoe is het met de zieke ~? *wie ist es um den Kranken bestellt?* ⋆ het is met de zaak zo ~ *die Sache verhält sich folgendermaßen* • (~ **op**) *halten auf* ⋆ erg op iem. ~ zijn *große Stücke auf jmdn. halten* ⋆ op zoiets ben ik helemaal niet ~ *so etw. verbitte ich mir* ⋆ op zo'n gezelschap ben ik niet ~ *auf eine solche Gesellschaft lege ich keinen Wert* **II** [bijw] ⋆ ~ het geval *gesetzt den Fall*
gesteldheid *Beschaffenheit* [v], *Zustand* [m], ‹van gemoed› *Verfassung* [v] ⋆ de bepaling van ~ *das prädikative Attribut*
gestemd *gelaunt* ⋆ goed ~ *bei Laune*

gesternte Gestirn [o] ▾ onder een gelukkig ~ geboren zijn unter einem Glücksstern geboren sein
gesticht Anstalt [v]
gesticuleren gestikulieren
gestoord gestört ⋆ geestelijk ~ geistesgestört
gestreept ‹muz.› gestrichen • (met strepen) gestreift, ‹gearceerd› gestrichelt
gestroomlijnd stromlinienförmig
getaand gegerbt
getailleerd tailliert
getal Zahl [v] ⋆ 15 in ~ 15 an der Zahl ⋆ een ~ van twee cijfers eine zweistellige Zahl
getalenteerd begabt, talentiert
getalsterkte numerische Stärke [v]
getand • (met tanden) gezahnt • (met insnijdingen) zackig, ‹van postzegels› gezähnt
getapt beliebt, gern gesehen
geteisem Gesindel [o], Pack [o]
getekend gezeichnet
getikt • (gek) bekloppt, verrückt ⋆ hij is een beetje ~ bei ihm tickt es nicht ganz richtig • (getypt) getippt
getimmerte • (stellage) Holzgerüst [o] • (timmerwerk) Holzbau [m]
getint getönt
getiteld tituliert ⋆ een boek ~ ein Buch mit dem Titel
getralied vergittert
getrapt gestuft, ‹fig.› gestaffelt
getroosten erdulden, hinnehmen ⋆ zich veel moeite ~ sich viel Mühe geben
getrouw treu, getreu ⋆ een oude ~e ein alter treuer Diener
getrouwd verheiratet ▾ zo zijn we niet ~ so haben wir nicht gewettet
gettoblaster Ghettoblaster [m]
getuige Zeuge [m]
getuigen I [ov ww] • (verklaren) bezeugen, aussagen ⋆ iets ~ etw. bezeugen **II** [on ww] • (blijk geven) zeugen ⋆ dat getuigt van weinig smaak das zeugt von wenig Geschmack • (getuigenis afleggen) zeugen
getuigenbank Zeugenbank [v]
getuigenis • (bewijs) Zeugnis [o] • (getuigenverklaring) Zeugnis [o], ‹jur.› Aussage [v]
getuigenverhoor Zeugenvernehmung [v], Zeugenverhör [o]
getuigschrift Zeugnis [o]
geul • (gleuf) Rille [v] • (vaargeul) Rinne [v], ‹in wadden› Priel [m]
geur Geruch [m], ‹aangenaam› Duft [m], ‹van wijn› Bukett [o] ▾ iets in geuren en kleuren vertellen etw. in allen Einzelheiten schildern
geuren duften
geurig duftig
geurstof Duftstoff [m]
geurtje • (lichte stank) Duft [m] • (reukwater) Parfüm [o]
geus Geuse [m]
geuzennaam ≈ mit Stolz getragene(r) Schimpfname [m]
gevaar • (gevaarlijke toestand) Gefahr [v] ⋆ ~ lopen Gefahr laufen ⋆ zijn positie loopt ~ seine Position ist gefährdet • (risico) ⋆ daar is geen ~ bij das ist nicht gefährlich
gevaarlijk gefährlich
gevaarte Ungetüm [o], Koloss [m]
geval • (toestand) Fall [m] ⋆ voor het ~ dat falls; im Falle [2] ⋆ in geen ~ auf keinen Fall; keinesfalls ⋆ in ~ van nood im Notfall ⋆ in elk ~ auf jeden Fall; jedenfalls • (voorval) Vorfall [m] • (toeval) Zufall [m]
gevangen gefangen
gevangenbewaarder Gefängniswärter [m]
gevangene • (gevangen genomen persoon) Gefangene(r) [m] • (gedetineerde) Häftling [m]
gevangenis Gefängnis [o]
gevangenisstraf Freiheitsstrafe [v]
gevangeniswezen Gefängniswesen [o]
gevangenschap Gefangenschaft [v]
gevarendriehoek Warndreieck [o]
gevarenzone Gefahrenzone [v]
gevarieerd variiert, abwechslungsreich
gevat gewandt, schlagfertig
gevecht Gefecht [o], ‹met woorden› Streit [m], ‹strijd› Kampf [m], ‹vechtpartij› Schlägerei [v] ⋆ iem. buiten ~ stellen jmdn. außer Gefecht setzen
gevechtsklaar gefechtsbereit, kampfbereit
gevechtslinie Frontlinie [v], Kampflinie [v]
gevechtspak Kampfanzug [m]
gevechtsvliegtuig Kampfflugzeug [o]
gevederd gefiedert
geveinsd • (huichelachtig) heuchlerisch • (niet gemeend) vorgetäuscht, geheuchelt
gevel Fassade [v], Front [v], ‹topgevel› Giebel [m]
gevelkachel ≈ Gasofen an einer Außenwand [m]
gevelsteen ≈ Giebelstein [m]
geveltoerist Fassadenkletterer [m]
geven I [ov ww] • (toekennen) geben, ‹krediet› gewähren • (aanreiken) geben, ‹inlichtingen› erteilen • (bieden) geben **II** [on ww] • (hinderen) ⋆ het geeft niets das macht nichts • (~ **om**) mögen, machen (aus), geben (auf) [4] ⋆ ik geef er niets om ‹maakt mij niets uit› ich mache mir nichts daraus; ‹kan mij niet schelen› es ist mir einerlei ⋆ hij geeft niets om hem er macht sich nichts aus ihm
gever Spender [m], ‹jur.› Schenker [m]
gevestigd • (vaststaand) fest ⋆ zij heeft een ~e reputatie sie hat sich einen Namen gemacht • (geruime tijd bestaand) etabliert
gevierd gefeiert
gevlamd geflammt, ‹hout› gemasert, maserig
gevlekt gefleckt, ‹van dieren› gescheckt, scheckig
gevleugeld geflügelt ▾ ~e woorden geflügelte Worte
gevlij Schmeichelei [v] ▾ bij iem. in het ~ zien te komen sich bei jmdm. einschmeicheln
gevoeg ▾ zijn ~ doen seine Notdurft verrichten
gevoel • (emotie) Gefühl [o] ⋆ iemands ~ens beantwoorden jmds. Gefühle erwidern • (wat men voelt) Gefühl [o] • (indruk) Empfindung [v] • (zintuig) ⋆ op het ~ dem Gefühl nach
gevoelen I [het] • (mening) Meinung [v], Ansicht [v] ⋆ naar mijn ~ meiner Meinung nach • (emotie) Gefühl [o] **II** [ov ww] fühlen, verspüren, ‹gemoedsgewaarwordingen› empfinden ⋆ behoefte aan rust ~ Bedürfnis nach Ruhe haben
gevoelig I [bnw] • (lichtgeraakt) empfindlich, empfindsam, ‹fotografische platen e.d.› lichtempfindlich • (ontvankelijk) empfänglich (für) **II** [bijw] • (met veel gevoel) gefühlvoll • (heftig) empfindlich, erheblich
gevoeligheid Empfindlichkeit [v]
gevoelloos • (hardvochtig) kaltherzig • (zonder gevoel) gefühllos
gevoelloosheid Gefühllosigkeit [v], Gefühlskälte [v]
gevoelsarm gefühlsarm
gevoelsleven Gefühlsleben [o]
gevoelsmatig gefühlsmäßig
gevoelsmens Gefühlsmensch [m], Gemütsmensch

[m]
gevoelswaarde • (affectieve waarde) *Gefühlswert* [m] • (connotatie) *Konnotation* [v], *Nebenbedeutung* [v]
gevogelte *Geflügel* [o]
gevolg • (personen) *Gefolge* [o] • (resultaat) *Erfolg* [m], *Folge* [v] ⋆ met goed ~ *mit gutem Erfolg* ⋆ ~ geven aan een uitnodiging *einer Einladung Folge leisten* • (uitvloeisel) *Folge* [v], *Konsequenz* [v] ⋆ ten ~e van het slechte weer *infolge des schlechten Wetters* ⋆ tot ~ hebben *zur Folge haben*
gevolgtrekking *Folgerung* [v], *Schluss* [m] ⋆ ~en maken *Schlüsse ziehen; folgern*
gevolmachtigd *bevollmächtigt*
gevorderd *fortgeschritten*
gevreesd *gefürchtet*
gevuld • (dik, mollig) *voll, rundlich* • (met vulling) *gefüllt*
gewaad *Gewand* [o]
gewaagd • (gedurfd) *gewagt, kühn* • (gevaarlijk) *verwegen* ▾ aan elkaar ~ zijn *einander gewachsen sein*
gewaarworden • (zich bewust worden van) *merken* • ((op)merken) *gewahr werden, bemerken*
gewaarwording *Empfindung* [v]
gewagen *erwähnen*

G

gewapend • (versterkt) *gerüstet, armiert, bewehrt* ⋆ ~ beton *Eisenbeton* [m] • (bewapend) *bewaffnet*
gewas • (oogst) *Ernte* [v] • (plant) *Gewächs* [o]
gewatteerd *wattiert* ⋆ ~e deken *Steppdecke* [v]
geweer *Gewehr* [o], ‹jachtgeweer› *Flinte* [v] ▾ in het ~ komen *auf die Barrikaden steigen*
geweerschot *Gewehrschuss* [m]
geweervuur *Gewehrfeuer* [o]
gewei *Geweih* [o]
geweld *Gewalt* [v] ⋆ ~ plegen *Gewalt anwenden* ⋆ met ~ *mit Gewalt* ▾ met alle ~ *partout; um jeden Preis*
gewelddaad *Gewalttat* [v]
gewelddadig *gewalttätig*
geweldenaar • (dwingeland) *Tyrann* [m], *Gewaltherrscher* [m] • (sterk persoon) *Mordskerl* [m]
geweldig • (hevig) *gewaltig* • (goed) *fabelhaft* ⋆ dat is ~! *das ist ja großartig!* • (groot) *großartig*
geweldpleging *Gewaltanwendung* [v], *Gewalttätigkeit* [v]
gewelf *Gewölbe* [o]
gewelfd *gewölbt*
gewend *gewohnt, gewöhnt (an)* [4] ⋆ iets ~ zijn *etw. gewohnt sein; an etw. gewöhnt sein* ⋆ aan iets ~ raken *sich an etw. gewöhnen*
gewennen *gewöhnen (an)* [4]
gewenning *Gewöhnung* [v]
gewenst *wünschenswert, erwünscht*
gewerveld ⋆ ~e dieren *Wirbeltiere* [mv]
gewest *Landschaft* [v], *Gegend* [v]
gewestelijk *regional, landschaftlich* ⋆ ~ arbeidsbureau *Arbeitsamt* [o] • (provinciaal) *Provinz-*, ‹pej.› *provinziell*
geweten *Gewissen* [o]
gewetenloos *gewissenlos*
gewetensbezwaar *Skrupel* [m]
gewetensnood *Gewissensnot* [v]
gewetensvol *gewissenhaft*
gewetensvraag *Gewissensfrage* [v]
gewetenswroeging *Gewissensbisse* [mv]
gewetenszaak *Gewissensfrage* [v] ⋆ geen ~ van iets maken *sich kein Gewissen aus etw. machen*
gewettigd • (wettig verklaard) *gesetzmäßig* • (gerechtvaardigd) *berechtigt*
gewezen *ehemalig, Alt-*
gewicht • (zwaarte) *Gewicht* [o] • (belang) *Wichtigkeit* [v], *Bedeutung* [v] ▾ ~ in de schaal leggen *ins Gewicht fallen; gewichtig sein* ▾ zijn ~ in goud waard zijn *nicht mit Gold zu bezahlen sein*
gewichtheffen *Gewichtheben* [o]
gewichtig *wichtig* ⋆ ~ doen *sich aufspielen*
gewichtsklasse *Gewichtsklasse* [v]
gewichtsverlies *Gewichtsabnahme* [v], *Gewichtsverlust* [m]
gewiekst *gerissen, schlau, gewieft*
gewijd *geweiht, geheiligt* ⋆ ~ water *geweihte(s) Wasser* [o]; *Weihwasser* [o]
gewild • (in trek) *gesucht, beliebt* • (gekunsteld) *gekünstelt*
gewillig I [bnw] *willig, folgsam* II [bijw] *willig*
gewin *Gewinn* [m]
gewis *gewiss*
gewoel • (drukte) *Gewühl* [o] • (het woelen) *Gewühl* [o]
gewond *verwundet, verletzt*
gewonde *Verwundete(r)* [m]
gewoon I [bnw] • (gewend) *gewohnt, gewöhnlich* ⋆ iets ~ zijn *an etw. gewöhnt sein* [4] • (eenvoudig) ⋆ de gewone man *der einfache Mann* • (gebruikelijk) *üblich, gebräuchlich* ⋆ op de gewone tijd *zu gewohnter Zeit* II [bijw] *einfach*
gewoonte • (gebruik) *Gebrauch* [m], *Brauch* [m], *Sitte* [v] ⋆ zeden en ~n *Sitten und Bräuche* ⋆ dat is hier de ~ *das ist hier Brauch* ⋆ naar/volgens ~ *wie gewöhnlich* • (wat men gewoon is) *Gewohnheit* [v] ⋆ een ~ van iets maken *eine Gewohnheit aus etw. machen* ⋆ dat is een ~ van hem geworden *das ist ihm zur Gewohnheit geworden*
gewoontedier *Gewohnheitstier* [o]
gewoontedrinker *Gewohnheitstrinker* [m]
gewoontegetrouw *gewohnheitsgemäß*
gewoonterecht *Gewohnheitsrecht* [o]
gewoontjes *ganz gewöhnlich, alltäglich*
gewoonweg • (eenvoudigweg) *einfach* • (ronduit) *geradezu*
geworteld *eingewurzelt* ⋆ diep ~ wantrouwen *tief verwurzeltes Misstrauen*
gewricht *Gelenk* [o]
gewrocht *(merkwürdige(s)) Gebilde* [o]
gewrongen • (verdraaid) *verdreht*, ‹stijl› *verschroben* • (onnatuurlijk) *gekünstelt*
gezag • (bevoegdheid) *Gewalt* [v], *Macht* [v] ⋆ op eigen ~ *eigenmächtig* ⋆ het ~ voeren over *den Befehl führen über* • (macht) *Autorität* [v] ⋆ haar woord heeft ~ *ihr Wort ist maßgebend* ⋆ een man van ~ *eine Autorität*
gezagdrager *Machthaber* [m]
gezaghebbend *maßgebend*
gezaghebber *Leiter* [m], *Machthaber* [m], *Befehlshaber* [m]
gezagsgetrouw *regierungstreu*
gezagsorgaan *Staatsorgan* [o]
gezagsverhoudingen *Machtverhältnisse* [mv]
gezagvoerder ‹schip› *Schiffskapitän* [m], ‹vliegtuig› *Flugkapitän* [m]
gezamenlijk I [bnw] • (alle(n) samen) *gesamt, Gesamt-* • (verenigd) *verein(ig)t* • (gemeenschappelijk) *gemeinsam, gemeinschaftlich* • (compleet) *sämtlich* II [bijw] *zusammen*
gezang *Gesang* [m]
gezant *Gesandte(r)* [m]
gezantschap *Gesandtschaft* [v]
gezapig *behäbig*
gezegde • (zegswijze) *Redensart* [v] • (taalk.)

Prädikat [o]
gezegend I [bnw] *gesegnet* **II** [bijw] *glücklich, gut*
gezeglijk *fügsam, folgsam*
gezel • (makker) *Kamerad* [m], *Gefährte* [m] • (leerling-vakman) *Gehilfe* [m], *Geselle* [m]
gezellig *gemütlich, gesellig* ⋆ ~ avondje *gemütliche(r) Abend* [m] ⋆ ~ samenzijn *gesellige(s) Beisammensein* [o]
gezelligheid *Gemütlichkeit* [v], ‹in gezelschap zijn› *Geselligkeit* [v] ⋆ hij houdt van ~ *er ist eine gesellige Natur*
gezelligheidsdier *Stimmungskanone* [v]
gezellin *Gefährtin* [v]
gezelschap • (samenzijn) ⋆ iem. ~ houden *jmdm. Gesellschaft leisten* • (groep) *Gesellschaft* [v]
gezelschapsreis *Gesellschaftsreise* [v]
gezelschapsspel *Gesellschaftsspiel* [o]
gezet • (dik) *wohlbeleibt, korpulent* • (geregeld) *regelmäßig* ⋆ op ~te tijden *zu festen Zeiten* • (vastgesteld) *bestimmt*
gezeten • (met vaste woonplaats) *sesshaft* • (welgesteld) *begütert*
gezicht • (zintuig) ⋆ scherp van ~ zijn *scharfe Augen haben* • (aanblik, uitzicht) *Aussicht* [v], *Anblick* [m] ⋆ op het eerste ~ *auf den ersten Blick* ⋆ dat is geen ~! *das sieht nicht aus* • (uiterlijk) ⋆ ik ken hem van ~ *ich kenne ihn vom Sehen* • (aangezicht) *Gesicht* [o] ⋆ ~en trekken *Gesichter schneiden* ⋆ iem. iets in zijn ~ zeggen *jmdm. etw. ins Gesicht sagen* ⋆ een zuur ~ trekken *eine saure Miene machen*
gezichtsafstand • (reikwijdte) *Sichtweite* [v] • (oogafstand) *Sehweite* [v]
gezichtsbedrog *Augentäuschung* [v], *optische Täuschung* [v]
gezichtspunt *Gesichtspunkt* [m]
gezichtsveld *Gesichtsfeld* [o], *Blickfeld* [o]
gezichtsverlies • (verlies van gezichtsvermogen) *Verlust des Sehvermögens* [m] • (verlies van prestige) *Gesichtsverlust* [m]
gezichtsvermogen *Sehkraft* [v], *Sehvermögen* [o]
gezien I [bnw] *angesehen, geachtet* **II** [vz] *angesichts* [2], *in Anbetracht* [2]
gezin *Familie* [v]
gezind *gesinnt, geneigt*
gezindheid • (stemming) *Gesinnung* [v] • (overtuiging) *religiöse Überzeugung* [v]
gezindte *Glaube* [m], *Konfession* [v]
gezinsfles *Familienflasche* [v]
gezinshoofd *Familienhaupt* [o], ‹jur.› *Familienvorstand* [m]
gezinshulp • (hulpverlening) *Familienfürsorge* [v], *Familienhilfe* [v] • (hulpverlener) *Familienpfleger* [m]
gezinsleven *Familienleben* [o]
gezinsplanning *Familienplanung* [v]
gezinsuitbreiding *Familienzuwachs* [m]
gezinsverpakking *Familienpackung* [v]
gezinsverzorgster *Familienpflegerin* [v], *Familienfürsorgerin* [v]
gezinszorg *Familienfürsorge* [v]
gezocht *gesucht*
gezond *gesund* ⋆ ~ en wel *gesund und munter* ⋆ zich ~ voelen *sich wohl fühlen* ⋆ hij is ~ en wel *er ist wohlauf*
gezondheid *Gesundheit* [v] ⋆ op iemands ~ drinken *auf jmds. Wohl trinken*
gezondheidscentrum *Gesundheitszentrum* [o]
gezondheidsredenen ⋆ om ~ *gesundheitshalber; aus gesundheitlichen Gründen*
gezondheidszorg *Gesundheitsfürsorge* [v], *Gesundheitspflege* [v]
gezusters *Schwestern* [mv]
gezwel *Geschwulst* [v], *Wucherung* [v]
gezwind *geschwind, schleunig*
gezwollen *schwülstig, hochtrabend*
gezworen *geschworen* ⋆ ~ vijanden *Erzfeinde*
Ghana *Ghana* [o]
Gibraltar *Gibraltar* [o]
gids *Führer* [m]
gidsen *führen*
giechelen *kichern*
giek • (roeiboot) *Gig* [o] • (dwarsmast) *Giekbaum* [m]
gier • (vogel) *Geier* [m] • (mest) *Jauche* [v]
gieren • (lachen) ⋆ dat is om te ~ *das ist zum Schießen* • (bemesten) *jauchen* • (geluid maken) *kreischen,* ‹granaten› *pfeifen,* ‹wind› *heulen* ⋆ de wind giert om het huis *der Wind pfeift/heult um das Haus*
gierig *geizig*
gierigaard *Geizhals* [m]
gierigheid *Geiz* [m]
gierst *Hirse* [v]
gierzwaluw *Mauerschwalbe* [v], *Mauersegler* [m]
gietbui *Regenguss* [m]
gieten I [ov ww] • (vormgeven) *gießen* ⋆ het ~ *der Guss* • (schenken) *gießen* ▾ het zit haar als gegoten *das passt ihr wie angegossen* **II** [onp ww] *gießen*
gieter *Gießkanne* [v]
gieterij *Gießerei* [v]
gietijzer *Gusseisen* [o]
gif *Gift* [o]
gifbeker *Schierlingsbecher* [m], *Giftbecher* [m]
gifbelt *Sondermülldeponie* [v], *Giftmülldeponie* [v]
gifgas *Giftgas* [o]
gifgrond *durch Giftmüll verseuchte(r) Boden* [m]
gifkikker *Giftnudel* [v]
gifklier *Giftdrüse* [v]
gifschandaal *Giftskandal* [m]
gifslang *Giftschlange* [v]
gift *Gabe* [v], *Spende* [v]
giftig *giftig*
gifwijk *auf Giftmüll gebaute(s) Wohngebiet* [o]
gifwolk *Giftwolke* [v]
gigabyte *Gigabyte* [o]
gigant *Gigant* [m]
gigantisch *gigantisch, riesig*
gigolo *Gigolo* [m]
gij ‹jullie› *ihr,* ‹u› *Sie*
gijzelaar *Geisel* [v] ⋆ politiek ~ *Geiselhäftling* [m]
gijzelen ‹als onderpand voor schulden› *in Schuldhaft nehmen,* ‹als politiek gijzelaar› *in Geiselhaft nehmen,* ‹gevangenzetten› *einsperren*
gijzelhouder *Geiselnehmer* [m]
gijzeling *Geiselnahme* [v], ‹als politiek gijzelaar› *Geiselhaft* [v]
gil *Schrei* [m] ⋆ een gil geven *aufschreien*
gilde *Zunft* [v], *Gilde* [v]
gillen *schreien, brüllen* ▾ het is om te ~ *es ist zum Schießen*
giller ⋆ wat een ~! *das ist zum Schreien!*
gimmick *Gimmick* [o]
gin *Gin* [m]
ginds *dort, drüben* ⋆ tot ~ *bis dorthin*
ginnegappen *kichern, grinsen*
gips *Gips* [m] ⋆ van gips gemaakt *aus Gips* ⋆ zijn arm zit in het gips *er hat den Arm im Gips*
gipsen ⋆ een ~ model *ein Gipsmodell*
gipskruid *Schleierkraut* [o]
gipsplaat *Gipsplatte* [v]
gipsverband *Gipsverband* [m]
giraal *bargeldlos*

G

giraffe *Giraffe* [v]
gireren *überweisen*
giro *Überweisung (auf ein Postgirokonto)* [v], *Giro* [o], *Giroüberweisung* [v]
girobetaalkaart *Girozahlkarte (der niederländischen Postbank)* [m]
girocheque *Postscheck* [m]
girokaart ≈ *Scheckkarte der niederländischen Postbank* [v]
giromaat ≈ *Geldautomat* [m]
gironummer *Postscheckkontonummer* [v]
giropas *Postscheckkarte* [v]
girorekening *Postscheckkonto* [o], *Girokonto* [o]
giroverkeer *Postscheckverkehr* [m]
gissen • (schatten) *schätzen* • (vermoeden) *vermuten, mutmaßen*
gissing *Vermutung* [v] ⋆ naar ~ *voraussichtlich; vermutlich*
gist *Hefe* [v]
gisten *gären* ⋆ gegiste melk *geronnene Milch* ⋆ het gistte onder het volk *die Volksseele gärte*
gisteravond *gestern Abend*
gisteren *gestern* ⋆ als de dag van ~ *als wäre es gestern gewesen* ▾ hij is niet van ~ *er ist nicht von gestern*
gistermiddag *gestern Nachmittag*

G

gistermorgen *gestern Morgen*
gisternacht *gestern Nacht*
gisting *Gärung* [v]
git I [de] *Jett* [m/o] **II** [het] *Gagat* [m] ⋆ zwart als git *pechschwarz*
gitaar *Gitarre* [v]
gitarist *Gitarrist* [m]
gitzwart *pechschwarz*
glaceren *glasieren*
glad I [bnw] • (effen) *glatt* • (glibberig) *glitschig, rutschig, glatt* • (sluw) *durchtrieben* **II** [bijw] *glatt, völlig* ⋆ iets glad vergeten zijn *etw. glatt/völlig vergessen haben*
gladharig *glatthaarig*
gladheid *Glätte* [v]
gladiator *Gladiator* [m]
gladiool *Gladiole* [v]
gladjanus *Schlawiner* [m]
gladjes *glatt, glitschig*
gladweg *schlicht(weg), glatt(weg)*
glamour *Glamour* [m]
glans • ((weer)schijn) *Glanz* [m] • (luister) ⋆ met ~ slagen *glänzend bestehen*
glansrijk *glanzreich*
glansrol *Glanzrolle* [v]
glanzen *glänzen, schimmern* ⋆ ~de ogen *glänzende(n)/leuchtende(n) Augen*
glas • (materiaal) *Glas* [o] ⋆ kogelvrij glas *Panzerglas* [o]; *kugelsichere(s) Glas* ⋆ gewapend glas *Drahtglas* [o] ⋆ glas in lood *Bleiverglasung* [v] • (drinkglas) *Glas* [o] [mv: *Gläser*] ⋆ twee glazen bier *zwei Glas Bier* • (ruit) *Fenster* [o] ▾ zijn eigen glazen ingooien *sich ins eigene Fleisch schneiden* ▾ een glaasje te veel ophebben *ein Glas zu viel getrunken haben*
glasbak *Glascontainer* [m]
glasblazen *Glasblasen* [o]
glasfiber *Glasfiber* [v]
glashard I [bnw] *glashart* **II** [bijw] *knallhart*
glashelder • (duidelijk) *sonnenklar* ⋆ dat is ~ *das ist sonnenklar* • (doorzichtig) *glasklar*
glasnost *Glasnost* [v]
glasservies *Glasservice* [o], *Glasgeschirr* [o]
glastuinbouw *Gewächshauskultur* [v], ‹verwarmd› *Treibhauskultur* [v]
glasverzekering *Glasversicherung* [v]
glasvezel *Glasfaser* [v]
glaswerk • (glazen) *Glasware* [v], ‹kunst› *Glasarbeit* [v] • (ruiten) *Verglasung* [v]
glaswol *Glaswolle* [v]
glazenwasser *Fensterputzer* [m]
glazig *glasig, glasartig* ⋆ ~e ogen *glasige Augen*
glazuren *glasieren*
glazuur • (tandglazuur) *Zahnschmelz* [m] • (glasachtige laag) *Glasur* [v]
gletsjer *Gletscher* [m]
gleuf • (spleet) *Spalt* [m], *Spalte* [v] • (groef) *Furche* [v] • (vagina) *Schlitz* [m], *Spalte* [v]
glibberen *glitschen, rutschen*
glibberig *glitschig, schlüpfrig*
glijbaan • (speeltuig) *Rutsche* [v] • (baan van ijs) *Schlitterbahn* [v]
glijden *gleiten, rutschen,* ‹op ijs› *schlittern* ⋆ hij glijdt uit *er rutscht aus*
glijmiddel ≈ *Vaseline* [v]
glijvlucht *Gleitflug* [m]
glimlach *Lächeln* [o]
glimlachen *lächeln*
glimmen • (glanzen) *schimmern* • (glunderen) *strahlen* • (schitteren) *glänzen*
glimp • (schijn) *Schein* [m] • (figuurlijke schijn) *Abglanz* [m], *Anflug* [m], *Schimmer* [m] ⋆ een ~ van spot *ein Anflug von Spott* ⋆ een ~ van hoop *ein Hoffnungsschimmer*
glimworm *Glühwürmchen* [o]
glinsteren *flimmern, glitzern,* ‹van sterren/edelstenen› *funkeln* ⋆ een traan glinstert in zijn oog *eine Träne schimmert in seinem Auge*
glinstering *Glitzern* [o], *Schimmern* [o], *Funkeln* [o]
glippen • (ontschieten) *entwischen* • (uitglijden) *(aus)rutschen* • (naar binnen) *schlüpfen* ⋆ door het hek ~ *durch den Zaum schlüpfen* ⋆ naar binnen ~ *hineinschlüpfen*
glitter • (iets dat glinstert) *Flitter* [m] • (schone schijn) *Glanz* [m] ⋆ ~ en glamour *Glanz und Glamour*
globaal *ungefähr* ⋆ ~ genomen *im Großen und Ganzen* ⋆ iets ~ weergeven *etw. in groben Zügen wiedergeben*
globe *Globus* [m]
globetrotter *Globetrotter* [m], *Weltenbummler* [m]
gloed • (schijnsel) *Röte* [v] • (bezieling) *Glut* [v] ⋆ iets met ~ verdedigen *etw. mit Leidenschaft vertreten*
gloednieuw *brandneu, nagelneu*
gloedvol *glutvoll, feurig, leidenschaftlich*
gloeien *glühen*
gloeiend I [bnw] • (heet) *glühend* • (hartstochtelijk) *glühend* ⋆ een ~e hekel aan iem. hebben *jmdn. auf den Tod nicht ausstehen können* **II** [bijw] *höchst* ⋆ er ~ bij zijn *dran sein* • (heet) *glühend* • (hartstochtelijk) *glühend* ▾ hij was er ~ bij *er musste dran glauben; er war dran*
gloeilamp *Glühbirne* [v]
glooien *leicht/schräg abfallen* ⋆ een ~d landschap *eine leicht hügelige Landschaft*
glooiing *Neigung* [v], ‹van heuvel› *Abhang* [m]
gloren *dämmern* ⋆ de ochtend begint te ~ *der Morgen graut*
glorie *Ruhm* [m], *Glanz* [m]
glorietijd *Glanzzeit* [v]
glorieus *ruhmreich, ruhmvoll*
glucose *Glukose* [v]
gluiperd *Schleicher* [m]
gluiperig *hinterhältig, (heim)tückisch*
glunder *blendend, strahlend*
glunderen *schmunzeln*

gluren ‹stiekem kijken› *schielen* ⋆ naar iem. ~ *nach jmdm. schielen*
gluten *Gluten* [o]
gluton *Stärkekleister* [m]
gluurder *Voyeur* [m]
glycerine *Glyzerin* [o]
gniffelen *schmunzeln*
gnoe *Gnu* [o]
gnoom *Gnom* [m]
gnostiek *Gnostiker* [m]
gnostisch *gnostisch*
gnuiven *schmunzeln*
goal *Tor* [o]
gobelin *Gobelin* [m]
god *Gott* [m]
God *Gott* [m] ⋆ door God gezonden *gottgesandt* ⋆ God zij met ons! *Gott mit uns!*
goddank *Gott sei Dank, gottlob*
goddelijk • (van (een) god) *göttlich* • (verrukkelijk) *himmlisch*
goddeloos *gottlos*
goddomme *verdammt*
godendrank *Göttertrank* [m]
godgans *ganz* ▾ de ~e dag *den lieben langen Tag*
godgeklaagd *himmelschreiend* ⋆ het is ~ *Gott sei's geklagt;* ‹onbehoorlijk› *es ist unerhört*
godgeleerdheid *Theologie* [v]
godheid *Gottheit* [v]
godin *Göttin* [v]
godsdienst *Religion* [v] ⋆ een andere ~ aannemen *konvertieren*
godsdienstig • (vroom) *gottesfürchtig, fromm* • (religieus) *religiös*
godsdienstoefening *Gottesdienst* [m], ‹katholiek› *Messe* [v], ‹kort› *Andacht* [v]
godsdienstoorlog *Religionskrieg* [m]
godsdienstvrijheid *Religionsfreiheit* [v]
godsgeschenk *Gottesgabe* [v], *Gottesgeschenk* [o]
godsgruwelijk *gottserbärmlich, entsetzlich*
godshuis *Gotteshaus* [o]
godslastering *Gotteslästerung* [v]
godslasterlijk *gotteslästerlich*
godsnaam ⋆ in ~ *in Gottes Namen* ⋆ hoe kon je dat in ~ doen? *wie konntest du das um Gottes willen tun?*
godsvrucht *Gottesfurcht* [v]
godswonder *Wunder* [o]
godverdomme *verdammt noch mal*
godvergeten *verdammt, entsetzlich* ⋆ ik ben ~ slecht behandeld *ich bin verdammt schlecht behandelt worden* ⋆ hij is ~ dom *er ist entsetzlich dumm*
godvruchtig *gottesfürchtig*
goed I [het] • (wat goed is) *Gute(s)* [o] • (kleren) *Wäsche* [v] • (bezit) *Gut* [o] • (waren) *Sachen* [mv], *Ware* [v] ⋆ gestolen goed *Diebesgut* **II** [bnw + bijw] *gut,* ‹juist› *richtig* ⋆ daar ben ik niet zo goed in *das liegt mir nicht besonders* ⋆ dat is allemaal goed en wel *das ist alles schön und gut* ⋆ goed voor één rit *gültig für eine Fahrt* ⋆ als ik het goed heb *wenn ich mich nicht täusche* ⋆ dat is goed om te weten *das ist gut zu wissen* ⋆ zich niet goed voelen *sich nicht wohl fühlen* ⋆ voor goed *für immer* ⋆ waar is dat goed voor? *wozu soll das gut sein?* ⋆ op de goede weg zijn *auf dem richtigen Weg sein* ▾ wie goed doet, goed ontmoet *wer Gutes tut, dem Gutes geschieht*
goedaardig • (goedig) *gutmütig* • (med.) *gutartig*
goeddeels *großenteils, größtenteils*
goeddunken I [het] • (toestemming) *Gutdünken* [o] • (believen) *Ermessen* [o] ⋆ naar/volgens eigen ~ handelen *aus/nach eigenem Ermessen handeln* **II** [on ww] • (goed toeschijnen) *für gut halten* • (behagen) *gut dünken*
goedemiddag *guten Tag*
goedemorgen *guten Morgen*
goedenacht *gute Nacht*
goedenavond *guten Abend*
goedendag ‹afscheid› *auf Wiedersehen,* ‹begroeting› *guten Tag* ▾ ~ zeg! *Mensch Meier!*
goederen *Güter* [mv] ⋆ roerende en onroerende ~ *Mobilien und Immobilien*
goederenlift *Lastenaufzug* [m]
goederentrein *Güterzug* [m]
goederenverkeer *Güterverkehr* [m]
goederenwagen *Güterwagen* [m]
goederenwagon *Güterwa(g)gon* [m]
goedgeefs *freigebig*
goedgehumeurd *gut gelaunt*
goedgelovig • (lichtgelovig) *gutgläubig* • (alles gelovend) *leichtgläubig*
goedgemutst *gut gelaunt*
goedgezind • (goed gehumeurd) *gut gelaunt* • (welwillend) *gut gesinnt* [3], *wohlgesinnt* [3]
goedheid *Güte* [v] ⋆ hij is de ~ zelve *er ist die Güte in Person* ▾ grote ~! *ach du meine Güte!*
goedheiligman ≈ *St. Nikolaus* [m]
goedig *gutherzig, gutmütig*
goedje *Zeug* [o], ‹spullen van mensen› *Siebensachen* [mv]
goedkeuren • (instemmen met) *billigen,* ‹moreel goedkeuren› *gutheißen,* ‹officieel toestaan, bevestigen› *genehmigen,* ‹van wetten en regeringsbesluiten› *verabschieden* ⋆ de notulen ~ *das Protokoll genehmigen* ⋆ het verbouwingsplan is goedgekeurd *der Umbau ist genehmigt* • (in orde bevinden) *zulassen* ⋆ het ontwerp werd algemeen goedgekeurd *der Entwurf wurde allgemein für gut befunden* ⋆ iem. ~ *jmdn. für gesund erklären;* ‹voor militaire dienst› *jmdn. diensttauglich erklären* ⋆ de auto is goedgekeurd *das Auto ist vom TÜV abgenommen*
goedkeuring • (waardering) *Anerkennung* [v], *Beifall* [m] ⋆ ik heb de ~ van anderen niet nodig *ich brauche die Anerkennung der anderen nicht* • (instemming) *Zustimmung* [v] [3], *Billigung* [v], *Einverständnis* [o], *Genehmigung* [v]
goedkoop • (niet duur) *preisgünstig, preiswert* • (flauw, gemakkelijk) *billig* ⋆ goedkope grappen *billige(n) Witze*
goedlachs ⋆ ~ zijn *zum Lachen aufgelegt sein*
goedmaken • (ongedaan maken) *gutmachen* ⋆ hij wil het weer ~ met haar *er will sich wieder mit ihr versöhnen* • (kosten dekken) *decken, ersetzen* ⋆ de schade ~ *den Schaden ersetzen*
goedmoedig *gutmütig, gutherzig*
goedpraten • (verbloemen) *beschönigen* • (rechtvaardigen) *rechtfertigen*
goedschiks *gutwillig* ⋆ ~ of kwaadschiks *wohl oder übel*
goedvinden I [het] • (goedkeuring) *Einverständnis* [o] • (goeddunken) ⋆ met onderling ~ *in gegenseitigem Einvernehmen* **II** [ov ww] • (nuttig vinden) *gut finden, für richtig halten* ⋆ ik vind alles goed *mir ist alles recht* • (goedkeuren) *billigen,* ‹officieel› *genehmigen,* ‹toestaan› *erlauben*
goedzak *herzensgute(r) Kerl* [m], ‹pej.› *Trottel* [m]
goeroe *Guru* [m]
goesting *Geschmack* [m], *Appetit* [m], *Lust* [v]
gok • (het gokken) *Wette* [v] ⋆ wil je een gokje wagen? *wollen wir wetten?* • (risico) *Wagnis* [o], *Risiko* [o] ⋆ die gok durf ik niet aan *das riskiere ich*

nicht • (schatting) *Schätzung* [v] ⋆ het is maar een gok *ich schätz doch nur* ⋆ doe een gok *rate mal* ▾ op de gok *aufs Geratewohl*
gokautomaat *Spielautomat* [m]
gokken • (om geld spelen) *spielen, setzen auf* [4], ‹bij lotto en toto› *tippen* ⋆ ik gok op rood *ich setze auf Rot* • (een kans wagen) *riskieren* • (speculeren) *spekulieren* ⋆ daar gok ik op *darauf spekuliere ich; darauf lasse ich es ankommen* • (gissen) ⋆ ik gok erop dat we om 9 uur aankomen *ich schätze, wir kommen um 9 Uhr an*
goklust *Spielleidenschaft* [v]
goktent *Spielhalle* [v], *Spielhölle* [v]
golf I [de] • (golflengte) *Welle* [v] ⋆ lange/korte golf *Lang-/Kurzwelle* • (baai) *Golf* [m] • (wat op een golf lijkt) ⋆ een golf van verontwaardiging *eine Welle der Empörung* ⋆ groene golf *grüne Welle* • (nat.) *Welle* [v], ‹groot› *Woge* [v] **II** [het] *Golf(spiel)* [o]
golfbaan *Golfbahn* [v]
golfbeweging ‹econ.› *Fluktuation* [v], ‹op het water› *Wellenbewegung* [v]
golfbreker *Wellenbrecher* [m]
golfen *Golf spielen*
golfkarton *Wellpappe* [v]
golflengte *Wellenlänge* [v]
golflijn *Wellenlinie* [v], *Schlangenlinie* [v]
golfplaat *Wellblech* [o]
golfslag • (het slaan van golven) *Wellenschlag* [m] • (deining) *Wellengang* [m]
golfslagbad *Wellenbad* [o]
golfstaat *Golfstaat* [m]
Golf van Biskaje *Golf von Biskaya* [m]
golven • (in golven stromen) *quellen, strömen* ⋆ het bloed golfde uit de wond *das Blut quoll aus der Wunde* • (golvend op en neer gaan) *wogen*, ‹van haar, kleren› *wallen* ⋆ ~d haar *wallendes Haar*
gom • (vlakgom) *Radiergummi* [m] • (lijmstof) *Gummi* [o]
gommen *(aus)radieren*
gondel *Gondel* [v]
gondelier *Gondelführer* [m], *Gondoliere* [m] [mv: *Gondolieri*]
gong *Gong* [m]
goniometrie *Goniometrie* [v]
gonorroe *Gonorrhö* [v]
gonzen *surren, brausen, summen*
goochelaar *Zauberkünstler* [m], *Zauberer* [m]
goochelen *zaubern*
goochem *gewieft, gerissen*
goodwill *Firmenwert* [m], *Goodwill* [m]
gooi *Wurf* [m] ▾ ergens een gooi naar doen *sein Glück versuchen*
gooien *werfen* ⋆ met de deur ~ *mit der Tür schlagen* ▾ met de pet naar iets ~ *schlampen*
gooi- en smijtwerk *Klamauk* [m]
goor • (onsmakelijk) *eklig* • (vuil) *verdreckt, schmutzig*
goot • (straatgoot) *Gosse* [v] • (dakgoot) *Rinne* [v] ▾ iem. uit de goot halen *jmdn. aus der Gosse ziehen*
gootsteen *Spülbecken* [o]
gordel • (riem) *Gurt* [m] ⋆ ~s zijn verplicht *man muss sich anschnallen* • (kring) *Gürtel* [m] ▾ een stoot onder de ~ *ein Schlag unter der Gürtellinie*
gordeldier *Gürteltier* [o]
gordelroos *Gürtelrose* [v]
gordijn *Vorhang* [m], *Gardine* [v] ▾ het ijzeren ~ *der Eiserne Vorhang*
gordijnrail *Schiene* [v]
gordijnroe *Gardinenstange* [v]
gorgelen *gurgeln*
gorilla *Gorilla* [m]
gors I [de] *Ammer* [v] **II** [de/het] *Groden* [m]
gort • (gortepap) *Grütze* [v] • (gepelde gerst) *Graupen* [mv]
gortdroog • (droog) *knochentrocken* • (saai) *phantasielos, langweilig*
gortig ▾ hij maakt het al te ~ *er treibt es zu weit/bunt*
GOS *GUS* [v]
gospel *Gospel* [o]
GOS-staten *GUS-Staaten* [mv]
gotiek *Gotik* [v] ⋆ de late ~ *die Spätgotik*
gotisch *gotisch* ⋆ ~ schrift *Fraktur(schrift)* [v]
gotspe *Unverfrorenheit* [v]
gouache *Gouache* [v]
goud *Gold* [o] ▾ het is niet alles goud wat er blinkt *es ist nicht alles Gold, was glänzt* ▾ voor geen goud *um nichts in der Welt* ▾ goud op snee *Goldschnitt* [m] ▾ eerlijk als goud *grundehrlich*
goudader *Goldader* [v]
goudblond *goldblond*
goudeerlijk *aufrichtig*
gouden • (van goud) *golden* • (goudkleurig) *goldfarbig, golden*, ‹verguld› *vergoldet*
goudenregen *Goldregen* [m]
goudhaantje • (vogel) *Goldhähnchen* [o] • (kever) *Blattkäfer* [m]
goudkoorts *Goldfieber* [o], *Goldrausch* [m], ‹zucht om snel rijk te worden› *Geldgier* [v]
Goudkust *Goldküste* [v]
goudmijn • (mijn) *Goldmine* [v] • (onuitputtelijke bron) *Fundgrube* [v]
goudsbloem *Ringelblume* [v]
goudsmid *Goldschmied* [m]
goudstuk *Goldstück* [o], *Goldmünze* [v]
goudvink *Gimpel* [m]
goudvis *Goldfisch* [m]
goudzoeker • (goudgraver) *Goldgräber* [m] • (gelukzoeker) *Glücksjäger* [m]
goulash *Gulasch* [m/o]
gourmet *Gourmet* [m]
gourmetstel *Raclettegerät* [o]
gouvernement *Provinzverwaltung* [v], *Verwaltung* [v], *Gouvernement* [o]
gouverneur *Statthalter* [m]
gouverneur-generaal *Generalgouverneur* [m]
gozer *Typ* [m]
graad • (meeteenheid) *Grad* [m] • (mate) ⋆ de ~ van ontwikkeling *Entwicklungsstufe* [v]
graadmeter *Gradmesser* [m]
graaf *Graf* [m]
graafschap *Grafschaft* [v]
graafwerktuig *Bagger* [m]
graag *gern(e)* ⋆ heel ~ *sehr gern*
graaien I [ov ww] • (stelen) *abstauben* **II** [on ww] • (grabbelen) *grabbeln, grapschen*
graal *Gral* [m]
graan • (gewas) *Getreide* [o] • (koren) ⋆ granen/~soorten *Getreidearten* [mv]
graanoogst *Getreideernte* [v]
graanschuur *Getreidesilo* [m/o], *Getreidespeicher* [m]
graansilo *Getreidesilo* [m/o], *Getreidespeicher* [m]
graantje *Getreidekorn* [o] ▾ een ~ meepikken *mit von der Partei sein*
graat *Gräte* [v] ▾ van de ~ vallen *vor Hunger umfallen*
grabbel ⋆ zijn eer te ~ gooien *seine Ehre aufs Spiel setzen*
grabbelen *grabbeln, wühlen*
grabbelton *Grabbeltonne* [v]

gracht *Gracht* [v], ‹om vesting› *Graben* [m]
⋆ stads~ *Stadtgraben* [m]
grachtenhuis *Grachtenhaus* [o]
grachtenpand ≈ *Haus/Gebäude an einer Gracht* [o]
gracieus *graziös, anmutig*
gradatie *Abstufung* [v]
gradenboog *Winkelmesser* [m]
gradueel *graduell*
graf *Grab* [o], ‹gemetseld› *Gruft* [v] ▾ zwijgen als het graf *schweigen wie ein Grab*
grafdicht *Grabspruch* [m]
graffiti *Graffiti* [mv]
graficus *Grafiker* [m]
grafiek *Grafik* [v]
grafiet *Graphit* [m]
grafisch *grafisch*
grafkelder *Gruft* [v]
grafologie *Graphologie* [v]
grafrede *Grabrede* [v]
grafschennis *Grabschändung* [v]
grafschrift *Grabinschrift* [v]
grafsteen *Grabstein* [m]
grafstem *Grabesstimme* [v]
graftombe *Sarkophag* [m]
grafzerk *Grabplatte* [v]
gram *Gramm* [o]
grammatica *Grammatik* [v]
grammaticaal *grammatisch*
grammofoonplaat *Schallplatte* [v], ‹inf.› *Platte* [v]
gramschap *Grimm* [m]
granaat *Granate* [v]
grandioos *großartig*
graniet *Granit* [m]
granieten *aus Granit*
grap • (mop) *Witz* [m] • (geintje) *Spaß* [m], *Scherz* [m] ⋆ maak geen grapjes! *mach keine Witze!* ⋆ een grap met iem. uithalen *einen Spaß mit jmdm. treiben* ⋆ het ist voor de grap *es ist nur zum Spaß* ⋆ dat is een mooie grap! *das ist eine schöne Geschichte!*
grapefruit *Grapefruit* [v], *Pampelmuse* [v]
grappenmaker *Spaßvogel* [m], *Witzbold* [m]
grappig • (vermakelijk) *ulkig, spaßhaft, spaßig, witzig* • (schattig) *drollig*
gras *Gras* [o] ▾ geen gras over iets laten groeien *kein Gras über etw. wachsen lassen*
grasduinen ‹in boeken› *schmökern*
graskaas ≈ *junger Käse von weidendem Vieh* [m]
grasklokje *Glockenblume* [v]
grasland *Grasland* [o], ‹bodemgesteldheid› *Grasboden* [m], ‹voor dieren› *Weideland* [v]
grasmaaien *Gras mähen*, ‹gazon› *Rasen mähen*
grasmaaier *Rasenmäher* [m]
grasmat • (grasbegroeiing) *Grasdecke* [v] • (met gras begroeid land) *Grasfläche* [v]
grasperk *Rasen* [m]
graspol *Gräserpolle* [v]
grasveld • (gazon) *Rasen* [m] • (met gras begroeid land) *Grasfläche* [v]
grasvlakte *Grasebene* [v]
graszode *Sode* [v]
gratie • (gunst) *Gunst* [v] ⋆ bij de ~ Gods *von Gottes Gnaden* ⋆ bij iem. in de ~ zijn *bei jmdm. in Gunst stehen* • (sierlijkheid) *Grazie* [v], *Anmut* [v], *Reiz* [m] • (jur.) *Gnade* [v] ⋆ recht van ~ *Begnadigungsrecht* [o]
gratieverzoek *Gnadengesuch* [o]
gratificatie *Gratifikation* [v]
gratineren *überbacken, gratinieren*
gratis *kostenlos, umsonst, unentgeltlich, gratis* ⋆ entree ~ *Eintritt frei*
gratuit *grundlos, unmotiviert*
grauw I [de] *Anschnauzer* [m] **II** [het] • (grauwe kleur) *Grau* [o] • (gepeupel) *Pöbel* [m] **III** [bnw] • (vaal, groezelig) *grau* • (triest) *trostlos*
grauwen *schnauzen*
grauwsluier *Grauschleier* [m]
graveerder → **graveur**
graveerkunst *Kunst des Gravierens* [v]
gravel *Schotter aus rotem Ziegel* [m]
graven *graben*, ‹grondwerken› *ausheben*, ‹met een schep› *schaufeln*
graveren *gravieren, stechen*
graveur *Graveur*
gravin *Gräfin* [v], ‹ongehuwd› *Komtess* [v]
gravure *Gravur* [v], ‹kunst› *Stich* [m], *Gravüre* [v]
grazen *grasen* ⋆ het vee laten ~ *das Vieh grasen/weiden lassen* ▾ iem. te ~ nemen *jmdn. reinlegen*
grazig *voll Gras*
greep *Griff* [m] ⋆ ~ hebben op iets *etw. im Griff haben*
gregoriaans *gregorianisch*
greintje • (korrel) *Korn* [o] • (weefsel) *Grain* [m] • (klein gewicht) *Gran* [o], *Grain* [m] ▾ geen ~ verstand van iets hebben *keinen Schimmer von etw. haben* ▾ geen ~ fantasie hebben *keinen Funken Phantasie/Fantasie haben*
Grenada *Grenada* [o]
grenadier *Infanterist* [m]
grendel *Riegel* [m], *Schloss* [o] ⋆ de ~ op de deur doen *den Riegel vor die Tür schieben; eine Tür verriegeln*
grendelen *abriegeln, verriegeln*
grenen *aus Kiefernholz, kiefern*
grens • (limiet) *Grenze* [v] ⋆ er zijn grenzen *alles hat seine Grenzen* • (scheidingslijn) *Grenze* [v] ⋆ iem. over de ~ zetten *jmdn. ausweisen*
grensconflict *Grenzkonflikt* [m]
grensdocument *Grenzdokument* [o]
grensgebied *Grenzgebiet* [o]
grensgeval *Grenzfall* [m]
grenskantoor *Zollamt* [o]
grenslijn *Grenze* [v]
grenspost *Grenzposten* [m], ‹doorlaatpost› *Grenzübergang* [m]
grensrechter ‹sport› *Linienrichter* [m]
grensverleggend *bahnbrechend*
grenzeloos *grenzenlos*
grenzen *grenzen an* [4]
greppel *Graben* [m]
gretig *gierig, begierig* ⋆ zij taste ~ toe *sie langte gierig zu* ⋆ een gelegenheid ~ aangrijpen *eine Chance mit beiden Händen ergreifen*
gribus • (buurt) *Elendsviertel* [o] • (woning) *Loch* [o], *Bruchbude* [v]
grief • (ongenoegen) *Unmut* [m] • (bezwaar) *Beschwerde* [v] • (ergernis) *Ärgernis* [o] • (belediging) *Kränkung* [v]
Griek *Grieche* [m]
Griekenland *Griechenland* [o]
Grieks I [het] *Griechisch(e)* [o] **II** [bnw] *griechisch*
griend • (rijshout) *Weidenholz* [o] • (bos van rijshout) *Weidengebüsch* [o] • (griendwaard) *Weidenbruch* [m]
grienen *greinen, flennen*, ‹bij kinderen› *quengeln*
griep *Grippe* [v]
grieperig *mit leichter Grippe*
gries *Grieß* [m]
griesmeel *Grießmehl* [o]
griet • (meid) *Biene* [v] • (vis) *Glattbutt* [m] • (vogel) *Uferschnepfe* [v]
grieven • (kwetsen) *kränken* • (kwellen)

schmerzen
griezel • (engerd) *ekelhafte(r)/widerliche(r) Kerl* [m] • (afkeer) *Ekel* [m], *Abscheu* [m]
griezelen *schaudern* ⋆ ik griezel daarvan *davor gruselt (es) mich*
griezelfilm *Gruselfilm* [m]
griezelig *schauderhaft, Schauder erregend, gruselig, unheimlich*
griezelverhaal *Gruselgeschichte* [v], *Schauergeschichte* [v]
grif • (vlot) *flott* • (vlug) *rasch* • (gemakkelijk) *leicht* • (graag) *recht gern* • (terstond) *prompt, gleich* • (zonder meer) *ohne Zögern/Bedenken*
griffen *einritzen,* ‹in geheugen› *einprägen*
griffie *Gerichtskanzlei* [v] ⋆ ter ~ deponeren *zur Einsicht vorlegen*
griffier • (secretaris) *Protokollführer* [m], *Schriftführer* [m], ‹bij rechtbank› *Gerichtsschreiber* [m] • (chef van de griffie) *Kanzleivorsteher* [m]
griffioen *Greif* [m]
grijns *Grinsen* [o]
grijnzen *grinsen*
grijpen *ergreifen, greifen* ⋆ voor het ~ liggen ‹dichtbij› *zum Greifen nahe sein;* ‹in overvloed› *reichlich zur Hand sein* ⋆ om zich heen ~ *um sich greifen*
grijper *Greifer* [m]
grijpstuiver • (vingers/handen) *Griffel* [m], *Pfote* [v] ⋆ blijf daar met je ~s vanaf! *bleib mit deinen Griffeln/Pfoten weg!* • (klein bedrag) *wenig Geld* [o]
grijs I [het] *Grau* [o] **II** [bnw] *grau*
grijsaard *Greis* [m]
grijsrijden *halblegal fahren*
grijzen *ergrauen*
gril *Grille* [v], *Laune* [v]
grill *Grill* [m]
grillen I [ov ww] • (grilleren) *grillen* **II** [on ww] • (huiveren) *schaudern*
grillig • (wispelturig) *launenhaft, grillig* • (onregelmatig) *bizarr*
grilligheid • (wispelturigheid) *Launenhaftigkeit* [v] • (onregelmatigheid) *Bizarrerie* [v]
grimas *Grimasse* [v], *Fratze* [v]
grime *Maske* [v]
grimeren *schminken*
grimeur *Maskenbildner* [m]
grimmig *grimmig*
grind *Kies* [m]
grinniken *kichern,* ‹met leedvermaak› *feixen*
grip • (greep) *Griff* [m] • (houvast) ⋆ geen grip op iem./iets kunnen krijgen *jmdn./etw. nicht zu fassen bekommen*
grissen *grapschen*
groef • (gleuf) *Rille* [v], *Furche* [v], ‹in zijkant van plank› *Nut* [v] • (rimpel) *Graben* [m]
groei • (het groeien) *Wachstum* [o], *Wachsen* [o] ⋆ in de ~ zijn *im Wachsen sein* • (toename) *Zunahme* [v] ⋆ de ~ van de economie *das Wirtschaftswachstum*
groeien *wachsen* ⋆ hier groeit die plant niet goed *die Pflanze gedeiht hier nicht*
groeihormoon *Wachstumshormon* [o]
groeikern • (kern van groei) *Keimzelle* [v] • (groeiende stad) ≈ *Siedlungsgebiet* [o]
groeimarkt *wachsende(r) Absatzmarkt* [m]
groeistuip • (moeilijkheden ten gevolge van snelle groei) *Wachstumsprobleme* [mv] • (stuip ten gevolge van groei) *Wachstumskrampf* [m]
groeizaam • (goed groeiend) *fruchtbar* • (goed voor de groei) *wachstumsfördernd*
groen I [het] • (kleur) *Grün* [o] • (gebladerte) *Grün* [o] **II** [bnw] • (kleur) *grün* • (onervaren) *grün* ▾ hij is zo ~ als gras *er ist ein Grünschnabel* [m]
groenblijvend *immergrün*
groene • (nieuweling) *Grünschnabel* [m] • (lid van milieupartij) *Grüne(r)* [m]
Groenland *Grönland* [o]
groenstrook *Grünstreifen* [m]
groente *Gemüse* [o] ⋆ ~ in blik *Gemüsekonserve* [v]
groenteboer • (persoon) *Gemüsehändler* [m] • (winkel) *Gemüseladen* [m]
groentesoep *Gemüsesuppe* [v]
groentetuin *Gemüsegarten* [m]
groentijd ‹signaal› *Grünphase* [v]
groentje • (nieuweling) *Neuling* [m] • (iem. die noch groen is) *Grünschnabel* [m]
groenvoer *Grünfutter* [o]
groenvoorziening *Grünanlage* [v]
groep *Gruppe* [v]
groeperen *gruppieren*
groepering *Gruppierung* [v]
groepsfoto *Gruppenbild* [o]
groepsgeest *Gemeinschaftssinn* [m]
groepspraktijk *Gruppenpraxis* [v]
groepsreis *Gruppenreise* [v]
groepstaal *Gruppensprache* [v]
groepsverband *Gruppe* [v]
groet *Gruß* [m] ⋆ de ~en doen *grüßen* ⋆ u moet de ~en hebben van mijn broer *ich soll Sie von meinem Bruder grüßen*
groeten *grüßen*
groeven *eingravieren,* ‹met beitel› *kehlen*
groezelig *schmuddelig*
grof • (niet fijn) *grob* ⋆ een grove tegenstelling *ein krasser Gegensatz* • (ernstig) *grob, krass* ⋆ door grove nalatigheid *durch grobe Fahrlässigkeit* • (ongemanierd) *grob, derb* ▾ grof geld verdienen *fette Gewinne machen* ▾ om grof geld spelen *hoch spielen*
grofheid • (het grof zijn) *Grobheit* [v] • (lompheid) *Schroffheit* [v], ‹plat› *Derbheit* [v]
grofvuil *Sperrmüll* [m]
grofweg *grob*
grog *Grog* [m]
grommen *brummen, murren, knurren*
grond • (aarde) *Erde* [v] ⋆ de ~ bewerken *den Boden bearbeiten/bestellen* • (grondslag) *Grund* [m] ⋆ aan iets ten ~e liggen *einer Sache zugrunde/zu Grunde liegen* ⋆ op ~ van *wegen* [2,3]; *auf Grund/aufgrund* [2] • (aardoppervlakte) *Boden* [m] ⋆ vorst aan de ~ *Bodenfrost* [m] ⋆ op de ~ liggen *auf dem Boden liegen* ⋆ boven/onder de ~ ‹mijnwerk› *über/unter Tage* ⋆ een mooi stuk ~ *ein schönes Grundstück* ▾ uit de ~ van mijn hart *aus Herzensgrund* ▾ uit de ~ stampen *aus dem Boden stampfen* ▾ te ~e richten *zugrunde/zu Grunde richten* ▾ iem. de ~ in boren *jmdn. fertig machen* ▾ van schaamte door de ~ zinken *vor Scham versinken* ▾ vaste ~ onder de voeten hebben *festen Boden unter den Füßen haben* ▾ met de ~ gelijkmaken *dem Erdboden gleichmachen*
grondbedrijf *Grundstücksgesellschaft* [v]
grondbeginsel *Grundlagen* [mv], *Prinzip* [o], *Grundsatz* [m]
grondbegrip *Grundbegriff* [m]
grondbelasting *Grundsteuer* [v]
grondbetekenis • (oorspronkelijke betekenis) *ursprüngliche Bedeutung* [v] • (hoofdbetekenis) *Grundbedeutung* [v]
gronden • (baseren op) *beruhen* • (grondverven) *grundieren*

G

grondgebied *Territorium* [o], ‹van een staat› *Hoheitsgebiet* [o]
grondgedachte *Grundgedanke* [m]
grondgetal *Kardinalzahl* [v], *Grundzahl* [v]
grondhouding *Grundhaltung* [v]
grondig • (degelijk) *gründlich, wohl begründet* • (diepgaand) *eingehend,* ‹ingrijpend› *durchgreifend, einschneidend*
grondlaag • (onderste laag) *Bodenschicht* [v] • (verf) *Grundschicht* [v]
grondlegger *Gründer* [m]
grondlegging *Gründung* [v]
grondpersoneel *Bodenpersonal* [o]
grondrecht *Grundrecht* [o]
grondregel *Grundregel* [v]
grondslag • (beginsel) *Grundlage* [v], *Basis* [v] ⋆ aan iets ten ~ liggen *einer Sache zugrunde/zu Grunde liegen* • (fundament) *Fundament* [o]
grondstof • (hoofdbestanddeel) *Grundstoff* [m] • (materiaal) *Rohstoff* [m], ‹uitgangsstof› *Grundstoff* [m]
grondtoon *Grundton* [m]
grondverf *Grundfarbe* [v]
grondvesten I [de] *Fundamente* [mv] ▾ op zijn ~ doen schudden *in seinen Grundfesten erschüttern* **II** [ov ww] *gründen*
grondvlak *Grundfläche* [v]
grondvorm *Grundform* [v]
grondwater *Grundwasser* [o]
grondwet • (grondregel) *Grundsatz* [m], *Grundregel* [v] • (constitutie) *Konstitution* [v], *Grundgesetz* [o], *Verfassung* [v]
grondwettelijk *verfassungsmäßig*
grondwoord *Stammwort* [o]
grondzeil *Bodendecke* [v]
Groningen *Groningen* [o]
groot • (met genoemde afmeting) *groß* • (niet klein) *groß* ⋆ grote mogendheid *Großmacht* ⋆ in het ~ *im Großen*
grootbeeld *Großbildfernseher* [m]
grootboek *Schuldbuch* [o], ‹administratie› *Hauptbuch* [o]
grootbrengen *aufziehen,* ‹geestelijk› *erziehen*
Groot-Brittannië *Großbritannien* [o]
grootdoenerij *Großtuerei* [v], *Dicktuerei* [v], ‹opscheppen› *Angeberei* [v]
grootgrondbezit *Großgrundbesitz* [m]
grootgrondbezitter *Großgrundbesitzer* [m]
groothandel • (bedrijf) *Großhandlung* [v] • (handelsvorm) *Großhandel* [m]
groothandelaar *Großhändler* [m]
grootheid *Größe* [v] ⋆ ~ in de sportwereld *Sportgröße* [v]
grootheidswaan *Größenwahn* [m]
groothertog *Großherzog* [m]
groothertogdom *Großherzogtum* [o]
groothoeklens *Weitwinkelobjektiv* [o]
groothouden • (zich flink houden) ⋆ houd je maar niet zo groot! *du kannst dich ruhig gehen lassen!* • (doen alsof er niets aan de hand is) *sich nichts anmerken lassen*
grootkapitaal *Großkapital* [o]
grootmeester • (bekwaam persoon) *Meister* [m] • (schaakmeester) *Großmeister* [m]
grootmoeder *Großmutter* [v]
grootmoedig *großmütig*
grootouders *Großeltern* [mv]
groots *großartig,* ‹van opzet› *großzügig*
grootschalig *groß, groß angelegt*
grootscheeps *groß angelegt, aufwendig/aufwändig* ⋆ een ~e actie *eine groß angelegte Aktion*
grootspraak *Angeberei* [v], *Großsprecherei* [v], *Prahlerei* [v]
grootte *Größe* [v] ⋆ ter ~ van een kippenei *so groß wie ein Hühnerei*
grootvader *Großvater* [m]
grootverbruik *Großverbrauch* [m]
grootverbruiker *Großverbraucher* [m]
grootwinkelbedrijf *Warenhauskette* [v]
grootzeil *Großsegel* [o]
gros • (12 dozijn) *Gros* [o] • (merendeel) *Mehrheit* [v], *Mehrzahl* [v] ⋆ boven het gros uitsteken *über das Mittelmaß hinausragen*
grossier *Großhändler* [m]
grossieren *handeln*
grot *Höhle* [v]
grotendeels *großenteils, größtenteils*
Grote Oceaan *Pazifik* [m]
grotesk *grotesk*
grotschildering *Höhlenmalerei* [v]
groupie *Groupie* [o]
gruis *Staub* [m], ‹stukgebrokkeld gesteente› *Grus* [m] ⋆ ~ van steenkolen *Kohlengrus* [m]
grut *kleine(s) Gemüse* [m]
grutter *Krämer* [m]
gruwel • (gruwelijke daad) *Gräuel* [m] • (afkeer) *Abscheu* [m/v]
gruweldaad *Gräueltat* [v]
gruwelen *grau(s)en* ⋆ iem. gruwelt van iets *jmdm. graut vor etw.*
gruwelijk *grässlich, schrecklich, scheußlich*
gruwen *sich grauen* ⋆ ik gruw ervan *mir graut davor*
gruzelementen *Scherben* [mv] ⋆ alles aan ~ slaan *alles kurz und klein schlagen* ⋆ in/aan ~ *in Scherben*
Guatemala *Guatemala* [o]
guerrilla *Guerilla* [v]
guerrillastrijder *Guerillero* [m]
guillotine *Guillotine* [v]
Guinee *Guinea* [o]
Guinee-Bissau *Guinea-Bissau* [o]
guirlande *Girlande* [v]
guit *Schelm* [m], *Schlingel* [m]
guitig *schelmisch, schalkhaft*
gul • (hartelijk) *herzlich* • (vrijgevig) *freigebig* ⋆ gul zijn *großzügig sein*
gulden I [de] *Gulden* [m] **II** [bnw] *golden*
gulheid • (hartelijkheid) *Großzügigkeit* [v] • (vrijgevigheid) *Freigebigkeit* [v]
gulp • (straal) *Schwall* [m] • (sluiting) *Schlitz* [m], ‹rits› *Reißverschluss* [m]
gulpen *strömen*
gulzig *gierig, gefräßig*
gulzigaard *Vielfraß* [m]
gum *Radiergummi* [m]
gummen *radieren*
gummi *Gummi* [m/o]
gummiknuppel *Gummiknüppel* [m]
gunnen • (verlenen) *gönnen* • (toewensen) *gönnen* ⋆ het is je gegund *es sei dir gegönnt*
gunst • (goede gezindheid) *Wohlwollen* [o], *Gunst* [v] ⋆ bij iem. in de ~ komen *jmds. Gunst erlangen* • (voordeel) *Gunst* [v] ⋆ ten ~e van *zugunsten/zu Gunsten* [2]
gunsteling *Günstling* [m]
gunstig • (goedgezind) *wohlwollend* • (voordelig) *günstig* ⋆ een ~ besluit *ein vorteilhafter Beschluss*
guppy *Guppy* [m]
guts • (plens) *Guss* [m], *Schwapp* [m] • (beitel) *Hohlmeißel* [m]
gutsen *strömen, triefen*
guur *rau, unfreundlich* ⋆ guur weer *unfreundliches*

G

Wetter
Guyana *Guyana* [o]
gym I [de] *Sport* [m] **II** [het] *Gymnasium* [o]
gymmen *turnen*
gymnasiast *Gymnasiast* [m]
gymnasium *altsprachliche(s)/humanistische(s) Gymnasium* [o] ⋆ leraar aan een ~ *Gymnasiallehrer* [m]
gymnastiek *Turnen* [o], *Gymnastik* [v]
gympie *Turnschuh* [m]
gymschoen *Turnschuh* [m]
gynaecologie *Gynäkologie* [v]
gynaecoloog *Gynäkologe* [m], *Frauenarzt* [m]

G

H

h H [o]
haai • (vis) *Hai(fisch)* [m] • (persoon) *Drachen* [m], *Beißzange* [v] ⋆ zij is echt een haai van een wijf *sie ist ein furchtbarer Drachen* ▾ het geld is naar de haaien *das Geld ist flöten gegangen* ▾ zij gaat naar de haaien *sie geht vor die Hunde*
haaibaai *Drachen* [m]
haak • (gebogen voorwerp) *Haken* [m] • (telefoonhaak) *Gabel* [v] • (leesteken) *Klammer* [v] • (winkelhaak) *Winkel* [m] ▾ een man aan de haak slaan *sich einen Mann angeln* ▾ er zitten veel haken en ogen aan *es gibt einen Haken dabei* ▾ dat is niet in de haak *das geht nicht mit rechten Dingen zu*
haaknaald *Häkelnadel* [v]
haakneus *Hakennase* [v]
haaks *rechtwinklig* ⋆ die stelling staat ~ op de theorie *die These steht mit der Theorie in krassem Widerspruch* ⋆ een balk ~ afwerken *einen Balken abvieren* ⋆ iets ~ ombuigen *etw. (ver)kröpfen* ⋆ niet ~ staan *nicht im rechten Winkel stehen* ▾ hou je ~! *halt die Ohren steif!*
haakwerk *Häkelarbeit* [v]
haal • (het halen/trekken) *Zug* [m] ⋆ met een flinke haal het touw binnenhalen *das Seil mit einem kräftigen Zug einholen* ⋆ zij nam een haal aan de sigaret *sie nahm einen Zug von der Zigarette* ⋆ met één haal het glas leeg drinken *das Glas in einem Zug leeren* • (streep) *Strich* [m], *Zug* [m], ‹manier van schrijven› *Schriftzug* [m] ⋆ een haal door het opstel *ein Strich durch den Aufsatz* ⋆ met dikke halen schrijven *in dicken Zügen schreiben* ▾ aan de haal gaan *sich aus dem Staub machen*
haalbaar *realisierbar, erreichbar, machbar* ⋆ dat is ~ *das lässt sich machen*
haan • (dier) *Hahn* [m] ⋆ haantje van de toren *Turmhahn* [m] • (pal in wapen) *Hahn* [m] ⋆ de haan overhalen *den Hahn spannen* • (weerhaan) *Wetterhahn* [m] ▾ daar kraait geen haan naar *danach kräht kein Hahn* ▾ de gebraden haan uithangen *den feinen Herrn spielen* ▾ zijn haan moet altijd koning kraaien *es muss immer nach seinem Kopf gehen* ▾ bij iem. de rode haan laten kraaien *jmdm. den roten Hahn aufs Dach setzen* ▾ haan in het kippenhok *Hahn im Korb* ▾ zij is altijd haantje de voorste *sie ist immer als Erste dabei*
haar I [de] *Haar* [o] ▾ geen haar beter zijn (*um*) *kein Haar besser sein* ▾ elkaar in de haren vliegen *sich in die Haare geraten* ▾ iets met de haren erbij slepen *etw. an den Haaren herbeiziehen* ▾ het scheelde maar een haar, of ik had de trein gemist *um ein Haar hätte ich den Zug verpasst* ▾ geen haar op mijn hoofd die eraan denkt *das fällt mir im Traum nicht ein* ▾ iem. geen haar krenken *jmdm. kein Haar krümmen* ▾ met huid en haar opvreten *mit Haut und Haar auffressen* ▾ zij vlogen elkaar in de haren *sie lagen sich in den Haaren* ▾ spijt hebben als haren op zijn hoofd *etw. unendlich bedauern* ▾ grijze haren van iets krijgen *sich wegen etw. graue Haare wachsen lassen* ▾ gekrulde haren, gekrulde zinnen *krauses Haar, krauser Sinn* ▾ zijn wilde haren kwijtraken *sich die Hörner abstoßen* ▾ mijn haren rezen te berge *mir standen die Haare zu Berge* **II** [het] *Haare* [mv], *Haar* [o] ⋆ zijn haar kammen *sich die Haare kämmen* ▾ haar op de tanden hebben *Haare auf den Zähnen haben* **III** [pers vnw] ‹3e

naamval› ihr, ‹4e naamval› sie ⋆ ik heb haar gezien ich habe sie gesehen ⋆ ik heb het haar gegeven ich habe es ihr gegeben **IV** [bez vnw] ihr ⋆ zij en de haren sie und die Ihren/ihren ⋆ zij doet het hare sie tut das Ihre/ihre, das Ihrige/ihrige ⋆ dat is niet mijn boek maar het hare das ist nicht mein Buch, sondern das ihre
haarband Haarband [o]
haard • (stookplaats) Ofen [m] ⋆ open ~ Kamin [m] ⋆ gezellig om de ~ zitten gemütlich am Kamin sitzen • (middelpunt) Herd [m], Brutstätte [v] ⋆ ~ van besmetting Infektionsherd [m] ▾ huis en ~ Haus und Herd
haardos Schopf [m], Haarschopf [m] ⋆ een volle ~ volles Haar [o]
haardracht Frisur [v]
haardroger Haartrockner [m], Föhn [m]
haardvuur Herdfeuer [o], ‹van open haard› Kaminfeuer [o]
haarfijn I [bnw] haarfein **II** [bijw] haarklein, haargenau ⋆ iets ~ uitleggen etw. haargenau darlegen
haargroei Haarwuchs [m] ⋆ mannelijke ~ männliche Behaarung [v]
haarkloverij Haarspalterei [v], Wortklauberei [v]
haarlak Haarlack [m]
haarlok Locke [v]
haarnetje Haarnetz [o]
haarscherp haarscharf, haargenau
haarscheur Haarriss [m]
haarspeld Haarnadel [v], ‹ter versiering› Zierspange [v] ⋆ ~je Spange [v]; Haarklammer [v]
haarspeldbocht Serpentine [v]
haarstukje Haarersatz [m], Toupet [o]
haaruitval Haarausfall [m]
haarvat Haargefäß [o], Kapillargefäß [o], Kapillare [v]
haarversteviger Haarfestiger [m]
haarvlecht Zopf [m]
haarwater Haarwasser [o]
haarwortel Haarwurzel [v]
haarzakje Haarbalg [m]
haas • (dier) Hase [m] ⋆ vanavond eten we haas es gibt heute Hasen ⋆ gebraden haas Hasenbraten [m] • (bangerik) Angsthase [m], Hasenfuß [m] • (vlees) Filet [o] • (sport) Schrittmacher [m] ▾ er als een haas vandoor gaan das Hasenpanier ergreifen ▾ dan is ze het haasje dann ist sie die Dumme
haasje-over Bockspringen [o]
haast I [de] • (snelheid) Hast [v], Eile [v] • (drang tot spoed) Eile [v] ⋆ er is ~ bij die Sache ist eilig ⋆ ik heb ~ ich hab es eilig ⋆ ~ maken sich beeilen **II** [bijw] fast, beinahe ⋆ ze was ~ gevallen sie wäre beinahe hingefallen ⋆ zij zijn ~ even oud sie sind fast gleichaltrig
haasten I [ov ww] drängen, hetzen ⋆ haast me niet zo dräng mich nicht so **II** [wkd ww] eilen, sich beeilen ⋆ haast je maar niet immer mit der Ruhe ⋆ je moet je ~ du mußt dich beeilen ▾ haast je langzaam eile mit Weile ▾ haastje-repje dalli, dalli! ▾ het ging haastje-repje es ging ruck, zuck
haastig I [bnw] eilig, hastig, ‹dringend› dringend, ‹overhaast› überstürzt, vorschnell, ‹vluchtig› flüchtig ⋆ met ~e schreden mit eiligen Schritten **II** [bijw] ⋆ niet zo ~ immer mit der Ruhe
haastklus eilige Arbeit [v]
haastwerk • (urgent werk) eilige Arbeit [v] • (haastig gedaan werk) Haspelei [v]
haat Hass [m] ⋆ haat en nijd Zank und Streit
haatdragend hasserfüllt, ‹onverzoenlijk› nachtragend
haat-liefdeverhouding Hassliebeverhältnis [o], Hassliebe [v]
habbekrats Kleinigkeit [v] ⋆ voor een ~ für einen Apfel und ein Ei
habijt Habit [m], Kutte [v] ⋆ het ~ afleggen ‹scherts› aus der Kutte springen
habitat Habitat [o]
hachee Haschee [o]
hachelijk heikel, ‹slecht› misslich ⋆ ~e toestand heikle Situation
hachje ↑ Leben [o] ⋆ zijn ~ wagen Kopf und Kragen riskieren ⋆ het ~ erbij inschieten Kopf und Kragen verlieren ⋆ bang voor zijn ~ ↑ Angst haben um die eigene Haut
hagedis Eidechse [v]
hagel • (neerslag) Hagel [m] ⋆ schade door ~ Schaden durch Hagelschlag [m] • (jachthagel) Schrot [m], ‹grof› Hagel [m] ⋆ schot ~ Schrotschuss [m]
hagelbui Hagelschauer [m]
hagelen hageln ⋆ het hagelt es hagelt ⋆ het hagelde verwijten es hagelte Vorwürfe ⋆ het hagelt heel fijntjes es graupelt
hagelslag ≈ Schokoladenstreusel [mv]
hagelsteen Hagelkorn [o]
hagelwit schneeweiß, strahlend weiß ⋆ ~te tanden blendend weiße Zähne
hagenpreek ≈ Predigt im Freien [v]
hairspray Haarlack [m]
Haïti Haiti [o]
hak Ferse [v], ‹hielstuk› Absatz [m], ‹van paard› Sprunggelenk [o] ⋆ die hakken zijn versleten die Absätze sind abgelaufen ⋆ schoenen met hoge hakken hochhackige(n) Schuhe ▾ van de hak op de tak springen vom Hundertsten ins Tausendste kommen ▾ iem. een hak zetten jmdm. ein Bein stellen ▾ met de hakken over de sloot mit Hängen und Würgen ▾ iem. op de hak nemen jmdn. an der Nase herumführen
hakbijl Hackbeil [o]
hakblok Hackblock [m], Hackklotz [m]
haken I [ov ww] • (handwerken) häkeln • (vastmaken) (fest)haken ⋆ iem. pootje ~ jmdm. ein Bein stellen ⋆ ‹sport› een aanvaller ~ einen Stürmer haken **II** [on ww] • (blijven haken) festhängen, hängen bleiben ⋆ zij bleef met haar trui aan de deurknop ~ sie blieb mit ihrem Pullover am Türgriff hängen
hakenkruis Hakenkreuz [o]
hakhout Niederwald [m], Unterholz [o]
hakkelen holpern, ‹stamelen› stammeln, ‹stotteren› stottern ⋆ ~ bij het lezen holpern beim Lesen
hakken I [ov ww] • (stuk/los hakken) hacken, hauen ⋆ hout ~ Holz hacken ⋆ een beeld uit steen ~ eine Figur aus Stein hauen • (sport) mit der Hacke spielen **II** [on ww] • (houwen) hacken, hauen • (vitten) herumhacken ⋆ op iem. ~ auf jmdm. herumhacken ▾ dat hakt erin das läuft ins Geld ▾ vaker met dat bijltje gehakt hebben Erfahrung mit der Sache haben
hakkenbar Schuhschnellreparatur [v]
hakmes Hackmesser [o], ‹van slager› Hackbeil [o]
haksel Zerkleinerte(s) [o], ‹veevoer› Häcksel [m]
hal • (vestibule) Diele [v], Flur [m] ⋆ hal van een hotel Empfangshalle [v] • (zaal) Saal [m], ‹gebouw› Halle [v] ⋆ hal van het station Bahnhofshalle [v]
halen • (op-/afhalen) holen, (herbei)rufen ⋆ de dokter laten ~ nach dem Arzt schicken ⋆ waar haal je het geld vandaan? wo hast du das Geld her? ⋆ bij hem valt niets te ~ bei ihm ist nichts zu

holen • (bereiken) *erreichen, schaffen* ⋆ de trein ~ *den Zug erreichen* • (naar zich toetrekken) ⋆ een boek uit de kast ~ *ein Buch aus dem Regal nehmen* • (behalen) *erzielen, bekommen* ⋆ een goed cijfer ~ *eine gute Note bekommen* ▾ alles door elkaar ~ *alles durcheinander werfen* ▾ eruit ~ wat erin zit *das Letzte herausholen* ▾ het is ~ en brengen *es geht auf und ab*

half I [bnw] • (gedeeltelijk) *halb, unvollständig* • (de helft vormend) *halb* ⋆ halve maan *Halbmond* [m] ⋆ een halfje wit *ein halbes Weißbrot* ⋆ twee halven maken een heel *zwei Halbe ergeben ein Ganzes* ⋆ halve cirkel *Halbkreis* [m] ⋆ halve dagen werken *halbtags arbeiten* ⋆ ‹muz.› halve noot *halbe Note* [v] • (halverwege) ⋆ half mei *Mitte Mai* ⋆ ieder half uur *alle/jede halbe Stunde* ▾ met een half woord aanduiden *etw. andeuten* ▾ zij heeft aan een half woord genoeg *ein Hinweis genügt ihr* ▾ halve maatregelen *unzureichende(n) Maßnahmen* ▾ naar iets met een half oog kijken *einen halben Blick auf etw. werfen* ▾ geen half werk doen *keine halben Sachen machen* ▾ halve gare *Spinner* **II** [bijw] *zur Hälfte, halb* ⋆ het is half af *es ist zur Hälfte fertig* ⋆ half lachend, half huilend *halb lachend, halb weinend* ⋆ half van plan zijn *mehr oder weniger vorhaben*

half- *Halb-, halb-*

halfbakken *halbwertig, unzulänglich* ⋆ ~ geleerde *Pseudowissenschaftler* [m] ⋆ ~ wijsheid *Halbwissen* [o]

halfbloed • (mens) *Mischling* [m], *Halbblütige(r)* [m] • (paard) *Halbblut* [o]

halfbroer *Halbbruder* [m] ⋆ ~s en -zusters *Halbgeschwister* [mv]

halfdonker I [het] *Halbdunkel* [o] **II** [bnw] *halbdunkel*

halfdood *halb tot* ⋆ ~ van vermoeidheid *halb tot vor Erschöpfung*

halfedelsteen *Schmuckstein* [m]

halffabrikaat *Halbfabrikat* [o], *Halbfertigware* [v]

halfgaar • (niet helemaal gaar) *halb gar* • (niet goed wijs) *nicht (ganz/recht) bei Trost*

halfgeleider *Halbleiter* [m]

halfgod *Halbgott* [m] [v: *Halbgöttin*]

halfhartig *halbherzig*

halfjaar *Halbjahr* [o]

halfjaarlijks • (elk half jaar) *halbjährlich* • (een halfjaar durend) *halbjährig*

halfleeg *halb leer*

halfrond I [het] *Halbkugel* [v] **II** [bnw] *halbrund*

halfslachtig ‹van persoon› *unschlüssig, schwankend,* ‹van zaken› *halb, unklar, unbestimmt* ⋆ ~ antwoord *halbe Antwort*

halfstok *halbmast* ⋆ de vlag hangt ~ *die Fahne hängt auf halbmast*

halftint *Halbton* [m]

halfuur *halbe Stunde* [v] ⋆ ieder ~ *alle/jede halbe Stunde* ⋆ om het ~ *halbstündlich*

halfvol • (half vet) *halbfett* ⋆ ~le melk *teilentrahmte Milch* [v] • (half gevuld) *halb voll*

halfzacht • (tussen hard en zacht) *mittelweich* • (dwaas) *nicht (ganz/recht) bei Trost*

halfzuster *Halbschwester* [v]

halleluja *halleluja*

hallo *hallo*

hallucinatie *Halluzination* [v]

hallucineren *halluzinieren*

halm *Halm* [m]

halo *Halo* [m]

halogeen *Halogen* [o]

halogeenlamp *Halogenlampe* [v]

H

hals • (lichaamsdeel) *Hals* [m] ⋆ tot aan de hals *bis zum Halse* ⋆ ze stonden met uitgerekte hals te kijken (naar) *sie verrenkten sich den Hals (nach)* [3] ⋆ zijn hals breken *sich das Genick brechen* • (halsopening) *(Hals)ausschnitt* [m] ⋆ het hemd met een wijde/nauwe hals *das Hemd mit großer/kleiner Kragenweite* ⋆ laag uitgesneden hals *tiefe(r) Ausschnitt* • (dun gedeelte) *Hals* [m] ⋆ hals van een fles *Flaschenhals* [m] • (sukkel) *Tölpel* [m] ⋆ onnozele hals *Einfaltspinsel* [m] ▾ hals over kop *Hals über Kopf* ▾ iem. om de hals vliegen *jmdm. um den Hals fallen* ▾ iem. iets op de hals schuiven *jmdm. etw. auf den Hals schicken* ▾ zich iets op de hals halen *sich etw. auf den Hals laden* ▾ iem./iets op de hals krijgen *jmdn./etw. auf dem Hals haben* ▾ zijn hals eraan wagen *Kopf und Kragen riskieren* ▾ dat kost je de hals *das kostet dir den Kopf* ▾ zich iets van de hals houden *sich etw. vom Leibe halten*

halsband *Halsband* [o]

halsbrekend *halsbrecherisch*

halsdoek *Halstuch* [o]

halsketting *Halskette* [v]

halsmisdaad *Kapitalverbrechen* [o]

halsoverkop *Hals über Kopf, überstürzt*

halsslagader *Halsschlagader* [v]

halssnoer *Halskette* [v]

halsstarrig *halsstarrig, starrköpfig, eigensinnig*

halster *Halfter* [m/o]

halswervel *Halswirbel* [m]

halszaak *Kapitalverbrechen* [o] ▾ ergens geen ~ van maken *etw. nicht allzu schwer nehmen*

halt I [het] *Halt* [m] ⋆ iem./iets een halt toeroepen *jmdm./etw. Einhalt gebieten* **II** [tw] *halt*

halte *Haltestelle* [v], *Station* [v] ⋆ de laatste ~ *Endstation* [v] ⋆ het zijn nog drie ~s tot Amsterdam *bis Amsterdam sind es noch drei Stationen*

halvarine *Diätmargarine* [v], *halbfette Margarine* [v]

halvemaan *Halbmond* [m]

halveren *halbieren* ⋆ de economische groei is gehalveerd *das Wirtschaftswachstum ist um die Hälfte zurückgegangen*

halveringstijd *Halbwertszeit* [v]

halverwege I [bijw] • (halfweg) *auf halbem Wege* ⋆ iem. ~ tegemoet komen *jmdm. den halben Weg entgegenkommen* • (midden in een bezigheid) *mitten in* [3] ⋆ ~ in iets blijven steken *mitten in einer Sache stecken bleiben* **II** [vz] *mitten auf/in* [3] ⋆ ~ het boek *mitten im Buch* ⋆ ~ de trap *mitten auf der Treppe*

ham *Schinken* [m] ⋆ broodje ham *Schinkenbrötchen* [o]

hamburger *Hamburger* [m]

hamer *Hammer* [m] ▾ onder de ~ komen *unter den Hammer kommen*

hameren I [ov ww] • (met hamer slaan) *hämmern, mit dem Hammer bearbeiten* ▾ iets erin ~ bij iem. *jmdm. etw. einbläuen* **II** [on ww] • (~ **op**) *drängen auf* [4] ⋆ steeds maar op hetzelfde blijven ~ *immerzu auf dasselbe zurückkommen*

hamerstuk ≈ *Tagesordnungspunkt, der ohne namentliche Abstimmung abgehandelt wird* [m]

hamerteen *Hammerzehe* [v]

hamlap *Schinkenstück* [o]

hamster *Hamster* [m]

hamsteren *hamstern*

hamvraag *springende(r) Punkt* [m], *wesentliche Frage* [v], *Kernfrage* [v], *Hauptfrage* [v]

hand • (lichaamsdeel) Hand [v] ⋆ met de hand geschreven *mit der Hand geschrieben* ⋆ op handen en voeten *auf Händen und Füßen; auf allen vieren* ⋆ met de hand gemaakt *handgearbeitet* • (handschrift) *Handschrift* [v] ⋆ een moeilijk leesbare hand *eine unleserliche Handschrift* • (macht) ⋆ iets in de hand hebben *etw. im Griff haben* ⋆ van hoger hand *höheren Ortes* ▾ iets in de hand werken *einer Sache in die Hände arbeiten* ▾ iem. de hand boven het hoofd houden *jmdn. in Schutz nehmen* ▾ wat is er aan de hand? *was ist los?* ▾ niets om handen hebben *nichts zu tun haben* ▾ aan de hand van *anhand* [2] ▾ iem. de vrije hand laten *jmdm. freie Hand lassen* ▾ iem. onder handen nemen *jmdn. ins Gebet nehmen* ▾ uit de hand lopen *außer Kontrolle geraten* ▾ met de handen in het haar zitten *weder ein noch aus wissen* ▾ handen te kort komen *nur zwei Hände haben* ▾ iem. op handen dragen *jmdn. auf Händen tragen* ▾ van de hand in de tand leven *von der Hand in den Mund leben* ▾ de hand ophouden *die Hand aufhalten* ▾ de handen uit de mouwen steken *die Ärmel hochkrempeln* ▾ geen hand voor ogen kunnen zien *die Hand nicht vor den Augen sehen können* ▾ iets achter de hand hebben *etw. hinter der Hand haben* ▾ met hand en tand verdedigen *mit allen Mitteln verteidigen* ▾ voor de hand liggen *auf der Hand liegen* ▾ het zijn twee handen op één buik *sie stecken unter einer Decke* ▾ de hand aan zichzelf slaan *Hand an sich legen* ▾ de hand met iets lichten *bei etw. ein Auge zudrücken* ▾ aan de winnende hand zijn *am Gewinnen sein* ▾ de handen ineenslaan *die Hände zusammenschlagen* ▾ zijn handen staan verkeerd *er hat zwei linke Hände* ▾ met de hand over het hart strijken *Nachsicht haben* ▾ iem. naar zijn hand zetten *sich jmdn. gefügig machen* ▾ hand over hand toenemen *überhand nehmen* ▾ ik heb die gegevens uit de eerste hand *ich habe diese Information aus erster Hand* ▾ zijn toekomst ligt in mijn handen *seine Zukunft liegt in meiner Hand* ▾ mijn handen jeuken *mir/mich juckt es in den Fingern* ▾ een voorstel van de hand wijzen *einen Vorschlag ablehnen* ▾ aan de beterende hand zijn *sich auf dem Wege der Besserung befinden* ▾ de laatste hand leggen aan iets *(die) letzte Hand an etw. legen* ▾ de hand op iets leggen *etw. beschlagnahmen* ▾ de hand in eigen boezem steken *sich an die eigene Nase fassen* ▾ de handen vol hebben *alle Hände voll zu tun haben* ▾ het gezag uit handen geven *die Macht aus der Hand geben* ▾ iem. in handen vallen *jmdm. in die Hände fallen* ▾ met de hand op het hart *Hand aufs Herz* ▾ om de hand van iem. vragen *um jmds. Hand anhalten* ▾ iem. heeft een gat in de hand *das Geld rinnt jmdm. durch die Finger* ▾ iets uit handen geven *etw. aus der Hand geben* ▾ iem. werk uit handen nemen *jmdm. die Arbeit abnehmen*

handappel *Tafelapfel* [m]

handarbeider *Handarbeiter* [m]

handbagage *Handgepäck* [o]

handbal **I** [de] • (deel van hand) *Handballen* [m] • (bal) *Handball* [m] **II** [het] *Handball* [m], *Handballspiel* [o] ⋆ ik zit op ~ *ich spiele Handball*

handballen *Handball spielen*

handbediening *Handbedienung* [v], *Handbetrieb* [m]

handbereik ⋆ buiten ~ *außer Reichweite* [v] ⋆ in/onder/binnen ~ *in Reichweite* [v]

handboei *Handschelle* [v] ⋆ iem. de ~en omdoen *jmdm. Handschellen anlegen*

handboek • (leidraad) *Handbuch* [o] • (naslagwerk) *Handbuch* [o], *Lexikon* [o] [mv: *Lexika*]

handbreed *Handbreit* [v]

handcrème *Handcreme* [v]

handdoek *Handtuch* [o] ▾ de ~ in de ring werpen *das Handtuch werfen/schmeißen*

handdruk *Händedruck* [m] ⋆ iem. met een ~ begroeten *jmdn. mit Händedruck begrüßen* ▾ gouden ~ *Abfindung* [v]

handel • (in- en verkoop) *Handel* [m], *Geschäft* [o] ⋆ vrije ~ *freier Handel* ⋆ ~ drijven *Handel treiben* ⋆ in de ~ zijn *im Handel sein* ⋆ speculatieve ~ *Spekulationsgeschäft* [o] ⋆ ~ in tabak *Tabakhandel* [m] ⋆ binnenlandse/buitenlandse ~ *Binnen-/Außenhandel* [m] • (zaak) *Geschäft* [o], *Handelsunternehmen* [o] • (handelswaar) *Handelsware* [v], *Handelsartikel* [m] ▾ iemands ~ en wandel *jmds. Tun und Lassen* ▾ wat moet hij met die ~? *was soll er mit dem Zeug?*

handelaar *Händler* [m], *Kaufmann* [m] [mv: *Kaufleute*] [v: *Kauffrau*] ⋆ ~ in groente *Gemüsehändler* [m]

handelbaar • (handzaam) *handlich, leicht zu handhaben* • (meegaand) *fügsam, gefügig*

handelen • (handel drijven) *handeln, Handel (be)treiben* ⋆ in tabak ~ *mit Tabak handeln* • (te werk gaan) *handeln, vorgehen, verfahren* ⋆ de ~de personen ‹dramaturgie› *die Handlungsträger* ⋆ er moet gehandeld worden *es muss etw. geschehen* ⋆ ~d optreden *eingreifen; einschreiten* • (~ **over**) *handeln von* [3], *behandeln* ⋆ het boek handelt over Amerika *das Buch handelt von Amerika*

handeling • (daad) *Handlung* [v], *Verrichtung* [v] ⋆ de Handelingen der Apostelen *die Apostelgeschichte* ⋆ zijn dagelijkse ~en verrichten *seinen täglichen Verrichtungen nachgehen* ⋆ ontuchtige ~en *unsittliche(n) Handlungen* • (verslag) *Sitzungsprotokoll* [o], *Sitzungsbericht* [m]

handelingsbekwaam *handlungsfähig, dispositionsfähig, geschäftsfähig*

handelsakkoord *Handelsabkommen* [o]

handelsbalans • (balans van koopman) *Handelsbilanz* [v] • (waardeverhouding) *Handelsbilanz* [v], ‹t.o.v. andere landen› *Zahlungsbilanz* [v]

handelsbetrekkingen *Handelsbeziehungen* [mv]

handelscentrum *Handelszentrum* [o]

handelscorrespondentie *Geschäftskorrespondenz* [v], *Handelskorrespondenz* [v]

handelsembargo *Handelsembargo* [o]

handelsgeest *Geschäftssinn* [m]

handelskennis *kaufmännische(n) Kenntnisse* [mv]

handelsmerk ‹gedeponeerd handelsmerk› *Warenzeichen* [o], ‹merk waaronder gehandeld wordt› *Handelsmarke* [v] ⋆ wettig gedeponeerd ~ *eingetragene(s) Warenzeichen*

handelsmissie *Handelsmission* [v]

handelsonderneming *Handelsunternehmen* [o]

handelsoorlog *Handelskrieg* [m]

handelsregister *Handelsregister* [o]

handelsreiziger *Handelsvertreter* [m], *Vertreter* [m]

handelsverdrag *Handelsvertrag* [m], *Handelsabkommen* [o]

handelsverkeer *Geschäftsverkehr* [m]

handelsvloot *Handelsflotte* [v]

handelswaar *Handelsware* [v]
handeltje • (handel op kleine schaal) *kleine(r) Handel* [m] • (spullen) *Kram* [m]
handelwijze • (gedrag) *Benehmen* [o], *Verhalten* [o] • (wijze van handelen) *Handlungsweise* [v], *Vorgehen* [o]
handenarbeid • (werk met de handen) *Handarbeit* [v], *handwerkliche Arbeit* [v] • (schoolvak) *Werken* [o], *Werkunterricht* [m]
handenwringend *händeringend*
handgebaar *Wink* [m], *Handbewegung* [v], *Geste* [v]
handgeklap *Händeklatschen* [o]
handgeld *Handgeld* [o]
handgemeen *Handgemenge* [o]
handgranaat *Handgranate* [v]
handgreep • (handigheid) *Trick* [m], *Kunstgriff* [m] • (handvat) *Griff* [m], *Handgriff* [m]
handhaven I [ov ww] *aufrechterhalten, wahren, behaupten* ⋆ de orde ~ *die Ordnung wahren* ⋆ het contact met iem. ~ *den Kontakt mit jmdm. aufrechterhalten* ⋆ zijn positie ~ *seine Position behaupten* **II** [wkd ww] *sich behaupten, sich durchsetzen*
handicap *Behinderung* [v], *Handicap/Handikap* [o]
handig • (vaardig) *gewandt, geschickt, behende* ⋆ ~ met iets omgaan *geschickt mit etw. umgehen* ⋆ iets ~ doen *sich geschickt mit etw. anstellen* ⋆ ‹iron.› ~ hoor! *das ist ja oberschlau!; sehr clever!* • (gemakkelijk te hanteren) *handlich, praktisch* ⋆ ~e oplossing *praktische Lösung* ⋆ ~e uitvinding *praktische Erfindung* [v] ⋆ ~ formaat *handliche(s) Format* [o]
handigheid • (het handig zijn) *Behändigkeit* [v], *Gewandtheit* [v] • (foefje) *Kunstgriff* [m]
handjeklap ▾ ~ spelen *unter einer Decke stecken*
handjevol *Hand voll* [v]
handkar *Handwagen* [m]
handkus *Handkuss* [m]
handlanger • (medeplichtige) *Komplize* [m], *Helfershelfer* [m], *Handlanger* [m], ‹inf.› *Spießgeselle* [m] • (ondergeschikte helper) *Handlanger* [m], *Hilfsarbeiter* [m]
handleiding • (leerboek) *Handbuch* [o], *Leitfaden* [m] • (gebruiksaanwijzing) *Gebrauchsanweisung* [v], *Anleitung* [v]
handlezen *aus der Hand lesen*
handomdraai ▾ in een ~ *im Handumdrehen*
handoplegging *Handauflegung* [v]
handopsteken *das Handzeichen geben* ⋆ met/bij ~ stemmen *durch Handzeichen abstimmen*
handpalm *Handfläche* [v], *Handteller* [m]
handreiking *Handreichung* [v], *Hilfeleistung* [v]
handrem *Handbremse* [v]
hands *Hand* [v], *Handspiel* [o] ⋆ ~! *Hand!* ▾ ~ up! *Hände hoch!*
handschoen *Handschuh* [m] ▾ met de ~ trouwen *ferntrauen*
handschrift • (manier van schrijven) *Handschrift* [v], *Schrift* [v] ⋆ onleesbaar ~ *unleserliche Handschrift* • (tekst) *Handschrift* [v]
handspiegel *Handspiegel* [m]
handstand *Handstand* [m]
handtas *Handtasche* [v]
handtastelijk • (slaags) *handgreiflich* ⋆ ~ worden *handgreiflich werden* • (opdringerig) *zudringlich* ⋆ ~ worden *zudringlich werden*
handtekening *Unterschrift* [v] ⋆ zijn ~ zetten *unterschreiben*
handvaardigheid • (bedrevenheid) *Handfertigkeit* [v] • (schoolvak) *Werken* [o], *Werkunterricht* [m]
handvat *Griff* [m], *Handgriff* [m]
handvest *Charta* [v], *Satzung* [v]
handvol *Hand voll* [v] ⋆ een ~ kersen *eine Hand voll Kirschen*
handwas *Handwäsche* [v]
handwerk • (ambacht) *Handwerk* [o] ⋆ een ~ uitoefenen *ein Handwerk ausüben* ⋆ een ~ leren *ein Handwerk (er)lernen* • (wat met de hand gemaakt is) *Handarbeit* [v] ⋆ deze sigaren zijn ~ *diese Zigarren sind in Handarbeit hergestellt* • (naaldwerk) *Handarbeit* [v]
handwerken *handarbeiten* ⋆ zij zit graag te ~ *sie handarbeitet gerne*
handzaam • (handelbaar) *handsam, handlich* • (praktisch) *handlich*
hanenbalk *Hahnenbalken* [m] ⋆ zij woont onder de ~en *sie wohnt unter dem Dach*
hanenkam *Hahnenkamm* [m]
hanenpoot *Klaue* [v], *Gekritzel* [o] ⋆ zij schrijft hanenpoten! *sie hat vielleicht eine Pfote!*
hang *Hang* [m], *Neigung* [v] ⋆ een hang hebben tot iets *eine Neigung zu etw. haben*
hangar *Hangar* [m]
hangborst *Hängebusen* [m]
hangbrug *Hängebrücke* [v]
hangbuik *Hängebauch* [m]
hangen I [ov ww] *hängen* ⋆ de moordenaar ~ *den Mörder hängen* ⋆ het schilderij aan de muur ~ *das Bild an die Wand hängen* ⋆ zij heeft haar jas aan de kapstok ge~ *sie hat ihren Mantel an den Kleiderständer gehängt* ▾ zijn hart aan iem./iets ~ *sein Herz an jmdn./etw. hängen* **II** [on ww] • (af-/neerhangen) *hängen*, ‹doorzakken› *durchhängen* ⋆ de was hing te drogen *die Wäsche hing zum Trocknen* ⋆ haar haren hingen haar voor de ogen *die Haare hingen ihr ins Gesicht* ⋆ ~de bloemen *Blumen mit hängenden Köpfen* ⋆ ~de lamp *Hängelampe* [v] ⋆ het koord hangt slap *das Seil hängt durch* ⋆ het kind hangt vandaag zo *das Kind ist heute so quengelig* • (vastzitten) *hängen*, ‹afhankelijk zijn› *abhängen* ⋆ aan iets blijven ~ *an etw. hängen bleiben* [3] • (niet afgedaan zijn) *schweben, hängen* ⋆ tussen vrees en hoop ~ *zwischen Furcht und Hoffnung schweben* ⋆ het proces is nog ~de *der Prozess hängt/schwebt noch* ⋆ de onderhandelingen zijn nog ~de *die Verhandlungen sind noch im Gange* • (als straf opgehangen zijn) *hängen* • (rondlummelen) ⋆ uren aan de telefoon ~ *stundenlang am Telefon hängen* • (blijven zweven) *hängen, schweben* ⋆ de rook hangt in de kamer *der Rauch hängt im Zimmer* • (~ **naar**) *verlangen (nach)* [3] ▾ met ~ en wurgen *mit Hängen und Würgen* ▾ aan iemands lippen ~ *an jmds. Lippen hängen* ▾ aan iemands gat ~ *an jmdm. kleben* ▾ van leugens aan elkaar ~ *eine einzige Lüge sein* ▾ met ~de pootjes bij iem. komen *demütig angekrochen kommen*
hangende *während* [2] ⋆ ~ het onderzoek *solange die Untersuchung fortdauert* ⋆ ~ het proces *solange der Prozess schwebt*
hanger • (sieraad) *Anhänger* [m] • (kleerhaak) *Kleiderbügel* [m]
hangerig *lustlos*, ‹futloos› *schlapp*
hangijzer *Haken* [m] ▾ dat is een heet ~ *das ist ein heißes Eisen*
hangkast *Kleiderschrank* [m]
hangklok *Wanduhr* [v]
hangmap *Hängemappe* [v]
hangmat *Hängematte* [v]
hangplant *Hängepflanze* [v]

hangslot *Hängeschloss* [o], *Vorhängeschloss* [o]
hangsnor *Schnauzbart* [m], ≈ *herabhängende(r) Schnurrbart* [m]
hangwang *Hängewange* [v]
hanig • (agressief) *zänkisch, streitsüchtig* • (wellustig) *lüstern*
hannes *Tropf* [m], *Trottel* [m]
hannesen *stümpern, pfuschen*
hansworst *Hanswurst* [m]
hanteerbaar *handlich* ⋆ makkelijk ~ *leicht zu handhaben*
hanteren *hantieren, handhaben* ⋆ de pen goed ~ *eine gewandte Feder schreiben*
hap • (stuk) *Stück* [o] ⋆ een hap en een snap *hier mal was und dort mal was* ⋆ de hele hap *der ganze Kram* • (beet) *Biss* [m] ⋆ een hap in een appel doen *in einen Apfel (hinein)beißen* • (afgehapt stuk) *Bissen* [m], *Happen* [m] ⋆ een grote hap nemen *kräftig zubeißen* ▾ geen hap door je keel krijgen *keinen Bissen herunterbekommen*
haperen • (mankeren) *hapern, fehlen* ⋆ wat hapert eraan? *woran hapert es denn?* • (blijven steken) *stottern, stocken* ⋆ de motor hapert *der Motor stottert* ⋆ zonder ~ voorlezen *ohne zu stocken vorlesen*
hapje *Bissen* [m], *Häppchen* [o], ‹koud› *Imbiss* [m] ⋆ een lekker ~ *ein Leckerbissen* [m] ⋆ snel een ~ eten *schnell einen Bissen zu sich nehmen*
hapjespan ≈ *Stielpfanne (zum Bereiten oder Aufwärmen von Speisen)* [v]
hapklaar *mundgerecht*
happen • (bijten) *schnappen, beißen* ⋆ plotseling hapte de hond *plötzlich schnappte/biss der Hund (zu)* ⋆ in iets ~ *in etw. (hinein)beißen* [4] • (reageren) *anbeißen* ⋆ zij hapte meteen *sie biss gleich an* • (nuttigen) *beißen* ▾ naar lucht ~ *nach Luft schnappen*
happening *Happening* [o]
happig *erpicht (auf)* [4], *gierig* ⋆ ik ben er niet ~ op *ich reiße mich nicht drum* ⋆ ~ zijn op *erpicht sein auf* [4]
happy *happy, hocherfreut* ⋆ ergens niet ~ mee zijn *nicht glücklich sein über etw.*
haptonomie *Haptonomie* [v]
hard I [bnw] • (niet zacht) *hart* ⋆ harde grond *harte(r) Boden* [m] • (hevig) *hart, stark* ⋆ harde wind *starke(r) Wind* [m] • (luid, schel) *laut* ⋆ harde muziek *laute Musik* [v] • (meedogenloos) *hart* **II** [bijw] • (snel) *schnell* ⋆ hij reed te hard *er fuhr zu schnell* • (luid) *laut* ⋆ hard gillen *laut schreien* • (hevig) *stark* ⋆ hard nodig *dringend nötig* ⋆ hard regenen/vriezen/waaien *stark regnen/frieren/wehen* ⋆ hard studeren *fleißig studieren* • (meedogenloos) *hart*
hardboard *Hartfaserplatte* [v]
harddraven I [het] *Pferderennen* [o], *Trabrennen* [o] **II** [on ww] *traben*
harddrug *Harddrug/Hard Drug* [v]
harden • (hard maken) *härten* • (iem. sterk maken) *abhärten* ⋆ zich tegen iets ~ *sich gegen etw. abhärten* • (uithouden) *aushalten* ⋆ het is niet te ~ *es ist nicht zum Aushalten*
hardhandig *roh*, ‹sterker› *brutal* ⋆ ~e manier van doen *brutale Handlungsweise* [v]
hardheid *Härte* [v]
hardhorend *schwerhörig*
hardhout *Hartholz* [o]
hardleers • (eigenwijs) *unbelehrbar* • (moeilijk lerend) *ungelehrig*
hardlopen *um die Wette laufen, wettlaufen*
hardloper *Läufer* [m], ‹in wedstrijd› *Wettläufer* [m] ⋆ ~ op de middenafstand *Mittelstreckenläufer* [m]
hardmaken *beweisen, belegen*
hardnekkig *hartnäckig*
hardop *laut* ⋆ ~ denken *laut denken* ⋆ ~ dromen *im Traum reden*
hardrijden ‹met paarden, fietsen, auto's› *rennen*, ‹schaatsen› *eisschnelllaufen*
hardrijder ‹in auto's, op fietsen› *Rennfahrer* [m], ‹in schaatssport› *Eisschnellläufer* [m]
hardvochtig *hartherzig, unbarmherzig, herzlos*
hardware *Hardware* [v]
harem *Harem* [m]
harig *(stark/dicht) behaart, haarig*
haring • (vis) *Hering* [m] ⋆ nieuwe ~ *Matjeshering* [m] ⋆ volle ~ *Vollhering* [m] ⋆ ijle ~ *Hohlhering* [m] • (pin van tent) *Hering* [m] ▾ als ~en in een ton *wie die Heringe*
haringkaken *Ausnehmen der Heringe* [o]
haringrokerij *Heringräucherei* [v]
haringvangst *Heringsfang* [m]
hark • (gereedschap) *Harke* [v], *Rechen* [m] • (stijf persoon) ⋆ stijve hark *Stockfisch* [m]
harken *harken* ⋆ zij is aan het ~ *sie harkt* ⋆ bladeren bij elkaar ~ *Laub zusammenharken* [o]
harkerig *hölzern, linkisch, steif und ungeschickt* ⋆ ~e jongen *hölzerne(r) Bursche* [m] ⋆ ~ lopen *stelzen*
harlekijn *Harlekin* [m]
harmonica *Harmonika* [v]
harmonicabed *einklappbare(s) Bett* [o]
harmonicadeur *Falttür* [v]
harmonie • (eendracht) *Harmonie* [v] ⋆ zij leven in volledige ~ *sie leben in völliger Harmonie* ⋆ met iem./iets in ~ zijn *mit jmdm./etw. im Einklang sein* • (tonengeheel) *Harmonie* [v] • (orkest) *Musikkapelle* [v], ‹alleen blazers› *Blaskapelle* [v]
harmoniemodel ≈ *Konsens* [m]
harmoniëren *harmonieren*
harmonieus *harmonisch*
harmonisatie *Harmonisierung* [v]
harmonisch *harmonisch*
harmoniseren *harmonisieren*
harmonium *Harmonium* [o] [mv: *Harmonien*]
harnas *Harnisch* [m], *Rüstung* [v] ▾ in het ~ sterven *in den Sielen sterben* ▾ het ~ aangespen *den Harnisch anlegen* ▾ iem. in het ~ jagen *jmdn. in Harnisch bringen*
harp • (muz.) *Harfe* [v] • (scheepv.) *Schäkel* [m]
harpist *Harfenist* [m]
harpoen *Harpune* [v]
harpoeneren *harpunieren*
harpoengeweer *Harpunengewehr* [o]
hars *Harz* [o], ‹voor strijkstokken› *Kolophonium/Kolofonium* [o] ⋆ hars afscheiden *harzen*
hart • (orgaan) *Herz* [o] ⋆ kamers van het hart *Herzkammern* • (gemoed) *Herz* [o], *Seele* [v] ⋆ zijn hart uitstorten/luchten *seinem Herzen Luft machen* ⋆ uit de grond van mijn hart *aus Herzensgrund* ⋆ iem. iets van harte gunnen *jmdm. etw. aus tiefstem Herzen gönnen* • (kern) *Herz* [o], *Kern* [m] ⋆ zij was het hart van de zaak *sie war die Seele der Organisation* ⋆ in het hartje van de zomer *im Hochsommer* ⋆ hartje winter *im tiefsten Winter* ▾ het hart op de tong hebben *das Herz auf der Zunge haben* ▾ het ligt me na aan het hart *es liegt mir (besonders) am Herzen* ▾ iets ter harte nemen *sich etw. zu Herzen nehmen* ▾ niet van harte *mit halbem Herzen* ▾ iem. iets op het hart drukken *jmdm. etw. ans Herz legen*

H

▾ waar het hart van vol is, loopt de mond van over *wes das Herz voll ist, des geht der Mund über* ▾ zijn hart aan iets ophalen *seine helle Freude an etw. haben* ▾ zij heeft alles wat haar hartje begeert *sie hat alles, was das Herz begehrt* ▾ iets niet over het hart kunnen verkrijgen *etw. nicht übers Herz bringen* ▾ iem. een hart onder de riem steken *jmdm. Mut machen* ▾ met hart en ziel met iets bezig zijn *einer Sache mit Leib und Seele verschrieben sein* ▾ van zijn hart geen moordkuil maken *aus seinem Herzen keine Mördergrube machen* ▾ iem. op het hart trappen *jmdn. ins Herz treffen* ▾ de schrik sloeg haar om het hart *ihr stockte das Herz vor Schreck* ▾ zijn hart vasthouden *das Schlimmste befürchten* ▾ zich door zijn hart laten leiden *seinem Gefühl folgen* ▾ het is me uit het hart gegrepen *es ist mir aus dem Herzen gesprochen*

hartaanval *Herzanfall* [m] ⋆ aan een ~ overlijden *einem Herzanfall erliegen* ⋆ een ~ krijgen *einen Herzanfall bekommen*

hartbewaking • (controle) *Überwachung der Herztätigkeit* [v] • (afdeling) *Intensivstation* [v]

hartboezem *Vorkammer* [v], *Vorhof* [m]

hartbrekend *herzbewegend, herzergreifend,* ‹sterker› *herzzerreißend*

hartchirurg *Herzchirurg* [m]

hartelijk *herzlich* ⋆ ~e groeten *herzliche(n) Grüße* ⋆ ~ gefeliciteerd! *herzlichen Glückwunsch!* ⋆ een ~ mens *eine warmherzige Person* ⋆ ~ dank! *vielen/herzlichen Dank!*

H

harteloos *hartherzig, herzlos* ⋆ harteloze daad *Herzlosigkeit* [v]

harten *Herz* [o] ⋆ ~ is troef *Herz ist Trumpf* ⋆ een ~kaart in de hand hebben *ein Herz auf der Hand haben*

hartenaas *Herzass* [o]

hartenbreker *Herzensbrecher* [m]

hartendief *Herz* [o], ‹kind› *Herzenskind* [o], ‹vooral van kind› *Herzblatt* [o]

hartenkreet *Äußerung der Besorgnis* [v]

***hartenlust** (Wdl: hartelust) ⋆ naar hartenlust *nach Herzenslust* [v]

hartenwens *Herzenswunsch* [m]

hartgrondig *tief,* ‹alleen bijwoord› *zutiefst, aus/in tiefster Seele* ⋆ iem. ~ bedanken *jmdm. aus tiefster Seele danken* ⋆ ik heb daar een ~e hekel aan *das ist mir zutiefst zuwider* ⋆ iem. ~ haten *jmdn. zutiefst hassen*

hartig • (zout) *herzhaft, würzig* ⋆ ~e soep *würzige Suppe* [v] ⋆ een ~e maaltijd *ein herzhaftes Essen* ⋆ zij houdt van ~ *sie isst gern Herzhaftes* • (krachtig) ⋆ een ~ woordje met iem. spreken *ernsthaft mit jmdm. über etw. sprechen*

hartinfarct *Herzinfarkt* [m]

hartkamer *Herzkammer* [v]

hartklep *Herzklappe* [v]

hartkloppng *Herzklopfen* [o] ⋆ ~en krijgen ‹ook fig.› *Herzklopfen bekommen*

hartkwaal *Herzleiden* [o], *Herzkrankheit* [v] ⋆ aan een ~ lijden *herzkrank sein*

hart-longmachine *Herz-Lungen-Maschine* [v]

hartmassage *Herzmassage* [v]

hartpatiënt *Herzpatient* [m]

hartritme *Herzrhythmus* [m]

hartritmestoornis *Herzrhythmusstörung* [v]

hartroerend *herzbewegend, herzerweichend, herzergreifend*

hartruis *Herzgeräusch* [o]

hartsgeheim ≈ *tiefste(s) Geheimnis* [o], *sorgsam gehütete(s) Geheimnis* [o], *innerste(s) Geheimnis des Herzens* [o] ⋆ iem. zijn ~en toevertrouwen *jmdm. seine tiefsten Geheimnisse anvertrauen*

hartslag *Herzschlag* [m] ▾ de ~ van de wereldstad *der pulsierende Herzschlag der Metropole*

hartspier *Herzmuskel* [m]

hartstikke *sehr, wahnsinnig, unheimlich* ⋆ ~ bedankt *tausend Dank* ⋆ ~ donker *stockfinster* ⋆ ~ dood *mausetot* ⋆ ~ doof *stocktaub* ⋆ ~ boos *stocksauer* ⋆ het is ~ te gek *es ist einsame Spitze*

hartstilstand *Herzstillstand* [m]

hartstocht *Leidenschaft* [v] ⋆ zijn ~en bedwingen *seine Triebe zügeln/bezähmen/beherrschen* ⋆ een ~ voor toneel *eine Leidenschaft für das Theater* ⋆ zij laat zich door haar ~en meeslepen *die Leidenschaft reißt sie fort* ⋆ iets met ~ doen *etw. mit Leidenschaft betreiben*

hartstochtelijk *leidenschaftlich, passioniert* ⋆ iem. ~ liefhebben *jmdn. leidenschaftlich/heiß und innig lieben* ⋆ zij is een ~ bergbeklimster *sie ist ein passionierter Bergsteiger* ⋆ ~ mens *leidenschaftliche(r) Mensch* [m]

hartstoornis *Herzfehler* [m]

hartsvriend *Busenfreund* [m], *Herzensbruder* [m]

harttransplantatie *Herztransplantation* [v]

hartverheffend *erhebend,* ↑ *erbaulich*

hartverlamming *Herzschlag* [m], *Herzlähmung* [v] ⋆ aan ~ sterven *einem Herzschlag erliegen*

hartveroverend *unwiderstehlich*

hartverscheurend *herzzerreißend*

hartversterking *Schnaps* [m]

hartverwarmend *herzerwärmend*

hartzeer *Herzeleid* [o], *Herzweh* [o]

hasjhond *Haschischhund* [m]

hasjiesj *Haschisch* [o]

haspel ‹voor een kabel› *Kabelrolle* [v], ‹voor een slang› *Schlauchrolle* [v], ‹voor garen en draad› *Haspel* [v]

haspelen I [ov ww] • (met haspel winden) *aufwickeln,* ‹draad, garen› *haspeln* • (verwarren) *durcheinander bringen, verheddern* ⋆ alles door elkaar ~ *alles verheddern* **II** [on ww] • (stuntelen) *stümpern, pfuschen,* ‹slordig werken› *hudeln* ⋆ wat zit je nou te ~? *was stümperst du denn da herum?*

hatelijk • (boosaardig) *boshaft* • (krenkend) *gehässig, boshaft* ⋆ doe niet zo ~! *sei nicht so gehässig!* ⋆ ~e opmerking *boshafte/gehässige Bemerkung* [v] ⋆ ~ lachen *boshaft/anzüglich lächeln*

hatelijkheid • (het hatelijk zijn) *Gehässigkeit* [v], *Anzüglichkeit* [v] • (opmerking) ⋆ haar verhaal zat vol hatelijkheden *ihre Rede war voller Anzüglichkeiten* ⋆ hatelijkheden debiteren *Gehässigkeiten von sich geben*

haten *hassen* ⋆ zich gehaat maken *sich verhasst machen* ⋆ iem./iets hartgrondig ~ *jmdn./etw. zutiefst hassen*

hausse *Hausse* [v]

hautain *überheblich, anmaßend*

haute couture *Haute Couture* [v]

have *Habe* [v], *Gut* [o] ⋆ levende have *Viehbestand* [m] ⋆ have en goed verliezen *Hab und Gut verlieren*

haveloos • (sjofel) *schäbig,* ‹bij kleding› *zerlumpt* • (vervallen) *verfallen, heruntergekommen* • (berooid) *abgerissen, heruntergekommen,* ‹zonder geld› *mittellos*

haven *Hafen* [m] ⋆ de ~ uit zeilen *aus dem Hafen auslaufen* ⋆ een ~ binnenvallen *einen Hafen anlaufen; in einen Hafen einlaufen* ⋆ in behouden ~ zijn *einen sicheren Hafen gefunden haben*

havenarbeider *Hafenarbeiter* [m]

havengeld *Hafengebühr* [v]
havenhoofd *Hafenmole* [v]
havenmeester *Hafenmeister* [m]
havenstad *Hafenstadt* [v]
havenstaking *Streik der Hafenarbeiter* [m]
havenwijk *Hafenviertel* [o]
haver *Hafer* [m] ▾ iem. van ~ tot gort kennen *jmdn. durch und durch kennen*
haverklap ⋆ om de ~ *alle naselang;* ‹voortdurend› *ohne Unterlass*
havermout • (haver) *Haferflocken* [mv] • (pap) *Haferbrei* [m], *Hafergrütze* [v], *Haferschleim* [m]
havik • (vogel) *Habicht* [m] • (pol.) *Falke* [m]
haviksneus *Habichtsnase* [v]
havo ≈ *Realschule* [v]
hazelaar *Hasel* [v], *Haselbusch* [m]
hazelnoot *Haselnuss* [v]
hazenhart *Angsthase* [m]
hazenlip *Hasenscharte* [v]
hazenpad ▾ het ~ kiezen *das Hasenpanier ergreifen*
hazenpeper *Hasenpfeffer* [m]
hazenrug *Hasenrücken* [m]
hazenslaapje *Nickerchen* [o]
hazewind *Windhund* [m]
hbo ≈ ‹instituut› *Fachhochschule* [v], ‹onderwijs› *Fachhochschulunterricht* [m]
hé *hei*
hè *was, wie*
heao ≈ *Handelsschule* [v]
hebbedingetje *Nippes* [mv], *Dingelchen* [o]
hebbelijkheid *Angewohnheit* [v], ‹negatief› *Unart* [v], *Untugend* [v]
hebben *haben* ⋆ ik moet niets van hem ~ *ich kann ihn nicht riechen* ⋆ zoiets heb je hier niet *so etw. gibt es hier nicht* ⋆ daar heb je hem *da ist er ja* ⋆ daar heb je het (gedonder) al! *da haben wir die Bescherung!* ⋆ ik heb het warm *mir ist warm* ⋆ hij kan niet veel ~ *er kann nicht viel vertragen* ⋆ men weet nooit wat men aan hem heeft *man weiß nie, was man an ihm hat* ⋆ aan hem heb je niets *ihn kann man zu nichts gebrauchen* ⋆ waar heb je het over? *wovon sprichst du?* ⋆ daar moet ik niets van ~ *ich will davon nichts wissen* ⋆ het van de zomer moeten ~ *auf die Sommermonate angewiesen sein* ⋆ hij heeft veel van zijn broer weg *er ist seinem Bruder sehr ähnlich* ⋆ wel heb ik ooit! *das ist ja wohl das Letzte!* ⋆ vader wil het niet ~ *Vater erlaubt es nicht* ⋆ hij wist niet hoe hij het had *er wusste nicht, wie ihm war* ⋆ wat heb je daaraan? *was hast du davon?*
hebberd *habsüchtige(r) Mensch* [m]
hebberig *habgierig, habsüchtig*
hebbes *erwischt!, ich hab's!*
Hebreeuws I [het] *Hebräisch(e)* [o] **II** [bnw] *hebräisch*
Hebriden *Hebriden* [mv]
hebzucht *Habsucht* [v], *Habgier* [v]
hebzuchtig *habsüchtig, raffsüchtig, habgierig*
hecht • (onverbrekelijk) *fest, eng* ⋆ een ~e vriendschap *eine feste Freundschaft* ⋆ een ~e samenwerking *eine enge Zusammenarbeit* • (solide, vast) *fest, solide, stabil*
hechtdraad *Faden* [m], *Katgut* [o]
hechten I [ov ww] • (vastmaken) *(an)heften,* ‹med.› *nähen* ⋆ een papiertje aan het dossier ~ *einen Zettel an das Dossier heften* ⋆ een wond ~ *eine Wunde nähen* • (toekennen) *beimessen* ⋆ ergens te veel belang aan ~ *einer Sache zu viel Gewicht beilegen* ⋆ (geen) waarde aan iets ~ *(keinen) Wert auf eine Sache legen* ⋆ betekenis aan iets ~ *einer Sache Bedeutung beimessen* ⋆ zijn goedkeuring aan iets ~ *etw. gutheißen* **II** [on ww] • (vastkleven) *haften* • (gesteld zijn op) *liegen* [3], *Wert legen (auf)* [4] ⋆ daar hecht ik erg aan *daran liegt mir viel* ⋆ aan goede manieren ~ *Wert legen auf gutes Benehmen* **III** [wkd ww] *sein Herz hängen an* [4]
hechtenis *Haft* [v], ‹als straf› *Haft(strafe)* [v] ⋆ voorlopige ~ *Untersuchungshaft* [v] ⋆ iem. in ~ nemen *jmdn. verhaften*
hechting ≈ *Narbe* [v] ⋆ ~en verwijderen *Fäden ziehen*
hechtpleister *Heftpflaster* [o]
hectare *Hektar* [m]
hectisch *hektisch,* ‹druk› *fieberhaft*
hectogram *Hektogramm* [o]
hectoliter *Hektoliter* [m]
heden I [het] *Heute* [o], *Gegenwart* [v] **II** [bijw] *heute* ⋆ ~ ten dage *heutzutage* ⋆ tot op ~ *bis heute* ⋆ vanaf ~ *von heute an*
hedendaags *heutig, gegenwärtig* ⋆ ~e literatuur *zeitgenössische Literatur; Gegenwartsliteratur* [v]
hedonisme *Hedonismus* [m]
hedonist *Hedoniker* [m]
heel I [bnw] • (geheel) *ganz* ⋆ heel Frankrijk *ganz Frankreich* ⋆ zijn hele leven *sein ganzes Leben* • (niet kapot) *heil,* ‹inf.› *ganz* • (veel, groot) *ziemlich, beträchtlich* ⋆ het duurde een hele tijd *es dauerte eine ganze Weile* ⋆ dat is een hele som geld *das ist eine beträchtliche Summe* **II** [bijw] • (zeer, erg) *ganz, sehr* ⋆ heel groot *sehr groß* ⋆ zij was heel enthousiast *sie war ganz begeistert* • (geheel en al) *ganz, völlig* ⋆ dat is heel iets anders *das ist etw. ganz anderes* ⋆ heel in de verte *in weiter Ferne* ⋆ de situatie is nu heel anders *die Situation ist jetzt völlig anders*
heelal *Weltall* [o], *All* [o]
heelhuids *unversehrt, ungeschoren* ▾ er ~ afkomen *ungeschoren davonkommen*
heelkunde *Chirurgie* [v]
heen *hin* ⋆ waar ga je heen? *wohin gehst du?* ⋆ nergens heen *nirgendwohin* ⋆ heen en weer *hin und her* ▾ waar moet dat heen? *worauf soll das hinauslaufen?* ▾ ver heen zijn ‹gek› *ziemlich verrückt sein;* ‹dronken› *stockbesoffen sein;* ‹gedaald› *tief gesunken/gefallen sein* ▾ waar wil zij heen? *worauf will sie hinaus?*
heen-en-weer *Hin und Her* [o] ▾ het ~ krijgen *rappelig werden*
heengaan • (weggaan) *fortgehen, weggehen* • (sterven) *(da)hinscheiden*
heenkomen ▾ een goed ~ zoeken *sich aus dem Staube machen*
heenreis *Hinreise* [v], *Hinfahrt* [v]
heenweg *Hinweg* [m]
heer • (man) *Herr* [m] • (figuur in kaartspel) *König* [m] • (beschaafd man) ⋆ Aan de weledele Heer N.N. *Sehr geehrter Herr N.N.* • (meester) *Herr* [m] ⋆ zijn eigen heer en meester zijn *sein eigener Herr sein* • (God) *Herr* [m] ⋆ Onze-Lieve-Heer *der liebe Herrgott* ▾ zo heer, zo knecht *wie der Herr, so der Knecht; wie der Herr, so's Gescherr* ▾ mijn oude heer *mein Alter*
heerlijk • (prachtig, aangenaam) *herrlich, prächtig* • (lekker) *köstlich, herrlich*
heerlijkheid • (iets heerlijks) *Köstlichkeit* [v] • (gelukzaligheid) *Seligkeit* [v]
heerschap *Mensch* [m], ‹inf.› *Kerl* [m], *Typ* [m] ⋆ lastig ~ *schwierige(r) Mensch* ⋆ raar ~ *wunderliche(r) Kauz* [m] ⋆ vrolijk ~ *lustige(r) Kerl* [m] ⋆ dat is een fraai ~! *das ist ein sauberer Bursche!*
heerschappij *Herrschaft* [v], *Gewalt* [v]

H

heersen • (regeren) *herrschen* • (aanwezig zijn) *herrschen, bestehen* ⋆ onder de ~de omstandigheden *unter den herrschenden Umständen*
heerser *Herrscher* [m]
heerszuchtig *herrisch, herrschsüchtig*
hees *heiser,* ‹van het roken› *rauchig*
heester *Staude* [v], *Strauch* [m]
heet • (warm) *heiß* • (scherp) *scharf* • (heftig) *heiß*
heetgebakerd *hitzig, hitzköpfig*
heethoofd *Heißsporn* [m], *Hitzkopf* [m]
hefboom *Hebel* [m], ‹slagboom› *Schlagbaum* [m]
hefbrug • (platform in garage) *Hebebühne* [v] • (brug bij scheepvaart) *Hubbrücke* [v]
heffen • (tillen) *heben, (hoch)stemmen* • (opleggen) *erheben* ⋆ belastingen ~ *Steuern erheben*
heffing *Erhebung* [v], *Einziehen* [o]
heft *Griff* [m] ▾ het heft uit handen geven *die Zügel aus der Hand geben*
heftig • (onstuimig) *ungestüm* • (hevig) *heftig*
heftruck *Gabelstapler* [m]
hefvermogen *Tragfähigkeit* [v], *Tragkraft* [v]
heg *Hecke* [v] ▾ heg noch steg weten *sich überhaupt nicht auskennen; sich nicht auskennen*
hegemonie *Hegemonie* [v], *Vorherrschaft* [v]
heggenschaar *Heckenschere* [v]
hei • (vlakte) *Heide* [v] • (plant) *Heide* [v], *Heidekraut* [o] • (heiblok) *Ramme* [v]
heibel • (ruzie) *Krach* [m] • (lawaai) *Radau* [m]
heiblok *Rammblock* [m]
heiden *Heide* [m]
heidens • (niet-christelijk) *heidnisch* • (ontzettend) *heidenmäßig* ⋆ ~ kabaal *Heidenlärm* [m]
heideveld *Heide* [v]
heien *(ein)rammen,* ‹techn.› *pfählen*
heiig *diesig, dunstig*
heikel *heikel*
heil *Heil* [o] ⋆ het Leger des Heils *die Heilsarmee*
Heiland *Heiland* [m]
heilbot *Heilbutt* [m]
heildronk *Trinkspruch* [m]
heilgymnastiek *Krankengymnastik* [v]
heilig • (zonder zonde) *heilig* ⋆ iem. ~ verklaren *jmdn. heilig sprechen* • (oprecht, onverbrekelijk) *heilig* • (gewijd) *heilig* ⋆ het ~e water *Weihwasser* [o] ⋆ het Heilige der Heiligen *das Allerheiligste*
heiligbeen *Kreuzbein* [o]
heilige *Heilige(r)* [m] ⋆ hij is ook geen ~ ‹iron.› *er ist nicht gerade ein Heiliger*
heiligen *heiligen*
heiligenleven *Legende* [v]
heiligschennis *Entheiligung* [v], ‹tegen een religie› *Sakrileg* [o], ‹van een plaats› *Entweihung* [v]
heiligverklaring *Heiligsprechung* [v]
heilloos *verrucht, schnöde*
heilsoldaat *Angehörige(r) der Heilsarmee* [m]
heilstaat *vollkommene(r) Staat* [m]
heilzaam *heilkräftig*
heimelijk *heimlich, geheim, verhohlen* ⋆ een ~e glimlach *ein verstohlenes Lächeln*
heimwee *Heimweh* [o], ‹algemeen› *Sehnsucht* [v] ⋆ ziek van ~ *krank vor Heimweh* ⋆ ~ naar betere tijden *Sehnsucht nach besseren Zeiten* ⋆ ze kreeg ~ *sie bekam Heimweh; Heimweh befiel ihr*
heinde ▾ van ~ en verre *von überall her*
heipaal *Rammpfahl* [m]
heisa *große(s) Trara* [o], *Affentheater* [o]

H

hek • (omheining) *Zaun* [m], *Gitter* [o], *Gatter* [o], ‹van gevlochten draad› *Drahtzaun* [m], ‹van hout› *Lattenzaun* [m] • (deur) *Tor* [o], *Gartentür* [v] ▾ het hek is van de dam *da gibt's kein Halten mehr* ▾ het hek sluiten *der Letzte sein*
hekel *Widerwille* [m] ⋆ een ~ hebben aan iem. *jmdn. nicht ausstehen können* ▾ iem. over de ~ halen *über jmdn. herziehen*
hekeldicht *Satire* [v], *Spottgedicht* [o]
hekelen *anprangern*
hekkensluiter *Schlusslicht* [o]
heks • (tovenares) *Hexe* [v] • (lelijk wijf) *Hexe* [v], *Schrulle* [v]
heksen *hexen*
heksenjacht *Hexenjagd* [v]
heksenketel *Hexenkessel* [m]
heksenkring *Hexenring* [m]
heksentoer *Hexenkunst* [v], *Hexerei* [v]
hekwerk *Gitterwerk* [o]
hel I [de] *Hölle* [v] ▾ loop naar de hel! *fahr zur Hölle!* ▾ de hel brak los *die Hölle war los* **II** [bnw] *hell*
helaas I [bijw] *leider* **II** [tw] *schade*
held • (dapper man) *Held* [m] ⋆ de klassieke helden *die Helden des klassischen Altertums* • (hoofdpersoon) ‹in drama of verhaal› *Protagonist* [m] ⋆ zij is de held van de dag *sie ist der Held des Tages* ▾ held op sokken *Waschlappen* [m] ▾ geen held in iets zijn *kein Held in etw. sein*
heldendaad *Heldentat* [v], ‹iron.› *Heldenstück* [o]
heldendicht *Heldendichtung* [v], ‹epos› *Heldenepos* [o] [mv: *Heldenepen*]
heldenmoed *Heldenmut* [m] ⋆ met ~ *heldenmütig*
heldenrol *Heldenrolle* [v]
helder • (zuiver) *klar,* ‹proper› *sauber, rein* ⋆ het water is zo ~ als kristal *das Wasser ist kristallklar* • (met volle klank) *hell, klar* • (licht) *hell, licht* ⋆ ~ blauw *lichtblau* • (onbewolkt) *heiter* • (duidelijk) *klar, deutlich* ⋆ een ~e zaak *eine klare Sache*
helderheid • (duidelijkheid) *Klarheit* [v] • (lichtheid van kleur) *Helle* [v], *Helligkeit* [v] • (zuiverheid van geluid) *helle(r) Klang* [m]
helderziend *hellseherisch*
helderziende *Hellseher* [m]
heldhaftig *heroisch, unerschrocken, heldenhaft, heldenmütig*
heldin *Heldin* [v]
heleboel *eine ganze Menge*
helemaal *gänzlich, völlig, ganz und gar* ⋆ ~ niet *überhaupt nicht* ⋆ niet ~ *nicht ganz* ⋆ ik heb ~ geen zin *ich habe überhaupt keine Lust* ⋆ dat laat mij ~ koud *das lässt mich völlig kalt* ▾ ben je nou ~! *spinnst du!*
helen I [ov ww] • (gestolen goederen kopen) *hehlen* **II** [on ww] • (genezen) *heilen*
heler *Hehler* [m]
helft *Hälfte* [v] ⋆ de ~ groter *um die Hälfte größer* ▾ mijn betere ~ *meine bessere Hälfte*
helihaven *Heliport* [m]
helikopter *Hubschrauber* [m], *Helikopter* [m]
heling • (genezing) *Heilung* [v] • (kopen van gestolen goed) *Hehlerei* [v], *Hehlen* [o]
helium *Helium* [o]
Helleens *hellenisch*
hellen • (schuin aflopen) *abfallen, abschüssig sein* ⋆ een ~d vlak *eine schiefe Ebene* • (overhangen) *sich neigen,* ‹aflopen naar beneden› *sich senken* ▾ zich op een ~d vlak bevinden *auf die schiefe Bahn geraten sein*
helling • (het hellen) *Neigung* [v] • (glooiing)

Gefälle [o], ‹van een berg› *(Ab)hang* [m] ⋆ een ~ van 1 op 10 *ein Gefälle von 10%* • (scheepv.) *Helling* [v] ▾ op de ~ zetten *in Frage/infrage stellen*
hellingsgraad *Neigungsgrad* [m]
helm • (hoofddeksel) *Helm* [m] • (duingras) *Dünengras* [o], *Helmgras* [o]
helmgras *Dünengras* [o]
helmstok *Pinne* [v]
help *Hilfe!* ⋆ lieve help! *ach, du meine Güte!*
helpen • (bijstaan) *helfen* ⋆ iem. erdoorheen ~ *jmdm. über etw. hinweghelfen* ⋆ iem. iets ~ onthouden *jmdn. an etw. erinnern* ⋆ hij is niet te ~ *ihm ist nicht zu helfen* • (baten) *helfen, nützen* ⋆ deze tabletten ~ tegen pijn *diese Tabletten helfen gegen Schmerzen* • (bedienen) *bedienen* ⋆ ik word al geholpen *ich werde schon bedient* • (dienst verlenen) ⋆ iem. in zijn jas ~ *jmdm. in den Mantel helfen* ⋆ iem. ~ uitstappen *jmdm. beim Aussteigen helfen* ▾ ik help het je hopen *ich hoffe mit dir* ▾ ik kan het ook niet ~ *ich kann auch nichts dafür*
hels • (van, uit de hel) *höllisch, teuflisch* • (woedend) ⋆ hels zijn *stinksauer sein* ⋆ hels worden *fuchsteufelswild werden* • (afschuwelijk) ⋆ een hels kabaal *ein Höllen-/Heidenlärm*
Helsinki *Helsinki* [o]
hem ‹3e naamval› *ihm*, ‹4e naamval› *ihn* ⋆ dat is van hem *das gehört ihm*
hemd • (onderhemd) *Hemd* [o], *Unterhemd* [o] ⋆ tot op het hemd nat *nass bis aufs Hemd* • (overhemd) *Oberhemd* [o] ▾ iem. het hemd van zijn lijf vragen *jmdm. ein Loch in den Bauch fragen* ▾ in zijn hemd staan *sich bis auf die Knochen blamiert haben* ▾ iem. in zijn hemd zetten *jmdn. in aller Öffentlichkeit bloßstellen* ▾ iem. tot op het hemd uitkleden *jmdn. bis aufs Hemd ausziehen* ▾ het hemd is mij nader dan de rok *das Hemd ist mir näher als der Rock*
hemdsmouw *Hemdsärmel* [m]
hemel *Himmel* [m] ⋆ onder de blote ~ slapen *im Freien schlafen* ▾ ~ en aarde bewegen *Himmel und Hölle in Bewegung setzen* ▾ in 's ~snaam *um Gottes willen; um Himmels willen* ▾ goeie ~! *ach du lieber Himmel!*
hemelbed *Himmelbett* [o]
hemelbestormer *Himmelsstürmer* [m]
hemelhoog *himmelhoch*
hemellichaam *Himmelskörper* [m]
hemelpoort *Himmelspforte* [v], *Himmelstor* [o]
hemels • (van de hemel) *himmlisch* • (goddelijk) ⋆ het smaakt ~ *es schmeckt köstlich*
hemelsblauw *Himmelblau* [o]
hemelsbreed I [bnw] *himmelweit* **II** [bijw] ⋆ ~ verschillen *himmelweit verschieden sein*
hemelsnaam ▾ in 's ~ *um Himmels willen*
hemeltergend *himmelschreiend*
hemelvaartsdag *Himmelfahrt* [v], *Himmelfahrtstag* [m] ⋆ op ~ *an Himmelfahrt*
hemisfeer *Hemisphäre* [v]
hemofilie *Hämophilie* [v], *Bluterkrankheit* [v]
hen I [de] *Henne* [v] **II** [pers vnw] • (lijdend voorwerp) *sie* • (meewerkend voorwerp) *ihnen*
hendel *Hebel* [m]
Hendrik ▾ brave ~ *Tugendbold* [m]; *Musterknabe* [m]
hengel *Angel* [v]
hengelaar *Angler* [m]
hengelen • (vissen) *angeln* ⋆ zij zit op snoek te ~ *sie angelt auf Hechte* • (~ **naar**) *bohren* ⋆ naar de waarheid ~ *bohren, bis man die Wahrheit weiß*
hengsel • (beugel) *Henkel* [m] • (scharnier) *Angel* [v] ⋆ ~ van een deur *Türangel* [v]
hengst • (paard) *Hengst* [m] • (harde klap) *Hieb* [m], *brutale(r) Stoß* [m] ⋆ iem. een ~ verkopen *jmdm. eine reinhauen*
hengsten • (hard slaan) *hämmern* • (hard leren) *büffeln*
henna *Henna* [v/o]
hennep *Hanf* [m] ⋆ van ~ *hanfen* ⋆ ~touw *Hanfseil* [o]
hens ▾ alle hens aan dek! *alle Mann an Deck!* ▾ in de hens vliegen *Feuer fangen*
hepatitis *Hepatitis* [v]
her • (geleden) *seit* ⋆ een gewoonte van eeuwen her *ein uralter Brauch* • (hier) ⋆ her en der *hier und da*
her- *neu-, wieder-*
herademen *aufatmen*
heraldiek I [de] *Heraldik* [v] **II** [bnw] *heraldisch*
heraut *Herold* [m]
herbarium *Herbarium* [o] [mv: *Herbarien*]
herbenoemen *wieder ernennen*
herberg *Gasthaus* [o]
herbergen *einquartieren, unterbringen*
herbergier *Gastwirt* [m], *Wirt* [m]
herbewapenen *wieder aufrüsten*
herboren *neugeboren*, ‹rel.› *wieder geboren* ⋆ ik voelde me ~ *ich fühlte mich wie neugeboren*
herdenken • (de herinnering vieren) *gedenken, feiern* ⋆ een held ~ *eines Helden gedenken* • (terugdenken aan) *zurückdenken, erinnern an* [4]
herdenking *Gedenkfeier* [v] ⋆ ~ van de doden *Totenehrung* [v]
herdenkingsdag *Gedenktag* [m]
herder • (hoeder) *Hirt* [m] • (hond) *Schäferhund* [m]
herderlijk • (pastoraal) *pastoral, seelsorgerisch* ⋆ de ~e brief *der Hirtenbrief* • (betrekking hebbend op een herder) *Hirten-, Schäfer-*
herdershond *Schäferhund* [m]
herderstasje *Hirtentäschel* [o], *Täschelkraut* [o]
herdruk • (opnieuw drukken) *Nachdruck* [m], *Neudruck* [m] • (nieuwe oplage) *Neuauflage* [v] ⋆ het boek is in ~ *das Buch wird neu aufgelegt*
herdrukken • (opnieuw drukken) *nachdrucken, neu drucken* • (opnieuw uitgeven) *neu auflegen*
heremiet *Eremit* [m], *Einsiedler* [m]
heremietkreeft *Einsiedlerkrebs* [m]
herenakkoord *Gentlemen's Agreement* [o]
herenboer *Großbauer* [m]
herenfiets *Herrenrad* [o]
herenhuis *Herrenhaus* [o]
herenigen • (opnieuw bijeenbrengen) *zusammenführen, wieder vereinigen* • (verzoenen) *versöhnen*
hereniging • (samenvoeging) *Wiedervereinigung* [v] • (verzoening) *Versöhnung* [v]
herenkapper *Herrenfriseur* [m]
herenkleding *Herrenbekleidung* [v], ‹mode› *Herrenmode* [v]
herexamen *Wiederholungsprüfung* [v]
herfst *Herbst* [m]
herfstblad *Herbstblatt* [o]
herfstkleur *Herbstfarben* [mv]
herfstmaand *Herbstmonat* [m]
herfsttint *Herbstfarbe* [v]
herfstvakantie *Herbstferien* [mv]
hergebruik • (recycling) *Recycling* [o] • (het opnieuw gebruiken) *Wiederverwertung* [v]
herhaald *mehrmals, wiederholt*
herhaaldelijk *wiederholt*
herhalen I [ov ww] *wiederholen* **II** [wkd ww] *sich wiederholen*

herhaling *Wiederholung [v]* ⋆ bij ~ *im Wiederholungsfall* ⋆ in ~ vervallen *sich wiederholen*
herhalingsoefening *Wiederholungsübung [v]*, ‹militair› *Reservistenübung [v]*
herindelen *neu einteilen, umgruppieren*
herinneren I [ov ww] *erinnern an [4]* **II** [wkd ww] *sich erinnern* ⋆ voor zover ik me herinner *soweit ich mich erinnere*
herinnering • (het herinneren) *Erinnerung [v]* • (geheugen) *Gedächtnis [o]* • (souvenir) *Andenken [o]*
herkansing *neue Chance [v]*, ‹sport› *Hoffnungslauf [m]*, ‹examen› *Wiederholungsprüfung [v]*
herkauwen *wiederkäuen*
herkauwer *Wiederkäuer [m]*
herkenbaar *erkennbar*
herkennen *wieder erkennen*
herkenning *Erkennen [o], Erkennung [v]*, ‹terugkennen› *Wiedererkennung [v]*
herkenningsmelodie *Erkennungsmelodie [v]*
herkeuring *neue Untersuchung [v]*, ‹militair› *Nachmusterung [v]*
herkiesbaar *wieder wählbar* ⋆ zich ~ stellen *sich zur Wiederwahl stellen*
herkiezen *wieder wählen*
herkomst • (afkomst) *Herkunft [v]*, ‹afstamming› *Abstammung [v]* • (oorsprong) *Ursprung [m]* ⋆ land van ~ *Ursprungsland*
herleidbaar *zurückführbar*, ‹form.› *reduzibel*
herleiden *herleiten, ableiten*, ‹form.› *reduzieren*, ‹vereenvoudigen› *zurückführen*
herleven *aufleben*
hermafrodiet *Zwitter [m], Hermaphrodit [m]*
hermelijn *Hermelin [o]*
hermetisch *hermetisch*
hernemen • (terugnemen) *wieder einnehmen* • (hervatten) *wieder anfangen, fortfahren*
hernia • (breuk) *Hernie [v]* • (rugaandoening) *Entzündung der Bandscheibe [v]*
hernieuwen *erneuern* ⋆ met hernieuwde kracht *mit erneuter Kraft*
heroïek I [de] *Heroik [v]* **II** [bnw] *heroisch, heldenhaft*
heroïne *Heroin [o]* ⋆ hij is aan ~ verslaafd *er ist heroinsüchtig*
heroïnehoer *drogenabhängige Hure [v]*
heroïsch *heroisch*
heropenen *wieder eröffnen*
heropvoeding *Umerziehung [v]*
heroveren *wiedererobern, zurückerobern*
heroverwegen *erneut erwägen*
herpes *Herpes [m]*
herrie • (lawaai) *Lärm [m], Krach [m]* • (ruzie) *Krach [m]* ⋆ ~ schoppen *Krawall machen*
herrieschopper *Krachmacher [m]*
herrijzen *wieder erstehen* ⋆ uit de dood ~ *vom Tode auferstehen*
herrijzenis *Auferstehung [v]*
herroepen *widerrufen, zurücknehmen*
herscheppen *umgestalten, neu gestalten*
herscholen *umschulen*
herschrijven *umschreiben*
hersenbeschadiging *Gehirnschädigung [v]*
hersenbloeding *Gehirnblutung [v]*
hersendood *Hirntod [m]*
hersenen • (orgaan) *Gehirn [o], Hirn [o]* ⋆ de kleine ~ *das Kleinhirn* • (verstand) *Gehirn [o], Hirn [o]* ⋆ zijn ~ daarover breken *sich den Kopf darüber zerbrechen* • (hersenpan) *Hirnschale [v]* ⋆ iem. de ~ inslaan *jmdm. den Schädel einschlagen*
hersengymnastiek *Hirngymnastik [v]*, ‹denksport› *Denkübung [v]*
hersenhelft *Gehirnhälfte [v]*
hersenkronkel ≈ *eigenartige(r) Gedanke [m], sonderbare(r) Gedankengang [m]*
hersenloos *hirnlos, hirnrissig*
hersenpan *Hirnschale [v]*
hersenschim *Hirngespinst [o]*
hersenschudding *Gehirnerschütterung [v]*
hersenspinsel *Hirngespinst [o]*
hersenspoelen *einer Gehirnwäsche unterziehen*
hersenspoeling *Gehirnwäsche [v]*
hersentumor *Hirntumor [m]*
hersenverweking *Gehirnerweichung [v]*
hersenvlies *Gehirnhaut [v], Hirnhaut [v]*
hersenvliesontsteking *Hirnhautentzündung [v]*
herstel • (het weer instellen) *Wiederherstellung [v]* • (beterschap) *Erholung [v], Besserung [v]* ⋆ economisch ~ *wirtschaftliche Erholung* ⋆ ~ van de markt *Wiederbelebung des Marktes [v]* • (reparatie) *Reparatur [v]*
herstelbetaling *Entschädigung [v], Wiedergutmachung [v]*, ‹na oorlog› *Reparationszahlung [v]*
herstellen I [ov ww] • (repareren) *ausbessern, reparieren* • (in de oude staat brengen) *wiederherstellen*, ‹gebouwen› *wieder aufbauen* ⋆ iem. in zijn eer ~ *jmdn. rehabilitieren* • (goedmaken) ‹met geld› *vergüten*, ‹van een fout› *korrigieren* **II** [on ww] • (genezen) *genesen, sich erholen* ⋆ van een ziekte ~ *sich von einer Krankheit erholen* **III** [wkd ww] ‹van personen› *sich fassen*, ‹van zaken› *sich wiederherstellen*
herstellingsoord *Genesungsheim [o], Erholungsheim [o], Sanatorium [o]*
herstelwerkzaamheden *Reparaturarbeiten [mv], Instandsetzungsarbeiten [mv]*
herstructureren *neu strukturieren*
hert *Hirsch [m]* ▾ vliegend hert *Hirschkäfer [m]*
hertenkamp *Hirschpark [m]*
hertenleer *Hirschleder [o]*
hertog *Herzog [m]*
hertogdom *Herzogtum [o]*
hertogelijk *herzoglich* ⋆ ~e kroon *Herzogshut [m]*
hertrouwen *sich wieder verheiraten*
hertshoorn • (hoorn van hert) *Hirschhorn [o]* • (plant.) ‹weegbree› *Wegerich [m]*, ‹wolfsklauw› *Bärlapp [m]*
hertz *Hertz [o]*
hervatten • (opnieuw beginnen) *wieder aufnehmen, wieder anfangen* • (herhalen) *wiederholen* • (voortzetten) *fortfahren, fortsetzen* ⋆ de lessen worden hervat *der Unterricht fängt wieder an*
herverkaveling *Flurbereinigung [v]*, ‹jur.› *Bodenreform [v]*
hervormd *reformiert* ⋆ de Hervormde Kerk *die reformierte Kirche*
hervormen *erneuern, reformieren, umbilden, umgestalten*
hervorming • (het hervormen) *Erneuerung [v], Umgestaltung [v], Neuerung [v], Reform [v]* ⋆ ~ van het onderwijs *Schulreform [v]* • (rel.) *Reformation [v]*
herwaarderen *neu bewerten*
herwinnen I [ov ww] • (uit recycling verkrijgen) *zurückgewinnen, wiedergewinnen* • (heroveren) *wiedererlangen* **II** [wkd ww] *sich zusammennehmen, sich fassen*
herzien *korrigieren, revidieren*, ‹bewerken› *überarbeiten*, ‹juist maken› *berichtigen*,

H

‹veranderen› (ab)ändern ⋆ de derde ~e druk die dritte, überarbeitete Auflage
herziening Revision [v], Überprüfung [v] ⋆ ~ van de grondwet Verfassungsreform [v]
hes Kittel [m]
het I [pers vnw] es **II** [onb vnw] ⋆ zij was er het eerst sie war als Erste da ⋆ wie is het grootst wer ist am größten **III** [lw] das
heteluchtballon Heißluftballon [m]
heteluchtkachel Heißluftofen [m]
heten I [ov ww] • (noemen) heißen, nennen **II** [on ww] • (beweerd worden) ⋆ naar het heet wie man sagt • (een naam dragen) heißen ⋆ hoe heet je van achteren? wie heißt du mit Nachnamen?
heterdaad ▾ op ~ betrappen auf frischer Tat ertappen
hetero I [de] Heterosexuelle(r) [m] **II** [bnw] heterosexuell
heterogeen heterogen
hetze Hetze [v]
hetzelfde ‹gelijkend› das Gleiche, ‹identiek› dasselbe
hetzij sei es ⋆ ~ dit ~ dat entweder dies oder jenes
heug ▾ tegen heug en meug mit Widerwillen; widerwillig
heugen im Gedächtnis bleiben/sein ⋆ dat zal je ~ das wirst du bereuen ⋆ de tijd heugt mij niet dat ... ich erinnere mich nicht der Zeit, dass ...
heuglijk • (verheugend) erfreulich • (gedenkwaardig) denkwürdig
heulen gemeinsame Sache machen mit [3]
heup Hüfte [v] ▾ het op de heupen hebben schlecht gelaunt sein
heupfles Flachmann [m]
heupgordel Hüftgurt [m], Hüftgürtel [m]
heupwiegen sich beim Gehen in den Hüften wiegen
heupwijdte Hüftweite [v]
heupzwaai Hüftschwung [m]
heus echt, wirklich, tatsächlich
heuvel Hügel [m]
heuvelachtig hügelig
heuvelrug Hügelkette [v]
hevel Saugheber [m], ‹chem.› Heber [m]
hevig • (intens) gewaltig • (heftig) heftig, stark ⋆ een ~e storm ein verheerender Sturm
hiaat I [de] Hiatus [m] **II** [het] Lücke [v]
hiel • (lichaamsdeel) Ferse [v], Hacke [v] • (deel van kous) Ferse [v] ▾ de hielen lichten sich aus dem Staub machen; Fersengeld geben; sich aus dem Staub machen ▾ iem. op de hielen zitten jmdm. auf den Fersen bleiben ▾ ik zie liever zijn hielen dan zijn tenen ich sehe ihn am liebsten von hinten
hielenlikker Speichellecker [m], ‹vulg.› Arschkriecher [m]
hier hier, ‹hierheen› hierher ⋆ hier te lande hierzulande/hier zu Lande ⋆ kom eens hier komm mal her ⋆ ga hier staan stell dich hierher ⋆ hier ter plaatse hiesig
hieraan hieran, daran ⋆ ~ heeft hij zijn bevordering te danken diesem Umstande hat er seine Beförderung zu verdanken
hierachter hierhinter, hinten ⋆ vlak ~ gleich hier hinten
hiërarchie Hierarchie [v], Rangordnung [v]
hiërarchisch hierarchisch
hierbij hierbei ⋆ ~ komt nog dazu kommt noch ⋆ ~ zend ik u anbei sende ich Ihnen ⋆ ~ deel ik u mede hiermit teile ich Ihnen mit
hierboven hier oben, hierüber ⋆ zie ~! siehe oben!
hierdoor • (daardoor) hierdurch • (hier doorheen) hierdurch, hierhindurch
hierheen hierher, hierhin
hierin hierin
hierlangs ‹hier voorbij› (hier) vorbei, ‹hieraan evenwijdig› (hier) entlang
hiermee hiermit
hierna hiernach
hiernaast hierneben ⋆ de buurman ~ der Nachbar hier nebenan
hiernamaals Jenseits [o]
hiëroglief Hieroglyphe [v] ⋆ in ~en hieroglyphisch
hierom • (daarom) deswegen, darum, aus diesem Grund • (hier omheen) hierherum
hieromtrent • (hier in de buurt) irgendwo hier, hier in der Nähe • (hierover) hierüber
hieronder hierhinunter, ‹verder beneden› weiter unten ⋆ zie ~ siehe unten
hierop • (hier bovenop) hierauf, darauf • (hierna) daraufhin
hierover • (hier overheen) darüber, hierüber • (omtrent) ⋆ zwijg ~ schweige hiervon
hiertegen dagegen
hiertoe • (tot dit doel) hierzu, dazu ⋆ ~ heb ik het lef niet dazu fehlt mir der Schneid • (tot hier toe) bis hier ⋆ tot ~ en niet verder bis hierher und nicht weiter
hiertussen dazwischen, hierzwischen
hieruit • (uit deze plaats) hieraus • (uit het genoemde) daraus
hiervan hiervon, davon
hiervandaan von hier
hiervoor • (vóór het genoemde) hiervor, davor ⋆ hij is niet de man ~ er ist nicht die richtige Person dafür ⋆ ~ woonde hij in Parijs vor dieser Zeit wohnte er in Paris • (hiertoe) davor, dafür
hifi Hi-Fi
high high ⋆ high tech Hightech [m]
hij er
hijgen keuchen, schnaufen, pusten
hijger Anrufer, der obszön daherredet [m], ≈ anonyme(r) Anrufer [m]
hijs Hochziehen [o], Zug [m] ▾ dat was een hele hijs das war eine mühsame Arbeit
hijsblok Flaschenzug [m]
hijsen • (omhoog trekken) hissen, hochziehen, heben • (stevig drinken) zechen
hijskraan Kran [m]
hik Schluckauf [m] ⋆ ik heb de hik ich habe Schluckauf
hikken schlucksen ▾ ergens tegenaan ~ mit etw. nicht fertig werden
hilariteit Heiterkeit [v]
hinde Hirschkuh [v] ▾ vlug/slank als een ~ flink/ schlank wie eine Gazelle
hinder Belästigung [v], Behinderung [v] ⋆ ~ hebben van iets etw. als lästig empfinden
hinderen • (belemmeren) hindern, beeinträchtigen ⋆ dat hindert niet das macht nichts • (ergeren) belästigen, stören
hinderlaag Hinterhalt [m] ⋆ iem. in een ~ lokken im Hinterhalt auf jmdn. lauern ⋆ zich in ~ leggen im Hinterhalt liegen ⋆ in een ~ vallen in einen Hinterhalt geraten
hinderlijk • (belemmerend) hemmend • (storend) lästig, störend
hindernis Hemmnis [o], Hindernis [o], Hürde [v] ▾ ~sen uit de weg ruimen Steine aus dem Weg räumen
hindernisbaan Hindernisbahn [v]
hindernisloop Hindernislauf [m]
hinderpaal Hindernis [o], Hemmnis [o] ▾ iem. een ~ in de weg stellen jmdm. Hindernisse in den Weg legen
hinderwet Immissionsschutz [m]

H

hindoeïsme Hinduismus [m]
hinkelen *auf einem Bein hüpfen*
hinken • (mank gaan) *hinken* • (hinkelen) *auf einem Bein hüpfen* ▾ op twee gedachten ~ *unschlüssig sein* ▾ het ~de paard komt achteraan *die Sache hat einen Pferdefuß*
hinkepoot Hinkebein [o]
hink-stap-sprong Dreisprung [m]
hinniken *wiehern*
hint Tipp [m], Fingerzeig [m], Wink [m]
hip *poppig, kess*
hippen *hüpfen, hopsen*
hippie Hippie [m]
hippodroom Hippodrom [o]
historicus Historiker [m]
historie Geschichte [v] ⋆ dat behoort tot de ~ *das gehört der Vergangenheit an*
historieschilder Historienmaler [m]
historiestuk Historienstück [o]
historisch • (waar gebeurd) *historisch* • (als uit de geschiedenis) *geschichtlich*
hit Hit [m]
hitlijst Hitparade [v]
hitparade Hitparade [v], Hitliste [v]
hitsig • (driftig) *hitzig, leidenschaftlich* • (geil) *brünstig, geil* ⋆ ~ op iem./iets zijn *geil auf jmdn./etw. sein*
hitte Hitze [v] ⋆ gevoelig voor ~ *hitzeempfindlich* ▾ in de ~ van de strijd *in der Hitze des Gefechts*
hittebestendig *hitzebeständig*
hittegolf Hitzewelle [v]
ho *stopp!, halt!*
hobbel Unebenheit [v], Hubbel [m] ⋆ weg vol ~s *holprige Straße* [v]
hobbelen *hoppeln, holpern*
hobbelig *holperig*
hobbelpaard Schaukelpferd [o]
hobbezak • (kledingstuk) *unförmige(s)* Kleidungsstück [o] • (persoon) *ungeschlachte(r)* Mensch [m]
hobby Liebhaberei [v], Hobby [o]
hobo Oboe [v]
hoboïst Oboist [m]
hockey Hockey [o]
hockeyen *Hockey spielen*
hocus-pocus I [de] Hokuspokus [m], Spuk [m] **II** [tw] *Hokuspokus*
hoe *wie* ⋆ hoe dan ook *wie auch immer* ⋆ hoe eerder hoe beter *je eher, desto besser* ⋆ het gaat hoe langer hoe beter *es geht immer besser* ⋆ hoe het ook zij *wie dem auch sei* ⋆ niet meer weten hoe of wat *nicht mehr ein noch aus wissen* ⋆ hoe gaat het ermee? *wie geht's?* ⋆ hoe kan dat nou? *wie ist das denn möglich?*
hoed Hut [m]
hoedanigheid • (functie) Eigenschaft [v] ⋆ ik kom hier in de ~ van... *ich komme hierher als...* • (aard) Qualität [v], Beschaffenheit [v]
hoede • (voorzichtigheid) ⋆ op z'n ~ zijn *auf der Hut sein* • (bescherming) Schutz [m], Obhut [v] ⋆ iets onder zijn ~ nemen *etw. in seine Obhut nehmen*
hoeden I [ov ww] *hüten* **II** [wkd ww] *sich hüten (vor)* [3]
hoedenplank Hutablage [v]
hoef Huf [m] ⋆ dier met ongespleten hoeven Einhufer [m] ⋆ dier met gespleten hoeven Paarhufer [m]
hoefdier Huftier [o]
hoefgetrappel Hufschläge [mv]
hoefijzer Hufeisen [o] ⋆ in de vorm van een ~ *hufeisenförmig*
hoefslag Hufschlag [m]
hoefsmid Hufschmied [m]
hoegenaamd • (volstrekt) *durchaus, überhaupt* • (nauwelijks) *kaum*
hoek • (ruimte) Ecke [v] ⋆ in de hoek moeten staan *in der Ecke stehen müssen* • (vishaak) Haken [m] • (hoekstoot) Haken [m] • (kant) Ecke [v] ⋆ op de hoek van de straat *an der Straßenecke* • (verborgen hoekje) Gegend [v], Winkel [m] • (wisk.) Winkel [m] ⋆ een dode hoek *ein toter Winkel* ▾ iem. alle hoeken van de kamer laten zien *jmdn. durchprügeln* ▾ grappig uit de hoek komen *witzig sein* ▾ in alle hoeken en gaten zoeken *in allen Ecken und Winkeln suchen*
hoekhuis Eckhaus [o]
hoekig *kantig, eckig, winklig*
hoekplaats Eckplatz [m]
hoekpunt Scheitelpunkt [m]
hoekschop Eckball [m], Eckstoß [m]
hoeksteen • (fundament) Stützpfeiler [m] • (steen op de hoek) Eckstein [m]
hoektand Eckzahn [m]
hoelang *wie lange* ⋆ tot ~? *bis wann?*
hoen Huhn [o] ▾ zo fris als een hoentje *frisch und munter*
hoenderhok Hühnerstall [m] ▾ een knuppel in het ~ gooien *Entsetzen auslösen*
hoepel Reifen [m]
hoepelen *mit dem Reifen spielen*
hoepelrok Reifrock [m]
hoer • (prostituee) Prostituierte [v], Hure [v], ‹vulg.› Nutte [v] • (verachtelijke vrouw) Schlampe [v]
hoera *hurra*
hoerenbuurt Hurenviertel [o]
hoerenjong • (scheldwoord) Hurensohn [m] • (onwettig kind) *uneheliche(s)* Kind [o] • (onvolledige regel) Hurenkind [o]
hoerenkast Bordell [o], Puff [m]
hoerenloper Hurenbock [m]
hoerenmadam Puffmutter [v]
hoereren *huren*
hoes Überzug [m], Hülle [v], ‹ter bescherming van zitmeubels› Schonbezug [m]
hoeslaken Spannlaken [o]
hoest Husten [m]
hoestbui Hustenanfall [m]
hoestdrank Hustensaft [m]
hoesten *husten*
hoestpastille Hustenbonbon [o]
hoeve Hof [m]
hoeveel *wie viel* ⋆ met hoevelen waren jullie? *zu wievielt wart ihr?*
hoeveelheid Menge [v], ‹vast bepaalde hoeveelheid› Anzahl [v]
hoeveelste *wievielte*
hoeven I [ov ww] • ((niet) moeten) *brauchen, müssen* **II** [on ww] • (nodig zijn) *brauchen, nötig sein* ⋆ dat hoeft niet *das ist nicht nötig*
hoewel *obwohl, obgleich*
hoezeer *obwohl, obgleich, sosehr* ⋆ ~ het mij ook spijt *so Leid es mir tut*
hoezo *wieso, na was denn*
hof I [de] Garten [m] **II** [het] • (verblijf van vorst) Hof [m] • (gerechtshof) Gericht [o] ⋆ hof van appel Appellationsgericht [o]
hofdame Hofdame [v]
hoffelijk *höflich*
hoffelijkheid Höflichkeit [v]
hofhouding Hofhaltung [v]
hofje *kleine(r)* Wohnhof [m]
hofkapel Hofkapelle [v]

hofkringen *Hofkreise* [mv]
hofleverancier ≈ *Hoflieferant* [m]
hofmaarschalk *Hofmarschall* [m]
hofnar *Hofnarr* [m]
hoge • (duikplank) *hohe(s) Sprungbrett* [o] • (persoon) *hohe(s) Tier* [o]
hogedrukgebied *Hochdruckzone* [v], *Hoch* [o]
hogedrukpan *Schnellkochtopf* [m]
hogerhand ⋆ van ~ *von höherer Stelle;* ‹op bevel› *auf höheren Befehl*
hogerop • (hoger) *höher* ⋆ ~ willen *hoch hinauswollen* • (bij een hogere instantie) ⋆ het ~ zoeken *in die Berufung gehen* ⋆ ~ gaan *Berufung einlegen gegen*
hogeschool ‹hbo› *Fachhochschule* [v], ‹universiteit› *Hochschule* [v] ⋆ studie aan een ~ *Hochschulstudium* [o] ⋆ technische ~ *technische Hochschule*
hoi *grüß dich, na, hallo*
hok • (kot) *Loch* [o] • (bergplaats) *Schuppen* [m], ‹van houten planken› *Verschlag* [m] • (dierenhok) *Stall* [m], ‹voor honden› *Hundehütte* [v]
hokje • (vakje) *Fach* [o], ‹op formulier› *Kästchen* [o] • (klein hok) *Kabine* [v]
hokjesgeest *kleinkarierte(s) Denken* [o]
hokken • (samenwonen) *in wilder Ehe leben, zusammenleben* • (op één plek blijven) *hocken*
hol I [de] ⋆ het paard slaat op hol *das Pferd geht durch* ▾ zij sloeg helemaal op hol *sie drehte völlig durch* **II** [het] *Höhle* [v] ▾ zich in het hol van de leeuw wagen *sich in die Höhle des Löwen begeben/wagen; in die Höhle des Löwen gehen* **III** [bnw] • (leeg) *hohl, Hohl-* • (niet bol) *hohl* ⋆ holle hand *hohle Hand* [v] ⋆ holle ruimte *Hohlraum* [m] ▾ in het holst van de nacht *mitten in der Nacht* ▾ holle woorden *hohle(n) Worte*
holbewoner *Höhlenbewohner* [m]
holding *Holding* [v], *Holdinggesellschaft* [v]
hollen *rennen,* ‹van paarden› *durchgehen* ⋆ binnen komen ~ *hereinstürmen* ▾ het is met hem ~ of stilstaan *er fällt von einem Extrem ins andre*
holletje ▾ op een ~ *im Trab; im Laufschritt*
holocaust *Holocaust* [m]
hologram *Hologramm* [o]
holrond *konkav*
holster *Halfter* [v]
holte • (holle ruimte) *Höhlung* [v] • (uitholling) *Vertiefung* [v]
hom • (teelvocht) *Milch* [v], *Fischmilch* [v] ⋆ met hom en kuit *mit Milch und Rogen;* ‹fig.› *mit Haut und Haar* • (geslachtsklier) *Hoden* [m]
homeopaat *Homöopath* [m]
homeopathie *Homöopathie* [v]
hometrainer *Hometrainer* [m], *Heimtrainer* [m]
hommage *Hommage* [v]
hommel *Hummel* [v] ▾ zij heeft de ~ in het hoofd ‹inf.› *sie hat eine Macke*
hommeles ▾ het is (er) ~ *da gibt's Krach* [m]
homo *Homosexuelle(r)* [m], ‹man› *Schwule(r)* [m], ‹vrouw› *Lesbe* [v]
homo-erotisch *homoerotisch*
homofilie *Homophilie* [v]
homogeen *homogen*
homoniem *homonym*
homonymie *Homonymie* [v]
homoseksualiteit *Homosexualität* [v]
homp *große(s) Stück* [o] ⋆ homp brood *Brocken Brot* [m]
hond *Hund* [m] ⋆ pas op de hond! *Vorsicht, bissiger Hund!* ▾ rode hond *Röteln* [mv] ▾ blaffende honden bijten niet *bellende Hunde beißen nicht* ▾ men moet geen slapende honden wakker maken *man sollte den Teufel nicht an die Wand malen* ▾ de hond in de pot vinden *leere Schüsseln vorfinden* ▾ hij staat bekend als de bonte hond *er ist bekannt wie ein bunter Hund* ▾ hij is zo ziek als een hond *er fühlt sich hundeelend*
hondenbaan *ungefällige(r) Job* [m], *Hundearbeit* [v]
hondenbelasting *Hundesteuer* [v]
hondenhok *Hundehütte* [v]
hondenleven *Hundeleben* [o]
hondenpenning *Hundemarke* [v]
hondenpoep *Hundedreck* [m], *Hundekot* [m]
hondentrimmer *Hundefriseur* [m]
hondenweer *Hundewetter* [o], ‹pej.› *Sauwetter* [o]
honderd I [het] *Hundert* [o], ‹honderdtal› *Hunderte* [mv] ⋆ ~en jaren *hunderte/Hunderte von Jahren* ▾ alles loopt in het ~ *alles geht schief* **II** [telw] *hundert* ⋆ ik heb het je al ~ keer verteld *das hab ich dir schon hundertmal gesagt* ⋆ briefje van ~ *Hundertguldenschein* [m]; ‹inf.› *Hunderter* [m]
honderdduizend I [de] *Hunderttausend* [v/o] ⋆ de ~ trekken *das große Los ziehen* ⋆ het begin van de ~ ≈ *der erste Pfennig des Kapitals* **II** [telw] *hunderttausend*
honderdje *Hundertguldenschein* [m]
honderdste *hundertst* → **achtste**
honds *grob, hündisch, hunds-, Hunds-* ⋆ ~gemeen *hundsgemein*
hondsbrutaal *rotzfrech*
hondsdagen *Hundstage* [mv]
hondsdolheid *Tollwut* [v]
hondsdraf *Gundelrebe* [v]
hondsmoe *hundemüde*
Honduras *Honduras* [o]
honen *verhöhnen,* ‹form.› *schmähen*
honend *höhnisch* ⋆ ~ lachen *hohnlachen/Hohn lachen* ⋆ ~ gelach *Hohngelächter* [o]
Hongaar *Ungar* [m]
Hongaars I [het] *Ungarisch(e)* [o] **II** [bnw] *ungarisch*
Hongarije *Ungarn* [o]
honger *Hunger* [m] ▾ ~ maakt rauwe bonen zoet *in der Not frisst der Teufel Fliegen* ▾ scheel zien van de ~ *einen Mordshunger haben* ▾ ~ hebben als een paard *einen Bärenhunger haben*
hongerdood *Hungertod* [m]
hongeren • (honger lijden) *hungern* • (verlangen) ⋆ naar roem en macht ~ *nach Ruhm und Macht hungern*
hongerig *hungrig*
hongerlijder • (armoedzaaier) *arme(r) Schlucker* [m], *Hungerleider* [m] • (iem. die honger lijdt) *Hungernde(r)* [m]
hongerloon *Hungerlohn* [m]
hongeroedeem *Hungerödem* [o]
hongersnood *Hungersnot* [v]
hongerstaking *Hungerstreik* [m] ⋆ in ~ gaan *in den Hungerstreik treten*
hongerwinter ≈ *Hungerwinter* [m]
Hongkong *Hongkong* [o]
honing • (nectar) *Nektar* [m] • (bijenproduct) *Honig* [m]
honingraat *Honigwabe* [v]
honingzoet *honigsüß*
honk • (thuis) *Heim* [o] ⋆ bij honk blijven *daheim bleiben* ⋆ van honk zijn *nicht zu Hause sein* • (sport) *Mal* [o]
honkbal *Baseball* [m]
honkbalknuppel *Baseballschläger* [m]
honkballen *Baseball spielen*

H

honkvast *sesshaft* ⋆ ~ zijn ‹graag thuisblijven› *ein Stubenhocker sein;* ‹niet graag verhuizen of reizen› *an der Scholle kleben*
honneurs *Honneurs* [mv] ⋆ de ~ waarnemen *die Honneurs machen*
honorair ⋆ ~ lid *Ehrenmitglied* [o] ⋆ ~ ambt *Ehrenamt* [o]
honorarium *Honorar* [o]
honoreren *honorieren*
hoofd • (lichaamsdeel) *Kopf* [m], *Haupt* [o] • (leiding) *Haupt* [o] ⋆ het ~ van de r.-k. kerk *das Oberhaupt der r.-k. Kirche* ⋆ het ~ van de school *der Schulleiter* ⋆ het ~ van de afdeling *der Abteilungsleiter* • (verstand) ⋆ iem. iets uit het ~ praten *jmdm. etw. ausreden* • (persoon) ⋆ per ~ *pro Kopf* • (voorste/bovenste gedeelte) ⋆ aan het ~ van de tafel zitten *am Kopf der Tafel sitzen* ▾ iem. voor het ~ stoten *jmdn. vor den Kopf stoßen* ▾ uit ~e van kraft [2] ▾ iem. het ~ op hol brengen *jmdm. den Kopf verdrehen* ▾ het ~ laten hangen *den Kopf hängen lassen* ▾ iets over het ~ zien *etw. übersehen* ▾ het ~ verliezen *den Kopf verlieren* ▾ zich het ~ over iets breken *sich den Kopf über etw. zerbrechen* ▾ ik heb er een hard ~ in *ich glaube kaum, dass das klappen wird* ▾ mijn ~ loopt om *ich weiß nicht mehr, wo mir der Kopf steht* ▾ het ~ boven water houden *sich über Wasser halten* ▾ ben je wel goed bij je ~? *bist du nicht recht bei Trost?* ▾ ik weet niet wat me boven het ~ hangt *ich weiß nicht, was mir bevorsteht* ▾ hoe haal je het in je ~? *was fällt dir ein?* ▾ iets uit het ~ leren *etw. auswendig lernen* ▾ dat moet je uit je ~ zetten *das musst du dir aus dem Kopf schlagen* ▾ het ~ bieden aan iets *einer Sache die Stirn bieten*
hoofd- *Haupt-, haupt-*
hoofdagent *Hauptwachtmeister* [m]
hoofdartikel • (redactioneel stuk) *Leitartikel* [m] • (voornaamste handelsartikel) *Hauptartikel* [m]
hoofdbestuur *Präsidium* [o], *Hauptverwaltung* [v], *Zentralverwaltung* [v]
hoofdbewoner *Hauptmieter* [m]
hoofdbreken ▾ het kostte me veel ~s *es bereitete mir viel Kopfzerbrechen*
hoofdbureau *Zentrale* [v], *Zentralstelle* [v], ‹van politie in grotere plaats› *Präsidium* [o], ‹van politie in kleinere plaats› *Hauptwache* [v], ‹van publieke dienst› *Hauptamt* [o]
hoofdcommissaris *Polizeipräsident* [m]
hoofddeksel *Kopfbedeckung* [v]
hoofddoek *Kopftuch* [o]
hoofdeinde *Kopfende* [o]
hoofdelijk *pro Kopf* ⋆ bij ~e stemming *durch namentliche Abstimmung* [v] ⋆ ~ aansprakelijk *persönlich haftbar*
hoofdfilm *Hauptfilm* [m]
hoofdgebouw *Hauptgebäude* [o]
hoofdgerecht *Hauptgericht* [o], *Hauptgang* [m]
hoofdingang *Haupteingang* [m]
hoofdinspecteur ‹van politie› *Kommissar* [m]
hoofdje *Köpfchen* [o]
hoofdkantoor *Zentrale* [v], *Hauptsitz* [m] ⋆ ~ van de douane *Hauptzollamt* [o] ⋆ ~ van de posterijen *Hauptpostamt* [o]
hoofdkraan *Haupthahn* [m]
hoofdkussen *Kopfkissen* [o]
hoofdkwartier • (verblijf van de legerleiding) *Hauptquartier* [o] • (belangrijkste vestiging) *Zentralstelle* [v]
hoofdleiding • (opperste leiding) *Direktion* [v] • (toevoerbuis) *Hauptleitung* [v]
hoofdletter *Majuskel* [v], *Großbuchstabe* [m] ⋆ met ~ H *mit großem H* ⋆ schrijf je dat met ~? *schreibt man das groß?*
hoofdlijn • (voornaamste spoor-, tram-, luchtverbinding) *Hauptstrecke* [v], *Hauptverbindung* [v] • (voornaamste lijn) *Grundlinie* [v], *Grundzug* [m] ⋆ in ~en *in großen Zügen*
hoofdmacht ‹militair› *Kerntruppe* [v]
hoofdmoot *Hauptteil* [m]
hoofdpersoon *Hauptperson* [v], ‹in drama of roman› *Protagonist* [m]
hoofdpijn *Kopfschmerzen* [mv] ⋆ schele ~ *Migräne* [v] ⋆ barstende ~ *heftige(n) Kopfschmerzen* [mv] ⋆ pil tegen de ~ *Kopfschmerztablette* [v]
hoofdprijs *Hauptgewinn* [m]
hoofdredacteur *Chefredakteur* [m]
hoofdrekenen *Kopfrechnen* [o]
hoofdrol *Hauptrolle* [v] ▾ de ~ spelen *die Hauptrolle spielen*
hoofdschotel • (het belangrijkste) ⋆ de film was de ~ van de dag *der Film war der Höhepunkt des Tages* • (voornaamste gerecht) *Hauptgericht* [o]
hoofdschuddend *kopfschüttelnd*
hoofdstad *Hauptstadt* [v]
hoofdstel *Zaumzeug* [o]
hoofdsteun *Kopfstütze* [v]
hoofdstraat *Hauptstraße* [v]
hoofdstuk *Kapitel* [o] ▾ dat is een ~ apart *das ist ein Kapitel für sich*
hoofdtelwoord *Grundzahl* [v]
hoofdvak *Hauptfach* [o]
hoofdzaak *Hauptsache* [v], *Wesentliche(s)* [o] ⋆ zich tot de ~ beperken *sich auf das Wesentliche beschränken* ⋆ hoofd- en bijzaken *Haupt- und Nebensachen*
hoofdzakelijk *hauptsächlich, vor allem, in der Hauptsache*
hoofdzin *Hauptsatz* [m]
hoofs *höfisch*
hoog *hoch* ⋆ hoge adel *Hochadel* [m] ⋆ hoge hoed *Zylinder* [m] ⋆ de hogere landbouwschool *die landwirtschaftliche Hochschule* ⋆ hoger onderwijs *Hochschulwesen* [o] ▾ hoog en droog zitten *geborgen sein wie in Abrahams Schoß* ▾ hoge Piet *hohe(s) Tier* [o] ▾ bij hoog en laag beweren *steif und fest behaupten*
hoogachten *hoch achten, hoch schätzen*
hoogachtend *hochachtungsvoll*
hoogachting *Hochachtung* [v] ⋆ met de meeste ~ *mit vorzüglicher Hochachtung*
hoogbejaard *hochbetagt*
hoogblond *hellblond*
hoogbouw *Hochbau* [m]
hoogconjunctuur *Hochkonjunktur* [v]
hoogdravend *schwülstig, hochgestochen, hochtrabend*
hoogfrequent *Hochfrequenz-, hochfrequent*
hooggeacht *hoch geachtet* ⋆ ~e heer *sehr geehrter Herr*
hooggebergte *Hochgebirge* [o]
hooggeëerd *hochverehrt, sehr verehrt* ⋆ ~ publiek! *sehr verehrtes Publikum!*
hooggeleerd *hochgelehrt, hochgebildet* ⋆ Aan de ~e heer prof. dr. N.N. *Herrn Professor Dr. N.N.*
hooggeplaatst *hoch gestellt, hoch* ⋆ ~e personen *hoch gestellte(n) Persönlichkeiten* ⋆ ~e ambtenaar *hohe(r) Beamte(r)* [m]
hooggerechtshof *Oberste(r) Gerichtshof* [m]
hooggespannen *hochgespannt*
hoogglanslak *Hochglanzlack* [m]

H

hooghartig *hochmütig, eingebildet*
hoogheid *Hoheit* [v] ⋆ Zijne/Hare Koninklijke Hoogheid *Seine/Ihre Königliche Hoheit*
hoogland *Hochland* [o] ⋆ de Schotse Hooglanden *das Schottische Hochland*
hoogleraar *Professor* [m] ⋆ ~ in de filosofie *Professor der Philosophie*
hooglijk *äußerst, außerordentlich*
hooglopend *heftig* ⋆ ~e ruzie *heftige(r) Streit* [m]
hoogmis *Hochamt* [o]
hoogmoed *Hochmut* [m] ▾ ~ komt voor de val *Hochmut kommt vor dem Fall*
hoogmoedig *hochmütig, hochnäsig*
hoognodig *dringend nötig, dringend notwendig* ⋆ het ~e doen *das Notwendigste tun*
hoogoven *Hochofen* [m] ⋆ de ~s bij IJmuiden *das Hüttenwerk bei IJmuiden*
hoogrood *hochrot, krebsrot*
hoogseizoen *Hauptsaison* [v]
hoogspanning *Hochspannung* [v] ▾ onder ~ werken *unter Hochdruck arbeiten*
hoogspanningskabel *Hochspannungskabel* [o]
hoogspanningsmast *Hochspannungsmast* [m]
hoogspringen *hochspringen*
hoogst I [het] *Höchste(s)* [o] **II** [bijw] *höchst, äußerst, überaus*
hoogstaand ‹ethisch› *sittlich hoch stehend,* ‹geestelijk› *geistig hoch stehend,* ‹ontwikkeld› *kulturell hoch stehend,* ‹van voornaam karakter› *hochgesinnt*
hoogstandje *Glanzleistung* [v], *Glanzstück* [o]
hoogsteigen *höchstpersönlich*
hoogstens *höchstens,* ‹in het ergste geval› *schlimmstenfalls*
hoogstwaarschijnlijk *höchstwahrscheinlich, aller Wahrscheinlichkeit nach*
hoogte *Höhe* [v] ⋆ op een ~ van 300 meter *in einer Höhe von 300 Metern* ⋆ ter ~ van Gibraltar *auf der Höhe von Gibraltar* ⋆ een bedrag ter ~ van *ein Betrag in Höhe von* ▾ iem. uit de ~ behandelen *jmdn. von oben herab behandeln* ▾ tot op zekere ~ *in gewissem Maße; bis zu einem gewissen Grade* ▾ op de ~ zijn *auf dem Laufenden sein* ▾ zij kan er geen ~ van krijgen *sie kann nicht klug daraus werden* ▾ iem. van iets op de ~ brengen *jmdn. von etw. in Kenntnis setzen* ▾ zich van iets op de ~ stellen *sich nach etw. erkundigen* ▾ daarvan ben ik niet op de ~ *darüber bin ich nicht unterrichtet*
hoogtelijn • (wisk.) *Höhe* [v] • (geo.) *Höhenlinie* [v]
hoogtepunt • (climax) *Höhepunkt* [m], *Klimax* [v], ‹seksueel› *Orgasmus* [m] • (wisk.) *Höhenschnittpunkt* [m]
hoogtevrees *Höhenangst* [v] ⋆ geen ~ hebben *schwindelfrei sein*
hoogtezon *Höhensonne* [v]
hoogtij *Blütezeit* [v] ⋆ ~ vieren *eine Blüte erleben;* ‹pej.› *überhand nehmen*
hooguit *höchstens, maximal*
hoogverraad *Hochverrat* [m] ⋆ wegens ~ aangeklaagd *des Hochverrats angeklagt*
hoogvlakte *Hochebene* [v]
hoogvlieger *Koryphäe* [v] ⋆ hij is geen ~ *er ist keine Leuchte*
hoogwaardig • (zeer verheven) *hochwürdig* ⋆ ~e Excellentie *Eure Exzellenz* • (van hoge waarde) *hochwertig*
hoogwaardigheidsbekleder *Würdenträger* [m]
hoogwater *Hochwasser* [o]
hoogwerker *Teleskopkran* [m]
hoogzwanger *hochschwanger*
hooi *Heu* [o] ▾ te veel hooi op zijn vork nemen *sich übernehmen* ▾ te hooi en te gras *von Zeit zu Zeit*
hooiberg *Heuhaufen* [m], *Heustock* [m] ▾ naar een speld in een ~ zoeken *eine Nadel im Heuhafen suchen*
hooien *heuen*
hooikoorts *Heuschnupfen* [m], *Heufieber* [o]
hooimijt *Heuschober* [m]
hooivork *Heugabel* [v]
hooiwagen • (kar) *Heuwagen* [m] • (spinachtig dier) *Weberknecht* [m]
hooizolder *Heuboden* [m]
hoon *Hohn* [m]
hoongelach *Hohngelächter* [o]
hoop • (stapel) *Haufen* [m] ⋆ bij hopen *haufenweise* • (veel) ⋆ dat is een hoop geld *das ist ein Haufen Geld; das ist eine Menge Geld* ⋆ een hoop weten *eine Menge wissen* • (verwachting) *Hoffnung* [v] ⋆ iem. hoop geven *jmdm. Hoffnungen machen* ⋆ de hoop hebben dat ... *hoffen, dass ...* ⋆ de hoop uitspreken dat ... *der Hoffnung Ausdruck geben, dass ...* ⋆ in de hoop dat ... *hoffend, dass ...; in der Hoffnung, dass ...* ▾ tussen hoop en vrees leven *zwischen Hoffen und Bangen schweben* ▾ hoop doet leven *man hofft, solange man lebt* ▾ op hoop van zegen *auf gut Glück* ▾ iemands hoop de bodem inslaan *jmds. Hoffnungen zerstören*
hoopgevend *viel versprechend, hoffnungsvoll*
hoopvol • (vol hoop) *hoffnungsvoll, zuversichtlich* ⋆ ~le stemming *zuversichtliche Stimmung* [v] • (vol belofte) *hoffnungsvoll, viel versprechend*
hoor ⋆ niet doen hoor! *tu das bloß nicht!* ⋆ nou hoor *na ja* ⋆ goed hoor! *ja gut!*
hoorapparaat *Hörgerät* [o]
hoorbaar *hörbar, vernehmbar* ⋆ een nauwelijks ~ geluid *ein kaum vernehmbarer Laut* ⋆ ~ door de neus ademen *hörbar durch die Nase atmen*
hoorcollege *Vorlesung* [v]
hoorn • (uitsteeksel aan kop) *Horn* [o] • (telefoonhoorn) *Hörer* [m]
hoorndol *toll, rasend, rasend, verrückt*
hoornen *hörnern, aus Horn* ⋆ een ~ montuur *eine Hornbrille*
hoornlaag *Hornhaut* [v]
hoornvlies *Hornhaut* [v]
hoornvliesontsteking *Hornhautentzündung* [v]
hoorspel *Hörspiel* [o]
hoorzitting *Anhörung* [v], ‹horen van een expert› *Hearing* [o]
hoos *Wirbelwind* [m], ‹boven land› *Windhose* [v], ‹boven watervlakte› *Wasserhose* [v]
hoosbui *Platzregen* [m]
hop I [de] • (vogel) *Wiedehopf* [m] • (plant) *Hopfen* [m] **II** [tw] *hopp, hops*
hopelijk *hoffentlich*
hopeloos *hoffnungslos, aussichtslos* ⋆ ~ verliefd *wahnsinnig verliebt*
hopen *hoffen* ⋆ het is te ~ *das will ich hoffen* ⋆ naar ik hoop *hoffentlich* ⋆ ik hoop van niet *ich will es nicht hoffen*
hopman *Führer* [m]
hor *Fliegenfenster* [o]
horde • (bende) *Meute* [v], *Horde* [v] ⋆ een ~ mensen *eine Horde von Menschen* • (sport) *Hürde* [v]
hordeloop *Hürdenlauf* [m]
horeca *Gaststättengewerbe* [o]
horen I [ov ww] • (vernemen) *hören, vernehmen* ⋆ van ~ zeggen *vom Hörensagen* • (verhoren) *(an)hören* ⋆ ‹jur.› getuigen ~ *Zeugen vernehmen* • (met gehoor waarnemen) *hören* ⋆ moet je ~

H

wie het zegt *was sie nicht sagt* ⋆ hoor eens! *hör mal!* ▾ zo mag ik het ~ *das höre ich gern* **II** [on ww] ● (betamen) *sich gehören* ● (zijn plaats hebben) *gehören* ▾ wie niet ~ wil, moet maar voelen *wer nicht hören will, muss fühlen* ▾ ~ en zien vergaat je *da vergeht einem Hören und Sehen*
horizon *Horizont* [m], ‹fig.› *Gesichtskreis* [o]
horizontaal *horizontal, waagerecht*
horloge *Uhr* [v]
horlogebandje *Uhrarmband* [o], *Uhrband* [o]
hormonaal *hormonal, hormonell*
hormoon *Hormon* [o]
horoscoop *Horoskop* [o] ⋆ iemands ~ trekken *jmdm. das Horoskop stellen*
horrelvoet ● (mismaakte voet) *Klumpfuß* [m] ● (persoon) *Klumpfüßige(r)* [m]
horror *Horror* [m]
horrorfilm *Horrorfilm* [m]
hors-d'oeuvre *Horsd'ouvre* [o]
hort *Ruck* [m], *Stoß* [m] ▾ met horten en stoten *ruckartig* ▾ zij is de hort op *sie ist weggegangen;* ‹ervandoor› *sie ist abgehauen/durchgebrannt*
horten *holpern, stocken* ⋆ ~d en stotend *mühsam*
hortensia *Hortensie* [v]
hortus *botanische(r) Garten* [m]
horzel *Hornisse* [v]
hospes *Zimmerwirt* [m], *Zimmervermieter* [m]
hospita *Zimmerwirtin* [v]
hospitaal *Lazarett* [o]
hospitant *Hospitant* [m], *Gasthörer* [m]
hospiteren *hospitieren*
hossen ≈ *eingehakt springen und tanzen*
hostess *Hostess* [v]
hostie *Hostie* [v]
hot I [bnw] *heiß, brandaktuell, hochaktuell* ⋆ een hot item *ein hochaktuelles Thema* **II** [bijw] ▾ iem. van hot naar haar sturen *jmdn. von Pontius zu Pilatus schicken*
hotdog *Hotdog/Hot Dog* [m]
hotel *Hotel* [o], *Gasthof* [m] ⋆ in een ~ logeren *in einem Hotel wohnen*
hotelaccommodatie *Hotels* [mv]
hoteldebotel *durchgedreht, verrückt*
hotelgast *Hotelgast* [m]
hotelhouder *Hotelbesitzer* [m], *Hotelier* [m]
hôtelier → **hotelhouder**
hotelketen *Hotelkette* [v]
hotelschakelaar *Wechselschalter* [m]
hotelschool *Hotelfachschule* [v]
hotline *Hotline* [v]
hotpants *Hotpants* [mv]
houdbaar *haltbar*
houden I [ov ww] ● (doen plaatsvinden) *(ab)halten, veranstalten* ⋆ wanneer ~ jullie het feest? *wann ist die Fete?* ● (behouden) *behalten* ⋆ een geheim voor zich ~ *ein Geheimnis für sich behalten* ● (vast-, tegenhouden) *halten* ⋆ houdt de dief! *haltet den Dieb!* ⋆ een boek in handen ~ *ein Buch in Händen halten* ● (~ **op**) ⋆ ik houd het erop dat... *ich gehe vorläufig davon aus, dass...* ● (~ **voor**) *halten (für)* **II** [on ww] ● (~ **van**) *lieben* ⋆ van iem. ~ *jmdn. lieben* ⋆ ik houd niet van wijn *ich mag keinen Wein* ⋆ veel van voetballen ~ *ein Fußballfan sein* **III** [wkd ww] ● (schijn aannemen) *sich stellen* ⋆ zich doof ~ *sich taub stellen* ● (blijven) *sich halten* ⋆ zich kalm ~ *sich ruhig verhalten* ⋆ zich aan de regels ~ *die Regeln einhalten* ▾ er is geen ~ aan *es gibt kein Halten mehr*
houder ● (beheerder) *Inhaber* [m], *Besitzer* [m], ‹exploitant› *Betreiber* [m], ‹van dieren, auto› *Halter* [m], ‹van titel, prijs› *Träger* [m], ‹van zaak› *Geschäftsführer* [m] ● (klem) *Halter* [m] ● (voorwerp om iets in te bewaren) *Behälter* [m]
houdgreep *Haltegriff* [m] ▾ iem. in de ~ hebben *jmdn. im Schwitzkasten haben*
houding ● (gedragslijn) *Fassung* [v], *Verhalten* [o], *Attitüde* [v] ⋆ zich een ~ geven *eine Haltung annehmen* ⋆ met zijn ~ geen raad weten *nicht wissen, wie man sich verhalten soll* ⋆ zich geen ~ weten te geven *unbeholfen sein* ● (lichaamshouding) *Pose* [v], *Haltung* [v]
hout *Holz* [o] ▾ dat snijdt geen hout *das ist nicht stichhaltig* ▾ hij is uit het goede hout gesneden *er ist aus gutem Holz geschnitzt*
houtduif *Holztaube* [v], *Wildtaube* [v], *Ringeltaube* [v]
houten *hölzern, Holz-*
houterig *steif*
houtgravure *Holzstich* [m]
houthakker *Holzfäller* [m]
houtje *Hölzchen* [o] ⋆ ~-touwtjejas *Dufflecoat* [m] ▾ op eigen ~ *auf eigene Faust*
houtlijm *Holzleim* [m]
houtskool *Holzkohle* [v]
houtsnijwerk *Holzschnitzerei* [v]
houtsnip *Waldschnepfe* [v]
houtvester *Forstmeister* [m]
houtvesterij ● (toezicht) *Forstamt* [o] ● (woning) *Forsthaus* [o]
houtvrij *holzfrei*
houtwal *Knick* [m]
houtwerk ● (houten delen) *Holzbauteil* [o] ● (constructie) *Holzkonstruktion* [v], ‹voorwerp› *Schreinerarbeit* [v]
houtwol *Holzwolle* [v]
houtworm *Holzwurm* [m]
houtzagerij *Sägewerk* [o]
houvast *Halt* [m]
houw ● (slag) *Hieb* [m] ● (snee) *Hieb* [m], *Hiebwunde* [v]
houwdegen *Haudegen* [m] ● (wapen) *Haudegen* [m]
houweel *Spitzhacke* [v], *Pickel* [m]
houwen *abhauen*
houwitser *Haubitze* [v]
hovaardig *dünkelhaft, hoffärtig*
hoveling *Höfling* [m]
hovenier *Gärtner* [m]
hovercraft *Hovercraft* [o], *Luftkissenfahrzeug* [o]
hozen I [ov ww] *schöpfen* **II** [onp ww] *in Strömen regnen*
hts ≈ *Fachhochschule* [v]
hufter *Rindvieh* [o], ‹vulg.› *Arschloch* [o]
huichelaar *Heuchler* [m]
huichelachtig *heuchlerisch*
huichelarij *Heuchelei* [v]
huichelen *heucheln*
huid ● (vel) *Haut* [v] ● (pels) *Fell* [o] ⋆ de huid afstropen *das Fell abziehen* ▾ een dikke huid hebben *ein dickes Fell haben* ▾ iem. de huid over de oren halen *jmdm. das Fell über die Ohren ziehen* ▾ iem. op de huid zitten *jmdm. auf der Pelle sitzen* ▾ met huid en haar opeten *mit Haut und Haar verschlingen*
huidarts *Hautarzt* [m]
huidig *heutig,* ‹van deze tijd› *gegenwärtig, jetzig* ⋆ de ~e situatie *die gegenwärtige Situation* [v]
huidkleur *Hautfarbe* [v]
huidmondje *Spaltöffnung* [v]
huiduitslag *Hautausschlag* [m]
huidziekte *Hautkrankheit* [v]
huif *Plane* [v]
huifkar *Planwagen* [m]

huig *Zäpfchen* [o]
huilbui *Weinkrampf* [m]
huilebalk *Plärrer* [m], *Heulpeter* [m], *Heulsuse* [v]
huilen • (wenen) *weinen* • (janken) *heulen* ▾ ~ met de wolven in het bos *mit den Wölfen heulen*
huilerig *weinerlich*
huis • (woning) *Haus* [o] ⋆ de heer des huizes *der Herr des Hauses* ⋆ naar huis brengen *nach Hause bringen* ⋆ het Koninklijk Huis *die königliche Familie* ⋆ open huis *Tag der offenen Tür* • (geslacht) ⋆ van goeden huize komen *aus bestem Hause kommen* ▾ nóg verder van huis zijn *vom Regen in die Traufe kommen* ▾ heel wat in huis hebben *sehr sachkundig sein*; ‹inf.› *eine Menge auf dem Kasten haben*
huis-aan-huisblad *Anzeigenblatt* [o]
huisapotheek *Hausapotheke* [v]
huisarrest *Hausarrest* [m] ⋆ ~ hebben *unter Hausarrest stehen*
huisarts *Hausarzt* [m]
huisbaas *Hauswirt* [m], *Hausbesitzer* [m]
huisbezoek *Hausbesuch* [m]
huisdier *Haustier* [o]
huiseigenaar *Hausbesitzer* [m]
huiselijk • (het huis betreffend) *häuslich* ⋆ het ~ geluk *das Familienglück* ⋆ in de ~e kring *im Kreis der Familie* • (graag thuis zijnd) *häuslich* • (gezellig) *gemütlich*
huisgenoot *Mitbewohner* [m], *Hausgenosse* [m]
huisgezin *Familie* [v]
huishoudbeurs *Haushaltsmesse* [v]
huishoudboekje *Haushaltsbuch* [o]
huishoudelijk • (het huishouden betreffend) *hauswirtschaftlich, Haushalts-* ⋆ zaak in ~e artikelen *Haushaltswarengeschäft* [o] ⋆ ~e uitgaven *Haushaltsausgaben* • (dagelijkse zaken betreffend) *geschäftlich* ⋆ ~ reglement *Satzung* [v] ⋆ ~e vergadering *Mitgliederversammlung* [v] ⋆ ~e zaken *geschäftliche(n) Angelegenheiten*
huishouden I [het] • (huishouding) *Wirtschaft* [v], *Haushaltung* [v] ⋆ het ~ doen *den Haushalt besorgen* ⋆ voor iem. het ~ doen *jmdm. den Haushalt führen* • (gezin) *Haushalt* [m] ▾ dat is me daar een mooi ~! *das ist dort eine saubere Wirtschaft!* **II** [on ww] • (de huishouding doen) *den Haushalt führen, wirtschaften* • (tekeergaan) *hausen* ⋆ daar heeft een orkaan huisgehouden *dort hat ein Orkan gewütet*
huishoudgeld *Haushaltsgeld* [o], *Haushaltskasse* [v]
huishouding *Haushalt* [m], *Haushaltung* [v] ⋆ hulp in de ~ *Haushaltshilfe* [v]
huishoudkunde *Hauswirtschaft* [v]
huishoudschool *Hauswirtschaftsschule* [v]
huishoudster *Haushälterin* [v]
huisje *Häuschen* [o] ▾ ~, boompje, beestje *Spießertraum* [m] ▾ heilig ~ *heilige Kuh* [v]
huisjesmelker *Miethai* [m], *Mietwucherer* [m]
huiskamer *Wohnzimmer* [o]
huisknecht *Hausdiener* [m]
huisman *Hausmann* [m]
huismeester *Hausmeister* [m]
huismerk *Hausmarke* [v]
huismiddel *Hausmittel* [o]
huismoeder *Hausfrau* [v]
huismus • (persoon) *Stubenhocker* [m] • (vogel) *Spatz* [m], *Sperling* [m]
huisnummer *Hausnummer* [v]
huisraad *Hausrat* [m]
huisschilder *Anstreicher* [m], *Maler* [m]
huisvader *Hausvater* [m]
huisvesten ‹tijdelijk› *unterbringen*, ‹voor altijd› *ansiedeln* ⋆ gehuisvest zijn *wohnen*
huisvesting • (het huisvesten) *Unterbringung* [v], *Beherbergung* [v] • (verblijf) *Unterkunft* [v]
huisvlijt *Heimarbeit* [v]
huisvredebreuk *Hausfriedensbruch* [m]
huisvriend *Hausfreund* [m]
huisvrouw *Hausfrau* [v]
huisvuil *Hausmüll* [m] ⋆ ophaling van ~ *Müllabfuhr* [v]
huiswaarts *nach Hause, heimwärts*
huiswerk • (schoolwerk) *Schularbeiten* [mv], *Hausaufgaben* [mv] • (huishoudelijk werk) *Hausarbeit* [v]
huiszoeking *Hausdurchsuchung* [v] ⋆ een ~ doen *eine Hausdurchsuchung vornehmen*
huiszwaluw *Mehlschwalbe* [v]
huiveren • (rillen) *schaudern, frösteln* • (terugschrikken) *schaudern, zurückscheuen*
huiverig • (rillerig) *fröstelig* • (angstig) *zögernd*
huivering • (rilling) *Schauder* [m], *Frösteln* [o] • (aarzeling) *Scheu* [v]
huiveringwekkend *Schauder erregend, schauerlich*
huizen *wohnen*, ‹pej.› *hausen*
huizenhoog *haushoch* ⋆ huizenhoge golven *haushohe Wellen* ⋆ ~ tegen iets opzien *vor etw. zurückschrecken*
hulde *Huldigung* [v], *Ehrung* [v] ⋆ iem. ~ brengen *jmdm. huldigen*
huldebetoon *Ehrbezeugung* [v], *Ehrung* [v]
huldeblijk *Huldigung* [v], ‹geschenk› *Ehrengabe* [v] ⋆ ~en ontvangen *Huldigungen entgegennehmen*
huldigen *huldigen* [3]
hullen *hüllen (in)* [4] ⋆ zich in stilzwijgen ~ *sich in Schweigen hüllen*
hulp • (het helpen) *Hilfe* [v], *Beistand* [m], ‹medewerking› *Mithilfe* [v] ⋆ eerste hulp *erste Hilfe* [v] • (persoon) *Hilfskraft* [v], *Gehilfe* [m] ⋆ tijdelijke hulp *Aushilfskraft*
hulpbehoevend *hilfsbedürftig*
hulpbron *Hilfsquelle* [v]
hulpdienst *Hilfsdienst* [m] ⋆ telefonische ~ *Telefonseelsorge* [v]
hulpeloos *hilflos*
hulpmiddel *Hilfsmittel* [o]
hulppost *Außenstelle* [v]
hulpstuk *Zubehör* [o]
hulpvaardig *hilfsbereit, dienstfertig*
hulpverlener *Sozialarbeiter* [m]
hulpverlening • (hulp verlenen) *Hilfeleistung* [v] • (geïnstitutionaliseerde zorg) *Sozialarbeit* [v], *Fürsorge* [v]
hulpwerkwoord *Hilfsverb* [o], *Hilfszeitwort* [o]
huls *Hülse* [v]
hulst *Stechpalme* [v]
hum *Laune* [v] ⋆ zij is uit haar hum *sie hat schlechte Laune*
humaan *human*
humanisme *Humanismus* [m]
humanist *Humanist* [m]
humanistisch *humanistisch*
humanitair *humanitär*
humeur *Laune* [v], *Stimmung* [v] ⋆ in een goed/slecht ~ zijn *gute/schlechte Laune haben* ⋆ hij is uit zijn ~ *ihm ist eine Laus über die Leber gelaufen*
humeurig *launisch, launenhaft*
hummel *Wurm* [m], *Knirps* [m]
humor *Humor* [m] ⋆ gevoel voor ~ *Sinn für Humor* ⋆ zwarte ~ *schwarze(r) Humor* ⋆ lied vol ~ *humorvolle(s) Lied* [o]

humorist *Humorist* [m]
humoristisch *humoristisch, humorvoll, humorig*
humus *Humus* [m]
hun I [pers vnw] *ihnen* ⋆ ik heb het hun gegeven *ich habe es ihnen gegeben* **II** [bez vnw] *ihr* ⋆ hier staan hun fietsen *hier stehen ihre Fahrräder*
hunebed *Hünengrab* [o]
hunkeren *sich sehnen (nach)* [3]
huppeldepup *hopplahopp*
huppelen *hüpfen, springen*
huren *mieten,* ‹personen› *in Dienst nehmen*
hurken I [de] ⋆ op zijn ~ gaan zitten *in die Hocke gehen; sich hinhocken* **II** [on ww] *hocken*
hurkzit *Hocke* [v]
husselen *mischen*
hut • (huisje) *Hütte* [v] • (cabine op schip) *Kabine* [v], *Kajüte* [v]
hutkoffer *Schrankkoffer* [m], *Kabinenkoffer* [m]
hutspot • (stamppot) *Eintopfgericht aus Möhren, Zwiebeln und Kartoffeln* [o] • (mengelmoes) *Mischmasch* [m]
huur • (het huren) *Miete* [v] ⋆ iem. de huur opzeggen *jmdm. die Wohnung kündigen* ⋆ de huur gaat per 1 januari in *das Mietverhältnis beginnt am 1. Januar* ⋆ kamers te huur! *Zimmer zu vermieten!* • (huursom) *Miete* [v] ⋆ kale huur *Kaltmiete* ⋆ huur betalen *Miete zahlen* ⋆ te hoge huur *überhöhte Miete*
huuradviescommissie ≈ *örtliche Kommission, die Empfehlungen über Mietpreise ausspricht* [v]
huurauto *Mietauto* [o], *Mietwagen* [m], *Leihwagen* [m]
huurbescherming *Mieterschutz* [m], ‹wet› *Mieterschutzgesetz* [o]
huurcontract *Mietvertrag* [m]
huurder *Mieter* [m]
huurhuis *Mietwohnung* [v] ⋆ in een ~ wonen *zur Miete wohnen*
huurkamer ≈ *gemietete(s) Zimmer* [o]
huurkoop *Mietkauf* [m]
huurleger *Söldnerheer* [o]
huurling *Söldner* [m]
huurmoordenaar *Berufskiller* [m]
huurprijs *Miete* [v], *Mietpreis* [m]
huursubsidie *Wohngeld* [o]
huurverhoging *Mieterhöhung* [v]
huurwaardeforfait ≈ *Mietwert des eigenen Hauses, den der Eigentümer versteuern muss* [m]
huwbaar *heiratsfähig* ⋆ de huwbare leeftijd hebben *im heiratsfähigen Alter sein*
huwelijk • (verbintenis) *Ehe* [v], ‹huwelijkssluiting› *Heirat* [v] ⋆ ~ om het geld *Geldheirat* [v] ⋆ een ~ beneden zijn stand *eine nicht standesgemäße Ehe* ⋆ iem. ten ~ vragen *jmdm. einen Heiratsantrag machen* • (huwelijksvoltrekking) *Vermählung* [v], *Trauung* [v], ‹feest› *Hochzeit* [v] ⋆ een kerkelijk/burgerlijk ~ *eine kirchliche/standesamtliche Trauung* ⋆ het ~ aankondigen *die Vermählung bekannt geben*
huwelijksaankondiging *Heiratsanzeige* [v]
huwelijksaanzoek *Heiratsantrag* [m] ⋆ iem. een ~ doen *jmdm. einen Heiratsantrag machen*
huwelijksadvertentie *Heiratsanzeige* [v]
huwelijksbootje ▾ in het ~ stappen *in den Hafen der Ehe einlaufen*
huwelijksbureau *Heiratsvermittlung* [v]
huwelijksnacht *Hochzeitsnacht* [v]
huwelijksreis *Hochzeitsreise* [v]
huwelijksvoltrekking *Trauung* [v], *Eheschließung* [v]
huwelijksvoorwaarden *Ehevertrag* [m], *güterrechtliche Regelung* [v] ⋆ met ~ getrouwd zijn *einen Ehevertrag geschlossen haben*
huwen *heiraten, ehelichen*
huzaar *Husar* [m]
huzarensalade ≈ *Fleischsalat* [m]
huzarenstukje *Husarenstückchen* [o], *Bravourstück* [o]
hyacint • (bolgewas) *Hyazinthe* [v] • (halfedelgesteente) *Hyazinth* [m]
hybride I [de] *Hybride* [v] **II** [bnw] *hybrid, zwitterhaft*
hybris *Hybris* [v]
hydraulisch *hydraulisch*
hydrocultuur *Hydrokultur* [v]
hydrologie *Hydrologie* [v]
hydroloog *Hydrologe* [m]
hyena *Hyäne* [v]
hygiëne *Hygiene* [v], ‹zindelijkheid› *Sauberkeit* [v]
hygiënisch *hygienisch*
hymne *Hymne* [v]
hyper- *hyper-, Hyper-*
hypermodern *hypermodern, hochmodern*
hypertensie *erhöhte(r) Blutdruck* [m]
hyperventileren *an Hyperventilation leiden,* ‹aanval› *einen Anfall von Hyperventilation haben*
hypnose • (kunstmatige slaap) *Hypnose* [v] ⋆ iem. onder ~ brengen *jmdn. in Hypnose versetzen* • (het hypnotiseren) *Hypnotisieren* [o]
hypnotiseren *hypnotisieren*
hypnotiseur *Hypnotiseur* [m]
hypochonder I [de] *Hypochonder* [m] **II** [bnw] *hypochondrisch*
hypocriet I [de] *Heuchler* [m] **II** [bnw] *heuchlerisch*
hypocrisie *Hypokrisie* [v]
hypothecair *hypothekarisch* ⋆ ~e schuld *Hypothekenschuld* [v]
hypotheek *Hypothek* [v] ⋆ vrij van ~ *unbelastet* ⋆ geld op ~ geven *einen Hypothekarkredit gewähren*
hypotheekbank *Hypothekenbank* [v]
hypotheekrente *Hypothekenzinsen* [mv]
hypothese *Unterstellung* [v], *Hypothese* [v]
hypothetisch *hypothetisch*
hystericus *Hysteriker* [m]
hysterie *Hysterie* [v]

I

i I [o] ▾ de puntjes op de i das Tüpfelchen auf dem i
icoon Ikone [v]
ideaal I [het] Ideal [o] **II** [bnw] ideal
ideaalbeeld Idealvorstellung [v]
idealiseren idealisieren
idealisme Idealismus [m]
idealist Idealist [m]
idealistisch idealistisch
idealiter im Idealfall
idee Idee [v] ⋆ geen flauw idee van iets hebben keine blasse Ahnung von etw. haben ⋆ naar mijn idee meiner Meinung nach ⋆ ik heb het idee dat ... ich habe den Eindruck, dass ... ⋆ het idee alleen al der bloße Gedanke
ideëel ideell
ideeënbus ≈ Briefkasten für Verbesserungsvorschläge [m]
idee-fixe fixe Idee [v], ‹form.› Idée fixe [v]
idem idem, ebenso ⋆ idem dito dito
identiek identisch
identificatie Identifikation [v], Identifizierung [v]
identificeren • (identiteit vaststellen) identifizieren ⋆ zich ~ sich ausweisen • (vereenzelvigen) ⋆ zich ~ met iem./iets sich mit jmdm./etw. identifizieren
identiteit Identität [v]
identiteitsbewijs Personalausweis [m]
identiteitscrisis Identitätskrise [v]
identiteitsplaatje Erkennungsmarke [v]
ideogram Ideogramm [o]
ideologie Ideologie [v]
ideologisch ideologisch
idiomatisch idiomatisch
idioom Idiom [o]
idioot I [de] Idiot [m], Schwachsinnige(r) [m] **II** [bnw] • (zwakzinnig) idiotisch • (onzinnig) idiotisch, wahnsinnig, schwachsinnig, blödsinnig
idiosyncratisch idiosynkratisch
idioterie Idiotie [v]
idolaat abgöttisch ⋆ ~ van iem. zijn in jmdn. vernarrt sein
idool • (afgod) Idol [o], Abgott [m] • (aanbeden figuur) Idol [o]
idylle Idylle [v], Idyll [o]
idyllisch idyllisch
ieder jede(r)
iedereen jeder(mann), alle
iel • (mager) mager, hager • (ijl) dünn, schwach
iemand • (een of andere persoon) jemand, eine(r) ⋆ ~ anders jmd. anders ⋆ een zeker ~ eine gewisse Person • (wie dan ook) irgendjmd., irgendwer, irgendeine(r)
iep Ulme [v]
Ier Ire [m]
Ierland Irland [o]
Iers irisch
iets I [onb vnw] etwas ⋆ iets anders etw. anderes **II** [bijw] etwas, ein wenig, ein bisschen ⋆ ze kwam iets later sie kam ein wenig später
ietsje ein wenig, ein bisschen
ietwat etwas, ein wenig
iglo Iglu [m/o]
ijdel • (pronkzuchtig) eitel, selbstgefällig • (vergeefs) eitel, vergeblich ⋆ ~e hoop eitle Hoffnung [v]
ijdelheid Eitelkeit [v]
ijdeltuit • (ijdel persoon) eitle(r) Mensch [m], ‹man› Geck [m], ‹vrouw› Modepuppe [v] • (zelfingenomen persoon) Angeber [m]
ijken eichen
ijkwezen Eichwesen [o]
ijl I [de] Eile [v] ⋆ in aller ijl in aller Eile **II** [bnw] dünn ⋆ ijle lucht dünne Luft [v]
ijlbode Eilbote [m]
ijlen • (haasten) eilen, hasten • (onzin uitkramen) phantasieren/fantasieren, irrereden
ijlings eiligst, schleunigst, eilends
ijltempo Eiltempo [o]
ijs • (bevroren water) Eis [o] • (lekkernij) Eis [o], Eiscreme [v] ▾ zich op glad ijs wagen sich aufs Glatteis begeben ▾ het ijs breken das Eis brechen ▾ goed beslagen ten ijs komen gut gewappnet sein
ijsafzetting Eisbildung [v]
ijsbaan Eisbahn [v]
ijsbeer Eisbär [m]
ijsberen auf und ab gehen
ijsberg Eisberg [m]
ijsbergsla Eisbergsalat [m]
ijsbloemen Eisblumen [mv]
ijsblokje Eiswürfel [m]
ijsbreker Eisbrecher [m]
ijscoman Eismann [m], Eisverkäufer [m]
ijscoupe Eisbecher [m]
ijselijk scheußlich
ijshockey Eishockey [o]
ijsje Eis [o]
ijskar Eiswagen [m]
ijskast Kühlschrank [m]
ijskoud • (zeer koud) eiskalt, eisig • (emotieloos) eiskalt, eisig, ‹brutaal› unverfroren
IJsland Island [o]
IJslander Isländer [m]
IJslands I [het] Isländisch(e) [o] **II** [bnw] isländisch
ijslolly Eis am Stiel [o]
ijsmachine Eismaschine [v]
ijspegel Eiszapfen [m]
ijspret Vergnügen auf dem Eis [o]
ijssalon Eiscafé [o], Eissalon [m], Eisdiele [v]
ijsschots Eisscholle [v]
IJsselmeer Ijsselmeer [o]
ijstaart Eistorte [v]
ijstijd Eiszeit [v]
ijsvogel Eisvogel [m]
ijsvrij I [het] ≈ schulfreie(r) Tag zum Schlittschuhlaufen [m] **II** [bnw] eisfrei
ijswater Eiswasser [o]
ijszee Eismeer [o]
ijszeilen Eissegeln [o]
ijver • (vlijt) Fleiß [m] • (geestdrift) Eifer [m]
ijveraar Eiferer [m]
ijveren eifern
ijverig • (vlijtig) fleißig, emsig • (geestdriftig) eifrig
ijzel • (op bomen en planten) Raureif [m] • (regen) Eisregen [m] • (op de grond) Glatteis [o]
ijzelen ⋆ het ijzelt es gibt Glatteis
ijzen schaudern, grauen ⋆ ik ijs ervan mir graut davor
ijzer Eisen [o] ▾ men kan geen ~ met handen breken Unmögliches lässt sich nicht erzwingen ▾ men moet het ~ smeden als het heet is man muss das Eisen schmieden, solange es heiß ist ▾ meer ~s in het vuur hebben mehrere Eisen im Feuer haben
ijzerdraad Eisendraht [m]
ijzeren • (van ijzer) eisern, Eisen- ⋆ ~ balk Eisenbalken [m] ⋆ ~ gereedschap Eisengerät [o] • (erg sterk) eisern ⋆ een ~ wil ein eiserner Wille ⋆ een ~ maag hebben einen eisernen Magen

I

haben ▾ een ~ Hein ein Mann von Stahl
ijzererts Eisenerz [o]
ijzergaren Eisengarn [o]
ijzerhandel • (handel in ijzer) Eisenhandel [m] • (winkel) Eisen(waren)handlung [v]
ijzerhoudend eisenhaltig
ijzersterk eisenstark, eisern
ijzertijd Eisenzeit [v]
ijzervijlsel Eisenspan [m]
ijzervreter Eisenfresser [m]
ijzerwaren Eisenwaren [mv]
ijzerzaag Eisensäge [v]
ijzig eisig
ijzingwekkend schauderhaft, Grauen erregend
ik I [het] Ich [o] **II** [pers vnw] ich
ik-figuur Icherzähler [m]
illegaal illegal
illegaliteit Illegalität [v]
illusie Illusion [v]
illusionist Illusionist [m]
illuster illuster, erlaucht, berühmt ★ ~e gasten illustre Gäste
illustratie Illustration [v]
illustratief illustrativ
illustrator Illustrator [m]
illustreren illustrieren
image Image [o]
imaginair imaginär
imago Imago [v]
imam Imam [m]
imbeciel • (zwakzinnig) schwachsinnig, imbezil(l) • (dom) schwachsinning, bescheuert, verrückt
IMF IWF (Internationale(r) Währungsfonds) [m]
imitatie Imitation [v], Nachahmung [v]
imitatieleer Kunstleder [o]
imiteren imitieren, nachahmen
imker Imker [m], Bienenzüchter [m]
immanent immanent
immens immens, unermesslich
immer immer
immers ja, doch ★ hij is ~ geen kind meer er ist doch kein Kind mehr
immigrant Immigrant [m], Einwanderer [m]
immigratie Immigration [v], Einwanderung [v]
immigreren immigrieren, einwandern
immoreel unmoralisch, unsittlich
immuniseren immunisieren
immuniteit Immunität [v]
immuun immun ★ ~ maken immunisieren
impact Wirkung [v], Folgen [mv]
impasse Ausweglosigkeit [v], Sackgasse [v]
imperatief I [de] Imperativ [m] **II** [bnw] imperativ, ‹taalk.› imperativisch
imperiaal Dachgepäckträger [m]
imperialisme Imperialismus [m]
imperialistisch imperialistisch
imperium Imperium [o]
impertinent impertinent, unverschämt
implantaat Implantat [o]
implementeren implementieren
implicatie Implikation [v]
impliceren implizieren
impliciet implizit
implosie Implosion [v]
imponeren imponieren [3]
impopulair unpopulär, ‹van persoon› unbeliebt
import Import [m], Einfuhr [v]
importantie Wichtigkeit [v], Bedeutung [v]
importeren importieren, einführen
importeur Importeur [m]
imposant eindrucksvoll, beeindruckend, imposant
impotent impotent
impotentie Impotenz [v]
impregneren imprägnieren
impresariaat Agentur [v]
impresario Impresario [m]
impressie Eindruck [m], Impression [v]
impressionisme Impressionismus [m]
improductief unproduktiv
improvisatie Improvisation [v]
improviseren improvisieren
impuls Impuls [m]
impulsaankoop Spontaneinkauf [m]
impulsief impulsiv
in I [bijw] • (populair) in • (binnen) drinnen, her-/hinein ★ zij loopt het huis in sie geht ins Haus **II** [vz] • (op een bepaalde plaats) in [3/4] ★ in huis im Haus; drinnen • (op/binnen een bepaalde tijd) in [3], innerhalb [2], an [3] ★ in de zomer im Sommer ★ in het begin am Anfang ★ in de veertig Mitte vierzig ★ in 1993 im Jahre 1993 • (per) in [3] • (bezig met/te) in [3] ★ in bloei in Blüte ★ in opkomst im Kommen
inachtneming Beachtung, ‹van omstandigheden› Berücksichtigung [v], ‹van regels of wetten› Einhaltung [v]
inademen einatmen
inauguratie Inauguration [v]
inaugureel ★ inaugurele rede Rede anlässlich der Inauguration [v]
inbaar eintreibbar
inbeelden sich einbilden
inbeelding Einbildung [v]
inbegrepen einschließlich [2], inklusive [2], (mit) einbegriffen, inbegriffen ★ alle onkosten ~ einschließlich aller Unkosten
inbegrip ★ met ~ van samt [3]; einschließlich [2]
inbewaringstelling Sicherungsverwahrung [v]
inbinden I [ov ww] • (in band binden) einbinden ★ ingebonden boek gebundene(s) Buch [o] **II** [on ww] • (zich matigen) zurückstecken, klein beigeben, einlenken
inblazen einblasen ▾ iets nieuw leven ~ etw. neu beleben
inblikken in Dosen füllen
inboedel Hausrat [m]
inboeten einbüßen, verlieren ★ aan kracht ~ an Kraft einbüßen
inboezemen einflößen
inboorling Eingeborene(r) [m]
inborst Naturell [o], Charakter [m], Gemüt [o], ‹gezindheid› Gesinnung [v]
inbouw- Einbau-
inbouwen • (met gebouwen omgeven) zubauen • (in een regeling opnemen) einbauen • (in iets anders bouwen) einbauen
inbouwkeuken Einbauküche [v]
inbraak Einbruch [m]
inbranden einbrennen
inbreken einbrechen
inbreker Einbrecher [m]
inbreng • (bijdrage) Anteil [m] • (inleg) Beitrag [m], ‹in bank, spel, zaak› Einlage [v]
inbrengen • (aanvoeren) vorbringen, einwenden ★ wat heb je hiertegen in te brengen? was hast du dagegen einzuwenden? ★ niets in te brengen hebben nichts zu sagen haben • (naar binnen brengen) einführen, ‹in een huwelijk› einbringen, ‹oogst› einbringen • (bijdragen) einlegen
inbreuk Eingriff [m], Verletzung [v] [2] ★ een ~ op de wet ein Verstoß gegen das Gesetz ★ een ~ op de privacy ein Eingriff in jmds. Privatsphäre
inburgeren • (vertrouwd raken) ‹personen› sich einleben, ‹zaken› sich einbürgern • (naturaliseren)

einbürgern
Inca Inka [m]
incalculeren • (in de berekening opnemen) einplanen • (in overweging opnemen) einkalkulieren
incapabel unfähig
incarnatie Inkarnation [v]
incasseren • (geld innen) (ein)kassieren, einnehmen, ‹invorderen› eintreiben • (moeten verduren) einstecken
incasseringsvermogen Fähigkeit etw. einstecken zu können [v] ⋆ een klein ~ hebben nicht viel einstecken können
incasso Inkasso [o], Einziehung [v]
incassobureau Inkassobüro [o]
incassokosten Inkassospesen [mv]
incest Inzest [m]
incestueus inzestuös
inch Inch [m]
inchecken einchecken
incident Vorfall [m], Zwischenfall [m]
incidenteel • (nu en dan) gelegentlich, ab und zu • (terloops) nebensächlich, inzidentell, Zwischen-
incluis inklusive [2], einschließlich [2] ⋆ de kinderen ~ einschließlich der Kinder
inclusief einschließlich [2], ‹hand.› inklusive [2] ⋆ ~ btw inklusive MwSt.
incognito I [het] Inkognito [o] **II** [bijw] inkognito
incoherent inkohärent
incompatibel inkompatibel
incompatibiliteit Inkompatibilität [v]
incompetent inkompetent
incompleet unvollständig
in concreto in Wirklichkeit, tatsächlich
inconsequent inkonsequent
inconsistent inkonsistent
incontinent an Inkontinenz leidend
incorrect inkorrekt
incourant nicht börsenfähig, ‹van artikelen› nicht marktfähig
incubatietijd Inkubationszeit [v]
indachtig eingedenk [2] ⋆ iets ~ zijn einer Sache eingedenk sein
indammen • (met dam insluiten) eindämmen, eindeichen • (inperken) eindämmen
indekken sich absichern
indelen • (rangschikken) gliedern • (onderbrengen) einteilen
indeling Einteilung [v]
indenken sich hineindenken, sich vorstellen, sich versetzen ⋆ denk je dat eens even in versetz dich einmal in diese Situation hinein
inderdaad tatsächlich, in der Tat, wirklich, allerdings
inderhaast in aller Eile
indertijd seinerzeit, damals
indeuken I [ov ww] • (een deuk maken) einbeulen, eindellen **II** [on ww] • (een deuk krijgen) sich einbeulen
index Index [m]
indexcijfer Index [m], Indexziffer [v], Indexzahl [v]
indexeren indexieren
India Indien [o]
indiaan Indianer [m]
indicatie Hinweis [m], ↑ Indiz [o] ⋆ medische/sociale ~ medizinische/soziale Indikation
indicator Indikator [m]
indien falls, wenn
indienen einreichen, ‹van wetsontwerp› vorlegen
indiensttreding Dienstantritt [m], ‹bij hogere overheidsfuncties› Amtsantritt [m]
indigestie Verdauungsstörung [v], ‹med.› Indigestion [v]
indigo I [de] • (plant) Indigopflanze [v] • (kleurstof) Indigo [m/o] **II** [het] Indigoblau [o]
indijken eindeichen
indikken eindicken
indirect indirekt
Indische Oceaan Indische(r) Ozean [m]
indiscreet indiskret
individu Individuum [o]
individualiseren individualisieren
individualisme Individualismus [m]
individualist Individualist [m]
individualistisch individualistisch
individueel individuell
indoctrinatie Indoktrination [v], Indoktrinierung [v]
indoctrineren indoktrinieren
indolent indolent
indommelen • (in slaap vallen) einnicken • (minder waakzaam worden) unaufmerksam werden
Indonesië Indonesien [o]
indraaien I [ov ww] • (in iets draaien) (hin)eindrehen, ‹van schroeven› (hin)einschrauben **II** [on ww] • (ingaan) einbiegen ▾ de bak ~ in den Knast wandern
indringen I [ov ww] • (erin duwen) aufdrängen **II** [on ww] • (binnendringen) eindringen ⋆ de kamer ~ in das Zimmer eindringen **III** [wkd ww] (hinein)drängen ⋆ zich bij iem. ~ sich jmdm. aufdrängen
indringend • (opdringerig) aufdringlich, zudringlich • (diepgaand) eindringlich
indringer Eindringling [m]
indruisen widerstreben [3] ⋆ tegen de goede zeden ~ gegen die guten Sitten verstoßen ⋆ dat druist in tegen mijn gevoel das widerstrebt meinem Gefühl
indruk Eindruck [m] ⋆ een blijvende ~ maken einen bleibenden Eindruck hinterlassen ⋆ onder de ~ komen beeindruckt werden ⋆ een ~ krijgen einen Eindruck gewinnen
indrukken eindrücken
indrukwekkend eindrucksvoll, imponierend, ‹aantal, gebouw, persoon› stattlich, ‹gebouw, persoonlijkheid› imposant
induceren induzieren
industrialisatie Industrialisierung [v]
industrialiseren industrialisieren
industrie Industrie [v]
industrieel I [de] Industrielle(r) [m] **II** [bnw] industriell, gewerblich ⋆ industriële revolutie industrielle Revolution [v]
industrieterrein Gewerbegebiet [o], Industriegebiet [o]
indutten einnicken, ‹indommelen› einschlummern
ineen • (in elkaar) ineinander • (dichter naar elkaar toe) zusammen
ineengedoken zusammengekauert
ineenkrimpen ‹van de schrik› zusammenfahren, ‹van pijn› sich krümmen ▾ mijn hart kromp ineen das Herz krampfte sich mir zusammen
ineens • (opeens) auf einmal, plötzlich ⋆ hij begon ~ te huilen er fing auf einmal zu weinen an • (in één keer) mit einem Male ⋆ zij heeft alles ~ betaald sie hat alles auf einmal bezahlt
ineenschrompelen zusammenschrumpfen
ineenslaan zusammenschlagen
ineenstorten einstürzen, zusammenstürzen, zusammenbrechen
ineffectief ineffektiv
inefficiënt ineffizient

I

inenten *impfen*, ‹de stof in het bloed brengen› *einimpfen* ⋆ tegen mazelen ~ *gegen Masern impfen*
inert *träge, untätig*, ‹onverschillig› *unbeteiligt*
in extenso *insgesamt, vollkommen*
infaam *infam*
infanterie *Infanterie* [v]
infanterist *Infanterist* [m]
infantiel *infantil*
infarct *Infarkt* [m]
infecteren *infizieren, anstecken*
infectie *Infektion* [v], *Ansteckung* [v]
infectiehaard *Infektionsherd* [m]
inferieur • (minderwaardig) *minderwertig* • (ondergeschikt) *untergeordnet, inferior*
infernaal *höllisch, infernal*
infiltrant *Infiltrant* [m]
infiltratie *Infiltration* [v], ‹van een organisatie› *Unterwanderung* [v]
infiltreren *infiltrieren*
infinitesimaalrekening *Infinitesimalrechnung* [v]
infinitief *Infinitiv* [m]
inflatie *Inflation* [v]
influenza *Grippe* [v], ‹vero.› *Influenza* [v]
influisteren *einflüstern*
informant *Informant* [m]
informatica *Informatik* [v]
informaticus *Informatiker* [m]
informatie *Information* [v], *Auskunft* [v] ⋆ ~ geven *Auskünfte erteilen* ⋆ ~ inwinnen over *Erkundigungen einziehen über* [4]
informatiebalie *Informationsschalter* [m], *Auskunftsschalter* [m]
informatiedrager *Informationsträger* [m], *Datenträger* [m]
informatief *informativ*
informatiestroom *Informationsfluss* [m]
informatisering *Computerisierung* [v]
informeel *informell*
informeren I [ov ww] • (inlichten) *informieren, unterrichten* **II** [on ww] • (inlichtingen inwinnen) *sich erkundigen* ⋆ zij heeft ernaar geïnformeerd *sie hat sich danach erkundigt*
infrarood *infrarot*
infrastructuur *Infrastruktur* [v]
infuus • (toestel) *Infusion* [v], *Tropf* [m] ⋆ aan het ~ liggen *am Tropf hängen* • (vloeistof) *Aufguss* [m], ‹med.› *Infus* [o]
ingaande I [bnw] ⋆ in- en uitgaande rechten *Ein- und Ausfuhrzoll* [m] **II** [vz] ⋆ direct ~ *ab/per sofort* ⋆ ~ 1 april *vom 1. April an*
ingang • (toegang) *Eingang* [m] • (begin) ⋆ met ~ van 1 april *ab dem 1. April* • (trefwoord) *Stichwort* [o], ‹lemma› *Lemma* [o] ▾ ~ vinden *Anklang finden*
ingebeeld • (denkbeeldig) *imaginär, eingebildet, nur in der Vorstellung vorhanden* • (verwaand) *eingebildet, hochnäsig, dünkelhaft*
ingebruikneming *Inbetriebnahme* [v]
ingenieur *Ingenieur* [m], ‹van technische hogeschool› *Diplomingenieur* [m]
ingenieus *ingeniös*
ingenomen *eingenommen* ⋆ met zichzelf ~ zijn *von sich selbst eingenommen sein* ⋆ hij heeft iedereen tegen zich ~ *er hat alle gegen sich eingenommen* ⋆ met iem. ~ zijn *von jmdm. eingenommen sein* ⋆ zij is zeer ~ met haar nieuwe baan *sie ist von ihrer neuen Stelle sehr angetan*
ingespannen *angestrengt, angespannt*
ingetogen *maßvoll, zurückhaltend*, ‹zedig› *sittsam* ⋆ een ~ leven leiden *ein maßvolles Leben führen*
ingeval *falls*
ingeven *eingeben*
ingeving *Eingebung* [v], *Erleuchtung* [v], *Einfall* [m]
ingevolge *infolge* [2], *zufolge* [3]
ingewanden *Eingeweide* [mv]
ingewijde *Eingeweihte(r)* [m], *Vertraute(r)* [m]
ingewikkeld *kompliziert, verwickelt*
ingeworteld *eingefleischt, eingewurzelt* ⋆ een ~ vooroordeel *ein eingefleischtes Vorurteil* ⋆ ~ kwaad *ein Übel, das sich eingewurzelt hat*
ingezetene *Eingesessene(r)* [m], ‹algemeen› *Einwohner* [m]
ingooi *Einwurf* [m]
ingooien • (kapotgooien) *einwerfen* • (erin gooien) *hineinwerfen*, ‹sport› *einwerfen*
ingraven *eingraben, vergraben*
ingrediënt *Zutat* [v], *Ingredienz* [v] [mv: *Ingredienzen*]
ingreep *Eingriff* [m]
ingrijpen *eingreifen*, ‹van politie e.d.› *einschreiten*
ingrijpend *einschneidend, eingreifend, tief greifend* ⋆ dit is van ~ belang *dies ist von entscheidender Bedeutung* ⋆ dit is een ~ wetsvoorstel *dies ist eine weit reichende Gesetzesvorlage*
ingroeien *einwachsen*
inhaalmanoeuvre *Überholmanöver* [o]
inhaalstrook *Überholspur* [v]
inhaalverbod *Überholverbot* [o]
inhaken • (een arm geven) *sich einhaken* • (~ **op**) *aufgreifen* ⋆ op een opmerking ~ *eine Bemerkung aufgreifen*; ‹inf.› *bei einer Bemerkung einhaken*
inhakken I [ov ww] • (inkepen) *einhauen* • (hakkend inslaan) *zertrümmern* **II** [on ww] • (hakkend inslaan) *einhauen*, ‹woest› *einschlagen* ⋆ hij begon op mij in te hakken *er fing an, auf mich einzuhacken* ▾ dat hakt er aardig in *das läuft ins Geld*
inhalen • (verwelkomen) *einholen* • (gelijk komen met) *aufholen* ⋆ de achterstand ~ *den Rückstand aufholen* • (voorbijgaan) *einholen* • (goedmaken) *einholen, nachholen, aufholen* ⋆ de schade ~ *das Versäumte nachholen* • (naar binnen halen) *einholen*, ‹van oogst› *einbringen* ⋆ de zeilen ~ *die Segel einholen*
inhaleren *inhalieren*
inhalig *habgierig, habsüchtig*
inham *Bucht* [v], *Bai* [v], *Meeresbusen* [m]
inheems *einheimisch*
inherent *inhärent*
inhoud *Inhalt* [m]
inhoudelijk *inhaltlich*
inhouden I [ov ww] • (bedwingen) *anhalten, unterdrücken* ⋆ de adem ~ *den Atem anhalten* ⋆ ingehouden woede *verhaltene(r) Zorn* [m] • (niet betalen) *einbehalten* • (betekenen) *beinhalten* ⋆ wat houdt die waarschuwing in? *was beinhaltet diese Warnung?* **II** [wkd ww] *sich bezwingen, sich zurückhalten, an sich halten*
inhouding • (bedrag) *Abzug* [m] • (handeling) *Einbehaltung* [v]
inhoudsmaat *Hohlmaß* [o]
inhoudsopgave *Inhaltsangabe* [v], *Inhaltsverzeichnis* [o]
inhuldigen ⋆ een vorst ~ *einem Fürsten huldigen*
inhuldiging *Amtseinführung* [v], ‹gesch.› *Huldigung* [v]
inhuren *einstellen, engagieren*, ‹scheepv.› *anheuern*
initiaal *Initiale* [v], *Anfangsbuchstabe* [m]
initiatie *Initiation* [v]
initiatief *Initiative* [v], *Anregung* [v] ⋆ op ~ van

auf Anregung [2] ⋆ het ~ nemen *die Initiative ergreifen*
initiatierite *Initiationsritus* [m]
initieel *initial* ⋆ initiële kosten *Anlaufkosten* [v]
initiëren *initiieren*
injecteren *injizieren*
injectie • (prik) *Injektion* [v], *Spritze* [v] • (materiële hulp) ⋆ een financiële ~ *eine Finanzspritze* ⋆ de economie een ~ geven *die Wirtschaft ankurbeln*
injectienaald *Kanüle* [v], *Injektionsnadel* [v]
inkapselen *einkapseln, verkapseln* ⋆ zich ~ *sich einkapseln*
inkeer *Einkehr* [v] ⋆ tot ~ komen *sich seiner selbst besinnen*
inkeping *Einkerbung* [v], ‹keep› *Kerbe* [v]
inkijk *Einblick* [m], *Einsicht* [v] ⋆ een jurk met ~ *ein tief ausgeschnittenes Kleid*
inkijken • (vluchtig bekijken) *durchsehen/-blättern* ⋆ een tijdschrift ~ *eine Zeitschrift durchblättern* • (naar binnen kijken) *hineinsehen*
inklappen I [ov ww] • (naar binnen vouwen) *einklappen* **II** [on ww] • (in(een)storten) *zusammenbrechen*
inklaren ‹scheepv.› *einklarieren*, ‹goederen› *verzollen*
inklaring *Zollabfertigung* [v], ‹scheepv.› *Einklarierung* [v] ▾ bewijs van ~ *Einklarierungsschein* [m]; *Zollabfertigungsschein* [m]
inkleden *einkleiden*
inkleuren *ausmalen*
inkoken *eindicken*
inkomen I [het] *Einkommen* [o] **II** [on ww] *hinein-/hereinkommen*, ‹schip› *einlaufen*, ‹van gelden, stukken› *eingehen* ⋆ ingekomen brieven *eingegangene(n) Briefe* ▾ daar kan ik ~ *das leuchtet mir ein* ▾ daar komt niets van in *das kommt nicht in Frage/infrage*
inkomensderving *Einkommensverlust* [m]
inkomsten *Einkünfte* [mv] ▾ ~ en uitgaven *Einnahmen und Ausgaben*
inkomstenbelasting *Einkommenssteuer* [v]
inkoop *Einkauf* [m] ⋆ inkopen doen *Einkäufe machen*
inkopen *einkaufen*
inkoper *Einkäufer* [m]
inkorten *kürzen*, ‹van tijd› *verkürzen*, ‹verminderen› *einschränken* ⋆ een verhaal ~ *eine Geschichte kürzen*
inkrimpen I [ov ww] • (geringer maken) *verringern, einschränken, kürzen, einsparen*, ‹personeel› *abbauen* **II** [on ww] • (geringer worden) *(zusammen)schrumpfen*, ‹stof bij wassen› *einlaufen*
inkt • (vloeistof om mee te schrijven) *Tinte* [v] • (drukinkt) *Druckfarbe* [v] • (vocht van de inktvis) *Sepia* [v]
inktlint *Farbband* [o]
inktpatroon *Patrone* [v]
inktpot *Tintenfass* [o]
inktvis *Tintenfisch* [m]
inktzwart *pechschwarz*
inkuilen *einmieten* ⋆ groenvoer ~ *Grünfutter im Silo einlagern*
inkwartieren • (logies verschaffen) *einquartieren, unterbringen* ⋆ mensen bij iem. ~ *Leute bei jmdm. unterbringen* • (bij militairen) *einquartieren*
inkwartiering *Einquartierung* [v]
inladen *einladen, verladen* ⋆ de auto ~ *das Auto beladen*
inlander *Inländer* [m]
inlands *inländisch, einheimisch*
inlassen • (invoegen) *einschalten, einfügen, einschieben* ⋆ een pauze ~ *eine Pause einlegen* • (met een las invoegen) *einschweißen*
inlaten I [ov ww] *einlassen* **II** [wkd ww] *sich einlassen* ⋆ zich met iem. ~ *sich mit jmdm. einlassen*
inleg • (ingelegd geld) *Einlage* [v], ‹bij spel› *Einsatz* [m] • (zoom) *Einschlag* [m]
inleggen • (erin-/tussen leggen) *hineinlegen*, ‹net› *auswerfen*, ‹planten› *pflanzen* • (geld inbrengen) *einlegen, einzahlen*
inlegkruisje *Slipeinlage* [v]
inlegvel *lose(s) Blatt* [o], ‹krant, tijdschrift› *Beilage* [v]
inlegzool *Einlegesohle* [v]
inleiden • (binnenleiden) ‹naar de spreker toe› *hereinführen*, ‹van de spreker weg› *hineinführen* • (introduceren) *einführen, vorstellen, introduzieren*
inleiding *Einleitung* [v]
inleven *sich einleben (in)* [4]
inleveren • (afgeven) *einliefern, abliefern* • (minder verdienen) ≈ *kürzer treten/zurückstecken müssen*
inlezen I [ov ww] *einlesen* **II** [wkd ww] *sich einlesen*
inlichten *informieren* ⋆ verkeerd ingelicht zijn *falsch unterrichtet sein*
inlichting *Auskunft* [v] ⋆ ~en inwinnen *Erkundigungen einziehen* ⋆ ~en geven *Auskunft erteilen*
inlichtingendienst *Nachrichtendienst* [m]
inlijsten *einrahmen*
inlijven *eingliedern, einverleiben*, ‹personen› *einreihen* ⋆ bij een regiment ~ *in ein Regiment einteilen*
inlikken *sich einschmeicheln*
inlopen I [ov ww] • (inhalen) *auf-/einholen* ⋆ zij liep op mij in *sie holte mich ein* • (schoenen beter doen zitten) *einlaufen* **II** [on ww] • (binnenlopen) *(hin)eingehen* ⋆ bij iem. in- en uitlopen *bei jmdm. ein- und ausgehen* ▾ iem. erin laten lopen *jmdn. hereinlegen*
inlossen • (aflossen) *einlösen* • (nakomen) ⋆ zijn belofte ~ *sein Versprechen einlösen*
inloten *durch losen einen Platz bekommen* ⋆ ingeloot zijn voor een studie *für ein Studium zugelassen sein*
inluiden *einläuten* ⋆ een nieuw tijdperk ~ *ein neues Zeitalter einläuten*
inmaak • (het inmaken) *Einmachen* [o] • (het ingemaakte) *Eingemachte(s)* [o]
inmaken • (conserveren) *einmachen* • (sport) *abfertigen*
in memoriam *in memoriam* [2]
inmengen *sich einmischen (in)* [4]
inmenging *Einmischung* [v]
innaaien *heften*
innemen *einnehmen* ⋆ iem. voor zich ~ *jmdn. für sich einnehmen*
innemend *einnehmend, gewinnend*
innen *einziehen, einkassieren, eintreiben*
innerlijk I [het] *Innere* [o] **II** [bnw] *innerlich, inner* ⋆ ~e waarde *innere(r) Wert* [m] ⋆ ~ leven *Innenleben* [o]
innig *innig, innerst* ⋆ ~e deelneming! *innige Anteilnahme!* ⋆ iemands ~e overtuiging *jmds. innerste Überzeugung*
inning • (het innen) *Eintreibung* [v], *Einziehung*, ‹van cheques› *Einlösung* • (sport) *Durchgang* [m]

innovatie *Innovation* [v]
innoveren *eine Innovation vornehmen*, ‹vaktaal› *innovieren*
inpakken • (verpakken) *einpacken* • (inpalmen) *einwickeln* • (warm kleden) *einhüllen* ▾ ~ en wegwezen *seine Siebensachen packen*
inpalmen • (zich toe-eigenen) *sich aneignen*, ‹jur.› *sich zueignen*, ‹agressief› *an sich reißen* • (voor zich winnen) *betören, bestricken, becircen/bezirzen*
inpandig *im Haus*
inpassen • (in een geheel voegen) *einfügen, einbauen* • (inschalen) *einstufen* • (passend maken) *einpassen*
inpeperen • (kruiden) *pfeffern* • (goed duidelijk maken) *einschärfen* • (betaald zetten) *heimzahlen* ⋆ iem. iets ~ *jmdm. etw. heimzahlen*
inperken • (terugdringen) *eindämmen* ⋆ de kosten ~ *die Kosten eindämmen* • (beperken) *einschränken* ⋆ de persvrijheid ~ *die Pressefreiheit einschränken*
inpikken • (stiekem pakken) *einstecken* • (regelen) *deichseln* ⋆ iets handig ~ *etw. schlau einfädeln*
inplakken *einkleben*
inplanten • (planten) *eingraben, einpflanzen* • (inprenten) *einpflanzen* • (med.) *einpflanzen, implantieren*
inpolderen *eindeichen, einpoldern*
inpompen • (iem. iets bijbrengen) *eintrichtern*, ‹leerstof› *einpauken*, ‹regels› *einschärfen* • (overhevelen) *(hin)einpumpen*
inpraten *einreden (auf)* [4]
inprenten *einprägen, einschärfen*
inproppen *hineinstopfen, hineinpfropfen*
input *Eingabe* [v], *Input* [m]
inquisitie *Inquisition* [v]
inrekenen *festnehmen, verhaften*
inrichten *einrichten*
inrichting • (aankleding) *Einrichtung* [v] • (instelling) *Anstalt* [v]
inrijden • (naar binnen rijden) *fahren (in)* • (geschikt maken) ‹auto› *einfahren*, ‹paard› *einreiten*
inrijperiode *Einfahrperiode* [v]
inrit *Einfahrt* [v], *Auffahrt* [v]
inroepen *anrufen* ⋆ iemands hulp ~ *jmdn. um Hilfe bitten*
inruilen *eintauschen*, ‹na miskoop› *umtauschen*, ‹oud product› *in Zahlung geben*
inruilwaarde *Wiederverkaufswert* [m]
inruilwagen ≈ *Auto, das man in Zahlung gibt* [o]
inruimen *einräumen*, ‹vrij maken› *räumen*
inrukken *einrücken, einmarschieren*
inschakelen *einschalten*
inschalen *einstufen*
inschatten *einschätzen*
inschenken *einschenken*
inschepen *einschiffen*
inscheuren *einreißen*
inschieten I [ov ww] • (kapotmaken) *einschießen* ⋆ een ruit ~ *eine Fensterscheibe einschießen* • (sport) *einschießen* **II** [on ww] • (met vaart binnengaan) *hineinschießen* ⋆ de auto schoot de straat in *das Auto schoss in die Straße hinein* • (~ **erbij**) *entgehen* ⋆ er het leven bij ~ *das Leben bei etw. einbüßen* ⋆ de vakantie schoot erbij in *auf den Urlaub musste verzichtet werden*
inschikkelijk *nachgiebig, kompromissbereit*
inschikken • (inschuiven) *zusammenrücken* • (toegeven) *nachgeben*
inschoppen • (stuk schoppen) *eintreten* ⋆ de deur ~ *die Tür eintreten* • (schoppen in iets) *treten (in)* [4]
inschrijfformulier *Anmeldeformular* [o], ‹voor het aanvragen› *Antragsformular* [o]
inschrijfgeld *Aufnahmegebühr* [v], ‹universiteit› *Immatrikulationsgebühr* [v]
inschrijven I [ov ww] • (opgeven) *anmelden, einschreiben*, ‹registreren› *eintragen*, ‹universiteit› *immatrikulieren* ⋆ zich bij de Kamer van Koophandel ~ *sich in das Handelsregister eintragen lassen* **II** [on ww] • (intekenen op iets) *vorbestellen*, ‹van boeken› *subskribieren* • (prijsopgave doen) *ein Angebot einreichen*, ‹kopen› *eine Offerte machen*
inschrijving • (intekening) *Angebot* [o], *Zeichnung* [v], ‹bij aanbestedingen e.d.› *Submission* [v], ‹boeken, beurs› *Subskription* [v] ⋆ bij ~ *durch Submission* • (registratie) *Eintragung* [v], *Anmeldung* [v], ‹aan universiteit› *Immatrikulation* [v] ⋆ de ~ in een register *die Eintragung in ein Register*
inschuiven • (naar binnen schuiven) *sich hineinschieben* • (inschikken) *zusammenrücken*
inscriptie *Inschrift* [v]
insectenbeet *Insektenstich* [m]
insecticide *Insektenbekämpfungsmittel* [o], *Insektizid* [o]
inseinen *unverbindlich informieren*
inseminatie *Befruchtung* [v], ‹med.› *Insemination* [v] ⋆ kunstmatige ~ *künstliche Befruchtung*
insgelijks *gleichfalls, ebenfalls*
insider *Insider* [m]
insinuatie *Unterstellung* [v]
insinueren *insinuieren, unterstellen*
inslaan I [ov ww] • (erin slaan) *einschlagen* ⋆ een spijker de muur ~ *einen Nagel in die Wand einschlagen* • (stukslaan) *einschlagen* ⋆ een ruit ~ *eine Fensterscheibe einschlagen* • (omslaan/inleggen) *einschlagen* • (in voorraad nemen) *einlagern*, ‹in de kelder› *einkellern* **II** [on ww] • (met kracht doordringen) *einschlagen* ⋆ de bliksem is ingeslagen *der Blitz hat eingeschlagen* • (indruk maken) *ankommen* ⋆ ~ als een bom *einschlagen wie ein Blitz* • (ingaan) *einschlagen* ⋆ een zijstraat ~ *eine Seitenstraße einschlagen*
inslag • (dwarsdraad) *Einschuss* [m] • (het inslaan) *Einschlagen* [o] • (karakter(trek)) *Einschlag* [m] • (zoom) *Einschlag* [m]
inslapen • (in slaap vallen) *einschlafen* • (sterven) *entschlafen* ⋆ een dier laten ~ *ein Tier einschläfern lassen*
inslikken • (naar binnen slikken) *hinunterschlucken, verschlucken* • (slecht uitspreken) *verschlucken*
insluimeren *einschlummern, einnicken*
insluipen *sich einschleichen* ⋆ het huis ~ *sich ins Haus schleichen* ⋆ er is een fout ingeslopen *es hat sich ein Fehler eingeschlichen*
insluiper *Dieb, der einsteigt* [m]
insluiten • (opsluiten) *einschließen, einsperren* • (omgeven) *umschließen* ⋆ ‹sport› een tegenstander ~ *einen Gegner einkreisen* • (bijsluiten) *einschließen, beilegen* ⋆ bij een brief ~ *einem Brief beilegen*
insmeren *einschmieren*
insneeuwen I [on ww] *einschneien* ⋆ het huis was helemaal ingesneeuwd *das Haus war völlig eingeschneit* **II** [onp ww] ‹naar de spreker toe› *hereinschneien*, ‹van de spreker weg› *hineinschneien*
insnijden • (een snee maken in) *einschneiden*

• (door snijden aanbrengen in) *einschneiden* ⋆ een naam in het hout ~ *einen Namen in das Holz einschneiden* • (besnoeien) *beschneiden*
insnoeren *einschnüren*
inspannen • (aanspannen) ‹trekdieren› *einspannen*, ‹voertuigen› *anspannen* • (moeite geven) *anstrengen* ⋆ ik heb me enorm ingespannen *ich habe mich sehr angestrengt*
inspannend *anstrengend*
inspanning • (het gebruik van kracht) *Anstrengung* [v] ⋆ met ~ van alle krachten *unter Aufbietung aller Kräfte* [v] ⋆ al te grote ~ *Überanstrengung* [v] • (het voor de wagen spannen) *Einspannen* [o], *Anspannen* [o]
inspecteren *inspizieren*, ‹van troepen› *mustern*
inspecteur *Inspektor* [m] ⋆ ~ van belastingen *Steuerinspektor* [m] ⋆ ~ van politie *Kommissar* [m]
inspecteur-generaal *Generalinspektor* [m]
inspectie • (het inspecteren) *Inspektion* [v], ‹bij militairen› *Musterung* [v] ⋆ ~ houden *eine Inspektion vornehmen* • (ambtsgebied van een inspecteur) *Aufsichtsbezirk* [m] • (de dienst) *Inspektion* [v]
inspelen I [ov ww] • (muz.) *einspielen* **II** [on ww] • (~ **op**) ≈ *entsprechen* ⋆ op een behoefte ~ *einem Bedürfnis entsprechen* **III** [wkd ww] *sich einspielen*
inspiratie *Inspiration* [v]
inspireren *inspirieren, anregen*
inspraak *Mitsprache* [v], *Mitbestimmung* [v] ⋆ recht van ~ *Mitbestimmungsrecht* [o]
inspraakprocedure *Mitbestimmungsregelung* [v]
inspreken • (inboezemen) *zusprechen* ⋆ iem. moed ~ *jmdm. Mut zusprechen* • (tekst inspreken) *einsprechen* ⋆ een band ~ *einen Text auf ein Tonband einsprechen*
inspringen • (erin springen) *hinein-/hereinspringen* ⋆ het kanaal ~ *in den Kanal springen* • (invallen) *einspringen* ⋆ voor iem. ~ *für jmdn. einspringen* • (terugwijken) *einrücken* ⋆ deze regel moet meer ~ *diese Zeile muss mehr eingerückt werden*
inspuiten I [ov ww] • (inbrengen) *einspritzen* ⋆ een vloeistof ~ *eine Flüssigkeit einspritzen* **II** [on ww] • (naar binnen komen) *spritzen (in)* [4]
instabiel *instabil*
installateur *Installateur* [m]
installatie • (apparatuur) *Installation* [v] • (stereo) *Anlage* [v] • (inauguratie) *Einsetzung* [v]
instampen • (erin stampen) *stampfen (in)* • (kapotmaken) *zerstampfen* • (inprenten) *einpauken* ▾ iem. de grond ~ *jmdn. fertig machen*
instandhouding ‹behoud› *Erhaltung* [v], ‹onderhoud› *Instandhaltung* [v], ‹van orde, wet› *Aufrechterhaltung* [v]
instantie *Instanz* [v] ▾ in eerste ~ *in erster Linie*
instappen ‹binnenstappen› *betreten, eintreten*, ‹m.b.t. voertuig› *einsteigen*, ‹onderweg erbij komen in trein e.d.› *zusteigen*
insteekhaven • (parkeerplaats) *Parkplatz* [m] • (kleine haven) *Stichhafen* [m]
insteken *einstecken*, ‹draad› *einfädeln*, ‹plant› *pflanzen*, ‹prikken› *einstechen* ▾ zijn neus overal ~ *in alles seine Nase stecken*
instellen • (beginnen) *einleiten* ⋆ een onderzoek ~ *eine Untersuchung einleiten* • (afstellen) *einstellen* ⋆ zich op iets ~ *sich auf etw. einstellen* • (oprichten) *gründen*, ‹van kloosterorde, prijs› *stiften*
instelling • (instituut) *Einrichtung* [v], *Institut* [o] ⋆ openbare ~en *öffentliche(n) Einrichtungen* ⋆ ~ voor hoger onderwijs *höhere Bildungsanstalt* [v] • (mentaliteit) *Einstellung* [v], *Mentalität* [v] • (het scherp stellen) *Einstellung* [v]
instemmen *zustimmen, beipflichten* ⋆ ik stem in met het voorstel *ich stimme dem Vorschlag zu*
instemming *Einverständnis* [o], *Zustimmung* [v] ⋆ ~ vinden *Beifall finden*
instigatie ‹aanwijzing› *Veranlassung* [v], ‹druk› *Betreiben* [o], ‹initiatief› *Anregung* [v] ⋆ op haar ~ *auf ihre Anregung hin*
instinct *Instinkt* [m]
instinctief *instinktiv*
institutionaliseren *institutionalisieren*
instituut *Institut* [o]
instoppen • (indoen) *(hin)einstecken* • (toedekken) *zudecken* ⋆ een baby ~ *ein Baby zudecken*
instructeur *Lehrer* [m]
instructie • (aanwijzing) *Instruktion* [v], *Verhaltensmaßregel* [v] • (onderricht) *Unterricht* [m], *Unterweisung* [v] • (jur.) *Ermittlungsverfahren* [o] ⋆ rechter van ~ *Untersuchungsrichter* [m]
instructiebad *Lehrschwimmbecken* [o]
instructief *instruktiv*
instrueren • (instructies geven) *instruieren* [4], *Anweisungen geben* [3] • (onderrichten) *unterweisen, instruieren*, ‹inwerken› *einweisen*
instrument *Instrument* [o]
instrumentaal *Instrumental-, instrumental*
instrumentarium *Instrumentarium* [o]
instrumentmaker *Feinmechaniker* [m]
instuderen *einstudieren, einüben*
instuif *Fete* [v]
insturen *einsenden*
insubordinatie *Insubordination* [v], *Ungehorsam* [m]
insuline *Insulin* [o]
intact *intakt*
intakegesprek *Aufnahmegespräch* [o]
inteelt *Inzucht* [v]
integendeel *im Gegenteil*
integer *integer, unbestechlich, unbescholten*
integraal *integral*
integraalrekening *Integralrechnung* [v]
integratie *Integration* [v], *Eingliederung* [v]
integreren I [ov ww] • (compleet maken) *integrieren* **II** [on ww] • (in geheel opgaan) *sich integrieren, sich eingliedern*
integriteit *Integrität* [v]
intekenen I [ov ww] • (inschrijven) *einschreiben, eintragen* **II** [on ww] • (zich verplichten) *subskribieren, zeichnen* ⋆ ~ op een boek *(auf) ein Buch subskribieren*
intekenlijst ‹voor boeken, platen e.d.› *Subskriptionsliste* [v], ‹voor collectes e.d.› *Sammelliste* [v]
intekenprijs *Subskriptionspreis* [m]
intellect • (intellectuelen) *Intelligenz* [v] • (verstand) *Intellekt* [m]
intellectualistisch *pseudointellektuell*
intellectueel I [de] *Intellektuelle(r)* [m] **II** [bnw] *intellektuell*
intelligent *intelligent*
intelligentie *Intelligenz* [v]
intelligentiequotiënt *Intelligenzquotient* [m]
intelligentietest *Intelligenztest* [m]
intelligentsia *Intelligenz* [v]
intens *intensiv* ⋆ ~ verlangen *Sehnsucht* [v] ⋆ ~ gemeen *äußerst gemein*
intensief *intensiv*

intensiteit *Intensität* [v]
intensive care • (afdeling) *Intensivstation* [v] • (intensieve bewaking) *Intensivpflege* [v]
intensiveren *intensivieren*
intentie *Intention* [v], *Absicht* [v]
intentieverklaring *Absichtserklärung* [v]
interactie *Interaktion* [v]
interbellum *Periode zwischen zwei Kriegen* [v]
intercedent *Vermittler* [m]
intercity *Intercity(zug)* [m]
intercom *Gegensprechanlage* [v]
intercontinentaal *interkontinental* ⋆ intercontinentale vlucht *Interkontinentalflug* [m]
interdependentie *gegenseitige Abhängigkeit* [v]
interdisciplinair *interdisziplinär*
interen *verbrauchen* ⋆ zij teert in op haar vermogen *sie zehrt von ihrem Vermögen*
interessant *interessant*
interesse *Interesse* [o], ‹belang› *Belang* [m] ⋆ ~ in *Interesse an* [3]
interesseren *interessieren* ⋆ geïnteresseerd zijn in *interessiert sein an* [4]
interest *Zins* [m]
interface *Interface* [o]
interfaculteit *interdisziplinäre Fakultät* [v]
interferentie • (gelijktijdige werking van krachten) *Interferenz* [v] • (tussenkomst) *Vermittlung* [v], *Intervention* [v]
interfereren • (tussenbeide komen) *intervenieren* • (op elkaar inwerken) *interferieren*
interieur *Innenausstattung* [v], *Einrichtung* [v], ‹form.› *Interieur* [o]
interim *Interim* [o] ⋆ ad ~ *einstweilig* ⋆ minister ad ~ *Interimsminister* [m]
interkerkelijk *interkonfessionell*
interlinie *Durchschuss* [m]
interlokaal *Fern-* ⋆ een ~ telefoongesprek *ein Ferngespräch*
intermediair I [de] *Vermittler* [m] **II** [bnw] *intermediär, Zwischen-*
intermezzo *Intermezzo* [o]
intern • (inwonend) *intern* ⋆ ~e leerling *interne(r) Schüler* [m] • (binnen organisatie) *innerstaatlich, intern* ⋆ ~e aangelegenheden *interne(n) Angelegenheiten* • (inwendig) *innerlich, inwendig* ⋆ ~e geneeskunde *innere Medizin* [v]
internaat *Internat* [o]
internationaal *international* ⋆ ~ telefoongesprek *Auslandsgespräch* [o] ⋆ ‹sport› internationale wedstrijd *Länderspiel* [o]
international *Nationalspieler* [m]
interneren *internieren*
internering *Internierung* [v]
internist *Internist* [m]
interpellatie *Interpellation* [v] ⋆ het recht van ~ *Interpellationsrecht* [o]
interpelleren *nachfragen (bei)* [3], *interpellieren* ⋆ de regering ~ *die Regierung interpellieren*
interpretatie *Interpretation* [v]
interpreteren *interpretieren*
interpunctie • (leestekens) *Satz-/Interpunktionszeichen* [o] • (plaatsing van leestekens) *Interpunktion* [v], *Zeichensetzung* [v]
interrumperen *unterbrechen, dazwischenreden*
interruptie • (onderbreking) *Unterbrechung* [v] • (onderbrekende opmerking) *Zwischenruf* [m]
interval *Intervall* [o]
interveniëren *intervenieren*
interventie *Intervention* [v]
interview *Interview* [o]
interviewen *interviewen*
intiem *intim*
intimidatie *Einschüchterung* [v] ⋆ seksuele ~ *Zudringlichkeit* [v]
intimideren *einschüchtern*
intimiteit *Intimität* [v]
intocht *Einzug* [m]
intolerant *intolerant*
intomen *zügeln, im Zaum halten*
intonatie *Intonation* [v]
intransitief *intransitiv*
intrappen • (kapottrappen) *eintreten* ⋆ de deur ~ *die Tür eintreten* • (duwen op) ⋆ de rem ~ *auf die Bremse treten* ▾ ergens (niet) ~ *auf etw. (nicht) hereinfallen* ▾ daar trapt niemand in *darauf fällt niemand herein*
intraveneus *intravenös*
intrede • (ambtsaanvaarding) *Antritt* [m] • (begin) *Anfang* [m], *Beginn* [m] ⋆ bij de ~ van *zu Beginn* [2] • (binnenkomst) *Einzug* [m]
intreden *eintreten*
intrek *Einzug* [m] ⋆ zijn ~ nemen in een hotel *in einem Hotel absteigen*
intrekken I [ov ww] • (herroepen) *widerrufen, aufheben*, ‹officieel besluit› *annullieren* ⋆ het rijbewijs ~ *den Führerschein entziehen* ⋆ een belofte ~ *ein Versprechen zurücknehmen* • (naar binnen trekken) *einziehen, zurücknehmen* ⋆ de benen ~ *die Beine einziehen* **II** [on ww] • (binnentrekken) *einziehen* ⋆ het leger trekt de stad in *die Armee zieht in die Stadt ein* • (gaan inwonen) *ziehen zu* ⋆ bij vrienden ~ *zu Freunden ziehen* • (opgezogen worden) *einziehen*
intrigant *Intrigant* [m]
intrige • (slinks plan) *Intrige* [v] • (plot) *Plot* [m], *Handlung* [v]
intrigeren *fesseln*
introducé *Gast* [m]
introduceren *einführen, introduzieren*
introductie *Einführung* [v], *Introduktion* [v]
introspectie *Introspektion* [v]
introvert *introvertiert*
intuinen *hereinfallen* ⋆ ik ben er ingetuind *ich bin drauf reingefallen*
intuïtie *Intuition* [v]
intuïtief *intuitiv*
intussen • (ondertussen) *inzwischen* • (desondanks) *trotzdem, dennoch*
inval • (het binnenvallen) *Einfall* [m], ‹militair› *Invasion* [v], ‹politie› *Razzia* [v] [mv: *Razzien*] • (idee) *Einfall* [m] ▾ het is daar de zoete ~ *da findet man stets eine gastfreundliche Aufnahme*
invalide I [de] *Invalide(r)* [m] **II** [bnw] *invalid(e)*
invalidenwagen *Rollstuhl* [m]
invaliditeit • (arbeidsongeschikt zijn) *Erwerbsunfähigkeit* [v], *Arbeitsunfähigkeit* [v] • (invalide zijn) *Invalidität* [v] • (niet valide) *Ungültigkeit*
invallen • (binnenvallen) *einfallen in* [4] • (instorten) *einfallen, einstürzen, zusammenstürzen* • (in gedachte komen) *einfallen* • (beginnen) *einbrechen*, ‹plotseling› *hereinbrechen* ⋆ de ~de stilte *die eintretende Stille* ⋆ het ~ van de duisternis *der Einbruch der Dunkelheit* • (vervangen) *vertreten*, ‹als extra kracht helpen› *aushelfen* ⋆ voor iem. ~ *für jmdn. einspringen* • (muz.) *einsetzen*
invaller *Ersatzmann* [m], ‹als extra kracht helpen› *Aushilfskraft* [v], ‹voor collega› *Vertreter* [m]
invalshoek • (gezichtshoek) *Gesichtswinkel* [m] • (nat.) *Einfallswinkel* [m]
invalsweg *Einfallsstraße* [v]

I

invasie *Invasion* [v]
inventaris *Inventar* [o], *Bestand* [m] ⋆ de ~ opmaken *ein Inventar aufstellen*
inventarisatie *Bestandsaufnahme* [v], ‹voor jaarbalans› *Inventur* [v]
inventariseren *den Bestand aufnehmen*, ‹inventaris opmaken› *inventarisieren*
inventief *erfinderisch*
invers *invers*
investeren *investieren* ⋆ geld in iets ~ *Geld in etw. investieren*
investering ‹handeling van het investeren› *Investierung* [v], ‹wat geïnvesteerd is› *Investition* [v]
invetten *einfetten*
invitatie *Einladung* [v]
inviteren *einladen*
invloed *Einfluss* [m] ⋆ van grote ~ zijn *großen Einfluss ausüben* ⋆ ~ hebben op *beeinflussen* ▾ onder ~ zijn *unter Alkoholeinfluss stehen*
invloedrijk *einflussreich*
invoegen I [ov ww] • (inlassen) *einschalten, einfügen, einschieben* ⋆ een extra les ~ *eine extra Stunde einlegen* **II** [on ww] • (tussenvoegen bij verkeer) *sich einfädeln*, ‹na het inhalen› *einscheren*
invoegstrook *Beschleunigungsspur* [v]
invoer • (import) *Einfuhr* [v] • (input) *Input* [m]
invoeren • (importeren) *importieren* • (introduceren) *einführen*
invoerrecht *Einfuhrzoll* [m] ⋆ kantoor van ~en en accijnzen *Zollstelle* [v] ⋆ die waar is vrij van ~ *diese Ware ist zollfrei*
invorderen *eintreiben, einziehen, einfordern*
invreten *angreifen*, ‹oplossen› *zersetzen*
invriezen *einfrieren*
invrijheidstelling *Entlassung* [v]
invullen *ausfüllen, ergänzen* ⋆ een formulier ~ *ein Formular ausfüllen* ⋆ iets op een lijst ~ *etw. in eine Liste eintragen*
invulling *Ausfüllung* [v]
inwaarts *nach innen* ⋆ de ~e beweging die *Einwärtsbewegung*
inweken *einweichen*
inwendig I [bnw] *innerlich, inner, inwendig* ⋆ voor ~ gebruik *zur innerlichen Anwendung* **II** [bijw] *innerlich*
inwerken I [ov ww] • (aanbrengen) *einarbeiten*, ‹in stof› *einwirken* • (vertrouwd maken) *einarbeiten* ⋆ zich in iets ~ *sich in etw. einarbeiten* [4] **II** [on ww] • (invloed hebben) *(ein)wirken*, ‹aantasten› *angreifen* ⋆ ~ op *einwirken auf* [4]
inwijden *einweihen*
inwijding *Einweihung* [v]
inwilligen *bewilligen, einwilligen* ⋆ een verzoek ~ *einem Antrag stattgeben*
inwinnen *einholen* ⋆ informatie over iem. ~ *Erkundigungen über jmdn. einziehen*
inwisselen *einwechseln*, ‹van coupon› *einlösen*
inwonen *wohnen* ⋆ bij iem. ~ *bei jmdm. zur Untermiete wohnen* ⋆ bij iem. gaan ~ *bei jmdm. einziehen*
inwonend *zur Untermiete*
inwoner *Einwohner* [m]
inworp *Einwurf* [m]
inwrijven *einreiben*
inzaaien *einsäen, aussäen*
inzage *Einsicht* [v] ⋆ ter ~ liggen *zur Einsicht vorliegen* ⋆ ter ~ sturen *zur Kenntnisnahme schicken* ⋆ ~ van de stukken eisen *Einsicht in die Akten fordern*
inzake *in Bezug auf* [4], *hinsichtlich* [2]
inzakken • (in elkaar zakken) *einstürzen*, ‹personen› *zusammenbrechen* • (lager worden) *einsinken*
inzamelen *einsammeln, sammeln*
inzameling *Kollekte* [v], *Einsammlung* [v], *Sammlung* [v]
inzamelingsactie *Spendenaktion* [v]
inzegenen *einsegnen*
inzenden • (indienen) *einsenden* • (insturen) *einschicken*
inzending *Einsendung* [v]
inzepen *einseifen*
inzet *Einsatz* [m]
inzetbaar *einsatzfähig*
inzicht • (begrip) *Verständnis* [o], ‹kennis› *Erkenntnis* [v] • (mening) *Ansicht* [v] ⋆ ik deel jouw politiek ~ niet *ich teile deine politischen Anschauungen nicht* • (besef) *Einsicht* [v] ⋆ tot ~ komen *zur Einsicht gelangen*
inzien I [het] ▾ bij nader ~ *bei näherer Betrachtung* ▾ mijns ~s *meines Erachtens* **II** [ov ww] • (inkijken) *einsehen*, ‹doorkijken› *durchsehen* • (beseffen) *verstehen, einsehen* ⋆ zijn fouten niet willen ~ *seine Fehler nicht wahrhaben wollen* • (beoordelen) *für etw. halten* ⋆ het somber ~ *schwarz sehen* ⋆ de toekomst donker ~ *der Zukunft mit Besorgnis entgegensehen*
inzinken • (lager komen te liggen) *einsinken* • (geestelijk instorten) *zusammenbrechen* • (minder worden) *stürzen*
inzinking • (instorting) ‹economisch› *Flaute* [v], ‹geestelijk› *Zusammenbruch* [m], ‹lichamelijk› *Schwächeanfall* [m] • (het inzakken) *Rückgang* [m]
inzitten *sich Sorgen machen*
inzittende *Insasse* [m]
inzoomen *zoomen*
ion *Ion* [o]
Ionische Zee *Ionische(s) Meer* [o]
IQ *IQ* [m]
Irak *Irak* [m]
Iran *Iran* [m]
iris • (bloem) *Iris* [v] • (deel van oog) *Iris* [v]
iriscopie *Iriskopie* [v]
ironie *Ironie* [v]
ironisch *ironisch*
irrationeel *irrational*
irreëel *irreal*
irrelevant *irrelevant*
irrigatie *Bewässerung* [v], *Berieselung* [v], *Irrigation* [v]
irrigator *Irrigator* [m]
irrigeren *bewässern, berieseln*
irritant *irritierend*
irriteren *irritieren, reizen*
ischias *Ischias* [m/o]
isgelijkteken *Gleichheitszeichen* [o]
islam *Islam* [m]
islamiet *Islamit* [m], *Moslem* [m]
islamitisch *islamitisch*
isolatie *Isolation* [v], *Isolierung* [v]
isolatieband *Isolierband* [o]
isoleercel *Isolierzelle* [v]
isoleerkan *Isolierkanne* [v]
isolement *Isolation* [v], *Isoliertheit* [v]
isoleren *isolieren*
Israël *Israel* [o]
Italiaan *Italiener* [m]
Italiaans I [het] *Italienisch(e)* [o] **II** [bnw] *italienisch*
Italië *Italien* [o]
item *Thema* [o], *Item* [o] ▾ een hot item *eine hochaktuelles Thema*

ivoor *Elfenbein* [o]
Ivoorkust *Elfenbeinküste* [v]
ivoren *aus Elfenbein, elfenbeinern* ▾ in een ~ toren *leven in einem Elfenbeinturm leben*
Ivriet *Iwrith* [o]

J

j *J* [o]
ja I [het] *Ja* [o] **II** [tw] *ja*
jaap *Schnittwunde* [v]
jaar *Jahr* [o] ⋆ per jaar *jährlich* ⋆ in het jaar 1939 *im Jahre 1939* ⋆ op zijn twintigste jaar *mit 20 Jahren* ⋆ de oogst van dit jaar *die diesjährige Ernte* ⋆ in het vorig jaar *im Vorjahr* ⋆ wijn van een goed jaar *ein guter Jahrgang* ▾ jaar in, jaar uit *jahraus, jahrein* ▾ op jaren komen *in die Jahre kommen*
jaarbeurs • (gebouw) *Messehalle* [v] • (tentoonstelling) *Messe* [v]
jaarboek • (kroniek) *Jahreschronik* [v] • (annalen) *Jahrbuch* [o]
jaarcijfers *Jahreszahlen* [mv]
jaargang *Jahrgang* [m]
jaargenoot • (studiegenoot) *Kommilitone* [m], *Studienkollege* [m] • (leeftijdsgenoot) *Altersgenosse* [m]
jaargetijde *Jahreszeit* [v]
jaarkaart *Jahreskarte* [v]
jaarlijks *Jahres-, jährlich* ⋆ ~e bijdrage *Jahresbeitrag* [m] ⋆ ~e termijn *Jahresrate* [v]
jaarmarkt *Jahrmarkt* [m]
jaarring *Jahresring* [m]
jaartal *Jahreszahl* [v]
jaartelling *Zeitrechnung* [v]
jaarvergadering *Jahresversammlung* [v], ‹van aandeelhouders› *Jahreshauptversammlung* [v]
jaarverslag *Jahresbericht* [m], *Geschäftsbericht* [m]
jaarwisseling *Jahreswechsel* [m]
jacht I [de] • (het jagen) *Jagd* [v] ⋆ op ~ gaan *auf die Jagd gehen* • (jachtterrein) *Jagdrevier* [o] • (het najagen) *Jagd* [v] • (jachttijd) *Jagdzeit* [v] • (jachtpartij) *Jagd* [v] **II** [het] *Yacht* [v], *Jacht* [v]
jachten *sich abhetzen, hetzen, jagen*
jachtgeweer *Jagdgewehr* [o]
jachthaven *Jachthafen* [m]
jachthond *Jagdhund* [m]
jachtig *gejagt, gehetzt*
jachtluipaard *Gepard* [m]
jachtopziener *Jagdaufseher* [m], *Wildhüter* [m]
jachttafereel *Jagdszene* [v]
jack *kurze Jacke* [v]
jacket • (boekomslag) *Schutzumschlag* [m] • (kroon) *Jacketkrone* [v]
jackpot *Jackpot* [m]
jacquet *Jackett* [o]
jade I [het] *Jade* [m/v] **II** [bnw] *aus Jade*
jagen I [ov ww] • (jacht maken op) *jagen* • (voortdrijven) *jagen, (an)treiben* ▾ geld erdoor ~ *Geld zum Schornstein hinausjagen* ▾ een wetsvoorstel erdoor ~ *ein Gesetz durchpeitschen* ▾ iem. op kosten ~ *jmdn. in Unkosten stürzen* **II** [on ww] • (streven) *jagen* ⋆ op een baantje ~ *hinter einem Job her sein* • (snel bewegen) *jagen, hasten* ⋆ de wolken ~ langs de hemel *die Wolken jagen am Himmel*
jager *Jäger* [m]
jaguar *Jaguar* [m]
jak • (bloes) *Kittel* [m] • (overjasje) *Jacke* [v]
jakhals *Schakal* [m]
jakkeren *jagen, rasen*
jakkes *igitt!, pfui!*
jakobsschelp *Jakobsmuschel* [v]
jaloers ‹door afgunst› *neidisch*, ‹door liefde› *eifersüchtig*
jaloezie • (jaloersheid) *Eifersucht* [v], *Neid* [m]

• (zonwering) *Jalousie* [v]
jam *Marmelade* [v]
Jamaica *Jamaika* [o]
jamboree *Pfadfindertreffen* [o]
jammer *schade* ⋆ wat is dat ~! *wie schade!* ⋆ ~ van iem./iets *schade um jmdn./etw.* ⋆ het is ~ genoeg waar *es ist leider wahr*
jammeren *jammern*
jammerklacht *Klage* [v]
jammerlijk *jämmerlich, kläglich*
jampot *Marmeladenglas* [o]
Jan ▾ Jan en alleman *Gott und die Welt* ▾ boven Jan zijn *wieder auf dem Damm sein* ▾ Jan Modaal *Otto Normalverbraucher*
janboel *Schlamperei* [v], *Lotterwirtschaft* [v]
janboerenfluitjes ▾ op z'n ~ *Pi mal Daumen*
janken ‹van dieren› *jaulen,* ‹van kinderen› *plärren,* ‹van mensen› *heulen*
jantje-van-leiden ▾ zich er met een ~ van afmaken *sich etw. mit faulen Ausreden vom Halse schaffen*
januari *Januar* [m]
januskop • (kop) *Januskopf* [m] • (dubbelhartig mens) *doppelzüngige Person* [v]
jan-van-gent *Tölpel* [m]
Japan *Japan* [o]
Japanner *Japaner* [m]
Japans I [het] *Japanisch(e)* [o] II [bnw] *japanisch*
japon *Kleid* [o]
jarenlang *jahrelang* ⋆ ~e afwezigheid *langjährige Abwesenheit* [v]
jargon *Jargon* [m]
jarig *Geburtstag haben* ⋆ de ~e *das Geburtstagskind*
jarretelle *Strumpfhalter* [m], *Straps* [m]
jas • (overjas) ‹kort› *Jacke* [v], ‹lang› *Mantel* [m] • (colbert) *Jackett* [o]
jasbeschermer *Kleiderschutz* [m]
jasmijn *Jasmin* [m]
jassen *schälen*
jasses *igitt, pfui Teufel*
jaszak *Manteltasche* [v]
jatten *stibitzen, mausen, klauen*
jawoord *Jawort* [o]
jazz *Jazz* [m]
jazzballet *Jazzballett* [o]
jazzband *Jazzband* [v], *Jazzkapelle* [v]
je I [pers vnw] *du* II [onb vnw] *man*
jeans *Jeans* [v]
jee *oje!*
jeep *Jeep* [m]
jegens *gegenüber* [3]
jekker *Joppe* [v]
Jemen *Jemen* [m]
jenever *Genever* [m], *Wacholder* [m]
jeneverbes • (bes) *Wacholderbeere* [v] • (struik) *Wacholder* [m]
jengelen • (zeurderig klinken) *dudeln* • (zeurderig huilen) *quengeln, greinen*
jennen *triezen, piesacken, frotzeln*
jeremiëren *lamentieren*
jerrycan *Kanister* [m]
jet *Jet* [m]
Jet ▾ de jarige Jet *das Geburtstagskind* ▾ geef hem van Jetje! *gib ihm Saures!*
jetlag *Jetlag* [m]
jetset *Jetset* [m]
jeu I [de] *Reiz* [m] ⋆ de jeu is eraf *der Lack ist ab* II [het] *Spiel* [o]
jeugd *Jugend* [v]
jeugdherberg *Jugendherberge* [v]
jeugdig *jugendlich* ⋆ dat staat ~ *das macht jung*
jeugdliefde *Jugendliebe* [v]
jeugdloon ▾ minimum ~ *gesetzlich festgelegtes Mindesteinkommen für Personen unter 27 Jahren*
jeugdsentiment *nostalgische Jugenderinnerung* [v]
jeugdzonde *Jugendsünde* [v]
jeuk *Jucken* [o]
jeuken *jucken* ⋆ mijn vingers ~ *die Finger jucken mir;* ‹fig.› *es kribbelt mir in den Fingern*
jezelf I [pers vnw] ‹2e naamval› *deiner selbst,* ‹3e naamval› *dir selbst,* ‹4e naamval› *dich selbst* II [wkd vnw] ▾ daar heb je alleen ~ mee *damit schneidest du dir nur ins eigene Fleisch*
jezuïet *Jesuit* [m]
Jezus *Jesus* [m] ⋆ het kindje ~ *das Jesuskind*
jicht *Gicht* [v] ⋆ aan ~ lijdend *gichtkrank*
Jiddisch I [het] *Jiddisch(e)* [o] II [bnw] *jiddisch*
jij *du* ▾ iem. met jij aanspreken *jmdn. duzen*
job *Job* [m]
Job *Hiob* [m] ▾ zo arm als Job *so arm wie Hiob*
jobstijding *Hiobsbotschaft* [v]
joch *Bube* [m]
jockey *Jockey* [m]
jodelen *jodeln*
jodendom *Judentum* [o]
jodenster *Judenstern* [m]
jodenvervolging *Judenverfolgung* [v]
jodin *Jüdin* [v]
jodium *Jod* [o]
jodiumtinctuur *Jodtinktur* [v]
Joegoslavië *Jugoslawien* [o]
joekel *Riesending* [o]
joelen *toben, johlen*
jofel *toll, dufte*
joggen *joggen*
joggingpak *Jogginganzug* [m]
joint *Joint* [m]
joint venture *Jointventure/Joint Venture* [o]
jojo *Jo-Jo* [o]
joker *Joker* [m]
jokken *flunkern, schwindeln*
jol *Jolle* [v]
jolig *lustig, fröhlich, vergnügt*
jong I [het] ‹dier› *Junge(s)* [o], ‹kind› *Kleine(r)* [m] [v: *Kleine*] II [bnw] • (niet oud) *jung* ⋆ jong en oud *Jung und Alt* ⋆ een vrij jonge man *ein jüngerer Mann* ⋆ de jongste bediende *der Auszubildende* ⋆ van jongs af aan *von klein auf* • (recent) ⋆ de jongste berichten *die neuesten Berichte*
jonge I [de] *Klare(r)* [m] II [tw] *Junge, Junge*
jongedame *junge Frau* [v], *Fräulein* [o]
jongelui *junge Leute* [mv], ‹jongeren› *Jugendliche(n)* [mv]
jongeman *junge(r) Mann* [m]
jongen I [de] • (kind) *Junge* [m] • (jongeman) *Bursche* [m] ⋆ ouwe ~ *alter Knabe* ⋆ onze ~s doen het goed *unsere Jungs halten gut mit* II [on ww] *Junge werfen, jungen*
jongensachtig *jungenhaft, knabenhaft*
jongensboek *Buch für Jungen* [o]
jongensgek *mannstoll*
jongere *Jugendliche(r)* [m] ⋆ werkende ~n *jugendliche Arbeitnehmer*
jongerencentrum *Jugendzentrum* [o], *Juze* [o]
jongerenwerk *Jugendarbeit* [v]
jonggehuwd *jung verheiratet*
jongleren *jonglieren*
jongleur *Jongleur* [m]
jongmens *junge(r) Mann* [m] [v: *junge Frau*], *junge Person* [v]
jongstleden *letzt, vorig* ⋆ uw brief van 21 april ~ *Ihr Schreiben vom 21. April dieses Jahres* ⋆ zondag

~ *(am) vorigen Sonntag*
jonker *Junker* [m]
jonkheer ≈ *Adlige(r)* [m]
jonkie • (mens) *Kleine(s)* [o] • (jenever) *Klare(r)* [m] • (dier) *Junge(s)* [o]
jonkvrouw ≈ *Adelige* [v]
jood *Jude* [m]
joods **I** [het] *Jiddisch* [o] **II** [bnw + bijw] *jüdisch*
Joost ▾ dat mag ~ weten *das weiß der Teufel*
jopper *Lodenjacke* [v]
Jordanië *Jordanien* [o]
jota *Jota* [o] ▾ er geen jota van snappen *nicht die Bohne begreifen*
jou ‹3e naamval› *dir*, ‹4e naamval› *dich*
joule *Joule* [o]
journaal • (nieuws) *Nachrichten* [mv] • (dagboek) *Tagebuch* [o]
journalist *Journalist* [m], *Reporter* [m]
journalistiek **I** [de] *Journalismus* [m], ‹studievak› *Journalistik* [v] **II** [bnw + bijw] *journalistisch*
jouw *dein*
jouwen *johlen, buhen*
joviaal *offenherzig, herzlich*, ‹tegenover ondergeschikten› *jovial*
joystick *Joystick* [m]
jubelen *jubeln*
jubeltenen *Himmelfahrtszehen* [mv]
jubilaris *Jubilar* [m]
jubileren *ein Jubiläum feiern*
jubileum *Jubiläum* [o] ⋆ honderdjarig ~ *Hundertjahrfeier*
juchtleer *Juchtenleder* [o]
judas *Judas* [m]
judaskus *Judaskuss* [m]
judaspenning *Silbertaler* [m]
judassen *quälen, piesacken*
judo *Judo* [o]
judoka *Judoka* [m]
juf *Lehrerin* [v]
juffrouw • (ongehuwde vrouw) *Fräulein* [o] • (onderwijzeres) *Lehrerin* [v]
juichen *jauchzen, jubeln*
juist **I** [bnw] • (correct) *trefflich, richtig* • (geschikt) *richtig* ⋆ hij is de ~e man daarvoor *er ist der rechte Mann dafür* • (waar) *trefflich, treffend* ⋆ een ~e opmerking *eine treffende Bemerkung* • (billijk) *gerecht* **II** [bijw] • (precies) *gerade, genau, gerade* ⋆ ~ op tijd *gerade rechtzeitig* ⋆ integendeel, nu ~ wel *im Gegenteil, nun erst recht* ⋆ dat is het nu ~ waar het op aankomt *darauf kommt es gerade an* • (zojuist) *gerade, eben* ⋆ het is ~ 1 uur *es ist gerade 1 Uhr*
juistheid • (het juist zijn) *Richtigkeit* [v] • (precisie) *Genauigkeit* [v]
juk *Joch* [o]
jukbeen *Backenknochen* [m]
jukebox *Jukebox* [v]
juli *Juli* [m]
jullie **I** [pers vnw] ‹1e naamval› *ihr*, ‹3e en 4e naamval› *euch* [3/4] **II** [bez vnw] *euer*
jumbojet *Jumbojet* [m]
jungle *Dschungel* [m]
juni *Juni* [m]
junior **I** [de] *Junior* [m] ⋆ wielerwedstrijd voor ~es *Juniorenrennen* [o] **II** [bnw] *junior*
junkfood *Junkfood* [o]
junkie *Junkie* [m]
junta *Junta* [v]
jureren *jurieren*
juridisch *Rechts-, juristisch* ⋆ ~e faculteit *Rechtsfakultät* [v] ⋆ ~ adviesbureau *Rechtsberatungsstelle* [v]
jurisdictie • (rechtsmacht) *Gerichtsbarkeit* [v], *Jurisdiktion* [v] • (rechtsgebied) *Gerichtsbezirk* [m]
jurisprudentie *Rechtsprechung* [v]
jurist • (rechtsgeleerde) *Jurist* [m] • (student in de rechten) *Jurastudent* [m]
jurk *Kleid* [o]
jury • (beoordelingscommissie) *Jury* [v], ‹sport› *Kampfgericht* [o] • (jur.) *Jury* [v]
jurylid • (rechtbank) *Geschworene(r)* [m] • (wedstrijd) *Juror* [m], ‹sport› *Kampfrichter* [m]
jus • (vruchtensap) *Saft* [m] • (vleessaus) *Soße* [v], *Bratensaft* [m]
jus d'orange *Orangensaft* [m]
justitie • (rechterlijke macht) *Justiz* [v] ⋆ ministerie van ~ *Justizministerium* [o] • (rechtswezen) *Justiz* [v]
justitieel *gerichtlich, Justiz-*
jute *Jute* [v]
jutten *Strandgut sammeln*, ‹pej.› *Strandgut rauben*
juweel *Juwel* [o]
juwelier *Juwelier* [m]

K

k K [o]
ka *Mannweib* [o]
kaaiman *Kaiman* [m], *Alligator* [m]
kaak • (wang) *Backe* [v], *Wange* [v] • (kaakbeen) *Kiefer* [m] ▾ iets aan de kaak stellen *etw. anprangern* ▾ zijn kaken roeren ‹eten› *essen wie ein Scheunendrescher;* ‹praten› *ein flottes Mundwerk haben* ▾ zijn kaken op elkaar houden *schweigen*
kaakbeen *Kieferknochen* [m]
kaakholte *Kieferhöhle* [v]
kaakje *Keks* [m]
kaakslag *Ohrfeige* [v]
kaal • (zonder haar) *kahl* ⋆ een kale man *ein kahl-/glatzköpfiger Mann* • (onbedekt) *kahl, nackt* • (afgesleten) *verschlissen, schäbig,* ‹kleding› *fadenscheinig, abgewetzt* • (armoedig) *armselig, dürftig* ⋆ een kale boel *eine armselige Wirtschaft* ▾ iem. kaal plukken *jmdn. rupfen*
kaalscheren *kahl scheren*
kaalslag • (woningafbraak) *Abbruch* [m], *Abriss* [m] • (het vellen van bomen) *Kahlschlag* [m], ‹bedrijfsvorm› *Abholzung* [v]
kaap *Kap* [o] ⋆ Kaap de Goede Hoop *Kap der Guten Hoffnung* [o]
Kaapverdische eilanden *Kapverdische(n) Inseln* [mv]
kaars *Kerze* [v]
kaarslicht *Kerzenlicht* [o]
kaarsrecht *kerzengerade*
kaarsvet *Kerzenwachs* [o]
kaart *Karte* [v] ⋆ gegevens in ~ brengen *eine Kartei anlegen* ⋆ een gebied in ~ brengen *ein Gebiet kartieren* ▾ open ~ spelen *mit offenen Karten spielen* ▾ iem. in de ~ spelen *jmdm. die Bälle zuspielen* ▾ zich niet in de ~ laten kijken *sich nicht in die Karten sehen lassen* ▾ doorgestoken ~ *abgekartete(s) Spiel* [o] ▾ zijn ~en op tafel leggen *seine Karten offen auf den Tisch legen*
kaarten *Karten spielen*
kaartenbak *Karteikasten* [m], *Zettelkasten* [m]
kaartenhuis *Kartenhaus* [o]
kaartje • (plaatsbewijs) *Fahrkarte* [v] ⋆ een ~ kopen *eine Fahrkarte lösen* • (visitekaartje) *Visitenkarte* [v] • (toegangsbewijs) *Eintrittskarte* [v]
kaartlezen I [het] *Kartenlesen* [o] **II** [on ww] *die Karte lesen*
kaartspel *Kartenspiel* [o]
kaartsysteem *Kartei* [v], *Kartothek* [v]
kaas *Käse* [m] ⋆ een broodje kaas *ein Käsebrötchen* ▾ zich de kaas niet van het brood laten eten *sich die Butter nicht vom Brot nehmen lassen* ▾ daar heb ik geen kaas van gegeten *davon hab ich keine Ahnung*
kaasboer • (maker) *Käser* [m] • (verkoper) *Käsehändler* [m]
kaasfondue *Käsefondue* [o]
kaaskop ↑ *Holländer* [m]
kaasschaaf *Käsehobel* [m]
kaasstolp *Käseglocke* [v]
kaatsen • (terugstuiten) *zurückprallen, springen* ⋆ deze bal kaatst goed *dieser Ball springt gut* • (sport) *Fangball spielen*
kabaal *Radau* [m], *Lärm* [m]
kabbelen *plätschern, rieseln*
kabel • ((staal)draad) *Stahltrosse* [v], *Drahtseil* [o] • (elektriciteitsdraad) *Kabel* [o]
kabelbaan *Drahtseilbahn* [v]
kabeljauw *Kabeljau* [m]
kabelkrant *Nachrichten im Kabelfernsehen* [v]
kabelnet *Kabelnetz* [o]
kabelslot *Kabelschloss* [o]
kabeltelevisie *Kabelfernsehen* [o]
kabeltouw *Kabeltau* [o]
kabinet • (meubel) *Kabinettschrank* [m] • (regering) *Kabinett* [o]
kabinetscrisis *Kabinettskrise* [v]
kabinetsformateur *Beauftragte(r) zur Regierungsbildung* [m]
kabinetszitting *Kabinettssitzung* [v]
kabouter *Heinzelmännchen* [o], ‹dwerg› *Zwerg* [m]
kachel I [de] *Ofen* [m] **II** [bnw] *voll, blau*
kadaster • (register) *Kataster* [m/o], *Grund-/Flurbuch* [o] • (kantoor) *Katasteramt* [o], *Kataster* [m/o] ⋆ ambtenaar van het ~ *Katasterbeamte(r)* [m]
kadastraal *vermessungsamtlich* ⋆ kadastrale kaart *Kataster-/Flurkarte* [v]
kadaver *Kadaver* [m]
kade *Kai* [m]
kader • (lijst) *Rahmen* [m] • (verband) *Rahmen* [m] ⋆ buiten het ~ vallen *aus dem Rahmen fallen* ⋆ in het ~ van deze bijeenkomst *im Rahmen dieser Veranstaltung* • (staf) *Kader* [m] ⋆ vast ~ *permanente(r) Kader*
kaderfunctie *Führungsfunktion* [v]
kadetje *Brötchen* [o]
kaduuk • (bouwvallig) *verfallen* • (zwak, gebrekkig) *hinfällig, gebrechlich*
kaf *Spreu* [v]
kaffer *Kaffer* [m]
kaft *Umschlag* [m], ‹beschermend papier› *Schutzumschlag* [m]
kaftan *Kaftan* [m]
kaften *einschlagen*
kaftpapier *Einschlagpapier* [o], *Umschlagpapier* [o]
kajak *Kajak* [m]
kajuit *Kajüte* [v]
kak • (kapsones) *Wichtigtuerei* [v], *Bluff* [m], *Prahlerei* [v] ⋆ kouwe kak *Hochnäsigkeit* [v] • (poep) *Kacke* [v]
kakelbont *kunterbunt, bunt schillernd*
kakelen • (kwebbelen) *plappern, schwatzen* • (roepen van kip) *gackern*
kakelvers *ganz frisch* ▾ ~e eieren *frische Eier*
kaken *ausnehmen*
kaki I [de] *Kakipflaume* [v] **II** [het] ‹kleur› *Khaki* [m], ‹stof› *Khaki* [o]
kakken *kacken*
kakkerlak *Kakerlak* [m]
kakofonie *Kakophonie* [v]
kalend *kahl werdend*
kalender *Kalender* [m]
kalenderjaar *Kalenderjahr* [o]
kalf *Kalb* [o] ▾ als het kalf verdronken is, dempt men de put *den Brunnen erst zudecken, wenn das Kind hineingefallen ist* ▾ als de kalveren op het ijs dansen *wenn Weihnachten und Ostern zusammenfallen* ▾ het gouden kalf aanbidden *das Goldene Kalb anbeten*
kalfslapje *Kalbsschnitzel* [o]
kalfsmedaillon *Kalbsmedaillon* [o]
kalfsoester *Kalbsmedaillon* [o]
kalfsvlees *Kalbfleisch* [o]
kali *Kali* [o]
kaliber • (formaat, aard) *Kaliber* [o] • (diameter) ⋆ van groot/klein ~ *groß-/kleinkalibrig* ▾ zij is van hetzelfde ~ *sie ist vom gleichen Schlag*
kalief *Kalif* [m]

kalk • (bouwmateriaal) *Mörtel* [m] • (calcium) *Kalk* [m]
kalkaanslag *Kalkablagerung* [v]
kalken • (met kalk besmeren) *kalken, tünchen* • (schrijven) *hinschmieren* ⋆ teksten op gevels ~ *Fassaden mit Texten beschmieren*
kalkoen *Puter* [m] [v: *Pute*], *Truthahn* [m] ⋆ gebraden ~ *Putenbraten* [m]
kalksteen *Kalkstein* [m]
kalligrafie *Kalligraphie* [v]
kalm *ruhig* ⋆ blijf kalm! *ruhig Blut!* ⋆ houd je kalm! ‹wees stil› *sei ruhig!*; ‹maak je niet druk› *gib Ruhe!*
kalmeren I [ov ww] • (kalm maken) *beruhigen, besänftigen* ⋆ ~d middel *Beruhigungsmittel* [o] **II** [on ww] • (kalm worden) *sich besänftigen, sich beruhigen*
kalmeringsmiddel *Beruhigungsmittel* [o]
kalmpjes • (onbewogen) *ruhig, gemächlich* • (rustig) *ruhig*
kalmte *Ruhe* [v], ‹windstilte› *Kalme* [v] ⋆ zijn ~ verliezen *die Fassung verlieren*
kalven *kalben*
kalverliefde *erste/junge Liebe* [v]
kam • (kamvormige zaak) ‹van berg› *Kamm* [m], ‹van strijkinstrument› *Steg* [m] • (haarkam) *Kamm* [m] ▾ alles over één kam scheren *alles über einen Kamm scheren*
kameel *Kamel* [o]
kameleon *Chamäleon* [o]
kamer • (vertrek) *Zimmer* [o], ‹klein› *Stube* [v] ⋆ op ~s wonen *möbliert wohnen* ⋆ de donkere ~ *die Dunkelkammer* • (college) *Kammer* [v] ⋆ Kamer van Koophandel en Fabrieken *Industrie- und Handelskammer* • (pol.) *Parlament* [o], *Kammer* [v]
kameraad • (vriend, makker) *Kamerad* [m] [v: *Kameradin*], *Gefährte* [m] [v: *Gefährtin*] • (partijgenoot) *Genosse* [m] [v: *Genossin*]
kameraadschappelijk *kameradschaftlich*
kamerbreed *von Wand zu Wand* ⋆ ~ tapijt *Teppich von Wand zu Wand*
K
kamerdebat *Parlamentsdebatte* [v], *Kammerdebatte* [v]
kamerfractie *Parlamentsfraktion* [v]
kamergeleerde *Stubengelehrte(r)* [m]
kamergenoot *Zimmergenosse* [m]
kamerheer *Kammerherr* [m]
kamerjas *Morgenmantel* [m], *Hausmantel* [m]
kamerkoor *Kammerchor* [m]
kamerlid *Abgeordnete(r)* [m]
kamermeisje *Zofe* [v], ‹in hotel› *Zimmermädchen* [o]
kamermuziek *Kammermusik* [v]
Kameroen *Kamerun* [o]
kamerorkest *Kammerorchester* [o]
kamerplant *Zimmerpflanze* [v]
kamerscherm *spanische Wand* [v], *Wandschirm* [m]
kamertemperatuur *Zimmertemperatur* [v] ⋆ op ~ *zimmerwarm*
kamerverhuur *Zimmervermietung* [v]
kamerverkiezing *Parlamentswahl* [v]
kamerzetel *Parlamentssitz* [m]
kamerzitting *Parlamentssitzung* [v]
kamfer *Kampfer* [m]
kamgaren I [het] *Kammgarn* [o] **II** [bnw] *Kammgarn-*
kamikaze *Kamikaze* [m]
kamille *Kamille* [v]
kamillethee *Kamillentee* [m]
kammen *kämmen*
kamp *Lager* [o] ⋆ de meisjes gaan op kamp *die Mädchen fahren ins Ferienlager*
kampbeul *KZ-Schinder* [m]
kampeerauto *Wohnmobil* [o]
kampeerboerderij *Bauernhof mit Campingplatz* [m]
kampeerbus *Wohnmobil* [o]
kampeerder *Camper* [m]
kampeerterrein *Campingplatz* [m], *Zeltplatz* [m]
kampen *kämpfen*
kamperen *zelten, campen*
kamperfoelie *Geißblatt* [o]
kampioen *Meister* [m] ⋆ de zwem~e van Frankrijk *die französische Meisterin im Schwimmen*
kampioenschap *Meisterschaft* [v]
kampioenstitel *Meistertitel* [m]
kampleiding *Lagerleitung* [v]
kampvuur *Lagerfeuer* [o]
kan *Kanne* [v] ▾ de zaak is in kannen en kruiken *die Sache ist unter Dach und Fach* ▾ het onderste uit de kan willen *alles haben wollen*
kanaal *Kanal* [m] ⋆ dit wordt op ~ 1 uitgezonden *dies bekommt man auf Kanal 1*
Kanaal *Kanal* [m]
Kanaaleilanden *Kanalinseln* [mv]
Kanaaltunnel *Kanaltunnel* [m]
kanaliseren *kanalisieren*
kanarie *Kanarienvogel* [m]
kandelaar *Kerzenständer* [m]
kandidaat *Bewerber* [m], *Kandidat* [m], *Anwärter* [m] ⋆ iem. ~ stellen *jmdn. als Kandidaten aufstellen* ⋆ zich ~ stellen voor *kandidieren für*
kandidaats *Zwischenprüfung* [v] ⋆ hij is geslaagd voor z'n ~ *er hat die Zwischenprüfung bestanden*
kandidatuur *Kandidatur* [v]
kandij *Kandis* [m]
kaneel *Zimt* [m]
kaneelstok *Zimtstange* [v]
kangoeroe *Känguru* [o]
kanis *Kopf* [m], *Birne* [v] ▾ houd je ~! *Schnauze!*
kanjer • (groot exemplaar) *Riesen-* • (uitblinker) *Ass* [o], *Kanone* [v] ⋆ een ~ in sport *eine Sportskanone* ⋆ zij is een ~ in wiskunde *sie ist ein Ass in Mathematik*
kanker • (woekerend kwaad) *Krebsgeschwür* [o] • (ziekte) *Krebs* [m]
kankeraar *Nörgler* [m], *Motzer* [m], *Meckerliese* [v], *Meckerfritze* [m]
kankerbestrijding *Krebsbekämpfung* [v]
kankeren *nörgeln, motzen, meckern* ⋆ ~ op *meckern über*
kankergezwel *Krebsgeschwulst* [v], ‹med.› *Karzinom* [o]
kankerverwekkend *Krebs erregend, Krebs erzeugend,* ‹med.› *karzinogen*
kannibaal *Kannibale* [m]
kannibalisme *Kannibalismus* [m]
kano *Kanu* [o]
kanoën *Kanu fahren*
kanon *Kanone* [v], *Geschütz* [o] ▾ zo zat als een ~ *sternhagelvoll*
kanonnade *Kanonade* [v]
kanonnenvlees *Kanonenfutter* [o]
kanonskogel *Kanonenkugel* [v]
kanovaarder *Kanute* [m]
kans • (risico, gok) *Gefahr* [v] ⋆ de kans om te verdrinken is groot *die Gefahr zu ertrinken ist groß* ⋆ een kansje wagen *sein Glück versuchen* • (waarschijnlijkheid) *Chance* [v], *Möglichkeit* [v] ⋆ geen kans van slagen hebben *aussichtslos sein* ⋆ de kansen zijn gekeerd *das Blatt hat sich*

gewendet ⋆ er bestaat/is veel kans dat ... *es ist sehr wahrscheinlich, dass ...* ⋆ dat is mijn kans *das ist meine Chance* ⋆ gelijke kansen voor iedereen *Chancengleichheit für jeden* • (gelegenheid) *Chance* [v], *Gelegenheit* [v] ⋆ hij heeft kans gezien te ontsnappen *es ist ihm gelungen zu entkommen* ⋆ zijn kans grijpen *die Gelegenheit nutzen* ⋆ ik zie er geen kans toe *ich schaffe es nicht* ⋆ iem. de kans geven *jmdm. eine Chance geben*

kansarm *unterprivilegiert*

kansel *Kanzel* [v]

kanselarij *Kanzlei* [v]

kanselier *Kanzler* [m]

kanshebber *Favorit* [m] [v: *Favoritin*]

kansloos *aussichtslos*

kansrekening *Wahrscheinlichkeitsrechnung* [v]

kansspel *Glücksspiel* [o]

kant I [de] • (uiterste rand, zijkant) *Seite* [v], *Kante* [v] ⋆ op zijn kant zetten *kanten; hochkant stellen* ⋆ aan de kant! *beiseite!* • (zijde) *Seite* [v] ⋆ van de kant van de overheid *seitens des Staates* ⋆ ik van mijn kant *meinerseits* ⋆ aan de ene kant ..., maar aan de andere kant ... *einerseits ..., andererseits ...* ⋆ van moeders kant *mütterlicherseits* • (richting) *Seite* [v] ⋆ ik moet die kant op *ich muss in die Richtung* • (zienswijze) *Seite* [v] ⋆ een nieuwe kant aan de zaak zien *der Sache eine neue Seite abgewinnen* • (weefsel) *Spitze* [v] ▾ zich van kant maken *Schluss machen* ▾ iets over zijn kant laten gaan *etw. hinnehmen* ▾ dat raakt kant noch wal *das ist weder gehauen noch gestochen* ▾ is de kamer aan kant? *ist das Zimmer aufgeräumt?* ▾ iem. van kant maken *jmdn. beiseite schaffen* **II** [bnw] ▾ kant en klaar *fix und fertig*

kanteel *Zinne* [v]

kantelen I [ov ww] • (omdraaien) *kanten* **II** [on ww] • (omvallen) *(um)kippen*

kantelraam *Kippfenster* [o]

kanten I [bnw] *Spitzen-* **II** [wkd ww] *sich wehren, sich widersetzen* [3] ⋆ zich tegen iets/iemand ~ *sich gegen etw./jmdn. wehren; sich etw./jmdm. widersetzen*

kant-en-klaar *instant*

kantine *Kantine* [v]

kantje • (uiterste rand) *Kante* [v] • (bladzijde) *Seite* [v] ▾ ~ boord *mit knapper Not* ▾ dat was op het ~ *es hätte wenig gefehlt* ▾ hij loopt de ~s eraf *er reißt sich kein Bein aus*

kantlijn *Rand* [m], *Randlinie* [v]

kanton *Kreis* [m], *Bezirk* [m], ‹in Frankrijk en Zwitserland› *Kanton* [m]

kantongerecht *Amtsgericht* [o]

kantonrechter *Amtsrichter* [m]

kantoor *Büro* [o], ‹overheid› *Amt* [o], *Dienststelle* [v], ‹van advocaat, notaris› *Kanzlei* [v], ‹van een instelling› *Geschäftsstelle* [v] ⋆ naar ~ gaan *ins Büro gehen*

kantoorbaan ≈ *Bürojob* [m]

kantoorboekhandel *Schreibwarengeschäft* [o]

kantoorpand *Bürogebäude* [o]

kantoortijd *Bürostunden* [mv] ⋆ na ~ *nach Büroschluss*

kantoortuin ≈ *Großraumbüro unterteilt durch Pflanzen* [o]

kantooruren *Bürostunden* [mv]

kanttekening • (opmerking) *Randbemerkung* [v] ⋆ daarbij heb ik de volgende ~ *dazu möchte ich Folgendes anmerken* • (aantekening) *Randbemerkung* [v], *Randnotiz* [v]

kantwerk *Spitzenarbeit* [v]

kap • (hoofdbedekking) *Kappe* [v] • (bedekking, bovenstuk) ‹lampenkap› *Schirm* [m], ‹motorkap› *Haube* [v], ‹van huis› *Dachstuhl* [m] ⋆ 2 onder 1 kap *Zweifamilienhaus* [o]

kapel • (kerkje) *Kapelle* [v] • (insect) *Schmetterling* [m]

kapelaan *Kaplan* [m]

kapen *entführen*

kaper • (zeerover) *Seeräuber* [m] • (ontvoerder) *Entführer* [m] ▾ er zijn ~s op de kust *es sind noch andere Bewerber im Rennen*

kaping *Entführung* [v]

kapitaal I [de] *Majuskel* [v], *Großbuchstabe* [m] **II** [het] *Kapital* [o] **III** [bnw] *großartig, famos* ⋆ kapitale fout *Kapitalfehler* [m]

kapitaalgoederen *Kapitalgüter* [mv]

kapitaalkrachtig *kapitalkräftig*

kapitaalmarkt *Kapitalmarkt* [m]

kapitaalvlucht *Kapitalflucht* [v]

kapitalisme *Kapitalismus* [m]

kapitalist *Kapitalist* [m]

kapitalistisch *kapitalistisch*

kapiteel *Kapitell* [o]

kapitein • (gezagvoerder) *Kapitän* [m] • (officier) *Hauptmann* [m]

kapittel *Kapitel* [o]

kapittelen *abkanzeln* ⋆ iem. ~ *jmdm. die Leviten lesen*

kapje • (hoofddeksel) *Käppchen* [o] • (uiteinde van brood) *Knust* [m], *Brotkanten* [m]

kaplaars *Gummistiefel* [m]

kapmeeuw *Lachmöwe* [v]

kapmes *Buschmesser* [o], ‹hakmes› *Hackmesser* [o]

kapok *Kapok* [m]

kapot • (stuk) *kaputt* ⋆ een ~te jurk *ein kaputtes/zerrissenes Kleid* ⋆ een ~te ruit *eine kaputte/zerbrochene Fensterscheibe* • (onder de indruk) *bestürzt, fassungslos, niedergeschmettert* ⋆ zij is ~ van die gebeurtenis *die Sache hat sie sehr mitgenommen* • (afgemat) *fix und fertig, erschöpft* ▾ zich ~ lachen *sich kaputtlachen*

kapotgaan *kaputtgehen*

kapotje *Pariser* [m], *Kondom* [o]

kapotmaken *kaputtmachen, zerstören, ruinieren*

kappen I [ov ww] • (hakken) *hauen*, ‹bomen› *kappen*, ‹bos, hout› *schlagen*, ‹vellen› *fällen* • (haar opmaken) *frisieren* **II** [on ww] • (~ **met**) *aufhören (mit)* ⋆ wij ~ ermee *Schluss für heute*

kapper *Friseur* [m] [v: *Friseuse*]

kappertje *Kaper* [v]

kapsalon *Frisiersalon* [m]

kapseizen *kentern*

kapsel *Frisur* [v]

kapsones ⋆ ~ hebben *wichtig tun* ⋆ hij heeft veel ~ *er ist sehr eingebildet*

kapstok *Garderobe* [v], ‹staand› *Kleiderständer* [m]

kapucijner • (monnik) *Kapuziner* [m] • (erwt) *graue Erbse* [v]

kar *Karren* [m], *Karre* [v]

karaat *Karat* [o]

karabijn *Karabiner* [m]

karaf *Karaffe* [v]

karakter • (letterteken) *Schriftzeichen* [o] • (aard) *Charakter* [m]

karakteriseren *charakterisieren*

karakteristiek I [de] *Charakteristik* [v] **II** [bnw + bijw] *charakteristisch*

karakterrol *Charakterrolle* [v]

karaktertrek *Charakterzug* [m]

karaktervast *charakterfest*

karamel • (gebrande suiker) *Karamell* [m] • (snoepje) *Karamellbonbon* [m/o], *Karamelle* [v]

karate *Karate* [o]
karavaan *Karawane* [v]
karbonade *Kotelett* [o]
kardinaal I [de] *Kardinal* [m] **II** [bnw] *Kardinal-*
karig *karg* ⋆ een ~ maal *ein karges Mahl*
karikaturaal *karikaturistisch*
karikatuur • (vertekening) *Karikatur* [v], *Zerrbild* [o] • (spotprent) *Karikatur* [v]
Karinthië *Kärnten* [o]
karkas • (geraamte) *Skelett* [o] • (gestel) *Gerippe* [o]
karma *Karma(n)* [o]
karmijn *Karmin* [o]
karnemelk *Buttermilch* [v]
karnen *buttern*
karos *Karosse* [v]
Karpaten *Karpaten* [mv]
karper *Karpfen* [m]
karpet *Teppich* [m]
karren • (fietsen) *fahren* • (rijden) *karren*
karrenvracht *Fuhre* [v]
kartel I [de] *Kerbe* [v] **II** [het] *Kartell* [o]
kartelen I [ov ww] • (kartels maken) *kerben*, ‹techn.› *rändeln* ⋆ gekartelde rand *gezackte(r) Rand* [m] **II** [on ww] • (kartels hebben/krijgen) *einreißen*
kartelrand *gezackte(r) Rand* [m]
karton *Pappe* [v], *Karton* [m]
kartonnen *Papp-* ⋆ ~ doos *(Papp)karton* [m]
karwats *Karbatsche* [v]
karwei *Arbeit* [v] ⋆ dat is een heel ~ *das ist eine ziemliche Schufterei* ⋆ een lastig ~ *keine einfache Arbeit*
karwij *Kümmel* [m]
kas • (geldmiddelen) *Kasse* [v] ⋆ hij is krap bij kas *er ist knapp bei Kasse* • (broeikas) *Gewächshaus* [o], *Treibhaus* [o] ⋆ groente uit de kas *Treibhausgemüse* [o] • (holte) *Gehäuse* [o], ‹ogen, tanden› *Höhle* [v] • (kassa) *Kasse* [v] ⋆ de kas opmaken *die Kasse machen*
kasboek *Kassenbuch* [o]
kascheque *Barscheck* [m]
kasgeld *Kassenbestand* [m]
Kaspische Zee *Kaspische(s) Meer* [o]
kasplant *Treibhauspflanze* [v] ▾ een ~je *ein verhätscheltes Kind*
kassa *Kasse* [v]
kassabon *Kassenbon* [m]
kassaldo *Kassenbestand* [m]
kassier *Kassierer* [m]
kassiewijle *mausetot*
kassucces *Kassenerfolg* [m], *Kassenschlager* [m]
kast • (bergmeubel) *Schrank* [m] • (omgebouwd omhulsel) *Gehäuse* [o] • (groot bouwsel) *Kasten* [m] ⋆ een kast van een huis *ein riesiger Kasten*
kastanje *Kastanie* [v]
kastanjebruin *kastanienbraun*
kaste *Kaste* [v]
kasteel *Burg* [v]
kastekort *Kassendefizit* [o]
kastelein *Wirt* [m]
kastijden ‹anderen› *züchtigen*, ‹zichzelf› *sich kasteien*
kastje • (televisie) *Flimmerkiste* [v] • (kleine kast) *Schränkchen* [o] ▾ van het ~ naar de muur sturen *von Pontius zu Pilatus schicken*
kat • (huisdier) *Katze* [v] • (snibbige vrouw) *Katze* [v] • (bitse opmerking) *Anpfiff* [m] ▾ de kat de bel aanbinden *der Katze die Schelle umhängen* ▾ de kat uit de boom kijken *sehen, wie der Hase läuft* ▾ de kat in het donker knijpen *im Dunkeln ist gut munkeln* ▾ als een kat in een vreemd pakhuis *wie der Ochs vorm Berg* ▾ de kat op het spek binden *den Bock zum Gärtner machen* ▾ een kat in de zak kopen *die Katze im Sack kaufen* ▾ als kat en hond leven *wie Hund und Katze leben* ▾ als de kat van huis is, dansen de muizen *wenn die Katze aus dem Haus ist, tanzen die Mäuse auf dem Tisch*
katachtig *katzenhaft*, ‹snibbig› *katzig*
katalysator *Katalysator* [m]
katapult *Katapult* [o]
Katar *Katar* [o]
katenspek *Speck* [m]
kater *Kater* [m]
katern *Heft* [o], ‹krant› *Beilage* [v]
katheder *Rednerpult* [o], *Katheder* [m]
kathedraal I [de] *Kathedrale* [v] **II** [bnw] *kathedralisch*
kathode *Kathode* [v]
katholicisme *Katholizismus* [m], ‹religie› *katholische Religion* [v]
katholiek I [de] *Katholik* [m] **II** [bnw] *katholisch*
katje *Kätzchen* [o]
katoen *Baumwolle* [v] ▾ zij gaf hem van ~ *sie gab ihm Zunder*
katrol *Rolle* [v]
kattebelletje *kurze Notiz* [v]
Kattegat *Kattegat* [o]
katten *sich garstig verhalten, bissige Bemerkungen machen*
kattenbak • (bak voor de kat) *Katzenklo* [o] • (ruimte in auto) *Kofferraum* [m]
kattenkop *Kratzbürste* [v], *Katze* [v]
kattenkwaad *Dummejungenstreich* [m] ⋆ ~ uithalen *Unfug treiben*
kattenoog *Katzenauge* [o]
kattenpis *Katzenurin* [m] ▾ dat is geen ~ *das ist nicht ohne*
katterig • (een kater hebbend) *verkatert* • (beroerd) *leicht angeschlagen*
kattig *schnippisch, bissig*
katzwijm *leichte Ohnmacht* [v] ⋆ in ~ vallen *ohnmächtig werden*
kauw *Dohle* [v]
kauwen *kauen*
kauwgom *Kaugummi* [m/o]
kavel • (stuk land) *Parzelle* [v] • (partij goederen) *Partie* [v], *Posten* [m]
kaviaar *Kaviar* [m]
Kazakstan *Kasachstan* [o]
kazerne *Kaserne* [v]
kazuifel *Kasel* [v]
kebab *Kebab* [m]
keel *Kehle* [v] ⋆ iem. bij de keel grijpen *jmdm. an die Gurgel springen* ▾ het hangt me de keel uit *es hängt mir zum Hals raus*
keelgat *Kehle* [v], *Schlund* [m], *Gurgel* [v] ▾ het schoot hem in het verkeerde ~ *er hat es in den falschen Hals bekommen*
keelholte *Rachenhöhle* [v]
keelklank *Kehllaut* [m], ‹taalk.› *Kehlkopflaut* [m]
keelontsteking *Halsentzündung* [v]
keelpijn *Halsweh* [o], *Halsschmerzen* [mv]
keep *Kerbe* [v], *Einkerbung* [v]
keeper *Torwart* [m], *Torhüter* [m]
keer • (maal) *Mal* [o] ⋆ keer op keer *immer wieder* ⋆ in één keer *mit einem Mal* ⋆ een enkele keer *ab und zu* ⋆ één keer *ein Mal* ⋆ dit/deze keer *diesmal* ⋆ voor één keer *ein einziges Mal* ⋆ voor de eerste keer *zum ersten Mal* • (wending) *Wendung* [v]
keerkring *Wendekreis* [m]
keerpunt *Wendepunkt* [m], ‹fig.› *Wende* [v]
keerzijde • (achterkant) *Kehrseite* [v], *Rückseite* [v]

• (onaangename zijde) *Kehrseite* [v], *Schattenseite* [v]
keeshond *Spitz* [m]
keet • (schuurtje) *Bude* [v], ‹barak› *Baracke* [v] • (chaos) *Unordnung* [v], *Chaos* [o], ‹lawaai› *Krach* [m], *Radau* [m], ‹lol› *Jux* [m]
keffen *kläffen*
kegel • (voorwerp) *Kegel* [m] • (figuur in kegelspel) *Kegel* [m] • (slechte adem) *Fahne* [v] • (wisk.) *Kegel* [m]
kegelbaan *Kegelbahn* [v]
kegelen I [ov ww] • (eruit gooien) *rausschmeißen* **II** [on ww] • (sport) *kegeln*
kei • (steen) *Kieselstein* [m], ‹straatkei› *Kopfstein* [m] • (uitblinker) *Ass* [o], ‹in sport› *Kanone* [v] ▾ iem. op de keien zetten *jmdn. auf die Straße setzen*
keihard • (heel hard) *steinhart* • (heel luid) ⋆ ~ schreeuwen *lauthals schreien* ⋆ ~e muziek *ohrenbetäubende Musik* [v]
keilbout *Keilbolzen* [m]
keilen • (gooien met steentjes) ⋆ steentjes over 't water ~ *Steinchen übers Wasser hüpfen lassen* • (smijten) *werfen, schmeißen*
keizer *Kaiser* [m]
keizerlijk *kaiserlich, Kaiser-*
keizerrijk *Kaiserreich* [o]
keizersnede *Kaiserschnitt* [m]
kelder *Keller* [m]
kelderen I [ov ww] • (doen zinken) *versenken* **II** [on ww] • (vergaan) *untergehen* • (in waarde dalen) *stürzen*
keldertrap *Kellertreppe* [v]
kelen *die Kehle durchschneiden*, ‹van dieren› *abstechen*, ‹van vis› *kehlen*
kelim I [de] *Kelimteppich* [m] **II** [het] *Kelimstoff* [m]
kelk *Kelch* [m]
kelner *Kellner* [m] ⋆ ~! *Herr Ober!*
Kelt *Kelte* [m]
Keltisch I [het] *Keltisch(e)* [o] **II** [bnw] *keltisch*
kemphaan • (vogel) *Kampfläufer* [m] • (ruziezoeker) *Raufbold* [m], *Kampfhahn* [m]
kenau *Mannweib* [o]
kenbaar • (te herkennen) *kenntlich* • (bekend) ⋆ zijn mening ~ maken *sich zu etw. äußern*
kengetal • (kenmerkend getal) *Kennzahl* [v], *Kennziffer* [v] • (netnummer) *Vorwahl* [v]
Kenia *Kenia* [o]
kenmerk *Kennzeichen* [o], *Merkmal* [o]
kenmerken *kennzeichnen*
kenmerkend *kennzeichnend, bezeichnend*
kennel • (hondenloophok) *Hundezwinger* [m] • (hondenfokkerij) *Zwinger* [m]
kennelijk I [bnw] *offensichtlich, offenbar, augenscheinlich* ⋆ met de ~e bedoeling *in der unverkennbaren Absicht* ▾ in ~e staat *betrunken* **II** [bijw] *offensichtlich*
kennen • (vertrouwd zijn met) *kennen*, ‹diepgaand› *sich auskennen* ⋆ iem./iets leren ~ *jmdn./etw. kennen lernen* • (weten, beheersen) *kennen, verstehen* ⋆ zijn vak ~ *sein Fach verstehen* • (herkennen) *erkennen* ⋆ iem. aan zijn stem ~ *jmdn. an seiner Stimme erkennen* • (in zich hebben) *kennen* • (~ **in**) *unterrichten (über), in Kenntnis setzen (über), informieren* ⋆ iem. in iets ~ *jmdn. über etw. informieren/in Kenntnis setzen* ⋆ zonder mij erin te ~ *ohne mich zu unterrichten* ▾ te ~ geven *zu verstehen geben* ▾ zich niet laten ~ *sich nicht lumpen lassen*
kenner *Kenner* [m], ‹voor expertise› *Sachverständige(r)* [m]
kennersblik *Kennerblick* [m]
kennis • (bekendheid met) *Kenntnis* [v], ‹met personen› *Bekanntschaft* [v] ⋆ iem. ~ geven van iets *jmdm. etw. mitteilen* ⋆ iem. van iets in ~ stellen *jmdn. von etw. in Kenntnis setzen* ⋆ ~ hebben van iets *mit etw. bekannt sein* ⋆ ~ nemen van iets *etw. zur Kenntnis nehmen* ⋆ iets ter ~ brengen *etw. zur Kenntnis bringen* ⋆ buiten mijn ~ *ohne mein Wissen* ⋆ ~ maken met iem. *jmds. Bekanntschaft machen* • (bewustzijn) *Bewusstsein* [o] ⋆ weer bij ~ komen *zu sich kommen* ⋆ bij ~ *bei Bewusstsein* • (wat men weet) *Wissen* [o], *Kenntnis* [v] ⋆ dat gaat mijn ~ te boven *das geht über meinen Verstand* ⋆ ~ van het Duits *Deutschkenntnisse* [mv] ⋆ ~ van zaken *Sachkenntnis* [v] • (bekende) *Bekannte(r)* [m] ⋆ een oude ~ *ein alter Bekannter* ▾ ~ is macht *Wissen ist Macht*
kennisgeving *Bekanntgabe/-machung* [v], ‹algemeen› *Mitteilung* [v], ‹in geschrift› *Anzeige* [v] ⋆ enige en algemene ~ *statt besonderer Anzeige* ▾ voor ~ aannemen *zur Kenntnis nehmen*
kennismaken *kennen lernen* ⋆ hebt u al met hem kennisgemaakt? *haben Sie schon seine Bekanntschaft gemacht?* ⋆ aangenaam kennis te maken *es freut mich, Sie kennen zu lernen*
kennismaking *Kontakt* [m], ‹met iem.› *Bekanntschaft* [v] ⋆ de eerste ~ *die erste Begegnung*
kennisneming *Kenntnisnahme* [v] ⋆ ter ~ *zur Kenntnisnahme*
kennissenkring *Bekanntenkreis* [m]
kenschetsen *charakterisieren, kennzeichnen*
kenteken *Kennzeichen* [o], *Merkmal* [o]
kentekenbewijs ‹bewijs van eigendom› *Kraftfahrzeugbrief* [m], ‹bewijs van toelating› *Kraftfahrzeugschein* [m]
kentekenplaat *Nummernschild* [o]
kenteren *kentern*
kentering *Umbruch* [m], *Umschwung* [m], *Wende* [v] ⋆ ~ van getijden *Gezeitenwechsel* [m]
keper *Köper* [m] ▾ op de ~ beschouwd *bei Licht besehen; genau betrachtet*
keppeltje *Kappe* [v]
keramiek *Keramik* [v]
kerel *Kerl* [m]
keren I [ov ww] • (omdraaien) *(um)wenden, (um)drehen* ⋆ ten goede ~ *zum Besten kehren* • (tegenhouden) *abwenden, verhüten* ▾ hoe men het ook wendt of keert *wie man es auch dreht und wendet* **II** [on ww] • (omslaan, veranderen) *umdrehen* ⋆ de wind is gekeerd *der Wind hat sich gedreht* • (omkeren) *umkehren* ▾ in zichzelf gekeerd *in sich gekehrt* **III** [wkd ww] *sich (um)drehen (gegen)* ▾ zich ten goede ~ *sich zum Guten wenden*
kerf *Einschnitt* [m], *Kerbe* [v]
kerfstok *Kerbholz* [o] ▾ iets op zijn ~ hebben *etw. auf dem Kerbholz haben*
kerk • (instituut) *Kirche* [v] • (eredienst) ⋆ naar de kerk gaan *zur/in die Kirche gehen* ▾ jij bent zeker in de kerk geboren *habt ihr zu Hause Säcke vor den Türen?*
kerkboek • (kerkregister) *Kirchenregister* [o] • (gebedsboek) *Gebetbuch* [o]
kerkdienst *Gottesdienst* [m]
kerkelijk *kirchlich, Kirchen-* ⋆ Kerkelijke Staat *Kirchenstaat* [m]
kerkenraad *Kirchenrat* [m]
kerker *Kerker* [m]
kerkganger *Kirchgänger* [m]
kerkgenootschap *Glaubensgemeinschaft* [v]

K

kerkhof Friedhof [m]
kerkklok • (uurwerk) Kirchturmuhr [v] • (luiklok) Kirchenglocke [v]
kerkkoor • (zangkoor) Kantorei [v] • (deel van kerk) Kirchenchor [m]
kerkmuziek Kirchenmusik [v]
kerkorgel Kirchenorgel [v]
kerkprovincie Kirchenprovinz [v]
kerkrat Kirchenmaus [v] ▾ zo arm als een ~ *so arm wie eine Kirchenmaus*
kerkrecht Kirchenrecht [o]
kerks kirchlich
kerktoren Kirchturm [m]
kerkuil Schleiereule [v]
kerkvader Kirchenvater [m]
kermen wimmern, winseln
kermis Jahrmarkt [m], Kirmes [v] ▾ van een koude ~ thuiskomen *einen Reinfall erleben*
kermisvolk fahrende(s) Volk [o]
kern • (binnenste) Kern [m] • (essentie) ⋆ de kern van de zaak *der Kern der Sache* ⋆ tot de kern van een zaak doordringen *einer Sache auf den Grund gehen*
kernachtig kernig
kernafval Atommüll [m], radioaktive(r) Abfall [m]
kernbewapening Atomrüstung [v], atomare Rüstung [v] ⋆ tegenstander van ~ *Kernwaffengegner [m]*
kernbom Atombombe [v]
kerncentrale Atomkraftwerk [o], Kernkraftwerk [o]
kernenergie Kernenergie [v], Atomenergie [v]
kernfusie Kernfusion [v]
kernfysica Kernphysik [v]
kerngezond kerngesund
kernkop Atomsprengkopf [m]
kernmogendheid Atommacht [v]
kernoorlog Atomkrieg [m]
kernploeg Kernmannschaft [v]
kernproef Atomversuch/-test [m], ‹van kernwapens› Kernwaffenversuch [m]
kernreactor Kernreaktor [m]
kernstop Kernwaffenstopp [m], Atomstopp [m]
kernwapen Atom-/Kernwaffe [v] ⋆ verdrag tegen de verspreiding van ~s *Atomwaffensperrvertrag [m]*
kerosine Kerosin [o]
kerrie Curry [o]
kers • (vrucht) Kirsche [v] • (boom) Kirsche [v] ⋆ Oost-Indische kers *Kapuzinerkresse [v]*
kersenboom Kirschbaum [m]
kerst Weihnachten [o] ⋆ met de ~ *zu Weihnachten*
kerstavond Heiligabend [m]
kerstboodschap Weihnachtsgeschichte [v]
kerstboom Tannenbaum [m], Weihnachtsbaum [m]
kerstdag Weihnachtstag [m] ⋆ prettige ~en! *fröhliche Weihnachten!*
kerstenen christianisieren
kerstfeest Weihnachten [o], Weihnachtsfest [o] ⋆ zalig ~! *gesegnete Weihnachten!*
kerstgratificatie Weihnachtsgeld [o], Weihnachtsgratifikation [v]
kerstkaart Weihnachtskarte [v]
Kerstkind Christkind [o]
kerstlied Weihnachtslied [o]
kerstman Weihnachtsmann [m]
Kerstmis Weihnachten [o] ⋆ met/op ~ *zu/an Weihnachten*
kerstnacht Christnacht [v], Heilige Nacht [v]
kerstpakket Weihnachtspaket [o]
kerststal Weihnachtskrippe [v]
Kerstster Weihnachtsstern [m]
kerststol Stolle [v]
kerststukje Weihnachtsgesteck [o]
kerstvakantie Weihnachtsferien [mv]
kersvers • (zeer vers) ganz frisch, taufrisch • (pas aan-/uitgekomen) gerade eben ⋆ ~ nieuws *eine brühwarme Neuigkeit*
kervel Kerbel [m]
kerven (ein)ritzen, (ein)kerben, (ein)schneiden
ketchup Ketchup [m/o]
ketel Kessel [m]
ketelsteen Kesselstein [m]
keten I [de] • (zware ketting) Kette [v] ⋆ een gouden ~ *eine goldene Kette* • (reeks) Reihe [v], Kette [v], ‹onafgebroken› Serie [v] ▾ de ~s afwerpen *die Ketten abwerfen* **II** [on ww] Radau machen
ketenen • (met ketens vastmaken) (an)ketten • (aan banden leggen) fesseln, in Ketten legen
ketjap Sojasoße [v]
ketsen • (afschampen) prallen (auf) (gegen) • (niet afgaan) versagen
ketter Ketzer [m]
ketteren toben
ketterij Ketzerei [v]
ketters ketzerisch
ketting Kette [v] ▾ een ~ is zo sterk als zijn zwakste schakel *eine Kette ist immer so stark wie ihr schwächstes Glied*
kettingbotsing Massenkarambolage [v]
kettingbrief Kettenbrief [m]
kettingformulier Endlosformular [o]
kettingkast Kettenschutz [m]
kettingreactie Kettenreaktion [v]
kettingroker Kettenraucher [m]
kettingslot Kettenschloss [o]
kettingsteek Kettenstich [m]
kettingzaag Kettensäge [v]
keu Queue [m/o], Billardstock [m]
keuken • (kookstijl) Küche [v] ⋆ de koude ~ *die kalte Küche* • (plaats) Küche [v] ⋆ centrale ~ *Gemeinschaftsküche [v]* ⋆ met gebruik van ~ *mit Küchenbenutzung*
keukenblok Küchenzeile [m]
keukenkastje Küchenschrank [m]
keukenmeid Küchenhilfe [v]
keukenmeidenroman Schundroman [m], Groschenroman [m]
keukenprinses Küchenfee [v]
keukenrol Küchenrolle [v]
keukenzout Kochsalz [o]
Keulen Köln [o] ▾ het in ~ horen donderen *wie vom Donner gerührt sein*
keur • (keuze) Auswahl [v], Auslese [v], ‹het beste› Elite [v], Blüte [v] • (waarmerk) Gütesiegel [o]
keuren • (proeven) kosten, probieren • (kwaliteit controleren) prüfen, untersuchen, ‹goud› proben, ‹vlees› beschauen • (medisch onderzoeken) ärztlich untersuchen ⋆ ~ voor de militaire dienst *mustern* ⋆ zich voor een verzekering laten ~ *ein Attest für die Versicherung einholen*
keurig I [bnw] • (zorgvuldig) tadellos, genau • (correct) ordentlich, ‹fatsoenlijk› anständig **II** [bijw] ausgezeichnet, fein ⋆ zij schrijft ~ netjes *sie schreibt wie gestochen* ⋆ zij is altijd ~ op tijd *sie ist immer pünktlich*
keuring Prüfung [v], Untersuchung [v], ‹van vlees› Beschau [v]
keuringsarts Musterungsarzt [m]
keuringsdienst Überwachungsdienst [m] ⋆ de ~ van waren *Amt für Warenprüfung [o]*
keurkorps Elitetruppe [v]
keurmeester Warenprüfer [m], ‹vlees› Beschauer

[m]
keurmerk Qualitätserzeugnis [o], ‹stempel› Gütezeichen [o]
keurslijf Zwangsjacke [v]
keurstempel Stempel für das Gütezeichen [m]
keurtroepen Elitetruppen [mv]
keus • (sortering) Auswahl [v] • (het kiezen) Wahl [v] ⋆ een keus doen eine Wahl treffen • (wat gekozen is) Auswahl [v] ⋆ keuze uit de werken van Schiller eine Auswahl aus Schillers Werken
keutel • (dreumes) Stöpsel [m], Steppke [m] • (drolletje) Kötel [m]
keuterboer Kleinbauer [m]
keuvelen plaudern
keuze → **keus**
keuzepakket Zusammenstellung von Wahlfächern [v]
keuzevak Wahlfach [o]
kever Käfer [m]
keyboard Keyboard [o]
kibbelen sich zanken
kibboets Kibbuz [m] [mv: Kibbuze] [mv: Kibbuzim]
kick Kick [m] ⋆ ergens een kick van krijgen einen Kick von etw. bekommen
kicken stehen (auf) ⋆ daar kick ik op da steh ich drauf
kidnappen kidnappen, entführen
kidnapper Entführer [m], Kidnapper [m]
kiekeboe kuckuck
kiekendief Weihe [v]
kiekje Foto [o], Bild [o]
kiel • (kledingstuk) Kittel [m] • (scheepv.) Kiel [m]
kiele-kiele ▾ het was ~ das ging gerade noch gut
kielhalen kielholen
kielwater Kielwasser [o]
kielzog Kielwasser [o]
kiem Keim [m]
kiemen keimen
kien • (pienter) gewitzt • (~ **op**) scharf (auf) [4]
kiepauto Kipplader [m]
kiepen I [ov ww] • (neergooien) (aus)schütten, kippen ⋆ iets op de grond ~ etw. auf den Boden kippen **II** [on ww] • (vallen) herunterfallen, kippen ⋆ van tafel ~ vom Tisch kippen
kieperen I [ov ww] • (gooien) schmeißen **II** [on ww] • (tuimelen) purzeln
kier Fuge [v], Spalt [m], Ritze [v], ‹deur, raam› Spalte [v] ⋆ de deur staat op een kier die Tür ist einen Spaltbreit offen ⋆ de deur op een kier zetten die Tür anlehnen
kierewiet übergeschnappt, verrückt
kies I [de] Backenzahn [m] ⋆ holle kies hohle(r) Zahn [m] ▾ de kiezen op elkaar zetten sich zusammenreißen **II** [bnw] feinfühlig, zartfühlend/ zart fühlend **III** [bijw] rücksichtsvoll, diskret
kiesdeler Wahlquotient [m]
kiesdistrict Wahlbezirk [m]
kiesdrempel Sperrklausel [v], ‹in BRD› Fünfprozentklausel [v]
kiesgerechtigd wahlberechtigt
kieskeurig wählerisch
kieskring Wahlkreis [m]
kiespijn Zahnschmerzen [mv], Zahnweh [o]
kiesplicht Wahlpflicht [v]
kiesrecht Wahlrecht [o]
kiesschijf Wählscheibe [v]
kiestoon Summton [m]
kietelen kitzeln
kieuw Kieme [v]
Kiev Kiew [o]
kieviet Kiebitz [m]
kiezel I [de] Kiesel [m] **II** [het] Kies [m]
kiezelsteen Kieselstein [m]
kiezen wählen ▾ je moet ~ of delen du musst dich entscheiden
kiezer Wähler [m] [v: Wählerin]
kiften sich zanken
kijf ▾ dat staat buiten kijf das steht außer Frage
kijk • (het kijken) Blick [m], Einblick [m] • (inzicht) Ansicht [v], Einsicht [v] (in), Meinung [v] ⋆ zij heeft daar geen kijk op sie hat keinen Blick dafür ⋆ een andere kijk op iets hebben etw. anders sehen ⋆ een eigen kijk op de wereld hebben eine eigene Sicht der Dinge haben ▾ iem. te kijk zetten jmdn. bloßstellen ▾ te kijk staan zur Schau stehen ▾ met iets te kijk lopen etw. zur Schau tragen ▾ tot kijk! bis dann!
kijkcijfer Einschaltquote [v]
kijkdag ‹open dag› Tag der offenen Tür [m], ‹tijden van tentoonstelling› Besichtigungszeit [v]
kijkdichtheid Einschaltquote [v]
kijkdoos Guckkasten [m]
kijken I [ov ww] • (bekijken) anschauen, ansehen, betrachten ⋆ winkels ~ einen Einkaufsbummel machen **II** [on ww] • (de ogen gebruiken) sehen, schauen, blicken, gucken, (sich) ansehen, betrachten ⋆ kijk eens! sieh mal! ⋆ naar de kinderen ~ nach den Kindern sehen ⋆ naar binnen ~ hineinsehen/-schauen ⋆ ik zal eens ~ ich will mal nachsehen • (eruitzien) dreinblicken/-schauen, aussehen ⋆ somber ~ finster dreinblicken ▾ ergens van staan te ~ über etw. staunen
kijker • (verrekijker) Fernrohr/-glas [o], ‹toneelkijker› Opernglas [o] • (persoon) Zuschauer [m], ‹tv› Fernsehzuschauer [m] • (oog) Auge [o], ‹van kind› Gucker [mv] ▾ iem. in de ~(d) hebben jmdn. auf dem Kieker haben ▾ in de ~(d) lopen alle Blicke auf sich ziehen
kijkgedrag Zuschauerverhalten [o], Sehbeteiligung [v]
kijkgeld Fernsehgebühr [v]
kijkje Blick [m] ⋆ een ~ achter de schermen ein Blick hinter die Kulissen ⋆ even een ~ nemen kurz vorbeischauen
kijven keifen, zetern
kik Mucks [m], Laut [m] ⋆ geen kik geven keinen Mucks von sich geben
kikken mucksen ⋆ niet ~ keinen Laut von sich geben
kikker Frosch [m]
kikkerbad Planschbecken/Plantschbecken [o]
kikkerbilletjes Froschschenkel [mv]
kikkerdril Froschlaich [m]
kikkervisje Kaulquappe [v]
kikvorsman Froschmann [m]
kil • (fris) kalt, ‹weer› nasskalt • (onhartelijk) frostig, kühl
kilo Kilo [o]
kilobyte Kilobyte [o]
kilogram Kilogramm [o]
kilometer Kilometer [m]
kilometerpaal Kilometerstein [m]
kilometerteller Kilometerzähler [m]
kilometervergoeding Kilometergeld [o]
kilometervreter Kilometerfresser [m]
kilowatt Kilowatt [o]
kilt Kilt [m]
kilte feuchte Kälte [v]
kim Horizont [m], ‹scheepv.› Kimm [v]
kimono Kimono [m]
kin Kinn [o] ⋆ dubbele kin Doppelkinn
kind • (nakomeling) Kind [o] • (jeugdig persoon)

Kind [o] ⋆ van kind af aan *von Kind auf* ▾ het kind van de rekening zijn *die Sache ausbaden müssen* ▾ kind noch kraai hebben *weder Kind noch Kegel haben* ▾ een kind kan de was doen *das ist kinderleicht*
kinderachtig • (niet weinig) *kleinlich* ⋆ dat is niet ~ *das ist nicht gering* • (als kind) *kindisch* • (flauw) *albern*
kinderarts *Kinderarzt* [m] [v: *Kinderärztin*]
kinderbescherming *Jugendschutz* [m] ⋆ raad voor de ~ *Jugendamt* [o]
kinderbijbel *Kinderbibel* [v]
kinderbijslag *Kindergeld* [o]
kinderboek *Kinderbuch* [o]
kinderboerderij *kleine(r) Bauernhof für Kinder* [m]
kinderdagverblijf *Kindertagesstätte* [v], *Kinderhort* [m]
kinderhand *Kinderhand* [v] ▾ een ~ is gauw gevuld *Kindeshand ist bald gefüllt*
kinderjaren *Kinderjahre* [mv], *Kindheit* [v]
kinderkaart *Kinderkarte* [v]
kinderkamer *Kinderzimmer* [o]
kinderlijk *kindlich*
kinderlokker *Kinderverführer* [m]
kinderloos *kinderlos*
kindermeisje *Kindermädchen* [o]
kinderopvang *Kinderkrippe* [v]
kinderpostzegel *Sonderbriefmarke für das Kinderhilfswerk* [v]
kinderrechter *Jugendrichter* [m]
kinderschoen *Kinderschuh* [m] ▾ nog in de ~en staan *noch in den Kinderschuhen stecken* ▾ de ~en ontgroeid zijn *den Kinderschuhen entwachsen sein*
kinderslot *Kindersicherung* [v]
kinderspel *Kinderspiel* [o]
kinderstoel *Kinderstuhl* [m]
kindertelefoon *Kindersorgentelefon* [o]
kindertijd *Kinderzeit* [v]
kinderverlamming *Kinderlähmung* [v]
kindervriend *Kinderfreund* [m]
kinderwagen *Kinderwagen* [m]
kinderwerk • (werk van kinderen) *Kinderarbeit* [v] • (onbeduidend werk) *Kinderspiel* [o]
kinderziekte *Kinderkrankheit* [v] ▾ de ~s van een bedrijf *die Kinderkrankheiten eines Betriebes*
kinderzitje *Kindersitz* [m]
kinds *kindisch*
kindsbeen ▾ van ~ af *von Kindesbeinen an*
kindsdeel *Erbteil des Kindes* [m]
kindsheid • (kinderjaren) *Kindheit* [v] • (het kinds zijn) *Senilität* [v]
kindvrouwtje *Kindfrau* [v]
kinine *Chinin* [o]
kink ‹scheepv.› *Kink* [v] ▾ er is een kink in de kabel gekomen *es ist Sand ins Getriebe gekommen* ▾ een kink in de kabel *ein unvorhergesehenes Problem*
kinkel *Lümmel* [m]
kinkhoest *Keuchhusten* [m]
kinnebak *Unterkiefer* [m], *Kinnlade* [v]
kiosk *Kiosk* [m]
kip • (hen) *Huhn* [o], *Henne* [v] • (kip als voedsel) *Hähnchen* [o], *Huhn* [o] ⋆ een gebraden kip *ein Brathähnchen* ▾ redeneren als een kip zonder kop *dummes Zeug reden* ▾ met de kippen op stok gaan *mit den Hühnern zu Bett gehen* ▾ er is geen kip te zien *weit und breit ist niemand zu sehen*
kipfilet *Hühnerbrustfilet* [o]
kiplekker *pudelwohl*, ‹inf.› *sauwohl*
kippenborst *Hühnerbrust* [v]
kippenbout *Hühnerschlegel* [m]
kippeneindje *Katzensprung* [m]
kippenfokkerij • (het fokken) *Hühnerzucht* [v] • (fokbedrijf) *Hühnerfarm* [v]
kippengaas *feinmaschige(r) Draht* [m]
kippenhok • (hok voor kippen) *Hühnerstall* [m] • (armoedig huis) *Bruchbude* [v]
kippenlever *Hühnerleber* [v]
kippenren *Hühnerauslauf* [m]
kippensoep *Hühnersuppe* [v]
kippenvel *Hühnerhaut* [v], ‹fig.› *Gänsehaut* [v]
kippig *kurzsichtig*
Kirgizië *Kirgisien* [o]
kirren *girren, gurren*
kist • (bak, doos) *Kiste* [v] • (doodkist) *Sarg* [m]
kisten *einsargen* ▾ zich niet laten ~ *sich nicht unterkriegen lassen*
kistje *Kästchen* [o], ‹voor sigaren› *Kiste* [v]
kistkalf ≈ *Mastkalb* [o]
kit • (kolenkit) *Schütte* [v] • (kleefmiddel) *Kitt* [m]
kitchenette *Kochnische* [v]
kits ▾ alles kits! *alles paletti*
kitsch *Kitsch* [m]
kittelaar *Kitzler* [m]
kittig *rassig, flott*, ‹opgewekt› *munter*
kiwi *Kiwi* [v]
klaagdicht *Klagelied* [o]
klaaglied *Klagelied* [o]
klaaglijk *kläglich*
klaagzang *Elegie* [v]
klaar • (duidelijk) *klar, deutlich* • (helder) *klar, hell* ⋆ ~wakker *hellwach* • (onvermengd, zuiver) *rein* • (gereed voor gebruik) *(gebrauchs)fertig, bereit, klar, parat* ⋆ ~ voor de pers *druckfertig* ⋆ hij heeft altijd een antwoord ~ *er hat immer eine Antwort parat* ⋆ het schip is ~ om te vertrekken *das Schiff ist klar zum Auslaufen* ⋆ de trein staat ~ *der Zug steht bereit* ▾ iem. klare wijn schenken *jmdm. reinen Wein einschenken* ▾ ~ is Kees *fertig ist die Laube*
klaarblijkelijk I [bnw] *offenkundig, augenscheinlich* **II** [bijw] *offenbar, offensichtlich*
klaarheid *Klarheit* [v] ⋆ tot ~ brengen *Klarheit schaffen*
klaarkomen • (gereedkomen) *fertig werden, zurechtkommen* ⋆ ik kom er vandaag niet mee klaar *heute werde ich damit nicht mehr fertig* ⋆ met iem. ~ ‹overweg kunnen› *mit jmdm. zurechtkommen*; ‹eens worden› *sich mit jmdm. einigen/einig werden* • (orgasme krijgen) *kommen*
klaarlicht ⋆ op ~e dag *am helllichten Tage*
klaarliggen *bereitliegen* ⋆ ik heb het boek voor je ~ *ich habe dir das Buch zur Seite gelegt* ⋆ het schip ligt klaar *das Schiff ist klar zum Auslaufen*
klaarmaken *in Ordnung bringen, vorbereiten, herrichten, zurechtmachen, fertig machen*, ‹van eten› *kochen, (zu)bereiten* ⋆ zich ~ *sich fertig machen* ⋆ zich ~ voor een reis *sich auf eine Reise vorbereiten*
klaar-over *Schülerlotse* [m]
klaarspelen *zustande/zu Stande bringen, fertig bringen*
klaarstaan *bereitstehen, zur Verfügung stehen* ⋆ ik stond klaar om uit te gaan *ich war im Begriff zu gehen* ⋆ altijd voor anderen ~ *immer hilfsbereit sein; jederzeit zu Diensten stehen*
klaarstomen *auf Vordermann bringen*, ‹stevig leren› *einpauken* ⋆ zij stoomde hem klaar voor het examen *sie paukte mit ihm fürs Examen*
klaarwakker *hellwach*
Klaas ▾ ~ Vaak *das Sandmännchen* ▾ een houten ~ *ein steifer Klotz*
klacht • (uiting van misnoegen) *Beschwerde* [v]

K

• (aanklacht) Klage [v] ⋆ een ~ tegen iem. indienen sich über jmdn. beschweren; ‹bij politie› Anzeige gegen jmdn. erstatten; ‹bij rechtbank› Klage gegen jmdn. erheben • (ongemak, pijn) Beschwerde [v] ⋆ wat zijn uw ~en? welche Beschwerden haben Sie?; wo fehlt es denn?
klad I [de] • (smet) Fleck [m], Klecks [m] ⋆ een klad op zijn naam ein Makel haftet an seinem Namen • (verval) ⋆ ergens de klad in brengen das Geschäft verderben; etw. in Misskredit bringen ▾ iem. bij de kladden pakken jmdn. am Schlafittchen kriegen **II** [het] Entwurf [m], Konzept [o], Kladde [v]
kladblaadje Zettel [m], ‹inf.› Schmierzettel [m]
kladblok Notizblock [m]
kladden I [ov ww] • (slordig doen) klecksen, (hin)schmieren **II** [on ww] • (kliederen) klecksen, schmieren
kladderen klecksen
kladje Notizzettel [m]
kladpapier Notizblock [m]
kladschrijver Schmierfink [m]
klagen I [ov ww] • (als klacht uiten) klagen ⋆ iem. zijn nood ~ jmdm. seine Not klagen ⋆ over rugpijn ~ über Rückenschmerzen klagen **II** [on ww] • (een klacht uiten) sich beschweren, sich beklagen ⋆ niet over iem. te ~ hebben sich über jmdn. nicht beklagen können ⋆ geen reden tot ~ hebben keinen Grund zur Klage haben • (jur.) klagen, Klage erheben
klager • (iem. die klaagt) Nörgler [m], Stänkerer [m] • (jur.) Kläger [m]
klakkeloos I [bnw] kritiklos, unbesehen **II** [bijw] plötzlich, unversehens
klakken schnalzen
klam feucht, klamm ⋆ het klamme zweet der kalte Schweiß
klamboe Moskitonetz [o]
klamp Beschlag [m], ‹uitsteeksel› Klampe [v]
klandizie Kundschaft [v]
klank • (wijze van klinken) Klang [m] • (geluid) Klang [m], Laut [m]
klankbodem Resonanzboden [m] ▾ een goede ~ vinden Resonanz finden
klankbord Schalldeckel [m]
klankkast Resonanzkörper [m]
klankkleur Klangfarbe [v]
klant • (koper) Kunde [m] ⋆ vaste ~ Stammkunde [m] • (kerel) Kerl [m] ⋆ een vrolijke ~ ein lustiger Bursche
klantenbinding ≈ Kundendienst [m]
klantenkring Kundenkreis [m]
klantenservice Kundendienst [m]
klap • (fel geluid) Knall [m] • (slag) Schlag [m] ⋆ klappen krijgen Prügel bekommen ⋆ een klap uitdelen jmdm. einen Schlag versetzen • (tegenslag) ⋆ de klap te boven komen sich von dem Rückschlag erholen ▾ in één klap mit einem Schlag ▾ de klap op de vuurpijl Glanzstück [o]
klapband geplatzte(r) Reifen [m] ⋆ de bus kreeg een ~ dem Bus platzte der Reifen
klapdeur Schwingtür [v]
klaplopen schmarotzen
klaploper Schmarotzer [m]
klappen • (geluid maken) ‹handen› klatschen, ‹zweep, deur› knallen • (uiteenspringen) platzen
klapper • (opbergmap) Ringbuch [o] • (uitschieter) Schlager [m], ‹commercieel succes› Verkaufsschlager • (vuurwerk) Knallkörper [m]
klapperen klappern, ‹van zeilen› schlagen
klappertanden I [het] Zähneklappern [o] **II** [on ww] mit den Zähnen klappern
klappertje Zündblättchen [o]
klaproos Klatschmohn [m]
klapstoel Klappstuhl [m]
klapstuk • (vlees) Hochrippe [v] • (hoogtepunt) Schlager [m], Reißer [m]
klaptafel Klapptisch [m]
klapwieken die Flügel schlagen
klapzoen Schmatz [m]
klare Korn [m], Klare(r) [m]
klaren • (helder maken) filtern, klären • (in orde krijgen) fertig bringen, schaffen ⋆ zij klaart het wel sie bringt es schon fertig
klarinet Klarinette [v]
klarinettist Klarinettist [m]
klas Klasse [v]
klasgenoot Klassenkamerad [m], Mitschüler [m]
klasse Klasse [v]
***klassejustitie** (Wdl: klassenjustitie) Klassenjustiz [v]
klasseloos klassenlos ⋆ een klasseloze samenleving eine klassenlose Gesellschaft [v]
klassement Wertung [v] ⋆ algemeen ~ Gesamtwertung ⋆ individueel ~ Einzelwertung [v]
klassenavond Klassenfest [o]
klasseren klassifizieren ⋆ zich ~ voor sich für etw. qualifizieren
***klassestrijd** (Wdl: klassenstrijd) Klassenkampf [m]
klassiek • (de Oudheid betreffend) klassisch ⋆ ~e taal en letteren klassische Philologie [v] • (traditioneel) klassisch ⋆ een ~ voorbeeld ein Musterbeispiel [o]
klassieken Klassiker [mv]
klassieker • (bekend werk) immer wieder gelesene(s) Buch [o], ‹film› Klassiker [m], ‹lied› Evergreen [m] • (wedstrijd) Klassiker [m]
klassikaal in der Klasse, klassenweise ⋆ ~ onderwijs Klassenunterricht [m]
klateren prasseln, ‹water› plätschern
klatergoud Flittergold [o]
klauteren klettern
klauw • (poot van roofdier) Tatze [v], Kralle [v], Klaue [v], ‹roofvogels› Fänge [mv] • (hand) Klaue [v], Pranke [v], Kralle [v]
klauwhamer Schreinerhammer [m]
klavecimbel Cembalo [o], Klavizimbel [o]
klaver • (plant) Klee [m] • (figuur in kaartspel) Kreuz [o]
klaverblad • (blad van klaver) Kleeblatt [o] • (wegkruising) Autobahnkreuz [o], Kleeblatt [o]
klaverjassen jassen
klavertjevier Glücksklee [m], vierblättriges Kleeblatt [o]
klavichordium Klavichord [o]
klavier • (toetsenbord) Klaviatur [v] • (instrument) Klavier [o]
kledder Klecks [m]
kledderen • (knoeien) kleckern, schmieren • (botsen) klatschen
kleddernat klatschnass
kleden kleiden ⋆ deze broek kleedt je uitstekend diese Hose steht dir ausgezeichnet ⋆ zich ouderwets ~ sich altmodisch kleiden
klederdracht Tracht [v] ⋆ nationale ~ Nationaltracht [v]
kledij Kleidung [v]
kleding Kleidung [v]
kledingstuk Kleidungsstück [o]
kledingverhuur Kleidervermietung [v]
kledingzaak Modefachgeschäft [o]
kleed ‹op tafel, bank› Decke [v], ‹op vloer› Teppich

K

[m]
kleedgeld *Kleidergeld* [o]
kleedhokje *Umkleidekabine* [v]
kleedkamer *Umkleideraum* [m]
kleedster *Garderobenfrau* [v]
kleefkruid *Klebkraut* [o]
kleefpasta *Klebepaste* [v]
kleefpleister *Heftpflaster* [o]
kleerborstel *Kleiderbürste* [v]
kleerhanger *Kleiderbügel* [m]
kleerkast *Kleiderschrank* [m]
kleermaker *Schneider* [m]
kleermakerszit *Schneidersitz* [m]
kleerscheuren ▾ er zonder ~ afkomen *mit heiler Haut davonkommen*
klef *klebrig*
klei • (kleigrond) *Lehmboden* [m] • (klei voor pottenbakkers) *Ton* [m]
kleiduif *Tontaube* [v]
kleiduivenschieten *Tontaubenschießen* [o]
kleien *kneten, (in Ton) modellieren*
klein • (niet geheel) ⋆ een ~e tien jaren *fast zehn Jahre* • (niet groot) *klein* ⋆ tot in de ~ste details *bis ins Kleinste*
kleinbedrijf *Kleinbetrieb* [m]
kleinbeeldcamera *Kleinbildkamera* [v]
kleinburgerlijk *kleinbürgerlich*
kleindochter *Enkeltochter* [v]
kleinduimpje • (sprookjesfiguur) *Däumling* [m] • (klein ventje) *Dreikäsehoch* [m]
kleineren *abwerten*
kleingeestig *borniert*
kleingeld *Kleingeld* [o]
kleinhandel *Einzelhandel* [m]
kleinigheid *Kleinigkeit* [v]
kleinkind *Enkelkind* [o]
kleinkrijgen *kleinbekommen, kleinkriegen*
kleinkunst *Kleinkunst* [v]
kleinmaken • (iets klein maken) *klein machen* • (vernederen) *unterkriegen, klein machen* • (geld wisselen) *wechseln*
kleinood *Kleinod* [o]
kleinschalig *in kleinem Maßstab*
kleintje *Kleine(s)* [o] ▾ voor geen ~ vervaard zijn *sich nicht leicht einschüchtern lassen*
kleinvee *Kleinvieh* [o]
kleinzerig • (bang voor pijn) *wehleidig, weichlich* • (lichtgeraakt) *empfindlich*
kleinzielig *kleinlich*
kleinzoon *Enkel* [m]
kleitablet *Tontafel* [v]
klem I [de] • (klemmend voorwerp) *Fangeisen* [o] • (benarde situatie) *Klemme* [v] • (nadruk) *Nachdruck* [m] **II** [bnw] *festgeklemmt* ⋆ klem zitten *in der Klemme stecken* ⋆ hij werd klem gereden *sein Wagen wurde eingekeilt*
klemmen I [ov ww] • (drukken) *pressen, klemmen* ⋆ iem. tegen zich aan ~ *jmdn. an sich pressen* **II** [on ww] • (knellen) *klemmen* • (benauwen) *bedrücken* • (dwingen) ⋆ ~de redenen *überzeugende(n) Gründe*
klemtoon *Betonung* [v], *Akzent* [m], ‹nadruk leggen› *Nachdruck* [m] ⋆ de ~ op iets leggen *etw. betonen*
klemvast • (zeer vast) *sehr fest* • (sport) *ganz sicher*
klep • (deel van pet) *Schirm* [m] • (sluitstuk) *Klappe* [v], ‹deksel› *Deckel* [m], ‹van een motor› *Ventil* [o]
klepel *Schwengel* [m]
kleppen • (klepperen) *klappern*, ‹eenmalig› *schnappen* • (kletsen) *plappern, schwatzen*
klepperen *klappern*
kleptomaan *Kleptomane* [m]
kleptomanie *Kleptomanie* [v]
klerelijer *Scheißkerl* [m]
kleren *Kleider* [mv], ‹inf.› *Klamotten* [mv], ‹kleding› *Kleidung* [v] ⋆ mooie ~ dragen *schöne Kleider tragen* ⋆ geen ~ aan hebben *nichts anhaben* ▾ dat gaat hem niet in zijn kouwe ~ zitten *das geht ihm ziemlich unter die Haut*
klerenhanger *Kleiderbügel* [m]
klerikaal *geistlich, klerikal*
klerk *Schreibkraft* [v], *Schreiber* [m], ‹kantoorbediende› *kleine(r) Angestellte(r)* [m]
klets • (klap) *Klatsch* [m], ‹kwak› *Klecks* [m] • (geklets) *Geschwätz* [o], ‹onzin› *Quatsch* [m]
kletsen *schwatzen, plappern, quatschen, schwafeln, klönen*
kletskoek *Quatsch* [m], *Humbug* [m]
kletskous *Plappermaul* [o]
kletsnat *klitschnass, klatschnass*
kletspraat *Geschwätz* [o], *Klatsch* [m]
kleumen *frieren*
kleur • (gelaatskleur) *Gesichtsfarbe* [v] ⋆ zij kreeg een ~ *sie errötete* • (wat het oog ziet) *Farbe* [v] ▾ ~ bekennen *Farbe bekennen*
kleurboek *Malbuch* [o]
kleurdoos *Buntstiftkasten* [m]
kleurecht *farbecht*
kleuren I [ov ww] • (kleur geven aan) *färben, einfärben* • (overdrijven) *färben* **II** [on ww] • (kleur krijgen) *sich färben* • (blozen) *erröten* • (~ **bij**) *harmonieren (mit)*
kleurenblind *farbenblind*
kleurendruk *Farbdruck* [m]
kleurenfilm *Farbfilm* [m]
kleurenfoto *Farbfoto* [o]
kleurenscala *Farbskala* [v]
kleurentelevisie *Farbfernseher* [m]
kleurig *farbenfroh, farbig*
kleurkrijt *bunte Kreide* [v]
kleurling *Mischling* [m]
kleurloos *farblos*
kleurplaat *Bild zum Ausmalen* [o]
kleurpotlood *Buntstift* [m]
kleurrijk *farbenreich, farbenfroh, farbenprächtig*
kleurschakering *Farbton* [m], *Farbabstufung* [v]
kleurshampoo *Tönungsshampoo* [o]
kleurspoeling *Haartönungsmittel* [o]
kleurstof *Farbstoff* [m]
kleurtje • (potlood) *Farbstift* [m] • (blos) *Röte* [v]
kleurversteviger *Farbfestiger* [m]
kleuter *Kind im Vorschulalter* [o], *Knirps* [m]
kleuterdagverblijf *Kindertagesstätte* [v]
kleuterklas *Kindergartengruppe* [v]
kleuterleidster *Kindergärtnerin* [v]
kleuterschool *Kindergarten* [m], *Vorschule* [v]
kleutertijd *Vorschulalter* [o]
kleven I [ov ww] • (plakken op) *kleben* **II** [on ww] • (blijven plakken) *haften*
kleverig *klebrig*
kliederboel *Schmiererei* [v]
kliederen *schmieren*
kliek • (groep) *Clique* [v] ⋆ de hele ~ *die ganze Sippschaft* • (etensrestjes) *Rest* [m]
kliekje *Essensrest* [m]
klier • (orgaan) *Drüse* [v] • (akelig persoon) *Ekel* [o]
klieren *nerven*
klieven *spalten, durchschneiden*
klif *Kliff* [o], *Klippe* [v]
klik *Klicken* [o], *Klick* [m]
klikken • (geluid maken) *klicken*, ‹van een slot›

einschnappen • (verklappen) *petzen* • (goed contact hebben) *sich verstehen,* ‹bij liefde› *funken* ⋆ het klikte meteen tussen ons *wir verstanden uns sofort*
klikspaan *Petzer* [m]
klim *Aufstieg* [m]
klimaat *Klima* [o]
klimatologie *Klimatologie* [v]
klimmen • (toenemen) *steigen* • (klauteren) *klettern*
klimmer *Kletterer* [m]
klimop *Efeu* [m]
klimpartij *Kletterei* [v], ‹bergtocht› *Kletterpartie* [v]
klimplant *Kletterpflanze* [v]
klimrek *Klettergerüst* [o], ‹wandrek› *Kletterwand* [v]
kling *Klinge* [v] ▾ iem. over de ~ jagen *jmdn. über die Klinge springen lassen*
klingelen *klingeln*
kliniek *Klinik* [v]
klinisch *klinisch*
klink *Türklinke* [v], *Klinke* [v]
klinken I [ov ww] • (vastmaken) *(ver)nieten* **II** [on ww] • (geluid maken) *sich anhören, klingen,* ‹schallen, galmen› *schallen,* ‹weerklinken› *erschallen* ⋆ dat klinkt goed *das hört sich gut an* • (toasten) *anstoßen* ▾ met ~de munt *mit klingender Münze* ▾ een ~de naam *ein klangvoller Name*
klinker • (baksteen) *Klinker* [m] • (taalk.) *Vokal* [m], *Selbstlaut* [m]
klinkklaar *rein* ⋆ dat is klinkklare onzin *das ist blanker Unsinn*
klinknagel *Niete* [v]
klip *Klippe* [v] ▾ hij liegt tegen de klippen op *er lügt das Blaue vom Himmel runter*
klipper *Klipper* [m]
klis *Klette* [v]
klit *Klette* [v]
klitten • (in de war zitten) *sich verhaken, verheddert sein* • (erg veel samen zijn) *zusammenkleben* ⋆ die twee ~ erg aan elkaar *die beiden kleben ständig zusammen*
klittenband *Klettband* [o] ⋆ sluiting met ~ *Klettverschluss* [m]
klodder ‹klont› *Klumpen* [m], ‹vlek of kleine hoeveelheid› *Klecks* [m]
klodderen • (slecht schilderen) *klecksen* • (knoeien) *kleckern*
kloek I [de] *Glucke* [v] **II** [bnw] • (kordaat) *wacker* • (fors, flink) *kühn, beherzt, mutig, kräftig* ⋆ een ~ besluit *ein beherzter Entschluss*
kloffie *Klamotten* [mv], *Kluft* [v]
klojo *Tölpel* [m], ‹inf.› *Armleuchter* [m]
klok • (uurwerk) *Uhr* [v] • (bel) *Glocke* [v] ▾ iets aan de grote klok hangen *etw. an die große Glocke hängen* ▾ dat klinkt als een klok *das hat Hand und Fuß*
klokgelui *Glockenläuten* [o]
klokhuis *Gehäuse* [o]
klokken • (geluid maken) *glucken* • (tijd vastleggen) *die Zeit stoppen/nehmen*
klokkenspel *Glockenspiel* [o]
klokkenstoel *Glockenstuhl* [m]
klokkentoren *Glockenturm* [m]
klokradio *Radiowecker* [m]
klokslag *Glockenschlag* [m] ⋆ het is ~ twaalf *es ist Punkt zwölf*
klomp • (houten schoen) *Holzschuh* [m] • (brok) *Klumpen* [m] ⋆ ~ goud *Goldklumpen* ▾ nu breekt mij de ~ *nun schlägt's aber dreizehn*
klompvoet *Klumpfuß* [m]
klont *Klumpen* [m]
klonter *Pfropf* [m]
klonteren *Klumpen bilden, klumpig werden*
klonterig *klumpig*
klontje • (suikerklontje) *Zuckerwürfel* [m] • (kleine klont) *Klümpchen* [o] ▾ zo klaar als een ~ *sonnenklar*
kloof • (spleet) *Spalt* [m], *Riss* [m], ‹ravijn› *Klamm* [v] • (verwijdering) *Kluft* [v] ⋆ de ~ tussen arm en rijk *die Kluft zwischen Arm und Reich*
klooien • (stuntelen) *pfuschen, stümpern* • (luieren) *sich herumtreiben* • (donderjagen) *nörgeln, meckern*
kloon *Klon* [m]
klooster *Kloster* [o]
kloostergemeenschap *Klostergemeinschaft* [v]
kloosterling • (monnik) *Mönch* [m] • (non) *Nonne* [v] • (bewoner) *Klosterbruder* [m]
kloosterorde *Klosterorden* [m]
kloot *Hoden* [m], ‹vulg.› *Eier* [mv] ▾ naar de kloten zijn *im Arsch sein*
klootjesvolk *Pöbel* [m], *breite Masse* [v]
klootzak *Arschloch* [o]
klop *Klopfen* [o] ▾ klop krijgen *Prügel/Wichse kriegen*
klopboor *Schlagbohrer* [m]
klopgeest *Poltergeist* [m]
klopjacht *Treibjagd* [v], *Hetzjagd* [v]
kloppen I [ov ww] • (slaan) *schlagen* ⋆ slagroom ~ *Schlagsahne schlagen* • (verslaan) *schlagen* ▾ iem. geld uit de zak ~ *jmdm. das Geld aus der Tasche ziehen* **II** [on ww] • (een klop geven) *pochen, klopfen* • (slaan van hart) *pulsieren* • (overeenstemmen) *stimmen*
klopper *Klopfer* [m]
klos • (stukje hout) *Klotz* [m] • (spoel) *Spule* [v] ⋆ een klosje garen *eine Rolle Zwirn* ▾ de klos zijn *der Dumme sein*
klossen I [ov ww] • (op klos winden) *aufwinden, spulen* **II** [on ww] • (plomp lopen) *latschen*
klote *mies, beschissen* ⋆ ~ weer *Mistwetter* [o]
klote- *Scheiß-*
klotsen *schwappen, klatschen*
kloven *spalten* ⋆ hout ~ *Holz hacken*
klucht • (blijspel) *Posse* [v], *Schwank* [m] • (grap) *Witz* [m], *Farce* [v]
kluchtig *komisch, possenhaft*
kluif • (been) *Bissen* [m], ‹voor dieren› *Knochen* [m] • (karwei) *schwere(r) Brocken* [m] ⋆ daar zal hij een hele ~ aan hebben *das wird ihm ganz schön zu schaffen machen*
kluis *Panzerschrank* [m], *Tresor* [m], ‹voor bagage› *Schließfach* [o]
kluisteren *fesseln*
kluit • (groepje) *Haufen* [m] • (klont) *Brocken* [m], *Klumpen* [m] ▾ uit de ~en gewassen *lang aufgeschossen*
kluiven *nagen*
kluizenaar *Einsiedler* [m]
klungel *Stümper* [m], *Tropf* [m]
klungelen *stümpern, pfuschen*
klungelig *stümperhaft*
kluns *Stümper* [m]
klus *Brocken* [m], *Aufgabe* [v] ⋆ een hele klus *ein harter Knochen*
klusjesman *Faktotum* [o]
klussen • (repareren) *reparieren* • (zwart bijverdienen) *schwarzarbeiten*
kluts ▾ de ~ kwijtraken *durcheinander kommen* ▾ de ~ kwijt zijn *nicht mehr wissen, wo hinten und vorn ist*

klutsen schlagen

kluwen Knäuel [o]

knaagdier Nagetier [o]

knaak Zweieinhalbguldenmünze [v]

knaap • (jongen) Junge [m], Bube [m], Bursche [m] • (kleerhanger) Kleiderbügel [m]

knabbelen knabbern

knäckebröd Knäckebrot [o]

knagen • (bijten) nagen • (kwellen) nagen ⋆ ~de pijn nagende(r) Schmerz [m]

knak Knack(s) [m]

knakken I [ov ww] • (breken) brechen, zerknicken, (um)knicken **II** [on ww] • (een knak krijgen) (ein)knicken, knacken

knakworst Knackwurst [v]

knal • (slag) Schlag [m] • (geluid) Knall [m]

knal- knall-, Knall- ⋆ knalgeel knallgelb

knalbonbon Knallbonbon [o]

knalkurk Sektkorken [m]

knallen knallen

knaller Knüller [m], Knaller [m]

knalpot Auspufftopf [m]

knap I [bnw] • (goed uitziend) hübsch • (intelligent) klug, gescheit • (vakbekwaam) fähig, ‹bedreven› gewandt **II** [bijw] ganz schön, ziemlich

knappen • (breken) (zer)reißen, ‹van glas› (zer)springen ⋆ de kabel knapt das Kabel reißt • (geluid geven) knacken

knapperd kluger/heller Kopf [m]

knapperen knistern

knapperig knusprig

knarsen ‹deur, wielen van wagen› knarren, ‹van zand, sneeuw, tanden› knirschen

knarsetanden mit den Zähnen knirschen ⋆ ~d zähneknirschend

knauw • (harde beet) Biss [m] • (knak) Knacks [m] ⋆ mijn vertrouwen kreeg een gevoelige ~ mein Vertrauen ist erheblich angeknackst

knauwen beißen, kauen

knecht Knecht [m]

knechten knechten

kneden kneten

kneedbom Plastikbombe [v]

kneep • (het knijpen) Kniff [m] • (handigheidje) Trick [m], Kniff [m], Pfiff [m] ⋆ daar zit hem de ~ ‹het fijne van de zaak› das ist der Kniff an der ganzen Sache; ‹de moeilijkheid› da liegt der Hund begraben ⋆ de fijne ~jes kennen alle Kniffe kennen

knel ⋆ in de knel zitten in der Klemme/Patsche sitzen

knellen I [ov ww] • (benauwen) einquetschen • (stevig drukken) klemmen **II** [on ww] • (klemmen) drücken, ‹van kleding› spannen ⋆ mijn schoen knelt mich drückt der Schuh

knelpunt Engpass [m]

knerpen knirschen

knersen knarren

knetteren knattern, ‹van vuur› knistern

knettergek plemplem, total behämmert/bekloppt

kneus • (gekneusde plek) Prellung [v], geprellte Stelle [v] • (mislukkeling) Schwächling [m], ‹bel.› Niete [v]

kneuterig • (knus) gemütlich • (kleinburgerlijk) kleinbürgerlich

kneuzen prellen

kneuzing Prellung [v]

knevel Schnurrbart [m]

knevelen • (onderdrukken) unterdrücken • (binden, boeien) knebeln

knibbelen knausern

knie • (kromming) Beuge [v] • (beengewricht) Knie [o] ⋆ tot aan de knieën kniehoch ▾ iets onder de knie hebben etw. im Griff haben ▾ onder de knie krijgen meistern ▾ iem. over de knie leggen jmdn. übers Knie legen ▾ iem. op de knieën krijgen jmdn. in die Knie zwingen

knieband Kreuzband [o]

kniebuiging Kniefall [m]

knieholte Kniekehle [v]

kniekous Kniestrumpf [m]

knielaars Kniestiefel [m]

knielen knien

knieschijf Kniescheibe [v]

kniesoor Griesgram [m]

knietje • (geblesseerde knie) Knieverletzung [v] • (duw met knie) Kniestoß [m]

knieval Kniefall [m]

kniezen • (chagrijnig zijn) missmutig sein • (piekeren) grübeln, sich sorgen

knijpen zwicken, kneifen ▾ 'm ~ Angst haben ▾ er tussenuit ~ vor einer Sache kneifen; sich drücken; sich wegschleichen; ‹doodgaan› abkratzen

knijper Kneifer [m]

knijpkat handbetriebene(r) Generator [m]

knijptang Kneifzange [v]

knik • (knak) Knick [m] • (kromming) Knickung [v] • (hoofdbuiging) Kopfnicken [o], Nicken [o]

knikkebollen einnicken

knikken I [ov ww] • (knakken) knicken **II** [on ww] • (hoofdbeweging maken) nicken

knikker • (stuiter) Murmel [v] • (hoofd) Birne [v] ⋆ een kale ~ ein Glatzkopf [m]

knikkeren I [ov ww] • (gooien) rausschmeißen **II** [on ww] • (spelen) mit Murmeln spielen

knip • (knippend geluid) Knips [m] • (geknipte opening) Schnitt [m] ⋆ een knip met de schaar ein Scherenschnitt • (grendeltje) Riegel [m] • (sluiting) Schnappverschluss [m] • (portemonnee) Beutel [m]

knipkaart Mehrfahrtenkarte [v]

knipmes Klappmesser [o]

knipogen blinzeln, zwinkern ⋆ naar iem. ~ jmdm. zuzwinkern/zublinzeln

knipoog Augenzwinkern [o] ⋆ iem. een ~ geven jmdm. zuzwinkern

knippen I [ov ww] • (in-/afknippen) lochen **II** [on ww] • (snijden) schneiden, ‹film› cutten, ‹kleding› zuschneiden, zurechtschneiden • (geluid maken) schnippen, schnipsen ▾ voor iets geknipt zijn für etw. wie geschaffen sein

knipperbol Blinklicht [o]

knipperen • (aan- en uitgaan van licht) blinken • (knippen met ogen) blinzeln ▾ met de ogen staan te ~ sehr verwundert sein

knipperlicht • (alarm) Warnblinkleuchte [v] • (richtingaanwijzer) Blinklicht [o]

knipsel • (uitgeknipt bericht) Ausschnitt [m], ‹krantenknipsel› Zeitungsausschnitt [m] • (wat uitgeknipt is) ausgeschnittene(s) Stück [o]

knipselkrant thematische Zusammenstellung von Zeitungsausschnitten [v]

knisperen knistern

KNO-arts HNO-Arzt [m], Hals-Nasen-Ohren-Arzt [m]

knobbel • (natuurlijke aanleg) Begabung [v] • (verdikking) Höcker [m], ‹ziekteknobbel› Knoten [m]

knobbelig knotig, höckerig

knock-out I [de] K.o. [m], Knock-out [m] **II** [bnw] k.o., knock-out

knoedel Knäuel [m/o]

knoei ▾ in de ~ zitten in der Tinte stecken

knoeiboel • (smeerboel) *Schweinerei* [v], *Schmiererei* [v] • (bedrog) *Schwindel* [m]
knoeien • (morsen) *kleckern, schmieren* • (slordig bezig zijn) *schludern, pfuschen* • (bedrog plegen) *schummeln, schwindeln*
knoeier • (slordig persoon) *Schmierfink* [m], *Schludrian* [m] • (bedrieger) *Schwindler* [m]
knoeiwerk *Pfuscherei* [v]
knoert *Riesenexemplar* [o], *Brocken* [m]
knoest *Knorren* [m]
knoet • (gesel) *Knute* [v] • (haarknot) *Dutt* [m]
knoflook *Knoblauch* [m]
knokig *knochig*
knokkel *Knöchel* [m] [mv: *Knöchel*]
knokken *sich prügeln*
knokpartij *Schlägerei* [v]
knokploeg *Schlägerbande* [v], *Schlägertrupp* [m]
knol • (worteldeel) *Knolle* [v] • (raap) *Rübe* [v] • (paard) *Gaul* [m]
knolgewas *Knollengewächs* [o]
knolraap *Steckrübe* [v]
knolselderie *Knollensellerie* [m]
knoop • (sluiting) *Knopf* [m] ⋆ een ~ aanzetten *einen Knopf annähen* • (dichtgetrokken strik) *Knoten* [m] ⋆ een ~ leggen *einen Knoten machen* • (moeilijkheid) ⋆ in de ~ raken *sich verheddern* • (scheepv.) *Knoten* [m]
knooppunt *Knotenpunkt* [m]
knoopsgat *Knopfloch* [o]
knop • (drukknop) *Knopf* [m], *Schalter* [m] • (deurknop) *Knopf* [m], ‹handvat› *Griff* [m] • (plant.) *Knospe* [v]
knopen • (dichtknopen) *knöpfen, verknoten, verknüpfen* • (een knoop leggen) *binden, knoten* ⋆ twee touwen aan elkaar ~ *zwei Stricke aneinander binden* ▾ er geen touw aan vast kunnen ~ *aus etw. nicht klug werden*
knorren • (geluid maken) *knurren*, ‹van varkens› *grunzen* • (mopperen) *muffeln, brummen*
knorrepot *Brummbär* [m], *Griesgram* [m]
knorrig *mürrisch, knurrig, nörgelig*
knot • (kluwen) *Knäuel* [m/o] • (haarknot) *Haarknoten* [m]
knots I [de] *Keule* [v] **II** [bnw] *verrückt, bekloppt*
knotten • (inperken) *stutzen* • (van top ontdoen) ⋆ struiken ~ *Sträucher beschneiden*
knotwilg *Kopfweide* [v]
knowhow *Know-how* [o]
knudde ⋆ dat is ~ *das ist unter aller Kritik; das ist Mist*
knuffel • (liefkozing) ↑ *Liebkosung* [v] ⋆ iem. een ~ geven *jmdn. drücken* • (speelgoedbeest) *Kuscheltier* [o]
knuffelbeest *Kuscheltier* [o], *Plüschtier* [o]
knuffelen *liebkosen* ⋆ zij knuffelt het kind *sie hätschelt/drückt das Kind*
knuist *Faust* [v]
knul *Kerl* [m], *Bursche* [m]
knullig *unbeholfen, tölpelhaft*
knuppel *Knüppel* [m]
knuppelen *knüppeln*
knus *gemütlich*
knutselaar *Tüftler* [m], *Bastler* [m]
knutselen *tüfteln, basteln*
knutselwerk *Bastelei* [v], *Tüftelei* [v]
koala *Koalabär* [m]
kobalt *Kobalt* [o]
kobaltblauw I [het] *Kobaltblau* [o] **II** [bnw] *kobaltblau*
koddig *drollig*
koe *Kuh* [v] ▾ oude koeien uit de sloot halen *den Kohl wieder aufwärmen* ▾ de koe bij de hoorns vatten *den Stier bei den Hörnern fassen/packen* ▾ je weet nooit hoe een koe een haas vangt ≈ *man weiß nie, wie der Hase läuft* ▾ koeien met gouden horens beloven *goldene Berge versprechen*
koehandel *Kuhhandel* [m]
koeioneren *schikanieren*
koek ‹gebak› *Kuchen* [m], ‹koekje› *Plätzchen* [o] ⋆ koekje *Keks* [m] ▾ het was koek en ei tussen hen *sie waren ein Herz und eine Seele*
koekeloeren *glotzen*
koekenbakker *Pfuscher* [m]
koekenpan *Pfanne* [v], *Bratpfanne* [v]
koekoek *Kuckuck* [m] ▾ dat haal je de ~ *hol dich der Kuckuck*
koekoeksjong • (jong van koekoek) *Kuckucksjunge(s)* [o] • (indringer) *Kuckucksei* [o]
koekoeksklok *Kuckucksuhr* [v]
koel • (fris) *kühl*, ‹weer› *frisch* • (niet hartelijk) *unterkühlt, distanziert, kühl* • (bedaard) *nüchtern, kühl* ▾ het hoofd koel houden *nüchtern bleiben*
koelapparaat *Kühlaggregat* [o]
koelbloedig *kaltblütig*
koelbox *Kühlbox* [v]
koelcel *Kühlzelle* [v], *Kühlraum* [m]
koelen • (koel maken) *(ab)kühlen* ⋆ gekoeld drankje *gekühlte(s) Getränk* [o] • (afreageren) *kühlen* ⋆ zijn woede ~ *seinen Zorn kühlen*
koeler *Kühler* [m]
koelhuis *Kühlhaus* [o]
koelie *Kuli* [m]
koeling *Kühlung* [v]
koelkast *Kühlschrank* [m]
koelte *Kühle* [v]
koeltjes • (koud) *kühl* • (onhartelijk) *unterkühlt, distanziert*
koelvitrine *Kühlvitrine* [v]
koelwater *Kühlwasser* [o]
koemest *Kuhmist* [m]
koen *kühn*
koepel *Kuppel* [v]
koepelkerk *Kuppelkirche* [v]
koepelorganisatie *Dachverband* [m]
koeren *gurren, girren*
koerier *Kurier* [m], *Eilbote* [m]
koeriersdienst *Kurierdienst* [m]
koers • (richting) *Fahrtrichtung* [v], *Kurs* [m] ⋆ het schip zet ~ naar New York *das Schiff steuert New York an* ⋆ de ~ bepalen *den Kurs abstecken* ⋆ een verkeerde ~ nemen *einen falschen Kurs einschlagen* • (wisselwaarde) *Kurs* [m] ⋆ tegen een ~ van *zum Kurse von* ▾ een harde ~ volgen *einen harten Kurs fahren*
koerscorrectie *Kurskorrektur* [v]
koersdaling *Kursrückgang* [m]
koersen *steuern, Kurs setzen auf* [4]
koersnotering *Kursnotierung* [v]
koest I [bnw] ⋆ zich ~ houden *sich kuschen* **II** [tw] *still!*
koesteren • (behoeden) ⋆ zijn vrijheid ~ *an seiner Freiheit hängen* • (in zich hebben) ⋆ hoop ~ *Hoffnung haben* ⋆ het voornemen ~ *sich mit der Absicht tragen*
koeterwaals *Kauderwelsch* [o]
koets *Kutsche* [v]
koetshuis *Kutschenhaus* [o]
koetsier *Kutscher* [m]
koevoet *Brecheisen* [o]
Koeweit *Kuwait* [o]
koffer • (reistas) *Koffer* [m] • (bed) *Falle* [v] ⋆ met iem. de ~ induiken *mit jmdm. ins Bett steigen*
kofferbak *Kofferraum* [m]
kofferruimte *Kofferraum* [m]

K

koffie *Kaffee* [m] ⋆ op de ~ komen *zum Kaffee kommen* ▾ dat is geen zuivere ~ *da ist was faul*
koffieautomaat *Kaffeeautomat* [m]
koffieboon *Kaffeebohne* [v]
koffiebroodje ≈ *Rosinenschnecke* [v]
koffieconcert *Matinee* [v]
koffiedik *Kaffeesatz* [m] ▾ ~ kijken *die Zukunft nicht vorhersagen können*
koffiefilter *Kaffeefilter* [m]
koffiehuis *Kaffeehaus* [o]
koffiejuffrouw *Kantinenangestellte* [v]
koffiekamer ‹foyer› *Foyer* [o]
koffieleut *Kaffeetante* [v]
koffiemelk *Kondensmilch* [v], *Dosenmilch* [v]
koffiemolen *Kaffeemühle* [v]
koffiepauze *Kaffeepause* [v]
koffieplantage *Kaffeeplantage* [v]
koffiepot *Kaffeekanne* [v]
koffieshop *kleine(s) Café und Imbiss* [o]
koffietafel *Kaffeetisch* [m], ‹feestelijk› *Kaffeetafel* [v]
koffiezetapparaat *Kaffeemaschine* [v]
kogel • (projectiel) *Kugel* [v] • (metalen bol) *Kugel* [v] ▾ de ~ is door de kerk *die Würfel sind gefallen* ▾ de ~ krijgen *standrechtlich erschossen werden*
kogellager *Kugellager* [o]
kogelrond *kugelrund*
kogelstoten *Kugelstoßen* [o]
kogelvrij *kugelfest* ⋆ ~ glas *Panzerglas* [o]
kok *Koch* [m]
koken I [ov ww] • (laten koken) *kochen* **II** [on ww] • (op kookpunt zijn) *kochen, sieden* • (kokkerellen) *kochen* • (woest zijn) ⋆ ~ van woede *kochen vor Wut*
kokendheet *kochend heiß*
koker *Behälter* [m], ‹van metaal, porselein› *Büchse* [v], ‹voor inkt› *Tintenfass* [o], ‹voor pijlen, verrekijker› *Köcher* [m], ‹voor tabletten› *Röhre* [v] ▾ dat komt niet uit zijn ~ *das war nicht seine Idee*
koket *kokett*
koketteren *kokettieren*
K
kokhalzen • (bijna gaan braken) *würgen* • (walgen) *anekeln, anwidern,* ‹inf.› *ankotzen* ⋆ ik moet ~ van dat beleid *diese Politik kotzt mich an*
kokkerellen *gerne und gut kochen* ⋆ hij kokkerelt graag *in der Küche ist er in seinem Element*
kokkin *Köchin* [v]
kokmeeuw *Lachmöwe* [v]
kokos • (vezel) *Kokosfaser* [v] • (kokosnootvlees) ‹geraspt› *Kokosraspel* [mv]
kokosmat *Kokosmatte* [v]
kokosnoot *Kokosnuss* [v]
koksmaat *Küchenjunge* [m]
koksschool ≈ *Berufsschule für Köche* [v]
kolder *Blödsinn* [m] ▾ de ~ in de kop hebben *ausgeflippt sein*
kolen *Kohle* [v] ⋆ ~ stoken *mit Kohle(n) heizen* ▾ op hete ~ zitten *auf heißen/glühenden Kohlen sitzen*
kolenboer *Kohlenhändler* [m]
kolendamp *Kohlenmonoxyd* [o]
kolenhok ‹bij woning› *Kohlenschuppen* [m], ‹in woning› *Kohlenkeller* [m]
kolenmijn • (mijn) *Kohlengrube* [v] • (bedrijf) *Zeche* [v]
kolenschop *Kohlenschaufel* [v]
kolf *Kolben* [m]
kolibrie *Kolibri* [m]
koliek *Kolik* [v]
kolk • (draaikolk) *Strudel* [m] • (sluisruimte) *Kammer* [v] • (waterdiepte) *Untiefe* [v]
kolken *strudeln, wirbeln*
kolom • (pilaar) *Säule* [v] • (vak met tekst/cijfers) *Spalte* [v] ⋆ van/in twee ~men *zweispaltig*
kolonel *Oberst* [m]
koloniaal I [de] *Kolonialsoldat* [m] **II** [bnw] *kolonial, Kolonial-* ⋆ koloniale politiek *Kolonialpolitik* [v] ⋆ het koloniale leger *die Kolonialtruppe* [v]
kolonialisme *Kolonialismus* [m]
kolonie • (wingewest) *Kolonie* [v] • (nederzetting) *Kolonie* [v], *Siedlung* [v]
kolonisatie *Kolonisation* [v]
koloniseren *kolonisieren*
kolonist *Kolonist* [m]
kolos *Koloss* [m]
kolossaal *kolossal*
kolven *abpumpen*
kom • (bak, schaal) *Schüssel* [v], *Schale* [v], ‹kopje› *Tasse* [v] • (deel van gemeente) ⋆ bebouwde kom *geschlossene Ortschaft* [v] • (gewrichtsholte) *Gelenkpfanne* [v]
komaan *mach voran, komm schon*
komaf *Herkunft* [v] ⋆ van goede ~ *aus gutem Hause* ⋆ mensen van lage ~ *Menschen niederer Herkunft*
kombuis *Kombüse* [v]
komediant *Komödiant* [m]
komedie • (blijspel) *Komödie* [v], *Lustspiel* [o] • (schijnvertoning) *Komödie* [v], *Theater* [o] ⋆ zij speelt weer eens ~ *sie macht mal wieder Theater*
komeet *Komet* [m]
komen • (zich begeven) *kommen* ⋆ ~ aansnellen/aanrijden *herbeigeeilt/angefahren kommen* ⋆ zij kwam bij ons zitten/staan *sie setzte/stellte sich zu uns* ⋆ waardoor komt dat? *wie kommt das?* ⋆ dat komt wel goed *das wird schon wieder* ⋆ hoe kom je aan dit boek? *woher hast du dieses Buch?* ⋆ hoe kom je erbij? *wie kommst du dazu?* ⋆ komt er nog wat van? *wird's bald!* ⋆ daar komt nog bij *hinzu kommt noch* ⋆ daar ~ ongelukken van *das geht nicht gut aus* ⋆ zij kwam naar ons toe *sie kam zu uns* • (gebeuren, beginnen) ⋆ er komt sneeuw *es wird Schnee geben* ▾ ergens in kunnen ~ *sich etw. vorstellen können* ▾ hij komt er wel *er wird's schon schaffen* ▾ zo kom je er nooit *so kommst du nie zum Ziel* ▾ kom nou! *ach komm!* ▾ kom daar nu eens om *wo gibt es so was denn heutzutage noch* ▾ zijn tijd was ge~ *seine Zeit war gekommen* ▾ dat komt hem duur te staan *das kommt ihn teuer zu stehen*
komfoor *Stövchen* [o], ‹kooktoestel› *Gaskocher* [m], ‹theelichtje› *Teelicht* [o], ‹warmhoudplaatje› *Rechaud* [m/o]
komiek I [de] *Komiker* [m], ‹grappenmaker› *Witzbold* [m] **II** [bnw] *komisch, drollig*
komijn *Kümmel* [m]
komijnekaas *Kümmelkäse* [m]
komisch *komisch, drollig*
komkommer *Gurke* [v]
komkommertijd *Saure-Gurken-Zeit* [v]
komma *Komma* [o]
kommer *Kummer* [m]
kompas *Kompass* [m]
kompasnaald *Kompassnadel* [v]
kompres *Kompresse* [v], *Umschlag* [m]
komst • (aankomst) *Ankunft* [v], *Eintreffen* [o] • (het naderen) *Herankommen* [o] ⋆ er is storm op ~ *ein Sturm ist im Anzug*
kond ⋆ kond van iets doen *etw. kundtun; etw. bekannt machen*
konfijten *kandieren* ⋆ gekonfijte vruchten *kandierte Früchte*

Kongo *Kongo* [m]
kongsie *Clique* [v]
konijn *Kaninchen* [o]
konijnenhok *Kaninchenstall* [m]
koning *König* [m]
koningin • (vorstin) *Königin* [v] • (schaakstuk) *Dame* [v]
koningin-moeder *Königinmutter* [v]
Koninginnedag *Geburtstag der Königin* [m]
koningsblauw *Kobaltblau* [o], ‹porseleinglazuur› *Königsblau* [o]
koningschap *Königswürde* [v]
koningsgezind *königstreu*
koningshuis *Königshaus* [o]
koningstijger *Königstiger* [m]
koninklijk *königlich* ⋆ van ~en bloede *von königlichem Blut* ⋆ het Koninklijk Huis *das Königshaus* ⋆ een ~ maal *ein königliches Mahl*
koninkrijk *Königreich* [o]
konkelen *intrigieren, Ränke schmieden*
konkelfoezen • (smoezen) *tuscheln* • (samenzweren) *Intrigen spinnen*
kont *Hintern* [m], *Po* [m]
kontje • (kleine kont) *Po* [m] ⋆ lekker ~ *knackige(r) Arsch* [m] • (duw) *Schubs* [m] ⋆ iem. een ~ geven *jmdm. einen Schubs geben*
kontlikker *Arschkriecher* [m]
kontzak *Gesäßtasche* [v]
konvooi *Konvoi* [m]
kooi • (dierenhok) *Käfig* [m], ‹voor honden› *Zwinger* [m], ‹voor vogels› *Bauer* [m/o] • (slaapplaats) *Koje* [v] ⋆ naar kooi gaan *in die Koje gehen* • (lift) *Fahrkorb* [m], ‹mijn› *Förderkorb* [m]
kooien *in einen Käfig einsperren, einpferchen*
kook *Kochen* [o] ⋆ aan de kook brengen *zum Kochen bringen* ⋆ het water is aan de kook *das Wasser kocht* ▾ van de kook zijn *außer Fassung sein*
kookboek *Kochbuch* [o]
kookkunst *Kochkunst* [v]
kookplaat *Kochplatte* [v]
kookpunt *Kochpunkt* [m], ‹nat.› *Siedepunkt* [m]
kookwekker *Küchenwecker* [m]
kool • (groente) *Kohl* [m], ‹één exemplaar› *Kohlkopf* [m] ⋆ witte kool *Weißkohl* • (steenkool) *Kohle* [v] ▾ iem. een kool stoven *jmdm. einen Schabernack spielen* ▾ groeien als kool *in die Höhe schießen*
kooldioxide *Kohlendioxyd/Kohlendioxid* [o]
koolhydraat *Kohlenhydrat* [o]
koolmees *Kohlmeise* [v]
koolmonoxide *Kohlenmonoxyd/Kohlenmonoxid* [o]
koolraap *Kohlrübe* [v], *Steckrübe* [v], ‹koolrabi› *Kohlrabi* [m]
koolstof *Kohlenstoff* [m]
koolwaterstof *Kohlenwasserstoff* [m]
koolwitje *Kohlweißling* [m]
koolzaad *Raps* [m]
koolzuur *Kohlensäure* [v]
koolzuurhoudend *kohlensäurehaltig*
koon *Backe* [v], *Wange* [v]
koop *Kauf* [m] ⋆ een koop sluiten *einen Kauf abschließen/tätigen* ⋆ te koop aanbieden *zum Verkauf anbieten* ⋆ te koop staan/zetten *zum Verkauf angeboten werden* ⋆ te koop gevraagd *zu kaufen gesucht* ▾ op de koop toe *obendrein* ▾ weten wat er in de wereld te koop is *sich in der Welt zurechtfinden* ▾ met iets te koop lopen *etw. zur Schau tragen*
koopakte *Kaufvertrag* [m]
koopavond *verkaufsoffene(r) Abend* [m]
koopcontract *Kaufvertrag* [m]
koophandel *Handel* [m] ⋆ de Kamer van Koophandel *die Industrie- und Handelskammer*
koopje *Gelegenheitskauf* [m] ⋆ daar heb ik een ~ aan gehad *das habe ich zu einem Spottpreis gekauft*
koopkracht *Kaufkraft* [v]
kooplust *Kauflust* [v]
kooplustig *kauflustig*
koopman *Kaufmann* [m]
koopmanschap *Handel* [m]
koopmansgeest *Geschäftssinn* [m]
koopsom *Kaufsumme* [m]
koopvaarder *Handelsschiff* [o]
koopvaardij *Handelsschifffahrt* [v]
koopwaar *Handelsware* [v]
koopwoning *Eigentumswohnung* [v]
koopziek *kaufsüchtig*
koor *Chor* [m] ⋆ in koor *im Chor*
koord *Schnur* [v], ‹dun touwtje› *Bindfaden* [m], ‹langer en dikker› *Leine* [v], ‹steviger› *Strick* [m], ‹van koorddanser› *Seil* [o]
koorddansen *seiltanzen*
koorddanser *Seiltänzer* [m]
koorde *Sehne* [v]
koorknaap *Chorknabe* [m]
koorts *Fieber* [o] ⋆ hoge ~ *hohes Fieber* ⋆ lichte ~ *erhöhte Temperatur*
koortsachtig *fieberhaft*
koortsdroom *Fiebertraum* [m]
koortsig *fiebrig*
koortsthermometer *Fieberthermometer* [o]
koortsuitslag *Ausschlag wegen Fieber* [m], ‹aan mond› *Griebe* [v]
koorzang *Chorgesang* [m]
koosjer *koscher* ▾ 't lijkt me niet helemaal ~ *die Sache ist mir nicht ganz koscher*
koosnaam *Kosename* [m]
kootje ‹van teen› *Zehenglied* [o], ‹van vinger› *Fingerglied* [o]
kop • (kom) *Tasse* [v] • (opschrift) *Schlagzeile* [v] • (hoofd) *Kopf* [m] ⋆ hou je kop *halt's Maul!* • (voorste deel) *Spitze* [v] ⋆ op kop liggen *an der Spitze liegen* ▾ kop op! *Kopf hoch!* ▾ iem. op zijn kop geven *jmdm. eins auf den Hut geben* ▾ over de kop gaan *Pleite gehen* ▾ de koppen bij elkaar steken *die Köpfe zusammenstecken* ▾ iets op de kop tikken *etw. auftreiben/ergattern* ▾ op de kop af *aufs Haar genau* ▾ iets de kop indrukken *etw. zum Schweigen bringen* ▾ de kop opsteken *wieder aufkommen* ▾ iem. een kopje kleiner maken *jmdn. einen Kopf kürzer machen* ▾ dat kost iem. z'n kop *etw. kostet jmdm. den Kopf* ▾ zijn kop in het zand steken *seinen Kopf in den Sand stecken* ▾ rondlopen als een kip zonder kop *umherlaufen wie ein kopfloses Huhn* ▾ zich niet op zijn kop laten zitten *sich nicht auf den Kopf spucken lassen*
kopbal *Kopfball* [m]
kopen *kaufen, erwerben* ▾ wat koop ik daarvoor? *dafür kann ich mir nichts kaufen!*
Kopenhagen *Kopenhagen* [o]
koper **I** [de] *Käufer* [m] **II** [het] *Kupfer* [o]
koperblazer *Blechbläser* [m]
koperdraad *Kupferdraht* [m]
koperen *kupfern, Kupfer-* ▾ ~ bruiloft *Nickelhochzeit* [v]
koperglans **I** [de] *Kupferglanz* [m] **II** [het] *Kupfersulfid* [o], *Kupferglanz* [m]
kopergravure *Kupferstich* [m]
kopergroen **I** [het] *Patina* [v], *Grünspan* [m] **II** [bnw] *grünspanfarben*
koperwerk *Kupfer* [o]

K

kopgroep *Spitzengruppe* [v]
kopie • (duplicaat) *Kopie* [v], ‹afschrift› *Abschrift* [v] • (fotokopie) *Photokopie/Fotokopie* [v]
kopieerapparaat *Kopiergerät* [o]
kopiëren *kopieren*
kopij *Manuskript* [o]
koplamp *Scheinwerfer* [m]
koploper *Spitzenreiter* [m], ‹sport› *Erstplatzierte(r)* [m] [v: *Erstplatzierte*]
koppel I [de] *Koppel* [o] **II** [het] • (paar) *Pärchen* [o] • (groep) *Flug* [m], *Volk* [o], *Gespann* [o], ‹patrijzen› *Kette* [v] • (nat.) *Drehmoment* [o]
koppelaar *Kuppler* [m]
koppelbaas *Leiharbeitervermittler* [m]
koppelen • (vastkoppelen) *koppeln*, ‹van treinen, voertuigen› *kuppeln* • (samenbrengen) *verkuppeln*
koppeling • (het koppelen) *Kopplung* [v], ‹van wagons› *Kupplung* [v] • (overbrenging) *Kupplung* [v]
koppelingsplaat *Kupplungsscheibe* [v]
koppelteken ‹afbrekingsteken› *Trennungsstrich* [m], ‹verbinding van woorden/woorddelen› *Bindestrich* [m]
koppelverkoop *Warenkopplung* [v], *Kopplungsgeschäft* [o]
koppelwerkwoord *Kopula* [v]
koppen *köpfen*
koppensnellen • (onthoofden) *köpfen*, *Kopfjagd betreiben* • (verantwoordelijken zoeken) *Köpfe rollen lassen* • (krantenkoppen lezen) *Schlagzeilen lesen*
koppig • (halsstarrig) *trotzig*, *dickköpfig*, *starrköpfig*, *störrisch* • (sterk) *schwer*, ‹vooral van wijn› *feurig*
kopregel *Überschrift* [v], ‹krant, tijdschrift› *Schlagzeile* [v]
koprol *Purzelbaum* [m], *Rolle vorwärts* [v]
kopschuw *kopfscheu*
kopspijker *Nagel* [m]
kopstation *Kopfbahnhof* [m]
kopstem *Kopfstimme* [v]
kopstoot *Kopfstoß* [m], ‹voetbal› *Kopfball* [m]
kopstuk *Führer* [m], *Prominente(r)* [m] ⋆ de ~ken van een partij *die Parteifunktionäre*; ‹pej.› *die Parteibonzen*
koptelefoon *Kopfhörer* [m]
Koptisch I [het] *koptische Sprache* [v] **II** [bnw] *koptisch*
kopzorg (ernste) *Sorge* [v], *Kopfzerbrechen* [o]
koraal • (muz.) *Choral* [m] • (bio.) *Koralle* [v]
koralen • (van koraal vervaardigd) *korallen*, *Korallen-* • (kleur) *korallenrot*
koran *Koran* [m]
kordaat *resolut*, *beherzt*
kordon *Kordon* [m]
koren *Getreide* [o], *Korn* [o] ▾ dat is ~ op haar molen *das ist Wasser auf ihre Mühlen*
korenaar *Kornähre* [v]
korenblauw *kornblumenblau*
korenbloem *Kornblume* [v]
korenschoof *Korngarbe* [v]
korenschuur *Getreidespeicher* [m], *Kornspeicher* [m]
korf *Korb* [m]
korfbal *Korbball* [m]
korfballen *Korbball spielen*
Korfoe *Korfu* [o]
korhoen *Birkhuhn* [o]
koriander *Koriander* [m]
kornet • (muz.) *Kornett* [o] • (mil.) *Fähnrich* [m]
kornuit *Kumpan* [m], *Kamerad* [m], ‹pej.› *Spießgeselle* [m]
korporaal *Korporal* [m], *Obergefreite(r)* [m]
korps *Korps* [o]
korrel • (vizierkorrel) *Korn* [o] • (bolletje) *Krümel* [m] ▾ iem. op de ~ nemen *jmdn. aufs Korn nehmen* ▾ iets met een ~tje zout nemen *etw. mit Vorsicht genießen*
korrelig *körnig*
korset *Korsett* [o], *Mieder* [o]
korst *Kruste* [v], ‹van brood en kaas› *Rinde* [v], ‹van wond› *Grind* [m]
korstmos *Flechte* [v]
kort *kurz* ⋆ kort verhaal *Kurzgeschichte* [v] ⋆ korte golf *Kurzwelle* [v] ⋆ kort geding *Eilverfahren* [o] ⋆ op korte termijn *kurzfristig* ⋆ van korte duur *von kurzer Dauer* ⋆ sinds kort *seit kurzem* ⋆ tot voor kort *bis vor kurzem* ▾ kort en klein slaan *kurz und klein schlagen* ▾ iem. kort houden *jmdn. knapp halten* ▾ korte metten met iets/iemand maken *nicht viel Federlesens mit etw./jmdm. machen* ▾ kort en krachtig *kurz und bündig* ▾ om kort te gaan *kurz* ▾ ogen en oren te kort komen *überwältigt sein vom Geschehen* ▾ handen te kort komen *nur zwei Hände haben* ▾ het kort maken *es kurz machen*
kortaangebonden *kurz angebunden*
kortademig *kurzatmig*
kortaf *kurz angebunden*, ‹sterker› *schroff*
korte golf *Kurzwelle* [v]
kortegolfontvanger *Kurzwellenempfänger* [m]
korten • (korter maken) *kürzen*, ‹staart, baard› *stutzen* • (inhouden) *kürzen* ⋆ met 20 procent ~ *um 20 Prozent kürzen* • (korter doen lijken) *vertreiben* ⋆ de tijd ~ met lezen *sich mit Lesen die Zeit vertreiben*
kortharig *kurzhaarig*
korting • (inhouding) *Kürzung* [v], *Beschneidung* [v], ‹handel› *Ermäßigung* [v], ‹handel, in procenten› *Rabatt* [m] • (bedrag) *Ermäßigung* [v], *Preisnachlass* [m], ‹in procenten› *Rabatt* [m] ⋆ ~ krijgen *Ermäßigung erhalten*
kortingkaart *Ermäßigungskarte* [v]
kortlopend *kurzfristig*
kortom *kurz*
kortsluiten *kurzschließen*
kortsluiting *Kurzschluss* [m]
kortstondig *kurz*, *von kurzer Dauer*
kortweg • (kort gezegd) *kurzweg* • (eenvoudigweg) *kurzerhand*
kortwieken • (vleugel knippen) *die Flügel stutzen* • (beknotten) *stutzen* ▾ iem. ~ *jmdm. die Flügel stutzen*
kortzichtig *kurzsichtig*
korzelig ‹ontstemd› *mürrisch*, ‹prikkelbaar› *gereizt*
kosmisch *kosmisch*
kosmologie *Kosmologie* [v]
kosmonaut *Kosmonaut* [m]
kosmopoliet *Kosmopolit* [m]
kosmopolitisch *kosmopolitisch*
kosmos *Kosmos* [m]
Kosovo *Kosovo* [o]
kost • (geldelijke uitgaven) *Kosten* [mv], *Ausgaben* [mv], ‹onkosten› *Unkosten* [mv] ⋆ ten koste van *auf Kosten* [2] ⋆ bijkomende kosten *Nebenkosten* ⋆ op kosten van de staat *auf Staatskosten* • (levensonderhoud) *Lebensunterhalt* [m] ⋆ de kost verdienen *den Lebensunterhalt verdienen* ⋆ bij iem. in de kost gaan *zu jmdm. in Kost gehen* ⋆ wat doet hij voor de kost? *womit verdient er sein Brot?* • (voedsel) *Kost* [v] ⋆ kost en inwoning *Kost und Logis* • (dagelijkse voeding) *Ernährung*

K

[v] ▾ dat is al oude kost *das ist eine alte Geschichte*
kostbaar • (duur) *kostspielig, teuer* • (veel waard) *kostbar*
kostbaarheden *Kostbarkeiten* [mv]
kostelijk *köstlich* ⋆ zich ~ amuseren *sich köstlich amüsieren*
kosteloos *kostenlos, gratis, unentgeltlich*
kosten *kosten, erfordern* ⋆ het kost heel wat tijd *es nimmt viel Zeit in Anspruch* ▾ koste wat het kost *koste es, was es wolle* ▾ het zal je de kop niet ~ *das wird dich nicht den Kopf kosten*
kostendekkend *kostendeckend*
koster *Küster* [m], *Mesner/Messner* [m]
kostganger *Kostgänger* [m]
kostgeld *Kostgeld* [o]
kosthuis ≈ *Pension* [v]
kostprijs *Selbstkostenpreis* [m]
kostschool *Internat* [o], ‹voor meisjes› *Pensionat* [o]
kostuum *Anzug* [m], ‹mantelpak, toneelkostuum› *Kostüm* [o]
kostwinner *Ernährer* [m]
kostwinning *Erwerb des Lebensunterhalts* [m], ‹baan› *Erwerbsquelle* [v], *Broterwerb* [m], ‹bestaan› *Existenz* [v]
kot • (krot) *Hütte* [v] • (hok) *Stall* [m] • (gevangenis) *Knast* [m]
kotelet *Kotelett* [o]
kots *Kotze* [v]
kotsen *kotzen*
kotsmisselijk *kotzübel*
kotter *Kutter* [m]
kou • (koude) *Kälte* [v] ⋆ een ijzige kou *eine Eiseskälte* • (verkoudheid) *Erkältung* [v] ⋆ een kou oplopen *sich eine Erkältung holen* ▾ iem. in de kou laten staan *jmdn. fallen lassen*
koud *kalt* ⋆ ik heb het koud *mir ist kalt* ⋆ koud vuur *kalte(s) Feuer* [o] ⋆ koud buffet *kalte(s) Buffet* [o] ▾ dat laat mij koud *das lässt mich kalt*
koudbloedig *kaltblütig*
koude → **kou**
koudvuur *Brand* [m]
koudwatervrees *Furcht vor kaltem Wasser* [v]
koufront *Kaltfront* [v]
kougolf *Kältewelle* [v]
koukleum *Fröstler* [m]
kous *Strumpf* [m] ▾ de kous op de kop krijgen *einen Korb bekommen* ▾ daarmee is de kous af *damit ist die Sache erledigt*
kousenband *Strumpfband* [o], *Straps* [m]
kousenvoet ▾ op ~en lopen *auf Zehenspitzen gehen*
kouvatten *sich erkälten*
kouwelijk ‹gevoelig voor de kou› *verfroren*, ‹het koud hebbend› *fröstelnd*
kozak *Kosak* [m]
kozijn *Rahmen* [m]
kraag *Kragen* [m]
kraai *Krähe* [v] ⋆ bonte ~ *Nebelkrähe* [v] ⋆ zwarte ~ *Rabenkrähe* [v]
kraaien *krähen*
kraaiennest *Krähennest* [o]
kraaienpoot *Krähenfuß* [m]
kraaienpootje *Krähenfüßchen* [o]
kraak *Bruch* [m], *Einbruch* [m] ⋆ een ~ zetten *ein Ding drehen* ▾ daar zit ~ noch smaak aan *das ist ohne Saft und Kraft*
kraakactie *Hausbesetzung* [v]
kraakbeen *Knorpel* [m]
kraakbeweging *Hausbesetzerbewegung* [v]
kraakhelder *blitzsauber, blitz(e)blank*
kraakpand *besetzte(s) Haus* [o]
kraal *Perle* [v]
kraam *Bude* [v] ▾ dat komt in zijn ~ te pas *das passt ihm in den Kram*
kraamafdeling *Entbindungsstation* [v]
kraambed *Wochenbett* [o]
kraambezoek *Wochenbettbesuch* [m]
kraamhulp *Wochenpflegerin* [v]
kraamkamer *Kreißsaal* [m]
kraamkliniek *Entbindungsklinik* [v]
kraamverpleegster *Wochenpflegerin* [v], ‹voor het kind› *Säuglingsschwester* [v]
kraamverzorgster *Wochenpflegerin* [v]
kraamvrouw *Wöchnerin* [v]
kraan • (tap) *Hahn* [m] • (hijskraan) *Kran* [m] ⋆ drijvende ~ *Schwimmkran* [m] • (uitblinker) *Könner* [m], ‹inf.› *Hecht* [m], ‹in sport› *Kanone* [v]
kraanvogel *Kranich* [m]
kraanwagen *Kranwagen* [m], ‹om auto's weg te slepen› *Abschleppwagen* [m]
kraanwater *Leitungswasser* [o]
krab *Krabbe* [v]
krabbel • (schram) *Kratzer* [m] • (onduidelijk schrijfsel) *Gekritzel* [o]
krabbelen **I** [ov ww] • (slordig schrijven) *kritzeln* **II** [on ww] • (krabben) *kratzen*
krabbeltje *gekritzelte Notiz* [v], *Kritzelei* [v]
krabben *kratzen*
krabber *Kratzer* [m], *Kratzeisen* [o]
krabcocktail *Krabbencocktail* [m]
krach *Krach* [m]
kracht • (fysiek vermogen) *Kraft* [v] ⋆ met vereende ~en *mit vereinten Kräften* ⋆ op eigen ~ *aus eigener Kraft* ⋆ ~ putten uit *Kraft schöpfen aus* ⋆ in de ~ van haar/zijn leven *in den besten Jahren* • (geldigheid) *Kraft* [v] ⋆ van ~ worden *in Kraft treten* ⋆ ~ van wet hebben *Gesetzeskraft haben* ⋆ met bindende ~ *mit bindender Wirkung* ⋆ niet meer van ~ zijn *außer Kraft sein* • (werkkracht) *Arbeitskraft* [v]
krachtbron *Kraftquelle* [v]
krachtdadig *tatkräftig, energisch*
krachteloos *kraftlos*
krachtens *kraft* [2]
krachtig • (kracht hebbend) *kräftig, kraftvoll*, ‹geestelijk› *energisch* • (werking hebbend) *wirksam*
krachtmeting *Kraftprobe* [v], *Kraftmessung* [v]
krachtpatser *Kraftbold* [m]
krachtproef *Kraftprobe* [v]
krachtsinspanning *Kraftanstrengung* [v]
krachtsport *Schwerathletik* [v]
krachtterm *Kraftausdruck* [m]
krachttoer *Kraftstück* [o]
krachtvoer *Kraftfutter* [o]
krak **I** [de] *Knacks* [m] **II** [tw] *knacks*
krakelen *krakeelen*
krakeling *Brezel* [v]
kraken **I** [ov ww] • (huis bezetten) *besetzen* • (openbreken) *knacken, krachen* • (inbreken) *knacken* **II** [on ww] • (geluid maken) *knacken, knarren*, ‹van sneeuw, grind, ijs› *knirschen* ⋆ de deur kraakt *die Tür knarrt* ⋆ met ~de stem *mit knarrender Stimme*
kraker • (succesnummer) *Schlager* [m] • (chiropracticus) *Chiropraktiker* [m] • (inbreker) *Einbrecher* [m] • (huisbezetter) *Hausbesetzer* [m]
krakkemikkig *klapprig, wacklig*
kralengordijn *Perlenvorhang* [m]
kram *Krampe* [v], *Kramme* [v], ‹med.› *Verbandsklammer* [v]
kramp *Krampf* [m]

krampachtig krampfartig, krampfhaft
kranig tüchtig, ‹van gedrag› beherzt
krankjorum verrückt
krankzinnig geisteskrank, geistesgestört, wahnsinnig, irrsinnig
krankzinnigengesticht Nervenheilanstalt [v], Irrenanstalt [v]
krans • (gevlochten ring) Kranz [m] • (vriendenkring) Kreis [m]
kranslegging Kranzniederlegung [v]
kransslagader Kranzarterie [v]
krant Zeitung [v]
krantenjongen Zeitungsjunge [m]
krantenknipsel Zeitungsausschnitt [m]
krantenkop Schlagzeile [v]
krantenwijk Bezirk eines Zeitungsausträgers [m] ⋆ een ~ hebben Zeitungen austragen
krap • (nauw) eng, knapp • (niet ruim) knapp ▾ krap bij kas zitten knapp bei Kasse sein
kras I [de] Kratzspur [v], Kratzer [m], ‹schram› Schramme [v] **II** [bnw] • (vitaal) rüstig ⋆ een kras oud dametje eine rüstige alte Dame • (drastisch) krass ⋆ krasse maatregelen nemen krasse Maßnahmen treffen • (sterk) ⋆ dat is kras! das ist stark!
krassen • (krassen maken) kratzen • (geluid maken) krächzen
krat Kiste [v], ‹van hout› Lattenkiste [v], ‹voor flessen› Kasten [m]
krater Krater [m]
krats ⋆ dat kan je voor een ~ krijgen das kann man für einen Spottpreis bekommen
krediet Kredit [m] ⋆ levering op ~ Lieferung auf Ziel/Kredit ⋆ iem. een ~ verlenen jmdm. Kredit gewähren ⋆ een ~ aflossen einen Kredit tilgen ⋆ doorlopend ~ Kontokorrentkredit
kredietgarantie Kreditgarantie [v]
kredietwaardig kreditfähig, kreditwürdig
kredietwezen Kreditwesen [o]
kreeft • (schaaldier) Krebs [m], ‹grote zeekreeft› Hummer [m] • (sterrenbeeld) Krebs [m] ▾ zo rood als een ~ krebsrot

K

kreeftengang Krebsgang [m]
kreeftskeerkring Wendekreis des Krebses [m]
kreek kleine(r) Flusslauf [m], Rinne [v]
kreet • (loze bewering) Phrase [v], ‹leus› Schlagwort [o] ⋆ loze kreten slaken leere Phrasen dreschen • (gil) Schrei [m], Ausruf [m] ⋆ ~ van vreugde Freudenschrei [m] ⋆ ~ van verbazing Ausruf des Staunens [m]
krekel Grille [v]
kreng • (kadaver) Aas [o], Kadaver [m] • (loeder) Biest [o], Luder [o] ⋆ gemeen ~! gemeines Luder!
krenken kränken, ‹kwetsen› verletzen
krenking Kränkung [v], Verletzung [v]
krent • (gierigaard) Geizkragen [m], Knauser [m] • (zitvlak) Hintern [m] ⋆ op zijn luie ~ zitten auf der faulen Haut liegen • (druif) Korinthe [v] ▾ de ~en uit de pap halen sich die Rosinen aus dem Kuchen picken
krentenbol Rosinenbrötchen [o]
krentenbrood Rosinenbrot [o]
krentenmik Rosinenbrot [o]
krenterig • (gierig) geizig, knauserig • (kleingeestig) kleinlich
Kreta Kreta [o]
kretologie Phrasendrescherei [v]
kreukel Knick [m], Knautschfalte [v], Knitterfalte [v] ▾ in de ~s im Eimer
kreukelig zerknautscht, verknittert, ‹papier› zerknüllt
kreukelzone Knautschzone [v]
kreuken I [ov ww] • (kreukels maken) zerknüllen, zerknittern **II** [on ww] • (kreukels krijgen) knittern, knautschen
kreukherstellend bügelfrei
kreukvrij knitterfrei, knitterfest
kreunen stöhnen, ächzen
kreupel lahm ⋆ ~ lopen hinken; humpeln ⋆ het paard loopt ~ das Pferd lahmt
kreupelhout Unterholz [o], Gestrüpp [o], Dickicht [o]
krib • (bedje) Krippe [v] • (voederbak) Futterkrippe [v]
kribbig kratzbürstig, kribbelig
kriebel Kribbeln [o], Jucken [o] ▾ daar krijg ik de ~s van das bringt mich auf die Palme
kriebelen • (kietelen) kitzeln, ‹zachtjes› kraulen • (klein schrijven) kritzeln
kriebelhoest Reizhusten [m]
kriebelig • (klein geschreven) kritzlig • (kregel) gereizt, kribbelig • (kriebelend) kitzlig, kribbelnd
kriegel kribbelig
kriek Herzkirsche [v] ▾ ik lach me een ~ ich lache mir einen Ast
krieken anbrechen, dämmern ⋆ bij het ~ van de dag im Morgengrauen; bei Tagesanbruch
kriel ‹van dier› Zwerghuhn [o], ‹van mens› Knirps [m], halbe Portion [v]
krielkip Zwerghuhn [o]
krijgen bekommen, kriegen ⋆ iem. aan het lachen ~ jmdn. zum Lachen bringen ⋆ ik zal hem ~ ihm werd ich's aber zeigen ⋆ kinderen/jongen ~ Kinder/Junge kriegen/bekommen ⋆ ik krijg het warm mir wird warm ⋆ het eten niet weg kunnen ~ das Essen nicht hinunterbringen können
krijger Krieger [m]
krijgertje Fangen [o] ⋆ ~ spelen Fangen spielen
krijgsdienst Militärdienst [m]
krijgsgevangene Kriegsgefangene(r) [m]
krijgsgevangenschap Kriegsgefangenschaft [v]
krijgshaftig tapfer, kämpferisch
krijgslist Kriegslist [v]
krijgsmacht Militär [o], Armee [v], ‹totale land-, zee-, luchtmacht› Streitkräfte [mv]
krijgsraad • (militaire rechtbank) Kriegsgericht [o], Militärgericht [o] • (vergadering) Kriegsrat [m]
krijgszuchtig kampflustig, kriegerisch
krijsen kreischen
krijt Kreide [v] ▾ bij iem. in het ~ staan bei jmdm. in der Kreide stehen
Krijt Kreidezeit [v]
krijtje Stück Kreide [o]
krijtwit kreidebleich
krik Wagenheber [m]
krill Krill [m]
krimp Schrumpfung [v], ‹textiel› Einlaufen [o] ▾ geen ~ geven nicht nachgeben
krimpen • (samentrekken) (sich) krümmen ⋆ ~ van de pijn sich krümmen/winden vor Schmerz • (draaien) rückdrehen ⋆ ~de westenwind rückdrehender Westwind • (kleiner worden) schrumpfen, ‹textiel› einlaufen
kring • (cirkel) Kreis [m], Ring [m] ⋆ in een ~ staan im Kreis stehen • (sociale groep) Kreis [m], ‹milieu› Milieu [o] ⋆ volgens welingelichte ~en wie aus gut unterrichteten Kreisen verlautet ⋆ in besloten ~ im engsten Kreise
kringelen sich winden, sich schlängeln, sich kringeln
kringloop • (het rondgaan) Kreisen [o], Kreisbahn [v] • (cyclus) Kreislauf [m]
kringlooppapier Recyclingpapier [o], Umweltschutzpapier [o]

kringspier *Ringmuskel* [m]
krioelen • (door elkaar bewegen) *wimmeln* • (~ **van**) *wimmeln (vor)*
kris *Kris* [m]
kriskras *kreuz und quer*
kristal *Kristall* [o]
kristalhelder *kristallklar*
kristallen *Kristall-, kristallen*
kristallisatie *Kristallisation* [v]
kristallisatiepunt *Kristallisationspunkt* [m]
kristalliseren *(sich) kristallisieren*
kristalsuiker *Kristallzucker* [m]
kritiek **I** [de] *Kritik* [v] ⋆ ~ op iem. uitoefenen *Kritik an jmdm. üben* ⋆ goede ~en krijgen *gute Kritiken bekommen* **II** [bnw] • (beslissend) *durchschlaggebend* • (hachelijk) *kritisch, heikel* ⋆ de toestand is ~ *der Zustand ist kritisch*
kritiekloos *kritiklos*
kritisch *kritisch*
kritiseren *kritisieren*
Kroaat *Kroate* [m]
Kroatië *Kroatien* [o]
kroeg *Kneipe* [v], *Wirtschaft* [v]
kroegbaas *Wirt* [m], *Kneipenwirt* [m]
kroegentocht *Zechtour* [v] ⋆ op ~ gaan *eine Kneipentour machen*
kroegloper *Zechbruder* [m]
kroelen *schmusen*
kroep *Krupp* [m]
kroepoek *indonesische(s) Garnelengebäck* [o]
kroes **I** [de] • (mok) *Becher* [m], *Krug* [m] • (smeltkroes) *Schmelztiegel* [m] **II** [bnw] *kraus*
kroeshaar *krause(s) Haar* [o]
kroeskop *Krauskopf* [m]
kroezen **I** [ov ww] *kräuseln, krausen* **II** [on ww] *sich kräuseln*
krokant *knusprig*
kroket *Krokette* [v]
krokodil *Krokodil* [o]
krokodillentranen *Krokodilstränen* [mv]
krokus *Krokus* [m]
krokusvakantie *Frühlingsferien* [v]
krols *heiß*
krom • (gebogen) *krumm* • (gebrekkig) *schief* ▾ zich krom lachen *sich krumm und schief lachen*
kromliggen *krumm liegen, sich krumm legen*
kromme *Kurve* [v]
krommen *(sich) krümmen*
kromming *Krümmung* [v] ⋆ bij de ~ van de weg *bei der Krümmung des Weges*
kromtrekken *sich verziehen*
kronen *krönen*
kroniek • (jaarboek) *Chronik* [v] • (rubriek) *Rubrik* [v]
kroning *Krönung* [v]
kronkel *Schleife* [v], ‹in touw› *Schlinge* [v], ‹in weg of rivier› *Krümmung* [v] ▾ een ~ hebben *nicht ganz richtig im Kopf sein*
kronkelen *sich winden, sich krümmen*
kronkeling *Windung* [v], ‹rivier/weg› *Schleife* [v]
kronkelweg *gewundene(r) Weg* [m]
kroon • (hoofdbedekking) *Krone* [v] • (kroonluchter) *Kronleuchter* [m] ▾ de ~ spannen *alle(s) übertreffen* ▾ iem. naar de ~ steken *mit jmdm. wetteifern* ▾ de ~ op het werk zetten *dem Werk die Krone aufsetzen*
kroonblad *Kronblatt* [o]
kroondocent *Professor* [m]
kroondomein *Krondomäne* [v]
kroongetuige *Kronzeuge* [m]
kroonjaar *Jubeljahr* [o]
kroonkurk *Kronenkorken* [m], *Kronenverschluss* [m]
kroonlid ≈ *ein durch die Regierung ernanntes Mitglied der niederländischen Regierung* [o]
kroonluchter *Kronleuchter* [m]
kroonprins *Kronprinz* [m]
kroonsteentje *Lüsterklemme* [v]
kroos *Entengrütze* [v], *Entengrün* [o]
kroost *Sprösslinge* [mv], *Kinder* [mv]
kroot *rote Beete* [v], *rote Rübe* [v] ▾ zo rood als een ~ *rot wie eine Tomate*
krop • (stronk groente) *Kopf* [m] ⋆ krop sla *Kopf Salat* • (ziekte) *Kropf* [m]
kropgezwel *Kropf* [m], ‹med.› *Struma* [v]
kropsla *Kopfsalat* [m]
krot *Hütte* [v], *Loch* [o], *Bruchbude* [v]
krottenwijk *Elendsviertel* [o]
kruid • (plant) *Kraut* [o] • (specerij) *Gewürz* [o], *Gewürzpflanze* [v] ▾ daar is geen ~ tegen gewassen *dagegen ist kein Kraut gewachsen*
kruiden *würzen*
kruidenbitter *Kräuterbitter* [m]
kruidenboter *Kräuterbutter* [v]
kruidenier • (winkelier) *Lebensmittelhändler* [m] • (krentenweger) *Krämer* [m], *Krämerseele* [v]
kruidenierswaren *Lebensmittel* [mv]
kruidenthee *Kräutertee* [m]
kruidentuin *Kräutergarten* [m]
kruidig *würzig, aromatisch*
kruidje-roer-mij-niet *Mimose* [v]
kruidkoek *Gewürzkuchen* [m]
kruidnagel *Nelke* [v]
kruien **I** [ov ww] • (vervoeren) *schieben, karren* **II** [on ww] • (breken van ijs) *Eisgang haben* ⋆ het ijs kruit *das Eis staut sich*
kruier *Gepäckträger* [m]
kruik • (kan) *Krug* [m] • (warmwaterzak) *Wärmflasche* [v] ▾ de ~ gaat zo lang te water tot ze breekt *der Krug geht so lange zum Brunnen, bis er bricht*
kruim *Krume* [v]
kruimel *Krümel* [m], ‹brood› *Brosame* [v]
kruimeldief • (persoon) *kleine(r) Dieb* [m] • (handstofzuiger) *Handstaubsauger* [m]
kruimelen **I** [ov ww] • (tot kruimels maken) *krümeln, bröckeln* **II** [on ww] • (tot kruimels worden) *krümeln*
kruimelveger *Tischbürste* [v]
kruimelwerk *Kinkerlitzchen* [mv]
kruimig *mehlig*
kruin • (bovendeel hoofd) *Haarwirbel* [m], *Wirbel* [m], *Scheitel* [m] • (bovendeel) ‹berg› *Gipfel* [m], ‹boom› *Wipfel* [m], *Krone* [v]
kruipen *kriechen*
kruiper *Kriecher* [m]
kruiperig *kriecherisch*
kruipruimte *Zwischenraum* [m]
kruis • (teken of bouwsel) *Kreuz* [o] • (deel van broek) *Schritt* [m] • (zijde van munt) ⋆ ~ of munt *Kopf oder Zahl* • (muz.) *Kreuz* [o] ▾ zich in het ~ getast voelen *sich auf den Schlips getreten fühlen*
kruisband *Kreuzband* [o], *Streifband* [o]
kruisbeeld *Kruzifix* [o]
kruisbes *Stachelbeere* [v]
kruisbestuiving *Fremdbestäubung* [v]
kruisboog • (schietboog) *Armbrust* [v] • (bouwk.) *Kreuzrippengewölbe* [o]
kruiselings *kreuzweise*
kruisen **I** [ov ww] *kreuzen* ⋆ elkaar ~ *sich kreuzen* ⋆ met gekruiste armen *mit verschränkten Armen* **II** [on ww] • (laveren) *kreuzen*
kruiser *Kreuzer* [m]

K

kruisigen *kreuzigen*
kruising *Kreuzung* [v]
kruiskerk *Kreuzkirche* [v]
kruiskopschroevendraaier *Kreuzschlitzschraubenzieher* [m]
kruispunt *Kreuzung* [m], *Kreuzungspunkt* [m]
kruisraket *Marschflugkörper* [m]
kruissleutel *Kreuzschlüssel* [m]
kruissnelheid *Dauergeschwindigkeit* [v]
kruisspin *Kreuzspinne* [v]
kruissteek *Kreuzstich* [m]
kruisteken *Kreuzzeichen* [o]
kruistocht *Kreuzzug* [m], *Kreuzfahrt* [v]
kruisvaarder *Kreuzfahrer* [m]
kruisvereniging *Organisation für häusliche Alten- und Krankenpflege* [v]
kruisverhoor *Kreuzverhör* [o]
kruisweg *Kreuzweg* [m]
kruiswoordpuzzel *Kreuzworträtsel* [o]
kruit *Schießpulver* [o], *Pulver* [o]
kruitdamp *Pulverdampf* [m]
kruiwagen • (nuttige relatie) ⋆ een goede ~ hebben *über gute Beziehungen verfügen* • (kar) *Schubkarre* [v]
kruizemunt *Krauseminze* [v]
kruk • (sukkel) *Stümper* [m] • (steunstok) *Krücke* [v] ⋆ op twee krukken lopen *an zwei Krücken gehen* • (klink) *Griff* [m] • (stoeltje) *Schemel* [m], *Hocker* [m]
krukas *Kurbelwelle* [v]
krukkig • (stumperig) *stümperhaft* • (sukkelend) *kränklich*
krul • (houtsnipper) *Hobelspan* [m] • (haarlok) *Locke* [v] • (versiering) *Schnörkel* [m] ⋆ met veel krullen versierd *verschnörkelt*
krulhaar *lockige(s) Haar* [o]
krullen I [ov ww] • (krullen vormen) *locken* **II** [on ww] • (krullen hebben/krijgen) *sich locken*
krullenbol *Lockenkopf* [m]
krulspeld *Lockenwickler* [m], *Lockenwickel* [m]
kubiek *Kubik-* ⋆ ~e meter *Kubikmeter* [m/o]
kubisme *Kubismus* [m]
kubus *Kubus* [m], *Würfel* [m]
kuch *Räuspern* [o], *Hüsteln* [o]
kuchen *hüsteln, sich räuspern*
kudde *Herde* [v]
kuddedier • (persoon) *Herdentier* [o], *Herdenmensch* [m] • (dier) *Herdentier* [o]
kuieren *schlendern, bummeln*
kuif *Haarschopf* [m], *Schopf* [m], *Borste* [v], ‹vogels› *Haube* [v]
kuiken • (persoon) *Schafskopf* [m], *Dussel* [m] • (kip) *Küken* [o]
kuil ‹groot› *Grube* [v], ‹klein› *Mulde* [v] ▾ wie een kuil graaft voor een ander, valt er zelf in *wer andern eine Grube gräbt, fällt selbst hinein*
kuiltje *Grübchen* [o]
kuip *Bottich* [m], *Kübel* [m], *Wanne* [v]
kuiperij • (het kuipen) *Fassbinderei* [v] • (intrige) *Intrige* [v], *Ränke* [mv], *Machenschaften* [mv]
kuipstoel *Schalensitz* [m]
kuis *keusch*
kuisen *zensurieren*
kuisheid *Keuschheit* [v]
kuisheidsgordel *Keuschheitsgürtel* [m]
kuit • (deel van onderbeen) *Wade* [v] • (klomp viseitjes) *Laich* [m], *Rogen* [m] ⋆ kuit schieten *laichen*
kuitbeen *Wadenbein* [o]
kuitschieten *laichen*
kuitspier *Wadenmuskel* [m]

K

kukeleku *kikeriki*
kukelen *purzeln*
kul *Blödsinn* [m], *Unsinn* [m], *Quatsch* [m]
kunde *Wissen* [o], ‹bekwaamheid› *Können* [o], ‹kennis› *Kenntnisse* [mv]
kundig *kundig*, ‹bekwaam› *fähig, tüchtig* ⋆ ter zake ~ *sachverständig; sachkundig*
kundigheid *Tüchtigkeit* [v], *Fähigkeit*
kunne *Geschlecht* [o] ⋆ van beiderlei ~ *beiderlei Geschlechts*
kunnen I [ov ww] • (het vermogen hebben) *können* • (mogelijk zijn) *können* ⋆ dat kan niet *das geht nicht* ▾ je kan me wat *du kannst mich mal* **II** [hww] *können* ⋆ het kan enkele jaren geleden geweest zijn *es mag einige Jahre her gewesen sein* ⋆ zij kan nog zo goed zijn *sie mag noch so gut sein* ⋆ hem kunt u gerust vertrouwen *ihm dürfen Sie trauen*
kunst *Kunst* [v]
kunst- *Kunst-*
kunstacademie *Kunstakademie* [v], *Kunsthochschule* [v]
kunstboek *Kunstbuch* [o]
kunstbont *Kunstpelz* [m]
kunstenaar *Künstler* [m]
kunst- en vliegwerk ⋆ met ~ *mit Ach und Krach; mit Mühe und Not*
kunstgebit *Zahnprothese* [v], ‹inf.› *dritte(n) Zähne* [mv]
kunstgeschiedenis *Kunstgeschichte* [v]
kunstgreep • (list) *Kniff* [m], *Trick* [m] • (handigheid) *Kunstgriff* [m]
kunsthandel • (winkel) *Kunsthandlung* [v] • (handel) *Kunsthandel* [m]
kunstig *kunstreich, kunstvoll*
kunstje • (handigheidje) *Kniff* [m], *Trick* [m] • (truc) *Trick* [m], *Kunststück* [o], *Kniff* [m], ‹streek› *Streich* [m] ▾ een koud ~ *keine Kunst* ▾ dat is een koud ~! *das ist kein Kunststück!*
kunstkenner *Kunstkenner* [m]
kunstlicht *künstliche(s) Licht* [o], *Kunstlicht* [o]
kunstlievend *Kunst liebend*
kunstmaan *Satellit* [m]
kunstmarkt *Kunstmarkt* [m]
kunstmatig *künstlich*
kunstmest *Kunstdünger* [m]
kunstnijverheid *Kunsthandwerk* [o], *Kunstgewerbe* [o]
kunstrijden ‹op de schaats› *Kunstlauf* [m], ‹op paard› *Kunstreiten* [o]
kunstschaats *Kunstlaufschlittschuh* [m]
kunstschilder *Kunstmaler* [m], *Maler* [m]
kunststof I [de] *Kunststoff* [m] **II** [bnw] *aus Kunststoff*
kunststuk *Kunststück* [o]
kunstuitleen *Artothek* [v]
kunstverlichting *Kunstlicht* [o]
kunstvezel *Kunstfaser* [v]
kunstwerk *Kunstwerk* [o]
kunstzinnig *künstlerisch*
kuren *eine Kur machen*
kurk I [de] *Korken* [m], *Pfropfen* [m], *Stöpsel* [m] **II** [het] *Kork* [m]
kurkdroog *knochentrocken*
kurken I [bnw] *korken, Kork-* **II** [ov ww] *verkorken*
kurkentrekker *Korkenzieher* [m]
kus *Kuss* [m]
kushandje *Kusshand* [v] ⋆ ~s geven *Kusshände (zu)werfen*
kussen I [het] *(Kopf)kissen* [o] ▾ op het ~ zitten *die Macht in Händen haben* **II** [ov ww] *küssen*
kussengevecht *Kissenschlacht* [v]

kussensloop Kissenbezug [m], Kissenüberzug [m]
kust • (zeekust) Küste [v] • (strand) Strand [m] ▾ te kust en te keur in Hülle und Fülle ▾ de kust is veilig die Luft ist rein
kustvaarder Küstenschiff [o], Küstendampfer [m]
kustvaart Küstenschifffahrt [v]
kustwacht Küstenwache [v]
kustwateren Küstengewässer [o]
kut Muschi [v], Möse [v], Fotze [v] ▾ kut met peren! *schöne Scheiße!*
kuub Kubikmeter [m]
kuur • (geneeswijze) Kur [v] • (gril) Grille [v], Laune [v]
kuuroord Kurort [m]
kwaad I [het] Böse(s) [o], Übel [o], ‹nadeel› Schaden [m], ‹zonde› Sünde [v] ⋆ dat kan geen ~ *das kann nicht schaden* ⋆ dat doet meer ~ dan goed *das schadet mehr, als es nützt* ⋆ een noodzakelijk ~ *ein notwendiges Übel* ⋆ van haar vriendin wil zij geen ~ horen *auf ihre Freundin lässt sie nichts kommen* ⋆ van geen ~ weten *arglos/ohne Arg sein* ⋆ hij vervalt van ~ tot erger *es wird immer schlimmer mit ihm* ▾ van twee kwaden het minste kiezen *das kleinere Übel wählen* **II** [bnw] • (slecht) schlecht ⋆ een ~ geweten hebben *ein schlechtes Gewissen haben* ⋆ zij is zo ~ nog niet *sie ist schon in Ordnung* • (boos) böse ▾ kwade vrienden zijn *sich nicht vertragen* **III** [bijw] • (slecht) schlimm, schlecht • (boos) böse ⋆ ~ op iem. zijn *jmdm. böse sein* ⋆ zich ~ maken *wütend werden* ▾ dat is lang niet ~ *das ist gar nicht übel*
kwaadaardig I [bnw] • (boosaardig) boshaft • (med.) bösartig **II** [bijw] grimmig ⋆ op ~e toon spreken *in einem grimmigen Ton sprechen*
kwaadheid Zorn [m]
kwaadschiks böswillig
kwaadspreken verleumden, ‹roddelen› klatschen ⋆ van iem. ~ *jmdm. Übles nachsagen*
kwaadwillig boshaft, böswillig
kwaal • (gebrek) Fehler [m], Laster [o] • (ziekte) Leiden [o], Übel [o]
kwab Wulst [m]
kwadraat • (vierkant) Quadrat [o] • (tweede macht) Quadrat [o]
kwajongen Lümmel [m], Lausebengel [m], Rotznase [v]
kwajongensstreek Lausbubenstreich [m], Schelmenstreich [m]
kwak • (klodder) Klecks [m], Klacks [m] • (geluid) Klacks [m] • (hoeveelheid) Haufen [m]
kwaken quaken
kwakkelen I [on ww] kränkeln **II** [onp ww] *mal frieren, mal tauen*
kwakkelwinter ≈ kein richtiger Winter [m]
kwakken I [ov ww] • (smijten) schmettern, schleudern, schmeißen **II** [on ww] • (vallen) klatschen, plumpsen ⋆ de zak kwakte tegen de grond *der Sack plumpste auf den Boden*
kwakzalver Quacksalber [m]
kwakzalverij Quacksalberei [v]
kwal • (dier) Qualle [v] • (engerd) Ekel [o]
kwalificatie Qualifikation [v], Qualifizierung [v]
kwalificatiewedstrijd Qualifikationsspiel [o]
kwalificeren qualifizieren ⋆ het elftal heeft zich gekwalificeerd *die Mannschaft hat sich qualifiziert*
kwalijk I [bnw] übel, schlimm ⋆ iem. iets ~ nemen *jmdm. etw. übel nehmen/verübeln* ⋆ ~e zaken *üble(n)/schmutzige(n) Geschäfte* ⋆ neem me niet ~! *entschuldigen Sie bitte!; Verzeihung!* ⋆ ~ riekend *übel riechend* **II** [bijw] kaum
kwalitatief qualitativ
kwaliteit • (eigenschap) Qualität [v], Eigenschaft [v] ⋆ zij heeft vele goede ~en *sie hat Qualitäten/viele gute Eigenschaften* ⋆ deze wijn is van goede ~ *dieser Wein hat Qualität* ⋆ eerste ~ vlees *Fleisch erster Qualität/Güte* • (hoedanigheid) Funktion [v], Position [v] ⋆ in mijn ~ van voorzitter *in meiner Eigenschaft als Vorsitzender*
kwantitatief quantitativ, mengenmäßig
kwantiteit Quantität [v], Menge [v]
kwantum Quantum [o]
kwantumkorting Mengenrabatt [m]
kwantummechanica Quantenmechanik [v]
kwark Quark [m]
kwarktaart Käsekuchen [m]
kwart I [de] Viertelnote [v] **II** [het] • (vierde deel) Viertel [o] ⋆ een ~ liter *ein viertel Liter* • (kwartier) Viertel [o] ⋆ het is ~ voor/na tien *es ist (ein) Viertel vor/nach zehn*
kwartaal • (kwart jaar) Quartal [o], Vierteljahr [o] ⋆ per ~ vierteljährlich • (bedrag) Vierteljahresrate [v]
kwartel Wachtel [v] ▾ zo doof als een ~ *stocktaub*
kwartet Quartett [o]
kwartier • (kwart uur) Viertelstunde [v] • (maanfase) Viertel [o] • (wijk) Viertel [o] • (huisvesting van militairen) Unterkunft [v], Quartier [o] ⋆ ~ maken *Quartier machen*
kwartje Fünfundzwanzigcentstück [o]
kwarts Quarz [m]
kwartshorloge Quarzuhr [v]
kwartsiet Quarzit [m]
kwartslag Vierteldrehung [v]
kwast • (verfkwast) Pinsel [m] • (franje) Quaste [v] • (drank) Zitronenwasser [o] • (aansteller) Pinsel [m] ⋆ rare ~ *komische(r) Kauz [m]* ⋆ verwaande ~ *eingebildete(r) Pinsel [m]*
kwebbel • (kletskous) Plappermaul [o], Quasselstrippe [v] • (mond) Klappe [v] ⋆ houd je ~! *halt die Klappe!*
kwebbelen quatschen, quasseln, schwatzen
kweek ‹aanplant› Anbau [m], ‹dieren, planten› Zucht [v], Züchtung [v]
kweekbak Frühbeet [o]
kweekreactor Brutreaktor [m] ⋆ snelle ~ *schnelle(r) Brüter [m]*
kweekschool • (opleidingsschool) Bildungsanstalt [v] • (pedagogische academie) pädagogische Hochschule [v]
kwekeling • (scholier, student) Schüler [m], Student [m] • (pedagoog) angehende(r) Lehrer [m]
kweken • (doen groeien) züchten • (doen ontstaan) ziehen, ‹overschot, rente› erzielen
kweker Züchter [m]
kwekerij • (het kweken) ‹aanplant› Anbau [m], ‹dieren, planten› Züchtung [v] • (plaats, bedrijf) ‹bomen› Baumschule [v], ‹dieren› Zuchtstätte [v], ‹planten› Gärtnerei [v]
kwekken • (kwaken) quaken, ‹ganzen› schnattern • (kwebbelen) quatschen, schnattern, plappern
kwelder Groden [m]
kwelen ‹van mensen› schluchzen, ‹van vogels› trällern
kwelgeest • (demon) Dämon [m] • (hinderlijk persoon) Quälgeist [m]
kwellen quälen
kwelling Qual [v], Quälerei [v], Tortur [v]
kwestie Sache [v], Frage [v], Problem [o] ⋆ een brandende ~ *eine brennende Frage* ⋆ een juridische ~ *eine Rechtsfrage* ⋆ de persoon/zaak in ~ *die fragliche Person/Angelegenheit* ⋆ een ~ van gewoonte/opvatting/smaak *eine Gewohnheits-/Ansichts-/Geschmackssache* ⋆ een ~ van tijd *eine Frage der Zeit*

K

kwetsbaar *verwundbar, verletzbar,* ‹bridge› *in der Gefahrenzone* ⋆ zich ~ opstellen *sich eine Blöße geben*
kwetsen • (verwonden) *verwunden, verletzen* • (grieven) *verletzen, kränken*
kwetsuur *Verletzung* [v], *Verwundung* [v]
kwetteren • (kwebbelen) *plappern* • (geluid maken) *schnattern,* ‹van vogels› *zwitschern*
kwezel • (kwezelaar) *Frömmler* [m], *Betbruder* [m] [v: *Betschwester*] • (sukkel) *Trottel* [m]
kwibus *Narr* [m], *Kauz* [m] ⋆ een rare ~ *ein komischer Kauz*
kwiek I [bnw] *flink, rege, fesch, lebhaft* **II** [bijw] *flott*
kwijl *Geifer* [m], ‹inf.› *Sabber* [m]
kwijlen *geifern, sabbern*
kwijnen • (verzwakken) *daniederliegen* • (achteruitgaan) *abflauen,* ‹van dieren en planten› *verkümmern*
kwijt • (verloren) *weg, verloren* ⋆ iets ~ zijn *etw. verloren haben* ⋆ ik was mijn vrije middag ~ *mein freier Nachmittag war dahin* • (verlost van) *los* ⋆ dat wou ik even ~ *das wollte ich kurz loswerden*
kwijten *sich entledigen* ⋆ zich van een opdracht ~ *sich eines Auftrags entledigen*
kwijtraken • (verliezen) *verlieren* ⋆ de weg ~ *sich verfahren/verlaufen* • (bevrijd worden van) *loswerden* ⋆ zij kon hem maar niet ~ *sie konnte ihn nicht loswerden* • (verkopen) *loswerden* ⋆ ik ben het kwijtgeraakt *es ist mir abhanden gekommen*
kwijtschelden *lossprechen, erlassen*
kwik I [de] *Band* [o] **II** [het] *Quecksilber* [o]
kwikstaart *Bachstelze* [v]
kwikzilver *Quecksilber* [o]
kwinkeleren *trillern,* ‹van mensen› *trällern,* ‹van vogels› *quinkelieren*
kwinkslag *Scherz* [m], *Witz* [m]
kwint *Quinte* [v]
kwintessens *Quintessenz* [v]
kwintet *Quintett* [o]
kwispelen *wedeln*
kwistig ‹overvloedig› *reichlich,* ‹verkwistend› *verschwenderisch,* ‹vrijgevig› *freigebig* ⋆ met ~e hand *mit milder Hand*
kwitantie *Quittung* [v] ⋆ een ~ uitschrijven *eine Quittung ausstellen*

K

L

l L [o]
la • (lade) *Schublade* [v] • (muzieknoot) *La* [o]
laadbak *Container* [m], ‹laadruimte› *Ladefläche* [v]
laadbrief ‹binnenscheepvaart› *Ladeschein* [m], ‹zeescheepvaart› *Seefrachtbrief* [m]
laadklep *Ladeklappe* [v]
laadruim *Laderaum* [m]
laadvermogen *Ladefähigkeit* [v]
laag I [de] • (materiaal) *Schicht* [v] ⋆ een laag olie *ein Ölfilm* [m] ⋆ het heeft meerdere lagen *es ist mehrschichtig* • (sociale klasse) *(Gesellschafts)schicht* [v] ⋆ de bovenste laag van de bevolking *die Oberschicht* ▾ iem. de volle laag geven *jmdn. herunterputzen* ▾ de volle laag krijgen *die volle Ladung abbekommen* **II** [bnw] • (niet hoog) *niedrig, tief* ⋆ een lage stoel *ein niedriger Stuhl* ⋆ de wolken hangen laag *die Wolken hängen tief* ⋆ zij heeft een lage stem *sie hat eine tiefe Stimme* ⋆ lage temperaturen *niedrige(n) Temperaturen* • (gering) *niedrig, gering* • (gemeen) *gemein, niederträchtig* ⋆ een lage streek *eine Gemeinheit* ▾ de lagere standen *die unteren Klassen* ▾ een lage dunk van iem. hebben *nicht viel von jmdm. halten*
laag-bij-de-gronds *banal, trivial, platt*
laagbouw *Flachbau* [m]
laagfrequent *niederfrequent*
laaghartig *niederträchtig*
laagland *Flachland* [o], *Niederung* [v]
laagseizoen ‹naseizoen› *Nachsaison* [v], ‹voorseizoen› *Vorsaison* [v]
laagte • (het laag zijn) *Niedrigkeit* [v] • (laag terrein) *Tiefe* [v], ‹dal› *Tal* [o]
laagvlakte *Tiefebene* [v]
laaien *lodern*
laaiend • (woedend) *rasend* ⋆ zijn moeder was ~ *seine Mutter war außer sich* • (hevig) *heftig* ⋆ ~ enthousiast zijn *hell begeistert sein*
laakbaar *tadelnswürdig, tadelnswert*
laan *Allee* [v] ▾ iem. de laan uitsturen *jmdm. den Laufpass geben*
laars *Stiefel* [m] ▾ dat kan haar geen ~ schelen *sie schert sich den Teufel darum*
laat *spät* ⋆ hoe laat is het? *wie viel Uhr ist es?* ⋆ de late Middeleeuwen *das Spätmittelalter* ⋆ op de late avond *am späten Abend* ⋆ ik ben wat laat *ich habe mich etw. verspätet* ⋆ laat opblijven *lange aufbleiben* ▾ beter laat dan nooit *besser spät als gar nicht* ▾ weten hoe laat het is *wissen, was die Glocke geschlagen hat* ▾ hoe later op de avond, hoe schoner het volk *je später der Abend, desto schöner die Gäste*
laatbloeier • (plant) *spät blühende Pflanze* [v] • (persoon) *Spätentwickler* [m], ‹inf.› *Spätzünder* [m]
laatdunkend *eingebildet, überheblich*
laatkomer *Nachzügler* [m]
laatst I [bnw] • (achterste in tijd) *letzt* ⋆ op het ~e ogenblik *im letzten Moment;* ‹inf.› *auf den letzten Drücker* ⋆ de ~e eer bewijzen *die letzte Ehre erweisen* • (achterste in reeks) *letzt* ⋆ een ~e opmerking *eine Schlussbemerkung* ⋆ het ~e oordeel *das Jüngste Gericht* • (recent) *letzt, neuest, jüngst* ⋆ de ~e tijd *in letzter Zeit* ⋆ op zijn ~ *spätestens* **II** [bijw] *zuletzt,* ‹onlangs› *neulich, vor kurzem* ⋆ ik heb haar ~ nog gezien *ich habe sie vor kurzem noch gesehen*
lab *Labor* [o]

label • (kaartje) *Schild* [o], *Aufkleber* [m], ‹bagagelabel› *Anhängeschild* [o] • (serienaam) *Label* [o]
labiel *labil*
laborant *Laborant* [m]
laboratorium *Laboratorium* [o]
labyrint *Labyrinth* [o]
lach *Lachen* [o], ‹glimlachen› *Lächeln* [o] ⋆ stikken van de lach *platzen vor Lachen* ⋆ een harde lach *ein lautes Lachen* ⋆ de slappe lach hebben *einen Lachkrampf haben*
lachbui *Lachkrampf* [m], *Lachanfall* [m]
lachebek *Kichererbse* [v]
lachen *lachen*, ‹glimlachen› *lächeln* ⋆ iem. aan het ~ maken *jmdn. zum Lachen bringen* ⋆ zich krom ~ *sich schieflachen* ⋆ zich een ongeluk/een bult/een aap ~ *sich einen Ast lachen* ⋆ om iets ~ *über etw. lachen* ⋆ het is om te ~ *es ist zum Lachen* ▾ wie het laatst lacht, lacht het best *wer zuletzt lacht, lacht am besten* ▾ laat me niet ~! *dass ich nicht lache!*
lacher *Lacher* [m]
lacherig *lachlustig*
lachertje *Witz* [m]
lachfilm *komische(r) Film* [m]
lachgas *Lachgas* [o]
lachsalvo *Lachsalve* [v]
lachspiegel *Zerrspiegel* [m]
lachspieren *Lachmuskeln* [mv] ⋆ dat werkt op de ~ *das reizt die Lachmuskeln*
lachwekkend *komisch*, ‹belachelijk› *lächerlich*
laconiek *lakonisch*
lacune *Lücke* [v] ⋆ ~s aanvullen *Lücken schließen*
ladder • (klimtoestel) *Leiter* [v] • (haal in kous) *Laufmasche* [v] ⋆ er zit een ~ in je kous *dein Strumpf hat eine Laufmasche*
ladderen *Laufmaschen bekommen* ⋆ deze kousen ~ niet *diese Strümpfe bekommen keine Laufmaschen*
ladderzat *sternhagelvoll, stockbesoffen*
lade *Schublade* [v]
ladekast *Kommode* [v]
ladelichter ≈ *Kassendieb* [m]
laden *laden* ⋆ iets op zich ~ *etw. auf sich nehmen* ⋆ ~ en lossen *ein- und ausladen*
lading *Ladung* [v]
lady *Lady* [v]
laf • (niet moedig) *feige* • (zonder zout) *fade*
lafaard *Feigling* [m], ‹inf.› *Angsthase* [m]
lafenis *Labung* [v], *Labsal* [o]
lafhartig *feige*
lafheid *Feigheit* [v]
lagedrukgebied *Tiefdruckgebiet* [o], *Tief* [o]
lager I [de] *Lager* [o] II [het] *Lagerbier* [o]
lagerwal *Legerwall* [m] ▾ aan ~ raken *herunterkommen; auf den Hund kommen*
lagune *Lagune* [v]
lak • (mengsel van hars) *Lack* [m], ‹zegellak› *Siegellack* [m] • (verf) *Lack* [m], ‹laag lakverf› *Lackierung* [v] ▾ daar heb ik lak aan *da pfeife ich drauf*
lakei *Lakai* [m]
laken I [het] • (stof) *Tuch* [o] • (bedekking) *Laken* [o], *Betttuch* [o] ⋆ tussen de ~s kruipen *ins Bett kriechen* ▾ de ~s uitdelen *das Sagen haben* ▾ van hetzelfde ~ een pak *Jacke wie Hose* ▾ onder één ~ liggen *unter einer Decke stecken* II [ov ww] • (berispen) *tadeln, rügen* • (afkeuren) *missbilligen, bemängeln*
lakken *lackieren*
lakmoes *Lackmus* [m/o]
lakmoesproef *Lackmustest* [m]
laks *träge, schlapp, lasch*
lakschoen *Lackschuh* [m]
laksheid *Laschheit* [v], *Laxheit* [v]
lakverf *Lackfarbe* [v]
lallen *lallen*
lam I [het] *Lamm* [o] ▾ onschuldig als een pasgeboren lammetje *unschuldig wie ein neugeborenes Kind* II [bnw] • (verlamd) *gelähmt* • (stukgedraaid) *ausgeleiert* • (stomdronken) *voll, blau* • (vervelend) *ärgerlich* ▾ zich lam werken *sich zu Tode schuften* ▾ zich lam schrikken *sich zu Tode erschrecken*
lama • (dier) *Lama* [o] • (priester) *Lama* [m]
lambrisering *Täfelung* [v], *Tafelwerk* [o]
lamel *Lamelle* [v]
lamenteren *lamentieren*
lamheid • (futloosheid) *Lahmheit* [v] • (het lam zijn) *Gelähmtheit* [v]
lamleggen *lahm legen*
lamlendig • (lusteloos) *schlapp*, ‹laks› *lahm* ⋆ een ~ stel bij elkaar *ein lahmer Haufen* ⋆ hij is te ~ om dat te doen *er bringt das noch nicht mal fertig* • (beroerd) *ärgerlich* ⋆ dat is nu echt ~ *das ist nun wirklich ärgerlich*
lamme *Lahme(r)* [m] ▾ de ~ leidt de blinde *der Lahme führt den Blinden*
lammeling *elende(r) Kerl* [m], *Ekel* [o]
lamp • (gloeilamp) *Birne* [v], ‹van beeldbuis of radio› *Röhre* [v] • (verlichtingstoestel) *Lampe* [v] ▾ tegen de lamp lopen *erwischt werden* ▾ er gaat bij hem een lampje branden *ihm geht ein Licht auf*
lampenkap *Lampenschirm* [m]
lampetkan *Wasserkanne* [v]
lampion *Papierlaterne* [v], *Lampion* [m]
lamsvlees *Lammfleisch* [o], *Hammelfleisch* [o]
lanceerbasis *Abschussbasis* [v]
lanceren • (de wereld insturen) *einführen, lancieren* ⋆ een bericht ~ *einen Bericht lancieren* • (afvuren) *abschießen* ⋆ een raket ~ *eine Rakete starten*
lancet *Lanzette* [v]
land *Land* [o] ⋆ verder het land in *weiter landeinwärts* ⋆ op het land wonen *auf dem Lande leben* ⋆ te land, ter zee en in de lucht *zu Land, zu Wasser und in der Luft* ⋆ hier te lande *hierzulande/hier zu Lande* ▾ met hem is geen land te bezeilen *mit ihm kann man nichts anfangen* ▾ het land aan iem. hebben *jmdn. nicht leiden können*
landaanwinning • (land) *Neuland* [o] • (het aanwinnen) *Landgewinnung* [v]
landaard *Nationalcharakter* [m]
landbouw • (akkerbouw) *Landbau* [m], *Ackerbau* [m] • (econ.) *Landwirtschaft* [v]
landbouwbedrijf • (boerderij) *landwirtschaftliche(r) Betrieb* [m] • (de landbouw) *Landwirtschaft* [v]
landbouwer *Landwirt* [m]
landbouwhogeschool *landwirtschaftliche Hochschule* [v]
landbouwkunde *Agrarwissenschaft* [v]
landbouwproduct *landwirtschaftliche(s) Produkt* [o]
landbouwschool *Landwirtschaftsschule* [v]
landbouwwerktuig *landwirtschaftliche(s) Gerät* [o]
landdag *Landtagskonferenz* [v], ‹jaarvergadering› *Jahreshauptversammlung* [v]
landelijk • (nationaal) *landesweit, national* ⋆ ~ kampioen *Landesmeister* [m] ⋆ een ~e krant *eine überregionale Zeitung* ⋆ deze actie wordt ~ gehouden *diese Aktion wird landesweit*

durchgeführt • (plattelands) *ländlich* ⋆ de ~e omgeving *die ländliche Umgebung*
landen *landen*
landengte *Landenge* [v]
land- en volkenkunde *Länder- und Völkerkunde* [v]
landenwedstrijd *Länderspiel* [o]
landerig *verdrossen, lustlos,* ‹slecht gehumeurd› *übel gelaunt*
landerijen *Ländereien* [mv]
landgenoot *Landsmann* [m] [v: *Landsmännin*] ⋆ landgenoten *Landsleute* [mv]
landgoed *Landgut* [o]
landhuis *Landhaus* [o]
landing *Landung* [v]
landingsbaan *Landebahn* [v]
landingsgestel *Fahrgestell* [o]
landingslicht *Start- und Landescheinwerfer* [m]
landingsstrip *Landebahn* [v]
landingstroepen *Landungstruppen* [mv]
landingsvaartuig *Landungsfahrzeug* [o]
landinwaarts *landeinwärts*
landkaart *Landkarte* [v]
landklimaat *Landklima* [o]
landloper *Landstreicher* [m]
landloperij *Landstreicherei* [v]
landmacht *Landstreitkräfte* [mv], *Heer* [o]
landman *Bauer* [m]
landmeten *Land (ver)messen*
landmeter *Landvermesser* [m], ‹wetenschappelijk› *Geometer* [m]
landmijn *Landmine* [v]
landrot *Landratte* [v]
landsbelang *Staatsinteresse* [o]
landschap *Landschaft* [v]
landschapsschoon ≈ *schöne Landschaft* [v]
landskampioen *Landesmeister* [m]
landstreek *Landstrich* [m], *Gegend* [v]
landtong *Landzunge* [v]
landverhuizer *Auswanderer* [m]
landverhuizing *Auswanderung* [v]
landverraad *Landesverrat* [m]
landverrader *Landesverräter* [m]
landweg ‹geasfalteerd› *Landstraße* [m], ‹niet geasfalteerd› *Feldweg* [m]
landwijn *Landwein* [m]
landwind *Landwind* [m]
landwinning *Landgewinnung* [v]
lang I [bnw] • (van bepaalde lengte) *lang* ⋆ hij zag een lange man *er sah einen großen Mann* • (van bepaalde tijd) *lang* ⋆ dat had je al lang moeten zeggen *das hättest du schon längst sagen sollen* ⋆ sedert lang *seit langem* ▾ het is zo lang als het breed is *das ist gehüpft wie gesprungen* ▾ een lang gezicht zetten *ein langes Gesicht machen* **II** [bijw] *lange* ⋆ het niet lang meer maken *es nicht mehr lange machen* ⋆ hoe langer hoe erger *immer schlimmer* ⋆ dat is lang geleden *das ist lange her* ▾ dat ziet er lang niet slecht uit *das sieht gar nicht übel aus*
langdradig *weitschweifig, langatmig* ⋆ een ~ toneelstuk *ein langatmiges Theaterstück*
langdurig *länger* ⋆ een ~e kwestie *eine langwierige Angelegenheit* ⋆ een ~e vriendschap *eine langjährige Freundschaft* ⋆ een ~e afwezigheid *eine längere Abwesenheit*
langeafstandsvlucht *Fernflug* [m]
langgerekt • (lang en smal) *lang gestreckt* • (te lang aangehouden) *lang gezogen*
langharig *langhaarig*
langlaufen *langlaufen*
langlopend *langfristig* ⋆ een ~e voorstelling *eine Vorstellung, die lange Zeit gespielt wird*
langs I [bijw] • (voorbij) *vorbei* ⋆ kom jij daar ~? *kommst du daran vorbei?* • (in de lengte naast) *entlang* ⋆ de kerk ~ en dan rechts *an der Kirche vorbei und dann nach rechts* ⋆ de weg ~ *die Straße entlang* ▾ er van ~ krijgen *eins auf den Deckel bekommen* ▾ zij gaf ze ervan ~ *sie gab es ihnen* **II** [vz] • (via) *entlang* [3,4], *durch* [4], *über* [4] ⋆ ~ de regenpijp omhoog *an der Regenrinne hoch* • (in de lengte naast) *entlang* [3,4] ⋆ ~ het bos *am Waldrand entlang* ▾ het is ~ me heen gegaan *es ist an mir abgeglitten*
langsgaan *vorbeigehen, vorbeischauen,* ‹rijden› *vorbeifahren*
langslaper *Langschläfer* [m]
langspeelplaat *Langspielplatte* [v]
langsrijden *vorbeifahren*
langst *längst* ⋆ het kan op zijn ~ een uur duren *es wird höchstens eine Stunde dauern*
langszij *längsseits*
languit *ausgestreckt, der Länge nach* ⋆ ~ liggen *ausgestreckt liegen*
langwerpig *länglich*
langzaam *langsam* ⋆ ~ van begrip *schwer von Begriff* ⋆ ~ aan werd het donker *allmählich wurde es dunkel*
langzaam-aan-actie *Bummelstreik* [m]
langzamerhand *langsam, allmählich, nach und nach*
lankmoedig *langmütig*
lans *Lanze* [v] ▾ een lans breken voor iem. *eine Lanze brechen für jmdn.*
lantaarn *Laterne* [v], ‹straatlantaarn› *Straßenlaterne* [v] ▾ die moet je met een ~tje zoeken *die musst du mit der Lupe suchen*
lantaarnpaal *Laternenpfahl* [m]
lanterfanten *bummeln, herumlungern,* ‹rondhangen› *sich herumtreiben*
Laos *Laos* [o]
lap • (stuk stof) *Lappen* [m], ‹verstelstuk› *Flicken* [m], ‹voor kleding› *Stück Stoff* [o] • (plat stuk) *Stück* [o], ‹vlees› *Scheibe* [v] ⋆ een lap grond *ein Grundstück*
Lap *Lappe* [m]
laparoscoop *Laparoskop* [o]
lapje ▾ iem. voor het ~ houden *jmdn. zum Besten halten; jmdn. auf den Arm nehmen*
lapjeskat *mehrfarbige Katze* [v]
Lapland *Lappland* [o]
lapmiddel *Notbehelf* [m] ⋆ dat zijn toch alleen maar ~en *das ist doch alles nur Flickwerk*
lappen I [ov ww] • (klaarspelen) *hinkriegen* • (schoonmaken) *(ab)ledern* ⋆ de ramen ~ *die Fenster putzen* • (sport) *überrunden* **II** [on ww] • (inf.) ≈ *Geld zusammenlegen*
lappendeken • (deken) *Flickendecke* [v] • (onsamenhangend geheel) *Flickwerk* [o]
lappenmand *Flickkorb* [m] ▾ in de ~ zijn *kränkeln*
lapwerk • (verstelwerk) *Flickarbeit* [v] • (knoeiwerk) *Flickwerk* [o]
lapzwans *Schlappschwanz* [m]
laqué *lackierte(s) Holz* [o]
larderen *spicken*
larie *Blech* [o], *Quatsch* [m], *Blödsinn* [m], *Larifari* [o]
lariks *Lärche* [v]
larve *Larve* [v]
las • (ingezet stuk) *Lasche* [v] ⋆ iets door een las verbinden *etw. verlaschen* • (plaats waar gelast is) *Schweißstelle* [v], *Schweißnaht* [v], ‹verbinding door samensmelting› *Schweißung* [v]

L

• (verbinding van hout en rails) *Stoß* [m]
lasagne *Lasagne* [mv]
lasbril *Schweißbrille* [v]
laser *Laser* [m]
lassen I [ov ww] • (inlassen) *einschieben, einfügen* • (verbinden) *verbinden, zusammensetzen* **II** [on ww] • (verbinden) ‹kunststof› *verschweißen,* ‹metaal› *schweißen*
lasser *Schweißer* [m]
lasso *Lasso* [m/o]
last • (vracht) *Fracht* [v] • (scheepslading) *Ladung* [v] • (hinder) *Ärger* [m], ‹ongemakken› *Beschwerden* [mv], ‹ongerief› *Unannehmlichkeiten* [mv] ⋆ iem. tot last zijn *jmdm. zur Last fallen* ⋆ iem. last bezorgen *jmdm. Unannehmlichkeiten bereiten/machen; jmdm. zur Last fallen* ⋆ veel last van iem. hebben *viel Ärger mit jmdm. haben* ⋆ ik heb last van het lawaai *der Lärm stört mich* • (verplichting) *Last* [v], ‹kosten› *Kosten* [mv] ⋆ sociale lasten *Sozialabgaben* ⋆ ten laste van de koper *zulasten/zu Lasten des Käufers* • (beschuldiging) *Last* [v] ⋆ iem. iets ten laste leggen *jmdm. etw. zur Last legen* • (bevel) *Auftrag* [m] ⋆ op last van de burgemeester *im Auftrag des Bürgermeisters* • (taak/zorg) *Last* [v], ‹fig.› *Bürde* [v] ⋆ de last der jaren *die Last der Jahre*
lastdier *Lasttier* [o]
lastendruk *Belastung* [v]
lastenverlichting *Abnahme der Belastung* [v]
laster *Verleumdung* [v], ‹jur.› *üble Nachrede* [v], ‹aantasting van iemands goede naam› *Rufmord* [m]
lasteraar *Verleumder* [m], *Lästerer* [m]
lastercampagne *Verleumdungskampagne* [v], *Hetzkampagne* [v], *Hetze* [v]
lasteren • (kwaadspreken over) *schlecht machen, verleumden* • (beledigen) *beschimpfen, verhöhnen* ⋆ God ~ *Gott lästern*
lasterlijk *verleumderisch,* ‹t.o.v. God› *lästerlich*
lasterpraat *böse/üble Nachrede* [v], *Klatsch* [m]
lastgever *Auftraggeber* [m], ‹jur.› *Mandant* [m]
lastig • (moeilijk) *schwierig, schwer,* ‹netelig› *heikel* ⋆ een ~e zaak *eine heikle Angelegenheit* ⋆ een ~ parket *eine missliche Lage* • (hinderlijk) *unbequem, lästig* ⋆ iem. ~ vallen *jmdn. belästigen* ⋆ een ~ kind *ein lästiges Kind*
lastpost *lästige(r) Mensch* [m]
lat *Latte* [v] ▾ zo mager als een lat *dünn wie eine Bohnenstange; klapperdürr*
laten I [ov ww] *lassen* ⋆ laat het maar rusten *lass es gut sein* ⋆ hij liet mij het boek zien *er zeigte mir das Buch* ⋆ het doen en ~ *das Tun und Lassen* ⋆ onbetuigd ~ *unberührt lassen* • (niet inhouden) ⋆ tranen ~ *Tränen vergießen* ▾ het laat me koud *es berührt mich nicht* ▾ laat maar *lass nur* ▾ het oog over iets ~ gaan *etw. ins Auge fassen* **II** [hww] ‹van mogelijkheid› *mögen,* ‹van wenselijkheid› *lassen*
latent *latent*
later *später* ⋆ weken ~ *Wochen danach* ⋆ tot ~! *bis nachher!* ⋆ ~ heb je er spijt van *nachher/hinterher tut es dir Leid* ⋆ zij komt ~ *sie kommt später*
lateraal *lateral*
latertje ⋆ dat wordt een ~ *es wird spät werden*
latexverf *Latexfarbe* [v]
Latijn *Latein* [o], *Lateinische* [o] ⋆ hoe zegt men dat in het ~? *wie heißt das auf Lateinisch?* ▾ zij is aan het einde van haar ~ *sie ist mit ihrem Latein am Ende*
Latijns ‹Romaans› *romanisch,* ‹Romeins› *lateinisch* ⋆ ~e letters *lateinische(n) Buchstaben*
Latijns-Amerika *Lateinamerika* [o]
Latijns-Amerikaans *lateinamerikanisch*
lat-relatie ≈ *Beziehung, in der die Partner getrennt leben* [v]
latrine *Latrine* [v]
latwerk • (hekwerk) *Lattenzaun* [m] • (raamwerk) *Lattengerüst* [o], *Lattengestell* [o], *Lattenrost* [m]
laurier *Lorbeer* [m]
laurierblad *Lorbeerblatt* [o]
lauw *lau*
lauweren *Lorbeeren* [mv] ▾ op zijn ~ rusten *sich auf seinen Lorbeeren ausruhen* ▾ ~ oogsten *Lorbeeren ernten*
lauwerkrans *Lorbeerkranz* [m]
lava *Lava* [v]
laveloos *sternhagelvoll*
laven *laben, erquicken*
lavendel *Lavendel* [m]
laveren • (wankelend lopen) *taumeln, torkeln* • (schipperen) *lavieren* • (scheepv.) *kreuzen*
lawaai *Lärm* [m], *Krach* [m], ‹van mensen› *Spektakel* [m] ⋆ hels ~ *Höllenlärm*
lawaaierig *lärmend* ⋆ het is hier erg ~ *es ist hier ziemlich laut*
lawaaischopper *Radaumacher* [m], *Krachmacher* [m]
lawine *Lawine* [v]
lawinegevaar *Lawinengefahr* [v]
laxeermiddel *Abführmittel* [o]
laxeren *laxieren, abführen*
lay-out *Layout/Lay-out* [o]
lay-outen *das Lay-out/Layout machen*
lazaret *Lazarett* [o]
lazarus *stockbesoffen, sternhagelvoll*
lazer ⋆ op zijn ~ krijgen *zusammengestaucht werden* ⋆ iem. op zijn ~ geven *jmdm. eine Tracht Prügel geben*
lazeren I [ov ww] • (smijten) *feuern, schmeißen* ⋆ alles door elkaar ~ *alles durcheinander schmeißen* **II** [on ww] • (vallen) *fliegen* • (donderjagen) ⋆ dat lazert niet *das ist doch schnurzpiepegal*
lbo ≈ *Sonderschule* [v]
leadzanger *Leadsänger* [m]
leaseauto *Leasingauto* [o]
leasen *leasen*
leaseovereenkomst *Leasingvertrag* [m]
lebberen *schlürfen*
lector *Lektor* [m]
lectuur *Lektüre* [v]
ledematen *Glieder* [mv], *Gliedmaßen* [mv]
ledenadministratie *Mitgliederkartei* [v]
ledenstop *Aufnahmestopp (für Mitglieder)* [m]
ledental *Mitgliederzahl* [v]
ledenwerving *Mitgliedswerbung* [v]
leder → **leer**
lederwaren *Lederwaren* [mv]
ledigen *(ent)leeren*
ledigheid *Müßiggang* [m] ▾ ~ is des duivels oorkussen *Müßiggang ist aller Laster Anfang*
ledikant *Bettgestell* [o]
leed I [het] *Leid* [o], *Schmerz* [m], *Kummer* [m] ⋆ leed veroorzaken *Kummer machen/bereiten* ▾ het leed is weer geleden *die Sache ist ausgestanden* **II** [bnw] ⋆ iets met lede ogen aanzien *voll Bedauern bei etw. zusehen*
leedvermaak *Schadenfreude* [v] ⋆ vol ~ *schadenfroh*
leedwezen *Bedauern* [o], ‹condoléance› *Beileid* [o] ⋆ tot mijn ~ *zu meinem Bedauern*
leefbaar *erträglich* ⋆ de situatie is ~ *die Situation*

L

ist erträglich ⋆ een huis ~ maken *ein Haus wohnlich machen*
leefbaarheid ≈ *Lebensqualität* [v]
leefgemeenschap *Lebensgemeinschaft* [v]
leefklimaat *Lebensbedingungen* [mv]
leefregel *Lebensregel* [v]
leefruimte *Lebensraum* [m], ‹psychologisch, sociologisch› *Freiraum* [m]
leeftijd *Alter* [o], *Lebensalter* [o] ⋆ hij is van mijn ~ *er ist in meinem Alter* ⋆ deze ~ te boven zijn *aus diesem Alter heraus sein* ⋆ op dertigjarige ~ is hij getrouwd *er hat mit dreißig geheiratet* ⋆ op ~ komen *in die Jahre kommen; älter werden* ⋆ alle ~en ‹film› *jugendfrei*
leeftijdsgrens *Altersgrenze* [v]
leeftijdsklasse *Altersklasse* [v]
leeftocht *Wegzehrung* [v], *Proviant* [m]
leefwijze *Lebensweise* [v]
leeg • (zonder inhoud) *leer* ⋆ een leeg bord *ein leerer Teller* ⋆ een lege vennootschap *eine ruhende Gesellschaft* • (vrij van bezigheden) *frei* ▾ met lege handen staan *mit leeren Händen dastehen*
leeghalen *leeren, ausräumen*
leeghoofd *Hohlkopf* [m], *Schwachkopf* [m]
leegloop • (wegtrekken) ‹van de stad› *Stadtflucht* [v], ‹van het platteland› *Landflucht* [v] • (niet produceren) *Leerlauf* [m]
leeglopen • (leegstromen) *leer laufen, auslaufen,* ‹ruimte› *sich leeren* • (nietsdoen) *müßig gehen, faulenzen*
leegloper *Nichtstuer* [m], *Faulenzer* [m], *Müßiggänger* [m]
leegstaan *leer stehen*
leegstand *Leerstehen* [o]
leegte *Leere* [v], ‹leemte› *Lücke* [v]
leek *Laie* [m] ⋆ als een leek *laienhaft*
leem *Lehm* [m]
leemgroeve *Lehmgrube* [v]
leemte *Lücke* [v] ⋆ ~ in de wet *Gesetzeslücke* ⋆ een ~ opvullen *eine Lücke füllen*
leengeld *Leihgebühr* [v]
leenheer *Lehnsherr* [m]
leenman *Lehnsmann* [m]
leenstelsel *Lehnswesen* [o]
leenwoord *Lehnwort* [o]
leep *schlau, gerissen* ⋆ een leep kereltje *ein schlaues/ gerissenes Kerlchen*

L

leer I [de] • (doctrine) *Lehre* [v] • (les) *Lehre* [v] ⋆ bij iem. in de leer gaan *bei jmdm. in die Lehre gehen* ▾ leer om leer *wie du mir, so ich dir* **II** [het] *Leder* [o] ⋆ taai als leer *zäh wie Leder* ▾ van leer trekken *vom Leder ziehen*
leerboek *Lehrbuch* [o]
leergang • (cursus) *Kurs* [m], *Lehrgang* [m] • (methode) *Lehrbuch* [o]
leergeld *Lehrgeld* [o]
leergierig *lernbegierig*
leerjaar *Schuljahr* [o], *Unterrichtsjahr* [o], ‹praktijkgerichte opleiding› *Lehrjahr* [o]
leerkracht *Lehrer* [m], *Lehrkraft* [v] ⋆ de ~en van een school *der Lehrkörper*
leerling • (scholier) *Schüler* [m] • (volgeling) *Jünger* [m]
leerling-verpleegster *Lernschwester* [v]
leerlooien *gerben*
leerlooier *Gerber* [m]
leermeester *Lehrer* [m]
leermiddelen *Lehrmittel* [mv]
leerplan *Lehrplan* [m]
leerplicht *Schulpflicht* [v]
leerplichtig *schulpflichtig*
leerrijk *lehrreich*
leerschool *Lehre* [v], *Schule* [v] ⋆ een harde ~ moeten doorlopen *eine harte Schule durchmachen müssen*
leerstelling *Lehrsatz* [m], *Satz* [m]
leerstoel *Professur* [v], *Lehrstuhl* [m]
leerstof *Stoff* [m], *Lehrstoff* [m], ‹voor tentamen› *Prüfungsstoff* [m]
leertje *Lederstück* [o]
leervak *Lehrfach* [o]
leerzaam *aufschlussreich, lehrreich*
leesbaar • (aangenaam om te lezen) *lesbar* • (wat te lezen is) *lesbar, leserlich*
leesblind *leseblind*
leesboek • (boek om te leren lezen) *Lesebuch* [o] • (boek om te lezen) *Buch* [o]
leesbril *Lesebrille* [v]
leeslamp *Leselampe* [v]
leeslint *Lesezeichen* [o]
leesmoeder ≈ *Mutter, die im Schulunterricht vorliest* [v]
leesportefeuille *Lesemappe* [v]
leest *Leisten* [m]
leesteken *Satzzeichen* [o]
leesvoer *Lesefutter* [o]
leeszaal *Lesesaal* [m]
leeuw *Löwe* [m] ▾ iem. voor de ~en gooien *jmdn. den Löwen vorwerfen*
Leeuwarden *Leeuwarden* [o]
leeuwenbek *Löwenmaul* [o]
leeuwendeel *Löwenanteil* [m]
leeuwenmoed *Löwenmut* [m]
leeuwentemmer *Löwenbändiger* [m]
leeuwerik *Lerche* [v]
lef *Mumm* [m], *Traute* [v] ⋆ het lef hebben *den Mumm haben* ⋆ hij heeft het lef niet *er traut sich nicht*
lefdoekje *Einstecktuch* [o]
lefgozer *Wichtigtuer* [m], *Angeber* [m]
leg *Legen* [o], *Eiablage* [v] ⋆ de kippen zijn van de leg *die Hühner legen nicht mehr*
legaal *legal, gesetzlich*
legaat I [de] *Legat* [m] **II** [het] *Legat* [o], *Vermächtnis* [o]
legaliseren *legalisieren, beglaubigen*
legbatterij *Legebatterie* [v]
legen *(aus)leeren*
legenda *Legende* [v]
legendarisch *legendarisch, legendär*
legende • (overlevering) *Legende* [v] • (randschrift op munten) *Randinschrift* [v]
leger • (grote menigte) *Heer* [o] ⋆ een ~ sprinkhanen *ein Heer von Heuschrecken* • (rustplaats van dier) *Lager* [o] • (mil.) *Heer* [o], *Armee* [v] ⋆ het Leger des Heils *die Heilsarmee* ⋆ het ~ paraat houden *das Heer in Bereitschaft halten*
legeren I [ov ww] • (onderbrengen) *einquartieren* • (legateren) *als Legat vermachen* • (vermengen) *legieren* **II** [wkd ww] *sein Lager aufschlagen, sich lagern*
legering • (onderbrenging) *Unterbringung* [v] • (het legeren) *Legieren* [o] • (resultaat van het legeren) *Legierung* [v]
legerkamp *Truppenlager* [o], *Feldlager* [o]
legerplaats *Lager* [o]
leges *Gebühren* [mv] ⋆ vrij van ~ *gebührenfrei*
leggen • (plaatsen) *legen* • (eieren leggen) *legen,* ‹van vissen en kikkers› *laichen* ▾ iem. iets ten laste ~ *jmdm. etw. zur Last legen* ▾ de laatste hand aan iets ~ *die letzte Hand an etw. legen* ▾ beslag ~ op iets *etw. beschlagnahmen*
legio ⋆ er zijn ~ bezoekers *es sind Unmengen von*

Besuchern da
legioen *Legion* [v]
legionair *Legionär* [m]
legitiem *legitim,* ‹wettelijk› *legal* ⋆ het ~e aandeel *der Pflichtteil* ⋆ dat is een ~e vraag *das ist eine berechtigte Frage*
legitimatie • (bewijs) *Ausweis* [m] • (het (zich) legitimeren) *Legitimation* [v]
legitimatiebewijs *Ausweis* [m]
legitimatiepapieren *Ausweis* [m]
legitimeren *legitimieren* ⋆ zich ~ *sich legitimieren; sich ausweisen*
legkast *Schrank* [m] ⋆ hang- en ~ *Kleider- und Wäscheschrank*
lego ® *Lego* [o]
legpuzzel *Puzzle* [o]
leguaan *Leguan* [m]
lei I [de] ‹om op te schrijven› *Schiefertafel* [v], ‹op dak› *Schieferplatte* [v] ▾ met een schone lei beginnen *einen neuen Anfang machen* **II** [het] *Schiefer* [m]
leiband *Gängelband* [o] ▾ aan de ~ lopen *am Gängelband gehen*
leiden • (doen gaan) *leiten, führen* • (aan het hoofd staan van) *(an)führen* ⋆ een gesprek ~ *ein Gespräch leiten* ⋆ de ~de partij *die führende Partei* • (doorbrengen) *leiten* ⋆ een losbandig leven ~ *ein ausschweifendes Leben führen* • (in een bepaalde richting gaan) ⋆ dat leidt tot niets *das führt zu nichts* ⋆ iets in juiste banen ~ *etw. in die richtige Bahn lenken*
leider • (iem. die leidt) *Leiter* [m], *Führer* [m] • (koploper) *Spitzenreiter* [m] ⋆ de ~ in het klassement *der Tabellenführer*
leiderschap • (het leider zijn) *Führerschaft* [v] • (het leiden) *Leitung* [v], *Führung* [v] • (gezag) *Autorität* [v]
leiding • (bestuur) *Leitung* [v], *Führung* [v] • (buis, kabel) *Leitung* [v] • (het leiden/besturen) ⋆ onder ~ staan van ... *von ... geleitet/geführt werden* ⋆ ~ geven aan iets *etw. leiten/führen* • (sport) ⋆ de ~ hebben *in Führung liegen*
leidinggevend *leitend, führend* ⋆ in zijn ~e positie *in seiner Führungsposition* ⋆ een ~e functie *eine leitende Funktion*
leidingwater *Leitungswasser* [o]
leidmotief *Leitmotiv* [o]
leidraad • (richtsnoer) *Richtschnur* [v] • (handleiding) *Anleitung* [v]
leien *schiefern, Schiefer-* ▾ dat gaat van een ~ dakje *das geht wie geschmiert*
leisteen *Schiefer* [m]
lek I [het] *Leck* [o], *Loch* [o] ⋆ een lek dichten *ein Leck abdichten* ⋆ een lek in de organisatie *eine undichte Stelle in der Organisation* **II** [bnw] *undicht,* ‹alleen bij vloeistoffen› *leck* ⋆ een lekke band krijgen *einen Platten bekommen* ⋆ zo lek als een mandje/zeef *so leck wie ein Sieb* ⋆ het luchtbed is lek *die Luftmatratze ist undicht*
lekenbroeder *Laienbruder* [m]
lekkage *Leckage* [v]
lekken • (lek zijn) *undicht sein, lecken* ⋆ het dak lekt *das Dach ist undicht* • (druipen) *rinnen, (durch)sickern* ⋆ het lekt door het plafond *es sickert durch die Decke*
lekker I [bnw] • (smakelijk) *schmackhaft, lecker,* ‹ganz› *schön* • (gezond) *wohl* • (aangenaam) *herrlich, schön, angenehm* ⋆ ~ weer *schöne(s) Wetter* [o] ⋆ een ~e stoel *ein bequemer Stuhl* ▾ een ~e jongen *ein sauberer Bursche* **II** [bijw] ⋆ ~ tegen iem. aanliggen *sich an jmdn. kuscheln* ⋆ dat ziet er ~ uit *das sieht appetitlich aus* ⋆ wat ruikt het hier ~ *was duftet es hier herrlich/gut* ▾ ~ puh! *selbst Schuld!* ▾ iem. ~ maken *jmdm. den Mund wässrig machen*
lekkerbek *Feinschmecker* [m], *Schleckermaul* [o]
lekkerbekje *Fisch im Schlafrock* [m]
lekkernij *Leckerbissen* [m], *Köstlichkeit* [v], ‹snoepgoed› *Süßigkeit* [v]
lekkers *Leckerei* [v], ‹snoepgoed› *Süßigkeiten* [mv]
lel • (vel) *Lappen* [m], *Läppchen* [o], ‹vogels› *Kehllappen* [m] • (mep) *Schlag* [m], ‹in het gezicht› *Maulschelle* [v] ⋆ een lel krijgen *eine geknallt kriegen* ⋆ iem. een lel geven *jmdm. eine knallen*
lelie *Lilie* [v]
lelietje-van-dalen *Maiglöckchen* [o]
lelijk I [bnw] • (niet mooi) *hässlich, unschön* ⋆ een ~ gezicht zetten *eine saure Miene machen* • (kwalijk) *schlimm* ⋆ er ~ aan toe zijn *übel/schlimm dran sein* ⋆ het ziet er ~ voor je uit *es sieht schlimm für dich aus* • (gemeen) *hässlich,* ‹boos› *schäbig* ⋆ doe niet zo ~ tegen haar *sei nicht so hässlich zu ihr* • (kwaad) ⋆ ~ kijken *böse/finster dreinschauen* **II** [bijw] *gewaltig, arg* ⋆ zich ~ vergissen *sich gewaltig irren*
lelijkerd • (lelijk persoon) *Vogelscheuche* [v], *hässliche(r) Kerl* [m] • (gemeen persoon) *Ekel* [o], *Scheusal* [o]
lellebel *Schlampe* [v]
lemen *lehmig, Lehm-, aus Lehm*
lemma *Lemma* [o]
lemmet *Schneide* [v], ‹mes en zwaard› *Klinge* [v]
lemming *Lemming* [m]
lende *Lende* [v] ⋆ pijn in de ~n *Kreuzschmerzen* [mv]
lendebiefstuk *Steak* [o]
***lendedoek** (Wdl: lendendoek) *Lendenschurz* [m]
lenen I [ov ww] *(aus)leihen* ⋆ geld ~ *Geld leihen* ▾ iem. de hand ~ *jmdm. die Hand bieten* ▾ iem. het oor ~ *jmdm. Gehör schenken* **II** [wkd ww] *sich eignen* ⋆ daar leen ik mij niet voor *dafür gebe ich mich nicht her* ⋆ deze kamer leent zich daar niet voor *dieses Zimmer eignet sich dafür nicht*
lengen *länger werden* ⋆ de dagen ~ *die Tage werden länger*
lengte *Länge* [v] ⋆ in de ~ doorsnijden *der Länge nach durchschneiden* ▾ tot in ~ van dagen *noch lange Zeit*
lengteas *Längsachse* [v]
lengtecirkel *Längenkreis* [m]
lengtegraad *Längengrad* [m]
lengtemaat *Längenmaß* [o]
lengterichting *Längsrichtung* [v]
lenig *gelenkig,* ‹buigzaam› *biegsam,* ‹soepel› *geschmeidig* ⋆ een ~ lichaam *ein geschmeidiger Körper*
lenigen *lindern, mildern* ⋆ pijn ~ *Schmerz lindern*
lening • (opname van geld) *Anleihe* [v], *Kredit* [m] ⋆ een buitenlandse ~ *eine Auslandsanleihe* • (het lenen) *Leihen* [o] • (geleende geldsom) *Kredit* [m], *Darlehen* [o] ⋆ een ~ verstrekken *einen Kredit gewähren* ⋆ een ~ aflossen *einen Kredit tilgen* ⋆ een ~ aangaan *einen Kredit aufnehmen*
lens I [de] • (ooglens) *Linse* [v] • (contactlens) *Kontaktlinse* [v] • (nat.) *Linse* [v] **II** [bnw] • (leeg) *leer, lenz* • (krachteloos) *schlaff,* ‹inf.› *schlapp*
lente *Frühling* [m], ‹poëtisch› *Lenz* [m] ▾ de ~ in het hoofd hebben *Frühlingsgefühle haben*
lentemaand *Frühlingsmonat* [m]
lepel *Löffel* [m] ⋆ ~ voor ~ *löffelweise* ▾ met de zilveren ~ in de mond geboren zijn *mit einem goldenen Löffel im Mund geboren sein*

L

lepelen • (eten, opscheppen) *löffeln* ⋆ een bord leeg ~ *einen Teller leer löffeln* • (sport) *schaufeln*
leperd *Schlaumeier* [m], *Schlauberger* [m], *Pfiffikus* [m]
lepra *Lepra* [v], *Aussatz* [m]
lepralijder *Leprakranke(r)* [m], *Aussätzige(r)* [m]
leraar *Lehrer* [m] ⋆ ~ aan het vwo *Gymnasiallehrer* ⋆ ~ wiskunde *Mathematiklehrer*
leren I [bnw] *leder-, ledern, Leder-* ⋆ een ~ tas *eine Ledertasche* **II** [ov ww] • (onderrichten) *unterrichten, beibringen, lehren* ⋆ iem. iets ~ *jmdn. etw. lehren; jmdm. etw. beibringen* ⋆ de praktijk leert ons *die Erfahrung lehrt uns* • (kennis verwerven) *lernen* ⋆ iets uit het hoofd ~ *etw. auswendig lernen* ⋆ iem. ~ kennen *jmdn. kennen lernen* ⋆ ik heb geleerd daarmee om te gaan *ich habe gelernt, damit umzugehen* • (studeren) *studieren, lernen* ⋆ voor arts ~ *Medizin studieren* ⋆ voor tuinman ~ *als Gärtner ausgebildet werden* ▾ al doende leert men *Übung macht den Meister*
lering • (onderricht) *Katechese* [v] • (leer) *Lehre* [v] ⋆ ~ uit iets trekken *aus etw. eine Lehre ziehen*
les • (leerstof) *Lektion* [v] • (onderricht) *Unterricht* [m], ‹lesuur› *Stunde* [v], ‹vermaning› *Lehre* [v] ⋆ laat dit een les voor haar zijn *das soll ihr eine Lehre sein* ⋆ Franse les *Französischstunde* [v] ⋆ onder de les *im Unterricht* ▾ iem. de les lezen *jmdm. einen Denkzettel verpassen; jmdm. die Leviten lesen*
lesauto *Fahrschulwagen* [m]
lesbienne *Lesbe* [v], *Lesbierin* [v]
lesbisch *lesbisch*
Lesotho *Lesotho* [o]
lesrooster *Stundenplan* [m]
lessen *stillen, löschen* ⋆ dorst ~ *Durst löschen*
lessenaar *Pult* [o] ⋆ hoge ~ *Stehpult*
lest *letzt* ⋆ ten langen leste *letzten Endes; zu guter Letzt*
lesuur *Unterrichtsstunde* [v]
lesvliegtuig *Instruktionsflugzeug* [o]
leswagen *Fahrschulwagen* [m]
lethargie *Lethargie* [v]
Letland *Lettland* [o]
letsel *Schaden* [m], ‹verwonding› *Verletzung* [v] ⋆ ~ oplopen *zu Schaden kommen* ⋆ zonder ~ *unverletzt* ⋆ zonder persoonlijk ~ *ohne Personenschaden*
letten I [ov ww] • (beletten) *abhalten (von)* ⋆ wie let jou? *wer verbietet dir etw.?* ⋆ wat let jou? *was hält dich davon ab?* **II** [on ww] • (~ **op**) *aufpassen (auf)* [4], *Acht geben (auf)* [4], *achten (auf)* [4] ⋆ op de voorschriften ~ *die Vorschriften beachten* ⋆ let op je woorden *pass auf, was du sagst*
letter • (letterlijke inhoud) *Wort* [o], *Wortlaut* [m] ⋆ iets naar de ~ opvatten *etw. wörtlich nehmen* • (teken) *Buchstabe* [m], ‹drukletter› *Druckbuchstabe* [m] ⋆ met een kleine ~ schrijven *kleinschreiben*
letteren *Philologie* [v], ‹literatuur› *Literatur* [v], ‹taal- en letterkunde› *Sprach- und Literaturwissenschaft* [v] ⋆ doctor in de ~ *Doktor der Philologie* [m]
lettergreep *Silbe* [v]
letterkunde • (wetenschap) *Literaturwissenschaft* [v] • (literatuur) *Literatur* [v], *Dichtung* [v] ⋆ de Duitse ~ *die deutsche Literatur*
letterkundig ‹literair› *literarisch*, ‹wetenschappelijk› *literaturwissenschaftlich*
letterkundige *Literaturwissenschaftler* [m], *Philologe* [m]
letterlijk I [bnw] *(wort)wörtlich*, ‹in vergelijking met originele tekst› *wortgetreu* ⋆ ~ en figuurlijk *im wörtlichen und übertragenen Sinne* **II** [bijw] • (in woordelijke zin) *buchstäblich* ⋆ ~ vertalen *wörtlich/wortgetreu übersetzen* • (volkomen) *buchstäblich, regelrecht* ⋆ zij is ~ alles kwijt *sie hat buchstäblich alles verloren*
letterslot *Kombinationsschloss* [o]
lettertang *Prägegerät* [o]
letterteken *Buchstabe* [m], *Schriftzeichen* [o]
letterwoord *Kurzwort* [o]
leugen *Lüge* [v] ⋆ een ~tje om bestwil *eine Notlüge* ⋆ ~s verkopen *Lügen verbreiten* ⋆ ~s en bedrog *Lug und Trug* ▾ al is de ~ nog zo snel, de waarheid achterhaalt haar wel *Lügen haben kurze Beine*
leugenaar *Lügner* [m]
leugenachtig • (vaak liegend) *verlogen* • (onwaar) *lügenhaft, lügnerisch*
leugendetector *Lügendetektor* [m]
leuk • (grappig) *lustig, witzig* ⋆ ‹iron.› dat kan nog leuk worden *das kann noch lustig werden* • (aardig) *nett, reizend, schön* ⋆ het was daar erg leuk *es war dort sehr nett/schön* ⋆ dat is erg leuk van je *das ist sehr nett von dir* • (aantrekkelijk) *nett* ⋆ een leuk meisje *ein nettes/reizendes Mädchen*
leukemie *Leukämie* [v]
leukerd *Spaßvogel* [m]
leukoplast ® *Leukoplast* [o]
leukweg *unverfroren*
leunen *(sich) lehnen, sich stützen* ⋆ op iem. ~ *sich auf jmdn. stützen* ⋆ naar buiten ~ *sich hinauslehnen* ⋆ tegen de muur ~ ‹ertegen gaan staan› *sich an die Wand lehnen;* ‹ertegen staan› *an der Wand lehnen*
leuning ‹balustrade› *Brüstung* [v], ‹brug, trap e.d.› *Geländer* [o], ‹meubels› *Lehne* [v]
leunstoel *Armsessel* [m], *Lehnstuhl* [m]
leuren *hausieren*
leus *Devise* [v], *Parole* [v], *Wahlspruch* [m]
leut • (pret) *Spaß* [m] • (koffie) *Kaffee* [m]
leuteren • (praten) *faseln, schwafeln* • (talmen) *trödeln*
leuterkous *Schwätzer* [m]
leven I [het] • (het bestaan) *Leben* [o] ⋆ iem. om het ~ brengen *jmdn. umbringen* ⋆ om het ~ komen *ums Leben kommen* ⋆ zich van het ~ beroven *sich das Leben nehmen* • (levensduur) *Leben* [o] ⋆ voor het ~ benoemen *auf Lebenszeit ernennen* ⋆ tijdens mijn ~ *zeit meines Lebens* • (manier van leven) ⋆ geen ~ hebben *seines Lebens nicht froh werden* • (lawaai) *Betrieb* [m], *Lärm* [m] ▾ ~ in de brouwerij brengen *Leben in die Bude bringen* ▾ iem. naar het ~ staan *jmdm. nach dem Leben trachten* ▾ iem. het ~ zuur maken *jmdm. das Leben schwer machen* **II** [on ww] • (in leven zijn) *leben* ⋆ een ~ leiden *ein Leben führen* ⋆ het is hier goed ~ *hier lässt es sich gut leben* • (~ **met**) ⋆ met haar valt niet te ~ *mit ihr ist nicht auszukommen* ▾ erop los ~ *in den Tag hinein leben* ▾ leve de koningin! *lang lebe die Königin!* ▾ te weinig om te ~ en te veel om te sterven *zum Leben zu wenig und zum Sterben zu viel*
levend *lebendig* ⋆ in ~e lijve *leibhaftig* ⋆ ~e beelden *lebende Bilder* ⋆ ~e have *Vieh* [o] ⋆ een ~ wezen *ein lebendiges Wesen; ein Lebewesen* ⋆ de ~en *die Lebenden* ⋆ ~ begraven *lebendig begraben* ⋆ een herinnering ~ houden *eine Erinnerung wach halten* ⋆ meer dood dan ~ *mehr tot als lebendig*
levendig • (vol leven) *rege, lebhaft*, ‹levend› *lebendig* ⋆ ~e geest *rege(r) Geist* ⋆ ~ verkeer

L

lebhafte(r)/rege(r) Verkehr ⋆ een ~ meisje *ein lebhaftes Mädchen* ⋆ een ~e discussie *eine angeregte Diskussion* ⋆ ~e fantasie *lebhafte Phantasie* • (duidelijk) *lebendig, lebhaft* ⋆ dat kan ik me ~ voorstellen *das kann ich mir gut vorstellen*
levenloos *leblos*
levensavond *Lebensabend* [m]
levensbehoefte *Lebensnotwendigkeit* [v] ⋆ ~n *Lebensbedarf* [m]; *Lebensbedürfnisse* [mv]
levensbelang *lebenswichtige(s) Interesse* [o] ⋆ van ~ *lebenswichtig* ⋆ een kwestie van ~ *eine Existenzfrage* [v]
levensbeschouwing *Lebenseinstellung* [v], ‹ideologie› *Weltanschauung* [v]
levensbeschrijving *Lebensbeschreibung* [v]
levensboom *Lebensbaum* [m]
levensduur *Lebensdauer* [v] ⋆ de te verwachten ~ *die Lebenserwartung*
levensecht *lebensecht*
levenseinde *Lebensende* [o]
levenservaring *Lebenserfahrung* [v]
levensfase *Lebensphase* [v], *Lebensabschnitt* [m]
levensgenieter *Genießer* [m], *Genussmensch* [m]
levensgevaar *Lebensgefahr* [v]
levensgevaarlijk *lebensgefährlich*
levensgezel *Lebensgefährte* [m]
levensgroot *lebensgroß* ⋆ een ~ probleem *ein riesengroßes Problem*
levenshouding *Einstellung* [v]
levenskunst *Lebenskunst* [v]
levenskunstenaar *Lebenskünstler* [m]
levenslang *ein Leben lang* ⋆ ~ krijgen *lebenslänglich bekommen* ⋆ dat zal zij zich ~ heugen *das wird sie ihr Leben lang nicht vergessen*
levenslicht *Lebenslicht* [o] ▾ het ~ aanschouwen *das Licht der Welt erblicken*
levenslied *Chanson* [o], ‹smartlap› *Schnulze* [v]
levensloop *Lebensgeschichte* [v], ‹curriculum vitae› *Lebenslauf* [m]
levenslustig *lebenslustig, lebensfroh*
levensmiddelen *Lebensmittel* [mv]
levensmoe *lebensmüde*
levensonderhoud *Lebensunterhalt* [m] ⋆ in zijn ~ voorzien *seinen Lebensunterhalt bestreiten* ⋆ kosten van ~ *Lebenshaltungskosten*
levenspad *Lebensweg* [m]
levenspeil *Lebensstandard* [m]
levensstandaard *Lebensstandard* [m]
levensteken *Lebenszeichen* [o]
levensvatbaar *lebensfähig*
levensverhaal *Lebensgeschichte* [v]
levensverwachting *Lebenserwartung* [v]
levensverzekering • (overeenkomst) *Lebensversicherung* [v] • (maatschappij) *Lebensversicherungsgesellschaft* [v]
levensvraag *Lebensfrage* [v]
levensvreugde *Lebensfreude* [v]
levenswandel *Lebenswandel* [m] ⋆ onbesproken ~ *einwandfreie(r) Lebenswandel*
levenswerk *Lebenswerk* [o]
lever *Leber* [v] ▾ iets op zijn ~ hebben *etw. auf dem Herzen haben*
leverancier *Lieferant* [m]
leverantie *Lieferung* [v]
leverbaar *lieferbar*
leveren • (aandoen) *einbrocken* ⋆ wie heeft me dat geleverd? *wer hat mir das eingebrockt?* • (bezorgen) *liefern* ⋆ een bijdrage ~ *einen Beitrag leisten;* ‹artikel voor tijdschrift› *einen Beitrag liefern* ⋆ aan huis ~ *ins Haus liefern* ⋆ gespreksstof ~ *Gesprächsstoff verschaffen* • (klaarspelen) *leisten* ⋆ goed werk ~ *gute Arbeit leisten* ▾ kritiek op iem. ~ *Kritik an jmdm. üben*
levering *Lieferung* [v] ⋆ bewijs van ~ *Lieferschein* [m] ⋆ plaats van ~ *Lieferungsort* [m] ⋆ ~ direct van de fabriek *Direktbezug* [m]
leveringstermijn → **levertijd**
leveringsvoorwaarde *Lieferbedingung* [v]
leverpastei *Leberpastete* [v]
levertijd *Lieferfrist* [v], *Lieferzeit* [v]
levertraan *Lebertran* [m]
leverworst *Leberwurst* [v]
lexicograaf *Lexikograph/Lexicograf* [m]
lexicon *Lexikon* [o]
lezen • (tekst doornemen) *lesen* ⋆ heb je iets om te ~? *hast du etw. zum Lesen?* ⋆ ergens overheen ~ *über etw. hinweg lesen* ⋆ jouw handschrift is niet te ~ *deine Handschrift ist unleserlich* • (interpreteren) *lesen* ⋆ iem. de hand ~ *jmdm. aus der Hand lesen* ⋆ iem. iets van zijn gezicht ~ *jmdm. etw. vom Gesicht ablesen* ▾ tussen de regels door ~ *zwischen den Zeilen lesen*
lezer *Leser* [m]
lezing • (het lezen) *Lesen* [o] • (verhandeling) *Vortrag* [m], ‹voorlezing› *Lesung* [v] ⋆ een ~ over milieuproblemen *ein Vortrag über Umweltprobleme* ⋆ de ~ van een wetsontwerp *die Lesung eines Gesetzentwurfs* • (interpretatie) *Auffassung* [v], *Lesart* [v], ‹versie› *Fassung* [v]
liaan *Liane* [v]
Libanon *Libanon* [m]
libel *Libelle* [v]
liberaal I [de] *Liberale(r)* [m] **II** [bnw] *liberal*
liberaliseren *liberalisieren*
liberalisme *Liberalismus* [m]
Liberia *Liberia* [o]
libero *Libero* [m]
libido *Libido* [v]
Libië *Libyen* [o]
libretto *Libretto* [o]
licentie *Lizenz* [v]
licentiehouder *Lizenzinhaber* [m]
lichaam • (lijf) *Körper* [m] ⋆ gezond naar ~ en geest *an Leib und Seele gesund* • (vereniging) *Körperschaft* [v] • (voorwerp) *Körper* [m] ⋆ meetkundige lichamen *geometrische(n) Figuren*
lichaamsbeweging *Körperbewegung* [v]
lichaamsbouw *Körperbau* [m]
lichaamsdeel *Körperteil* [m]
lichaamsholte *Leibeshöhle* [v]
lichaamskracht *Körperkraft* [v]
lichaamswarmte *Körperwärme* [v]
lichamelijk *körperlich* ⋆ ~e opvoeding *Leibeserziehung* [v] ⋆ ~ letsel *Körperverletzung* [v] ⋆ ~e arbeid *körperliche Arbeit* [v] ⋆ ~ gehandicapt *körperbehindert*
licht I [het] *Licht* [o] ⋆ tussen ~ en donker *zwischen Licht und Dunkel* ▾ het ~ zien *das Lebenslicht erblicken* ▾ iem. het ~ in de ogen niet gunnen *jmdm. das Schwarze unter dem Nagel nicht gönnen* ▾ aan het ~ komen *ans Licht kommen* ▾ dat werpt een ander ~ op de zaak *das lässt die Sache in einem anderen Licht erscheinen* ▾ ~ werpen/doen vallen op *Licht werfen auf* [4] ▾ iets tegen het ~ houden *etw. durchleuchten* ▾ nu gaat me een ~ op *jetzt geht mir ein Licht auf* ▾ groen ~ geven *grünes Licht geben* ▾ hij is geen ~ *er ist kein großes Licht* **II** [bnw + bijw] • (niet zwaar) *leicht* ⋆ ~e kost *leicht verdauliche Kost* [v] ⋆ zo ~ als een veer *federleicht* • (niet donker) *hell* ⋆ ~ bier *helle(s) Bier* [o]; ‹weinig alcohol› *leichte(s) Bier* [o] • (lichtzinnig) *leichtlebig* ⋆ een vrouw van ~e zeden *eine leichtlebige Frau*

L

• (gemakkelijk) *leicht* ⋆ alles ~ opnemen *alles leicht nehmen* ▾ iem. 50 gulden ~er maken *jmdn. um 50 Gulden erleichtern* ▾ ik voel me ~ in het hoofd *mir ist schwindlig*
lichtbak ‹bak met doorschijnende plaat› *Leuchtplatte* [v], ‹hanglamp› *Leuchte* [v], ‹lantaarn› *Blendlaterne* [v]
lichtbeeld *Lichtbild* [o]
lichtbron *Lichtquelle* [v]
lichtbundel *Lichtbündel* [o]
lichtdruk *Lichtdruck* [m]
lichtekooi *Nutte* [v], *Dirne* [v]
lichtelijk *leicht*
lichten I [ov ww] • (optillen) *lüften, heben* ⋆ het anker ~ *den Anker lichten* ⋆ de hoed ~ *den Hut lüften* ⋆ een stuk uit een dossier ~ *einen Teil eines Dossiers herausnehmen* • (ledigen) *leeren* ▾ iem. van zijn bed ~ *jmdn. aus dem Bett heraus verhaften* **II** [on ww] • (licht geven) *leuchten* ⋆ iem. in het gezicht ~ *jmdm. ins Gesicht leuchten* ▾ een ~d voorbeeld *ein leuchtendes Beispiel* **III** [onp ww] *blitzen, wetterleuchten*
lichterlaaie *lichterloh*
lichtflits *Lichtblitz* [m]
lichtgelovig *leichtgläubig*
lichtgeraakt *empfindlich, reizbar*
lichtgevend *leuchtend, Leucht-* ⋆ ~e verf *Leuchtfarbe* [v] ⋆ ~e buis *Leuchtröhre* [v]
lichtgevoelig *lichtempfindlich*
lichtgewicht I [de] *Leichtgewichtler* [m] **II** [het] *Leichtgewicht* [o] **III** [bnw] *Leichtgewichts-, leichtgewichtig*
lichting • (rekrutering) *Rekrutierung* [v] • (opgeroepen soldaten) *Rekrutenjahrgang* [m] ⋆ de nieuwe ~ *der neue Rekrutenjahrgang* ⋆ ~ 1935 *Jahrgang 1935* • (postlichting) *Leerung* [v]
lichtinstallatie *Lichtanlage* [v], *Beleuchtungsanlage* [v]
lichtjaar *Lichtjahr* [o]
lichtjes *leicht*
lichtkogel *Leuchtkugel* [v]
lichtkrant *Lichtzeitung* [v]
lichtmast *Lichtmast* [m]
lichtmatroos *Leichtmatrose* [m]
lichtnet *Stromnetz* [o]
lichtpunt *Lichtpunkt* [m], ‹fig.› *Lichtblick* [m]
lichtreclame *Leuchtreklame* [v]
lichtschip *Leuchtschiff* [o], *Feuerschiff* [o]
lichtsterkte *Lichtstärke* [v]
lichtstraal *Lichtstrahl* [m]
lichtvaardig *leichtsinnig, leichtfertig, unbesonnen*
lichtval *Lichtstrahl* [m]
lichtvoetig *leichtfüßig*
lichtzinnig • (los van zeden) *locker, leichtsinnig* • (zonder ernst) *leichtfertig, unbesonnen, leichtsinnig*
lid • (deel) *Teil* [m] • (lichaamsdeel) ‹van insect› *Segment* [o], ‹van mens/insect› *Glied* [o] ⋆ over al zijn leden beven *am ganzen Leibe zittern* ⋆ het mannelijk lid *das männliche Glied* ⋆ zij heeft iets onder de leden *ihr steckt eine Krankheit in den Knochen* • (gewricht) *Gelenk* [o] • (persoon) *Mitglied* [o] ⋆ bedanken als lid *seinen Austritt erklären* • (paragraaf) *Absatz* [m]
lidmaat • (lid van kerkgenootschap) *Gemeindeglied* [o] • (medelid) *Mitglied* [o]
lidmaatschap *Mitgliedschaft* [v] ⋆ bewijs van ~ *Mitgliedsausweis* [m]; *Mitgliedskarte* [v] ⋆ het ~ opzeggen *austreten*
lidstaat *Mitgliedsstaat* [m]
lidwoord *Artikel* [m], *Geschlechtswort* [o] ⋆ bepaald en onbepaald ~ *bestimmte(r) und unbestimmte(r) Artikel*

L

Liechtenstein *Liechtenstein* [o]
lied *Lied* [o] ⋆ een lied aanheffen *ein Lied anstimmen* ▾ het hoogste lied zingen *andere übertönen*
lieden *Leute* [mv]
liederenbundel *Liedersammlung* [v]
liederlijk I [bnw] *ausschweifend, liederlich* **II** [bijw] *furchtbar*
liedje *Lied* [o], *Liedchen* [o] ▾ het is weer het oude ~ *es ist immer wieder das alte Lied* ▾ iem. een ander ~ laten zingen ≈ *jmdn. den Kopf waschen* ▾ het ~ is uit *jetzt ist Schluss* ▾ het eind van het ~ was dat ... *das Ende vom Lied war, dass ...*
lief I [het] *Geliebte(r)* [m], *Liebchen* [o] ▾ lief en leed delen *Freude und Leid teilen* **II** [bnw] • (dierbaar) *lieb* ⋆ deze klok is me erg lief *diese Uhr ist mir sehr teuer* ⋆ als je leven je lief is *wenn dir dein Leben lieb ist* • (geliefd) *lieb* • (aardig) *liebenswürdig, freundlich, lieb* ⋆ dat is lief van je *das ist nett von dir* ⋆ lief tegen iem. doen *jmdm. schöne Augen machen* ⋆ dit zijn erg lieve mensen *dies sind sehr liebenswürdige Menschen* ▾ lieve deugd! *du meine Güte!* **III** [bijw] • (aardig) *lieb, nett* ⋆ ze zijn erg lief tegen elkaar *sie sind sehr lieb zueinander* • (graag) *gern* ⋆ ik laat het net zo lief *ich lasse es genauso gern sein*
liefdadig *wohltätig, karitativ* ⋆ een ~ doel *ein wohltätiger Zweck* ⋆ een ~e instelling *eine karitative Einrichtung*
liefdadigheid *Wohltätigkeit* [v]
liefde *Liebe* [v] ⋆ ~ op het eerste gezicht *Liebe auf den ersten Blick* ⋆ ~ opvatten voor iem. *jmdn. lieb gewinnen* ⋆ de ~ bedrijven *sich lieben* ⋆ iem. zijn ~ bekennen *jmdm. seine Liebe gestehen* ⋆ ~ voor het vaderland *Vaterlandsliebe* ⋆ uit ~ voor de ouders *den Eltern zuliebe* ▾ oude ~ roest niet *alte Liebe rostet nicht* ▾ ik doe het met ~ *ich tue es mit Vergnügen*
liefdeleven *Liebesleben* [o]
liefdeloos *herzlos, lieblos*
liefderijk → **liefdevol**
liefdesbrief *Liebesbrief* [m]
liefdesgeschiedenis • (verhouding) *Liebschaft* [v] • (roman) *Liebesgeschichte* [v]
liefdeslied *Liebeslied* [o]
liefdesscène *Liebesszene* [v]
liefdesverdriet *Liebeskummer* [m]
liefdevol *liebevoll*
liefdewerk *Liebeswerk* [o]
liefelijk *lieblich*
liefhebben *lieben, lieb haben*
liefhebber *Liebhaber* [m]
liefhebberij *Hobby* [o], ‹artistiek/wetenschappelijk› *Liebhaberei* [v] ⋆ uit ~ *zum Vergnügen*
liefje • (aanspreekvorm) *Schatz* [m], *Liebste(r)* [m] • (geliefde) *Geliebte(r)* [m]
liefjes *artig,* ‹poeslief› *zuckersüß*
liefkozen *schmusen, liebkosen* ⋆ elkaar ~ *miteinander schmusen; einander liebkosen*
liefkozing *Liebkosung* [v], *Zärtlichkeit* [v]
lieflijk *lieblich, anmutig*
liefst *vorzugsweise, am liebsten* ⋆ dit eet ik het ~ *das esse ich am liebsten* ⋆ ~ later *vorzugsweise später* ▾ hij kwam maar ~ een uur te laat *er kam wohlgemerkt eine Stunde zu spät*
liefste • (geliefde) *Liebste(r)* [m], *Geliebte(r)* [m] • (aanspreekvorm) *Liebste(r)* [m], *Liebling* [m]
lieftallig *anmutig, niedlich* ⋆ ~e kinderen *niedliche(n) Kinder* ⋆ een ~ meisje *ein anmutiges Mädchen*

liegbeest *Lügenbold* [m], *Lügenmaul* [o]
liegen • (bewust onwaarheid spreken) *lügen* ⋆ hij liegt dat hij zwart ziet *er lügt das Blaue vom Himmel herunter* ⋆ ~ tegen iem. *jmdn. an-/belügen* ⋆ dat lieg je *du lügst* • (zich verloochenen) *verleugnen* ▾ dat liegt er niet om *das ist kein Pappenstiel*
lier • (muziekinstrument) *Leier* [v] • (hijswerktuig) *Winde* [v] ▾ zijn lier aan de wilgen hangen *die Sache an den Nagel hängen; das Dichten aufgeben* ▾ het gaat als een lier *es läuft wie geschmiert*
lies • (lichaamsdeel) *Leiste* [v] • (plant) *Liesche* [v]
liesbreuk *Leistenbruch* [m]
lieslaars *Gummistiefel bis zur Leiste* [m]
lieveheersbeestje *Marienkäfer* [m]
lieveling *Liebling* [m]
liever *lieber, eher* ⋆ of ~ gezegd *oder vielmehr* ⋆ ik ga nog ~ dood *eher sterbe ich* ⋆ laat mij het maar ~ doen *das überlass lieber mir* ⋆ laat ik ~ zeggen *besser gesagt*
lieverd *Liebling* [m]
lieverdje *Schätzchen* [o] ▾ je bent me een ~ *du bist mir ja ein sauberes Früchtchen*
lieverlede ▾ van ~ *allmählich*
lievig *liebedienerisch*
liflafje *Leckerei* [v]
lift • (hijstoestel) *Aufzug* [m], *Fahrstuhl* [m], *Lift* [m] • (het meerijden) *Mitfahrgelegenheit* [v] ⋆ een lift krijgen *mitgenommen werden*
liften *per Anhalter reisen, per Autostopp fahren, Autostopp machen, trampen*
lifter *Anhalter* [m], *Tramper* [m]
liftkoker *Fahrstuhlschacht* [m]
liga *Liga* [v]
ligbad *Badewanne* [v]
ligbank *Liegebank* [v]
liggeld *Liegegeld* [o]
liggen • (uitgestrekt rusten) *liegen* ⋆ gaan ~ *sich legen* ⋆ hij lag in het hooi te slapen *er lag im Heu und schlief* ⋆ het kind ligt heerlijk te slapen *das Kind schläft herrlich* ⋆ ga ~! *Platz!* • (zich bevinden, zijn) *liegen* ⋆ iets laten ~ *etw. liegen lassen* ⋆ ter inzage ~ *zur Einsicht ausliegen* ⋆ die zaak ligt niet zo eenvoudig *diese Sache ist nicht so einfach* • (bedaren) *sich legen, nachlassen* ⋆ de wind gaat ~ *der Wind legt sich* • (~ **aan**) *liegen (an)* [3] ⋆ aan mij zal het niet ~ *an mir soll es nicht liegen* ⋆ waar zou dat aan ~? *woran mag das liegen?* ▾ zich nergens iets aan gelegen laten ~ *sich um nichts kümmern* ▾ dubbel ~ van het lachen *sich vor Lachen biegen; einen Lachkrampf haben* ▾ zij ~ elkaar niet *sie verstehen sich nicht* ▾ een kans laten ~ *eine Chance verpassen*
ligging *Lage* [v]
ligplaats *Liegeplatz* [m]
ligstoel *Liegestuhl* [m]
Ligurische Zee *Ligurische(s) Meer* [o]
liguster *Liguster* [m], *Rainweide* [v]
ligweide *Liegewiese* [v]
lij *Lee* [v], *Leeseite* [v] ⋆ aan (in) lij *an Lee*
lijdelijk *passiv, untätig*
lijden I [het] *Leiden* [o] ⋆ het ~ van Christus *das Leiden Christi* ⋆ eindelijk was hij uit zijn ~ verlost *endlich war er von seinem Leiden erlöst* **II** [ov ww] • (ondervinden) *erleiden* ⋆ honger ~ *hungern* • (verdragen) *erdulden, ertragen* ⋆ dat kan mijn beurs niet ~ *das erlaubt meine Börse nicht* ⋆ dat lijdt geen twijfel *das unterliegt keinem Zweifel* ▾ ik mag ~ dat het hem niet lukt *hoffentlich gelingt es ihm nicht* **III** [on ww] • (last hebben) *leiden* • (~ **aan**) *leiden (an)* ⋆ aan migraine ~ *an Migräne leiden*
lijdend • (last hebbend) *leidend* • (taalk.) ⋆ ~ voorwerp *Akkusativobjekt* [o] ⋆ ~e vorm *Passiv* [o] ⋆ ~e zin *Passivsatz* [m]
lijdensweg *Leidensweg* [m]
lijder *Patient* [m]
lijdzaam • (geduldig) *gelassen* • (passief) *tatenlos* ⋆ ~ toezien *tatenlos zusehen*
lijdzaamheid *Ergebung* [v], *Gelassenheit* [v], *Geduld* [v]
lijf *Leib* [m], *Körper* [m] ⋆ iem. van het lijf houden *sich jmdn. vom Leibe halten* ⋆ blijf van m'n lijf! *rühre mich nicht an!* ⋆ iets aan den lijve ondervinden *etw. am eignen Leibe erfahren* ⋆ de duivel in levenden lijve *der leibhaftige Teufel* ▾ blijf van mijn lijf! *rühre mich nicht an!* ▾ dat heeft weinig om het lijf *das hat wenig zu bedeuten* ▾ dat is hem op het lijf geschreven *das ist ihm wie auf den Leib geschrieben* ▾ iem. tegen 't lijf lopen *jmdm. in die Arme laufen*
lijfarts *Leibarzt* [m]
lijfblad *Leibblatt* [o]
lijfeigene *Leibeigene(r)* [m]
lijfelijk *leiblich*
lijfrente *Leibrente* [v]
lijfsbehoud *Lebensrettung* [v], *Selbsterhaltung* [v] ⋆ om ~ smeken *um sein Leben bitten*
lijfspreuk *Wahlspruch* [m]
lijfstraf *Körperstrafe* [v], *Leibesstrafe* [v]
lijfwacht *Leibwache* [v]
lijk *Leiche* [v], *Leichnam* [m], ‹van dieren› *Kadaver* [m] ▾ over mijn lijk! *nur über meine Leiche!* ▾ een levend lijk *ein lebendiger Leichnam* ▾ over lijken gaan *über Leichen gehen* ▾ voor lijk liggen *völlig erschöpft sein*
lijkauto *Leichenwagen* [m]
lijkbleek *leichenblass, totenblass*
lijken • (overeenkomen) *gleichen* [3], *ähnlich sein* [3], *ähneln* [3] ⋆ dat huis lijkt wel een kasteel *dieses Haus sieht fast aus wie ein Schloss* ⋆ je lijkt je broer wel *du bist genau wie dein Bruder* • (schijnbaar zijn) *scheinen* ⋆ 't lijkt alsof *es sieht aus, als ob* ⋆ dat lijkt maar zo *das sieht nur so aus* • (dunken) *scheinen* ⋆ hij lijkt me kerngezond *er scheint mir kerngesund zu sein* ⋆ dat lijkt me niet de moeite waard *das scheint mir nicht der Mühe wert* ▾ ze ~ op elkaar als twee druppels water *sie gleichen sich wie ein Ei dem anderen* ▾ dat lijkt nergens naar *das sieht nach nichts aus*
lijkenhuis ‹plaats van opbaring› *Leichenhalle* [v], ‹ter identificatie van lijken› *Leichenhaus* [o]
lijkkist *Sarg* [m]
lijkrede *Leichenrede* [v]
lijkschennis *Leichenschändung* [v]
lijkschouwer *Leichenbeschauer* [m]
lijkschouwing *Leichenschau* [v], ‹resultaat› *Leichenbefund* [m]
lijkstijfheid *Leichenstarre* [v]
lijkwade *Leichentuch* [o]
lijkwagen *Leichenwagen* [m]
lijm *Leim* [m]
lijmen • (plakken) *leimen* • (overhalen) *leimen* ⋆ iem. ~ *jmdn. breitschlagen*
lijmtang *Leimzwinge* [v], ‹groot› *Leimknecht* [m]
lijn • (linie) *Linie* [v] ⋆ op één lijn stellen *auf gleiche Linie stellen; auf eine Stufe stellen* • (touw) *Leine* [v], *Seil* [o] ⋆ de hond aan de lijn houden *den Hund an der Leine halten* ⋆ de was aan de lijn hangen *die Wäsche auf die Leine hängen* • (streep) *Linie* [v] • (omtrek) *Linie* [v] ⋆ in grote lijnen *in großen Zügen; in groben Umrissen* • (verbinding) *Linie* [v] ⋆ wilt u aan de lijn blijven? *bleiben Sie*

bitte am Apparat • (beleidslijn) *Linie* [v] ⋆ één lijn trekken *an einem Strang ziehen* ⋆ dat ligt niet in zijn lijn *das liegt ihm nicht* • (richting) *Linie* [v] ⋆ dat ligt in de lijn der verwachting *das entspricht den Erwartungen* ▾ aan de lijn doen *auf die schlanke Linie achten* ▾ iem. aan het lijntje houden *jmdn. hinhalten*
lijndienst *Liniendienst* [m]
lijnen *auf die schlanke Linie achten*
lijnolie *Leinöl* [o]
lijnorganisatie *hierarchische Organisation* [v]
lijnrecht I [bnw] *schnurgerade* **II** [bijw] ⋆ beide opvattingen staan ~ tegenover elkaar *beide Auffassungen widersprechen sich völlig* ⋆ zijn mening stond er ~ tegenover *seine Meinung war der gerade Gegensatz* ⋆ ~ met iets in strijd zijn *in geradem Widerspruch mit etw. stehen*
lijnrechter *Linienrichter* [m]
lijntoestel *Linienmaschine* [v]
lijnvlucht *Linienflug* [m]
lijnzaad *Leinsamen* [m], ‹uitgezaaid› *Leinsaat* [v]
lijs • (slome) *Nölpeter* [m], *Nölsuse* [v] • (slungel) ⋆ lange lijs *lange(s) Register* [o]
lijst • (rand) *Rahmen* [m] ⋆ een foto in een ~ zetten *ein Foto einrahmen* • (opsomming) *Liste* [v], ‹alfabetisch› *Register* [o] ⋆ namen op een ~ zetten *Namen in eine Liste eintragen* ▾ op de zwarte ~ staan *auf der schwarzen Liste stehen*
lijstaanvoerder *Spitzenkandidat* [m], *Listenführer* [m]
lijster *Drossel* [v]
lijsterbes • (vrucht) *Vogelbeere* [v], *Drosselbeere* [v], *Ebereschenbeere* [v] • (boom) *Eberesche* [v], *Vogelbeerbaum* [m]
lijsttrekker *Spitzenkandidat* [m]
lijvig *voluminös*, ‹van persoon› *dickleibig, dick, beleibt, korpulent*
lijzig *schleppend* ⋆ ~ praten *in schleppendem Tone sprechen; gedehnt sprechen*
lijzijde *Lee* [v]
lik • (het likken) *Lecken* [o] • (nor) *Kittchen* [o] ▾ iem. lik op stuk geven *jmdm. Kontra geben* ▾ een lik uit de pan geven *einen Anpfiff geben*
likdoorn *Hühnerauge* [o]
likeur *Likör* [m]
likkebaarden *sich die Lippen lecken* ⋆ naar iets ~ *sich die Finger nach etw. lecken*
likken • (vleien) *um den Bart gehen* • (met tong bewegen) *lecken, schlecken* ▾ lik m'n reet! *leck mich am Arsch!*
likmevestje ⋆ een kwaliteit van ~ *miese Qualität*
lila I [het] *Lila* [o] **II** [bnw] *lila(farbig)*
lilliputter *Liliputaner* [m]
limerick *Limerick* [m]
limiet ‹hand.› *Limit* [o], ‹wisk.› *Limes* [m], ‹prijsgrens› *Preisgrenze* [v]
limiteren *limitieren*
limoen *Limone* [v]
limonade *Limonade* [v]
limousine *Limousine* [v]
linde *Linde* [v]
lineair *linear*
linea recta *schnurstracks*
lingerie *Damen(unter)wäsche* [v], ‹erotiek› *Reizwäsche* [v]
linguïst *Linguist* [m]
linguïstiek *Linguistik* [v]
liniaal *Lineal* [o]
linie *Linie* [v] ▾ over de hele ~ *auf der ganzen Linie*
liniëren *linieren*
link I [de] *Bezug* [m], *Beziehung* [v] **II** [bnw] • (slim) *schlau, pfiffig* ⋆ linke jongen *linke(r) Vogel* [m] • (riskant) *riskant, heikel* ▾ dat is linke soep *das ist eine linke Sache*
linker *link* ⋆ niet de rechterhand, maar de ~ *nicht die Rechte, sondern die Linke*
linker- *linke* ⋆ het linkerbeen *das linke Bein*
linkerhand *linke Hand* [v], *Linke* [v] ⋆ aan de ~ *zur Linken; zur linken Hand* ▾ twee ~en hebben *zwei linke Hände haben*
linkervleugel *linke(r) Flügel* [m]
links I [de] *Golfplatz* [m] **II** [bnw + bijw] • (onhandig) *linkisch* • (aan de linkerkant) *links* ⋆ ~ van de straat *links von der Straße* ⋆ ~ aanhouden *sich links halten* ⋆ niet rechts, maar ~ *nicht rechts, sondern links* ⋆ verkeer van ~ *Verkehr von links* [m] • (linkshandig) *linkshändig, links* ⋆ ben jij ~ of rechts? *bist du links- oder rechtshändig?* ⋆ hij schrijft ~ *er schreibt links* • (pol.) *links* ⋆ hij is ~ *er ist links; er steht links* ⋆ ~e partij *Linkspartei* [v] ⋆ ~ stemmen *links wählen* ⋆ ~ stemde tegen *die Linke stimmte dagegen* ▾ iem. ~ laten liggen *jmdn. links liegen lassen*
linksaf *(nach) links*
linksback *linke(r) Verteidiger* [m]
linksbuiten *Linksaußen* [m]
linksdraaiend *linksdrehend*
linkshandig *linkshändig*
linksom *linksum*
linnen I [het] *Leinwand* [v], *Leinen* [o] **II** [bnw] *leinen, Leinen-* ⋆ ~ jurk *Leinenkleid* [o]
linnengoed *Leinenzeug* [o], ‹ondergoed› *Wäsche* [v], ‹witgoed› *Weißzeug* [o]
linnenkast *Leinenschrank* [m], *Wäscheschrank* [m]
linoleum *Linoleum* [o]
linoleumsnede *Linolschnitt* [m]
lint *Band* [o] ▾ door het lint gaan *auf die Palme gehen*
lintje *Orden* [m] ⋆ een ~ krijgen *einen Orden bekommen*
lintjesregen ≈ *groß angelegte Ordensverleihung* [v]
lintworm *Bandwurm* [m]
linze *Linse* [v]
lip *Lippe* [v] ▾ aan iemands lippen hangen *an jmds. Lippen hängen* ▾ tussen neus en lippen *zwischen Tür und Angel* ▾ iem. op de lip zitten *dicht neben jmdm. sitzen* ▾ iets niet over de lippen krijgen *etw. nicht über die Lippen bringen können*
liplezen *Lippenlesen* [o]
lippencrème *Lippencreme* [v]
lippendienst *Lippenbekenntnis* [o]
lippenstift *Lippenstift* [m]
lipstick *Lippenstift* [m]
liquidatie *Liquidation* [v] ⋆ tot ~ overgaan *in Liquidation treten; sich auflösen* ⋆ belast zijn met de ~ van de zaken *mit der Abwicklung der Geschäfte beauftragt sein*
liquide • (direct beschikbaar) *liquid, flüssig* • (vloeibaar) *flüssig*
liquideren • (opheffen) *liquidieren, auflösen* • (uit de weg ruimen) *liquidieren* • (afwikkelen) *liquidieren, abwickeln*
liquiditeit *Liquidität* [v]
lire *Lira* [v], *Lire* [mv]
lis *Schwertlilie* [v], *Schwertblume* [v]
lispelen *lispeln*
Lissabon *Lissabon* [o]
list *List* [v]
listig • (slim) *schlau, verschmitzt* • (sluw) *listig*
litanie *Litanei* [v]
liter *Liter* [m/o]

literair *literarisch*
literatuur *Literatur* [v]
literatuurlijst *Literaturliste* [v]
literatuuronderzoek *Literaturforschung* [v]
literatuurwetenschap *Literaturwissenschaft* [v]
literfles *Literflasche* [v]
litho → **lithografie**
lithografie *Steindruck* [m], *Lithographie/Lithografie* [v]
litotes *Litotes* [v]
Litouwen *Litauen* [o]
lits-jumeaux *Doppelbett* [o]
litteken *Narbe* [v], ‹op gezicht› *Schmiss* [m], ‹van houw, vooral op gezicht› *Schmarre* [v]
littekenweefsel *Narbengewebe* [o]
liturgie *Liturgie* [v]
live *live* ⋆ het liveoptreden *der Liveauftritt*
livrei *Livree* [v]
lob • (sport) *Heber* [m] • (med.) *Lappen* [m]
lobbes • (hond) *Riesenvieh* [o] • (persoon) *Tropf* [m], *Gimpel* [m]
lobby *Lobby* [v]
lobbyen *Lobbying* [o], *Lobbyismus* [m]
loco-burgemeester *stellvertretende(r) Bürgermeister* [m], *Bürgermeister in Vertretung* [m]
locomotief *Lokomotive* [v]
lodderig *schläfrig, dösig*
loden **I** [het] *Loden* [m] **II** [bnw] *bleiern, Blei-* ⋆ ~ buis *Bleirohr* [o] **III** [ov ww] *loten, ausloten*
loeder *Luder* [o], *Aas* [o]
loef *Luv* [v] ▾ iem. de loef afsteken *jmdm. den Rang ablaufen*
loefzijde *Luv* [v]
loeien • (huilen) ‹van storm› *heulen, tosen*, ‹wind, sirene› *heulen* • (koeiengeluid maken) *brüllen, muhen*
loeihard *ohrenbetäubend, wahnsinnig laut*
loempia *Frühlingsrolle* [v]
loens • (oneerlijk) *falsch* • (ietwat scheel) *schielend*
loensen *schielen*
loep *Lupe* [v] ▾ iets onder de loep nemen *etw. unter die Lupe nehmen*
loer *Lauer* [v] ⋆ op de loer staan *auf der Lauer sein* ▾ iem. een loer draaien *jmdm. einen fiesen Streich spielen*
loeren • (scherp uitkijken) *lauern*, ‹spieden› *spähen* ⋆ door het sleutelgat ~ *durch das Schlüsselloch gucken* • (~ **op**) *lauern (auf)* [4]
lof **I** [de] *Lob* [o] ⋆ vol lof zijn *des Lobes voll sein* ⋆ dat strekt u tot lof *das gereicht Ihnen zur Ehre* ⋆ alle lof! *alle Achtung!* **II** [het] *Chicorée* [m/v], *Schikoree* [m/v]
loffelijk *löblich, lobenswert* ⋆ een ~ streven *ein löbliches Bestreben*
loflied *Loblied* [o]
lofrede *Lobrede* [v]
loftrompet ▾ de ~ over iem./iets steken *ein Loblied auf jmdn./etw. singen*
loftuiting *Lobeserhebung* [v], *Lobspruch* [m]
lofzang *Lobgesang* [m]
log **I** [de] *Log* [o] **II** [bnw] *plump, schwerfällig*
logaritme *Logarithmus* [m]
logboek *Logbuch* [o]
loge *Loge* [v]
logé *Gast* [m] ⋆ logés hebben *Gäste haben*
logeerbed *Gästebett* [o]
logeerkamer *Gästezimmer* [o]
logement *Gastwirtschaft* [v], *Gasthof* [m]
logen *laugen*
logenstraffen *Lügen strafen*
logeren ‹bij kennissen e.d.› *wohnen, zu Besuch sein, auf Logierbesuch sein*, ‹in hotel› *wohnen, logieren*
logica *Logik* [v]
logies *Unterkunft* [v], ‹op schip› *Logis* [o] ⋆ ~ met ontbijt *Unterkunft mit Frühstück*
logisch *logisch*
logistiek **I** [de] *Logistik* [v] **II** [bnw] *logistisch*
logo *Logo* [o], *Logogramm* [o]
logopedie *Logopädie* [v]
logopedist *Logopäde* [m], *Sprachlehrer* [m]
lok *Locke* [v]
lokaal **I** [het] *Raum* [m], *Lokal* [o] **II** [bnw] *örtlich, lokal* ⋆ ~ gesprek *Ortsgespräch* [o] ⋆ ~ dagblad *Lokalanzeiger* [m] ⋆ ~ nieuws *Lokalnachrichten* [mv] ⋆ ~ verkeer *Ortsverkehr* [m]; *Stadtverkehr* [m]
lokaas *Lockspeise* [v], ‹fig.› *Lockmittel* [o], ‹voor vissen› *Köder* [m]
lokaliseren *lokalisieren*
lokaliteit *Räumlichkeit* [v], *Lokalität* [v]
loket *Schalter* [m]
lokettist *Schalterbeamte(r)* [m]
lokken • (aanlokken) *locken* • (bekoren) *reizen, locken* ▾ in de val ~ *in die Falle locken*
lokkertje *Lockmittel* [o]
lokroep *Lockruf* [m]
lokvogel *Lockvogel* [m]
lol *Jux* [m], *Spaß* [m] ⋆ voor de lol *zum Spaß* ⋆ dat doe ik niet voor de lol *das mache ich nicht zum Vergnügen*
lolbroek *Spaßmacher* [m]
lolletje *Scherz* [m], *Spaß* [m] ⋆ dat is geen ~ *das ist kein Spaß*
lollig *fidel, lustig* ⋆ ~e vent *fideler Bursche* [m]
lolly *Lutscher* [m]
lommerd *Pfandhaus* [o], *Leihhaus* [o] ⋆ naar de ~ brengen *ins Leihhaus bringen; versetzen*
lomp **I** [de] *Lumpen* [m] ⋆ in lompen gehuld *zerlumpt* **II** [bnw] • (plomp) *plump*, ‹ruw, grof› *grob, derb* • (onhandig) *plump, ungeschickt, täppisch* • (onbehouwen) *plump, ungeschliffen, brutal*
lomperd • (onhandig persoon) *Tölpel* [m] • (onbeleefd persoon) *Grobian* [m], *ungeschliffene(r) Kerl* [m], *Flegel* [m]
lom-school ≈ *Schule für Kinder mit Lernschwierigkeiten und schwer erziehbare Kinder* [v]
Londen *London* [o]
lonen *lohnen* ⋆ 't loont de moeite *es lohnt die Mühe*
long *Lunge* [v] ⋆ over de longen roken *auf Lunge rauchen* ⋆ hij heeft het aan zijn longen *seine Lungen sind angegriffen*
longdrink *Longdrink* [m]
longkanker *Lungenkrebs* [m]
longontsteking *Lungenentzündung* [v] ⋆ dubbele ~ *beiderseitige Lungenentzündung* [v]
lonken *(lieb)äugeln*
lont *Lunte* [v] ▾ lont ruiken *Lunte riechen* ▾ de lont in het kruit werpen *die Lunte ans Pulverfass legen*
loochenen *leugnen, verneinen, in Abrede stellen* ⋆ dat valt niet te ~ *das lässt sich nicht leugnen*
lood • (metaal) *Blei* [o] ⋆ glas in lood *Bleiverglasung* [v] ⋆ in lood gevatte ruiten *in Blei gefasste(n) Scheiben* • (schietlood) *Senklot* [o], *Lot* [o] ▾ met lood in de schoenen *mit Blei an den Sohlen; mit bleiernen Füßen* ▾ uit het lood geslagen zijn *fassungslos sein* ▾ dat is lood om oud ijzer *das ist Jacke wie Hose; das ist gehüpft wie gesprungen*
loodgieter *Klempner* [m]
loodgrijs *bleigrau*
loodje • (ter verzegeling) *(Blei)plombe* [v] • (stukje lood) *Bleistückchen* [o] ▾ het ~ leggen

L

sterben; den Löffel ablegen ▾ de laatste ~s wegen 't zwaarst das Ende trägt die Last
loodlijn Senkrechte [v] ⋆ een ~ neerlaten ein Lot fällen; eine Senkrechte fällen
loodrecht senkrecht
loods • (persoon) Lotse [m] • (keet) Schuppen [m], ‹grote hangars e.d.› Halle [v]
loodsboot Lotsenboot [o], Lotsendampfer [m]
loodsen lotsen
loodsmannetje Lotsenfisch [m], Pilot(fisch) [m]
loodswezen Lotsenwesen [o]
loodvergiftiging Bleivergiftung [v]
loodvrij bleifrei ⋆ ~e benzine bleifreie(s) Benzin [o]
loodzwaar bleischwer
loof Laub [o], Blätter [mv]
loofboom Laubbaum [m]
loofbos Laubwald [m]
loofhout Laubholz [o]
loog Lauge [v]
looien gerben, lohen
looier • (leerbereider) (Loh)gerber [m] • (kever) Sägebock [m]
look I [de] Look [m] ⋆ een nieuwe look hebben einen neuen Look haben **II** [het] Lauch [m]
loom matt, müde, ‹traag› träge, ‹van weer› schwül ⋆ ik ben zo loom in mijn benen meine Beine sind so schwer
loon • (salaris) Lohn [m] ⋆ hoe hoog is je loon? wie viel Lohn beziehst du? • (beloning) Lohn [m] ▾ hij kreeg loon naar werken er erhielt, was ihm zustand ▾ dat is zijn verdiende loon! das ist sein gerechter Lohn!
loonadministratie Lohnbuchhaltung [v]
loonbelasting Lohnsteuer [v]
loondienst Lohndienst [m]
looneis Lohnforderung [v]
loongrens Einkommensgrenze [v]
loongroep Lohngruppe [o]
loonkosten Lohnkosten [mv]
loonlijst Lohnliste [v]
loonpauze Lohnpause [v]
loonpeil Lohnniveau [o]
loonronde Lohnrunde [v]
loonschaal Lohnskala [v], Lohnstaffel [v]
loonstop Lohnstopp [m]
loonstrookje Lohnstreifen [m]
loonsverhoging Lohnerhöhung [v], Lohnaufbesserung [v]
loonsverlaging Lohnsenkung [v], ‹algemeen en geleidelijk› Lohnabbau [m]
loontrekker Lohnempfänger [m], Lohnarbeiter [m]
loonzakje Lohntüte [v]
loop • (voortgang) Lauf [m], Gang [m], Verlauf [m] ⋆ de loop der gebeurtenissen der Verlauf der Ereignisse; der Gang der Ereignisse ⋆ in de loop van de dag im Laufe des Tages • (het lopen) Lauf [m] • (deel van wapen) Lauf [m], Rohr [o] ⋆ de loop van een geweer reinigen den Lauf eines Gewehres reinigen ▾ op de loop gaan Reißaus nehmen ▾ met het geld op de loop gaan mit dem Geld durchbrennen
loopafstand Entfernung zu Fuß [v] ⋆ op ~ zu Fuß zu erreichen
loopbaan • (carrière) Laufbahn [v] • (baan van planeten) Bahn [v]
loopbrug • (brug) Fußgängerbrücke [v] • (loopplank) Rollsteg [m], Rollbrücke [v]
loopgraaf Schützengraben [m]
loopje Lauf [m] ▾ een ~ met iem. nemen jmdn. hänseln
loopjongen Laufjunge [m]
looplamp Handlampe [v]
loopneus Triefnase [v]
looppas Laufschritt [m]
loopplank Laufbrett [o], Laufsteg [m], ‹breed› Laufbrücke [v], ‹naar schip toe, ook› Laufplanke [v]
loops läufig, brünstig
looptijd Laufzeit [v]
loos • (leeg) taub, leer • (onecht) blind ⋆ loos alarm blinde(r) Alarm [m]
loot • (scheut) Schoss [m], Spross [m], Trieb [m] • (telg) Spross [m], Sprössling [m]
lopen • (te voet gaan) gehen, ‹snel› laufen ⋆ wil je dat hele stuk ~? willst du das ganze Stück zu Fuß gehen? ⋆ op krukken ~ an Krücken gehen ⋆ hij is komen ~ er ist zu Fuß gekommen ⋆ hij zette het op een ~ er lief davon ⋆ ik heb er nog geen half uur over ge~ ich habe noch keine halbe Stunde dazu gebraucht • (verlopen) laufen ⋆ het liep anders es kam anders ⋆ het loopt verkeerd es geht schief • (zich voortbewegen) laufen • (zich uitstrekken) laufen ⋆ die weg loopt niet verder dieser Weg führt nicht weiter ⋆ er loopt een gracht om het kasteel ein Graben zieht sich um das Schloss • (functioneren) laufen ⋆ de zaak loopt die Sache ist im Gange; ‹handel› das Geschäft geht ⋆ deze winkel loopt goed dieses Geschäft hat großen Zulauf ▾ dat liep al snel in de gaten das fiel schon bald auf ▾ de ruzie liep hoog op der Streit wurde hitzig ▾ hij loopt naar de 60 er wird bald 60 ▾ het loopt tegen twaalven es geht auf zwölf zu
lopend • (voortgang hebbend) laufend ⋆ de ~e zaken die laufenden Geschäfte • (voortbewegend) laufend ⋆ ~e band Fließband [o] ⋆ ~e patiënt ambulante(r) Patient [m]
loper • (boodschapper) Läufer [m], Geher [m] • (sleutel) Dietrich [m] • (tapijt) Läufer [m], ‹op piano› Tastenschoner [m] • (schaakstuk) Läufer [m]
lor Lumpen [m], Lappen [m] ▾ 't kan me geen lor schelen ich pfeife drauf ▾ geen lor keinen Deut
lord Lord [m]
lorgnet Kneifer [m], Zwicker [m]
lorrie Draisine [v]
los • (niet vast) locker, lose ⋆ een losse tand ein lockerer Zahn ⋆ een losse schroef eine lockere Schraube ⋆ honden los laten lopen Hunde frei herumlaufen lassen ⋆ losse voering lose(s) Futter [o] ⋆ losse vellen (papier) lose(n) Blätter • (apart) einzeln ⋆ los verkrijgbaar einzeln erhältlich ⋆ losse nummers Einzelnummern • (ongedwongen) locker, ungezwungen ⋆ een losse levenswandel ein lockerer Lebenswandel • (niet strak) locker ⋆ losse aarde lockere Erde [v] ▾ een losse tong hebben ein lockeres Mundwerk haben ▾ op losse schroeven ungewiss ▾ alles wat los en vast zit alles und jedes ▾ van God los zijn von allen guten Geistern verlassen
losbandig zügellos, ungebunden
losbarsten aufbersten, aufbrechen, losplatzen
losbladig Loseblatt- ⋆ als ~ systeem verschijnen in Loseblattform erscheinen ⋆ ~e uitgave Loseblattausgabe [v]
losbol lockere(r) Vogel [m]
losbranden losbrechen, loslegen ⋆ brandt u maar los! legen Sie mal los!
losbreken • (uitbarsten) losbrechen • (vrijkomen) losbrechen, ‹uit de gevangenis› ausbrechen
losgaan sich lockern, sich lösen
losgeld Lösegeld [o], ‹van ladingen› Löschgeld [o]
losgooien loswerfen
losjes • (niet vast) lose, locker • (luchthartig) locker ⋆ iets ~ opnemen etw. leicht nehmen

• (luchtig) *locker, leicht* ⋆ de meisjes waren ~ gekleed *die Mädchen waren leicht bekleidet*
loskomen • (losraken) *sich lösen* • (zich uiten) *herausbrechen* ⋆ eindelijk kwam ze los *endlich ging sie aus sich heraus* • (vrijkomen) *freikommen* ⋆ wanneer komt hij los? *wann kommt er frei?*
loskopen *freikaufen, loskaufen*
loskoppelen *loskuppeln,* ‹van honden› *loskoppeln*
loskrijgen • (in bezit krijgen) *losbekommen* • (los/vrij weten te krijgen) *loskriegen,* ‹van knoop› *lösen*
loslaten I [ov ww] • (vrijlaten) *loslassen, freilassen* ⋆ die gedachte laat mij niet meer los *dieser Gedanke lässt mich nicht mehr los* • (mededelen) *herauslassen* **II** [on ww] • (losgaan) *losgehen*
loslippig *geschwätzig*
loslopen *frei herumlaufen, umhergehen* ▾ dat zal wel ~ *das wird schon werden* ▾ dat is toch te gek om los te lopen! *das ist doch Wahnsinn!*
losmaken • (maken dat iets/iemand los wordt) *losmachen, lösen, auflösen,* ‹minder vast› *lockern* ⋆ een knoop ~ *einen Knoten lösen* • (oproepen) *auslösen* ⋆ het programma maakte veel emoties los *das Programm löste viele Emotionen aus*
losprijs *Lösegeld* [o]
losraken *sich lösen, sich lockern, loskommen*
losrukken *losreißen*
löss *Löss* [m]
losscheuren I [ov ww] • (losmaken) *losreißen, aufreißen* **II** [on ww] • (losgaan) *losreißen*
losschieten *aufspringen*
losschroeven *losschrauben, abschrauben*
lossen • (uitladen) *abladen, ausladen* ⋆ laden en ~ *ein- und ausladen* • (afschieten) *lösen, abfeuern* ⋆ een schot ~ *einen Schuss abfeuern*
los-vast *halb fest* ⋆ een ~e relatie *eine lose Beziehung*
losweg *leichthin*
losweken *loslösen, abweichen*
loswerken *herausarbeiten*
loszitten *locker sitzen* ▾ haar handen zitten nogal los *sie hat eine ziemlich lose/lockere Hand*
lot • (lotsbestemming) *Schicksal* [o], *Geschick* [o], ‹ongunstig› *Verhängnis* [o] ⋆ iem. aan zijn lot overlaten *jmdn. seinem Schicksal überlassen* • (loterijbriefje) *Los* [o] ▾ dat is een lot uit de loterij *das ist ein seltener Glücksfall*
loten *losen* ⋆ om iets ~ *um etw. losen*
loterij *Lotterie* [v]
lotgenoot *Schicksalsgenosse* [m]
lotgeval *Schicksal* [o] ⋆ de ~len van de wereldreiziger *die Abenteuer des Weltreisenden*
loting *Losen* [o] ⋆ bij ~ bepalen *durchs Los bestimmen*
lotion *Lotion* [v]
Lotje ▾ van ~ getikt zijn *nicht alle Tassen im Schrank haben*
lotto *Lotto* [o]
lottoformulier *Lottoschein* [m]
lotus *Lotus* [m]
lotuszit *Lotussitz* [m]
louche *zwielichtig*
lounge *Lounge* [v], ‹in hotel› *Hotelhalle* [v]
louter I [bnw] *lauter, bloß* ⋆ dat zijn ~ leugens *das sind reine Lügen* ⋆ hij doet het uit ~ medelijden *er macht es aus bloßem Mitleid* **II** [bijw] *lediglich, nur, rein* ⋆ ~ voor de lol *nur zum Spaß*
louteren *läutern*
loutering *Läuterung* [v]
louvredeur *Lamellentür* [v]
loven *preisen, lobpreisen,* ‹God› *loben* ⋆ God zij geloofd *Gott sei gelobt* ⋆ ~ en bieden *feilschen*
lover *Laub* [o]
loyaal *loyal*
loyaliteit *Loyalität* [v]
lozen • (ontdoen van) *loswerden* ⋆ zij probeerde hem te ~ *sie versuchte ihn loszuwerden* • (afwateren) *abführen*
lozing ‹m.b.t. het lichaam› *Ausscheidung* [v], ‹van water› *Entwässerung* [v], *Abführung* [v]
lp *LP (Langspielplatte)* [v]
LPG *Autogas* [o]
lts ≈ *Berufsschule für Technik* [v]
lubberen *ausleiern*
lucht • (atmosfeer) *Luft* [v] • (hemel) *Himmel* [m] ⋆ in de open ~ *im Freien* ⋆ de ~ klaart op/betrekt *der Himmel klärt sich auf/bezieht sich* ⋆ er zit onweer in de ~ *es ist ein Gewitter im Anzug* • (geur) *Geruch* [m], ‹aangenaam› *Duft* [m] • (adem) *Atem* [m], *Luft* [v] ▾ uit de ~ komen vallen *wie aus heiterem Himmel erscheinen* ▾ ~ van iets krijgen *Wind von etw. bekommen* ▾ dat is uit de ~ gegrepen *das ist aus der Luft gegriffen* ▾ er was geen vuiltje aan de ~ *es war kein Wölkchen am Himmel* ▾ het gelach was niet van de ~ *das Gelächter nahm kein Ende* ▾ ~ geven aan zijn gevoelens *seine Gefühle offen aussprechen*
lucht- *Luft-*
luchtaanval *Luftangriff* [m]
luchtafweer *Luftabwehr* [v]
luchtalarm *Luftalarm* [m], *Fliegeralarm* [m]
luchtballon *Luftballon* [m]
luchtband *Reifen* [m], ‹binnenband› *Schlauch* [m], ‹buitenband› *Mantel* [m]
luchtbed *Luftmatratze* [v]
luchtbel *Luftblase* [v]
luchtbrug • (loopbrug) *Verbindungsbrücke* [v] • (vliegtuigverbinding) *Luftbrücke* [v]
luchtcirculatie *Luftzirkulation* [v]
luchtdicht *luftdicht*
luchtdruk *Luftdruck* [m]
luchten • (ventileren) *lüften* • (uiten) *Luft machen* ⋆ zijn hart/toorn ~ *seinem Herzen/Zorn Luft machen* ▾ iem. niet kunnen ~ of zien *jmdn. nicht riechen können*
luchter • (kroonluchter) *Kronleuchter* [m] • (kandelaar) *Leuchter* [m]
luchtfoto *Luftaufnahme* [v]
luchtgekoeld *luftgekühlt*
luchthartig *sorglos, leichtherzig*
luchthaven *Flughafen* [m]
luchtig • (fris) *luftig* ⋆ ~ gekleed zijn *luftig gekleidet sein* • (licht) *locker* • (niet diepgaand) *locker, leicht*
luchtkasteel *Luftschloss* [o] ▾ luchtkastelen bouwen *Luftschlösser bauen*
luchtkoeling *Luftkühlung* [v]
luchtkoker *Luftschacht* [m]
luchtkussen *Luftkissen* [o]
luchtlaag *Luftschicht* [v]
luchtledig I [het] ▾ in het ~e praten *ins Blaue hinein reden* **II** [bnw] *luftleer*
luchtmacht *Luftwaffe* [v]
luchtpijp *Luftröhre* [v]
luchtpost *Luftpost* [v]
luchtreclame *Luftwerbung* [v]
luchtreis *Flugreise* [v]
luchtruim *Luftraum* [m]
luchtschip *Zeppelin* [m], *Luftschiff* [o]
luchtslag *Luftkampf* [m]
luchtspiegeling *Luftspiegelung* [v]
luchtsprong *Luftsprung* [m]

luchtstreek *(Klima)zone* [v], ‹form.› *Himmelstrich* [m]
luchtvaart *Luftfahrt* [v]
luchtvaartmaatschappij *Luftfahrtgesellschaft* [v]
luchtverdediging *Luftabwehr* [v]
luchtverfrisser *Raumspray* [o], ‹in wc› *Duftspender* [m]
luchtverkeer *Flugverkehr* [m]
luchtverontreiniging *Luftverschmutzung* [v]
luchtverversing *Lüftung* [v]
luchtvochtigheid *Luftfeuchtigkeit* [v]
luchtweerstand *Luftwiderstand* [m]
luchtwortel *Luftwurzel* [v]
luchtzak *Luftsack* [m]
luchtziek *luftkrank*
lucide *klar, hell*
lucifer *Streichholz* [o], *Zündholz* [o]
lucratief *lukrativ, einträglich*
ludiek *spielerisch*
luguber *unheimlich*
lui I [de] *Leute* [mv] ▾ mijn ouwe lui *meine Eltern* **II** [bnw] *faul, träge,* ‹hand.› *flau* ⋆ een lui leventje leiden *ein faules Leben führen* ⋆ een luie donder *ein Faulpelz* [m] ▾ hij is liever lui dan moe *er reißt sich kein Bein aus* ▾ een luie stoel *ein bequemer Sessel* [m]
luiaard • (persoon) *Faulenzer* [m], *Faulpelz* [m] • (dier) *Faultier* [o]
luid *laut*
luiden I [ov ww] • (geluid maken) *läuten* ⋆ de klok ~ *die Glocke läuten* **II** [on ww] • (klinken) *klingen,* ‹van klok, bel› *läuten* • (behelzen) ⋆ de brief luidde als volgt *der Brief lautete folgendermaßen*
luidkeels *aus vollem Halse, aus voller Kehle, lauthals*
luidruchtig *geräuschvoll, laut(stark), lärmend* ⋆ ~e kinderen *lärmende(n) Kinder*
luidspreker *Lautsprecher* [m]
luier *Windel* [v]
luieren *faulenzen*
luifel *Sonnenschirm* [m]
luik ‹in schip, vloer› *Luke* [v], ‹voor het raam› *Fensterladen* [m]
luilak *Faulpelz* [m]
luilekkerland *Schlaraffenland* [o]
luim *Laune* [v]
luipaard *Leopard* [m]
luis *Laus* [v]
luister *Glanz* [m], *Pracht* [v], ‹roem, eer› *Ruhm* [m]
luisteraar *Zuhörer* [m]
luisterdichtheid *Hörbeteiligung* [v]
luisteren • (gehoorzamen) *hören auf, gehorchen* ⋆ naar iem. ~ *auf jmdn. hören* • (toehoren) *(zu)hören,* ‹oplettend› *horchen* ⋆ luister eens! *hör mal!* ⋆ naar de radio ~ *Radio hören* ⋆ naar een spreekster ~ *einer Rednerin zuhören* • (~ **naar**) *hören (auf)* ⋆ naar de naam Jan ~ *auf den Namen Jan hören* ▾ dat luistert nauw *das erfordert große Genauigkeit*
luistergeld *Rundfunkgebühr* [v]
luisterlied ≈ *Chanson* [o]
luisterrijk *glanzvoll, prachtvoll*
luistervaardigheid *Hörverständnis* [o]
luistervink *Lauscher* [m], *Horcher* [m]
luit *Laute* [v]
luitenant *Leutnant* [m]
luitenant-generaal *Generalleutnant* [m]
luitenant-kolonel *Oberstleutnant* [m]
luiwagen *Wischer* [m]
luiwammes *Faulpelz* [m]
luizen *lausen* ▾ iem. erin ~ *jmdn. hereinlegen* ▾ hij is erin geluisd *er ist drauf reingefallen*
luizenbaan *ruhige(r) Posten* [m]
lukken *glücken, gelingen* ⋆ zonder Lucie zou het niet gelukt zijn *ohne Lucie wäre es nicht gelungen*
lukraak *aufs Geratewohl, auf gut Glück*
lul • (penis) *Schwanz* [m], *Pimmel* [m] • (persoon) *Trottel* [m], *Dussel* [m] ▾ waarom ben ik altijd de lul? *warum muss ich immer dran glauben?* ▾ iem. voor lul zetten *jmdn. zum Gespött machen*
lulkoek *Quatsch* [m]
lullen *schwatzen, schwafeln*
lullig • (klungelig) *dusselig* • (onaangenaam) *doof, blöd* • (kinderachtig) *albern, simpel*
lumineus *glänzend, vortrefflich*
lummel *Lümmel* [m]
lummelen *herumlungern, herumlümmeln*
lummelig *lümmelhaft*
lumpsum *Pauschalsumme* [v]
lunapark *Vergnügungspark* [m], *Rummelplatz* [m]
lunch *Lunch* [m]
lunchconcert *Mittagskonzert* [o]
lunchen *lunchen*
lunchpakket *Lunchpaket* [o]
lunchroom *Café* [o]
luren ▾ iem. in de ~ leggen *jmdn. hereinlegen*
lurken *lutschen,* ‹drinken› *schlürfen*
lurven ▾ iem. bij zijn ~ pakken *jmdn. beim/am Wickel packen*
lus *Schlinge* [v], ‹handgreep› *Schlaufe* [v], ‹van kledingstuk, handdoek› *Aufhänger* [m], ‹vorm van lus› *Schleife* [v]
lust • (zin) *Lust* [v] ⋆ de lust verging haar *ihr verging die Lust* ⋆ iem. de lust tot iets benemen *jmdm. etw. verleiden* • (verlangen) *Lust* [v] ⋆ zijn lusten botvieren *seine Lust befriedigen* • (plezier) *Lust* [v], *Vergnügen* [o], *Freude* [v] ⋆ een lust voor het oog *eine Augenweide*
lusteloos *lustlos*
lusten *mögen* ⋆ lust je nog wat? *möchtest du noch etw.?* ⋆ ik lust geen wijn *ich mag keinen Wein* ▾ ik lust hem rauw! *er soll nur kommen!* ▾ hij zal ervan ~ *er bekommt sein Fett*
lusthof *Lustgarten* [m]
lustig • (monter) *lustig, heiter, fröhlich* • (flink) *tüchtig*
lustmoord *Lustmord* [m]
lustmoordenaar *Lustmörder* [m]
lustobject *Lustobjekt* [o]
lustrum • (viering) *Fünfjahresfeier* [v] • (vijfjarig bestaan) *Jahrfünft* [o], ‹gesch.› *Lustrum* [o]
luthers *lutherisch*
luttel *klein, gering(fügig)*
luw • (uit de wind) *windstill* • (vrij warm) *lau, mild*
luwen *sich legen, nachlassen,* ‹van wind› *abflauen*
luwte *Windschatten* [m]
luxe *Luxus* [m]
Luxemburg *Luxemburg* [o]
Luxemburger *Luxemburger* [m]
Luxemburgs I [het] *Luxemburgisch(e)* [o] **II** [bnw] *luxemburgisch*
luxueus *luxuriös*
lyceïst *Gymnasiast* [m]
lyceum ≈ ‹atheneum› *neusprachliche(s) Gymnasium* [o], ‹gymnasium› *altsprachliche(s) Gymnasium* [o]
lychee *Litschi* [v]
lymfklier *Lymphdrüse* [v]
lynchen *lynchen*
lynx *Luchs* [m]
lyriek *Lyrik* [v]
lyrisch *lyrisch* ⋆ ~ dichter *Lyriker* [m]

M

m M [o]
ma *Mama* [v]
maag *Magen* [m] ⋆ het eten ligt hem zwaar op de maag *das Essen liegt ihm schwer im Magen* ▾ iem. iets in de maag splitsen *jmdm. etw. aufschwatzen* ▾ ergens mee in de maag zitten *auf etw. sitzen bleiben*
maagbloeding *Magenblutung* [v]
maagd • (sterrenbeeld) *Jungfrau* [v] • (vrouw) *Jungfrau* [v]
maagdelijk • (van een maagd) *jungfräulich* • (zuiver) ⋆ ~ woud *Urwald* [m]
maagdelijkheid *Jungfräulichkeit* [v]
Maagdenburg *Magdeburg* [o]
maagdenvlies *Jungfernhäutchen* [o]
maagklacht *Magenbeschwerden* [mv]
maagkwaal *Magenleiden* [o]
maagpatiënt *Magenkranke(r)* [m]
maagpijn *Magenschmerzen* [mv]
maagsap *Magensaft* [m]
maagwand *Magenwand* [v]
maagzuur • (sap in de maag) *Magensäure* [v] • (branderig gevoel in de maag) *Sodbrennen* [o]
maagzweer *Magengeschwür* [o]
maaien *mähen*, ‹van gras› *schneiden*
maaier *Mäher* [m]
maaimachine *Mähmaschine* [v]
maak • (het maken) *Arbeit* [v], *Bearbeitung* [v] ⋆ mijn nieuw pak is in de maak *mein neuer Anzug wird gerade angefertigt* ⋆ de wet is in de maak *das Gesetz ist in Vorbereitung* • (het repareren) *Reparatur* [v] ⋆ mijn fiets is in de maak *mein Fahrrad ist in Reparatur*
maakbaar *machbar*
maakloon *Arbeitskosten* [v]
maaksel • (product) *Produkt* [o], *Erzeugnis* [o], ‹pej.› *Machwerk* [o] • (manier waarop iets gemaakt is) *Konstruktion* [v]
maakwerk *Maßarbeit* [v]
maal I [de] *Mal* [o] ⋆ voor de eerste maal *zum ersten Mal* **II** [het] *Mahl* [o]
maalstroom *Mahlstrom* [m], *Wirbel* [m], *Strudel* [m]
maalteken *Malzeichen* [o]
maaltijd *Mahlzeit* [v]
maan *Mond* [m] ⋆ nieuwe maan *Neumond* ⋆ volle maan *Vollmond* ⋆ bij heldere maan *bei hellem Mondschein* ▾ loop naar de maan! *scher dich zum Teufel!* ▾ zijn hele vermogen is naar de maan *sein ganzes Vermögen ist zum Kuckuck* ▾ je kunt naar de maan lopen *du kannst mir den Buckel runterrutschen*
maand *Monat* [m] ⋆ per ~ *monatlich; pro Monat* ⋆ per twee ~en *zweimonatlich* ⋆ een verblijf van twee ~en *ein zweimonatiger Aufenthalt* ⋆ een betalingstermijn van drie ~en *eine Zahlungsfrist von drei Monaten*
maandabonnement ‹van tijdschrift of krant› *Monatsabonnement* [o], ‹voor entree of reizen› *Monatskarte* [v]
maandag *Montag* [m] ▾ een blauwe ~ *für kurze Zeit*
maandags • (van/op maandag) *montags* • (elke maandag) *montäglich*
maandblad *Monatsheft* [o], *Monatsschrift* [v]
maandelijks *monatlich, Monats-*
maandenlang *monatelang*
maandgeld • (loon) *Monatslohn* [m], *Monatsgehalt* [o] • (inkomsten) *Monatsverdienst* [m]
maandkaart *Monatskarte* [v]
maandsalaris *Monatsgehalt* [o]
maandverband *Damenbinde* [v], *Monatsbinde* [v]
maanlanding *Mondlandung* [v]
maanlicht *Mondlicht* [o]
maansverduistering *Mondfinsternis* [v]
maanzaad *Mohn* [m]
maar I [het] *Aber* [o] ⋆ geen maren! *nur kein Aber!* ⋆ er is een maar bij *die Sache hat einen Haken* **II** [bijw] • (slechts) *nur* ⋆ dat zijn allemaal maar woorden *das sind alles bloß Worte* • (toch) ⋆ het wil maar niet lukken *es will einfach nicht gelingen* **III** [vw] *aber*, ‹na een ontkenning› *sondern* ⋆ zijn vader is dood, maar zijn moeder leeft nog *sein Vater ist tot, aber seine Mutter lebt noch* ⋆ hij is niet rijk maar arm *er ist nicht reich, sondern arm* ⋆ niet alleen ..., maar ook *nicht nur ..., sondern auch*
maarschalk *Marschall* [m]
maart *März* [m]
maarts *März-, märzlich* ⋆ ~e bui *Märzschauer* [m]
Maas *Maas* [v]
maat • (makker) *Kamerad* [m] • (meeteenheid) *Maß* [o] ⋆ maten en gewichten *Maße und Gewichte* • (iets waarmee men meet) *Hohlmaß* [o], *Maß* [o] • (afmeting) *Maß* [o], ‹kleding› *Größe* [v] ⋆ op maat *nach Maß* • (gematigdheid) *Maß* [o] • (hand.) *Gesellschafter* [m], *Partner* [m] • (muz.) *Takt* [m] ⋆ op de maat *im Takt* ▾ met twee maten meten *mit zweierlei Maß messen* ▾ de maat is vol *das Maß ist voll*
maatbeker *Messbecher* [m]
maatgevend *maßgebend*
maatgevoel *Taktgefühl* [o]
maatglas *Messglas* [o]
maathouden ‹muz.› *den Takt halten* • (zich niet te buiten gaan) *Maß halten*
maatje • (vriend) *Kamerad* [m], ‹inf.› *Kumpel* [m] • (deciliter) *kleine(s) Maß* [o]
maatjesharing *Matjes(hering)* [m]
maatkleding *Maßkonfektion* [v]
maatkostuum *Maßanzug* [m]
maatregel *Maßnahme* [v], ‹corrigerend ingrijpen› *Maßregel* [v] ⋆ algemene ~ van bestuur ≈ *Durchführungsgesetz* [o] ⋆ ~en nemen *Maßnahmen ergreifen/treffen*
maatschap *Gesellschaft* [v]
maatschappelijk • (behorend tot een maatschap) *Gesellschafts-* ⋆ ~ kapitaal *Grundkapital* [o] • (sociaal) *gesellschaftlich, sozial* ⋆ ~ werk *Sozialarbeit* [v] ⋆ ~ werkster *Sozialarbeiterin* [v]
maatschappij *Gesellschaft* [v]
maatschappijleer *Sozialkunde* [v], *Gemeinschaftskunde* [v]
maatstaf *Maßstab* [m] ⋆ dit kan niet tot ~ dienen *dies kann nicht maßgebend sein*
maatstok • (meetlat) *Zollstock* [m] • (dirigeerstok) *Taktstock* [m]
maatstreep *Maßeinteilung* [v], ‹muz.› *Taktstrich* [m]
maatwerk *Maßarbeit* [v]
macaber *makaber*
macadam *Makadam* [m/o]
Macao *Macau* [o]
macaroni *Makkaroni* [mv]
Macedonië *Mazedonien* [o], *Makedonien* [o]
Macedoniër *Mazedonier* [m], *Makedonier* [m]
Macedonisch *Mazedonisch(e)* [o], *Makedonisch(e)* [o]

mach *Mach* [o]
machinaal • (met machines) *maschinell, mechanisch, Maschinen-* ⋆ ~ vervaardigen *maschinell herstellen* ⋆ machinale spinnerij *Maschinenspinnerei* [v] • (werktuiglijk) *mechanisch, maschinenmäßig, maschinell*
machine *Maschine* [v]
machinebankwerker *Maschinenschlosser* [m]
machinegeweer *Maschinengewehr* [o]
machinekamer *Maschinenraum* [m], *Maschinenhaus* [o]
machinepark *Maschinenpark* [m]
machinepistool *Maschinenpistole* [v]
machinerie *Maschinerie* [v]
machinist *Maschinist* ‹scheepv.› ‹techn.› [m], *Maschinenmeister* [m], ‹spoorwegen› *Lokomotivführer* [m], *Lokführer* [m]
macho I [de] *Macho* [m] **II** [bnw] *macho*
macht • (vermogen) *Macht* [v], *Stärke* [v], *Kraft* [v] ⋆ uit alle ~ *aus Leibeskräften* ⋆ bij ~e zijn *imstande/im Stand(e) sein* ⋆ dat gaat boven mijn ~ *das übersteigt meine Kräfte* ⋆ ik heb het in mijn ~ *es steht in meiner Macht* • (leger) *Macht* [v] • (gezag) *Macht* [v], *Gewalt* [v] ⋆ aan de ~ komen *an die Macht gelangen* ⋆ ouderlijke ~ *elterliche Gewalt* ⋆ iem. in zijn ~ krijgen *jmdn. in seine Gewalt bekommen* • (mogendheid) *Macht* [v] ⋆ oorlogvoerende ~en *Krieg führende(n) Mächte* • (wisk.) *Potenz* [v]
machteloos *machtlos*, ‹krachteloos› *kraftlos* ⋆ machteloze woede *ohnmächtige Wut* [v]
machthebber *Gewalthaber* [m], *Machthaber* [m]
machtig I [bnw] • (veel macht hebbend) *mächtig, einflussreich* • (beheersend) *mächtig* ⋆ een taal ~ zijn *einer Sprache mächtig sein; eine Sprache beherrschen* • (moeilijk te verteren) *schwer (verdaulich/bekömmlich)* • (indrukwekkend) *gewaltig* ⋆ een ~ verschil *ein gewaltiger Unterschied* **II** [bijw] *außerordentlich, riesig, mächtig*
machtigen *ermächtigen, bevollmächtigen*
machtiging *Ermächtigung* [v], *Vollmacht* [v] ⋆ iem. ~ verlenen *jmdn. ermächtigen/bevollmächtigen; jmdm. eine Vollmacht erteilen*
machtsevenwicht *Gleichgewicht der Mächte* [o]
machtsmiddel *Machtmittel* [o]
machtsmisbruik *Machtmissbrauch* [m]
machtspositie *Machtposition* [v]
machtsstrijd *Machtkampf* [m]
machtsverheffing *Potenzierung* [v]
machtsverhouding *Machtverhältnis* [o] ⋆ gewijzigde ~en *veränderte Machtverhältnisse*
machtsvertoon *Machtdemonstration* [v] ⋆ met veel ~ *mit einem großen Aufgebot an Kräften*
machtswellust *Machtgier* [v], *Machtbegierde* [v]
macramé *Makramee* [o]
macrobiotiek *Makrobiotik* [v]
macrobiotisch *makrobiotisch*
macrokosmos *Makrokosmos* [m]
Madagaskar *Madagaskar* [o]
madam • (bordeelhoudster) *Puffmutter* [v] • (vrouw) *Madam* [v] ⋆ de ~ uithangen *die Madam spielen*
made *Made* [v]
madeliefje *Gänseblümchen* [o]
madera *Madeira* [m]
madonna *Madonna* [v]
Madrid *Madrid* [o]
madrigaal *Madrigal* [o]
maf *blöde, idiotisch*
maffen ‹inf.› *pennen*
maffia *Maf(f)ia* [v]
mafkees *Vollidiot* [m]
magazijn • (opslagplaats) *Lager* [o], *Lagerhaus* [o], *Lagerraum* [m] • (winkel) *Warenhaus* [o], *Kaufhaus* [o] • (patroonruimte van geweer) *Magazin* [o]
magazijnbediende *Lagerarbeiter* [m]
magazijnmeester *Lagerverwalter* [m]
magazine *Magazin* [o], *Illustrierte* [v]
mager • (dun) *mager, dünn*, ‹heel erg mager› *dürr* ⋆ lang en ~ *hager* • (pover) *dürftig, schwach, kärglich* • (niet vet) *mager, fettarm* ⋆ ~e melk *Magermilch* [v]
magertjes *mager*, ‹armoedig› *dürftig, ärmlich*, ‹karig› *kärglich*
maggiblokje ® *Brühwürfel* [m]
magie *Magie* [v]
magiër *Magier* [m]
magisch *magisch*
magistraal *meisterhaft*, ‹meesterachtig› *magistral*
magistraat *Magistrat* [m], *Stadtrat* [m]
magistratuur • (waardigheid) ‹openbaar aanklager› *Amt des Staatsanwalts* [o], ‹rechter› *Richteramt* [o] • (rechterlijke macht) *Richterschaft* [v], ‹Openbaar Ministerie› *Staatsanwaltschaft* [v]
magma *Magma* [o]
magnaat *Magnat* [m]
magneet *Magnet* [m]
magneetnaald *Magnetnadel* [v]
magneetschijf *Magnetplatte* [v]
magnesium *Magnesium* [o]
magnetisch *magnetisch* ⋆ ~ veld *Magnetfeld* [o]
magnetiseren *magnetisieren*
magnetiseur *Magnetiseur* [m]
magnetisme *Magnetismus* [m]
magnetron • (oven) *Mikrowellenherd* [m] • (elektronenbuis) *Magnetron* [o]
magnifiek *wunderbar, großartig, prachtvoll, prächtig, herrlich*
magnolia *Magnolie* [v]
mahonie *Mahagoni* [o]
maidenspeech *Antrittsrede* [v]
maidentrip ‹schip› *Jungfernfahrt* [v], ‹vliegtuig› *Jungfernflug* [m]
mailing ⋆ direct ~ *Direktwerbung* [v]
maillot *Strumpfhose* [v]
maïs *Mais* [m]
maïskolf *Maiskolben* [m]
maisonnette *Maisonette* [v]
maîtresse *Geliebte* [v], ‹vero.› ↑ *Mätresse* [v]
maïzena *Maisstärkepuder* [m], *Maizena* [o]
majesteit *Majestät* [v] ⋆ Uwe/Hare/Zijne Majesteit *Eure/Ihre/Seine Majestät*
majesteitsschennis *Majestätsbeleidigung* [v]
majestueus *majestätisch*
majeur *Dur* [o] ⋆ in A ~ *in A-Dur*
majoor *Major* [m]
majordomus *Majordomus* [m]
majorette *Funkenmariechen* [o]
majuskel *Majuskel* [v], *Großbuchstabe* [m]
mak • (tam) *zahm* • (meegaand) *gefügig, zahm* ⋆ zo mak als een lam *lammfromm*
makelaar *Makler* [m], ‹huizen› *Immobilienhändler* [m] ⋆ ~ in effecten *Börsenmakler* [m]
makelaardij • (bedrijf) *Maklergeschäft* [o] • (beroep) *Maklergewerbe* [o]
makelaarsloon *Courtage* [v], *Maklergebühr* [v], *Maklerprovision* [v]
makelij *Bauart* [v], ‹bij kleding› *Schnitt* [m], *Machart* [v]
maken • (doen ontstaan) *machen* • (vervaardigen) *herstellen, machen* • (herstellen)

machen, wiederherstellen • (doen) *machen* ⋆ iem. niets kunnen ~ *jmdm. nichts anhaben können* ⋆ ik wil niets met hem te ~ hebben *ich will mit ihm nichts zu schaffen haben* ⋆ daar heb je niets mee te ~ *das geht dich nichts an* ⋆ hoe maakt u het? *wie geht es Ihnen?* • (veroorzaken) *zur Folge haben, machen* ⋆ iem. aan het lachen ~ *jmdn. zum Lachen bringen*

maker *Hersteller* [m], ‹boek› *Verfasser* [m], ‹bouwsel› *Erbauer* [m], ‹muziek› *Komponist* [m]

make-up *Make-up* [o] ⋆ ~ verwijderen *(sich) abschminken*

makkelijk *einfach, leicht*

makker *Gefährte* [m], *Kamerad* [m]

makkie ⋆ dat is een ~ *das ist doch leicht/einfach*

makreel *Makrele* [v]

mal I [de] *Schablone* [v], *Modell* [o], ‹tekengereedschap› *Schablone* [v] **II** [bnw] *verrückt* ⋆ ben je mal? *du bist wohl verrückt?* ▾ iem. voor de mal houden *jmdn. zum Narren halten*

malafide *mala fide*

malaise • (gedrukte stemming) *Malaise/Maläse* [v] • (economische neergang) *Rezession* [v], *Depression* [v], *Flaute* [v]

malaria *Malaria* [v]

Malawi *Malawi* [o]

Malediven *Malediven* [mv]

Maleis I [het] *malaiische Sprache* [v] **II** [bnw] *malaiisch*

Maleisië *Malaysia* [o]

malen I [ov ww] • (fijnmalen) *mahlen* ▾ wie het eerst komt, het eerst maalt *wer zuerst kommt, mahlt zuerst* **II** [on ww] • (piekeren) *mahlen* ⋆ dat maalt hem door het hoofd *er grübelt darüber* • (raaskallen) *irrereden, faseln* ⋆ ~de zijn *faseln* ▾ ik maal er niet om, dat ... *es ist mir egal, dass ...*

Mali *Mali* [o]

maliënkolder *Ringpanzer* [m], *Kettenpanzer* [m], *Panzerhemd* [o]

maling ▾ ik heb er ~ aan *ich pfeife drauf* ▾ iem. in de ~ nemen *jmdn. durch den Kakao ziehen*

mallemoer ▾ die fiets is naar z'n ~ *das Fahrrad ist hinüber* ▾ dat interesseert me geen ~ *das interessiert mich keinen Dreck*

mallemolen *Karussell* [o]

malligheid *Unsinn* [m], *Quatsch* [m], *dumme(s) Zeug* [o]

malloot *Witzbold* [m]

mals • (zacht) *zart, weich,* ‹sappig› *saftig* • (mild) *mild, leicht, gelinde* • (weldadig) *sacht, gelinde, sanft, mild, zart* ▾ dat is niet mals *das ist ganz schön heftig*

Malta *Malta* [o]

maltraiteren *malträtieren*

malversatie *Veruntreuung* [v], *Unterschlagung* [v]

mama *Mama* [v]

mammoet *Mammut* [o]

mammoettanker *Mammuttanker* [m], *Supertanker* [m]

mammon *Mammon* [m]

man *Mann* [m] ⋆ hij is er de man niet naar *so ist er nicht* ⋆ de gewone man *der Mann auf der Straße* ▾ een man een man, een woord een woord *ein Mann, ein Wort* ▾ een man van de wereld *ein Mann von Welt* ▾ een man uit één stuk *ein ganzer Mann* ▾ iem. iets recht op de man af zeggen *jmdm. etw. auf den Kopf zusagen* ▾ aan de man komen *unter die Haube kommen*

management *Management* [o]

manager *Manager* [m]

manche ‹bridge› *Partie* [v], ‹onderdeel van een wedstrijd› *Durchgang* [m], ‹wielrennen› *Lauf* [m]

manchet *Manschette* [v]

manchetknoop *Manschettenknopf* [m]

manco *Manko* [o], ‹bedrag› *Fehlbetrag* [m], ‹gewicht› *Fehlgewicht* [o], ‹hoeveelheid› *Fehlmenge* [v]

mand *Korb* [m] ▾ door de mand vallen *sich verraten*

mandaat • (volmacht) *Vollmacht* [v], *Bevollmächtigung* [v] • (opdracht) *Mandat* [o] • (bevelschrift) *Mandat* [o] ⋆ ~ tot betaling *Zahlungsbefehl* [m]; *Mahnbescheid* [m]

mandarijn • (vrucht) *Mandarine* [v] • (Chinese staatsambtenaar) *Mandarin* [m]

mandekking *Manndeckung* [v]

mandoline *Mandoline* [v]

manege *Reitschule* [v], *Manege* [v]

manen I [de] *Mähne* [v] ⋆ een leeuw heeft ~ *Löwen haben eine Mähne* **II** [ov ww] *mahnen*

maneschijn *Mondschein* [m]

mangaan *Mangan* [o]

mangel *Wäschemangel* [v], *Mangel* [v] ▾ door de ~ gehaald worden *in die Mangel genommen werden*

mangelen *mangeln*

mango *Mango* [v]

mangrove *Mangrove* [v]

manhaftig *mannhaft, unerschrocken*

maniak *Monomane* [m], *Fanatiker* [m]

maniakaal *manisch*

manicure • (handverzorger) *Maniküre* [v] • (handverzorging) *Maniküre* [v], *Handpflege* [v]

manicuren *maniküren*

manie *Manie* [v]

manier • (wijze) *Art* [v], *Weise* [v], ‹gewoonte› *Art* [v], *Gewohnheit* [v] ⋆ op deze ~ *auf diese/in dieser Weise* ⋆ de ~ waarop ... *die Art und Weise, wie ...* ⋆ ~ van handelen *Handlungsweise* ⋆ dat is zo zijn ~ van doen *das ist so seine Art* • (omgangsvormen) *Umgangsformen* [mv], *Manieren* [mv] ⋆ losse ~en hebben *sich ungezwungen bewegen*

maniërisme *Manierismus* [m]

maniertje • (foefje) *Trick* [m], *Kniff* [m], *Kunstgriff* [m] • (gekunsteldheid) ⋆ ~s hebben *affektiert sein*

manifest I [het] *Manifest* [o] **II** [bnw] *deutlich, handfest, manifest, eindeutig*

manifestatie • (vertoning) *Zurschaustellung* [v], *Darbietung* [v] • (verschijning) *Manifestation* [v] • (betoging) *Kundgebung* [v]

manifesteren I [ov ww] • (kenbaar maken) *bekunden, zum Ausdruck bringen* **II** [on ww] • (betoging houden) *demonstrieren* **III** [wkd ww] *sich manifestieren, in Erscheinung treten*

manipulatie *Manipulation* [v]

manipuleren *manipulieren*

manisch *manisch* ⋆ ~-depressief *manisch-depressiv*

manjaar ≈ *Jahresarbeitspensum pro Person* [o]

mank *lahm* ⋆ mank lopen *lahm gehen;* ‹paard› *lahmen* ▾ elke vergelijking gaat mank *jeder Vergleich hinkt*

mankement *Defekt* [m], ‹fout› *Fehler* [m], ‹gebrek› *Mangel* [m], ‹lichaamsgebrek› *Gebrechen* [o], ‹schade› *Schaden* [m]

mankeren *fehlen*

mankracht • (menselijke kracht) *menschliche Arbeitskraft* [v] • (arbeidskrachten) *Arbeitskräfte* [mv], ‹leger› *Truppenstärke* [v]

manmoedig *beherzt, mannhaft*

manna *Manna* [o]

mannelijk *männlich*
mannengek *mannstoll, nymphoman*
mannenkoor Männerchor [m]
mannequin • (persoon) Mannequin [o] • (etalagepop) *Schaufensterpuppe* [v]
mannetje • (kleine man) Männlein [o], Männchen [o] • (dier) Männchen [o] • (persoon) Mann [m] ⋆ een ~ sturen *jmdn. schicken* ▾ zijn ~ staan *seinen Mann stehen*
mannetjesputter Kraftmensch [m]
manoeuvre Manöver [o] ⋆ op ~ gaan ins Manöver ziehen ⋆ tijdens de ~s im Manöver
manoeuvreren *manövrieren*, ‹leger› ein Manöver abhalten
manometer Manometer [o]
mans ▾ hij is heel wat mans *er geht ran wie Blücher* ▾ mans genoeg zijn *Manns genug sein*
manschappen Mannschaften [mv]
manshoog *mannshoch*
manspersoon Mannsbild [o], Mann [m]
mantel Mantel [m] ▾ iem. de ~ uitvegen *jmdm. den Kopf waschen; jmdm. die Leviten lesen; jmdn. abkanzeln*
mantelpak Kostüm [o]
manueel *manuell*
manufacturen Manufakturwaren [mv], Tuchwaren [mv]
manuscript Manuskript [o], ‹handschrift› Handschrift [v]
manusje-van-alles Mädchen *für alles* [o], Faktotum [o]
manuur ≈ *Arbeitspensum einer Person in einer Stunde* [o]
manwijf Mannweib [o]
manziek *mannstoll*
map Mappe [v]
maquette Maquette [v]
marathon Marathon [m]
marathonzitting Marathonsitzung [v]
marchanderen *feilschen*
marcheren *marschieren*
marconist Funker [m]
mare • (bericht) Kunde [v] • (gerucht) Gerücht [o] • (kratermeer) Maar [o]
marechaussee Militärpolizei [v], ‹aan grens› Grenzschutz [m]
maren ⋆ altijd iets te ~ hebben *immer etw. einzuwenden haben*
maretak Mistel [v]
margarine Margarine [v]
marge • (kantlijn) Rand [m] ⋆ aantekening in de ~ Randbemerkung [v] • (speelruimte) Spielraum [m], Marge [v] • (verschil) Spanne [v], Marge [v]
marginaal • (op de rand) *marginal, Grenz-* ⋆ marginale opbrengst Grenzertrag [m] ⋆ marginale groepen Randgruppen • (van weinig belang) *gering, unbedeutend*
margriet Margerite [v]
marihuana Marihuana [o] ⋆ ~ roken ‹inf.› *kiffen*
marinade Marinade [v]
marine Marine [v]
marinebasis ‹binnenland› Marinestation [v], ‹buitenland› Flottenstützpunkt [m]
marineblauw *marineblau*
marineren *marinieren*
marinier Marinesoldat [m]
marionet Marionette [v]
marionettenregering Marionettenregierung [v]
maritiem *maritim*
marjolein Majoran [m]
mark Mark [v]
markant *markant*
markeren *markieren* ▾ de pas ~ *auf der Stelle treten*
marketing Marketing [o]
markies • (edelman) Marquis [m] • (zonnescherm) Markise [v]
markt Markt [m] ⋆ een product op de ~ brengen *ein Produkt vermarkten* ⋆ voor de ~ geschikt *marktgängig* ▾ van alle ~en thuis zijn *mit allen Wassern gewaschen sein*
marktaandeel Marktanteil [m]
markten I [ov ww] • (te koop aanbieden) *auf den Markt bringen* **II** [on ww] • (de markt bezoeken) *auf den Markt gehen*
marktkoopman Markthändler [m]
marktkraam Marktbude [v], Marktstand [m]
marktleider Marktführer [m]
marktmechanisme Marktmechanismus [m]
marktonderzoek Marktforschung [v] ⋆ bureau voor ~ Marktforschungsinstitut [o]
marktprijs Marktpreis [m]
marktverkenning Marktanalyse [v]
marktwaarde Marktwert [m]
marmelade Marmelade [v]
marmer Marmor [m]
marmeren I [bnw] *Marmor-, marmorn* ⋆ ~ plaat Marmorplatte [v] **II** [ov ww] *marmorieren*
marmot Murmeltier [o], ‹cavia› Meerschweinchen [o] ▾ hij slaapt als een ~ *er schläft wie ein Murmeltier*
Marokkaan Marokkaner [m]
Marokko Marokko [o]
mars I [de] • (voettocht) Marsch [m] • (muz.) Marsch [m] ▾ heel wat in zijn mars hebben *ganz schön was auf dem Kasten haben* ▾ hij heeft niet veel in zijn mars *er hat die Weisheit nicht mit Löffeln gegessen* **II** [tw] *marsch!*
Mars Mars [m]
Marsbewoner Marsbewohner [m]
marsepein Marzipan [o]
Marshalleilanden Marshallinseln [mv]
marskramer Hausierer [m]
marsmannetje Marsmännchen [o]
marsorder Marschbefehl [m]
martelaar Märtyrer [m]
martelaarschap Martyrium [o], Märtyrertum [o]
marteldood Martertod [m], Märtyrertod [m]
martelen *martern, foltern*
martelgang Martyrium [o]
marteling Marterung [v], ‹foltering› Folter [v], ‹kwelling› Qual [v]
marteltuig Folterwerkzeuge [mv], Marterinstrumente [mv]
marter I [de] Marder [m] **II** [het] Marderpelz [m]
martiaal *martialisch*
marxisme Marxismus [m]
marxist Marxist [m]
marxistisch *marxistisch*
mascara Mascara [o], Wimperntusche [v]
mascotte Maskottchen [o]
masker Maske [v]
maskerade Maskenzug [m], Maskerade [v]
maskeren *maskieren*
masochisme Masochismus [m]
masochist Masochist [m]
masochistisch *masochistisch*
massa Masse [v] ⋆ de grote ~ *die breite Masse*
massaal • (een groot geheel vormend) *massiv, massig* • (in massa) *massenhaft, massiv* ⋆ ~ verzet bieden *massiven Widerstand leisten* ⋆ een massale betoging *eine Massenkundgebung* ⋆ ~ optreden *massenhaft auftreten*
massacommunicatie Massenkommunikation [v]

M

massacultuur *Massenkultur* [v]
massage *Massage* [v]
massagraf *Massengrab* [o]
massamedium *Massenmedium* [o]
massamoord *Massenmord* [m]
massaproductie *Massenproduktion* [v], *Massenerzeugung* [v]
massaregie *Lenkung der Masse* [v]
masseren • (knedend behandelen) *massieren* • (biljart) *einen Kopfstoß geben*
masseur *Masseur* [m]
massief I [het] *Massiv* [o] **II** [bnw] • (niet hol) *massiv* • (stevig) ⋆ massieve band *Vollgummireifen* [m]
mast *Mast* [m]
mastodont *Mastodon* [o]
masturbatie *Masturbation* [v], *Onanie* [v]
masturberen *masturbieren, onanieren*
mat I [de] ‹kleed› *Matte* [v], ‹scherm› *Matte* [v], ‹zitting› *Strohsitz* [m] ▾ de groene mat *der grüne Rasen* **II** [bnw] • (dof) *matt* • (moe) *matt* • (schaakmat) *schachmatt*
matador *Matador* [m]
mate *Maß* [o] ⋆ in meerdere of mindere mate *mehr oder weniger* ⋆ in zekere mate *gewissermaßen* ⋆ in welke mate *inwiefern*
mateloos *maßlos, grenzenlos*
materiaal *Material* [o]
materialisme *Materialismus* [m]
materialist *Materialist* [m]
materialistisch *materialistisch*
materie • (onderwerp) *Materie* [v], *Angelegenheit* [v], *Thema* [o] • (stof) *Materie* [v], *Stoff* [m], *Substanz* [v]
materieel I [het] *Gerät* [o], *Material* [o] ⋆ rollend ~ *Fuhr-/Wagenpark* [m] **II** [bnw] *materiell* ⋆ materiële schade *Sachschaden* [m]
matglanzend *matt glänzend*
matglas *Mattglas* [o], *mattierte(s) Glas* [o]
matheid • (dofheid) *Trübheit* [v] • (vermoeidheid) *Apathie* [v]
mathematisch *mathematisch*
matig *mäßig*
matigen *mäßigen*
matiging *Mäßigung* [v]
matinee *Matinee* [v], *Vormittagsvorstellung* [v]
matineus *morgendlich* ⋆ hij is ~ *er ist ein Frühaufsteher*
matje *Matte* [v], ‹op tafel› *Untersetzer* [m] ▾ iem. op het ~ roepen *jmdn. (herbei)zitieren*
matras *Matratze* [v]
matriarchaal *matriarchalisch*
matrijs *Matrize* [v], ‹snij-ijzer› *Gesenk* [o]
matrix *Matrix* [v]
matrixprinter *Matrixdrucker* [m]
matrone • (deftige oudere dame) *Matrone* [v] • (bazige vrouw) *Xanthippe* [v]
matroos *Matrose* [m]
matrozenpak *Matrosenanzug* [m]
matse *Matze* [v]
matsen *deichseln*
mattenklopper *Teppichklopfer* [m]
Mauritanië *Mauretanien* [o]
Mauritius *Mauritius* [o]
mausoleum *Mausoleum* [o]
mauve *malvenfarbig*
mauwen *miauen*
mavo ≈ *Mittelschule* [v]
maxi- *Maxi-, maxi-*
maximaal I [bnw] *Höchst-* ⋆ maximale aantal/belasting *Höchstzahl/-belastung* [v] **II** [bijw] *höchstens, maximal* ⋆ ~ toelaatbaar *höchstzulässig*
maximaliseren *maximalisieren*
maximum *Maximum* [o], *Höchstmaß* [o]
maximumsnelheid *Höchstgeschwindigkeit* [v]
mayonaise *Majonäse/Mayonnaise* [v]
mazelen *Masern* [mv]
mazen ‹van breiwerk› *stopfen*, ‹van een net› *flicken*
mazzel *Dusel* [m], *Massel* [m]
mazzelen *Glück haben*, ‹inf.› *Schwein haben*
mbo ≈ *berufsbildende(r) Sekundarunterricht der Oberstufe* [m]
me ‹3e naamval› *mir*, ‹4e naamval› *mich*
ME *SEK (Sondereinsatzkommando der Polizei)* [o]
meander *Mäander* [m]
meao ≈ *Fachoberschule für Wirtschaft* [v]
mecanicien *Mechaniker* [m] [v: *Mechanikerin*], ‹luchtvaart› *Bordmechaniker* [m]
mecenaat *Mäzenat* [o]
mecenas *Mäzen* [m] [v: *Mäzenatin*]
mechanica *Mechanik* [v]
mechaniek *Mechanik* [v], *Mechanismus* [m]
mechanisch *mechanisch*
mechaniseren *mechanisieren*
mechanisme *Mechanismus* [m]
medaille *Medaille* [v]
medaillon *Medaillon* [o]
mede *mit, auch*
mede- *mit-, Mit-*
medebeslissingsrecht *Mitbestimmungsrecht* [o]
medeburger *Mitbürger* [m]
mededeelzaam *mitteilsam, gesprächig*
mededeling *Mitteilung* [v]
mededelingenbord *schwarze(s) Brett* [o]
mededinger *Mitbewerber* [m], *Konkurrent* [m], ‹pej.› *Nebenbuhler* [m]
mededinging *Wettbewerb* [m], *Konkurrenz* [v] ⋆ buiten ~ *außer Konkurrenz*
mededogen *Mitleid* [o], *Erbarmen* [o]
medeklinker *Mitlaut* [m], *Konsonant* [m]
medeleven *Anteilnahme* [v], *Mitgefühl* [o]
medelijden *Mitleid* [o]
medelijdend *mitfühlend, mitleidig*
medemens *Mitmensch* [m]
medemenselijkheid *Mitmenschlichkeit* [v]
medeplichtig *mitschuldig*
medeplichtige *Mitschuldige(r)* [m], *Mittäter* [m]
medestander *Anhänger* [m], *Mitstreiter* [m]
medewerker *Mitarbeiter* [m]
medewerking • (het meewerken) *Mitwirkung* [v], *Mitarbeit* [v] ⋆ met ~ van *unter Mitwirkung von* • (hulp) *Mithilfe* [v]
medeweten *Mitwissen* [o] ⋆ buiten mijn ~ *ohne mein Wissen*
medezeggenschap *Mitbestimmungsrecht* [o], *Mitbestimmung* [v]
media *Medien* [mv]
mediatheek *Mediathek* [v]
medicament *Medikament* [o]
medicatie *Medikation* [v]
medicijn • (geneeskunde) *Medizin* [v] ⋆ ~en studeren *Medizin studieren* • (geneesmiddel) *Medikament* [o], *Medizin* [v], *Arznei* [v]
medicijnflesje *Medizinflasche* [v]
medicijnkastje *Arzneikasten* [m], *Medizinschränkchen* [o]
medicijnman *Medizinmann* [m]
medicinaal *heilkräftig, medizinisch, medizinal* ⋆ voor ~ gebruik *zur medizinischen Verwendung* ⋆ medicinale kruiden *Heilkräuter*
medicus *Mediziner* [m], *Arzt* [m], ‹student› *Medizinstudent* [m]
mediëvistiek *Mediävistik* [v]

M

medio *Mitte,* ‹hand.› *medio*
medisch ‹m.b.t. arts› *ärztlich,* ‹m.b.t. geneeskunde› *medizinisch* ⋆ ~e behandeling *ärztliche Behandlung*
meditatie *Meditation* [v]
mediteren *meditieren*
mediterraan *Mittelmeer-, mediterran*
medium I [het] *Medium* [o] **II** [bnw] ‹van drank› *halbsüß,* ‹van kleding/vlees› *medium*
mee *mit*
meebrengen • (meenemen) *mitbringen* • (inherent zijn aan) *mit sich bringen*
meedelen I [ov ww] • (laten weten) *mitteilen* **II** [on ww] • (deel hebben) *Anteil haben (an)* [3]
meedenken *mitdenken*
meedingen *sich mitbewerben*
meedoen *mitmachen, mittun, sich beteiligen*
meedogenloos *unbarmherzig, erbarmungslos, rücksichtslos*
meedraaien • (meedoen) *mitmachen, dabei sein* ⋆ hij draait al een tijd mee *er ist schon eine ganze Zeit mit dabei* • (samen draaien) *(sich) mitdrehen*
meedragen *mit sich herumtragen*
mee-eter *Mitesser* [m]
meegaan • (overeenstemmen) *beipflichten,* ‹inf.› *mithalten* • (bruikbaar blijven) *halten* • (vergezellen) *mitgehen*
meegaand • (inschikkelijk) *fügsam, gefügig* • (toegevend) *nachgiebig*
meegeven I [ov ww] • (geven) *mitgeben* **II** [on ww] • (geen weerstand bieden) *nachgeben*
meehelpen *mithelfen*
meekomen *mitkommen*
meekrijgen *mitbekommen*
meel *Mehl* [o]
meeldauw *Mehltau* [m]
meeldraad *Staubgefäß* [o], *Staubblatt* [o]
meeleven *mitfühlen*
meelijwekkend *Mitleid erregend, bedauernswert*
meelokken *mit sich locken* ⋆ ~ naar een afgelegen plekje *an eine entlegene Stelle locken*
meelopen • (meegaan) *mitlaufen, mitgehen,* ‹meedoen› *mitmachen* • (gunstig verlopen) *gut gehen* ⋆ als het meeloopt *wenn es gut geht; wenn wir Glück haben*
meeloper *Mitläufer* [m]
meemaken *erleben*
meenemen *mitnehmen*
meepikken • (stelen) *mitgehen lassen* • (iets extra doen) ⋆ dat cursusje pik ik ook nog wel even mee *den Kurs nehm ich noch mit*
meepraten • (napraten) *nachplappern* • (samen praten) *mitreden, mitsprechen* ▾ daar kan hij van ~ *davon kann er ein Lied singen*
meer I [het] *See* [m] **II** [bijw] • (verder) *weiter* ⋆ meer niet *weiter nichts* • (veeleer) *öfter* • (in hogere mate) *mehr* ⋆ meer gematigd oordeel *mildere(s) Urteil* [o] ⋆ meer dan duidelijk *überdeutlich* **III** [telw] *mehr* ⋆ al meer en meer *immer mehr* ⋆ meer dan 100.000 inwoners *über 100.000 Einwohner* ⋆ onder meer *unter anderem* ⋆ zonder meer *ohne weiteres*
meerdelig *mehrteilig*
meerdere I [de] ‹baas› *Vorgesetzte(r)* [m], ‹superieur in eigenschappen› *Überlegene(r)* [m] ⋆ hij is mijn ~ in kracht *er ist mir an Kraft überlegen* **II** [telw] *mehrere*
meerderen I [ov ww] • (vermeerderen) *vermehren, vergrößern,* ‹breien› *zunehmen* **II** [on ww] • (toenemen) *zunehmen*
meerderheid • (groter aantal) *Mehrheit* [v] ⋆ bij ~ van stemmen *mit Stimmenmehrheit* ⋆ de ~ van het dorp *die meisten Leute im Dorf* • (overwicht) *Überlegenheit* [v]
meerderheidsbelang *Mehrheitsbeteiligung* [v]
meerderjarig *volljährig, mündig* ⋆ iem. ~ verklaren *jmdn. für mündig erklären*
meerijden *mitfahren*
meerjarenplan *mehrjährige(r) Plan* [m]
meerjarig *mehrjährig*
meerkeuzetoets *Multiplechoicetest, Multiple-Choice-Test* [m]
meerkeuzevraag *Multiplechoicefrage* [v]
meerkoet *Blässhuhn* [o]
meermaals *mehrmals, mehrfach, öfter*
meeropbrengst *Mehrerlös* [m]
meerpaal *Duckdalbe* [v]
meerstemmig *mehrstimmig*
meertalig *mehrsprachig*
meerval *Wels* [m]
meervoud *Mehrzahl* [v]
meervoudig *mehrfach,* ‹taalk.› *pluralisch*
meerwaarde *Mehrwert* [m]
mees *Meise* [v]
meesjouwen *mitschleppen, bei sich tragen*
meeslepen • (meenemen) *mitschleifen, mitschleppen* • (in vervoering brengen) *hinreißen, mitreißen*
meeslepend *hinreißend, berauschend*
meesmuilen *schmunzeln*
meespelen *mitspielen*
meespreken *mitsprechen,* ‹inf.› *mitreden*
meest I [onb vnw] *größt-* **II** [bijw] *meist* ⋆ het ~ *am meisten* **III** [telw] *meist*
meestal *meistens, meistenteils*
meestbiedende *Meistbietende(r)* [m]
meester • (baas) *Meister* [m], *Herr* [m] ⋆ een taal ~ zijn *eine Sprache beherrschen* ⋆ iets ~ worden *über etw. Herr werden* ⋆ de toestand ~ zijn *Herr der Lage sein* ⋆ zich ~ van iets maken *sich einer Sache bemächtigen* • (groot kunstenaar) *Meister* [m], *Könner* [m] ⋆ een ~ in zijn vak *ein Meister seines Fachs* • (onderwijzer) *Lehrer* [m] • (afgestudeerd jurist) ≈ *Jurist* [m]
meesterbrein *Superhirn* [o]
meesteres • (bazin) *Herrin* [v], *Gebieterin* [v] • (zeer kundige vrouw) *Meisterin* [v]
meesterhand *Meisterhand* [v]
meester-kok *Chefkoch* [m]
meesterlijk *Meister-, meisterhaft* ⋆ ~ schot *Meisterschuss* [m]
meesterproef *Meisterprüfung* [v]
meesterschap *Meisterschaft* [v], ‹kunnen› *Beherrschung* [v]
meesterstuk *Meisterstück* [o]
meesterwerk *Meisterwerk* [o]
meet *Ziellinie* [v], *Finish* [o] ▾ van meet af aan *von Anfang an*
meetapparatuur *Messapparatur* [v]
meetbaar *messbar*
meetellen I [ov ww] • (erbij rekenen) *mitrechnen/-zählen* **II** [on ww] • (van belang zijn) *(mit)zählen, (mit) eine Rolle spielen* ⋆ niet ~ *ohne Bedeutung sein; keine Rolle spielen*
meeting *Treffen* [o], *Meeting* [o]
meetkunde *Geometrie* [v] ⋆ beschrijvende ~ *darstellende Geometrie*
meetkundig *geometrisch*
meetlat *Messlatte* [v]
meetlint *Bandmaß* [o], *Messband* [o]
meetronen *mitlotsen*
meeuw *Möwe* [v]
meevallen • (niet zo erg zijn) *nicht halb so schlimm sein* ⋆ hij valt best mee *er ist gar nicht so*

übel ⋆ het zal wel ~ *es wird schon nicht so schlimm werden* • (beter zijn dan verwacht) *die Erwartungen übertreffen, besser ausfallen, als man dachte* ⋆ de prijs viel me mee *der Preis war niedriger, als ich dachte*
meevaller *Glücksfall* [m], *unerwartete(r) Gewinn* [m], *Glückstreffer* [m]
meevoelen *mitempfinden, mitfühlen*
meewarig *mitleidig, teilnahmsvoll*
meewerken • (samenwerken) *mitarbeiten, mitmachen* • (bijdragen aan) *sich beteiligen, mithelfen* ▾ ~d voorwerp *Dativobjekt* [o]
meezinger *Schlager* [m], *Gassenhauer* [m]
meezitten *günstig/wunschgemäß verlaufen, gut gehen, klappen* ⋆ het zat hem niet mee *er hatte kein Glück*
megabyte *Megabyte* [o]
megafoon *Megaphon/Megafon* [o]
mei *Mai* [m] ⋆ de eerste mei *der Erste Mai* ⋆ op 1 mei *am 1. Mai*
meid • (meisje) *Mädchen* [o] • (dienstbode) *Dienstmädchen* [o]
meidoorn *Weißdorn* [m], *Hagedorn* [m], ‹rode meidoorn› *Rotdorn* [m]
meier ↑ *Hundertguldenschein* [m]
meikever *Maikäfer* [m]
meineed *Meineid* [m] ⋆ een ~ doen *einen Meineid schwören*
meisje • (jonge vrouw) *Mädchen* [o] • (verloofde) *Freundin* [v], ‹inf.› *Braut* [v]
meisjesachtig *mädchenhaft*
meisjesboek *Mädchenbuch* [o]
meisjesnaam *Mädchenname* [m]
mekaar → **elkaar**
Mekka *Mekka* [o]
mekkeren *meckern*
melaats *aussätzig*
melaatsheid *Lepra* [v], *Aussatz* [m]
melancholie *Melancholie* [v]
melancholiek *melancholisch*
melange *Mischung* [v], *Melange* [v]
melden **I** [ov ww] *melden, berichten, mitteilen,* ‹aankondigen› *bekannt geben* **II** [wkd ww] *sich anmelden, sich melden*
melding *Mitteilung* [v], *Bericht* [m], *Meldung* [v], ‹op de radio› *Durchsage* [v] ⋆ ~ maken van *melden; erwähnen*
meldingsplicht *Meldungspflicht* [v]
meldkamer *Zentrale* [v]
melig • (meelachtig) *mehlig* • (flauw) *albern*
melk *Milch* [v] ⋆ magere melk *Magermilch* ⋆ halfvolle melk *fettarme Milch* ⋆ volle melk *Vollmilch* ▾ niets in de melk te brokkelen hebben *nicht viel in die Milch zu brocken haben* ▾ een land van melk en honing *ein Land, wo Milch und Honig fließt*
melkachtig *milchig, milchartig*
melkboer *Milchmann* [m]
melkbrood *Milchbrot* [o]
melkchocola *Vollmilchschokolade* [v]
melken • (van melk ontdoen) *melken* • (fokken) *züchten*
melkfabriek *Molkerei* [v]
melkfles *Milchflasche* [v]
melkgebit *Milchgebiss* [o]
melkglas *Milchglas* [o]
melkkies *Milchzahn* [m]
melkkoe *Milchkuh* [v]
melkmuil • (onervaren jongen) *Grünschnabel* [m], *Milchbart* [m] • (slappeling) *Feigling* [m], *Memme* [v]
melkpoeder *Milchpulver* [o], *Trockenmilch* [v]
melkproduct *Milchprodukt* [o]
melktand *Milchzahn* [m]
melkvee *Milchvieh* [o]
melkweg *Milchstraße* [v]
melodie *Melodie* [v]
melodieus *melodiös, melodisch*
melodisch *melodisch*
melodrama *Melodram(a)* [o]
melodramatisch *melodramatisch*
meloen *Melone* [v]
membraan *Membran* [v]
memo • (notitieblaadje) *Notizzettel* [m] • (korte nota) *Notiz* [v], *Memo* [o]
memoires *Memoiren* [mv]
memorandum • (nota) *Denkschrift* [v], *Memorandum* [o] • (notitieboek) *Notizbuch* [o]
memoreren • (opschrijven) *notieren* • (vermelden) *erwähnen*
memorie • (geheugen) *Erinnerung* [v] ⋆ pro ~ *pro memoria* • (geschrift) *Memorandum* [o], *Denkschrift* [v] ⋆ ~ van toelichting *Begleitschreiben* [o]; ‹pol.› *Erläuterungen zu einem Gesetzentwurf* [mv] ⋆ ~ van antwoord *Antwortnote* [v]; ‹pol.› *ministerielle Stellungnahme zu einem Gesetzentwurf* [v]
memoriseren *memorieren, auswendig lernen*
men *man*
meneer *Herr* [m]
menen • (denken) *meinen* ⋆ dat zou ik ~ *das will ich meinen* ⋆ hij meende hem te kennen *er glaubte, ihn zu kennen* • (bedoelen) *meinen* ⋆ ik meen het *es ist mein Ernst*
menens ⋆ nu wordt het ~ *nun wird es Ernst*
mengeling *Mischung* [v], *Gemisch* [o], *Gemenge* [o]
mengelmoes *Gemisch* [o], *Sammelsurium* [o], *Mischmasch* [m]
mengen **I** [ov ww] *mischen, mengen* ⋆ gemengd voer *Misch-/Mengfutter* [o] **II** [wkd ww] *sich einmischen* ⋆ zich in de discussie ~ *sich in die Diskussion einschalten/einmischen*
mengkleur *Mischfarbe* [v]
mengkraan *Mischhahn* [m], *Mischbatterie* [v]
mengpaneel *Mischpult* [o]
mengsel *Gemisch* [o], *Mischung* [v]
mengsmering *Gemisch* [o]
menhir *Menhir* [m]
menie **I** [de] *Mennige* [v] **II** [bnw] *zinnoberrot*
meniën *mennigen*
menig *manch*
menigeen *manch einer, mancher*
menigmaal *häufig*
menigte *Menge* [v]
mening *Meinung* [v], *Ansicht* [v], *Auffassung* [v] ⋆ bij zijn ~ blijven *auf seiner Meinung beharren* ⋆ van ~ zijn *der Meinung/Ansicht sein* ⋆ volgens mijn ~ *meiner Meinung nach; meines Erachtens*
meningsverschil *Meinungsverschiedenheit* [v]
mennen *lenken*
menopauze *Menopause* [v]
mens **I** [de] *Mensch* [m] ⋆ de mensen *die Menschen; die Leute* ⋆ onder de mensen komen *unter die Leute kommen* ⋆ geen mens te zien *kein Mensch weit und breit* ⋆ onze mensen *unsere Leute* ⋆ plaats voor 10 mensen *Platz für 10 Personen* ▾ de mens wikt, God beschikt *der Mensch denkt, Gott lenkt* ▾ de inwendige mens versterken *etw. für den inneren Menschen tun* ▾ de grote mensen *die Erwachsenen* **II** [het] *Frau* [v], *Person* [v] ⋆ het arme mens *die arme Frau*
mensa *Mensa* [v]
mensaap *Menschenaffe* [m]
mensdom *Menschheit* [v]

menselijk *menschlich, Menschen-* ⋆ de ~e waardigheid *die Menschenwürde* [v]
menselijkerwijs *nach menschlichem Ermessen*
menselijkheid *Menschlichkeit* [v]
menseneter *Menschenfresser* [m]
mensengedaante *Menschengestalt* [v]
mensenhater *Menschenfeind* [m]
mensenheugenis *Menschengedenken* [o]
mensenkennis *Menschenkenntnis* [v]
mensenkinderen *Menschenskind!*
mensenleven *Menschenleben* [o]
mensenrechten *Menschenrechte* [mv]
mensenschuw *menschenscheu*
mensensmokkel *Menschenschmuggel/-handel* [m]
mensenwerk *Menschenwerk* [o]
mensheid *Menschheit* [v]
mensjaar ≈ *Arbeitsleistung pro Person pro Jahr* [v]
menslievend *menschenfreundlich*
mensonterend *menschenunwürdig*
menstruatie *Menstruation* [v]
menstruatiecyclus *Zyklus* [m]
menstruatiepijn *Menstruationsschmerzen* [mv], *Regelschmerzen* [mv]
menstrueren *menstruieren*
menswaardig *menschenwürdig, human*
menswetenschappen *Humanwissenschaften* [mv]
mentaal • (psychisch) *seelisch, geistig* • (van, in, door de geest) *mental*
mentaliteit *Mentalität* [v]
menthol *Menthol* [o]
mentor *Mentor* [m]
menu • (menukaart) *Speisekarte* [v] • (maaltijd) *Menü* [o] [mv: *Menüs*], *Speisenfolge* [v]
menuet *Menuett* [o]
menukaart *Speisekarte* [v]
mep *Schlag* [m], *Klaps* [m], *Ohrfeige* [v]
meppen *schlagen, hauen*
merchandising *Merchandising* [o]
merel *Amsel* [v]
meren *festmachen, vertäuen*
merendeel *Mehrzahl* [v], *Mehrheit* [v] ⋆ het ~ van de toeschouwers *die meisten Zuschauer* ⋆ voor 't ~ *größtenteils*
merendeels *größtenteils*
merg *Mark* [o] ▾ door merg en been *durch und durch; durch Mark und Bein* ▾ in merg en been *mit Leib und Seele; bis auf die Knochen*
mergel *Mergel* [m]
mergpijp • (mergbeen) *Markknochen* [m] • (gebakje) ≈ *Biskuitröllchen mit Marzipanmantel* [o]
meridiaan *Meridian* [m]
merk • (herkenningsteken) *Marke* [v] • (handelsmerk) *Schutzmarke* [v], *Warenzeichen* [o]
merkartikel *Markenartikel* [m]
merkbaar *merkbar, merklich,* ‹voelbaar› *spürbar,* ‹zichtbaar› *sichtlich*
merken • (bemerken) *merken, bemerken* ⋆ niets laten ~ *sich nichts anmerken lassen* [3] • (van merk voorzien) *markieren, kennzeichnen*
merknaam *Markenname* [m]
merkteken *Merkzeichen* [o], *Kennzeichen* [o], *Merkmal* [o]
merkwaardig • (opmerkelijk) *bemerkenswert* • (eigenaardig) *seltsam, merkwürdig*
merkwaardigerwijs *merkwürdiger-/komischerweise*
merkwaardigheid *Seltsamkeit* [v], *Merkwürdigkeit* [v], *Kuriosität* [v]

M

merrie *Stute* [v]
mes *Messer* [o] ▾ iem. het mes op de keel zetten *jmdm. das Messer an die Kehle setzen*
mesjoche *bescheuert, meschugge*
mespunt *Messerspitze* [v]
mess *Kantine* [v], ‹marine› *Messe* [v], ‹voor officieren› *Offizierskasino* [o]
messcherp *messerscharf*
messentrekker *Messerstecher* [m], *Messerheld* [m]
Messias *Messias* [m]
messing I [de] *Feder* [v] ⋆ ~ en groef *Nut und Feder* **II** [het] *Messing* [o]
messteek *Messerstich* [m]
mest • (van uitwerpselen) *Mist* [m] • (uit andere stoffen) *Dünger* [m]
mesten • (bemesten) *düngen* • (vetmesten) *mästen*
mesthoop *Misthaufen* [m]
mestkever *Mistkäfer* [m]
mestvaalt *Misthaufen* [m]
mestvee *Mastvieh* [o]
mestvork *Mistgabel* [v]
met • (op zekere wijze) *mit* [3] ⋆ met liefde *liebevoll;* ‹graag› *von Herzen gern; liebend gern* ⋆ met opzet *absichtlich* • (in gezelschap van) *mit* [3] ⋆ ik ga met haar op vakantie *ich verreise mit ihr* • (op zeker tijdstip) *in* [3], *an* [3] ⋆ met een week of twee *in etwa zwei Wochen* ⋆ met de jaren *im Laufe der Jahre* • (voor wat betreft) *mit* [3] ⋆ stoppen met roken *das Rauchen aufgeben* • (voorzien van) *mit* [3] ⋆ een meid met lef *eine schneidige Frau* ⋆ patat met *Fritten mit Majonäse/Mayonnaise* • (door middel van) *mit* [3] ⋆ met de hand gemaakt *handgemacht* • (een aantal) *zu* [3] ⋆ met z'n achten *zu acht* ▾ met ijzeren vuist *mit eiserner Faust*
metaal I [de] *Metallindustrie* [v] **II** [het] *Metall* [o] ⋆ zware metalen *Schwermetall* [o]
metaalachtig *metallisch, metallartig*
metaaldraad I [de] *Metalldraht* [m], ‹gloeilamp› *Metallfaden* [m] **II** [het] *Metalldraht* [m]
metaalindustrie *Metallindustrie* [v]
metaalmoeheid *Materialermüdung* [v], *Metallermüdung* [v]
metaalnijverheid *Metallindustrie* [v]
metafoor *Metapher* [v]
metaforisch *metaphorisch, bildlich, übertragen*
metafysica *Metaphysik* [v]
metalen • (als van metaal) *metallisch* • (gemaakt van metaal) *metallen, Metall-*
metamorfose *Metamorphose* [v]
metastase *Metastase* [v]
meteen • (tegelijk) *gleichzeitig, zugleich, zu gleicher Zeit* • (direct erna) *gleich, sofort* ⋆ hij komt zo ~ *er kommt gleich*
meten *messen*
meteoor *Meteor* [o]
meteoriet *Meteorit* [m]
meteorietinslag *Meteoriteneinschlag* [m]
meteorologie *Meteorologie* [v]
meteorologisch *meteorologisch, Wetter-* ⋆ ~e satelliet *Wettersatellit* [m]
meteoroloog *Meteorologe* [m]
meter • (lengtemaat) *Meter* [m/o] • (meettoestel) *Messgerät* [o], *Messer* [m], ‹klok› *Zähler* [m], *Uhr* [v] • (peettante) *Patin* [v] • (persoon) *Messer* [m]
meterkast *Zählerkasten* [m]
meteropnemer *Zählerableser* [m]
meterstand *Zählerstand* [m]
metgezel *Gefährte* [m]
methadon *Methadon* [o]

methode *Methode* [v]
methodiek *Methodik* [v]
methodisch • (ordelijk) *systematisch, planmäßig* • (volgens een methode) *methodisch*
methodologie *Methodologie* [v]
methodologisch *methodologisch*
Methusalem *Methusalem* [m] ⋆ zo oud als ~ *so alt wie Methusalem*
meting *Messung* [v]
metonymie *Metonymie* [v]
metriek I [de] • (maatleer) *Metrik* [v] • (maatsoort) *Metrum* [o] **II** [bnw] *metrisch* ⋆ het ~ stelsel *das metrische System*
metrisch *metrisch*
metro *U-Bahn* [v]
metronoom *Metronom* [o], *Taktmesser* [m]
metropool *Metropole* [v]
metrostation *U-Bahnhof* [m]
metrum *Metrum* [o]
metselaar *Maurer* [m]
metselen *mauern*
metselwerk • (werk van metselaar) *Maurerarbeit* [v] • (gemetseld werk) *Mauerwerk* [o] ⋆ met ~ bekleden *ausmauern*
metten ▾ met iem. korte ~ maken *mit jmdm. kurzen Prozess machen*
metterdaad *wirklich, tatsächlich, in der Tat*
mettertijd *im Laufe der Zeit, mit der Zeit*
metworst *Mettwurst* [v]
meubel *Möbel* [o]
meubelmaker *Tischler* [m]
meubelplaat *Tischlerplatte* [v]
meubilair *Mobiliar* [o], *Hausrat* [m], *Möbel* [mv]
meubileren *möblieren*
meubilering *Möblierung* [v]
meug ▾ ieder zijn meug *jeder nach seinem Geschmack*
meute *Meute* [v]
mevrouw • (dame) *Dame* [v] • (aanspreektitel) *Frau* [v], ‹form.› *gnädige Frau* [v] ⋆ geachte ~! *gnädige Frau!* ⋆ Geachte Mevrouw M. ‹aanhef› *Sehr geehrte Frau M.*
Mexico *Mexiko* [o]
mezelf I [pers vnw] *selber* **II** [wkd vnw] ‹1e naamval› *ich selbst, selber,* ‹3e naamval› *selber, mir selbst,* ‹4e naamval› *mich selbst, selber* ⋆ ik dacht bij ~ *ich dachte mir*
mezzosopraan ‹stem› *Mezzosopran* [m], ‹vrouw› *Mezzosopranistin* [v]
mi • (Chinese vermicelli) *chinesische(n) Glasnudeln* [v mv] • (muzieknoot) *Mi* [o]
miauwen *miauen*
mica *Glimmer* [m]
micro- *Mikro-, mikro-*
microbe *Mikrobe* [v]
microfilm *Mikrofilm* [m]
microfoon *Mikrophon/Microfon* [o]
microkosmos *Mikrokosmos* [m]
microscoop *Mikroskop* [o]
microscopisch *mikroskopisch*
middag • (namiddag) *Nachmittag* [m] ⋆ 's ~s *nachmittags* ⋆ tegen de ~ *gegen Mittag* ⋆ om 4 uur 's ~s *um 4 Uhr nachmittags* • (midden van de dag) *Mittag* [m] ⋆ 's ~s *mittags*
middagdutje *Mittagsschlaf* [m], *Mittagsschläfchen* [o]
middageten *Mittagessen* [o]
middagpauze *Mittagspause* [v]
middaguur *Mittag* [m] ⋆ tijdens de middaguren gesloten *über Mittag geschlossen*
middel • (taille) *Taille* [v] • (hulpmiddel) *Mittel* [o] ⋆ door ~ van *durch* [4]; *mittels* [2] ⋆ ~en van vervoer *Transportmittel* • (geldmiddelen) *Mittel* [mv] ⋆ ~en van bestaan *Erwerbsmittel* ⋆ openbare ~en *öffentliche(n) Mittel* ⋆ zonder ~en *mittellos* • (geneesmiddel) *Mittel* [o], *Medikament* [o]
middelbaar *mittler* ⋆ van middelbare leeftijd *mittleren Alters* ⋆ ~ onderwijs *weiterführende(r) Unterricht* [m] ⋆ middelbare school *höhere Schule* [v] ⋆ middelbare akte ≈ *Lehrbefähigung für den Unterricht an weiterführenden Schulen* [v] ⋆ ~ beroepsonderwijs ≈ *Fach-/Berufsoberschule* [v]
Middeleeuwen *Mittelalter* [o]
middeleeuws *mittelalterlich*
middelgroot *mittelgroß*
Middellandse Zee *Mittelmeer* [o]
middellang • (lengte) *von mittlerer Länge* • (duur) *mittler,* ‹termijn› *mittelfristig*
middellijn *Durchmesser* [m]
middelmaat *Durchschnitt* [m], *Mittelmaß* [o]
middelmatig • (gemiddeld) *durchschnittlich* • (niet bijzonder) *mittelmäßig, mäßig*
middelmatigheid *Mittelmäßigkeit* [v]
***Middel-Nederlands** (Wdl: Middelnederlands) **I** [het] *Mittelniederländisch(e)* [o] **II** [bnw] *mittelniederländisch*
middelpunt *Mittelpunkt* [m]
middelpuntvliedend *zentrifugal* ⋆ ~e kracht *Zentrifugal-/Fliehkraft* [v]
middels *mittels* [2]
middelst *Mittel-, Mittler-*
middelvinger *Mittelfinger* [m]
midden I [het] *Mitte* [v] ⋆ iem. uit hun ~ *jmd. aus ihrer Mitte* ▾ in het ~ brengen *zur Sprache bringen* ▾ iets in het ~ laten *etw. dahingestellt sein lassen* **II** [bijw] *mitten*
middenberm *Mittelstreifen* [m]
middendoor *mittendurch, entzwei*
middengolf *Mittelwelle* [v]
middenin *mittendrin, in der Mitte*
middenkader *mittlere(r) Dienst* [m], *mittlere(r) Kader* [m]
middenklasse *Mittelklasse* [v] ⋆ ~n ‹in het voortgezet onderwijs› *Mittelstufe* [v] ⋆ auto uit de ~ *Mittelklassewagen* [m]
middenmoot *Mittelstück* [o]
middenoor *Mittelohr* [o]
middenpad *Mittelgang* [m]
middenrif *Zwerchfell* [o]
middenschip *Mittelschiff* [o]
middenschool ≈ *Gesamtschule* [v]
middenstand *Mittelstand* [m]
middenstander ‹ambacht› *mittelständische(r) Gewerbetreibende(r)* [m], ‹detailhandel› *mittelständische(r) Einzelhändler* [m] ⋆ de kleine ~ *der kleine Unternehmer*
middenstandsdiploma ≈ *Kleingewerbediplom* [o]
middenveld • (deel van sportveld) *Mittelfeld* [o] • (spelers) *Mittelfeldspieler* [mv]
middenweg ⋆ de gulden ~ *der goldene Mittelweg*
middernacht *Mitternacht* [v]
middernachtelijk *mitternächtlich*
midgetgolf *Minigolf* [o]
midi *Midi* [o]
midscheeps *mittschiffs, Mittschiffs-*
midvoor *Mittelstürmer* [m]
midweek ⋆ zij gingen een ~ op vakantie *sie fuhren von Montag bis Freitag in Urlaub*
midwinter *Mittwinter* [m]
midzomer *Mittsommer* [m]
mie *chinesische(n) Glasnudeln* [mv]
mier *Ameise* [v], ‹termiet› *Termite* [v]

M

mieren • (peuteren) *herumfummeln* • (zeuren) *quengeln*
miereneter *Ameisenbär* [m]
mierenhoop *Ameisenhaufen* [m]
mierenneuker *Korinthenkacker* [m]
mierikswortel *Meerrettich* [m]
mierzoet *widerlich süß*
mieter ▾ iem. op zijn ~ geven *jmdn. verprügeln* ▾ op zijn ~ krijgen *Prügel bekommen* ▾ geen ~ *keinen Dreck*
mieteren *schmeißen*
mieters *klasse, toll, scharf*
mietje *Homo* [m], *Schwule(r)* [m]
miezeren *nieseln*
miezerig • (druilerig) *regnerisch, trübe* • (nietig) *mickrig*
migraine *Migräne* [v]
migrant • (emigrant) *Emigrant* [m], *Auswanderer* [m] • (immigrant) *Immigrant* [m], *Einwanderer* [m]
migratie *Migration* [v]
mihoen *chinesische(n) Glasnudeln* [mv]
mij ‹3e naamval› *mir*, ‹4e naamval› *mich*
mijden *meiden*
mijl *Meile* [v]
mijlenver *meilenweit*
mijlpaal *Meilenstein* [m]
mijmeren *sinnieren, sinnen, grübeln*
mijmering *Träumerei* [v], ‹gepieker› *Grübelei* [v]
mijn I [de] • (bom) *Mine* [v] ⋆ drijvende mijn *Treibmine* • (winplaats) *Bergwerk* [o], *Mine* [v] ⋆ in de mijn afdalen *in die Grube einfahren* **II** [bez vnw] *mein* ⋆ de mijnen *die Meinen* ⋆ ik heb het mijne gedaan *ich habe das Meine getan*
mijnbouw *Bergbau* [m], ‹bovenaards› *Tagebau* [m]
mijnbouwkunde *Bergbauwissenschaft/-kunde* [v]
mijnenlegger *Minenleger* [m]
mijnenveger *Minensuchboot* [o], *Minensucher* [m], ‹klein› *Minenräumboot* [o]
mijnenveld *Minenfeld* [o]
mijnerzijds *meinerseits*
mijnheer • (heer des huizes) *Hausherr* [m] • (belangrijk man) *Herr* [m] • (titel) *Herr* [m] ⋆ ~ de burgemeester *Herr Bürgermeister* ⋆ Geachte Mijnheer ‹aanhef› *Sehr geehrter Herr*
mijnschacht *Schacht* [m]
mijnstreek *Bergbaurevier* [o], ‹kolenmijnen› *Kohlenrevier* [o]
mijnwerker *Bergarbeiter* [m], *Bergmann* [m]
mijt • (insect) *Milbe* [v] • (stapel) *Miete* [v], ‹hout› *Stoß* [m]
mijter *Mitra* [v], *Inful* [v]
mijzelf → **mezelf**
mik *Brot* [o]
mikado I [de] *Mikado* [m] **II** [het] *Mikado* [o]
mikken I [ov ww] • (gooien) *schmeißen* **II** [on ww] • (richten) *anlegen, zielen* • (streven naar) ⋆ ~ op *zielen auf; anstreben*
mikmak *Kram* [m] ⋆ de hele ~ *der ganze Kram*
mikpunt *Zielscheibe* [v]
Milaan *Mailand* [o]
mild • (zacht) *mild* • (gul) *großzügig*
mildheid • (welwillendheid) *Milde* [v] • (gulheid) *Großzügigkeit* [v], *Freigebigkeit* [v]
milieu • (sociale kring) *Milieu* [o] • (leefklimaat) *Umwelt* [v]
milieubeheer *Umweltschutz* [m]
milieubescherming *Umweltschutz* [m]
milieubewust *umweltbewusst*
milieugroep *Umweltgruppe* [v]
milieuheffing ≈ *Umweltgebühr* [v]
milieuhygiëne • (milieuzorg) *Umweltschutz* [m] • (toestand van het milieu) *Umwelthygiene* [v]
milieuramp *Umweltkatastrophe* [v]
milieuverontreiniging *Umweltverschmutzung* [v]
milieuvriendelijk *umweltfreundlich*
militair I [de] *Soldat* [m] ⋆ de ~en *das Militär* **II** [bnw] *militär-, militärisch, Militär-* ⋆ ~e dienst *Militär-/Wehrdienst* [m] ⋆ ~e academie *Militärakademie* [v]
militant *militant*
militarisme *Militarismus* [m]
militaristisch *militaristisch*
military *Military* [v]
militie *Miliz* [v]
miljard *Milliarde* [v]
miljardair *Milliardär* [m]
miljoen I [het] • (getal) *Million* [v] • (heel veel) *Millionen* [mv] **II** [telw] ⋆ ettelijke ~en guldens *einige Millionen Gulden*
miljoenennota *Haushaltsentwurf/-plan/-etat* [m]
miljoenenschade *Millionenschaden* [m]
miljonair *Millionär* [m]
milkshake *Milkshake* [m]
mille ‹inf.› *Mille* [o] ⋆ per ~ *pro mille*
millennium *Millennium* [o] [mv: *Millennien*]
millibar *Millibar* [o]
milligram *Milligramm* [o]
milliliter *Milliliter* [m]
millimeter *Millimeter* [o]
millimeteren *Stoppelhaar schneiden*
milt *Milz* [v]
mime *Mimik* [v] • (speler) *Mime* [m]
mimiek *Mimik* [v]
mimosa *Mimose* [v]
min I [de] • (voedster) *Amme* [v] • (liefde) *Minne* [v] **II** [bnw + bijw] • (gemeen) *niederträchtig, schäbig* • (gering) *wenig* ⋆ zo min mogelijk *möglichst wenig* ⋆ net zo min als *genauso wenig wie* ⋆ min of meer *mehr oder weniger* • (onbeduidend) *klein, schlecht* **III** [vz] *minus*
minachten *verachten, gering schätzen*
minachtend *geringschätzig, verächtlich*
minachting *Geringschätzung* [v] ⋆ met ~ behandelen *geringschätzig behandeln*
minaret *Minarett* [o]
minder I [bnw] • (geringer) *weniger, geringer* ⋆ ~ worden *weniger werden; abnehmen* ⋆ van ~ betekenis *weniger wichtig; von geringerer Bedeutung* • (inferieur) *inferior* • (slechter) *weniger* ⋆ dat is ~ *das ist weniger gut* **II** [bijw] *weniger* ⋆ des te ~ *umso weniger* **III** [telw] *weniger* ⋆ in ~ dan geen tijd *im Nu* ⋆ niemand ~ dan de burgemeester *kein Geringerer als der Bürgermeister*
mindere ‹in bekwaamheid› *Unterlegene(r)* [m], ‹in rang› *Untergebene(r)* [m] ⋆ de ~ zijn van zijn tegenstander *seinem Gegner unterlegen sein*
minderen I [ov ww] • (verminderen) *verringern, vermindern*, ‹breien› *abnehmen* ⋆ zeil ~ *Segel einholen* **II** [on ww] • (minder worden) *abnehmen, nachlassen*
minderhedenbeleid *Minderheitenpolitik* [v]
minderheid *Minderheit* [v], *Minorität* [v] ⋆ in de ~ sein *in der Minderzahl sein*
minderheidsgroep *Minderheit* [v]
minderheidskabinet *Minderheitskabinett* [o]
minderheidsstandpunt *Meinung der Minderheit* [v]
mindering *Minderung* [v], *Verminderung* [v], ‹bij breien› *Abnehmen* [o] ⋆ betaling in ~ (van een rekening) *Abschlagszahlung* [v] ⋆ in ~

M

ontvangen *als Abschlagszahlung erhalten*
minderjarig *minderjährig*
minderjarigheid *Minderjährigkeit* [v]
minderwaardig *minderwertig*
minderwaardigheid *Minderwertigkeit* [v]
minderwaardigheidscomplex *Minderwertigkeitskomplex* [m]
minderwaardigheidsgevoel *Minderwertigkeitsgefühl* [o]
mineraal I [het] ‹delfstof› *Mineral* [o], ‹voedingsstof› *Mineralstoff* [m] **II** [bnw] *Mineral-, mineralisch*
mineraalwater *Mineralwasser* [o]
mineur • (stemming) *Deprimiertheit* [v], *Niedergeschlagenheit* [v] ⋆ een redevoering in ~ *eine pessimistische Rede* • (muz.) *Moll* [o] ⋆ concert in a ~ *Konzert in a-Moll* [o]
mini I [het] *Mini* [o] **II** [voorv] *Mini-*
miniatuur *Miniatur* [v]
miniatuurformaat *Miniatur* [v]
miniem *minimal, geringfügig, sehr gering*
minigolf *Minigolf* [o]
minima *einkommensschwache Gruppen* [mv]
minimaal *minimal, Minimal-*
minimaliseren *minimalisieren*
minimum *Minimum, Mindestmaß* ⋆ ~temperatuur *Tiefsttemperatur* [v]
minimumeis *Mindestforderung* [v]
minimuminkomen *Leichtlohngruppe* [v]
minimumleeftijd *Mindestalter* [o]
minimumlijder • (lijntrekker) *Drückeberger* [m] • (iem. met een minimuminkomen) *Arbeitnehmer mit Mindestlohn* [m]
minimumloon *gesetzlich festgestelltes Mindesteinkommen* [o]
minirok *Minirock* [m], *Mini* [o]
minister *Minister* [m] ⋆ ~ van binnenlandse zaken *Innenminister* ⋆ ~ van buitenlandse zaken *Außenminister* ⋆ ~ van defensie *Verteidigungsminister* ⋆ ~ van economische zaken *Wirtschaftsminister* ⋆ ~ van landbouw en visserij *Landwirtschaftsminister* ⋆ ~ van sociale zaken *Minister für Arbeit und Soziales* ⋆ ~ van onderwijs *Kultusminister* ⋆ ~ zonder portefeuille *Minister ohne Geschäftsbereich* ⋆ ~ van staat ≈ *Staatsminister*
ministerie • (departement) *Ministerium* [o] ⋆ Openbaar Ministerie *Staatsanwaltschaft* [v] • (gezamenlijke ministers) *Kabinett* [o] • (ministerschap) *Ministeramt* [o] • (vergadering van predikanten) *Konferenz aller evangelischen Pfarrer* [v]
ministerieel *ministeriell* ⋆ ~ besluit *Ministerialerlass* [m] ⋆ ministeriële verantwoordelijkheid *Verantwortlichkeit des Ministers* [v]
minister-president *Ministerpräsident* [m], *Premier* [m], ‹in Duitsland› *Bundeskanzler* [m]
ministerraad *Ministerrat* [m]
mink *Mink* [m]
minnaar • (geliefde) *Geliebte(r)* [m], *Liebhaber* [m] • (liefhebber) *Liebhaber* [m], *Freund* [m]
minnekozen *kosen*, ‹inf.› *schmusen*
minnen *lieben*
minnetjes • (zwakjes) *schwächlich, schwach* • (verachtelijk) *schäbig, verächtlich*
minpool *Minuspol* [m]
minpunt *Minuspunkt* [m], *Minus* [o]
Minsk *Minsk* [o]
minst I [bnw] *wenigst, mindest, geringst* ⋆ ten ~e *wenigstens* ⋆ niet in het ~ *nicht im Geringsten* ⋆ op zijn ~ *wenigstens; mindestens* **II** [bijw] *am wenigsten/geringsten*
minstens *mindestens, wenigstens*
minstreel *Spielmann* [m], *Minstrel* [m], *Minnesänger* [m]
minteken *Minuszeichen* [o]
minus I [het] • (tekort) *Minus* [o], *Defizit* [o] • (minteken) *Minuszeichen* [o] **II** [vz] *minus, weniger*
minuscuul *äußerst klein, winzig*
minuskel *Minuskel* [v]
minutieus *minuziös/minutiös, peinlich genau*
minuut • (60 seconden) *Minute* [v] ⋆ op de ~ af *auf die Minute* • (origineel van akte) *Urschrift* [v]
minzaam • (vriendelijk) *wohlwollend, freundlich* • (neerbuigend) *herablassend, gönnerhaft*
miraculeus • (wonderdoend) *wundertätig* • (wonderbaarlijk) *erstaunlich, wunderbar*
mirakel *Wunder* [o]
mirre *Myrr(h)e* [v]
mis I [de] *Messe* [v] ⋆ de mis doen/opdragen *die Messe halten/zelebrieren* **II** [bnw] • (niet raak) *daneben* ⋆ het schot was mis *der Schuss ging daneben* ⋆ dat examen was niet mis *die Prüfung hatte sich gewaschen* • (onjuist) *verkehrt, falsch* ⋆ hij heeft het mis *er irrt sich* ▾ mis poes! *falsch!*
misantroop *Menschenfeind* [m], *Misanthrop* [m]
misbaar *Aufheben* [o], *Lärm* [m], *Geschrei* [o]
misbaksel • (wanproduct) *Missgeburt* [v] • (naarling) *Scheusal* [o]
misbruik *Missbrauch* [m]
misbruiken *missbrauchen*
misdaad • (misdadigheid) *Kriminalität* [v] • (misdrijf) *Verbrechen* [o]
misdadig I [bnw] *verbrecherisch, kriminell* **II** [bijw] *unverschämt*
misdadiger *Verbrecher* [m] ⋆ een zware ~ *ein Schwerverbrecher*
misdeeld *bedürftig, arm* ⋆ de armen en ~en *die Armen und Bedürftigen*
misdienaar *Messdiener* [m]
misdoen • (zondigen) *verbrechen, falsch tun* • (onrecht aandoen) *antun, tun*
misdragen *sich danebenbenehmen, sich schlecht benehmen*
misdrijf *Verbrechen* [o]
misdrijven *eine Straftat begehen/verüben*
misdruk • (boek) *Fehldruck* [m] • (verkeerd bedrukt papier) *Makulatur* [v]
miserabel *miserabel*
misère *Misere* [v], *Elend* [o]
misgaan *fehlschlagen, misslingen, danebengehen* ⋆ de zaak gaat mis *die Sache geht schief*
misgreep *Fehlgriff* [m], *Missgriff* [m]
misgrijpen *fehlgreifen*
misgunnen *missgönnen*
mishagen *missfallen*
mishandelen *misshandeln*, ‹kwellen› *quälen*
mishandeling *Misshandlung* [v], *Quälerei* [v]
miskennen • (niet erkennen) *verleugnen, leugnen, verkennen* • (onderwaarderen) *verkennen* ⋆ een miskend genie *ein verkanntes Genie*
miskenning • (onderwaardering) *Fehleinschätzung* [v], *Verkennung* [v] • (verloochening) *Verleugnung* [v], *Leugnung* [v]
miskleun *dicke(r) Hund* [m], *Schnitzer* [m]
miskleunen *danebenhauen, einen Schnitzer machen*
miskoop *Fehlkauf* [m]
miskraam *Fehlgeburt* [v]
misleiden *irreführen, täuschen*
misleiding *Irreführung* [v], *Täuschung* [v]
mislopen I [ov ww] • (niet krijgen) *verpassen, entgehen* ⋆ zijn straf ~ *der Strafe entgehen* • (niet

treffen) *verfehlen* ⋆ zijn roeping ~ *seinen Beruf verfehlen* **II** [on ww] • (mislukken) *misslingen, fehlschlagen*
mislukkeling *gescheiterte Existenz* [v], *Versager* [m]
mislukken • (niet lukken) *missglücken, misslingen, fehlschlagen* ⋆ de onderhandelingen zijn mislukt *die Verhandlungen sind gescheitert* • (verkeerd uitvallen) *missraten, misslingen*
mislukking • (wat mislukt is) *Misserfolg* [m], *Fehlschlag* [m] • (het mislukken) *Scheitern* [o], *Fehlschlagen* [o], *Mißlingen* [o]
mismaakt *missgestaltet, missgebildet*, ‹ontsierd› *entstellt*, ‹verminkt› *verkrüppelt*
mismoedig *niedergeschlagen, entmutigt*
misnoegd *missmutig, verstimmt*
misnoegen *Missfallen* [o], *Unmut* [m]
misoogst *Missernte* [v]
mispel *Mispel* [v]
misplaatst *unpassend, unangebracht* ⋆ ~ gedrag *unpassende(s) Benehmen* [o]
misprijzen I [het] *Missbilligung* [v] **II** [ov ww] *missbilligen*
mispunt *Ekel* [o], *Fiesling* [m]
misrekenen • (verkeerd rekenen) *sich verrechnen* • (verkeerd inschatten) *sich verrechnen, sich täuschen, sich irren*
misrekening • (fout) *fehlerhafte Berechnung* [v], *Fehlrechnung* [v] • (teleurstelling) *Fehlkalkulation* [v]
miss *Miss* [v]
misschien *vielleicht*, ‹soms› *etwa*
misselijk • (onpasselijk) *übel, schlecht* ⋆ ik ben ~ *mir ist übel/schlecht* • (walgelijk) *widerlich, ekelhaft, eklig*
misselijkheid • (onpasselijkheid) *Übelkeit* [v], *Unpässlichkeit* [v] • (walging) *Widerlichkeit* [v], *Widerwärtigkeit* [v]
missen I [ov ww] • (niet treffen) *verfehlen*, ‹mislopen› *verpassen, versäumen* ⋆ de aansluiting ~ *den Anschluss verpassen* • (ontberen) *vermissen, entbehren* ⋆ ik mis een boek *mir fehlt ein Buch* ⋆ hij kan niet gemist worden *er ist unentbehrlich* • (gemis voelen) *vermissen, entbehren* ▾ ik kan je ~ als kiespijn *du kannst mir gestohlen bleiben* **II** [on ww] • (ontbreken) *fehlen* • (mislukken) *fehlgehen*
misser • (mislukte poging) *Fehler* [m], *Fehl-/Missgriff* [m], *Fehlschlag* [m], *Misserfolg* [m] • (sport) ‹schot› *Fehlschuss* [m], ‹worp› *Fehlwurf* [m]
missie *Mission* [v]
missionaris *Missionar* [m]
misslag • (niet-rake slag) *Fehlschlag* [m] • (vergissing) *Fehlgriff* [m], *Fehler* [m]
misstaan • (niet betamen) *schlecht anstehen* • (niet goed staan) *nicht stehen*
misstand *Missstand* [m]
misstap *Fehltritt* [m]
mist *Nebel* [m] ▾ iets gaat de mist in *etw. geht schief* ▾ iem. gaat de mist in *jmd. macht einen Schnitzer*
mistbank *Nebelbank* [v]
misten *nebeln, neblig sein*
misthoorn *Nebelhorn* [o]
mistig *neblig* • (vaag) *nebulös*
mistlamp *Nebelscheinwerfer* [m], *Nebellampe* [v]
mistletoe *Mistel* [v]
mistlicht *Nebelscheinwerfer* [m]
mistroostig *niedergeschlagen, missmutig, trübselig*
misvatting *Irrtum* [m], *Missverständnis* [o]
misverstaan *missverstehen*
misverstand *Missverständnis* [o]

M

misvormd *missgestaltet, entstellt*
misvormen *verunstalten, entstellen*
misvorming *Verunstaltung* [v], *Entstellung* [v] • (wat niet goed gegroeid is) *Fehlbildung* [v]
miszeggen • (iets verkeerds zeggen) *etw. Falsches sagen* • (iets beledigends zeggen) *kränken, beleidigen*
mitella *Armschlinge* [v], *Mitella* [v]
mitrailleur *Maschinengewehr* [o]
mits *vorausgesetzt, dass ..., unter der Voraussetzung, dass ...*
mix *Gemisch* [o], *Mischung* [v]
mixen *mixen*
mixer *Mixer* [m]
mobiel *mobil*
mobilisatie • (het mobiliseren) *Mobilmachung* [v], *Mobilisierung* [v] ⋆ gedeeltelijke ~ *Teilmobilmachung* • (periode) *Mobilisierung* [v]
mobiliseren *mobilisieren*, ‹militair› *mobil machen*
mobiliteit *Mobilität* [v]
mobilofoon *Funksprechgerät* [o], *Sprechfunkanlage* [v]
modaal *durchschnittlich, Durchschnitts-*, ‹middelmatig› *mittelmäßig* ⋆ modale werknemer *Durchschnittsverdiener* [m]
modaliteit *Modalität* [v] ⋆ bijwoord van ~ *Modaladverb* [o]
modder *Schlamm* [m], *Dreck* [m]
modderen • (baggeren) *baggern* • (knoeien) *stümpern, herummurksen*
modderfiguur *Hanswurst* [m] ▾ een ~ slaan *eine jämmerliche Figur abgeben*
modderig *schlammig*, ‹met modder bevuild› *dreckig*
modderpoel *Schlammpfütze* [v], *Pfuhl* [m]
moddervet *feist, dick und fett*
mode *Mode* [v] ⋆ uit de mode raken *aus der Mode kommen* ⋆ in de mode komen *Mode werden* ⋆ met de mode meedoen *mit der Mode gehen*
modeartikel *Modeartikel* [m], *Modeware* [v]
modeblad *Modezeitschrift* [v], *Modejournal* [o]
modegril *Modelaune* [v]
modehuis *Modehaus* [o]
model • (voorbeeld) *Modell* [o], *Vorbild* [o] • (coupe/snit) *Modell* [o], *Muster* [o], *Schnitt* [m] • (ideaal voorbeeld) *Modell* [o], *Muster* [o] • (persoon) *Modell* [o], *Model* [o] • (juiste vorm) *Modell* [o], *(ideale) Form* [v] ⋆ er zit geen ~ meer in die hoed *der Hut hat keine Fasson mehr* • (type product) *Modell* [o], *Typ* [m] • (ontwerp) *Modell* [o], *Entwurf* [m]
modelactie *Protestaktion* [v]
modelbouw *Modellbau* [m]
modelleren *modellieren*
modelwoning *Wohnung, die Modell steht* [v]
modem *Modem* [o]
modeontwerper *Modeschöpfer* [m]
modepop *Modepuppe* [v]
modern • (tot de nieuwere tijd behorend) *modern, neuzeitlich*, ‹overeenkomstig de tijd› *zeitgemäß* ⋆ de ~e talen *die neueren Sprachen* • (hedendaags) *heutig*
moderniseren *modernisieren*
modeshow *Modenschau* [v]
modeverschijnsel *Modeerscheinung* [v]
modewoord *Modewort* [o]
modezaak *Modegeschäft* [o]
modieus *modisch*
moduleren *modulieren*
modus *Modus* [m]
moe I [de] *Mutti* [v] **II** [bnw] *müde* ▾ iets moe zijn *etw. satt haben*

moed Mut [m] ⋆ de moed laten zakken *den Mut sinken lassen* ⋆ moed scheppen *Mut fassen* ⋆ moed houden *den Mut nicht verlieren* ⋆ de moed erin houden *den Kopf oben behalten* ⋆ moed geven *Mut machen* ▾ met de moed der wanhoop *mit dem Mut der Verzweiflung* ▾ de moed zonk haar in de schoenen *das Herz rutschte ihr in die Hose*
moedeloos *mutlos, niedergeschlagen*
moeder Mutter [v] ⋆ een tweede ~ voor iem. zijn *wie eine Mutter zu jmdm. sein* ⋆ een aanstaande ~ *eine werdende Mutter*
moederbedrijf Mutterunternehmen [o]
moedercomplex Mutterkomplex [m]
moederdag Muttertag [m]
moederen ⋆ over iem. ~ *jmdn. bemuttern*
moederinstinct Mutterinstinkt [m]
moederkoek Mutterkuchen [m], Plazenta [v]
moederlief *liebe Mutter* [v] ▾ daar helpt geen ~ aan *da hilft kein Ach und Weh*
moederlijk *mütterlich*
moedermavo ≈ *Abendschule* [v]
moedermelk Muttermilch [v]
moeder-overste Oberin [v]
moederschap Mutterschaft [v]
moederskant ⋆ van ~ *mütterlicherseits*
moederskind • (lievelingskind) Mamas Liebling [m] • (papkindje) Hätschelkind [o], ‹jongen› Muttersöhnchen [o]
moedertaal Muttersprache [v]
moedervlek Muttermal [o]
moederziel ▾ ~ alleen *mutterseelenallein*
moedig *mutig,* ‹dapper› *tapfer*
moedwil Mutwille [m], ‹opzet› Absicht [v]
moedwillig *mutwillig, absichtlich, vorsätzlich*
moeheid • (het moe zijn) Müdigkeit [v] • (materiaalmoeheid) ‹van grond› Müdigkeit [v], ‹van metaal› Ermüdung [v]
moeien *bemühen* ⋆ daar is veel geld mee gemoeid *da geht es um viel Geld* ⋆ hij was niet met de zaak gemoeid *er war an der Sache nicht beteiligt*
moeilijk I [bnw] *schwer, schwierig* ⋆ ~ te begrijpen *schwer verständlich* **II** [bijw] *lästig* ⋆ het iem. ~ maken *es jmdm. schwer machen* ⋆ doe nou niet zo ~ ‹omslachtig doen› *sei doch nicht so umständlich;* ‹problemen veroorzaken› *mach jetzt keine Schwierigkeiten*
moeilijkheid Schwierigkeit [v]
moeite Mühe [v] ⋆ dat gaat in één ~ door *das geht in einem Aufwasch* ⋆ ~ doen *sich bemühen* ⋆ alle ~ was vergeefs *alle Bemühungen waren umsonst* ⋆ het is de ~ niet waard *es ist nicht der Mühe wert*
moeiteloos *mühelos*
moeizaam *mühsam, mühselig*
moer • (schroefmoer) Mutter [v] • (moederdier) Muttertier [o] • (moederplant) Mutterpflanze [v] ▾ dat kan me geen moer schelen *das ist mir vollkommen egal*
moeras Sumpf [m], Morast [m]
moerassig *sumpfig, morastig* ⋆ ~ land *Sumpfland* [o]
moerbei • (boom) Maulbeerbaum [m] • (moerbes) Maulbeere [v]
moeren *kaputt machen, vermurksen*
moersleutel Schrauben-/Mutternschlüssel [m]
moerstaal Muttersprache [v]
moes Mus [o], Brei [m] ▾ iem. tot moes slaan *jmdn. zu Brei schlagen*
moesappel Kochapfel [m], ≈ Fallobst [o]
moesson Monsun [m]
moestuin Gemüsegarten [m], ‹klein› Küchengarten [m]
moeten I [ov ww] *wollen* ⋆ moet je nog koffie? *willst du noch Kaffee?* **II** [hww] • (noodzakelijk zijn) *müssen* ⋆ dat zal wel zo ~ *das muss wohl so sein* • (verplicht zijn) *müssen* • (aannemelijk zijn) *müssen, sollen* • (willen) *wollen* • (behoren) *sollen* ⋆ je moest je schamen *du solltest dich schämen*
moetje Mussehe [v]
mof • (bonten huls) Muff [m] • (Duitser) ≈ *Teutone* [m] • (losse wollen mouw) Pulswärmer [m] • (verbindingsstuk) Flansch [m], ‹ring› Muffe [v]
mogelijk I [bnw] *etwaig, eventuell,* ‹denkbaar› *möglich* ⋆ alle ~e middelen *alle erdenklichen Mittel* ⋆ het grootst ~e voordeel *der größtmögliche Vorteil* ⋆ in de kortst ~e tijd *innerhalb kürzester Zeit* **II** [bijw] *möglicherweise,* ‹denkbaar› *möglich* ⋆ zo goed/spoedig ~ *möglichst gut/bald*
mogelijkerwijs *möglicherweise*
mogelijkheid Möglichkeit [v] ⋆ met geen ~ *beim besten Willen nicht*
mogen I [ov ww] *mögen, leiden können* **II** [hww] • (kunnen) *können* ⋆ je mocht je eens vergissen *du könntest dich irren* • (toestemming hebben) *dürfen, erlaubt/gestattet sein* ⋆ dat mag niet *das ist nicht erlaubt* ⋆ mag je hier roken? *darf man hier rauchen?* • (wenselijk zijn) *mögen* • (aanraden) *sollen* ⋆ je mag blij zijn *du solltest froh sein* • (veronderstellen) *sollen* ⋆ mocht hij om 10 uur nog niet hier zijn *sollte er um 10 noch nicht hier sein* ▾ het heeft niet ~ zijn *es hat nicht sein sollen*
mogendheid Macht [v] ⋆ grote ~ *Großmacht* [v]
mohair Mohair/Mohär [m]
mohammedaan Mohammedaner [m], Moslem [m] [v: Moslime]
mohammedaans *mohammedanisch, moslemisch, islamitisch*
mok Becher [m]
moker Fausthammer [m], ‹met lange steel› Vorschlaghammer [m]
mokka Mokka [m]
mokkel • (knap meisje) Mieze [v] • (mollig meisje) Pummelchen [o]
mokken *schmollen,* ‹zeuren› *maulen*
mol • (dier) Maulwurf [m] • (muz.) b [o]
Moldavië Moldawien [o]
moleculair *Molekular-, molekular*
molecule Molekül [o]
molen Mühle [v], ‹aan een hengel› Rolle [v] ▾ een klap van de ~ hebben gehad *einen Dachschaden haben*
molenaar Müller [m]
molensteen Mühlstein [m]
molenwiek Mühlenflügel [m]
molesteren *belästigen*
molestverzekering ≈ *Versicherung gegen Schäden durch Kriegseinwirkung* [v]
molière Halbschuh [m]
mollen • (kapotmaken) *vermurksen, kaputtmachen* • (doden) *abmurksen*
mollig • (zacht aanvoelend) *mollig, weich* • (dik) *mollig, pummelig,* ‹euf.› *vollschlank*
molm ‹van hout› Mulm [m], ‹van turf› Torfmull [m]
molotovcocktail Molotowcocktail [m]
molshoop Maulwurfshügel [m]
molton Molton [m]
Molukken Molukken [mv]
Molukker Molukke [m]

Moluks *molukkisch*
mom ⋆ onder het mom van ≈ *unter der Maske von*
mombakkes *Maske* [v]
moment *Moment* [m], *Augenblick* [m]
momenteel *momentan, gegenwärtig, zurzeit*
momentopname *Momentaufnahme* [v]
moment suprême *Höhepunkt* [m]
mompelen *murmeln,* ‹brommen› *brummen*
Monaco *Monaco* [o]
monarch *Monarch* [m]
monarchie *Monarchie* [v]
monarchist *Monarchist* [m]
mond • (orgaan) *Mund* [m] ⋆ bij monde van *durch* • (monding) *Mündung* [v] • (opening) *Öffnung* [v], ‹van vuurwapen› *Mündung* [v] ▾ een grote mond hebben *ein großes Mundwerk haben* ▾ met de mond vol tanden staan *eine Antwort schuldig bleiben* ▾ de morgenstond heeft goud in de mond *Morgenstund hat Gold im Mund* ▾ iets uit zijn mond sparen *sich etw. vom Munde absparen* ▾ iem. woorden in de mond leggen *jmdm. Worte in den Mund legen* ▾ ieder heeft er de mond vol van *es ist in aller Munde* ▾ hij weet zijn mondje te roeren *er ist nicht auf den Mund gefallen* ▾ iem. iets in de mond leggen *jmdm. etw. in den Mund legen*
mondain *mondän*
monddood *mundtot*
mondeling *mündlich*
mond- en klauwzeer *Maul- und Klauenseuche* [v]
mondharmonica *Mundharmonika* [v]
mondhoek *Mundwinkel* [m]
mondholte *Mundhöhle* [v]
mondhygiënist *Mundhygieniker* [m]
mondiaal *global, weltweit*
mondig *mündig* ⋆ iem. ~ verklaren *jmdn. mündig sprechen; jmdn. für mündig erklären*
mondigheid *Mündigkeit* [v]
monding *Mündung* [v]
mondje ▾ niet op zijn ~ gevallen zijn *nicht auf den Mund gefallen sein* ▾ hij spreekt een aardig ~ Engels *er spricht ziemlich gut Englisch*
mondjesmaat *spärlich, häppchenweise*
mond-op-mondbeademing *Mund-zu-Mund-Beatmung* [v]
mondstuk *Mundstück* [o]
mond-tot-mondreclame *Mundpropaganda* [v]
mondvol *Mund voll* [v]
M
mondvoorraad *Mundvorrat* [m]
Monegask *Monegasse* [m]
monetair *monetär, Währungs-* ⋆ het Europese Monetaire Stelsel *das Europäische Währungssystem*
Mongolië *Mongolei* [v]
mongolisme *Mongolismus* [m]
mongoloïde *mongoloid*
mongool *mongoloide Person* [v]
monitor *Monitor* [m]
monnik *Mönch* [m] ▾ gelijke ~en, gelijke kappen *gleiche Brüder, gleiche Kappen*
monnikenwerk *mühsame Kleinarbeit* [v], *Geduldsarbeit* [v] ▾ ~ verrichten *Wasser mit einem Sieb schöpfen*
mono *mono*
monochroom *monochrom*
monocle *Monokel* [o]
monogaam *monogam*
monogamie *Monogamie* [v]
monogram *Monogramm* [o]
monoliet *Monolith* [m]
monolithisch *monolithisch*
monoloog *Monolog* [m]
monomaan I [de] *Monomane* [m] **II** [bnw] *monoman, monomanisch*
monomanie *Monomanie* [v]
monopolie *Monopol* [o]
monorail *Einschienenbahn* [v]
monotoon *monoton, eintönig*
monster • (gedrocht) *Ungeheuer* [o], *Ungetüm* [o], *Monster* [o] • (proefstuk) *Muster* [o], *Probe* [v] ⋆ ~s trekken *Proben nehmen* ⋆ ~ zonder waarde *unverkäufliche(s) Muster* [m]
monsterachtig *scheußlich, abscheulich,* ‹enorm› *ungeheuer*
monsteren • (keuren) *prüfen, begutachten,* ‹mil.› *mustern,* ‹inspecteren› *inspizieren* • (scheepv.) *anheuern, anmustern*
monsterlijk *abscheulich, scheußlich*
monstrans *Monstranz* [v]
monstrueus *ungeheuerlich, monströs, scheußlich*
monstruositeit *Monstrosität* [v]
montage *Montage* [v], ‹van film› *Schnitt* [m]
montagefoto *Fotomontage* [v]
montagetafel *Montagetisch* [m]
Montenegrijn *Montenegriner* [m]
Montenegrijns *montenegrinisch*
Montenegro *Montenegro* [o]
monter *munter, lebhaft, heiter*
monteren *montieren,* ‹bevestigen› *festmontieren*
montessorischool *Montessorischule* [v]
monteur *Monteur* [m]
montuur ‹van bril› *Gestell* [o], ‹van edelstenen› *Fassung* [v]
monument *Monument* [o], ‹gedenkteken› *Denkmal* [o]
monumentaal *monumental, Monumental-*
monumentenzorg *Denkmalschutz* [m], *Denkmalpflege* [v]
mooi I [bnw] • (aangenaam aandoend) *hübsch, schön* • (iron.) *schön* ⋆ wel nu nog mooier! *das wäre ja noch schöner!* ⋆ mooie boel! *schöne Geschichte/Bescherung!* ⋆ dat is me een mooie! *das ist mir aber eine/einer!* **II** [bijw] • (op mooie wijze) *gut, schön* • (iron.) *ganz schön* ⋆ iem. mooi beetnemen *jmdn. ganz schön auf den Arm nehmen* ⋆ jij hebt mooi praten *du hast gut reden* ⋆ mooi zo! *gut so!*
mooipraten *schönfärben,* ‹prijzend› *beschönigen*
moonboot *Moonboots* [mv]
Moor *Maure* [m]
moord *Mord* [m] ⋆ een ~ plegen *einen Mord begehen* ⋆ de ~ op de koning *die Ermordung des Königs* ▾ ~ en brand schreeuwen *Zeter und Mordio schreien*
moordaanslag *Mordanschlag* [m], ‹pol.› *Attentat* [o]
moorddadig *mörderisch, Mords-*
moorden *morden*
moordenaar *Mörder* [m]
moordend • (moorddadig) *mörderisch* • (slopend) ⋆ ~e concurrentie *mörderische Konkurrenz* [v] ⋆ ~ werk *aufreibende Arbeit* [v]
moordpartij *Massaker* [o], *Gemetzel* [o], *Blutbad* [o]
moordwapen *Mordwaffe* [v]
moorkop *Mohrenkopf* [m]
moot *Stück* [o], *Scheibe* [v]
mop • (grap) *Witz* [m] ⋆ moppen tappen *Witze reißen* ⋆ vieze mop *Zote* • (koekje) ≈ *Plätzchen* [o] • (baksteen) *(große(r)) Backstein* [m] • (leuk mens) *Puppe* [v], *Mieze* [v] • (liedje) *Melodie* [v], *Lied* [o]

mopperaar Nörgler [m], ‹inf.› Meckerfritze [m]
mopperen *meckern, nörgeln, murren*
mopperpot Nörgler [m]
mopsneus Stumpfnase [v]
moraal Moral [v]
moraliseren *moralisieren*
moralist Moralist [m]
moratorium Moratorium [o], Zahlungsaufschub [m]
morbide *morbid*
moreel I [het] Moral [v] **II** [bnw] *moralisch*
mores ▾ iem. ~ leren *jmdn. Mores lehren*
morfine Morphium [o], Morphin [o]
morfologie Morphologie [v]
morgen I [de] Morgen [m] ⋆ 's ~s *morgens* ⋆ goede~ *guten Morgen* ⋆ 's ~s vroeg *frühmorgens; am frühen Morgen* ⋆ van~ *heute Morgen* ⋆ van~ vroeg *heute früh* **II** [bijw] *morgen* ⋆ ~ vroeg *morgen früh*
morgenavond *morgen Abend*
morgenland Morgenland [o]
morgenmiddag *morgen Mittag*
morgenochtend *morgen früh*
morgenrood Morgenrot [o], Morgenröte [v]
morgenster Morgenstern [m]
morgenstond Morgenstunde [v] ▾ de ~ heeft goud in de mond *Morgenstund hat Gold im Mund*
mormel Scheusal [o], ‹hond› Köter [m]
mormoon Mormone [m]
morning-afterpil Pille danach [v]
morrelen *herummachen, herummurksen*
morren *murren*
morsdood *mausetot*
morse Morsezeichen [o]
morsen *kleckern*
morseteken Morsezeichen [o]
morsig *schmutzig, schmierig,* ‹slonzig› *schlampig*
mortel Mörtel [m]
mortier Mörser [m]
mortuarium • (rouwcentrum) Mortuarium [o] • (bewaarplaats voor lijken) Leichenkammer [v], Leichenhaus [o], Leichenhalle [v]
mos Moos [o]
mosgroen *moosgrün*
moskee Moschee [v]
Moskou Moskau [o]
moslim Moslem [m]
mossel Muschel [v]
mosselbank Muschelbank [v]
most Most [m]
mosterd Senf [m]
mosterdgas Senfgas [o]
mot • (insect) Motte [v] ⋆ tegen mot behandelen *einmotten* ⋆ tegen motten bestand *mottenfest* • (ruzie) Krach [m], Streit [m], Zank [m]
motel Motel [o]
motie Antrag [m] ⋆ ~ van wantrouwen Misstrauensvotum [o] ⋆ een ~ indienen *einen Antrag einbringen*
motief • (beweegreden) Beweggrund [m], Motiv [o] • (patroon) Motiv [o]
motivatie Motivation [v]
motiveren • (beredeneren) *begründen, motivieren* • (stimuleren) *motivieren*
motivering Begründung [v], Motivierung [v]
motor • (machine) Motor [m], ‹bij vliegtuigen› Triebwerk [o] • (motorfiets) Motorrad [o]
motoragent Motorradpolizist [m]
motorboot Motorboot [o]
motorcross Motocross/Moto-Cross [o]
motorfiets Motorrad [o]
motoriek Motorik [v]
motorisch *motorisch*
motoriseren *motorisieren*
motorkap Motorhaube [v]
motorpech Motorpanne [v]
motorrijder Motorradfahrer [m]
motorrijtuig Kraftfahrzeug [o]
motorrijtuigenbelasting Kraftfahrzeugsteuer [v]
motorvoertuig Kraftfahrzeug [o]
motregen Nieselregen [m]
motregenen *nieseln*
mottenbal Mottenkugel [v] ▾ iets uit de ~len halen *etw. aus der Mottenkiste holen*
mottig *mottenzerfressen*
motto Motto [o], Leitspruch [m]
mountainbike Mountainbike [o]
mousse Mousse [v]
mousseren *moussieren, schäumen* ⋆ ~de wijn Schaumwein [m]
mout Malz [o]
mouw Ärmel [m] ▾ iem. iets op de mouw spelden *jmdm. einen Bären aufbinden* ▾ hij weet er altijd een mouw aan te passen *er weiß immer Rat* ▾ uit de mouw schudden *aus dem Ärmel schütteln*
moven *weggehen, verschwinden*
mozaïek Mosaik [o]
Mozambique Mosambik [o]
mts ≈ Fachoberschule für Technik [v]
mud Hektoliter [m]
mudvol *brechend/gerammelt voll*
muf *moderig, muffig, dumpf*
mug Mücke [v] ▾ van een mug een olifant maken *aus einer Mücke einen Elefanten machen*
muggenbeet Mückenstich [m]
muggenbult Mückenstich [m]
muggenolie Mückenöl [o]
muggenziften *Haarspalterei treiben*
muggenzifter Haarspalter [m]
muil • (bek) Maul [o], Rachen [m] • (schoen) Pantoffel [m]
muildier Maultier [o]
muilezel Maulesel [m]
muilkorf Maulkorb [m]
muilkorven • (muilkorf aandoen) *einen Maulkorb umbinden* • (monddood maken) *einen Maulkorb anlegen*
muilpeer Backpfeife [v], Ohrfeige [v]
muis • (dier) Maus [v] • (deel van hand) Handballen [m] • (comp.) Maus [v]
muisje Mäuschen [o] ⋆ beschuit met ~s ≈ Zwieback mit verzuckerten Anissamen ▾ dat ~ zal een staartje hebben *die Sache wird noch Folgen haben*
muisstil *mucksmäuschenstill*
muiten *meutern* ⋆ aan het ~ slaan *zu meutern beginnen*
muiter Meuterer [m]
muiterij Meuterei [v]
muizenis Grille [v] ⋆ zich ~sen in het hoofd halen *sich Flausen in den Kopf setzen*
muizenval Mausefalle [v]
mul *locker,* ‹zanderig› *sandig*
mulat Mulatte [m]
multifunctioneel *multifunktional, Mehrzweck-*
multimediaal *multimedial*
multinational I [de] *multinationale(s)* Unternehmen [o], Multi [m] **II** [bnw] *multinational*
multiplechoicetest Multiplechoicetest [m], Multiple-Choice-Test [m]
multiplex Sperr-/Schichtholz [o]
multomap Ringbuch [o], Ringheft [o]

mum ▾ in een mum van tijd *im Nu; im Handumdrehen*
mummelen *murmeln*
mummie *Mumie* [v]
mummificeren *mumifizieren*
munitie *Munition* [v]
munt • (geldstuk) *Münze* [v] ⋆ munten slaan *Münzen prägen* • (waardestempel) *Münzprägung* [v] • (muntgebouw) *Münze* [v], *Münzanstalt* [v] • (munteenheid) *Währung* [v] • (penning) *Marke* [v], *Münze* [v] • (plant) *Minze* [v] ▾ iem. iets met gelijke munt betalen *jmdm. etw. mit gleicher Münze heimzahlen* ▾ munt uit iets slaan *Kapital aus etw. schlagen*
muntbiljet *Kassenschein* [m]
munten • (tot munt slaan) *münzen, prägen* • (~ **op**) *absehen, münzen* ⋆ het op iem. gemunt hebben *es auf jmdn. abgesehen haben*
muntstuk *Geldstück* [o], *Münze* [v]
murmelen • (prevelen) *murmeln* • (ruisen) *plätschern, rieseln, murmeln*
murw *mürbe* ⋆ iem. murw slaan *jmdn. windelweich prügeln* ⋆ iem. murw maken *jmdn. zermürben*
mus *Spatz* [m], *Sperling* [m]
museum *Museum* [o] [mv: *Museen*]
museumbezoek *Museumsbesuch* [m]
museumstuk *Museumsstück* [o] ⋆ ‹scherts› die jurk is een echt ~! *das Kleid hat ja nur noch Altertumswert!*
musical *Musical* [o]
musiceren *musizieren*
musicus *Musiker* [m]
muskaat • (noot) *Muskat* [m], *Muskatnuss* [v] • (wijn) *Muskateller* [m]
musket *Muskete* [v]
musketier *Musketier* [m]
muskiet *Moskito* [m]
muskietennet *Moskitonetz* [o]
muskus *Moschus* [m]
muskusrat *Bisamratte* [v]
müsli *Müsli* [o]
must *Muss* [o] ⋆ een echte must *ein absolutes Muss*
mutatie • (verandering) *Änderung* [v], *Wandlung* [v], ‹wisseling› *Wechsel* [m] • (bio.) *Mutation* [v]
muts *Mütze* [v]
muur • (plant) *Vogelmiere* [v] • (buitenmuur) *Mauer* [v] • (binnenmuur) *Wand* [v] ▾ de muren hebben oren *die Wände haben Ohren* ▾ tussen vier muren zitten *hinter schwedischen Gardinen sitzen* ▾ de muren hebben hier oren *die Wände haben hier Ohren*
muurbloempje *Mauerblümchen* [o]
muurkrant *Wandzeitung* [v]
muurschildering *Wandgemälde* [o]
muurvast *völlig festgefahren, unerschütterlich*
muzak *Hintergrundmusik* [v]
muze *Muse* [v]
muzelman *Moslem* [m], ‹scherts› *Muselman* [m]
muziek • (toonkunst) *Musik* [v] ⋆ iets op ~ zetten *etw. vertonen* • (blad) *Noten* [mv]
muziekbibliotheek *Musikbibliothek* [v]
muziekcassette *Musikkassette* [v]
muziekdoos *Spieldose* [v]
muziekgezelschap *Musikensemble* [o], *Musikkapelle* [v]
muziekinstrument *Musikinstrument* [o]
muziekkapel *Musikkapelle* [v]
muziekkorps *Blaskapelle* [v]
muzieknoot *Note* [v]
muziekpapier *Notenpapier* [o]
muziekschool *Musikschule* [v]

M

muziekstandaard *Notenständer* [m]
muziekstuk *Musikstück* [o]
muziektent *Konzertpavillon* [m]
muziektheater *Musiktheater* [o]
muzikaal *musikalisch*
muzikant *Musikant* [m], *Musiker* [m]
mysterie *Mysterium* [o] [mv: *Mysterien*]
mysterieus *mysteriös, geheimnisvoll*
mysticus *Mystiker* [m]
mystiek **I** [de] *Mystik* [v] **II** [bnw] *mystisch*
mythe *Mythos* [m] [mv: *Mythen*]
mythisch *mythisch, legendär*
mythologie *Mythologie* [v]
mythologisch *mythologisch*
mytylschool ≈ *Schule für körperbehinderte Kinder* [v]

N

n N [o]
na I [bijw] *nahe* ⋆ op één gulden na *bis auf einen Gulden* ⋆ alle broers waren er op de jongste na *alle Brüder waren da, bis auf den jüngsten* ⋆ bij lange na niet *bei weitem nicht* ▾ iem. te na komen *jmdm. zu nahe treten* ▾ de goeden niet te na gesproken *in allen Ehren* ▾ dat was zijn eer te na *das verbot ihm seine Ehre* ▾ dat ligt mij na aan het hart *das liegt mir am Herzen* **II** [vz] *nach* [3] ⋆ de een na de ander *einer nach dem anderen* ⋆ jaar na jaar *Jahr um Jahr* ⋆ na dit gezegd te hebben ging hij weg *nachdem er dies gesagt hatte, ging er weg*
naad *Naht* [v] ▾ het naadje van de kous willen weten *alles bis ins kleinste Detail wissen wollen* ▾ zich uit de naad werken *sich abrackern*
naaf *Nabe* [v]
naaidoos *Nähkasten* [m]
naaien • (met draad vastmaken) *(ver)nähen* • (neuken) *ficken* • (belazeren) *anschmieren*
naaimachine *Nähmaschine* [v]
naaister • (het beroep) *Schneiderin* [v] • (iem. die naaiwerk doet) *Näherin* [v]
naakt I [het] *Akt* [m], ‹model› *Aktmodell* [o] **II** [bnw] *nackt*
naaktfoto *Nackt-/Aktfoto* [o], *Nacktaufnahme* [v]
naaktloper *Nudist* [m]
naaktstrand *FKK-Strand* [m], *Nacktbadestrand* [m]
naald • (wijzer) *Nadel* [v], *Zeiger* [m] • (deel van pick-up) *Nadel* [v] • (gereedschap) *Nadel* [v] • (zuil) *Obelisk* [m] ▾ heet van de ~ *brühwarm*
naaldboom *Nadelbaum* [m]
naaldbos *Nadelwald* [m]
naaldenboekje *Nadelbrief* [m], *Nadelbuch* [o]
naaldhak *Pfennigabsatz* [m]
naaldhout *Nadelholz* [o]
naaldkunst *Kunst des Stickens/Nähens* [v]
naam • (benaming) *Name* [m] ⋆ uit naam van *im Namen* [2] ⋆ aandeel op naam *Namensaktie* [v] ⋆ het huis staat op naam van mijn broer *das Haus ist Eigentum meines Bruders* ⋆ de pas staat op naam van Müller *der Pass lautet auf den Namen Müller* ⋆ van naam kennen *dem Namen nach kennen* ⋆ zonder naam *namenlos* • (reputatie) *Ruf* [m], *Name* [m] ⋆ naam maken *sich einen Namen machen* ⋆ een man van naam *ein namhafter Mann* ⋆ iemands goede naam aantasten *jmds. guten Ruf erschüttern* ▾ de dingen bij hun naam noemen *die Dinge beim rechten Namen nennen* ▾ dat mag geen naam hebben *das ist nicht der Rede wert* ▾ mijn naam is haas *mein Name ist Hase*
naamdag *Namenstag* [m]
naamgenoot *Namensbruder* [m] [v: *Namensschwester*], *Namensvetter* [m]
naamkaartje *Karte* [v], ‹aan tafel› *Tischkarte* [v], ‹visitekaartje› *Visitenkarte* [v]
naamkunde *Namensforschung* [v]
naamloos *anonym*, ‹onbekend› *namenlos*
naamsverwarring *Namensverwirrung* [v]
naamval *Fall* [m], *Kasus* [m]
naamwoord *Nennwort* [o], *Nomen* [o] ⋆ bijvoeglijk ~ *Adjektiv* [o] ⋆ zelfstandig ~ *Substantiv* [o]
na-apen *nachäffen*
naar I [bnw] • (akelig) *unangenehm, widerlich, widerwärtig, eklig, scheußlich* • (beroerd) *übel, schlecht* ⋆ hij voelt zich naar *ihm ist übel* ⋆ er naar aan toe zijn *schlimm dran sein* **II** [vz] • (in de richting van) *zu* [3], *in* [4], *nach* [3] ⋆ naar de bioscoop/de opera gaan *ins Kino/in die Oper gehen* ⋆ kom naar boven *komm herauf* ⋆ naar buiten kijken *hinausschauen* ⋆ naar zee gaan *ans Meer fahren* ⋆ naar Frankrijk gaan *nach Frankreich fahren* ⋆ naar school/het hotel/het station gaan *zur Schule/zum Hotel/zum Bahnhof gehen* ⋆ naar bed gaan *ins Bett gehen* • (volgens) *nach, gemäß* [3], ‹overeenkomstig› *entsprechend* [3] ⋆ naar omstandigheden *den Umständen entsprechend* **III** [vw] *wie* ⋆ naar men beweert *wie man behauptet*
naargeestig *trübsinnig, trübe, düster* ⋆ ~ weer *trübe(s) Wetter* [o]
naargelang I [bijw] *entsprechend* [3], *je nach* [3] **II** [vw] *je nachdem, wie*
naarling *Widerling* [m], *unangenehme(r) Kerl* [m]
naarmate *in dem Maße, wie*, ‹naargelang› *je nachdem*
naarstig *eifrig, emsig, fleißig*
naast I [bnw] *nächst* ⋆ in haar ~e omgeving *in ihrer nächsten Umgebung* ⋆ in de ~e toekomst *in nächster Zukunft* ▾ ieder is zichzelf het ~ *jeder ist sich selbst der Nächste* ▾ ten ~e bij *annähernd* **II** [bijw] ‹het dichtst bij› *nächst*, ‹mis› *daneben* **III** [vz] • (terzijde van) *neben* [3,4] • (behalve) *neben* [3], *außer* [3], ‹afgezien van› *abgesehen von* [3]
naaste *Nächste(r)* [m], *Mitmensch* [m] ▾ heb uw ~ lief als uzelf *liebe deinen Nächsten wie dich selbst*
naastenliefde *Nächstenliebe* [v]
nabehandeling *Nachbehandlung* [v]
nabeschouwing *nachträgliche Betrachtung* [v], ‹terugblik› *Rückblick* [m]
nabestaande *Hinterbliebene(r)* [m]
nabezorgen *nachreichen*, ‹post› *nachträglich zusenden*
nabij I [bnw] *nah* ⋆ in de ~e toekomst *in naher Zukunft* ⋆ het Nabije Oosten *der Nahe Osten* ⋆ iem. van ~ kennen *jmdn. näher kennen* ⋆ van ~ *von nahem* **II** [vz] *nahe* [3], *in der Nähe* [2] ⋆ ~ de dood *dem Tode nahe* ⋆ om en ~ de veertig *etwa um die vierzig*
nabijgelegen *nahe (gelegen)*
nabijheid *Nähe* [v]
nablijven *zurückbleiben*, ‹op school› *nachsitzen*
nablussen *nachlöschen*
nabootsen *imitieren, nachahmen*
nabootsing • (het nabootsen) *Nachahmung* [v], *Imitation* [v], *Nachbildung* [v] • (wat nagebootst is) *Imitation* [v], *Kopie* [v]
naburig *benachbart, Nachbar-, nachbar-*
nacht *Nacht* [v] ⋆ heilige ~ *Heiligabend* [m] ⋆ 's ~s *nachts* ▾ zo lelijk als de ~ *hässlich wie die Nacht* ▾ een verschil van dag en ~ *ein Unterschied wie Tag und Nacht* ▾ niet over één ~ ijs gaan *sich nicht auf dünnes Eis begeben*
nacht- *nacht-, Nacht-*
nachtblind *nachtblind*
nachtbraken • ('s nachts feesten) *sich die Nacht um die Ohren schlagen* • ('s nachts werken) *bei Nacht arbeiten*
nachtbraker • (iem. die 's nachts feest) *Nachtschwärmer* [m], ‹inf.› *Nachteule* [v] • (iem. die 's nachts werkt) *Nachtarbeiter* [m]
nachtclub *Nachtklub* [m]
nachtdienst *Nachtdienst* [m]
nachtdier *Nachttier* [o]
nachtegaal *Nachtigall* [v]
nachtelijk *nächtlich, nacht-, Nacht-*

nachtfilm Nachtfilm [m]

nachthemd Nachthemd [o]

nachtkaars • (plant) Königskerze [v] • (kaars) Kerze für die Nacht [v] ▾ uitgaan als een ~ ausgehen wie das Hornberger Schießen

nachtkastje Nachttisch [m]

nachtkijker Nachtsichtgerät [o]

nachtkleding Nachtzeug [o]

nachtleven Nachtleben [o]

nachtmens Nachtmensch [m]

nachtmerrie Alptraum/Albtraum [m]

nachtmis Mitternachtsmesse [v]

nachtploeg Nachtschicht [v]

nachtpon Nachthemd [o]

nachtrust Nachtruhe [v]

nachtslot Nachtschloss [o] ⋆ op het ~ doen das Nachtschloss vorlegen

nachtstroom Nachtstrom [m]

nachttarief Nachttarif [m]

nachtvlinder Nachtfalter [m], ‹persoon› Nachtschwärmer [m]

nachtvorst Nachtfrost [m]

nachtwaker Nachtwächter [m]

nachtwerk Nachtarbeit [v]

nachtzoen Gutenachtkuss [m]

nachtzuster Nachtschwester [v]

nadagen • (periode van verval) Spätphase [v], ‹achteruitgang› Niedergang [m] ⋆ in zijn ~ zijn ausklingen • (ouderdom) Lebensabend [m]

nadat nachdem

nadeel Nachteil [m], ‹schade› Schaden [m] ⋆ ten nadele van zu Ungunsten/zuungunsten von ⋆ in zijn ~ veranderen zu seinem Nachteil verändern ⋆ hij heeft er geen ~ bij er wird dadurch nicht geschädigt

nadelig nachteilig, ‹schadelijk› schädlich ⋆ ~ voor de gezondheid gesundheitsschädlich ⋆ ~ saldo Verlustsaldo [m]

nadenken nachdenken (über) [4], (sich) überlegen ⋆ ik zal er nog eens goed over ~ ich will es mir noch einmal genau überlegen

nadenkend nachdenklich

nader näher ⋆ het huilen stond hem ~ dan het lachen er war dem Weinen näher als dem Lachen ⋆ bij ~ inzien bei näherer Betrachtung ⋆ tot ~ order/bericht bis auf weiteres

naderbij heran, näher

naderen sich nähern ⋆ hij nadert de veertig er geht auf die vierzig zu

naderhand nachträglich, nachher, hinterher

nadien danach, hinterher

nadoen nachmachen, imitieren, nachahmen

nadorst Nachdurst [m]

nadruk • (accent) Betonung [v] ⋆ met ~ nachdrücklich ⋆ de ~ leggen op iets etw. betonen ⋆ de ~ ligt op de tweede lettergreep die Betonung liegt auf der zweiten Silbe • (herdruk) Nachdruck [m]

nadrukkelijk I [bnw] nachdrücklich **II** [bijw] mit Nachdruck

nagaan • (volgen) verfolgen, nachgehen • (concluderen) ⋆ voor zover ik heb kunnen ~ soweit ich habe feststellen können • (controleren) untersuchen, (über)prüfen ⋆ iemands gangen ~ jmds. Tun und Lassen überwachen ⋆ de rekeningen ~ die Rechnungen prüfen • (overwegen) sich vorstellen, sich denken ⋆ als ik alles even naga wenn ich alles recht bedenke ⋆ ga maar bij jezelf na denke dir doch nur selbst

nagalm Nachhall [m]

nageboorte Nachgeburt [v]

nagedachtenis Gedächtnis [o], Andenken [o], Gedenken [o] ⋆ ter ~ van zum Gedenken an ⋆ iemands ~ in ere houden jmdm. ein ehrendes Andenken bewahren

nagel • (verhoornde huid) Nagel [m] ⋆ op zijn ~s bijten an den Fingernägeln kauen • (spijker) Nagel [m] • (kruidnagel) Nelke [v] • (deel van een bloem) Nagel [m] ▾ een ~ aan mijn doodkist ein Nagel zu meinem Sarg

nagelbed Nagelbett [o]

nagelbijten Nägel kauen

nagelkaas ≈ Gewürznelkenkäse [m]

nagellak Nagellack [m]

nagelriem Nagelhaut [v]

nagelschaar Nagelschere [v]

nagelvijl Nagelfeile [v]

nagenieten nachträglich genießen

nagenoeg nahezu, fast

nagerecht Nachspeise [v], Nachtisch [m]

nageslacht • (nakomelingen) Nachkommenschaft [v] • (latere geslachten) Nachwelt [v]

nageven nachgeben ⋆ dat moet ik hem ~ das muss ich ihm lassen

naheffing Nachforderung [v]

naïef naiv

naïeveling naive(r) Mensch [m], Naivling [m]

naijver Neid [m]

naïviteit Naivität [v]

najaar Herbst [m] ⋆ het late ~ der Spätherbst

najagen • (vervolgen) nachjagen • (nastreven) ⋆ een doel ~ ein Ziel verfolgen

nakaarten • (nog eens doorspreken) etw. nachträglich noch mal besprechen • (terugkomen op) zurückkommen auf [4] • (nababbelen) im Nachhinein noch ein wenig plaudern

nakie nackte(r) Körper [m] ⋆ in zijn ~ nackend

nakijken • (controlerend nagaan) ⋆ bij het ~ van de boeken bei Durchsicht der Bücher ⋆ iets in een boek ~ etw. in einem Buch nachschlagen ⋆ drukproeven ~ Korrekturen lesen • (kijken naar) nachsehen ▾ het ~ hebben das Nachsehen haben

nakomeling Nachkomme [m]

nakomen I [ov ww] • (naleven) nachkommen [3] ⋆ een afspraak ~ eine Verabredung einhalten ⋆ zijn plicht ~ seiner Pflicht nachkommen **II** [on ww] • (later komen) nachkommen, später kommen

nakomertje Nachkömmling [m]

nalaten • (achterlaten) hinterlassen ⋆ nagelaten romans nachgelassene(n) Romane ⋆ niets ~ nichts hinterlassen • (niet doen) unterlassen, ungetan lassen, ‹verzuimen› versäumen ⋆ ik kan niet ~ op te merken dat ... ich kann nicht umhin zu bemerken, dass ...

nalatenschap Hinterlassenschaft [v], Nachlass [m] ⋆ een ~ aanvaarden ein Erbe antreten

nalatig nachlässig, ‹bij betalingen› säumig, ‹onachtzaam› fahrlässig

nalatigheid Nachlässigkeit [v], Fahrlässigkeit [v], ‹bij betalingen› Saumseligkeit [v]

naleven beachten, nachkommen [3] ⋆ de wetten ~ die Gesetze einhalten ⋆ een contract ~ einen Vertrag erfüllen ⋆ een voorschrift ~ eine Vorschrift beachten

naleving Einhaltung [v], Befolgung [v], ‹contract› Erfüllung [v]

nalezen nachlesen

nalopen • (achternalopen) nachlaufen • (controleren) durchgehen, nachsehen

namaak Nachbildung [v], Nachahmung [v], Imitation [v]

namaken • (imiteren) nacharbeiten, nachbilden • (vervalsen) nachahmen, ‹inf.› nachmachen

namelijk *nämlich*
nameloos *namenlos*
namens *im Namen* [2]
nameten *nachmessen*
Namibië Namibia [o]
namiddag Nachmittag [m] ⋆ vroeg in de ~ *am frühen Nachmittag* ⋆ in de ~ *nachmittags*
NAP *normale(r) Grundwasserstand Amsterdams* [m]
napalm Napalm [o]
napluizen *haarklein untersuchen* [3] ⋆ iets ~ *einer Sache auf den Grund gehen*
nappa I [het] Nappa(leder) [o] **II** [bnw] Nappaleder-, *aus Nappa*
napraten I [ov ww] • (praten in navolging van) ⋆ iem. ~ *jmdm. nachbeten* **II** [on ww] • (na afloop blijven praten) *hinterher/nachher plaudern* ⋆ nog een beetje ~ *im Nachhinein noch ein wenig plaudern*
napret *nachträgliche(r) Spaß* [m]
nar Narr [m]
narcis Narzisse [v]
narcisme Narzissmus [m]
narcose Narkose [v]
narcoticabrigade Rauschgiftdezernat [o]
narcoticum Narkotikum [o], ‹drug› Rauschgift [o]
narcotiseur Narkosearzt [m] [v: Narkoseärztin], Anästhesist [m]
narekenen *nachrechnen, nachprüfen*
narigheid Ärger [m], Verdruss [m], Unannehmlichkeiten [mv] ⋆ daar komt ~ van! *das gibt Ärger!* ⋆ iem. ~ bezorgen *jmdm. Kummer bereiten*
narrig *mürrisch, brummig*
nasaal I [de] Nasal [m] **II** [bnw] *nasal*
nascholing Fortbildung [v]
naschrift Nachschrift [v], ‹bij instanties› Nachtrag [m]
naseizoen Nachsaison [v]
nasi ≈ *gekochte(r) Reis* [m]
nasibal ≈ *Frikadelle aus Nasigoreng/Nasi-goreng* [v]
naslaan *nachschlagen*
naslagwerk Nachschlagewerk [o]
nasleep Folgeerscheinungen [mv], Nachspiel [o]
nasmaak Nachgeschmack [m] ⋆ een bittere ~ hebben *einen bitteren Nachgeschmack haben*
naspel Nachspiel [o]
naspelen *nachspielen*
naspeuren *nachspüren* [3], *nachforschen* [3]
nastreven • (streven naar) *nachstreben* [3] ⋆ een doel ~ *ein Ziel verfolgen* • (evenaren) *nacheifern* [3]
nasynchroniseren *synchronisieren*
nat I [het] Nass [o], ‹nattigheid› Nässe [v] ▾ het is allemaal één pot nat ‹personen› *einer ist wie der andere;* ‹algemeen› *es kommt alles auf eins heraus* **II** [bnw] *nass* ⋆ nat tot op het hemd *nass bis auf die Haut* ▾ met een natte vinger te lijmen zijn *sich leicht zu etw. überreden lassen*
natafelen ≈ *es sich nach dem Essen noch am Tisch gemütlich machen*
natekenen *nachzeichnen, abzeichnen,* ‹lijnen› *nachziehen*
natellen *nachzählen*
natie Nation [v]
nationaal National-, *national,* ‹staats-› Staats-, ‹volks-› Landes- ⋆ nationale feestdag Nationalfeiertag [m] ⋆ nationale schuld Staatsschuld [v] ⋆ nationale gevoelens Nationalgefühl [o]
nationaal-socialisme Nationalsozialismus [m]
nationalisatie Verstaatlichung [v], Nationalisierung [v]
nationaliseren *verstaatlichen, nationalisieren*
nationalisme Nationalismus [m]
nationalist Nationalist [m]
nationalistisch *nationalistisch*
nationaliteit • (staatsburgerschap) Staatsangehörigkeit [v], Staatsbürgerschaft [v] • (volkskarakter) Nationalcharakter [m] • (volksgroep) Nationalität [v]
nationaliteitsbeginsel Nationalitätsprinzip [o]
natje ▾ zijn ~ en zijn droogje op tijd krijgen *rechtzeitig zu essen und zu trinken bekommen*
natmaken *befeuchten, nass machen*
natrappen *noch einen Tritt geben*
natrekken • (nagaan) *überprüfen, nachgehen* • (overtrekken) *nachziehen*
natrium Natrium [o]
nattig *feucht*
nattigheid • (vocht) Nässe [v] • (vochtigheid) Feuchtigkeit [v] ▾ ~ voelen *den Braten riechen*
natura ⋆ in ~ *in natura* ⋆ betaling in ~ Naturallohn [m]; Sachleistung [v]
naturalisatie Naturalisation [v], Einbürgerung [v]
naturaliseren *naturalisieren, einbürgern*
naturalisme Naturalismus [m]
naturel *naturell,* ‹kleur› *naturfarben*
naturisme ‹beweging› Freikörperkultur [v], ‹levensopvatting› Naturalismus [m]
naturist Naturliebhaber [m]
natuur • (aard) Art [v], Natur [v] ⋆ van nature *von Natur aus* • (natuurlijke omgeving) Natur [v] ▾ een tweede ~ geworden *zur zweiten Natur geworden*
natuurbehoud Naturschutz [m]
natuurbescherming Naturschutz [m]
natuurgebied Naturgebiet [o]
natuurgeneeskunde Naturheilkunde [v]
natuurgeneeswijze Naturheilverfahren [o]
natuurgenezer Naturheilkundige(r) [m]
natuurgetrouw *wirklichkeits-/naturgetreu*
natuurkunde Physik [v]
natuurkundige Physiker [m]
natuurlijk I [bnw] *natürlich* ⋆ een ~e dood sterven *eines natürlichen Todes sterben* ⋆ de ~e vader *der leibliche Vater* **II** [bijw] *selbstverständlich, natürlich*
natuurmens Naturmensch [m]
natuurmonument Naturdenkmal [o]
natuurproduct Naturprodukt [o]
natuurramp Naturkatastrophe [v]
natuurreservaat Naturschutzgebiet [o]
natuurschoon Naturschönheit [v]
natuursteen Bruchstein [m], Naturstein [m]
natuurtalent Naturtalent [o]
natuurverschijnsel Naturerscheinung [v], ‹gebeurtenis› Naturereignis [o]
natuurwetenschap Naturwissenschaft [v]
nautisch *nautisch*
nauw I [het] • (zeestraat) Meerenge [v] ⋆ het Nauw van Calais *der Ärmelkanal* • (moeilijkheid) Enge [v] ⋆ in het nauw drijven *in die Enge treiben* **II** [bnw] • (krap) *eng* • (innig) *eng* • (nauwgezet) *genau* ⋆ niet zo nauw kijken *es nicht so genau nehmen* ▾ dat steekt niet zo nauw *es kommt nicht so genau darauf an*
nauwelijks *kaum*
nauwgezet *genau,* ‹consciëntieus› *gewissenhaft*
nauwkeurig *genau,* ‹precies› *präzise*
nauwlettend *sorgfältig, genau*
nauwsluitend • (precies passend) *eng anliegend* • (in elkaar passend) *genau ineinander/ aufeinander passend*

N

navel *Nabel* [m]
navelsinaasappel *Navelorange* [v]
navelstreng *Nabelschnur* [v]
navenant *dementsprechend*
navertellen *nacherzählen*
navigatie *Navigation* [v]
navigator *Navigator* [m]
navigeren *navigieren*
NAVO NATO [v]
navolgen • (volgen als aanhanger) *(nach)folgen* ⋆ een voorbeeld ~ *einem Beispiel folgen* • (nadoen) *nachahmen*
navolging *Nachahmung* [v] ⋆ dat verdient ~ *das ist nachahmenswert* ⋆ in ~ van iem. *nach jmds. Vorbild*
navraag *Erkundigung* [v], *Anfrage* [v] ⋆ ~ naar iets doen *sich nach etw. erkundigen*
navragen *nachfragen, sich erkundigen*
navrant *ergreifend, erschütternd*
naweeën *Nachwehen* [mv]
nawerken *nachwirken*
nawerking *Nachwirkung* [v]
nawoord *Nachwort* [o]
nazaat *Nachfahre* [m], *Nachkomme* [m]
nazeggen *nachsprechen, nachsagen*
nazenden *nachsenden, nachschicken*
nazi *Nazi* [m]
nazien • (nagaan, uitzoeken) *nachgehen* ⋆ de bagage wordt nagezien *das Gepäck wird kontrolliert* • (volgen met de blik) *nachsehen, nachschauen*
nazisme *Nazismus* [m]
nazitten *hinterher sein, nachsetzen*
nazoeken • (opzoeken) *nachschlagen, sich informieren* ⋆ iets in een boek ~ *etw. in einem Buch nachschlagen* • (onderzoeken) *durchsehen, nachsehen*
nazomer *Spätsommer* [m], *Nachsommer* [m]
nazorg • (begeleiding van personen) *Nachsorge* [v] • (onderhoud van voorwerpen) *Wartung* [v]
Neanderthaler *Neandertaler* [m]
necrologie *Nekrolog* [m]
necropolis *Nekropolis* [v]
nectar *Nektar* [m]
nectarine *Nektarine* [v]
nederig *bescheiden, demütig,* ‹eenvoudig› *einfach*
nederigheid *Bescheidenheit* [v], *Demut* [v]
nederlaag *Niederlage* [v]
Nederland *Niederlande(n)* [mv]
Nederlander *Niederländer* [m]
Nederlands I [het] *Niederländisch(e)* [o] **II** [bnw] *niederländisch*
Nederlandse Antillen *Niederländische(n) Antillen* [mv]
Nederlands-Indië *Niederländisch-Indien* [o]
Nederlandstalig *niederländisch*
Neder-Saksen *Niedersachsen* [o]
nederzetting *Niederlassung* [v], *Siedlung* [v]
nee I [het] *Nein* [o] **II** [tw] *nein*
neef • (zoon van oom of tante) *Cousin* [m], *Vetter* [m] • (zoon van broer of zus) *Neffe* [m]
neer I [de] *Wasserstrudel mit starker Gegenströmung* [m] **II** [bijw] *hinunter, herunter, nieder,* ‹op de grond› *zu Boden* ⋆ op en neer *auf und ab*
neerbuigend *herablassend*
neerdalen *hinabsteigen, heruntersinken, herabsinken, herabsteigen,* ‹regen› *herunterfallen,* ‹vliegtuig› *niedergehen*
neergaan *hinuntergehen, heruntergehen* ⋆ in ~de lijn *in absteigender Linie*
neergang *Abstieg* [m], *Niedergang* [m]
neergooien • (naar beneden gooien) *hinunterwerfen, herunterwerfen,* ‹op de grond› *hinwerfen* • (ophouden) *hinwerfen,* ‹tijdens staking› *niederlegen*
neerhalen • (naar beneden halen) *einholen, niederholen* • (slopen) *niederreißen, abreißen* • (afkammen) *heruntermachen* • (neerschieten) *abschießen*
neerkijken • (naar beneden kijken) *hinuntersehen, heruntersehen, hinunterblicken* • (~ **op**) *herabblicken, herabsehen*
neerkomen • (dalend terechtkomen) *aufschlagen,* ‹landen› *niedergehen, landen* • (tot last komen van) *treffen* ⋆ alles komt natuurlijk weer op mij neer *alles wird natürlich wieder mir aufgeladen* • (betekenen) *hinauslaufen* ⋆ dat komt op hetzelfde neer *das läuft auf dasselbe hinaus*
neerlandicus *Niederlandist* [m]
neerlandistiek *Niederlandistik* [v]
neerlaten *herunterlassen, senken*
neerleggen I [ov ww] • (op iets leggen) *hinlegen* • (neerschieten) *umlegen, abknallen* • (vastleggen) *schriftlich festlegen,* ‹form.› *niederlegen,* ‹jur.› *hinterlegen* • (afstand doen van) *niederlegen* ▾ iets naast zich ~ *etw. nicht beachten* **II** [wkd ww] ⋆ zich bij iets ~ *sich in etw. fügen*
neerploffen *hinschmeißen, hinpfeffern* ⋆ in een stoel ~ *sich in einen Sessel fallen lassen*
neerschieten I [ov ww] • (dood-/neerschieten) *erschießen, abschießen, niederschießen,* ‹jacht› *erlegen* **II** [on ww] • (omlaag storten) *hinuntersausen, herunterschießen*
neerslaan I [ov ww] • (tegen de grond slaan) *niederschlagen* • (omlaag doen) *herunterklappen,* ‹kraag› *herunterschlagen,* ‹ogen› *niederschlagen* • (afzetten) *ablagern* ▾ een opstand ~ *einen Aufstand niederschlagen* **II** [on ww] • (naar beneden vallen) *herunterfallen,* ‹bezinken› *sich ablagern* • (chem.) *sich niederschlagen*
neerslachtig *niedergeschlagen*
neerslag • (bezinksel) *Ablagerung* [v] • (resultaat) *Niederschlag* [m] • (regen) *Niederschlag* [m]
neersteken *niederstechen*
neerstorten *abstürzen, niederstürzen*
neerstrijken • (neerdalen) *niedergehen* • (zich vestigen) *sich niederlassen*
neertellen *hinlegen,* ‹inf.› ‹papiergeld› *hinblättern*
neervallen *hinfallen, niederfallen,* ‹door zwakte› *umfallen,* ‹regen/hagel› *herunterkommen,* ‹van boven naar beneden› *herabfallen, herunterfallen*
neervlijen *betten*
neerwaarts *abwärts* ⋆ een ~e beweging *eine Abwärtsbewegung*
neerwerpen • (omverwerpen) *umwerfen* • (op de grond werpen) *hinwerfen,* ‹inf.› *hinschmeißen*
neerzetten • (plaatsen) *hinstellen, niedersetzen, hinsetzen* ⋆ zet de stoelen hier neer *stell die Stühle hierhin* • (uitbeelden) *darstellen* • (realiseren) *errichten*
neerzien • (naar beneden kijken) *hinunterblicken, hinabsehen, herunterblicken* • (~ **op**) *herabblicken auf* [4]
neet *Nisse* [v] ▾ de kale neet *Glatzkopf* [m]; ‹armoedzaaier› *Habenichts* [m]
negatie *Verneinung* [v], *Negation* [v]
negatief I [het] *Negativ* [o] **II** [bnw] *negativ*
negen I [de] *Neun* [v], ≈ ‹schoolcijfer› *Eins* [v] **II** [telw] *neun* ⋆ met z'n ~en *zu neunt* → **acht**
negende I [bnw] *neuntel* **II** [telw] *neunt* → **achtste**
negentien *neunzehn* → **acht**

negentig *neunzig* → **acht, twintig**
neger *Neger* [m], *Schwarze(r)* [m]
negeren *negieren, ignorieren*
negerij *Nest* [o], *Kaff* [o]
negerzoen *Negerkuss* [m]
negligé *Negligé/Negligee* [o]
negotie • (nering) *Handel* [m] • (kleine koopwaar) *Ware* [v]
negroïde *negroid*
neigen I [ov ww] *(zu)neigen, hinneigen* **II** [on ww] • (hellen) *sich neigen* • (tenderen) *neigen* ⋆ hij neigt ertoe *er ist dazu geneigt*
neiging *Neigung* [v], ‹hand.› *Tendenz* [v], ‹sterker› *Hang* [m]
nek *Nacken* [m], ‹in uitdrukkingen› *Genick* [o] ▾ iem. de nek omdraaien *jmdm. den Hals umdrehen* ▾ iem. met de nek aankijken *jmdn. keines Blickes würdigen* ▾ zijn nek uitsteken *Kopf und Kragen riskieren* ▾ iem. op zijn nek zitten *jmdm. auf der Pelle sitzen* ▾ over zijn nek gaan ‹vulg.› *kotzen* ▾ uit zijn nek kletsen *Schwachsinn reden* ▾ nek aan nek *Kopf an Kopf* ▾ de nek uitsteken *Kopf und Kragen riskieren*
nek-aan-nekrace *Kopf-an-Kopf-Rennen* [o]
nekken • (doden) *den Hals umdrehen, das Genick brechen* • (kapotmaken) *vermasseln*
nekkramp *Genickstarre* [v]
nekslag • (dodelijke slag) *Genickschlag* [m] • (genadeslag) *Gnadenstoß* [m]
nekvel *Nackenfell* [o] ▾ iem. bij zijn ~ pakken *jmdn. beim Wickel nehmen*
nemen *nehmen* ⋆ een taak op zich ~ *eine Aufgabe übernehmen* ⋆ iets op zich ~ *etw. auf sich nehmen* ⋆ de moeite ~ *sich die Mühe machen* ▾ iets voor lief ~ *mit einer Sache vorlieb nehmen* ▾ iets voor zijn rekening ~ *etw. übernehmen* ▾ iets niet zo nauw ~ *etw. nicht so eng sehen* ▾ iem. ertussen ~ *jmdn. an der Nase herumführen; jmdn. auf den Arm nehmen* ▾ het er van ~ *es sich gut gehen lassen*
neoclassicisme *Neoklassizismus* [m]
neolithisch *neolithisch*
neologisme *Neologismus* [m]
neon *Neon* [o]
neonbuis *Neonröhre* [v]
neonlicht *Neonlicht* [o]
nep • (bedrog) *Schwindel* [m] • (iets dat waardeloos is) *Plunder* [m]
Nepal *Nepal* [o]
nepotisme *Vetternwirtschaft* [v], *Nepotismus* [m]
neppen *übers Ohr hauen, neppen*
Neptunus *Neptun* [m]
nerf • (houtvezel) *Faser* [v] • (oneffenheid) *Narbe* [v] • (plant.) *Nerv* [m]
nergens • (op geen enkele plaats) *nirgends, nirgendwo* • (niets) *nichts* ⋆ dat dient ~ toe *das hat keinen Zweck*
nering • (handel) *Gewerbe* [o], ‹zaak› *Geschäft* [o] • (klandizie) *Kundschaft* [v]
neringdoende *Gewerbetreibende(r)* [m]
nerts *Nerz* [m]
nerveus *nervös*
nervositeit *Nervosität* [v]
nest • (broedplaats) *Nest* [o] • (worp) *Wurf* [m] • (bed) *Nest* [o] • (familie) ⋆ uit een goed nest komen *aus einem guten Stall kommen* • (nuffig meisje) *Ding* [o], ‹pej.› *Göre* [v], ‹kreng› *Luder* [o] • (moeilijkheden) ⋆ in de nesten zitten *in der Klemme/Patsche sitzen*
nestelen I [on ww] *nisten* **II** [wkd ww] • (veilig wegkruipen) *sich schmiegen, sich kuscheln* • (zich vestigen) *sich einnisten*, ‹persoon› *sich niederlassen*
nesthaar *Lanugo* [v]
nestor *Nestor* [m]
nestwarmte *Nestwärme* [v]
net I [het] *Netz* [o] ⋆ op het derde net *im dritten Programm* ▾ achter het net vissen *das Nachsehen haben* ▾ iem. in zijn netten verstrikken *jmdn. in seinem Netz fangen* **II** [bnw] • (proper) *ordentlich, sauber*, ‹verzorgd› *gepflegt* ⋆ in het net schrijven *ins Reine schreiben* • (keurig) ‹kleding› *gut*, ‹schrift› *sauber* • (fatsoenlijk) *anständig* **III** [bijw] • (precies) *genau* ⋆ dat is net wat voor mij *das ist genau mein Fall* ⋆ net goed! *geschieht ihr/ihm gerade recht!* • (zojuist) *gerade* ⋆ net op tijd *gerade rechtzeitig*
netel *Brennnessel* [v], *Nessel* [v]
netelig *heikel*, ‹delicaat› *knifflig*, ‹onverkwikkelijk› *misslich*
netelroos *Nesselausschlag* [m], *Nesselsucht* [v]
netheid • (ordelijkheid) *Sauberkeit* [v], *Ordnung* [v], ‹verzorgdheid› *Gepflegtheit* [v] • (fatsoenlijkheid) *Anständigkeit* [v]
netjes • (ordelijk) *ordentlich, sauber*, ‹keurig› *fein* • (fatsoenlijk) *anständig*
netkous *Netzstrumpf* [m]
netnummer *Vorwahl* [v]
netspanning *Netzspannung* [v]
netto *netto, Netto-*
netvlies *Netzhaut* [v]
netwerk *Netz* [o]
neuken *ficken, vögeln, bumsen*
Neurenberg *Nürnberg* [o]
neuriën *summen*
neurologie *Neurologie* [v]
neuroloog *Neurologe* [m]
neuroot *Neurotiker* [m]
neurose *Neurose* [v]
neurotisch *neurotisch*
neus • (reukorgaan) *Nase* [v] • (reukzin) *Nase* [v], ‹fig.› *Gespür* [o], ‹reuk› *Geruch* [m] • (punt) *Spitze* [v], ‹schip/vliegtuig› *Bug* [m], ‹schoen› *Kappe* [v] ▾ iem. iets onder de neus wrijven *jmdm. etw. unter die Nase reiben* ▾ een frisse neus halen *frische Luft schnappen* ▾ iem. iets aan de neus hangen *jmdm. etw. auf die Nase binden* ▾ iem. iets door de neus boren *jmdm. etw. vorenthalten* ▾ met zijn neus in de boter vallen *Schwein/Glück haben* ▾ een wassen neus *zum Schein* ▾ overal zijn neus in steken *in alles seine Nase stecken* ▾ zijn neus stoten *den Kopf stoßen* ▾ zijn neus voor iets ophalen *die Nase über etw. rümpfen* ▾ dat zal ik hem niet aan zijn neus hangen *das werde ich ihm nicht gerade auf die Nase binden* ▾ hij ziet niet verder dan zijn neus lang is *er sieht nicht weiter, als seine Nasenspitze reicht*
neusbeen *Nasenbein* [o]
neusdruppels *Nasentropfen* [mv]
neusgat *Nasenloch* [o], ‹bij grote dieren› *Nüster* [v]
neusholte *Nasenhöhle* [v]
neushoorn *Nashorn* [o]
neusklank *Nasal* [m], *Nasallaut* [m]
neusstem *näselnde Stimme* [v]
neusverkouden *verschnupft*
neusverkoudheid *Schnupfen* [m]
neusvleugel *Nasenflügel* [m]
neut *Schnaps* [m], *Gläschen* [o]
neutraal *neutral*
neutraliseren *neutralisieren*
neutraliteit *Neutralität* [v]
neutron *Neutron* [o]
neutronenbom *Neutronenbombe* [v]
neutrum *Neutrum* [o]
neuzelen *näseln*
nevel *Nebel* [m]

nevelig • (onduidelijk) *nebelhaft* • (met nevel) *neblig*
nevenfunctie *Nebenberuf* [m], *Nebentätigkeit* [v]
nevengeschikt *nebengeordnet, beigeordnet*
nevenschikkend *nebenordnend, beiordnend*
Nicaragua *Nicaragua* [o]
nicht • (homoseksueel) *Schwule(r)* [m], ‹pej.› *Tunte* [v] • (dochter van oom/tante) *Cousine/Kusine* [v] • (dochter van broer/zus) *Nichte* [v]
nichterig *tuntig*
Nicosia *Nikosia* [o]
nicotine *Nikotin* [o]
niemand *niemand, kein* ⋆ ~ minder dan hij *kein Geringerer als er*
niemandsland *Niemandsland* [o]
niemendal *gar nichts, überhaupt nichts*
niemendalletje ‹romannetje› *Groschenroman* [m], ‹toneelstuk› *anspruchslose(s) Theaterstück* [o], ‹zaak› *Lappalie* [v]
nier *Niere* [v]
nierbekken *Nierenbecken* [o]
nierdialyse *Hämodialyse* [v]
niersteen *Nierenstein* [m]
niesbui *Niesanfall* [m]
niespoeder *Niespulver* [o]
niet I [de] ‹klinknageltje› *Niete* [v], ‹papierkrammetje› *Heftklammer* [v] • (niet in de prijzen vallend lot) *Niete* [v] **II** [het] *Nichts* [o] **III** [onb vnw] *nicht* ▾ te niet doen *zunichte machen* **IV** [bijw] *nicht*
nieten *(zusammen)heften*
nietes *nicht wahr!, nein!*
nietig • (onbeduidend) *nichtig, unscheinbar,* ‹heel klein› *winzig* • (niet van kracht) *nichtig, ungültig*
nietigverklaring *Ungültigkeitserklärung* [v], ‹jur.› *Nichtigkeitserklärung* [v]
nietje *Heftklammer* [v], ‹klinknageltje› *Niete* [v]
nietmachine *Hefter* [m], *Heftmaschine* [v]
nietpistool *Tacker* [m]
niet-roker *Nichtraucher* [m]
niets I [het] *Nichts* [o] **II** [onb vnw] *nichts* ⋆ dat geeft ~ *das macht nichts* ⋆ een vent van ~ *eine Niete* ⋆ het is ~ gedaan *es ist zwecklos* **III** [bijw] *überhaupt nicht, gar nicht*
nietsbetekenend *nichts bedeutend*
nietsdoen *Nichtstun* [o]
nietsnut *Nichtsnutz* [m], *Taugenichts* [m]
nietsvermoedend *nichts ahnend, ahnungslos*
nietszeggend *nichts sagend*
niettegenstaande I [vz] *trotz* [2] **II** [vw] ⋆ ~ (dat) *obwohl*
niettemin *trotzdem, dennoch*
nietwaar *nicht, oder, nicht wahr*
nieuw I [het] *Neue(s)* [o], *Neuheit* [v] ⋆ zich in het ~ steken *sich neu einkleiden* **II** [bnw] *neu* ⋆ de ~e geschiedenis *die neuere Geschichte* ⋆ de ~e tijd *die Neuzeit*
nieuwbakken *frisch gebacken*
nieuwbouw *Neubau* [m]
nieuwbouwwijk *Neubauviertel* [o]
nieuwbouwwoning *Neubauwohnung* [v]
nieuweling *Neuling* [m]
nieuwerwets *neumodisch*
nieuwigheid • (het nieuwe) *Neuerung* [v] • (iets nieuws) *Neuheit* [v]
nieuwjaar *Neujahr* [o] ⋆ gelukkig ~! *prosit Neujahr!*
nieuwjaarsdag *Neujahr* [o], *Neujahrstag* [m]
nieuwjaarskaart *Neujahrskarte* [v]
nieuwkomer *Newcomer* [m], ‹nieuweling› *Neuling* [m]
nieuwlichter *Neuerer* [m]

N

nieuwprijs *Neupreis* [m]
nieuws • (nieuwsuitzending) *Nachrichten* [mv] • (berichten) *Nachrichten* [mv], ‹nieuwtjes› *Neuigkeiten* [mv], ‹via de media› *Meldungen* [mv] ⋆ het laatste ~ *die letzten Nachrichten* ▾ geen ~, goed ~ *keine Nachricht, gute Nachricht*
nieuwsagentschap *Presseagentur* [v], *Pressebüro* [o], *Nachrichtenagentur* [v]
nieuwsbericht *Nachricht* [v]
nieuwsblad *Zeitung* [v], *Tageszeitung* [v]
nieuwsbrief *Rundschreiben* [o]
nieuwsdienst *Pressedienst* [m], *Nachrichtenstudio* [o]
nieuwsgaring *Informationsbeschaffung* [v]
nieuwsgierig *neugierig* ⋆ ~ naar *neugierig auf* [4]
nieuwsgierigheid *Neugier* [v]
nieuwslezer *Nachrichtensprecher* [m]
nieuwsmedium *Nachrichtenmedium* [o]
nieuwtje • (nieuwigheid) *Neuheit* [v] • (actueel bericht) *Neuigkeit* [v] • (hoedanigheid) *Neue(s)* [o]
nieuwwaarde *Neuwert* [m]
Nieuw-Zeeland *Neuseeland* [o]
niezen *niesen*
Niger • (land) *Niger* [m] • (rivier) *Niger* [m]
Nigeria *Nigeria* [o]
nihil *nihil, gleich null*
nihilisme *Nihilismus* [m]
nijd • (afgunst) *Neid* [m], *Missgunst* [v] • (woede) *Bissigkeit* [v]
nijdas *Griesgram* [m], *Brummbär* [m], ‹hatelijk iem.› *Giftnudel* [v]
nijdig • (boos) *wütend, fuchsteufelswild* • (venijnig) *grimmig, giftig*
nijgen *sich verbeugen*
nijging *Verbeugung* [v], ‹form.› *Verneigung* [v]
nijlpaard *Nilpferd* [o]
Nijmegen *Nimwegen* [o]
nijpend *bitter*
nijptang *Kneifzange* [v]
nijver *fleißig,* ‹rusteloos bezig› *emsig*
nijverheid *Industrie* [v], ‹ambacht› *Gewerbe* [o]
nikkel *Nickel* [o]
niks I [onb vnw] *nichts* **II** [bijw] *gar nichts, überhaupt nichts*
niksen *nichts tun, faulenzen, herumhocken/-stehen*
niksnut *Nichtsnutz* [m]
nimf *Nymphe* [v]
nimmer *nie(mals)* ⋆ nooit ofte ~ *nie und nimmer*
nippel *Nippel* [m]
nippen *nippen*
nippertje ⋆ op het ~ *grade noch; im letzten Augenblick*
nipt *knapp*
nirwana *Nirwana* [o]
nis *Nische* [v]
nitriet *Nitrit* [o]
nitwit *Dummkopf* [m]
niveau *Niveau* [o], *Ebene* [v]
nivelleren *nivellieren*
nobel *nobel, edel*
Nobelprijs *Nobelpreis* [m]
noch *weder...noch* ⋆ (noch) dit, noch dat *weder dies noch das*
nochtans ‹echter› *allerdings, jedoch,* ‹en toch› *dennoch*
nocturne *Nocturne* [v/o]
node *ungern, widerstrebend*
nodeloos *unnötig*
noden • (uitnodigen) *einladen, zureden* • (tot iets uitlokken) *auslösen, herbeiführen*
nodig • (noodzakelijk) *nötig,* ‹sterker› *notwendig*

⋆ met de ~e ophef *mit dem üblichen Brimborium* ⋆ iets ~ hebben *etw. brauchen* ⋆ hard ~ *dringend nötig* ⋆ het moet het ~e kosten *es soll einiges kosten* • (dringend) *dringend, unbedingt* ⋆ moet dat nou zo ~? *muss das unbedingt sein?*
nodigen *bitten, einladen, nötigen, auffordern*
noedels *Nudeln* [mv]
noemen • (een naam geven) *nennen,* ‹iets naar iem.› *benennen* • (met name vermelden) *bezeichnen* ▾ iets bij de naam ~ *etw. beim Namen nennen*
noemenswaardig *nennenswert*
noemer *Nenner* [m] ▾ onder één ~ brengen *auf einen gemeinsamen Nenner bringen*
noest I [de] *Knorren* [m] **II** [bnw] *unermüdlich*
nog • (tot nu) *noch* ⋆ tot nog toe *bis jetzt; bisher* ⋆ nog maar weinig *nur noch wenig* ⋆ nog maar nauwelijks *kaum noch* ⋆ zelfs nu nog *sogar jetzt noch* • (vanaf nu) *noch* • (bovendien, meer) ⋆ anders nog iets? *sonst noch was?* ▾ en wat dan nog? *na und?*
noga *Nugat/Nougat* [m]
nogal *ziemlich* ⋆ gaat het ~? *geht es einigermaßen?* ⋆ ~ eens *öfter*
nogmaals *nochmals*
nomade *Nomade* [m]
nomenclatuur *Nomenklatur(a)* [v]
nominaal *Nominal-, nominal, nominal-,* ‹de naam betreffend› *nominell* ⋆ nominale waarde *Nominal-/Nennwert* [m]
nominatie • (benoeming) *Ernennung* [v] • (kandidatenlijst) *Kandidatenliste* [v], *Vorschlagsliste* [v] ⋆ op de ~ staan *auf der Vorschlagsliste stehen*
non *Nonne* [v]
non- *non-, Non-*
non-actief I [het] ⋆ iem. op ~ stellen *jmdn. suspendieren* ⋆ op ~ staan *zeitweilig ausgeschieden sein* **II** [bnw] ≈ *unbeteiligt, unbeschäftigt*
nonchalance *Fahrlässigkeit* [v], *Unachtsamkeit* [v], *Nachlässigkeit* [v]
nonchalant *fahrlässig, unachtsam, nachlässig*
non-conformistisch *nonkonformistisch*
no-nonsense *sachlich* ⋆ ~ politiek *Realpolitik* [v]
non-profit *nicht kommerziell*
nonsens *Nonsens* [m]
non-stop *nonstop*
non-verbaal *nonverbal*
nood *Not* [v] ⋆ geen nood! *keine Sorge!* ▾ van de nood een deugd maken *aus der Not eine Tugend machen* ▾ nood breekt wet *Not kennt kein Gebot* ▾ als de nood aan de man komt *wenn Not am Mann ist* ▾ als de nood het hoogst is, is de redding nabij *wenn die Not am größten ist, ist Gottes Hilfe am nächsten*
nood- *Not-*
noodaggregaat *Notaggregat* [o]
noodbrug *Notbrücke* [v], *Behelfsbrücke* [v]
nooddruftig *bedürftig, ärmlich*
noodgang → **bloedgang**
noodgedwongen *gezwungenermaßen, notgedrungen*
noodgeval *Notfall* [m]
noodkerk *Behelfskirche* [v]
noodklok *Sturmglocke* [v], *Alarmglocke* [v]
noodkreet *Hilfeschrei* [m], *Notschrei* [m]
noodlanding *Notlandung* [v] ⋆ een ~ maken *notlanden*
noodlijdend *Not leidend* ⋆ ~ gebied *Notstandsgebiet* [o]
noodlot *Schicksal* [o], ‹onontkoombaar› *Verhängnis* [o]
noodlottig *verhängnisvoll* ⋆ dat werd haar ~ *das wurde ihr zum Verhängnis*
noodplan *Notstandsplan* [m]
noodrantsoen *Notration* [v], *eiserne Ration* [v]
noodrem *Notbremse* [v] ▾ aan de ~ trekken *die Notbremse ziehen*
noodsprong *verzweifelte(r) Versuch* [m]
noodstop *Anhalten im Notfall* [o], ‹stop door remmen› *Notbremsung* [v]
noodtoestand *Notlage* [v], *Notstand* [m], ‹door de regering afgekondigd› *Ausnahmezustand* [m] ⋆ de ~ afkondigen *den Ausnahmezustand verkünden*
nooduitgang *Notausgang* [m]
noodvaart *Höllentempo* [o], *Affentempo* [o]
noodverband *Notverband* [m]
noodverlichting *Notbeleuchtung* [v]
noodvulling *Provisorium* [o], *provisorische Zahnfüllung* [v]
noodweer I [de] *Notwehr* [v] **II** [het] *Unwetter* [o]
noodzaak *Notwendigkeit* [v]
noodzakelijk *notwendig*
noodzakelijkerwijs *notwendigerweise*
noodzaken *zwingen, nötigen*
nooit *nie(mals)* ⋆ dat gebeurt ~ *das passiert nie im Leben*
Noor *Norweger* [m]
noord *nördlich*
Noord-Amerika *Nordamerika* [o]
Noord-Amerikaan *Nordamerikaner* [m]
Noord-Amerikaans *nordamerikanisch*
noordelijk *nord-, Nord-, nördlich*
noorden • (windstreek) *Norden* [m] ⋆ ten ~ van *nördlich* [2] • (noordelijke gebieden) *Norden* [m]
noordenwind *Nordwind* [m]
noorderbreedte *nördliche Breite* [v]
noorderkeerkring *nördliche(r) Wendekreis* [m], *Wendekreis des Krebses* [m]
noorderlicht *Nordlicht* [o], *Polarlicht* [o]
noorderling *jmd. aus dem Norden,* ‹Scandinaviër› *Nordländer* [m]
noorderzon ▾ met de ~ vertrekken *bei Nacht und Nebel verschwinden*
Noord-Europa *Nordeuropa* [o]
Noord-Europees *nordeuropäisch*
Noord-Ierland *Nordirland* [o]
Noord-Korea *Nordkorea* [o]
noordkust *Nordküste* [v]
noordpoolcirkel *nördliche(r) Polarkreis* [m]
noords *nordisch*
noordwaarts I [bnw] *nördlich* **II** [bijw] *nordwärts*
Noordzee *Nordsee* [v]
Noorman *Normanne* [m]
Noors I [het] *Norwegisch(e)* [o] **II** [bnw] *norwegisch*
Noorse Zee *Norwegische(s) Becken* [o]
Noorwegen *Norwegen* [o]
noot • (nootvrucht) *Nuss* [v] • (muzieknoot) *Note* [v] • (aantekening) *Anmerkung* [v], ‹voetnoot› *Fußnote* [v] ▾ veel noten op zijn zang hebben *sehr anspruchsvoll sein*
nootmuskaat *Muskatnuss* [v]
nop *Noppe* [v], ‹onder sportschoenen› *Stollen* [m]
nopen *zwingen, nötigen, veranlassen*
nopjes ▾ in zijn ~ zijn *guter Dinge sein* ▾ in zijn ~ zijn met iets *sich über etw. freuen*
noppes *nix* ⋆ voor ~ *umsonst*
nor *Knast* [m], *Kittchen* [o]
noren *Rennschlittschuhe* [mv]
norm • (standaard) *Norm* [v] • (richtsnoer) *Richtlinie* [v], *Richtschnur* [v], *Norm* [v] ⋆ aan de

norm voldoen *der Norm entsprechen*
normaal I [de] • (loodlijn) *Normale* [v] • (normale waarde) *Gewöhnliche(s)* [o], *Normale(s)* [o] **II** [bnw] *normal* ⋆ ~ gesproken *normalerweise*
normalisatie • (het normaliseren) *Normalisierung* [v] • (standaardisatie) *Normierung* [v], *Standardisierung* [v] • (regelmatige loop geven aan rivier) *Regulierung* [v]
normaliseren • (regelmatig maken) *normalisieren,* ‹van rivier› *regulieren* • (standaardiseren) *standardisieren, normieren*
normaliter *gewöhnlich, normalerweise*
normatief *normativ*
normbesef *Sittlichkeit* [v], *Moral* [v]
normvervaging *Normverwässerung* [v]
nors *unwirsch, barsch*
nostalgie *Nostalgie* [v]
nostalgisch *nostalgisch*
nota • (geschrift) *Schriftstück* [o], ‹pol.› *Note* [v] • (rekening) *Rechnung* [v] ▾ nota nemen van *Notiz nehmen von*
nota bene • (let wel) *wohlgemerkt* • (warempel) *sogar, wahrhaftig*
notariaat *Notariat* [o]
notarieel *notariell*
notaris *Notar* [m]
notatie *Notierung* [v], ‹muz.› *Notation* [v]
notenbalk *Notenlinien* [mv]
notenbar *Laden, wo man Nüsse verkauft* [m]
notendop *Nussschale* [v] ▾ het hele verhaal in een ~ *die ganze Geschichte in einer Nussschale*
notenkraker *Nussknacker* [m]
notenschrift *Notenschrift* [v]
noteren • (aantekenen) *notieren* • (opgeven/vaststellen) ⋆ iets als order ~ *etw. als Auftrag verbuchen*
notering • (het noteren) *Notierung* [v] • (koers) *Festlegung* [v] ⋆ in de officiële ~ opnemen *zur Notiz zulassen*
notie *Ahnung* [v], *Vorstellung* [v], *Idee* [v] ⋆ geen ~ van iets hebben *keine blasse Ahnung von etw. haben*
notitie *Notiz* [v], *Aufzeichnung* [v], *Vermerk* [m] ⋆ ~ van iets nemen *Notiz/Kenntnis von etw. nehmen*
notitieboekje *Notizbuch* [o]
notoir • (berucht) *notorisch* • (algemeen bekend) *allbekannt*
notulen *Protokoll* [o] ⋆ iets in de ~ laten opnemen *etw. zu Protokoll geben* ⋆ de ~ opmaken *das Protokoll führen*
notuleren I [ov ww] • (in notulen opnemen) *zu Protokoll nehmen, protokollieren* **II** [on ww] • (notulen maken) *das Protokoll führen*
notulist *Schrift-/Protokollführer* [m]
nou I [bijw] *jetzt* **II** [tw] ⋆ nou, en toen *ja, und dann* ⋆ nou, en of! *(na,) und ob!* ⋆ nou en? *na und?* ⋆ schiet nou eens op! *mach mal!* ⋆ waar was je nou? *wo warst du denn?* ⋆ nou ja zeg *also bitte* ⋆ nou, dat was het dan *also, das war's* ▾ nou moe *Mensch Meier*
novelle *Novelle* [v]
november *November* [m]
novice *Novize* [m]
noviteit *Neuheit* [v], *Novität* [v]
novum *Novum* [o]
nozem *Halbstarke(r)* [m]
nu I [het] *Jetzt* [o] **II** [bijw] *jetzt* ⋆ tot nu toe *bis jetzt* ⋆ van nu af aan *ab jetzt* ⋆ nu of nooit *jetzt oder nie* **III** [vw] ⋆ nu ik dit weet... *jetzt, wo ich das weiß...* **IV** [tw] ▾ het moet nou eenmaal *es muss nun einmal sein*
nuance • (onderscheid) *Nuance* [v], *Nuancierung* [v] • (kleurschakering) *Farbnuance* [v]
nuanceren *nuancieren, differenzieren,* ‹kleuren› *schattieren, abstufen*
nuanceverschil *Gradunterschied* [m]
nuchter *nüchtern* ⋆ een ~e opmerking *eine sachliche Bemerkung* ⋆ op de ~e maag *auf nüchternen Magen*
nucleair *nuklear* ⋆ ~e wapens *Nuklearwaffen* [mv]
nudisme *Nudismus* [m], *Freikörperkultur* [v], *FKK* [v]
nudist *Nudist* [m]
nuf *Zierpuppe* [v]
nuffig *geziert, zimperlich*
nuk *Laune* [v], *Grille* [v]
nukkig *launisch, launenhaft*
nul I [de] *Null* [v] **II** [telw] *null* ▾ van het jaar nul *von anno dazumal* → **acht**
nulmeridiaan *Nullmeridian* [m]
nulnummer *Nullnummer* [v]
nulpunt *Nullpunkt* [m], *Null* [v]
numeriek *numerisch*
numero *Nummer* [v]
numerus fixus *Numerus clausus* [m]
numismatiek *Numismatik* [v]
nummer *Nummer* [v] ⋆ brieven onder ~ *Briefe unter Kennziffer* ⋆ een ~ draaien *eine Nummer wählen* ▾ iem. op zijn ~ zetten *jmdm. eine Abfuhr erteilen*
nummerbord *Kennzeichen* [o], *Nummernschild* [o]
nummeren *nummerieren*
nummering *Nummerierung* [v]
nummertje *Nummer* [v] ⋆ een ~ weggeven *eine Show abziehen* ⋆ een ~ maken *eine Nummer schieben*
nuntius *Nuntius* [m]
nurks I [de] *Nörgler* [m], *Griesgram* [m] **II** [bnw] *nörglerisch, griesgrämig, miesepetrig*
nut *Nutzen* [m] ⋆ zich iets ten nutte maken *sich etw. zunutze/zu Nutze machen* ⋆ van geen nut *nutzlos* ⋆ het heeft geen nut *es hat keinen Zweck* ⋆ van algemeen nut *gemeinnützig*
nutsbedrijf ⋆ openbare nutsbedrijven ≈ *Stadtwerke* [mv]
nutteloos • (onbruikbaar) *nutzlos* • (vergeefs) *unnütz* ⋆ nutteloze moeite *vergebliche Liebesmühe* [v]
nuttig *nützlich* ⋆ het ~e met het aangename verenigen *das Angenehme mit dem Nützlichen verbinden*
nuttigen *zu sich nehmen, verzehren*
NV *AG (Aktiengesellschaft)* [v]
nylon I [het] *Nylon* [o] **II** [bnw] *aus Nylon*
nylonkous *Nylonstrumpf* [m]
nymfomane *Nymphomanin* [v]

O

o O [o]
oase *Oase* [v]
obelisk *Obelisk* [m]
o-benen *O-Beine* [mv]
ober *Ober* [m], *Kellner* [m] ⋆ ober! *Herr Ober!*
object *Objekt* [o]
objectief I [het] • (oogmerk) *Ziel* [o] • (lenzenstelsel) *Objektiv* [o] **II** [bnw] *objektiv*
objectiveren *objektivieren*
objectiviteit *Objektivität* [v]
obligaat I [het] *Hauptstimme* [v] **II** [bnw] *obligatorisch*
obligatie *Obligation* [v] ⋆ ~ op naam *Inhaberschuldverschreibung* [v] ⋆ converteerbare ~s *Wandelobligationen*
obligatiehouder *Anleihegläubiger* [m]
obligatielening *Anleihe* [v]
oblong *in/im Querformat*
obsceen *obszön*
obsceniteit *Obszönität* [v]
obscurantisme *Obskurantismus* [m]
obscuur *obskur*
obsederen *nicht loslassen, besessen sein* ⋆ die gedachte obsedeerde hem *dieser Gedanke ließ ihn nicht los*
observatie *Beobachtung* [v] ⋆ in ~ *unter Beobachtung* ⋆ ter ~ *zur Beobachtung*
observatiepost *Beobachtungsposten* [m]
observatorium • (sterrenwacht) *Sternwarte* [v] • (waarnemingsinstituut) *Observatorium* [o]
observeren • (gadeslaan) *beobachten, observieren* • (naleven) *befolgen*
obsessie *Obsession* [v], *Zwangsvorstellung* [v]
obstakel *Hindernis* [o]
obstinaat *obstinat, eigensinnig, starrköpfig*
obstipatie *Obstipation* [v], *Verstopfung* [v]
obstructie *Obstruktion, Hemmung* [v]
occasie *günstige Gelegenheit* [v], *Okkasion* [v], ‹koop› *Gelegenheitskauf* [m]
occasion *Gebrauchtwagen* [m]
occult *okkult*
oceaan *Ozean* [m]
oceaandepressie *ozeanische(s) Tief* [o]
och *ach!* ⋆ och kom! *ach was!*
ochtend *Morgen* [m] ⋆ 's ~s *morgens* ⋆ later op de ~ *am späten Vormittag*
ochtendblad *Morgenblatt* [o]
ochtendeditie *Morgenausgabe* [v]
ochtendgloren *Morgenrot* [o]
ochtendgymnastiek *Morgengymnastik* [v]
ochtendhumeur ⋆ een ~ hebben *ein Morgenmuffel sein* [m]
ochtendjas *Morgenrock* [m], *Morgenmantel* [m]
ochtendkrant *Morgenzeitung* [v]
ochtendmens *Morgenmensch* [m]
ochtendploeg *Frühschicht* [v]
ochtendspits *morgendliche(r) Berufsverkehr* [m]
octaaf *Oktave* [v]
octaan *Oktan* [o]
octaangehalte *Oktangehalt* [m]
octet *Oktett* [o]
octopus *Krake* [m/v]
octrooi *Patent* [o] ⋆ ~ op iets aanvragen *etw. zum Patent anmelden* ⋆ ~ verlenen *ein Patent erteilen*
octrooigemachtigde *Patentanwalt* [m]
oculair *okular*
ode *Ode* [v] ⋆ een ode aan *ein Ode auf*
odyssee *Odyssee* [v]
oecumene *Ökumene* [v]
oecumenisch *ökumenisch*
oedeem *Ödem* [o]
oedipaal *ödipal*
Oedipuscomplex *Ödipuskomplex* [m]
oef *uff!*
oefenen • (vaardig maken) *sich üben in* [3] • (in praktijk brengen) *üben,* ‹sport› *trainieren,* ‹theater› *proben* ⋆ een kwestie van ~ *reine Übungssache*
oefengranaat *Übungsgranate* [v]
oefening *Übung* [v], ‹opgave› *Aufgabe* [v] ▼ ~ baart kunst *Übung macht den Meister*
oefenmateriaal *Übungsmaterial* [o]
oefenmeester *Trainer* [m]
Oeganda *Uganda* [o]
oehoe *Uhu* [m]
oei ‹pijn› *aua,* ‹verrassing› *ui*
Oekraïne *Ukraine* [v]
oelewapper *Flasche* [v]
oen *Knallkopf* [m], *Dussel* [m], *Trottel* [m]
oer- *ur-, Ur-*
oer-Hollands *urholländisch*
oerknal *Urknall* [m]
oermens *Urmensch* [m]
oeroud *uralt*
oersaai *todlangweilig*
oertaal *Ursprache* [v]
oertijd *Urzeit* [v], *Vorzeit* [v]
oerwoud *Urwald* [m], ‹ook fig.› *Dschungel* [m]
OESO *OECD* [v]
oester *Auster* [v]
oesterbank *Austernbank* [v]
oestervisserij *Muschelfischerei* [v]
oesterzaad *Saataustern* [mv]
oesterzwam *Austernseitling* [m]
oestrogeen *Östrogen* [o]
oeuvre *Ouvre* [o], *Gesamtwerk* [o]
oever *Ufer* [o] ⋆ buiten de ~s treden *über die Ufer treten*
oeverloos *uferlos* ⋆ een oeverloze discussie *eine uferlose Diskussion*
oeverplant *Uferpflanze* [v]
oeververbinding *Uferverbindung* [v]
Oezbekistan *Usbekistan* [o]
of • (ofwel) *es sei denn, dass ...* ⋆ ik ga mee of het moet regenen *ich komme mit, es sei denn, es regnet* • (bij tegenstelling) *oder* ⋆ of ... of *entweder ... oder* ⋆ niet meer of minder dan *nicht mehr und nicht weniger als* ⋆ min of meer *mehr oder weniger* • (ongeacht) *wenn ... auch, ob* ⋆ hij moet betalen of hij wil of niet *er muss zahlen, ob er will oder nicht* • (bij twijfel) *ob* ⋆ of hij nog komt? *ob er noch kommt?* ⋆ een dag of acht *etwa acht Tage* • (alsof) *als ob* ⋆ doe of je thuis bent *fühl dich wie zu Hause* ⋆ hij doet of hij alles weet *er tut, als wüsste er alles* • (bevestigend) *ob* ⋆ of ik dat kan! *und ob ich das kann!* • (na ontkenning) ⋆ nauwelijks waren we thuis of het begon te regenen *kaum waren wir zu Hause, da fing es an zu regnen* ⋆ het scheelde niet veel of hij was gevallen *fast wäre er gefallen* ⋆ hij weet niet beter of het hoort zo *er kennt es nicht anders* ⋆ ik weet niet beter of hij leeft nog *soviel ich weiß, lebt er noch* ▼ nou en of! *na und ob!*
offensief I [het] *Offensive* [v] ⋆ het ~ openen *zur Offensive übergehen* **II** [bnw] *offensiv*
offer *Opfer* [o]
offerande • (offer) *Opfergabe* [v] • (dankgebed) *Offertorium* [o] • (het offeren) *Opferung* [v] • (plechtigheid) *Opferfeier* [v]
offeren • (als offer aanbieden) *opfern*

• (opofferen) *opfern*
offergave *Opfergabe* [v]
offerte *Offerte* [v], *Angebot* [o] ⋆ een ~ doen *ein Angebot machen*
official *Funktionär* [m]
officieel *offiziell*
officier • (rang van luitenant of hoger) *Offizier* [m], ‹bij de marine› *Marineoffizier* [m] • (officier van justitie) *Staatsanwalt* [m]
officieus *inoffiziell*
off line *offline*
offreren *anbieten*
offset *Offsetdruck* [m]
offshore I [bnw] *Offshore-* **II** [bijw] *offshore*
ofschoon *obwohl, obgleich, obschon*
oftewel *oder*
ogen *aussehen*
ogenblik • (korte tijd) *Augenblick* [m] • (tijdstip) *Moment* [m] ⋆ ieder ~ *jeden Moment* ⋆ een ~! *einen Augenblick/Moment bitte!*
ogenblikkelijk *augenblicklich, unmittelbar, unverzüglich* ⋆ hij eist haar ~e ontslag *er fordert ihre sofortige Kündigung* ⋆ ~ na zijn komst *unmittelbar nach seiner Ankunft*
ogenschijnlijk *anscheinend, scheinbar, dem Anschein nach*
ogenschouw ▾ iets in ~ nemen *etw. in Augenschein nehmen*
ohm *Ohm* [o]
oir *Erbe* [m]
okay *okay*
oker *Ocker* [m/o]
oksel *Achsel* [v]
okselhaar *Achselhaar* [o]
oktober *Oktober* [m] ⋆ in ~ *im Oktober*
oldtimer *Oldtimer* [m]
oleander *Oleander* [m]
olie *Öl* [o] ⋆ ruwe olie *Rohöl* ⋆ olie verversen *einen Ölwechsel machen* ⋆ aardolie *Erdöl* ⋆ de Heilige olie *die Letzte Ölung* ▾ olie op het vuur gooien *Öl ins Feuer gießen*
oliebol *Krapfen* [m]
oliebollenkraam ≈ *Bude, an der Krapfen verkauft werden* [v]
oliebron *Ölquelle* [v]
olieconcern *Ölkonzern* [m]
oliecrisis *Ölkrise* [v]
oliedom *strohdumm*, ‹inf.› *strohdoof*
olie-en-azijnstel *Menage* [v]
oliefilm *Ölfilm* [m]
oliefilter *Ölfilter* [m]
oliejas ‹kort› *Öljacke* [v], ‹lang› *Ölmantel* [m]
oliekachel *Ölofen* [m]
olieland *Ölland* [o]
oliën *schmieren, ölen* ⋆ de motor ~ *den Motor schmieren/ölen* ⋆ geolied papier *Ölpapier* [o]
olieraffinaderij *Erdölraffinerie* [v]
oliesel *Ölung* [v]
olieslagerij *Ölmühle* [v]
olieveld *Ölfeld* [o]
olieverf *Ölfarbe* [v] ⋆ portret in ~ *Ölgemälde* [o]
olievlek *Ölfleck* [m] ▾ zich als een ~ uitbreiden *sich allmählich verbreiten*
oliewinning *Ölgewinnung* [v]
olifant *Elefant* [m] ▾ als een ~ in de porseleinkast *wie ein Elefant im Porzellanladen*
olifantshuid *Elefantenhaut* [v]
oligarchie *Oligarchie* [v]
olijf • (boom) *Olivenbaum* [m] • (vrucht) *Olive* [v]
olijfboom *Olive* [v], *Olivenbaum* [m]
olijfolie *Olivenöl* [o]
olijftak *Ölzweig* [m]

olm *Ulme* [v]
olympiade *Olympiade* [v]
olympisch *olympisch* ⋆ de Olympische Spelen *die Olympiade; die Olympischen Spiele*
om I [bijw] • (voorbij/langs) *um, vorbei* ⋆ de tijd is om *die Zeit ist abgelaufen* ⋆ nog voor de week om is *vor Ende der Woche* ⋆ de hoek om *um die Ecke* ⋆ we gaan/lopen even een blokje om *wir gehen kurz spazieren* • (langer/meer) ⋆ dat is zeker een uur om *das ist ein Umweg von einer Stunde* ▾ om en om *abwechselnd* **II** [vz] • (teneinde) *um* ⋆ om te *um zu* • (rond(om)) *um* [4] ⋆ om de tafel *am Tisch* ⋆ om het huis heen *um das Haus herum* • (op zeker tijdstip) *um* [4], *gegen* [4] ⋆ om vier uur *um vier* ⋆ om middernacht *um Mitternacht; gegen Mitternacht* • (vanwege) *wegen* [2] ⋆ ergens om bekend staan *für etw. bekannt sein* ⋆ om die reden *aus dem Grund* • (afwisselend) ⋆ om de dag *jeden zweiten Tag* ⋆ om de beurt *abwechselnd* • (met als doel) *um* [4] ⋆ daar gaat het (mij) niet om *darum geht es (mir) nicht* ⋆ om het hardst *um die Wette*
oma *Großmutter* [v], *Oma* [v]
Oman *Oman* [o]
omarmen • (graag aannemen) *begrüßen* • (de armen slaan om) *umarmen*
ombouw *Umbau* [m]
ombouwen *umbauen*
ombrengen *umbringen*, ‹inf.› *umlegen, kaltmachen*
ombudsman *Ombudsmann* [m]
ombuigen I [ov ww] • (verbuigen) *umbiegen, krümmen* • (veranderen) *den Kurs ändern/wechseln* **II** [on ww] • (buigen) *sich biegen, sich krümmen*
ombuiging • (het ombuigen) *Umbiegen* [o], *Umbiegung* [v] • (beleidswijziging) *Kurswechsel* [m], *Kursänderung* [v]
omcirkelen • (van een kring voorzien) *einkreisen* • (insluiten) *umstellen, umzingeln*
omdat *weil*, ‹form.› *da*
omdoen *umbinden*, ‹boord, halsketting› *umlegen*
omdopen *umtaufen*
omdraaien I [ov ww] • (van stand doen veranderen) *umdrehen, verdrehen* ⋆ de rollen ~ *die Rollen tauschen* ⋆ zich ~ *sich umdrehen* ▾ zich in zijn graf ~ *sich im Grabe umdrehen* ▾ iem. zijn nek ~ *jmdm. den Hals umdrehen* **II** [on ww] • (omwentelen) *herumdrehen* • (omkeren) *umkehren*
omduwen *umstoßen*
omega *Omega* [o]
omelet *Omelett* [o], *Omelette* [v]
omfloerst *verschleiert, umflort*
omgaand *postwendend* ⋆ per ~e *umgehend*
omgangsrecht *Besuchsrecht* [o]
omgangsregeling *Besuchsregelung* [v]
omgangstaal *Umgangssprache* [v]
omgangsvormen *Umgangsformen* [mv], *Manieren* [mv]
omgekeerd *umgekehrt*, ‹tegenovergesteld› *entgegengesetzt* ⋆ in ~e richting *in entgegengesetzter Richtung* ⋆ de ~e wereld *die verkehrte Welt*
omgeven *umgeben, umringen* ⋆ hij omgeeft zich met vrouwen *er umgibt sich mit Frauen*
omgeving • (kring van mensen) *Milieu* [o] • (omstreken) *Umkreis* [m], *Umgebung* [v]
omgooien *umwerfen*, ‹inf.› *umschmeißen*
omhaal • (wijdlopigheid) *Umschweife* [mv] ⋆ zonder veel ~ van woorden vertellen *ohne Umschweife erzählen* • (nodeloze drukte) *Gehabe*

[o], *Getue* [o] ⋆ zonder veel ~ *ohne viel Aufhebens* • (sport) *Rückzieher* [m]
omhakken ‹boom› *umhauen*, ‹groot gebied› *abholzen*
omhalen • (omvertrekken) *umreißen, niederreißen* • (omwoelen) *umgraben* • (andersom trekken) *wenden, herumwenden* • (sport) *einen Rückzieher machen*
omhangen *umhängen*
omheen *herum, umhin* ⋆ er niet ~ draaien *zur Sache kommen* ⋆ daar kun je niet ~ *da kommst du nicht drum herum* ▾ er met een grote boog ~ lopen *einen großen Bogen um etw. machen*
omheining *Zaun* [m]
omhelzen • (omarmen) *umarmen* • (aannemen) *annehmen*
omhelzing *Umarmung* [v]
omhoog • (in de hoogte) *in die Höhe* ⋆ handen ~! *Hände hoch!* • (naar boven) *hoch-, auf-, nach oben* ⋆ ~ trekken *hochziehen; in die Höhe ziehen* ⋆ ~ kijken *nach oben schauen*
omhoogzitten *in Nöten sein*, ‹inf.› *in der Klemme sitzen*
omhullen *einhüllen, umhüllen*
omhulsel *Hülle* [v], *Umhüllung* [v] ⋆ het stoffelijk ~ *die leibliche Hülle;* ‹lijk› *die sterbliche Hülle*
omissie • (weglating) *Auslassung* [v] • (verzuim) *Unterlassung* [v]
omkeerbaar *umkehrbar*
omkeren I [ov ww] • (omdraaien) *umdrehen, umkehren* **II** [on ww] • (keren) *umwenden* ⋆ zich naar iem. ~ *sich nach jmdm. umdrehen* ⋆ laat ons ~ *lass uns umkehren* ▾ elk dubbeltje ~ *jeden Pfennig umdrehen*
omkijken • (achter zich kijken) *sich umsehen, sich umblicken* • (zoeken) *sich umsehen* • (~ **naar**) *sich kümmern um, sich bemühen um* ⋆ zij kijkt nooit naar me om *sie kümmert sich nie um mich* ⋆ naar een baan ~ *sich um eine Stelle bemühen*
omkleden *umkleiden*
omklemmen *umklammern*
omkomen • (ergens omheen komen) *herumkommen* ⋆ de hoek ~ *um die Ecke kommen* • (sterven) *umkommen, ums Leben kommen* • (traag verstrijken) *vergehen, vorbeigehen, vorübergehen*
omkoopbaar *bestechlich, käuflich, korrupt*
omkopen *bestechen*, ‹inf.› *schmieren*
omkoperij *Bestechung* [v], *Korruption* [v] ⋆ poging tot ~ *Bestechungsversuch* [m]
omkoping *Bestechung* [v]
omlaag ‹naar iem. toe› *herab, herunter*, ‹van iem. af› *hinunter, hinab* ⋆ de kosten moeten ~ *die Kosten müssen gesenkt werden*
omlaaghalen • (neerhalen) *herunterholen* • (in aanzien doen dalen) *herabwürdigen, herabsetzen* ⋆ iem. omlaag halen *über jmdn. lästern*
omleggen • (anders leggen) *umdrehen*, ‹van route› *umleiten* • (om iets leggen) *umlegen*
omlegging *Umlegung* [v], ‹verkeer› *Umleitung* [v]
omleiden *leiten um, umleiten* ⋆ het verkeer ~ *den Verkehr umleiten*
omleiding *Umleitung* [v]
omliggend *umliegend, im Umkreis liegend, Nachbar-, benachbart*
omlijnen *umreißen, abgrenzen*, ‹met lijn› *umranden* ⋆ scherp omlijnd *klar umrissen* ⋆ een omlijnd gebied *ein abgegrenztes Gebiet*
omlijsten *einrahmen, umrahmen*
omlijsting • (het omlijsten) *Einrahmung* [v] • (kader) *Rahmen* [m], *Einrahmung* [v]
omloop • (circulatie) *Umlauf* [m] ⋆ er zijn geruchten in ~ *es sind Gerüchte im Umlauf* • (omwenteling) *Umlauf* [m], *Rotation* [v]
omloopsnelheid *Umlaufgeschwindigkeit* [v]
omlopen I [ov ww] • (omverlopen) *umlaufen, umrennen, über den Haufen rennen* **II** [on ww] • (omweg maken) *einen Umweg machen* • (rondlopen) *spazieren gehen, umhergehen* ⋆ we lopen nog een straatje om *wir machen noch einen kleinen Spaziergang*
ommekeer *Wende* [v], *Umschwung* [m]
ommetje *kurze(r) Spaziergang* [m]
ommezijde *Rückseite* [v] ⋆ zie ~ *bitte wenden* ⋆ aan ~ *auf der Rückseite*
ommezwaai *Wende* [v], *Umschwung* [m]
ommuren *ummauern*
omnibus *Sammelband* [m]
omnivoor I [de] *Omnivore* [m], *Allesfresser* [m] **II** [bnw] *omnivor*
omploegen *umpflügen*
ompraten *umstimmen*, ‹inf.› *herumkriegen*
omrastering • (het omrasteren) *Umgittern* [o] • (heining van rasterwerk) *Gitterzaun* [m], *Umgitterung* [v]
omrekenen *umrechnen*
omrekening *Umrechnung* [v]
omrekeningskoers *Umrechnungskurs* [m]
omrijden I [ov ww] • (omverrijden) *umfahren* **II** [on ww] • (omweg maken) *einen Umweg machen* • (rondrijden) *spazieren fahren, umherfahren* • (ergens omheen rijden) *umfahren*
omringen *umgeben*, ‹door mensen› *umringen* ⋆ met zorg ~ *umsorgen*
omroep • (het uitzenden) *Rundfunk* [m] • (omroepvereniging) *Rundfunkanstalt* [v], ‹alleen televisie› *Fernsehanstalt* [v]
omroepbestel ≈ *Organisationsstruktur der Rundfunkanstalten* [v]
omroepen *durchsagen*
omroeper *Ansager* [m], *Sprecher* [m]
omroepgids *Programmzeitschrift* [v]
omroeporganisatie *Rundfunkanstalt* [v]
omroepsatelliet *Nachrichtensatellit* [m]
omroeren *umrühren*
omruilen *umtauschen*
omschakelen • (in andere stand schakelen) *umschalten* • (aanpassen) *umstellen*
omschakeling • (aanpassing) *Umstellung* [v] • (het omschakelen) *Umschaltung* [v]
omscholen *umschulen*
omscholing *Umschulung* [v]
omschrijven • (beschrijven) *beschreiben* • (bepalen) *umschreiben, bestimmen*
omschrijving • (definitie) *Definition* [v] • (beschrijving) *Um-/Beschreibung* [v]
omsingelen *umstellen, umzingeln, einkreisen, einschließen* ⋆ het huis is omsingeld *das Haus ist umstellt*
omslaan I [ov ww] • (omverslaan) *umschlagen* • (omdraaien) *(um)wenden*, ‹pagina› *umblättern* • (omdoen) *umlegen, überwerfen* • (verdelen) *umlegen, aufteilen* • (krom slaan) *krumm schlagen* **II** [on ww] • (veranderen) *umschlagen* ⋆ het weer is omgeslagen *das Wetter ist umgeschlagen* • (kantelen) *umschlagen, umkippen* ⋆ de boot is omgeslagen *das Boot ist gekentert* • (om iets heen gaan) *biegen um* **III** [wkd ww] *sich umkrempeln*
omslachtig *umständlich*
omslag • (verandering) *Umschlag* [m] • (omhaal) *Umschweife* [mv], *Umstände* [mv] • (verdeling van kosten) *Umlegung* [v], ‹belasting› *Umlage* [v] • (omgeslagen rand) *Umschlag* [m] • (kaft) *Umschlag* [m]

omslagartikel *Titelgeschichte* [v]
omslagdoek *Umschlagtuch* [o]
omslagontwerp *Umschlaggestaltung* [v]
omsluiten • (omvatten) *umfassen* • (geheel insluiten) *einschließen, umschließen*
omsmelten *umschmelzen*
omspannen *umschließen, umspannen*
omspitten *umgraben*
ómspoelen • (schoonspoelen) *ausspülen* • (op andere spoel zetten) *umspulen*
omspringen *umgehen* ⋆ raar met iem. ~ *eigenartig mit jmdm. umgehen*
omstander *Umstehende(r)* [m]
omstandig *umständlich, eingehend, ausführlich*
omstandigheid • (toestand) *Umstand* [m] ⋆ verzachtende omstandigheden *mildernde(n) Umstände* ⋆ in gezegende omstandigheden verkeren *guter Hoffnung sein* ⋆ wegens omstandigheden *umstandshalber* • (breedvoerigheid) *Umständlichkeit* [v], *Ausführlichkeit* [v]
omstoten *umstoßen,* ‹inf.› *umschmeißen*
omstreden *umstritten, strittig* ⋆ ~ punt *Streitpunkt* [m]
omstreeks I [bijw] *ungefähr, etwa* ⋆ een vrouw van ~ dertig jaar *eine Frau von etwa dreißig* **II** [vz] ‹nabij› *in der Nähe von* [3], ‹rond› *um ... herum* [4] ⋆ ~ kerst *um Weihnachten herum*
omstreken *Umgebung* [v], *Umkreis* [m] ⋆ Hamburg en ~ *Hamburg und Umgebung*
omstrengelen • (omhelzen) *umschlingen, umfassen* • (omvatten) *umschlingen, umranken, umwinden*
omtrek • (contour) *Umriss* [m] • (omgeving) *Umkreis* [m], *Umgebung* [v] ⋆ in een ~ van twee kilometer *in einem Umkreis von zwei Kilometern* • (afmeting) *Ausdehnung* [v], *Umfang* [m]
omtrekken *umreißen, niederreißen*
omtrent I [bijw] • (nabij) *in der Nähe* • (ongeveer) *etwa, ungefähr* **II** [vz] • (omstreeks) *um ... herum* [4] • (betreffende) *über* [4], *in Bezug auf* [4], *hinsichtlich* [2]
omturnen *umdrehen, ummodeln,* ‹inf.› *herumkriegen*
omvallen *umfallen,* ‹inf.› *umkippen*
omvang • (omtrek) *Umfang* [m] • (grootte) *Größe* [v], *Umfang* [m] • (uitgestrektheid) *Ausmaß* [o], *Umfang* [m]
omvangrijk *umfangreich, ausgedehnt*
omvatten • (inhouden) *umfassen, enthalten* • (omsluiten) *umfassen*
omver *nieder-, um-*
omvliegen • (om iets heen vliegen) *sausen um* [4], *brausen um* [4] ⋆ de hoek ~ *um die Ecke sausen* • (snel verstrijken) *dahinfliegen* ⋆ de tijd vliegt om *die Zeit fliegt dahin*
omvormen *umformen, umbilden, umwandeln*
omvouwen *umfalten, umknicken*
omweg • (langere weg) *Umweg* [m] • (omslachtigheid) *Umschweife* [mv] ⋆ zonder ~en vertellen *ohne Umschweife erzählen; geradeheraus erzählen*
omwentelen I [ov ww] • (ronddraaien) *(sich) (herum)wälzen* • (omkeren) *umdrehen* **II** [on ww] • (om as draaien) *rotieren, sich drehen*
omwenteling • (ommekeer) *Revolution* [v], *Umsturz* [m], *Umwälzung* [v] • (draaiing) *Umdrehung* [v], *Rotation* [v] ⋆ het aantal ~en *die Drehzahl* [v]
omwentelingstijd *Umlaufzeit* [v]
omwerken • (herzien) *umarbeiten, umschreiben* • (omploegen) *umgraben, umpflügen*

omwikkelen *umwickeln*
omwille ⋆ ~ van *um ... willen* [2]; *halber* [2]
omwisselen I [ov ww] • (tegen elkaar ruilen) *umwechseln, umtauschen* **II** [on ww] • (van plaats wisselen) *wechseln, tauschen*
omwonend *umwohnend* ⋆ de ~en *die Anwohner*
omzeilen *ausweichen* [3], *umgehen* [3] ⋆ dat kunnen we niet ~ *da kommen wir nicht drum herum*
omzet *Umsatz* [m]
omzetbelasting *Umsatzsteuer* [v]
omzetsnelheid *Umsatzgeschwindigkeit* [v]
omzetten I [ov ww] • (veranderen) *umsetzen, umwandeln* • (anders zetten) *umsetzen, umstellen* • (verhandelen) *umsetzen* • (in andere stand zetten) *umschalten* • (muz.) *transponieren* **II** [on ww] • (snel om iets gaan/lopen) *rennen um* [4]
omzichtig *umsichtig, behutsam, schonend*
omzien • (omkijken) *sich umsehen* • (uitkijken naar) *Ausschau halten, ausschauen, sich umsehen, sich umtun* ⋆ naar een baan ~ *sich nach einem Job umsehen* • (zorgen voor) *sich kümmern um, sehen nach* [3]
omzomen *umsäumen*
omzwaaien • (van studie veranderen) *das Studienfach wechseln* • (van standpunt veranderen) *(herum)schwenken*
omzwerving *Wanderung* [v], *Streifzug* [m]
onaangedaan *ungerührt, unberührt*
onaangekondigd *nicht angekündigt*
onaangenaam *unangenehm*
onaangepast *unangepasst*
onaangeroerd *unberührt,* ‹niet genoemd› *unerwähnt*
onaangetast *unangetastet, verschont*
onaantastbaar *unantastbar*
onaanvaardbaar *unannehmbar*
onaanzienlijk • (gering) *unbeträchtlich,* ‹persoon› *unscheinbar* • (zonder aanzien) *ohne Ansehen*
onaardig *unfreundlich* ⋆ niet ~ *nicht schlecht*
onachtzaam *nachlässig, unachtsam*
onaf *unfertig*
onafgebroken *ununterbrochen* ⋆ hij praat ~ *er redet immerzu*
onafhankelijk *unabhängig*
onafhankelijkheid *Unabhängigkeit* [v]
onafhankelijkheidsverklaring *Unabhängigkeitserklärung* [v]
onafscheidelijk *untrennbar,* ‹personen› *unzertrennlich*
onafwendbaar *unabwendbar, unvermeidlich*
onafzienbaar *unübersehbar, unüberschaubar*
onaneren *onanieren*
onbaatzuchtig *selbstlos, uneigennützig*
onbarmhartig *unbarmherzig, erbarmungslos*
onbedaarlijk *unbändig*
onbedachtzaam *unbedacht(sam), unüberlegt* ⋆ een onbedachtzame opmerking *eine gedankenlose Bemerkung*
onbedekt • (niet bedekt) *unbedeckt* • (openlijk) *unumwunden, unverhüllt*
onbedorven *unverdorben*
onbeduidend • (gering) *unbedeutend, unerheblich* • (onbelangrijk) *unbedeutend, unwichtig, unscheinbar*
onbegaanbaar *unpassierbar, unwegsam*
onbegonnen *unausführbar, undurchführbar* ⋆ dat is ~ werk *das ist ein unausführbares Unternehmen*
onbegrensd *unbegrenzt, grenzenlos,* ‹zonder beperkingen› *unbeschränkt* ⋆ ~e mogelijkheden *unbegrenzte(n) Möglichkeiten*

onbegrijpelijk • (niet te begrijpen) *unbegreiflich, unverständlich* ⋆ dat is voor mij ~ *das ist mir rätselhaft/schleierhaft* • (onvoorstelbaar) *unbegreiflich, unfassbar*
onbegrip ‹m.b.t. personen› *Unverständnis* [o], ‹m.b.t. zaken› *Unverständlichkeit* [v]
onbehaaglijk • (onaangenaam) *unangenehm* ⋆ een ~e positie *eine missliche Lage* • (niet op zijn gemak) *unbequem, unbehaglich*
onbehagen *Unbehagen* [o] ⋆ ~ over iets *Unbehagen an etw.*
onbeheerd *unbeaufsichtigt*, ‹van bezit of eigendom› *herrenlos*
onbeheerst *unbeherrscht, unkontrollierbar*
onbeholpen *unbeholfen, ungeschickt* ⋆ zij is ~ *sie ist ungeschickt*
onbehoorlijk *unpassend, ungehörig* ⋆ op een ~e tijd *zu einer unpassenden Zeit*
onbehouwen I [bnw] *ungehobelt, rüpelhaft* ⋆ ~ gedrag *ungehobelte(s) Benehmen* [o] **II** [bijw] *plump, grob*
onbekend *unbekannt* ⋆ ergens ~ zijn *sich irgendwo nicht auskennen* ▾ ~ maakt onbemind *unbekannt, unverlangt*
onbekendheid *Unbekanntheit* [v], ‹onkunde› *Unkenntnis* [v], ‹onwetendheid› *Unwissenheit* [v]
onbekommerd *sorglos, unbeschwert, unbekümmert, unbesorgt* ⋆ ~ leven *unbekümmert leben* ⋆ een ~ mens *ein sorgloser Mensch*
onbekwaam *unfähig, untüchtig*
onbelangrijk *unwichtig, unbedeutend, bedeutungslos*
onbeleefd *unhöflich*
onbeleefdheid *Unhöflichkeit* [v]
onbelemmerd *ungehindert, unbehindert*
onbemand *unbemannt*
onbemiddeld *mittellos, unvermögend*
onbemind *unbeliebt*
onbenul *Trottel* [m]
onbenullig • (dom) *geistlos, einfältig* • (onbeduidend) *unbedeutend*
onbepaald • (onbegrensd) *uneingeschränkt, unbeschränkt, unbegrenzt* • (vaag) *unbestimmt* ⋆ voor ~e tijd *auf unbestimmte Zeit* • (taalk.) ⋆ ~e wijs *Infinitiv* [m]
onbeperkt • (onbegrensd) *uneingeschränkt, unbegrenzt, unbeschränkt* ⋆ voor ~e tijd *auf unbegrenzte Zeit* • (onbelemmerd) *unbeschränkt, ungehindert*
onbeproefd *unversucht*
onberaden *unüberlegt, unbesonnen*
onbereikbaar *unerreichbar*
onberekenbaar *unberechenbar*
onberispelijk *tadellos, einwandfrei*
onberoerd • (onaangedaan) *unbewegt* • (niet aangeraakt) *unberührt*
onbeschaafd • (zonder beschaving) *unkultiviert* • (onbeleefd) *ungehobelt, roh*
onbeschaamd *unverschämt*, ‹brutaal› *frech*
onbescheiden *unbescheiden*
onbeschoft *unverschämt, impertinent, ausfallend* ⋆ ~ zijn tegen iem. *unverschämt zu jmdm. sein*
onbeschreven *unbeschrieben* ▾ zij is een ~ blad *sie ist ein unbeschriebenes Blatt*
onbeschrijfelijk *unbeschreiblich*
onbeslist *unentschieden*
onbespoten *ungespritzt*
onbesproken • (onberispelijk) *unbescholten* • (niet gereserveerd) *unbesprochen*
onbestelbaar *unzustellbar*
onbestemd *unbestimmt*
onbestendig • (wispelturig) *unbeständig, launisch, unberechenbar, wetterwendisch* • (veranderlijk) *unbeständig, veränderlich, wechselhaft*
onbesuisd *unbesonnen, kopflos*
onbetaalbaar • (niet te betalen) *unbezahlbar, unerschwinglich* • (kostelijk) *köstlich*
onbetamelijk *ungebührlich, unschicklich*
onbetekenend *bedeutungslos, unbedeutend*
onbetrouwbaar *unzuverlässig*
onbetuigd ▾ zich niet ~ laten *sich nach Kräften beteiligen*
onbetwist *unumstritten, unbestritten*
onbetwistbaar *unanfechtbar*
onbevangen *unbefangen*
onbevlekt *unbefleckt*
onbevoegd *unbefugt* ⋆ ~ betreden *unbefugte(s) Betreten* [o]
onbevooroordeeld *unvoreingenommen, vorurteilslos*
onbevredigd *unbefriedigt*
onbewaakt *unbewacht* ⋆ een ~e overweg *ein unbeschrankter Bahnübergang*
onbeweeglijk • (roerloos) *unbeweglich, regungslos* • (onwrikbaar) *unerschütterlich*
onbewogen • (onaangedaan) *teilnahmslos, unbeteiligt, ungerührt* ⋆ met ~ gezicht *mit ungerührter Miene* • (onbeweeglijk) *unbewegt*
onbewoonbaar *unbewohnbar*
onbewust • (niet bewust) *unwissentlich* • (onwillekeurig) *unbewusst*
onbezoldigd • (geen bezoldiging opleverend) *unbesoldet* • (geen bezoldiging ontvangend) *ehrenamtlich*
onbezonnen *unüberlegt, unbesonnen*
onbezorgd • (zonder zorgen) *sorglos, unbeschwert, unbekümmert* ⋆ een ~ leven *ein sorgloses Leben* • (niet besteld) *unbesorgt*
onbillijk *unredlich, ungerecht*
onbreekbaar *unzerbrechlich*
onbruik ⋆ in ~ geraakt zijn *nicht mehr gebräuchlich/ungebräuchlich sein*
onbruikbaar *unbrauchbar*
onbuigzaam • (niet te buigen) *unelastisch, nicht biegsam* • (koppig) *unnachgiebig, unbeugsam*
onchristelijk • (niet christelijk) *unchristlich* • (ergerlijk) *unmöglich, unzumutbar* ⋆ op een ~ uur *in aller Herrgottsfrühe*
ondankbaar *undankbar*
ondanks *trotz* [2], *ungeachtet* [2] ⋆ ~ alles *trotz allem*
ondeelbaar • (niet deelbaar) *unteilbar* • (zeer klein) *winzig*
ondefinieerbaar *undefinierbar*
ondenkbaar *undenkbar* ⋆ ondenkbare hoeveelheden *unvorstellbare(n) Mengen*
onder I [bijw] *unten* ⋆ van ~ naar boven *von unten nach oben* ⋆ kopje ~ *untergetaucht* ⋆ de tweede regel van ~ *die zweite Zeile von unten* ⋆ de zon gaat ~ *die Sonne geht unter* ▾ ten ~ gaan *zugrunde/zu Grunde gehen* **II** [vz] • (beneden) *unter* [3] ⋆ ~ het huis *unter dem Haus* ⋆ ~ dak zijn *untergebracht sein* • (tijdens) *während* [2] ⋆ ~ het werk eten *während der Arbeit essen* • (te midden van) *unter* [3,4] ⋆ ~ elkaar *unter sich* ⋆ ~ anderen *unter anderen* ⋆ zij begaf zich ~ het volk *sie mischte sich unter das Volk* • (tussen (personen)) *unter* [3], *zwischen* [3] ⋆ ~ ons *unter uns* ⋆ er bestond grote naijver ~ hen *es herrschte großer Neid zwischen ihnen* • (minder/lager dan) *unter* [3] ⋆ ~ de prijs *unter Preis* ⋆ kinderen ~ de twaalf *Kinder unter zwölf Jahren* • (vergezeld van) *unter* [3] ⋆ ~ luide bijval *unter lautem Beifall* ⋆ ~

het genot van een glas wijn bei *einem Glas Wein* • (dicht bij) *in der Nähe von* [3] ⋆ ~ de kust *in der Nähe der Küste*
onderaan *unten* ⋆ ~ de lijst staan *am Ende der Liste stehen*
onderaannemer *Subunternehmer* [m]
onderaanzicht *Ansicht von unten* [v]
onderaards *unterirdisch*
onderaf *unten*
onderarm *Unterarm* [m]
onderbeen *Unterschenkel* [m]
onderbelichten *unterbelichten*, ‹fig.› *zu wenig beachten*
onderbetalen *unterbezahlen*
onderbewust *unterbewusst*
onderbewustzijn *Unterbewusstsein* [o]
onderbezet *unterbesetzt*, ‹ziekenhuis, hotel› *unterbelegt*
onderbezetting *Unterbesetzung* [v]
onderbinden *unterbinden, anschnallen*, ‹met een gesp› *umbinden*
onderbouw • (lagere klassen op school) *Unterstufe* [v] • (basis bouwwerk) *Unterbau* [m]
onderbouwen *unterbauen*
onderbreken *unterbrechen*
onderbreking *Unterbrechung* [v]
onderbrengen • (onderdak verlenen) *unterbringen* • (indelen) *einteilen, einordnen*
onderbroek *Unterhose* [v], ‹slipje› *Schlüpfer* [m]
onderbuik *Unterbauch* [m]
onderdaan *Untertan* [m]
onderdak *Bleibe* [v], *Unterkunft* [v] ⋆ iem. ~ verlenen *jmdn. bei sich aufnehmen*
onderdanig *untergeben*
onderdeel • (deel van geheel) *Teil* [m], *Bestandteil* [m] • (afdeling) *Einheit* [v] • (techn.) *Ersatzteil* [o]
onderdeurtje *Knirps* [m], *Wicht* [m]
onderdoen **I** [ov ww] • (aantrekken) *unterbinden* ⋆ ski's ~ *Skier anschnallen* **II** [on ww] • (de mindere zijn) *unterlegen sein* ⋆ hij doet niet voor haar onder *er steht auf gleicher Stufe mit ihr*
onderdompelen *untertauchen* ⋆ iets in water ~ *etw. in Wasser tauchen*
onderdoor *untendurch, unter...hindurch* [3] ▾ er ~ gaan *daran zugrunde/zu Grunde gehen*
onderdrukken *unterdrücken*
onderdrukker *Unterdrücker* [m]
onderdrukking *Unterdrückung* [v], ‹pol.› *Repression* [v]
onderduiken *untertauchen*
onderduiker *Untergetauchte(r)* [m]
ondergáán *erleiden* ⋆ een straf ~ *eine Strafe verbüßen* ⋆ zij onderging een operatie *sie unterzog sich einer Operation*
óndergaan • (zinken) *untergehen* • (tenietgaan) *zugrunde/zu Grunde gehen*
ondergang *Untergang* [m], ‹verderf› *Verderben* [o]
ondergeschikt • (van minder belang) *nebensächlich* ⋆ dat is van ~ belang *das ist Nebensache* ⋆ hij is ~ aan de directeur *er ist dem Direktor unterstellt* • (onderworpen aan) *untergeordnet*
ondergeschikte *Untergebene(r)* [m] ⋆ de ~n ‹het personeel› *das Personal*
ondergeschoven *untergeschoben*
ondergetekende *Unterzeichner* [m]
ondergoed *Unterwäsche* [v]
ondergraven *untergraben*
ondergrens *Untergrenze* [v]
ondergrond • (onderliggende laag) *Untergrund* [m] • (grondslag) *Unterlage* [v], ‹fig.› *Grundlage* [v]
ondergronds • (onder de grond) *unterirdisch* • (clandestien) *im Untergrund*
ondergrondse • (metro) *U-Bahn* [v], *Untergrundbahn* [v] • (verzetsbeweging) *Widerstandsbewegung* [v]
onderhand *inzwischen*
onderhandelaar *Unterhändler* [m]
onderhandelen *verhandeln*, ‹pol.› *unterhandeln* ⋆ ~ over de prijs *um den Preis verhandeln*
onderhandeling *Verhandlung* [v], ‹pol.› *Unterhandlung* [v]
onderhands **I** [bnw] • (zonder tussenpersoon) *unter der Hand* ⋆ iets ~ van iem. kopen *von Privat kaufen* • (geheim) *insgeheim, heimlich* **II** [bijw] *von unten her*
onderhavig *vorliegend, betreffend* ⋆ in het ~e geval *im vorliegenden Fall* ⋆ in de ~e kwestie *in der betreffenden Sache*
onderhemd *Unterhemd* [o]
onderhevig *unterworfen* [3], *unterliegend* [3] ⋆ aan bederf ~ zijn *leicht verderblich sein* ⋆ aan gevaren ~ zijn *Gefahren ausgesetzt sein* ⋆ aan geen twijfel ~ zijn *keinem Zweifel unterliegen*
onderhoud • (verzorging) *Unterhalt* [m], *Versorgung* [v], ‹van tuin, bloemen e.d.› *Pflege* [v] ⋆ in goede staat van ~ *gut erhalten/in gutem Zustand* • (levensonderhoud) *Lebensunterhalt* [m] • (gesprek) *Gespräch* [o] ⋆ een ~ met iem. hebben *eine Unterredung mit jmdm. haben*
onderhouden **I** [ov ww] • (naleven) *einhalten, beachten* • (verzorgen/in goede staat houden) *unterhalten, ernähren, versorgen* ⋆ de tuin ~ *den Garten pflegen* • (aangenaam bezighouden) *unterhalten, amüsieren* • (bespreken) *zur Rede stellen* ⋆ iem. over iets ~ *jmdn. auf etw. ansprechen* **II** [wkd ww] *sich unterhalten*
onderhoudend *unterhaltsam*
onderhoudsbeurt *periodische Wartung* [v], *Inspektion* [v]
onderhoudswerkzaamheden *Instandhaltungsarbeiten* [mv], *Wartungsarbeiten* [mv], ‹huis, woning› *Renovierungsarbeiten* [mv]
onderhuids ‹med.› *subkutan*, ‹fig.› *unterschwellig*
onderhuren *zur Untermiete wohnen*
onderhuur *Untermiete* [v] ⋆ iets in ~ hebben *etw. untervermieten*
onderhuurder *Untermieter* [m]
onderin *unten, unten in* [3,4]
onderjurk *Unterkleid* [o]
onderkaak *Unterkiefer* [m]
onderkant *Unterseite* [v], *untere Seite* [v]
onderkennen • (herkennen) *erkennen* • (beseffen) *unterscheiden*
onderkin *Doppelkinn* [o]
onderkoeld *unterkühlt*
onderkomen **I** [het] *Unterkommen* [o], *Unterkunft* [v] **II** [on ww] *unterkommen, Unterkunft finden*
onderlaag • (steunlaag) *untere Schicht* [v] • (onderste laag) *Unterschicht* [v]
onderlangs **I** [bijw] *unten herum, unten vorbei, unten entlang* **II** [vz] *unten an...entlang* [3], *unten an...vorbei* [3]
onderlegd *bewandert* ⋆ in iets goed ~ zijn *gut in etw. beschlagen sein*
onderlegger • (bescherming) *Unterlage* [v] • (balk) *Träger* [m]
onderlijf *Unterleib* [m], *Unterkörper* [m]
onderlip *Unterlippe* [v]
onderlopen *überschwemmt werden* ⋆ iets laten ~ *etw. überschwemmen*

ondermaats • (te klein) *under dem Mindestmaß* • (van mindere kwaliteit) *minderwertig*
ondermijnen *unterminieren*
ondernemen *unternehmen* ⋆ een poging ~ *einen Versuch machen*
ondernemend *tatkräftig, unternehmend, unternehmungslustig*
ondernemer *Unternehmer* [m]
onderneming • (bedrijf) *Unternehmen* [o] ⋆ particuliere ~ *Privatunternehmen* • (karwei) *Unternehmen* [o], *Unternehmung* [v]
ondernemingsraad *Betriebsrat* [m]
onderofficier *Unteroffizier* [m]
onderonsje • (gesprek) *vertrauliche(s) Gespräch* [o], *Gespräch unter vier Augen* [o] • (kleine kring) *Clique* [v]
onderontwikkeld *unterentwickelt*
onderop *unten*
onderpand ‹als waarborg› *Unterpfand* [o], ‹bij schuld› *Sicherheit* [v], ‹bij schuld; als waarborg› *Pfand* [o]
onderricht *Unterricht* [m]
onderrichten *unterrichten*
onderschatten *unterschätzen*
onderscheid • (inzicht) ⋆ de jaren des ~s *die Jahre der Vernunft* • (verschil) *Unterschied* [m] ⋆ zonder ~ *ausnahmslos* ⋆ een ~ maken *unterscheiden; differenzieren*
onderscheiden I [bnw] *verschieden, unterschiedlich* **II** [ov ww] • (als ongelijksoortig bezien) *unterscheiden* • (een onderscheiding verlenen) *auszeichnen* • (waarnemen) *unterscheiden* **III** [wkd ww] *sich unterscheiden*, ‹uitblinken› *sich auszeichnen*
onderscheiding • (ereteken) *Auszeichnung* [v] • (het onderscheiden) *Unterscheidung* [v]
onderscheidingsteken • (ereteken) *Auszeichnung* [v], *Orden* [m] • (herkenningsteken) *Unterscheidungsmerkmal* [o]
onderscheidingsvermogen *Unterscheidungsvermögen* [o]
onderscheppen *abfangen*
onderschikking *Unterordnung* [v]
onderschrijven *unterschreiben*
ondershands *unter der Hand*
ondersneeuwen I [ov ww] *überfahren* **II** [on ww] • (door sneeuw bedekt worden) *zuschneien, verschneien* • (uit de belangstelling geraken) *unter den Tisch fallen*
onderspit ▾ het ~ delven *den Kürzeren ziehen; unterliegen*
onderstaand *nachfolgend*
ondersteek *Bettschüssel* [v], *Bettpfanne* [v]
onderstel • (waarop het bovendeel rust) *Untergestell* [o] • (onderlijf) *Fahrgestell* [o]
ondersteunen • (steun geven) *stützen* • (helpen) *unterstützen*
ondersteuning • (het steun geven) *Unterstützung* [v] • (hulp) *Subvention* [v]
onderstrepen *unterstreichen*
onderstroom *Unterströmung* [v] • (verborgen gevoelens) *unterschwellige(s) Gefühl* [o]
onderstuk *Unterteil* [o]
ondertekenaar *Unterzeichner* [m]
ondertekenen *unterschreiben*, ‹form.› *unterzeichnen*
ondertekening • (handtekening) *Unterschrift* [v] • (het ondertekenen) *Unterzeichnung* [v], *Unterschreiben* [o]
ondertitel *Untertitel* [m]
ondertitelen *untertiteln*
ondertiteling • (ondertitels) *Untertitel* [mv] • (het ondertitelen) *Untertitelung* [v]
ondertoon *Unterton* [m]
ondertrouw *Aufgebot* [o] ⋆ in ~ gaan *das Aufgebot bestellen*
ondertussen • (intussen) *inzwischen, mittlerweile, währenddessen, dabei* ⋆ ~ krijg ik de schuld *dabei bekomme ich die Schuld* • (toch) *allerdings* ⋆ zij heeft ~ wel gelijk *sie hat allerdings Recht*
onderuit *mit ausgestreckten Beinen* ▾ ergens niet ~ kunnen *nicht darum herumkommen*
onderuitgaan • (vallen) *fallen, ausrutschen* • (falen) *auf den Bauch fallen*
ondervangen *ausräumen, beseitigen* ⋆ bezwaren ~ *Bedenken beseitigen*
onderverdelen *unterteilen*
onderverhuren *untervermieten*
ondervertegenwoordigd *unterrepräsentiert*
ondervinden *erfahren, erleben, spüren* ⋆ de gevolgen ~ *die Folgen spüren* ▾ iets aan den lijve ~ *etw. am eigenen Leib erfahren*
ondervinding *Erfahrung* [v]
ondervoed *unterernährt*
ondervoeding *Unterernährung* [v]
ondervragen *vernehmen, verhören*
ondervraging • (verhoor) *Vernehmung* [v], *Verhör* [o] • (interview) *Befragung* [v]
onderwaarderen *unterbewerten*
onderweg *unterwegs*
onderwereld *Unterwelt* [v]
onderwerp • (wat behandeld wordt) *Gegenstand* [m], *Thema* [o] ⋆ het ~ van gesprek *das Gesprächsthema* ⋆ ~ van studie *Studienobjekt* [o] ⋆ iets tot ~ hebben *etw. zum Thema/zum Gegenstand haben* • (taalk.) *Subjekt* [o]
onderwerpen • (onder gezag brengen) *unterwerfen* • (blootstellen aan) *aussetzen, unterziehen, unterwerfen* ⋆ iem. aan een test ~ *jmdn. einem Versuch unterziehen* • (voorleggen) *unterbreiten, vorlegen*
onderwijs *Unterricht* [m] ⋆ lager ~ *Grundschulunterricht* ⋆ buitengewoon ~ *Sonderschulunterricht* ⋆ ~ voor volwassenen *Erwachsenenbildung* [v] ⋆ universitair ~ *Hochschulunterricht*
onderwijsbevoegdheid *Lehrbefähigung* [v], *Lehrberechtigung* [v]
onderwijsinspectie *Schulamtsinspektion* [v]
onderwijskunde *Schulpädagogik* [v]
onderwijzen *unterrichten, lehren* ⋆ het ~d personeel *die Lehrerschaft*
onderwijzer *Lehrer* [m]
onderwijzersakte *Lehrbefugnis für die Primarstufe* [v]
onderworpen • (ondergeschikt) *unterworfen* • (onderdanig) *unterwürfig, fügsam* • (onderhevig) *ausgesetzt*
onderzeeboot *U-Boot* [o]
onderzeeër *U-Boot* [o]
onderzetter *Untersetzer* [m]
onderzoek • (het onderzoeken) *Untersuchung* [v], ‹jur.› *Ermittlung* [v], ‹research› *Forschung* [v] ⋆ een ~ verrichten naar *etw. erforschen/untersuchen* ⋆ in ~ zijn *untersucht werden* ⋆ op ~ uitgaan *etw. auskundschaften* ⋆ ‹jur.› een ~ instellen *Ermittlungen einleiten* • (med.) *Untersuchung* [v] ⋆ geneeskundig ~ *ärztliche Untersuchung*
onderzoeken • (nagaan) *untersuchen*, ‹toetsen› *prüfen*, ‹wetenschappelijk› *erforschen* • (med.) *untersuchen*

onderzoeker *Forscher* [m]
onderzoeksresultaat *Untersuchungsergebnis* [o], ‹wetenschap› *Forschungsergebnis* [o]
ondeugd • (ondeugendheid) *Schelmerei* [v] • (slechte eigenschap) *Laster* [o] • (persoon) *Frechdachs* [m], *Schelm* [m]
ondeugdelijk • (van slechte kwaliteit) *untauglich* • (gebrekkig) *ungeeignet*
ondeugend • (stout) *frech, ungezogen* * een ~ kereltje *ein freches Kerlchen* • (schalks) *spitzbübisch, schelmisch* * ~ kijken *schelmisch gucken*
ondiep I [de] *Untiefe* [v], *flache/seichte Stelle* [v] **II** [het] *flache/seichte Stelle* [v] * het ~e *Nichtschwimmerbecken* [o] **III** [bnw] *flach, nicht tief*
ondier *Untier* [o], *Ungeheuer* [o]
onding *Unding* [o]
ondoelmatig *unzweckmäßig*
ondoenlijk *unausführbar, unmöglich*
ondoordacht *unüberlegt*
ondoorgrondelijk *unergründlich*, ‹gelaatsuitdrukking› *undurchdringlich*
ondraaglijk *unerträglich*
ondubbelzinnig *unmissverständlich, eindeutig*
onduidelijk *undeutlich*, ‹begrip, inzicht› *unklar*, ‹niet concreet› *vage*, ‹wazig› *verschwommen* * ~ schrijven *unleserlich schreiben*
onecht • (niet echt) *falsch, unecht, gekünstelt* • (onwettig) *unehelich* * een ~ kind *ein uneheliches Kind*
oneens *uneinig* * zij zijn het ~ *sie sind verschiedener Meinung*
oneerbaar *unsittlich*
oneerlijk *unehrlich* * ~e concurrentie *unlautere(r) Wettbewerb*
oneffen *uneben*, ‹ruw› *rau*
oneffenheid *Unebenheit* [v]
oneigenlijk • (onecht) *uneigentlich* • (figuurlijk) *übertragen*
oneindig • (buitengewoon) *endlos* • (zonder einde) *unendlich*
oneindigheid *Unendlichkeit* [v]
onenigheid • (ruzie) *Streit* [m] * in ~ leven *in Unfrieden leben* * ~ zaaien *Unfrieden stiften* • (meningsverschil) *Uneinigkeit* [v], *Differenz* [v]
onervaren *unerfahren*
onervarenheid *Unerfahrenheit* [v]
onesthetisch *unästhetisch*
oneven *ungerade*
onevenredig *unverhältnismäßig*
onevenwichtig *unausgeglichen, labil*
onfatsoenlijk *unanständig*
onfeilbaar *unfehlbar*
onfortuinlijk *glücklos*
onfris *unsauber*
ongaarne *ungern*
ongans *unpässlich, unwohl* * zich ~ eten *sich überessen*
ongeacht I [bnw] *nicht geschätzt, nicht geachtet* **II** [vz] *trotz* [2], *ungeachtet* [2]
ongebonden • (vrij) *ungebunden* * zij is ~ *sie ist ledig* • (losbandig) *zügellos* * een ~ leven *ein freies/ungebundenes Leben*
ongeboren *ungeboren*
ongebreideld *zügellos, hemmungslos*
ongebruikelijk *ungebräuchlich, unüblich*
ongecompliceerd *unkompliziert*
ongedaan * iets ~ maken *etw. rückgängig machen* * niets ~ laten *nichts unversucht lassen* * ik zou dit het liefst ~ maken *ich würde es am liebsten rückgängig/ungeschehen machen*
ongedeerd *unversehrt, unverletzt*
ongedierte *Ungeziefer* [o]
ongeduld *Ungeduld* [v] * trappelen van ~ *zappeln vor Ungeduld*
ongeduldig *ungeduldig*
ongedurig *unruhig*
ongedwongen • (losjes) *ungezwungen, locker* * een ~ sfeer *eine lockere Atmosphäre* • (vrijwillig) *freiwillig*
ongeëvenaard *unerreicht, beispiellos*
ongegeneerd *ungeniert, unverfroren*, ‹schaamteloos› *schamlos*
ongegrond *unbegründet, grundlos*, ‹ongefundeerd› *haltlos* * iem. ~ beschuldigen *jmdn. grundlos beschuldigen*
ongehinderd *ungehindert*
ongehoord • (buitensporig) *unerhört* • (niet gehoord) *ungehört* • (vreemd) *unerhört*
ongehoorzaam *ungehorsam*
ongehoorzaamheid *Ungehorsam* [m]
ongekend I [bnw] *unbekannt* * ~e mogelijkheden *ungeahnte(n) Möglichkeiten* **II** [bijw] *beispiellos*
ongekunsteld *ungekünstelt*
ongeldig *ungültig*, ‹jur.› *nichtig*
ongelegen *ungelegen*
ongeletterd *ungebildet*
ongelijk I [het] *Unrecht* [o] * ~ hebben *Unrecht haben; im Unrecht sein* **II** [bnw] • (onregelmatig) *ungleichmäßig* • (verschillend) *ungleich*
ongelijkheid • (het ongelijk zijn) *Ungleichheit* [v] • (oneffenheid) *Ungleichmäßigkeit* [v]
ongelijkmatig *ungleichmäßig*
ongelijkvloers *niveaufrei* * een ~e kruising *eine niveaufreie Kreuzung*
ongelikt *ungehobelt, ungeschliffen* ▾ een ~e beer *ein ungehobelter Klotz*
ongelimiteerd *unlimitiert, unbegrenzt, unbeschränkt*
ongelofelijk • (buitengewoon) *unglaublich, wahnsinnig, unheimlich* • (ongeloofwaardig) *unglaubhaft, unglaublich*
ongeloof *Unglaube* [m]
ongeloofwaardig *unglaubwürdig*
ongelovig *ungläubig* * de ~en *die Ungläubigen*
ongeluk • (ongeval) *Unglück* [o], *Unfall* [m] * bij/per ~ *aus Versehen; versehentlich; unabsichtlich* * zich een ~ zoeken *verzweifelt suchen* * zich een ~ werken *sich zu Tode schuften* * stuk ~! *Stück Malheur!* [o] * anders bega ik een ~! *sonst vergreife ich mich!* • (tegenspoed) *Unglück* [o], *Missgeschick* [o], *Pech* [o] * zijn ~ tegemoet gaan *in sein Unglück rennen* ▾ een ~ komt zelden alleen *ein Unglück kommt selten allein* ▾ een ~ zit in een klein hoekje *ein Unglück ist schnell geschehen* ▾ daar komen ~ken van *das wird schief ausgehen* ▾ geluk bij een ~ *Glück im Unglück*
ongelukje *kleine(r) Unfall* [m] * het was een ~ *es war ein Versehen*
ongelukkig • (niet gelukkig) *unglücklich, glücklos, niedergeschlagen, traurig* * ~e *Unglückliche(r)* [m] • (jammerlijk) *unglücklich, ungünstig, ungeschickt* * iets ~ doen *eine unglückliche Hand bei einer Sache haben* * dat komt ~ uit *das trifft sich gar nicht* * ~e loop van omstandigheden *unglückliche(s) Zusammentreffen verschiedener Ereignisse* [o] * zich ~ uitdrukken *ungeschickt formulieren* • (met lichaamsgebrek) *behindert* * ~e *Behinderte(r)* [m] ▾ ~ in het spel, gelukkig in de liefde *Pech im Spiel, Glück in der Liebe*

ongeluksgetal *Unglückszahl* [v]
ongemak • (hinder) *Beschwerlichkeiten* [mv], *Unbequemlichkeit* [v], *Ärger* [m] • (lichamelijke kwaal) *Gebrechen* [o], *Beschwerde* [v]
ongemakkelijk • (lastig) *lästig, unbequem* ⋆ ~ heerschap *schwierige(r) Mensch* [m] • (ongerieflijk) *unbequem* ⋆ ~e houding *unbequeme Lage* [v] • (geducht) *gehörig, tüchtig*
ongemanierd *unmanierlich, ungesittet, ungehobelt*
ongemeen • (buitengewoon) *außergewöhnlich* • (ongewoon) *außerordentlich, ungemein*
ongemerkt • (niet bemerkt) *unmerklich* • (zonder merk) *ohne Marke/Zeichen*
ongemoeid *unbehelligt, ungestört* ⋆ iem. ~ laten *jmdn. in Ruhe lassen*
ongenaakbaar *unzugänglich, unerreichbar, unnahbar*
ongenade *Ungnade* [v] ⋆ in ~ vallen *in Ungnade fallen*
ongenadig • (duchtig) *gehörig, tüchtig* • (onbarmhartig) *ungnädig, gnadenlos, mitleidlos, unbarmherzig, erbarmungslos* ⋆ iem. een ~ pak slaag geven *erbarmungslos auf jmdn. einschlagen*
ongeneeslijk *unheilbar*
ongenietbaar *ungenießbar*
ongenoegen • (misnoegen) *Unwille* [m], *Missfallen* [o] ⋆ zijn ~ uiten *seinem Unwillen Luft machen* • (onenigheid) *Zwist* [m], *Uneinigkeit* [v]
ongeoorloofd *unzulässig, unerlaubt,* ↑ *unstatthaft*
ongepast • (onbehoorlijk) *ungehörig, unpassend* ⋆ ~ gedrag *unpassende(s)/ungehörige(s) Benehmen* [o] • (misplaatst) *unangemessen, unangebracht*
ongepastheid • (het misplaatst zijn) *Unangemessenheit* [v], *Unschicklichkeit* [v] • (onbehoorlijkheid) *Ungehörigkeit* [v]
ongerechtigheid • (onvolkomenheid) *Mangel* [m], *Unvollkommenheit* [v] • (onrechtvaardigheid) *Ungerechtigkeit* [v], ‹handeling› *ungerechte Tat* [v]
ongerede ⋆ in het ~ raken ‹kapot gaan› *in die Brüche gehen, kaputtgehen;* ‹zoek raken› *abhanden kommen;* ‹in de war raken› *durcheinander geraten; in Unordnung geraten*
ongeregeld • (niet geregeld) *unordentlich, ungeregelt, regellos* ⋆ ~e goederen *Ramschware* [v] • (wanordelijk) *ungeregelt, unregelmäßig* ⋆ zootje ~ *regellose(s) Durcheinander* ⋆ op ~e tijden *in unregelmäßigen Abständen* ⋆ een ~ leven leiden *ein ungeregeltes Leben führen*
ongeregeldheden • (oproer) *Unruhen* [mv], *Krawalle* [mv] • (wanordelijkheden) *Unregelmäßigkeiten* [mv]
ongeremd *ungehemmt*
ongerept • (onbedorven) *unangetastet,* ‹van reputatie› *unbescholten* • (onaangeraakt) *unberührt, urwüchsig* ⋆ ~e natuur *unberührte Natur* [v]
ongerief *Unbequemlichkeit* [v], *Ungelegenheiten* [mv], *Unannehmlichkeiten* [mv], ‹last› *Mühe* [v]
ongerijmd *widersinnig, ungereimt, unsinnig* ⋆ ‹wisk.› bewijs uit het ~e *indirekte(r) Beweis* [m]
ongerust *beunruhigt, besorgt* ⋆ wees niet ~ *mach dir keine Sorgen; sei unbesorgt* ⋆ ~ zijn over iem. *sich Sorgen um jmdn. machen; beunruhigt sein wegen jmds.*
ongerustheid *Beunruhigung* [v], *Besorgnis* [v]
ongeschikt • (niet geschikt) *ungeeignet, untauglich,* ‹van tijdstip› *ungelegen* ⋆ lichamelijk ~ *körperlich untauglich* ⋆ voor iets ~ zijn *zu etw. ungeeignet/untauglich sein* [3] • (onaardig) *ungefällig, unangenehm, nicht nett* ⋆ zij is niet ~ *sie ist recht nett/ganz fidel*
ongeschonden *unverletzt, unversehrt,* ‹onbeschadigd› *unbeschädigt*
ongeschoold *ungeschult, ungelernt, unausgebildet* ⋆ ~e arbeider *ungelernte(r) Arbeiter* [m] ⋆ ~e arbeid *ungeschulte Arbeit* [v]
ongeslagen *unbesiegt,* ‹sport› *ungeschlagen*
ongesteld • (onwel) *unpässlich, unwohl* • (menstruerend) *menstruierend* ⋆ zij is ~ *sie hat ihre Tage/Regel*
ongesteldheid • (onwel zijn) *Unwohlsein* [o], *Unpässlichkeit* [v] • (menstruatie) *Monatsblutung* [v], *Periode* [v], *Regel* [v], *Menstruation* [v]
ongestoord ‹zonder hinder› *unbehindert,* ‹zonder storing› *ungestört*
ongestraft *straffrei, ungestraft*
ongetwijfeld *zweifellos, zweifelsohne*
ongeval *Unfall* [m]
ongevallenverzekering *Unfallversicherung* [v]
ongeveer *ungefähr, etwa*
ongeveinsd *unverstellt, ungeheuchelt*
ongevoelig • (onaangedaan) *gefühllos, herzlos* ⋆ ~ voor vleierij *unempfänglich für Schmeicheleien* ⋆ voor alles ~ blijven *von allem unberührt bleiben* • (verdoofd) *unempfindlich (gegen), immun (gegen)*
ongevraagd *unaufgefordert*
ongewapend *unbewaffnet*
ongewenst *unerwünscht, ungewollt* ⋆ ~ kind *ungewollte(s) Kind* [o] ⋆ ~e vreemdelingen *unerwünschte Ausländer*
ongewild *ungewollt*
ongewisse ⋆ in het ~ verkeren *im Ungewissen sein* ⋆ iem. in het ~ laten *jmdn. im Ungewissen lassen*
ongewoon • (zeldzaam) *ungewöhnlich, selten* • (niet gewoon) *ungewohnt* ⋆ ~ schouwspel *ungewohnte(r) Anblick* [m]
ongezeglijk *ungehorsam, unfolgsam*
ongezellig • (onvriendelijk) *ungesellig* • (onprettig) *ungemütlich, unbehaglich*
ongezien I [bnw] *ungesehen* **II** [bijw] *unbesehen*
ongezond *ungesund*
ongezouten • (zonder zout) *ungesalzen* • (onverbloemd) *unverblümt, ungeschminkt* ⋆ iem. ~ de waarheid zeggen *jmdm. die ungeschminkte Wahrheit sagen*
ongrijpbaar *ungreifbar*
ongunstig • (ongeschikt) *ungünstig* ⋆ het had ~e gevolgen voor haar *es hatte nachteilige Folgen für sie* • (slechte indruk gevend) *nachteilig, ungünstig* ⋆ zich ~ over iem. uitlaten *sich abfällig über jmdn. äußern* ⋆ ~ bekendstaan *einen schlechten Ruf haben* ⋆ in een ~e positie zijn *sich in einer ungünstigen Lage befinden* ⋆ ~e omstandigheden *widrige(n) Umstände* • (onrendabel) *ungünstig* ⋆ een ~e wisselkoers *ein ungünstiger Wechselkurs*
onguur • (ruw) *garstig,* ‹van het weer› *rau* • (ongunstig uitziend) *schäbig, zwielichtig*
onhandelbaar • (eigenzinnig) *ungefügig, widerspenstig* • (moeilijk te hanteren) *nicht handhabbar, unhandlich*
onhandig • (niet handzaam) *unhandlich* • (stuntelig) *ungeschickt, unbeholfen*
onhebbelijk *unangenehm* ⋆ zich ~ gedragen *sich garstig benehmen*
onheil *Unheil* [o] ⋆ ~ stichten *Unheil stiften* ⋆ plaats des ~s *Unglücksstätte* [v]
onheilspellend *ominös, Unheil verkündend,* ‹beangstigend› *unheimlich* ⋆ ~e stilte *ominöse(s) Schweigen* [o]
onheilsprofeet *Unglücksprophet* [m]

onherbergzaam *unwirtlich*
onherkenbaar *nicht zu erkennen, unerkennbar*
onherroepelijk *unwiderruflich,* ‹definitief› *endgültig* ⋆ ~ afscheid *endgültige(r) Abschied* [m]
onherstelbaar *unersetzlich* ⋆ ~ onrecht *nicht wieder gutzumachendes Unrecht* [o]
onheuglijk *urewig, sehr lange zurückliegend*
onheus *ungerecht, unhöflich* ⋆ iem. ~ bejegenen *jmdn. ungerecht behandeln*
onhoudbaar • (niet te verdedigen) *unhaltbar* • (niet te harden) *unhaltbar, unerträglich* ⋆ de toestand was ~ *die Lage war unhaltbar*
onjuist *unrichtig, inkorrekt, falsch, unzutreffend* ⋆ haar handelwijze was ~ *ihr Verhalten war inkorrekt* ⋆ ~ bericht *Falschmeldung* [v]
onjuistheid • (fout) *Fehler* [m] • (het onjuist zijn) *Unrichtigkeit* [v], *Unstimmigkeit* [v]
onkies *taktlos, indelikat*
onklaar *defekt* ⋆ iets ~ maken *etw. außer Funktion setzen*
onkosten *Unkosten* [mv], ‹hand.› *Kostenaufwand* [m], ‹bedrijfskosten› *Spesen* [mv] ⋆ ~ declareren *Unkosten in Rechnung stellen* ⋆ iem. op ~ jagen *jmdn. in Unkosten stürzen*
onkreukbaar • (niet kreukend) *knitterfrei* • (integer) *unbestechlich, integer*
onkruid *Unkraut* [o] ⋆ ~ wieden *Unkraut jäten* ▾ ~ vergaat niet *Unkraut vergeht nicht*
onkuis *unkeusch, unanständig,* ‹onzedig› *unsittlich*
onkunde • (onwetendheid) *Unkenntnis* [v], *Unwissenheit* [v] • (onbekwaamheid) *Unfähigkeit* [v]
onkundig *unwissend* ⋆ iem. van iets ~ laten *jmdn. über etw. in Unkenntnis lassen*
onlangs *neulich, kürzlich, vor kurzem*
onledig *beschäftigt* ⋆ zich ~ houden met *sich mit etw. beschäftigen*
onleesbaar *unleserlich, unlesbar*
on line *online*
onlogisch *unlogisch*
onloochenbaar *unleugbar, unverkennbar*
onlosmakelijk *unlöslich, unlösbar*
onlust • (onbehagen) *Abneigung* [v] • (ongeregeldheden) *Unruhen* [mv], *Krawalle* [mv], *Tumulte* [mv] • (ongerief) *Unannehmlichkeiten* [mv]
onmacht • (machteloosheid) *Ohnmacht* [v], *Unvermögen* [o], *Machtlosigkeit* [v], *Unfähigkeit* [v] • (flauwte) *Ohnmacht* [v]
onmachtig *ohnmächtig, machtlos*
onmatig *maßlos, unmäßig*
onmens *Unmensch* [m]
onmenselijk *inhuman, barbarisch, unmenschlich* ⋆ iem. ~ behandelen *jmdn. unmenschlich/ inhuman behandeln*
onmetelijk *unermesslich, immens*
onmiddellijk • (rechtstreeks) *unmittelbar, direkt* • (zonder tussenruimte) *unmittelbar, direkt* ⋆ ~e omgeving *nächste Umgebung* [v] ⋆ in de ~e nabijheid *in unmittelbarer/nächster Nähe* [v] • (meteen) *sofortig, sofort, auf der Stelle, unverzüglich* ⋆ met ~e ingang *ab sofort; mit sofortiger Wirkung* ⋆ kom ~ hier! *komm sofort hierher!* ⋆ ~ ontslag *fristlose Kündigung* [v]
onmin *Uneinigkeit* [v], *Zwist* [m], *Streit* [m] ⋆ met iem. in ~ leven *mit jmdm. in Zwist leben; mit jmdm. in Hader/im Streit liegen*
onmisbaar *unentbehrlich,* ‹van personen› *unabkömmlich*
onmiskenbaar *unverkennbar*
onmogelijk • (onverdraaglijk) *unmöglich, unausstehlich* ⋆ zich ~ maken *sich unmöglich machen* • (potsierlijk) *lächerlich, unmöglich* • (niet mogelijk) *unmöglich, ausgeschlossen* ⋆ het ~e eisen *das Unmögliche verlangen*
onmogelijkheid *Unmöglichkeit* [v]
onmondig • (niet mondig) *unmündig* • (minderjarig) *minderjährig*
onnadenkend *unbedacht, unüberlegt*
onnatuurlijk • (niet natuurlijk) *unnatürlich, naturwidrig* • (gekunsteld) *unnatürlich, gekünstelt, affektiert*
onnavolgbaar *unnachahmlich*
onneembaar *uneinnehmbar*
onnodig I [bnw] *unnötig, unnütz, überflüssig* **II** [bijw] *unnötig, unnötigerweise* ⋆ ~ veel *unnötig viel*
onnoemelijk *unsagbar, unsäglich, unbeschreiblich*
onnozel • (argeloos) *unschuldig, harmlos* • (dom) *einfältig, naiv, dumm* ⋆ ~e hals *einfältige(r) Tropf* [m]; *Einfaltspinsel* [m] ⋆ kijk niet zo ~ *guck nicht so dumm* • (onbeduidend) *lächerlich, lausig, lumpig* ⋆ een paar ~e centen *ein paar lausige Pfennige*
onomkeerbaar *unumkehrbar*
onomstotelijk *unumstößlich, unwiderlegbar*
onomwonden *unumwunden*
onontbeerlijk *unentbehrlich*
onontkoombaar *unvermeidlich, unentrinnbar, unumgänglich*
onooglijk *unansehnlich, hässlich,* ‹onbeduidend› *unscheinbar*
onopgemerkt *unbemerkt, unbeachtet*
onophoudelijk *ständig, pausenlos, unaufhörlich, unablässig*
onoprecht *unaufrichtig*
onopvallend *unauffällig*
onopzettelijk *unabsichtlich, unbeabsichtigt*
onovergankelijk *intransitiv*
onoverkomelijk *unüberwindlich*
onovertroffen *unübertroffen*
onoverzichtelijk *unübersichtlich, unüberschaubar*
onpartijdig *unparteiisch, unparteilich*
onpas ⋆ te pas en te ~ *ob es passt oder nicht*
onpasselijk *unpässlich, übel* ⋆ ik word er ~ van *mir wird davon ganz übel*
onpeilbaar • (niet te doorgronden) *unergründbar, unergründlich* • (niet te peilen) *unermesslich* ⋆ onpeilbare diepte *bodenlose Tiefe* [v]
onpersoonlijk *unpersönlich*
onplezierig *unerfreulich, unangenehm*
onpraktisch *unpraktisch*
onraad *Gefahr* [v] ⋆ ~ bespeuren *Unrat wittern* [m]; *Schlimmes befürchten/ahnen* [o]
onrecht *Unrecht* [o] ⋆ iem. ~ doen *jmdm. ein Unrecht antun* ⋆ ten ~e *zu Unrecht* ⋆ niet ten ~e *aus gutem Grund*
onrechtmatig *unrechtmäßig,* ‹onwettig› *widerrechtlich*
onrechtvaardig I [bnw] *ungerecht* **II** [bijw] *ungerechterweise*
onredelijk • (onbillijk) *unredlich, unbillig* ⋆ ~e eisen *unzumutbare(n) Forderungen* • (zonder rede) *unbegründet, grundlos*
onregelmatig *unregelmäßig*
onregelmatigheid *Unregelmäßigkeit* [v]
onrein *unrein*
onrijp *unreif*
onroerend *unbeweglich* ⋆ ~ goed *Immobilien* [mv]; *unbewegliche Güter* [mv]
onroerendgoedbelasting *Immobiliensteuer* [v]
onrust • (beroering) *Unruhe* [v] ⋆ ~ stoken *Unruhe stiften* • (uurwerkwieltje) *Unruh* [v]

onrustbarend *beunruhigend*
onrustig *unruhig*
onruststoker *Unruhestifter* [m], *Aufwiegler* [m]
ons I [het] *hundert Gramm* [v] ▾ je kan wachten tot je een ons weegt *du kannst warten, bis du schwarz wirst* **II** [pers vnw] ‹3e en 4e naamval› *uns* ⋆ onder ons *unter uns* ⋆ ons kent ons ≈ *man kennt sich* ⋆ dat is van ons *das gehört uns* ⋆ het is aan ons *es hängt von uns ab* **III** [wkd vnw] *uns* **IV** [bez vnw] *unser* ⋆ we waren met ons drieën *wir waren zu dritt* ⋆ wij hebben het onze gedaan *wir haben das Unsrige/unsrige getan* ⋆ Onze-Lieve-Heer *der liebe Gott* ⋆ het Onze Vader *das Vaterunser* ⋆ hun huis en het onze *ihr Haus und das unsre/unsere*
onsamenhangend *unzusammenhängend*
onschadelijk *unschädlich* ⋆ iem. ~ maken ‹uitschakelen› *jmdn. unschädlich machen*; ‹doden› *jmdn. stumm machen*
onschatbaar *unschätzbar*
onschendbaar • (niet te schenden) *unantastbar, unverletzlich* • (immuun voor rechtsvervolging) *immun* ⋆ ~ zijn *Immunität genießen*
onschuld • (het niet schuldig zijn) *Unschuld* [v] ⋆ zijn handen in ~ wassen *seine Hände in Unschuld waschen* ⋆ zijn ~ betuigen *seine Unschuld beteuern* • (argeloosheid) *Unschuld* [v], *Ahnungslosigkeit* [v], *Arglosigkeit* [v]
onschuldig • (niet schuldig) *unschuldig* • (argeloos) *arglos* • (onschadelijk) *harmlos*
onsmakelijk • (niet smakelijk) *unappetitlich* ⋆ ~ voedsel *unappetitliche(s) Essen* [o] • (stuitend) ⋆ ~ verhaal *widerliche Geschichte* [v]
onsportief • (geen sport beoefenend) *unsportlich* • (unfair) *unfair*
onstandvastig *unbeständig*
onsterfelijk *unsterblich*
onsterfelijkheid *Unsterblichkeit* [v]
onstilbaar *unstillbar*
onstuimig • (hartstochtelijk) ⋆ ~e liefde *stürmische/leidenschaftliche Liebe* [v] • (woest) *heftig, wild, unbändig* ⋆ ~ weer *stürmische(s) Wetter* [o]
onstuitbaar *unaufhaltsam*
onsympathiek *unsympathisch*
onszelf I [pers vnw] ‹2e naamval› *unser* [2], ‹3e en 4e naamval› *uns* **II** [wkd vnw] *uns selber*
ontaard I [bnw] *entartet* ⋆ ~e ouders *Rabeneltern* [mv] **II** [bijw] *wahnsinnig, fürchterlich, unheimlich*
ontaarden • (degenereren) *entarten* • (ten kwade veranderen) *ausarten*
ontberen *entbehren*
ontbering • (gebrek) *Entbehren* [o] • (ellende) *Entbehrung* [v]
ontbieden *bestellen, kommen lassen,* ‹form.› *bescheiden* ⋆ iem. op het stadhuis ~ *jmdn. aufs Rathaus zitieren*
ontbijt *Frühstück* [o] ⋆ aan het ~ zitten *beim Frühstück sitzen* ⋆ uitgebreid ~ *reichliche(s) Frühstück*
ontbijten *frühstücken* ⋆ met koffie ~ *Kaffee zum Frühstück trinken*
ontbijtkoek *Honigkuchen* [m]
ontbijtspek *Bacon* [m], *durchwachsene(r) Speck* [m]
ontbinden • (ontleden) *zerlegen* ⋆ in factoren ~ *in Faktoren zerlegen* • (opheffen) *auflösen*, ‹nietig verklaren› *annullieren* ⋆ het parlement ~ *das Parlament auflösen* ⋆ een verdrag ~ *einen Vertrag (auf)lösen* ⋆ het huwelijk werd ontbonden *die Ehe wurde aufgelöst/geschieden*
ontbinding • (het opheffen) *Auflösung* [v], *Lösung* [v] • (bederf) *Verwesung* [v], ‹chem.› *Zersetzung* [v], *Auflösung* [v], ‹verrotting› *Fäulnis* [v] ⋆ tot ~ overgaan *sich zersetzen; in Verwesung/Fäulnis übergehen* ⋆ in verregaande staat van ~ *in stark verwestem Zustand* • (ontleding) *Zerlegung* [v]
ontbloot • (naakt) *entblößt* • (~ **van**) ⋆ niet van gevaar ~ *nicht ungefährlich* ⋆ van belang ~ *unwichtig*
ontbloten *entblößen*
ontboezeming *Bekenntnis* [o], ‹form.› *Herzensergießung* [v]
ontbossen *entwalden, abholzen*
ontbossing *Entwaldung* [v], *Abholzung* [v]
ontbranden • (beginnen te branden) *sich entzünden, Feuer fangen, in Brand geraten* • (ontsteken) *entbrennen* ⋆ doen ~ *entzünden*
ontbreken • (mankeren) *fehlen, mangeln, abgehen, fehlen* ⋆ er ontbreekt 100 gulden *es fehlen 100 Gulden* ⋆ dat ontbrak er nog maar aan! *das hat gerade noch gefehlt!* • (niet aanwezig zijn) *fehlen* ⋆ wie ontbreekt er? *wer fehlt?*
ontcijferen *entziffern*
ontdaan *bestürzt, entsetzt*
ontdekken *entdecken,* ‹te weten komen› *ausfindig machen*
ontdekker *Entdecker* [m]
ontdekking *Entdeckung* [v] ⋆ op ~ uitgaan *auf Entdeckungsreise gehen* ⋆ ik kwam tot de ~ dat ... *ich entdeckte, dass ...*
ontdekkingsreis *Entdeckungsreise* [v], *Entdeckungsfahrt* [v]
ontdoen I [ov ww] *entledigen* [2] **II** [wkd ww] *sich entäußern* [2], *sich entledigen* [2] ⋆ zich van iets ~ *sich von einer Sache befreien* ⋆ zich van iem. ~ *sich jmdn. vom Halse schaffen*
ontdooien I [ov ww] • (ijsvrij maken) *abtauen, entfrosten* ⋆ de ijskast ~ *den Kühlschrank abtauen* **II** [on ww] • (smelten) *abtauen* • (minder stijf worden) *auftauen*
ontduiken • (zich onttrekken aan) *umgehen* ⋆ de belasting ~ *Steuern hinterziehen* • (bukkend ontgaan) *ausweichen*
ontegenzeglijk *unbestreitbar, unstreitig*
onteigenen *enteignen*
onteigening *Enteignung* [v]
ontelbaar *unzählbar,* ‹talloos› *zahllos, unzählig* ⋆ ontelbare keren *unzählige Male*
ontembaar *unzähmbar* ⋆ ontembare drift *unbezähmbare(r) Trieb* [m]
onterecht I [bnw] *unberechtigt* **II** [bijw] *unberechtigterweise*
onteren • (verkrachten) *schänden* • (van eer beroven) *entehren*
onterven *enterben*
ontevreden *unzufrieden (mit)*
ontevredenheid *Unzufriedenheit* [v]
ontfutselen *abluchsen, ablisten* ⋆ iem. een geheim ~ *jmdm. ein Geheimnis abluchsen*
ontgelden ⋆ het moeten ~ *es entgelten müssen;* ‹inf.› *den Kopf hinhalten müssen*
ontginnen *kultivieren,* ‹van grond› *urbar machen,* ‹van mijnen› *abbauen*
ontginning *Abbau* [m], ‹van grond› *Kultivierung* [v], *Urbarmachung* [v]
ontglippen *entschlüpfen,* ‹ontsnappen› *entwischen* [3] ⋆ die opmerking ontglipte haar *die Bemerkung entschlüpfte/entfuhr ihr* ⋆ aan de aandacht ~ *der Aufmerksamkeit entgehen*
ontgoochelen *enttäuschen, desillusionieren*
ontgoocheling *Ernüchterung* [v], *Enttäuschung* [v], ‹inf.› *kalte Dusche* [v]
ontgroeien *herauswachsen*
ontgroenen ≈ *inkorporieren* ⋆ zij is niet

ontgroend *sie ist ein Fuchs* ⋆ iem. ~ ‹inf.› *jmdm. die Fuchstaufe erteilen*
ontgroening ‹inf.› *Fuchstaufe* [v], ≈ *Inkorporation* [v]
onthaal *Empfang* [m]
onthalen • (ontvangen) *empfangen* ⋆ iem. vorstelijk ~ *jmdn. königlich empfangen* • (~ **op**) *bewirten mit, traktieren mit*
onthand *beeinträchtigt, behindert, eingeschränkt*
ontharen *enthaaren*
ontheemd *heimatlos*
ontheffen • (ontslaan) *entheben* [2] • (vrijstellen) *entbinden* [2] ⋆ zij werd uit haar functie ontheven *sie wurde aus ihres Amtes enthoben; sie wurde abgesetzt/suspendiert* ⋆ iem. uit de ouderlijke macht ~ *jmdm. die elterliche Gewalt absprechen* ⋆ iem. van zijn plicht ~ *jmdn. seiner Pflicht entheben*
ontheffing • (vrijstelling) *Entbindung* [v], *Befreiung* [v] ⋆ ~ krijgen *entbunden/enthoben werden* ⋆ ~ van belasting *Steuererlass* [m] • (ontslag) *Suspension* [v]
ontheiligen *entheiligen, entweihen*
onthoofden *köpfen, enthaupten*
onthouding • (het zich onthouden) *Enthaltung* [v], *Enthaltsamkeit* [v], *Verzicht* [m], ‹van alcohol› *Abstinenz* [v] ⋆ seksuele ~ *sexuelle Enthaltsamkeit* • (het blanco stemmen) *Enthaltung* [v], *Stimmenthaltung* [v]
onthullen *enthüllen* ⋆ een monument ~ *ein Monument enthüllen*
onthulling *Enthüllung* [v]
onthutst *betroffen, entgeistert, bestürzt,* ‹inf.› *verdattert*
ontiegelijk *unheimlich*
ontij ⋆ bij nacht en ~ *bei Nacht und Nebel*
ontijdig *zur Unzeit,* ‹ongelegen› *ungelegen,* ‹te vroeg› *vorzeitig* ⋆ ~e bezoeker *ungelegene(r) Gast* [m]
ontkennen *verneinen, abstreiten, bestreiten,* ‹loochenen› *leugnen* ⋆ iedere betrokkenheid bij iets ~ *jede Beteiligung an etw. abstreiten* ⋆ het valt niet te ~ dat ... *es lässt sich nicht bestreiten, dass ...*
ontkennend *verneinend,* ‹taalk.› *negierend* ⋆ een vraag ~ beantwoorden *eine Frage verneinen*
ontkenning • (het ontkennen) *Verneinung* [v], *Leugnung* [v] • (taalk.) *Negation* [v]
ontketenen • (doen losbreken) *entfesseln, auslösen* ⋆ een oorlog ~ *einen Krieg entfachen* • (ketenen verbreken) *die Fesseln lösen/abnehmen*
ontkiemen *keimen, auskeimen* ⋆ het graan is ontkiemd *der Weizen ist ausgekeimt* ⋆ het zaad begint te ~ *die Saat beginnt zu keimen*
ontknoping *Lösung* [v], ‹afloop› *Ende* [o]
ontkomen • (ontsnappen aan) *entkommen, entrinnen, entwischen* ⋆ aan een gevaar ~ *einer Gefahr entrinnen/entgehen* ⋆ er was geen ~ aan *es gab kein Entkommen/Entrinnen* ⋆ zij wisten te ~ *es gelang ihnen, zu entkommen/entwischen* • (zich onttrekken aan) *herumkommen (um), sich entziehen* [3] ⋆ ik ontkom niet aan de indruk dat ... † *ich kann mich des Eindrucks nicht erwehren, dass ...* ⋆ daaraan valt niet te ~ *das ist unvermeidlich/unumgänglich*
ontkoppelen • (loskoppelen) *abkoppeln, entkoppeln, voneinander trennen* • (debrayeren) *auskuppeln*
ontkoppeling • (het loskoppelen) *Abkopp(e)lung* [v], *Trennung* [v] • (het debrayeren) *Entkopp(e)lung* [v]
ontkrachten *entkräften*
ontkurken *entkorken*

O

ontladen I [ov ww] • (van lading ontdoen) *ausladen, abladen,* ‹scheepv.› *löschen* • (nat.) *entladen* **II** [wkd ww] *sich entladen* ⋆ haar woede ontlaadde zich in tranen *ihre Wut entlud sich in Tränen*
ontlading *Entladung* [v]
ontlasten I [ov ww] • (ontdoen van last) *befreien* • (verlichten) *entlasten, erleichtern* • (ontheffen) *entheben* ⋆ het verkeer ~ *den Verkehr entlasten* **II** [wkd ww] *sich entleeren,* ‹inf.› *sich erleichtern*
ontlasting • (het ontlasten) *Entlastung* [v], ‹psychische verlichting› *Erleichterung* [v] • (stoelgang) *Stuhl* [m]
ontleden • (chem.) *analysieren, zersetzen* • (taalk.) *analysieren, zerlegen, zergliedern* ⋆ zinnen ~ *Sätze zergliedern/grammatisch zerlegen* • (anat.) *zergliedern, anatomisch zerlegen,* ‹een lijk› *sezieren*
ontleding • (anat.) *Sektion* [v] • (chem.) *Analyse* [v], *Zersetzung* [v] • (taalk.) *Analyse* [v], *Zergliederung* [v]
ontlenen • (te danken hebben aan) *herleiten, ableiten* ⋆ rechten aan zijn positie ~ *Rechte aus seiner Stellung herleiten/ableiten* • (overnemen uit) *entnehmen* [3], *entlehnen (aus)* ⋆ gegevens aan de statistieken ~ *Daten den Statistiken entnehmen*
ontlokken *entlocken, herauslocken, abgewinnen*
ontlopen • (mijden) *ausweichen, aus dem Weg gehen, meiden* ⋆ iem. ~ *jmdn. meiden; jmdm. ausweichen; jmdm. aus dem Weg gehen* • (verschillen) *sich unterscheiden* ⋆ zij ~ elkaar niet veel *zwischen ihnen ist kein großer Unterschied*
ontluiken • (uit de knop komen) *sich öffnen, aufblühen* • (ontstaan) *sich entfalten*
ontluisteren *den Glanz nehmen* ⋆ iets ~ *einer Sache ihren Glanz nehmen*
ontmaagden *deflorieren, entjungfern*
ontmannen *kastrieren, entmannen*
ontmantelen ‹van machines› *demontieren* ⋆ kernwapens ~ *Atomwaffen demontieren*
ontmaskeren *demaskieren, entlarven* ⋆ een bedrieger ~ *einen Betrüger demaskieren; jmdn. als Betrüger entlarven*
ontmoedigen *entmutigen*
ontmoeten • (tegenkomen) *begegnen, treffen, stoßen (auf)* [4] ⋆ ik ontmoette haar toevallig *sie ist mir über den Weg gelaufen; sie ist mir zufällig begegnet* ⋆ ik ontmoet haar regelmatig *ich treffe mich regelmäßig mit ihr* ⋆ zij ontmoette in de bioscoop oude kennissen *sie traf im Kino alte Bekannte* • (ondervinden) *stoßen (auf)* [4], *treffen (auf)* [4] ⋆ tegenstand ~ *auf Widerstand stoßen/treffen*
ontmoeting *Begegnung* [v], ‹inf.› *Treff* [m], *Zusammenkunft* [v], ‹ook sport› *Treffen* [o] ⋆ vluchtige ~ *flüchtige Begegnung* ⋆ toevallige ~ *zufällige Begegnung* ⋆ vriendschappelijke ~ *freundschaftliche(s) Treffen;* ‹sport› *Freundschaftsspiel* [o]
ontnemen *nehmen,* ‹afpakken› *abnehmen,* ‹stelen› *wegnehmen* ⋆ iem. alle illusies ~ *jmdm. alle Illusionen nehmen* ⋆ iem. het woord ~ *jmdm. das Wort entziehen*
ontnuchteren • (nuchter maken) *ernüchtern* • (ontgoochelen) *ernüchtern* ⋆ de begroeting ontnuchterde haar *die Begrüßung nahm ihr alle Illusionen*
ontnuchtering *Ernüchterung* [v]
ontoegankelijk *unzugänglich,* ‹van personen› *verschlossen* ⋆ ~ terrein *unwegsame(s) Gelände* [o] ⋆ zij is zeer ~ *sie ist ein verschlossener Mensch*
ontoelaatbaar *unzulässig* ⋆ ontoelaatbare handeling *Unzulässigkeit* [v]

ontoereikend *unzureichend, unzulänglich*
ontoerekeningsvatbaar *unzurechnungsfähig,* ‹jur.› *schuldunfähig*
ontplofbaar *explosiv*
ontploffen *explodieren, zerbersten, zerplatzen,* ‹inf.› *hochgehen* ⋆ van woede ~ *vor Wut explodieren*
ontploffing *Explosion* [v]
ontplooien *entfalten*
ontplooiing • (het ontvouwen) *Entfaltung* [v] • (ontwikkeling) *Entfaltung* [v] ⋆ tot ~ komen *zur Entfaltung kommen/gelangen*
ontpoppen *sich entpuppen* ⋆ zij ontpopte zich als een bedriegster *sie entpuppte sich als Betrügerin*
ontraden *abraten*
ontrafelen *entwirren*
ontredderd • (verward) *aufgelöst* ⋆ zij was helemaal ~ *sie war ganz aufgelöst/aus der Fassung* • (gehavend) *zerrüttet*
ontregelen *durcheinander bringen*
ontrieven *Ungelegenheiten machen/bereiten*
ontroerd *ergriffen, gerührt*
ontroeren *rühren, bewegen,* ‹hevig› *ergreifen*
ontroerend *rührend,* ‹sterker› *ergreifend*
ontroering *Rührung* [v], *Bewegung* [v], ‹hevig› *Ergriffenheit* [v] ⋆ zijn ~ niet kunnen verbergen *seine Rührung nicht verbergen können*
ontroostbaar *untröstlich*
ontrouw I [de] *Untreue* [v], *Abtrünnigkeit* [v], ‹overspel› *Ehebruch* [m] **II** [bnw] • (niet trouw) *untreu, abtrünnig, treulos* ⋆ iem. ~ worden *jmdm. untreu/abtrünnig werden* • (overspelig) *untreu*
ontruimen • (verlaten) *räumen* ⋆ een woning ~ *eine Wohnung räumen* • (doen verlaten) *räumen* ⋆ de politie ontruimde de gekraakte panden *die Polizei räumte die besetzten Häuser*
ontruiming *Räumung* [v]
ontrukken *entreißen* ⋆ iets aan de vergetelheid ~ *etw. aktualisieren;* ↑ *etw. der Vergessenheit entreißen*
ontschepen I [ov ww] • (uit schip laten) *ausschiffen, an Land bringen* **II** [on ww] • (uit schip gaan) *sich ausschiffen, an Land gehen*
ontschieten • (ontglippen) *entfallen, entschlüpfen* ⋆ die opmerking ontschoot me zomaar *die Bemerkung ist mir einfach so herausgerutscht* • (vergeten) *entfallen* ⋆ haar naam is mij ontschoten *ihr Name ist mir entfallen*
ontsieren *verunzieren, verunstalten,* ‹inf.› *verschandeln*
ontslaan • (laten gaan) *entlassen,* ‹uit gevangenis› *freilassen* ⋆ iem. uit het ziekenhuis ~ *jmdn. aus dem Krankenhaus entlassen* • (ontheffen) *entbinden (von), entheben* [2], *entlassen (aus)* ⋆ iem. van een verplichting ~ *jmdn. von einer Verpflichtung entbinden* ⋆ iem. van rechtsvervolging ~ *jmdn. von der Anklage freisprechen* • (ontslag geven) *entlassen, kündigen,* ‹inf.› *feuern* ⋆ iem. op staande voet ~ *jmdn. fristlos entlassen; jmdm. fristlos kündigen* ⋆ zij is ontslagen *ihr ist gekündigt worden; sie ist entlassen*
ontslag • (het ontslaan) *Kündigung* [v], *Entlassung* [v] ⋆ eervol ~ *ehrenvolle Entlassung* ⋆ zijn ~ indienen *seine Entlassung/Kündigung einreichen; kündigen* ⋆ iem. ~ geven *jmdn. entlassen; jmdm. kündigen* ⋆ verzoek om ~ *Entlassungsgesuch* [o] • (het vrijlaten) *Entlassung* [v] ⋆ ~ uit de gevangenis *Haftentlassung* ⋆ bewijs van ~ uit het ziekenhuis *Entlassungsschein* [m] ⋆ ~ uit militaire dienst *Entlassung vom Militär*
ontslagaanvraag *Kündigung* [v]
ontslagbrief *Kündigungsschreiben* [o]
ontslapen *entschlafen, entschlummern*
ontsluieren *entschleiern, enthüllen*
ontsluiten • (openen) *aufschließen, öffnen* • (toegankelijk maken) *erschließen*
ontsluiting *Erschließung* [v], *Aufschließen* [o], *Öffnung* [v], ‹bij bevalling› *Eröffnungsperiode* [v]
ontsluitingswee *Eröffnungswehen* [mv]
ontsmetten *desinfizieren*
ontsmetting *Desinfektion* [v], *Desinfizierung* [v]
ontsnappen • (wegkomen) *entkommen, entgehen, entwischen,* ‹uit gevangenis› *ausbrechen,* ‹weglopen› *ausreißen* ⋆ aan een gevaar ~ *einer Gefahr entrinnen/entgehen* ⋆ zij ontsnapte aan de andere deelnemers van de wedstrijd *sie ist den anderen Teilnehmern des Rennens ausgerissen* • (ontgaan) *entgehen, entweichen* ⋆ het is aan mijn aandacht ontsnapt *es ist meiner Aufmerksamkeit entgangen* ⋆ er is olie ontsnapt *Öl ist ausgetreten/entwichen*
ontsnapping *Entweichen* [o], *Entwischen* [o], *Ausbruch* [m], *Flucht* [v], ‹van gas, lucht› *Austreten* [o] ⋆ poging tot ~ *Fluchtversuch* [m]
ontsnappingsclausule *Vorbehaltsklausel* [v], *Ausweichklausel* [v]
ontspannen I [bnw] *entspannt, gelöst, gelockert* ⋆ ~ spieren *lockere(n) Muskeln* **II** [ov ww] • (minder strak maken) *entspannen* ⋆ zich ~ *sich entspannen; ausspannen; sich erholen* • (tot rust laten komen) *sich entspannen, sich lösen, sich lockern*
ontspanning • (het ontspannen) *Entspannung* [v] • (verpozing) *Erholung* [v], *Ruhe* [v] • (pol.) *Entspannung* [v], *Détente* [v]
ontspiegelen *entspiegeln* ⋆ ontspiegeld glas *entspiegeltes Glas*
ontspinnen *sich entspinnen, sich anspinnen* ⋆ er ontspon zich een discussie *eine Diskussion spann sich an; es entspann sich eine Diskussion*
ontsporen *entgleisen*
ontsporing *Entgleisung* [v]
ontspringen • (oorsprong hebben) *entspringen, entstehen* • (ontkomen) *entkommen*
ontspruiten • (uitspruiten) *sprießen, entsprießen, keimen, austreiben* • (afkomstig zijn) *hervorgehen (aus), entsprießen*
ontstaan I [het] *Entstehen* [o], *Entstehung* [v] **II** [on ww] • (beginnen te bestaan) *anfangen, entstehen* ⋆ de brand ontstond in de kelder *das Feuer brach im Keller aus; das Feuer entstand im Keller* ⋆ de blues ontstond in Amerika *der Blues findet seinen Ursprung/entstand in Amerika* • (voortkomen) *entstehen, sich entwickeln*
ontstaansgeschiedenis *Entstehungsgeschichte* [v]
ontstaanswijze *Entstehungsweise* [v]
ontsteken I [ov ww] • (doen ontbranden) *anzünden* **II** [on ww] • (ontbranden) *entbrennen, erfasst werden, ergriffen werden* ⋆ zij ontstak in woede *Zorn ergriff/erfasste sie* • (med.) *sich entzünden* ⋆ haar keel is ontstoken *ihr Hals hat sich entzündet*
ontsteking • (techn.) *Zünder* [m], *Zündung* [v] • (med.) *Entzündung* [v]
ontstekingsmechanisme *Zündungsmechanismus* [m]
ontsteld *entsetzt, verstört, fassungslos, bestürzt*
ontstellend I [bnw] • (schokkend) *entsetzlich, bestürzend* • (zeer erg) *schrecklich* **II** [bijw] *entsetzlich, schrecklich*
ontsteltenis • (verwarring) *Bestürzung* [v], *Entsetzen* [o], *Fassungslosigkeit* [v], ‹heviger› *Erschütterung* [v] • (schrik) *Schrecken* [m], *Schreck*

[m]
ontstemd • (misnoegd) *verärgert, verstimmt, pikiert,* ‹inf.› *eingeschnappt* • (muz.) *verstimmt*
ontstemmen • (ergeren) *verdrießen, verärgern, verstimmen* • (muz.) *verstimmen* ⋆ de piano is ontstemd *das Klavier ist verstimmt*
ontstemming *Verstimmung* [v], *Verstimmtheit* [v], *Verdrießlichkeit* [v]
ontstentenis ⋆ bij ~ van *mangels* [3]; *in Ermangelung* [2]; *in Abwesenheit* [2]
ontstijgen *übersteigen*
ontstoken *entzündet*
onttrekken I [ov ww] • (ontnemen) *entziehen* ⋆ iets aan het oog/gezicht ~ *etw. jmds. Blicken entziehen* ⋆ ik kan me niet aan de indruk ~ *ich kann mich des Eindrucks nicht erwehren* • (chem.) *abtrennen* **II** [wkd ww] *sich entziehen, nicht nachkommen* ⋆ zich aan zijn verantwoordelijkheid ~ *sich der Verantwortung entziehen*
onttronen *entthronen*
ontucht *Unzucht* [v], *unzüchtige/unsittliche Handlungen* [mv] ⋆ ~ plegen *Unzucht treiben* ⋆ huizen van ~ *Bordelle*
ontuchtig *unzüchtig*
ontvallen • (ongewild gezegd worden) *entfahren* ⋆ dat is mij in drift ~ *das ist mir im Zorn herausgerutscht* • (verloren gaan) *verlieren* ⋆ vorig jaar ontviel hem zijn vrouw *er hat voriges Jahr seine Frau verloren*
ontvangen • (krijgen) *empfangen, erhalten, bekommen* ⋆ gelukwensen ~ *Glückwünsche entgegennehmen* • (onthalen) *empfangen, aufnehmen, begrüßen* ⋆ iem. met open armen ~ *jmdn. mit offenen Armen aufnehmen/empfangen* ⋆ zij werd enthousiast ~ *sie wurde begeistert empfangen/begrüßt;* ↑ *ihr wurde ein begeisterter Empfang zuteil*
ontvanger • (iem. die ontvangt) *Empfänger* [m] • (belastingontvanger) *Kassierer* [m], *Einzieher* [m] ⋆ ~ der belastingen *Steuereinnehmer* [m] • (ontvangtoestel) *Empfänger* [m], *Empfangsgerät* [o]
ontvangst • (het ontvangen) *Empfang* [m] ⋆ iets in ~ nemen *etw. in Empfang nehmen; etw. entgegennehmen* ⋆ bevestiging van ~ *Empfangsbescheinigung* [v]; *Empfangsbestätigung* [v] • (onthaal) *Empfang* [m], *Aufnahme* [v] • (inkomsten) *Einnahmen* [mv] • (telecom.) *Empfang* [m] ⋆ een goede ~ op de radio/televisie *ein guter Empfang von Radio/Fernsehen*
ontvankelijk • (openstaand) *empfänglich, aufgeschlossen* ⋆ altijd voor nieuwe ideeën ~ zijn *für neue Ideen immer aufgeschlossen sein* ⋆ voor schoonheid ~ zijn *für das Schöne empfänglich sein* • (jur.) *zulässig* ⋆ een vordering ~ verklaren *einer Forderung stattgeben; eine Forderung für zulässig erklären* ⋆ niet ~ verklaren *als unzulässig abweisen*
ontvlambaar • (brandbaar) *entflammbar, entzündlich* • (temperamentvol) *heißblütig, (leicht) erregbar,* ‹snel verliefd› *(leicht) entflammbar*
ontvlammen *entflammen, sich entzünden, Feuer fangen*
ontvluchten *flüchten, entfliehen* ⋆ iem. ~ *jmdm. entfliehen*
ontvoerder *Entführer* [m], *Kidnapper* [m]
ontvoeren *entführen, kidnappen*
ontvoering *Entführung* [v], *Kidnapping* [o]
ontvolken *entvölkern*
ontvolking *Entvölkerung* [v]

O

ontvouwen • (uitvouwen) *entfalten, auseinander falten, ausbreiten* • (uiteenzetten) *entfalten, darlegen*
ontvreemden *entwenden*
ontwaken • (tot besef komen) *erwachen* • (wakker worden) *aufwachen, erwachen* ⋆ uit de narcose ~ *aus der Narkose auf-/erwachen*
ontwapenen • (van wapens ontdoen) *abrüsten* • (vertederen) *entwaffnen* ⋆ ~de charme *entwaffnende(r) Charme* [m]
ontwapening *Entwaffnung* [v], *Abrüstung* [v]
ontwaren *gewahren, gewahr werden*
ontwarren • (uit de war halen) *entwirren* • (ophelderen) *entwirren* ⋆ een raadsel ~ *ein Rätsel entwirren/(auf)lösen*
ontwennen *abgewöhnen, entwöhnen* ⋆ zij was het ontwend vroeg op te staan *sie war es nicht mehr gewohnt, früh aufzustehen*
ontwenning *Abgewöhnung* [v], ‹van drank, verdovende middelen› *Entziehung* [v]
ontwenningskliniek *Entzugsklinik* [v]
ontwenningskuur *Entziehungskur* [v]
ontwenningsverschijnsel *Entzugserscheinung* [v]
ontwerp • (plan) *Plan* [m], *Vorhaben* [o] • (schets) *Entwurf* [m], *Skizze* [v], *Plan* [m] ⋆ een ~ maken *einen Entwurf/eine Skizze anfertigen; einen Plan entwerfen*
ontwerpen • (opstellen) *entwerfen, aufstellen* • (schetsen) *entwerfen, skizzieren* ⋆ patronen ~ *Muster entwerfen*
ontwerper *Designer* [m], *Entwerfer* [m], ‹vormgever› *Gestalter* [m] ⋆ industrieel ~ *Industrialdesigner/Industrial Designer* [m]
ontwerp-nota *Konzept* [o]
ontwijken • (opzij gaan) *ausweichen* ⋆ op het nippertje iem. ~ *jmdm. in letzter Sekunde ausweichen* • (uit de weg gaan) *ausweichen, umgehen, meiden* ⋆ ~d antwoord *ausweichende Antwort* [v] ⋆ zij ~ elkaar *sie gehen einander aus dem Weg* ⋆ zij ontweek dat onderwerp heel handig *sie umging das Thema geschickt* ⋆ een vraag ~ *einer Frage ausweichen/aus dem Weg gehen* ⋆ iemands blik ~ *jmds. Blick ausweichen* • (trachten te ontlopen) *ausweichen, zu entgehen versuchen* ⋆ een klap ~ *einem Schlag ausweichen/zu entgehen versuchen*
ontwikkelaar *Entwickler* [m]
ontwikkeld • (economisch op niveau) *entwickelt, ausgewachsen* • (geestelijk gevormd) *gebildet* • (foto.) *entwickelt*
ontwikkelen I [ov ww] • (uitwerken) *entwickeln, darlegen, auseinander setzen* • (geleidelijk vormen) *entwickeln* • (kennis bijbrengen) *bilden, ausbilden* • (voortbrengen) *entwickeln, erzeugen* • (foto.) *entwickeln* **II** [wkd ww] • (kennis opdoen) *sich bilden* • (ontstaan) *entstehen* • (tot wasdom komen) *sich entfalten, sich (voll) entwickeln, heranreifen, heranwachsen*
ontwikkeling • (groei) *Entwicklung* [v], *Wachstum* [m] ⋆ tot ~ komen *sich entwickeln* • (het ontwikkeld zijn) *Bildung* [v] ⋆ algemene ~ *Allgemeinbildung* [v]
ontwikkelingsgebied ‹gebied› *unterentwickelte(s) Gebiet* [o], ‹land› *Entwicklungsland* [o]
ontwikkelingshulp *Entwicklungshilfe* [v]
ontwikkelingskosten *Entwicklungskosten* [mv]
ontwikkelingsland *Entwicklungsland* [o]
ontwikkelingspsychologie *Entwicklungspsychologie* [v]
ontwikkelingsroman *Entwicklungsroman* [m]

ontwikkelingssamenwerking *Zusammenarbeit bei der Entwicklungshilfe* [v]
ontwikkelingswerk *Entwicklungsarbeit* [v]
ontwikkelingswerker *Entwicklungshelfer* [m]
ontworstelen *entringen, entreißen* ⋆ zich aan een omarming ~ *sich aus einer Umarmung befreien*
ontwortelen • (met wortel uitrukken) *entwurzeln* • (ontheemd maken) *entwurzelt machen*
ontwrichten • (ontregelen) *zerrütten* ⋆ geestelijk ontwricht *seelisch zerrüttet* • (med.) *ausrenken, verrenken* ⋆ zij heeft haar arm ontwricht *sie hat sich den Arm ausgerenkt/verrenkt*
ontzag *Achtung* [v], *Respekt* [m], *Ehrfurcht* [v] ⋆ ~ voor iem./iets hebben *Achtung/Ehrfurcht/Respekt vor jmdm./etw. haben* ⋆ vol ~ *ehrfürchtig* ⋆ iem. ~ inboezemen *jmdm. Respekt einflößen*
ontzaglijk I [bnw] *riesig, phänomenal, kolossal* ⋆ zij hadden een ~e pret *sie hatten einen Heidenspaß* **II** [bijw] *ungeheuerlich, wahnsinnig* ⋆ het is ~ duur *es ist sündhaft teuer*
ontzagwekkend *Achtung gebietend, Ehrfurcht gebietend, imponierend*
ontzeggen I [ov ww] • (weigeren) *verweigern, verwehren, untersagen,* ‹jur.› *absprechen* ⋆ iem. de toegang ~ *jmdm. den Zutritt untersagen/ verweigern/verwehren* ⋆ iem. zijn rechten ~ *jmdm. seine Rechte absprechen/aberkennen* • (iets niet toekennen) *abstreiten, streitig machen, absprechen* ⋆ ze heeft aanleg, dat kan niemand haar ~ *sie hat Talent, das kann ihr keiner absprechen* **II** [wkd ww] *verzichten auf* [4], *sich versagen* ⋆ zich alles ~ *auf alles verzichten; sich alles versagen*
ontzenuwen *entkräften, widerlegen*
ontzet I [het] *Befreiung* [v], *Entsatz* [m] **II** [bnw] • (ontsteld) *entsetzt, entgeistert* • (ontwricht) *nicht in Ordnung, nicht im Lot*
ontzetten • (ontheffen) *entheben, absetzen, entziehen* ⋆ de vader uit de ouderlijke macht ~ *dem Vater die elterliche Gewalt entziehen* ⋆ zij werd uit haar ambt ontzet *sie wurde ihres Amtes enthoben; sie wurde abgesetzt* • (bevrijden) *befreien*
ontzettend I [bnw] • (vreselijk) *entsetzlich, furchtbar, schrecklich* • (geweldig) *riesig, enorm, kolossal* ⋆ ~e hitte *enorme Hitze* [v]; *Wahnsinnshitze* [v] **II** [bijw] *entsetzlich, schrecklich, furchtbar* ⋆ ~ veel geluk hebben *kolossales Glück haben* ⋆ ~ schrikken *einen Riesenschrecken(en) bekommen; einen furchtbaren Schrecken(en) bekommen*
ontzetting • (ontheffing) *Absetzung* [v] • (verbijstering) *Entsetzen* [o] • (bevrijding) *Befreiung* [v] • (ontwrichting) *Zerrüttung* [v], ‹van gewricht› *Ausrenkung* [v], *Verrenkung* [v]
onuitputtelijk *unerschöpflich*
onuitroeibaar *unausrottbar*
onuitspreekbaar *unaussprechlich*
onuitsprekelijk *unbeschreiblich, unaussprechlich, unsagbar*
onuitstaanbaar *unausstehlich, unleidlich*
onvast • (niet vast) *instabil, wackelig, nicht fest* ⋆ ~e koers *schwankende(r) Kurs* [m] ⋆ ~e slaap *leichte(r)/nicht feste(r) Schlaf* [m] • (wankel) *unbeständig, unstet, unsicher*
onveilig *unsicher* ⋆ de reactor is ~ *der Reaktor ist nicht sicher*
onveranderlijk I [bnw] *unveränderlich, gleich bleibend* ⋆ ~e grootheid *unveränderliche Größe* [v]; *Konstante* [v] **II** [bijw] *unaufhörlich, ständig, fortwährend*
onverantwoord *unverantwortlich, verantwortungslos*
onverantwoordelijk *unverantwortlich, unverzeihlich*
onverbeterlijk I [bnw] • (niet te verbeteren) *unverbesserlich* • (verstokt) *eingefleischt, überzeugt* ⋆ ~e optimist *unverbesserliche(r) Optimist* [m] **II** [bijw] *einzigartig, beispiellos*
onverbiddelijk • (onvermurwbaar) *unerbittlich* ⋆ de docent was ~ *der Lehrer war unerbittlich; der Lehrer war nicht umzustimmen* • (onvermijdelijk) *unweigerlich, unvermeidlich* • (onweerspreekbaar) *unwiderlegbar, unwiderleglich*
onverbloemd *aufrichtig, geradlinig, unverblümt,* ‹niet verbloemd› *ungeschminkt, unumwunden* ⋆ iem. ~ zeggen wat je vindt *jmdm. unverblümt/ klipp und klar die Meinung sagen*
onverbrekelijk *unlösbar, untrennbar* ⋆ ~ verbonden *unlöslich verbunden*
onverdeeld • (niet verdeeld) *ungeteilt* • (volledig) *ungeteilt, völlig, vollkommen* ⋆ ~e aandacht *ungeteilte Aufmerksamkeit* [v] ⋆ het is geen ~ genoegen *es ist kein reines Vergnügen*
onverdienstelijk ⋆ niet ~ *nicht schlecht; recht gut*
onverdraaglijk *unerträglich,* ‹onuitstaanbaar› *unausstehlich*
onverdraagzaam *unverträglich, unduldsam, intolerant*
onverdroten *unverdrossen, beharrlich*
onverenigbaar *unvereinbar*
onvergankelijk *unvergänglich*
onvergeeflijk *unverzeihlich, unverzeihbar*
onvergelijkbaar *unvergleichbar*
onvergetelijk *unvergesslich*
onverhoeds *unerwartet*
onverholen *unverhohlen, unverhüllt* ⋆ met ~ leedvermaak *mit unverhohlener Schadenfreude*
onverhoopt *unverhofft* ⋆ ~ weerzien *unverhoffte(s)/überraschende(s) Wiedersehen* [o]
onverkort • (niet ingekort) *ungekürzt* ⋆ ~e versie *ungekürzte Fassung* [v] • (integraal) *uneingeschränkt* ⋆ ~ het recht tot handelen *uneingeschränkte Vollmacht* [v]
onverkwikkelijk *unerfreulich,* ↑ *unerquicklich*
onverlaat *Unhold* [m], *Rabauke* [m]
onvermijdelijk I [bnw] *unvermeidlich, unvermeidbar, unumgänglich* **II** [bijw] *sicherlich, zwangsläufig, unweigerlich*
onverminderd *unvermindert, ungemindert* ⋆ deze bepaling blijft ~ van kracht *diese Bestimmung bleibt unberührt*
onvermoeibaar *unermüdlich*
onvermogen • (onmacht) *Unvermögen* [o], *Unfähigkeit* [v] • (insolventie) *Zahlungsunfähigkeit* [v], *Insolvenz* [v], ‹tijdelijk› *Illiquidität* [v]
onvermurwbaar *unerbittlich*
onverricht *ungetan* ⋆ ~er zake *unverrichteter Sache; unverrichteter Dinge*
onversaagd *unverzagt*
onverschillig I [bnw] • (geen verschil uitmakend) *gleich, einerlei* ⋆ het is mij ~ *es ist mir gleich/einerlei;* ↓ *es ist mir egal/schnuppe* • (ongeïnteresseerd) *gleichgültig, desinteressiert* ⋆ ~ kijken *ein gleichgültiges/desinteressiertes Gesicht machen* **II** [bijw] *egal, gleichviel*
onverschilligheid *Gleichgültigkeit* [v]
onverschrokken *unerschrocken, furchtlos* ⋆ ~ het gevaar onder ogen zien *unerschrocken der Gefahr ins Auge sehen*
onversneden *unverschnitten, rein* ⋆ de ~ waarheid *die reine Wahrheit*

onverstaanbaar *unverständlich*
onverstandig *unvernünftig,* ‹pej.› *töricht,* ‹dom› *unklug* ⋆ dat was ~ van je *das war dumm von dir*
onverstoorbaar *unerschütterlich, unbeirrbar*
onvertogen *ungebührlich, ungehörig* ⋆ geen ~ woord ≈ *kein böses Wort*
onvervaard *unerschrocken, unverzagt, furchtlos*
onvervalst *unverfälscht* ▾ zij spreekt ~ Hessisch *sie spricht ein waschechtes Hessisch*
onvervreemdbaar *unveräußerlich* ⋆ onvervreemdbare rechten *unveräußerliche Rechte* [v]
onverwacht *unerwartet, unvermutet, unvorhergesehen* ⋆ een ~ genoegen *eine unerwartete Freude* ⋆ er gebeurde iets geheel ~s *es geschah etw. völlig Unerwartetes*
onverwachts *unerwartet, unversehens*
onverwijld *unverzüglich*
onverzadigbaar *nicht zu stillen/sättigen*
onverzadigd *ungesättigt* ⋆ ~ vetzuur *ungesättigte Fettsäure* [v]
onverzettelijk *unbeugsam, unerschütterlich*
onverzoenlijk *unversöhnlich, unversöhnbar*
onverzorgd • (zonder verzorging) *unversorgt* • (slordig) *ungepflegt, vernachlässigt*
onvindbaar *unauffindbar*
onvoldaan • (onbevredigd) *unzufrieden, unbefriedigt* • (niet betaald) *unbezahlt, unbeglichen*
onvoldoende I [de] *ungenügende Note* [v] ⋆ een ~ ≈ *eine Fünf/Sechs* **II** [bnw + bijw] *ungenügend, unzureichend*
onvolkomen *unvollkommen, unvollständig*
onvolkomenheid • (gebrek) *Unvollkommenheit* [v], *Mangel* [m] • (tekortkoming) *Unzulänglichkeit* [v], *Mangel* [m]
onvolledig *unvollständig* ⋆ ~e baan *Teilzeitbeschäftigung* [v] ⋆ ~e kennis *lückenhafte(n) Kenntnisse* [mv]
onvolprezen *mehr als lobenswert*
onvoltooid • (onaf) *unvollendet* • (taalk.) ⋆ ~ verleden tijd *Präteritum* [o]; *Imperfekt* [o] ⋆ ~ tegenwoordig toekomende tijd *Futur I* [o] ⋆ ~ deelwoord *erste(s) Partizip* [o]
onvolwaardig • (niet volwaardig) *nicht vollwertig* • (gehandicapt) *erwerbsunfähig,* ‹gedeeltelijk› *erwerbsbeschränkt*
onvoorstelbaar *unvorstellbar*
onvoorwaardelijk *unbedingt, bedingungslos* ⋆ ~e trouw *bedingungslose/unbedingte Treue* [v] ⋆ tot ~e gevangenisstraf veroordeeld worden *zu einer Gefängnisstrafe ohne Bewährung verurteilt werden* ⋆ iem. ~ vertrouwen *jmdm. unbedingt vertrauen*
onvoorzichtig *unvorsichtig*
onvoorzichtigheid *Unvorsichtigkeit* [v]
onvoorzien *unvorhergesehen, unvermutet, unerwartet* ⋆ behoudens ~e omstandigheden *Unvorhergesehenes vorbehalten* ⋆ ~e uitgaven *unvorhergesehene(n) Ausgaben*
onvrede • (onbehagen) *Unzufriedenheit* [v] ⋆ een gevoel van ~ hebben *ein unzufriedenes Gefühl haben* • (ruzie) *Unfriede* [m] ⋆ in ~ leven *in Unfrieden leben*
onvriendelijk *unfreundlich*
onvruchtbaar *unfruchtbar*
onwaar *unwahr* ⋆ ~ verhaal *unwahre Geschichte* [v]
onwaarachtig • (niet echt) *unwahrhaftig* • (onoprecht) *unaufrichtig,* ‹pej.› *verlogen*
onwaardig • (verachtelijk) *würdelos, unwürdig* • (iets niet waard zijnd) *unwert, unwürdig* ⋆ iemands vriendschap ~ zijn *jmds. Freundschaft unwürdig/unwert sein*
onwaarheid *Unwahrheit* [v]
onwaarschijnlijk • (te betwijfelen) *unwahrscheinlich* • (ongeloofwaardig) *unglaubhaft* ⋆ haar verhaal klinkt erg ~ *ihre Geschichte klingt äußerst unwahrscheinlich/unglaubhaft*
onwankelbaar *unerschütterlich*
onweer *Gewitter* [o] ⋆ er is een ~ op til *ein Gewitter braut sich zusammen* ⋆ er is ~ in de lucht *gleich gibt's ein Gewitter* ▾ haar gezicht staat op ~ *die Wut steht ihr im Gesicht geschrieben*
onweerlegbaar *unwiderlegbar, unwiderleglich*
onweersbui *Gewitter* [o], *Gewitterschauer* [m], *Gewittersturm* [m]
onweersproken *unwidersprochen*
onweerstaanbaar *unaufhaltsam, unwiderstehlich*
onweerswolk *Gewitterwolke* [v]
onwel *unwohl, unpässlich* ⋆ ik word ~ *mir wird schlecht*
onwennig *nicht heimisch, unbehaglich* ⋆ zij voelde zich wat ~ *ihr war ein wenig unbehaglich zumute/zu Mute; sie fühlte sich ein wenig unbehaglich*
onweren *gewittern* ⋆ het onweert al een hele tijd *es gewittert schon lange*
onwerkelijk *unwirklich*
onwetend *unwissend*
onwetendheid *Unwissenheit* [v], *Unkenntnis* [v]
onwettig *widerrechtlich, ungesetzlich, gesetzwidrig, rechtswidrig, illegal* ⋆ iets ~ verklaren *etw. für gesetzeswidrig erklären*
onwezenlijk *unwahrscheinlich, unwirklich*
onwijs I [bnw] *albern, töricht,* ‹pej.› *blödsinnig* ⋆ doe niet zo ~ *sei nicht so albern* **II** [bijw] *wahnsinnig, irrsinnig* ⋆ ~ gaaf *einsame Spitze; wahnsinnig toll*
onwil *Widerwilligkeit* [v], *Widerspenstigkeit* [v], *böse(r) Willen* [m] ⋆ het is geen ~ ≈ *es fehlt nicht an gutem Willen*
onwillekeurig *unwillkürlich*
onwillig *unwillig, widerwillig*
onwrikbaar *unumstößlich*
onyx *Onyx* [m]
onzacht *unsanft*
onzalig *unselig, unglückselig* ⋆ ~e gedachte *unselige(r) Gedanke* [m]
onzedelijk • (immoreel) *unmoralisch* • (onzedig) *unsittlich*
onzedig *ungeziemend, ungehörig, unanständig*
onzeker *unsicher, ungewiss* ⋆ het is ~ hoe dat zal lopen *das ist eine Fahrt ins Ungewisse* ⋆ in het ~e verkeren *im Ungewissen sein* ⋆ iem. in het ~e laten *jmdn. im Ungewissen lassen* ⋆ het is nog ~ of ... *es ist noch unsicher/ungewiss, ob ...* ⋆ de toekomst is ~ *die Zukunft ist ungewiss* ⋆ ~e factor *Unsicherheitsfaktor* [m]
onzekerheid *Unsicherheit* [v], *Ungewissheit* [v]
onzent ⋆ te(n) ~ *bei uns zu Hause; bei uns;* ‹in ons land› *hierzulande/hier zu Lande*
onzerzijds *unsererseits*
onzevader *Vaterunser* [o]
onzichtbaar *unsichtbar*
onzin • (dwaasheid) *Unfug* [m] • (dwaze taal) *Unsinn* [m], ‹inf.› *Quatsch* [m] ⋆ klinkklare ~ *blanke(r) Unsinn* ⋆ ~ verkopen *Unsinn/Quatsch/dummes Zeug reden*
onzindelijk *unsauber, unreinlich, schmutzig,* ‹van huisdieren› *nicht stubenrein,* ‹van kinderen› *nicht sauber*
onzinnig *unsinnig, töricht, sinnlos* • (buitensporig) *wahnsinnig, irrsinnig*

O

onzorgvuldig *unsorgfältig*
onzuiver • (niet zuiver) *unrein, unsauber* ⋆ ~e huid *unreine Haut* [v] • (afwijkend van iets) *ungenau, unrein* ⋆ ~ rijm *unreine(r) Reim* [m] ⋆ ~e metingen *ungenaue(n) Messungen* ⋆ ‹muz.› ~e toon *unreine(r) Ton* [m] • (bruto) *brutto* ⋆ ~ inkomen *Bruttoeinkommen* [o] • (onoprecht) *irrig, unlauter* ⋆ ~e bedoelingen *unlautere(n) Absichten*
oog • (gezichtsorgaan) *Auge* [o] • (blik) *Auge* [o], *Blick* [m] ⋆ iem./iets in het oog hebben *jmdn./etw. im Auge haben* ⋆ uit het oog raken *aus den Augen verlieren* • (gat) *Auge* [o] ⋆ oog van een naald *Öhr* [o]; *Nadelöhr* [o] ▾ met het oog op *angesichts* [2]; *in Anbetracht* [2] ▾ met het blote oog *mit bloßem Auge* ▾ onder vier ogen *unter vier Augen* ▾ zijn ogen de kost geven *seine Augen aufmachen* ▾ oog om oog, tand om tand *Auge um Auge, Zahn um Zahn* ▾ de ogen sluiten voor *die Augen verschließen vor* [3] ▾ iem. de ogen uitsteken *jmdm. die Augen ausstechen* ▾ uit het oog, uit het hart *aus den Augen, aus dem Sinn* ▾ zijn ogen uitkijken *sich die Augen aus dem Kopf sehen; sich nicht satt sehen können* ▾ door het oog van de naald kruipen *mit knapper Not davonkommen* ▾ hoge ogen gooien *gute Chancen haben* ▾ geen oog dichtdoen *kein Auge zutun* ▾ iets voor ogen houden *etw. vor Augen halten* ▾ haar ogen waren groter dan haar maag *die Augen waren größer als der Magen* ▾ zij heeft ogen in haar rug *sie hat ihre Augen überall* ▾ heb je geen ogen in je hoofd? *hast du denn keine Augen im Kopf?* ▾ oog in oog met iem. staan *jmdm. Auge in Auge gegenüberstehen* ▾ in het oog vallen/springen *ins Auge fallen/springen* ▾ iem. een doorn in het oog zijn *jmdm. ein Dorn im Auge sein* ▾ uit zijn ogen kijken *die Augen offen halten* ▾ de ogen voor iets sluiten *die Augen vor etw. verschließen* ▾ zijn ogen goed de kost geven *die Augen offen halten* ▾ zijn ogen in zijn zak hebben *blind für etw. sein* ▾ iem. uit het oog verliezen *jmdn. aus dem Auge verlieren* ▾ iets met een half oog zien *etw. nur flüchtig sehen* ▾ schele ogen maken/geven *scheele Augen machen* ▾ iem. niet onder de ogen durven komen *jmdm. nicht mehr unter die Augen treten können* ▾ oog op iets hebben *ein Auge für etw. haben* ▾ op iem./iets zijn oog laten vallen *ein Auge auf jmdn./etw. werfen* ▾ in het oog houden *im Auge behalten* ▾ in het oog krijgen *bemerken* ▾ met haken en ogen *mit Haken und Ösen*
oogappel • (deel van oog) *Iris* [v] • (lieveling) *Augapfel* [m]
oogarts *Augenarzt* [m]
oogbal *Augapfel* [m]
oogdruppels *Augentropfen* [mv]
ooggetuige *Augenzeuge* [m]
ooggetuigenverslag *Augenzeugenbericht* [m]
ooghoek *Augenwinkel* [m]
ooghoogte *Augenhöhe* [v] ⋆ op ~ *in Augenhöhe*
oogje *Äugelchen* [o], *Äuglein* [o] ▾ een ~ in het zeil houden *nach dem Rechten sehen* ▾ een ~ op iem./iets hebben *ein Auge auf jmdn./etw. haben* ▾ een ~ dichtknijpen *ein Auge zudrücken*
oogklep *Scheuklappe* [v]
ooglid *Lid* [o], *Augenlid* [o]
oogluikend ⋆ iets ~ toelaten *bei etw. ein Auge zudrücken*
oogmerk *Absicht* [v], *Bestreben* [o] ⋆ met het ~ *mit/in der Absicht*
oogopslag *Augenaufschlag* [m], *Blick* [m] ⋆ bij de eerste ~ *auf den ersten Blick*
oogpotlood *Kajalstift* [m]
oogpunt *Gesichtspunkt* [m], *Blickpunkt* [m], *Sicht* [v]
oogschaduw *Lidschatten* [m]
oogst • (opbrengst) *Ertrag* [m] • (het geoogste) *Ernte* [v]
oogsten *ernten*
oogstmaand *Erntemonat* [m]
oogverblindend • (schitterend) *glänzend* • (verblindend) *blendend*
oogwenk *Augenblick* [m] ⋆ in een ~ *im Nu*
ooi *Mutterschaf* [o]
ooievaar *Storch* [m]
ooit *jemals, je, irgendwann* ▾ wel heb je ooit! *nanu!*
ook *auch* ⋆ hoe het ook zij/hoe dan ook *wie dem auch sei* ⋆ ik ga hoe dan ook *ich gehe auf jeden Fall/auf alle Fälle* ⋆ wanneer/waar dan ook *wann/wo auch immer* ⋆ zij is ook van de partij *sie ist mit dabei* ⋆ dat is ook toevallig *so ein Zufall* ⋆ wat je ook doet, doe het wel goed *egal, was du machst, mache es richtig* ⋆ dat getut ook altijd *immer diese Zimperlichkeit* ⋆ ook goed! *schon gut!* ⋆ dat is waar ook *das stimmt ja* ⋆ hoe heet zij ook al weer? *wie heißt sie denn gleich?*
oom *Onkel* [m] ▾ een hoge oom *ein hohes Tier*
oor • (gehoororgaan) *Ohr* [o] • (oorschelp) *Ohr* [o] • (ezelsoor) *Eselsohr* [o] • (handvat) *Henkel* [m] ▾ een en al oor zijn *ganz Ohr sein* ▾ de oren spitsen *die Ohren spitzen* ▾ zijn oren niet geloven *seinen Ohren nicht trauen* ▾ iem. een oor aannaaien *jmdm. einen Bären aufbinden* ▾ met de oren klapperen *mit den Ohren wackeln* ▾ ter ore komen *zu Ohren kommen* ▾ zijn oor te luisteren leggen *herumhorchen* ▾ iem. aan de oren trekken *jmdn. an den Ohren ziehen* ▾ (geen) oren hebben naar iets *(keine) Lust zu etw. haben* ▾ het ene oor in, het andere uit *zum einen Ohr herein, zum anderen wieder hinaus* ▾ op één oor gaan liggen *sich aufs Ohr legen* ▾ met één oor luisteren *mit halbem Ohr zuhören* ▾ nog nat achter de oren zijn *noch feucht/nicht trocken hinter den Ohren sein* ▾ zich iets in de oren knopen *sich etw. hinter die Ohren schreiben*
oorarts *Ohrenarzt* [m]
oorbel *Ohrring* [m], ‹groter en hangend› *Ohrgehänge* [o], ‹in het oor› *Ohrstecker* [m]
oord *Ort* [m], *Gegend* [v]
oordeel • (mening) *Meinung* [v], *Ansicht* [v] ⋆ van ~ zijn *der Meinung/Ansicht sein* • (inzicht) *Urteilsvermögen* [o], *Verstand* [m] ⋆ helder ~ *klare(r) Verstand* ⋆ gezond ~ *gesunde(r) Menschenverstand* • (vonnis) *Urteil* [o] ⋆ een ~ vellen *ein Urteil fällen* ⋆ een ~ opschorten *mit dem Urteil zurückhalten* ⋆ dag des ~s *Jüngste(r) Tag* [m] ⋆ hard ~ *harte(s) Urteil* ⋆ ‹rel.› het laatste Oordeel *das Jüngste/Letzte Gericht*
oordelen I [ov ww] • (menen) *der Meinung sein, halten (für)* **II** [on ww] • (rechtspreken) *ein Urteil fällen, richten (über)* [4] • (concluderen) *urteilen, beurteilen*
oordopje *Ohrpfropf* [m]
oordruppels *Ohrentropfen* [mv]
oorkonde *Urkunde* [v]
oorlel *Ohrläppchen* [o]
oorlogsbodem *Kriegsschiff* [o]
oorlogscorrespondent *Kriegsberichterstatter* [m]
oorlogsfilm *Kriegsfilm* [m]
oorlogsheld *Kriegsheld* [m]
oorlogsinvalide *Kriegsbeschädigte(r)* [m], *Kriegsversehrte(r)* [m]
oorlogsmisdadiger *Kriegsverbrecher* [m]

oorlogsmonument *Kriegerdenkmal* [o]
oorlogspad *Kriegspfad* [m] ▼ op het ~ zijn *auf dem Kriegspfad sein*
oorlogsschip *Kriegsschiff* [o]
oorlogsslachtoffer *Kriegsopfer* [o]
oorlogsverklaring *Kriegserklärung* [v]
oorlogszuchtig *kriegerisch*
oorlogvoering *Kriegsführung* [v]
oormerk *Ohrmarke* [v]
oorsmeer *Ohrenschmalz* [o]
oorsprong • (begin) *Ursprung* [m] • (afkomst) *Herkunft* [v] ⋆ land van ~ *Herkunftsland* [o]
oorspronkelijk • (aanvankelijk) *anfänglich, ursprünglich* ⋆ zoals we ~ van plan waren *wie ursprünglich beabsichtigt* • (origineel) *ursprünglich, original, unverfälscht* ⋆ een ~e compositie *eine originale Komposition* [v]
oorverdovend *ohrenbetäubend*
oorvijg *Ohrfeige* [v] ⋆ iem. een ~ geven *jmdn. ohrfeigen; jmdm. eine Ohrfeige verpassen*
oorworm *Ohrwurm* [m] ▼ een gezicht als een ~ *ein Gesicht wie sieben Tage Regenwetter*
oorzaak *Ursache* [v] ⋆ de wet van ~ en gevolg *das Gesetz von Ursache und Wirkung*
oorzakelijk *ursächlich, kausal* ⋆ ~ verband *ursächliche(r) Zusammenhang* [m]; *Kausalzusammenhang* [m] ⋆ ‹taalk.› ~ voorwerp *Prädikativ* [o]
oost I [de] *Osten* [m], ‹Nederlands-Indië› *Niederländisch-Indien* [o] ▼ oost west, thuis best *daheim ist daheim* **II** [bnw] *östlich, ostwärts*
Oostblok *Ostblock* [m]
Oost-Duitsland *Ostdeutschland* [o]
oostelijk *östlich*
oosten *Osten* [m] ⋆ het Nabije Oosten *der Nahe Osten*
Oostenrijk *Österreich* [o]
Oostenrijker *Österreicher* [m]
Oostenrijks *österreichisch*
oostenwind *Ostwind* [m]
oosterlengte *östliche Länge* [v]
oosterling *Asiat* [m], ‹uit het Nabije Oosten› *Orientale* [m]
oosters *östlich, orientalisch* ⋆ de ~e kerk *die griechisch-orthodoxe Kirche*
Oost-Europa *Osteuropa* [o]
Oost-Europees *osteuropäisch*
oostkust *Ostküste* [v]
oostwaarts *ostwärts*
Oostzee *Ostsee* [v]
ootje ▼ iem. in het ~ nemen *jmdn. verulken/veräppeln*
ootmoed *Demut* [v]
ootmoedig *demütig, demutsvoll*
op I [bijw] • (uit bed) *aufgestanden* • (verbruikt) *alle* ⋆ het water is op *das Wasser ist alle* ⋆ mijn geduld is op *meine Geduld ist zu Ende* • (uitgeput) ⋆ zij was helemaal op *sie war völlig fertig* • (omhoog) *auf, hoch* ⋆ op en neer *auf und ab/nieder* ⋆ trap op, trap af *Treppen hoch und runter* ▼ op en top *ganz* **II** [vz] • (boven(op)) *auf* [3,4] • (in) *auf* [3,4], *in* [3,4] ⋆ op straat *auf der Straße* ⋆ op zijn kamer zijn *in seinem Zimmer sein* • (verwijderd van) ⋆ op drie kilometer afstand *in einer Entfernung von drei Kilometern* • (tijdens) *auf* [3], *an* [3] ⋆ op maandag *am Montag* ⋆ op zekere dag *eines Tages* ⋆ op vakantie *in Urlaub* ⋆ op visite *zu Besuch* • (volgens een bepaalde manier) ⋆ op z'n gemak *in aller Ruhe* • (uitgezonderd) *bis auf* ⋆ op twee na *bis auf zwei* • (met) *auf* [3] ⋆ op gas koken *auf Gas kochen* • (in de richting van) *nach* [3] ⋆ op het noorden *nach Norden* ▼ op zijn hoede *auf der Hut* ▼ op rolletjes lopen *wie geschmiert laufen*

O

opa *Opa* [m]
opaal *Opal* [m]
opbakken *aufbraten*
opbaren *aufbahren*
opbellen *anrufen*
opbergen *auf-/wegräumen, einräumen,* ‹hand.› *speichern,* ‹archiveren› *ablegen,* ‹in een bergruimte zetten› *abstellen*
opbeuren • (optillen) *hochheben* • (opvrolijken) *aufmuntern, aufheitern*
opbiechten *beichten, gestehen* ⋆ eerlijk ~ *mit der Wahrheit herausrücken* ⋆ biecht maar eens op! *heraus mit der Sprache!*
opbieden *mehr bieten,* ‹kaartspel› *reizen*
opbinden *aufbinden, hochbinden, festbinden* ⋆ de roos ~ *den Rosenstock auf-/hochbinden*
opblaasbaar *aufblasbar*
opblaaspop *aufblasbare Puppe* [v]
opblazen • (doen zwellen) *aufblasen, aufblähen* • (doen ontploffen) *sprengen* • (aandikken) *aufbauschen*
opblijven *aufbleiben*
opbloei *Aufschwung* [m]
opbloeien *aufblühen*
opbod *höhere(s) Gebot* [o] ⋆ bij ~ verkopen *etw. meistbietend/gegen höchstes Gebot versteigern*
opboksen *ankämpfen* ⋆ tegen iem. ~ *gegen jmdn. ankämpfen*
opborrelen *aufbrodeln, aufsprudeln*
opbouw *Aufbau* [m] ⋆ in ~ *im Aufbau befindlich*
opbouwen *aufbauen*
opbouwend *konstruktiv, aufbauend* ⋆ ~e kritiek *konstruktive Kritik*
opbouwwerk *Sozialarbeit innerhalb der Stadtteile und Gemeinden* [v]
opbranden I [ov ww] • (branden) *verbrennen* **II** [on ww] • (verbranden) *abbrennen*
opbreken I [ov ww] • (openbreken) *aufbrechen* ⋆ de straat ~ *die Straße aufbrechen* • (afbreken) *abbrechen* ▼ de tenten ~ *die Zelte abbrechen* **II** [on ww] • (vertrekken) *aufbrechen* • (oprispen) *aufstoßen*
opbrengen • (opleveren) *einbringen, eintragen* ⋆ kapitaal brengt rente op *Kapital trägt/bringt Zinsen* ⋆ dat brengt een hoge prijs op *das erzielt einen hohen Preis* • (betalen) *aufbringen* ⋆ de kosten niet kunnen ~ *die Kosten nicht aufbringen können* • (tonen) *aufbringen* ⋆ het geduld/de moed niet ~ *die Geduld/den Mut nicht aufbringen können* • (als overtreder meevoeren) ≈ *festnehmen* • (aanbrengen) *auftragen* ⋆ een dikke laag verf ~ *eine dicke Farbschicht auftragen*
opbrengst • (oogst) *Ertrag* [m] • (rendement) ‹geldbedrag uit verkoop› *Erlös* [m], ‹winst› *Ertrag* [m]
opdagen *erscheinen*
opdat *damit*
opdienen *auftragen*
opdiepen • (opsporen) *ausgraben, auskramen* • (omhoog halen) *hervorholen, hervorkramen*
opdirken *auftakeln, aufdonnern* ⋆ zich ~ *sich aufdonnern/auftakeln*
opdissen • (opdienen) *auftischen* • (vertellen) ⋆ een verhaal ~ *eine Geschichte auftischen*
opdoeken *aufheben*
opdoemen *auftauchen*
opdoen • (verkrijgen) *sammeln* ⋆ kennis ~ *sich Kenntnisse erwerben* ⋆ nieuwe krachten ~ *neue Kräfte sammeln* ⋆ slechte ervaringen ~ *schlechte Erfahrungen machen* • (oplopen) *sich zuziehen*

⋆ waar heeft hij die ziekte opgedaan? *wo hat er sich diese Krankheit zugezogen?* • (aanbrengen) *auftragen* ⋆ mascara ~ *Mascara auftragen* • (opzetten) *aufsetzen*

opdoffen *aufputzen* ⋆ zich ~ *sich zurechtmachen; sich fein machen* ⋆ zij had zich geweldig opgedoft *sie war mächtig aufgetakelt/aufgedonnert*

opdoffer *Schlag* [m]

opdonder • (tegenslag) *Schlag* [m] • (stomp) *Schlag* [m], *Hieb* [m] • (klein persoon) *Knirps* [m] ⋆ een klein ~tje *ein kleiner Knirps*

opdonderen ⋆ donder op! *scher dich zum Teufel!*

opdraaien I [ov ww] • (opwinden) *aufziehen/-winden* • (omhoogdraaien) *hoch drehen* **II** [on ww] • (~ **voor**) ⋆ zij moet ervoor ~ *man schiebt ihr die Schuld in die Schuhe* ⋆ voor de kosten moeten ~ *für die Kosten aufkommen müssen*

opdracht • (opdracht in boek) *Widmung* [v] • (order, taak) *Auftrag* [m] ⋆ in ~ van *im Auftrag* [2] ⋆ een ~ geven/krijgen/uitvoeren *einen Auftrag erteilen/bekommen/ausführen*

opdrachtgever *Auftraggeber* [m]

opdragen • (opdracht geven tot) *auftragen* ⋆ iem. ~ iets te doen *jmdn. mit etw. beauftragen* • (toewijden) *widmen,* ‹form.› *zueignen* ⋆ de mis ~ *die Messe lesen lassen* ⋆ iem. een boek ~ *jmdm. ein Buch widmen* • (omhoog dragen) ‹naar de spreker toe› *herauftragen,* ‹van de spreker weg› *hinauftragen*

opdraven • (dravend gaan) ‹naar de spreker toe› *herauftraben,* ‹van de spreker weg› *hinauftraben* • (op bevel komen) *antraben* ⋆ iem. laten ~ *jmdn. kommen lassen*

opdreunen *herunterleiern*

opdrijven • (voortdrijven) *treiben* • (doen stijgen) *hochtreiben* ⋆ de prijzen ~ *die Preise in die Höhe treiben*

opdringen I [ov ww] • (opleggen) *aufdrängen* ⋆ iem. iets ~ *jmdm. etw. aufdrängen/aufnötigen* **II** [on ww] • (naar voren dringen) *herandrängen, vordrängen* ⋆ de gedachte dringt zich bij mij op *ich kann mich des Gedankens nicht erwehren; der Gedanke drängt sich mir auf* **III** [wkd ww] *sich aufdringen*

opdringerig *aufdringlich*

opdrinken *auftrinken, austrinken*

opdrogen I [ov ww] • (droogmaken) *trocknen* **II** [on ww] • (droog worden) *auftrocknen, austrocknen,* ‹van bronnen, beken e.d.› *versiegen*

opdruk *Aufdruck* [m]

opdrukken • (erop drukken) *aufdrucken,* ‹met stempel› *aufprägen* • (omhoog-/voortdrukken) ⋆ zich ~ *Liegestütze machen*

opduikelen *aufgabeln, auffischen*

opduiken I [ov ww] • (opduikelen) *auftreiben* ⋆ waar heb jij dat boek opgedoken? *wo hast du das Buch aufgetrieben?* • (naar boven halen) *an die Oberfläche bringen* **II** [on ww] • (boven water komen) *auftauchen* • (te voorschijn komen) *auftauchen* ⋆ zij kwam opeens weer ~ *sie tauchte auf einmal wieder auf*

opduvel *Stoß* [m], *Schubs* [m] ⋆ hij heeft een ~ gekregen *er hat einen draufgekriegt*

opduvelen *abhauen*

OPEC *OPEC* [v]

opeen • (op elkaar) *aufeinander* • (tegen elkaar) *aneinander, zusammen*

opeenhoping *(An)häufung* [v]

opeens *auf einmal, mit einem Mal*

opeenvolgend *aufeinander folgend*

opeenvolging *Aufeinanderfolge* [v] ⋆ een ~ van ongelukken *ein Unglück nach dem anderen*

opeisen *fordern* ⋆ een aanslag ~ *sich zu einem Anschlag bekennen* ⋆ iets voor zich ~ *etw. für sich beanspruchen*

open *offen* ⋆ de deur staat open *die Tür ist offen* ⋆ in de open lucht *im Freien* ⋆ in het open veld *im freien Feld* ⋆ open plek in het bos *Lichtung* [v] ⋆ de winkel is tot 8 uur open *das Geschäft ist bis 8 Uhr geöffnet* ▾ open en bloot *unverhüllt*

openbaar *öffentlich* ⋆ ~ maken *veröffentlichen* ⋆ in het ~ *öffentlich* ⋆ ~ worden *an die Öffentlichkeit gelangen* ⋆ zich in het ~ vertonen *sich der Öffentlichkeit zeigen* ⋆ openbare school *öffentliche Schule* [v] ⋆ het ~ vervoer *die öffentlichen Verkehrsmittel* [mv]

openbaarheid *Öffentlichkeit* [v]

openbaren I [ov ww] *offenbaren* **II** [wkd ww] *sich offenbaren*

openbaring *Offenbarung* [v]

openblijven *offen/geöffnet bleiben/haben*

openbreken • (wijzigen) ⋆ een cao ~ *einen Tarifvertrag kündigen* • (openen) *aufbrechen*

opendoen *öffnen, aufmachen, auftun*

openen • (openmaken) *öffnen* • (beginnen) *eröffnen* ⋆ een rekening ~ *ein Konto eröffnen*

opener *Öffner* [m]

opengaan *aufgehen, sich öffnen* ⋆ de deur ging open *die Tür öffnete sich*

openhartig *offenherzig*

openhartoperatie *offene Herzoperation* [v]

openheid *Offenheit* [v]

openhouden *offen halten*

opening • (begin) *Eröffnung* [v] • (het openen) *Öffnung* [v], *Öffnen* [o] • (gat) *Öffnung* [v]

openingsbod *Eröffnungsgebot* [o]

openingskoers *Eröffnungskurs* [m]

openingszet *Eröffnungszug* [m]

openlaten *offen lassen*

openleggen • (uiteenzetten) *enthüllen, aufdecken* • (open neerleggen) *geöffnet hinlegen* • (toegankelijk maken) *erschließen*

openlijk *öffentlich, offen*

openluchtbad *Freibad* [o]

openmaken *aufmachen, öffnen*

openslaan *aufschlagen, aufklappen* ⋆ de krant ~ *die Zeitung aufschlagen*

openslaand ⋆ ~e deur *Flügeltür* [v]

opensperren *aufsperren*

openspringen *aufspringen,* ‹slot› *aufschnappen*

openstaan *offen stehen* ⋆ ~de rekening *offene/offen stehende Rechnung* [v] ⋆ ~ voor kritiek *dankbar sein für Kritik*

openstellen *(er)öffnen, freigeben* ⋆ opengesteld zijn *offen stehen* ⋆ voor het verkeer ~ *dem Verkehr übergeben*

op-en-top *ganz und gar, durch und durch*

openvallen • (opengaan) *aufgehen* • (vacant raken) *frei werden*

opera *Oper* [v]

operabel *operabel*

operatie • (mil.) *Operation* [v] • (hand.) *Transaktion* [v], *Handlung* [v] • (med.) *Operation* [v] ⋆ een ~ ondergaan *sich operieren lassen; sich einer Operation unterziehen*

operatief *operativ*

operatiekamer *Operationssaal* [m]

operatiezuster *OP-Schwester* [v]

operationaliseren *operationalisieren*

operationeel *einsatzfähig, einsatzbereit* • (militair) *zur Durchführung von Operationen*

operator • (persoon) *Operateur* [m] • (wisk.) *Operator* [m]

opereren *operieren*
operette *Operette* [v]
opeten *aufessen* ▾ ik eet je niet op, hoor! *ich werde dich schon nicht fressen!*
opfleuren I [ov ww] • (vrolijker maken) *auffrischen, aufmuntern* **II** [on ww] • (vrolijker worden) *aufblühen, aufleben,* ‹van gezicht e.d.› *sich aufhellen,* ‹van ziekte› *sich erholen*
opflikkeren • (helderder flikkeren) *aufflackern* • (opduvelen) *abhauen* ⋆ flikker op! *verschwinde!; scher dich zum Teufel!*
opfokken • (grootbrengen) *aufzüchten, aufziehen* • (motor opvoeren) *frisieren* • (opgewonden maken) *aufstacheln* ⋆ hij voelde zich nogal opgefokt *er fühlte sich ziemlich angespannt/ aufgestachelt*
opfrissen I [ov ww] • (fris maken) *erfrischen* ⋆ zich wat ~ *sich ein wenig frisch machen* **II** [on ww] • (fris worden) *frisch werden*
opgaaf *Aufgabe* [v], *Angabe* [v]
opgaan • (omhooggaan) *hinaufgehen,* ‹van ballon› *aufsteigen* • (juist zijn) *stimmen* ⋆ dat gaat niet op *das stimmt nicht* • (gaan naar) *gehen auf* ⋆ de straat ~ *auf die Straße gehen* • (examen doen) *machen* ⋆ voor een examen ~ *ein Examen machen/ablegen* • (geheel op raken) *alle werden* ⋆ het eten is opgegaan *das Essen ist alle* • (~ **in**) *aufgehen in* ⋆ in de muziek ~ *aufgehen in Musik*
opgang *Aufgang* [m] ▾ ~ maken *Beifall/Anklang finden; im Kommen sein*
opgave *Aufgabe* [v], *Angabe* [v]
opgeblazen • (gezwollen) *aufgedunsen* • (verwaand) *aufgeblasen*
opgefokt *gereizt*
opgelaten ↑ *verunsichert* ⋆ ik voelde me erg ~ *ich war verunsichert*
opgeld • (agio) *Aufgeld* [o] • (bijbetaling op koopprijs (bij veiling)) *Zuschlag* [m] ▾ ~ doen *Beifall finden*
opgelucht *erleichtert* ⋆ ~ ademhalen *erleichtert aufatmen*
opgeprikt *geschniegelt*
opgeruimd • (netjes) *aufgeräumt* • (vrolijk) *gut gelaunt, aufgeräumt, heiter*
opgeschoten *aufgeschossen* ⋆ hoog ~ *lang aufgeschossen* ⋆ ~ kwajongen *halbwüchsige(r) Bengel* [m]
opgesmukt *gekünstelt, geziert, affektiert, schwülstig*
opgetogen *entzückt, begeistert*
opgeven I [ov ww] • (prijsgeven) *aufgeben* ⋆ de moed ~ *den Mut verlieren* • (melden) *angeben* ⋆ een reden ~ *einen Grund angeben* ⋆ de prijs van iets ~ *den Preis von etw. nennen* • (aanmelden) *anmelden* ⋆ zich voor een cursus ~ *sich für einen Kurs anmelden* • (opdragen) *aufgeben* ⋆ een moeilijke som ~ *eine schwierige Rechenaufgabe aufgeben* • (braken) *aushusten* **II** [on ww] • (roemen) *loben* ⋆ hoog van iets/ iem. ~ *jmdn./ etw. in den höchsten Tönen loben*
opgewassen *gewachsen* ⋆ tegen iem. ~ zijn *jmdm. gewachsen sein;* ‹form.› *jmdm. ebenbürtig sein* ⋆ niet tegen de moeilijkheden ~ zijn *den Schwierigkeiten nicht gewachsen sein*
opgewekt *munter, heiter*
opgewonden *aufgeregt, erregt,* ‹van uurwerken› *aufgezogen*
opgooien • (tossen) *werfen* • (gooien) *hoch-/ aufwerfen, in die Höhe werfen* ▾ een balletje over iets ~ *eine Anspielung machen*
opgraven *ausgraben*
opgraving *Ausgrabung* [v]
opgroeien *heranwachsen, aufwachsen* ⋆ zij is in Brabant opgegroeid *sie ist in Brabant aufgewachsen* ⋆ de kinderen groeien op *die Kinder wachsen heran*
ophaalbrug *Zugbrücke* [v]
ophalen • (omhooghalen) *hochziehen,* ‹zeil, vlag› *aufziehen* • (inzamelen) *einsammeln* ⋆ geld ~ *Geld einsammeln* • (afhalen) *abholen* ⋆ haal je me vanavond op? *holst du mich heute Abend ab?* • (in herinnering roepen) *auffrischen* ⋆ zijn Duits ~ *sein Deutsch auffrischen*
ophanden ⋆ ~ zijn *bevorstehen*
ophangen I [ov ww] • (erop/eraan hangen) *aufhängen* • (aan de galg hangen) *(auf)hängen* ⋆ zich ~ *sich erhängen* • (opdissen) *zum Besten geben* ⋆ een verhaal ~ *eine Geschichte zum Besten geben* **II** [on ww] • (telefoongesprek beëindigen) *auflegen/-hängen* ⋆ waarom hang je op? *weshalb legst du auf?*
ophanging • (het ophangen) *Erhängung* [v] • (techn.) *Aufhängung* [v]
ophebben • (dragen) *aufhaben* • (genuttigd hebben) *aufgegessen/ausgetrunken haben* ⋆ hij heeft iets teveel op *er hat einen über den Durst getrunken* • (~ **met**) *schätzen, mögen* ⋆ veel met iem. ~ *jmdn. besonders schätzen; große Stücke auf jmdn. halten* ⋆ niet veel met iem. ~ *jmdn. nicht mögen*
ophef *Aufheben* [o] ⋆ met veel ~ *mit viel Trara* ⋆ veel ~ over iets maken *viel Aufhebens von etw. machen*
opheffen • (optillen) *(er)heben* ⋆ het hoofd ~ *den Kopf (er)heben* • (beëindigen) *aufheben, beseitigen, auflösen* ⋆ een zaak ~ *ein Geschäft auflösen* • (teniet doen) *(sich) aufheben, (sich) ausgleichen* ⋆ de verschillen ~ *die Unterschiede ausgleichen* ⋆ dat heft elkaar op *das hebt sich gegenseitig auf; das gleicht sich aus*
opheffing • (sluiting) *Auflösung* [v], *Aufgabe* [v] ⋆ wegens ~ van de zaak *wegen Geschäftsaufgabe* • (afschaffing) *Aufhebung* [v], *Abschaffung* [v]
opheffingsuitverkoop *Räumungsausverkauf* [m]
ophelderen I [ov ww] • (toelichten) *aufklären, erläutern, erklären* **II** [on ww] • (weer helder worden) *sich aufhellen, sich aufklären*
opheldering • (uitleg) *Erläuterung* [v], *Aufschluss* [m] ⋆ iem. ~ over iets verschaffen *jmdm. Aufschluss über etw. geben* • (opklaring) *(Auf)klärung* [v]
ophemelen *herausstreichen*
ophitsen *aufhetzen, aufwiegeln*
ophoepelen *sich wegscheren* ⋆ hoepel op! *scher dich weg!; hau ab!*
ophoesten • (spuwen) *(aus)husten* • (te voorschijn toveren) *ausspucken*
ophogen *erhöhen, aufschütten, anschütten*
ophopen *aufhäufen, anhäufen*
ophouden I [ov ww] • (omhoog houden) *hochhalten* ⋆ de hand ~ *die Hand hochhalten* • (op het lichaam houden) *aufbehalten* ⋆ zijn hoed ~ *den Hut aufbehalten* • (hoog houden) *wahren* ⋆ de schijn ~ *den Schein wahren* • (tegenhouden) *aufhalten* **II** [on ww] • (stoppen) *aufhören,* ‹eventjes› *innehalten* ⋆ zonder ~ *unaufhörlich; ununterbrochen* **III** [wkd ww] • (ergens zijn) *sich aufhalten* ⋆ zich ergens ~ *sich irgendwo aufhalten* • (zich bezighouden met) *sich aufhalten* ▾ zich met iets ~ *sich mit etw. abgeben*
opiaat *Opiat* [o]
opinie *Meinung* [v] ⋆ publieke ~ *öffentliche Meinung* [v]

opinieblad *meinungsbildende Wochenzeitschrift* [v]
opinieonderzoek *Meinungsforschung* [v], *Meinungsumfrage* [v]
opium *Opium* [o] ⋆ ~ schuiven *Opium rauchen*
opiumkit *Opiumhöhle* [v]
opjagen • (opdrijven) *aufhetzen* • (tot haast aanzetten) *hetzen* ⋆ iem. ~ *jmdn. hetzen* ▾ prijzen ~ *Preise in die Höhe treiben*
opjutten *aufstacheln, reizen, aufhetzen*
opkalefateren *ausbessern*
opkijken • (omhoogkijken) *aufblicken, aufschauen, aufsehen* • (verbaasd zijn) *sich wundern* ⋆ vreemd ~ *erstaunt sein* ⋆ zij keek er (vreemd) van op *sie machte große Augen* ⋆ daar zal zij van ~ *sie wird Augen machen* • (~ **tegen**) ⋆ tegen iets ~ *sich vor etw. scheuen* ⋆ tegen iem. ~ *zu jmdm. aufsehen*
opkikkeren I [ov ww] • (doen opfleuren) *aufmuntern* **II** [on ww] • (opfleuren) *aufmuntern*, ‹na ziekte› *sich erholen*
opkikkertje *(kleine) Stärkung* [v], ‹borrel› *Schnäpschen* [o]
opklapbaar *aufklappbar* ⋆ opklapbare zitting *Klappsitz* [m]
opklapbed *Klappbett* [o]
opklappen *aufklappen*
opklaren I [ov ww] • (helderder maken) *klären* **II** [on ww] • (helderder worden) *sich aufklären, sich aufhellen, (sich) aufheitern*
opklaring *Aufklärung* [v]
opklimmen • (omhoog klimmen) *hinaufsteigen, hinaufklettern* ⋆ tegen een helling ~ *einen Hang hinaufklettern* • (in rang stijgen) *aufsteigen* ⋆ tot afdelingschef ~ *zum Abteilungsleiter aufsteigen*
opkloppen • (doen rijzen) *schlagen* • (overdrijven) *übertreiben*
opknapbeurt *Ausbesserung* [v], ‹techn.› *Überholung* [v]
opknappen I [ov ww] • (verrichten) *deichseln* ⋆ dat zal zij wel ~ *sie wird die Sache schon deichseln* • (netjes maken) *herrichten, renovieren* ⋆ zich ~ *sich frisch machen; sich zurechtmachen* • (straf uitzitten) *absitzen/-brummen* • (~ **met**) *aufladen* ⋆ iem. met iets ~ *jmdm. etw. aufladen* **II** [on ww] • (beter worden) ‹na een ziekte› *sich erholen*, ‹van het weer› *sich bessern* ⋆ van een glas wijn zul je ~ *ein Glas Wein wird dich erfrischen*
opknopen • (omhoog knopen) *aufbinden* • (ophangen) *aufknüpfen, henken* ⋆ zich ~ *sich erhängen*
opkomen • (omhoogkomen) *aufsteigen, aufgehen, heraufkommen* ⋆ hij kwam de trap op *er kam die Treppe herauf* ⋆ de vloed komt op *die Flut kommt* ⋆ het water komt op *das Wasser steigt* • (verschijnen) *kommen, erscheinen, sich einfinden* ⋆ er zijn veel kiezers opgekomen *eine große Anzahl Wahlberechtigter ist zur Wahl erschienen* • (ontstaan) *aufkommen*, ‹van mist, wolken, tranen› *aufsteigen*, ‹van onweer› *heraufziehen* • (in gedachten komen) *aufsteigen/-kommen* ⋆ dat is nooit bij me opgekomen *ich bin nie auf den Gedanken gekommen* ⋆ ik kan er maar niet ~ *es will mir nicht einfallen* • (op toneel komen) *auftreten, auf die Bühne kommen* • (populair worden) *aufkommen* ⋆ een ~de trend *ein aufkommender Trend* • (mil.) *einrücken* • (~ **voor**) *eintreten für* ⋆ voor iem./iets ~ *für jmdn./etw. eintreten* ⋆ voor iemands belangen ~ *jmds. Interessen vertreten* • (~ **tegen**) *protestieren gegen*
opkomst • (opgang) *Aufgehen/-keimen* [o], ‹van zon, maan› *Aufgang* [m] • (vooruitgang) *Aufstieg* [m], ‹econ.› *Aufschwung* [m] • (komst na oproep) *Teilnahme* [v], ‹bij verkiezingen› *Wahlbeteiligung* [v] ⋆ grote ~ *hohe Teilnehmerzahl* [v] • (het ten tonele komen) *Auftritt* [m] • (mil.) *Einberufung* [v]
opkopen *aufkaufen*
opkoper *Trödler* [m], *Aufkäufer* [m]
opkrabbelen *mühsam hochkommen, mühsam hochklettern*
opkrassen *verschwinden*
opkrikken • (krikken) *anheben* • (opvijzelen) *aufmöbeln*
opkroppen *in sich hineinfressen, hinunterschlucken* ⋆ opgekropte woede *angestaute Wut* [v]
oplaaien *auflodern*
opladen *aufladen* ▾ zich ~ *auftanken*
oplage *Auflage* [v]
oplappen • (verstellen) *flicken* • (herstellen) *ausbessern*
oplaten *auflassen, steigen lassen* ⋆ een vlieger ~ *einen Drachen steigen lassen*
oplawaai *Schlag* [m], *Hieb* [m] ⋆ iem. een ~ geven *jmdm. eine wischen*
oplazeren *abhauen*
opleggen • (op iets leggen) *auflegen, legen auf* [4] • (belasten met) *auferlegen* ⋆ iem. zijn wil ~ *jmdm. seinen Willen aufzwingen* ⋆ iem. een straf/het zwijgen ~ *jmdm. eine Strafe/das Schweigen auferlegen* ▾ het er te dik ~ *zu dick auftragen*
oplegger *einachsige(r) Anhänger* [m], ‹met trekker samen› *Sattelschlepper* [m]
opleiden *ausbilden*
opleiding *Ausbildung* [v], ‹met een bepaald doel› *Heranbildung* [v], ‹voor examen› *Vorbereitung* [v] ⋆ ~ tot verpleegster *Ausbildung zur Krankenschwester*
opleidingscentrum *Ausbildungsstätte* [v]
oplepelen • (opeten) *auflöffeln* • (vlot opzeggen) *herunterbeten/-leiern*
opletten *aufpassen, Acht geben* ⋆ ~!/opgelet! *Vorsicht!/Achtung!*
oplettend *aufmerksam*
opleven *aufleben*
opleveren • (opbrengen) *einbringen*, ‹teweegbrengen› *verursachen, (er)geben* ⋆ winst ~ *Gewinn einbringen/abwerfen* ⋆ gevaar ~ *Gefahr verursachen* • (afleveren) *übergeben, übereignen*
oplevering *Lieferung* [v], ‹huis› *Bauabnahme* [v]
opleving *Aufleben* [o], *Belebung* [v]
oplichten I [ov ww] • (optillen) *aufheben* • (bedriegen) *prellen um, betrügen* **II** [on ww] • (helder worden) *sich aufhellen*
oplichter *Betrüger* [m], *Preller* [m]
oplichterij *Betrug* [m], *Schwindel* [m]
oplichting *Schwindel* [m], *Betrug* [m]
oploeven *aufluven*
oploop *Auflauf* [m]
oplopen I [ov ww] • (ongewild krijgen) *bekommen* ⋆ een verkoudheid ~ *sich eine Erkältung holen/zuziehen* **II** [on ww] • (naar boven lopen) *gehen* ⋆ de trap ~ *die Treppe hinaufgehen* ⋆ de straat ~ *auf die Straße gehen* • (naar boven gaan) *ansteigen* ⋆ die weg loopt op *dieser Weg steigt an* • (toenemen) *ansteigen, anlaufen* ⋆ het bedrag is aardig opgelopen *die Summe ist höher als erwartet* • (gaan) *mitgehen* ⋆ hij liep een stukje met haar op *er ging ein Stück mit ihr mit*
oplosbaar *löslich, lösbar*
oploskoffie *Instantkaffee* [m], *Pulverkaffee* [m]
oplosmiddel *Lösungsmittel* [o]

oplossen I [ov ww] • (de uitkomst vinden) *(auf)lösen* • (chem.) *auflösen* ⋆ suiker lost in water op *Zucker löst sich in Wasser* **II** [on ww] • (chem.) *sich auflösen*
oplossing • (uitkomst) *(Auf)lösung* [v], ‹beëindiging› *Lösung* [v], *Klärung* [v] • (chem.) *Lösung* [v]
opluchten *erleichtern*
opluchting *Erleichterung* [v]
opluisteren *Glanz verleihen*
opmaak • (lay-out) *Aufmachung* [v], ‹vaktaal› *Umbruch* [m] • (make-up) *Schminke* [v], *Make-up* [o]
opmaat *Auftakt* [m]
opmaken • (verbruiken) ‹drank› *austrinken*, ‹eten› *aufessen* ⋆ alles ~ *nichts übrig lassen* • (in orde maken) *machen* • (typografisch indelen) *aufmachen* • (van make-up voorzien) *schminken* • (concluderen) *schließen, folgern* ⋆ daaruit valt op te maken dat ... *daraus lässt sich schließen, dass ...* • (opstellen) *aufsetzen, aufstellen* ⋆ een balans ~ *eine Bilanz aufstellen* ⋆ een contract ~ *einen Vertrag aufsetzen* ⋆ de kas ~ *Kasse machen*
opmars • (het opmarcheren) *Anmarsch* [m] • (vooruitgang) *Aufmarsch* [m]
opmerkelijk *bemerkenswert, auffällig*
opmerken • (waarnemen) *beobachten* • (aandacht vestigen op) *bemerken*
opmerking *Bemerkung* [v]
opmerkingsgave *Beobachtungsgabe* [v]
opmerkzaam *aufmerksam*
opmeten *aufmessen*, ‹landmeter› *vermessen*
opmonteren *aufmuntern, aufheitern*
opnaaien • (vastnaaien) *aufnähen* • (opjutten) *aufstacheln, aufziehen* ⋆ laat je niet ~ *lass dich nicht triezen*
opname *Aufnahme* [v]
opnamestudio *Aufnahmestudio* [o]
opnemen • (oppakken) *aufnehmen, hochheben* • (telefoon beantwoorden) *abnehmen* ⋆ zij neemt niet op *sie meldet sich nicht* • (schoonvegen) *aufwischen* • (van tegoed halen) *abheben, aufnehmen*, ‹vakantie› *nehmen* • (weer opvatten) *aufnehmen* ⋆ de conversatie weer ~ *die Konversation wieder aufnehmen* • (beschouwen) *auffassen, nehmen, mustern* ⋆ iets hoog ~ *etw. wichtig nehmen* ⋆ iets verkeerd ~ *etw. falsch auffassen* ⋆ iem. scherp ~ *jmdn. von Kopf bis Fuß mustern* • (tot zich nemen) *aufnehmen* • (een plaats geven) *aufnehmen* ⋆ in een kring worden opgenomen *in einen Kreis aufgenommen werden* • (absorberen) *aufnehmen* • (vastleggen) *aufnehmen* • (noteren) *aufnehmen* ⋆ bestellingen ~ *Bestellungen aufnehmen* • (meten) *messen* • (bekijken) *betrachten* ⋆ iem. ~ *jmdn. beobachten* ▾ het voor iem. ~ *für jmdn. eintreten*
opnieuw • (van voor af aan) *wiederum, aufs Neue, erneut, von neuem* • (nog eens) *noch einmal*
opnoemen *nennen, aufzählen*
opoe *Omi* [v]
opofferen *aufopfern*
opoffering *Aufopferung* [v], *Opfer* [o]
opofferingsgezind *aufopfernd, aufopferungsbereit*
oponthoud • (vertraging) *Verspätung* [v] • (verblijf) *Aufenthalt* [m]
oppakken • (optillen) *aufheben, aufnehmen* • (arresteren) *festnehmen, verhaften*
oppas *Pfleger* [m], ‹van kinderen› *Babysitter* [m] ⋆ we hebben geen ~ voor vanavond *wir haben für heute Abend keinen Babysitter*
oppassen *aufpassen*
oppasser • (toezichthouder) *Aufseher* [m], ‹dieren› *Tierpfleger* [m], ‹park› *Parkwächter* [m] • (verzorger) *Wärter* [m]
oppeppen *aufputschen*
oppepper *Kick* [m]
opperbest *ausgezeichnet, vorzüglich*
opperbevel *Oberbefehl* [m], *Oberkommando* [o]
opperbevelhebber *Oberbefehlshaber* [m]
opperen ‹bezwaren e.d.› *äußern*, ‹plan› *vorschlagen*
opperhoofd *Oberhaupt* [o], ‹van indianen› *Häuptling* [m], ‹van rovers› *Hauptmann* [m]
opperhuid *Oberhaut* [v]
oppermachtig *souverän*
opperst *oberst, höchst*
oppervlak *Oberfläche* [v]
oppervlakkig *oberflächlich*
oppervlakte • (bovenkant) *Oberfläche* [v] ⋆ bebouwde ~ *Anbaufläche* [v] ⋆ ~ van de zee *Meeresspiegel* [m] • (uitgestrektheid) *Fläche* [v]
oppervlaktemaat *Flächenmaß* [o]
Opperwezen *Allmächtige(r)* [m]
oppeuzelen *verschmausen*
oppiepen *aufrufen*
oppikken • (meenemen) *mitnehmen, aufgabeln, auflesen* ⋆ iem. in de kroeg ~ *jmdn. in der Kneipe aufgabeln* • (leren) *aufschnappen* • (met snavel pakken) *aufpicken*
oppoetsen *aufpolieren*
oppompen • (omhoog pompen) *hochpumpen* • (vol lucht pompen) *aufpumpen*
opponent *Opponent* [m], *Gegner* [m]
opponeren *opponieren*
opporren • (oprakelen) *schüren* • (aansporen) *anfeuern, anspornen*
opportunisme *Opportunismus* [m]
opportunistisch *opportunistisch*
opportuun *opportun*
oppositie *Opposition* [v] ⋆ ~ voeren *in der Opposition sein*
oppositieleider *Oppositionsführer* [m]
oppotten *horten*
oprakelen *anschüren*
oprapen *aufheben, aufnehmen* ▾ zij heeft het daar voor het ~ *sie hat dort alles in Hülle und Fülle*
oprecht *aufrecht, rechtschaffen*
oprechtheid • (rechtschapenheid) *Rechtschaffenheit* [v] • (openhartigheid) *Aufrichtigkeit* [v]
oprichten • (overeind zetten) *aufrichten* ⋆ zich ~ *sich aufrichten; sich erheben* • (stichten) *gründen* • (bouwen) *errichten, aufbauen*
oprichter *Gründer* [m]
oprichting *Gründung* [v], *Stiftung* [v] ⋆ in ~ *im Aufbau* [m]
oprijden • (rijdend opgaan) ‹naar de spreker toe› *herauffahren*, ‹van de spreker weg› *hinauffahren* • (~ **tegen**) *fahren, fahren auf* [4] ⋆ tegen een boom ~ *gegen einen Baum fahren*
oprijlaan *Einfahrt* [v], *Auffahrt* [v], *Zufahrt* [v]
oprijzen • (omhoogkomen) *aufragen, hochragen* • (zich voordoen) *sich ergeben* • (opstaan) *sich erheben*
oprisping *Aufstoßen* [o], ‹inf.› *Rülpsen* [o]
oprit *Einfahrt* [v], *Zufahrt* [v], ‹van snelweg› *Auffahrt* [v]
oproep *Aufruf* [m], *Appell* [m], *Aufforderung* [v] ⋆ ~ voor militaire dienst *Einberufungsbefehl* [m]
oproepen • (opwekken tot) *auffordern* ⋆ het personeel tot actie ~ *das Personal zum Handeln auffordern* • (ontbieden) *aufrufen*, ‹onder de wapenen› *einberufen*, ‹van getuigen› *vorladen*

• (te voorschijn roepen) *wachrufen, wecken* ⋆ herinneringen ~ *Erinnerungen wachrufen/wecken*
oproer • (opstand) *Aufstand* [m], *Erhebung* [v] • (heftige beroering) *Aufruhr* [m]
oproerkraaier *Aufwiegler* [m], *Unruhestifter* [m]
oproerpolitie *Bereitschaftspolizei* [v]
oprollen I [ov ww] • (in elkaar rollen) *aufrollen, einrollen* • (onschadelijk maken) *verhaften* ⋆ een bende ~ *eine Bande auffliegen lassen/hochnehmen* **II** [on ww] • (voortrollen) *rollen*
oprotpremie ‹opgeven van een baan› *Abfindung* [v], ‹terugkeer naar eigen land› *Rückkehrprämie* [v]
oprotten *sich fortscheren, abhauen*
opruien *aufhetzen, aufwiegeln* ⋆ ~de taal *hetzerische/aufwieglerische Reden*
opruimen • (netjes maken) *aufräumen* • (uitverkopen) *ausverkaufen* ▾ opgeruimd staat netjes *Ordnung muss sein*
opruiming • (uitverkoop) *Schlussverkauf* [m], *Ausverkauf*, ‹wegens sluiting, verbouwing› *Räumungsverkauf* [m] ⋆ ~ van zomercollectie *Sommerschlussverkauf* [m] • (het opruimen) *Aufräumung* [m]
oprukken *vorrücken* ⋆ tegen de vijand ~ *gegen den Feind vorrücken*
opscharrelen *auftreiben, aufstöbern, aufgabeln*
opschepen *aufhalsen* ⋆ iem. met iets ~ *jmdm. etw. aufhalsen*
opschepper *Angeber* [m], *Aufschneider* [m]
opschepperig *angeberisch, aufschneiderisch*
opschepperij *Angeberei* [v], *Aufschneiderei* [v]
opschieten I [ov ww] • (omhoog doen gaan) *fliegen lassen* • (schietend opmaken) ‹van films› *vollmachen*, ‹van patronen› *verschießen* **II** [on ww] • (groeien) *aufschießen* • (zich haasten) *sich beeilen* ⋆ schiet op! *beeil dich!; mach zu/voran!*; ‹hoepel op› *hau ab!* • (vorderen) *vorankommen, Fortschritte machen* ⋆ wat schiet ik daar mee op? *was habe ich davon?; was bringt mir das?* ⋆ zij schiet totaal niet op *sie macht überhaupt keine Fortschritte* • (~ **met**) *auskommen mit* ⋆ goed met elkaar op kunnen schieten *gut miteinander auskommen*
opschikken I [ov ww] • (in orde brengen) *ordnen, in Ordnung bringen* • (versieren) *aufmachen, herausputzen* ⋆ zich ~ *sich schminken* **II** [on ww] • (opschuiven) *zusammenrücken, aufrücken*
opschorten *verschieben, hinaus-/aufschieben, aussetzen* ⋆ zijn oordeel ~ *nicht vorschnell urteilen; mit seinem Urteil zurückhalten*
opschrift • (titel) *Aufschrift* [v], *Inschrift* [v] • (tekst ergens op) *Anschrift* [v], *Adresse* [v]
opschrijven *aufschreiben*, ‹noteren› *notieren*
opschrikken I [ov ww] • (doen schrikken) *aufschrecken, aufscheuchen* **II** [on ww] • (van schrik opspringen) *aufschrecken, auf-/hochfahren*
opschroeven • (overdrijven) *hoch schrauben* • (opdrijven) *hoch schrauben* • (iets ergens op schroeven) *aufschrauben*
opschudden *aufschütteln*
opschudding *Aufregung* [v], *Erregung* [v]
opschuiven I [ov ww] • (opzij schuiven) *zur Seite schieben* • (uitstellen) *vertagen, verlegen, verschieben* **II** [on ww] • (opschikken) *aufrücken, zusammenrücken* ⋆ schuif eens wat op! *rück mal ein bisschen auf!*
opslaan I [ov ww] • (omhoog slaan) *aufschlagen* • (openslaan) *aufschlagen* • (verhogen) *erhöhen* • (bergen) *(ein)lagern*, ‹comp.› *speichern* ⋆ zijn winterprovisie ~ *Wintervorräte anlegen* • (opzetten) *aufblicken* • (sport) *servieren* **II** [on ww] • (duurder worden) *aufschlagen*
opslag • (loonsverhoging) *Erhöhung* [v], ‹van prijs› *Aufschlag* [m] ⋆ iem. ~ geven *jmds. Lohn/Gehalt erhöhen/aufbessern* • (berging) *Speicher* [m], *Lager* [o] • (sport) *Aufschlag* [m]
opslagplaats *Lager* [o], *Speicher* [m], ‹hal› *Lagerhalle* [v], ‹ruimte› *Lagerraum* [m]
opslokken *verschlingen*
opsluiten *einschließen, einsperren*
opsluiting *Haft* [v] ⋆ eenzame ~ *Einzelhaft*
opsmuk *Schmuck* [m], *Zierrat* [m]
opsnijden *prahlen, angeben, aufschneiden*
opsnorren *auffischen*
opsnuiven *durch die Nase hochziehen*, ‹geur› *einatmen*
opsodemieteren *abhauen*
opsommen *aufzählen*
opsomming *Aufzählung* [v]
opsparen *sparen, zusammensparen*
opspelden *feststecken, festpinnen*
opspelen *wüten, toben, sich aufregen*
opsporing *Nachforschung* [v], *Ausfindigmachen* [o], *Ermittlung* [v], ‹door politie› *Fahndung* [v]
opsporingsbericht *Fahndungsbericht* [m], *Suchmeldung* [v]
opsporingsdienst *Fahndungsdienst* [m], ‹politie› *Fahndung* [v]
opspraak *Gerede* [o] ⋆ in ~ brengen/komen *ins Gerede bringen/kommen*
opspringen *aufspringen*, ‹van verrassing, schrik e.d.› *auffahren*
opstaan • (gaan staan) *aufstehen, sich erheben* • (uit bed komen) *aufstehen* • (in opstand komen) *rebellieren, sich erheben/auflehnen* ⋆ tegen iem. ~ *gegen jmdn. rebellieren; sich gegen jmdn. erheben/auflehnen* • (verrijzen) *(auf)erstehen*
opstal *Bebauung* [v]
opstalverzekering *Gebäudeversicherung* [v]
opstandeling *Aufständische(r)* [m], *Rebell* [m]
opstandig • (in opstand) *aufständisch, rebellisch, aufsässig* • (weerspannig) *aufsässig, widerspenstig, aufmüpfig*
opstanding *Auferstehung* [v]
opstapelen *aufstapeln, aufschichten, aufhäufen* ⋆ de problemen stapelden zich op *die Probleme häuften sich*
opstapje • (middel om hogerop te komen) *Trittbrett* [o] • (trede) *Stufe* [v], *Tritt* [m] ⋆ voorzichtig, ~! *Vorsicht, Stufe!*
opstappen • (weggaan) *weggehen, fortgehen*, ‹aftreden› *zurücktreten* • (op iets stappen) ‹bus, tram› *einsteigen*, ‹fiets› *aufsteigen*, ‹naar de spreker toe› *heraufsteigen*, ‹van de spreker weg› *hinaufsteigen*
opstarten *startfertig machen*
opsteker *Glückstreffer* [m]
opstel *Aufsatz* [m]
opstellen I [ov ww] • (plaatsen) *aufstellen* • (ontwerpen) *aufsetzen, abfassen* **II** [wkd ww] *sich aufstellen* ⋆ zich negatief ~ *eine negative Haltung einnehmen*
opstelling • (plaatsing) *Aufstellung* [v], ‹sport› *Formation* [v] • (houding) *Standpunkt* [m], *Einstellung* [v], *Haltung* [v]
opstijgen *aufsteigen*
opstoken • (harder stoken) *schüren* • (verbranden) *verbrennen* • (ophitsen) *aufwiegeln, aufhetzen*
opstootje *Tumult* [m], *Aufruhr* [m]
opstopping *Stauung* [v], *Verstopfung* [v], ‹verkeer›

O

(Verkehrs)stau [m]
opstrijken • (gladstrijken) *aufbügeln* • (innen) *einstreichen*
opstropen *hochkrempeln*
opsturen *zusenden, (zu)schicken* ⋆ ik zal de stukken ~ *ich werde Ihnen die Unterlagen zugehen lassen*
optater *Schlag* [m], *Stoß* [m]
optekenen *notieren, aufschreiben*
optellen *zusammenzählen, addieren* ⋆ iets bij iets anders ~ *etw. zu etw. anderem hinzuzählen*
optelling • (optelsom) *Addition* [v] • (het optellen) *Zusammenzählen* [o], *Addieren* [o]
optelsom *Addition* [v]
opteren I [ov ww] • (opmaken) *aufbrauchen, verzehren* **II** [on ww] • (kiezen voor) *sich entscheiden, optieren für* ⋆ ze opteerden voor de eerste mogelijkheid *sie optierten für die erste Möglichkeit*
opticien *(Augen)optiker* [m]
optie • (keuzemogelijkheid) *Wahl* [v], *Möglichkeit* [v], ‹jur.› *Option* [v] • (vrije keuze) *Option* [v] • (econ.) *Option* [v]
optiebeurs *Wertpapierbörse* [v]
optiek *Sicht* [v], *Optik* [v], *Perspektive* [v]
optillen *aufheben, hochheben*
optimaal *optimal*
optimaliseren *optimieren*
optimisme *Optimismus* [m]
optimist *Optimist* [m]
optimistisch *optimistisch, zuversichtlich*
optioneel *Options-, Vorkaufs-*
optisch *optisch*
optocht *Umzug* [m], *Zug* [m], *Aufzug* [m] ⋆ een feestelijke ~ *ein festlicher Umzug*
optornen *ankämpfen gegen*
optreden I [het] • (handelswijze) *Auftreten* [o], *Vorgehen* [o] • (opvoering) *Auftritt* [m], *Auftreten* [o] **II** [on ww] • (handelen) *auftreten, vorgehen, handeln* ⋆ met geweld ~ *mit Gewalt/gewaltsam vorgehen* ⋆ zo moet je tegen hem ~ *so musst du gegen ihn verfahren; so musst du mit ihm verfahren* • (een rol spelen) *auftreten* • (zich voordoen) *auftreten, eintreten*
optrekje *kleine Wohnung* [v]
optrekken I [ov ww] • (omhoogtrekken) *aufziehen, hinaufziehen, hochziehen* • (opbouwen) *aufbauen, errichten* ▾ de neus voor iets ~ *die Nase über etw. rümpfen* **II** [on ww] • (opstijgen) *aufsteigen* • (oprukken) *vorrücken* • (omgaan met) *umgehen* ⋆ zij trekt veel met hem op *sie verbringt viel Zeit mit ihm* • (accelereren) *beschleunigen* **III** [wkd ww] *sich hochziehen* ⋆ zich aan iem. ~ *sich an jmdm. aufrichten* ⋆ zich aan de rekstok ~ *am Reck einen Klimmzug machen*
optrommelen *zusammentrommeln*
optuigen • (van tuig voorzien) ‹paard› *schirren*, ‹schip› *auftakeln* • (versieren) *auftakeln* ⋆ de kerstboom ~ *den Weihnachtsbaum schmücken*
optutten *zurechtmachen* ⋆ zich ~ *sich zurechtmachen;* ‹pej.› *sich aufdonnern*
opus *Opus* [o]
opvallen *auffallen*
opvallend *auffallend, auffällig*
opvang *Aufnahme* [v], *Auffangen* [o], ‹begeleiding› *Betreuung* [v] ⋆ kinder~ *Kindertagesstätte* [v]
opvangcentrum *Auffangstelle* [v], *Auffangzentrum* [o]
opvangen • (helpen) *sich kümmern um, auffangen* • (ondervangen) *abfangen* • (vangen) *(auf)fangen* • (horen) *aufschnappen*
opvarende ‹lid van de bemanning› *Mitglied der Schiffsbesatzung* [o], ‹passagier› *Passagier* [m]
opvatten • (opnemen) *fassen* ⋆ een plan ~ *einen Plan fassen* • (beschouwen) *betrachten, auffassen* ⋆ iets letterlijk ~ *etw. wörtlich nehmen* • (gaan koesteren) *empfinden* ⋆ liefde voor iem. ~ *jmdn. lieb gewinnen*
opvatting *Ansicht* [v], *Auffassung* [v] ⋆ achterhaalde ~en *überholte(n) Ansichten* ⋆ breed van ~ zijn *großzügig denken*
opvijzelen • (opkrikken) *hochwinden, aufwinden* • (verbeteren) *verbessern, aufmöbeln* ⋆ het moreel ~ *die Moral heben/verbessern*
opvissen *herausfischen, auffischen*
opvlammen *aufflammen*
opvliegen • (omhoogvliegen) *auffliegen, hochfliegen,* ‹plotseling› *auffahren, aufspringen,* ‹trap› *hinaufstürzen* • (driftig worden) *auffahren, aufbrausen*
opvliegend *aufbrausend, hitzköpfig,* ‹driftig› *jähzornig*
opvoeden • (grootbrengen) *aufziehen* ⋆ vrij ~ *frei erziehen* • (vormen) *erziehen*
opvoeding • (vorming) *Erziehung* ⋆ lichamelijke ~ *Leibeserziehung* [v] ⋆ een autoritaire ~ *eine autoritäre Erziehung* ⋆ een ~ krijgen *eine Erziehung erhalten* • (het grootbrengen) *Erziehung* [v]
opvoedingsgesticht *Erziehungsheim* [o], *Erziehungsanstalt* [v], ‹van de overheid› *Fürsorgeheim* [o]
opvoedkunde *Pädagogik* [v], *Erziehungswissenschaft* [v]
opvoedkundig *pädagogisch, erzieherisch*
opvoeren • (vertonen) *aufführen* • (groter/krachtiger maken) *steigern,* ‹motor› *frisieren* • (opdrijven) *steigern, erhöhen, hinaufschrauben*
opvoering • (vertoning) *Vorstellung* [v], *Aufführung* [v] • (verhoging) *Steigerung* [v], *Erhöhung* [v]
opvolgen I [ov ww] • (gevolg geven aan) *befolgen* ⋆ een raad/bevel ~ *einen Rat/Befehl befolgen* **II** [on ww] • (volgen op) *folgen* [3] ⋆ iem. ~ *jmdm. nachfolgen* ⋆ elkaar in tijd ~ *zeitlich aufeinander folgen*
opvolger *Nachfolger* [m]
opvouwbaar *zusammenklappbar, zusammenfaltbar, zusammenlegbar* ⋆ opvouwbare boot *Faltboot* [o]
opvouwen *(zusammen)falten, zusammenlegen*
opvragen *anfordern,* ‹terugvragen› *zurückfordern*
opvreten I [ov ww] *auffressen* **II** [wkd ww] *vergehen* ⋆ zich van nijd ~ *von Neid zerfressen werden*
opvrijen • (vleien) *liebedienern, sich bei jmdm. einschmeicheln* • (seksueel prikkelen) *anmachen,* ‹vulg.› *aufgeilen*
opvrolijken *aufmuntern, aufheitern*
opvullen *ausfüllen, füllen*
opwaaien *aufwehen, aufwirbeln* ▾ dat heeft veel stof doen ~ *das hat viel Staub aufgewirbelt*
opwaarderen *aufwerten*
opwaarts *aufwärts, hinauf, Aufwärts-* ⋆ ~e druk *Auftrieb* [m] ⋆ ~e beweging *Aufwärtsbewegung* [v] ⋆ in ~e lijn *in aufsteigender Linie* ⋆ ~e tendens *Aufwärtstrend* [m]; *steigende Tendenz* [v]
opwachten *warten, erwarten,* ‹met kwade bedoeling› *auflauern* [3] ⋆ iem. ~ *jmdn. erwarten; auf jmdn. warten*
opwachting *Höflichkeitsbesuch* [m] ⋆ zijn ~ bij iem. maken *jmdm. seine Aufwartung machen*
opwarmen I [ov ww] • (opnieuw verwarmen)

aufwärmen **II** [on ww] • (warm worden) *warm werden*
opwegen *aufwiegen* ⋆ tegen elkaar ~ *einander ausgleichen; sich die Waage halten*
opwekken • (doen herleven) *erwecken, aufwecken* ⋆ iem. uit de dood ~ *jmdn. vom Tode auferwecken* • (aansporen) *anregen, ermuntern* ⋆ de eetlust ~ *den Appetit anregen* • (doen ontstaan) *erregen, erwecken,* ‹elektriciteit› *erzeugen,* ‹herinneringen› *wachrufen*
opwekkend *aufmunternd, belebend, anregend* ⋆ een ~ middel *ein anregendes Mittel*
opwellen *aufquellen, (auf)wallen,* ‹van gevoelens› *hochsteigen* ⋆ tranen welden in haar ogen op *ihre Augen füllten sich mit Tränen*
opwelling *Antrieb* [m], *Anwandlung* [v] ⋆ in een ~ handelen *spontan handeln* ⋆ in een eerste ~ wilde ik hem helpen *mein erster Impuls war, ihm zu helfen* ⋆ in een ~ van kwaadheid *in einer Anwandlung von Zorn*
opwerken I [ov ww] • (bruikbaar maken) *aufbereiten* • (naar boven brengen) *hinaufbringen, heraufholen* ⋆ een zware kist de trap ~ *eine schwere Kiste die Treppe hinaufschaffen* • (door bewerking hoger/beter maken) *aufarbeiten, auffrischen* **II** [wkd ww] *sich hinaufarbeiten, sich heraufarbeiten, sich hocharbeiten*
opwerpen I [ov ww] • (omhoog werpen) *aufwerfen, hochwerfen* • (aanleggen) *aufwerfen, errichten* ⋆ een dam ~ *einen Damm aufschütten;* ‹fig.› *einen Damm errichten* • (opperen) *erheben, nennen* ⋆ bezwaren ~ *Einwände erheben* **II** [wkd ww] *sich aufwerfen*
opwinden I [ov ww] • (oprollen) *aufwinden,* ‹kluwen› *aufwickeln* • (draaiend spannen) *aufziehen* • (heftige gevoelens veroorzaken) *mitreißen, aufregen,* ‹seksueel› *erregen* **II** [wkd ww] *sich aufregen* ⋆ wind je niet op *reg dich ab*
opwindend *erregend, aufregend*
opwinding *Aufregung* [v], *Erregung* [v] ⋆ in ~ raken *in Erregung geraten*
opzadelen • (opschepen) *aufhalsen* ⋆ iem. met iets ~ *jmdm. etw. aufhalsen* • (zadel opdoen) *(auf)satteln*
opzeggen • (voordragen) *aufsagen* • (beëindigen) *kündigen* ▾ zeg op! *nun sag schon!*
opzet I [de] *Planung* [v], *Entwurf* [m] ⋆ de ~ van deze roman deugt niet *dieser Roman ist schon in der Anlage verfehlt* **II** [het] *Absicht* [v] ⋆ met ~ *absichtlich; vorsätzlich* ⋆ dat is niet met ~ gebeurd *da steckte keine Absicht dahinter*
opzettelijk *absichtlich,* ‹met voorbedachten rade› *vorsätzlich*
opzetten I [ov ww] • (opstoken) *aufhetzen* ⋆ mensen tegen elkaar ~ *Menschen gegeneinander aufhetzen* • (beginnen) *gründen, anlegen* ⋆ iets groots ~ *etw. groß aufziehen* • (prepareren) *ausstopfen* • (overeind zetten) *aufsetzen,* ‹mast› *aufrichten,* ‹tent› *aufschlagen* ▾ een grote mond ~ *ein großes Maul haben* **II** [on ww] • (opkomen) *aufkommen* ⋆ er komt onweer ~ *es zieht ein Gewitter auf* ⋆ er komt mist ~ *es kommt Nebel auf* • (zwellen) *schwellen, anschwellen* ⋆ een opgezet gezicht *ein geschwollenes Gesicht*
opzicht • (toezicht) *Aufsicht* [v] • (aspect) *Hinsicht* [v], *Beziehung* [v] ⋆ in alle ~en *in jeder Hinsicht* ⋆ ten ~e van *in Bezug auf; bezüglich* [2]; *hinsichtlich* [2]
opzichter *Aufseher* [m]
opzichtig *auffällig, auffallend* ⋆ ~e kleuren *grelle Farben* ⋆ ~ gekleed gaan *sich auffällig/auffallend kleiden*
opzichzelfstaand *vereinzelt, einzeln* ⋆ een ~ geval *ein vereinzelter Fall; ein Einzelfall*
opzien I [het] *Aufsehen* [o] ⋆ ~ baren *Aufsehen erregen* **II** [on ww] • (opkijken) *aufsehen, aufblicken, aufschauen* • (bewonderen) *(hin)aufblicken, (hin)aufsehen* ⋆ tegen iem. ~ *zu jmdm. aufblicken/-sehen* • (vrezen) *sich scheuen* ⋆ tegen de kosten ~ *die Kosten scheuen* ⋆ tegen een taak ~ *vor einer Aufgabe zurückschrecken*
opzienbarend *Aufsehen erregend, sensationell*
opziener *Aufseher* [m]
opzij • (naar de zijkant) *beiseite, an der Seite* ⋆ ~! *Platz!* • (terzijde) ⋆ iets ~ leggen *etw. zur Seite legen* ⋆ zorgen ~ zetten *Sorgen abschütteln*
opzitten • (overeind zitten) *Männchen machen* • (opblijven) *aufsitzen* ▾ er zit niets anders op *es bleibt uns nichts anderes übrig; es geht nun mal nicht anders* ▾ dat zit er weer op *das hätten wir geschafft*
opzoeken • (zoeken) *aufsuchen,* ‹in boek› *nachschlagen* • (bezoeken) *besuchen*
opzouten *einsalzen, einpökeln*
opzuigen *aufsaugen*
opzwellen *schwellen, anschwellen*
opzwepen • (aanvuren) *aufpeitschen* • (voortdrijven) *aufpeitschen, antreiben*
oraal *oral, mündlich* ⋆ orale geschiedenis *mündlich überlieferte Geschichte* [v]
orakel *Orakel* [o] [mv: *Orakel*]
orang-oetan *Orang-Utan* [m]
oranje I [het] *Orange* [o] **II** [bnw] *orange* ⋆ het stoplicht staat op ~ *die Ampel ist gelb*
Oranje I [de] *Oranier* [m] **II** [het] • (vorstenhuis) *Haus Oranien* [o] • (nationale sportploeg) *niederländische Nationalmannschaft* [v]
oranjebitter *Orangenlikör* [m]
Oranjehuis *Haus Oranien* [o]
Oranjeteam *niederländische Nationalmannschaft* [v]
oratie *Rede* [v]
orator *Redner* [m]
oratorium *Oratorium* [o]
orchidee *Orchidee* [v]
orde • (volgorde) *Ordnung* [v] ⋆ orde van de dag *Tagesordnung* ⋆ een kwestie aan de orde stellen *eine Angelegenheit zur Diskussion stellen* • (klasse) *Ordnung* [v] • (genootschap) *Orden* [m] ⋆ orde van advocaten *Anwaltskammer* [v] • (geregelde toestand) *Ordnung* [v] ⋆ orde houden *Ordnung halten; die Disziplin wahren* ⋆ iets in orde brengen/maken *etw. in Ordnung bringen; etw. erledigen* ⋆ komt in orde! *geht in Ordnung!; wird gemacht!* ⋆ zo, ben je weer in orde? *na, wieder auf dem Posten?* • (bio.) *Ordnung* [v]
ordedienst *Ordnungsdienst* [m]
ordelievend *ordnungsliebend*
ordelijk *ordentlich, geordnet*
ordeloos *unordentlich, ungeordnet*
ordenen • (rangschikken) *ordnen* • (in een orde opnemen, wijden) *ordinieren*
ordening • (het rangschikken) *Ordnung* [v] ⋆ ruimtelijke ~ *Raumordnung* • (het regelen) *Regelung* [v]
ordentelijk • (fatsoenlijk) *ordentlich, anständig* • (billijk) *angemessen*
order • (bevel) *Anordnung* [v], *Befehl* [m], ‹mil.› *Order* [v] • (bestelling) *Bestellung* [v], *Auftrag* [m] ⋆ een ~ plaatsen *eine Bestellung aufgeben; einen Auftrag vergeben* ▾ tot nader ~ *bis auf weiteres*
orderportefeuille *Auftragsbestand* [m], ‹van vertegenwoordiger› *Orderbuch* [o]

ordeverstoorder *Ruhestörer* [m]
ordinair • (gewoon) *gewöhnlich, ordinär* • (onbeschaafd) *ordinär*
ordner *Ordner* [m]
oregano *Oregano* [m]
orgaan • (lichaamsdeel) *Organ* [o] • (vertolker) *Sprachrohr* [o], ‹blad› *Organ* [o], ‹persoon› *Sprecher* [m] • (afdeling, instelling) *Organ* [o]
organisatie *Organisation* [v]
organisatiedeskundige *Organisationsfachmann* [m]
organisator *Veranstalter* [m], *Organisator* [m]
organisatorisch *organisatorisch*
organisch *organisch*
organiseren *organisieren*
organisme *Organismus* [m]
organist *Orgelspieler* [m], ‹professioneel› *Organist* [m]
orgasme *Orgasmus* [m]
orgel • (toetsinstrument) *Orgel* [v] • (draaiorgel) *Drehorgel* [v], *Leierkasten* [m]
orgelbouwer *Orgelbauer* [m]
orgelconcert *Orgelkonzert* [o]
orgelman *Leierkastenmann* [m]
orgelpijp *Orgelpfeife* [v]
orgie *Orgie* [v]
Oriënt *Orient* [m]
oriëntaals *orientalisch*
oriëntalist *Orientalist* [m]
oriëntatie *Orientierung* [v]
oriëntatievermogen *Orientierungssinn* [m]
oriënteren • (zijn positie bepalen) *richten* ⋆ zich ~ *sich orientieren* • (informeren) *ausrichten, informieren*
oriënteringsvermogen *Ortssinn* [m], *Orientierungssinn* [m], *Orientierungsvermögen* [o]
originaliteit *Originalität* [v]
origine *Herkunft* [v], *Abstammung* [v] ⋆ zij is van Spaanse ~ *sie ist spanischer Herkunft*
origineel I [het] *Original* [o], ‹tekst› *Urschrift* [v] **II** [bnw] • (oorspronkelijk) *Original-, original* ⋆ de originele uitgave *die Originalausgabe* [v] • (apart) *original, originell, seltsam* ⋆ een zeer ~ type *ein richtiges Original*
orkaan *Orkan* [m]
orkaankracht *Orkanstärke* [v]
orkest *Orchester* [o], ‹klein› *Kapelle* [v]
orkestbak *Orchestergraben* [m]
orkestraal *orchestral*
Orkney-eilanden *Orkneyinseln* [mv]
ornaat *Ornat* [o], *Amtstracht* [v] ⋆ in vol ~ verschijnen *in vollem Ornat erscheinen*
ornament *Ornament* [o], *Verzierung* [v]
ornithologie *Ornithologie* [v], *Vogelkunde* [v]
orthodontie *Kieferorthopädie* [v]
orthodontist *Kieferorthopäde* [m]
orthodox *orthodox, strenggläubig, rechtgläubig*
orthopedagogiek *Heilpädagogik* [v], *Sonderpädagogik* [v]
orthopedie *Orthopädie* [v]
orthopedisch *orthopädisch*
orthopedist *Orthopäde* [m]
os *Ochse* [m] ▾ slapen als een os *schlafen wie ein Murmeltier*
oscilloscoop *Oszilloskop* [o]
Oslo *Oslo* [o]
osmose *Osmose* [v]
Osseet *Ossete* [m]
ossenhaas *Rinderfilet* [o]
ostentatief *ostentativ*
otter *Otter* [m] ▾ zweten als een ~ *schwitzen wie ein Affe* ▾ slapen als een ~ *schlafen wie ein Bär*

O

oubollig *drollig*, ‹flauw› *geistlos*
oud • (van zekere leeftijd) ⋆ een kind van drie jaar oud *ein dreijähriges Kind* • (van vroeger tijd) *alt* ⋆ oud en nieuw vieren *Silvester feiern* ⋆ het oude centrum *die Altstadt* ▾ op zijn oude dag *auf seine alten Tage* ▾ hoe ouder, hoe gekker *Alter schützt vor Torheit nicht*
oud- *alt-*
oudbakken *altbacken*
oudedagsvoorziening *Altersversorgung* [v]
oudejaar *Silvester* [m/o]
oudejaarsavond *Silvesterabend* [m]
oudejaarsnacht *Silvesternacht* [v]
ouder *Elternteil* [m] ⋆ de ~s *die Eltern* ⋆ van ~ tot ~ *von Geschlecht zu Geschlecht* ⋆ een van zijn ~s verliezen *einen Elternteil verlieren*
ouderavond *Elternabend* [m]
oudercommissie *Elternbeirat* [m], *Elternvertretung* [v], *Elternausschuss* [m]
ouderdom *Alter* [o]
ouderdomskwaal *Altersbeschwerden* [mv]
ouderdomsverschijnsel *Alterserscheinung* [v]
oudere *Alte* [m], *Ältere* [m]
ouderejaarsstudent ≈ *Student in höheren Semestern* [m]
ouderlijk *Eltern-, elterlich* ⋆ ~ huis *Elternhaus* [o]
ouderling *Presbyter* [m], *Kirchenälteste(r)* [m]
ouderraad *Elternbeirat* [m]
ouderschap *Elternschaft* [v]
ouderschapsverlof *Erziehungsurlaub* [m]
ouderwets *altmodisch*
oudgediende • (ex-militair) *Veteran* [m] • (oude rot) *alte(r) Hase* [m]
Oud-Grieks I [het] *Altgriechisch(e)* [o] **II** [bnw] *altgriechisch*
oudheid *Altertum* [o]
oudheidkunde *Archäologie* [v], *Altertumsforschung* [v]
oudheidkundig *archäologisch*
oudjaar *Silvester* [m/o]
oudje *Alte(r)* [m]
oudoom *Großonkel* [m]
oudsher ⋆ van ~ *von jeher; von alters her; seit eh und je*
oudste *Älteste(r)* [m] ⋆ de ~ van de twee *der Ältere von beiden*
oudtante *Großtante* [v]
oudtestamentisch *alttestamentlich*
outfit *Outfit* [o]
outillage *Ausrüstung* [v], *Ausstattung* [v]
output *Output* [m]
outsider *Outsider* [m], *Außenseiter* [m]
ouverture • (inleiding) *Ouvertüre* [v], *Auftakt* [m] • (muz.) *Ouvertüre* [v]
ouvreuse *Platzanweiserin* [v]
ouwehoer *Quatschkopf* [m], *Schwätzer* [m]
ouwehoeren *quatschen, labern*
ouwel *Oblate* [v]
ouwelijk *ältlich*
ovaal I [het] *Oval* [o] **II** [bnw] *oval*
ovatie *Ovation* [v]
oven *Ofen* [m]
ovenschaal *Auflaufform* [v]
ovenschotel *Auflauf* [m], *überbackene(s) Gericht* [o]
ovenvast *feuerfest*
over I [bijw] • (afgelopen) *vorbei* ⋆ en nu is het over! *und jetzt ist Schluss!* ⋆ hun vriendschap was over *ihre Freundschaft war zu Ende* • (resterend) *übrig* ⋆ hoeveel is er nog over? *wie viel ist noch übrig?* • (opnieuw) *erneut* ⋆ lees die zin nog eens over *lies den Satz noch einmal* **II** [vz] • (via) *über* [4] • (meer/langer dan) *über* [4] ⋆ over zijn

toeren *durchgedreht* ⋆ bewijzen te over *genug Beweise* • (na) in [3] ⋆ over een jaar *in einem Jahr* • (betreffende) *über* [4], *von* [3] ⋆ over wie gaat het? *von wem handelt es?* • (van/naar een andere plaats) *über* [4]
overal *überall*
overall *Overall* [m]
overbekend *allbekannt, weit bekannt*
overbelasten *überlasten*
overbelichten ‹fig.› *überbetonen*, ‹fotografie› *überbelichten*
overbemesting *Überdüngung* [v]
overbesteding *höhere Ausgaben als veranschlagt* [mv]
overbevolking *Über(be)völkerung* [v]
overbevolkt *übervölkert*
overbezet *übervoll, überbesetzt*
overblijfsel *Rest* [m], *Überrest* [m]
overbluffen • (verwarren) *verdutzen* • (overdonderen) *überrumpeln, verblüffen*
overbodig *überflüssig, unnötig*
overboeken • (gireren) *überweisen* • (te vol boeken) ‹van hotels e.d.› *doppelt belegen, überbelegen*, ‹van vliegtuig› *zu voll buchen* • (hand.) *umbuchen*
overboord *über Bord* ⋆ man ~! *Mann über Bord!* ▾ dan is er nog geen man ~ *das ist noch keine Tragödie*
overbrengen • (verplaatsen) *überbringen, hinüberbringen, transportieren* ⋆ iem. de rivier ~ *jmdn. über den Fluss setzen/bringen* • (overboeken) *umbuchen, übertragen* • (overdragen) *übertragen* ⋆ een ziekte ~ *eine Krankheit übertragen* • (vertalen) *übertragen* • (doorgeven) *ausrichten, übermitteln* ⋆ alles aan iem. ~ *jmdm. alles zutragen* ⋆ groeten/gelukwensen ~ *Grüße/Glückwünsche ausrichten/übermitteln*
overbrenging • (het overbrengen) *Überbringung* [v], *Übermittlung* [v], ‹het overdragen› *Übertragung* [v] • (techn.) *Transmission* [v]
overbrieven *hinterbringen, zutragen*
overbruggen • (met brug overspannen) *überbrücken* • (ondervangen) ⋆ tegenstellingen ~ *Gegensätze überbrücken*
overbrugging *Überbrückung* [v]
overbruggingsregeling *Überbrückungsregelung* [v]
overbuur *Nachbar gegenüber* [m], *Gegenüber* [o]
overcompleet *überzählig*
overdaad *Übermaß* [o], *Überfluss* [m] ▾ ~ schaadt *allzu viel ist ungesund*
overdadig *üppig, verschwenderisch, unmäßig*
overdag *am Tag, tagsüber*
overdekken • (iets geheel bedekken) *abdecken, zudecken* • (overkappen) *überdachen*
overdekt *überdacht* ⋆ ~ zwembad *Hallenbad* [o]
overdenken *(sich) überlegen, überdenken*
overdenking • (bespiegeling) *Überlegung* [v], *Betrachtung* [v] • (het overdenken) *Überlegung* [v], *Nachdenken* [o]
overdoen • (opnieuw doen) *noch einmal tun, wiederholen* • (verkopen) *verkaufen, abgeben* ⋆ zijn zaak ~ *sein Geschäft verkaufen* • (overgieten) *übergießen, überschütten* • (overpakken) *umpacken*
overdonderen *verblüffen* ⋆ ik laat me door hem niet ~ *ich lass mich von ihm nicht überrumpeln* ⋆ haar antwoord overdonderde ons *ihre Antwort verblüffte uns*
overdosis *Überdosis* [v]
overdraagbaar • (over te dragen) *übertragbar* • (med.) *ansteckend*
overdracht ‹eigendom› *Übereignung* [v], ‹ook m.b.t. een waardigheid› *Übergabe* [v], ‹ook m.b.t. taalgebruik› *Übertragung* [v] ⋆ akte van ~ *Übertragungsurkunde* [v]; *Abtretungsurkunde* [v]
overdrachtelijk *übertragen, bildlich, figürlich* ⋆ in ~e zin *im übertragenen Sinn*
overdrachtskosten *Übernahmekosten* [mv]
overdragen • (overboeken) *überweisen* • (overbrengen) *übertragen* • (overgeven) *übertragen, abtreten*
overdreven *übertrieben*
overdrijven I [ov ww] *übertreiben* **II** [on ww] • (naar de andere kant drijven) *herübertreiben, hinübertreiben* • (voorbijtrekken) *vorüberziehen, vorbeiziehen*
overdrive *Overdrive* [m]
overdruk • (extra afdruk) *Sonder(ab)druck* [m] • (overgedrukte tekst) *Aufdruck* [m], *Überdruck* [m] • (nat.) *Überdruck* [m]
overdrukken • (opnieuw drukken) *nachdrucken* • (ergens overheen drukken) *aufdrucken, überdrucken* • (op cliché drukken) *umdrucken*
overduidelijk *überdeutlich*
overdwars I [bnw] *quer, Quer-* ⋆ ~e doorsnee *Querschnitt* [m] **II** [bijw] *der Quere nach, quer* ⋆ ~ snijden *quer/der Quere nach schneiden*
overeenkomen I [ov ww] • (afspreken) *übereinkommen, vereinbaren* ⋆ op de overeengekomen voorwaarden *zu den vereinbarten Bedingungen* **II** [on ww] • (bij elkaar passen) *übereinstimmen* ⋆ niet met de waarheid ~ *der Wahrheit nicht entsprechen*
overeenkomst • (gelijkheid) *Übereinstimmung* [v] • (gelijkenis) *Ähnlichkeit* [v] • (afspraak) *Übereinkommen* [o], *Vereinbarung* [v], ‹jur.› *Vertrag* [m], ‹contract› *Abkommen* [o] ⋆ volgens ~ *laut Vereinbarung* ⋆ een geheime ~ *ein geheimes Abkommen*
overeenkomstig I [bnw] *übereinstimmend, ähnlich, entsprechend* ⋆ in een ~ geval *in einem ähnlichen Fall* ⋆ ~e hoeken *korrespondierende(n) Winkel* **II** [vz] *gemäß* [3], *nach* [3] ⋆ dat is niet ~ de waarheid *das entspricht nicht der Wahrheit* ⋆ ~ zijn wens handelen *seinem Wunsch gemäß handeln*
overeenstemmen • (overeenkomst vertonen) *entsprechen* ⋆ dat stemt niet met de feiten overeen *das entspricht nicht den Fakten* • (gelijkgestemd zijn) *übereinstimmen* ⋆ zij stemmen in dat opzicht overeen *in dieser Hinsicht stimmen sie überein*
overeenstemming *Übereinstimmung* [v] ⋆ in ~ brengen met *in Übereinstimmung bringen mit; in Einklang bringen mit* ⋆ niet in ~ met de feiten zijn *den Tatsachen nicht entsprechen*
overeind *gerade, aufrecht* ⋆ ~ zetten *aufrichten* ⋆ ~ staan *gerade stehen; aufrecht stehen* ⋆ ~ gaan zitten *sich aufrichten* ▾ dat houdt haar ~ *das hält sie aufrecht*
overerven I [ov ww] • (meekrijgen) *erben* **II** [on ww] • (overgaan op) *sich weitervererben*, ‹eigenschap, ziekte› *sich vererben*
overgaan • (oversteken) *gehen über* ⋆ de grens ~ *über die Grenze gehen* • (van bezitter veranderen) *übergehen (auf)* [4] • (bevorderd worden) *versetzt werden* • (rinkelen) *läuten* ⋆ de telefoon gaat over *das Telefon läutet* • (voorbijgaan) *sich legen, vorübergehen* • (veranderen) *übergehen* ⋆ tot bederf ~ *in Fäulnis übergehen* • (beginnen) *übergehen* ⋆ ~ tot de orde van de dag *zur Tagesordnung übergehen* • (zich voegen bij)

O

übertreten, ‹naar de tegenpartij› *überlaufen* ⋆ naar een andere partij ~ *zu einer anderen Partei übertreten* • (~ **op**) ⋆ deze eigenschap is van vader op zoon overgegaan *diese Eigenschaft hat sich von Vater auf Sohn vererbt*

overgang • (het overgaan) *Übergang* [m], ‹op school› *Versetzung* • (tussenfase) *Übergang* [m] • (menopauze) *Wechseljahre* [mv] • (oversteekplaats) *Übergang*

overgangsbepaling *Übergangsbestimmung* [v]

overgangsfase *Übergangsphase* [v]

overgangsjaren *Wechseljahre* [mv]

overgangsmaatregel *Übergangsregelung* [v]

overgankelijk ‹taalk.› *transitiv* ⋆ ~ werkwoord *transitives Verb*

overgave • (capitulatie) *Übergabe* [v] • (toewijding) *Hingabe* [v]

overgeven I [ov ww] • (overhandigen) *übergeben, überreichen* **II** [on ww] • (braken) *sich erbrechen, sich übergeben* **III** [wkd ww] *sich ergeben* ⋆ zich aan de vijand ~ *sich dem Feind ergeben* ⋆ zich aan zijn hartstocht ~ *sich seiner Leidenschaft hingeben*

overgevoelig • (zeer gevoelig) *sentimental* • (allergisch) *überempfindlich*

overgewicht *Übergewicht* [o]

overgieten • (in iets anders gieten) *umfüllen, umgießen* • (opnieuw gieten) *umgießen*

overgordijn *Übergardine* [v]

overgrootmoeder *Urgroßmutter* [v]

overgrootvader *Urgroßvater* [m]

overhaast *überstürzt, vorschnell, voreilig, übereilt*

overhaasten *überstürzen, übereilen*

overhalen • (overreden) *überreden* • (trekken aan) *umstellen, umlegen* ⋆ de trekker ~ *abdrücken* • (naar de andere kant halen) *herüberholen*, ‹boot› *überholen* • (overtrekken) *durchzeichnen*

overhand *Oberhand* [v] ▾ de ~ krijgen/hebben/houden *die Oberhand gewinnen/ haben/behalten*

overhandigen *übergeben, aushändigen*, ‹uitreiken› *überreichen*

overhangen *überhängen*

overheadprojector *Overheadprojektor* [m]

overhebben • (overhouden) *übrig haben, übrig behalten* • (willen missen) *opfern, bereit sein aufzugeben, bereit sein zu tun, hergeben* ⋆ alles voor iem. ~ *viel für jmdn. übrig haben; alles für jmdn. zu opfern bereit sein* ⋆ wat heb je ervoor over? *was ist es dir wert?* ⋆ daar heb ik niets voor over ‹geld› *dafür gebe ich mein Geld nicht her;* ‹moeite› *dafür gebe ich mir keine Mühe*

overheen *über* ⋆ leg er een doek ~ *leg ein Tuch darüber*

overheersen I [ov ww] • (heersen over) *herrschen über* • (domineren) *beherrschen* **II** [on ww] • (overhand hebben op) *überwiegen, vorherrschen*

O

overheersing • (dominantie) *Vorherrschaft* [v] • (heerschappij) *Gewaltherrschaft* [v], *Beherrschung* [v] ⋆ vreemde ~ *Fremdherrschaft* [v]

overheid ‹autoriteit, gezags-/overheidsorgaan› *Behörde* [v], ‹rijk, staat› *Staat* [m] ⋆ burgerlijke ~ *Zivilbehörden* [mv]

overheidsbedrijf *öffentliches Unternehmen* [o], ‹nationaal› *Staatsbetrieb* [m]

overheidsdienst *Behörde* [v] ⋆ in ~ zijn *im öffentlichen Dienst sein*

overheidswege ⋆ van ~ *behördlicherseits*

overhellen • (hellen) *überhängen, sich neigen* • (neigen) *neigen, zuneigen* [3] ⋆ tot een opvatting ~ *zu einer Ansicht neigen*

overhemd *(Ober)hemd* [o]

overhevelen • (overbrengen) *überführen* ⋆ het geld werd naar een ander rekeningnummer overgeheveld *das Geld wurde auf ein anderes Konto geleitet* • (met hevel overbrengen) *umfüllen*

overhoop *durcheinander* ⋆ de hele kamer lag ~ *im Zimmer herrschte ein großes Durcheinander; das ganze Zimmer war in Unordnung* ▾ met iem. ~ liggen *sich mit jmdm. zerstritten haben; sich mit jmdm. überworfen haben*

overhoophalen *durcheinander bringen, durcheinander werfen*

overhoopliggen • (in de war liggen) *durcheinander sein, durcheinander liegen* • (onenigheid hebben) *zerstritten sein, verfeindet sein* ⋆ voortdurend met iem. overhoop liggen *sich dauernd mit jmdm. in den Haaren liegen*

overhoopschieten *über den Haufen schießen*, ‹inf.› *niederknallen*

overhoren *(über)prüfen*, ‹mondeling› *abfragen* ⋆ iem. mondeling ~ *jmdn. mündlich prüfen* ⋆ Franse woordjes ~ *französische Vokabeln abfragen*

overhouden • (als overschot hebben) *übrig behalten* • (in leven houden) *zurückbehalten*

overig • (overblijvend) *übrig* ⋆ al het ~e *alles Übrige* • (ander) ⋆ voor het ~e *im Übrigen; übrigens*

overigens • (voor het overige) *ansonsten* • (trouwens) *übrigens*

overijld *übereilt, überstürzt, voreilig, vorschnell*

overjarig • (meer dan één jaar oud) *über ein Jahr alt* • (achterstallig) *ausstehend* • (overblijvend (m.b.t. planten)) *winterhart, ausdauernd*

overjas *Mantel* [m]

overkant *andere/gegenüberliegende Seite* [v] ⋆ hij woont aan de ~ *er wohnt gegenüber* ⋆ aan de ~ van het water *am anderen Ufer*

overkapping *Überdachung* [v]

overkill *Overkill* [m]

overkoepelen *mit einer Kuppel überdecken*, ‹fig.› *zusammenfassen* ⋆ ~de organisatie *Dachverband* [m]; *Dachorganisation* [v]

overkoken *überkochen* ⋆ de melk is overgekookt *die Milch ist übergekocht* ▾ ~ van woede *vor Zorn überkochen*

overkomelijk *überwindbar*

overkomen • (over iets heen komen) *herüberkommen, hinüberkommen* • (gebeuren) *passieren, geschehen* ⋆ dat kan iedereen ~ *das kann jedem passieren* • (begrepen worden) *ankommen* • (indruk maken) *wirken* ⋆ hij komt erg onzeker over *er wirkt sehr unsicher* • (van elders komen) *herüberkommen*

overláden I [bnw] *überladen* **II** [ov ww] • (overstelpen) *überhäufen* • (te zwaar belasten) *überladen*

óverladen *umladen, umschlagen*

overlangs *der Länge nach*

overlappen *überlappen, sich überschneiden* ⋆ deze programma's ~ elkaar gedeeltelijk *diese Sendungen überschneiden sich teilweise*

overlast *Belästigung* [v], ‹extra moeite› *Umstände* [v]

overlaten • (toevertrouwen) *überlassen, anheim stellen* • (doen overblijven) *übrig lassen* ⋆ dat laat veel te wensen over *das lässt viel zu wünschen übrig* • (erover laten gaan) *herüberlassen, hinüberlassen*

overleden *gestorben*, ‹form.› *verstorben* ⋆ zijn ~ vader *sein verstorbener Vater*

overledene *Verstorbene(r)* [m]

overleg • (bedachtzaamheid) *Überlegung* [v] ⋆ met ~ te werk gaan *bedachtsam vorgehen* ⋆ iets met ~ doen *etw. mit Überlegung/Bedacht tun* • (beraadslaging) *Beratung* [v], *Rücksprache* [v] ⋆ met iem. ~ plegen *sich mit jmdm. beraten; Rücksprache mit jmdm. halten* ⋆ na gemeenschappelijk ~ *nach gemeinsamer Beratung*

overleggen • (overwegen) *überlegen* • (beraadslagen) *beratschlagen, beraten* ⋆ dat moeten wij eerst nog ~ *darüber müssen wir uns erst noch beraten* ⋆ met elkaar ~ *sich beraten* • (tonen) *vorweisen, vorlegen*

overlegorgaan *Beratungsgremium* [o]

overleven *überleben*

overlevende *Überlebende(r)* [m]

overleveren • (overdragen) *übergeben, ausliefern* ⋆ aan de vijand ~ *dem Feind ausliefern* ⋆ helemaal aan iem. overgeleverd zijn *jmdm. ganz und gar ausgeliefert sein* • (doorgeven) *überliefern*

overlevering • (overdracht) *Übergabe* [v] • (het overleveren) *Überlieferung* [v]

overlezen • (opnieuw lezen) *noch einmal lesen* • (doorlezen) *durchlesen*

overlijden I [het] *Tod* [m] ⋆ akte van ~ *Sterbeurkunde* [v] ⋆ bij ~ *im Todesfall* **II** [on ww] *sterben*

overlijdensadvertentie *Todesanzeige* [v]

overlijdensakte *Sterbeurkunde* [v]

overlijdensbericht *Todesnachricht* [v], ‹in krant› *Todesanzeige* [v]

overlijdensverzekering *Versicherung für den Todesfall* [v]

overloop • (het overstromen) *Überlauf* [m] • (bovenportaal) *Flur* [m] • (overloopbuis) *Überlaufrohr* [o] • (loopbrug) *Übergang* [m] • (taalk.) *Zeilensprung* [m]

overlopen • (lopen over) *gehen über* • (overstromen) *überströmen, überlaufen* ⋆ het bad loopt over *die Wanne läuft über* • (naar andere partij gaan) *überwechseln, überlaufen* • (~ **van**) *überströmen von/vor* ⋆ ~ van ijver *sich vor Eifer überschlagen*

overloper *Überläufer* [m]

overmaat *Übermaß* [o] ▾ tot ~ van ramp *zu allem Unglück*

overmacht • (grotere macht) *höhere Gewalt* [v] • (jur.) *Übermacht* [v]

overmaken • (opnieuw maken) *noch einmal machen, aufs Neue machen* • (overschrijven) *überweisen*

overmannen *übermannen, überwältigen*

overmatig *übermäßig*

overmeesteren *bezwingen, überwältigen*

overmoed *Übermut* [m]

overmoedig *übermütig*

overmorgen *übermorgen*

overnaads *klinkerartig*, ‹bij muur› *im Mauerverband*

overnachten *übernachten*

overnachting *Übernachtung* [v]

overname *Übernahme* [v]

overnemen • (uit handen nemen) *übernehmen, entnehmen* [3] • (kopen) *übernehmen* ⋆ de leiding/een zaak ~ *die Führung/ein Geschäft übernehmen* ⋆ door de staat overgenomen worden *verstaatlicht werden* • (navolgen) *übernehmen* ⋆ alle kranten hebben dit bericht overgenomen *alle Zeitungen haben diese Meldung übernommen*

overnieuw *von neuem*

overpeinzen *überdenken, nachsinnen über*

overpeinzing *Nachdenken* [o], *Betrachtung* [v]

overplaatsen *versetzen*

overplaatsing *Versetzung* [v]

overproductie *Überproduktion* [v]

overreden *überreden, bereden*

overredingskracht *Überredungskraft* [v]

overrijden *überfahren*

overrompelen *überrumpeln*

overrulen • (beslissen) *übergehen* • (verslaan) *übertrumpfen*

overschaduwen • (schaduw werpen op) *überschatten* • (overtreffen) *in den Schatten stellen*

overschakelen • (andere verbinding maken) *schalten* • (overstappen op) *umschalten*

overschatten *überschätzen*

overschieten • (resteren) *übrig bleiben* ⋆ het ~de bedrag *der Restbetrag* • (snel gaan over) *hinüberschießen* ⋆ de vos schoot de weg over *der Fuchs schoss über den Weg*

overschoen *Überschuh* [m]

overschot • (restant) *Rest* [m], *Überrest* [m] ⋆ het stoffelijk ~ *die sterblichen Überreste* • (teveel) *Überschuss* [m]

overschreeuwen *überschreien* ⋆ zich ~ *sich überschreien*

overschrijden • (stappen over) *überschreiten* • (te buiten gaan) *überschreiten*, ‹geld/tijd› *überziehen* ⋆ de maximum snelheid ~ *die Höchstgeschwindigkeit überschreiten*

overschríjven *überschreiben*

óverschrijven • (overboeken) *überweisen* ⋆ op zijn postrekening overschrijven *auf sein Postgirokonto überweisen* • (op andere naam zetten) *umschreiben, überschreiben* • (naschrijven) *abschreiben* • (opnieuw schrijven) *noch einmal schreiben*, ‹in een andere vorm brengen› *übertragen*, ‹veranderen› *umschreiben*

overschrijving • (het overschrijven) *Überschreibung* [v] • (overboeking) *Überweisung* [v] • (het op andere naam zetten) *Umschreibung* [v]

oversized *oversized*

overslaan I [ov ww] • (laten voorbijgaan) *überschlagen, überspringen, übergehen, auslassen* ⋆ een klas ~ *ein Schuljahr überspringen* ⋆ een bladzijde ~ *eine Seite überschlagen* ⋆ je hebt iets overgeslagen *du hast etw. ausgelassen* ⋆ iem. bij een bevordering ~ *jmdn. bei einer Beförderung übergehen* • (overladen) *umschlagen, umladen* **II** [on ww] • (op iets anders overgaan) *überschlagen, übergreifen* ⋆ de vlammen sloegen op het andere huis over *die Flammen schlugen auf das andere Haus über* • (uitschieten) *sich überschlagen, umschlagen* ⋆ de stem slaat over *die Stimme überschlägt sich* • (snel veranderen) *überschlagen*

overslag • (omgeslagen rand) *Umschlag* [m] • (het overslaan van goederen) *Umschlag* [m]

overslagbedrijf *Spedition* [v]

overspannen I [bnw] • (te gespannen) *überspannt* • (overwerkt) *überreizt* **II** [ov ww] • (overdekken) *überspannen* • (te sterk spannen) *überanstrengen* ⋆ zich ~ *sich überanstrengen; sich überarbeiten*

overspanning • (reikwijdte van brug) *Spannweite* [v], *Bogen* [m] • (spanning) *Überspannung* [v] • (stress) *Überanstrengung* [v], *Überreiztheit* [v], ‹m.b.t. werk› *Überarbeitung* [v]

overspel *Ehebruch* [m] ⋆ ~ plegen *Ehebruch begehen*

overspelen • (opnieuw spelen) *noch einmal*

spielen, ‹herhalen› wiederholen • (spelend overtreffen) schlagen • (overstemmen) übertönen • (veel riskeren) sich überreizen ⋆ zijn hand ~ zu hoch pokern • (sport) abspielen

overspelig ehebrecherisch ⋆ de ~e man der Ehebrecher

overspringen I [ov ww] • (overslaan) überspringen, überschlagen • (over iets vooruitsteken) hervorspringen **II** [on ww] • (over iets heen springen) hinüberspringen, herüberspringen, springen (über) [4]

overstaan I [het] ▾ ten ~ van in Gegenwart [2] ▾ ten ~ van een notaris durch einen Notar; in Gegenwart eines Notars; im Beisein eines Notars **II** [on ww] übrigbleiben

overstag ▾ ~ gaan über Stag gehen; ‹fig.› seine Meinung ändern

overstappen • (van vervoermiddel wisselen) umsteigen • (overgaan op) hinüberwechseln ⋆ naar een andere baan ~ die Stelle wechseln

overste • (rel.) Obere(r) [m] [v: Oberin] • (mil.) Oberstleutnant [m]

oversteek • (het oversteken) ‹varen› Überfahrt [v], ‹vliegen› Überflug [m] • (deel van gebouw) Überbau [m] ▾ de grote ~ maken über den großen Teich fahren

oversteekplaats Übergangsstelle [v], ‹voor voetgangers› Fußgängerübergang [m]

oversteken I [ov ww] • (ruilen) tauschen **II** [on ww] • (naar overkant gaan) überqueren, ‹lopen› hinübergehen, ‹varen› hinüberfahren ⋆ de straat ~ die Straße überqueren ⋆ ~d wild! Wildwechsel! ⋆ naar de andere oever ~ auf das andere Ufer übersetzen ⋆ ~de fietsers! Radweg kreuzt! • (over iets uitsteken) hinausragen über

overstelpen • (bedelven) überschwemmen, ‹met werk› überladen, überhäufen • (overweldigen) ⋆ door gevoelens overstelpt worden von Gefühlen überwältigt/übermannt werden

overstemmen • (meerderheid van stemmen halen) überstimmen • (meer lawaai maken) übertönen

óverstromen • (overlopen) überlaufen ⋆ de emmer stroomt over der Eimer läuft über • (stromen over) strömen über • (~ **van**) überströmen von/vor ⋆ het stroomde over van de mensen es strömte über von Menschen

overstroming Überflutung [v], Überschwemmung [v]

overstuur I [het] Übersteuerung [v] **II** [bnw] verstört ⋆ mijn maag is ~ mein Magen ist durcheinander ⋆ hij raakte helemaal ~ er verlor völlig die Fassung

óvertekenen • (natekenen) nachzeichnen, abzeichnen • (opnieuw tekenen) aufs Neue zeichnen, noch einmal zeichnen

overtocht Übergang [m], Passage [v], ‹over water› Überfahrt [v]

overtollig überflüssig

overtreden verstoßen gegen, übertreten, ‹schenden› verletzen ⋆ een voorschrift ~ eine Vorschrift übertreten; gegen eine Vorschrift verstoßen

overtreder Gesetzesbrecher [m], ‹van verkeersvoorschriften› Verkehrssünder [m]

overtreffen übertreffen, ‹te boven gaan› übersteigen ⋆ iem. in kennis ~ jmdn. an Kenntnissen überragen; jmdm. an Kenntnissen überlegen sein

overtrek Bezug [m]

overtrékken • (bekleden) beziehen, überziehen • (overdrijven) überspitzen, überziehen

óvertrekken I [ov ww] • (overtekenen) durchzeichnen, durchpausen **II** [on ww] • (gaan over) hinüberziehen, herüberziehen, überziehen • (voorbijtrekken) sich verziehen

overtróéven übertrumpfen, ausstechen

óvertroeven übertrumpfen

overtuigen überzeugen ⋆ van iets overtuigd zijn von etw. überzeugt sein ⋆ ~d bewijs überzeugende(r) Beweis; einwandfreie(r) Beweis [m] ⋆ zich ~ sich überzeugen; sich vergewissern

overtuigend überzeugend

overtuiging Überzeugung [v] ⋆ zij is de ~ toegedaan dat ... sie ist der Überzeugung, dass ...

overtuigingskracht Überzeugungskraft [v]

overuur Überstunde [v] ⋆ overuren maken Überstunden machen

overvaart Überfahrt [v]

overval Überfall [m]

overvalcommando Überfallkommando [o]

overvallen überfallen ▾ door angst ~ worden Angst bekommen

overvalwagen Fluchtauto [o]

óvervaren überfahren, hinüberfahren, herüberfahren

oververhit überhitzt

oververmoeid übermüdet

oververtegenwoordigd überrepräsentiert

overvleugelen überflügeln

overvliegen fliegen über, überfliegen, hinüberfliegen, herüberfliegen

overvloed Überfluss [m] ⋆ boeken in ~ jede Menge Bücher; Bücher in Hülle und Fülle ▾ ten ~e obendrein; zu allem Überfluss

overvloedig I [bnw] reich, üppig ⋆ ~e oogst reiche Ernte [v] **II** [bijw] im Überfluss, reichlich, ausgiebig

overvloeien überströmen, überfließen

overvoeren • (overladen) überladen, ‹fig.› überschwemmen • (te veel voeren) überfüttern

overvol überfüllt, übervoll

overwaaien • (overtrekken) hinüberwehen, herüberwehen • (voorbijgaan) vergehen, vorübergehen ⋆ het onweer zal wel ~ das Gewitter wird schon vorüberziehen

overwaarderen überbewerten

óverweg Bahnübergang [m], Übergang [m] ⋆ onbewaakte ~ unbeschrankte(r) Bahnübergang

overwégen • (de doorslag geven) überwiegen, ausschlaggebend sein • (nadenken) erwägen, bedenken

overwegend I [bnw] ausschlaggebend **II** [bijw] überwiegend, vorwiegend

overweging • (overdenking) Erwägung [v], Betrachtung [v] ⋆ iets in ~ nemen etw. in Erwägung ziehen • (beweegreden) Erwägung [v], Überlegung [v]

overweldigen überwältigen

overweldigend überwältigend

overwerk Überstunden [mv]

overwérken sich überanstrengen, sich überarbeiten

óverwerken länger arbeiten, Überstunden machen

overwicht • (hoger gewicht) Übergewicht [o], Mehrgewicht [o] • (meerdere macht) Übergewicht [o], Überlegenheit [v]

overwinnaar Sieger [m], ‹fig.› Überwinder [m]

overwinnen I [ov ww] • (zege behalen) besiegen, siegen (über) [4] • (te boven komen) besiegen, siegen (über) [4], überwinden **II** [on ww] siegen

overwinning Sieg [m], ‹fig.› Überwindung [v], ‹het overwinnen› Besiegung [v] ⋆ de ~ van de Fransen der Sieg der Franzosen; ‹op de Fransen› die Besiegung der Franzosen; der Sieg über die Franzosen

overwinningsroes *Siegestaumel* [m]
overwinteren *überwintern*
overwoekeren *überwuchern*
overzees *Übersee-, überseeisch*
overzetten I [ov ww] • (naar overkant brengen) *hinüberbringen* • (vertalen) *übersetzen, übertragen* **II** [on ww] *übersetzen*
overzicht • (samenvatting) *Übersicht* [v], *Abriss* [m] • (het overzien) *Übersicht* [v], *Überblick* [m], *Durchblick* [m]
overzichtelijk *übersichtlich*
overzien *übersehen, überblicken* ⋆ de gevolgen zijn niet te ~ *die Folgen sind nicht abzusehen; die Folgen sind unabsehbar*
ovulatie *Eisprung* [m], *Ovulation* [v]
oxidatie *Oxidation/Oxydation* [v]
oxide *Oxid/Oxyd* [o]
oxideren *oxidieren/oxydieren*
ozon *Ozon* [o]

P

p P [o]
pa *Vater* [m], *Papa* [m]
paaien I [ov ww] • (voor zich winnen) *hinhalten, becircen/bezirzen, ködern* ⋆ iem. met mooie beloften ~ *jmdn. mit leeren Versprechungen hinhalten* **II** [on ww] • (paren) *laichen*
paal • (lang voorwerp) *Pfahl* [m], ‹sport› *Pfosten* [m], *Torpfosten* [m] • (stijve penis) *Latte* [v], *Ständer* [m] ▾ paal en perk aan iets stellen *einer Sache Grenzen setzen* ▾ voor paal staan *zum Gespött werden* ▾ dat staat als een paal boven water *darauf kannst du Gift nehmen* ▾ iem. voor paal zetten *jmdn. durch den Kakao ziehen* ▾ stijf als een paal *steif wie ein Brett*
paalsteek *Palstek* [m]
paalwoning *Pfahlbau* [m] [mv: *Pfahlbauten*]
paap ‹pej.› ‹geestelijke› *Pfaffe* [m], ‹gelovige› *Papist* [m]
paaps ‹pej.› ‹pausgezind› *papistisch*, ‹van geestelijken› *pfäffisch*
paar • (koppel) *Paar* [o] ⋆ zij dansten in paren *sie tanzten paarweise* • (klein aantal) *paar*
paard • (dier) *Pferd* [o], *Gaul* [m] ⋆ een ~ bestijgen *aufs Pferd steigen* • (turntoestel) *Pferd* [o] • (schaakstuk) *Springer* [m], *Pferd* [o] • (schraag) *Bock* [m] ▾ het ~ achter de wagen spannen *das Pferd/den Gaul beim Schwanz aufzäumen* ▾ over het ~ getild zijn *auf dem hohen Ross sitzen* ▾ op het verkeerde ~ wedden *auf das falsche Pferd setzen* ▾ een gegeven ~ moet men niet in de bek kijken *einem geschenkten Gaul schaut man nicht ins Maul* ▾ honger als een ~ hebben *einen Bärenhunger haben*
***paardenbloem** (Wdl: paardebloem) *Löwenzahn* [m]
paardenkracht *Pferdestärke* [v]
paardenmiddel ⋆ een ~ gebruiken *ein radikales Mittel anwenden* ⋆ een ~ nemen *eine Rosskur/Gewaltkur machen*
paardensport *Pferdesport* [m]
paardenstaart • (haardracht) *Pferdeschwanz* [m] • (plant) *Schachtelhalm* [m]
paardenstal *Pferdestall* [m]
paardenvijg *Pferdeapfel* [m]
paardrijden *reiten*
paardrijkunst *Reitkunst* [v]
paarlemoer *Perlmutter* [v]
paarlemoeren *perlmuttern, Perlmutter-*
paars I [het] *Lila* [o] **II** [bnw] *lila*
paarsgewijs *paarweise*
paartijd *Paarungszeit* [v]
paasbest ⋆ op zijn ~ *ganz herausgeputzt*
paasdag *Osterfeiertag* [m] ⋆ tweede ~ *Ostermontag* [m] ⋆ eerste ~ *Ostersonntag* [m] ⋆ met de ~en *an Ostern*
paasei *Osterei* [o]
paasfeest *Osterfest* [o], *Ostern* [o]
paashaas *Osterhase* [m]
paasmaandag *Ostermontag* [m]
paasvakantie *Osterferien* [v]
paaszaterdag *Karsamstag* [m]
paaszondag *Ostersonntag* [m]
pabo ≈ *Pädagogische Hochschule* [v]
pacemaker *Herzschrittmacher* [m]
pacht *Pacht* [v]
pachten *pachten*
pachter *Pächter* [m]
pacificatie *Pazifikation* [v]

pacifisme *Pazifismus* [m]
pacifist *Pazifist* [m]
pacifistisch *pazifistisch*
pact *Pakt* [m], ‹verdrag› *Bündnis* [o] ▾ een pact met de duivel hebben *mit dem Teufel im Bunde sein*
pad I [de] *Kröte* [v] **II** [het] *Pfad* [m], *Weg* [m] ⋆ op pad gaan *sich auf den Weg machen* ⋆ pad in een bos *Waldweg* ⋆ op pad zijn *unterwegs sein* ▾ het pad voor iem. effenen *jmdm. den Weg ebnen* ▾ iem. op het goede pad brengen *jmdn. auf den Pfad der Tugend (zurück)führen* ▾ op het goede pad komen *auf dem Pfad der Tugend wandeln*
paddestoel • (zwam) *Pilz* [m] ⋆ eetbare ~ *essbare(r) Pilz; Speisepilz* • (wolk) *Rauchpilz* [m]
paddestoelwolk *Atompilz* [m]
padvinder *Pfadfinder* [m]
padvinderij *Pfadfinder* [mv]
paella *Paella* [v]
paf ▾ ik sta paf! *ich bin baff!*
paffen • (schieten) *knallen* • (roken) *paffen, qualmen*
pafferig *aufgedunsen, aufgeschwemmt, schwammig*
pagaai *Pagaie* [v], *Stechpaddel* [o]
page *Page* [m]
pagina *Seite* [v]
paginagroot *ganzseitig*
pagineren *paginieren, mit Seitenzahlen versehen*
pagode *Pagode* [v]
pais ⋆ in pais en vree uit elkaar gaan *sich schiedlich-friedlich trennen* ⋆ in pais en vree leven *in Frieden und Eintracht leben*
pak I [de] *Packen* [o] **II** [het] • (pakket) *Paket* [o], *Packung* [v] ⋆ een pak waspoeder *eine Packung Waschpulver* • (vracht) *Packen* [m], *Bündel* [o], ‹stapel› *Stoß* [m], *Stapel* [m] ⋆ een pak sneeuw *eine Schneedecke* • (kostuum) *Anzug* [m] ▾ dat is een pak van mijn hart *mir fällt ein Stein vom Herzen* ▾ bij de pakken neerzitten *resignieren; aufgeben* ▾ een pak slaag *eine Tracht Prügel* ▾ dat is een lastig pak *das ist eine verflixte Geschichte*
pakbon *Packzettel* [m]
pakezel *Lastesel* [m]
pakhuis *Lager* [o], *Lagerhaus* [o], ‹magazijn› *Warenlager* [o]
pakijs *Packeis* [o]
Pakistan *Pakistan* [o]
pakje • (doosje) *Päckchen* [o] • (cadeau) *Päckchen* [o] • (pakket) *Packung* [v], *Päckchen* [o] • (mantelpakje) *Kostüm* [o]
pakjesavond *Bescherung am Nikolausabend* [v]
pakkans *Wahrscheinlichkeit, erwischt zu werden* [v]
pakken I [ov ww] • (inpakken) *packen, einpacken* ⋆ op elkaar gepakt staan *dicht gedrängt stehen* ⋆ ze kan haar boeltje wel ~ *sie kann die Koffer packen* • (betrappen) *erwischen, ertappen,* ‹inf.› *schnappen* ⋆ iem. ergens op ~ *jmdn. wegen einer Sache beschuldigen* • (boeien) *packen, fesseln* • (beetpakken) *packen, fassen* ⋆ pak me dan! *krieg mich doch!* • (te voorschijn halen) *holen, nehmen* ⋆ nog een borreltje ~ *noch einen heben* ⋆ een film ~ *ins Kino gehen* • (gekregen hebben) *packen, erwischen* ▾ ze heeft het lelijk te ~ *es hat sie schwer erwischt* **II** [on ww] • (houvast vinden) *greifen, haften* ⋆ de schroef pakt niet *die Schraube greift nicht* ⋆ de sneeuw pakt goed *der Schnee klebt gut*
pakkend *packend, fesselnd*
pakkerd *Schmatz* [m], *Kuss* [m]
pakket *Paket* [o]
pakketpost • (postafdeling) *Paketpost* [v] • (pakket) *Postpaket* [o]

P

pakking *Dichtungsmaterial* [o], *Abdichtungsmaterial* [o]
pakpapier *Packpapier* [o]
pakweg *ungefähr, circa/zirka*
pal I [de] *Sperrklinke* [v] **II** [bijw] • (onwrikbaar) ⋆ pal staan *standhaft bleiben; standhalten* ⋆ pal staan voor iets *etw. bis zum letzten Atemzug verteidigen* • (precies) *direkt, unmittelbar* ⋆ de wind waait pal uit het zuidoosten *der Wind kommt geradewegs aus Südost*
paleis *Palast* [m], *Schloss* [o]
paleisrevolutie *Palastrevolution* [v]
paleografie *Paläographie* [v]
paleontologie *Paläontologie* [v]
Palestijn *Palästinenser* [m]
Palestijns *palästinensisch*
Palestina *Palästina* [o]
palet *Palette* [v]
paling *Aal* [m] ⋆ gerookte ~ *Räucheraal*
palissade *Palisade* [v]
palissander *Palisander* [m]
paljas *Bajazzo* [m], *Hanswurst* [m]
pallet *Palette* [v]
palm • (handpalm) *Handfläche* [v] • (boom) *Palme* [v] • (buksboom) *Buchsbaum* [m], *Buchs* [m]
palmboom • (palmachtige boom) *Palme* [v] • (buksboom) *Buchsbaum* [m], *Buchs* [m]
palmolie *Palmöl* [o]
Palmpasen *Palmsonntag* [m]
palmtak *Palmzweig* [m]
pamflet • (schotschrift) *Pamphlet* [o] • (brochure) *Broschüre* [v], ‹vlugschrift› *Flugblatt* [o]
pampus ▾ voor ~ liggen *völlig k.o. sein*
pan • (kookpan) *Topf* [m], ‹koekenpan› *Pfanne* [v] • (dakpan) *Pfanne* [v], *Dachpfanne* [v] • (duinpan) *Mulde* [v] ▾ onder de pannen zijn *gut untergebracht sein* ▾ iem. in de pan hakken *jmdn. in die Pfanne hauen*
pan- *pan-, Pan-* ⋆ pantheïsme *Pantheismus* [m] ⋆ pan-Europees *paneuropäisch*
panacee *Panazee* [v]
Panama *Panama* [o]
pand • (gebouw) *Haus* [o] • (onderpand) *Pfand* [o] ⋆ een pand aflossen *ein Pfand einlösen* • (slip van jas) *Schoß* [m] • (onderdeel van kleding) *Teil* [o]
panda *Panda* [m]
pandbrief *Pfandbrief* [m]
pandemonium *Pandämonium* [o]
pandjeshuis *Leihhaus* [o]
pandjesjas *Frack* [m]
pandverbeuren *Pfänderspiel* [o]
paneel • (omlijst vak) *Paneel* [o], ‹deurvak› *Füllung* [v] • (mengpaneel) *Schalttafel* [v], *Schaltpult* [o] • (schilderstuk) *Tafelbild* [o] • (houten blad om op te schilderen) *Holztafel* [v]
paneermeel *Paniermehl* [o]
panel *Forum* [o]
paneren *panieren*
panfluit *Panflöte* [v]
paniek *Panik* [v]
paniekerig *panikartig*
paniekvoetbal *kopflose(s) Spielen/Handeln* [o]
paniekzaaier *Panikmacher* [m]
panisch *panisch*
panklaar *kochfertig* ⋆ panklare maaltijd *Fertiggericht* [o]
panne *Panne* [v]
pannendak *Ziegeldach* [o]
pannenkoek *Pfannkuchen* [m]
pannenlap *Topflappen* [m]

pannenlikker *Teigschaber* [m]
pannenspons *Scheuerschwamm* [m]
panorama *Panorama* [o]
pantalon *Hose* [v], *Hosen* [mv]
panter *Panther/Panter* [m]
pantheon *Pantheon* [o]
pantoffel *Pantoffel* [m], *Hausschuh* [m] ▾ onder de ~ zitten *unter dem Pantoffel stehen*
pantoffeldiertje *Pantoffeltierchen* [o]
pantoffelheld • (man onder de plak) *Pantoffelheld* [m] • (lafaard) *Angsthase* [m]
pantomime *Pantomime* [v]
pantser *Panzer* [m]
pantseren *panzern*
pantserglas *Panzerglas* [o]
pantsertroepen *Panzertruppen* [mv]
pantservoertuig *Panzerfahrzeug* [o]
pantserwagen *Panzer* [m], *Panzerwagen* [m]
panty *(Nylon)strumpfhose* [v]
pap • (voedsel) *Brei* [m] • (mengsel) *Kleister* [m] • (papa) *Vati* [m], *Papa* [m] ▾ ik lust er wel pap van *davon kann ich nicht genug bekommen* ▾ weinig in de pap te brokken hebben *nichts zu melden/sagen haben*
papa *Papa* [m], *Vati* [m]
papaja *Papaya* [v]
papaver *Mohn* [m], ‹klaproos› *Klatschmohn* [m]
papegaai *Papagei* [m]
paperassen *Papiere* [mv], ‹pej.› *Papierkram* [m]
paperback *Taschenbuch* [o], *Paperback* [o]
paperclip *Büroklammer* [v]
papeterie • (waren) *Papierwaren* [mv] • (winkel) *Schreibwarenladen* [m]
Papiamento *Papiamento* [o]
papier • (schrijfpapier) *Papier* [o] ⋆ geschept ~ *handgeschöpfte(s) Papier* ⋆ iets op ~ zetten *etw. zu Papier bringen* ⋆ milieuvriendelijk ~ *Umweltschutzpapier* ⋆ blad ~ *Papierbogen* [m] ⋆ stukje ~ *Zettel* [m] • (document) *Papiere* [mv], *Unterlagen* [mv], ‹ambtelijk› *Schriftstück* [o] ⋆ goede ~en hebben ‹getuigschriften› *gute Zeugnisse haben* • (geldswaardig stuk) *Papier* [o], *Wertpapier* [o] ⋆ dat loopt nogal in de ~en *das geht ganz schön ins Geld*
papieren • (van papier) *papieren, Papier-* ⋆ ~ servet *Papierserviette* [v] • (in theorie) *(nur) auf Papier*
papiergeld *Papiergeld* [o], *Banknoten* [mv]
papier-maché I [het] *Papiermaché* [o] II [bnw] *aus Papiermaché*
papierwinkel • (winkel) *Schreibwarengeschäft* [o] • (veel paperassen) *Papierkram* [m]
papil *Papille* [v]
papillot *Lockenwickel* [m]
paplepel *Esslöffel* [m] ▾ dat is haar met de ~ ingegoten *das hat sie mit der Muttermilch eingesogen*
Papoea *Papua* [m/v]
Papoeaas *papuanisch*
Papoea-Nieuw-Guinea *Papua-Neuguinea* [o]
pappa *Papa* [m]
pappen ‹een zweer› *Breiumschläge auflegen,* ‹kettingdraden› *schlichten,* ‹textiel› *appretieren*
pappenheimer *Pappenheimer* [m]
paprika *Paprika* [m]
papyrus *Papyrus* [m]
papzak ‹scherts› *Fettmops* [m], ‹pej.› *Fettkloß/-wanst* [m]
para *Fallschirmspringer* [m], ‹mil.› *Fallschirmjäger* [m]
paraaf *Namenszug* [m], ‹form.› *Paraphe* [v]
paraat *bereit, parat* ⋆ parate troepen *stehende(s) Heer* [o] [ev]
parabel *Parabel* [v], *Gleichnis* [o]
parabool *Parabel* [v]
parachute *Fallschirm* [m]
parachutespringen *Fallschirmspringen* [o]
parachutist *Fallschirmspringer* [m], ‹militair› *Fallschirmjäger* [m]
parade *Umzug* [m], *Parade* [v]
paradepaard *Paradepferd* [o], ‹fig.› *beste(s) Pferd im Stall* [o]
paraderen • (parade houden) *paradieren* • (pronken) *prahlen, prunken, paradieren*
paradigma *Paradigma* [o] [mv: *Paradigmen/Paradigmata*]
paradijs *Paradies* [o]
paradijsvogel *Paradiesvogel* [m]
paradox *Paradox* [o]
paradoxaal *paradox*
paraferen *abzeichnen, paraphieren*
parafernalia *Drumherum* [o]
paraffine *Paraffin* [o]
parafrase *Paraphrase* [v]
parafraseren *paraphrasieren*
paragnost *Paragnost* [m]
paragraaf • (deel van een tekst) *Abschnitt* [m], *Paragraph/Paragraf* [m] • (paragraafteken) *Paragraphenzeichen/Paragrafenzeichen* [o], *Paragraph/Paragraf* [m]
Paraguay *Paraguay* [o]
parallel I [de] • (vergelijking) *Parallele* [v] • (geo.) *Parallel-/Breitenkreis* [m] • (wisk.) *Parallele* [v] II [bnw] *Parallel-, parallel* ⋆ de weg loopt ~ aan het spoor *die Straße läuft parallel zur Bahnlinie*
parallellie *Parallelität* [v]
parallellogram ‹wisk.› *Parallelogramm* [o]
parallelweg *Parallelstraße* [v]
paramedisch *der Medizin anverwandt* ⋆ ~e beroepen *die medizinischen Hilfsberufe*
paramilitair *paramilitärisch*
paranimf ≈ *Freund und Helfer eines Promovierenden bei der offiziellen Verleihung seiner Doktorwürde* [m]
paranoia *Paranoia* [v]
paranoïde *paranoid*
paranoot *Paranuss* [v]
paranormaal *paranormal*
paraplu *(Regen)schirm* [m] ⋆ opvouwbare ~ *Knirps* [m]
paraplubak *Schirmständer* [m]
parapsychologie *Parapsychologie* [v]
parasiet • (klaploper) *Schmarotzer* [m] • (bio.) *Parasit* [m]
parasiteren ‹bio.› *parasitieren,* ‹ook van personen› *schmarotzen*
parasol *Sonnenschirm* [m]
paratroepen *Fallschirmjäger* [mv]
paratyfus *Paratyphus* [m]
parcours *Strecke* [v], ‹bij paardensport› *Parcours* [m]
pardoes *jählings, plötzlich*
pardon I [het] *Pardon* [m/o], *Begnadigung* [v] ⋆ zonder ~ *schonungslos* ⋆ generaal ~ *Generalamnestie* [v] II [tw] *Entschuldigung, Verzeihung, verzeihen/entschuldigen Sie*
parel *Perle* [v] ▾ die vrouw is een ~ *die Frau ist ein Juwel* ▾ paarlen voor de zwijnen gooien/werpen *Perlen vor die Säue werfen*
parelen I [bnw] *aus Perlen* ⋆ ~ halssnoer *Perlenschnur* [v] II [on ww] *perlen* ⋆ zweetdruppels parelden op haar voorhoofd *Schweißtropfen perlten ihr auf der Stirn*

parelhoen *Perlhuhn* [o]
pareloester *Perlmuschel* [v]
parelsnoer *Perlenschnur* [v]
paren I [ov ww] • (koppelen) *paaren* ⋆ gepaard gaan met *verbunden sein mit* [3] **II** [on ww] • (copuleren) *sich paaren*
pareren *parieren*
parfum *Parfüm* [o]
parfumeren *parfümieren* ⋆ zich ~ *sich parfümieren*
parfumerie • (reukwerk) *Parfüms* [mv] • (winkel) *Parfümerie* [v]
pari I [het] *Pariwert* [m] ⋆ boven/onder pari kopen *über/unter pari kaufen; über/unter dem Pariwert kaufen* ⋆ op pari staan *zu pari stehen* **II** [bijw] *pari* ⋆ a pari *zu pari*
paria *Paria* [m]
Parijs *Paris* [o]
paring *Paarung* [v]
pariteit *Parität* [v]
park *Park* [m], *Grünanlage* [v]
parka *Parka* [m]
parkeerautomaat *Parkscheinautomat* [m]
parkeerbaan *Parkbahn* [v]
parkeergarage *Parkhaus* [o], ‹ondergronds› *Tiefgarage* [v]
parkeerhaven *Haltebucht* [v], *Parkbucht* [v]
parkeerlicht *Parkleuchte* [v], *Standlicht* [o]
parkeermeter *Parkuhr* [v]
parkeerplaats • (parkeerterrein) *Parkplatz* [m] • (parkeervak) *Parklücke* [v]
parkeerpolitie *Politesse* [v]
parkeerruimte *Parkraum* [m], *Parkplatz* [m]
parkeerschijf *Parkscheibe* [v]
parkeerstrook *Parkstreifen* [m]
parkeerterrein *Parkplatz* [m]
parkeerverbod *Halte-/Parkverbot* [o]
parkeerwachter *Parkwächter* [m]
parkeerzone *Haltezone* [v]
parkeren *parken*
parket • (houten vloer) *Parkett* [o] • (rang in theater) *Parkett* [o] • (Openbaar Ministerie) *Staatsanwaltschaft* [v] ▾ in een moeilijk/lastig ~ zitten *sich in einer misslichen Lage befinden; in der Klemme sitzen/stecken*
parketvloer *Parkettboden* [m], *Parkett* [o]
parkiet *Sittich* [m], ‹geelgroen van kleur› *Wellensittich* [m]
parlement *Parlament* [o]
parlementair *parlamentarisch*
parlementariër *Parlamentarier* [m]
parlementslid *Parlamentsmitglied* [o]
parmantig *keck*, ‹brutaal› *frech*, ‹direct› *kurzerhand*
parochiaal *parochial*
parochiaan *Gemeindemitglied* [o]
parochie *Parochie* [v], *Gemeinde* [v]
parodie *Parodie* [v]
parodiëren *parodieren*
parool • (wachtwoord) *Parole* [v], *Losung* [v], *Kennwort* [o] • (leus) *Parole* [v], *Leitspruch* [m], *Motto* [o]
part *Teil* [m/o], *Stück* [o] ▾ ergens part noch deel aan hebben *an einer Sache ganz unbeteiligt sein* ▾ voor mijn part *von mir aus; meinetwegen* ▾ iem. parten spelen *jmdm. einen Streich spielen* ▾ haar geheugen speelt haar parten *ihr Gedächtnis lässt sie im Stich*
parterre • (begane grond) *Parterre* [o], *Erdgeschoss* [o] • (rang in schouwburg) *Parterre* [o]
participatie *Beteiligung* [v], *Teilnahme* [v]

participeren • (~ **aan**) *teilnehmen (an)* [3] • (~ **in**) *teilhaben (an)* [3], *partizipieren (an)* [3]
particulier I [de] *Privatperson* [v], *Privatmann* [m] [mv: *Privatleute*] **II** [bnw] *privat, privat-, Privat-* ⋆ ~ bezit *Privatbesitz* [m] ⋆ ~ verzekerd *privat versichert* ⋆ een ~e onderneming *ein privates Unternehmen* [o]
partieel I [bnw] *partiell, teil-, Teil-* **II** [bijw] *teilweise*
partij • (groep) *Partei* [v] ⋆ de wijste ~ kiezen *der Klügere sein* ⋆ geen ~ voor iem. zijn *jmdm. nicht gewachsen sein* ⋆ ~ voor iem. kiezen *jmds. Partei ergreifen* ⋆ ~ kiezen *Stellung nehmen* ⋆ een actief lid van een ~ *ein aktives Parteimitglied* [o] • (contractant) ⋆ contracterende ~en *Vertragspartner* • (procesvoerder) *Partei* [v] ⋆ aangeklaagde ~ *Beklagte(r)* [m] ⋆ klagende ~ *Kläger* [m] • (spel) *Partie* [v], *Runde* [v] • (feest) *Party* [v], *Fest* [o] ⋆ naar een ~ gaan *auf eine Party/zu einem Fest gehen* ⋆ een ~tje geven *eine Party/ein Fest geben* • (hoeveelheid) *Haufen* [m], ‹hand.› *Partie* [v], *Posten* [m] ⋆ ~ goederen *Partie Güter* • (huwelijkspartner) *Partie* [v] • (deelhebber) *Partie* [v], *Teil* [m] • (muz.) *Part* [m], *Stimme* [v] ▾ van de ~ zijn *mit von der Partie sein* ▾ zijn ~ meeblazen *sich treu beteiligen* ▾ van iets ~ trekken *seinen Vorteil aus etw. ziehen* ▾ iem. ~ geven *jmdm. Kontra geben*
partijbonze *Parteibonze* [m]
partijdig *parteiisch*
partijganger *Parteianhänger* [m], ‹pej.› *Parteigänger* [m]
partijgenoot *Anhänger derselben Partei* [m]
partijkader *Parteikader* [m]
partijleider *Parteivorsitzende(r)* [m], *Parteiführer* [m]
partijpolitiek I [de] *Parteipolitik* [v] **II** [bnw] *parteipolitisch*
partijraad *Parteirat* [m]
partijtop *Parteiführung* [v]
partikel *Partikel* [v/o], *Teilchen* [o], ‹taalk.› *Partikel* [v]
partituur *Partitur* [v]
partizaan *Partisan* [m]
partner *Partner* [m]
partnerruil *Partnertausch* [m]
parttime *halbtags, nicht ganztags, Teilzeit-* ⋆ ~ werken *eine Teilzeitbeschäftigung haben*
parttimebaan *Teilzeitbeschäftigung* [v], *Teilzeitjob* [m]
parvenu *Emporkömmling* [m], *Parvenü* [m]
pas I [de] • (stap) *Tritt* [m], *Schritt* [m] ⋆ er flink de pas in zetten *forsch ausschreiten* ⋆ in de pas blijven *Gleichschritt halten* ⋆ uit de pas lopen ‹ook fig.› *nicht im Gleichschritt bleiben* ⋆ in de pas lopen met iem./iets *übereinstimmen mit jmdm./etw.* ⋆ twee passen hier vandaan *nur ein paar Schritte von hier* • (bergpas) *Pass* [m] • (legitimatiebewijs) *Ausweis* [m], ‹paspoort› *Pass* [m], *Reisepass* [m], ‹voor soldaten› *Urlaubsschein* [m] ⋆ pas 65+ *Seniorenpass* [m] ▾ pas op de plaats maken *auf der Stelle treten* **II** [het] ▾ van/te pas komen ‹van dienst› *sich als nützlich erweisen;* ‹gelegen› *gelegen kommen* ▾ het geeft (geen) pas *es ziemt/gehört sich (nicht)* ▾ ergens aan te pas moeten komen *herbeigeholt werden müssen* ▾ te pas en te onpas *zu jeder Unzeit* **III** [bnw] • (passend) *passend* • (waterpas) *waagerecht* **IV** [bijw] • (nog maar net) *gerade, (so)eben* ⋆ pas geverfd *frisch gestrichen* ⋆ ik begin pas *ich fange eben erst an* ⋆ zo pas *soeben* • (niet meer/eerder/verder dan) *erst* ⋆ nu pas *jetzt erst*

⋆ pas acht zijn *erst acht Jahre alt sein* ⋆ dan pas *dann erst* • (in hogere mate) *erst* ⋆ dat is pas leuk ‹ook ironisch› *das macht erst richtig Spaß*
pascontrole *Passkontrolle* [v]
Pasen *Ostern* [o] ⋆ met ~ *an Ostern* ⋆ Beloken ~ *Weißer Sonntag* ⋆ we hebben dit jaar een late ~ *Ostern ist in diesem Jahr spät* ▾ als ~ en Pinksteren op één dag vallen *wenn Weihnachten und Ostern zusammenfallen*
pasfoto *Passbild* [o]
pasgeboren *neugeboren* ⋆ een ~ kind *ein Neugeborenes* [o]
pasgetrouwd *frisch verheiratet*
paskamer *Umkleidekabine* [v]
pasklaar *passend, maßgeschneidert, angemessen, maßgerecht* ⋆ pasklare oplossing *wirksame Lösung* [v] ⋆ ~ antwoord *triftige Antwort* [v]
pasmunt *Hartgeld* [o], ‹officieel› *Scheidemünze* [v]
paspop *Schneiderpuppe* [v]
pass *Pass* [m] ⋆ mislukte pass *Fehlpass* [m]
passaat *Passat* [m]
passage *Passage* [v]
passagier *Passagier* [m], ‹in motorvoertuig› *Fahrgast* [m], ‹in vliegtuig› *Fluggast* [m] ▾ blinde ~ *blinde(r) Passagier* [m]
passagiersvliegtuig *Passagierflugzeug* [o], *Verkehrsflugzeug* [o]
passant *Durchreisende(r)* [m], *Passant* [m] ▾ en ~ *en passant; nebenbei; beiläufig; im Vorübergehen*
passé *vorbei, passé/passee*
passen I [ov ww] • (afpassen) *abmessen, zirkeln* ⋆ ~ en meten *genau abmessen* • (juiste maat proberen) *anprobieren* • (juist plaatsen) *fügen, passen* ⋆ in elkaar ~ *ineinander fügen/passen* • (exact betalen) *passend bezahlen* ▾ na veel ~ en meten *nach vielem Hin und Her* **II** [on ww] • (beurt overslaan) *passen* • (op maat zijn) *passen, gehören* • (fatsoenlijk zijn) *sich gehören, sich schicken* ⋆ dat lijkt me nu niet zo gepast *das scheint mir jetzt nicht angebracht* ⋆ het past je niet zo te praten *es gehört/schickt sich nicht, dass du so sprichst* • (gelegen komen) *gelegen kommen, passen* • (~ **op**) *aufpassen (auf)* [4] ⋆ op zijn woorden ~ *seine Zunge hüten* ⋆ op het huis ~ *das Haus hüten*
passend • (gepast) *passend* ⋆ ~ werk *passende/angemessene Arbeit* [v] • (erbij passend) *angebracht, geeignet* ⋆ ~ bij *passend zu*
passe-partout • (lijst) *Passepartout* [o] • (toegangskaart) *Dauerkarte* [v] • (loper) *Dietrich* [m]
passer *Zirkel* [m] ⋆ been van een ~ *Schenkel eines Zirkels* [m]
passerdoos *Reißzeug* [o]
passeren • (voorbijgaan) *passieren, vorbeigehen, hindurchgehen*, ‹rijden› *vorbeifahren, hindurchfahren* ⋆ mag ik even ~? *darf ich mal vorbei?* ⋆ zij is de zestig al gepasseerd *sie hat die sechzig bereits überschritten* ⋆ auto's ~ *Autos überholen* • (bekrachtigen) *billigen* • (overslaan) *übergehen* ⋆ zich gepasseerd voelen *sich übergangen fühlen* ⋆ iem. ~ *jmdn. übergehen*
passie • (hartstocht) *Passion* [v], *Leidenschaft* [v] • (het lijden van Christus) *Passion* [v]
passiebloem *Passionsblume* [v]
passief • (niet actief) *passiv, untätig, teilnahmslos* • (hand.) *passiv* • (taalk.) *passivisch* ⋆ passieve zin *Passivsatz* [m]
passievrucht *Passionsfrucht* [v]
passiva *Passiva* [mv] ⋆ vlottende ~ *kurzfristige Verbindlichkeiten* [mv]
passiviteit *Passivität* [v]
passpiegel *Ankleidespiegel* [m]
pasta • (mengsel) *Paste* [v] • (deegwaar) *Pasta* [v], *Teigwaren* [mv]
pastei *Pastete* [v]
pastel • (kleurstof) *Pastell* [o], *Pastellfarbe* [v] ⋆ stoffen in ~ *pastellfarbene(n) Stoffe* • (pasteltekening) *Pastell* [o]
pasteltint *Pastellton* [m]
pasteuriseren *pasteurisieren*
pastiche *Pasticcio* [o]
pastille *Pastille* [v]
pastoor *Pfarrer* [m], *Pastor* [m]
pastoraal *pastoral* ⋆ pastorale brief *Pastoralbrief* [m] ⋆ pastorale gedichten *Hirtendichtung* [v]
pastoraat • (pastoorschap) *Pfarramt* [o] • (zielzorg) *pastorale Arbeit* [v], *Seelsorge* [v]
pastorale *Pastorale* [v], ‹dicht- of prozastuk› *Schäferspiel* [o]
pastorie *Pfarrhaus* [o], *Pfarramt* [o], *Pfarrei* [v]
pasvorm *Passform* [v]
pat I [de] *Patte* [v], *Spiegel* [m] **II** [het] *Patt* [o] **III** [bnw] *patt*
patat *Pommes frites* [mv]
patatkraam *Pommesbude* [v], *Frittenbude* [v]
patchwork *Patchwork* [o]
paté *Pastete* [v]
patent I [het] *Patent* [o] ⋆ door ~ beschermd *patentamtlich geschützt* ⋆ ~ voor iets aanvragen *etw. zum Patent anmelden* **II** [bnw] *patent, vorzüglich, ausgezeichnet*
patenteren • (patent nemen) *patentieren lassen* • (patent verlenen) *patentieren, Patent erteilen*
pater *Pater* [m]
paternalisme *Paternalismus* [m], *Bevormundung* [v]
paternalistisch *bevormundend*
paternoster I [de] *Rosenkranz* [m] **II** [het] *Paternoster* [o], *Vaterunser* [o]
paternosterlift *Paternoster* [m]
pathetisch *pathetisch*
pathologie *Pathologie* [v]
pathologisch *pathologisch*
patholoog-anatoom *Pathologe* [m]
pathos *Pathos* [o]
patience *Patiencespiel* [o], *Patience* [v]
patiënt *Patient* [m]
patio *Patio* [m]
patiowoning *Bungalow mit Patio* [m]
patisserie *Feinbäckerei* [v]
patjepeeër *Prolet* [m], *Parvenü* [m], *Wichtigtuer* [m]
patriarch • (aartsvader) *Patriarch* [m], *Erzvater* [m] • (opperbisschop) *Patriarch* [m]
patriarchaal *patriarchalisch*
patriarchaat *Patriarchat* [o]
patriciër *Patrizier* [m]
patrijs *Rebhuhn* [o]
patrijspoort *Bullauge* [o]
patriot *Patriot* [m]
patriottisch *patriotisch, vaterlandsliebend, vaterländisch*
patriottisme *Patriotismus* [m]
patronaat *Schirmherrschaft* [v], *Patronat* [o]
patroon I [de] • (beschermheer) *Beschützer* [m], *Schirmherr* [m] • (beschermheilige) *Schutzheilige(r)* [m] • (baas) *Chef* [m] • (huls met lading) *Patrone* [v] **II** [het] • (model) *Muster* [o], *Vorlage* [v], ‹knippatroon› *Schnittmuster* [o] • (dessin) *Muster* [o]
patrouille • (troepenafdeling) *Patrouille* [v], *Spähtrupp* [m] • (verkenning) *Patrouille* [v], *Streife* [v], *Streifgang* [m]

patrouilleren *patrouillieren*
pats *patsch, klatsch*
patser *Protz* [m]
patstelling *Patt* [o]
pauk *Pauke* [v]
paukenist *Paukist* [m], *Pauker* [m]
pauper *Mittellose(r)* [m], *Arme(r)* [m]
paus *Papst* [m] ▾ roomser dan de paus zijn *päpstlicher als der Papst sein*
pauselijk *päpstlich*
pauw *Pfau* [m]
pauze *Pause* [v] ⋆ ~ houden *Pause machen*
pauzefilm *Pausenfilm* [m]
pauzeren *pausieren*
paviljoen *Pavillon* [m]
PCB *PCB* [o]
pech • (tegenspoed) *Pech* [o] ⋆ aan één stuk door pech hebben *vom Pech verfolgt sein* • (panne) *Panne* [v]
pechlamp ≈ *Laterne zum Leuchten im Falle einer Panne* [v]
pechvogel *Pechvogel* [m], *Unglücksrabe* [m]
pedaal *Pedal* [o]
pedaalemmer *Treteimer* [m]
pedagogisch *pädagogisch*, ‹opvoedend› *erzieherisch*
pedagoog *Pädagoge* [m]
pedant I [de] *Pedant* [m] **II** [bnw] *pedantisch*
pedanterie *Pedanterie* [v]
peddel *Paddel* [o]
peddelen • (roeien) *paddeln* • (fietsen) *strampeln*
pediatrie *Pädiatrie* [v]
pedicure • (verzorging) *Pediküre* [v], *Fußpflege* [v] • (persoon) *Pediküre* [v], *Fußpfleger* [m] [v: *Fußpflegerin*]
pedofiel I [de] *Pädophile(r)* [m] **II** [bnw] *pädophil*
pedologie • (bodemkunde) *Pedologie* [v] • (kinderpsychiatrie) *Pädologie* [v]
pedometer *Pedometer* [o]
pee ▾ de pee aan iem. hebben *jmdn. nicht riechen können* ▾ er de pee in hebben *stinksauer sein*
peen *Möhre* [v], *Karotte* [v]
peepshow *Peepshow* [v]
peer • (vrucht) *Birne* [v] • (lamp) *Birne* [v] • (vent) *Kerl* [m], *Fritze* [m] ⋆ geschikte peer *patente(r) Kerl* [m] ▾ daar zitten we met de gebakken peren *da haben wir die Bescherung*
pees *Sehne* [v] ⋆ gescheurde pees *Sehnenriss* [m] ⋆ verrekte pees *Sehnenzerrung* [v]
peeskamertje *Zimmer in Stundenhotel* [o]
peetoom *Patenonkel* [m], *Pate* [m]
peettante *Patentante* [v], *Patin* [v]
pegel *Eiszapfen* [m]
peignoir *Morgenrock* [m]
peil • (niveau) *Niveau* [o], *Stand* [m], *Stufe* [v], ‹normale waterstand› *Pegel* [m], ‹stand van het water› *Pegelstand* [m] ⋆ iets op peil brengen/houden *das Niveau einer Sache heben/ halten* ⋆ dat is beneden alle peil ‹aanmatigend› *das ist unter aller Würde* ⋆ beneden peil *unter dem Niveau* • (hoogtemerk) *Niveau* [o], *Stand* [m], *Pegel* [m] ⋆ boven/beneden peil *hohe(r)/ niedrige(r) Pegelstand* [m] ▾ er is geen peil op te trekken *es entzieht sich aller Berechnung*
peildatum *Stichtag* [m]
peilen • (bepalen) *anpeilen, orten*, ‹van diepte› *(aus)loten, peilen*, ‹van gehalte› *prüfen* • (doorgronden) *ergründen, erforschen*, ‹onderzoeken› *erkunden*
peilglas • (glas om de stand af te lezen) *Anzeiger* [m], ‹van waterstand› *Wasserstandsanzeiger* [m] • (glas om te peilen) *Instrument zur Prüfung des Alkoholgehalts* [o]
peiling *Peilung* [v], ‹van plaats› *Anpeilen* [o], *Ortung* [v]
peillood *Senkblei* [o], *Lot* [o]
peilloos *unergründlich, unermesslich*, ‹ook fig.› *bodenlos*
peilstok *Peilstock* [m]
peinzen • (diep nadenken) *sinnen, grübeln* • (~ **op**) *sinnen (auf)* [4] • (~ **over**) *nachdenken (über)* [4], *nachsinnen (über)* [4] ⋆ ik peins er niet over! *ich denke nicht im Traum daran!* ⋆ zich suf ~ over iets *sich den Kopf zerbrechen über etw.*
pek *Pech* [o] ▾ wie met pek omgaat, wordt ermee besmet *wer Pech anfasst, besudelt sich*
pekel • (oplossing) *Salzlake* [v] • (strooizout) *Streusalz* [o]
pekelen • (in pekel inleggen) *einsalzen, einpökeln* • (bestrooien) *streuen*
pekelvlees *Pökelfleisch* [o]
pekinees *Pekinese* [m]
Peking *Peking* [o]
pekingeend *Pekingente* [v]
pelgrim *Pilger* [m], *Wallfahrer* [m]
pelgrimage *Wallfahrt* [v], *Pilgerfahrt* [v]
pelikaan *Pelikan* [m]
pellen *schälen, pellen* ⋆ gepelde gerst *Gerstengraupen* [mv]
peloton • (mil.) *Peloton* [o] • (sport) *Feld* [o], *Hauptfeld* [o], ‹fietsers› *Peloton* [o]
pels *Pelz* [m]
pelsdier *Pelztier* [o]
pelsjager *Pelztierjäger* [m]
peluw *Kopfkissen* [o]
pen • (vogelveer) *Feder* [v] • (schrijfpen) *Feder* [v], *Stift* [m], ‹balpen› *Kugelschreiber* [m] • (lang, puntig voorwerp) *Nadel* [v], *Stift* [m], *Bolzen* [m], ‹breipen› *Stricknadel* [v] ⋆ pen-en-gatverbinding *Verbindung mit Zapfen und Zapfenloch* [v] ▾ in de pen klimmen *zur Feder greifen* ▾ dat is met geen pen te beschrijven *das ist unbeschreiblich* ▾ het is/zit in de pen *es ist in der Mache*
penalty *Strafstoß* [m], ‹voetbal› *Elfmeter* [m], ‹vooral ijshockey› *Penalty* [m]
penaltystip *Elfmeterpunkt* [m]
penarie *Geldnot* [v] ▾ in de ~ zitten *im Schlamassel sitzen*
pendant *Pendant* [o], *Gegenstück* [o]
pendelaar *Pendler* [m]
pendelbus *Pendelbus* [m]
pendeldienst *Pendelverkehr* [m]
pendelen *pendeln*
pendule *Pendeluhr* [v]
penetrant *penetrant, durchdringend*, ‹van personen› *aufdringlich*
penetratie *Penetration* [v], *Eindringen* [o]
penetreren *penetrieren, durchdringen*
penibel *peinlich*
penicilline *Penizillin* [o]
penis *Penis* [m], *Glied* [o]
penisnijd *Penisneid* [m]
penitentie • (boetedoening) *Bußübung* [v] • (straf) *Heimsuchung* [v], *Prüfung* [v]
pennen *schreiben*
pennenlikker ‹auteur› *Federfuchser* [m], ‹kantoorbediende› *Schreiberseele* [v]
pennenstreek *Federstrich* [m] ⋆ met één ~ ‹fig.› *mit einem Federstrich*
pennenstrijd *Polemik* [v]
pennenvrucht ‹inf.› ≈ *Schreibe* [v], *schriftstellerische Leistung* [v]
penning • (geld) *Münze* [v], *Pfennig* [m] ⋆ op de ~ zijn *auf den Pfennig sehen; ein Pfennigfuchser sein*

⋆ tot de laatste ~ *auf Heller und Pfennig; bis auf den letzten Pfennig* • (muntstuk) *Marke* [v], ‹gedenkpenning› *Gedenkmünze* [v]
penningmeester *Kassenwart* [m], ‹officieel› *Schatzmeister* [m]
penoze *Unterwelt* [v]
pens • (voormaag) *Pansen* [m] • (buik) *Wampe* [v], *Wanst* [m] • (eetbare ingewanden) *Kaldaunen* [mv], *Innereien* [mv], *Gekröse* [o]
penseel *Pinsel* [m]
pensioen *Rente* [v], ‹van ambtenaren› *Pension* [v] ⋆ met ~ gaan *in Rente gehen* ⋆ recht op ~ *Pensionsanspruch* [m]
pensioenfonds *Rentenversicherungsanstalt* [v], ‹ter aanvulling wettelijke regeling› *Pensionskasse* [v]
pensioengerechtigd *pensionsberechtigt* ⋆ ~e leeftijd ‹van ambtenaren› *Pensionsalter* [o]; ‹van overige werknemers› *Rentenalter* [o]
pension • (kost en inwoning) *Kost und Logis* [v] ⋆ half/vol ~ *Halb-/Vollpension* [v] • (kosthuis) *Pension* [v], ‹voor dieren› *Tierheim* [o]
pensionaat *Internat* [o]
pensioneren *in den Ruhestand versetzen*, ‹ambtenaren› *pensionieren*, ‹overige werknemers› *auf Rente setzen*
pensionering *Pensionierung* [v]
pensionhouder *Pensionswirt* [m]
pep • (fut) *Schneid* [m] • (pepmiddel) *Pep* [m]
peper *Pfeffer* [m]
peperbus • (bus met peper) *Pfefferstreuer* [m] • (reclamezuil) *Litfaßsäule* [v]
peperduur *sündhaft teuer*
peperen *pfeffern* ⋆ sterk gepeperd *stark gepfeffert; pfeffrig* ▾ gepeperde anekdotes vertellen *würzige Anekdoten erzählen* ▾ gepeperde rekening *gepfefferte Rechnung*
peper-en-zoutstel *Pfeffer und Salz* [o]
peperkoek *Pfefferkuchen* [m], ‹ontbijtkoek› *Honigkuchen* [m]
peperkorrel *Pfefferkorn* [o]
pepermolen *Pfeffermühle* [v]
pepermunt • (plant) *Pfefferminze* [v] • (snoepgoed) *Pfefferminz* [o], *Pfefferminzbonbon* [m/o]
pepernoot ≈ *Pfeffernuss* [v]
pepmiddel *Aufputschmittel* [o], *Pepmittel* [o]
peptalk *aufpeppende(n) Worte* [mv]
per • (vanaf) *ab* [3], *zu* [3] ⋆ het wordt per 1 januari van kracht *gültig ab 1. Januar* • (door middel van/met) *per* [4] ⋆ per post *per Post* • (in/voor) *pro* [4] ⋆ per stuk *pro/je Stück* ⋆ één keer per dag *ein Mal pro/am Tag* ⋆ 75 km per uur *75 km pro Stunde* ⋆ per persoon *pro/je Person* ⋆ verbruik per persoon *Pro-Kopf-Verbrauch* [m]
perceel • (stuk land) *Grundstück* [o], *Parzelle* [v] ⋆ in percelen verdelen *parzellieren* • (pand) *Haus* [o], *Gebäude* [o]
percent *Prozent* [o] ⋆ vijf ~ *fünf Prozent*
percentage *Prozentsatz* [m]
percentsgewijs *prozentual*
perceptie *Perzeption* [v], *Wahrnehmung* [v]
percolator ‹techn.› *Perkolator* [m], ≈ ‹voor koffie› *Kaffeemaschine* [v]
percussie *Schlagzeug* [o]
perenboom *Birnbaum* [m]
perfect *perfekt*
perfectie *Perfektion* [v] ⋆ tot in de ~ *perfekt*
perfectioneren *perfektionieren, vervollkommnen*
perfectionist *Perfektionist* [m]
perfide *perfid(e)*, ‹trouweloos› *treulos*, ‹vals› *niederträchtig*
perforatie *Perforation* [v]
perforator *Locher* [m]
perforeren *lochen, perforieren*
pergola *Pergola* [v], *Laubengang* [m]
perifeer *peripher* ⋆ het perifere zenuwstelsel *das periphere Nervensystem*
periferie • (cirkelomtrek) *Peripherie* [v] • (buitenkant) *Peripherie* [v], *Randgebiet* [o], *Rand* [m]
perikel • (gevaar) *Gefahr* [v] • (lastig voorval) *Abenteuer* [o]
periode *Periode* [v] ⋆ in die gruwelijke ~ *in dieser schrecklichen Zeit* ⋆ voor een vrij lange ~ *über einen längeren Zeitraum*
periodiek I [de/het] • (salarisverhoging) *regelmäßige Gehaltserhöhung* [v] • (tijdschrift) *Zeitschrift* [v] **II** [bnw] *periodisch* ⋆ ~ systeem *Periodensystem* [o]
periodiseren *periodisieren*
periscoop *Periskop* [o]
peristaltisch *peristaltisch*
perk • (vlak in een tuin) *Beet* [o] • (begrenzing) *Grenze* [v] ⋆ de perken te buiten gaan *die Grenze des Erlaubten überschreiten* ⋆ dat blijft binnen de perken *das hält sich in Grenzen*
perkament *Pergament(papier)* [o]
permafrost *Dauerfrostboden* [m]
permanent I [het] *Dauerwelle* [v] **II** [bnw + bijw] *permanent, ständig*, ‹voortdurend› *dauernd*
permanenten *eine Dauerwelle machen* ⋆ zij heeft gepermanent haar *sie hat eine Dauerwelle*
permissie *Erlaubnis* [v] ⋆ met ~ *mit Verlaub* ⋆ ~ vragen *um Erlaubnis bitten*
permitteren *erlauben* ⋆ ik kan het mij ~ *ich kann es mir leisten* ⋆ dat is niet gepermitteerd *das ist nicht erlaubt*
perpetuum mobile *Perpetuum mobile* [o]
perplex *perplex, verblüfft, verdutzt* ⋆ ik sta er ~ van! *da bin ich ja platt!*
perron *Bahnsteig* [m]
pers • (drukpers) *Druckpresse* [v] ⋆ ter perse zijn *in Druck sein* ⋆ vers van de pers *brühwarm* • (nieuwsbladen en journalisten) *Presse* [v] ⋆ de pers halen *in die Zeitung kommen* • (toestel om te persen) *Presse* [v] • (tapijt) *Perserteppich* [m]
persbericht • (bericht aan de pers) *Presseerklärung* [v] • (bericht in de pers) *Pressebericht* [m], *Pressemeldung* [v]
persbureau *Pressebüro* [o], *Presseagentur* [v], *Nachrichtenagentur* [v]
perschef *Pressesprecher* [m]
persconferentie *Pressekonferenz* [v]
persen I [ov ww] *pressen* ⋆ zich in een nauwe broek ~ *sich in eine enge Hose zwängen/quetschen* ⋆ een pak ~ *einen Anzug dämpfen* **II** [on ww] • (drukken) *pressen*
persfotograaf *Pressefotograf* [m]
persiflage *Persiflage* [v]
perskaart *Pressekarte* [v], *Presseausweis* [m]
personage • (persoon) *Person* [v], ‹inf.› *Typ* [m] • (rol, figuur) *Figur* [v]
personalia • (persoonlijke gegevens) *Personalien* [mv] • (mededelingenrubriek in kranten e.d.) *Persönliche(s)* [o]
personeel I [het] *Personal* [o], *Angestellte(n)* [mv] ⋆ gebrek aan ~ *Personalmangel* [m] ⋆ ~ gevraagd *Stellenangebote* [mv] ⋆ ~ aangeboden *Stellengesuche* [mv] **II** [bnw] • (persoonlijk) *persönlich* • (bestaande uit één of meer personen) *personal-, Personal-* ⋆ personele unie *Personalunion* [v]
personeelsadvertentie *Stellenanzeige* [v]
personeelslid *Mitarbeiter* [m]

personeelszaken • (aangelegenheden) *Personalangelegenheiten* [mv] • (afdeling) *Personalabteilung* [v], *Personalverwaltung* [v]
personenauto *Personenwagen* [m]
personenlift *Personenaufzug* [m]
personenregister *Personenverzeichnis* [o], *Personenregister* [o]
personificatie *Personifikation* [v], *Personifizierung* [v], ‹belichaming› *Verkörperung* [v]
personifiëren *personifizieren, verkörpern*
persoon • (individu) *Person* [v], *Figur* [v] ⋆ in eigen ~ *in (höchst)eigener Person* ⋆ zij is daarvoor de aangewezen ~ *sie ist dafür wie geschaffen* ⋆ mijn ~tje *meine Wenigkeit* ⋆ de domheid in ~ *die Dummheit in Person* • (taalk.) *Person* [v]
persoonlijk *persönlich*, ‹privé› *privat* ⋆ om ~e redenen *aus persönlichen Gründen* ⋆ ~ voornaamwoord *Personalpronomen* [o] ⋆ ~ tintje *persönliche Note* [v] ⋆ ~e aangelegenheid *Privatangelegenheit* [v]
persoonlijkheid *Persönlichkeit* [v]
persoonsbewijs *Personalausweis* [m]
persoonsgebonden *personengebunden*
persoonsregister *Personenstandsregister* [o]
perspectief I [de] *Perspektive* [v] **II** [het] • (gezichtspunt) *Perspektive* [v], *Aussicht* [v], *Weitblick* [m] • (vooruitzicht) *Perspektive* [v], *Aussicht* [v] • (context) ⋆ vanuit historisch ~ *aus historischer Sicht* [v]
perspex I [het] *Plexiglas* [o] **II** [bnw] *aus Plexiglas*
persvrijheid *Pressefreiheit* [v]
perswetenschap *Publizistik* [v], *Zeitungswissenschaft* [v]
pertinent • (beslist) *entschieden, bestimmt* • (ter zake dienend) *sachdienlich*
Peru *Peru* [o]
pervers *pervers, abartig*
perversie *Perversion* [v]
perzik *Pfirsich* [m]
perzikhuid *Pfirsichhaut* [v]
pessarium *Pessar* [o]
pessimisme *Pessimismus* [m]
pessimist *Pessimist* [m]
pessimistisch *pessimistisch*
pest *Pest* [v] ▾ de pest aan iem. hebben *jmdn. hassen wie die Pest* ▾ dat is juist de pest *da liegt/sitzt der Haken* ▾ ergens de pest aan hebben *etw. hassen wie die Pest* ▾ ik heb er de pest in *das kotzt mich an*
pestbui *Stinklaune* [v], *Scheißlaune* [v]
pesten *schikanieren, piesacken* ⋆ zij wordt door iedereen gepest *alle sind fies/gemein zu ihr*
pesterij • (getreiter) *Piesackerei* [v] • (peststreek) *Schikane* [v]
pesthumeur *Stinklaune* [v]
pesticide *Pestizid* [o]
pestkop *Quälgeist* [m]
pet I [de] *Schirmmütze* [v], *Mütze* [v] ▾ dat gaat boven mijn pet *das ist mir zu hoch* ▾ er met de pet naar gooien *es nicht so genau nehmen* ▾ dat is huilen met de pet op *das ist zum Heulen* ▾ ik kan er met mijn pet niet bij *das geht über meinen Verstand* **II** [bnw] ⋆ dat is pet *das ist ganz schön blöd* ⋆ zo is het pet *so ist es nix*
petekind *Patenkind* [o]
peter *Pate* [m], *Patenonkel* [m]
peterselie *Petersilie* [v]
petieterig *winzig, klitzeklein*, ‹jammerlijk› *mickerig*
petitie *Petition* [v] ⋆ recht van ~ *Petitionsrecht* [o]
petrochemie *Petrochemie* [v]
petrochemisch *petrochemisch*
petroleum *Petroleum* [o]
pets *Schlag* [m], ‹licht› *Klaps* [m]
petticoat *Petticoat* [m]
petto ▾ iets in ~ hebben *etw. in petto/auf Lager haben*
petunia *Petunie* [v]
peuk *Kippe* [v]
peul • (peulvrucht) *Hülsenfrucht* [v] • (soort erwt) *Zuckererbse* [v] • (peulenschil) *Schote* [v], *Hülse* [v]
peulenschil • (kleinigheid) *Kinderspiel* [o], *Pappenstiel* [m] • (schil van een peul) *Schote* [v], *Hülse* [v]
peulvrucht *Hülsenfrucht* [v]
peut • (petroleum) *Petroleum* [o] • (terpentine) *Terpentin* [o] • (klap) *Schlag* [m]
peuter *Kleinkind* [o], *Knirps* [m]
peuteren • (pulken) *(herum)stochern* ⋆ in je neus ~ *in der Nase bohren* • (friemelen) *fröbeln, tüfteln*
peuterig • (prutserig) *tüftelig* • (pietepeuterig) *kritzlig*
peuterspeelzaal *Kindertagesstätte* [v]
peuzelen *futtern, schnabulieren, schmausen*
pezen • (hard werken) *schuften* • (neuken) *bumsen, ficken*
pezig *sehnig*
pH *pH-Wert* [m]
pi *Pi* [o]
pianist *Klavierspieler* [m], ‹beroeps› *Pianist* [m]
piano I [de] *Klavier* [o] **II** [bijw] *piano*
pianoconcert *Klavierkonzert* [o]
pianola *Pianola* [o]
pianoles *Klavierstunde* [v]
pianostemmer *Klavierstimmer* [m]
pias *Hanswurst* [m]
piccolo • (hotelbediende) *Pikkolo* [m] • (kleine fluit) *Pikkoloflöte* [v]
picknick *Picknick* [o]
picknicken *picknicken*
picknickmand *Picknickkorb* [m]
pick-up *Tonabnehmer* [m] • (bestelauto) *Pritschenwagen* [m], *Kleinkraftwagen* [m] • (platenspeler) *Plattenspieler* [m]
picture ⋆ in de ~ komen *beliebt werden* ⋆ in de ~ *im Mittelpunkt des Interesses*
pied-à-terre *Wochenendhaus* [o]
piëdestal *Sockel* [m], *Piedestal* [o]
pief *Knilch* [m], *Typ* [m] ⋆ een hoge pief *ein hohes Tier*
piek • (wapen) *Pike* [v] • (bergtop) *Spitze* [v] • (gulden) † *Gulden* [m] • (hoogtepunt) *Spitze* [v] • (haarlok) *Strähne* [v] • (kerstversiering) *Weihnachtsbaumspitze* [v]
piekeraar *Grübler* [m]
piekeren *grübeln*
piekfijn • (erg goed) *hervorragend, ausgezeichnet* ⋆ dat is ~ voor elkaar *das ist prima geregelt* • (keurig) *piekfein* ⋆ ~ gekleed *picobello angezogen*
piekhaar *strähnige(s) Haar* [o], ‹verward› *Zottelhaar* [o]
piekuur *Stoßzeit* [v], ‹verkeer› *Rushhour* [v], *Hauptverkehrszeit* [v]
pielen *herumwursteln*
piemel *Schwanz* [m], *Pimmel* [m]
pienter *pfiffig, gescheit, schlau*, ‹bijdehand› *gewitzt*, ‹gewiekst› *gewiegt*
piepen I [ov ww] • (met een pieper oproepen) *mit einem Piepser aufrufen* ▾ 'm ~ *türmen* ▾ dat is zo gepiept *das schaffen wir im Nu* **II** [on ww] • (klagen) ⋆ dadelijk zal zij wel anders ~ *gleich wird sie schon ganz anders reden* • (geluid maken) ‹piepend spreken› *piepsen*, ‹van deur/schoenen/

P

remmen› *quietschen,* ‹van vogeltjes› *piepen*
pieper • (apparaatje) *Piepser* [m] • (aardappel) ↑ *Kartoffel* [v] • (vogel) *Pieper* [m]
piepjong *blutjung*
piepklein *klitzeklein*
piepkuiken *Küken* [o]
piepzak ▾ in zijn ~ zitten *Schiss haben*
pier • (loopbrug) *Flugsteig* [v] • (worm) *Regenwurm* [m], ‹om mee te vissen› *Köderwurm* [m] • (wandeldam) *Mole* [v], *Pier* [m] ▾ zo dood als een pier *mausetot*
pierement *Drehorgel* [v]
***pierenbad** (Wdl: pierebad) *Nichtschwimmerbecken* [o]
pierewaaien *bummeln, sich herumtreiben*
pies *Pisse* [v]
piesen *pinkeln,* ‹vulgair› *pissen*
piet • (persoon) ‹expert› *Ass* [o] ⋆ de hoge pieten *die Bonzen* ⋆ hij is een hoge piet *er ist ein hohes Tier* ⋆ een hele piet zijn *ein ganzer Kerl sein* • (vogel) *Kanarienvogel* [m]
Piet *Peter* [m] ▾ voor Piet Snot staan *als Jammergestalt dastehen* ▾ zwarte Piet *Knecht Ruprecht* [m] ▾ Pietje precies *Haarspalter* [m]
piëteit *Pietät* [v] ⋆ iets alleen al uit ~ doen/laten *etw. machen/unterlassen, weil es die Pietät gebietet*
pietepeuterig • (klein) *winzig, klitzeklein* • (pietluttig) *pingelig, peinlich genau*
piëtisme *Pietismus* [m]
pietlut *Kleinigkeitskrämer* [m], *Pedant* [m]
pietluttig *kleinlich, pedantisch*
pigment *Pigment* [o]
pigmentatie *Pigmentation* [v], *Pigmentierung* [v]
pigmentvlek *Pigmentfleck* [m]
pij *Kutte* [v]
pijl • (projectiel) *Pfeil* [m] • (vuurpijl) *Rakete* [v] ▾ als een pijl uit de boog *wie der Blitz; schnell wie ein Pfeil* ▾ meer pijlen op zijn boog hebben *mehrere Eisen im Feuer haben*
pijler *Pfeiler* [m] ▾ de ~s van de samenleving *die Stützen der Gesellschaft*
pijlkruid *Pfeilkraut* [o]
pijlsnel *pfeilschnell*
pijn • (verdriet) *Pein* [v] ⋆ dat deed haar pijn *das tat ihr weh; das bereitete ihr Schmerzen* ⋆ met pijn en moeite *mit Mühe und Not* ⋆ pijn hebben/lijden *Schmerzen haben* ⋆ doffe pijn *dumpfe(r) Schmerz* [m] • (moeite) ⋆ zonder een centje pijn *mühelos* • (lichamelijk lijden) *Schmerz* [m], *Schmerzen* [mv]
pijnappel *Kiefernzapfen* [m]
pijnappelklier *Zirbeldrüse* [v], *Epiphyse* [v]
pijnbank *Folterbank* [v], *Folter* [v]
pijnboom *Kiefer* [v]
pijndrempel *Schmerzschwelle* [v]
pijngrens *Schmerzgrenze* [v]
pijnigen *peinigen, martern, quälen* ▾ zijn hersens ~ *sich das Hirn zermartern*
pijnlijk • (onaangenaam) *peinlich* ⋆ een ~ voorval *ein peinlicher Vorfall* • (pijn doend) *schmerzend, schmerzhaft* ⋆ een ~e arm *ein schmerzender Arm* ⋆ ik heb ~e handen *mir schmerzen die Hände* ⋆ een ~ verlies *ein schmerzlicher/empfindlicher Verlust* ▾ ~ glimlachen *gequält lächeln*
pijnloos *schmerzlos*
pijnpunt • (discussiepunt) *wunde(r) Punkt* [m] • (pijnlijke plek) *schmerzhafte Stelle* [v]
pijnscheut *stechende(r) Schmerz* [m], *Stich* [m]
pijnstillend *schmerzstillend,* ‹pijn verzachtend› *schmerzlindernd*
pijnstiller *Schmerzmittel* [o]
pijp • (broekspijp) *Hosenbein* [o] • (staafje) *Stange* [v] ⋆ pijpje krijt *Kreide* [v]; *Kreidestift* [m] • (schoorsteenpijp) *Rohr* [o] • (rookgerei) *Pfeife* [v] • (buis) *Röhre* [v], *Rohr* [o] • (orgelpijp) *Pfeife* [v] • (langwerpig vat) *Fass* [o] ▾ de pijp uitgaan *den Löffel abgeben* ▾ naar iemands pijpen dansen *nach jmds. Pfeife tanzen* ▾ de pijp aan Maarten geven *den Löffel abgeben* ▾ een zware pijp roken *es schwer haben*
pijpen *flöten, blasen*
pijpenkrul *Korkenzieherlocke* [v]
pijpenla *Schlauch* [m]
pijpenrager *Pfeifenreiniger* [m]
pijpensteel *Pfeifenrohr* [o] ▾ het regent pijpenstelen *es gießt in Strömen; es regnet Bindfäden*
pijpje • (pilsflesje) *Flasche* [v] • (kleine pijp) *Pfeifchen* [o], ‹buisje› *Röhrchen* [o]
pijpkaneel *Zimtstange* [v]
pijpleiding *Rohrleitung* [v]
pijpsleutel *(Rohr)steckschlüssel* [m]
pik • (prik) *Stich* [m] • (penis) *Schwanz* [m] • (houweel) *Spitzhacke* [v], *Pickel* [m], ‹kleine zeis› *Sichel* [v] • (vent) *Kerl* [m] ▾ de pik op iem. hebben *jmdn. auf dem Kieker haben* ▾ zich op de pik getrapt voelen *sich auf den Schwanz getreten fühlen*
pikant • (gewaagd) *pikant* • (scherp) *scharf*
pikdonker **I** [het] *Zappenduster* [o] **II** [bnw] *stockdunkel, stockfinster*
pikeren • (beledigen) *kränken, pikieren* ⋆ gepikeerd zijn *pikiert/gekränkt sein* • (m.b.t. biljart) *(einen Billardball) mit Piqué stoßen* • (steken) *stechen*
piket **I** [de] *Pflock* [m] **II** [het] • (groep) *Bereitschaft* [v] • (kaartspel) *Pikett* [o] ▾ officier van ~ *Offizier vom Dienst* [m]
pikeur • (ruiter) *Reitkünstler* [m] • (paardenafrichter) *Bereiter* [m] • (menner van harddravers) *Trabrennfahrer* [m]
pikhouweel *Pickel* [m], *Spitzhacke* [v]
pikkedonker **I** [het] *Zappenduster* [o] **II** [bnw] *stockdunkel*
pikken **I** [ov ww] • (prikken, steken) *piken, stechen* • (pakken) *sich schnappen* • (stelen) *klauen* • (dulden) *schlucken* • (pekken) *verpichen* **II** [on ww] • (kleven) *kleben* • (met snavel/puntig voorwerp steken) *hacken, picken*
pikzwart *rabenschwarz, pechschwarz*
pil • (geneesmiddel) *Pille* [v] • (anticonceptiepil) *Pille* [v] • (iets diks) ‹boek› *Wälzer* [m], *Schinken* [m], ‹boterham› *Stulle* [v] • (dokter) *Medizinmann* [m], ‹apotheker› *Pillendreher* [m]
pilaar *Pfeiler* [m], *Säule* [v]
piloot *Pilot* [m], *Flieger* [m] ▾ automatische ~ *Autopilot* [m]
pilotstudie *Pilotstudie* [v]
pils *Pils* [o], *Pilsener* [o]
pimpelaar *Pichler* [m], *Säufer* [m], *Zechbruder* [m]
pimpelen *picheln, bechern*
pimpelmees *Blaumeise* [v]
pimpelpaars *violett, blaurot*
pin • (staafje) *Bolzen* [m], *Stift* [m] • (pinnig mens) *Geizkragen* [m]
pincet *Pinzette* [v]
pincode *persönlicher geheimer Ziffernkode* [m]
pinda *Erdnuss* [v]
pindakaas *Erdnussbutter* [v]
pineut ⋆ de ~ zijn *der Dumme sein*
pingelaar *Feilscher* [m]
pingelen • (afdingen) *feilschen* • (tikken van motor) *klingeln* • (sport) *herumfuchteln*

pingpongbal Tischtennisball [m]
pingpongen Tischtennis spielen
pinguïn Pinguin [m]
pink • (vinger) kleine(r) Finger [m] • (kalf) Jungtier [o] • (vissersboot) Pinke [v] ▾ bij de pinken zijn Köpfchen haben
pinken wischen ⋆ een traan weg~ eine Träne wegwischen
pinksterbeweging Pfingstbewegung [v]
pinksterbloem Wiesenschaumkraut [o]
Pinksteren Pfingsten [mv] ⋆ met ~ an/zu Pfingsten
pinkstervakantie Pfingstferien [v]
pinnig • (vinnig) bissig, ‹bazig› herrisch • (gierig) geizig, knauserig
pint • (glas) Glas [o], Krug [m] ⋆ een pint bier ein Krug/Glas Bier • (oude vochtmaat) Pinte [v]
pioen Pfingstrose [v] ⋆ een hoofd als een ~ hebben einen feuerroten Kopf haben
pion Stein [m], ‹schaken› Bauer [m]
pionier Pionier [m]
pionieren • (pionier zijn) ein Wegbereiter sein [m] • (pionierswerk doen) Pionierarbeit leisten [v]
pioniersgeest Pioniergeist [m]
pionierswerk Pionierarbeit [v]
pipet Pipette [v]
pips blass, matt ⋆ er pips uitzien blass/matt/ kränklich aussehen
piraat • (zender) Piratensender [m] • (zeerover) Pirat [m]
piramide Pyramide [v]
piranha Piranha [m]
pirateneditie Raubdruck [m]
piratenzender Piratensender [m]
pirouette Pirouette [v]
pis Pisse [v]
pisang Banane [v], Pisang [m], ‹boom› Bananenstaude [v] ▾ de ~ zijn der Dumme sein
pisbak Pinkelbecken [o]
piscine • (teeltvijver) Fischteich [m] • (waterbassin) Wasserbecken [o]
pisnijdig stocksauer, stinkwütend
pispaal Prügelknabe [m]
pispot Pisspott [m]
pissebed Mauerassel [v]
pissen pinkeln, pissen, ‹form.› urinieren
pissig giftig
pistache Pistazie [v], Pistaziennuss [v]
piste Piste [v]
piston • (muziekinstrument) Kornett [o] • (ventiel) Piston [o] • (zuiger) Kolben [m]
pistool Pistole [v] ▾ iem. het ~ op de borst zetten jmdm. die Pistole auf die Brust setzen
pit • (brander) Flamme [v], Brenner [m] ⋆ gasstel met 3 pitten Gaskocher mit drei Flammen [m] • (kern van vrucht) Kern [m], Stein [m] • (lont) Docht [m] • (elan) Schwung [m], Mumm [m] ⋆ er zit geen pit in das hat keinen Pep
pitje Sparflamme [o], ‹onder theepot› Teelicht [o] ▾ op een laag ~ zetten auf Sparflamme setzen
pitriet Peddigrohr [o]
pits Box [v]
pitten I [ov ww] • (van pit ontdoen) entkernen **II** [on ww] • (slapen) pennen
pittig • (energiek) beschwingt, schneidig, temperamentvoll ⋆ een ~ meisje ein flottes Mädchen • (kruidig) würzig
pittoresk pittoresk, malerisch
pizza Pizza [v]
pizzeria Pizzeria [v]
plaag • (bezoeking) Plage [v] • (ziekte) Seuche [v]
plaaggeest Quälgeist [m]
plaagstoot herausfordernde Handlung [v]
plaagziek • (treiterend) quälerisch • (speels) neckisch
plaat • (plat, hard stuk) Platte [v], Blech [o], Schild [o] ⋆ ijzeren ~ Eisenplatte [v]; Eisenblech [o] • (prent) Bild [o], Stich [m] • (grammofoonplaat) Schallplatte [v] • (zandbank) Sandbank [v], Platte [v] ▾ de ~ poetsen sich aus dem Staub machen
plaatje • (kleine plaat) Platte [v], Schild [o] • (single) Single [v] • (afbeelding) Bild [o] ⋆ een ~ schieten knipsen • (iets moois) Gedicht [o] ⋆ het is een ~ es ist bildschön • (schilfertje) Schuppe [v]
plaats • (functie) Stelle [v] ⋆ in ~ van (an)statt [2] ⋆ in ~ daarvan stattdessen ⋆ in ~ dat hij zelf komt (an)statt selbst zu kommen • (waar iem./iets zich bevindt) Stelle [v] ⋆ voor iem. zijn ~ vrijmaken jmdm. seinen Platz räumen ⋆ voor iem. ~ maken jmdm. Platz machen ⋆ in jouw ~ zou ik an deiner Stelle würde ich ⋆ in (op) de eerste ~ an erster Stelle; in erster Linie ⋆ iemands ~ innemen jmds. Stelle einnehmen • (woonplaats) Ort [m], Ortschaft [v] • (ruimte) Ort [m], Platz [m] ⋆ veel ~ innemen viel Platz einnehmen ⋆ de ~ van handeling der Schauplatz ⋆ ~ van het misdrijf Tatort [m] ⋆ gewijde ~ geweihte Stätte [v] • (binnenplaats) Hof [m], ‹plein› Platz [m] • (positie) Rang [m], Stelle [v] • (passage in geschrift) Stelle [v] ▾ dit is niet op zijn ~ das ist hier fehl am Platze ▾ de juiste vrouw op de juiste ~ die rechte Frau am rechten Platz
plaatsbepaling Ortsbestimmung [v]
plaatsbespreking Platzreservierung [v]
plaatsbewijs ‹bus, trein› Fahrkarte [v], ‹genummerd of gereserveerd› Platzkarte [v], ‹toegangskaartje› Eintrittskarte [v]
plaatselijk I [bnw] örtlich, lokal, Orts-, Lokal- ⋆ ~e tijd Ortszeit [v]; lokale Zeit [v] ⋆ ~ nieuws regionale Nachrichten [mv] ⋆ ~ nieuwsblad Lokalzeitung [v]; Lokalanzeiger [m] **II** [bijw] • (ter plaatse) örtlich • (hier en daar) stellenweise ⋆ ~ zon stellenweise sonnig
plaatsen I [ov ww] • (een plaats geven) setzen, stellen, aufstellen, ‹tent/kraam› aufschlagen ⋆ een artikel ~ einen Artikel unterbringen ⋆ iets niet kunnen ~ etw. nicht unterbringen können • (beleggen) anlegen • (in dienst nemen) einstellen • (afnemers vinden voor iets) anbringen, absetzen ⋆ orders ~ Aufträge vergeben **II** [wkd ww] platzieren
plaatsgebrek Platzmangel [m]
plaatsing • (het plaatsen) Aufstellung [v], ‹krant› Aufnahme [v] • (klassering) Platzierung [v]
plaatsnaam Ortsname [m]
plaatsruimte Raum [m], Platz [m]
plaatsvervangend stellvertretend ▾ ~e schaamte voelen sich für jmdn. schämen
plaatsvervanger Stellvertreter [m]
plaatsvinden stattfinden
plaatwerk • (boek) Bilderbuch [o], Bildband [m] • (plaatmetaal) Metallblech [o], Blechwaren [mv]
placebo Placebo [o]
placenta Mutterkuchen [m], Plazenta [v]
plafond • (kamerplafond) Decke [v] • (bovengrens) Höchstgrenze [v]
plafonnière Deckenleuchte [v]
plag Sode [v], Plagge [v]
plagen • (pesten) necken ⋆ ik zei het maar om te ~ ich wollte dich nur aufziehen • (hinderen) plagen, quälen
plagerig • (plaagziek) neckisch • (plagend)

spöttisch
plagerij *Neckerei* [v], *Frotzelei* [v], *Spöttelei* [v]
plaggenhut *Plaggenhütte* [v]
plagiaat *Plagiat* [o] ⋆ ~ plegen *ein Plagiat begehen*
plagiëren *plagiieren*
plaid *Plaid* [m/o], *Reisedecke* [v]
plak *Scheibe* [v], *Schnitte* [v], ‹chocolade› *Tafel* [v] ▾ hij zit onder de plak *er steht unter dem Pantoffel*
plakband *Klebeband* [o], *Klebestreifen* [m]
plakboek *Buch zum Einkleben* [o]
plakkaat • (vlek, klodder) *Klecks* [m] • (aanplakbiljet) *Plakat* [o], *Anschlag* [m]
plakkaatverf *Plakatfarbe* [v]
plakken I [ov ww] • (lijmen) *kleben*, ‹band› *flicken*, ‹behang› *kleistern* **II** [on ww] • (kleven) *kleben* • (lang blijven) *lange sitzen bleiben, hängen bleiben*
plakker • (aanplakker) *Plakatkleber* [m] • (sticker) *Aufkleber* [m], *Sticker* [m]
plakkerig *klebrig*, ‹aan elkaar geplakt› *verklebt*
plakletter *Klebebuchstabe* [m]
plakplastic *Plastikklebefolie* [v]
plamuren *spachteln*
plamuur *Spachtelkitt* [m], *Spachtelmasse* [v]
plamuurmes *Spachtel* [m]
plan • (ontwerp) *Plan* [m], *Entwurf* [m] • (voornemen) *Vorhaben* [o], *Vornehmen* [o] ⋆ van plan zijn *die Absicht haben; beabsichtigen* ⋆ volgens plan *planmäßig* • (plattegrond) *Plan* [m] • (niveau) ⋆ op een hoger plan staan *Priorität haben*
planeconomie *Planwirtschaft* [v]
planeet *Planet* [m]
planetarium *Planetarium* [o]
plank *Brett* [o] ⋆ schutting van ~en *Bretterzaun* [m] ▾ zo stijf als een ~ zijn *steif wie ein Brett sein* ▾ hij heeft een ~ voor zijn kop *er hat ein Brett vor dem Kopf* ▾ dat is van de bovenste ~ *das ist Spitzenklasse* ▾ op de ~en staan *auf der Bühne stehen* ▾ de ~ mis slaan *sich auf dem Holzweg befinden*
plankenkoorts *Lampenfieber* [o]
plankgas I [het] *Vollgas* [o] **II** [bijw] *mit Vollgas*
plankier • (vlonder) *Steiger* [m] • (houten vloer) *Bretterboden* [m], *Holzfußboden* [m]
plankton *Plankton* [o]
plankzeilen I [het] *Windsurfing* [o] **II** [ww] *windsurfen*
planmatig *planmäßig*
plannen *planen*
planning *Planung* [v]
planologie *Raumordnung* [v]
planologisch *Raumordnungs-*
planoloog *Planer* [m]
plant *Pflanze* [v]
plantaardig *pflanzlich, Pflanzen-* ⋆ ~e olie *Pflanzenöl* [o]
plantage *Plantage* [v]
planten • (in de grond zetten) *pflanzen* • (stevig neerzetten) *setzen, aufstellen*
planteneter *Pflanzenfresser* [m]
plantengroei • (aanwezigheid van planten) *Vegetation* [v] • (groei van planten) *Pflanzenwuchs* [m]
plantenrijk *Flora* [v], *Pflanzenreich* [o]
planter • (iem. die plant) *Pflanzer* [m] • (eigenaar van plantage) *Plantagenbesitzer* [m] • (pootaardappel) *Saatkartoffel* [v]
plantkunde *Pflanzenkunde* [v], *Botanik* [v]
plantsoen *Park* [m], *(Grün)anlage* [v]
plas • (regenplas) *Pfütze* [v], *Lache* [v] • (watervlakte) *Pfuhl* [m], ‹meer› *See* [m], ‹poel› *Tümpel* [m] • (urine) *Urin* [m], ‹kind.› *Pipi* [o] • (plens) ⋆ de plas bloed *die Blutlache*
plasma *Plasma* [o]
plaspil *harntreibende(s) Mittel* [o]
plassen • (spatten) *plätschern, planschen* • (urineren) *pinkeln*, ‹kindertaal› *Pipi machen*
plasser *Pimmel* [m], *Schwanz* [m]
plastic I [het] *Plastik* [o] **II** [bnw] *Kunststoff-, Plastik-*
plastiek *Plastik* [v]
plastificeren *mit Kunststoff beschichten*
plastisch *plastisch*
plat I [het] • (plat dak) *Flachdach* [o] • (plat vlak) *Schelf* [m/o] • (dialect) *Mundart* [v], *Platt* [o] **II** [bnw] • (vlak, ondiep) *platt, flach* ⋆ plat op de grond vallen *der Länge nach hinfallen* ⋆ plat bord *flache(r) Teller* [m] ⋆ een plat vlak *eine ebene Fläche* • (platvloers) *vulgär, gemein, niedrig* • (dialectisch) *platt* ⋆ het plat Amsterdams *das Amsterdamer Platt* ▾ het spoorwegverkeer ligt plat *der Eisenbahnverkehr liegt still* ▾ een zaal plat krijgen *das Publikum begeistern*
plataan *Platane* [v]
platbodem *Plattbodenboot* [o]
platbranden *niederbrennen*
plateau • (hoogvlakte) *Hochebene* [v] • (presenteerblad) *Plateau* [o]
platenalbum *Plattenalbum* [o]
platenbon *Schallplattengutschein* [m]
platenmaatschappij *Plattenfirma* [v]
platenspeler *Plattenspieler* [m]
platenzaak *(Schall)plattenladen* [m]
platform • (verhoogd vlak) *Plattform* [v], *Podest* [o], *Podium* [o] • (kader voor overleg) *Plattform* [v]
platheid • (het vlak zijn) *Plattheit* [v], *Flachheit* [v] • (platvloersheid) *Flachheit* [v], *Plattheit* [v], *Trivialität* [v]
platina I [het] *Platin* [o] **II** [bnw] *aus Platin, Platin-*
platinablond *platinblond*
platje *Schamlaus* [v]
platleggen • (plat neerleggen) *flachlegen* • (stilleggen) *stilllegen, lahm legen* ⋆ de spoorwegen ~ *die Bahn bestreiken*
platliggen • (ziek op bed liggen) *flachliegen* • (stilliggen door staking) *stillliegen, bestreikt werden* • (omverliggen) *(flach)liegen*
platonisch *platonisch*
platslaan *plätten*
platspuiten *ruhig stellen*
plattegrond *Plan* [m], ‹gebouw› *Grundriss* [m], ‹stad› *Stadtplan* [m]
platteland *Land* [o], *Provinz* [v] ⋆ op het ~ wonen *auf dem Land wohnen*
plattelander *Landbewohner* [m], ‹pej.› *Provinzler* [m]
platvis *Plattfisch* [m]
platvloers *platt, trivial, banal*
platvoet *Plattfuß* [m]
platweg *rundweg, unumwunden, geradeheraus*
platzak ⋆ hij is ~ *er ist abgebrannt; er ist pleite; bei ihm herrscht Ebbe*
plausibel *plausibel*
plaveien *(be)pflastern*
plaveisel *Pflaster* [o]
plavuis *Fliese* [v], ‹groter› *Steinplatte* [v]
playback *Play-back/Playback* [o]
playbacken *zum Playback/Play-back singen*
plebejer *Plebejer* [m]
plebs *Plebs* [m]
plecht *Back* [v], *Quarterdeck* [o]

plechtig *feierlich*
plechtigheid • (ceremonie) *Feier* [v], *Zeremoniell* [o] • (stemmigheid) *Feierlichkeit* [v]
plechtstatig *feierlich, majestätisch*
plectrum *Plektron* [o]
plee *Lokus* [m], *Klo* [o]
pleeggezin *Pflegefamilie* [v]
pleegkind *Pflegekind* [o]
pleegouders *Pflegeeltern* [mv]
plegen I [ov ww] • (uitvoeren) *begehen, verüben* **II** [on ww] • (~ **te**) *pflegen* ⋆ zij pleegt dat zo te doen *sie pflegt es so zu machen*
pleidooi *Plädoyer* [o] ⋆ een vurig ~ houden *ein leidenschaftliches Plädoyer halten*
plein • (binnenplaats) *Innenhof* [m] • (wijde geplaveide ruimte) *Platz* [m]
pleinvrees *Platzangst* [v]
pleister I [de] *Pflaster* [o] **II** [het] *Putz* [m], *Stuck* [m]
pleisteren *übergipsen*, ‹muren› *verputzen*
pleisterplaats *Raststätte* [v], *Rastplatz* [v]
pleisterwerk • (versiering) *Stuck* [m] • (bepleistering) *Putz* [m]
pleit • (geschil) *Streit* [m], ‹jur.› *Prozess* [m], *Rechtsstreit* [m] ⋆ het ~ winnen *den Prozess gewinnen* ⋆ het ~ is beslecht *der Streit ist beigelegt* • (pleidooi) *Plädoyer* [o]
pleitbezorger *Fürsprecher* [m], ‹jur.› *Rechtsanwalt* [m]
pleiten I [ov ww] • (bepleiten) *plädieren* **II** [on ww] • (een pleidooi houden) *plädieren, verteidigen*, ‹tot voorspraak zijn› *befürworten* ⋆ ~ voor iem./iets *für jmdn./etw. plädieren* ▾ dat pleit voor hem *das spricht für ihn*
pleiter *Anwalt* [m] [v: *Anwältin*], *Verteidiger* [m], ‹algemeen› *Fürsprecher* [m]
plek • (plaats) *Ort* [m], *Stelle* [v], *Platz* [m] • (vlek) *Fleck* [m]
plenair *Plenar-* ⋆ ~e zitting *Plenarsitzung* [v]; *Vollversammlung* [v]
plensbui *Platzregen* [m]
plenzen *in Strömen gießen, schütten*
pleonasme *Pleonasmus* [m]
pletten *zerquetschen, zerdrücken*
pletter ‹machine› *Walze* [v], ‹persoon› *Walzwerker* [m] ▾ zich te ~ vervelen *sich tödlich langweilen* ▾ te ~ slaan *zerschmettern* ▾ te ~ vallen ‹breekbaar› *zerschellen;* ‹persoon/dier› *zu Tode fallen*
pleuren *pfeffern, schmeißen*
pleuris *Pleuritis* [v] ▾ zich de ~ schrikken *sich zu Tode erschrecken* ▾ krijg de ~ *scher dich zum Teufel*
plexiglas *Plexiglas* [o]
plezier *Spaß* [m], *Vergnügen* [o], *Freude* [v] ⋆ ~ maken *sich amüsieren* ⋆ dat doet me ~ *das freut mich* ⋆ iem. een ~ doen *jmdm. eine Freude machen* ⋆ voor het ~ *zum Spaß/Vergnügen* ⋆ veel ~! *viel Spaß/Vergnügen!* ⋆ ~ aan iets beleven *Spaß an etw. haben* ⋆ met ~! *mit (dem größten) Vergnügen!* ▾ een meisje van ~ *ein Freudenmädchen*
plezieren *erfreuen* ⋆ iem. met iets ~ *jmdn. mit etw. erfreuen* ⋆ iem. ~ *jmdm. eine Freude machen*
plezierig • (aangenaam) *angenehm, erfreulich* • (genoeglijk) *angenehm, vergnüglich*
plezierjacht *Vergnügungsjacht* [v]
plicht *Pflicht* [v] ⋆ zijn ~ kennen *pflichtbewusst sein* ▾ de ~ roept *die Pflicht ruft*
plichtmatig *pflichtgemäß* ⋆ ~ bezoek *Pflichtbesuch* [m]
plichtpleging *Förmlichkeit* [v], *Formalität* [v] ⋆ zonder ~en *ohne Umstände*

P

plichtsbesef *Pflichtgefühl* [o], *Pflichtbewusstsein* [o]
plichtsbetrachting *Pflichteifer* [m]
plichtsgetrouw *pflichttreu*
plichtsverzuim *Pflichtvergessenheit* [v], *Pflichtverletzung* [v]
plint *Fußleiste* [v], ‹van zuil› *Plinthe* [v]
plissé *Plissee* [o]
plisseren *plissieren*
PLO *PLO* [v]
ploeg • (landbouwwerktuig) *Pflug* [m] • (groep) *Team* [o], ‹sport› *Mannschaft* [v], ‹werklieden› *Schicht* [v] • (houtverbinding) *Spund* [m]
ploegbaas *Kolonnenführer* [m], ‹voorman› *Vorarbeiter* [m], *Werkmeister* [m]
ploegen I [ov ww] • (met ploeg omwerken) *pflügen* **II** [on ww] • (voortzwoegen) *ackern*
ploegendienst *Schichtdienst* [m]
ploegenstelsel *Schichtarbeit* [v]
ploert *Lump* [m], *Schweinehund* [m], *Schuft* [m] ▾ de koperen ~ *die glühende Sonne*
ploertendoder *Totschläger* [m]
ploertenstreek *Gemeinheit* [v]
ploeteraar *Arbeitstier* [o]
ploeteren *sich abmühen, sich abrackern*
plof *Puff* [m], *Plumps* [m]
ploffen I [ov ww] • (doen vallen) *knallen, feuern, donnern* **II** [on ww] • (vallen) *plumpsen* • (geluid geven) *puffen* • (ontploffen) *platzen*
plomberen *plombieren, füllen*
plomp I [de] • (waterplant) *Wasserrose* [v], *Seerose* [v] • (water) *Wasser* [o] **II** [bnw] *plump*
plompverloren *mir nichts, dir nichts; einfach so*
plons • (geluid) *Plumps* [m] • (plens) *Schwapp* [m]
plonzen I [ov ww] • (in het water gooien) *ins Wasser schmeißen* **II** [on ww] • (met een plons vallen) *plumpsen*
plooi *Falte* [v] ▾ zijn gezicht in de ~ trekken *eine ernsthafte Miene aufsetzen* ▾ de ~en gladstrijken *die letzten Mängel beseitigen*
plooibaar • (soepel) *flexibel* • (buigbaar) *geschmeidig, biegsam* • (meegaand) *nachgiebig, anpassungsfähig*
plooien • (plooien maken) *falten, in Falten legen*, ‹voorhoofd› *runzeln* • (schikken) ⋆ het zo weten te ~ dat ... *es so einzurichten/einzufädeln wissen, dass ...*
plooirok *Faltenrock* [m]
plot *Plot* [m]
plotseling *plötzlich*
plotsklaps *plötzlich*
plotter *Plotter* [m]
pluche *Plüsch* [m]
plug • (stop) *Stöpsel* [m] • (stekkertje) *Stecker* [m], *Stöpsel* [m] • (schroefbout) *Vierkantschraube* [v] • (pijpje voor een schroef) *Dübel* [m]
pluggen ‹elektrisch› *stöpseln*, ‹met schroef› *dübeln*
pluim • (pluimbos) *Federbusch* [m] • (vogelveer) *Feder* [v] • (bloeiwijze) *Rispe* [v] ▾ iem. een ~ op de hoed steken *jmdn. loben*
pluimage *Gefieder* [o] ▾ vogels van diverse ~ *eine gemischte Gesellschaft*
pluimvee *Geflügel* [o]
pluimveehouderij • (bedrijf) *Geflügelhof* [m] • (het fokken) *Geflügelhaltung* [v]
pluis I [de] *Fussel* [m], *Flöckchen* [o], *Fäserchen* [o] **II** [bnw] *in Ordnung, richtig* ⋆ het is hier niet ~ *es ist hier nicht geheuer; es geht hier nicht mit rechten Dingen zu*
pluizen I [ov ww] • (uitrafelen) *zerfasern* **II** [on ww] • (gaan rafelen) *fusseln, flusen* • (speurwerk doen) *(herum)stöbern*
pluizig *fusselig, bauschig*

pluk • (bosje) Büschel [o], Bausch [m] • (oogst) *Pflücken* [o], Ernte [v], ‹wijndruiven› *(Wein)lese* [v]
plukken • (grijpen) *pflücken, greifen* • (oogsten) *pflücken*, ‹wijndruiven› *lesen* • (van veren ontdoen) *rupfen* ▾ iem. ~ *jmdn. rupfen*
plumeau Federwedel [m], Federbüschel [o]
plunderaar *Plünderer* [m]
plunderen *plündern*
plundering *Plünderung* [v]
plunje Kleider [mv], ‹inf.› Klamotten [mv] ⋆ in zijn beste ~ *im Sonntagsstaat*
plunjezak Kleidersack [m], ‹zeeman› *Seesack* [m]
pluralisme *Pluralismus* [m]
pluriform *pluriform, vielgestaltig*
plus I [de/het] • (plusteken) Pluszeichen [o] • (waardering) Plus [o] **II** [bijw] • (boven nul) *plus* • (met minimaal het genoemde getal) *mindestens* **III** [vz] *plus* [2], *zuzüglich* [2]
plusminus *zirka, etwa, ungefähr*
pluspool Pluspol [m]
pluspunt Pluspunkt [m]
plusteken Pluszeichen [o]
plutonium Plutonium [o]
pneumatisch Druckluft-, *pneumatisch* ⋆ een ~e pomp *eine Druckluftpumpe*
po Nachttopf [m], ‹kinderen› Töpfchen [o]
pochen *prahlen, angeben, aufschneiden* ⋆ ~ op sich *brüsten mit*
pocheren *pochieren* ⋆ gepocheerde eieren *pochierte/verlorene Eier*
pochet Einstecktuch [o]
pocket *Taschenbuch* [o]
pocketcamera *Pocketkamera* [v]
podium *Podium* [o]
poedel • (hond) Pudel [m] • (misstoot) Pudel [m], ‹kegelen› *Sandhase* [m]
poedelen • (onhandig spelen) *einen Pudel schießen* • (baden) *planschen*
poedelnaakt *pudelnackt*
poedelprijs Trostpreis [m]
poeder • (stof, gruis) *Pulver* [o] • (med.) *Puder* [m]
poederdoos • (doos voor geneespoeder) *Schachtel für Pulver* [v] • (doos voor toiletpoeder) *Puderdose* [v]
poederen *pudern*
poederkoffie Pulverkaffee [m]
poedermelk Milchpulver [o]
poedersneeuw Pulverschnee [m]
poedersuiker Puderzucker [m]
poef Puff [m]
poeha Tamtam [o], Wirbel [m]
poel • (plas) Pfuhl [m], Tümpel [m] • (broeiplaats) ⋆ een poel des verderfs *ein Sündenpfuhl*
poelet *Suppenfleisch* [o]
poelier *Geflügelhändler* [m]
poema *Puma* [m]
poen • (geld) Kohle [v], Knete [v], Zaster [m] • (patser) Großkotz [m], Aufschneider [m], Protz [m]
poenig *protzig*
poep *Scheiße* [v] ▾ iem. een poepie laten ruiken *jmdm. zeigen, was Sache ist*
poepen *scheißen*, ‹kind› *einen Haufen machen*
poeperd Hintern [m], Po [m], ‹kindertaal› *Popo* [m]
poes • (kat) Katze [v], Mieze [v] • (vagina) Muschi [v] • (vochtuitslag) *Schimmelbelag* [m] ▾ dat is niet voor de poes *das ist kein Pappenstiel*
poeslief *übertrieben freundlich/lieb*
poespas *Schnickschnack* [m], Firlefanz [m]
poesta Puszta [v]
poëtica Poetik [v], Poesie [v], Dichtkunst [v]
poëtisch *dichterisch, poetisch*
poets Neckerei [v], Streich [m] ▾ iem. een ~ bakken *jmdm. einen Streich spielen*
poetsen *putzen* ⋆ iets glimmend ~ *etw. auf Hochglanz bringen*
poetskatoen Putzwolle [v]
poëzie Poesie [v], Dichtkunst [v]
poëziealbum Poesiealbum [o]
pof I [de] Puff [m], Bausch [m] ▾ op de pof kopen *auf Pump kaufen* **II** [tw] *plumps, puff*
pofbroek Pumphose [v], Pluderhose [v]
poffen • (in schil gaar stoven) *rösten* • (op de pof kopen) *auf Pump kaufen, pumpen* • (op de pof verkopen) *auf Pump verkaufen* • (met een pof naaien) *bauschen*
poffertje ≈ Poffertje [o]
pofmouw Puffärmel [m]
pogen *suchen, versuchen, trachten*
poging Versuch [m] ⋆ ~ tot moord Mordversuch [m] ⋆ een ~ wagen *einen Versuch wagen* ⋆ een ~ doen *einen Versuch machen*
pogrom Pogrom [o]
pointe Pointe [v]
pointer • (jachthond) Pointer [m] • (comp.) Pointer [m]
pok Pocke [v] ⋆ de pokken *die Pocken*
pokdalig *vernarbt, pockennarbig*
poken *schüren, stochern in* [3] ⋆ in het vuur ~ *im Feuer stochern; das Feuer schüren*
poker Poker [o]
pokeren *pokern*
pokersteen ≈ Pokerkarte [v]
pokkeweer Mistwetter [o]
pol Büschel [o]
polair I [bnw] *polar* **II** [bijw] *gegensätzlich*
polarisatie Polarisation [v], Polarisierung [v]
polariseren *polarisieren*
polariteit • (tegengesteldheid) Gegensätzlichkeit [v] • (het polair zijn) Polarität [v]
polaroid Polaroid [v]
polder Polder [m], ‹streek› Marsch [v]
polderlandschap Polderlandschaft [v]
polemiek Polemik [v]
polemisch *polemisch*
polemiseren *polemisieren*
polemologie Polemologie [v]
Polen Polen [o]
poliep Polyp [m]
polijsten • (glad maken) *polieren, glatt schleifen* • (verfijnen) *glätten, polieren*
polikliniek Poliklinik [v], Ambulanz [v]
poliklinisch *ambulant, poliklinisch*
polio Polio [v]
polis Police [v] ⋆ een ~ sluiten *eine Versicherung abschließen*
politbureau Politbüro [o]
politicologie Politologie [v]
politicoloog Politologe [m] [v: Politologin]
politicus Politiker [m]
politie • (overheidsdienst) Polizei [v] ⋆ door de ~ verboden *polizeilich verboten* • (agent) Polizist [m]
politieagent Polizist [m]
politiebericht *Suchmeldung* [v]
politiebureau *Polizeiwache* [v]
politiek I [de] • (overheidsbeleid) Politik [v] • (tactisch beleid) Taktik [v] **II** [bnw] • (m.b.t. overheidsbeleid) *polit-, Polit-, politisch* • (tactisch) *politisch, taktisch*
politiemacht Polizei [v], Polizeikräfte [mv], ‹groot aantal agenten› Polizeiaufgebot [o]

politieman *Polizist* [m]
politiepenning *Dienstmarke* [v], *Polizeimarke* [v]
politierechter ≈ *Einzelrichter für einfache Strafsachen am niederländischen Landgericht* [m]
politiestaat *Polizeistaat* [m]
politieverordening *polizeiliche Anordnung* [v], *Polizeiverordnung* [v]
politiseren *politisieren*
polka *Polka* [v]
pollepel *Kochlöffel* [m]
polo *Polo* [o]
polohemd *Polohemd* [o]
polonaise *Polonaise/Polonäse* [v]
pols • (polsgewricht) *Handgelenk* [o] • (polsslag) *Puls* [m] ⋆ iem. de pols voelen *jmdm. den Puls fühlen* ▾ uit de losse pols *aus dem Handgelenk* ▾ iets uit de losse pols doen *etw. aus dem Handgelenk schütteln*
polsen ⋆ iem. ~ *bei jmdm. vorsichtig vorfühlen*
polshorloge *Armbanduhr* [v]
polsslag *Puls* [m], *Pulsschlag* [m]
polsstok *(Sprung)stab* [m]
polsstokhoogspringen I [het] *Stabhochsprung* [m] **II** [onv ww] *stabhochspringen*
polyamide *Polyamid* [o]
polyester *Polyester* [m]
polyether *Polyäther* [m]
polygaam *polygam*
polygamie *Polygamie* [v]
polyglot *Polyglotte* [m/v]
polymeer I [het] *Polymer* [o] **II** [bnw] *polymer*
pommade • (haarzalf) *Pomade* [v] • (huidzalf) *Hautcreme* [v]
pomp • (werktuig) *Pumpe* [v] • (tankstation) *Tankstelle* [v] ▾ loop naar de pomp! *geh zum Henker!*
pompbediende *Tankwart* [m]
pompelmoes *Pampelmuse* [v], *Grapefruit* [v]
pompen *pumpen* ▾ ergens geld in ~ *Geld in etw. pumpen*
pompeus *pompös*
pomphouder *Tankwart* [m]
pompoen *Kürbis* [m]
pompstation • (tankstation) *Tankstelle* [v] • (gebouw voor oppompen van water) *Pumpstation* [v], *Pumpwerk* [o]
poncho *Poncho* [m]
pond • (gewichtseenheid) *Pfund* [o] ⋆ per pond *pfundweise* • (munteenheid) *Pfund* [o] ⋆ pond sterling *Pfund Sterling* ▾ het volle pond geven *sich voll einsetzen*
ponem *Visage* [v]
poneren *vorbringen, annehmen* ⋆ een stelling ~ *eine These aufstellen*
ponsen *lochen,* ‹metaal› *stanzen, punzen*
ponskaart *Lochkarte* [v]
pont *Fähre* [v], *Fährboot* [o]
pontificaal • (pauselijk) *pontifikal* • (pompeus) *mit viel Aufwand,* ≈ *feierlich*
ponton *Ponton* [m]
pony • (dier) *Pony* [o] • (haardracht) *Pony* [m]
pooier *Zuhälter* [m]
pook • (vuurpook) *Schürhaken* [m] • (versnellingshendel) *Schaltknüppel* [m]
pool- *Pol-, Polar-, polar-*
Pool *Pole* [m]
poolcirkel *Polarkreis* [m]
poolen I [ov ww] • (biljarten) *Poolbillard spielen* • (in één pot doen) *zusammenlegen* **II** [on ww] • (carpoolen) *eine Fahrgemeinschaft bilden*
poolexpeditie *Polarexpedition* [v]
poolklimaat *Polarklima* [o]
poolreiziger *Polarforscher* [m]
Pools I [het] *Polnisch(e)* [o] **II** [bnw] *polnisch*
poolshoogte ▾ ~ nemen *sich erkundigen*
Poolster *Polarstern* [m]
poolzee *Polarmeer* [o], *Eismeer* [o]
poon *Knurrhahn* [m], *Seehahn* [m]
poort • (ingang) *Tor* [o] ⋆ de ~ van de hel *die Pforte der Hölle* • (doorgang) *Tor* [o], *Pforte* [v]
poos *Weile* [v], *Zeit lang* [v] ⋆ een hele poos *geraume Zeit* [v]; *eine ganze Weile*
poot • (ledemaat van dier) *Pfote* [v] • (ledemaat van mens) ‹been› *Bein* [o], ‹hand› *Pfote* [v], *Klaue* [v] • (steunsel) *Bein* [o], *Fuß* [m] • (homo) *Schwule(r)* [m] • (loot) *Setzling* [m] ▾ zijn poot stijf houden *nicht nachgeben* ▾ iets op poten zetten *etw. organisieren* ▾ iem. een poot uitdraaien *jmdn. übers Ohr hauen* ▾ op zijn pootjes terechtkomen *immer wieder auf die Füße fallen; ins Lot kommen* ▾ iem. pootje haken *jmdm. ein Bein stellen*
pootgoed *Pflanzgut* [v], ‹jonge zaadplanten› *Setzlinge* [mv], ‹van vis› *Fischbrut* [v]
pootjebaden *Wasser treten*
pootmachine *Pflanzmaschine* [v]
pop • (speelgoed) *Puppe* [v] • (larve) *Puppe* [v] • (gulden) ↑ *Gulden* [m] • (popmuziek) *Popmusik* [v] • (figuur in kaartspel) ‹boer› *Bube* [m], ‹heer› *König* [m], ‹vrouw› *Dame* [v] ▾ daar heb je de poppen aan het dansen *da haben wir den Schlamassel*
popconcert *Popkonzert* [o]
popcorn *Popcorn* [o]
popelen *klopfen, zittern, brennen* ⋆ hij popelt om weg te mogen *er brennt darauf, weggehen zu dürfen*
popgroep *Popgruppe* [v]
popmuziek *Popmusik* [v]
poppenhuis *Puppenhaus* [o]
poppenkast • (overdreven gedoe) *Theater* [o], *Komödie* [v] • (poppenspel) *Kasperletheater* [o], *Puppentheater* [o]
poppenspel *Puppenspiel* [o], *Puppentheater* [o]
poppenspeler *Puppenspieler* [m]
popperig • (als van een pop) *winzig, puppig* • (stijf) *steif*
popster *Popstar* [m]
populair • (geliefd) *populär, beliebt* • (begrijpelijk) *gemeinverständlich, populär* • (gemeenzaam) *volkstümlich*
populariseren *popularisieren, anschaulich machen*
populariteit *Beliebtheit* [v], *Popularität* [v]
populatie *Population* [v]
populier *Pappel* [v]
populistisch *populistisch*
popzender *Popsender* [m]
por *Stoß* [m], *Puff* [m] ⋆ por in de zij *Rippenstoß* [m]
poreus *porös, durchlässig*
porie *Pore* [v]
pornoblad *Porno* [m], *Pornoheft* [o]
pornografie *Pornographie/Pornografie* [v]
pornografisch *pornographisch/pornografisch*
porren I [ov ww] • (aanzetten) *antreiben, aufrütteln* • (duwen) *stoßen* ▾ wel voor iets te ~ zijn *für etw. zu haben sein* **II** [on ww] • (poken) *stochern*
porselein *Porzellan* [o]
porseleinen *aus Porzellan, Porzellan-, porzellanen*
porseleinkast *Porzellanschrank* [m]
port *Portwein* [m]
portaal I [de] *Torbogen* [m] **II** [het] • (hal) *Portal* [o], *Vorhalle* [v], ‹theater› *Vestibül* [o] • (overloop) *Treppenabsatz* [m], *Flur* [m]

portable *tragbar*
portee *Tragweite* [v], *Reichweite* [v]
portefeuille • (opbergmap) *Mappe* [v] • (taak) *Ressort* [o] ⋆ minister zonder ~ *Minister ohne Geschäftsbereich* [m] • (portemonnee) *Portemonnaie/Portmonee* [o] ▾ aandelen in ~ hebben *Aktien noch nicht ausgegeben haben*
portemonnee *Portemonnaie/Portmonee* [o], *Börse* [v]
portie *Portion* [v], *(An)teil* [m] ⋆ een ~ ijs *eine Portion Eis* ▾ geef mijn ~ maar aan Fikkie *nein danke, mir ist schon schlecht!* ▾ iem. zijn ~ geven *jmdn. verprügeln*
portiek *Türnische* [v]
portier **I** [de] *Pförtner* [m], ‹hotel› *Portier* [m] **II** [het] *Wagentür* [v]
porto *Porto* [o]
portofoon *tragbare(s) Funksprechgerät* [o]
portret • (afbeelding) *Porträt* [o] • (raar mens) *Geschöpf* [o], *Wesen* [o] ⋆ een raar ~ *ein wunderlicher Kauz*
portretschilder *Porträtmaler* [m]
portrettengalerij *Ahnengalerie* [v], *Porträtsammlung* [v]
portretteren *porträtieren*
Portugal *Portugal* [o]
Portugees **I** [de] *Portugiese* [m] **II** [het] *Portugiesisch(e)* [o] **III** [bnw] *portugiesisch*
portvrij *portofrei, gebührenfrei*
pose *Pose* [v], *Haltung* [v], ‹gekunsteld gedrag› *Gehabe* [o]
poseren *posieren* ⋆ voor een schilder ~ *einem Maler Modell sitzen*
positie • (houding) *Stellung* [v] • (toestand) *Lage* [v] ⋆ in een moeilijke ~ zitten *sich in einer schwierigen Lage befinden* • (betrekking) *Stellung* [v], *Stelle* [v] • (maatschappelijke stand) *Stellung* [v] ⋆ maatschappelijke ~ *gesellschaftliche/soziale Stellung*
positief **I** [de] *Grundstufe* [v] **II** [het] • (fotoafdruk) *Positiv* [o] • (klein kerkorgel) *Positiv* [o] **III** [bnw] • (bevestigend) *bejahend* • (opbouwend) *positiv* • (niet negatief) *positiv* ⋆ ergens ~ tegenover staan *etw. bejahen*
positiekleding *Umstandskleidung* [v]
positieven ⋆ niet bij zijn ~ zijn *außer Fassung sein;* ‹bewusteloos zijn› *das Bewusstsein verloren haben* ⋆ bij zijn ~ komen *zu sich kommen*
positivist *Positivist* [m]
post • (postdienst) *Post* [v] ⋆ op de post doen *in den Briefkasten werfen* ⋆ per kerende post *postwendend; umgehend* • (poststukken) *Post* [v] ⋆ ingekomen/uitgaande post *Posteingang/-ausgang* [m] • (bedrag) *Posten* [m], *Position* [v] • (deur-/raamstijl) *Türpfosten* [m], *Pfosten* [m] • (standplaats) *Posten* [m] ⋆ op zijn post zijn *auf dem Posten sein* • (betrekking) *Posten* [m], *Stelle* [v], *Stellung* [v], *Amt* [o]
post- *Nach-, nach-, Post-, post-*
postacademisch *postakademisch*
postagentschap *Poststelle* [v]
postbeambte *Postbeamte* [m] [v: *Postbeamtin*]
postbestelling *Postzustellung* [v]
postbode *Postbote* [m], *Briefträger* [m]
postbus *Postfach* [o]
postcode *Postleitzahl* [v]
postdoctoraal ⋆ een postdoctorale opleiding *Aufbaustudium* [o]
postduif *Brieftaube* [v]
postelein *Portulak* [m]
posten **I** [ov ww] • (op de post doen) *aufgeben, zur Post bringen,* ‹in de brievenbus gooien› *einwerfen* **II** [on ww] • (op wacht staan) *die Wache halten, Posten stehen*
poster • (affiche) *Poster* [m/o] • (persoon) *Streikposten* [m]
posteren *postieren*
poste restante *poste restante, postlagernd*
posterijen *Postwesen* [o], *Post* [v]
postgiro *Postgiroamt* [o]
postindustrieel *postindustriell*
postkamer *Poststelle* [v]
postkantoor *Post* [v], *Postamt* [o]
postmerk *Poststempel* [m]
postmodern *postmodern*
postmodernisme *Postmoderne* [v]
postorderbedrijf *Versandhaus* [o]
postpakket *Postpaket* [o]
postpapier *Briefpapier* [o]
postscriptum *Postskriptum* [o], *Nachschrift* [v]
poststempel *Poststempel* [m]
poststuk *Postsache* [v]
postuleren *postulieren*
postuum *postum*
postuur *Gestalt* [v], *Figur* [v] ⋆ flink van ~ *von kräftiger Statur* [v]
postvak *Postfach* [o]
post vatten *sich festsetzen*
postwissel *Postanweisung* [v]
postzegel *Briefmarke* [v] ⋆ een speciale ~ *eine Sondermarke* ⋆ een vel ~s *ein Briefmarkenbogen*
postzegelautomaat *Briefmarkenautomat* [m]
postzegelverzamelaar *Briefmarkensammler* [m], *Philatelist* [m]
pot • (bak, kan) *Topf* [m], *Krug* [m] ⋆ een pot bier drinken *einen Krug Bier trinken* • (spelinzet) *Pot* [m], *Einsatz* [m] • (kookpot) *Topf* [m] ⋆ de gewone pot *die Alltagskost* ⋆ zijn eigen potje koken *sein eigenes Essen kochen* • (lesbienne) *Lesbe* [v] ▾ het is één pot nat *das ist gehüpft wie gesprungen* ▾ eten wat de pot schaft *essen, was auf den Tisch kommt* ▾ naast de pot piesen *über die Stränge schlagen;* ‹vreemd gaan› *einen Seitensprung machen* ▾ hij kan de pot op *er kann mich mal kreuzweise*
potaarde *Blumenerde* [v]
potdicht *fest verschlossen* ⋆ het raam zit ~ *das Fenster ist fest verschlossen*
poten • (planten) *pflanzen,* ‹aardappelen/bonen› *setzen* • (neerzetten) *verfrachten*
potenrammer ≈ *Person, die Homosexuelle zusammenschlägt* [v]
potentaat *Potentat* [m]
potentie *Potenz* [v]
potentieel **I** [het] *Potenzial/Potential* [o] **II** [bnw] *potenziell/potentiell*
potgrond *Blumenerde* [v]
potig *handfest, stämmig, robust*
potje • (kleine pot) *Töpfchen* [o] • (partijtje) *Partie* [v] ▾ kleine ~s hebben grote oren ≈ *Kinder machen lange Ohren* ▾ er een ~ van maken *schlampen* ▾ bij iem. een ~ kunnen breken *bei jmdm. einen Stein im Brett haben* ▾ geen ~ zo scheef of er past wel een deksel op *jeder Topf findet seinen Deckel*
potkachel *Kanonenofen* [m]
potlood *Bleistift* [m] ⋆ rood ~ *Rotstift* [m]
potloodventer *Exhibitionist* [m]
potpourri *Potpourri* [o]
potsierlijk *possierlich, drollig*
potten • (sparen) *sparen, Geld zurücklegen, auf die hohe Kante legen* • (in potten doen) *eintopfen*
pottenbakker *Töpfer* [m]
pottenbakkerij *Töpferei* [v]

pottenbakkersschijf *Töpferscheibe* [v]
pottenkijker *Topfgucker* [m]
potteus *lesbisch*
potverteren *seine Ersparnisse verschwenden* ⋆ het ~ *das Verschwenden*
potvis *Pottwal* [m]
pover *ärmlich, dürftig*
Praag *Prag* [o]
praal *Pracht* [v], *Pomp* [m], *Gepränge* [o], *Prunk* [m]
praalwagen *Prunkwagen* [m]
praat • (wat gezegd wordt) *Rede* [v] ⋆ iem. aan de ~ houden *jmdn. von der Arbeit abhalten; jmdn. plaudernd abhalten* ⋆ aan de ~ raken *ins Gespräch kommen* ⋆ malle ~ verkopen *albernes/dummes Zeug reden* • (het spreken) *Gerede* [o], *Geschwätz* [o], *Geplauder* [o] ▾ veel ~s hebben *ein großes Maul haben; den Mund voll nehmen* ▾ nu heeft hij niet zoveel ~s meer *nun ist er kleinlaut geworden* ▾ altijd ~s hebben *immer das große Wort führen; immer schwatzen*
praatgraag *geschwätzig, redselig*
praatgroep *Gesprächsgruppe* [v]
praatje • (gesprekje) *Schwatz* [m], *Schwätzchen* [o], *Plauderei* [v] • (gerucht) *Klatsch* [m], *Gerede* [o], *Gerücht* [o] ⋆ er doen ~s de ronde *es geht das Gerücht; es wird gemunkelt* ▾ ~s verkopen *große Töne spucken*
praatjesmaker *Schwätzer* [m], *Großmaul* [o]
praatpaal • (telefoon) *Notrufsäule* [v] • (persoon) *Vertraute(r)* [m]
praatprogramma *Talkshow* [v]
praatstoel ▾ op zijn ~ zitten *in einem fort plaudern/schwatzen*
praatstuk • (toneelstuk) *Sprechstück* [o] • (discussiestuk) *Diskussionspapier* [o]
praatziek *geschwätzig, schwatzhaft*
pracht • (schoonheid) *Pracht* [v] • (prachtig exemplaar) *Pracht-* ⋆ een ~ van een auto *ein Prachtauto* [o]
prachtig • (mooi) *prachtvoll, wunderschön* • (goed) *fabelhaft, prächtig*
practicum *Praktikum* [o]
pragmatisch *pragmatisch*
prairie *Prärie* [v]
prak *Happen* [m], ‹kliekje› *Rest* [m] ▾ in de prak rijden *zu Bruch fahren*
prakken *quetschen, zermanschen*
prakkiseren • (denken) *(nach)denken* • (piekeren) *grübeln* ⋆ ik prakkiseer er niet over *ich denke gar nicht daran*
praktijk • (werkzaamheid) *Praxis* [v] [mv: *Praxen*] ⋆ de ~ wijst uit *die Praxis erweist* ⋆ iets in ~ brengen *etw. praktisch anwenden; etw. in Anwendung bringen* • (manier van doen) *Praktiken* [mv] ⋆ kwade ~en *böse(n) Praktiken* [mv]
praktijkervaring *Praxis* [v], *praktische Erfahrung* [v]
praktijkvoorbeeld *Praxisbeispiel* [o]
praktisch *praktisch*
praktiseren *praktizieren*
pralen *prahlen, prunken*
praline *Praline* [v]
prat ▾ prat gaan op *stolz sein auf* [4]; ‹pej.› *sich brüsten mit* [3]; *stolz sein auf* [4]; *sich brüsten mit* [3]
praten • (spreken) *reden, sprechen* ⋆ met hem valt te ~ *mit ihm lässt sich reden* ⋆ je hebt mooi ~ *du hast gut reden* ⋆ zich eruit ~ *sich herausreden* ⋆ in zichzelf ~ *vor sich hin reden* • (kletsen) *schwatzen*, ‹roddelen› *klatschen* ▾ langs elkaar heen ~ *aneinander vorbeireden* ▾ honderduit ~ *nur so drauflosreden; jmdm. ein Loch in den Bauch reden/fragen* ▾ ~ als Brugman *reden wie ein Buch*
prater *Plauderer* [m] [v: *Plauderin*]
preambule *Präambel* [v]
precair *prekär, heikel*
precedent *Präzedenzfall* [m], *Präzedenz* [v]
precies • (juist) *genau* • (nauwgezet) *akkurat, exakt* ⋆ ~ zoals hij zei *genau wie er sagte* ⋆ ~ op tijd komen *gerade rechtzeitig kommen* ⋆ hij is ~ zijn broer *er ist ganz der Bruder* ⋆ ~ om 12 uur *Punkt 12 Uhr* ▾ hij is een Pietje ~ *er ist sehr pedantisch*
precieus *preziös*
preciseren *präzisieren*
precisie *Präzision* [v], *Genauigkeit* [v]
precisie-instrument *Präzisionsinstrument* [o]
predestinatie *Prädestination* [v], *Vorherbestimmung* [v]
predikaat • (benaming) *Prädikat* [o] • (taalk.) *Prädikat* [o], *Satzaussage* [v]
predikant • (kanselredenaar) *Prediger* [m] • (dominee) *Pastor* [m], ‹rooms-katholiek› *Pfarrer* [m]
prediken *predigen*
prediker *Prediger* [m]
preek *Predigt* [v]
preekstoel *Kanzel* [v]
prefab *vorgefertigt, vorfabriziert*
prefereren *bevorzugen, vorziehen* ⋆ dit boek ~ boven dat andere *dieses Buch jenem anderen vorziehen; diesem Buch den Vorzug geben vor jenem*
pregnant *prägnant*
prehistorie *Prähistorie* [v], *Vorgeschichte* [v]
prehistorisch • (uit de prehistorie) *prähistorisch, vorgeschichtlich* • (ouderwets) ‹scherts› *vorsintflutlich*
prei *Porree* [m], *Lauch* [m]
preken *predigen*
prelaat *Prälat* [m]
prelude *Präludium* [o], ‹fig.› *Vorspiel* [o]
prematuur *verfrüht, vorzeitig*
premie • (beloning) *Prämie* [v] • (verzekeringspremie) *Prämie* [v]
premier *Premierminister* [m], *Premier* [m], *Ministerpräsident* [m]
première *Premiere* [v], *Uraufführung* [v], *Erstaufführung* [v]
premierschap *Amt des Premierministers/Ministerpräsidenten* [o]
premiewoning ‹flat› *bezuschusste Wohnung* [v], ‹huis› *bezuschusste(s) Haus* [o]
premisse *Prämisse* [v]
prenataal *pränatal*
prent • (pootafdruk) *Insiegel* [o] • (afbeelding) *Bild* [o], ‹gravure› *(Kupfer)stich* [m], ‹kinderprent› *Bilderbogen* [m] • (bekeuring) *Strafzettel* [m], *Wisch* [m]
prentbriefkaart *Ansichtskarte* [v]
prenten ⋆ zich iets in het geheugen ~ *sich etw. einprägen*
prentenboek *Bilderbuch* [o]
preoccupatie *vorrangige Beschäftigung* [v], *Absicht* [v]
preparaat *Präparat* [o]
prepareren • (voorbereiden) *zubereiten* • (dieren opzetten) *präparieren*
present I [het] *Geschenk* [o], ‹form.› *Präsent* [o] **II** [bnw] *anwesend* ⋆ ~! *hier!*
presentatie *Präsentation* [v]
presentator *Präsentator* [m], ‹radio/tv› *Moderator* [m]
presenteerblad *Tablett* [o], ‹vero.› *Präsentierteller* [m] ▾ iets op een presenteerbladje krijgen *etw.*

in den Schoß geworfen bekommen
presenteren • (voorstellen) *vorstellen* ⋆ zich aan iem. ~ *sich jmdm. vorstellen* • (introduceren op tv) *moderieren* • (aanbieden) *präsentieren, anbieten* • (vertonen) *zeigen, präsentieren, vorführen*
presentexemplaar *Freiexemplar* [o]
presentie *Präsenz* [v], *Anwesenheit* [v]
presentielijst *Anwesenheitsliste* [v], *Präsenzliste* [v] ⋆ de ~ tekenen *sich in die Anwesenheitsliste eintragen*
preses *Präsident* [m], *Vorsitzende(r)* [m]
president • (voorzitter) *Präsident* [m], *Vorsitzende(r)* [m] • (staatshoofd) *Präsident* [m]
presidentschap *Präsidentschaft* [v]
presidium *Präsidium* [o], *Vorsitz* [m], ‹college› *Präsidium* [o] ⋆ onder ~ van *unter dem Vorsitz von*
pressen *pressen*
presse-papier *Briefbeschwerer* [m]
pressie *Druck* [m], ‹form.› *Pression* [v]
pressiegroep *Interessengruppe* [v], *Pressuregroup* [v], *Lobby* [v]
prestatie *Leistung* [v] ⋆ een geweldige ~ *eine Glanzleistung*
prestatiedwang *Leistungsdruck* [m]
presteren *leisten* ⋆ zij heeft het gepresteerd om ... *sie hat es fertig gebracht, ...*
prestige *Prestige* [o], *Ansehen* [o], *Geltung* [v]
pret *Spaß* [m], *Freude* [v], *Vergnügen* [o] ⋆ pret maken *sich amüsieren* ⋆ het is uit met de pret! *jetzt ist Schluss mit dem Spaß!*
pretendent *Prätendent* [m]
pretenderen • (voorgeven) *behaupten* • (aanspraak maken op) *prätendieren (auf), Anspruch erheben (auf)*
pretentie *Anspruch* [m], *Anmaßung* [v] ⋆ veel ~s hebben *anspruchsvoll sein*
pretentieus *prätentiös, anspruchsvoll, anmaßend*
pretje *Spaß* [m], *Vergnügen* [o] ▾ dat is geen ~ *das ist wahrlich kein Vergnügen*
pretogen *schalkhafte(n) Augen* [mv]
pretpakket ≈ *Kombination von einfachen Fächern* [v]
pretpark *Vergnügungspark* [m]
prettig *nett*, ‹aangenaam› *angenehm*, ‹comfortabel› *bequem*, ‹gezellig› *gemütlich*, ‹lief› *lieb*, ‹mooi› *schön*, ‹plezierig› *vergnüglich*, ‹vermakelijk› *amüsant* ⋆ een ~e reis *eine angenehme Reise* ⋆ ~e kerstdagen! *frohe Weihnachten!* ⋆ zich niet ~ voelen *sich nicht wohl fühlen* ⋆ het was een ~e avond *es war ein gemütlicher/netter Abend*
preuts *prüde* ⋆ ~ doen *sich spröde geben* ⋆ een ~e man *ein prüder Mann*
prevaleren *prävalieren, vorherrschen, überwiegen*
prevelen *murmeln*
preventie *Prävention* [v], *Vorbeugung* [v]
preventief *präventiv, Präventiv-* ⋆ preventieve hechtenis *Vorbeugehaft* [v]
prieel *Laube* [v]
priegelen ‹naaien› *sticheln*, ‹schrijven› *winzig schreiben*
priegelwerk *Pfriemelarbeit* [v]
priem *Ahle* [v], *Pfriem* [m]
priemen *stechen* ▾ een ~de blik *ein stechender Blick*
priemgetal *Primzahl* [v]
priester *Priester* [m], ‹pej.› *Pfaffe* [m]
priesterschap *Priestertum* [o]
priesterwijding *Priesterweihe* [v]
prijken *prangen*
prijs • (koopsom) *Preis* [m] ⋆ ~ per stuk *Stückpreis* [m] ⋆ onder/beneden de ~ verkopen *unterm Preis verkaufen* ⋆ dat zijn vaste prijzen *das sind Festpreise* • (beloning) *Preis* [m], *Belohnung* [v] ⋆ men heeft een ~ gezet op het hoofd van de moordenaar *man hat einen Preis auf den Kopf des Mörders ausgesetzt* ⋆ zij is in de prijzen gevallen *sie hat gewonnen* • (prijskaartje) *Preis* [m], *Preisschild* [o] ▾ iets op ~ weten te stellen *etw. zu schätzen wissen* ▾ iets op ~ stellen *auf etw. Wert legen*
prijsbewust *preisbewusst*
prijscompensatie *Lohn-Preis-Ausgleich* [m]
prijsgeven *preisgeben* [3] ⋆ zijn leven ~ *sein Leben hingeben*
prijskaartje *Preisschild* [o], *Etikett* [o]
prijslijst *Preisliste* [v], *Preisverzeichnis* [o]
prijsmaatregel *Preisverordnung* [v]
prijsopdrijving *Preistreiberei* [v]
prijsopgave *Kostenvoranschlag* [m]
prijspeil *Preisniveau* [o]
prijsstop *Preisstopp* [m]
prijsvraag *Preisfrage* [v]
prijzen • (loven) *preisen, loben, rühmen* ⋆ prijst de Heer *preiset den Herrn* • (van prijs voorzien) *auszeichnen* ▾ zich gelukkig ~ *sich glücklich preisen*
prijzengeld *Preisgeld* [o]
prijzenslag *Preisschleuderei* [v]
prijzenswaardig *lobenswert*
prijzig *kostspielig, teuer*
prik • (steek) *Stich* [m] • (injectie) *Spritze* [v] • (limonade) *Brause(limonade)* [v], *Sprudel* [m]
prikactie *Schwerpunktaktion* [v], ‹staking› *Schwerpunktstreik* [m]
prikbord *Pinnwand* [v], ‹voor aankondigingen› *schwarze(s) Brett* [o]
prikkel • (stekel) *Stachel* [m] • (aansporing) *Anreiz* [m], *Ansporn* [m] • (prikkeling) *Prickeln* [o], ‹bio.› *Reiz* [m]
prikkelbaar *reizbar, erregbar*
prikkeldraad *Stacheldraht* [m]
prikkelen • (ergeren) *reizen, aufregen, irritieren* ⋆ die valse toon prikkelt haar *dieser schiefe Ton reizt sie* • (stimuleren) *reizen, anregen, prickeln* ⋆ iemands nieuwsgierigheid ~ *jmds. Neugier erregen* ⋆ de zintuigen ~ *die Sinne reizen* • (prikkelend gevoel geven) *prickeln*, ‹inf.› *piken*
prikkeling • (stimulans) *Stimulierung* [v] • (irritatie) *Prickeln* [o], *Reizen* [o]
prikken I [ov ww] • (steken) *stechen, piken* ⋆ gaatjes in het oor laten ~ *Löcher ins Ohrläppchen stechen lassen* ⋆ prik je de notitie met een punaise aan de muur? *heftest du die Notiz mit einer Reißzwecke an die Wand?* • (injectie geven) *spritzen* • (vaststellen) ⋆ een datum ~ *einen Termin ausmachen/vereinbaren* **II** [on ww] • (prikkelen) *prickeln, reizen* ⋆ de rook prikt in mijn ogen *der Rauch beißt in meinen Augen*
prikkie ▾ iets voor een ~ kopen *etw. für einen Spottpreis kaufen*
prikklok *Stechuhr* [v]
prikpil *3-Monatsspritze* [v]
prikstaking *Warnstreik* [m]
pril *zart, früh*
prima I [de] *Primawechsel* [m] **II** [bnw] *prima, ausgezeichnet, hervorragend* ⋆ een ~ idee *eine prima Idee* ▾ de ~ ballerina *die Primaballerina* **III** [tw] *prima, ausgezeichnet, hervorragend*
primaat I [de] • (geestelijke) ‹aartsbisschop› *Primas* [m], ‹paus› *Papst* [m], *Primas von Rom* [m] • (zoogdier) *Primat* [m] **II** [het] *Primat* [m/o]
prima donna *Primadonna* [v]

P

primair • (eerst) *primär* ⋆ ~ reageren *unmittelbar reagieren* • (voornaamst) *Primär-, primär* ⋆ ~e weg *Straße erster Ordnung* [v] • (niet herleidbaar) *primär* ⋆ ~e kleur *Grundfarbe* [v] ⋆ ~ getal *Primzahl* [v]
prime time *Hauptsendezeit* [v]
primeur ‹eerste berichtgeving› *sensationelle(r) Exklusivbericht* [m], *Scoop* [m], ‹eersteling› *Erstling* [m], ‹muziek-/theateropvoering› *Uraufführung* [v]
primitief I [de] • (mens) *Primitive(r)* [m], *primitive(r) Mensch* [m] • (schilder) *altniederländische(r) Meister* [m] **II** [bnw] *primitiv*
primula *Primel* [v]
primus *Petroleumkocher* [m]
principe *Prinzip* [o] ⋆ uit ~ *aus Prinzip* ⋆ in ~ *im Prinzip*
principebesluit *Grundsatzentscheidung* [v]
principieel *prinzipiell, grundsätzlich* ⋆ een principiële kwestie *eine Prinzipienfrage* [v]
prins ‹niet regerend› *Prinz* [m], ‹regerend› *Fürst* [m] ▾ ze weet van de ~ geen kwaad *sie ist völlig ahnungslos*
prinselijk *fürstlich, prinzlich* ⋆ het ~ paar *das Fürstenpaar*
prinses ‹lid van koninklijke familie› *Prinzessin* [v], ‹vrouw van een regerend prins› *Fürstin* [v]
prins-gemaal *Prinzgemahl* [m]
prinsheerlijk *fürstlich, wie ein Fürst*
print *Ausdruck* [m]
printen *ausdrucken*
printer ‹fotografie› *Kopiergerät* [o], ‹voor computer› *Drucker* [m]
print-out *Ausdruck* [m]
prior *Prior* [m]
prioriteit *Priorität* [v]
prioriteitsaandeel *Prioritäts-/Vorzugsaktie* [v]
prisma *Prisma* [o]
privaat I [het] *Toilette* [v], *WC* [o], *Klo(sett)* [o] **II** [bnw] *privat, Privat-*
privaatrecht *Privatrecht* [o]
privacy *Intimsphäre* [v], *Privatbereich* [m]
privatiseren *privatisieren*
privé *privat, Privat-*
privéadres *Privatadresse* [v]
privérekening *Privatkonto* [o]
privésfeer *Privatsphäre* [v]
privilege *Privileg* [o]
pro I [het] *Pro* [o] **II** [bnw] *pro(-)* ⋆ pro-Amerikaans *proamerikanisch*
probaat *probat, erprobt, bewährt*
probeersel *Versuch* [m], *Experiment* [o]
proberen *versuchen, probieren* ⋆ u moet die wijn eens ~ *diesen Wein müssen sie unbedingt probieren/kosten*
probleem • (moeilijkheid) *Problem* [o], *Schwierigkeit* [v] • (gesteld vraagstuk) *Problem* [o], *Frage* [v] ⋆ een natuurkundig ~ *ein physikalisches Problem*
probleemgeval *Problemfall* [m]
probleemgezin *sozial schwache Familie* [v], *asoziale Familie* [v]
probleemkind *Problemkind* [o]
probleemloos *problemlos, ohne Probleme*
probleemstelling *Problemstellung* [v]
problematiek *Problematik* [v]
problematisch *problematisch,* ‹onzeker› *fraglich*
procédé *Verfahren* [o], *Methode* [v]
procederen *prozessieren, einen Prozess führen*
procedure • (proces) *Prozedur* [v], *Verfahrensweise* [v], ‹jur.› *Prozess* [m], *(Gerichts)verfahren* [o] • (werkwijze) *Verfahren* [o]

P

procent *Prozent* [o]
procentueel *prozentual*
proces • (rechtszaak) *Prozess* [m], *(Gerichts)verfahren* [o] ⋆ tegen iem. een ~ aanspannen *gegen jmdn. einen Prozess anstrengen* • (wijze waarop iets verloopt) *Prozess* [m], *Verlauf* [m]
procesgang *Produktionsablauf* [m]
processie *Prozession* [v]
processor *Prozessor* [m]
proces-verbaal • (bekeuring) *Anzeige* [v] ⋆ ~ opmaken tegen iem. *jmdm. ein Strafmandat geben* • (verslag) *Protokoll* [o]
proclamatie *Proklamation* [v]
proclameren *proklamieren*
procuratiehouder *Prokurist* [m]
procureur *Prozessbevollmächtigte(r)* [m], ‹advocaat en procureur› *(Rechts)anwalt* [m]
procureur-generaal ≈ ‹bij de Hoge Raad› *Generalbundesanwalt* [m], ‹bij een gerechtshof› *Generalstaatsanwalt* [m]
pro Deo *umsonst, gratis*
pro-Deoadvocaat *Armenanwalt* [m], *Pflichtverteidiger* [m]
producent *Produzent* [m], *Erzeuger* [m], *Hersteller* [m]
producer *Produzent* [m]
produceren *produzieren, erzeugen, herstellen,* ‹jur.› *vorlegen*
product • (voortbrengsel) *Produkt* [o], *Erzeugnis* [o] ⋆ bruto nationaal ~ *das Bruttosozialprodukt* • (wisk.) *Produkt* [o]
productie *Produktion* [v], *Erzeugung* [v], *Herstellung* [v], ‹jur.› *Vorlage* [v] ⋆ iets in ~ nemen *die Produktion von etw. aufnehmen*
productief *produktiv* ⋆ iets ~ maken *etw. nutzbar machen/nutzen*
productielijn *Fertigungsstraße* [v]
productiemiddel *Produktionsmittel* [o]
productiviteit *Produktivität* [v], ‹vruchtbaarheid› *Ertragfähigkeit* [v], ‹winstgevendheid› *Leistungsfähigkeit* [v]
proef • (bewijs) *Probe* [v] ⋆ ~ van bekwaamheid *Eignungsprüfung* [v] • (onderzoek) *Probe* [v], *Test* [m] ⋆ op de ~ stellen *auf die Probe stellen* ⋆ de ~ doorstaan *die Probe bestehen* ⋆ iem. op ~ nemen *jmdn. auf Probe anstellen* • (experiment) *Probe* [v], *Versuch* [m], *Experiment* [o] • (monster) *Probe* [v] • (probeersel) *Probe* [v], *Muster* [o], ‹drukwerk› *Korrektur(fahne)* [v], ‹fotografie› *Probeabzug* [m] ▾ de ~ op de som nemen *die Probe aufs Exempel machen*
proefballon *Versuchsballon* [m]
proefboring *Probebohrung* [v]
proefdier *Versuchstier* [o]
proefdraaien *Probe laufen,* ‹film› *einen Film probeweise vorführen*
proefdruk *Probedruck* [m], *Andruck* [m]
proefkonijn *Versuchskaninchen* [o]
proeflokaal *Probierstube* [v]
proefneming *Versuch* [m], *Experiment* [o]
proefnummer • (proefaflevering) *Probenummer* [v] • (nulnummer) *Nullnummer* [v]
proefondervindelijk • (empirisch) *erfahrungsmäßig* • (experimenteel) *experimentell*
proefpersoon *Versuchsperson* [v]
proefrit *Probefahrt* [v]
proefschrift *Doktorarbeit* [v], *Dissertation* [v]
proefterrein *Versuchsgelände* [o]
proeftijd *Probezeit* [v], ‹jur.› ‹bij voorwaardelijke veroordeling› *Bewährungsfrist* [v]
proefverlof *Hafturlaub* [m]

proefvlucht *Probeflug* [m]
proefwerk *(Klassen)arbeit* [v], *Klausur* [v] ⋆ een ~ maken *eine Klassenarbeit schreiben*
proesten • (niezen) *niesen* • (lachen) *prusten* • (snuiven) *prusten*
prof • (hoogleraar) *Prof* [m] • (professional) *Profi* [m] ⋆ hij is nu prof *er ist jetzt ein Profi*
profaan *profan*
profeet *Prophet* [m]
professie • (beroep) *Beruf* [m], ‹vero.› *Profession* [v] • (aflegging van de kloostergeloften) *Profess* [v] • (belijdenis) *Glaubensbekenntnis* [o]
professional *Profi* [m]
professioneel • (vakkundig) *professionell, fachmännisch* • (van beroep) *professionell*
professor *Professor* [m] ⋆ ~ in de geneeskunde *Professor der Medizin*
profetie *Prophezeiung* [v], *Weissagung* [v]
profetisch *prophetisch*
proficiat *herzlichen Glückwunsch!*
profiel *Profil* [o]
profielschets *Profil* [o], *Persönlichkeitsbild* [o]
profijt • (nut) *Nutzen* [m] • (voordeel) *Gewinn* [m], *Vorteil* [m] • (opbrengst) *Profit* [m]
profijtbeginsel *Kostendeckungsprinzip* [o]
profijtelijk *profitabel, vorteilhaft, Gewinn bringend*
profileren • (profiel aanbrengen) *profilieren* • (karakteriseren) *profilieren* ⋆ zich ~ *sich profilieren*
profiteren *profitieren, (aus)nutzen* ⋆ van iets/iemand ~ *von etw./jmdm. profitieren* ⋆ van de gelegenheid ~ *die Gelegenheit nutzen*
profiteur *Profiteur* [m], ‹inf.› *Trittbrettfahrer* [m]
pro forma *pro forma, der Form halber*
profspeler *Profi(spieler)* [m]
prognose *Prognose* [v]
program *Programm* [o]
programma • (opsomming) *Programm* [o] ⋆ een druk ~ hebben *ein volles Programm haben* • (uitzending) *Programm* [o], *Sendung* [v] • (comp.) *Computerprogramm* [o] • (pol.) *Programm* [o]
programmablad *Rundfunk- und Fernsehzeitschrift* [v]
programmaboekje *Programmheft* [o]
programmamaker *Programmgestalter* [m]
programmatuur *Software* [v]
programmeertaal *Programmiersprache* [v]
programmeren *programmieren*
programmering ‹computers› *Programmierung* [v], ‹radio en tv› *Programmgestaltung* [v]
programmeur *Programmierer* [m]
progressie • (toeneming) *Progression* [v], *Staffelung* [v] • (vooruitgang) *Fortschreiten* [o], *Progression* [v]
progressief • (voortgaand) *progressiv* • (vooruitstrevend) *progressiv, fortschrittlich* • (trapsgewijs opklimmend) *progressiv, gestaffelt*
project *Projekt* [o]
projecteren *projizieren*, ‹ontwerpen› *projektieren* ⋆ hij projecteert zijn angsten op zijn kind *er projiziert seine Ängste auf sein Kind*
projectie *Projektion* [v], ‹ontwerp› *Entwurf* [m]
projectiel *Projektil* [o], *Geschoss* [o], ‹toegeworpen voorwerp› *Wurfgeschoss* [o]
projectiescherm *Projektionsfläche* [v]
projectonderwijs *Projektunterricht* [m]
projector *Projektor* [m], *Projektionsapparat* [m], ‹wisk.› *Projektionsstrahl* [m]
proleet *Prolet* [m]
proletariaat *Proletariat* [o]
proletariër *Proletarier* [m]
proletarisch *proletarisch*
proliferatie *Proliferation* [v]
prolongatie • (verlenging van tijdsduur) *Verlängerung* [v] • (econ.) *Prolongation* [v]
prolongeren *verlängern*, ‹econ.› *prolongieren*
proloog *Prolog* [m]
promenade *Promenade* [v]
promenadeconcert *Promenadenkonzert* [o]
promenadedek *Promenadendeck* [o]
promesse *Promesse* [v]
promillage *Promille* [o]
promille *Promille* [o]
prominent *prominent*
promiscue *promiscue*
promiscuïteit *Promiskuität* [v]
promoten *Werbung machen, werben* ⋆ een product ~ *für ein Produkt werben*
promotie • (bevordering) *Aufstieg* [m], *Beförderung* [v] ⋆ ~ maken *befördert werden; aufsteigen* • (doctorsgraad behalen) *Promotion* [v] • (verkoopbevordering) *Promotion* [v] • (sport) *Aufstieg* [m]
promotor • (belangenbehartiger) *Förderer* [m], ‹organisator› *Promoter* [m], *Veranstalter* [m] • (hoogleraar) *Doktorvater* [m]
promovendus *Doktorand* [m]
promoveren I [ov ww] • (doctorstitel verlenen) *promovieren* **II** [on ww] • (doctorstitel verwerven) *promovieren, die Doktorwürde erlangen*, ‹inf.› *seinen Doktor machen* ⋆ zij is gepromoveerd *sie hat promoviert* • (sport) *aufsteigen*
prompt • (vlot) *prompt* • (stipt) *pünktlich* ⋆ ~ op tijd *ganz pünktlich*
pronken • (zich trots vertonen) *prunken* • (prijken) *prangen*
pronkstuk *Prunkstück* [o], *Glanzstück* [o]
pront • (flink) *lebendig, munter, frisch* • (onmiddellijk) *schnell, sofort*
prooi • (buit) *Beute* [v] • (slachtoffer) *Opfer* [o] ▾ aan iets ten ~ vallen *etw. zum Opfer fallen*
proost *prost!, prosit!*
proosten *anstoßen auf*
prop • (samengedrukte bol) *Pfropf* [m], *Kugel* [v] ⋆ prop papier *Papierkugel* [v] • (persoon) *Mops* [m] • (plug, stop) *Pfropfen* [m], ‹in bloedvat› *Pfropf* [m] ▾ met iets op de proppen komen *etw. zur Sprache bringen* ▾ op de proppen komen *auf der Bildfläche erscheinen* ▾ zij had een prop in haar keel *sie hatte einen Kloß im Hals*
propaan *Propan* [o]
propaganda *Propaganda* [v]
propagandamateriaal *Propagandamaterial* [o]
propagandistisch *propagandistisch*
propageren *für etw. werben*, ↑ *propagieren*
propedeuse ‹inleidend college› *Propädeutik* [v], ≈ *Grundstudium* [o]
propeller *Propeller* [m]
proper *proper, sauber, reinlich, ordentlich*
proportie • (evenredigheid) *Proportion* [v] • (afmeting) *Umfang* [m], *Ausmaß* [o] ⋆ enorme ~s aannemen *ungeheure Ausmaße annehmen*
proportioneel *proportional, verhältnismäßig*
propositie • (voorstel) *Vorschlag* [m], *Angebot* [o] • (stelling) *Proposition* [v]
proppen • (schrokken) *sich voll pfropfen/stopfen* ⋆ zit niet zo te ~! *schling nicht so!* • (dicht opeen duwen) *pfropfen, stopfen*
propvol *prallvoll, gedrängt voll*, ‹inf.› *proppenvoll*
prospectus *Prospekt* [m]
prostaat *Prostata* [v]
prostituee *Prostituierte* [v]
prostitutie *Prostitution* [v]

protectie *Protektion* [v], *Schutz* [m]
protectionisme *Protektionismus* [m]
protectoraat *Protektorat* [o], *Schutzherrschaft* [v]
protégé *Protegé* [m], *Schützling* [m]
proteïne *Protein* [o]
protest • (uiting van bezwaar) *Protest* [m] ⋆ ~ aantekenen tegen *Protest gegen etw. erheben/ einlegen* ⋆ onder luid ~ verliet zij de zaal *unter lautem Protest verließ sie den Saal* • (ambtelijke verklaring) *Protest* [m], *Einspruch* [m]
protestactie *Protestaktion* [v]
protestant I [de] *Protestant* [m] **II** [bnw] *protestantisch, evangelisch*
protestantisme *Protestantismus* [m]
protestants *protestantisch, evangelisch*
protesteren *protestieren* ⋆ ik protesteer! *ich protestiere!*
protestmars *Protestmarsch* [m], *Protestzug* [m]
proteststaking *Proteststreik* [m]
protestzanger *Protestsänger* [m]
prothese *Prothese* [v]
protocol • (verslag) *Protokoll* [o] • (etiquette) *Protokoll* [o] • (archief van een notaris) *Archiv* [o] • (verzameling van akten/notulen) *Protokollbuch* [o]
protocollair *protokollarisch*
proton *Proton* [o]
prototype • (oorspronkelijk model) *Prototyp* [m], *Ur-/Grundform* [v] • (voorafbeelding) *Präfiguration* [v] • (typisch voorbeeld) *Prototyp* [m], *Inbegriff* [m]
protserig *protzig, protzenhaft*
proviand *Proviant* [m]
provinciaal I [de] • (bewoner) *Provinzbewohner* [m] • (bekrompen persoon) ‹pej.› *Provinzler* [m] • (rel.) *Provinzial* [m] **II** [bnw] • (van de provincie) *Provinzial-* • (kleinsteeds) *provinziell*, ‹inf.› *provinzlerisch*
provincie • (gewest) *Provinz* [v], ‹overheid› *Provinzverwaltung* • (platteland) *Provinz* [v]
provisie • (commissieloon) *Provision* [v] • (voorraad) *Vorrat* [m]
provisiekast *Speise-/Vorratsschrank* [m]
provisorisch *provisorisch*
provo *Provo* [m]
provocateur *Provokateur* [m]
provocatie *Provokation* [v]
provoceren *provozieren*
proza *Prosa* [v]
prozaïsch *prosaisch*
pruik • (vals haar) *Perücke* [v] • (haardos) *strubbelige(s) Haar* [o]
pruikentijd *Zopfzeit* [v]
pruilen *schmollen, maulen*
pruillip *Flunsch* [m]
pruim • (vrucht) *Pflaume* [v] ⋆ gedroogde ~en *getrocknete(n) Pflaumen; Back-/Dörrpflaumen* • (tabakspruim) *Priem* [m] • (vagina) *Pflaume* [v]
pruimen I [ov ww] • (verdragen) *leiden, ertragen* ⋆ iem. niet kunnen ~ *jmdn. nicht ausstehen/ riechen können* ⋆ die soep is niet te ~ *diese Suppe ist ungenießbar* **II** [on ww] • (tabak kauwen) *priemen*
pruimenmond *spitze(s) Mäulchen* [o] ⋆ een ~je trekken *zimperlich sein; sich zieren*
pruimtabak *Kau-/Priemtabak* [m]
Pruis *Preuße* [m]
Pruisisch *preußisch*
prul • (ding) *wertlose(s) Zeug* [o], *Schund* [m] ⋆ prul van een roman *Kitsch-/Schundroman* [m] • (mens) *Niete* [v], *Flasche* [v], *Nichtsnutz* [m] • (papiertje) *Papierfetzen* [m], *Wisch* [m]

P

prullaria *Krimskrams* [m], *Kram* [m], *Krempel* [m], *Plunder* [m]
prullenbak *Papierkorb* [m]
prullenmand *Papierkorb* [m]
prulschrijver *Schreiberling* [m], *Skribent* [m], *Schundautor* [m]
prut • (eenpansgerecht) *Eintopf* [m] • (drab) *Brei* [m]
prutsding *wertlose(s) Ding* [o]
prutsen I [ov ww] *basteln* ⋆ iets in elkaar ~ *etw. zusammenbasteln* **II** [on ww] • (knutselen) *basteln* ⋆ aan iets ~ *an etw. basteln* • (klungelen) *pfuschen, stümpern*
prutser *Pfuscher* [m], *Stümper* [m]
prutswerk • (knoeiwerk) *Pfuscherei* [v], *Stümperei* [v] • (peuterwerk) *Bastelarbeit* [v]
pruttelen • (koken) *brodeln, sieden*, ‹in vet › *brutzeln* • (mopperen) *brummen, maulen, murren*
psalm *Psalm* [m]
psalmboek *Psalter* [m]
psalmbundel *Psalter* [m], *Buch der Psalmen* [o]
pseudo- *Pseudo-, pseudo-*
pseudoniem *Pseudonym* [o]
psoriasis *Psoriasis* [v], *Schuppenflechte* [v]
psyche *Psyche* [v]
psychedelisch *psychedelisch*
psychiater *Psychiater* [m]
psychiatrie *Psychiatrie* [v]
psychiatrisch *psychiatrisch*
psychisch *psychisch, seelisch*
psychoanalyse *Psychoanalyse* [v]
psychologie *Psychologie* [v]
psychologisch *psychologisch*
psycholoog *Psychologe* [m]
psychoot *Psychotiker* [m]
psychopaat *Psychopath* [m]
psychose *Psychose* [v]
psychosociaal *psychosozial*
psychosomatisch *psychosomatisch*
psychotherapie *Psychotherapie* [v]
psychotisch *psychotisch*
PTT ‹in Duitsland› *Deutsche Bundespost* [v], ≈ *Post-,Telegrafen- und Telefonamt* [o]
puber *Halbwüchsige* [m], *Pubertierende(r)* [m]
puberaal *pubertär*
puberteit *Pubertät* [v]
publicatie • (uitgegeven werk) *Publikation* [v], *Veröffentlichung* [v] • (openbaarmaking) *Bekanntmachung* [v], *Veröffentlichung* [v], ‹van jaarrekening› *Publikation* [v]
publiceren *bekannt machen, publizieren, veröffentlichen*
publicist *Publizist* [m]
publicitair *publizistisch*
publiciteit *Publizität* [v]
publiciteitscampagne *Werbekampagne* [v]
publiciteitsstunt *Werbegag* [m]
public relations *Publicrelations/Public Relations* [mv] ⋆ afdeling ~ *Publicrelationsabteilung, Public-Relations-Abteilung* [v]
publiek I [het] *Publikum* [o] ⋆ toegankelijk voor het ~ *allgemein zugänglich* **II** [bnw + bijw] *öffentlich* ▾ ~ geheim *öffentliche(s) Geheimnis* [o] ▾ ~e vrouw *Prostituierte* [v] ▾ een ~e zitting ‹jur.› *eine öffentliche Verhandlung*
publiekelijk *öffentlich*
publieksfilm *Publikumsfilm* [m]
publiekstrekker *Publikumsmagnet* [m]
pudding *Pudding* [m]
puf *Puste* [v], *Energie* [v], ‹durf› *Mumm* [m], ‹zin/ trek› *Lust* [v] ⋆ geen puf meer hebben ‹geen zin› *keine Lust mehr haben;* ‹buiten adem› *keine Puste*

mehr haben
puffen *dampfen, qualmen, schnaufen*
pui *Fassade* [v], *Front* [v]
puik I [het] *Allerbeste* [o], *Elite* [v] ⋆ het puikje der natie *die Elite der Nation* **II** [bnw] *ausgezeichnet, vorzüglich, prima* ⋆ met mij gaat het puik *mir geht es prima*
puilen *quellen* ⋆ de ogen puilden uit haar hoofd *die Augen quollen ihr aus dem Kopf*
puimsteen *Bimsstein* [m]
puin • (losse stenen) *Schutt* [m], *Trümmer* [mv], *Schotter* [m], *Trümmerhaufen* [m] ⋆ onder het puin bedolven *verschüttet; unter den Trümmern begraben* ⋆ verboden puin te storten! *Schutt abladen verboten!* • (rotzooi) *Abfall* [m], *Ausschuss* [m] ▾ hij heeft zijn auto in puin gereden *er hat seinen Wagen zu Schrott gefahren*
puinhoop • (hoop puin) *Trümmerhaufen* [m] • (warboel) *Durcheinander* [o], *Chaos* [o] ⋆ je kamer is een grote ~! *dein Zimmer ist ein einziges Durcheinander!*
puist *Pickel* [m]
pukkel • (puist) *Pickel* [m], ‹med.› *Pustel* [v] • (tas) *Tornister* [m]
pul *Krug* [m]
pulken *zupfen*, ‹inf.› *fummeln* ⋆ zij zat in haar neus te ~ *sie bohrte/popelte in der Nase*
pulli *Pulli* [m]
pullover *Pullover* [m], ‹inf.› *Pulli* [m]
pulp • (brij) *Brei* [m], ‹fruit› *Pulp* [m] • (slecht product) *Schund* [m]
pummel *Lümmel* [m]
pump *Pumps* [m]
punaise *Heft-/Reißzwecke* [v], *Reißbrettstift* [m]
punch • (drank) *Punsch* [m] • (sport) *Schlag* [m]
punctie *Punktion* [v]
punctueel *pünktlich*
punk *Punk* [m]
punniken • (frunniken) *fummeln* • (breien) *met der Strickmaus stricken*
punt I [de] • (uiteinde) *Spitze* [v], ‹van iets plats› *Ecke* [v] ⋆ tegen de punt van de tafel stoten *sich an der Tischecke stoßen* ⋆ de punt van een potlood *die Bleistiftspitze* • (stip) *Punkt* [m] ⋆ dubbele punt *Doppelpunkt* [m] • (puntig gesneden deel) *Stück* [o] ▾ je kunt er een punt aan zuigen *davon kannst du dir eine Scheibe abschneiden* **II** [het] • (moment) *(Zeit)punkt* [m] ⋆ zij stond op het punt ermee te kappen *sie war drauf und dran, alles hinzuschmeißen* ⋆ op het punt staan iets te doen *im Begriff sein/stehen, etw. zu tun* ⋆ het kritieke punt bereiken *den kritischen Punkt erreichen* [m] • (onderdeel, kwestie) *Punkt* [m] ⋆ zij maakt overal een punt van *bei ihr wird alles zum Problem* • (waarderingseenheid) *Punkt* [m] • (plaats) *Punkt* [m] ⋆ het dode punt *der tote Punkt*
puntbaard *Spitzbart* [m]
puntbroodje *längliche(s) Brötchen* [o]
puntdicht *Epigramm* [o], *Spott-/Sinngedicht* [o]
punten • (een punt maken aan) *spitzen* • (afknippen) *stutzen* ⋆ het haar laten ~ *die Haarspitzen abschneiden lassen*
puntenschaal *Punktsystem* [o], *Punktwertung* [v]
puntenslijper *Anspitzer* [m]
punter • (boot) *Kahn* [m] • (sport) *Spitzenstoß* [m]
puntgaaf *einwandfrei, tadellos*
punthoofd ▾ ik krijg er een ~ van *das macht mich wahnsinnig; du nervst*
puntig • (spits) *spitz* • (kernachtig) *treffend, pointiert* ⋆ een ~e opmerking *eine pointierte/gezielte Bemerkung*
puntje • (kleine punt) *Pünktchen* [o], ‹stipje› *Tüpfelchen* [o] • (broodje) *weiche(s) Brötchen* [o] ▾ als ~ bij paaltje komt *wenn es darauf ankommt* ▾ de ~s op de i zetten *das Tüpfelchen auf das i setzen* ▾ iets tot in de ~s kennen *etw. im Schlaf können* ▾ tot in de ~s verzorgd *wie aus dem Ei gepellt* ▾ het ligt op het ~ van mijn tong *es liegt mir auf der Zunge*
puntkomma *Strichpunkt* [m], *Semikolon* [o]
puntmuts *Zipfelmütze* [v]
puntsgewijs I [bnw] *punktuell* **II** [bijw] *Punkt für Punkt*
puntzak *Tüte* [v]
pupil • (kind) *Pflegekind* [o] • (leerling) *Schüler* [m] • (oogpupil) *Pupille* [v]
puppy *Welpe* [m]
puree *Püree* [o], *Brei* [m] ▾ in de ~ zitten *in der Patsche sitzen*
pureren *pürieren*
purgeermiddel *Abführmittel* [o], ‹med.› *Purgiermittel* [o]
purisme • (streven naar zuiverheid) *Purismus* [m] • (vertaald vreemd woord) *übersetzte(s) Fremdwort* [o]
purist *Purist* [m]
puritein *Puritaner* [m]
puriteins *puritanisch*
purper *purpurn, purpurfarben/-rot*
purser *Purser* [m]
pus *Eiter* [m]
pushen • (aanzetten) *anspornen, antreiben* • (promoten) ‹van een persoon› *protegieren*, ‹van een zaak› *vorantreiben*
put ‹afvoerput› *Abwasserkanal* [m], *Gully* [m], ‹waterput› *(Wasser)brunnen* [m] ▾ in de put zitten *ein moralisches Tief haben* ▾ een bodemloze put *ein Fass ohne Boden*
putsch *Putsch* [m]
putten *schöpfen*
puur • (zuiver) *rein, pur* ⋆ pure chocola *Zartbitterschokolade* [v] • (louter) *pur, rein, bloß* ⋆ dat is puur bedrog *das ist glatter Betrug* [m] ⋆ puur toeval *pure(r) Zufall* [m] ⋆ pure onzin *reine(r)/bare(r) Unsinn* [m]
puzzel • (probleem) *Rätsel* [o], *Problem* [o] • (legpuzzel) *Puzzle(spiel)* [o]
puzzelaar ‹denkpuzzels› *Rätselfreund* [m], ‹legpuzzels› *Puzzler* [m]
puzzelen • (puzzels oplossen) ‹m.b.t. raadsels› *Rätsel lösen*, ‹van legpuzzel › *puzzeln* • (diep nadenken) *knobeln, rätseln*
puzzelrit *Rallye* [v/o]
puzzelwoordenboek *Kreuzworträtselheft* [o]
pvc *PVC* [o]
pygmee *Pygmäe* [m]
pyjama *Pyjama* [m], *Schlafanzug* [m]
pyromaan *Pyromane* [m]
Pyrrusoverwinning *Pyrrhussieg* [m]

Q

q Q [o]
qua *was ... betrifft* ⋆ qua grootte valt het mee *was die Größe betrifft, geht es*
quadrafonie *Quadrophonie/Quadrofonie* [v]
quarantaine *Quarantäne* [v] ⋆ iem. in ~ plaatsen *über jmdn. Quarantäne verhängen; jmdn. unter Quarantäne stellen* ⋆ hij staat onder ~ *er steht unter Quarantäne*
quartair *quartär* ⋆ ~ gesteente *quartäre(s) Gestein* [o] ⋆ de ~e sector *der quartäre Sektor*
quasi I [bnw] • (pseudo) *pseudo-, Pseudo-* ⋆ ~-godsdienstig *quasireligiös* ⋆ ~-geleerdheid *Scheingelehrtheit* [v] • (zogenaamd) *quasi* **II** [bijw] *quasi, gleichsam*
quatre-mains I [het] *Klavierstück für vier Hände* [o] **II** [bnw] *vierhändig*
quatsch *Quatsch* [m]
queeste *Suche* [v]
querulant *Querulant* [m]
quiche *Quiche* [v]
quitte ▾ ~ staan *quitt sein*
qui-vive ▾ op zijn ~ zijn *auf dem Quivive sein*
quiz *Quiz* [o]
quizmaster *Quizmaster* [m]
quorum *Quorum* [o]
quota *Quote* [v]
quote *Quote* [v]
quotiënt *Quotient* [m]

R

r R [o]
ra *Rah* [v]
raad *Rat* [m] ⋆ Raad van Europa *Europarat* [m] ⋆ de Hoge Raad *der Oberste Gerichtshof;* ‹in Duitsland› *der Bundesgerichtshof* ▾ bij iem. te rade gaan *jmdn. zu Rate/zurate ziehen* ▾ met voorbedachten rade *vorsätzlich* ▾ ten einde raad zijn *sich keinen Rat mehr wissen; nicht mehr aus noch ein wissen* ▾ hij weet met zijn geld geen raad *er weiß mit seinem Geld nichts anzufangen*
raadgever *Ratgeber* [m], *Berater* [m]
raadgeving • (advies) *Rat* [m], *Ratschlag* [m] • (het geven van raad) *Beraten* [o]
raadhuis *Rathaus* [o]
raadplegen *zu Rate/zurate ziehen* ⋆ een advocaat ~ *einen Anwalt konsultieren* ⋆ een boek ~ *in einem Buch nachschlagen*
raadsbesluit *Ratsbeschluss* [m]
raadscommissie *Gemeinderatsausschuss* [m]
raadsel *Rätsel* [o]
raadselachtig *rätselhaft*
raadsheer ‹van Hoge Raad› *Mitglied des Obersten Gerichtshofes* [o], ‹van gerechtshof› *Gerichtsrat* [m]
raadslid *Gemeinde-/Stadtratsmitglied* [o], *Stadtverordnete(r)* [m]
raadsman • (raadgever) *Berater* [m], *Ratgeber* [m] • (advocaat) *Rechtsanwalt* [m] [v: *Rechtsanwältin*]
raadzaal *Sitzungszimmer* [o], ‹grote zaal› *Sitzungssaal* [m]
raadzaam *ratsam, empfehlenswert* ⋆ het is ~ *es ist zu empfehlen/angebracht*
raaf *Rabe* [m]
raak • (doel treffend) *getroffen* ⋆ het schot is raak *das ist ein Treffer* • (juist) *treffend* ▾ maar wat raak kletsen *ins Blaue hinein reden* ▾ die was raak *das hat gesessen*
raaklijn *Tangente* [v]
raakpunt ‹wisk.› *Tangentialpunkt* [m]
raakvlak • (gemeenschappelijk gebied) *Berührungspunkt* [m] • (wisk.) *Tangentialebene* [v]
raam *Fenster* [o] ⋆ uit het raam kijken *zum Fenster hinausblicken* ⋆ dubbele ramen *Doppelfenster*
raamkozijn *Fensterrahmen* [m]
raamvertelling *Rahmenerzählung* [v]
raamwerk *Rahmen* [m]
raamwet *Rahmengesetz* [o]
raap *Rübe* [v]
raar *sonderbar, komisch, merkwürdig* ⋆ het loopt soms raar in het leven *im Leben geht es manchmal sonderbar zu*
raaskallen *quasseln, faseln*
raat *Bienenwabe* [v], *Wabe* [v]
rabarber *Rhabarber* [m]
rabbijn *Rabbiner* [m]
rabiës *Tollwut* [v]
race *(Wett)rennen* [o], ‹lopen› *Wettlauf* [m]
racebaan *Rennbahn* [v]
racefiets *Rennrad* [o]
racen • (zeer snel gaan) *rennen* • (aan een race deelnemen) *rennen,* ‹met fiets, auto, motor› *ein Rennen fahren*
racewagen *Rennwagen* [m], *Rennauto* [o]
raciaal *rassisch, Rassen-, rassen-*
racisme *Rassismus* [m]
racist *Rassist* [m]
racistisch *rassistisch*
racket *Schläger* [m], *Racket* [o]
rad I [het] *Rad* ⋆ het rad van avontuur/fortuin

das Glücksrad [o] ▾ iem. een rad voor ogen draaien *jmdm. blauen Dunst vormachen; jmdm. etw. vormachen* **II** [bnw] *rasant, rasch* ⋆ rad van tong zijn *zungenfertig sein*
radar Radar [m/o]
radarscherm *Radarschirm* [m]
radbraken • (martelen) *rädern* • (verhaspelen) *radebrechen* ▾ ik ben geradbraakt *ich bin wie gerädert*
raddraaier *Rädelsführer* [m]
radeermesje *Radiermesser* [o]
radeloos *ratlos, verzweifelt*
radeloosheid *Ratlosigkeit* [v], *Verzweiflung* [v]
raden • (gissen) *raten* • (raadgeven) ⋆ dat is je ge~! *das möchte ich dir geraten haben!*
raderboot *Raddampfer* [m]
radéren • (graveren) *radieren, ätzen* • (afkrabben) *radieren, ausradieren*
ráderen *ausradeln, ausrädeln*
raderwerk *Räderwerk* [o], *Getriebe* [o]
radiator • (verwarmingselement) *Heizkörper* [m], *Radiator* [m] • (koelelement) *Kühler* [m]
radicaal I [de] *Radikale(r)* [m], ‹politiek› *Extremist* [m] **II** [bnw] *radikal*
radicalisme *Radikalismus* [m], *Extremismus* [m]
radijs *Radieschen* [o]
radio • (uitzending) *Radio* [o], *Rundfunk* [m] ⋆ iets op de ~ gehoord hebben *etw. im Radio gehört haben* • (toestel) *Radio* [o], *Rundfunkgerät* [o]
radioactief *radioaktiv*
radioactiviteit *Radioaktivität* [v]
radiobesturing *Fernsteuerung* [v]
radiocassetterecorder *Radiorekorder* [m]
radiografie *Radiographie* [v]
radiografisch *funktelegrafisch* ⋆ ~ bestuurd *ferngesteuert; ferngelenkt*
radioloog *Radiologe* [m]
radionieuwsdienst *Nachrichtendienst* [m]
radio-omroep *Rundfunk* [m]
radioprogramma *Hörfunkprogramm* [o], *Radioprogramm* [o]
radioscopie *Röntgenoskopie* [v]
radiostation *Rundfunkstation* [v], *Sender* [m]
radiotherapie *Radiotherapie* [v]
radiotoestel *Radioapparat* [m], *Rundfunkgerät* [o], *Radio* [o] ⋆ draagbaar ~ *Kofferradio* [o]
radiozender *Sender* [m], *Radiosender* [m]
radium *Radium* [o]
radius *Radius* [m] ⋆ het vliegtuig heeft een ~ van 100 km *das Flugzeug hat eine Reichweite von 100 km*
radslag *Rad* [o]
rafel *Franse* [v]
rafelen *zerfransen*
rafelig *fransig*
raffia *Raphia* [v], *Raphiabast* [m]
raffinaderij *Raffinerie* [v]
raffinement ‹geraffineerdheid› *Raffinesse* [v], ‹verfijndheid› *Raffinement* [o]
raffineren *raffinieren*
rag *Spinnengewebe* [o]
rage *(große) Mode* [v], *Manie* [v]
ragebol • (borstel) *Staubwedel* [m] • (haardos) *Wuschelkopf* [m]
ragfijn *hauchdünn, hauchfein, haarfein*
ragout *Ragout* [o]
rail • (roede) *Schiene* [v] • (spoorstaaf) *Gleis* [o]
railvervoer *Bahntransport* [m]
rakelings *haarscharf, ganz nahe*
raken I [ov ww] • (ontroeren) *berühren* • (betreffen) *(be)treffen* • (aanraken) *berühren* • (treffen) *treffen* ⋆ zij raakte een gevoelige snaar bij hem *sie traf seinen wunden Punkt* **II** [on ww] • (geraken) *geraten, kommen, werden* ⋆ aan de drank ~ *trunksüchtig werden;* ‹inf.› *sich dem Suff ergeben* ⋆ uit de mode ~ *aus der Mode kommen* ⋆ verliefd ~ op iem. *sich in jmdn. verlieben* ⋆ zij raakten aan de praat *sie kamen/gerieten ins Plaudern* ⋆ van de weg ~ *vom Weg abkommen* ⋆ verloren ~ *verloren gehen*
raket *Rakete* [v]
rakker *Schlingel* [m], *Bengel* [m], *Lausbub* [m], *Racker* [m] ⋆ hij is een rode ~ *er ist ein Roter*
rally *Rallye* [v], *Sternfahrt* [v]
ram • (mannetjesschaap) *Widder* [m] • (sterrenbeeld) *Widder* [m] • (stormram) *Mauerbrecher* [m]
RAM *RAM* [o]
ramadan *Ramadan* [m]
ramen ‹begroten› *veranschlagen,* ‹schatten› *schätzen*
raming ‹begroting› *Veranschlagung* [v], ‹schatting› *Schätzung* [v], ‹voorlopige schatting› *Voranschlag* [m] ⋆ ~ van de kosten *Kostenvoranschlag* [m]
rammelaar • (speelgoed) *Rassel* [v] • (mannetjeskonijn) *Rammler* [m]
rammelen I [ov ww] • (door elkaar schudden) *rütteln, schütteln* **II** [on ww] • (geluid maken) *klappern, rasseln* • (gebrekkig in elkaar zitten) *nicht taugen, nicht stimmen* ▾ ik rammel van de honger *mein Magen knurrt*
rammelkast *Klapperkiste* [v]
rammen *rammen*
rammenas *Rettich* [m]
ramp *Katastrophe* [v]
rampenplan *Notstandsplan* [m], *Katastrophenplan* [m]
rampgebied *Katastrophengebiet* [o]
rampjaar *Notjahr* [o]
rampspoed *Missgeschick* [o], *Unglück* [o], *Katastrophe* [v]
rampzalig *katastrophal, unheilvoll, unglückselig, unselig* ⋆ een ~e beslissing *ein verhängnisvoller Entschluss* ⋆ in een ~e toestand *in einer elenden Lage*
ranch *Ranch* [v]
rancune *Groll* [m]
rancuneus *nachtragend, rachsüchtig*
rand *Rand* [m]
randapparatuur *Zusatzgeräte* [mv]
randfiguur *Randfigur* [v]
randgebied *Randgebiet* [o], ‹ook fig.› *Grenzgebiet* [o]
randgemeente *Vorstadt* [v]
randgroep *Randgruppe* [v]
randgroepjongere *Jugendliche(r) aus einer Randgruppe* [m]
randschrift *Umschrift* [v]
randstad ⋆ de ~ Holland *das Ballungsgebiet im Westen der Niederlande*
randstoring *Randstörung* [v]
randverschijnsel *Randerscheinung* [v]
randvoorwaarde *Rahmenbedingung* [v]
rang • (plaats in hiërarchie) *Rang* [m] ⋆ de rang van kapitein hebben *im Rang eines Hauptmanns stehen* • (maatschappelijke stand) *Rang* [m] • (plaats in schouwburg) *Rang* [m]
rangeerder *Rangierer* [m]
rangeerterrein *Rangierbahnhof* [m]
rangeren *rangieren*
ranglijst *Rangliste* [v]
rangnummer *Rangnummer* [v]

rangorde *Reihenfolge* [v], *Rangordnung* [v]
rangschikken • (ordenen) *einordnen* ⋆ ~ onder *rechnen/zählen zu* [3] • (indelen) *einstufen, (ein)gliedern*
rangschikking • (ordening) *Einordnung* [v] • (indeling) *Anordnung* [v]
rangtelwoord *Ordinalzahl* [v]
ranja *Orangeade* [v]
rank **I** [de] *Ranke* [v], ‹scheut› *Spross* [m], *Trieb* [m] **II** [bnw] *rank, schlank*
ranonkel *Ranunkel* [v]
ransel *Ranzen* [m] ▾ een pak ~ *eine Tracht Prügel*
ranselen *prügeln*
ransuil *Waldohreule* [v]
rantsoen *Ration* [v]
rantsoeneren *rationieren*
ranzig *ranzig*
rap *gewandt, behände, rasch, flink*
rapen *aufheben, aufsammeln*
rappelleren • (terugroepen) *zurückbeordern, abberufen* • (aanmanen) *mahnen, erinnern*
rappen *rappen*
rapport • (verslag) *Bericht* [m], *Rapport* [m], *Gutachten* [o] ⋆ ~ uitbrengen *Bericht erstatten* • (cijferlijst) *Zeugnis* [o]
rapportage *Berichterstattung* [v]
rapportcijfer *Note* [v], *Zensur* [v]
rapporteren • (melden) *berichten, melden* • (verslag uitbrengen) *Bericht erstatten*
rapsodie *Rhapsodie* [v]
rariteit *Rarität* [v]
ras **I** [het] *Rasse* [v] ⋆ iem. van gemengd ras *Mischling* [m] **II** [bnw] *rasch, schnell*
rasecht • (raszuiver) *reinrassig* • (echt) *waschecht*
rasegoïst *Erzegoist* [m]
rashond *Rassehund* [m]
rasp *Reibe* [v]
raspen *raspeln*, ‹bij noten, kaas en aardappelen› *reiben*
rassendiscriminatie *Rassendiskriminierung* [v]
rassenhaat *Rassenhass* [m]
rassenvraagstuk *Rassenfrage* [v]
rasta *Rastamann* [m]
raster • (hekwerk) *Gitter* [o] • (puntenpatroon) *Raster* [o]
rasterfoto *Rasterfoto* [o]
raszuiver *rasserein, reinrassig*
rat *Ratte* [v]
rataplan ▾ de hele ~ *der ganze Kram*
ratatouille *Ratatouille* [v]
ratel • (persoon) *Plappermaul* [o], *Plappertasche* [v] • (instrument) *Rassel* [v]
ratelen • (geluid maken) *rasseln* • (druk praten) *plappern*
ratelslang *Klapperschlange* [v]
ratificatie *Ratifikation* [v], *Ratifizierung* [v]
ratificeren *ratifizieren*
ratio • (redelijkheid) *Vernunft* [v], *Ratio* [v] • (grondgedachte) *Beweggrund* [m]
rationaliseren *rationalisieren*
rationalistisch *rationalistisch, rational*
rationeel • (doordacht) *rational* • (efficiënt) *rationell*
ratjetoe *Mischmasch* [m]
rato ⋆ naar rato *verhältnismäßig*
rats ▾ in de rats zitten *in der Patsche stecken*
rattengif *Rattengift* [o]
rauw • (ongekookt) *roh* • (schor) *rau* • (ontveld) *wund* ⋆ rauwe wond *offene Wunde* [v] ▾ dat viel me rauw op m'n dak *das versetzte mir einen Schlag*
rauwkost *Rohkost* [v]
ravage *Trümmer* [mv], *Trümmerhaufen* [m]

ravijn *Schlucht* [v]
ravotten *tollen, sich balgen*
rayon *Gebiet* [o], *Bezirk* [m]
razen *rasen, toben, wüten*
razend • (woedend) *wütend, rasend* • (hevig) *heftig, maßlos* • (het razend zijn van honden) *tollwütig*
razendsnel *pfeilschnell, rasend schnell*
razernij *Raserei* [v], *Wut* [v] ⋆ iem. tot ~ brengen *jmdn. in Rage bringen*
razzia *Razzia* [v]
re *Re* [o]
reactie *Reaktion* [v]
reactiesnelheid *Reaktionsgeschwindigkeit* [v]
reactionair **I** [de] *Reaktionär* [m] **II** [bnw] *reaktionär*
reactor *Reaktor* [m]
reactorvat *Reaktorbehälter* [m], ‹kern› *Core* [o]
reader *Reader* [m]
reageerbuis *Reagenzglas* [o]
reageerbuisbaby *Retortenbaby* [o]
reageerbuisbevruchting *künstliche Befruchtung* [v]
reageren *reagieren*
realisatie *Realisierung* [v], *Realisation* [v]
realiseren **I** [ov ww] *realisieren, verwirklichen* **II** [wkd ww] *sich realisieren*
realisering *Verwirklichung*
realisme *Realismus* [m]
realist *Realist* [m]
realistisch *realistisch*
realiteit *Realität* [v], *Wirklichkeit* [v]
realpolitik *Realpolitik* [v]
reanimatie *Wiederbelebung* [v]
reanimeren *wieder beleben*, ‹med.› *reanimieren*
rebel *Rebell* [m]
rebelleren *rebellieren, sich widersetzen*
rebellie • (opstand) *Rebellion* [v], *Aufruhr* [m] • (opstandigheid) *Aufbegehren* [o]
rebels *rebellisch, aufrührerisch*
rebus *Rebus* [m], *Bilderrätsel* [o]
recalcitrant *widerspenstig, aufsässig*
recapituleren *rekapitulieren*
recensent *Rezensent* [m], *Kritiker* [m]
recenseren *rezensieren, besprechen*
recensie *Rezension* [v], *Kritik* [v]
recent *kürzlich geschehen, rezent* ⋆ dit boek is ~ verschenen *dieses Buch ist eben erschienen* ⋆ van ~e datum *jüngeren Datums*
recentelijk *kürzlich, neulich*
recept • (keukenrecept) *Rezept* [o] • (doktersrecept) *Rezept* [o] ⋆ alleen op ~ verkrijgbaar *rezeptpflichtig*
receptie • (ontvangst) *Empfang* [m] ⋆ ~ houden *einen Empfang geben* ⋆ staande ~ *Stehempfang* [m] • (balie) *Rezeption* [v], *Empfang* [m]
receptionist *Empfangschef* [m] [v: *Empfangschefin*]
reces *Ferien* [mv]
recessie *Rezession* [v], *Konjunkturrückgang* [m]
recette *Einnahmen* [mv]
rechaud *Rechaud* [o], *Warmhalteplatte* [v]
recherche *Kriminalpolizei* [v], *Kripo* [v] ⋆ fiscale ~ *Steuerfahndung* [v]
rechercheur *Kriminalbeamte(r)* [m] [v: *Kriminalbeamtin*]
recht **I** [het] • (overheidsvoorschriften) *Recht* [o] • (rechtsgeleerdheid) *Rechtswissenschaft* [v], *Jura* • (rechtspleging) *Recht* [o], *Rechtsprechung* [v] • (gerechtigheid) *Gerechtigkeit* [v], *Recht* [o] ⋆ in zijn ~ zijn *im Recht sein* ⋆ met het volste ~ *mit vollem Recht* ⋆ het ~ op zijn beloop laten *der*

Gerechtigkeit ihren Lauf lassen • (bevoegdheid, aanspraak) Recht [o] ⋆ ~en van de mens Menschenrechte [mv] • (belasting) Steuer [v], Gebühr [v], ‹invoerrechten› Zoll [m] ⋆ in- en uitgaande ~en Einfuhr- und Ausfuhrzölle ⋆ ~en op uitgave Rechte [mv] **II** [bnw] • (niet gebogen) gerade ⋆ een ~e lijn eine gerade Linie; ‹wisk.› eine Gerade • (loodrecht) ⋆ een ~e hoek ein rechter Winkel ▾ zij heeft het altijd bij het ~e eind sie hat immer Recht **III** [bijw] direkt, genau ⋆ ~ tegenover direkt gegenüber

rechtbank • (college van rechters) Gericht [o] • (gerechtsgebouw) Gericht [o]

rechtdoor geradeaus

rechtdoorzee direkt, offen, aufrichtig

rechteloos rechtlos, ‹vogelvrij› geächtet

rechten gerade biegen

rechtens von Rechts wegen, rechtlich

rechter I [de] Richter [m] **II** [bnw] recht

rechter-commissaris Untersuchungsrichter [m], ‹bij faillissement› Konkursrichter [m]

rechterhand rechte Hand [v], Rechte [v] ⋆ aan uw ~ zu Ihrer Rechten

rechterkant rechte Seite [v]

rechterlijk richterlich, gerichtlich, ‹alleen als bnw› Gerichts-

rechtervleugel rechte(r) Flügel [m]

rechtgeaard echt, rechtschaffen

rechthebbende Berechtigter [m] [v: Berechtigte]

rechthoek Rechteck [o]

rechthoekig rechteckig

rechtlijnig • (logisch) geradlinig • (wisk.) linear

rechtmatig rechtmäßig

rechtop aufrecht, gerade

rechtopstaand aufrecht stehend

rechts • (aan de rechterkant) rechts • (pol.) rechts

rechtsaf (nach) rechts

rechtsback rechte(r) Verteidiger [m]

rechtsbeginsel Rechtsgrundsatz [m]

rechtsbijstand Rechtshilfe [v] ⋆ verzekering voor ~ Rechtsschutzversicherung [v]

rechtschapen rechtschaffen, redlich

rechtsdraaiend rechtsdrehend

rechtsgang Rechtsgang [m]

rechtsgebied • (jurisdictie) Jurisdiktion [v], Gerichtsbarkeit [v] • (arrondissement) Gerichtsbezirk [m]

rechtsgeding Rechtsstreit [m], Prozess [m]

rechtsgeldig rechtsgültig, rechtskräftig

rechtsgeleerde Jurist [m]

rechtsgeleerdheid Rechtswissenschaft [v], Jurisprudenz [v]

rechtsgelijkheid Gleichheit aller vor dem Gesetz [v]

rechtsgevoel Rechtsgefühl [o]

rechtsgrond Rechtsgrund [m]

rechtshandeling Rechtsgeschäft [o]

rechtshandig rechtshändig

rechtshulp Rechtsberatung [v]

rechtskracht Rechtskraft [v]

rechtskundig rechtskundig

rechtsom rechtsherum

rechtsomkeert ⋆ ~ maken kehrtmachen; auf dem Absatz kehrtmachen ⋆ ~! ‹bevel› rechtsum kehrt!

rechtsorde Rechtsordnung [v]

rechtspersoon Rechtsperson [v], juristische Person [v] ⋆ privaat- en publiekrechtelijke rechtspersonen privatrechtliche und öffentlich-rechtliche Rechtspersonen ⋆ als ~ erkennen Rechtsfähigkeit verleihen

rechtspleging Rechtspflege [v], Gerichtsbarkeit [v]

rechtspositie Rechtslage [v]

rechtspraak Rechtsprechung [v]

rechtspreken Recht sprechen, richten

rechtsstaat Rechtsstaat [m]

rechtsstelsel Rechtsordnung [v]

rechtstandig senkrecht

rechtstreeks I [bnw] • (zonder omwegen) unmittelbar • (live) direkt ⋆ ~e uitzending Direktübertragung [v]; Livesendung [v] **II** [bijw] geradewegs

rechtsvervolging Gerichtsverfahren [o], gerichtliche Verfolgung [v]

rechtsvordering • (vordering) Klage [v] • (procesrecht) Prozessrecht [o]

rechtswege ⋆ van ~ von Rechts wegen

rechtswetenschap Rechtswissenschaft [v], ‹studievak› Jura

rechtswinkel Rechtsberatungsstelle [v]

rechtszaak Streitsache [v], Rechtssache [v], Rechtsfall [m]

rechtszaal Gerichtssaal [m] [mv: Gerichtssäle]

rechtszekerheid Rechtssicherheit [v]

rechtszitting Gerichtsverhandlung [v]

rechttoe ⋆ ~ rechtaan immer geradeaus

rechtuit • (rechtdoor) geradeaus • (ronduit) geradeheraus, unumwunden

rechtvaardig gerecht

rechtvaardigen rechtfertigen

rechtvaardigheid Gerechtigkeit [v]

rechtzetten • (overeind zetten) richtig stellen • (ophelderen) berichtigen

rechtzinnig rechtgläubig, strenggläubig

recidive • (misdaad) Rückfall [m] • (ziekte) Rückfall [m], Rezidiv [o]

recidivist Rückfällige(r) [m] [v: Rückfällige]

recital Recital [o]

reciteren rezitieren, vortragen

reclame • (aanprijzing) Reklame [v], Werbung [v] • (middel, voorwerp) Reklame [v]

reclamebureau Reklamebüro [o]

reclamecampagne Werbefeldzug [m], Reklamefeldzug [m]

reclameren reklamieren, sich beschweren

reclamespot Werbespot [m]

reclamestunt Werbeschlager [m]

reclamezuil Plakatsäule [v], Litfaßsäule [v]

reclasseren resozialisieren, ‹bij een voorwaardelijke straf› bewähren

reclassering Resozialisierung [v], ‹instelling› Gefangenenfürsorge [v]

reconstructie Rekonstruktion [v]

reconstrueren rekonstruieren

record Rekord [m] ⋆ het ~ breken den Rekord brechen

recordaantal Rekordzahl [v]

recorder Rekorder [m]

recordhouder Rekordhalter [m]

recordtijd Rekordzeit [v]

recreant Erholungsuchende(r) [m] [v: Erholungsuchende]

recreatie Erholung [v], ‹vrijetijdsbesteding› Freizeitgestaltung [v]

recreatief erholsam

recreatiegebied Erholungsgebiet [o]

recreatiepark Erholungspark [m]

recreatiesport Freizeitsport [m]

recreatiezaal Aufenthaltsraum [m]

rectificatie Berichtigung [v], Richtigstellung [v]

rectificeren berichtigen, richtig stellen

rector • (voorzitter) Rektor [m] • (hoofd van school) Direktor [m]

rectum Rektum [o]

reçu *Empfangsbescheinigung* [v], ‹betaalbewijs› *Quittung* [v]
recupereren *wieder verwenden, wieder verwerten*
recyclen *wieder verwenden, wieder verwerten*
redacteur *Redakteur* [m] [v: *Redakteurin*], *Herausgeber* [m] [v: *Herausgeberin*], *Redaktionsmitglied* [o]
redactie • (de redacteuren) *Redaktionsbüro* [o], *Redaktion* [v] • (het redigeren) *Redaktion* [v]
redactioneel *redaktionell*
reddeloos *rettungslos*
redden I [ov ww] • (in veiligheid brengen) *retten* ⋆ hij kan zich goed ~ *er weiß sich gut zu helfen* ⋆ zich eruit ~ *sich aus der Affäre ziehen* • (voor elkaar krijgen) *schaffen* ⋆ ik zal het wel ~ *ich werde es schon schaffen* **II** [wkd ww] *sich (be)helfen*
redder *Retter* [m]
redderen *in Ordnung bringen*
redding *Rettung* [v]
reddingsactie *Rettungsaktion* [v]
reddingswezen *Rettungswesen* [o]
rede • (verstand) *Verstand* [m], *Vernunft* [v] • (toespraak) *Rede* [v] • (het spreken) *Reden* [o], *Rede* [v] ⋆ iem. in de rede vallen *jmdm. ins Wort/ in die Rede fallen* • (ankerplaats) *Reede* [v] • (redelijkheid) *Vernunft* [v] ⋆ hij is niet voor rede vatbaar *er ist nicht zur Vernunft zu bringen*
redelijk I [bnw] • (met verstand) *vernünftig* • (billijk) *angemessen, billig* • (vrij goed) *anständig, ziemlich, einigermaßen* ⋆ een ~e beloning *eine entsprechende Belohnung* **II** [bijw] *ziemlich* ⋆ het is ~ goed weer *es ist ziemlich gutes Wetter*
redelijkerwijs • (logisch beschouwd) *vernünftigerweise* • (volgens billijkheid) *berechtigterweise, billigerweise*
redelijkheid • (billijkheid) *Angemessenheit* [v] • (verstandigheid) *Vernünftigkeit* [v]
redeloos • (zonder verstand) *unvernünftig, vernunftlos* • (dwaas) *töricht*
reden • (beweegreden) *Grund* [m], *Begründung* [v] ⋆ met ~en omkleden *begründen* ⋆ ~ tot opzegging *Kündigungsgrund* [m] • (aanleiding) *Anlass* [m], *Grund* [m] ⋆ een ~ te meer *ein Grund mehr*
redenaar *Redner* [m]
redenatie *Argumentation* [v], *Beweisführung* [v]
redeneren *argumentieren*
redenering • (gedachtegang) *Gedankengang* [m] • (betoog) *Beweisführung* [v], *Argumentation* [v]
reder *Reeder* [m]
rederij *Reederei* [v]
rederijker ‹dichter› *Meistersinger* [m]
redetwist *Streitgespräch* [o]
redetwisten *(mit Worten) streiten, disputieren*
redevoering *Rede* [v], *Vortrag* [m]
redigeren • (opstellen) *abfassen* • (redactie voeren) *redigieren*
redmiddel *Hilfsmittel* [o], *Rettungsmittel* [o]
reduceren • (verminderen) *herabsetzen*, ‹prijzen› *ermäßigen* • (herleiden) *reduzieren*
reductie *Reduzierung* [v], *Reduktion* [v] ⋆ ~ van prijs *Preisnachlass* [m]; *Preisermäßigung* [v]
redundant *redundant*
ree *Reh* [o]
reeds *schon, bereits*
reëel • (werkelijk) *wirklich* ⋆ reële waarde *Realwert* [m] • (realistisch) *reell* ⋆ een reële kijk op iets hebben *etw. realistisch einschätzen*
reeks *Serie* [v]
reep • (strook) *Streifen* [m] • (plak chocola) *Riegel* [m] • (touw) *Reep* [o]

R

reet • (spleet) *Ritze* [v], *Spalte* [v] • (achterwerk) *Arsch* [m]
referaat *Referat* [o]
referendaris ‹afdelingschef› *Dezernent* [m], ‹hoofd op departement› *Ministerialrat* [m]
referendum *Plebiszit* [o], *Volksentscheid* [m], ‹in Zwitserland› *Referendum* [o]
referentie • (verwijzing) *Verweisung* [v], *Verweis* [m] • (opgave van personen) *Referenz* [v] ⋆ goede ~s hebben *gute Referenzen/Zeugnisse haben*
referentiekader *Bezugsrahmen* [m]
referentiepunt *Bezugspunkt* [m]
refereren I [on ww] • (verslag uitbrengen) *referieren* • (~ **aan**) *verweisen auf* [4] **II** [wkd ww] *sich berufen auf* [4]
reflectant *Bewerber* [m] [v: *Bewerberin*]
reflecteren • (weerkaatsen) *reflektieren* • (~ **op**) *reflektieren*
reflectie *Reflexion* [v]
reflector • (weerspiegelend voorwerp of vlak) *Reflektor* [m] • (in het verkeer) *Katzenauge* [o], *Rückstrahler* [m]
reflex *Reflex* [m]
reflexbeweging *Reflexbewegung* [v]
reflexcamera *Spiegelreflexkamera* [v]
reflexief • (bespiegelend) *reflexiv, beschaulich* • (taalk.) *rückbezüglich, reflexiv* ⋆ ~ voornaamwoord *Reflexivpronomen* [o]
reformatie *Reformation* [v]
reformatorisch *reformistisch*
reformeren *reformieren*
reformvoeding *Reformkost* [v]
reformwinkel *Reformhaus* [o]
refrein *Refrain* [m], *Kehrreim* [m]
regeerakkoord ≈ *Koalitionsvereinbarung* [v]
regel • (tekstregel) *Zeile* [v] ⋆ tussen de ~s door lezen *zwischen den Zeilen lesen* • (voorschrift) *Regel* [v], *Vorschrift* [v] ⋆ volgens de ~s van de kunst *nach allen Regeln der Kunst* ⋆ in strijd met de ~s *regelwidrig* • (gewoonte) *Regel* [v], *Brauch* [m], *Gewohnheit* [v] ⋆ in de ~ *gewöhnlich; in der Regel*
regelaar • (organisator) *Organisator* [m] • (deel van werktuig) *Regler* [m]
regelbaar *regulierbar, regelbar*
regelen • (in orde brengen) *regeln, ordnen* • (bepalen) *anordnen, an-/verordnen, festlegen*
regelgeving • (gestelde regels) *Regel* [v], *Vorschrift* [v] • (stellen van regels) *Regelung* [v], *Anordnung* [v]
regeling *Regelung* [v]
regelkamer *Schaltzentrale* [v]
regelmaat *Regelmäßigkeit* [v]
regelmatig *regelmäßig*
regelneef ≈ *Person, die ständig organisiert* [v]
regelrecht • (ronduit) *regelrecht, rundheraus* • (rechtstreeks) *geradewegs*
regen *Regen* [m] ▾ van de ~ in de drup komen *vom Regen in die Traufe kommen* ▾ na ~ komt zonneschijn *auf Regen folgt Sonnenschein*
regenachtig *regnerisch*
regenboog *Regenbogen* [m]
regenboogtrui *Regenbogentrikot* [o]
regenbroek *Regenhose* [v]
regenbui *Regenschauer* [m]
regenen *regnen* • (vallen van regen) ⋆ het regent dat het giet *es gießt in Strömen*
regeneratie *Regeneration* [v]
regenfront *Regenwand* [v]
regeninstallatie *Berieselungsanlage* [v]
regenjas *Regenmantel* [m], *Regenjacke* [v]
regenkleding *Regenbekleidung* [v]

regenpak *Regenanzug* [m]
regenpijp *Regenrohr* [o]
regenrijk *niederschlagsreich*
regent *Regent* [m]
regentijd *Regenzeit* [v]
regenton *Regentonne* [v]
regentschap *Regentschaft* [v]
regenval *Regenfall* [m]
regenverlet *regenbedingter Arbeitsausfall* [m]
regenverzekering *Regenversicherung* [v]
regenvlaag *Regenschauer* [m]
regenwater *Regenwasser* [o]
regenworm *Regenwurm* [m]
regenwoud *Regenwald* [m]
regeren *regieren*
regering *Regierung* [v] ⋆ ~ in ballingschap *Exilregierung* [v]
regeringsfunctionaris *Regierungsbeamte(r)* [m]
regeringsverklaring *Regierungserklärung* [v]
regeringsvorm *Regierungsform* [v]
regeringswege ⋆ van ~ *seitens der Regierung*
regie *Regie* [v]
regime *Regime* [o]
regiment *Regiment* [o]
regio *Region* [v]
regionaal *regional* ⋆ regionale krant *Regionalzeitung* [v]
regionen *Regionen* [mv]
regisseren *Regie führen*, ‹theater of opera› *inszenieren*
regisseur *Regisseur* [m] [v: *Regisseurin*]
register • (lijst) *Verzeichnis* [o], *Register* [o] • (inhoudsopgave) *Inhaltsverzeichnis* [o] • (orgelpijpen) *Register* [o]
registratie *Registratur* [v], *Registrierung* [v], ‹door overheidsinstantie› *Erfassung* [v]
registratienummer *Registernummer* [v]
registratierecht *Eintragungsgebühr* [v]
registreren • (inschrijven) *eintragen* • (vastleggen) *registrieren*
reglement *Reglement* [o], *Dienstordnung* [v], *Satzung* [v] ⋆ huishoudelijk ~ *Hausordnung*
reglementair *ordnungsgemäß, vorschriftsmäßig*
reglementeren *reglementieren*
regressie *Regression* [v]
regressief *regressiv*
reguleren *regulieren, regeln*
regulier *regulär*
rehabilitatie *Rehabilitation* [v], *Rehabilitierung* [v]
rehabiliteren *rehabilitieren*
rei *Reigen* [m]
reiger *Reiher* [m] ⋆ blauwe ~ *Fischreiher* [m]
reiken *langen*
reikhalzen *sich sehnen*
reikwijdte *Reichweite* [v]
reilen ▾ zoals het reilt en zeilt *so wie die Dinge liegen; die Welt, wie sie steht und liegt*
rein *rein* ▾ met zichzelf in het reine komen *mit sich (selbst) ins Reine kommen*
reïncarnatie *Reinkarnation* [v]
reinigen *reinigen*
reiniging *Reinigung* [v]
reinigingsdienst *Stadtreinigung* [v], ‹vuilophaaldienst› *Müllabfuhr* [v]
reinigingsrecht *Müllabfuhrgebühr* [v]
reis *Reise* [v] ⋆ op reis gaan *verreisen* ⋆ enkele reis *einfache Fahrt* [v]
reisapotheek *Reiseapotheke* [v]
reisbeschrijving *Reisebeschreibung* [v], ‹reisverslag› *Reisebericht* [m]
reisbureau *Reisebüro* [o]
reischeque *Reisescheck* [m]
reisgenoot *Reisegefährte* [m] [v: *Reisegefährtin*]
reisgezelschap *Reisegesellschaft* [v]
reisgids *Reiseführer* [m]
reiskosten *Reisespesen* [mv]
reiskostenvergoeding *Rückerstattung der Reisekosten* [v]
reisleider *Reiseleiter* [m]
reisvaardig *reisefertig*
reiswekker *Reisewecker* [m]
reiswieg *Babytragetasche* [v]
reizen *reisen*
reiziger *Reisende(r)* [m], ‹in vliegtuig› *Fluggast* [m]
rek I [de] *Elastizität* [v], *Dehnung* [v], *Dehnbarkeit* [v] ⋆ er zit nog rek in die handschoenen *diese Handschuhe dehnen/weiten sich noch* **II** [het] • (opbergrek) *Gestell* [o], ‹fietsen› *Ständer* [m], ‹kippen› *Stange* [v] • (gymrek) *Reck* [o]
rekbaar *elastisch, dehnbar* ⋆ ~ wetsartikel *Gummiparagraph* [m]
rekel • (deugniet) *Flegel* [m] ⋆ brutale ~ *Frechdachs* [m] • (mannetjesdier) *Rüde* [m]
rekenaar *Rechner* [m]
rekencentrum *Rechenzentrum* [o]
rekenen I [ov ww] • (tellen) *rechnen, zählen* • (als betaling vragen) *berechnen* • (in aanmerking nemen) *rechnen, berücksichtigen* • (achten) *halten (für)* • (meetellen) *rechnen* **II** [on ww] • (cijferen) *rechnen* ⋆ uit het hoofd ~ *kopfrechnen* ⋆ te ~ vanaf 1 januari *vom 1. Januar an gerechnet* • (schatten) *veranschlagen, schätzen* • (~ **op**) *rechnen, sich verlassen* ⋆ op haar kan je ~ *auf sie kann man rechnen/sich verlassen*
rekening • (nota) *Rechnung* [v] ⋆ in ~ brengen *berechnen* ⋆ betaling op ~ *Anzahlung* [v] • (bankrekening) *Konto* [o] ⋆ dat is voor mijn ~ *das kommt auf meine Rechnung*; ‹fig.› *das geht auf mein Konto* ▾ ~ houden met iem./iets *auf jmdn./etw. Rücksicht nehmen*
rekening-courant *Kontokorrent* [o], *laufende Rechnung* [v]
rekeninghouder *Kontoinhaber* [m] [v: *Kontoinhaberin*]
rekeningnummer *Kontonummer* [v]
Rekenkamer *Rechnungsamt* [o], *Rechnungshof* [m]
rekenkunde *Arithmetik* [v]
rekenkundig *arithmetisch* ⋆ iets ~ bepalen *rechnerisch etw. feststellen*
rekenliniaal *Rechenschieber* [m]
rekenmachine *Rechner* [m], *Rechenmaschine* [v]
rekenschap *Rechenschaft* [v]
rekensom *Rechenaufgabe* [v]
rekest *Gesuch* [o], *Bittschrift* [v] ▾ nul op het ~ krijgen *abgewiesen werden*
rekken I [ov ww] • (lang aanhouden) *in die Länge ziehen* ⋆ de tijd ~ *versuchen, Zeit zu gewinnen* • (langer maken) *dehnen, recken* **II** [on ww] • (langer worden) *sich dehnen*
rekruteren *rekrutieren*, ‹voor militaire dienst› *einziehen*
rekruut *Rekrut* [m]
rekstok *Reck* [o], *Reckstange* [v]
rekverband *Streckverband* [m]
rekwireren *anfordern*
rekwisiet *Requisit* [o]
rel *Krach* [m], *Krawall* [m] ⋆ die zaak is een rel geworden *die Sache hat viel Staub aufgewirbelt*
relaas *Bericht* [m]
relais *Relais* [o]
relateren *verbinden (mit)* [3], *in Beziehung setzen/*

bringen (zu) [3]
relatie • (kennis) Beziehung [v] • (onderlinge betrekking) Verbindung [v], Beziehung [v], Verhältnis [o] • (liefdesverhouding) Beziehung [v]
relatief relativ, verhältnismäßig
relatiegeschenk Werbegeschenk [o]
relatietherapie Partnerschaftstherapie [v]
relationeel beziehungsmäßig, beziehungs-
relativeren relativieren
relativiteit Relativität [v]
relativiteitstheorie Relativitätstheorie [v]
relaxed relaxed
relaxen relaxen, ausspannen
relevant relevant
relict Relikt [o]
reliëf Relief [o] ⋆ ~ aan iets geven etw. hervortreten lassen
reliek Reliquie [v]
religie Religion [v]
religieus religiös
relikwie Reliquie [v]
reling Geländer [o], ‹op een schip› Reling [v]
relletje • (opstoot) Tumult [m] • (opschudding) Aufruhr [m] • (ongeregeldheden) Unruhen [mv], Krawall [m]
relschopper Randalierer [m]
rem Bremse [v] ▾ alle remmen losgooien alle Hemmungen fahren lassen
rembekrachtiging Servobremse [v]
remblok Bremsklotz [m]
rembours Nachnahme [v] ⋆ onder ~ per Nachnahme
remedie Rezept [o], ‹methode› Methode [v]
remigrant Remigrant [m] [v: Remigrantin]
remigratie Remigration [v]
remigreren aus der Emigration zurückkehren
remise • (loods) ‹bus, tram› Depot [o], ‹trein› Abstellbahnhof [m] • (onbesliste partij) Remis [o]
remissie Preisnachlass [m]
remkabel Bremsseil [o]
remleiding Bremsleitung [v]
remlicht Bremsleuchte [v], Bremslicht [o]
remmen I [ov ww] • (belemmeren) hemmen **II** [on ww] • (afremmen) abbremsen
remmer Bremser [m]
remming Hemmung [v]
remproef Bremstest [m]
remspoor Bremsspur [v]
remweg Bremsweg [m]
ren • (wedren) Rennen [o] • (kippenren) Auslauf [m]
renaissance Renaissance [v]
renbaan Rennstrecke [v], Rennbahn [v]
rendabel rentabel, einträglich ⋆ het is ~ es rentiert sich
rendement • (opbrengst) Ertrag [m], ‹econ.› Rendite [v] ⋆ effecten met een hoog ~ hochverzinsliche(n) Effekten • (nuttig effect) Wirkungsgrad [m], ‹machine› Nutzleistung [v]
renderen sich rentieren, sich bezahlt machen
rendez-vous Rendezvous [o]
rendier Ren(tier) [o]
renegaat Renegat [m]
rennen rennen, schnell laufen
renner Rennfahrer [m]
renovatie Renovierung [v]
renoveren renovieren
renpaard Rennpferd [o]
renstal Rennstall [m]
rentabiliteit Rentabilität [v]
rente ‹als inkomsten› Rente [v], ‹als vergoeding› Zins [m] ⋆ ~ op ~ Zinseszins [m] ⋆ tegen 3% ~ zu 3% Zinsen ⋆ kapitaal op ~ zetten Kapital verzinslich anlegen ⋆ lopende ~ laufende(n) Zinsen [mv]
rentedragend verzinslich, verzinsbar
rentegevend verzinslich
renteloos • (rentevrij) unverzinslich ⋆ ~ voorschot zinsfreie(s)/unverzinsliche(s) Darlehen • (geen rente opleverend) zinslos
rentenier Rentner [m]
rentenieren von seinem Vermögen leben, privatisieren
rentevoet Zinsfuß [m]
rentmeester Verwalter [m], ‹administrateur› Vermögensverwalter [m]
rentree Comeback/Come-back [o]
renvooieren • (doorzenden) zurückverweisen • (jur.) verweisen an
reorganisatie Reorganisation [v], Umgestaltung [v], Neugestaltung [v], ‹financieel› Sanierung [v]
reorganiseren reorganisieren, umgestalten, neu gestalten, neu ordnen, ‹financieel› sanieren
rep ⋆ in rep en roer in Aufregung
reparateur Mechaniker [m], ‹binnenshuis› Handwerker [m]
reparatie Instandsetzung [v], Reparatur [v], Ausbesserung [v] ⋆ in ~ zijn repariert werden
repareren reparieren, ausbessern
repatriëren repatriieren, in die Heimat zurückkehren
repatriëring • (terugkeer) Rückwandern [o] • (terugvoering) Repatriierung [v]
repercussie Gegenmaßnahme [v], Rückwirkung [v]
repertoire Repertoire [o], ‹geplande te spelen stukken› Spielplan [m]
repeteren einstudieren, einüben, proben
repetitie • (herhaling) Probe [v], Wiederholung [v] • (proefwerk) Klassenarbeit [v], ‹op gymnasium en universiteit› Klausur [v] • (het instuderen) Probe [v]
repetitor Repetitor [m]
replica Replik [v]
repliceren replizieren
repliek • (weerwoord) Entgegnung [v], Gegenrede [v] • (jur.) Replik [v]
reportage Bericht [m], Reportage [v], ‹verslaggeving› Berichterstattung [v]
reportagewagen Übertragungswagen [m]
reporter Reporter [m] [v: Reporterin], Berichterstatter [m] [v: Berichterstatterin]
reppen I [on ww] erwähnen ⋆ van iets ~ etw. erwähnen; von etw. sprechen **II** [wkd ww] sich beeilen
represaille Repressalie [v], Vergeltung(smaßnahme) [v]
representant Vertreter [m], Repräsentant [m]
representatie Repräsentation [v], ‹belangenbehartiging› Vertretung [v]
representatief repräsentativ
representatiekosten Repräsentationskosten [mv]
representeren repräsentieren, vertreten
repressie • (verdringing) Repression [v] • (onderdrukking) Unterdrückung [v]
repressief unterdrückend, repressiv
reprise Reprise [v], ‹op een schilderij› Übermalung [v]
reproduceren reproduzieren
reproductie Reproduktion [v]
reproductievermogen Reproduktionsfähigkeit [v]
reptiel Reptil [o]
republiek Republik [v]

republikein *Republikaner* [m]
republikeins *republikanisch*
reputatie *Reputation* [v], *(guter) Ruf* [m], *Leumund* [m]
requiem *Requiem* [o]
requisitoir • (aanklagend betoog) *Anklage* [v], *Plädoyer* [o] • (vordering) *Anspruch* [m], *Forderung* [v]
research *(wissenschaftliche) Forschung* [v]
reservaat *Reservat* [o], ‹natuurreservaat› *Naturschutzgebiet* [o]
reserve • (noodvoorraad) *Reserve* [v], ‹econ.› *Rücklage* [v] ⋆ een ~ aanleggen *Reserven anlegen* • (voorbehoud) *Vorbehalt* [m] ⋆ zonder enige ~ *ohne Vorbehalt; rückhaltlos* • (plaatsvervanger) *Reserve* [v]
reservebank *Reservebank* [v], *Ersatzbank* [v]
reservegetal *Zusatzzahl* [v]
reserveren • (bespreken) *bestellen, reservieren lassen* • (in reserve houden) *reservieren*
reservering *Reservation* [v], *Reservierung* [v], ‹van kapitaal› *Rückstellung* [v]
reservewiel *Reserverad* [o], ‹reserveband in de auto› *Ersatzreifen* [m]
reservoir *Reservoir* [o], *Behälter* [m], ‹waterreservoir› *Speicherbecken* [o]
resident *Resident* [m]
residentie *Residenz* [v]
resideren *residieren*, ‹woonplaats› *seinen Wohnsitz haben*, ‹zetelen van functionaris› *seinen Amtssitz haben*
residu *Rest* [m], *Rückstand* [m]
resigneren *ein Amt niederlegen*, ‹minister› *zurücktreten*
resistent *resistent*
resistentie *Resistenz* [v]
resolutie *Resolution* [v]
resoluut *entschlossen, resolut*
resonantie *Resonanz* [v]
resoneren *resonieren*
respect *Respekt* [m], *Achtung* [v] ⋆ met alle ~ *mit Ihrer Erlaubnis*
respectabel *respektabel*
respecteren *respektieren* ⋆ iem. als collega ~ *jmdn. als Kollegen schätzen*
respectievelijk **I** [bijw] ‹achtereenvolgens› *beziehungsweise*, ‹elk voor zich› *jeweils* **II** [vw] *beziehungsweise*
respijt *Aufschub* [m], *Frist* [v] ⋆ zonder ~ *ununterbrochen*
respondent *Befragte(r)* [m]
respons *Respons* [m]
ressentiment *Ressentiment* [o]
ressort *Ressort* [o]
ressorteren *ressortieren* ⋆ onder iem. ~ *jmdm. unterliegen* [3]; *in jmds. Kompetenzbereich gehören*
rest *Rest* [m] ⋆ voor de rest *ansonsten; im Übrigen*
restant *Rest* [m], ‹hand.› *Restant* [m], ‹partij goederen› *Restposten* [m]
restaurant *Restaurant* [o]
restaurateur • (hersteller) *Restaurator* [m] • (restauranthouder) *Gastwirt* [m]
restauratie *Restauration* [v], *Wiederherstellung* [v], *Restaurierung* [v]
restauratiewagen *Speisewagen* [m]
restaureren *restaurieren*
resten *restieren, übrig bleiben*
resteren • (overblijven) *übrig bleiben, bleiben* • (nog onbetaald zijn) *noch ausstehen* ⋆ het ~d bedrag *der Restbetrag*
restitueren *(rück)erstatten*, ‹jur.› *restituieren*
restitutie *Rückerstattung* [v]
restrictie *Einschränkung* [v], ‹form.› *Restriktion* [v], ‹voorbehoud› *Vorbehalt* [m] ⋆ zonder ~ *ohne Vorbehalt*
restrictief *einschränkend, restriktiv*
restwaarde *Restwert* [m]
restzetel *frei gebliebene(r) Sitz* [m]
resultaat *Resultat* [o], *Folge* [v] ⋆ als/tot ~ hebben *zur Folge haben* ⋆ ~ opleveren *zu einem Resultat führen* ⋆ zijn pogingen bleven zonder ~ *seine Versuche waren erfolglos*
resulteren • (voortvloeien uit) *hervorgehen aus, resultieren aus* • (~ **in**) *zur Folge haben, resultieren in* [3]
resumé *Resümee* [o], *Zusammenfassung* [v]
resumeren *resümieren* ⋆ ~d *abschließend; zusammenfassend*
resusfactor *Rhesusfaktor* [m]
retina *Retina* [v]
retorica *Rhetorik* [v]
retoriek • (retorica) *Rhetorik* [v] • (hol gepraat) *Redeschwulst* [m]
retorisch *rhetorisch*
retort *Retorte* [v]
retoucheren *retuschieren*
retour **I** [het] *Rückfahrkarte* [v] **II** [bijw] *zurück*
retourenvelop *Rückumschlag* [m]
retourneren *zurücksenden/-schicken*, ‹hand.› *retournieren*
retourtje *Rückfahrkarte* [v]
retourvracht *Rückfracht* [v]
retraite • (afzondering) *Exerzitien* [mv] ⋆ in ~ zijn *an Exerzitien teilnehmen; Exerzitien abhalten* • (terugtocht) *Rückzug* [m] ⋆ zij leeft en ~ *sie ist pensioniert/im Ruhestand*
retrospectief **I** [het] *Retrospektive* [v] **II** [bnw] *retrospektiv, rückblickend*
rettich *Rettich* [m]
return • (2e wedstrijd) *Rückspiel* [o] • (sport) *Return* [m] • (comp.) *Eingabe* [v], *Eingabetaste* [v]
reu *Rüde* [m]
reuk • (zintuig) *Geruch* [m] • (geur) *Duft* [m]
reukloos *geruchlos*
reukorgaan *Geruchsorgan* [o], ‹zintuig› *Geruchssinn* [m]
reukwater *Riechwasser* [o]
reukzin *Geruchssinn* [m]
reuma *Rheuma* [o]
reumatiek *Rheumatismus* [m]
reumatisch *rheumatisch*
reünie *Treffen* [o], ‹van familie› *Familientreffen* [o]
reus *Riese* [m]
reusachtig • (zeer groot) *riesig, riesenhaft* ⋆ ~ succes *Riesen-/Bombenerfolg* [m] • (zeer goed) *großartig*, ‹inf.› *riesig*
reut *Kram* [m], *Gerümpel* [o]
reutelen *röcheln*
reuze **I** [bnw] • (zeer groot) *riesig* • (zeer goed) *fabelhaft, großartig* **II** [bijw] *gewaltig, enorm, riesig*
reuze- *Riesen-*
reuzel *Schmalz* [o]
reuzenrad *Riesenrad* [o]
revalidatie *Rehabilitation* [v]
revalideren **I** [ov ww] • (weer valide maken) *rehabilitieren* **II** [on ww] • (weer valide worden) *rekonvaleszieren*
revaluatie *Aufwertung* [v]
revanche *Revanche* [v] ⋆ ~ nemen *sich revanchieren*
revancheren *sich revanchieren*
reveil *Erweckung* [v], *Wiederaufleben* [o]
revelatie *Entdeckung* [v], *Offenbarung* [v]
reven *reffen*

revers Revers [o]
reviseren überholen ⋆ de auto is geheel gereviseerd *das Auto ist generalüberholt*
revisie • (herziening) Revision [v], Revidieren [o] • (controlebeurt) Überholung [v] • (jur.) Revision [v]
revisor Revisor [m]
revival Wiederbelebung [v], Revival [o]
revolte Revolte [v]
revolutie Revolution [v]
revolutionair Revolutionär [m]
revolver Revolver [m]
revolverheld Revolverheld [m]
revolvertang Lochzange [v]
revue • (show) Revue [v] • (wapenschouwing) Parade [v] ▾ de ~ laten passeren *Revue passieren lassen*
revueartiest Revuekünstler [m]
Reykjavik Reykjavik [o]
RIAGG ≈ *regionale Einrichtung für ambulante psychiatrische und psychosoziale Fürsorge* [v]
riant • (prachtig) üppig, *großzügig, reizend*, ‹van ruimte› *geräumig* • (aanzienlijk groot) *beträchtlich, üppig, großzügig* ⋆ een ~ salaris *ein üppiges Einkommen* [o]
rib • (bot) Rippe [v] ⋆ je kunt haar ribben tellen *sie hat nichts auf den Rippen* • (balk) Rippe [v] • (wisk.) Kante [v] ▾ dat is een rib uit mijn lijf *das kann ich mir nicht aus den Rippen schlagen*
ribbel Riffel [v]
ribbenkast Brustkorb [m]
ribbroek Cordhose/Kordhose [v]
ribfluweel Cord/Kord [m], Cordsambt/Kordsamt [m], Rippensamt [m]
ribkarbonade Kotelett [o]
riblap Rippenstück [o]
richel Leiste [v]
richten I [ov ww] • (instellen op een doel) zielen • (in richting doen gaan) richten ⋆ zich op iets ~ *auf etw. hinstreben; auf etw. zusteuern/ansteuern* • (sturen) richten **II** [wkd ww] • (~ **tot**) *sich wenden an* • (~ **naar**) *sich richten nach* ⋆ ik richt me naar de omstandigheden *ich füge mich den Umständen*
richtgetal Richtzahl [v]
richting • (bepaalde kant) ⋆ verkeer in één ~ *Einbahnverkehr* [m] • (gezindheid) Richtung [v]
richtingaanwijzer Blinker [m]
richtingbord Wegweiser [m]
richtinggevoel Orientierung [v]
richtlijn • (voorschrift) Richtlinie [v] • (wisk.) Leitlinie [v]
richtprijs Richtpreis [m], ‹geadviseerde prijs› *(unverbindliche) Preisempfehlung* [v]
richtsnoer Richtlinie [v]
ridder Ritter [m] ⋆ tot ~ slaan *zum Ritter schlagen*
ridderen • (tot ridder slaan) *in den Ritterstand erheben, zum Ritter schlagen* • (decoreren) *einen Ritterorden verleihen*
ridderlijk ritterlich ▾ ergens ~ voor uitkomen *sich offen zu etw. bekennen*
ridderorde Ritterorden [m]
ridderslag Ritterschlag [m]
ridderspoor Rittersporn [m]
ridderstand Ritterstand [m]
ridderzaal Rittersaal [m]
ridicuul lächerlich
riedel *(feste) Tonfolge* [v]
riek Heu-/Mistgabel [v]
rieken riechen
riem • (band) Riemen [m], Gürtel [m] • (veiligheidsgordel) Gurt [m] • (roeiriem) Ruder [o]
riet • (grassoort) Schilf [o], Ried [o] • (stengel) Schilfrohr [o] • (muz.) Rohrblatt [o]
rieten Rohr- ⋆ ~ stoel Korbstuhl [m] ⋆ ~ dak Rieddach [o]
rietje Strohhalm [m]
rietkraag Schilfgürtel [m]
rietsuiker Rohrzucker [m]
rif Riff [o]
Riga Riga [o]
rigide rigid(e)
rigoureus rigoros
rij • (reeks in rechte lijn) Reihe [v] ⋆ in de rij staan *Schlange stehen* • (reeks) Reihe [v], Serie [v] ⋆ in rijen van drie *in Dreierreihen* • (volgorde) Reihe [v] ⋆ op de rij af *der Reihe nach*
rijbaan Fahrbahn [v] ⋆ autoweg met dubbele ~ *Straße mit zwei Fahrspuren*
rijbewijs Führerschein [m]
rijbroek Reithose [v]
rijden • (schaatsen) *Schlittschuh laufen* • (op en neer bewegen) *reiten* • (zich voortbewegen) *fahren* ⋆ te dicht op elkaar ~ *zu dicht auffahren*
rijdier Reittier [o]
rijexamen Fahrprüfung [v]
rijgedrag Fahrverhalten [o]
rijgen • (aan een snoer doen) *anreihen, aufreihen* ⋆ kralen aan een koord ~ *Glasperlen auf eine Schnur ziehen* • (naaien) *heften*
rijglaars Schnürstiefel [m]
rijgnaald Sticknadel [v]
rijgsnoer Schnürsenkel [m], ‹van leer› *Schnürriemen* [m]
rij-instructeur Fahrlehrer [m]
rijk I [het] Reich [o], ‹landelijke overheid› *Staat* [m] ⋆ op kosten van het rijk *auf Staatskosten* **II** [bnw + bijw] reich
rijkaard Reiche(r) [m], ‹scherts› Krösus [m]
rijkdom Reichtum [m]
rijkelijk reichlich
rijkelui *reiche(n) Leute* [mv], *Reiche(n)* [mv]
rijkeluiskind *Kind aus reichem Haus* [o], *reicher Leute Kind* [o]
rijkostuum Reitanzug [m]
rijksacademie *staatliche Akademie* [v]
rijksambtenaar Staatsbeamte(r) [m], ‹in BRD› *Bundesbeamte(r)* [m]
rijksbegroting Staatshaushaltsplan [m], ‹in BRD› *Bundeshaushaltsplan* [m]
rijksdaalder ≈ *Zweieinhalbguldenstück* [o]
rijksdeel Reichsteil [m]
rijksgenoot Landsmann [m]
rijksinstituut Reichsinstitut [o]
rijksmunt *staatliche Münzstätte* [v]
rijksmuseum *staatliche(s) Museum* [o] [mv: *staatliche(n) Museen*], Reichsmuseum [o]
rijksoverheid Staat [m], ‹een dienst of departement› *staatliche Behörde* [v]
rijkspolitie *staatliche Polizei* [v]
rijksuniversiteit *staatliche Universität* [v]
rijksvoorlichtingsdienst Regierungspresseamt [o], ‹in Duitsland› Bundespresseamt [o]
rijkswaterstaat *Ministerium für Verkehr und Wasserwesen* [o]
rijksweg Bundesstraße [v], ‹snelweg› Autobahn [v]
rijkswege ⋆ van ~ *von Staats wegen*
rijkunst ‹auto› Fahrkunst [v], ‹paard› Reitkunst [v]
rijlaars Reitstiefel [m]
rijles • (autoles) Fahrstunde [v] • (paardrijles) Reitstunde [v]
rijm Reim [m]
rijmelaar Versemacher [m]

R

rijmelarij *Reimerei* [v]
rijmen I [ov ww] • (in overeenstemming brengen) *übereinstimmen* ⋆ hoe is dat te ~? *wie passt das zusammen?* **II** [on ww] • (rijmen maken) *reimen* ⋆ dat rijmt niet *das reimt (sich) nicht*
Rijn *Rhein* [m]
rijnaak *Rheinkahn* [m]
rijnwijn *Rheinwein* [m]
rijp I [de] *Reif* [m], *Raureif* [m] **II** [bnw] *reif* ⋆ na rijp beraad *nach reiflicher Erwägung* ⋆ rijp voor een beslissing *beschlussreif*
rijpaard *Reitpferd* [o]
rijpen *(heran)reifen*, ‹van wijn› *ablagern*
rijpheid *Reife* [v]
rijping *Reifwerden* [o], *Reifen* [o], *Reifung* [v] ⋆ het ~sproces *der Reifeprozess*
rijproef *Probefahrt* [v]
rijrichting *Fahrtrichtung* [v]
rijs • (rijshout) *Reisig* [o] • (twijg) *Reis* [o]
rijschool • (manege) *Reitschule* [v] • (autorijschool) *Fahrschule* [v]
rijshout *Reisig* [o]
rijst *Reis* [m] ⋆ gebroken ~ *Bruchreis* [m]
rijstbouw *Reisbau* [m ev]
rijstebrij *Milchreis* [m], *Reisbrei* [m]
rijstevlaai ≈ *Kuchen aus Hefeteig mit Reisbrei* [m]
rijstijl *Fahrstil* [m]
rijstpapier *Reispapier* [o]
rijstrook *Fahrspur* [v], *Fahrstreifen* [m]
rijsttafel *Reistafel* [v]
rijten *reißen*
rijtijd *Fahrzeit* [v], *Fahrtdauer* [v]
rijtjeshuis *Reihenhaus* [o]
rijtoer *Spazierfahrt* [v], ‹te paard› *Ausritt* [m]
rijtuig • (koets) *Kutsche* [v] • (treinstel) *Waggon/Wagon* [m]
rijvaardigheid *Fahrtüchtigkeit* [v]
rijverbod *Fahrverbot* [o]
rijvlak *Lauffläche* [v]
rijweg *Fahrbahn* [v]
rijwiel *Zweirad* [o]
rijwielhandel *Fahrradgeschäft* [o]
rijwielpad *Radfahrweg* [m]
rijwielstalling *bewachte(r) Fahrradstand* [m]
rijzen • (omhoogkomen) *steigen, aufgehen*, ‹gisten› *aufgehen* ⋆ het land van de ~de zon *das Land der aufgehenden Sonne* ⋆ ~ en dalen *sich heben und senken* • (ontstaan) *aufkommen, sich erheben, entstehen* ⋆ de vraag rijst of ... *es erhebt sich die Frage, ob ...*
rijzig *hoch gewachsen*
rijzweep *Reitpeitsche* [v]
rikketik *Ticktack* [o]
rillen *zittern*, ‹van angst› *schaudern*, ‹van kou› *frösteln* ⋆ ik ril van de kou *mich fröstelt* ⋆ ~ van de koorts *vom Fieber geschüttelt werden*
rillerig *fröstelnd*
rilling *Schauder* [m], *Zittern* [o] ⋆ koude ~en hebben *Schüttelfrost haben*
rimboe • (afgelegen gebied) *Busch* [m] • (wildernis) *Dschungel* [m] ▾ in de ~ *in der Pampa/Walachei; am Ende der Welt*
rimpel • (plooi) *Falte* [v], *Runzel* [v] • (golving op water) *Kräuselung* [v]
rimpelen • (rimpels krijgen) *sich falten, Falten bekommen* • (licht golven) *kräuseln* • (plooien) *sich falten*
rimpelig *schrumpelig, faltig, runzelig, gerunzelt*, ‹water› *gekräuselt*
rimpeling *Falte* [v], *Runzeligwerden* [o], *Runzeln* [o], ‹water› *Kräuselung* [v]
rimpelloos *faltenlos*
ring *Ring* [m]
ringbaard *Kranzbart* [m]
ringband *Ringbuch* [o]
ringdijk *Ringdeich* [m]
ringeloren *an der Kandare haben/halten*
ringen ‹dieren› *einen Ring durch die Nase ziehen*, ‹vogels› *beringen*
ringslang *Ringelnatter* [v]
ringsleutel *Ringschlüssel* [m]
ringsteken *ringstechen*
ringvaart *Ringkanal* [m]
ringvinger *Ringfinger* [m]
ringweg *Ringstraße* [v], *(Stadt)ring* [m]
ringworm *Ringelwurm* [m]
rinkelen • (bellen) *klingeln* • (metalen of glazen voorwerpen) *klirren*
rins *säuerlich, herb*
Rio de Janeiro *Rio de Janeiro* [o]
riolering *Kanalisation* [v]
riool *Kloake* [v], *Abwasserkanal* [m], *Kanalisation* [v]
ris • (hoeveelheid) *Menge* [v] • (aaneengeregen voorwerpen) *Reihe* [v]
risee *Gespött* [o]
risico *Risiko* [mv: *Risikos*] [mv: *Risiken*] ⋆ op eigen ~ *auf eigene Gefahr* ⋆ ~'s nemen *Risiken eingehen* ⋆ ~ lopen *Gefahr laufen*
risicodekking *Risikodeckung* [v]
risicofactor *Risikofaktor* [m]
risicogroep *Risikogruppe* [v]
riskant *riskant*
riskeren *riskieren*
rit • (tocht) *Fahrt* [v], *Tour* [v], ‹op rijdier› *Ritt* [m] • (afstand) *Etappe* [v]
rite *Ritus* [mv: *Riten*], *Ritual* [o]
ritme *Rhythmus* [m]
ritmeester *Hauptmann der Kavallerie* [m]
ritmisch *rhythmisch*
rits I [de] • (ritssluiting) *Reißverschluss* [m] • (reeks) *Reihe* [v] **II** [tw] *ratsch, ritsch*
ritselen I [ov ww] • (regelen) *regeln, organisieren* **II** [on ww] • (geluid maken) *rascheln*, ‹van papier of vuur› *knistern*, ‹wind› *säuseln*
ritsen *rutschen*
ritssluiting *Reißverschluss* [m]
ritueel I [het] *Ritual* [o] **II** [bnw] *rituell*
ritus *Ritus* [mv: *Riten*], *Ritual* [o]
rivaal *Rivale* [m]
rivaliseren *rivalisieren, wetteifern*
rivaliteit *Rivalität* [v]
rivier *Fluss* [m], *Strom* [m] ⋆ de ~ af en op *flussabwärts und flussaufwärts*
rivierklei *Flusston* [m]
riviermond *Flussmündung* [v]
rivierpolitie *Wasserschutzpolizei* [v]
rob *Robbe* [v]
robbedoes *Wildfang* [m]
robe • (japon) *Robe* [v] • (toga) *Talar* [m]
robijn I [de/het] *Rubin* [m] **II** [bnw] *rubinrot*
robot *Roboter* [m]
robuust *stabil, robust, kräftig*
rochel • (fluim) *Auswurf* [m] • (reutel) *Geröchel* [o]
rochelen • (fluim opgeven) *Schleim auswerfen* • (reutelen) *röcheln*
rock *Rock* [m], ‹herenjas› *Frack* [m]
rockgroep *Rockgruppe* [v]
rock-'n-roll *Rock 'n' Roll* [m]
rococo *Rokoko* [o]
roddel *Klatsch* [m]
roddelaar *Klatschbase* [v], *Klatschmaul* [o]
roddelblad *Skandalblatt* [o], *Klatschblatt* [o]

roddelen *klatschen,* ‹hatelijk› *tratschen*
roddelpers *Sensationspresse* [v]
roddelpraat *Klatsch* [m]
rodehond *Röteln* [mv]
rodekool *Rotkohl* [m]
Rode Kruis *Rote(s) Kreuz* [o]
rodelen *rodeln*
rodeo *Rodeo* [m/o]
rododendron *Rhododendron* [o]
roebel *Rubel* [m]
roede *Rute* [v], ‹bij paardrijden› *Gerte* [v]
roedel *Rudel* [o]
roeiboot *Ruderboot* [o]
roeien *rudern*
roeier *Ruderer* [m]
roeiriem *Ruder* [o], *Riemen* [m]
roeivereniging *Ruderverein* [m]
roeiwedstrijd *Ruderwettkampf* [m], *Ruderregatta* [v]
roek *Saatkrähe* [v]
roekeloos *leichtsinnig, tollkühn, wagehalsig*
roem • (eer) *Ruhm* [m] • (kaartencombinatie) *Sequenz* [v]
Roemeen *Rumäne* [m]
Roemeens I [het] *Rumänisch(e)* [o] **II** [bnw] *rumänisch*
roemen I [ov ww] • (prijzen) *rühmen, preisen, loben* **II** [on ww] • (~ **op**) *sich rühmen* [2] ⋆ op iets ~ *sich einer Sache rühmen*
Roemenië *Rumänien* [o]
roemloos *ruhmlos*
roemrijk *ruhmreich, ruhmvoll, glorreich*
roemrucht *weltberühmt*
roep *Ruf* [m]
roepen *rufen* ⋆ het kind roept om zijn vader *das Kind ruft nach seinem Vater* ▾ een ~de in de woestijn *ein Rufer in der Wüste*
roeping *Berufung* [v]
roepnaam *Rufname* [m]
roepstem *innere Stimme* [v], *Ruf* [m]
roer *Steuerruder* [o], *Ruder* [o] ▾ het roer omgooien *das Ruder herumwerfen*
roerdomp *Rohrdommel* [v]
roerei *Rührei* [o]
roeren I [wkd ww] *sich rühren* **II** [ov + on ww] *rühren*
roerend • (ontroerend) *rührend, ergreifend* • (niet vast) ⋆ ~e goederen *Mobilien* [mv]
roerganger *Rudergänger* [m]
roerig • (oproerig) *unruhig* • (beweeglijk) *rührig, beweglich*
roerloos *unbeweglich, bewegungslos, regungslos*
roersel • (drijfveer) *Triebfeder* [v], *Beweggrund* [m] • (emotie) *Regung* [v]
roes *Rausch* [m]
roest • (plantenziekte) *Rost* [m] • (gevolg van oxidatie) *Rost* [m] ⋆ bestand tegen ~ *rostbeständig*
roestbruin *rostbraun*
roesten • (oxideren) *(ver)rosten* • (op stok zitten) *auf der Stange sitzen*
roestig *rostig*
roestvrij *rostfrei*
roestwerend *gegen Rost schützend* ⋆ ~ middel *Rostschutzmittel* [o]
roet *Ruß* [m] ▾ roet in het eten gooien *die Suppe versalzen* ▾ zo zwart als roet *rußfarben*
roetsjbaan • (achtbaan) *Achterbahn* [v] • (glijbaan) *Rutschbahn* [v]
roetsjen *hinunterrutschen, abrutschen*
roetzwart *kohlraben-/pechschwarz*
roezemoezen • (druk zijn) *rumoren* • (dof gonzen) *rumpeln*
roezemoezig *unruhig, lärmend*
roffel *Trommelwirbel* [m]
roffelen I [ov ww] • (afschaven) *grob abhobeln* **II** [on ww] • (een roffel slaan) *trommeln, prasseln, einen Wirbel schlagen*
rog *Rochen* [m]
rogge *Roggen* [m]
roggebrood *Roggenbrot* [o]
rok • (dameskleding) *Rock* [m] • (herenjas) *Frack* [m] ⋆ in rok *im Frack* • (plant.) *Schale* [v] ⋆ de rokken van een ui *die Schalen einer Zwiebel*
roken I [ov ww] • (tabak gebruiken) *rauchen* • (in de rook hangen) *räuchern* ⋆ vlees ~ *Fleisch räuchern* ⋆ gerookte paling *Räucheraal* [m] **II** [on ww] • (rook afgeven) *rauchen*
roker *Raucher* [m]
rokerig • (naar rook smakend) *rauchig* • (met rook) *verräuchert, rauchig*
rokershoest *Raucherhusten* [m]
rokertje *Glimmstängel* [m], ‹peuk› *Kippe* [v]
rokkenjager *Schürzenjäger* [m]
rokkostuum *Frack* [m]
rol • (opgerold iets) *Rolle* [v] • (cilindervormig voorwerp) *Rolle* [v], *Walze* [v] • (toneelrol) *Rolle* [v] • (eigen aandeel) *Rolle* [v] • (naamlijst) *Liste* [v], *Verzeichnis* [o] ⋆ ‹jur.› een zaak op de rol plaatsen *eine Verhandlung anberaumen* • (het rollen) *Rollen* [o] ▾ aan de rol gaan *einen Zug durch die Gemeinde machen*
rolberoerte *Kollaps* [m] ▾ we lachten ons een ~ *wir platzten beinah vor Lachen*
rolbevestigend *rollenbestätigend*
rolbezetting *Rollenbesetzung/-verteilung* [v]
rolconflict *Rollenkonflikt* [m]
roldoorbrekend *nicht rollengemäß*
rolgordijn *Rollo* [o], *Rouleau* [o]
rollade *Rollbraten* [m]
rollen I [ov ww] • (voortbewegen) *rollen* • (met een rol pletten) *rollen, walzen* ⋆ deeg ~ *Teig ausrollen* • (oprollen) *(auf)rollen* ⋆ een sigaretje ~ *sich eine Zigarette drehen/rollen* • (bestelen) *klauen* ⋆ zakken ~ *Taschendiebstahl begehen* **II** [on ww] • (zich voortbewegen) *rollen* • (vallen) *rollen, purzeln* • (roffelend geluid maken) *rollen, rumpeln* • (golfbeweging maken) *rollen* ⋆ het ~de water *die rollenden Wogen* • (wentelend voortbewegen) *rollen, kugeln* ▾ het geld laten ~ *den Rubel rollen lassen* ▾ zij zal er wel door ~ *sie wird sich schon durchschlagen*
rollenspel *Rollenspiel* [o]
roller *rollende(s) Geräusch* [o], ‹van vogel› *Roller* [m]
rolluik *Rollladen* [mv: *Rollläden*]
rolmops *Rollmops* [m]
rolpatroon *Rollenverhalten* [o]
rolprent *Streifen* [m]
rolschaats *Rollschuh* [m]
rolschaatsen *Rollschuh laufen*
rolstoel *Rollstuhl* [m]
roltrap *Rolltreppe* [v]
rolverdeling • (rollenpatroon) *Rollenverteilung* [v] • (rolbezetting) *Rollenbesetzung/-verteilung* [v]
ROM *ROM* [o]
Romaans I [het] *romanische Sprache* [v] **II** [bnw] *romanisch*
roman *Roman* [m]
romance *Romanze* [v]
romancier *Romancier* [m] [v: *Romanschriftstellerin*]
romanist *Romanist* [m]
romanschrijver *Romanschriftsteller* [m],

Romanschreiber [m]
romanticus *Romantiker* [m]
romantiek *Romantik* [v]
romantisch *romantisch*
romantiseren • (romantisch voorstellen) *verklären, romantisieren* • (tot een roman verwerken) *zu einem Roman verarbeiten*
Rome *Rom* [o]
Romein *Römer* [m]
Romeins *römisch*
romig *sahnig*
rommel • (wanorde) *Chaos* [o], *Durcheinander* [o] • (waardeloze prullen) *Plunder* [m], *Kram* [m], *Krempel* [m], *Ramsch* [m]
rommelen • (ordeloos zoeken) *stöbern, (herum)kramen* • (dof rollend klinken) *rummeln, grollen,* ‹maag› *knurren* • (sjacheren) *deichseln* • (prutsen) *stümpern, pfuschen*
rommelig *unordentlich, schlud(e)rig* ‹pej.› ‹inf.›
rommelkamer *Rumpelkammer* [v], *Abstellraum* [m]
rommelmarkt *Flohmarkt* [m]
rommelzolder *Rumpelboden* [m]
romp *Rumpf* [m]
rompkabinet *Rumpfkabinett* [o]
rompslomp *Schererei* [v], *Unannehmlichkeit* [v] ⋆ papieren ~ *Papierkram* [m] ⋆ administratieve ~ *Verwaltungskram* [m]
rond I [het] *Kreis* [m] ▾ in het rond draaien *im Kreis drehen* ▾ in het rond kijken *umherschauen* **II** [bnw] *rund* ⋆ rond als een tonnetje *dick und rund* **III** [bijw] *rund* ⋆ de wereld rond *rund um die Welt* ▾ zij kwam er rond voor uit *sie gab offen zu* **IV** [vz] • (om(heen)) *(rund) um* [4] ⋆ rond de haard *um den Herd* • (ongeveer, in de buurt van) *um* [4] ⋆ rond een uur of zes *um sechs* ⋆ rond het jaar 2000 *um das Jahr 2000*
rondbazuinen *ausposaunen, herumposaunen*
rondborstig *freimütig, offen(herzig), geradeheraus*
rondbrengen ‹lopend› *austragen,* ‹met een voertuig› *ausfahren*
rondcirkelen *kreisen*
ronddelen *herumgeben, herumreichen, austeilen*
ronddolen *umherirren, herumirren*
ronddraaien I [ov ww] • (draaien) *drehen* **II** [on ww] • (draaiend rondgaan) *sich (herum)drehen*
ronddwalen *umherschweifen* ⋆ met zijn gedachten ~ *seine Gedanken schweifen lassen*
ronde *Runde* [v] ⋆ de ~ van Frankrijk *die Tour de France* [v]
rondedans *Rundtanz* [m]
ronden I [ov ww] • (afronden) *abrunden,* ‹naar boven › *aufrunden* • (rond maken) *runden* • (scheepv.) *umrunden* **II** [on ww] • (een ronde vorm krijgen) *sich runden*
rondetafelconferentie *Konferenz am runden Tisch* [v]
rondgaan *herumgehen*
rondgang *Rundgang* [m], *Runde* [v]
rondhangen *herumlungern/-hängen,* ‹zitten/ staan/liggen› *herumsitzen/-stehen/-liegen*
rondhout *Rundholz* [o]
ronding *Rundung* [v]
rondje • (klein rond voorwerp) *runde(s) Ding* [o] • (rondgang) *(kleine) Runde* [v] • (drankje) *Runde* [v], *Lage* [v] • (kaartspel) *Runde* [v], *Partie* [v]
rondkijken • (overal kijken) *umherblicken* • (zoeken) *sich umsehen*
rondkomen *auskommen*
rondleiden *(herum)führen*
rondleiding *Führung* [v]
rondlopen *herumgehen,* ‹inf.› *herumlaufen* ⋆ al een tijdje met een plan ~ *sich schon lange mit einem Plan tragen*
rondneuzen *herumstöbern,* ‹pej.› *herumschnüffeln*
rondo *Rondo* [o]
rondom I [bijw] *ringsherum, rundherum* **II** [vz] • (om ... heen) *(rund) um* [4] • (in de buurt van) *um* [4]
rondreis *Rundreise* [v]
rondreizen *umherreisen* ⋆ ~d circus *Wanderzirkus* [m]
rondrijden I [ov ww] *herumfahren* **II** [on ww] • (toeren) *umherfahren*
rondrit *Rundfahrt* [v]
rondscharrelen • (rondlopen) *(herum)bummeln, sich herumtreiben* • (rondneuzen) *herumstöbern, herumschnüffeln* • (rommelen) *sich zu schaffen machen*
rondschrijven *Rundbrief* [m], *Rundschreiben* [o]
rondslingeren *herumfliegen, herumliegen*
rondsnuffelen • (doorzoeken) *herumstöbern* • (speurend rondlopen) *schnüffeln, herumschnüffeln*
rondstrooien • (om zich heen strooien) *verstreuen* • (verspreiden) *verbreiten*
rondte • (rondheid) *Rundheit* [v] • (kring) *Runde* [v], *Kreis* [m] ⋆ in de ~ *im Kreis*
rondtrekken *umherziehen,* ‹inf.› *herumziehen* ⋆ ~de muzikanten *fahrende Musikanten* ⋆ ~de troep *Wandertruppe* [v]
ronduit *rund-/frei-/geradeheraus, schlichtweg*
rondvaart *Rundfahrt* [v]
rondvaartboot *Rundfahrtboot* [o]
rondvertellen *herumerzählen, weitererzählen*
rondvliegen • (in kring vliegen) *kreisen* • (alle kanten opvliegen) *herumfliegen, umherfliegen*
rondvlucht *Rundflug* [m]
rondvraag *Umfrage* [v]
rondwandelen *herumspazieren, umherspazieren*
rondweg *Umgehungsstraße* [v], *Ring* [m]
rondzingen *rückkoppeln*
rondzwerven • (zwerven) *umherstreifen, umherschweifen* • (rondslingeren) *herumliegen*
ronken • (snurken) *schnarchen, sägen,* ‹slapen› *pennen, ratzen* • (ronkend geluid maken) *brüllen*
ronselaar *Werber* [m]
ronselen *(an)werben*
röntgenfoto *Röntgenaufnahme* [v], *Röntgenbild* [o]
röntgenstralen *Röntgenstrahlen* [mv]
rood I [het] *Rot* [o] **II** [bnw] *rot* ⋆ rood worden *rot werden; erröten* ⋆ zo rood als een biet *so rot wie eine Tomate* ⋆ rood van woede *rot vor Zorn* ▾ rood staan *in den roten Zahlen sein*
roodbont *rotbunt, scheckig braun*
roodborstje *Rotkehlchen* [o]
roodgloeiend *rot glühend* ▾ de telefoon staat ~ *das Telefon klingelt ununterbrochen*
roodharig *rothaarig*
roodhuid *Rothaut* [v]
Roodkapje *Rotkäppchen* [o]
roodvonk *Scharlach* [m]
roof *Raub* [m]
roofbouw *Raubbau* [m]
roofdier *Raubtier* [o]
roofdruk *Raubdruck* [m]
roofmoord *Raubmord* [m]
roofoverval *Raubüberfall* [m]
rooftocht *Raubzug* [m]
roofvis *Raubfisch* [m]
roofvogel *Raubvogel* [m]
rooien • (uitgraven) *roden* • (klaarspelen) *schaffen* ⋆ het wel ~ *es schon schaffen* ⋆ het niet

met elkaar kunnen ~ *miteinander nicht auskommen können*
rook *Rauch* [m] ▾ onder de rook van een stad wonen *vor den Toren der Stadt wohnen* ▾ in rook vervliegen *sich in Luft auflösen*
rookbom *Rauchbombe* [v]
rookcoupé *Raucherabteil* [o]
rookdetector *Brandmelder* [m]
rookglas *Rauchglas* [o]
rookgordijn *Rauchvorhang* [m] ▾ een ~ optrekken *sich einnebeln*
rookhol *Raucherhöhle* [v]
rookpluim *Rauchfahne* [v]
rooksignaal *Rauchsignal* [o]
rookvlees *Rauchfleisch* [o]
rookworst *geräucherte Wurst* [v]
room *Sahne* [v], *Rahm* [m]
roomboter *Butter* [v]
roomijs *Sahneeis* [o]
roomkaas *Rahmkäse* [m]
roomklopper *Schneebesen* [m]
rooms *römisch-katholisch* ▾ ~er dan de paus *päpstlicher als der Papst*
rooms-katholiek I [de] *Katholik* [m] **II** [bnw] *römisch-katholisch*
roomsoes *Windbeutel* [m]
roomstel ≈ *Set mit Sahnekännchen und Zuckerdose* [o]
roos • (bloem) *Rose* [v] • (huidschilfers) *Schuppen* [mv] • (middelpunt van schietschijf) *Schwarze* [o] • (deel van kompas) *Windrose* [v] ▾ slapen als een roos *schlafen wie ein Murmeltier* ▾ op rozen zitten *auf Rosen gebettet sein* ▾ in de roos schieten *ins Schwarze treffen*
rooskleurig *rosig* ⋆ iets ~ zien *etw. durch eine rosarote Brille sehen* ⋆ iets ~ voorstellen *etw. in rosigem Licht erscheinen lassen*
rooster • (raster) *Rost* [m], *Gitter* [o] • (schema) *Plan* [m], ‹lesrooster› *Stundenplan* [m] ⋆ een ~ opstellen *einen Plan machen*
roosteren *rösten*, ‹brood› *toasten*
ros I [de] *Roastbeef* [o] **II** [het] *Ross* [o] **III** [bnw] *rötlich, rot* ⋆ een rosse gloed *eine rote Glut* ▾ de rosse buurt *das Amüsier-/Vergnügungsviertel; der Strich*
rosarium *Rosarium* [o] [mv: *Rosarien*]
rosbief *Roastbeef* [o]
rosé *Rosé* [m]
roskammen *striegeln*
rossen I [ov ww] • (roskammen) *striegeln* **II** [on ww] • (wild rijden) *rasen, fegen*
rossig *rötlich* ⋆ ~ haar *rotblondes Haar*
rot I [de] ▾ een oude rot *ein alter Hase* **II** [het] *Rotte* [v] **III** [bnw] • (verrot) *faul*, ‹hout› *morsch* • (vervelend) *lausig, elend* ⋆ zich rot voelen *sich beschissen fühlen* ▾ zich rot schrikken *sich zu Tode erschrecken*
rot- *Scheiß-, Mist-*
rotan I [de] *Rotang* [m] **II** [bnw] *Rattan-, Rotang-*
rotatie *Rotation* [v]
rotatiemotor *Rotationskolbenmotor* [m]
rotatiepers *Rotationspresse* [v]
roteren *rotieren*
rotgang *Affentempo* [o]
rotgans *Ringelgans* [v]
rothumeur *Stinklaune* [v]
roti *Roti* [o]
rotisserie *Rotisserie* [v]
rotje *Knallfrosch* [m]
rotonde *Kreisel* [m]
rots *Felsen* [m], *Fels* [m]
rotsachtig *felsig*
rotsblok *Felsblock* [m]
rotspartij *Felsgruppe* [v], ‹tuin› *Steingarten* [m]
rotstreek *Hundsgemeinheit* [v]
rotstuin *Steingarten* [m]
rotsvast *bombenfest*, ‹fig.› *felsenfest*
rotswand *Felswand* [v]
rotten *(ver)faulen, (ver)modern* ▾ in zijn nest liggen ~ *in den Federn liegen*
Rotterdam *Rotterdam* [o]
rottig • (ietwat rot) *faul* • (ellendig) *mies*
rottigheid *Ärger* [m], *Unannehmlichkeit* [v], ‹gedrag› *Gemeinheit* [v]
rotting • (bederf) *Verfaulung* [v], *Fäulnis* [v] • (stok) *spanische(s) Rohr* [o]
rotzooi • (waardeloze rommel) *Mist* [m], *Dreckzeug* [o] • (wanorde) *Schweinerei* [v], *Unordnung* [v]
rotzooien • (knoeien) *ferkeln* • (scharrelen) *herummachen* • (klooien) *schludern*
rouge *Rouge* [o]
roulatie *Umlauf* [m] ⋆ uit de ~ nemen *aus dem Verkehr ziehen*
rouleren • (in omloop zijn) *im Umlauf sein, umlaufen* • (afwisselen) *turnusmäßig wechseln*
roulette *Roulett* [o]
route *Strecke* [v], *Route* [v]
routebeschrijving *Wegbeschreibung* [v]
routine *Routine* [v]
routinematig *routinemäßig*
routineonderzoek *Routineuntersuchung* [v]
routing *Arbeitsplanung* [v]
routinier *Routinier* [m]
rouw • (droefheid) *Trauer* [v] • (uiting van droefheid) *Trauer* [v] ⋆ in de rouw zijn *in Trauer sein; trauern*
rouwband *Trauerflor* [m]
rouwbeklag *Beileid* [o]
rouwbrief *Trauerbrief* [m]
rouwcentrum *Trauerhalle* [v]
rouwdienst *Trauergottesdienst* [m], *Toten-/Trauerfeier* [v]
rouwen *trauern (um)* [4]
rouwig *betrübt* ⋆ ik ben er niet ~ om *ich bedauere es nicht*
rouwkamer *Leichenhalle* [v]
rouwmis *Totenmesse* [v]
rouwproces *Trauerzeit* [v]
rouwrand *Trauerrand* [m]
rouwstoet *Trauerzug* [m]
roux *Mehlschwitze* [v]
roven *rauben*
rover *Räuber* [m]
rovershol *Räuberhöhle* [v]
royaal • (gul) *großzügig* ⋆ een royale bui hebben *die Spendierhosen anhaben* • (ruim) ⋆ ~ gebruik van iets maken *ausgiebig Gebrauch von etw. machen*
royalty *Tantieme* [v]
royeren *ausschließen*
roze *rosa*
rozemarijn *Rosmarin* [m]
rozenbottel *Hagebutte* [v]
rozengeur *Rosenduft* [m] ▾ het is niet altijd ~ en maneschijn *der Himmel hängt nicht immer voller Geigen*
rozenkrans *Rosenkranz* [m]
rozet *Rosette* [v]
rozig • (slaperig) *wohlig* • (door roos ontstoken) *schuppig*
rozijn *Rosine* [v]
Ruanda *Ruanda* [o]
rubber I [het] *Kautschuk* [m] **II** [bnw] *Gummi-,*

aus Gummi
rubberboot *Schlauch-/Gummiboot* [o]
rubriceren *rubrizieren*
rubriek *Rubrik* [v]
ruchtbaar *bekannt* ⋆ ~ worden *ruchbar werden*
ruchtbaarheid *Bekanntheit* [v] ⋆ ~ aan iets geven *etw. ruchbar machen*
rudimentair *rudimentär*
rug *Rücken* [m] ▾ je kunt mijn rug op! *rutsch mir den Buckel runter!* ▾ een rooie rug *ein Tausender* [m] ▾ de vijand de rug toekeren *vor dem Feind fliehen* ▾ achter onze rug om *hinter unserem Rücken* ▾ dat hebben we eindelijk achter de rug *das haben wir endlich überstanden* ▾ het geluk heeft hem de rug toegekeerd *das Glück hat ihn im Stich gelassen* ▾ dat heb ik achter de rug *das habe ich hinter mir*
rugby *Rugby* [o]
rugbyen *Rugby spielen*
rugdekking *Rückendeckung* [v]
ruggelings • (achterwaarts) *rückwärts gewandt, rücklings* • (rug tegen rug) *Rücken an Rücken*
ruggengraat *Rückgrat* [o]
ruggenmerg *Rückenmark* [o]
ruggensteun • (hulp) *Rückhalt* [m] • (steun in de rug) *Rückenstütze* [v]
ruggenwervel *Rückenwirbel* [m]
ruggespraak *Rücksprache* [v] ⋆ ~ met iem. houden *Rücksprache mit jmdm. halten*
rugleuning *Rückenlehne* [v]
rugnummer *Rückennummer* [v]
rugslag *Rückenschwimmen* [o]
rugtitel *Titel auf Buchrücken* [m]
rugzak *Rucksack* [m]
rugzijde *Rückseite* [v]
rui • (het ruien) ‹vogels› *Mauser* [v], ‹zoogdieren› *Haarwechsel* [m] ⋆ in de rui zijn *in der Mauser sein* • (de ruitijd) ‹vogels› *Mauser* [v], ‹zoogdieren› *Zeit des Haarwechsels* [v]
ruien *(sich) mausern*, ‹verharen› *haaren*
ruif *Raufe* [v]
ruig *derb, rau*, ‹onstuimig› *wild* ⋆ ruige taal *derbe Sprache* [v] ⋆ ruige kerel *rohe(r) Bursche* [m]
ruiken I [ov ww] • (met reukzin waarnemen) *riechen* • (bespeuren) *wittern* ⋆ een kans ~ *eine Gelegenheit wittern* **II** [on ww] • (geuren) *riechen* ⋆ de bloemen ~ lekker *die Blumen duften/riechen angenehm* • (~ **naar**) *riechen nach* ⋆ dat ruikt naar verraad *das riecht nach Verrat*
ruiker *Strauß* [m]
ruil *Tausch* [m] ⋆ een goede ruil doen *einen guten Tausch machen* ⋆ in ruil voor *im Tausch für; im Austausch gegen*
ruilbeurs *Tauschmarkt* [m]
ruilen *tauschen*, ‹omruilen› *umtauschen* ⋆ ~ tegen *tauschen gegen* [4]
ruilhandel *Tauschhandel* [m]
ruilhart *Spenderherz* [o]
ruilmiddel *Tauschmittel* [o]
ruilverkaveling *Flurbereinigung* [v]
ruilvoet • (basis waarop geruild wordt) *Austauschverhältnis* [o] • (wisselkoers) *Wechselkurs* [m]
ruilwaarde *Tauschwert* [m]
ruim I [het] *Schiffsbauch* [m] **II** [bnw] • (veel ruimte biedend) *geräumig, groß, großzügig* ⋆ een ruim huis *ein geräumiges/großzügiges Haus* [o] • (rijkelijk) *reichlich, großzügig* ⋆ een ruim inkomen *ein ansehnliches Einkommen* [o] • (veelomvattend) *weit* ⋆ op ruime schaal *in großem Umfang* ⋆ in de ruimste zin *im weitesten Sinne* ⋆ een ruime voorraad *ein großer Vorrat* [m] ⋆ ruime keus *breite Auswahl* [v] • (wijd) *weit* ▾ het niet ruim hebben *es nicht üppig haben* **III** [bijw] • (op ruime wijze) *reichlich* ⋆ ruim een uur *eine gute Stunde* ⋆ ruim tien jaar *mehr als zehn Jahre* • (meer dan) *gut*
ruimdenkend *großzügig*
ruimen • (opruimen) *weg-/forträumen* ⋆ moeilijkheden uit de weg ~ *Schwierigkeiten beseitigen/aus dem Weg räumen* • (leegmaken) ⋆ puin ~ *Schutt wegräumen*
ruimschoots *reichlich, mehr als* ⋆ ~ genoeg *mehr als genug* ⋆ ~ de tijd hebben *reichlich Zeit haben*
ruimte • (plaats) *Raum* [m], *Platz* [m] ⋆ ~ maken *Platz machen* ⋆ gebrek aan ~ *Platzmangel* [m] ⋆ ~ innemen *Raum einnehmen* ⋆ je hebt hier een leuke ~ *du hast hier ein schönes Zimmer* • (heelal) *Weltraum* [m] • (uitgebreidheid) *Raum* [m] ⋆ de ~ tussen de regels *der Raum zwischen den Zeilen* ⋆ een ~ opvullen *einen Raum ausfüllen* ▾ geklets in de ~ *leere(s) Gerede* [o]
ruimte- *Raum-*
ruimtecapsule *Raumkapsel* [v]
ruimtelaboratorium *Raumlabor* [o]
ruimtelijk *räumlich, Raum-* ⋆ ~e ordening *Raumordnung* [v]
ruimtereis *Raumfahrt* [v], *Astronautik* [v]
ruimteschip *Raumschiff* [o]
ruimtevaarder *Raumfahrer* [m] [v: *Raumfahrerin*]
ruimtevaart *Raumfahrt* [v]
ruimtevaartuig *Raumschiff* [o], *Raumfahrzeug* [o]
ruimteveer *Raumfähre* [v]
ruimtevlucht *Raumflug* [m]
ruimtevrees *Platzangst* [v]
ruin *Wallach* [m]
ruïne *Ruine* [v]
ruïneren *ruinieren, zugrunde/zu Grunde richten*
ruis *Rauschen* [o]
ruisen *rauschen*, ‹sterke wind› *sausen*, ‹water› *rieseln*, ‹zachte wind› *säuseln*
ruit • (vensterglas) *Scheibe* [v] • (motief) *Karree* [o] ⋆ Schotse ruit *Schottenkaro* [o] • (wisk.) *Quadrat* [o]
ruiten I [de] *Karo* [o] **II** [bnw] *kariert* ⋆ ~ stof *karierte(r) Stoff* [m]
ruitensproeier *Scheibenwaschanlage* [v]
ruitenwisser *Scheibenwischer* [m]
ruiter *Reiter* [m], ‹leger› *Kavallerist* [m]
ruiterij *Reiterei* [v], ‹leger› *Kavallerie* [v]
ruiterlijk *offen, rundheraus, unumwunden*
ruiterpad *Reitweg* [m]
ruitijd *Mauser* [v]
ruitjespapier *karierte(s) Papier* [o], *Karopapier* [o]
ruk • (beweging) *Ruck* [m], ‹windvlaag› *Windstoß* [m] ⋆ in één ruk speelde zij het klaar *sie hatte es im Handumdrehen erledigt* ⋆ met een ruk kwam zij overeind *mit einem Ruck kam sie hoch* • (lange tijd) ⋆ het is een hele ruk naar Amsterdam *es ist ein ganzes Stück bis nach Amsterdam* ⋆ het is een hele ruk tot de vakantie *es dauert eine ganze Weile bis zu den Ferien* ▾ het kan me geen ruk schelen *es ist mir völlig egal; es ist mir piepegal/scheißegal*
rukken I [ov ww] • (met een ruk trekken) *zerren* ▾ woorden uit hun verband ~ *Worte aus dem Zusammenhang reißen* **II** [on ww] • (hard trekken) *zerren* • (masturberen) *wichsen*
rukwind *Bö(e)* [v], *Windstoß* [m]
rul *locker*
rum *Rum* [m]
rumba *Rumba* [m/v]
rumoer • (lawaai) *Krach* [m], *Lärm* [m] • (ophef)

Lärm [m], *Aufregung* [v] ⋆ wat een ~ om zo'n kleinigheid *welch ein Lärm um solch eine Kleinigkeit*
rumoerig • (lawaaiig) *lärmend, geräuschvoll* • (onstuimig) *aufgeregt*
run *(An)sturm* [m], ‹sport› *Lauf* [m], ‹stormloop› *Run* [m]
rund • (dier) *Rind* [o] • (stommeling) *Rindvieh* [o], *Hornochse* [m]
runder- *Rinds-, Rinder-*
rundergehakt *Rinderhackfleisch* [o]
rundvee *Rindvieh* [o]
rundvet *Rindsfett* [o]
rundvlees *Rindfleisch* [o]
rune *Rune* [v]
runeteken *Rune* [v]
runnen *leiten*
rups *Raupe* [v]
rupsband *Raupe* [v], *Raupenkette* [v]
rupsvoertuig *Raupen-/Kettenfahrzeug* [o]
Rus *Russe* [m]
Rusland *Russland* [o]
Russisch I [het] *Russisch(e)* [o] **II** [bnw] *russisch*
rust • (ontspanning) *Ruhe* [v] ⋆ rust noch duur hebben *ohne Rast und Ruhe* ⋆ rust nodig hebben *Ruhe brauchen* ⋆ iem. met rust laten *jmdn. in Ruhe lassen* • (kalmte) *Ruhe* [v], *Gelassenheit* [v], *Stille* [v] • (nachtrust) *Ruhe* [v] • (muz.) *Pause* [v], *Zäsur* [v] • (sport) *Halbzeit* [v]
rustdag *Ruhetag* [m], ‹feestdag› *Feiertag* [m]
rusteloos • (ongedurig) *rastlos, unruhig, unstet* ⋆ ~ van aard zijn *ein unstetes Wesen haben* • (steeds bezig) *rastlos, ruhelos* ⋆ een ~ leven leiden *ein unstetes Leben führen*
rusten • (uitrusten) *ruhen* ⋆ zij kon niet ~ voor het af was *sie konnte nicht ruhen, bis es fertig war* • (begraven liggen) *ruhen* ⋆ rust zacht *ruhe sanft* ⋆ hij ruste in vrede *er ruhe in Frieden* • (steunen) *ruhen (auf)* [3] ⋆ op hem rust een zware verdenking *auf ihm lastet ein schwerwiegender Verdacht* • (slapen) *ruhen* • (ongemoeid laten) *ruhen* ⋆ een kwestie laten ~ *eine Frage ruhen lassen* ⋆ we zullen dat laten ~ *wir wollen das auf sich beruhen lassen* • (gericht zijn) *ruhen (auf)* [3]
rustgevend *beruhigend*
rusthuis *Erholungsheim* [o], ‹bejaarden› *Altersheim* [o]
rustiek *rustikal*
rustig *ruhig* ⋆ ~, ~! *immer mit der Ruhe!*
rustplaats • (pleisterplaats) *Rastplatz* [m] • (graf) *Schlafstätte* [v], *Ruhestätte* [v]
rustpunt • (pauze) *Ruhepunkt* [m] • (steunpunt) *Stützpunkt* [m]
ruststand • (rustpositie) *Ruhestellung* [v], *Ruhelage* [v] • (sport) *Pausenstand* [m], *Halbzeitergebnis* [o]
rustverstoorder *Ruhestörer* [m], *Störenfried* [m]
ruw • (oneffen) *rau* ⋆ ruwe handen *raue(n) Hände* • (grof) *roh* • (onbewerkt) *Roh-, roh* ⋆ ruwe suiker *Rohzucker* [m] • (onbeschaafd) *derb, roh, grob* ⋆ ruw geweld *rohe Gewalt* [v] ⋆ ruwe taal *derbe Sprache* [v] ⋆ ruwe kerels *raue(n) Kerle* • (wild) *rau, wild* ⋆ een ruw klimaat *ein raues Klima* [o] ⋆ een ruwe zee *eine raue See* [v] • (globaal) *grob, ungefähr* ⋆ ruwe schatting *grobe Schätzung* [v]
ruwweg *grob, ungefähr*
ruzie *Streit* [m] ⋆ ~ maken *einen Streit anfangen* ⋆ ~ hebben *sich streiten*
ruzieachtig *zänkisch, streitsüchtig*
ruziezoeker *Zänker* [m], *Kampfhahn* [m]

S

s *S* [o]
saai *langweilig, öde* ⋆ saaie Piet *langweilige(r) Kerl* [m]; *öde(r) Typ* [m]
saamhorigheid *Zusammengehörigkeit* [v]
saampjes *zusammen, gemeinsam*
sabbat *Sabbat* [m]
sabbelen *lutschen,* ‹inf.› *nuckeln*
sabel I [de] *Säbel* [m] **II** [het] *Zobel* [m]
sabotage *Sabotage* [v]
saboteren *sabotieren, Sabotage treiben*
saboteur *Saboteur* [m]
sacharine *Saccharin* [o]
sacraal *sakral, heilig*
sacrament *Sakrament* [o] ⋆ de laatste ~en *die Sterbesakramente* [mv]
sacristie *Sakristei* [v]
sacrosanct *sakrosankt*
sadisme *Sadismus* [m]
sadist *Sadist* [m]
sadistisch *sadistisch*
sadomasochisme *Sadomasochismus* [m]
safari *Safari* [v]
safaripark *Safaripark* [m]
safe I [de] *Tresor* [m], *Panzerschrank* [m] **II** [bnw] *sicher*
saffie *Zigarette* [v], *Zigarre* [v]
saffier *Saphir* [m]
saffraan *Safran* [m]
sage *Sage* [v]
sago *Sago* [m]
Sahara *Sahara* [v]
saillant *hervorragend, auffallend*
Saksisch *sächsisch*
salade *Salat* [m]
salamander *Salamander* [m], *Molch* [m]
salami *Salami* [v]
salariëring *Bezahlung* [v], ‹van ambtenaar› *Besoldung* [v]
salaris *Gehalt* [o], ‹van ambtenaar› *Besoldung* [v] ⋆ ~ naar bekwaamheid *Gehalt nach Leistung*
salarisschaal *Gehaltsstufe* [v]
saldo *Saldo* [m] ⋆ het batig ~ *der Aktivsaldo* ▾ per ~ *per saldo*
salie *Salbei* [m]
salmiak *Salmiak* [m/o]
salmonella *Salmonelle* [v]
Salomonsoordeel *salomonische(s) Urteil* [o]
salon *Salon* [m]
salonboot *Luxusdampfer* [m]
salonsocialist *Salonsozialist* [m]
saloondeuren *Schwingtüren* [mv]
salpeter *Salpeter* [m]
salpeterzuur *Salpetersäure* [v]
salto *Salto* [m]
salueren *salutieren, grüßen*
saluut *Salut* [m]
saluutschot *Salutschuss* [m] ⋆ ~en afvuren *Salutschüsse abfeuern*
salvo *Salve* [v]
Samaritaan *Samariter* [m] ⋆ de barmhartige ~ *der barmherzige Samariter*
samba *Samba* [v]
sambal *Sambal* [m]
samen • (met elkaar) *miteinander* ⋆ we zijn 't ~ eens *wir sind uns einig* • (bijeen) *zusammen, beisammen* • (bij elkaar gerekend) *zusammen* ▾ ~ uit, ~ thuis ≈ *was man gemeinsam angefangen hat, sollte man auch gemeinsam*

beenden

samengaan • (gepaard gaan) *zusammengehen, verbunden sein* • (met elkaar gaan) *zusammengehen, sich vereinigen lassen, sich vertragen* ⋆ dat gaat niet samen *das verträgt sich nicht; das lässt sich schlecht verbinden*

samengesteld *zusammengesetzt* ⋆ de ~e zin *das Satzgefüge*

samenhang *Zusammenhang* [m], *Kontext* [m] ⋆ zonder ~ *ohne Zusammenhang; zusammenhanglos*

samenhangen *zusammenhängen* ⋆ nauw ~ *eng zusammenhängen; in engem Zusammenhang stehen*

samenkomst *Zusammenkunft* [v], *Versammlung* [v], *Treffen* [o]

samenleving • (maatschappij) *Gesellschaft* [v] • (het samenleven) *Zusammenleben* [o]

samenloop • (plaats van vereniging) *Zusammenlauf* [m], ‹van rivieren› *Zusammenfluss* [m] • (gelijktijdigheid) *Zusammentreffen* [o] ⋆ ~ van omstandigheden *Zusammentreffen von Umständen*

samenpakken *zusammenziehen, zusammenballen*

samenraapsel *Sammelsurium* [o], *Zusammengeraffte(s)* [o]

samenscholen *sich ansammeln, sich zusammenschließen, sich zusammenrotten*

samenscholing • (het samenscholen) *Ansammlung* [v] • (oploop) *Zusammenrottung* [v]

samensmelten I [ov ww] • (doen samengaan) *zusammenschmelzen, verschmelzen* **II** [on ww] • (versmelten) *zusammenschmelzen, miteinander verschmelzen,* ‹fig.› *verschmelzen*

samenspannen *sich verschwören* ⋆ zij spanden samen *sie verschworen sich; sie machten gemeinsame Sache* ⋆ alles schijnt tegen ons samen te spannen *alles scheint sich gegen uns verschworen zu haben*

samenspel *Zusammenspiel* [o]

samenspraak *Dialog* [m], *Zwiegespräch* [o], *Unterredung* [v]

samenstel • (geheel) *Gefüge* [o] • (bouw) *Komplex* [m]

samenstellen *zusammensetzen*

samensteller *Hersteller* [m], ‹van boek› *Verfasser* [m]

samenstelling • (het samenstellen) *Zusammensetzung* [v] • (manier van samenstellen) *Herstellung* [v] • (taalk.) *Zusammensetzung* [v], *Kompositum* [o]

samenstromen • (samenkomen) *zusammenströmen* • (samenvloeien) *ineinander strömen*

samentrekken *zusammenziehen*

samentrekking • (contractie) *Zusammenziehung* [v], *Kontraktion* [v] • (taalk.) *Zusammenziehung* [v]

samenvallen *zusammenfallen*

samenvatten *zusammenfassen*

samenvatting *Zusammenfassung* [v]

samenvoegen *zusammenfügen,* ‹grond/ gemeenten› *zusammenlegen*

samenwerken *zusammenarbeiten, sich zusammentun*

samenwerking *Zusammenarbeit* [v], *Zusammenwirken* [o]

samenwerkingsverband ‹afspraak over samenwerking› *Vereinbarung über Zusammenarbeit* [v], ≈ *Arbeitsgemeinschaft* [v]

samenwonen • (in één huis wonen) *zusammenwohnen* • (ongehuwd samenleven) *zusammenleben*

samenzang *mehrstimmige(r) Gesang* [m]

samenzijn *Zusammensein* [o], *Beisammensein* [o]

samenzweerder *Verschwörer* [m], *Verschworene(r)* [m]

samenzweren *sich verschwören*

samenzwering *Verschwörung* [v]

samplen *samplen*

samsam ▾ ~ doen *halbe-halbe machen*

sanatorium *Sanatorium* [o], *Heilanstalt* [v]

sanctie • (goedkeuring) *Sanktion* [v], *Genehmigung* [v] • (dwangmiddel) *Sanktion* [v]

sanctioneren *sanktionieren, genehmigen*

sandaal *Sandale* [v]

sandelhout *Sandelholz* [o]

sandwich *Sandwich* [m/o]

saneren *sanieren*

sanering *Sanierung* [v]

sanguinisch *sanguinisch*

sanitair I [het] *Sanitäranlagen* [mv], *Sanitäreinrichtungen* [mv] **II** [bnw] *Sanitär-, sanitär* ⋆ een ~e stop maken ↓ *eine Pinkelpause machen* ⋆ ~e artikelen *sanitäre(n) Artikel*

San Marino *San Marino* [o]

sanseveria *Sansevieria* [v]

Sanskriet *Sanskrit* [o]

santé *prost!, zum Wohl!*

santenkraam ⋆ de hele ~ *der ganze Kram*

Saoedi-Arabië *Saudi-Arabien* [o]

Saoedisch *saudisch*

sap *Saft* [m]

sapcentrifuge *Entsafter* [m]

sappelen *schuften, hart arbeiten, sich abrackern*

sappig • (vol sap) *saftig* • (smeuïg) ≈ *unterhaltsam*

sarcasme *Sarkasmus* [m]

sarcastisch *sarkastisch*

sarcofaag *Sarkophag* [m]

sardine *Sardine* [v]

Sardinië *Sardinien* [o]

sarong *Sarong* [m]

sarren *quälen, reizen*

sas I [de] ▾ in zijn sas zijn *guter Dinge sein; gut aufgelegt sein* **II** [het] *Kammerschleuse* [v]

Satan *Satan* [m], *Teufel* [m]

satanisch *satanisch, teuflisch*

saté *Saté* [o]

satelliet • (hemellichaam) *Satellit* [m], *Nebenplanet* [m] • (kunstmaan) *Satellit* [m]

satellietfoto *Satellitenfoto* [o], *Satellitenbild* [o]

satellietstaat *Satellitenstaat* [m]

satellietstad *Satellitenstadt* [v], *Trabantenstadt* [v]

satellietverbinding *Satellitenverbindung* [v]

sater *Satyr* [m]

satéstokje *Satéspießchen* [o]

satijn *Satin* [m]

satire *Satire* [v]

satirisch *satirisch*

saucijs *(Brat)wurst* [v], *(Brat)würstchen* [o]

saucijzenbroodje *Wurstbrötchen* [o]

sauna *Sauna* [v]

saus *Soße* [v], *Sauce* [v]

sausen I [ov ww] • (verven) *tünchen* • (tabak drenken) *beizen, soßieren* **II** [onp ww] *gießen*

sauteren *sautieren*

savanne *Savanne* [v]

***savooiekool** (Wdl: savooienkool) *Wirsing* [m]

sawa *Reisfeld* [o]

saxofonist *Saxophonist* [m]

saxofoon *Saxophon* [o]

scabreus *frivol, zweideutig*

scala *Skala* [v]

scalp *Skalp* [m]

S

S

scalpel *Skalpell* [o]
scalperen *skalpieren*
scampi *Scampi* [mv]
scanderen *skandieren*
Scandinavië *Skandinavien* [o]
Scandinavisch *skandinavisch*
scannen *abtasten,* ‹met geluidsgolven› *eine Ultraschallaufnahme machen,* ‹met röntgenstraling› *mit einem Röntgenscanner untersuchen*
scanner *Scanner* [m], ‹radarantenne› *Abtastvorrichtung* [v]
scenario *Szenario* [o], *Szenarium* [o]
scenarioschrijver *Drehbuchautor* [m]
scene *Szene* [v]
scepsis *Skepsis* [v]
scepter *Zepter* [o] ▾ de ~ zwaaien *das Zepter schwingen*
scepticisme *Skeptizismus* [m]
scepticus *Skeptiker* [m]
sceptisch *skeptisch*
schaaf *Hobel* [m]
schaafwond *Hautabschürfung* [v], *Schürfwunde* [v]
schaak I [het] *Schach* [o] **II** [bijw] *im Schach*
schaakbord *Schachbrett* [o]
schaakcomputer *Schachcomputer* [m]
schaakklok *Schachuhr* [v]
schaakmat *schachmatt*
schaakmeester *Schachmeister* [m]
schaakspel *Schachspiel* [o]
schaakstuk *Schachfigur* [v]
schaal • (grootteverhouding) *Maßstab* [m] ⋆ op grote ~ *in großem Umfang* ⋆ op ~ tekenen *maßstabsgetreu zeichnen* ⋆ op een ~ van 1:100 *im Maßstab 1:100* • (omhulsel) *Schale* [v], ‹van peulvrucht› *Hülse* [v], *Schote* [v] • (schotel) *Schale* [v], *Schüssel* [v] • (weegschaal) *Waage* [v] • (schaalverdeling) *Skala* [v] • (oplopende getallenreeks) *Tabelle* [v] • (toonladder) *Skala* [v]
schaaldier *Schalentier* [o]
schaalverdeling *Skala* [v], ‹m.b.t. graden› *Gradeinteilung* [v]
schaalvergroting • (groei) *Größenwachstum* [o] • (vergroting op schaal) *maßstab(s)gerechte Vergrößerung* [v]
schaalverkleining • (verkleining op schaal) *maßstab(s)getreue Verkleinerung* [v] • (kleinschaliger worden) *Verkleinerung der Ausmaße* [v]
schaambeen *Schambein* [o]
schaamdeel *Geschlechtsteil* [m]
schaamhaar *Schamhaar* [o]
schaamlip *Schamlippe* [v]
schaamluis *Filzlaus* [v]
schaamrood *Schamröte* [v]
schaamstreek *Schamgegend* [v]
schaamte *Scham* [v]
schaamtegevoel *Schamgefühl* [o]
schaamteloos *schamlos*
schaap • (dier) *Schaf* [o] • (onnozel persoon) ⋆ mak ~ *fromme(s) Schaf* ⋆ onnozel ~ *Einfaltspinsel* [m]
schaapachtig *dämlich, blöde*
schaapherder *Schäfer* [m]
schaapskooi *Schafstall* [m]
schaar • (knipwerktuig) *Schere* [v] ⋆ de ~ in iets zetten *in etw. hineinschneiden* • (ploegschaar) *Schar* [v] • (grijporgaan schaaldier) *Schere* [v]
schaars I [bnw] *karg, spärlich, knapp* ⋆ het ~er worden *die Verknappung* ⋆ zijn ~e vrije tijd *seine knapp bemessene Freizeit* **II** [bijw] *spärlich*
schaarste *Knappheit* [v], *Spärlichkeit* [v]
schaats *Schlittschuh* [m]
schaatsen *Schlittschuh laufen*
schaatser *Schlittschuhläufer* [m]
schacht • (koker) *Schacht* [m] • (steel) *Schaft* [m], ‹veer, pen› *Kiel* [m] • (beenstuk van laars) *Schaft* [m]
schade • (beschadiging) *Schaden* [m] ⋆ de ~ opnemen *den Schaden abschätzen; den Schaden aufnehmen* ⋆ iem. de ~ vergoeden *jmdn. (für etw.) entschädigen* • (nadeel) *Schaden* [m] ⋆ ~ berokkenen *schaden* [3] ⋆ zijn ~ inhalen *Versäumtes nachholen*
schadeclaim *Schadenersatzforderung* [v]
schadeformulier *Schadenersatzformular* [o]
schadelijk *schädlich, nachteilig* ⋆ ~ voor de gezondheid *gesundheitsschädlich* ⋆ ~ dier/plant *Schädling* [m]
schadeloos *unbeschädigt, unversehrt*
schadeloosstellen *entschädigen*
schadeloosstelling *Entschädigung* [v], *Schadenersatz* [m]
schaden *schaden* [3], *schädigen* [4] ⋆ iem. in zijn belangen ~ *jmds. Interessen schädigen*
schadeplichtig *schadenersatzpflichtig*
schadepost *Verlustposten* [m]
schadevergoeding *Entschädigung* [v], *Schadenersatz* [m] ⋆ een eis tot ~ indienen *auf Schadenersatz klagen*
schadeverzekering *Schadenversicherung* [v]
schadevrij *unfallfrei* ⋆ ~ autorijden *unfallfrei fahren*
schaduw *Schatten* [m] ▾ niet in iemands ~ kunnen staan *jmdm. nicht das Wasser reichen können*
schaduwbeeld • (silhouet) *Schattenbild* [o] • (schaduw) *Schatten* [m]
schaduwen • (volgen) *beschatten* • (schaduw aanbrengen) *schattieren*
schaduwkabinet *Schattenkabinett* [o]
schaduwrijk *schattig, schattenreich*
schaduwspel *Schattenspiel* [o]
schaduwverkiezing *Scheinwahl* [v]
schaduwzijde *Schattenseite* [v]
schaften • (pauzeren) *Pause machen* • (eten) *essen,* ‹scheepv.› *schaffen* ⋆ wat is er te ~? ‹inf.› *was gibt's zu mampfen?*
schafttijd *Arbeitspause* [v], *Mittagspause* [v]
schakel *Glied* [o], ‹fig.› *Bindeglied* [o]
schakelaar *Schalter* [m]
schakelarmband *Gliederarmband* [o]
schakelbord *Schalttafel* [v], *Schaltbrett* [o]
schakelen I [ov ww] • (tot keten maken) *verknüpfen, verbinden,* ‹elektriciteit› *schalten* **II** [on ww] • (in versnelling zetten) *schalten*
schakeling *Schaltung* [v]
schakelkast *Schaltschrank* [m]
schakelklas *Orientierungsstufe* [v]
schakelklok *Schaltuhr* [v]
schakelschema *Schaltplan* [m]
schakelwoning ≈ *Wohnung, die teilweise an andere Wohnungen angebaut ist* [v]
schaken I [ov ww] • (ontvoeren) *entführen* **II** [on ww] • (schaak spelen) *Schach spielen*
schaker • (schaakspeler) *Schachspieler* [m] • (ontvoerder) *Entführer* [m]
schakeren • (kleuren schikken) *tönen, schattieren* • (afwisselen) *abwechseln*
schakering • (nuance) *Schattierung* [v], *Farbton* [m] • (afwisseling) *Schattierung* [v]
schaking *Entführung* [v]
schalks *schelmisch*
schallen *schallen*

schamel *kärglich, dürftig, ärmlich*
schamen *sich schämen* ⋆ zich voor iem. ~ ‹tegenover iem.› *sich vor jmdm. schämen*; ‹om iem.› *sich für jmdn. schämen* ⋆ zich voor iets ~ *sich einer Sache schämen*
schampen *streifen*
schamper *verächtlich, abfällig, geringschätzig*
schamperen *spotten*, ‹sterker› *höhnen*
schampschot *Streifschuss* [m]
schandaal *Skandal* [m]
schandaalblad *Skandalblatt* [o]
schandaalpers *Skandalpresse* [v], *Sensationspresse* [v]
schandalig *unerhört, skandalös*
schanddaad *Schandtat* [v]
schande *Schande* [v] ⋆ iem. te ~ maken *jmdm. Schande bringen* ⋆ ~ van iets spreken *über etw. empört sein* ⋆ iets te ~ maken *etw. zuschanden/zu Schanden machen*
schandelijk I [bnw] *schändlich* **II** [bijw] *entsetzlich, fürchterlich* ⋆ ~ duur *sündhaft teuer*
schandpaal *Schandpfahl* [m], *Pranger* [m]
schandvlek *Schandfleck* [m]
schans *Schanze* [v]
schansspringen I [het] *Skispringen* [o] **II** [ww] *Ski springen*
schap *Schrankfach* [o], *Schrankbrett* [o]
schapenbout *Hammelkeule* [v]
schapenfokkerij • (het fokken) *Schafzucht* [v] • (bedrijf) *Schäferei* [v]
schapenscheerder *Schafscherer* [m]
schapenvacht • (afgeschoren wol) *Schurwolle* [v] • (schapenvel) *Schaffell* [o]
schapenvlees *Schaffleisch* [o], ‹van hamel› *Hammelfleisch* [o]
schappelijk • (billijk) *fair* ⋆ een ~e vergoeding *eine angemessene Vergütung* ⋆ een ~e prijs *ein fairer Preis* • (prettig in de omgang) *umgänglich*
schare *Schar* [v]
scharen I [ov ww] • (groeperen) *scharen, (ver)sammeln* ⋆ zich aan iemands zijde ~ *sich auf jmds. Seite stellen* ⋆ zich in rijen ~ *sich in Reihen aufstellen* ⋆ zich om iets ~ *sich um etw. scharen* **II** [on ww] • (bewegen als een schaar) *scheren*
scharensliep *Scherenschleifer* [m]
scharlaken *scharlachrot*
scharminkel *wandelnde(s) Skelett* [o], ‹lelijk persoon› *Scheusal* [o]
scharnier *Scharnier* [o]
scharnieren *sich um ein Scharnier drehen*
scharrel • (het scharrelen) *Liebschaft* [v], *Flirt* [m], *Techtelmechtel* [o] • (persoon) *Schätzchen* [o], ‹pej.› *Flittchen* [o]
scharrelaar • (iem. zonder vast beroep) *Bastler* [m] • (versierder) *Schürzenjäger* [m] • (vogel) *Racke* [v] • (koopman) *Trödler* [m]
scharrelei *Ei aus Bodenhaltung* [o]
scharrelen I [ov ww] • (bijeenbrengen) ⋆ geld bij elkaar ~ *geld zusammenkratzen* ⋆ ~ om aan de kost te komen *sich so eben durchschlagen* **II** [on ww] • (ongeregeld werkjes doen) *herumwerkeln, herummachen* • (rommelen) *herumkramen, herumhantieren* • (flirten) *ein Techtelmechtel haben*
scharrelkip *Freilandhuhn* [o]
schat *Schatz* [m]
schateren • (schaterlachen) *schallend lachen* • (schetteren) *schallen*
schaterlach *schallende(s) Gelächter* [o]
schatgraver *Schatzgräber* [m], *Schatzsucher* [m]
schatkamer *Schatzkammer* [v]
schatkist • (staatskas) *Staatskasse* [v] • (geldkist) *Schatzkiste* [v]
schatkistbiljet *Schatzanweisung* [v]
schatkistpromesse *Schatzwechsel* [m]
schatplichtig *steuerpflichtig*
schatrijk *steinreich*
schattebout *Liebling* [m], *Schätzchen* [o]
schatten • (taxeren) *(ab)schätzen, bewerten* ⋆ geschatte waarde *Schätzungswert* [m] ⋆ iets te hoog ~ *etw. überbewerten; etw. zu hoch einschätzen* • (achten) *schätzen*
schattig *niedlich, süß*
schatting • (taxatie) *Schätzung* [v], ‹van waarde› *Wertschätzung* [v] ⋆ naar ~ *schätzungsweise* • (belasting) *Tribut* [m] • (mening) *Einschätzung* [v]
schaven I [ov ww] • (glad maken) *hobeln* • (verwonden) *(auf)schürfen* • (verfijnen) *feilen* ⋆ aan hem valt nog wel wat te ~ *er ist noch ziemlich ungehobelt* **II** [on ww] • (slijten) *durchscheuern*
schavot *Schafott* [o]
schavuit *Schurke* [m], *Schuft* [m], *Halunke* [m]
schede *Scheide* [v]
schedel *Schädel* [m]
schedelbasisfractuur *Schädelbasisbruch* [m]
scheef *schief*
scheel *schielend*, ‹fig.› *scheel* ⋆ schele hoofdpijn *stechende(n) Kopfschmerzen* ⋆ een ~ oog *ein schielendes Auge* ▾ iem. met schele ogen aankijken *jmdn. scheel/schief ansehen*
scheelzien *schielen* ▾ ~ van de honger *fast umfallen vor Hunger*
scheen *Schienbein* [o]
scheenbeen *Schienbein* [o]
scheenbeschermer *Schienbeinschützer* [m]
scheep *an Bord* ⋆ ~ gaan *sich einschiffen; an Bord gehen*
scheepsbeschuit *Schiffszwieback* [m]
scheepsbouw *Schiffbau* [m]
scheepshelling *Helling* [v]
scheepshut *Kabine* [v]
scheepsjongen *Schiffsjunge* [m]
scheepsjournaal *Schiffstagebuch* [o]
scheepslading *Schiffsladung* [v]
scheepsramp *Schiffskatastrophe* [v]
scheepsrecht ▾ driemaal is ~ *aller guten Dinge sind drei*
scheepsruim *Schiffsraum* [m]
scheepswerf *(Schiffs)werft* [v]
scheepvaart *Schifffahrt* [v] ⋆ raad voor de ~ ≈ *Seeamt* [o]
scheepvaartverkeer *Schiffsverkehr* [m]
scheerapparaat *Rasierapparat* [m], ‹elektrisch› *Elektrorasierer* [m]
scheercrème *Rasierschaum* [m]
scheerkop *Scherkopf* [m]
scheerkwast *Rasierpinsel* [m]
scheerlijn • (spanlijn) *Spannschnur* [v], ‹tent› *Zeltleine* [v] • (lijn tussen schip en wal) *Trosse* [v]
scheermes *Rasiermesser* [o]
scheermesje *Rasierklinge* [v]
scheerspiegel *Rasierspiegel* [m]
scheerwol *Schurwolle* [v]
scheerzeep *Rasierseife* [v]
scheet *Furz* [m]
scheiden I [ov ww] • (eenheid verbreken) *trennen, scheiden* ⋆ man en vrouw zijn door de rechtbank ge~ *Mann und Frau sind rechtskräftig geschieden* **II** [on ww] • (uiteengaan) *sich trennen* ⋆ hier ~ onze wegen *hier trennen sich/scheiden sich unsere Wege* • (huwelijk ontbinden) *sich scheiden* ⋆ hij wil ~ *er will sich scheiden lassen*

S

scheiding • (splitsing) *Trennung* [v] • (echtscheiding) *Scheidung* [v] • (lijn in haar) *Scheitel* [m] • (grens) *Grenze* [v]
scheidslijn *Trennlinie* [v]
scheidsmuur *Trennwand* [v], ‹fig.› *Barriere* [v]
scheidsrechter *Schiedsrichter* [m]
scheikunde *Chemie* [v]
scheikundig *chemisch* ⋆ ~ ingenieur *Chemieingenieur* [m]
schel I [de] *Häutchen* [o] ▾ de ~len vielen hem van de ogen *es fiel ihm wie Schuppen von den Augen* **II** [bnw] • (scherp) *schrill, grell* • (helder) *grell*
Schelde *Schelde* [v]
schelden I [ov ww] *(aus)schimpfen* **II** [on ww] *schimpfen, schelten* ⋆ op iem. ~ *auf jmdn. schimpfen*
scheldkanonnade *Schimpfkanonade* [v]
scheldnaam *Schimpfname* [m]
scheldpartij *Schimpferei* [v]
scheldwoord *Schimpfwort* [o]
schelen • (onderling verschillen) *sich unterscheiden, verschieden sein* ⋆ in leeftijd niet veel ~ *fast gleich alt sein* ⋆ zij ~ drie jaar *sie sind drei Jahre auseinander* • (ontbreken) *fehlen* ⋆ het scheelde niet veel of hij was verdronken *es fehlte nicht viel, und er wäre ertrunken* • (uitmaken) *kümmern* ⋆ wat kan mij dat ~? *was kümmert mich das?* ⋆ dat kan me geen zier ~ *das ist mir völlig egal/schnuppe* • (mankeren) *fehlen* ⋆ wat scheelt eraan? *was ist los?*
schellinkje *Olymp* [m]
schelm • (deugniet) *Schlingel* [m], *Schelm* [m] • (schurk) *Schuft* [m], *Halunke* [m]
schelmenroman *Schelmenroman* [m]
schelmenstreek *Schelmenstreich* [m], *Schelmenstück* [o]
schelp *Muschel* [v]
schelpdier *Schalentier* [o]
schelvis *Schellfisch* [m]
schema • (tekening) *Schema* [o] • (tijdsplanning) *Plan* [m]
schematisch *schematisch*
schemer ‹halfduister› *Halbdunkel* [o], ‹overgang tussen licht en donker› *Dämmerung* [v]
schemerdonker I [het] *Halbdunkel* [o], *Dämmerlicht* [o] **II** [bnw] *dämmrig*
schemerduister *Zwielicht* [o], *Dämmerung* [v], *Halbdunkel* [o]
schemeren • (in de schemer zitten) *dämmern* • (vaag te zien zijn) ⋆ het schemert me voor de ogen *es flimmert mir vor den Augen*
schemerig • (halfduister) *dämmrig* • (vaag) *undeutlich, verschwommen*
schemering • (schemer) *Dämmerung* [v], *Zwielicht* [o] • (het schemeren) *Flimmern* [o] • (vage voorstelling) *Schimmer* [m]
schemerlamp *Schirmlampe* [v]
schemertoestand *Dämmerzustand* [m]
schenden • (overtreden) *verletzen, brechen* • (onteren) *schänden* • (beschadigen) *beschädigen* ⋆ een geschonden exemplaar *ein beschädigtes Exemplar*
schending *Schändung* [v], *Verletzung* [v], *Bruch* [m] ⋆ ~ van de wapenstilstand *Waffenstillstandsverletzung* ⋆ ~ van vertrouwen *Vertrauensbruch*
schenkel *Schenkel* [m]
schenken • (gieten) *(ein)gießen, einschenken* • (verlenen) *schenken* • (kwijtschelden) *schenken* • (serveren) *ausschenken*
schenking *Schenkung* [v], ‹geschenk› *Geschenk* [o], ‹liefdadigheid› *Spende* [v]
schenkingsakte *Schenkungsurkunde* [v]
schenkingsrecht *Schenkungssteuer* [v]
schennis *Schändung* [v] ⋆ ~ plegen *schänden*
schep • (gereedschap) *Schaufel* [v] • (een schep vol) *Löffel* [m] ⋆ een ~ zout *ein Löffel Salz* • (grote hoeveelheid) *Haufen* [m], *Menge* [v]
schepen *Schöffe* [m]
schepijs ≈ *Speiseeis* [o]
schepnet *Kescher* [m]
scheppen • (putten) *schöpfen* ⋆ hij schepte moed *er schöpfte Mut* • (opscheppen) ⋆ geschept papier *Büttenpapier* [o] • (creëren) *(er)schaffen* ⋆ ~d *schöpferisch* • (omverrijden) ⋆ door een auto geschept worden *von einem Auto umgefahren werden*
schepper *Schöpfer* [m]
schepping *Schöpfung* [v]
scheppingsverhaal *Schöpfungsgeschichte* [v]
scheprad *Schaufelrad* [o]
schepsel *Geschöpf* [o]
scheren I [ov ww] • (kort afsnijden) *rasieren, scheren* ⋆ zich ~ *sich rasieren* • (keilen) *hüpfen lassen* ⋆ steentjes langs het water ~ *Steine übers Wasser springen lassen* **II** [on ww] • (rakelings gaan langs) *streifen* • (snel bewegen) ⋆ door de lucht ~ *durch die Luft schießen* ⋆ scheer je weg! *mach, dass du wegkommst!*
scherf • (brokstuk van bom) *Splitter* [m] • (brokstukje) *Scherbe* [v]
schering • (het scheren) ‹dieren, heggen› *Schur* [v], ‹haar› *Rasur* [v] • (bij weefsel) *Kette* [v], *Aufschlag* [m] ▾ dat is hier ~ en inslag *das ist hier gang und gäbe*
scherm • (beeldscherm) *Bildschirm* [m], ‹projectiescherm› *Leinwand* [v] • (toneelgordijn) *Vorhang* [m] • (afscheiding) *Schirm* [m] ▾ een kijkje achter de ~en nemen *einen Blick hinter die Kulissen werfen* ▾ achter de ~en blijven *im Hintergrund bleiben*
schermen • (druk zwaaien) *(herum)fuchteln* • (ophef maken) *schwadronieren* • (sport) *fechten* ⋆ het ~ op de sabel *das Säbelfechten*
schermutseling • (klein gevecht) *Scharmützel* [o] • (woordenstrijd) *Geplänkel* [o]
scherp I [het] • (scherpe kant) *Schneide* [v] • (patronen) *scharfe Munition* [v] ⋆ met ~ schieten *scharf schießen* ▾ op het ~ van de snede *hart auf hart* **II** [bnw] *scharf* ⋆ ~ stellen *scharf einstellen* ⋆ ~e wind *schneidende(r) Wind* [m] ⋆ ~e hoek ‹wisk.› *spitze(r) Winkel* [m]
scherpen *schärfen, (an)spitzen*
scherpomlijnd *scharf umrissen*
scherprechter *Scharfrichter* [m]
scherpschutter *Scharfschütze* [m]
scherpslijper *Haarspalter* [m]
scherpte *Schärfe* [v]
scherptediepte *Tiefenschärfe* [v]
scherpzinnig *scharfsinnig*
scherts *Scherz* [m], *Spaß* [m]
schertsen *scherzen, spaßen*
schertsend *scherzhaft, scherzend*
schertsfiguur *Witzfigur* [v]
schets • (tekening) *Skizze* [v] • (kort verhaal) *Abriss* [m]
schetsblok *Notizblock* [m]
schetsboek *Skizzenbuch* [o]
schetsen • (tekenen) *skizzieren, umreißen* • (beschrijven) *beschreiben*
schetsmatig *skizzenhaft* ⋆ iets ~ uitbeelden *etw. in groben Zügen darstellen*
schetteren • (klinken) *schmettern, plärren, schrill tönen* ⋆ de radio schettert *das Radio plärrt*

• (verkondigen) *lauthals seine Meinung verkünden*
scheur • (spleet) *Sprung* [m], *Riss* [m] • (mond) *Klappe* [v]
scheurbuik *Skorbut* [m]
scheuren I [ov ww] • (scheuren maken) *reißen*, ‹van papier› *zerreißen* ⋆ iets in stukken ~ *etw. in Stücke reißen* • (omploegen) *umbrechen* • (losrukken) *(los)reißen* • (plant.) *teilen* II [on ww] • (een scheur krijgen) *reißen* ⋆ de muur begint te ~ *die Mauer bekommt Risse* • (hard rijden) *rasen*
scheuring *Spaltung* [v], ‹schisma› *Schisma* [o]
scheurkalender *Abreißkalender* [m]
scheut • (loot) *Schössling* [m], *Trieb* [m], *Spross* [m] • (hoeveelheid vloeistof) *Schuss* [m] • (steek) *Stich* [m] ▾ ~ krijgen *in die Höhe schießen*
scheutig • (vrijgevig) *freigebig, großzügig* • (bereidwillig) *bereit*
schicht *Blitzstrahl* [m], *Blitz* [m]
schichtig *scheu, schreckhaft*
schielijk • (snel) *hastig* ⋆ ~ eten *hastig essen* • (plotseling) *plötzlich, jäh*
schier *nahezu, schier*
schiereiland *Halbinsel* [v]
schietbaan *Schießstand* [m], *Schießplatz* [m]
schieten I [ov ww] *schießen* ⋆ iem. overhoop ~ *jmdn. über den Haufen schießen* • (loslaten) ⋆ iets laten ~ *etw. fahren lassen* ▾ zijn ogen schoten vuur *seine Augen funkelten vor Wut* ▾ iem. wel kunnen ~ *jmdn. auf den Mond schießen können* II [on ww] • (vuren) *schießen* • (snel bewegen) *schießen* ⋆ in de kleren ~ *in die Kleider fahren* ⋆ het mes schiet me uit de hand *das Messer fällt mir aus der Hand* • (snel groeien) *schießen* ⋆ in het blad ~ *ausschlagen* • (plotseling opkomen) *schießen* ⋆ de tranen schoten haar in de ogen *die Tränen schossen ihr in die Augen* ⋆ er schiet me iets te binnen *mir fällt etw. ein*
schietgat *Schießscharte* [v]
schietgebed *Stoßgebet* [o]
schietlood *Lot* [o], *Senkblei* [o]
schietpartij *Schießerei* [v]
schietschijf *Schießscheibe* [v]
schietstoel *Schleudersitz* [m]
schiettent *Schießbude* [v]
schiften I [ov ww] • (sorteren) *sortieren* ⋆ de papieren ~ *die Papiere sichten/ordnen* • (afzonderen) *trennen* II [on ww] • (klonteren) ‹melk› *gerinnen*, ‹verf› *klumpen* • (draaien van de wind) *sich drehen*
schifting • (het klonteren) *Gerinnung* [v], ‹verf› *Flockung* [v] • (selectie) *Sortierung* [v], *Auslese* [v]
schijf • (platrond voorwerp) *Scheibe* [v] • (plakje) *Scheibe* [v] • (schietschijf) *Zielscheibe* [v] • (damschijf) *Damestein* [m] • (belastingschijf) *Progressionsstufe* [v]
schijfrem *Scheibenbremse* [v]
schijn *Schein* [m] ⋆ geen ~ van kans op succes *nicht die geringste Aussicht auf Erfolg* ⋆ geen ~ van hoop *kein Hoffnungsschimmer* ⋆ naar alle ~ *allem Anschein nach* ⋆ de ~ aannemen *sich den Schein geben* ⋆ voor de ~ *zum Schein* ⋆ in ~ *scheinbar* ▾ ~ bedriegt *der Schein trügt*
schijnbaar I [bnw] *scheinbar* II [bijw] *anscheinend*
schijnbeweging *Täuschungsmanöver* [o], ‹mil.› *Scheinmanöver* [o]
schijndood I [de] *Scheintod* [m] II [bnw] *scheintot*
schijnen • (stralen) *strahlen* • (lijken) *scheinen* ⋆ naar het schijnt *anscheinend* ⋆ hij schijnt een goede arts te zijn *er scheint ein guter Arzt zu sein*
schijngestalte *(Mond)phase* [v]
schijnheilig *scheinheilig*
schijnhuwelijk *Scheinehe* [v]
schijnsel *(Licht)schein* [m]
schijntje *Kleinigkeit* [v], *Wenigkeit* [v] ⋆ voor een ~ *spottbillig* ⋆ geen ~ eergevoel *kein Schimmer von Ehrgefühl*
schijnvertoning *Ablenkungsversuch* [m] ▾ het is maar een ~ *es ist nur Theater*
schijnwerper *Scheinwerfer* [m]
schijnzwanger *scheinschwanger*
schijt *Scheiße* [v] ⋆ aan de ~ zijn *Dünnschiss haben* ▾ ‹inf.› ik heb er ~ aan *das ist mir scheißegal*
schijten *scheißen*
schijterig ↑ *ängstlich* ⋆ ~ zijn *Schiss haben*
schijthuis I [de] *Hosenscheißer* [m] II [het] *Scheißhaus* [o]
schijtlijster *Hosenscheißer* [m], ↑ *Angsthase* [m]
schik • (tevredenheid) *Vergnügen* [o] ⋆ in zijn ~ zijn *guter Dinge sein; gut gelaunt sein* • (plezier) *Spaß* [m] ⋆ ~ hebben in *seine Freude haben an* [3]
schikgodin *Schicksalsgöttin* [v]
schikken I [ov ww] • (goed plaatsen) *ordnen* • (regelen) *einrichten, regeln* ⋆ God schikt alles ten beste *Gott fügt alles zum Besten* • (bijleggen) *schlichten, beilegen* ▾ in der minne ~ *gütlich beilegen* II [on ww] • (gelegen komen) *gelegen kommen, passen* ⋆ dat zal wel ~ *das wird schon gehen* III [wkd ww] • (berusten) ⋆ zich in zijn lot ~ *sich in sein Schicksal ergeben* • (voegen naar) *sich fügen* ⋆ zich ~ naar iem. *sich nach jmdm. richten*
schikking • (overeenkomst) *Einigung* [v], *Abkommen* [o], *Vergleich* [m] ⋆ in een ~ treden *einen Vergleich eingehen* • (ordening) *Ordnung* [v], *Anordnung* [v]
schil *Schale* [v], ‹erwten, bonen› *Hülse* [v], ‹korst van een grondsoort› *Lage* [v], ‹takken› *Rinde* [v] ⋆ in de ~ gekookte aardappels *Pellkartoffeln*
schild • (beschermingsmiddel) *Schild* [m] • (dekschild) *Panzer* [m] • (uithangbord) *Schild* [o] ▾ iets in zijn ~ voeren *etw. im Schilde führen*
schilder • (kunstschilder) *Maler* [m] • (huisschilder) *Anstreicher* [m], *Maler* [m]
schilderachtig • (pittoresk) *malerisch* • (beeldend) *bildhaft, anschaulich*
schilderen • (verven) *(an)streichen* • (afbeelden) *malen* • (beschrijven) *schildern* • (kunst van schilder uitoefenen) *malen*
schilderij *Bild* [o], *Gemälde* [o]
schildering • (schilderij) *Gemälde* [o], *Malerei* [v] • (beschrijving) *Schilderung* [v], *Darstellung* [v] • (wijze van schilderen) *Malerei* [v]
schilderkunst *Malerei* [v]
schildersbedrijf • (vak) *Malerhandwerk* [o] • (bedrijf) *Malerbetrieb* [m]
schildersezel *Staffelei* [v]
schilderwerk • (het geschilderde) *Malerei* [v] • (te schilderen werk) *Malerarbeit* [v] • (de aangebrachte verf) *Anstrich* [m]
schildklier *Schilddrüse* [v]
schildknaap *Schildknappe* [m]
schildpad *Schildkröte* [v]
schildwacht *Schildwache* [v], *Posten* [m]
schilfer *Splitter* [m], ‹huid› *Schuppe* [v], ‹kalk› *Abschilferung* [v]
schilferen ‹gesteente› *sich schiefern*, ‹huid› *(sich) schuppen*, ‹muur› *abblättern*
schilferig *schilfernd*, ‹huid› *schuppig*
schillen *schälen*
schim • (schaduwbeeld) *Schattenbild* [o] • (geest) *Geist* [m] • (vage gedaante) *Schatten* [m] • (zwakke afschaduwing) *Schimmer* [m]

S

schimmel *Schimmel* [m]
schimmelen *(ver)schimmeln, schimmelig werden*
schimmelig *schimm(e)lig*
schimmelkaas *Schimmelkäse* [m]
schimmenrijk *Schattenreich* [o]
schimmenspel *Schattenspiel* [o]
schimp *Schimpf* [m], *Schmach* [v]
schimpen *schimpfen, schmähen*
schimpscheut *Stichelei* [v], *Seitenhieb* [m]
schip *Schiff* [o] ▾ zijn schepen achter zich verbranden *alle Brücken hinter sich abbrechen* ▾ schoon ~ maken *reinen Tisch machen*
schipbreuk *Schiffbruch* [m] ⋆ ~ lijden *Schiffbruch erleiden;* ‹fig.› *scheitern an* [3]
schipbreukeling *Schiffbrüchige(r)* [m]
schipper *Schiffer* [m]
schipperen I [ov ww] • (klaarkrijgen) *regeln, in Ordnung bringen* **II** [on ww] • (compromissen doen) *taktieren, lavieren* ⋆ altijd willen ~ *immer Kompromisse suchen; sich immer durchlavieren*
schisma *Schisma* [o]
schitteren • (fel schijnen) *aufleuchten, glänzen, strahlen, leuchten* ⋆ de sneeuw schittert in de zon *der Schnee glitzert in der Sonne* • (uitblinken) *glänzen*
schitterend • (glinsterend) *glänzend* • (prachtig) *prächtig* ⋆ een ~e dag *ein herrlicher Tag* ⋆ een ~ idee *eine blendende Idee*
schittering • (het schitteren) *Glänzen* [o], *Glitzern* [o] • (pracht) *Glanz* [m]
schizofreen I [de] *Schizophrene(r)* [m] **II** [bnw] *schizophren*
schizofrenie *Schizophrenie* [v]
schlager *Schlager* [m]
schlemiel *Schlemihl* [m]
schmink *Schminke* [v]
schminken *schminken*
schnabbel *Nebenverdienst* [m]
schnabbelen *nebenher arbeiten,* ‹zwart werken› *schwarzarbeiten*
schnitzel *Schnitzel* [o]
schobbejak *Schuft* [m], *Lump* [m]
schoeien • (van schoeisel voorzien) *beschuhen* • (beschoeien) *bekleiden, befestigen*
schoeisel *Schuhwerk* [o]
schoen *Schuh* [m] ⋆ lage ~ *Halbschuh* ▾ de stoute ~en aantrekken *sich ein Herz fassen* ▾ de moed zonk hem in de ~en *das Herz fiel ihm in die Hose* ▾ ik zou niet graag in zijn ~en staan *ich möchte nicht in seiner Haut stecken* ▾ wie de ~ past, trekke hem aan *wen's juckt, der kratze sich* ▾ naast zijn ~en lopen *sehr eingebildet sein* ▾ stevig in zijn ~en staan *seiner Sache gewiss sein* ▾ daar wringt de ~ *da drückt der Schuh* ▾ weten waar de ~ wringt *wissen, wo der Schuh drückt*
schoenborstel *Schuhbürste* [v]
schoencrème *Schuhcreme* [v]
schoenendoos *Schuhkarton* [m]
schoenenwinkel *Schuhladen* [m]
schoener *Schoner* [m]
schoenlepel *Schuhanzieher* [m]
schoenmaat *Schuhgröße* [v]
schoenmaker *Schuster* [m], *Schuhmacher* [m] ▾ ~, blijf bij je leest *Schuster, bleib bei deinem Leisten*
schoenpoetser *Schuhputzer* [m]
schoensmeer *Schuhcreme* [v]
schoenveter *Schnürsenkel* [m]
schoep • (schepbord op waterrad) *Schaufel* [v] • (schuin plankje) *Lamelle* [v]
schoffel • (bot) *Darmbeinschaufel* [v] • (gereedschap) *Gartenhacke* [v]
schoffelen • (bewerken met schoffel) *hacken, mit der Gartenhacke (be)arbeiten* • (sport) *holzen*
schofferen • (verkrachten) *missbrauchen* • (beledigen) *grob behandeln*
schoffie *Rüpel* [m], *Rabauke* [m]
schoft • (schurk) *Schuft* [m] • (schouder van dier) *Widerrist* [m]
schoftenstreek *Schurkerei* [v]
schofterig *gemein, schuftig*
schok • (stoot) *Stoß* [m] • (emotionele gebeurtenis) *Schock* [m], *Erschütterung* [v] ⋆ het was een enorme ~ voor haar *es war ein schwerer Schlag für sie* • (stroomstoot) *Schlag* [m]
schokbestendig *stoßfest, stoßsicher*
schokbeton *Rüttelbeton* [m]
schokbreker *Stoßdämpfer* [m]
schokdemper *Stoßdämpfer* [m]
schokeffect *Schockwirkung* [v]
schokgolf *Schockwelle* [v]
schokken I [ov ww] • (heftig beroeren) *erschüttern* • (betalen) *blechen* **II** [on ww] • (schudden) *schütteln, stoßen*
schokkend *erschütternd, schockierend*
schokschouderen *mit den Achseln zucken* ⋆ ~d *achselzuckend*
schoksgewijs *ruckartig, stoßweise*
schol *Scholle* [v]
scholen I [ov ww] • (onderwijzen) *ausbilden, schulen* **II** [on ww] • (samenscholen) *einen Schwarm bilden*
scholengemeenschap ≈ *Gesamtschule* [v]
scholier *Schüler* [m]
scholing *Schulung* [v], *Ausbildung* [v]
schommel • (speeltuig) *Schaukel* [v] • (dik mens) *Dicke(r)* [m]
schommelen • (heen en weer bewegen) *schaukeln* ⋆ de boot schommelt *das Boot schlingert* • (waggelen) *watscheln, wackeln* • (fluctueren) *schwanken*
schommeling *Schwankung* [v]
schommelstoel *Schaukelstuhl* [m]
schonkig *grobknochig*
schoof • (bundel) *Bündel* [o] • (bos gemaaide halmen) *Garbe* [v] ⋆ aan schoven zetten *in Hocken aufstellen* ⋆ tot schoven binden *zu Garben binden*
schooien *schnorren,* ‹dringend vragen› *betteln*
schooier • (zwerver) *Penner* [m], *Landstreicher* [m], *Bettler* [m] ⋆ arme ~ *arme(r) Schlucker* [m] • (schoft) *Lump* [m], *Schuft* [m]
school • (onderwijsinstelling) *Schule* [v] ⋆ openbare ~ *öffentliche Schule* ⋆ naar ~ gaan *in die/zur Schule gehen* ⋆ bijzondere ~ ‹particulier› *Privatschule;* ‹confessioneel› *konfessionelle Schule* ⋆ neutrale ~ *konfessionslose Schule; Gemeinschaftsschule* ⋆ de ~ voor beroepsonderwijs *die berufsbildende Schule* ⋆ ~ voor b.l.o. *Hilfsschule; Sonderschule* ⋆ ~ voor g.l.o. *Elementarschule* • (vissen) *Schwarm* [m], *Zug* [m] ⋆ een ~ haringen *ein Zug Heringe; ein Heringsschwarm* • (richting) *Schule* [v] ▾ uit de ~ klappen *aus der Schule plaudern*
schoolagenda *Aufgabenheft* [o]
schoolarts *Schularzt* [m]
schoolbank *Schulbank* [v]
schoolbezoek *Schulbesuch* [m], ‹door inspecteur› *Schulinspektion* [v]
schoolblijven *nachsitzen*
schoolboek *Schulbuch* [o]
schoolbord *(Wand)tafel* [v]
schoolbus *Schulbus* [m]
schooldag *Schultag* [m]

S

schoolgaand *Schul-* ⋆ zij heeft ~e kinderen *ihre Kinder gehen zur Schule* ⋆ de ~e jeugd *die Schuljugend*
schoolgeld *Schulgeld* [o]
schoolhoofd *Schulleiter* [m], *Schuldirektor* [m]
schooljaar *Schuljahr* [o]
schooljeugd *Schuljugend* [v]
schooljuffrouw *Lehrerin* [v], ‹van de lagere school› *Grundschullehrerin* [v]
schoolklas *Schulklasse* [v]
schoolkrant *Schulzeitung* [v]
schoolkrijt *Schulkreide* [v]
schoollokaal *Schulzimmer* [o], *Klassenraum* [m]
schoolmeester • (leerkracht) *(Grundschul)lehrer* [m] • (schoolmeesterachtig type) *Schulmeister* [m] ⋆ de ~ uithangen *den Schulmeister spielen; schulmeistern*
schoolonderzoek ≈ *schuleigene Prüfung als Teil des Schulabschlusses* [v]
schoolplein *Schulhof* [m]
schoolreis *Klassenfahrt* [v]
schools • (zoals op school) *schulisch, schulgerecht* • (niet zelfstandig) *pedantisch, schulmeisterlich*
schoolslag *Brustschwimmen* [o]
schooltas *Schultasche* [v], ‹op rug gedragen› *Schulranzen* [m]
schooltelevisie *Schulfernsehen* [o]
schooltijd • (lestijd) ⋆ onder ~ *während der Schule* • (schooljaren) *Schulzeit* [v]
schoolvereniging • (scholierenvereniging) *Schülermitverwaltung* [v] • (vereniging die school opricht) ≈ *Verein, der eine Schule gründet/unterhält* [m]
schoolverlater *Schulabgänger* [m]
schoolvoorbeeld *Paradebeispiel* [o], *Musterbeispiel* [o]
schoolziek *schulkrank*
schoolzwemmen *Schulschwimmen* [o]
schoon I [het] *Schönheit* [v], *Schöne* [o] ⋆ het schone van de kunst *das Schöne in der Kunst* **II** [bnw] • (mooi) *schön* ⋆ schone beloften *leere(n) Versprechungen* • (niet vuil) *rein, sauber* ⋆ ~ maken *rein machen; reinigen* • (netto) *netto* **III** [bijw] ⋆ alles ~ opeten *alles fein aufessen*
schoondochter *Schwiegertochter* [v]
schoonheid *Schönheit* [v]
schoonheidsfout *Schönheitsfehler* [m]
schoonheidsideaal *Schönheitsideal* [o]
schoonheidskoningin *Schönheitskönigin* [v]
schoonheidssalon *Kosmetiksalon* [m]
schoonheidsspecialiste *Schönheitsspezialistin* [v]
schoonheidswedstrijd *Schönheitswettbewerb* [m]
schoonhouden *sauber halten*
schoonmaak *Saubermachen* [o], ‹in huis› *Hausputz* [m]
schoonmaakbedrijf • (bedrijf) *Gebäudereinigung* [v] • (het schoonmaken) *Saubermachen* [o]
schoonmaakwoede *Putzwut* [v]
schoonmaken *reinigen, putzen, sauber machen,* ‹overgankelijk› *abwischen* ⋆ een vis ~ *einen Fisch ausnehmen* ⋆ groente ~ *Gemüse putzen*
schoonmaker *Reiniger* [m] ⋆ schoonmaakster *Reinemachefrau* [v]; *Putzfrau* [v]
schoonmoeder *Schwiegermutter* [v]
schoonouders *Schwiegereltern* [mv]
schoonrijden *Eiskunstlauf* [m], *Eiskunstlaufen* [o]
schoonschrift *Schönschrift* [v]
schoonschrijven *schönschreiben*
schoonspringen ‹znw› *Kunstspringen* [o]
schoonvader *Schwiegervater* [m]
schoonzoon *Schwiegersohn* [m]
schoonzus *Schwägerin* [v]
schoorsteen • (rookkanaal) *Schornstein* [m], ‹van fabriek/boot› *Schlot* [m] • (schoorsteenmantel) *Kamin* [m]
schoorsteenmantel *Schornsteinmantel* [m], ‹bovenblad› *Kaminsims* [m]
schoorsteenveger *Schornsteinfeger* [m]
schoorvoetend *ungern, widerwillig,* ‹aarzelend› *zögernd*
schoot • (bovendijen) *Schoß* [m] • (boezem) *Schoß* [m], *Innere(s)* [o] • (deel kledingstuk) *Schoß* [m] • (deel slot) *Riegel* [m] • (scheepv.) *Schot* [v] • (plant.) *Schössling* [m] ▾ het hoofd in de ~ leggen *sich unterwerfen* ▾ met de handen in de ~ zitten *müßig dasitzen*
schoothondje *Schoßhündchen* [o]
schootsafstand *Schussentfernung* [v], *Schussweite* [v]
schootsveld *Schussfeld* [o]
schop • (trap) *Tritt* [m], ‹voetbal› *Schuss* [m] ⋆ vrije ~ *Freistoß* [m] • (spade) *Schaufel* [v], *Spaten* [m]
schoppen I [de] *Pik* [o] **II** [ov ww] *treten* ⋆ iem. ~ *jmdm. einen Fußtritt geben* ▾ herrie ~ *lärmen; Krach schlagen* **III** [on ww] *treten* ⋆ tegen een bal ~ *einen Ball treten*
schopstoel ▾ op de ~ zitten *auf der Kippe stehen;* ‹m.b.t. werk, ambt› *auf dem Schleudersitz sitzen*
schor *heiser, rau* ⋆ ~re stem *heisere Stimme* [v]
schorem I [het] *Gesindel* [o] **II** [bnw] *schäbig, unanständig*
schoren *(ab)stützen*
schorpioen *Skorpion* [m]
schors *Rinde* [v], ‹fig.› *Schale* [v] ⋆ de ~ van de nier *die Nierenrinde*
schorsen • (buiten dienst stellen) *aussetzen,* ‹sport› *sperren* ⋆ iem. in zijn ambt ~ *jmdn. suspendieren* • (tijdelijk opheffen) *unterbrechen*
schorseneer *Schwarzwurzel* [v]
schorsing • (tijdelijke uitsluiting) *Suspendierung* [v], ‹jur.› *Aussetzung* [v], ‹sport› *Sperrung* [v], ‹werknemer› *Suspension* [v] • (uitstel) *Aufschub* [m]
schort • (lendedoek) *Schurz* [m] • (kledingstuk) *Schürze* [v]
schorten I [ov ww] • (opschorten) *einstellen* ⋆ betalingen ~ *Zahlungen einstellen* **II** [on ww] • (haperen) *fehlen, mangeln, hapern* ⋆ wat schort eraan? *was fehlt dir?*
schot • (het schieten) *Schuss* [m] ⋆ een ~ lossen *einen Schuss abfeuern* • (vaart) *Schwung* [m], *Fortschritt* [m] ⋆ er komt ~ in *es kommt in Gang; es beginnt zu laufen* • (tussenschot) *Scheidewand* [v], *Trennwand* [v] • (sport) *Schuss* ▾ buiten ~ blijven *außer Schussweite bleiben*
Schot *Schotte* [m]
schotel • (schaal) *Schüssel* [v], ‹bij kopje› *Untertasse* [v] • (gerecht) *Platte* [v] ▾ vliegende ~ *fliegende Untertasse*
schotelantenne *Parabolantenne* [v]
Schotland *Schottland* [o]
schots I [de] *Scholle* [v] **II** [bijw] ▾ ~ en scheef *schief und krumm*
Schots *schottisch*
schotschrift *Schmähschrift* [v]
schotwond *Schusswunde/-verletzung* [v]
schouder *Schulter* [v] ⋆ de ~s ophalen *die Achseln zucken* ⋆ brede ~s hebben *breitschultrig sein;* ‹fig.› *einen breiten Rücken haben*
schouderband • (band aan kledingstuk) *Träger*

S

[m] • (draagband) *Schulterriemen* [m] • (gewrichtsband) *Schulterband* [o]
schouderblad *Schulterblatt* [o]
schouderkarbonade *Schulterstück* [o]
schouderklopje *Kompliment* [o] ▾ iem. een ~ geven *jmdm. auf die Schulter klopfen*
schouderophalen *Achselzucken* [o]
schoudertas *Schultertasche* [v]
schoudervulling *Schulterpolster* [o]
schout ‹gesch.› *Schultheiß* [m], ‹dijkgraaf› *Deichhauptmann* [m]
schout-bij-nacht *Konteradmiral* [m]
schouw • (stookplaats) *Kamin* [m] • (inspectie) *Inspektion* [v], *Besichtigung* [v] • (boot) ≈ *altniederländische(s) Fischerboot* [o]
schouwburg *Theater* [o], *Schauspielhaus* [o] ⋆ een volle ~ *ein volles Haus* ⋆ naar de ~ gaan *ins Theater gehen*
schouwen • (inspecteren) *besichtigen, inspizieren* • (beschouwen) *erblicken*
schouwspel *Schauspiel* [o], *Anblick* [m]
schraag I [de] *Stützbock* [m], *Bock* [m] **II** [bnw] *schräg*
schraal • (mager) *mager,* ‹iel› *hager, dürr* • (karig) *spärlich, karg, kärglich, knapp* ⋆ schrale troost *leidige(r)/leere(r) Trost* [m] • (guur) *rau* • (onvruchtbaar) ⋆ schrale grond *magere(r)/dürre(r)/unfruchtbare(r) Boden* [m] • (armoedig) *dürftig, ärmlich*
schraalhans *Geizhals* [m] ▾ daar is ~ keukenmeester *da ist Schmalhans Küchenmeister*
schraapzucht *Raffgier* [v], *Raffsucht* [v]
schragen *(unter)stützen, ermutigen, bestärken*
schram • (wondje) *Schramme* [v], *Kratzer* [m] ⋆ slechts een ~metje opgelopen hebben *nur eine Schramme/einen Kratzer abbekommen haben* • (varken) *Läufer* [m]
schrammen *schrammen, ritzen*
schrander *gescheit, klug* ⋆ ~e kop *helle(r) Kopf* [m]
schranderheid *Klugheit* [v]
schransen ‹inf.› *futtern,* ‹genietend› *schmausen,* ‹haastig› *schlingen*
schranspartij *Schlemmerei* [v], ‹inf.› *Fressgelage* [o]
schrap I [de] • (kras) *Kratzer* [m] • (doorhaling) *Strich* [m] **II** [bijw] *(an)gespannt* ⋆ zich ~ zetten *sich anspannen;* ‹fig.› *sich auf etw. gefasst machen*
schrapen I [ov ww] • (afkrabben) *abkratzen, (ab)schaben* ⋆ de keel ~ *sich räuspern* • (verzamelen) *zusammenkratzen, zusammenraffen* **II** [on ww] • (schurend geluid maken) *schaben, kratzen*
schraper • (schraapijzer) *Kratzer* [m], *Schaber* [m] • (persoon) *Raffer* [m]
schrappen • (schrapen) *(ab)schaben, abkratzen* • (doorhalen) *kratzen*
schrede *Schritt* [m]
schreef *Linie* [v], *Strich* [m] ▾ over de ~ gaan *zu weit gehen*
schreeuw *Schrei* [m] ⋆ een ~ geven *aufschreien*
schreeuwen *schreien* ⋆ uit alle macht ~ *aus vollem Halse schreien* ⋆ ~ om iets *nach etw. schreien*
schreeuwend I [bnw] *schreiend* ⋆ ~e kleuren *grelle(n)/knallige(n) Farben* **II** [bijw] *schrecklich* ⋆ ~ hoge prijzen *exorbitante(n) Preise*
schreeuwerig • (schreeuwend) *schreiend* • (opzichtig) *reißerisch, prahlerisch* • (onaangenaam klinkend) *grell, schrill*
schreeuwlelijk *Schreihals* [m]
schreien *weinen* ⋆ tot ~s toe ontroerd *zu Tränen gerührt* ▾ ten hemel ~d *himmelschreiend*
schriel • (mager) *kümmerlich, mager* • (gierig) *geizig, knauserig* • (m.b.t. grond) *karg*
schrift • (cahier) *Heft* [o] • (het schrijven) ⋆ iets op ~ stellen *etw. zu Papier bringen; etw. aufzeichnen* • (handschrift) *Schrift* [v]
schriftelijk I [het] *schriftliche Prüfung* [v] **II** [bnw] *schriftlich* ⋆ ~e cursus *Fernkurs* [m]; *Fernlehrgang* [m] ⋆ iets ~ vastleggen *etw. schriftlich festhalten*
schriftgeleerde *Schriftgelehrte(r)* [m]
schrijden *schreiten*
schrijfblok *Schreibblock* [m]
schrijfmachine *Schreibmaschine* [v]
schrijfmap *Schreibmappe* [v]
schrijfpapier *Schreibpapier* [o]
schrijfster *Schriftstellerin* [v]
schrijfstijl *Schreibstil* [m]
schrijftaal *Schriftsprache* [v]
schrijfvaardigheid *Schreibgewandtheit* [v], ‹vreemde taal› *Schreibfertigkeit* [v]
schrijfwerk *Schreibarbeit* [v]
schrijfwijze • (spelling) *Schreibweise* [v] • (handschrift) *Schrift* [v]
schrijlings *rittlings*
schrijnen *brennen,* ‹pijn door schuren› *reiben*
schrijnend *bitter* ⋆ ~e tegenstellingen *krasse Gegensätze*
schrijven I [het] *Schreiben* [o], *Zuschrift* [v], *Brief* [m] **II** [ov ww] • (pen hanteren) *verfassen, schreiben* • (opstellen) *schreiben* • (berichten) *schreiben* • (spellen) *schreiben* **III** [on ww] • (letters aanbrengen) *schreiben*
schrijver • (auteur) *Autor* [m], *Verfasser* [m] • (klerk) *Schreiber* [m] • (iem. die schrijft) *Schriftsteller* [m]
schrijverschap *schriftstellerische Tätigkeit* [v]
schrik *Schrecken* [m], *Schreck* [m] ⋆ iem. ~ aanjagen *jmdm. einen Schrecken einjagen; jmdn. in Schrecken versetzen*
schrikaanjagend *Furcht erregend*
schrikachtig • (gauw schrikkend) *schreckhaft* • (schichtig) *scheu*
schrikbarend *Schrecken erregend, haarsträubend*
schrikbeeld *Schreckgespenst* [o]
schrikbewind *Schreckensherrschaft* [v], *Terrorregime* [o]
schrikdraad *Elektrozaun* [m]
schrikkeldag *Schalttag* [m]
schrikkeljaar *Schaltjahr* [o]
schrikkelmaand *Februar im Schaltjahr* [m]
schrikken *erschrecken* ⋆ om van te ~ *erschreckend; schrecklich* ⋆ zij heeft mij laten ~ *sie hat mich erschreckt*
schril • (schel) *grell, schrill* • (scherp afstekend) *schroff, krass*
schrobben *schrubben, scheuern*
schrobber *Schrubber* [m]
schrobbering *Ausputzer* [m]
schroef • (pin met schroefdraad) *Schraube* [v] • (propeller) *Schraube* [v], *Propeller* [m] • (bankschroef) *Schraubstock* [m] • (spiraalvormige beweging) *Schraube* [v], *Spirale* [v] • (bloeiwijze) *Schraubel* [v]
schroefas *Schraubenwelle* [v]
schroefdeksel *Schraubdeckel* [m]
schroefdop *Schraubdeckel* [m]
schroefdraad *(Schrauben)gewinde* [o] ▾ rechtse ~ *Rechtsgewinde* [o]
schroeien I [ov ww] • (oppervlak verbranden) *versengen, ansengen* **II** [on ww] • (aan oppervlakte branden) *sengen*
schroeven *schrauben*

S

schroevendraaier *Schraubenzieher* [m]
schrokken *schlingen* ⋆ naar binnen ~ *herunterschlingen*
schrokop *Vielfraß* [m]
schromelijk *fürchterlich, gewaltig*
schromen • (aarzelen) *zögern, scheuen* • (duchten) *scheuen, zurückschrecken* ⋆ geen gevaar ~ *keiner Gefahr aus dem Weg(e) gehen; keine Gefahr scheuen*
schrompelen *schrumpfen*
schroom • (vrees) *Scheu* [v], *Ängstlichkeit* [v] • (verlegenheid) *Scheu* [v], *Schüchternheit* [v], *Zaghaftigkeit* [v]
schroomvallig • (verlegen) *zaghaft, scheu, schüchtern* • (angstig) *ängstlich*
schroot I [de] ⋆ met ~jes betimmerd *Holzverkleidung* [v] **II** [het] • (schietlading) *Schrot* [m] • (metaalafval) *Schrott* [m] ⋆ oud ijzer tot ~ maken *verschrotten*
schroothoop *Schrotthaufen* [m]
schub *Schuppe* [v]
schuchter *schüchtern*
schuddebuiken *sich vor Lachen schütteln*
schudden I [ov ww] • (bewegen) *schütteln* ⋆ de kaarten ~ *die Karten mischen* ⋆ iem. wakker ~ *jmdn. aus dem Schlaf rütteln;* ‹fig.› *jmdn. aus seinen Träumen aufrütteln* ▾ dat kun je wel ~ *das kannst du vergessen* **II** [on ww] • (bewogen worden) *schütteln* ⋆ de explosie deed de huizen ~ *die Explosion erschütterte die Häuser*
schuier *Bürste* [v]
schuif • (grendel) *Riegel* [m], *Schieber* [m] • (klep) *Schütz* [o] • (flinke hoeveelheid) *Haufen* [m] ⋆ een ~ geld *ein Haufen Geld* • (zet bij spelletjes) *Zug* [m]
schuifdak *Schiebedach* [o]
schuifdeur *Schiebetür* [v]
schuifelen • (voortbewegen) *schlürfen, latschen* • (dansen) *innig tanzen*
schuifladder *ausziehbare Leiter* [v], *Schiebeleiter* [v]
schuifpui *verglaste Schiebewand* [v]
schuifraam *Schiebefenster* [o]
schuiftrompet *Zugtrompete* [v]
schuifwand *Schiebewand* [v]
schuiladres *Deckadresse* [v], ‹plek om te schuilen› *Unterschlupf* [m]
schuilen • (zich verbergen) *sich verstecken* • (beschutting zoeken) *unterstehen, sich unterstellen, Schutz suchen* • (te vinden zijn) *liegen, stecken* ▾ er schuilt wat achter *es steckt etw. dahinter*
schuilgaan *sich verbergen, sich verstecken*
schuilhouden *sich verborgen halten, sich versteckt halten*
schuilhut *Schutzhütte* [v]
schuilkelder *Luftschutzkeller* [m]
schuilnaam *Deckname* [m], *Pseudonym* [o]
schuilplaats • (plaats om zich te verbergen) *Versteck* [o], *Unterschlupf* [m] • (onderkomen) *Unterschlupf* [m] • (toevluchtsoord) *Zufluchtsstätte* [v]
schuim • (blaasjes) *Schaum* [m] ⋆ ~ van de golven *Gischt* [m] • (gespuis) *Abschaum* [m] • (gebak) *Eischnee* [m]
schuimbad *Schaumbad* [o]
schuimbekken *Schaum vor dem Mund haben* ⋆ ~d van woede *wutschäumend*
schuimen I [ov ww] • (afschuimen) *abschäumen* **II** [on ww] • (schuim vormen) *schäumen*
schuimig *schaumig*
schuimkop *Schaumkrone* [v]
schuimkraag *Schaumkrone* [v]
schuimpje *Baiser* [o], *Meringe* [v], *Schaumgebäck* [o]
schuimplastic I [het] *Schaumstoff* [m] **II** [bnw] *Schaumstoff-, aus Schaumstoff*
schuimrubber *Schaumgummi* [m]
schuimspaan *Schaumlöffel* [m], *Schaumkelle* [v]
schuin • (scheef) *schräg, schief* ⋆ het ~e vlak *die schiefe Ebene* ⋆ hij woont hier ~ tegenover *er wohnt hier schräg gegenüber* • (dubbelzinnig) *anzüglich, schlüpfrig, obszön* ⋆ ~e moppen vertellen *Zoten reißen*
schuins *schräg*
schuinschrift *Schrägschrift* [v]
schuinsmarcheerder *Schürzenjäger* [m]
schuinte • (schuine richting) *Abschüssigkeit* [v], *Neigung* [v] • (helling) *Abhang* [m], ‹stijgend› *Steigung* [v]
schuit *Schiff* [o], *Kahn* [m], *Boot* [o], ‹dekschuit, trekschuit› *Schutte* [v]
schuitje *kleine(s) Boot* [o], *Nachen* [m], *Kahn* [m], *Schiffchen* [o] ▾ in hetzelfde ~ zitten *im selben Boot sitzen*
schuiven I [ov ww] • (duwen langs) *schieben,* ‹van schaakstukken› *ziehen* **II** [on ww] • (schuivend bewegen) *schieben, rutschen, gleiten* ⋆ bij elkaar ~ *näher zusammenrücken* • (dokken) *blechen*
schuiver *Rutscher* [m] ⋆ een ~ maken *ausrutschen*
schuld • (verplichting) *Schuld* [v] ⋆ diep in de ~en zitten *tief in Schulden stecken; stark verschuldet sein* • (fout) *Schuld* [v] ⋆ lichamelijk letsel door ~ *fahrlässige Körperverletzung* [v] • (verantwoordelijkheid) *Schuld* [v] ⋆ ~ aan iets hebben *an etw. Schuld haben* [3] ⋆ de ~ van iets dragen *die Schuld an etw. tragen* [3]
schuldbekentenis • (promesse) *Schuldschein* [m] • (bekennen van schuld) *Geständnis* [o]
schuldbesef *Schuldbewusstsein* [o]
schuldbewust *schuldbewusst*
schuldcomplex *Schuldkomplex* [m]
schuldeiser *Gläubiger* [m]
schuldeloos *schuldlos*
schuldenaar *Schuldner* [m]
schuldenlast *Schuldenlast* [v]
schuldgevoel *Schuldgefühl* [o]
schuldig *schuldig* ⋆ wat ben ik u ~? *was schulde ich Ihnen?* ⋆ aan iets ~ zijn *an etw. schuldig sein* [3]
schuldige *Schuldige(r)* [m]
schuldvraag *Schuldfrage* [v]
schulp • (schelp) *Muschel* [v] • (ornament) *Rüsche* [v], *Bogenkante* [v]
schunnig • (armzalig) *ärmlich, schäbig* • (obsceen) *schweinisch, obszön*
schuren I [ov ww] • (glad maken) *reiben,* ‹met schuurpapier› *schmirgeln* **II** [on ww] • (schuiven) *scheuern, reiben*
schurft ‹bij dieren› *Räude* [v], ‹bij mensen› *Krätze* [v] ▾ de ~ aan iets hebben *etw. nicht ausstehen können*
schurftig ‹bij dieren› *räudig,* ‹bij mensen› *krätzig*
schurk *Schurke* [m]
schurkachtig *niederträchtig*
schurkenstreek *Schurkenstreich* [m], *üble(r) Streich* [m]
schut • (bescherming) *Schutz* [m] • (waterkering) *Schütz* [o] ▾ voor ~ staan *sich blamieren*
schutblad *Vorsatz(blatt)* [o], *Deckblatt* [o]
schutkleur *Tarnfarbe* [v], *Tarnfärbung* [v]
schutsluis *Kammerschleuse* [v]
schutspatroon *Schutzheilige(r)* [m], *Schutzpatron*

S

[m]
schutten I [ov ww] • (sluizen) *schleusen* **II** [on ww] • (door een sluis varen) *durch eine Schleuse fahren*
schutter *Schütze* [m]
schutteren • (verlegen te werk gaan) *sich ungeschickt benehmen*, ‹spreken› *herumdrucksen* • (onhandig te werk gaan) *stümpern*
schutterig • (verlegen) *schüchtern* • (onhandig) *stümperhaft*
schutterij *Schützenverein* [m]
schuttersput *Schießscharte* [v]
schutting *Zaun* [m]
schuttingtaal ≈ *vulgäre Sprache* [v]
schuttingwoord ≈ *vulgäre(s)/unanständige(s) Wort* [o]
schuur *Scheune* [v], ‹berghok› *Schuppen* [m]
schuurpapier *Schmirgelpapier* [o], *Schleifpapier* [o]
schuurpoeder *Scheuerpulver* [o]
schuurspons *Scheuerschwamm* [m]
schuw *scheu*
schuwen • (bang zijn voor) *scheuen* • (ontwijken) *meiden*
schuwheid *Scheu* [v], ‹verlegenheid› *Schüchternheit* [v]
schwung *Schwung* [m]
sciencefiction *Sciencefiction/Science-Fiction* [v]
scoliose *Skoliose* [v]
scoop *Erstveröffentlichung* [v]
scooter *Motorroller* [m]
score *Spielergebnis* [o], *Punktzahl* [v], *Score* [m], *Ergebnis* [o], *Spielstand* [m]
scorebord *Anzeigetafel* [v]
scoren *Punkte verzeichnen, Punkte erzielen, scoren*, ‹voetbal, handbal› *ein Tor machen/machen*
scouting • (padvinderij) *Pfadfinder* [mv] • (zoeken naar talenten) *Talentsuche* [v]
scrabble *Scrabble* [o]
screenen *überprüfen*, ‹doorlichten› *durchleuchten* ⋆ iem. op longkanker ~ *jmdn. auf Lungenkrebs untersuchen*
screentest *Probeaufnahme* [v]
scribent • (briefschrijver) *Briefschreiber* [m] • (prulschrijver) *Skribent* [m], *Schreiberling* [m]
script *Skript* [o], ‹van film› *Drehbuch* [o]
scriptie *Aufsatz* [m], *schriftliche Arbeit* [v], ≈ ‹voor universitair examen› *Magisterarbeit* [v]
scrotum *Skrotum* [o]
scrupule *Skrupel* [m] ⋆ zonder ~s *skrupellos*
scrupuleus *gewissenhaft*
sculptuur *Skulptur* [v]
seance *Sitzung* [v], ‹spiritisme› *Séance* [v]
sec I [bnw] *trocken*, ‹van wijn› *herb* **II** [bijw] *genau* ⋆ sec bekeken *genau betrachtet*
secondair *sekundär*
secondant *Sekundant* [m]
seconde *Sekunde* [v]
secondewijzer *Sekundenzeiger* [m]
secreet *Hexe* [v]
secretaire *Sekretär* [m]
secretaresse *Sekretärin* [v] ⋆ privé~ *Privatsekretärin* [v]
secretariaat • (ambt) *Sekretariat* [o] • (bureau) *Sekretariat* [o], ‹van vereniging› *Geschäftsstelle* [v]
secretarie *Gemeindeverwaltung* [o]
secretaris *Sekretär* [m] ⋆ particulier ~ *Privatsekretär* [m]
secretaris-generaal *Generalsekretär* [m]
sectie • (autopsie) *Sektion* [v] • (afdeling) *Abteilung* [v], *Sektion* [v]
sector *Bereich* [m], *Sektor* [m] ⋆ iets in ~en opdelen *etw. in Abschnitte aufteilen* ⋆ de tertiaire ~ *der Dienstleistungsbereich* ⋆ de agrarische ~ *die Land- und Forstwirtschaft* ⋆ de vrije ~ *der freie Markt*
secundair *sekundär, Sekundär-* ⋆ dat is van ~ belang *das ist von untergeordneter Bedeutung* ⋆ dat zijn ~e oorzaken *das sind Nebenursachen* ⋆ ~e wegen *Bundesstraßen*
secuur • (veilig) *sicher* • (zorgvuldig) *präzise, genau, gewissenhaft, pünktlich*
sedert → **sinds**
sedertdien *seitdem, seither*
sediment *Sediment* [o]
sedimentatie • (afzetting) *Sedimentation* [v], *Ablagerung* [v] • (chem.) *Sedimentation* [v], *Bodensatzbildung* [v]
segment *Segment* [o]
segregatie • (rassenscheiding) *Segregation* [v], *Absonderung* [v] • (afzondering) *Segregation* [v]
sein • (teken) *Signal* [o], *Zeichen* [o] • (voorwerp waarmee men seint) *Signal* [o] ⋆ het sein staat op veilig *das Signal steht auf 'Fahrt'*
seinen I [ov ww] • (telegraferen) *signalisieren* **II** [on ww] • (een sein geven) *ein Signal geben, Signale geben*, ‹met zendinstallatie› *funken*
seinhuis *Stellwerk* [o]
seinpaal *Signalmast* [m]
seismisch *seismisch*
seismograaf *Seismograph/Seismograf* [m]
seismografisch *seismographisch/seismografisch*
seizoen • (jaargetijde) *Saison* [v], *Jahreszeit* [v] • (deel van het jaar) *Saison* [v]
seizoenarbeid *Saisonarbeit* [v]
seizoenopruiming *Saisonschlussverkauf* [m], ‹na winter› *Winterschlussverkauf* [m], ‹na zomer› *Sommerschlussverkauf* [m]
seizoenwerkloosheid *saisonbedingte Arbeitslosigkeit* [v]
seks *Sex* [m]
seksbioscoop *Sexkino* [o], *Pornokino* [o]
seksbom *Sexbombe* [v]
sekse *Geschlecht* [o]
seksisme *Sexismus* [m]
seksist *Sexist* [m]
seksistisch *sexistisch*
sekslijn ≈ *Telefonnummer für Telefonsex* [v]
seksmaniak *Sexprotz* [m]
seksualiteit *Sexualität* [v]
seksueel *sexuell, Sexual-* ⋆ seksuele voorlichting *Sexualaufklärung* [v]
seksuoloog *Sexologe/Sexuologe* [m]
sektarisch *sektiererisch*
sekte *Sekte* [v]
selderie *Sellerie* [m]
select *erlesen, auserlesen*
selecteren • (uitzoeken) *selektieren, auswählen* • (scheiden) *aussondern*
selectie *Auswahl* [v], *Auslese* [v] ⋆ een ~ maken *eine Auswahl treffen* ⋆ een strenge ~ *nach strengen Kriterien auswählen*
selectiecriterium *Auswahlkriterium* [o], *Selektionskriterium* [o]
selectief *selektiv*
semafoon ≈ *drahtloses Gerät für das Aussenden von Suchmeldungen* [o]
semantiek *Semantik* [v]
semester *Semester* [o]
seminarie *Seminar* [o]
seminarium *Seminar* [o]
semi-overheidsbedrijf *halbstaatliche(s) Unternehmen* [o]
semi-prof *Halbprofi* [m], *Semiprofi* [m]
senaat *Senat* [m]

senator Senator [m]
Senegal Senegal [m]
seniel senil
senior I [de] Senior [m] **II** [bnw] senior, der Ältere (d.Ä.)
seniorenkaart Seniorenkarte [v], ‹stamkaart› Seniorenpass [m]
sensatie • (opschudding) Sensation [v] ⋆ ~ veroorzaken Aufsehen erregen ⋆ belust op ~ sensationslüstern • (gewaarwording) Empfindung [v]
sensatiepers Regenbogenpresse [v], Sensationspresse [v]
sensatiezucht Sensationssucht [v]
sensationeel sensationell
sensitief sensibel, sensitiv
sensor Sensor [m]
sensualiteit Sensualität [v]
sensueel sinnlich, Sinnen-
sentiment Sentiment [o]
sentimentaliteit Sentimentalität [v]
sentimenteel sentimental ⋆ ~ liedje Schnulze [v]
separaat einzeln, getrennt, separat
separatisme Separatismus [m]
seponeren einstellen, zu den Akten legen ⋆ een zaak ~ ein Verfahren einstellen
september September [m]
septet Septett [o]
sequentie Sequenz [v]
SER ≈ Wirtschaftsrat, zusammengestellt aus Arbeitnehmern, Arbeitgebern und unabhängigen Mitgliedern [m]
sereen erhaben
serenade Serenade [v], Ständchen [o]
sergeant Sergeant [m], Unteroffizier [m]
sergeant-majoor Feldwebel [m]
serie • (reeks) Folge [v], Serie [v], Reihe [v], ‹postzegels› Satz [m] ⋆ in ~ serienweise; serienmäßig • (groot aantal) Serie [v], Reihe [v] • (sport) Qualifikationslauf [m]
serieel seriell
serieproductie Serienproduktion [v], Serienfertigung [v]
serieus seriös, ernsthaft
sering Flieder [m]
seropositief seropositiv
serpent • (slang) Schlange [v] • (persoon) Schlange [v], Giftkröte [v]
serpentine Luftschlange [v]
serre • (broeikas) Treibhaus [o] • (glazen veranda) Veranda [v], Gartenzimmer [o], Wintergarten [m]
serum Serum [o]
serveerster Kellnerin [v], Serviererin [v]
serveren • (opdienen) servieren, auftragen, bedienen • (sport) servieren, aufschlagen
servet Serviette [v]
servetring Serviettenring [m]
service • (diensten) Service [m] ⋆ ~ verlenen Kundendienst leisten ⋆ ~afdeling Kundendienstabteilung [v] • (sport) Aufschlag [m]
servicedienst Kundendienst [m]
serviceflat Seniorenwohnung [v]
servicekosten Unterhaltskosten [mv]
servicestation Tankstelle (mit Werkstatt) [v]
Servië Serbien [o]
serviel unterwürfig
Serviër Serbe [m]
servies Service [o], Tafelgeschirr [o]
serviesgoed Tafelgeschirr [o]
Servisch serbisch
sesam Sesam [m]
sessie • (zitting) Session [v], Sitzung [v] • (jamsession) Session [v]
set • (stel) Set [m/o] • (filmdecor) Drehort [m] • (sport) Satz [m]
settelen sich niederlassen
setter Setter [m]
sex-appeal Sexappeal [m]
sextant Sextant [m]
sextet Sextett [o]
sexy sexy
Seychellen Seychellen [mv]
sfeer • (domein) Sphäre [v] ⋆ inbreuk maken op de persoonlijke ~ die Integrität der persönlichen Sphäre verletzen • (stemming) Atmosphäre [v], Stimmung [v] ⋆ op het werk heerst een gespannen ~ auf der Arbeit ist die Stimmung angespannt ⋆ deze stad heeft geen ~ diese Stadt hat kein Flair
sfeervol stimmungsvoll
sfinx Sphinx [v]
shag Tabak [m]
shampoo Shampoo [o]
shampooën schamponieren
shawl Shawl [m]
sheriff Sheriff [m]
sherry Sherry [m]
Shetlandeilanden Shetlandinseln [mv]
shirt Shirt [o], ‹sport› Trikot [o], ‹bloes› Freizeithemd [o]
shirtreclame Trikotwerbung [v]
shoarma Shoarma [o] ⋆ een broodje ~ ein Brötchen mit geröstetem Schaffleisch
shock Schock [m]
shorts Shorts [mv]
shot • (opname) Aufnahme [v] • (injectie) Schuss [m]
show • (voorstelling) Show [v], Schau [v] • (vertoning) Vorführung [v]
showbink Aufschneider [m], Prahlhans [m]
showbusiness Showbusiness [o]
showen vorführen, ausstellen, ‹zich voordoen› eine Schau/Show abziehen
showroom Ausstellungsraum [m]
shuttle • (ruimteveer) Spaceshuttle [m] • (sport) Federball [m]
si Si [o]
Sicilië Sizilien [o]
sidderaal Zitteraal [m]
sidderen zittern
siddering Zittern [o]
sier Zierde [v], Verzierung [v]
sieraad • (opschik) Zierde [v] • (juweel) Schmuckstück [o], Schmuck [m]
sieren • (tooien) schmücken • (tot eer strekken) zieren ⋆ het siert hem, dat ... es gereicht ihm zur Ehre, dass ...
siergewas Zierpflanze [v]
sierheester Zierstrauch [m]
sierlijk zierlich, ‹elegant› elegant, ‹gracieus› anmutig
sierplant Zierpflanze [v], Zimmerpflanze [v]
Sierra Leone Sierra Leone [o]
sierspeld Anstecknadel [v]
sierstrip Zierleiste [v]
siësta Siesta [v]
sifon • (spuitfles) Siphonflasche [v] • (afvoerbuis) Siphon [m], Geruchsverschluss [m], Traps [m] • (rioolkolk) Sinkkasten [m] • (grondduiker) Düker [m]
sigaar Zigarre [v] ▾ de ~ zijn der Dumme sein
sigarenbandje ↓ Bauchbinde [v]
sigarenroker Zigarrenraucher [m]

S

S

sigaret *Zigarette* [v]
sigarettenautomaat *Zigarettenautomat* [m]
sigarettenpijpje *Zigarettenspitze* [v]
sightseeën *ein Sightseeing machen*
signaal *Signal* [o]
signalement *Personenbeschreibung* [v], ‹hoedanigheden› *Charakteristik* [v]
signaleren • (attenderen op) *hinweisen auf* [4] • (opmerken) *bemerken, wahrnehmen*
signatuur • (handtekening) *Signatur* [v] • (kenmerk) *Prägung* [v]
signeren *signieren*
significant *signifikant*
sijpelen *sickern*
sijs *Zeisig* [m]
sik • (geit) *Ziege* [v] • (baard) *Spitzbart* [m]
sikkel *Sichel* [v]
sikkeneurig *miesepeterig, mürrisch, nörglerisch*
silhouet *Silhouette* [v], ‹knipsel› *Scherenschnitt* [m]
siliconen *Silikone* [mv]
siliconenkit *Silikonkitt* [m]
silo *Silo* [o]
Silurisch *silurisch*
Siluur *Silur* [o]
simpel • (eenvoudig) *simpel, einfach* • (onnozel) *einfältig, simpel*
simpelweg *schlichtweg*
simplificeren *simplifizieren, vereinfachen*
simplistisch *simpel, einfältig*
simulant *Simulant* [m]
simulatie *Simulation* [v]
simulator *Simulator* [m]
simuleren *simulieren*
simultaan *simultan*
sinaasappel *Orange* [v], *Apfelsine* [v]
sinaasappelsap *Orangensaft* [m], *Apfelsinensaft* [m]
sinas *Orangeade* [v]
sinds I [vz] *seit* [3] ⋆ ~ kort/lang/vandaag *seit kurzem/langem/heute* **II** [vw] *seit(dem)*
sindsdien *seitdem*
sinecure *Sinekure* [v] ▾ dat is geen ~ *das ist keine leichte Aufgabe*
Singapore *Singapur* [o]
singel I [de] • (weg) *Ring* [m] • (stadsgracht) *Ringgraben* [m] • (buikriem) *Gurt* [m], ‹van priester› *Zingulum* [o] • (windsingel) *Windschirm* [m] **II** [het] *Gurt* [m]
single • (grammofoonplaat) *Single* [v] • (sport) *Einzel(spiel)* [o]
singlet *ärmellose(s) Unterhemd* [o]
sinister *sinister*
sint *Heilige(r)* [m], ‹in samenstellingen› *Sankt* [m]
sint-bernard *Bernhardiner* [m]
sint-bernardshond *Bernhardiner* [m]
sintel *Zinder* [m], *Schlacke* [v]
sintelbaan *Aschenbahn* [v]
Sinterklaas *Sankt Nikolaus* [m]
sinterklaasfeest *St. Nikolausfest* [o]
sinterklaasgedicht *Nikolausgedicht* [o]
sint-juttemis ▾ met ~ *am Sankt-Nimmerleins-Tag*
Sint-Maarten *Martinstag* [m]
sinus *Sinus* [m]
sip *betreten, niedergedrückt*
sirene *Sirene* [v], ‹van politie, brandweer en ziekenwagen› *Martinshorn* [o]
siroop *Sirup* [m]
sisal *Sisal* [m]
sissen *zischen*
sisser *Knallfrosch* [m] ▾ met een ~ aflopen *glimpflich ausgehen*
situatie *Lage* [v], *Situation* [v]
situatieschets ‹tekening› *Lageplan* [m], ‹vlotte schets› *Lageskizze* [v]
situeren *situieren* ⋆ in welke eeuw zou je dat voorval ~? *in welchem Jahrhundert würdest du das Ereignis ansiedeln?*
sjaal *Schal* [m]
sjabloon *Schablone* [v] ⋆ volgens ~ *schablonenhaft; schablonenmäßig*
sjacheraar *Schacherer* [m]
sjacheren *schachern*
sjah *Schah* [m]
sjalot *Schalotte* [v]
sjamaan *Schamane* [m]
sjans ⋆ ~ hebben *gut ankommen*
sjasliek *Schaschlik* [o]
sjees *Chaise* [v]
sjeik *Scheich* [m]
sjerp *Schärpe* [v]
sjezen • (niet slagen) *durchfallen* ⋆ een gesjeesd persoon *eine gescheiterte Person* • (hard gaan) *wetzen, hetzen,* ‹rijdend› *rasen*
sjilpen *schilpen, zwitschern*
sjirpen *zirpen*
sjoege • (antwoord) *Antwort* [v] ⋆ geen ~ geven *keine Reaktion zeigen* • (begrip, benul) *Ahnung* [v]
sjoelbak ≈ *holländische(s) Spielgerät, in das Scheibchen in Öffnungen gezielt werden* [o]
sjoelen *mit dem 'Sjoelbak' spielen*
sjoemelen *schummeln*
sjofel *schäbig*
sjokken *trotten, zockeln*
sjorren • (vastbinden) *zurren* • (trekken) *zerren*
sjouw *Plackerei* [v], *Schufterei* [v] ▾ op ~ zijn *unterwegs sein*
sjouwen I [ov ww] • (dragen) *schleppen* **II** [on ww] • (zwoegen) *sich abrackern, schuften* • (rondlopen) *rennen* • (nachtbraken) *bummeln,* ↓ *sumpfen*
sjouwer *Schlepper* [m], *Lastträger* [m], ‹scheepv.› *Hafenarbeiter* [m]
Skagerrak *Skagerrak* [o]
skai I [het] *Skai* [o] **II** [bnw] *Skai-, aus Skai*
skateboard *Skateboard* [o]
skeeler *Rollschuh* [m] ⋆ ~s *Rollerblades*
skelet • (geraamte) *Skelett* [o] • (plant.) *Gerippe* [o]
skelter *Gokart* [m]
sketch *Sketch* [m]
ski • (sneeuwschaats) *Ski* [m] • (landingsgestel) *Kufe* [v]
skiën *Ski laufen, Ski fahren*
skiër *Skiläufer* [m], *Skifahrer* [m]
skiff *Einer* [m], *Skiff* [o]
skileraar *Skilehrer* [m]
skilift *Skilift* [m]
skinhead *Skinhead* [m]
skischans *Sprungschanze* [v]
skyline *Skyline* [v]
sla *Salat* [m]
slaaf *Sklave* [m]
slaafs *sklavisch*
slaag ⋆ een pak ~ *eine Tracht Prügel*
slaags ⋆ ~ raken *handgemein werden; aneinander geraten*
slaan I [ov ww] *schlagen* ⋆ de armen over elkaar ~ *die Arme vor der Brust verschränken* ⋆ munten ~ *Münzen prägen* ⋆ touw ~ *seilen* ⋆ een mat ~ *eine Matte flechten* ▾ naar binnen ~ *reinhauen* ▾ er voordeel uit ~ *einen Vorteil herausschlagen* **II** [on ww] • (een slaande beweging maken) *schlagen* • (in een toestand komen) *schlagen*

⋆ het paard is op hol geslagen *das Pferd ist durchgegangen* ⋆ hij sloeg tegen de grond *er fiel auf den Boden* • (beginnen te) *beginnen, anfangen* ⋆ aan het werken ~ *anfangen zu arbeiten* • (~ **op**) *sich beziehen (auf)* [4] ⋆ dat slaat op mij *das bezieht sich auf mich*

slaand ⋆ ~e klok *Uhr mit Schlagwerk* [v] ⋆ ~e ruzie krijgen met iem. *hart mit jmdm. aneinander geraten*

slaap • (neiging tot slapen) *Schläfrigkeit* [v] ⋆ ~ krijgen *schläfrig werden* • (rust) *Schlaf* [m] ⋆ de ~ niet kunnen vatten *nicht einschlafen können* ⋆ in ~ vallen *einschlafen* • (zijkant van hoofd) *Schläfe* [v]

slaapbank *Schlafcouch* [v]

slaapcoupé *Schlafwagenabteil* [o]

slaapdrank *Schlaftrank* [m], *Schlaftrunk* [m]

slaapdronken *schlaftrunken*

slaapgebrek *Schlaf haben* [m], *zu wenig Schlaf haben* [m]

slaapgelegenheid *Schlafgelegenheit* [v]

slaapkamer *Schlafzimmer* [o]

slaapkop *Schlafmütze* [v]

slaapliedje *Schlaflied* [o]

slaapmatje *Schlafmatte* [v]

slaapmiddel *Schlafmittel* [o]

slaapmutsje *Schlaftrunk* [m]

slaapplaats *Schlafplatz* [m]

slaapstad *Schlafstadt* [v]

slaapstoornis *Schlafstörung* [v]

slaaptrein *Zug mit Schlaf- und Liegewagen* [m]

slaapverwekkend *einschläfernd*

slaapwandelaar *Schlafwandler* [m]

slaapwandelen I [het] *Schlafwandeln* [o] **II** [on ww] *schlafwandeln*

slaapzaal *Schlafsaal* [m]

slaapzak *Schlafsack* [m]

slaatje • (gerecht) *Salat* [m] • (voordeel) *Vorteil* [m] ⋆ ergens een ~ uit slaan *seinen Teil bei etw. herausholen*

slab • (loodslab) *Sperrstreifen* [m] • (morsdoekje) *Lätzchen* [o]

slaboon *Brechbohne* [v]

slacht *Schlachten* [o]

slachtbank *Schlachtbank* [v]

slachten *schlachten*

slachter *Schlachter* [m]

slachthuis *Schlachthof* [m]

slachting • (het slachten) *Schlachtung* [v] • (bloedbad) *Gemetzel* [o], *Blutbad* [o]

slachtoffer *Opfer* [o]

slachtpartij *Gemetzel* [o], ‹bloedbad› *Blutbad* [o]

slachtvee *Schlachtvieh* [o]

slag I [de] • (klap) *Schlag* [m], *Hieb* [m], *Streich* [m] • (keer dat iets slaat) *Tour* [v], *Umdrehung* [v] • (tegenslag) *Schlag* [m] • (veldslag) *Schlacht* [v] • (geluid) *Schlag* [m] • (handigheid) *Handgriff* [m], *Dreh* [m] ⋆ ergens de slag van te pakken hebben *etw. im Griff haben* • (ronde van kaartspel) *Stich* [m] ⋆ alle slagen halen *alle Stiche machen* • (haal, streek) *Schlag* [m], ‹schaatsen› *Strich* [m] ⋆ vrije slag *Freistil* [m] ▾ aan de slag gaan *sich an die Arbeit machen* ▾ van slag zijn *verwirrt/durcheinander sein* ▾ een slag om de arm houden *sich nicht ganz festlegen* ▾ op slag *sofort* ▾ zonder slag of stoot *widerstandslos* ▾ een slag in de lucht *einen Schlag ins Wasser* ▾ op slag van elven *Schlag elf* **II** [het] *Schlag* [m], *Art* [v]

slagader *Schlagader* [v]

slagbal *Schlagball* [m]

slagboom *Schranke* [v], ‹aan grens› *Schlagbaum* [m]

slagen • (succes hebben) *Erfolg haben, gelingen* ⋆ zijn pogingen zijn niet geslaagd *seine Bemühungen sind erfolglos geblieben* ⋆ hij kon er niet in ~ *es wollte ihm nicht gelingen* ⋆ hij is met zijn project geslaagd *sein Unternehmen war erfolgreich* • (goede uitslag behalen) *bestehen* ⋆ voor het examen ~ *die Prüfung bestehen*

slager *Metzger* [m], *Fleischer* [m]

slagerij *Metzgerei* [v], *Fleischerei* [v]

slaggitaar *Schlaggitarre* [v]

slaghoedje *Zündkapsel* [v]

slaghout *Schlagholz* [o]

slaginstrument *Schlaginstrument* [o]

slagkracht *Schlagkraft* [v]

slaglinie *Schlachtlinie* [v]

slagorde *Schlachtordnung* [v]

slagpen • (vleugelveer) *Schwungfeder* [v] • (slagpin) *Zündstift* [m]

slagregen *Platzregen* [m]

slagroom *Schlagsahne* [v]

slagschip *Schlachtschiff* [o]

slagtand • (hoektand) *Reißzahn* [m] • (uitstekende tand) *Stoßzahn* [m], ‹bij wild zwijn, walrus› *Hauer* [m]

slagvaardig I [bnw] • (doortastend) *tatkräftig* • (gevat) *schlagfertig* • (strijdvaardig) *kampfbereit* **II** [bijw] *schlagfertig*

slagveld *Schlachtfeld* [o]

slagwerk • (deel uurwerk) *Schlagwerk* [o] • (muz.) *Schlagzeug* [o]

slagwerker *Schlagzeuger* [m]

slagzij *Schlagseite* [v]

slagzin *Schlagwort* [o]

slak • (weekdier) *Schnecke* [v] • (sintel) *Schlacke* [v]

slaken • (losmaken) *lösen* • (uiten) *ausstoßen* ⋆ een kreet/gil ~ *einen Schrei ausstoßen*

slakkengang *Schneckentempo* [o]

slakkenhuis • (huis van slak) *Schneckenhaus* [o], *Schneckengehäuse* [o] • (gehoorgang) *Schnecke* [v]

slalom *Slalom* [m]

slampamper *Müßiggänger* [m]

slang I [de] • (reptiel) *Schlange* [v] • (buis) *Schlauch* [m] • (vrouw) *Schlange* [v] **II** [het] *Slang* [m]

slangenbezweerder *Schlangenbeschwörer* [m]

slangenleer *Schlangenleder* [o]

slangenmens *Schlangenmensch* [m]

slank *schlank*

slaolie *Salatöl* [o], *Speiseöl* [o]

slap • (niet pittig) *dünn* • (niet druk) *matt, flau, still* • (inhoudsloos) *schlapp, seicht, hohl* ⋆ slap geklets *dumme(s)/blöde(s) Gerede* • (niet strak) *schlaff, schlapp* • (niet stijf) *weich* ⋆ de slappe hoed ‹met brede rand› *der Schlapphut* • (zwak, niet sterk) *kraftlos, schwach* ⋆ een slappe kerel *ein Schwächling* [m] ▾ zich slap lachen *sich schief lachen; sich biegen vor Lachen*

slapeloos *schlaflos*

slapeloosheid *Schlaflosigkeit* [v]

slapen *schlafen* ⋆ gaan ~ *schlafen gehen*

slaper • (iem. die slaapt) *Schlafende(r)* [m], ‹langslaper› *Schlafmütze* [v] • (gast) *Schlafgast* [m] • (dijk) *Schlafdeich* [m], *Sturmdeich* [m]

slaperig • (slaap hebbend) *schläfrig* • (suf) *träge, verschlafen*

slapie *Stubenkamerad* [m]

slapjanus *Schlappschwanz* [m]

slapjes *schlapp, flau*

slappeling *Schlappschwanz* [m]

slapte *Schlappheit* [v], ‹hand.› *Lustlosigkeit* [v], ‹het niet doortastend zijn› *Laschheit* [v]

slavenarbeid *Sklavenarbeit* [v]

S

S

slavenarmband *Armreif* [m]
slavendrijver *Sklaventreiber* [m]
slavenhandel *Sklavenhandel* [m]
slavernij *Sklaverei* [v]
slavin *Sklavin* [v]
slavink *in Speck gewickelte(s) Fleischröllchen* [o]
slavist *Slawist* [m]
slavistiek *Slawistik* [v]
slecht *schlecht* ⋆ er ~ aan toe zijn *übel dran sein* ⋆ niet ~! *nicht übel!* ⋆ door en door ~ *grundschlecht*
slechten • (effen maken) *ebnen, planieren* • (slopen) *abreißen, niederreißen* ⋆ een muur ~ ‹fig.› *eine Mauer abtragen*
slechterik *Lump* [m], *Bösewicht* [m]
slechtheid *Schlechtigkeit* [v]
slechthorend *schwerhörig*
slechts *nur, bloß, lediglich*
slechtziend *sehbehindert*
slee *Schlitten* [m] ⋆ als je in zo'n slee rijdt *wenn man in so einem Schlitten fährt* ⋆ slee van een wagen *Straßenkreuzer* [m]
sleedoorn *Schlehdorn* [m]
sleeën *Schlitten fahren*
sleep • (deel van gewaad) *Schleppe* [v] • (gevolg) *Geleit* [o], *Gefolge* [o] • (vaar-/voertuig) ‹auto› *geschleppte(r) Wagen* [m], ‹schepen› *Schleppzug* [m]
sleepboot *Schlepper* [m]
sleepdienst *Schleppdienst* [m]
sleepkabel *Schleppseil* [o], ‹auto› *Abschleppseil* [o]
sleeplift *Schlepplift* [m]
sleepnet *Schleppnetz* [o]
sleeptouw *Schlepptau* [o] ▾ iem. op ~ nemen *jmdn. ins Schlepptau nehmen*
sleepvaart *Schleppschifffahrt* [v]
Sleeswijk-Holstein *Schleswig-Holstein* [o]
slempen • (brassen) *schlemmen, prassen* • (plempen) *(ein)schlämmen*
slemppartij *Gelage* [o]
slenk • (geologisch) *Graben* [m] • (geul) *Priel* [m]
slenteren *schlendern*
slentergang *Schlendergang* [m]
slepen • (over de grond gaan) *bis auf den Boden hängen* • (traag verlopen) *schleppen* ⋆ een ~de ziekte *eine schleichende Krankheit* ⋆ iets laten ~ *etw. in die Länge ziehen*
sleper *Schlepper* [m], ‹visser› *Trawler* [m]
slet *Schlampe* [v], ‹hoer› *Nutte* [v]
sleuf • (groef) *Rille* [v] • (opening) *Schlitz* [m], *Spalt* [m]
sleur *Trott* [m], *Schlendrian* [m] ⋆ dagelijkse ~ *Alltagstrott* [m]
sleuren I [ov ww] • (voortslepen) *schleifen, zerren* **II** [on ww] • (traag voortgaan) *sich hinziehen, sich in die Länge ziehen*
sleurwerk *stumpfsinnige Arbeit* [v]
sleutel *Schlüssel* [m]
sleutelbeen *Schlüsselbein* [o]
sleutelbloem *Schlüsselblume* [v]
sleutelbos *Schlüsselbund* [o]
sleutelen *herumhantieren, basteln,* ‹fig.› *herumdoktern*
sleutelfiguur *Schlüsselfigur* [v]
sleutelfunctie *Schlüsselfunktion* [v]
sleutelgat *Schlüsselloch* [o]
sleutelgeld *Baukostenzuschuss* [m]
sleutelhanger *Schlüsselanhänger* [m]
sleutelpositie *Schlüsselposition* [v]
sleutelring *Schlüsselring* [m]
sleutelrol *Schlüsselrolle* [v]
sleutelwoord *Schlüsselwort* [o]
slib • (bezinksel) *Niederschlag* [m], ‹bij ertsen› *Schlamm* [m] • (slijk) *Schlick* [m]
slibberig *rutschig, glitschig*
sliding • (roeibankje) *Rollsitz* [m] • (glijbeweging) *Slidingtackling* [o]
sliert • (lange rij) *Kette* [v], *Reihe* [v], ‹voertuigen› *Kolonne* [v] • (lange slungel) *Bohnenstange* [v] • (neerhangend iets) ‹damp, rook, mist› *Schwaden* [m], ‹haar› *Strähne* [v]
slijk *Schlamm* [m] ▾ het ~ der aarde *das schnöde Geld* ▾ door het ~ halen *in den Dreck ziehen*
slijm *Schleim* [m]
slijmbal *Schleimscheißer* [m], *Schleimer* [m]
slijmen *schleimen*
slijmerig *schleimig*
slijmvlies *Schleimhaut* [v]
slijpen • (scherp maken) *schleifen, schärfen,* ‹van potlood› *anspitzen* • (polijsten) *polieren*
slijper • (persoon) *Schleifer* [m] • (toestel) *Schleifgerät* [o]
slijpsteen *Schleifstein* [m], *Wetzstein* [m]
slijtage *Verschleiß* [m], *Abnutzung* [v]
slijtageslag *Abnutzungsschlacht* [v]
slijten I [ov ww] • (verslijten) *abnutzen, verschleißen, verbrauchen, (durch)schleißen* • (tijd doorbrengen) *verbringen, zubringen* • (verkopen) *verkaufen* **II** [on ww] • (achteruitgaan) *sich abnutzen, verschleißen, verbraucht werden* ⋆ dat zal wel ~ *das wird schon vorübergehen*
slijter *Wein- und Spirituosenhändler* [m]
slijterij *Wein- und Spirituosenhandlung* [v]
slijtplek *verschlissene Stelle* [v]
slijtvast *verschleißfest*
slik • (slijk) *Schlamm* [m], *Schlick* [m] • (aangeslibde grond) *Schlickboden* [m]
slikken • (doorslikken) *(hinunter)schlucken* • (aanvaarden) *schlucken* ⋆ veel moeten ~ *viel schlucken/einstecken müssen*
slim *klug, schlau*
slimheid *Klugheit* [v], ‹listigheid› *Schlauheit* [v]
slimmerd *Schlaumeier* [m], *Schlauberger* [m]
slimmigheid *Schlauheit* [v]
slinger • (zwengel) *Schwengel* [m], *Kurbel* [v] • (het slingeren) *Schleuderbewegung* [v], *Schlenker* [m] • (deel van klok) *Pendel* [o] • (versiering) *Girlande* [v] • (werptuig) *Schleuder* [v]
slingeren I [ov ww] • (werpen) *schleudern, schwingen* • (winden om) *winden, schlingen* **II** [on ww] • (zwaaien) *schwingen, pendeln, baumeln, schlenkern* • (waggelen) *schwanken, taumeln* • (kronkelen) *sich schlängeln, sich winden* • (ordeloos liggen) *herumliegen* • (scheepv.) *schwanken, schlingern* **III** [wkd ww] *sich winden, sich schlängeln*
slingerplant *Schlingpflanze* [v]
slinken *abnehmen, schwinden,* ‹krimpen› *schrumpfen* ⋆ de groente slinkt bij het koken *das Gemüse kocht ein*
slinks *krumm, tückisch*
slip • (afhangend deel) *Zipfel* [m] • (onderbroek) *Slip* [m] • (uitglijding) *Schleudern* [o], *Rutschen* [o]
slipcursus *Schleuderkurs* [m]
slipgevaar *Schleudergefahr* [v], *Rutschgefahr* [v]
slip-over *Pullunder* [m]
slippen • (doorschieten) *schlüpfen* • (uitglijden) *schlittern, rutschen,* ‹auto› *schleudern*
slipper *Slipper* [m]
slippertje ⋆ een ~ maken *einen Seitensprung machen*
slissen *lispeln*
slobberen I [ov ww] • (slurpen, lebberen)

schlürfen **II** [on ww] • (flodderig zitten) *schlenkern, schlottern*
slobbertrui *Schlapperpulli* [m]
sloddervos ‹man› *Schluderjan* [m], ‹vrouw› *Schlampe* [v]
sloeber • (stakker) *Schlucker* [m] • (smeerlap) *Lump* [m], *Schuft* [m]
sloep • (kleine boot) *Schlup* [v] • (reddingsboot) *Rettungsboot* [o], *Schaluppe* [v]
sloerie *Schlampe* [v]
slof • (pantoffel) *Schlappen* [m], *Pantoffel* [m] • (pak sigaretten) *Stange* [v] • (steunbalk) *Stützbalken* [m] • (deel van strijkstok) *Frosch* [m] ▾ op zijn sloffen *in aller Gemütlichkeit; ganz gemächlich*
sloffen I [ov ww] • (verwaarlozen) *schlampen* **II** [on ww] • (lopen) *schlurfen*
slogan *Schlagwort* [o], *Slogan* [m]
slok • (borreltje) *Schluck* [m] • (het slikken) ⋆ een flinke slok *ein herzhafter/großer Schluck* ▾ dat scheelt een slok op een borrel *das macht kaum was aus*
slokdarm *Speiseröhre* [v]
slokken *schlingen*
slokop • (gulzigaard) *Nimmersatt* [m], *Vielfraß* [m] • (afvoerinrichting) *Müllschlucker* [m]
slons *Schlendrian* [m]
slonzig *schlampig*
sloof • (huissloof) *Arbeitstier* [o] • (dwarsbalk) *Holm* [m]
sloom *träge*
sloop • (kussensloop) *Überzug* [m], *Kissenbezug* [m] • (het slopen) *Abbruch* [m], ‹auto› *Verschrottung* [v] • (sloperij) *Abbruchunternehmen* [o]
sloopauto *Autowrack* [o]
slooppand *abbruchreife(s) Gebäude* [o]
sloot *Graben* [m]
slootjespringen *über Gräben springen*
slootwater • (water in sloot) *Grabenwasser* [o] • (slap drankje) *Spülwasser* [o]
slop • (impasse) ⋆ in het slop raken *in eine Sackgasse geraten* • (steegje) *Gasse* [v] • (vaargeul) *Fahrrinne* [v]
slopen • (afbreken) *abbrechen, abreißen* • (uitputten) *abzehren*, ‹stress› *aufreiben*, ‹ziekte› *verzehren* • (uit elkaar nemen) *verschrotten, zerlegen, abbauen*
sloper *Abbruchunternehmer* [m]
sloperij • (het slopen) *Abbruch* [m], *Verschrottung* [v], *Abwracken* [o] • (bedrijf) ‹auto's› *Autoverwertung* [v], ‹gebouwen› *Abbruchunternehmen* [o]
sloppenwijk *Armenviertel* [o], *Slum* [m]
slordig • (onverzorgd) *ungepflegt, nachlässig, unordentlich* • (onnauwkeurig) *zirka, etwa*
slordigheid • (iets slordigs) *Nachlässigkeit* [v] • (onverzorgdheid) *Unordentlichkeit* [v]
slot • (sluiting) *Verschluss* [m], *Schloss* [o] ⋆ op slot doen *verschließen; abschließen; schließen* • (einde) *Schluss* [m], *Ende* [o] • (kasteel) *Schloss* [o] • (eindbedrag) *Saldo* [m], *Ergebnis* [o] ▾ per slot van rekening *schließlich* ▾ iem. een slot op de mond doen *jmdm. Schweigen auflegen*
slotakkoord *Schlussakkord* [m]
slotakte • (laatste akte) *Schlussakt* [m] • (resultaat van conferentie) *Schlussakte* [v]
slotgracht *Burggraben* [m]
slotkoers *Schlusskurs* [m]
slotopmerking *Schlussbemerkung* [v]
slotsom *Schluss* [m], *Schlussfolgerung* [v]
slotwoord *Schlusswort* [o]
Sloveen *Slowene* [m]
Sloveens *slowenisch*
sloven *sich abrackern, sich abplagen*
Slowaak *Slowake* [m]
Slowaaks I [het] *Slowakisch(e)* [o] **II** [bnw] *slowakisch*
Slowakije *Slowakei* [v]
slow motion *Zeitlupe* [v]
sluier *Schleier* [m] ▾ een tipje van de ~ oplichten *den Schleier lüften*
sluieren *verschleiern*
sluik *glatt herabhängend*, ‹van haar› *glatt*
sluikhandel *Schwarzhandel* [m]
sluikreclame *Schleichwerbung* [v]
sluimer *Schlummer* [m]
sluimeren *schlummern*
sluimering *Schlummer* [m]
sluipen *schleichen*
sluipmoord *Meuchelmord* [m]
sluipmoordenaar *Meuchelmörder* [m]
sluiproute *Schleichweg* [m]
sluipschutter *Heckenschütze* [m]
sluipverkeer *Verkehr über Schleichwege* [m]
sluipweg *Schleichweg* [m]
sluis • (waterkering) *Schleuse* [v] • (overgangsfase) *Durchgangsstation* [v] • (lucht-, waterdichte afsluiting) *Schleuse* [v]
sluisdeur *Schleusentor* [o]
sluiswachter *Schleusenwärter* [m]
sluiten I [ov ww] • (dichtdoen) *schließen, verschließen, abschließen, zuschließen, sperren* • (beëindigen) *(ab)schließen, beenden* • (aangaan) *schließen, abschließen* ⋆ het ~ van het contract *der Vertragsabschluss* ▾ de boeken/jaarrekening ~ *die Bücher/Jahrrechnung abschließen* **II** [on ww] • (dichtgaan) *schließen* ⋆ de deur sluit automatisch *die Tür schließt von selbst* ⋆ bij het ~ van de beurs *bei Börsenschluss* • (ten einde lopen) *enden, (ab)schließen* • (kloppen) *schlüssig sein, stimmen* ▾ dat sluit als een bus *das stimmt haargenau* **III** [wkd ww] *sich schließen*
sluiter • (persoon) *Schließer* [m] • (voorwerp) *Verschluss* [m]
sluiting • (het sluiten) *Schließung* [v], *Schluss* [m] ⋆ ~ van de inschrijving *Anmeldeschluss* • (iets dat sluit) *Schließe* [v], *Verschluss* [m] • (muz.) *Finale* [o]
sluitpost *Ausgleich* [m]
sluitspier *Schließmuskel* [m]
sluitstuk • (voorwerp) *Verschluss* [m] • (slotstuk) *Abschluss* [m], *Schlussteil* [m]
sluizen *schleusen*
slungel *Schlaks* [m] ⋆ lange ~ *lange(r) Lulatsch* [m]
slungelig *schlaksig*
slurf • (flexibele buis) *Schlauch* [m], ‹aviobrug› *Fluggastbrücke* [v] • (lange snuit) *Rüssel* [m]
slurpen *schlürfen*
sluw *gerissen, schlau, listig*
smaad *Schmach* [m], *Schmähung* [v]
smaak • (schoonheidszin) *Geschmack* [m] ⋆ zonder ~ *geschmacklos* ⋆ met ~ *geschmackvoll* • (zintuig) *Geschmack* [m] • (wat men proeft) ⋆ iets op ~ brengen *etw. abschmecken* ⋆ met ~ eten *mit Appetit essen* • (voorkeur) *Geschmack* [m] ⋆ in de ~ vallen *Beifall finden* ⋆ dat is een kwestie van ~ *das ist Geschmackssache* ▾ hij heeft er de ~ al lang van te pakken *er ist schon lange auf den Geschmack gekommen*
smaakje • (bijsmaak) *Beigeschmack* [m] • (smaakstof) *Aroma* [o]
smaakmaker • (smaakstof) *Geschmackverstärker* [m], *Würze* [v], *Aroma* [o] • (trendsetter)

S

S

Trendsetter [m]
smaakpapil *Geschmackspapille* [v]
smaakvol *geschmackvoll*
smachten • (verlangen) *lechzen (nach), schmachten (nach)* ⋆ ~d verlangen *sehnsüchtige(s) Verlangen* [o] • (kwijnen) *verschmachten*
smachtend • (verlangend) *schmachtend, rührselig* • (dorstig makend) *sengend*
smadelijk *schmachvoll, schmählich*
smak • (klap) *Schlag* [m], *Knall* [m] • (val) *Fall* [m] ⋆ een harde smak maken *einen schweren Fall tun* • (smakkend geluid) *Schmatz* [m] • (grote hoeveelheid) *Haufen* [m]
smakelijk • (met graagte) *genüsslich* ⋆ ~ lachen *herzhaft lachen* • (lekker) *lecker, appetitlich, schmackhaft* ⋆ ~ eten! *guten Appetit!*
smakeloos *geschmacklos*
smaken I [ov ww] • (genieten) *genießen* **II** [on ww] • (smaak hebben) *schmecken* ⋆ smaakt het u? *schmeckt es Ihnen?* ⋆ het begint hem weer te ~ *er bekommt wieder Appetit*
smakken I [ov ww] • (smijten) *schmettern, schmeißen* **II** [on ww] • (vallen) *hart fallen* • (hoorbaar eten) *schmatzen*
smal *schmal*
smaldeel *Geschwader* [o]
smalen *höhnen* ⋆ op iem. ~ *jmdn. schmähen*
smalend *hämisch, höhnisch* ⋆ ~ grijnzen *dreckig grinsen*
smalfilm *Schmalfilm* [m]
smalltalk *Smalltalk/Small Talk* [m]
smaragd *Smaragd* [m]
smart • (leed) *Schmerz* [m] • (verlangen) *Sehnsucht* [v], *Verlangen* [o] ▾ gedeelde ~ is halve ~ *geteilter Schmerz ist halber Schmerz; geteiltes Leid ist halbes Leid*
smartelijk *schmerzlich*
smartengeld *Schmerzensgeld* [o]
smartlap *Schnulze* [v], *Schmachtlappen* [m]
smash *Schmetterball* [m]
smeden • (bewerken) *schmieden* • (uitdenken) ⋆ een samenzwering ~ *eine Verschwörung anzetteln*
smederij • (het smeden) *Schmieden* [o] • (smidse) *Schmiede* [v]
smeedijzer *Schmiedeeisen* [o]
smeedwerk *Schmiedearbeit* [v]
smeekbede *Flehen* [o], *flehentliche Bitte* [v]
smeer • (vuil) *Schmiere* [v] • (smeersel) *Schmiere* [v]
smeerboel *Schweinerei* [v], ‹schrijfwerk› *Schmiererei* [v]
smeergeld *Schmiergelder* [mv]
smeerkaas *Schmelzkäse* [m]
smeerlap • (gemeen persoon) *Schuft* [m], *Dreckskerl* [m] • (smeerpoets) *Schmierfink* [m], *Schmutzfink* [m]
smeerlapperij • (gemeenheid) *Sauerei* [v] • (viezigheid) *Schweinerei* [v]
smeerolie *Schmieröl* [o]
smeerpijp *Schweinigel* [m], *Dreckfink* [m]
smeersel *Schmiere* [v]
smeken *flehen*
smelten I [ov ww] • (vloeibaar maken) *schmelzen* ⋆ gesmolten boter *zerlassene Butter* [v] **II** [on ww] • (weemoedig worden) *schmelzen* • (vloeibaar worden) *schmelzen* • (ineenvloeien) *ineinander überfließen*
smeltkroes *Schmelztiegel* [m], ‹fig.› *Sammelbecken* [o]
smeltpunt *Schmelzpunkt* [m]
smeltwater *Schmelzwasser* [o]
smeren I [ov ww] *schmieren* ▾ 'm ~ *abhauen; verduften* ▾ het gaat gesmeerd *es läuft wie geschmiert* **II** [on ww] • (smeerbaar zijn) *sich schmieren lassen* • (kliederen) *schmieren*
smerig • (vuil) *schmutzig* • (gemeen) *dreckig*
smeris *Bulle* [m]
smet • (vlek) *Fleck* [m] • (schandvlek) *Makel* [m] ⋆ dit werpt een smet op zijn naam *das befleckt seinen Ruf*
smetteloos *fleckenlos*, ‹fig.› *makellos*
smeuïg • (zacht) *sämig* • (smakelijk) *köstlich, amüsant*
smeulen *schwelen*
smid *Schmied* [m]
smidse *Schmiede* [v]
smiecht • (gemenerik) *Lump* [m], *Schuft* [m] • (slimmerik) *Schlauberger* [m]
smiezen ⋆ iets in de ~ hebben *einer Sache auf die Spur kommen* ⋆ iem. in de ~ hebben *jmdm. auf die Schliche kommen*
smijten *schmeißen* ▾ met geld ~ *mit Geld um sich werfen; mit Geld um sich werfen*
smikkelen *schmausen*
smoel • (gezicht) *Fratze* [v], *Fresse* [v] ⋆ leuk ~tje *süße Schnute* [v] • (mond) *Maul* [o], *Schnauze* [v]
smoes *Ausrede* [v], *Ausflucht* [v] ⋆ allemaal ~jes *dumme Ausreden* ⋆ iem. ~jes verkopen *jmdm. mit faulen Ausreden kommen*
smoezelig *schmuddelig, angeschmuddelt*
smoezen • (praatjes verkopen) *sich herausreden* • (vertrouwelijk praten) *tuscheln*
smog *Smog* [m]
smoking *Smoking* [m]
smokkel *Schmuggel* [m]
smokkelaar *Schmuggler* [m]
smokkelarij *Schmuggel* [m], *Schmuggelei* [v]
smokkelen • (heimelijk vervoeren) *schmuggeln* • (regels ontduiken) *mogeln*
smokkelhandel *Schwarzhandel* [m], *Schleichhandel* [m]
smokkelwaar *Schmuggelware* [v]
smoor ▾ hij heeft er de ~ in *es hängt ihm zum Hals raus*
smoorheet *erstickend heiß*
smoorverliefd *verknallt*
smoren I [ov ww] • (verstikken) *ersticken* ⋆ zij smoorde een zucht *sie unterdrückte einen Seufzer* • (gaar laten worden) *schmoren* **II** [on ww] • (stikken) *ersticken* • (blijven steken) *stecken bleiben* • (sudderen) *schmoren*
smullen *schmausen, schlemmen*, ‹fig.› *auskosten* ⋆ van iets ~ *an etw. seine Freude haben*
smulpaap *Leckermaul* [o], *Prasser* [m], *Schlemmer* [m]
smulpartij *Schmaus* [m], *Schlemmerei* [v]
smurf *Schlumpf* [m]
smurrie *Matsch* [m]
snaaien *stibitzen*
snaak • (guit) *Spaßvogel* [m], *Witzbold* [m] ⋆ rare ~ *sonderbare(r) Kauz* [m]; *komische(r) Vogel* [m] • (vent) *Kerl* [m], *Bursche* [m]
snaaks *schelmisch, spaßig*
snaar *Saite* [v]
snaarinstrument *Saiteninstrument* [o]
snackbar *Imbiss* [m], *Snackbar* [v]
snakken *sich sehnen (nach), schmachten (nach)*
snappen I [ov ww] • (betrappen) *erwischen, ertappen* • (begrijpen) *kapieren* **II** [on ww] *schnappen*
snars ▾ er klopt geen ~ van *das stimmt hinten und vorne nicht*
snater *Schnauze* [v], *Schnabel* [m]

snateren *schnattern*
snauw *Anschnauzer* [m] ⋆ iem. een ~ geven *jmdn. anschnauzen*
snauwen *schnauzen* ⋆ tegen iem. ~ *jmdn. anschnauzen; jmdn. anfahren*
snavel *Schnabel* [m]
snede → **snee**
snedig *schlagfertig*, ‹raak› *treffend*
snee • (het snijden) *Schnitt* [m] ⋆ ter snede *schlagfertig* • (insnijding) *Einschnitt* [m], *Zäsur* [v] • (snijwond) *Schnittwunde* [v] • (plak) *Scheibe* [v] ⋆ een sneetje brood *eine Brotscheibe* • (scherpe kant) *Schneide* [v] • (snijvlak) *Schnittfläche* [v] ⋆ goud op snee *mit Goldschnitt* • (snit) *Schnitt* [m]
sneer *höhnische Bemerkung* [v]
sneeuw *Schnee* [m] ⋆ verse ~ *Neuschnee* [m] ⋆ pas gevallen ~ *Neuschnee* [m] ⋆ opgewaaide ~ *Schneewehe* [v] ⋆ ~ met ijskorst *Harsch* [m]
sneeuwbal *Schneeball* [m]
sneeuwbaleffect *Kettenreaktion* [v]
sneeuwblind *schneeblind*
sneeuwbril *Schneebrille* [v]
sneeuwbui *Schneeschauer* [m]
sneeuwen *schneien*
sneeuwgrens *Schneegrenze* [v]
sneeuwjacht *Schneegestöber* [o], *Schneetreiben* [o]
sneeuwketting *Schneekette* [v]
sneeuwklokje *Schneeglöckchen* [o]
sneeuwpop *Schneemann* [m]
sneeuwschuiver • (schop) *Schneeschaufel* [v] • (auto) *Schneeschieber* [m]
sneeuwstorm *Schneesturm* [m]
sneeuwval *Schneefälle* [mv] ⋆ zware ~ *heftige(n) Schneefälle*
sneeuwvlok *Schneeflocke* [v]
sneeuwwit *schneeweiß*
Sneeuwwitje *Schneewittchen* [o]
snel I [bnw] • (vlug) *schnell* • (in korte tijd werkend) *hoch empfindlich* • (modern) *flott, scharf* **II** [bijw] *bald*
snelbinder *Gepäckträgerspannband* [o]
snelbuffet *Schnellbüfett* [o], *Schnellimbiss* [m]
sneldicht *Epigramm* [o]
snelfiltermaling ⋆ koffie in ~ *filterfertig gemahlene(r) Kaffee* [m]
snelheid • (vaart) *Geschwindigkeit* [v] ⋆ door zijn ~ kon hij ontsnappen *durch seine Schnelligkeit konnte er entkommen* • (foto.) *Lichtempfindlichkeit* [v]
snelheidsduivel *Raser* [m]
snelheidslimiet *Geschwindigkeitsbegrenzung* [v]
snelkoker *Schnellkocher* [m]
snelkookpan *Schnellkochtopf* [m]
snellen *eilen*
snelrecht *Schnellverfahren* [o]
snelschaken *Blitzschach spielen*
sneltrein *Schnellzug* [m], *D-Zug* [m]
sneltreinvaart *Eil(zug)tempo* [o]
snelverkeer *Schnellverkehr* [m]
snelvuur *Schnellfeuer* [o]
snelvuurwapen *Schnellfeuerwaffe* [v]
snelwandelen I [het] *Gehen* [o] **II** [onv ww] *gehen*
snelweg *Schnellstraße* [v], ‹autosnelweg› *Autobahn* [v]
sneren *verspotten*
snerpen • (schril klinken) *gellen* • (striemen) *schneiden*
snert • (erwtensoep) *Erbsensuppe* [v] • (troep) *Mist* [m]
sneu *schade*
sneuvelen • (omkomen) *umkommen*, ‹oorlog› *fallen* • (stukgaan) *kaputtgehen, draufgehen*
snibbig *schnippisch*
snijbloem *Schnittblume* [v]
snijboon • (groente) *Schnittbohne* [v] • (persoon) *Kauz* [m]
snijbrander *Schneidbrenner* [m]
snijden *schneiden* ⋆ in hout ~ *Holz schnitzen*
snijdend *schneidend*
snijmachine *Schneidemaschine* [v]
snijplank *Schneidebrett* [o]
snijpunt *Schnittpunkt* [m]
snijtafel ‹med.› *Seziertisch* [m], ‹kleermakerij› *Zuschneidetisch* [m]
snijtand *Schneidezahn* [m]
snijvlak *Schnittfläche* [v]
snijwerk • (versiering) *Schnitzarbeit* [v] • (kunstwerk) *Schnitzerei* [v]
snijwond *Schnittwunde* [v]
snik *Schluchzer* [m], *Seufzer* [m] ⋆ in snikken uitbarsten *laut aufschluchzen* ▾ niet goed snik zijn *nicht alle Tassen im Schrank haben*
snikheet *brühheiß, erstickend heiß*
snikken *schluchzen*
snip • (vogel) *Schnepfe* [v] • (briefje van honderd) *Hunderter* [m]
snipper *Schnipsel* [o] ⋆ geen ~tje *nichts; kein bisschen*
snipperdag ≈ *(einzelne(r)) Urlaubstag* [m]
snipperen I [ov ww] *(zer)schnippeln, schnipseln* **II** [on ww] *einen freien Tag nehmen*
snipverkouden ⋆ ~ zijn *eine schlimme Erkältung haben*
snit *Schnitt* [m], *Fasson* [v], ‹fig.› *Muster* [o]
snob *Snob* [m]
snobisme *Snobismus* [m]
snobistisch *snobistisch*
snoeien • (afknippen) *beschneiden, stutzen* • (inkorten) *kürzen, beschneiden*
snoeimes *Hippe* [v], *Gartenmesser* [o]
snoeischaar *Baumschere* [v], *Heckenschere* [v]
snoek *Hecht* [m]
snoekbaars *Zander* [m]
snoekduik *Hechtsprung* [m]
snoep *Süßigkeit* [v], *Süßigkeiten* [mv]
snoepautomaat *Süßwarenautomat* [m]
snoepen *naschen*
snoeper • (iem. die snoept) *Nascher* [m] • (flirt) *Lüstling* [m] ⋆ ouwe ~ *Lustgreis* [m]
snoepgoed *Süßigkeiten* [mv]
snoepje • (snoepgoed) *Süßigkeit* [v] • (persoon) *süße(s) Ding* [o]
snoeplust *Naschhaftigkeit* [v]
snoepreisje *Vergnügungsreise* [v]
snoer *Schnur* [v]
snoeren *schnüren*
snoes *Fratz* [m], *Herzchen* [o] ⋆ ~ van een kind *ein allerliebstes Kind* ⋆ een ~ van een jurk *ein reizendes Kleid*
snoeshaan *Kauz* [m] ⋆ vreemde ~ *seltsame(r) Vogel* [m] ⋆ rare ~ *wunderliche(r) Kauz* [m]
snoet *Schnauze* [v], *Fratze* [v]
snoeven *prahlen, aufschneiden*
snoever *Prahler* [m], *Prahlhans* [m]
snoezig *niedlich, süß, goldig*
snol *Nutte* [v], *Flittchen* [o]
snood *niederträchtig, schnöde*
snor *Schnurrbart* [m], ‹van dier› *Schnurrhaare* [v] ▾ dat zit wel snor *das geht in Ordnung*
snorfiets *Mofa* [o]
snorkel *Schnorchel* [m]
snorkelen *schnorcheln*

S

S

snorren • (geluid maken) *schnurren, surren* • (speuren) *stöbern* • (zoeven) *schwirren*
snot • (neusslijm) Rotz [m] • (ziekte) Pips [m]
snotaap Rotznase [v], Rotzlöffel [m]
snotneus • (loopneus) Rotznase [v] • (snotaap) Rotzbengel [m] • (olielamp) *Schnauzlampe* [v]
snottebel Rotz [m]
snotteren • (huilen) *greinen, flennen* • (neus ophalen) *rotzen, schnüffeln* • (snot lozen) *rotzen*
snotverkouden *stark erkältet*
snuffelaar *Schnüffler* [m]
snuffelen • (speuren) *stöbern, kramen* ⋆ in boeken zitten te ~ *in Büchern herumstöbern* • (ruiken) *schnüffeln*
snuffelpaal *Sensor* [m]
snuffen *schnüffeln*
snufferd • (gezicht) *Schnauze* [v] • (neus) *Riechkolben* [m]
snufje • (nieuwigheidje) Neuheit [v] ⋆ nieuwste ~ *letzte Neuheit; letzte(r) Schrei* [m] • (klein beetje) *Prise* [v]
snugger *gescheit, klug*
snuif • (tabak) *Schnupftabak* [m] • (drug) *Sniff* [m]
snuifje *Prise* [v]
snuisterij Nippsachen [mv] ⋆ ~en Nippes [mv]; Nippsachen [mv]
snuit *Schnauze* [v]
snuiten • (pit afknippen) *putzen* • (uitsnuiten) *die Nase putzen, sich schnäuzen* ⋆ zijn neus ~ *sich die Nase putzen*
snuiter Kauz [m] ⋆ rare ~ *sonderbare(r) Kauz* ⋆ vreemde ~ *seltsame(r) Vogel* [m]
snuiven I [ov ww] • (tabak/cocaïne gebruiken) *schnupfen,* ‹bedwelmende dampen› *schnüffeln* II [on ww] • (de neus ophalen) *schnupfen* • (ademen) *schnauben, schnaufen* • (snuffelen) *schnüffeln, schnuppern*
snurken • (slapen) *pennen* • (knorrend ademhalen) *schnarchen*
soap opera *Seifenoper* [v]
sober • (eenvoudig) *genügsam, einfach, schlicht* • (armoedig) *karg, dürftig, ärmlich*
sociaal *sozial, Sozial-* ⋆ sociale zorg *Wohlfahrtspflege* [v] ⋆ sociale lasten *Sozialabgaben* [mv] ⋆ de sociale dienst *das Sozialamt*
sociaal-democraat *Sozialdemokrat* [m]
socialisatie *Sozialisierung* [v]
socialiseren *sozialisieren,* ‹econ.› ‹nationaliseren› *verstaatlichen*
socialisme *Sozialismus* [m]
socialist *Sozialist* [m]
socialistisch *sozialistisch*
sociëteit • (genootschap) *Gesellschaft* [v] ⋆ de Sociëteit van Jezus *die Gesellschaft Jesu* • (vereniging) *Klub* [m], *(Studenten)verbindung* [v] ⋆ naar de ~ gaan *in den Klub gehen*
society *Gesellschaft* [v], *vornehme Welt* [v]
sociologie *Soziologie* [v]
socioloog *Soziologe* [m]
soda *Soda* [v/o]
sodawater *Sodawasser* [o]
sodemieter ▾ iem. op zijn ~ geven *jmdm. eins auf den Deckel geben* ▾ ergens geen ~ van begrijpen *nur Bahnhof verstehen* ▾ als de ~ *aber dalli!* ▾ dat gaat hem geen ~ aan *das geht ihm einen Dreck an* ▾ geen ~ *ganz und gar nicht*
soebatten *flehen, betteln*
Soedan *Sudan* [m]
soefibeweging *Sufibewegung* [v]
soelaas Trost [m], ‹verlichting› *Erleichterung* [v] ⋆ ~ bieden *Trost bieten*
soep *Suppe* [v]
soepballetje *Suppenklößchen* [o]
soepbord *Suppenteller* [m]
soepel • (buigzaam) *geschmeidig* • (niet stroef) *reibungslos, glatt* • (niet streng) *flexibel, anpassungsfähig* • (lenig) *geschmeidig, biegsam*
soepgroente *Suppengrün* [o]
soepjurk *Sackkleid* [o], *Hängekleid* [o]
soeplepel • (opscheplepel) *Suppenkelle* [v] • (eetlepel) *Suppenlöffel* [m]
soeps ▾ het is niet veel ~ *es hat nicht viel auf sich*
soes *Windbeutel* [m]
soesa *Umstände* [mv], ‹narigheid› *Scherereien* [mv]
soeverein I [de] *Souverän* [m], *Landesherr* [m] II [bnw] *souverän* ⋆ ~ gebied/recht *Hoheitsgebiet/Hoheitsrecht* [o]
soevereiniteit *Souveränität* [v]
soezen • (mijmeren) *träumen, seinen Gedanken nachhängen* • (dommelen) *duseln, vor sich hin dösen*
soezerig *schläfrig, dösig*
sof Pleite [v], Fiasko [o], Reinfall [m]
sofa *Sofa* [o]
Sofia *Sofia* [o]
softbal *Softball* [m]
softdrugs *Softdrugs/Soft Drugs* [mv]
software *Software* [v]
soja *Soja* [v]
sojaboon *Sojabohne* [v]
sok • (kous) *Socke* [v] • (onderdeel van een buis) *Muffe* [v] • (bio.) *andersfarbige Pfote* [v]
sokkel *Sockel* [m], ‹lamp-, buisvoet› *Fuß* [m]
sol I [de] *Sol* [o] II [het] *Sol* [o]
solarium *Solarium* [o]
soldaat *Soldat* [m]
soldeer Lot [o], Lötmetall [o] ⋆ zacht ~ *Weichlot* [o] ⋆ hard ~ *Schlaglot* [o]
soldeerbout *Lötkolben* [m]
soldeersel Lot [o], Lötmetall [o]
solderen *(ver)löten*
soldij *Sold* [m], *Löhnung* [v]
soleren *als Solist auftreten*
solidair *solidarisch*
solidariteit *Solidarität* [v]
solide *solide*
solist • (iem. die alleen werkt) *Einzelgänger* [m] • (muz.) *Solist* [m]
solitair I [de] Einzelgänger [m] II [bnw] *einzeln lebend, solitär*
sollen I [ov ww] *herumzerren* II [on ww] • (~ **met**) ≈ *spielen (mit)* ⋆ niet met zich laten ~ *nicht mit sich spielen/spaßen lassen*
sollicitant *Bewerber* [m]
sollicitatie *Bewerbung* [v]
sollicitatiebrief *Bewerbung* [v], *Bewerbungsschreiben* [o]
sollicitatiegesprek *Bewerbungsgespräch* [o]
solliciteren • (naar baan dingen) *sich bewerben* • (~ **naar**) *sich einhandeln*
solo I [de] *Solo* [o] II [bijw] *solo*
Solomoneilanden *Salomoninseln* [mv]
solotoer ⋆ op de ~ gaan *solo/allein weitermachen*
solovlucht *Alleinflug* [m]
solozanger *Solosänger* [m]
solutie • (oplossing) *Solution* [v] • (contactlijm) *Gummilösung* [v]
solvabel *solvent*
som • (uitkomst) *Summe* [v] • (bedrag) *Summe* [v], *Betrag* [m] • (wisk.) *(Rechen)aufgabe* [v]
Somalia *Somalia* [o]
somatisch *somatisch*
somber • (bedrukt) *trübe, düster* • (donker) *düster*

somma *Summe* [v]
sommeren • (aanmanen) *auffordern, mahnen* • (wisk.) *summieren, addieren*
sommige *manche,* ‹enkele› *einige*
soms • (nu en dan) *manchmal* • (misschien) *vielleicht, etwa*
sonar *Sonar* [o]
sonate *Sonate* [v]
sonde *Sonde* [v]
sonnet *Sonett* [o]
sonoor *sonor*
soort • (groep) *Art* [v] ⋆ enig in zijn ~ *einzig in seiner Art* ⋆ een raar ~ mensen *ein sonderbarer Menschenschlag* [m] • (bio.) *Sorte* [v] ▾ ~ zoekt ~ *Gleich und Gleich gesellt sich gern*
soortelijk *spezifisch*
soortement *Art* [v]
soortgelijk *derartig, ähnlich*
soortgenoot *Artgenosse* [m]
soortnaam ‹bio.› *Gattungsbezeichnung* [v], ‹taalk.› *Gattungsname* [m]
soos ≈ *Klub* [m]
sop *Seifenwasser* [o], *Lauge* [v] ▾ het ruime sop kiezen *das Weite suchen* ▾ het sop is de kool niet waard *das lohnt nicht die Mühe*
soppen • (reinigen) *feucht reinigen,* ‹muren› *abwaschen* • (indopen) *(ein)tauchen, eintunken*
sopraan • (stem) *Sopran* [m] • (zangeres) *Sopranistin* [v]
sorbet *Sorbett* [m/o]
sores *Schlamassel* [m], ‹zorgen› *Sorgen* [mv] ⋆ ik heb al genoeg ~ aan mijn hoofd *ich habe schon genug Schwierigkeiten*
sorry *Entschuldigung*
sorteren *sortieren* ▾ effect ~ *Effekt erzielen*
sortering • (het sorteren) *Sortierung* [v] • (verscheidenheid) *Sorte* [v], *Güte* [v]
SOS *SOS* [o] ⋆ SOS uitzenden *SOS funken*
soufflé *Soufflé/Soufflee* [o]
souffleren • (voorzeggen) *soufflieren* • (laten rijzen) *aufgehen lassen*
souffleur *Souffleur* [m] [v: *Souffleuse*]
soul *Soul* [m]
souper *Souper* [o]
souperen *soupieren*
souplesse *Geschicklichkeit* [v], *Gelenkigkeit* [v], ‹aanpassingsvermogen› *Anpassungsfähigkeit* [v], ‹fig.› *Flexibilität* [v]
souteneur *Zuhälter* [m]
souterrain *Souterrain* [o]
souvenir *Andenken* [o], *Souvenir* [o]
sovjetrepubliek *Sowjetrepublik* [v]
Sovjet-Unie *Sowjetunion* [v]
sowieso *sowieso*
spa ® *Mineralwasser* [o]
spaak I [de] • (hefboom) *Hebel* [m], ‹scheepv.› *Spake* [v] • (deel van wiel) *Speiche* [v] ▾ een ~ in het wiel steken *(jmdm./einer Sache) in die Speichen greifen* **II** [bijw] ▾ ~ lopen *schief gehen*
spaan • (spaander) *Span* [m] • (schuimspaan) *Schaumlöffel* [m] ▾ geen ~ ervan heel laten *an jmdm./etw. kein gutes Haar lassen*
spaander *Span* [m] ▾ waar gehakt wordt, vallen ~s *wo gehobelt wird, fallen Späne*
spaanplaat *Spanplatte* [v]
Spaans I [het] *Spanisch(e)* [o] **II** [bnw] *spanisch*
Spaanse *Spanierin* [v]
spaarbank *Sparkasse* [v]
spaarbankboekje *Spar(kassen)buch* [o]
spaarbrander *Sparbrenner* [m]
spaarbrief *Sparbrief* [m]
spaardeposito *Spareinlage* [v]
spaarder *Sparer* [m]
spaargeld *Ersparnisse* [mv], *Spargroschen* [mv]
spaarpot • (busje) *Sparbüchse* [v] • (spaargeld) *Spargroschen* [mv] ⋆ een ~je aanleggen *Geld auf die hohe Kante legen*
spaarrekening *Sparkonto* [o]
spaarvarken *Sparschwein* [o]
spaarzaam *sparsam* ▾ ~ met woorden *wortkarg*
spaarzegel *Rabattmarke* [v]
spaarzin *Freude am Sparen* [v]
spade *Spaten* [m]
spagaat *Spagat* [m/o]
spaghetti *Spaghetti* [mv]
spaghettiwestern *Italowestern* [m]
spalk *(Bruch)schiene* [v]
spalken • (verbinden) *(ein)schienen* • (splijten) *aufsperren*
span I [de] *Spanne* [v] **II** [het] *Gespann* [o]
spandoek *Spruchband* [o], *Transparent* [o]
spaniël *Spaniel* [m]
Spanjaard *Spanier* [m]
Spanje *Spanien* [o]
spankracht • (veerkracht) *Spannkraft* [v], *Dehnfähigkeit* [v] • (kracht) *Spannkraft* [v]
spannen I [onp ww] *zweifelhaft sein, (noch) die Frage sein* ⋆ het zal erom ~ *es ist noch die Frage* **II** [ov + on ww] *spannen*
spannend *spannend*
spanning *Spannung* [v], ‹bouwkunde› *Spannweite* [v]
spanningsveld *Spannungsfeld* [o]
spanningzoeker *Spannungsprüfer* [m]
spant *Sparren* [m], ‹van schip/vliegtuig› *Spant* [o]
spanwijdte *Spannweite* [v]
spar *Tanne* [v], *Fichte* [v]
sparappel *(Tannen)zapfen* [m]
sparen I [ov ww] • (besparen) *sparen* • (ontzien) *schonen* • (verzamelen) *sammeln* • (behoeden) *(ver)schonen* ▾ spaar me die verhalen maar *verschon mich mit diesen Geschichten* **II** [on ww] • (geld bewaren) *sparen*
Spartaans *spartanisch*
spartelen *zappeln*
spasme *Krampf* [m], *Spasmus* [m]
spastisch *spastisch*
spat *Spritzer* [m] ▾ geen spat *gar nichts*
spatader *Krampfader* [v]
spatbord ‹auto› *Kotflügel* [m], ‹fiets› *Schutzblech* [o]
spatel *Spatel* [m]
spatie *Zwischenraum* [m], ‹tussenruimte tussen letters› *Spatium* [o]
spatiebalk *Leertaste* [v]
spatlap *Schmutzfänger* [m]
spatten I [ov ww] • (bespatten) *spritzen* **II** [on ww] • (spetteren) *spritzen, sprühen* ⋆ uit elkaar ~ *zerplatzen*
speaker *Lautsprecher* [m]
specerij *Gewürz* [o]
specht *Specht* [m]
speciaal I [bnw] *speziell, besonders, Spezial-, Sonder-, Einzel-* ⋆ ~ geval *Sonderfall* [m]; *Einzelfall* [m] ⋆ speciale prijs *Vorzugspreis* [m] ⋆ speciale commissie *Sonderausschuss* [m] **II** [bijw] *speziell, besonders*
speciaalzaak *Fachgeschäft* [o]
special ‹krant› *Sonderausgabe* [v], ‹radio, tv› *Sondersendung* [v], ‹tijdschrift› *Sondernummer* [v]
specialisatie *Spezialisierung* [v]
specialiseren *sich spezialisieren*
specialisme *Spezialgebiet* [o]
specialist • (deskundige) *Spezialist* [m] • (arts)

Spezialist [m], *Facharzt* [m] [v: *Fachärztin*]
specialistisch *Spezialisten-*
specialiteit *Spezialität* [v]
specie • (mortel) *Mörtel* [m] • (metaalmengsel voor gieten of persen) ≈ *Schriftmetall* [o]
speciebriefje *Geldsortenzettel* [m]
specificatie *Spezifikation* [v]
specificeren *spezifizieren*
specifiek I [bnw] • (typisch) *spezifisch, eigentümlich* • (soortelijk) *spezifisch* **II** [bijw] *spezifisch, typisch*
specimen *Muster* [o], *Probe* [v]
spectaculair *spektakulär, Aufsehen erregend*
spectrum *Spektrum* [o]
speculaas *Spekulatius* [m]
speculant *Spekulant* [m]
speculatie *Spekulation* [v] ⋆ ~ à la baisse *Baissespekulation* ⋆ koop op ~ *Spekulationsgeschäft*
speculatief *spekulativ*
speculeren • (gissingen doen) *Spekulationen anstellen* • (hand.) *spekulieren*
speech *Ansprache* [v]
speed *Speed* [o], *Aufputschmittel* [o]
speedboot *Rennboot* [o]
speeksel *Speichel* [m]
speelautomaat *Spielautomat* [m]
speelbal *Spielball* [m]
speelbank *Spielkasino* [o], *Spielbank* [v]
speelbord *Spielbrett* [o]
speeldoos *Spieldose* [v]
speelfilm *Spielfilm* [m]
speelgoed *Spielzeug* [o]
speelhal *Spielhalle* [v]
speelhelft • (helft van veld) *Spielfeldhälfte* [v] • (helft speelduur) *Halbzeit* [v]
speelhol *Spielhölle* [v]
speelkaart *Spielkarte* [v]
speelkameraad *Spielkamerad* [m]
speelkwartier *Pause* [v]
speelplaats *Spielplatz* [m], ‹schoolplein› *Schulhof* [m]
speelruimte *Spielraum* [m]
speels I [bnw] • (luchtig) *spielerisch, locker* • (dartel) *spielerisch, verspielt* • (grillig) *launenhaft, launisch* **II** [bijw] *spielerisch*
speelschuld *Spielschuld* [v]
speeltafel *Spieltisch* [m]
speelterrein *Spielfeld* [o]
speeltje *Spielzeug* [o]
speeltuin *Spielplatz* [m]
speen • (fopspeen) *Schnuller* [m], ‹op zuigfles› *Sauger* [m] • (tepel) *Zitze* [v]
speenkruid *Feigwurz* [v]
speenvarken *Spanferkel* [o]
speer • (lans) *Speer* [m] • (bio.) *Spirre* [v]
speerpunt • (punt van speer) *Speerspitze* [v] • (toonaangevend element) *Schwerpunkt* [m]
speerwerpen I [het] *Speerwerfen* [o] **II** [onv ww] *Speerwerfen betreiben*
spek *Speck* [m] ▾ er voor spek en bonen bijzitten *dabeisitzen wie das fünfte Rad am Wagen* ▾ voor spek en bonen meedoen *zum Schein mitmachen* ▾ dat is geen spekje voor je bekje *das ist nichts für dich*
spekglad *spiegelglatt*
spekken *spicken*
speklap *Bauchspeck* [m]
spektakel • (drukte) *Theater* [o], *Spektakel* [m] • (schouwspel) *Spektakel* [o], *Schauspiel* [o] • (lawaai) *Lärm* [m], *Spektakel* [m]
spektakelstuk *Spektakelstück* [o]
spekvet I [het] *Speckfett* [o] **II** [bnw] *feist*
spekzool *Kreppsohle* [v]
spel *Spiel* [o] ▾ zijn leven op het spel zetten *sein Leben aufs Spiel setzen* ▾ hoog spel spelen *ein hohes Spiel spielen* ▾ vrij spel *freie Hand*
spelbederf *Spielzerstörung* [v]
spelbreker *Spielverderber* [m]
speld • (haarspeld) *Spange* [v] • (broche) *Anstecknadel* [v] • (naaigerei) *Stecknadel* [v] ▾ er is geen ~ tussen te krijgen *das stimmt haargenau* ▾ men kon een ~ horen vallen *es war mucksmäuschenstill*
spelden *heften*, ‹afmeten› *abstecken*
speldenknop *Stecknadelkopf* [m]
speldenkussen *Stecknadelkissen* [o]
speldenprik • (prik met speld) *Nadelstich* [m] • (hatelijkheid) *Stichelei* [v], *Seitenhieb* [m]
speldje *Abzeichen* [o]
spelen I [on ww] • (luchtig omgaan met) *(herum)spielen* • (zich afspelen) *spielen, sich abspielen* • (zich voordoen als) *spielen* ⋆ voor komiek ~ *den Clown spielen* • (aanpakken) *anpacken, anfassen* ⋆ iets slim ~ *etw. geschickt anpacken* • (~ **op**) *spekulieren* **II** [ov + on ww] • (opvoeren) *spielen* • (zich met spel bezighouden) *spielen* • (acteren) *spielen* ⋆ Van Veen speelt vanavond in Utrecht *van Veen tritt heute Abend in Utrecht auf* • (aan de orde zijn) *mitspielen, eine Rolle spielen*
spelenderwijs *spielend*
speleoloog *Höhlenkundler* [m], *Speläologe* [m]
speler *Spieler* [m], ‹acteur› *Schauspieler* [m], ‹muzikant› *Musikant* [m]
spelevaren *eine Kahnfahrt machen*
spelfout *Rechtschreibfehler* [m]
speling • (tussenruimte) *Spielraum* [m] • (gril) *Spiel* [o] ⋆ een ~ van het lot *eine Schicksalsfügung*
spelleider *Spielleiter* [m]
spellen • (correct schrijven) *buchstabieren* • (aandachtig lezen) *studieren, aufmerksam lesen*
spelling • (orthografie) *Rechtschreibung* [v] • (het spellen) *Buchstabieren* [o] • (schrijfwijze) *Schreibung* [v]
spelmaker *Spielmacher* [m]
spelonk *Höhle* [v]
spelregel • (regel van een spel) *Spielregel* [v] • (spellingregel) *Rechtschreibregel* [v]
spencer *Pullunder* [m]
spenderen *ausgeben, verwenden*, ‹inf.› *hineinstecken*
spenen *abstillen, entwöhnen* ⋆ van iets gespeend zijn *etw. absolut nicht haben*
sperma *Sperma* [o]
spermabank *Samenbank* [v]
spermatozoïde *Spermatozoid* [m]
spervuur *Sperrfeuer* [o]
sperwer *Sperber* [m]
sperzieboon *Brechbohne* [v]
spetter • (stuk) ‹man› *tolle(r) Typ* [m], ‹vrouw› *Prachtweib* [o] • (spat) *Spritzer* [m]
spetteren • (spatten) *spritzen, perlen* • (tegensputteren) *murren, aufmucken*
speurder *Detektiv* [m]
speuren I [ov ww] • (bespeuren) *wittern, spüren* **II** [on ww] • (opsporen) *fahnden* • (onderzoeken) *spähen*
speurhond *Spürhund* [m]
speurneus *Spürnase* [v]
speurtocht *Erkundungsfahrt* [v], ‹spel› *Schnitzeljagd* [v]
speurwerk *Nachforschungen* [mv], *Ermittlungen* [mv]

S

speurzin *Spürsinn* [m]
spichtig • (smal en spits) ≈ *spitz (zulaufend)* • (mager) *spindeldürr, schmächtig*
spie • (wig) *kleine(r) Keil* [m] • (pen) *Pinne* [v], *Splint* [m] • (geld) *Moos* [o], *Moneten* [mv]
spieden *spähen*
spiegel *Spiegel* [m]
spiegelbeeld *Spiegelbild* [o]
spiegelei *Spiegelei* [o]
spiegelen I [on ww] *spiegeln, reflektieren* **II** [wkd ww] • (weerkaatst worden) *sich spiegeln* • (~ **aan**) *sich zum Vorbild nehmen*
spiegelglad *spiegelglatt*
spiegeling *Spiegelung* [v]
spiegelruit *Spiegelscheibe* [v]
spiegelschrift *Spiegelschrift* [v]
spiekbriefje *Spickzettel* [m], *Spicker* [m]
spieken *abgucken, spicken*
spier • (spierbundel) *Muskel* [m] • (halm) *Halm* [m] ▾ geen ~ vertrekken *keine Miene verziehen*
spierbal *Muskelbündel* [o] ⋆ zijn ~len laten zien *seine Muskeln spielen lassen*
spiering *Stint* [m] ▾ een ~ uitgooien om een kabeljauw te vangen *mit der Wurst nach der Speckseite werfen* ▾ een magere ~ *Klappergestell* [o]
spierkracht *Muskelkraft* [v]
spiernaakt *splitternackt*
spierpijn *Muskelschmerz* [m], *Muskelkater* [m]
spierweefsel *Muskelgewebe* [o]
spierwit *kalkweiß, schneeweiß,* ‹doodsbleek› *totenblass*
spies *Spieß* [m]
spietsen *(auf)spießen*
spijbelaar *Schwänzer* [m]
spijbelen *schwänzen*
spijker *Nagel* [m] ▾ ~s met koppen slaan *Nägel mit Köpfen machen* ▾ ~s op laag water zoeken *herummäkeln*
spijkerbroek *Jeans* [mv]
spijkeren *nageln*
spijkerhard *steinhart,* ‹inf.› *knallhart,* ‹meedogenloos› *eiskalt*
spijkerjasje *Jeansjacke* [v]
spijkerschrift *Keilschrift* [v]
spijl *(Gitter)stab* [m], ‹kooi› *Käfigstange* [v]
spijs • (vulling) *Masse* [v], *Brei* [m] • (gerecht) *Speise* [v] • (mortel) *Mörtel* [m]
spijskaart *Speisekarte* [v]
spijsvertering *Verdauung* [v] ⋆ wandeling voor de ~ *Verdauungsspaziergang* [m]
spijsverteringskanaal *Verdauungskanal* [m]
spijt *Bedauern* [o] ⋆ tot mijn ~ *zu meinem Bedauern*
spijten *Leid tun* ⋆ het spijt me *es tut mir Leid* ⋆ het spijt ons dat ... *wir bedauern, dass ...* ⋆ het zal u ~ *das werden Sie bereuen*
spijtig *bedauerlich*
spikkel *Tupfen* [m], *Sprenkel* [m]
spiksplinternieuw *funkelnagelneu*
spil I [de] • (as) *Achse* [v], *Spindel* [v] • (persoon) *Mittelpunkt* [m], *Seele* [v], ‹sport› *Spielmacher* [m] ⋆ hij is de spil waar alles om draait *er ist die Seele der ganzen Sache* **II** [het] *Spill* [o]
spilkoers *Mittelkurs* [m]
spillebeen I [de] *storchbeinige Person* [v] **II** [het] *Spinnenbein* [o]
spiltrap *Wendeltreppe* [v]
spilziek *verschwenderisch*
spin • (dier) *Spinne* [v] • (snelbinder) *Gepäckspinne* [v] • (sport) *Effekt* [m], *Spin* [m]
spinazie *Spinat* [m] ⋆ ~ à la crème *Rahmspinat*
spinet *Spinett* [o]
spinnaker *Spinnaker* [m]
spinnen I [ov ww] • (tot garen maken) *spinnen* • (ineendraaien) *ineinander drehen* **II** [on ww] • (snorren) *schnurren*
spinnenweb *Spinnennetz* [o], ‹fig.› *Gewirr* [o] ⋆ een ~ van steegjes *ein Gewirr von kleinen Gassen*
spinnerij *Spinnerei* [v]
spinnewiel *Spinnrad* [o]
spinnijdig *giftig, bitterböse*
spinrag *Spinnennetz* [o]
spion *Spion* [m]
spionage *Spionage* [v]
spioneren *spionieren*
spiraal *Spirale* [v]
spiraalmatras *Federkernmatratze* [v]
spiraaltje *Spirale* [v]
spirit *Schwung* [m], ‹inf.› *Mumm* [m]
spiritisme *Spiritismus* [m]
spiritualiën *Spirituosen* [mv]
spiritueel • (geestelijk) *spirituell* • (geestig) *geistreich*
spiritus *Spiritus* [m]
spiritusstel *Spirituskocher* [m]
spit • (pen) *Spieß* [m] • (spadesteek) *Spatenstich* [m] • (med.) *Hexenschuss* [m]
spits I [de] • (top) *Spitze* [v] • (voorhoede) *Spitze* [v] • (spitsuur) *Hauptverkehrszeit* [v], *Stoßzeit* [v] • (hond) *Spitz* [m] • (sport) *Spitze* [v], *Stürmer* [m] ▾ de/het ~ afbijten *die Spitze abbrechen* **II** [bnw] • (puntig) *spitz* • (slim) *scharfsinnig*
spitsen I [ov ww] *anspitzen, zuspitzen, spitzen, schärfen* **II** [wkd ww] ⋆ zich ~ op iets *auf etw. erpicht sein;* ‹inf.› *auf etw. scharf sein*
spitskool *Spitzkohl* [m]
spitsmuis *Spitzmaus* [v]
spitsuur *Stoßzeit* [v], *Spitzenzeit* [v], ‹verkeer› *Hauptverkehrszeit* [v]
spitsvondig *spitzfindig*
spitten *umgraben,* ‹onovergankelijk ww› *graben*
spleet *Spalte* [v], *Ritze* [v], ‹gleuf› *Schlitz* [m]
spleetoog *Schlitzauge* [o]
splijten I [ov ww] • (klieven) *spalten* **II** [on ww] • (een scheur krijgen) *sich spalten*
splijting *Spaltung* [v]
splijtstof *Spaltmaterial* [o]
splijtzwam • (oorzaak van verdeeldheid) *Stänkerer* [m] • (bacterie) *Spaltpilz* [m]
splinter *Splitter* [m]
splinteren *(zer)splittern*
splinternieuw *nagelneu*
splinterpartij *Splitterpartei* [v]
split • (insnijding) *Schlitz* [m] • (steenslag) *Splitt* [m]
spliterwt *Schälerbse* [v]
splitpen *Splint* [m]
splitrok *geschlitzte(r) Rock* [m]
splitsen *teilen, spalten* ⋆ zich ~ *sich teilen*
splitsing • (scheuring) *Spaltung* [v] • (plaats van splitsing) *Gabelung* [v], *Abzweigung* [v] • (het splitsen) *Teilung* [v], *Spaltung* [v]
spoed • (haast) *Eile* [v] ⋆ met ~ *unverzüglich* ⋆ er ~ achter zetten *etw. vorantreiben* • (afstand tussen windingen) *Ganghöhe* [v], *Steigung* [v] ▾ haastige ~ is zelden goed *zu große Hast hats oft verpasst*
spoedbehandeling *Sofortbehandlung* [v], ‹jur.› *Schnellverfahren* [o]
spoedbestelling *Eilbestellung* [v]
spoedcursus *Schnellkurs* [m]
spoedeisend *dringend, dringlich*
spoeden I [on ww] *eilen* **II** [wkd ww] *eilen, sich*

S

beeilen
spoedgeval dringende(r) Fall [m], ‹med.› Notfall [m]
spoedig I [bnw] schnell, rasch, baldig **II** [bijw] bald ⋆ zo ~ mogelijk baldigst; so rasch wie möglich
spoedoperatie Notoperation [v]
spoedopname Notaufnahme [v]
spoel Spule [v]
spoelbak Spülbecken [o]
spoelen I [ov ww] • (opwinden) spulen • (reinigen) spülen **II** [on ww] • (meegevoerd worden) gespült werden • (vloeien) spülen
spoeling Spülung [v], ‹van haar› Tönung [v]
spoiler Spoiler [m]
spoken spuken
sponde Lagerstätte [v]
sponning Falz [m], Nut [v]
spons Schwamm [m]
sponsen mit einem Schwamm (ab)waschen
sponsor Sponsor [m]
sponsoren sponsern
spontaan spontan
spontaniteit Spontaneität [v]
spook • (geest) Gespenst [o] • (schrikbeeld) Schreckgespenst [o]
spookachtig gespenstisch, unheimlich, geisterhaft
spookbeeld Gespenst [o], Spuk [m]
spookhuis Spukhaus [o]
spookrijder Geisterfahrer [m]
spookschip Gespensterschiff [o]
spookstad Geisterstadt [m]
spoor I [de] Sporn [m] **II** [het] • (afdruk) Spur [v], Fährte [v] ⋆ het ~ bijster raken von der Fährte abkommen; die Spur verlieren • (overblijfsel) Spur [v] • (spoorweg) Gleis [o] ⋆ uit het ~ raken entgleisen • (spoorbedrijf) (Eisen)bahn [v] ⋆ per ~ mit der Bahn • (geluidsstrook) Spur [v] ▾ op dood ~ zitten auf dem Abstellgleis sein
spoorbaan Gleis [o]
spoorbiels Eisenbahnschwelle [v]
spoorboekje Kursbuch [o]
spoorboom (Bahn)schranke [v]
spoorlijn Eisenbahnlinie [v]
spoorloos spurlos
spoorslags geradewegs, spornstreichs
spoortrein (Eisenbahn)zug [m]
spoorweg • (sporen) Gleise [mv] • (spoorwegverbinding) Bahnlinie [v] • (maatschappij) (Eisen)bahn [v]
spoorwegmaatschappij Eisenbahngesellschaft [v]
spoorwegnet Eisenbahnnetz [o]
spoorwegovergang Bahnübergang [m]
spoorwegstaking Eisenbahnerstreik [m]
spoorzoeken Spuren suchen
sporadisch sporadisch
spore Spore [v]
sporen • (stroken met) spuren, entsprechen • (met de trein reizen) mit der Bahn fahren
***sporeplant** (Wdl: sporenplant) Sporenpflanze [v]
sport • (trede) Sprosse [v] • (stoelspaak) Steg [m] • (lichaamsoefening) Sport [m], Sportart [v] ⋆ aan ~ doen Sport treiben
sportbond Sportverband [m], Sportbund [m]
sportbril Sportbrille [v]
sportclub Sportklub [m], Sportverein [m]
sportdag Sportfest [o]
sporten Sport treiben
sporter Sportler [m] [v: Sportlerin]
sportfiets Sportrad [o]
sportfondsenbad Stadtbad [o]
sporthal Sporthalle [v]
sportief • (eerlijk) fair • (sport betreffend) sportlich
sportiviteit Sportlichkeit [v], ‹eerlijkheid, gedrag de sport betreffend› Fairness [v]
sportjournalist Sportjournalist [m] [v: Sportjournalistin]
sportkeuring Eignungsuntersuchung [v]
sportkleding Sportkleidung [v]
sportman Sportler [m]
sportnieuws Sportnachrichten [mv]
sportschool Schule für Kampfsportarten [v]
sportvissen I [het] Angelsport [m] **II** [onv ww] den Angelsport betreiben
sportvisser Sportfischer [m]
sportvliegtuig Sportflugzeug [o]
sportwagen Sportwagen [m]
sportzaak Sportgeschäft [o] ⋆ sportzaken Sportangelegenheiten [mv]
spot • (het spotten) Spott [m], Spöttelei [v] ⋆ de spot drijven met seinen Spott treiben mit; verspotten • (reclame) Spot [m] • (lamp) Spot [m], Scheinwerfer [m] • (voorwerp van bespotting) Gespött [o] ⋆ iem. tot mikpunt van spot maken jmdn. zum Gespött machen
spotgoedkoop spottbillig
spotprent ≈ Karikatur [v]
spotprijs Spottpreis [m]
spotten • (schertsen) spaßen ⋆ hij laat niet met zich ~ er lässt nicht mit sich spaßen ⋆ met iem./iets ~ jmdn./etw. verspotten • (belachelijk maken) spotten
spotter Spötter [m]
spouwmuur Hohlmauer [v]
spraak Sprache [v]
spraakgebrek Sprachfehler [m]
spraakgebruik Sprachgebrauch [m]
spraakkunst Sprachlehre [v], Grammatik [v]
spraakles Sprechunterricht [m]
spraakmakend ▾ de ~e gemeente die Sprachgemeinschaft
spraakvermogen ‹vermogen om te spreken› Sprachvermögen [o], ‹vermogen tot communicatie› Sprachfähigkeit [v]
spraakverwarring Sprachverwirrung [v]
spraakwaterval ‹inf.› Quasselstrippe [v]
spraakzaam gesprächig
sprake ⋆ er is ~ van es ist die Rede davon ⋆ ter ~ brengen zur Sprache bringen ⋆ hier is ~ van diefstal hier handelt es sich um Diebstahl ⋆ daar is geen ~ van das kommt nicht in Frage/infrage
sprakeloos sprachlos
sprankelen sprühen, sprudeln, ‹fonkelen› funkeln
sprankje • (vonkje) Funke [m] • (greintje) Schimmer [m], Funke [m] ⋆ een ~ licht ein Lichtschimmer
spray Spray [o]
spreekbeurt Vortrag [m] ⋆ een ~ vervullen einen Vortrag halten
spreekbuis Sprachrohr [o]
spreekgestoelte Rednerpult [o]
spreekkamer Sprechzimmer [o]
spreekkoor Sprechchor [m]
spreektaal Umgangssprache [v]
spreekuur Sprechstunde [v]
spreekwoord Sprichwort [o]
spreekwoordelijk sprichwörtlich
spreeuw Star [m]
sprei Überdecke [v], ‹op bed› Tagesdecke [v]
spreiden • (uitspreiden) ausbreiten • (verdelen over) verteilen, streuen • (uit elkaar plaatsen) spreizen
spreiding • (het spreiden) Spreizung [v]

• (verdeling) *Verteilung* [v], *Streuung* [v] ⋆ ~ van de vakantie *Staffelung der Ferien* [v]
spreidsprong *Grätsche* [v]
spreidstand *Grätschstellung* [v], *Grätsche* [v]
spreidzit *Spagat* [m]
spreken I [ov ww] • (zeggen) *sprechen* • (gesprek hebben met) *sprechen* **II** [on ww] • (zich uiten) *sprechen, reden* ⋆ tegen iem. ~ *mit jmdm. sprechen* ⋆ wie spreekt er vanavond? *wer hält heute Abend eine Rede?; wer hält heute Abend einen Vortrag?; wer spricht heute Abend?* • (duidelijk uitkomen) *zeugen* ⋆ daaruit spreekt grote moed *das zeugt von großem Mut* • (praten) *sprechen, reden* ⋆ over iem. ~ *von jmdm. sprechen/reden; über jmdn. sprechen/reden* ⋆ tot het hart ~ *an das Herz rühren* ⋆ tot de verbeelding ~ *die Phantasie beflügeln* ⋆ om maar niet te ~ van *geschweige (denn); gar nicht zu reden von* ▾ ~ is zilver, zwijgen is goud *Reden ist Silber, Schweigen ist Gold* ▾ dat spreekt vanzelf *das versteht sich* ▾ van zich doen ~ *von sich reden machen*
sprekend I [bnw] • (met spraak) *sprechend* ⋆ ~e film *Tonfilm* [m] • (treffend) *treffend, deutlich ausgeprägt, schlagend* ⋆ een ~ bewijs *ein schlagender Beweis* [m] ⋆ gezicht met ~e trekken *ausgeprägte(r) Charakterkopf* [m] • (veelzeggend) *sprechend, ausdrucksvoll* **II** [bijw] ⋆ ~ op iem. lijken *jmdm. zum Verwechseln ähnlich sehen*
spreker • (redenaar) *Redner* [m] ⋆ de vorige ~ *der Vorredner* • (woordvoerder) *Sprecher* [m]
sprenkelen *(be)sprengen, sprenkeln*
spreuk *Spruch* [m]
spriet • (halm) *Halm* [m] • (voelhoorn) *Fühler* [m] • (meisje) *Bohnenstange* [v] • (boegspriet) *Spriet* [o]
springbak *Sprunggrube* [v]
springbok • (antilope) *Springbock* [m] • (turntoestel) *Bock* [m]
springconcours *Springturnier* [o]
springen • (zich in de lucht verheffen) *springen* ⋆ het paard springt over de sloot *das Pferd setzt über den Graben* • (zich plotseling bewegen) *springen* • (barsten) *aufspringen, reißen* • (ontploffen) *(zer)springen* ⋆ een brug in de lucht laten ~ *eine Brücke in die Luft sprengen* • (bankroet gaan) *zusammenbrechen* ⋆ de bank staat op ~ *die Bank steht vor dem Zusammenbruch* • (stuiteren) *springen*
springerig *sprunghaft,* ‹bij personen› *quecksilbrig* ⋆ ~ haar *widerspenstiges Haar*
springlading *Sprengladung* [v]
springlevend *quicklebendig*
springmatras *Sprungfedermatratze* [v]
springnet *Sprungtuch* [o]
springpaard • (turntoestel) *Pferd* [o] • (dier) *Springpferd* [o]
springplank *Sprungbrett* [o]
springschans *Sprungschanze* [v]
springstof *Sprengstoff* [m]
springstok *Sprungstab* [m]
springtij *Springflut* [v]
springtouw *Springseil* [o]
springvloed *Springflut* [v]
sprinkhaan *Heuschrecke* [v]
sprinkler *Sprinkler* [m]
sprint *Sprint* [m], ‹eindspurt› *Spurt* [m], ‹hardlopen› *Kurzstreckenlauf* [m]
sprinten *sprinten*
sprinter • (trein) *Schnellbahn* [v] • (persoon) *Sprinter* [m]
sproeien *sprengen*
sproeier • (sproeitoestel) *Sprenger* [m], *Sprühgerät* [o] • (techn.) *Düse* [v], *Brause* [v]
sproeikop ‹groot› *Brause* [v], ‹klein› *Düse* [v]
sproet *Sommersprosse* [v]
sprokkelen *Holz/Reisig sammeln,* ‹fig.› *zusammentragen*
sprokkelhout *Reisig* [o], *Fallholz* [o]
sprong *Sprung* [m] ⋆ de prijzen gingen met ~en omhoog *die Preise stiegen sprunghaft* ▾ een ~ in het diepe *ein Sprung ins kalte Wasser*
sprongsgewijs *sprunghaft*
sprookje *Märchen* [o]
sprookjesachtig *märchenhaft*
sprookjesfiguur *Märchenfigur* [v]
sprookjeswereld *Märchenwelt* [v]
sprot *Sprotte* [v]
spruit • (kind) *Sprössling* [m] • (uitloper) *Spross* [m], *Schössling* [m] • (groente) *Rosenkohl* [m] • (aftakking) *Abzweigung* [v]
spruiten • (ontspruiten) *sich ergeben, entstehen* • (loten krijgen) *ausschlagen, sprießen*
spruitjes *Rosenkohl* [m]
spruitstuk *Zweigrohr* [o]
spruw *Soor* [m], ‹inf.› *Schwämmchen* [mv]
spugen • (speeksel uitspugen) *spucken* • (braken) *brechen, sich erbrechen*
spuien • (lozen) *ablassen* • (uiten) *loslassen, von sich geben*
spuigat *Speigatt* [o] ▾ dat loopt de ~en uit *das geht auf keine Kuhhaut*
spuit *Spritze* [v]
spuitbus *Sprühdose* [v], *Spraydose* [v]
spuiten *spritzen* ⋆ hij spuit drugs *er fixt*
spuiter • (druggebruiker) *Fixer* [m] • (spuitende opening of bron) *Springer* [m]
spuitfles *Spritzflasche* [v], *Siphon* [m]
spuitgast *Spritzenmann* [m]
spuitwater *Sprudel* [m], *Sodawasser* [o]
spul • (goedje) *Zeug* [o] • (benodigdheden) *Siebensachen* [mv], *Kram* [m]
spurt *Spurt* [m]
spurten *spurten*
sputteren • (morren) *murren* • (pruttelen, spetteren) *knattern, spucken*
spuug *Spucke* [v], *Speichel* [m]
spuuglelijk *potthässlich*
spuugzat ⋆ iets ~ zijn *die Nase gestrichen voll von etw. haben*
spuwen • (spugen) *spucken* • (braken) *brechen, sich erbrechen*
squadron *Geschwader* [o], ‹formatie› *Staffel* [v]
squash *Squash* [o]
squaw *Squaw* [v]
Sri Lanka *Sri Lanka* [o]
staaf *Stab* [m], ‹edelmetaal› *Barren* [m], ‹eetbaar› *Stange* [v], ‹spoorstaaf› *Schiene* [v]
staak • (persoon) *Stelze* [v] • (stok) *Stange* [v]
staakt-het-vuren *Waffenstillstand* [m]
staal • (materiaal) *Stahl* [m] • (monster) *Muster* [o], *Probe* [v] • (med.) *Eisen* [o]
staalblauw *stahlblau*
staalborstel *Drahtbürste* [v]
staaldraad *Stahldraht* [m]
staalkaart • (kaart met stalen) *Musterkarte* [v] • (bonte schakering) *bunte Sammlung* [v]
staalpil *Eisentablette* [v]
staalwol *Stahlwolle* [v]
staan • (rechtop staan) *stehen* ⋆ hij kan niet meer op zijn benen ~ *er kann sich nicht mehr auf den Beinen halten* • (bezig zijn) ⋆ daar stond hij van te kijken *da hat er aber gestaunt* ⋆ hij stond te wachten *er stand da und wartete* • (zijn) *stehen* ⋆ hoe ~ de zaken? *wie steht's?* • (stilstaan) *stehen*

⋆ tot ~ brengen *zum Stillstand bringen* • (opgetekend zijn) *stehen* ⋆ de pas staat op naam van A. *der Pass ist auf A.'s Namen ausgestellt* • (passen) *zu Gesicht stehen, stehen* ⋆ die jurk staat je goed *das Kleid steht dir gut* • (op het punt staan om) *im Begriff sein* • (eisen) *großen Wert legen auf, bestehen auf* ⋆ hij staat erop *er besteht darauf* ⋆ vader staat op orde *Vater hält auf Ordnung* • (geconfronteerd worden met) *vor etw. stehen, etw. gegenüberstehen* • (~ **tot**) *sich verhalten zu* ⋆ 2 staat tot 4 als 3 tot 6 *2 verhält sich zu 4 wie 3 zu 6* ▾ er goed vóór ~ *gute Aussichten haben*

staand ⋆ zij houdt ~e dat ... *sie bleibt dabei, dass ...* ⋆ op ~e voet ontslaan *fristlos entlassen* ⋆ een bewering ~e houden *eine Behauptung aufrechterhalten* ⋆ ~e klok *Standuhr* ⋆ ~e lamp *Stehlampe*

staande *im Verlauf* [2], *während* [2]

staander *Stützbalken* [m], *Stützpfosten* [m]

staanplaats • (plaats waar men moet staan) *Stehplatz* [m] • (standplaats) *Standort* [m]

staar *Star* [m]

staart • (haarstreng) *Pferdeschwanz* [m] • (uiteinde) *Anhang* [m], *Schwanz* [m], ‹van auto, schip, vliegtuig› *Heck* [o], ‹van komeet› *Schweif* [m] • (nasleep) *Nachspiel* [o] • (restantje) *Rest* [m] • (bio.) *Schwanz* [m]

staartbeen • (beentje van de staart) *Schwanzwirbel* [m] • (stuitbeen) *Steißbein* [o]

staartdeling ≈ *Division* [v]

staartklok ≈ *Pendeluhr mit geschlossenem Gehäuse* [v] ⋆ een Friese ~ *eine friesische Wanduhr* [v]

staartstuk • (stuk van de staart) *Schwanzstück* [o] • (achterstuk) *Endstück* [o]

staartvin *Schwanzflosse* [v], ‹vliegtuig› *Flosse* [v]

staat • (toestand) *(Zu)stand* [m] ⋆ ~ van verdediging *Verteidigungszustand* • (rijk) *Staat* [m] • (lijst) *Verzeichnis* [o], *Liste* [v] • (gelegenheid) ⋆ niet tot werken in ~ *arbeitsunfähig* ⋆ tot alles in ~ *zu allem fähig* • (stand) *Stand* [m], *Pracht* [v], *Aufwand* [m] ⋆ de priesterlijke ~ *der Priesterstand* ⋆ grote ~ voeren *großen Aufwand treiben*

staathuishoudkunde *Volkswirtschaftslehre* [v]

staatkunde *Staatswissenschaft* [v], *Staatskunde* [v]

staatkundig • (volgens de regels van de staatkunde) *staatsmännisch* • (de staatkunde betreffend) *politisch* • (de staat betreffend) *staatlich*

staatsbedrijf *staatliche(r) Betrieb* [m], *Staatsunternehmen* [o]

staatsbestel • (bestuur) *Staatsverwaltung* [v] • (inrichting) *Staatssystem* [o]

staatsbezoek *Staatsbesuch* [m]

staatsblad *Gesetzblatt* [o]

staatsbosbeheer *staatliche Forstverwaltung* [v]

staatsburger *Staatsangehörige(r)* [m], *Staatsbürger* [m]

Staatscourant ≈ *Bundesanzeiger* [m]

staatsdienst *Staatsdienst* [m] ⋆ in ~ zijn *im Staatsdienst sein*

staatsexamen *staatliche Abschlussprüfung* [v]

staatsgeheim *Staatsgeheimnis* [o]

staatsgreep *Staatsstreich* [m], *Putsch* [m]

staatshoofd *Staatsoberhaupt* [o]

staatsie *Pomp* [m], *Pracht* [v], *Prunk* [m]

staatsieportret *prunkvolle(s) Porträt* [o]

staatsinrichting • (leervak) *Gemeinschaftskunde* [v] • (staatsbestuur) *staatliche Ordnung* [v]

staatskas *Staatskasse* [v]

staatslening *Staatsanleihe* [v]

staatsloterij *Staatslotterie* [v]

staatsman *Staatsmann* [m]

staatsorgaan *Staatsorgan* [o]

staatsprijs *nationale(r) Literaturpreis* [m]

staatsrecht *Staatsrecht* [o]

staatsrechtelijk *staatsrechtlich*

staatsschuld *Staatsschuld* [v]

staatssecretaris *Staatssekretär* [m]

staatsvorm *Staatsform* [v]

staatswege ⋆ van ~ *vonseiten/von Seiten des Staates; staatlich*

stabiel *stabil*

stabilisatie *Stabilisierung* [v]

stabiliseren *stabilisieren*

stabiliteit *Stabilität* [v]

stad *Stadt* [v]

stadgenoot ≈ *Mitbürger* [m]

stadhouder *Statthalter* [m]

stadhuis *Rathaus* [o]

stadion *Stadion* [o]

stadium *Stadium* [o]

stads *städtisch*

stadsbeeld *Stadtbild* [o]

stadsbestuur *Stadtverwaltung* [v]

stadsbus • (autobus) ≈ *Bus* [m] • (brievenbus) *Briefkasten* [m]

stadsgezicht *Stadtansicht* [v]

stadskern *Innenstadt* [v], *Stadtkern* [m]

stadskind *Stadtkind* [o]

stadslicht *Stadtlicht* [o]

stadsmens *Stadtmensch* [m]

stadsrecht *Stadtrecht* [o]

stadsreiniging *Stadtreinigung* [v]

stadsschouwburg *Stadttheater* [o], *städtische Bühne* [v]

stadsvernieuwing *Stadtsanierung* [v]

stadsverwarming *Fernheizung* [v]

stadswapen *Stadtwappen* [o]

staf • (stok) *(Spazier)stock* [m], ‹toverstaf› *(Zauber)stab* [m] • (leiding) *(Führungs)stab* [m], ‹mil.› *Stab* [m]

stafchef *Stabschef* [m]

staffunctie *Funktion im (Führungs)stab* [v], *Manager* [m]

stafkaart *Generalstabskarte* [v]

staflid *Mitglied des (Führungs)stabes* [o]

stag *Stag* [o] ▾ over stag gaan *sich überreden lassen*

stage *Praktikum* [o] ⋆ ~ lopen *ein Praktikum machen*

stagebegeleider *Praktikumsbegleiter* [m]

stageld *Platzmiete* [v], ‹op markt› *Standmiete* [v]

stageplaats *Praktikantenstelle* [v]

stagiair *Praktikant* [m]

stagnatie *Stockung* [v], *Stocken* [o], ‹vooral economie› *Stagnation* [v] ⋆ ~ van het verkeer *Verkehrsstockung*

stagneren *stocken*

stahoogte *Mannshöhe* [v]

sta-in-de-weg *Hindernis* [o]

staken I [ov ww] • (ophouden met) *einstellen* ⋆ het vuren ~ *das Feuer einstellen* **II** [on ww] • (werk neerleggen) *streiken, in den Ausstand treten* • (gelijkstaan) *Stimmengleichheit ergeben*

staker *Streikende(r)* [m]

staking • (het ophouden met iets) *Einstellung* [v] ⋆ ~ van betaling *Zahlungseinstellung* • (werkstaking) *Streik* [m] ⋆ in ~ gaan *streiken; in den Ausstand treten; die Arbeit niederlegen* ⋆ algemene ~ *Generalstreik*

stakingsbreker *Streikbrecher* [m]

stakingsgolf *Streikwelle* [v]

stakker ‹dier› *arme(s) Tier* [o], ‹mens› *arme(r) Teufel* [m]
stal *Stall* [m]
stalactiet *Stalaktit* [m]
stalagmiet *Stalagmit* [m]
stalen • (van staal) *Stahl-, stählern* ⋆ ~ band *Stahlband* [o] • (zeer sterk) ⋆ met een ~ gezicht liegen *unverfroren lügen*
stalknecht *Stallbursche* [m]
stallen ‹dier› *in den Stall bringen,* ‹voertuig› *abstellen*
stalles *Sperrsitz* [m]
stalletje • (kerststal) *(Weihnachts)krippe* [v] • (kraampje) *Stand* [m]
stalling • (bewaarplaats) ‹auto› *Garage* [v], ‹fiets› *Fahrradstand* [m] • (het stallen) ‹auto, fiets› *Unterstellen* [o], ‹dier› *Unterbringung im Stall* [v]
stam *Stamm* [m]
stamboek • (register voor dieren) *Zuchtbuch* [o] • (voor personen) *Familien(stamm)buch* [o], ‹burgerlijke stand› *Personenstandsregister* [o], ‹vereniging› *Mitgliederverzeichnis* [o]
stamboekvee *Zuchtbuchvieh* [o]
stamboom *Stammbaum* [m]
stamboomonderzoek *Stammbaumforschung* [v]
stamelen *stammeln*
stamgast *Stammgast* [m]
stamhoofd *Stammesführer* [m]
stamhouder *Stammhalter* [m]
stamkroeg *Stammkneipe* [v]
stammen *(ab)stammen*
stampen I [ov ww] • (fijnmaken) *zerstampfen* ▾ iem. iets in zijn kop ~ *jmdm. etw. einhämmern* **II** [on ww] • (stampvoeten) *stampfen* • (dreunend stoten) *stampfen*
stamper • (werktuig) *Stampfer* [m], ‹vijzel› *Stößel* [m] • (bio.) *Stempel* [m]
stampij *Tamtam* [o], *Aufheben* [o] ⋆ ~ over iets maken *viel Aufheben(s) um etw. machen*
stamppot *Eintopf* [m]
stampvoeten *mit den Füßen stampfen, aufstampfen*
stampvol *gerammelt voll*
stamtafel *Stammtisch* [m]
stamvader *Stammvater* [m]
stamverwant I [de] *Stammverwandte(r)* [m] **II** [bnw] *stammverwandt*
stand • (bestaan) ⋆ in ~ blijven *sich halten; dauern* ⋆ tot ~ brengen/komen *zustande/zu Stande bringen/kommen* ⋆ iets in ~ houden *etw. aufrechterhalten* • (houding) *Stand* [m], *Stellung* [v] • (toestand) *Stand* [m], *Lage* [v] ⋆ de ~ van zaken *die Sachlage; der Sachverhalt;* ‹hand.› *die Geschäftslage* ⋆ de ~ van de markt *die Marktlage* ⋆ de ~en van de maan *die Phasen des Mondes* • (uitkomst, score) *(Spiel)stand* [m] • (maatschappelijke rang) *Stand* [m] ⋆ volgens zijn ~ *standesgemäß* ⋆ mensen van ~ *Leute von Stand; Standespersonen* • (kraam) *Ausstellungsstand* [m], *Stand* [m]
standaard I [de] • (maatstaf) *Maßstab* [m], *Norm* [v], *Standard* [m] • (houder) *Ständer* [m] • (vaandel) *Standarte* [v] • (vastgestelde eenheid) *Normal* [o] • (muntstandaard) *Währung* [v] ⋆ gouden ~ *Goldwährung* **II** [bnw] *Standard-, regulär*
standaardisatie *Standardisierung* [v]
standaardiseren *standardisieren*
standaardtaal *Standardsprache* [v]
standaardwerk *Standardwerk* [o]
standbeeld *Statue* [v], *Standbild* [o]
standhouden • (niet wijken) *sich behaupten, bestehen* • (blijven bestaan) *standhalten, sich halten*
stand-in *Double* [o]
standing *Stand* [m], *Ansehen* [o], *Rang* [m] ⋆ een zaak van ~ *ein angesehenes Geschäft* [o]
standje • (persoon) *Hitzkopf* [m] • (houding) *Stellung* [v] • (berisping) *Tadel* [m], ‹inf.› *Rüffel* [m] ⋆ iem. een ~ geven *jmdn. tadeln;* ‹inf.› *jmdm. den Kopf waschen* • (opstootje) *Krawall* [m]
standplaats • (vestigingsplaats) *Standort* [m] • (vaste plaats) *Standplatz* [m] ⋆ ~ voor taxi's *Taxistand* [m]
standpunt *Standpunkt* [m] ⋆ op het ~ staan dat ... *auf dem Standpunkt stehen, dass ...*
standrecht *Standrecht* [o]
standvastig • (onveranderlijk) *(be)ständig* • (volhardend) *standhaft, beharrlich*
standwerker *Markthändler* [m], ‹pej.› *Marktschreier* [m]
stang *Stange* [v] ▾ iem. op ~ jagen *jmdn. aufbringen*
stangen *frotzeln, auf die Palme bringen*
stank *Gestank* [m]
stanleymes ® *Stanleymesser* [o]
stansen *stanzen*
stap *Schritt* [m] ⋆ stap voor stap *schrittweise* ⋆ hij volgt haar bij iedere stap *er folgt ihr auf Schritt und Tritt*
stapel I [de] • (hoop) *Stapel* [m] ⋆ een ~ boeken *ein Stoß Bücher* [m] • (veestapel) *Viehbestand* [m] • (deel van snaarinstrumenten) *Stimme* [v], *Stimmstock* [m] • (vezellengte van vlas of katoen) *Stapel* [m] • (scheepv.) *Stapel* [m] ⋆ van ~ laten lopen *vom Stapel lassen* ▾ te hard van ~ lopen *voreilig sein; etw. übers Knie brechen* **II** [bnw] *total verrückt*
stapelbed *Etagenbett* [o]
stapelen *stapeln, schichten,* ‹scheepv.› *stauen,* ‹fig.› *häufen*
stapelgek *total verrückt* ⋆ ~ op iem. zijn *ganz vernarrt in jmdn. sein*
stapelwolk *Quellwolke* [v]
stappen • (uitgaan) *bummeln* • (lopen) *gehen,* ‹enige stappen doen› *treten,* ‹paard› *im Schritt gehen* • (stap zetten) *steigen*
stapsgewijs *schrittweise*
stapvoets *im Schritt* ⋆ ~ rijden ‹paard› *im Schritt reiten;* ‹voertuig› *Schritt fahren*
star *starr*
staren *starren*
start *Start* [m] ⋆ valse ~ *Fehlstart*
startbaan *Startbahn* [v]
startblok *Startblock* [m]
starten *starten* ⋆ de motor ~ *den Motor anlassen*
starter *Starter* [m], ‹van motor› *Anlasser* [m]
startgeld *Startgeld* [o]
startkapitaal *Startkapital* [o]
startklaar *startklar, startbereit*
startnummer *Startnummer* [v]
startschot *Startschuss* [m]
startsein *Startsignal* [o], *Startzeichen* [o]
Statenbijbel *Bibelübersetzung der frühen niederländischen Republik* [v]
statenbond *Staatenbund* [m]
Staten-Generaal ≈ *erste und zweite Kammer des niederländischen Parlamentes* [v]
statief *Stativ* [o]
statiegeld *Pfand* [o], ‹van fles› *Flaschenpfand* [o] ⋆ fles met ~ *Pfandflasche* [v]
statig • (waardig) *würdevoll, würdig* • (plechtig) *feierlich*

S

station • (spoorweghalte) *Bahnhof* [m] • (zender) *Radiostation* [v], *Radiosender* [m] ⋆ ~ voor draadloze telegrafie *Funkstation* [v]
stationair • (stilstaand) ‹auto› *im Leerlauf*, ‹machine› *fest* • (onveranderlijk) *gleich bleibend, stabil*
stationcar *Kombi(wagen)* [m]
stationeren *stationieren* ⋆ gestationeerd sein *einen Standort haben*; ‹leger› *stationiert sein*
stationschef *Bahnhofsvorsteher* [m]
stationshal *Bahnhofshalle* [v]
stationsrestauratie *Bahnhofsrestaurant* [o]
statisch *statisch*
statistiek • (wetenschap) *Statistik* [v] ⋆ Centraal Bureau voor de Statistiek ≈ *Statistische(s) Bundesamt* [o] • (tabel) *Statistik* [v]
statistisch *statistisch*
status • (sociale positie) *Status* [m] • (med.) ⋆ de ~ van een patiënt *das Krankenblatt*
statussymbool *Statussymbol* [o]
statutair *satzungsgemäß, statutengemäß*
statuut • (grondreglement) *Statuten* [mv], *Satzung* [v] ⋆ volgens de statuten *satzungsgemäß; verfassungsgemäß* ⋆ statuten van de vennootschap *Gesellschaftsvertrag* [m] • (voorschrift) *Statut* [o]
stavast ▾ man van ~ *Mann von Charakter* [m]; *tüchtige(r) Kerl* [m]
staven • (bewijzen) *beweisen* ⋆ met argumenten ~ *begründen* • (bekrachtigen) *bestätigen, erhärten, bekräftigen*
stayer ‹atleet› *Langstreckenläufer* [m], ‹wielrenner› *Steher* [m]
steak *Steak* [o]
stedelijk • (van de stad) *städtisch* ⋆ ~ bestuur *Stadtverwaltung* [v] • (stads) *Stadt-*
stedeling *Städter* [m], *Stadtbewohner* [m]
stedenbouw *Städtebau* [m]
stedenbouwkunde *Stadtplanung* [v], *Städtebau* [m]
steeds I [bnw] *städtisch* **II** [bijw] *immer*
steeg *Gasse* [v]
steek • (hatelijkheid) *Stich* [m], *Hieb* [m] • (platte po) *Bettpfanne* [v] • (spitdiepte) *Schaufel* [v] • (stoot met iets scherps) *Stich* [m] • (pijnscheut) *Stich* [m], *Stechen* [o] ⋆ steken in de zij hebben *Seitenstiche haben* • (lus, maas) *Masche* [v] • (hoed) *Zweispitz* [m], ‹driekantig› *Dreispitz* [m] ▾ het kan me geen ~ schelen *das ist mir völlig gleichgültig* ▾ ~ onder water *Seitenhieb* [m] ▾ aan hem is een ~je los *er hat nicht alle Tassen im Schrank*
steekhoudend *stichhaltig*
steekpartij *Messerstecherei* [v]
steekpenningen *Schmiergeld* [o], *Bestechungsgeld* [o] ⋆ ~ aannemen *Schmiergelder annehmen*
steekproef *Stichprobe* [v]
steeksleutel *Gabelschlüssel* [m]
steekspel • (riddertoernooi) *Turnier* [o] • (discussie) *Wortgefecht* [o], *Streitgespräch* [o] • (ringsteektoernooi) *Ringelstechen* [o]
steekvlam *Stichflamme* [v]
steekwagen *Sackkarre* [v]
steekwapen *Stichwaffe* [v]
steekwond *Stichverletzung* [v]
steekzak *Schubtasche* [v]
steel • (handvat) *Stiel* [m] • (stengel) *Stängel* [m] • (buis) *Schraubenbolzen* [m]
steelband *Steelband* [v]
steelpan *Kasserolle* [v], *Stielpfanne* [v]
steels *heimlich*, ‹blik› *verstohlen*
steen I [de] • (stuk steen) *Stein* [m] • (bouwsteen) *Ziegel* [m] ⋆ de eerste ~ leggen ‹ook fig.› *den Grundstein legen* ⋆ hart als ~ *steinhart* ▾ een ~ des aanstoots *der Stein des Anstoßes* ▾ al zou de onderste ~ boven komen *wenn auch alles drunter und drüber geht* **II** [het] *Stein* [m]
steenarend *Steinadler* [m]
steenbok *Steinbock* [m]
steengoed I [het] *Steingut* [o] **II** [bnw] *saugut, stark*
steengroeve *Steinbruch* [m]
steenhard *steinhart*, ‹fig.› *hartherzig*
steenhouwer • (bewerker) *Steinmetz* [m] • (arbeider) *Steinbrucharbeiter* [m]
steenkool *(Stein)kohle* [v]
steenkoolengels *Kauderwelsch* [o]
steenkoolmijn *Kohlenbergwerk* [o], *Kohlenzeche* [v]
steenkoud *eiskalt*
steenpuist *Furunkel* [m], *Eitergeschwür* [o]
steenrijk *steinreich*
steenslag • (vallend gesteente) *Steinschlag* [m] • (wegmateriaal) *Rollsplitt* [m], *Schotter* [m]
steentijd *Steinzeit* [v]
steenuil *Steineule* [v], *Steinkauz* [m]
steenworp *Steinwurf* [m]
steevast *ständig*
steiger • (aanlegplaats) *Landungsbrücke* [v], ‹kleiner› *Landungssteg* [m] • (werkstellage) *Gerüst* [o]
steigeren • (op achterste benen gaan staan) *sich (auf)bäumen* • (protesteren) *sich sträuben*
steil • (sterk hellend) *steil* • (star) *engstirnig, starr* • (sluik) *glatt*
steilschrift *Steilschrift* [v]
steilte • (het steil zijn) *Steilheit* [v] • (helling) *Steilhang* [m]
stek • (plantendeel) *Steckling* [m], *Ableger* [m] • (vaste plek) *Lieblingsplatz* [m]
stekeblind *stockblind*
stekel *Stachel* [m] ▾ zijn ~s opzetten *seine Borsten aufstellen*
stekelbaars *Stichling* [m]
stekelhaar *struppige(s) Haar* [o], ‹kapsel› *Bürste* [v]
stekelig • (bits) *beißend, spitz* • (met stekels) *stachlig*, ‹haar› *struppig*
stekelvarken *Stachelschwein* [o]
steken I [ov ww] • (treffen) *stechen* • (in bepaalde plaats/toestand brengen) *stecken* ⋆ in brand ~ *in Brand stecken* • (uitspitten) *stechen* • (grieven) *schmerzen, verletzen* **II** [on ww] • (vastzitten) *stecken* ⋆ er steekt iets achter *da steckt etw. dahinter* • (iets scherps stoten, plaatsen) *stecken*, ‹verwonden› *stechen*
stekken *(aus Stecklingen) ziehen*
stekker *Stecker* [m]
stel • (aantal) *Haufen* [m] ⋆ een stel boeken *einige Bücher* • (set) *Garnitur* [v], *Satz* [m] ⋆ een stel ondergoed *eine Garnitur Unterwäsche* • (paar) *Paar* [o] ▾ op stel en sprong *auf der Stelle*
stelen *stehlen*
stellage • (steiger) *Podest* [o], *Gerüst* [o] • (opbergruimte) *Gestell* [o], *Stellage* [v]
stellen • (in toestand/positie brengen) *setzen, stellen* ⋆ iem. in de gelegenheid ~ *jmdm. die Gelegenheit bieten* ⋆ buiten bedrijf ~ *außer Betrieb setzen* ⋆ iem. in vrijheid ~ *jmdn. in Freiheit setzen* • (veronderstellen) *annehmen, behaupten* ⋆ stel dat ... *gesetzt den Fall, dass ...* • (formuleren) *schreiben, abfassen*, ‹beweren› *behaupten* • (klaarspelen) *auskommen, zurechtkommen* ⋆ het zonder iem. niet kunnen

~ *ohne jmdn. nicht auskommen können* • (vaststellen) *setzen, stellen* ⋆ een prijs te hoog ~ *einen Preis zu hoch ansetzen* • (zetten, plaatsen) *stellen, setzen*
stellig *entschieden*, ‹beslist› *bestimmt* ⋆ ten ~ste *mit aller Entschiedenheit*
stelligheid *Entschiedenheit* [v], *Bestimmtheit* [v]
stelling • (positie) *Stellung* [v] • (steiger) *Gerüst* [o] • (bewering) *Behauptung* [v], *These* [v], ‹wisk.› *(Lehr)satz* [m] • (stellage) *Regal* [o], *Gestell* [o] • (wijze van het stellen) *(Auf)stellung* [v], *Position* [v]
stellingname *Stellungnahme* [v]
stelpen *stillen*
stelregel *Grundsatz* [m], *Prinzip* [o]
stelschroef *Stellschraube* [v]
stelsel *System* [o]
stelselmatig *methodisch, systematisch, planmäßig*
stelt *Stelze* [v]
steltlopen *auf Stelzen laufen*
steltloper *Stelzenläufer* [m]
stem *Stimme* [v] ▾ een stem in het kapittel hebben *ein Wörtchen mitzureden haben*
stemadvies *Wahlvorschlag* [m], *Wahlempfehlung* [v]
stemband *Stimmband* [o]
stembiljet *Wahlzettel* [m], *Stimmzettel* [m]
stembuiging *Tongebung* [v], ‹intonatie› *Tonfall* [m]
stembureau • (ruimte) *Wahllokal* [o] • (personen) *Wahlausschuss* [m]
stembus *Wahlurne* [v]
stemgedrag *Wahlverhalten* [o]
stemgeluid *Stimme* [v], *Klang der Stimme* [m]
stemgerechtigd *stimmberechtigt*, ‹bij verkiezingen› *wahlberechtigt*
stemhebbend *stimmhaft*
stemhokje *Wahlkabine* [v]
stemlokaal *Wahllokal* [o]
stemmen I [ov ww] • (in zekere stemming brengen) *stimmen* ⋆ dat stemt tot nadenken *das stimmt nachdenklich* • (muz.) *stimmen* **II** [on ww] • (stem uitbrengen) *wählen, abstimmen* • (overeenstemmen) *übereinstimmen*
stemmenwinst *Stimmengewinn* [m]
stemmer • (kiezer) *Wähler* [m] • (muz.) *Stimmer* [m]
stemmig *schlicht, unaufdringlich, dezent*
stemming • (het stemmen) *Stimmabgabe* [v] ⋆ bij de eerste ~ *im ersten Wahlgang* ⋆ iets in ~ brengen *etw. zur Abstimmung bringen* • (gemoedstoestand) *Stimmung* [v]
stemmingmakerij *Stimmungsmache* [v]
stempel *Stempel* [m] ▾ van de oude ~ *von altem Schrot und Korn* ▾ zijn ~ op iets drukken *einer Sache seinen Stempel aufdrücken*
stempelautomaat *Entwerter* [m]
stempelen • (een stempel drukken) *stempeln* • (kenmerken) *abstempeln* ⋆ iem. tot misdadiger ~ *jmdn. als Verbrecher abstempeln*
stempelkussen *Stempelkissen* [o]
stemplicht *Wahlpflicht* [v]
stemrecht *Stimmrecht* [o], ‹kiesrecht› *Wahlrecht* [o]
stemverheffing *Sprechen mit erhobener Stimme* [o]
stemvork *Stimmgabel* [v]
stencil • (afdruk) *Abzug* [m] • (moedervel) *(Wachs)matrize* [v]
stencilen *abziehen, vervielfältigen*
stenen *steinern, Stein-* ⋆ ~ trap *Steintreppe* [v] ⋆ ~ tijdperk *Steinzeit* [v]
stengel • (koekje) *Stange* [v] ⋆ zoute ~ *Salzstange* • (plant.) *Stängel* [m]
stenigen *steinigen*
stennis ‹drukte› *Wirbel* [m], ‹kabaal› *Radau* [m], ‹ophef› *Tamtam* [o] ⋆ ~ schoppen *Radau machen*
steno *Steno* [v]
stenograferen *stenographieren/stenografieren*
stenografie *Stenographie/Stenografie* [v]
stenografisch *stenographisch/stenografisch*
step • (autoped) *Roller* [m] • (voetsteun) *Fußstütze* [v] • (danspas) *Steppschritt* [m] • (stepdans) *Stepptanz* [m]
step-in *Hüfthalter* [m]
steppe *Steppe* [v]
steppen *rollern*
ster • (hemellichaam) *Stern* [m] ⋆ vallende ster *Sternschnuppe* [v] ⋆ vaste ster *Fixstern* • (figuur) *Stern* [m] • (beroemdheid) *Star* [m]
STER ≈ *Stiftung für Rundfunk- und Fernsehreklame* [v]
stereo I [de] • (installatie) *Stereoanlage* [v] • (stereofonie) *Stereo* [o] • (stereometrie) *Stereometrie* [v] **II** [bnw] *stereo, Stereo-*
stereoapparatuur *Stereogeräte* [mv]
stereofonisch *stereophonisch*
stereo-installatie *Stereoanlage* [v]
stereotiep I [de] • (vastliggend beeld) *Stereotyp* [o] • (afdruk) *Stereotypdruck* [m] • (plaat) *Stereotypieplatte* [v] **II** [bnw + bijw] *stereotyp*
stereotoren *Stereoturm* [m]
stereotype • (vastgeroeste opvatting) *Stereotyp* [o], *Klischee* [o] • (afdruk) *Stereotypdruck* [m]
sterfbed *Sterbebett* [o]
sterfdag *Sterbetag* [m], ‹gedenkdag› *Todestag* [m]
sterfelijk *sterblich*
sterfgeval *Todesfall* [m]
sterfhuis ≈ *Sterbeort* [m]
sterfhuisconstructie ≈ *juristische Konstruktion, mit der Verlust bringende Unternehmensteile abgestoßen werden können* [v]
sterfte *Sterblichkeit* [v]
sterftecijfer *Sterblichkeit* [v]
steriel *steril*
sterilisatie *Sterilisation* [v]
steriliseren *sterilisieren*
sterk I [bnw] • (krachtig) *stark, kräftig* • (hevig) *sehr, stark* • (moeilijk te geloven) *stark* ⋆ dat lijkt me ~ *das glaube ich nicht* ⋆ dat is een ~ staaltje *das ist ein starkes Stück; das ist stark* • (bekwaam) ⋆ daar is hij niet ~ in *das ist nicht seine starke Seite* **II** [bijw] *stark* ⋆ iets ~ overdrijven *etw. dick auftragen*
sterken *stärken, kräftigen* ⋆ iem. in zijn mening ~ *jmdn. in seiner Meinung bestärken*
sterkers *Gartenkresse* [v]
sterkte • (kracht) *Stärke* [v] • (geestkracht) *Kraft* [v]
steroïden *Steroide* [mv] ⋆ anabole ~ *anabole Steroide*
sterrenbeeld • (groep sterren) *Sternbild* [o] • (teken) *Sternbild* [o], *Tierkreiszeichen* [o]
sterrenhemel *Sternhimmel* [m]
sterrenkunde *Astronomie* [v], *Sternkunde* [v]
sterrenregen *Sternschnuppenschwarm* [m]
sterrenstelsel *Sternsystem* [o], *Galaxie* [v]
sterrenwacht *Sternwarte* [v]
sterrenwichelaar *Sterndeuter* [m]
sterrenwichelarij *Astrologie* [v], *Sterndeuterei* [v]
sterretje • (kleine ster) *Sternchen* [o] • (teken) *Sternchen* [o] • (vuurwerk) *Wunderkerze* [v] ▾ ~s zien *Sterne sehen*
sterveling *Sterbliche(r)* [m] ⋆ geen ~ *keine Menschenseele*

S

sterven I [on ww] • (doodgaan) *sterben* ⋆ op ~ liggen *im Sterben liegen* • (creperen) ⋆ ik sterf van de honger *ich sterbe vor Hunger* ▾ op ~ na dood *todsterbenskrank* ▾ ik mag ~ als ik het niet gezien heb *ich will tot umfallen, wenn ich es nicht gesehen habe* **II** [onp ww] *wimmeln*
stervensbegeleiding *Sterbebetreuung* [v]
stethoscoop *Stethoskop* [o]
steun • (stut) *Stütze* [v] • (hulp) *Unterstützung* [v], *Hilfe* [v] ⋆ aan hem hebben wij een ~ *an ihm haben wir einen Rückhalt* • (uitkering) ‹WW› *Arbeitslosengeld* [o], ‹bijstand› *Sozialhilfe* [v] ⋆ ~ trekken *Arbeitslosengeld/Sozialhilfe erhalten*
steunbeer *Mauerstrebe* [v], *Strebepfeiler* [m]
steunen I [ov ww] • (ondersteunen) *(ab)stützen, unterstützen* • (helpen) *unterstützen* ⋆ iem. ~ *jmdm. beistehen* • (zacht kermend uitbrengen) *stöhnen* **II** [on ww] • (leunen) *sich stützen* ⋆ op zijn ellebogen ~ *sich auf die Ellbogen stützen* [4] • (kreunen) *stöhnen*
steunfonds *Hilfsfonds* [m], *Unterstützungfonds* [m]
steunfraude ≈ *Betrug bei der Inanspruchnahme von Sozialhilfe* [v]
steunkous *Stützstrumpf* [m]
steunpilaar • (pilaar) *Stützpfeiler* [m], *Grundpfeiler* [m] • (persoon) *Stütze* [v], ‹vaak ironisch› *Säule* [v]
steunpunt • (punt waarop iets steunt) *Stützpunkt* [m], ‹fig.› *Anhaltspunkt* [m] • (mil.) *Stützpunkt* [m] ⋆ ~ voor de vloot *Flottenstützpunkt*
steuntrekker *Sozialhilfeempfänger* [m]
steunzender *Hilfssender* [m]
steunzool *Einlage* [v]
steur *Stör* [m]
steven *Steven* [m]
stevenen • (koers zetten) *steuern, Kurs nehmen (auf)* [4] • (stappen naar) *steuern* ⋆ hij stevende op mij af *er steuerte auf mich zu*
stevig • (solide) *solide* • (krachtig) *kräftig, stark, stämmig, tüchtig* ⋆ ~e kost *kräftige Kost* [v] ⋆ een ~e meid *ein strammes/handfestes Mädchen* [o] ⋆ een ~e bries *eine steife Brise* [v]
steward *Steward* [m]
stewardess *Stewardess* [v]
stichtelijk • (verheffend) *erbaulich* • (vroom) *fromm* ▾ ik dank je ~! *ich danke ergebenst!*
stichten • (oprichten) *gründen* • (aanrichten) *stiften, auslösen* ⋆ brand ~ *Brand stiften* • (verheffen) *erbauen*
stichter *(Be)gründer* [m]
stichting • (het oprichten) *Gründung* [v] • (rechtsvorm) *Stiftung* [v]
stichtingsbestuur *Stiftungsvorstand* [m]
stick • (hockeystick) *Hockeyschläger* [m] • (stickie) *Joint* [m]
sticker *Sticker* [m], *Aufkleber* [m]
stiefbroer *Stiefbruder* [m]
stiefdochter *Stieftochter* [v]
stiefkind *Stiefkind* [o]
stiefmoeder *Stiefmutter* [v]
stiefouder • (stiefmoeder) *Stiefmutter* [v] • (stiefvader) *Stiefvater*
stiefvader *Stiefvater* [m]
stiefzoon *Stiefsohn* [m]
stiekem • (heimelijk) *heimlich* • (achterbaks) *hinterhältig, hinterlistig, heimtückisch*
stiekemerd *hinterhältige(r) Mensch* [m]
stier *Stier* [m]
stierengevecht *Stierkampf* [m]
stierennek *Stiernacken* [m]
stierenvechter *Stierkämpfer* [m]
stierlijk *furchtbar, tödlich*
stift I [de] • (staafje) *Stift* [m], ‹van potlood› *Mine* [v] • (viltstift) *Stift* [m] **II** [het] • (klooster) *Stift* [o] • (bisdom) *Bistum* [o]
stifttand *Stiftzahn* [m]
stigma *Stigma* [o]
stigmatiseren *stigmatisieren*
stijf • (houterig) *hölzern* • (niet spontaan) *starr* • (niet soepel) *steif* ⋆ mijn ledematen zijn ~ geworden van het zitten *vom Sitzen sind mir die Glieder steif geworden* • (koppig) ⋆ ~ en strak staande houden *steif und fest behaupten* ▾ ~ staan van de leugens *vor Schmutz starren*
stijfjes *steif*
stijfkop *Dickschädel* [m], *Starrkopf* [m]
stijfsel *Stärke* [v], ‹plakmiddel› *Kleister* [m]
stijgbeugel *Steigbügel* [m]
stijgen *steigen* ⋆ de productie doen ~ *die Produktion steigern*
stijging • (het omhooggaan) *Anstieg* [m], *Steigung* [v] • (toename) *Steigerung* [v]
stijl • (deur-/raampost) *Pfosten* [m] • (schrijfstijl) *Stil* [m] • (vormgeving) *Stil* [m] • (handelswijze) *Stil* [m] ⋆ in ~ *stilvoll* • (spijl) *Gitterstab* [m] • (plant.) *Griffel* [m]
stijlbreuk *Stilbruch* [m]
stijldansen *Standardtanz* [m]
stijlfiguur *Stilfigur* [v]
stijlloos *stillos*
stijlperiode *Zeitraum eines Stil(e)s* [m]
stijlvol *stilvoll*
stijven • (met stijfsel behandelen) *stärken* • (sterken) *bestärken*
stikdonker I [het] ⋆ in het ~ *im Stockfinsteren* **II** [bnw] *stockdunkel, stockfinster*
stikheet *glühheiß*
stikken I [ov ww] • (naaien) *steppen* ⋆ gestikte deken *Steppdecke* [v] ▾ iem. laten ~ *jmdn. sitzen lassen* **II** [on ww] • (sterven) *ersticken* • (het benauwd krijgen) *ersticken* ⋆ ~ van het lachen *beinah ersticken vor Lachen*
stiksel *Stickerei* [v]
stikstof *Stickstoff* [m]
stil *still* ⋆ stille armoede *verborgene Armut* [v] ⋆ stil leven *ein stilles Leben führen*
stilaan *allmählich*
stileren *stilisieren*
stilhouden I [ov ww] • (rustig houden) *still halten* • (verzwijgen) *geheim halten* **II** [on ww] • (stoppen) *(an)halten*
stilist *Stilist* [m]
stilistisch *stilistisch*
stille • (zwijgzaam persoon) *Schweiger* [m] • (rechercheur) *(Polizei)spitzel* [m]
stilleggen *stilllegen* ⋆ het verkeer ~ *den Verkehr lahm legen*
stillen *befriedigen, stillen* ⋆ dorst ~ *Durst löschen*
stilletjes I [bnw] *still* **II** [bijw] • (heimelijk) *heimlich* • (zachtjes) *leise* • (ongestoord) *ruhig*
stilleven *Stillleben* [o]
stilliggen • (niet bewegen) *still liegen, stillliegen* • (buiten werking zijn) *stillgelegt sein*
stilstaan • (niet bewegen) *stillstehen* ⋆ ~d water *stehende(s) Wasser* [o] • (stagneren) *stehen bleiben* • (~ **bij**) *verweilen (bei)* ⋆ ik heb er niet bij stilgestaan *daran habe ich nicht gedacht* ⋆ lang bij een onderwerp ~ *längere Zeit bei einem Thema verweilen*
stilstand *Stillstand* [m], *Stockung* [v]
stilte • (geluidloosheid) *Stille* [v] • (rust) *Ruhe* [v] ⋆ in alle ~ *in aller Stille* ⋆ doodse ~ *Totenstille* ⋆ ~! *Ruhe!*

stilzetten *anhalten,* ‹apparaat› *abstellen,* ‹bedrijf, verkeer› *stilllegen*
stilzitten • (rustig zitten) *still sitzen* • (niet bedrijvig zijn) *untätig sein, stillsitzen*
stilzwijgen I [het] *(Still)schweigen* [o] ⋆ met ~ aan iets voorbijgaan *stillschweigend über etw. hinweggehen* **II** [on ww] *schweigen*
stilzwijgend *stillschweigend*
stimulans *Stimulans* [o]
stimuleren *anregen, stimulieren*
stinkbom *Stinkbombe* [v]
stinkdier *Stinktier* [o]
stinken *stinken* ▾ erin ~ *hereinfallen*
stip • (punt) *Punkt* [m] • (vlekje) *Tupfen* [m]
stipendium *Stipendium* [o]
stippel *Punkt* [m], ‹vlekje› *Tupfen* [m]
stippelen ‹lijn, vlak› *punktieren,* ‹stof› *tüpfeln*
stippellijn *punktierte Linie* [v]
stipt *pünktlich*
stiptheidsactie *Dienst nach Vorschrift* [m]
stipuleren *stipulieren*
Stockholm *Stockholm* [o]
stoeien • (ravotten) *(herum)tollen, sich balgen* • (speels omgaan) *herumspielen*
stoeipartij *Balgerei* [v]
stoeipoes *Schmusekatze* [v]
stoel • (zitmeubel) *Stuhl* [m] • (wortelstronk) ≈ *Wurzelwerk* [o] • (onderstel) ≈ *Gestell* [o] ▾ iets niet onder ~en of banken steken *kein Hehl aus etw. machen* ▾ de Heilige Stoel *der Heilige Stuhl* ▾ voor ~en en banken praten ‹voor een lege zaal› *vor leeren Bänken sprechen;* ‹niet aangehoord worden› *gegen eine Mauer reden*
stoelen • (uitlopen) *sich bestocken* • (~ **op**) *beruhen auf* [3], *fußen auf* [3]
stoelgang *Stuhlgang* [m]
stoeltjeslift *Sessellift* [m]
stoep • (trottoir) *Gehsteig* [m], *Bürgersteig* [m] • (stenen opstapje) ⋆ hij stond plotseling op de ~ *er stand plötzlich vor der Tür*
stoeprand *Bordstein* [m]
stoer • (flink) *hart, stark* • (fors) *kräftig, stämmig, robust* ▾ ~ doen *sich aufspielen*
stoet *Zug* [m], ‹rel.› *Prozession* [v], ‹gevolg› *Tross* [m]
stoeterij • (plaats) *Gestüt* [o] • (bezigheid) *Pferdezucht* [v]
stoethaspel *Tollpatsch* [m], *Tölpel* [m]
stof I [de] *Stoff* [m] ▾ lang van stof zijn *weitschweifig erzählen* ▾ kort van stof *kurz angebunden* ▾ lang van stof *langatmig; weitschweifig* **II** [het] *Staub* [m] ⋆ helemaal onder het stof *völlig verstaubt*
stofbril *Staubbrille* [v]
stofdoek *Staubtuch* [o]
stoffeerder • (iem. die meubels met stof bekleed) *Polsterer* [m] • (iem. die vertrekken van meubels e.d. voorziet) *Raumausstatter* [m]
stoffelijk *gegenständlich, materiell, stofflich, Stoff-* ⋆ de ~e overschotten *die sterblichen Überreste* ⋆ ~ bijvoeglijk naamwoord *Stoffadjektiv* [o]
stoffen I [bnw] *Stoff-, aus Stoff* **II** [ov + on ww] *Staub wischen*
stoffer *Handfeger* [m] ⋆ ~ en blik *Handfeger und Schaufel*
stofferen • (bekleden) *polstern* • (inrichten) *ausstatten* • (opsmukken) *(aus)schmücken*
stoffering • (tapijt, gordijnen) *Ausstattung* [v] • (meubelbekleding) *Polsterung* [v]
stoffig • (saai) *langweilig, öde* • (vol stof) *staubig*
stofgoud *Goldstaub* [m]
stofjas *Kittel* [m]
stoflong *Staublunge* [v]
stofnaam *Stoffbezeichnung* [v]
stofnest *Schmutzfänger* [m]
stofregen *Staubregen* [m]
stofwisseling *Stoffwechsel* [m]
stofwolk *Staubwolke* [v]
stofzuigen *staubsaugen/Staub saugen* ⋆ het tapijt ~ *den Teppich saugen*
stofzuiger *Staubsauger* [m]
stoïcijns *stoisch*
stok *Stock* [m], *Stange* [v] ▾ een stok achter de deur *ein Druckmittel*
stokbrood *Baguette* [v/o]
stokdoof *stocktaub*
stoken I [ov ww] • (distilleren) *brennen* • (doen branden) *feuern, (be)heizen, anzünden* ⋆ kolen ~ *mit Kohlen heizen* **II** [on ww] • (opruien) *hetzen* ⋆ ruzie ~ *Streit schüren* ▾ tanden ~ *einen Zahnstocher benutzen*
stoker • (machinestoker) *Heizer* [m] • (distilleerder) *Brenner* [m] • (opruier) *Unruhestifter* [m], *Aufwiegler* [m]
stokerij *Brennerei* [v]
stokken *stocken, stecken bleiben*
stokoud *uralt*
stokpaardje *Steckenpferd* [o]
stokstijf • (roerloos) *stocksteif* • (halsstarrig) *steif und fest*
stokvis *Stockfisch* [m]
stola *Stola* [v]
stollen *gerinnen, erstarren*
stollingsgesteente *Ergussgestein* [o]
stolp *(Glas)glocke* [v]
stolsel *Gerinnsel* [o]
stom • (zonder spraakvermogen) *stumm* ⋆ stom van verbazing *stumm/sprachlos vor Staunen* ⋆ een stom verwijt *ein stummer Vorwurf* • (zonder geluid) *stumm* ⋆ een stomme film *ein Stummfilm* [m] • (dom) *dumm, blöd* ⋆ een stomme trut *eine blöde Kuh* • (toevallig) ⋆ stom geluk *reine(s) Glück* [o] • (vervelend) *stumpfsinnig, blöd* ▾ geen stom woord zeggen *kein Sterbenswörtchen sagen*
stoma *Stoma* [o]
stomdronken *stockbetrunken*
stomen I [ov ww] • (gaar maken) *dämpfen* • (reinigen) *(chemisch) reinigen* **II** [on ww] • (dampen) *qualmen, dampfen* • (varen) *dampfen*
stomerij *Reinigung* [v]
stomheid • (het stom zijn) *Stummheit* [v] ⋆ met ~ geslagen *völlig sprachlos* • (stommiteit) *Dummheit* [v]
stommelen *poltern*
stommeling *Dummkopf* [m]
stommetje ▾ ~ spelen *sich stumm stellen*
stommiteit *Dummheit* [v], *Stupidität* [v]
stomp I [de] • (vuistslag) *Stoß* [m] ⋆ een ~ in de zij *ein Rippenstoß* • (overblijfsel) *Stumpf* [m], *Stummel* [m] ⋆ een ~ van een been *ein Beinstumpf* ⋆ een ~je potlood *ein Bleistiftstummel* **II** [bnw] *stumpf*
stompen *stoßen*
stompje *Stummel* [m]
stompzinnig *stumpfsinnig*
stomverbaasd *völlig verwundert, ganz erstaunt*
stomvervelend *todlangweilig*
stomweg *einfach*
stoned *stoned, high*
stoof • (voetensteun) *Fußwärmer* [m] • (droogoven) *Darre* [v]
stoofpeer *Kochbirne* [v]
stoofpot *Schmortopf* [m], ‹gerecht› *geschmorte(s) Eintopfgericht* [o]

S

stoofschotel *Eintopfgericht* [o], *Eintopf* [m]
stookolie *Heizöl* [o]
stoom *Dampf* [m] ⋆ ~ afblazen ‹ook fig.› *Dampf ablassen* ⋆ door ~ gedreven *mit Dampfantrieb* ⋆ verwarming door middel van ~ *Dampfheizung* [v]
stoombad *Dampfbad* [o]
stoomboot *Dampfschiff* [o], *Dampfer* [m]
stoomcursus *Intensivkurs* [m]
stoomketel *Dampfkessel* [m]
stoommachine *Dampfmaschine* [v]
stoomschip *Dampfer* [m], *Dampfschiff* [o]
stoomstrijkijzer *Dampfbügeleisen* [o]
stoornis *Störung* [v]
stoorzender *Störsender* [m]
stoot *Stoß* [m] ⋆ wat een ~! *ist das 'ne geile Frau!* ▾ de ~ tot iets geven *den Anstoß zu etw. geben*
stootblok *Prellbock* [m]
stootkussen • (buffer) *Stoßpolster* [o], ‹trein› *Puffer* [m] • (scheepv.) *Fender* [m]
stoottroep *Stoßtruppe* [v]
stop I [de] • (verstelde plek) *gestopfte Stelle* [v] • (zekering) *Sicherung* [m] • (oponthoud) *Halt* [m], *Pause* [v] • (iets dat afsluit) *Pfropfen* [m], *Stöpsel* [m] • (stopzetting) *Stopp* [m] **II** [tw] *halt*
stopbord *Stoppschild* [o]
stopcontact *Steckdose* [v]
stopfles *Einweckglas* [o]
stoplicht • (verkeerslicht) *Ampel* [v] ⋆ door het (rode) ~ rijden *durch Rot fahren; die rote Ampel überfahren* • (remlicht) *Bremslicht* [o]
stopnaald *Stopfnadel* [v]
stoppel • (halm) *Stoppel* [v] • (baardhaar) *Bartstoppel* [v]
stoppelbaard *Stoppelbart* [m]
stoppelhaar *Stoppelhaar* [o]
stoppen I [ov ww] • (dichtmaken) *stopfen, dichten* ⋆ de onzichtbaar gestopte jurk *das kunstgestopfte Kleid* ⋆ kousen ~ *Strümpfe stopfen* • (tot stilstand brengen) *stoppen, anhalten* • (induwen) *stecken* ⋆ iem. in bed ~ *jmdn. ins Bett stecken* ⋆ onder de grond ~ *eingraben;* ‹lijk› *verscharren* • (constiperen) *stopfen* **II** [on ww] • (ophouden) *aufhören* ⋆ stop eens even! *hör mal auf!* • (halt houden) *stoppen, (an)halten*
stopplaats *Haltestelle* [v]
stopstreep *Haltelinie* [v]
stopteken *Stoppschild* [o], ‹trein› *Haltesignal* [o]
stoptrein *Nahverkehrszug* [m]
stopverbod *Halteverbot* [o]
stopverf *(Fenster)kitt* [m]
stopwatch *Stoppuhr* [v]
stopwoord *Füllwort* [o]
stopzetten *anhalten,* ‹fabriek› *stilllegen,* ‹werk, bezigheid› *einstellen*
storen I [ov ww] *stören* **II** [wkd ww] *sich stören (an)* [3]
storend *störend*
storing *Störung* [v] ⋆ gevoelig voor ~en *störanfällig* ⋆ ~ in het bedrijf *Betriebsstörung*
storingsdienst *Stördienst* [m], *Störungsstelle* [v]
storm *Sturm* [m]
stormachtig *stürmisch*
stormbal *Sturmball* [m]
stormen *stürmen*
stormenderhand *im Sturm*
stormlamp *Sturmlaterne* [v]
stormloop • (aanval) *Sturmlauf* [m] • (run) *Ansturm* [m]
stormlopen I [on ww] • (aanval doen) *(be)stürmen, anstürmen (gegen)* [4] ⋆ ~ op een vesting *eine Festung bestürmen* **II** [onp ww] ⋆ het liep er storm *es herrschte großer Andrang*
stormram *Rammbock* [m]
stormvloed *Sturmflut* [v]
stormvloedkering *Flutbrecher* [m]
stormvogel *Sturmvogel* [m]
stortbad *Dusche* [v]
stortbak *Spülkasten* [m]
stortbui *Platzregen* [m], *Regenguss* [m]
storten I [ov ww] • (doen vallen) *schütten* ⋆ tranen ~ *Tränen vergießen* ⋆ beton ~ *Beton gießen* • (geld overmaken) *überweisen, einzahlen* **II** [on ww] • (vallen) *stürzen*
storting • (het overmaken) *Einzahlung* [v] • (het doen vallen) *Schütten* [o]
stortingsbewijs *Einzahlungsbeleg* [m]
stortkoker *Schütte* [v], *Rutsche* [v]
stortplaats *Müllkippe* [v], *Schuttabladeplatz* [m]
stortregen *Platzregen* [m]
stortregenen *gießen, in Strömen regnen*
stortvloed *(Sturz)flut* [v] ⋆ een ~ van woorden *ein Wortschwall* ⋆ een ~ van tranen *ein Strom von Tränen*
stortzee *Brecher* [m], *Sturzwelle* [v]
stoten I [ov ww] *stoßen* ⋆ zijn hoofd ~ *sich den Kopf stoßen;* ‹fig.› *abgewiesen werden* **II** [on ww] • (botsen) *treffen* ⋆ op moeilijkheden ~ *auf Schwierigkeiten stoßen*
stotteraar *Stotterer* [m] [v: *Stotterin*]
stotteren *stottern*
stout I [het] *Stout* [m] **II** [bnw] • (ondeugend) *ungezogen, unartig* • (stoutmoedig) *kühn, verwegen*
stouterd *Frechdachs* [m], ‹jongen› *Lausebengel* [m]
stoutmoedig *furchtlos, kühn*
stouwen • (bergen) *verstauen,* ‹scheepv.› *stauen* • (verorberen) *reinhauen*
stoven *schmoren* ▾ zij liggen in de zon te ~ *sie lassen sich von der Sonne braten*
straal I [de] • (lichtbundel) *Strahl* [m] • (wisk.) *Radius* [m] **II** [bijw] *total* ⋆ hij heeft het ~ vergeten *er hat es glatt vergessen*
straalbezopen *stinkbesoffen*
straaljager *Düsenjäger* [m]
straalkachel *Heizstrahler* [m]
straalverbinding *Richtfunk* [m]
straalvliegtuig *Düsenflugzeug* [o]
straat *Straße* [v]
straatarm *bettelarm*
straatbeeld *Straßenbild* [o]
straatgevecht *Straßenkampf* [m]
straathandel *Straßenhandel* [m]
straathond • (niet-rashond) *Promenadenmischung* [v] • (zwerfhond) *Straßenköter* [m]
straatje *Gasse* [v] ▾ dat past precies in mijn ~ *das passt mir hervorragend*
straatjongen *Gassenjunge* [m]
straatlantaarn *Straßenlaterne* [v]
straatmuzikant *Straßenmusikant* [m]
straatnaam *Straßenname* [m]
straatprostitutie *Straßenprostitution* [v]
Straatsburg *Straßburg* [o]
straatschender *Randalierer* [m]
straatsteen *Pflasterstein* [m] ▾ iets aan de straatstenen niet kwijt kunnen *auf einer Sache sitzen bleiben*
straattoneel *Straßentheater* [o]
Straat van Gibraltar *Straße von Gibraltar* [v]
straatveger *Straßenfeger* [m]
straatventer *Straßenhändler* [m]
straatverlichting *Straßenbeleuchtung* [v]
straatvuil *Straßenschmutz* [m]

straatweg *Chaussee* [v], *Landstraße* [v]
straf I [de] *Strafe* [v] ⋆ de overplaatsing voor ~ *die Strafversetzung* ⋆ voor ~ *zur Strafe* **II** [bnw] • (sterk) *stark, kräftig, straff* • (streng) *streng, scharf*
strafbaar *strafbar* ⋆ een ~ feit *eine strafbare Handlung* ⋆ zich aan een ~ feit schuldig maken *sich strafbar machen*
strafbepaling *Strafbestimmung* [v]
strafblad *Vorstrafenregister* [o]
strafexpeditie *Strafexpedition* [v]
straffeloos *ungestraft*, ‹jur.› *straflos*
straffen *strafen*, ‹overgankelijk ww› *bestrafen*
strafgevangenis *Gefängnis* [o], *Strafvollzugsanstalt* [v]
strafinrichting *Strafanstalt* [v]
strafkamer *Strafkammer* [v]
strafkamp *Straflager* [o]
strafkolonie *Strafkolonie* [v]
strafkorting ≈ *Kürzung der Sozialhilfe bei Missbrauch* [v]
strafmaat *Strafmaß* [o]
strafmaatregel *Strafmaßnahme* [v]
strafpleiter *Strafverteidiger* [m]
strafport *Strafporto* [o], *Nachporto* [o]
strafproces *Strafverfahren* [o], *Strafprozess* [m]
strafpunt *Strafpunkt* [m]
strafrecht *Strafrecht* [o]
strafrechtelijk *strafrechtlich*
strafrechter *Strafrichter* [m]
strafregel ▾ ~s moeten schrijven *eine Strafarbeit machen müssen*
strafregister *Vorstrafenregister* [o]
strafschop *Elfmeter* [m], *Strafstoß* [m]
strafschopgebied *Strafraum* [m]
strafwerk *Strafarbeit* [v]
strafworp *Freiwurf* [m], ‹op doel› *Strafwurf* [m]
strafzaak *Strafsache* [v]
strak • (gespannen) *stramm, straff* ⋆ een ~ke broek *eine enge Hose* • (star, stug) *starr* ⋆ een ~ gezicht zetten *eine undurchdringliche Miene aufsetzen* ⋆ ~ glimlachen *steif lächeln* ⋆ iem. ~ aankijken *jmdn. anstarren*
strakblauw *strahlend blau*
straks • (dadelijk) *gleich, nachher* ⋆ tot ~! *bis gleich/nachher!* • (zoëven) *soeben*
stralen • (zakken) *durchrasseln, durchfallen* • (stralen uitzenden) *strahlen, funkeln, glänzen* • (er blij uitzien) *strahlen* ⋆ ~ van geluk *strahlen vor Glück*
stralend *strahlend*
stralenkrans *Strahlenkranz* [m]
straling *Strahlung* [v]
stralingsdosis *Strahlendosis* [v]
stralingswarmte *Strahlungswärme* [v]
stram • (stijf) *steif* • (fier) *stramm*
stramien *Stramin* [m], ‹fig.› *Muster* [o]
strand *Strand* [m]
stranden • (aanspoelen) *angespült werden* • (mislukken) *scheitern*
strandjutter *Strandräuber* [m]
strandstoel *Strandkorb* [m]
strandwandeling *Strandspaziergang* [m]
strandweer *Badewetter* [o]
strapless *trägerlos*
strateeg *Stratege* [m]
strategie *Strategie* [v]
strategisch *strategisch*
stratenmaker *Pflasterer* [m], *Steinsetzer* [m], *Straßenarbeiter* [m]
stratenplan *Stadtplan* [m]
stratosfeer *Stratosphäre* [v]
streber *Streber* [m]
streefcijfer *Sollzahl* [v]
streefdatum *angestrebte(r) Zeitpunkt* [m]
streefgetal *Sollzahl* [v]
streek • (haal) *Strich* [m] • (kompasrichting) *Strich* [m] • (gebied) *Gegend* [v] • (poets) *Streich* [m] ⋆ streken uithalen *Streiche verüben; Streiche machen/spielen* ▾ mijn maag is van ~ *mein Magen ist verstimmt* ▾ van ~ raken *die Fassung verlieren; in Verwirrung geraten* ▾ hij is van ~ *er ist verwirrt;* ‹de kluts kwijt› *er ist außer Fassung* ▾ iem. van ~ maken *jmdn. in Verwirrung bringen; jmdn. aus dem Konzept bringen*
streekbus *Überlandbus* [m]
streekgebonden *typisch/spezifisch für ein Gebiet*
streekroman *Heimatroman* [m]
streektaal *Mundart* [v]
streekvervoer *Nahverkehr* [m]
streekziekenhuis *Kreiskrankenhaus* [o]
streep • (lijn) *Strich* [m] • (onderscheidingsteken) *Dienstgradabzeichen* [o] • (strook) *Streifen* [m] ▾ ergens een ~ onder zetten *einen Schlussstrich unter eine Sache ziehen* ▾ dat is een ~ door de rekening *das ist ein Strich durch die Rechnung*
streepjescode *Strichcode* [m]
streepjespak *gestreifte(r) Anzug* [m]
strekken I [ov ww] • (uitrekken) *strecken* ⋆ de benen ~ *sich die Beine vertreten* **II** [on ww] • (reiken) *reichen* ⋆ zover strekt zijn invloed *so weit reicht sein Einfluss* • (toereikend zijn) *reichen* ⋆ zolang de voorraad strekt *solange der Vorrat reicht* • (~ **tot**) ⋆ tot eer ~ *zur Ehre gereichen* ⋆ tot voorbeeld ~ *als Beispiel dienen* ⋆ een daartoe ~de motie *ein entsprechender Antrag* **III** [wkd ww] *sich ausstrecken*
strekkend ⋆ de ~e meter *das laufende Meter*
strekking *Absicht* [v]
strelen • (aaien) *streicheln* • (aangenaam aandoen) *schmeicheln* ⋆ dat streelt de tong *das kitzelt den Gaumen*
streling • (aai) *Streicheln* [o] • (iets aangenaams) *zärtliche Berührung* [v]
stremmen I [ov ww] • (stijf maken) *zur Gerinnung bringen, gerinnen lassen* • (belemmeren) *lahm legen* **II** [on ww] • (stijf worden) *gerinnen*
stremming • (het stremmen) *Gerinnung* [v] • (stagnatie) *Stockung* [v], *Stagnation* [v] ⋆ een ~ van het verkeer *eine Verkehrsstockung*
stremsel *Lab* [o]
streng I [de] • (bundel) *Strähne* [v] • (koord, snoer) *Strang* [m] **II** [bnw] *streng* ⋆ een ~e winter *ein harter Winter*
strepen *mit Streifen versehen*, ‹arceren› *schraffieren*
stress *Stress* [m]
stretch *Stretch-, stretch-*
stretcher *Feldbett* [o]
streven I [het] *(Be)streben* [o] **II** [on ww] *streben* ⋆ hij streeft ernaar *er bemüht sich darum*
striem *Striemen* [m]
striemen • (striemen toebrengen) *striemen* • (gevoelig treffen) *peitschen* ⋆ ~de woorden *verletzende(n) Worte* ⋆ de wind striemde hem in het gezicht *der Wind peitschte ihm ins Gesicht*
strijd • (gevecht) *Kampf* [m] ⋆ ten ~e trekken *in den Kampf ziehen* • (wedstrijd) *(Wett)kampf* [m] • (tegenspraak) *Widerspruch* [m] ⋆ in ~ met de wet *gesetzwidrig* ⋆ zijn gedrag is in ~ met de goede zeden *sein Benehmen verstößt gegen die guten Sitten*
strijdbaar *streitbar, kämpferisch*

S

strijdbijl *Kriegsbeil* [o], *Streitaxt* [v]
strijden • (vechten) *kämpfen* • (twisten) *(sich) streiten* ⋆ met iem. over iets ~ *sich mit jmdm. über etw. streiten* • (strijdig zijn) *verstoßen* ⋆ in strijd met de goede zeden zijn *gegen die Sitten verstoßen* ⋆ het strijdt tegen mijn gevoel *es widerstrebt meinem Gefühl*
strijder *Kämpfer* [m]
strijdig • (in strijd) *gegensätzlich* • (tegenstrijdig) *widersprüchlich*
strijdkrachten *Streitkräfte* [mv]
strijdkreet *Schlachtruf* [m]
strijdlust *Kampfgeist* [m], ‹bij twist› *Streitlust* [v]
strijdlustig *kämpferisch, kampffreudig*, ‹bij onenigheid, twist› *streitbar*
strijdmacht *Streitkräfte* [mv], ‹leger› *Armee* [v], ‹legercontingent› *Truppenverband* [m]
strijdperk • (arena) *Arena* [v] ⋆ in het ~ treden *in die Schranken treten* • (slagveld) *Kampfplatz* [m]
strijdvaardig • (klaar voor de strijd) *kämpferisch, streitbar* • (strijdlustig) *kampffreudig*
strijken • (gladmaken) *bügeln* • (aanraken) *streichen* • (uitsmeren) *verstreichen, verschmieren* • (neerhalen) *herunterholen, niederholen* ⋆ de vlag ~ *die Flagge einholen* • (muz.) *streichen* ▾ met het geld gaan ~ *sich mit dem Geld davonmachen*
strijker *Streicher* [m]
strijkijzer *Bügeleisen* [o]
strijkinstrument *Streichinstrument* [o]
strijkje *Ensemble* [o]
strijkkwartet *Streichquartett* [o]
strijklicht *Flutlicht* [o]
strijkorkest *Streichorchester* [o]
strijkplank *Bügelbrett* [o]
strijkstok *Bogen* [m]
strijktrio *Streichtrio* [o]
strik • (gestrikt lint) *Schleife* [v] • (knoop) *Strick* [m], *Schlinge* [v] • (valstrik) *Schlinge* [v] ⋆ ~ken zetten *Schlingen legen*
strikje *Fliege* [v]
strikken I [ov ww] • (overhalen) *ködern, einspannen* • (vangen) *in einer Schlinge fangen* **II** [on ww] • (knopen) *binden, knüpfen, schlingen*
strikt *strikt, genau* ⋆ ~ genomen *genau genommen* ⋆ het ~ noodzakelijke *das unbedingt Notwendige*
strikvraag *Fangfrage* [v]
stringent *stringent, schlüssig*
strip • (strook) *Streifen* [m] • (stripverhaal) *Comic* [m]
stripblad *Comicheft* [o]
stripboek *Comic* [m], *Comicheft* [o]
stripfiguur *Comicfigur* [v]
strippen I [ov ww] • (ontdoen van het overtollige) *freilegen*, ‹tabak› *entrippen*, ‹vis› *ausnehmen* **II** [on ww] • (zich uitkleden) *strippen*
strippenkaart *Sammelfahrschein* [m]
stripper *Stripper* [m]
striptease *Striptease* [m/o]
striptekenaar *Comiczeichner* [m]
stripverhaal *Bildergeschichte* [v], *Comic* [m]
stro *Stroh* [o], ‹een enkele halm› *Strohhalm* [m]
strobloem *Strohblume* [v]
strobreed ⋆ geen ~ wijken *keinen Fingerbreit Boden hergeben* ⋆ iem. geen ~ in de weg leggen *jmdm. keine Steine in den Weg legen*
stroef • (niet glad) *rau* • (niet soepel) *schwerfällig, ungeschmeidig* • (moeizaam) *zäh, schwerfällig*
strofe *Strophe* [v]
strohalm *Strohhalm* [m] ▾ zich aan een ~ vastklampen *sich an einen Strohhalm klammern*
strokarton *Strohpappe* [v]
stroken *entsprechen* [3], *übereinstimmen (mit)* [3] ⋆ met de waarheid ~ *der Wahrheit entsprechen*
stroman *Strohmann* [m]
stromen *strömen, fließen*
stroming *Strömung* [v]
strompelen *humpeln*, ‹struikelend› *stolpern*
stronk *Stumpf* [m], ‹van kool› *Strunk* [m]
stront *Scheiße* [v], *Kacke* [v] ▾ er is ~ aan de knikker *die Sache stinkt*
stronteigenwijs *dickköpfig*
strontje *Gerstenkorn* [o]
strontvervelend *stinklangweilig*
strooien I [bnw] *stroh-, Stroh-* **II** [ov ww] *streuen*
strooigoed ≈ *zum Nikolaustag gestreute Süßigkeiten* [mv]
strooisel *Streu* [v]
strooiwagen *Streuwagen* [m]
strooizout *Streusalz* [o]
strook *Streifen* [m]
stroom *Strom* [m] ⋆ met de ~ meegaan *dem Strom folgen*; ‹fig.› *mit dem Strom schwimmen* ▾ tegen de ~ oproeien *gegen den Strom schwimmen*
stroomafwaarts *stromabwärts*
stroomdraad *Stromkabel* [o]
stroomgebied *Stromgebiet* [o]
stroomlijn *Stromlinie* [v], ‹vorm› *Stromlinienform* [v]
stroomlijnen *in Stromlinienform bringen*, ‹fig.› *straffen*
stroomopwaarts *stromaufwärts*
stroomsterkte *Strömungsgeschwindigkeit* [v], ‹elektriciteit› *Stromstärke* [v]
stroomverbruik *Stromverbrauch* [m]
stroomversnelling • (versnelling van stroom) *Stromschnelle* [v] • (versnelling van ontwikkeling) *Beschleunigung* [v] ⋆ de gebeurtenissen zijn in een ~ geraakt *die Ereignisse überstürzen sich*
strooplikken *kriechen (vor)* [3], *schöntun* [3], *Honig um den Mund schmieren* [3]
strooplikker *Kriecher* [m], ‹pej.› *Speichellecker* [m]
strooptocht *Plünderung* [v], *Beutezug* [m], *Raubzug* [m]
stroopwafel ≈ *Sirupwaffel* [v]
strop • (lus) *Schlinge* [v] ⋆ iem. tot de ~ veroordelen *jmdn. zum Tode durch den Strang verurteilen* • (tegenvaller) *Pech* [o], *Reinfall* [m], *Schaden* [m] ▾ iem. de ~ omdoen *jmdm. die Schlinge um den Hals legen*
stropdas *Krawatte* [v], *Schlips* [m]
stropen • (jagen) *wildern* • (villen) *(ab)streifen, abziehen, abhäuten*
stroper *Wilderer* [m]
stroperig • (als stroop) *dickflüssig, zähflüssig* ⋆ ~e vloeistof *zähflüssige Flüssigkeit* [v] • (kruiperig) *zuckersüß* ⋆ ~e woorden *honigsüße(n) Worte*
stroperij *Wilderei* [v]
stropop *Strohpuppe* [v], ‹fig.› *Strohmann* [m]
stroppenpot *Rücklage für unvorhergesehene Fälle* [v]
strot *Kehle* [v], *Gurgel* [v] ⋆ iem. bij de ~ grijpen *jmdn. an der Kehle packen*
strottenhoofd *Kehlkopf* [m]
strovuur *Strohfeuer* [o]
strubbeling • (moeilijkheid) *Schererei* [v] • (onenigheid) *Reiberei* [v], *Streitigkeit* [v]
structureel *strukturell*
structureren *ordnen, strukturieren*
structuur *Struktur* [v]
structuurverf *plastische Anstrichfarbe* [v]

struif • (omelet) *Eierkuchen* [m], *Omelett* [o] • (inhoud van ei) *Eimasse* [v]
struik • (plant) *Strauch* [m] • (krop) *Kopf* [m], *Büschel* [o], *Staude* [v]
struikelblok *Klotz* [m], ‹fig.› *Hindernis* [o]
struikelen • (bijna vallen) *stolpern, straucheln* • (misstap doen) *einen Fehltritt begehen* ▾ je struikelt erover *du triffst sie auf Schritt und Tritt*
struikgewas *Gebüsch* [o]
struikrover *Straßenräuber* [m], *Wegelagerer* [m]
struis *kernig, stämmig*
struisvogel *Strauß* [m]
struisvogelpolitiek *Vogel-Strauß-Politik* [v]
struma *Struma* [v], *Kropf* [m]
strychnine *Strychnin* [o]
stuc *Stuck* [m]
stucwerk *Stuckatur* [v]
studeerkamer *Arbeitszimmer* [o], *Studierzimmer* [o]
student *Student* [m] ⋆ ~ in de biologie *Biologiestudent*
studentencorps *Studentenverbindung* [v], ‹met wapen› *schlagende Verbindung* [v]
studentendecaan ≈ *Studienberater* [m]
studentenflat *Studentenwohnheim* [o]
studentenhaver *Studentenfutter* [o]
studentenhuis ≈ *Wohngemeinschaft von Studenten* [v]
studententijd *Studienzeit* [v]
studentikoos *studentisch*
studeren I [ov ww] • (studie volgen) *studieren* ⋆ voor ingenieur ~ *an einer Technischen Hochschule studieren* ⋆ medicijnen ~ *Medizin studieren* • (muz.) *üben* **II** [on ww] • (leren) *lernen für* [4], *sich vorbereiten auf* [4] • (~ **op**) *sich überlegen* [4], *sich vertiefen in* [4] ⋆ ~ op een probleem *sich in ein Problem vertiefen*
studie • (het studeren) *Studium* [o] ⋆ de ~ in de rechten *das Jurastudium* • (bestudering) *Untersuchung* [v] ⋆ iets in ~ nemen *etw. untersuchen/erforschen* • (onderzoeksverslag) *Studie* [v] • (schets) *Studie* [v]
studiebeurs *Studienbeihilfe* [v], *Stipendium* [o]
studieboek *Lehrbuch* [o]
studiegids *Studienführer* [m]
studiehoofd *Büffler* [m]
studiejaar *Studienjahr* [o]
studiereis *Studienreise* [v]
studierichting *Studienfach* [o], *Studienrichtung* [v]
studietijd *Studienzeit* [v]
studietoelage *Ausbildungsförderung* [v]
studieverlof *Bildungsurlaub* [m]
studiezaal *Lesesaal* [m]
studio • (eenkamerflat) *Einzimmerappartement* [o] • (opnameruimte voor radio, tv, film) *Studio* [o] • (atelier) *Atelier* [o], *Studio* [o]
studium generale *Studium generale* [o]
stuff *Stoff* [m]
stug • (onbuigzaam) *steif, spröde, hart* ⋆ stug leer *steife(s) Leder* [o] • (stuurs) ⋆ zij doet vaak zo stug *sie ist oft so störrisch* • (volhardend, flink) *hart, stark, tüchtig*
stuifmeel *Pollen* [m], *Blütenstaub* [m]
stuifsneeuw *Pulverschnee* [m]
stuifzand *Flugsand* [m]
stuip *Zuckung* [v], *Krampf* [m] ▾ iem. de ~en op het lijf jagen *jmdm. einen Schrecken einjagen*
stuiptrekken *in Krämpfen liegen*
stuiptrekking *Zuckung* [v]
stuit • (het terugstuiten) *Rückprall* [m], ‹op grond› *Aufprall* [m] • (staartbeen) *Steiß* [m], ‹bij vogels› *Bürzel* [m] ⋆ op het ~je vallen *auf das Steißbein fallen*
stuiten I [ov ww] • (tegenhouden) *zum Stillstand bringen, hemmen, aufhalten* ⋆ de vijand was niet te ~ *der Feind drang unaufhaltsam vor* **II** [on ww] • (kaatsen) *zurückprallen* • (irriteren) *reizen* ⋆ dat stuit me tegen de borst *das geht mir gegen den Strich* • (~ **op**) *stoßen (auf)* [4]
stuitend *abstoßend*, ‹aanstootgevend› *anstößig*, ‹verontwaardiging wekkend› *empörend*
stuiter *Murmel* [v]
stuiteren *mit Murmeln spielen*
stuitligging *Steißlage* [v]
stuiven I [on ww] • (opwaaien) *stäuben, stauben* • (snel gaan) *sausen, flitzen* **II** [onp ww] *stauben, stieben*
stuiver • (geld) ⋆ een aardig ~tje verdienen *eine hübsche Stange Geld verdienen* • (muntstuk) *Fünfcentstück* [o]
stuk I [het] • (poststuk) *(Post)stück* [o] • (aandeel) *Stück* [o] • (staaltje) *Stück* [o], *Tat* [v] • (gedeelte) *Stück* [o], *Teil* [m] ⋆ iets aan stukken slaan *etw. in Stücke schlagen/entzweischlagen* • (hoeveelheid) *Menge* [v], *Stück* [o] ⋆ stukken duurder *viel teurer* ⋆ een stuk of 20 *ungefähr 20 Stück* • (exemplaar) *Stück* [o] • (kunstwerk) *Stück* [o], ‹toneel› *Theaterstück* [o] • (geschrift) *Schriftstück* [o], *Unterlagen* [mv], ‹akte› *Akte* [v], ‹artikel› *Artikel* [m] • (schaakstuk) *(Schach)figur* [v] • (standpunt) ⋆ op zijn stuk staan *auf seinem Recht bestehen*; ‹blijven aandringen› *nicht lockerlassen* • (postuur) *Positur* [v], *Wuchs* [m] ⋆ klein van stuk zijn *von kleiner Statur sein* ▾ aan één stuk door *in einem fort* ▾ een stuk in zijn kraag hebben *einen in der Krone haben* ▾ iem. van zijn stuk brengen *jmdn. aus der Fassung bringen* **II** [bnw] *kaputt, entzwei*, ‹aan stukken› *in Stücke* ▾ stuk van iets zijn *völlig weg von etw. sein*
stukadoor *Verputzer* [m], *Stuckateur* [m]
stuken *stuckieren, mit Stuck verputzen, gipsen*
stukgoed *Stückgut* [o]
stukje • (klein deel) *Stückchen* [o], *kleine(s) Stück* [o] • (kort artikel) *Kolumne* [v] ▾ bij ~s en beetjes *nach und nach; allmählich; stückweise*
stukjesschrijver *Kolumnist* [m]
stukloon *Stücklohn* [m], *Akkordlohn* [m] ⋆ tegen ~ werken *im Akkord arbeiten*
stuklopen I [ov ww] • (slijten) ⋆ zijn schoenen ~ *die Schuhe durchlaufen* ⋆ zijn voeten ~ *sich die Füße wund laufen* **II** [on ww] • (mislukken) *scheitern, zerschellen* ⋆ iets loopt ergens op stuk *etw. scheitert an einer Sache*
stukslaan I [ov ww] • (stukmaken) *zerschlagen, kaputtschlagen* **II** [on ww] • (stukgaan) *zerschellen, zerspringen*
stukwerk • (werk voor stukloon) *Akkordarbeit* [v] • (fragmentarisch werk) *Stückwerk* [o]
stulp • (stolp) *Glocke* [v] • (huisje) *Hütte* [v]
stumper • (sukkel) *Stümper* [m] • (stakker) *arme(r) Teufel* [m], *arme(r) Schlucker* [m]
stumperen *stümpern*
stunt *Bravourstück/Bravurstück* [o]
stuntelen *stümpern*
stuntelig • (klungelig) *stümperhaft* • (onhandig) *unbeholfen, ungelenk, linkisch*
stunten • (kunstvliegen) *einen Kunstflug ausführen* • (stunts uithalen) *Tricks vorführen*
stuntman *Stuntman* [m]
stuntprijs *Schleuderpreis* [m]
stuntvliegen *Kunstflüge ausführen*
stupide *stupide, stumpfsinnig*
sturen I [ov ww] • (bedienen) *steuern, bedienen* • (zenden) *schicken, senden* ⋆ iem. om

S

boodschappen ~ *jmdn. einkaufen schicken* • (besturen) *steuern, lenken* **II** [on ww] • (naar het stuur luisteren) *sich steuern/lenken lassen*
stut • (steun) *Stütze* [v], ‹fig.› *Halt* [m] • (balk) *Stützbalken* [m]
stutten *stützen*
stuurbekrachtiging *Servolenkung* [v]
stuurboord *Steuerbord* [o]
stuurgroep *Beirat* [m], *Lenkungsausschuss* [m]
stuurhuis *Steuerkabine* [v]
stuurhut *Steuerhaus* [o], *Kabine* [v], ‹scheepv.› *Ruderhaus* [o]
stuurknuppel *Steuerknüppel* [m]
stuurloos *steuerlos*
stuurman *Steuermann* [m]
stuurmanskunst • (omzichtig beleid) *Geschick* [o] • (scheepv.) *Navigationstalent* [o]
stuurs *unwirsch, mürrisch*
stuurslot *Lenkradschloss* [o]
stuurstang ‹fiets› *Lenkstange* [v], ‹vliegtuig› *Steuerknüppel* [m]
stuurwiel *Lenkrad* [o]
stuw *Wehr* [o], *Stauwerk* [o], ‹afsluiting van een dal› *Talsperre* [v]
stuwadoor *Stauer* [m]
stuwdam *Staudamm* [m]
stuwen • (water keren) *stauen* • (stouwen) *stauen* • (voortduwen) *treiben*
stuwing • (stuwkracht) *Antriebskraft* [v] • (het stuwen) *Stauung* [v]
stuwkracht *Antriebskraft* [v], ‹fig.› *treibende Kraft* [v]
stuwmeer *Stausee* [m]
stuwraket *Trägerrakete* [v]
sub *unter* ⋆ sub artikel 3 *unter Artikel 3* ▾ sub rosa *unter Geheimhaltung; vertraulich* ▾ sub judice *unter dem Richter*
subcommissie *Unterausschuss* [m]
subgroep *Subgruppe* [v], *Untergruppe* [v]
subiet • (dadelijk) *sofort, gleich* • (plots) *plötzlich* • (beslist) *bestimmt, sicher*
subject *Subjekt* [o]
subjectief *subjektiv*, ‹taalk.› *das Subjekt betreffend*
subjectiviteit *Subjektivität* [v]
subliem • (schitterend) *ausgezeichnet* • (groots) *erhaben, großartig*
sublimeren *sublimieren*
subsidie *Subvention* [v]
subsidiëren *subventionieren*
substantie *Substanz* [v]
substantieel • (wezenlijk) *substanziell/substantiell* • (voedzaam) *nahrhaft* ⋆ iets ~s eten *etw. Nahrhaftes essen*
substantief I [het] *Substantiv* [o] **II** [bnw] ‹taalk.› *substantivisch*
substitueren *substituieren*
substitutie *Substitution* [v]
substituut I [de] *Stellvertreter* [m] **II** [het] *Substitut* [o]
subtiel *subtil*
subtropisch *subtropisch*
subversief *subversiv*
succes *Erfolg* [m] ⋆ geen ~ hebben *erfolglos bleiben* ⋆ ~! *viel Erfolg!*
succesnummer *Spitzenreiter* [m], ‹verkoopsucces› *Kassenschlager* [m]
successie • (erfenis) *Erbschaft* [v] • (erfopvolging) *Erbfolge* [v], *Sukzession* [v], ‹troonopvolging› *Thronfolge* [v] • (opeenvolging) *Folge* [v] ⋆ viermaal in ~ *vier Mal in Folge*
successierecht *Erbschaftssteuer* [v]
successievelijk *sukzessive*
succesvol *erfolgreich*
sudderen *köcheln, schmoren*
sudderlap *Stück Schmorfleisch* [o]
suède I [het] *Velours* [o], *Wildleder* [o] **II** [bnw] *aus Wildleder/Velours*
suf • (duf) *benommen, dösig* ⋆ je wordt er suf van *das macht einen ganz dösig im Kopf* • (onnadenkend) *dämlich* ⋆ zich suf piekeren *sich den Kopf (über etw.) zerbrechen*
suffen • (soezen) *dösen, duseln* • (piekeren) *grübeln*
sufferd *Dussel* [m], *Schussel* [m]
suffig *dösig*
suggereren *suggerieren*
suggestie • (gewekte indruk) *Suggestion* [v], *Eindruck* [m] • (voorstel) *Vorschlag* [m]
suggestief *suggestiv*
suïcide *Selbstmord* [m], *Suizid* [m]
suiker *Zucker* [m]
suikerbiet *Zuckerrübe* [v]
suikerbrood *Zuckerbrot* [o]
suikergoed *Süßigkeiten* [mv]
suikerklontje *Stück Zucker* [o]
suikeroom ≈ *Erbonkel* [m]
suikerpatiënt *Zuckerkranke(r)* [m]
suikerpot *Zuckerdose* [v]
suikerraffinaderij *Zuckerraffinerie* [v]
suikerriet *Zuckerrohr* [o]
suikerspin *Zuckerwatte* [v]
suikertante ≈ *Erbtante* [v]
suikervrij *ohne Zucker*
suikerzakje *Zuckertüte* [v]
suikerziekte *Diabetes* [m], *Zuckerkrankheit* [v]
suikerzoet *zuckersüß*
suite • (kamers) *Suite* [v] • (stoet) *Gefolge* [o] • (muz.) *Suite* [v]
suizebollen *taumeln, schwindlig werden*
suizen • (snel bewegen) *sausen* • (geluid maken) *säuseln, sacht rauschen* ⋆ mijn oren ~ *es summt mir in den Ohren*
sujet *Subjekt* [o]
sukade *Sukkade* [v]
sukkel • (beklagenswaardig persoon) *arme(r) Schlucker* [m] • (dom, onhandig persoon) *Trottel* [m]
sukkeldrafje *Trott* [m]
sukkelen • (sjokken) *trödeln, trotten* • (ziekelijk zijn) *sich herumplagen, sich abplagen* ⋆ ~ met een kwaal *sich mit einem Leiden herumplagen* ▾ in slaap ~ *eindösen*
sukkelgangetje *Schneckentempo* [o] ▾ op een ~ *im Schneckentempo*
sul • (goedzak) *gutmütige(r) Kerl* [m] • (sukkel) *Trottel* [m], *Einfaltspinsel* [m]
sulfiet *Sulfit* [o]
sullig • (dom) *trottelig* • (goeiig) *einfältig*
sultan *Sultan* [m]
summier • (gering) *summarisch* • (bondig) *kurz gefasst*
summum *Inbegriff* [m], *Gipfel* [m]
super *Super* [o]
superbenzine *Superbenzin* [o]
supergeleider *Supraleiter* [m]
superheffing *Superabgabe* [v]
superieur I [de] *Vorgesetzte(r)* [m] **II** [bnw] • (hooghartig) *überheblich* • (hoger geplaatst, meerwaardig) *überlegen* • (voortreffelijk) *vorzüglich, hervorragend*
superioriteit *Superiorität* [v], *Überlegenheit* [v]
superlatief *Superlativ* [m]
supermacht *Supermacht* [v]

supermarkt *Supermarkt* [m]
supermens *Übermensch* [m]
supersonisch *supersonisch* ⋆ ~e snelheid *Überschallgeschwindigkeit*
supertanker *Supertanker* [m]
supervisie *Leitung* [v], *Aufsicht* [v]
supervisor *Supervisor* [m]
supplement *Supplement* [o], ‹aanvulling› *Ergänzung* [v]
suppoost *Wärter* [m], *Aufseher* [m]
supporter *Anhänger* [m]
supporterslegioen *Schlachtenbummler* [mv]
supranationaal *supranational*
suprematie *Supremat* [m], ‹oppermacht› *Vorherrschaft* [v]
surfen *surfen*
surfpak *Surfanzug* [m]
surfplank *Surfbrett* [o]
Suriname *Surinam* [o]
Surinamer *Surinamer* [m]
surplus *Überschuss* [m], *Surplus* [o]
surprise *Überraschung* [v]
surrealisme *Surrealismus* [m]
surrealistisch *surrealistisch*
surrogaat *Surrogat* [o], *Ersatz* [m]
surseance *Aufschub* [m] ⋆ ~ van betaling *Zahlungsaufschub* [m]
surveillance *Aufsicht* [v], ‹bewaking› *Überwachung* [v], ‹politiepatrouille› *Streife* [v]
surveillant *Aufseher* [m]
surveilleren *beaufsichtigen, Aufsicht führen,* ‹politie› *Streife fahren*
suspense *Spannung* [v]
sussen *besänftigen, beschwichtigen* ▾ iem. in slaap ~ *jmdn. einschläfern/einlullen*
Swaziland *Swasiland* [o]
sweater *Pulli* [m], *Pullover* [m]
sweatshirt *Sweatshirt* [o]
swingen • (dansen) *swingen* • (bruisend zijn) *sprudeln, pulsieren*
switchen • (van plaats wisselen) *(den Platz) wechseln* • (overgaan op iets anders) *umschalten*
syfilis *Syphilis* [v]
syllabe *Silbe* [v]
syllabus *Abriss* [m], ‹van colleges› *Vorlesungsabriss* [m]
symbiose *Symbiose* [v]
symboliek *Symbolik* [v]
symbolisch *symbolisch*
symboliseren *symbolisieren*
symbool *Symbol* [o]
symfonie *Sinfonie* [v]
symfonieorkest *Sinfonieorchester* [o]
symmetrie *Symmetrie* [v]
symmetrisch *symmetrisch*
sympathie *Sympathie* [v]
sympathiek *sympathisch*
sympathisant *Sympathisant* [m]
sympathiseren *sympathisieren*
symposium *Symposion/Symposium* [o] [mv: *Symposien*]
symptomatisch *symptomatisch*
symptoom *Symptom* [o]
symptoombestrijding *Symptombekämpfung* [v]
synagoge *Synagoge* [v]
synchroniseren *synchronisieren*
synchroon *synchron*
syndicaat • (kartel) *Syndikat* [o] • (vakbond) *Gewerkschaft* [v]
syndroom *Syndrom* [o]
synergie *Synergie* [v]
synode *Synode* [v]
synoniem I [het] *Synonym* [o] **II** [bnw] *synomym*
synopsis *Synopsis* [v]
syntaxis *Syntax* [v]
synthese • (samenvoeging) *Synthese* [v] • (samenvatting) *Zusammenfassung* [v]
synthesizer *Synthesizer* [m]
synthetisch *synthetisch* ▾ ~e vezels *Kunstfasern*
Syrië *Syrien* [o]
systeem *System* [o], *Betriebssystem* [o], ‹comp.› *Datenverarbeitungsanlage* [v]
systeemanalist *Systemanalytiker* [m]
systeembouw *Fertigbau* [m], *Montagebau* [m]
systeemkaart *Karteikarte* [v]
systeemontwerper *Systemanalytiker* [m]
systematiek *Systematik* [v]
systematisch *systematisch*

T

T

t T [o]
taai • (stevig en buigzaam) zäh • (dik vloeibaar) *(zäh)flüssig, dickflüssig* • (volhardend) zäh ⋆ hou je taai *halt die Ohren steif* • (vervelend) öde, *langweilig*
taaiheid • (stevigheid) Zähigkeit [v] • (stroperigheid) Zähflüssigkeit [v] • (volhardendheid) Zähigkeit [v], Ausdauer [v]
taaitaai Lebkuchen [m], Printe [v]
taak *Aufgabe* [v] ⋆ zich tot taak stellen *sich zur Aufgabe machen*
taakomschrijving ≈ *Beschreibung des Aufgabenbereichs* [v]
taakverdeling *Aufgabenverteilung* [v]
taal *Sprache* [v] ⋆ vreemde taal *Fremdsprache* [v] ⋆ een taal machtig zijn *eine Sprache beherrschen* ▾ taal noch teken van zich laten horen *nichts von sich hören lassen* ▾ zij zwijgt in alle talen *sie schweigt in sieben Sprachen* ▾ duidelijke taal met iem. spreken *deutsch mit jmdm. reden/sprechen* ▾ dat is andere taal *das hört sich schon viel besser an*
taalbeheersing *Sprachbeherrschung* [v], ‹taalvaardigheid› *Sprachgewandtheit* [o]
taaleigen Idiom [o]
taalfout *sprachliche(r) Fehler* [m], ‹grammatica› *grammatische(r) Fehler* [m]
taalgebied *Sprachraum* [m]
taalgebruik *Sprachgebrauch* [m]
taalgevoel *Sprachgefühl* [o]
taalgrens *Sprachgrenze* [v]
taalkunde Linguistik [v], *Sprachwissenschaft* [v]
taalkundig *sprachwissenschaftlich, linguistisch* ⋆ ~e ontleding *grammatische Analyse* [v]
taalkundige Linguist [m]
taalles *Sprachunterricht* [m]
taalonderwijs *Sprachunterricht* [m]
taalstrijd *Sprachenkampf* [m]
taalwetenschap *Sprachwissenschaft* [v]
taart • (vrouw) *Schachtel* [v], *Schraube* [v] • (gebak) Torte [v], Kuchen [m]
tab Tab [m]
tabak Tabak [m] ▾ ik heb er ~ van *ich habe die Nase voll*
tabaksdoos *Tabak(s)dose* [v]
tabaksplant *Tabakpflanze* [v]
tabaksvergunning ≈ *Erlaubnis, Tabak zu verkaufen* [v]
tabee *tschüs/tschüss, ciao*
tabel Tabelle [v]
tabernakel • (altaarkastje) *Tabernakel* [m], *Hostienschrein* [m] • (draagbaar heiligdom) *Stiftshütte* [v]
tableau • (schilderij) Tableau [o] • (schaal) Platte [v] ▾ het ~ vivant *das lebende Bild*
tablet • (pil) Tablette [v] • (plak) Tafel [v] ⋆ ~ chocolade *Tafel Schokolade*
taboe **I** [het] Tabu [o] **II** [bnw] tabu
tabulator Tabulator [m]
tachograaf *Fahrtenschreiber* [m]
tachtig *achtzig* → **acht, twintig**
tachtiger Achtziger [m]
tachtigjarig *achtzigjährig* ⋆ de Tachtigjarige Oorlog *der Achtzigjährige Krieg*
tachymeter Tachymeter [o]
tackelen *hineingrätschen* ▾ een probleem ~ *direkt an ein Problem herangehen*
tact Takt [m] ⋆ met veel tact *sehr taktvoll*
tacticus ‹tactisch› Taktiker [m], ‹tactvol› *taktvolle(r) Mensch* [m]
tactiek Taktik [v]
tactisch *taktisch*
tactloos *taktlos*
tactvol *taktvoll*
Tadzjikistan Tadschikistan [o]
tafel • (meubel) Tisch [m] ⋆ aan ~ zitten *am Tisch sitzen* ⋆ om de ~ gaan zitten *sich mit jmdm. an einen Tisch setzen* ⋆ een ~ reserveren *einen Tisch bestellen* ⋆ een besloten ~ *eine Tischgesellschaft* ⋆ welvoorziene ~ *reich gedeckte(r) Tisch* [m] ⋆ aan ~! *zu Tisch!* • (tabel) Tafel [v], Tabelle [v] ⋆ ~ van vermenigvuldiging ‹van 1 tot en met 10› *kleine(s) Einmaleins* [o]; ‹van 1 tot en met 20› *große(s) Einmaleins* [o] ▾ iem. onder de ~ drinken *jmdn. unter den Tisch trinken* ▾ er moet geld op ~ komen *es muss Geld her* ▾ de kaarten op ~ leggen *mit offenen Karten spielen* ▾ de stenen ~en *die steinernen Tafeln*
tafelblad Tischplatte [v]
tafeldame Tischdame [v]
tafelen *tafeln, speisen*
tafelheer Tischherr [m]
tafelkleed Tischdecke [v]
tafelklem *Tischtuchklammer* [v]
tafellaken Tischtuch [o]
tafellinnen Tischwäsche [v]
tafelmanieren *Tischmanieren* [mv]
tafelrede Tischrede [v]
tafelschikking Tischordnung [v]
tafeltennis Tischtennis [o]
tafeltennissen *Tischtennis spielen*
tafeltje-dek-je • (sprookjestafel) Tischleindeckdich [o] • (organisatie die maaltijden aan huis brengt) *Essen auf Rädern* [o] ▾ het is er ~ *es ist dort ein wahres Schlaraffenland* ▾ het is er geen ~ *dort ist Schmalhans Küchenmeister*
tafelvoetbal Tischfußball [m]
tafelwijn Tafelwein [m], Tischwein [m]
tafelzilver Tafelsilber [o], Silberbesteck [o]
tafereel Schilderung [v], Szene [v], Bild [o]
tahoe Tofu [m], Sojakäse [m]
taille Taille [v] ⋆ zeer slanke ~ *Wespentaille*
tailleren *taillieren*
Taiwan Taiwan [o]
tak • (loot) Zweig [m], Ast [m] • (vertakking) Zweig [m], ‹van een rivier› Arm [m] • (afdeling) Zweig [m], Branche [v], ‹gebied› Disziplin [v], Sparte [v] ▾ iets met wortel en tak uitroeien *etw. mit Stumpf und Stiel ausrotten*
takel • (hijstoestel) Flaschenzug [m] • (scheepv.) Takel [o]
takelen • (ophijsen) *winden* • (optuigen) *takeln*
takelwagen *Kranwagen* [m]
takkenbos Reisigbündel [o], Holzbündel [o]
taks • (dashond) Dackel [m] • (hoeveelheid) Quantum [o], Portion [v]
tal • (aantal) Anzahl [v] • (grote hoeveelheid) Menge [v], Masse [v] ⋆ tal van ideeën *eine Menge Ideen* • (bepaalde hoeveelheid) ⋆ een tal draden *hundert bis hundertzwanzig Fäden* ⋆ een tal eieren *hundertvier Eier* ⋆ een tal haringen *zweihundert Heringe*
talen *(er)streben, verlangen*
talenknobbel ⋆ zij heeft een ~ *sie ist sprachbegabt*; ‹heel erg goed› *sie ist ein Sprachgenie*
talenpracticum *Sprachlabor* [o]
talenstudie *Sprachenstudium* [o]
talent Talent [o], Begabung [v] ⋆ ~ voor tekenen *Talent zum Zeichnen* ⋆ zonder ~ *unbegabt*

talentenjacht *Talentsuche* [v]
talentvol *talentiert, begabt, talentvoll*
talisman *Talisman* [m]
talk • (talg) *Talg* [m] • (delfstof) *Talk* [m]
talkpoeder *Talkum* [o], *Talkumpuder* [m/o]
talkshow *Talkshow* [v]
Tallinn *Tallinn* [o]
talloos *unzählig, zahllos*
talmen *zaudern, zögern*
talmoed *Talmud* [m]
talrijk *zahlreich*, ‹in groot aantal› *reichlich*
talud *Böschung* [v]
tam *zahm* ⋆ tamme kastanje *Edelkastanie* [v]
tamboer *Trommler* [m]
tamboerijn *Tamburin* [o]
tamelijk *ziemlich*
tampon *Tampon* [m]
tamtam • (ophef) ⋆ met veel ~ *mit großem Tamtam; mit viel Theater* • (trommels) *Tamtam* [o]
tand • (gebitselement) *Zahn* [m] ⋆ valse tanden *die dritten Zähne* • (puntig uitsteeksel) *Zacke* [v], *Zahn* [m], ‹van hark, vork› *Zinke* [v] ▾ de tand des tijds *der Zahn der Zeit* ▾ iem. aan de tand voelen *jmdm. auf den Zahn fühlen* ▾ met lange tanden eten *mit langen Zähnen essen* ▾ de tanden op elkaar zetten *die Zähne zusammenbeißen* ▾ tot de tanden gewapend *bis an die Zähne bewaffnet*
tandarts *Zahnarzt* [m] [v: *Zahnärztin*]
tandbederf *Karies* [v], *Zahnfäule* [v]
tandem *Tandem* [o]
tandenborstel *Zahnbürste* [v]
tandenknarsen *mit den Zähnen knirschen*
tandenstoker *Zahnstocher* [m]
tandheelkunde *Zahnmedizin* [v]
tandpasta *Zahnpasta* [v], *Zahnpaste* [v]
tandrad *Zahnrad* [o]
tandsteen *Zahnstein* [m]
tandtechnicus *Zahntechniker* [m]
tandvlees *Zahnfleisch* [o] ▾ op zijn ~ lopen *auf dem Zahnfleisch gehen*
tandwiel *Zahnrad* [o]
tanen I [ov ww] • (vaalgeel kleuren) *gerben* **II** [on ww] • (vaal worden) *verblassen* • (afnemen) *abnehmen, schwinden*
tang • (vrouw) *Schrulle* [v], *alte Hexe* [v] • (gereedschap) *Zange* [v] ▾ als een tang op een varken slaan *wie die Faust aufs Auge passen*
tangaslip *Tanga* [m]
tangens *Tangens* [m]
tango *Tango* [m]
tanig *gegerbt*
tank • (pantservoertuig) *Panzer* [m] • (reservoir) *Tank* [m], *Behälter* [m], ‹jerrycan› *Kanister* [m]
tankauto *Tankfahrzeug* [o], *Tankwagen* [m]
tankbataljon *Panzerbataillon* [o]
tanken *tanken*
tanker *Tanker* [m]
tankstation *Tankstelle* [v]
tankwagen *Tankwagen* [m]
tante *Tante* [v] ▾ een oude ~ ‹pej.› *eine alte Schachtel* ▾ een lastige ~ *eine lästige Person*
tantième *Tantieme* [v]
Tanzania *Tansania* [o]
tap • (bar) *Theke* [v] • (kraan) *Zapfen* [m] ⋆ bier uit de tap *Bier vom Fass* • (het tappen) *Zapfen* [o], *Abzapfen* [o]
tapbier *Schankbier* [o], *Fassbier* [o]
tape • (plakband) *Klebestreifen* [m] • (magneetband) *Magnetband* [o] • (muziekbandje) *Kassette* [v], ‹van bandrecorder› *Tonband* [o]
tapijt *Teppich* [m] ⋆ kamerbreed ~ *Teppichboden* [m] ▾ iets op het ~ brengen *etw. aufs Tapet bringen*
tapkast *Theke* [v]
tappen • (uit vat schenken) *ausschenken* ⋆ op flessen ~ *auf Flaschen ziehen* • (vertellen) ⋆ moppen ~ *Witze reißen* • (aftappen) *(ab)zapfen*
tapperij *Ausschank* [m], *Schankwirtschaft* [v], ‹kleiner› *Schenke* [v]
taps *kegelförmig, konisch*
taptemelk *Magermilch* [v]
taptoe *Zapfenstreich* [m]
tapverbod *Alkoholverbot* [o]
tapvergunning *Schankerlaubnis* [v], *Schankkonzession* [v]
tarbot *Steinbutt* [m]
tarief • (prijs) *Tarif* [m], *Gebühr* [v], *Satz* [m] ⋆ volgens ~ *tariflich; tarifmäßig* ⋆ speciaal ~ *Sondertarif* • (invoerrechten) *(Zoll)tarif* [m], *Einfuhrzoll* [m]
tariefgroep *Steuerklasse* [v]
tarievenoorlog *Handelskrieg* [m], *Wirtschaftskrieg* [m]
tarra *Tara* [v]
tartaar *Tatar* [o]
tarten • (trotseren) *trotzen* • (uitdagen) *provozieren, herausfordern, reizen* • (overtreffen) *spotten* ⋆ dat tart elke beschrijving *das spottet jeder Beschreibung*
tarwe *Weizen* [m]
tarwebloem *Weizenmehl* [o]
tarwebrood *Weizenbrot* [o]
tas *Tasche* [v]
tasjesdief *Taschendieb* [m]
tast *Tasten* [o] ⋆ op de tast *aufs Geratewohl* ⋆ op de tast iets zoeken *nach etw. tasten* ⋆ iets op de tast herkennen *etw. tastend erkennen*
tastbaar *greifbar*, ‹duidelijk› *handgreiflich*, ‹voelbaar› *fühlbar* ⋆ ~ bewijs *handgreifliche(r) Beweis* [m] ⋆ zonder tastbare aanleiding *ohne konkreten Anlass* ⋆ de tastbare wereld *die konkrete Welt* ▾ een tastbare duisternis *eine ägyptische Finsternis* [v]
tasten I [ov ww] • (pakken) *fassen* • (bevoelen) *befühlen, betasten* **II** [on ww] • (zoekend bewegen) *tasten* ▾ diep in zijn zak moeten ~ *tief in den Beutel greifen müssen*
tastzin *Tastsinn* [m]
tatoeage *Tätowierung* [v]
tatoeëren *tätowieren*
taugé *Sojabohnensprossen* [mv]
tautologie *Tautologie* [v]
taxateur *Taxator* [m]
taxatie *Schätzung* [v]
taxeren • (waarde bepalen) *taxieren, veranschlagen* ⋆ te hoog/laag ~ *über-/unterbewerten* ⋆ te laag ~ *zu niedrig einschätzen; unterbewerten* ⋆ getaxeerde waarde *Taxwert* [m] • (inschatten) *schätzen*, ‹aanslaan› *einschätzen*
taxfree *steuerfrei*, ‹vrij van invoerrechten› *zollfrei*
taxi *Taxi* [o], *Taxe* [v]
taxichauffeur *Taxifahrer* [m]
taxiën *rollen*
taximeter *Taxameter* [m/o]
taxistandplaats *Taxistand* [m]
taxonomie *Taxonomie* [v]
te I [bijw] *zu, umso* ⋆ des te beter/erger *umso besser/schlimmer* ⋆ te meer daar *umso mehr da* ▾ te mooi om waar te zijn *zu schön, um wahr zu sein* **II** [vz] • (in/op) *in* [3], *auf* [3], *zu* [3] ⋆ te water *auf dem Wasser* ⋆ te Utrecht *in Utrecht* ⋆ te voet *zu Fuß* • (~ + **inf.**) *zu* ⋆ blij je te zien *es*

T

freut mich, dich zu sehen
teak I [de] *Teakbaum* [m] **II** [het] *Teak* [o], *Teakholz* [o]
team *Team* [o], ‹sport› *Mannschaft* [v]
teamgeest *Teamgeist* [m]
teamverband *Team* [o] ⋆ in ~ werken *im Team arbeiten*
teamwork *Teamarbeit* [v], *Teamwork* [o]
techneut ≈ *Technikfanatiker* [m]
technicus *Techniker* [m]
techniek • (vaardigheid) *Fertigkeit* [v], *Technik* [v] • (werktuigkundige bewerking) *Verfahren* [o], *Technik* [v]
technisch *technisch* ⋆ ~e term *Fachausdruck* [m] ⋆ hogere ~e school ≈ *technische Fachhochschule* [v] ⋆ lagere ~e school ≈ *Berufsschule für Technik* [v] ⋆ Technische Hogeschool *Technische Hochschule* [v] ⋆ ~ onmogelijk *technisch gesehen unmöglich*
technocratie *Technokratie* [v]
technokeuring ≈ *Technische(r) Überwachungs-Verein (TÜV)* [m]
technologie *Technologie* [v]
technostation ≈ *Technische(r) Überwachungs-Verein (TÜV)* [m]
teckel *Dackel* [m]
tectyleren *mit Rostschutzmittel behandeln*
tectyl ® *Rostschutz* [m]
teder *zärtlich, liebevoll*
tederheid *Zärtlichkeit* [v]
teef • (dier) ‹hond› *Hündin* [v], ‹vos› *Füchsin* [v] • (vrouw) *Fotze* [v]
teek *Zecke* [v]
teelaarde *Ackerkrume* [v]
teelbal *Hoden* [m]
teelt *Zucht* [v], ‹het geteelde› *Kultur* [v], ‹het telen› *Anbau* [m] ⋆ gemengde ~ *Mischkultur* [v]
teen • (deel van voet) *Zehe* [v], *Zeh* [m] ⋆ iem. op de tenen trappen ‹ook fig.› *jmdm. auf die Zehen treten;* ‹fig.› *jmdm. auf den Schlips treten* ⋆ op zijn tenen lopen *auf Zehenspitzen gehen/schleichen;* ‹zijn best doen› *sein Möglichstes tun* ⋆ van top tot teen *von Kopf bis Fuß* ⋆ met een zucht vanuit haar/zijn tenen *mit einem tiefen Seufzer* • (twijg) *Weidenrute* [v], *Weidengerte* [v] • (deel van kous/schoen) *Spitze* [v] • (stukje knoflook) *Zehe* [v], *Knoblauchzehe* [v] ▾ gauw op zijn tenen getrapt zijn *überempfindlich sein* ▾ lange tenen hebben *schnell eingeschnappt sein* ▾ met gekromde tenen naar iets luisteren/kijken *sich den Ärger verbeißen beim Hören/Sehen einer Sache*
teenslipper ‹inf.› *(Bade)latschen* [m]
teer I [de] *Teer* [m] **II** [bnw] • (broos) *zerbrechlich, zart* • (gevoelig) *heikel* ⋆ een teer onderwerp *ein heikles Thema*
teerling *Würfel* [m] ▾ de ~ is geworpen *die Würfel sind gefallen*
teflon *Teflon* [o]
tegel ‹geglazuurd› *Kachel* [v], ‹voor muur of vloer› *Fliese* [v]
tegelijk • (op hetzelfde moment) *gleichzeitig, zugleich* • (samen met iets/iemand) *gleichzeitig, zugleich* • (tevens) *zugleich*
tegelijkertijd *gleichzeitig, zugleich*
tegelvloer *Fliesenboden* [m]
tegelzetter *Fliesenleger* [m]
tegemoet *entgegen* ⋆ iem. ~ komen *jmdm. entgegenkommen* ⋆ iets ~ zien *etw. entgegensehen*
tegemoetkoming • (bijdrage) *Beihilfe* [v], *Zuschuss* [m], *Unterstützung* [v] ⋆ ~ in de studiekosten *Ausbildungsbeihilfe* [v] • (concessie) *Entgegenkommen* [o]
tegen I [het] ⋆ voor en ~ *Für und Wider* **II** [bijw] • (anti) *dagegen* ⋆ ~ stemmen *dagegen stimmen* ⋆ zij is fel/mordicus ~ *sie ist absolut dagegen* • (niet mee) ⋆ wind ~ *Gegenwind* [m] ▾ daar moet je ~ kunnen *das musst du ertragen können* **III** [vz] *gegen* [4] ⋆ zij doet altijd erg aardig ~ mij *sie ist immer freundlich zu mir* ⋆ dat moet je niet ~ hem zeggen! *das solltest du ihm nicht sagen!* ⋆ ~ de wind (in) *gegen den Wind*
tegenaan *dagegen* ▾ er ~ gaan *sich ins Zeug legen*
tegenaanval *Gegenangriff* [m]
tegenactie *Gegenaktion* [v]
tegenbeeld • (tegenstelling) *Gegenteil* [o] • (tegenhanger) *Pendant* [o], *Gegenstück* [o]
tegenbericht *Abmeldung* [v] ⋆ zonder ~ *ohne weitere Nachrichten* ⋆ behoudens ~ *unter dem Vorbehalt, dass es keine Einwände gibt*
tegenbeweging *Gegenbewegung* [v]
tegenbezoek *Gegenbesuch* [m]
tegencultuur *Gegenkultur* [v]
tegendeel *Gegenteil* [o] ⋆ in ~ *im Gegenteil*
tegendraads • (in de contramine) *aufsässig, trotzig, störrisch, widerspenstig* • (tegen de draad lopend) *gegen den Strich laufend*
tegendruk • (afdruk) *Gegendruck* [m] • (weerstand) *Widerdruck* [m]
tegengaan *entgegentreten,* ‹actie ondernemen› *Maßnahmen ergreifen,* ‹halt toeroepen› *Einhalt gebieten* ⋆ iets beslist ~ *etw. energisch entgegentreten*
tegengas ▾ ~ geven *entgegenwirken; (gegen etw.) angehen*
tegengesteld *entgegengesetzt,* ‹tegenovergesteld› *gegensätzlich*
tegengestelde *Gegenteil* [o], *Entgegengesetzte(s)* [o]
tegengif *Gegengift* [o]
tegenhanger *Gegenteil* [o], *Gegenstück* [o]
tegenhebben *gegen sich haben* ⋆ ze heeft haar leeftijd tegen *ihr Alter spricht gegen sie*
tegenhouden • (beletten voort te gaan) *aufhalten, abhalten, zurückhalten* • (verhinderen) *verhindern, verhüten*
tegenin ⋆ ergens ~ gaan ‹zich verzetten› *gegen etw. angehen;* ‹protesteren› *gegen etw. protestieren*
tegenkandidaat *Gegenkandidat* [m]
tegenkomen • (aantreffen) *stoßen auf* [3] • (ontmoeten) *treffen, begegnen*
tegenlachen *zulächeln, zulachen, anlächeln, anlachen*
tegenlicht *Gegenlicht* [o]
tegenligger ‹auto› *entgegenkommende(s) Auto* [o], ‹schip› *entgegenkommende(s) Schiff* [o], ‹trein› *Gegenzug* [m] ⋆ ~s *Gegenverkehr* [m ev]
tegenlopen *schief gehen, quer gehen* ⋆ het loopt me tegen *ich habe Pech*
tegennatuurlijk *widernatürlich*
tegenop *hinauf*
tegenover I [bijw] *gegenüber* ⋆ daar staat ~, dat ... *dahingegen ist es so, dass ...* **II** [vz] *gegenüber* [3]
tegenovergesteld *entgegengesetzt* ⋆ precies het ~e beweren *genau das Gegenteil behaupten*
tegenoverstellen • (vergelijken) *entgegensetzen* • (compenseren) *gegenüberstellen*
tegenpartij *Gegenseite* [v], *Gegenpartei* [v]
tegenpool *Gegenpol* [m]
tegenprestatie *Gegenleistung* [v]
tegenslag *Missgeschick* [o], *Pech* [o] ⋆ met ~en te kampen hebben *eine Reihe von Misserfolgen haben*
tegenspartelen *sich sträuben, sich wehren* ⋆ ~ hielp niet *da half kein Sträuben*
tegenspel *Widerspiel* [o] ⋆ ~ leveren

≈ *Widerspruch erheben*
tegenspeler *Gegenspieler* [m]
tegenspoed *Unannehmlichkeiten* [mv], *Missgeschick* [o], *Widerwärtigkeit* [v] ⋆ geduld in ~ hebben *Missgeschick mit Geduld ertragen*
tegenspraak • (ontkenning) ⋆ geen ~ dulden *keine Widerrede/keinen Widerspruch dulden* • (tegenstrijdigheid) *Widerspruch* [m] ⋆ in ~ met *in Widerspruch zu*
tegenspreken • (betwisten) *widersprechen* ⋆ zonder ~ *ohne (ein Wort der) Widerrede* • (ontkennen) *bestreiten* ⋆ dat kan ik niet ~ *dem kann ich nicht widersprechen; das kann ich nicht bestreiten*
tegensputteren *murren, mucken* ⋆ zonder tegen te sputteren *ohne Murren*
tegenstaan *zuwider sein* ⋆ dat staat me tegen *das passt mir nicht;* ‹daar walg ik van› *das widert mich an*
tegenstand *Widerstand* [m] ⋆ ~ bieden *Widerstand leisten*
tegenstander *Gegner* [m]
tegenstelling *Gegensatz* [m] ⋆ in ~ tot *im Gegensatz zu*
tegenstribbelen *sich sträuben, (sich) widersetzen*
tegenstrijdig *widersprüchlich, sich widersprechend*
tegenstrijdigheid • (iets tegenstrijdigs) *Widerspruch* [m] • (het tegenstrijdig zijn) *Widersprüchlichkeit* [v]
tegenvallen *enttäuschen* ⋆ dat valt me tegen *das hätte ich nicht gedacht* ⋆ je valt me tegen *das hätte ich von dir nicht erwartet*
tegenvaller *Enttäuschung* [v], *Rückschlag* [m] ⋆ lelijke ~ *böse Überraschung* [v]
tegenvoeter *Antipode* [m]
tegenvoorbeeld *Gegenbeweis* [m]
tegenvoorstel *Gegenvorschlag* [m], ‹pol.› *Gegenantrag* [m]
tegenwaarde *Gegenwert* [m]
tegenweer *Gegenwehr* [v], *Widerstand* [m]
tegenwerken *Schwierigkeiten machen,* ‹stiekem› *hintertreiben* ⋆ iem. in zijn plannen ~ *jmds. Pläne durchkreuzen/hintertreiben* ⋆ iem. ~ *jmdm. Steine in den Weg legen*
tegenwerking *Widerstand* [m]
tegenwerpen *einwenden,* ‹antwoorden› *entgegnen*
tegenwerping *Einwand* [m] ⋆ ~en maken *Einwände erheben*
tegenwicht *Gegengewicht* [o]
tegenwind *Gegenwind* [m]
tegenwoordig I [bnw] • (huidig) *heutig, jetzig, gegenwärtig* ⋆ de ~e tijd *die Gegenwart;* ‹taalk.› *das Präsens* • (aanwezig) *anwesend, zugegen* **II** [bijw] *heute, heutzutage, gegenwärtig, zurzeit* ⋆ de jeugd van ~ *die Jugend von heute* ⋆ wat doe jij ~? *was machst du zurzeit?*
tegenwoordigheid *Anwesenheit* [v], *Gegenwart* [v] ⋆ zij zei het in ~ van de ouders *sie sagte es in Gegenwart/im Beisein der Eltern* ▾ ~ van geest *Geistesgegenwart* [v] ▾ met ~ van geest *geistesgegenwärtig*
tegenzet *Gegenzug* [m]
tegenzin *Abneigung* [v], ‹sterker› *Widerwille* [m] ⋆ met ~ *widerwillig* ⋆ met ~ toestemmen *widerstrebend zustimmen*
tegenzitten *ungünstig sein* ⋆ het zit hem altijd tegen *er hat nie Glück*
tegoed I [het] *Guthaben* [o] ⋆ geblokkeerd ~ *Sperrguthaben* **II** [bijw] ⋆ iem. heeft iets ~ *etw. steht jmdm. zu* ⋆ dat hebben we nog ~ *das steht uns noch bevor* ⋆ dat heb je nog van me ~ *das schulde ich dir noch*
tegoedbon *Gutschein* [m]
tehuis *Heim* [o] ⋆ ~ voor daklozen *Obdachlosenasyl* [o] ⋆ ~ voor moeilijk opvoedbare kinderen *Erziehungsheim*
teil ‹groot› *Wanne* [v], *Kübel* [m], ‹kleiner› *Schüssel* [v]
teint *Teint* [m]
teisteren *heimsuchen*
tekeergaan *rasen, toben, wüten* ⋆ hij ging tekeer als een gek *er tobte wie ein Wahnsinniger* ⋆ hij is gisteren flink tekeer gegaan *er ist gestern völlig ausgerastet*
teken • (aanduiding) *Signal* [o] • (kenmerk) *Kennzeichen* [o] • (voorteken) *(An)zeichen* [o] ⋆ ~en van vermoeidheid vertonen *Anzeichen von Müdigkeit zeigen* ⋆ dit jaar staat in het ~ van de vrede *dieses Jahr steht im Zeichen des Friedens* ⋆ een ~ van leven geven *ein Lebenszeichen von sich geben*
tekenaar *Zeichner* [m] ⋆ technisch ~ *technische(r) Zeichner*
tekendoos *Malkasten* [m]
tekenen • (afbeelden) *malen, zeichnen* ⋆ voor ~ een slecht cijfer hebben *im Zeichnen eine schlechte Note haben* • (ondertekenen) *unterschreiben, unterzeichnen* ⋆ voor ontvangst ~ *den Empfang bestätigen* • (kenschetsen) *zeichnen, schildern, darstellen, beschreiben* ⋆ dat is ~d voor haar *das ist charakteristisch für sie* • (merken) *zeichnen, kennzeichnen, markieren* ⋆ hij is een getekend man *er ist gebrandmarkt* ▾ haar vonnis is getekend *ihr Schicksal liegt fest*
tekenend *kennzeichnend, typisch*
tekenfilm *Zeichentrickfilm* [m]
tekening • (afbeelding) *Zeichnung* [v] • (ondertekening) *Unterschrift* [v] ⋆ iem. iets ter ~ geven *jmdm. etw. zur Unterschrift vorlegen* • (patroon) *Muster* [o], *Zeichnung* [v] • (beschrijving) *Zeichnung* [v], *Darstellung* [v], *Schilderung* [v]
tekenkunst *Zeichenkunst* [v]
tekenpapier *Zeichenpapier* [o]
tekentafel *Zeichentisch* [m]
tekort I [het] • (het ontbrekende) *Defizit* [o], ‹geld› *Fehlbetrag* [m], ‹goederen/personen› *Mangel* [m] ⋆ ~ op de begroting *Haushaltsdefizit* [o] ⋆ ~ op de balans *Unterbilanz* [v] • (karakterfout) *Mängel* [mv], *Charakterfehler* [m] **II** [bijw] ⋆ zichzelf ~ doen *die eigene Person vernachlässigen* ⋆ iem. ~ doen ‹verkeerd beoordelen› *jmdm. unrecht tun;* ‹benadelen› *jmdn. benachteiligen*
tekortkoming *Fehler* [m], *Makel* [m], ‹van voorwerpen› *Mängel* [mv]
tekst *Text* [m] ▾ iem. ~ en uitleg geven *sich gegenüber jmdm. verantworten*
tekstanalyse *Textanalyse* [v]
tekstballon *Sprechblase* [v]
teksthaak *eckige Klammer* [v]
tekstschrijver *Texter* [m], *Textdichter* [m]
tekstverklaring *Texterläuterung* [v]
tekstverwerker • (computer) *Textverarbeiter* [m] • (programma) *Textverarbeitungsprogramm* [o]
tel • (het tellen) ⋆ de tel kwijt zijn *sich verzählt haben* • (moment) *Sekunde* [v] ⋆ ik ben met drie tellen terug *ich bin im Nu zurück* • (aanzien) *Ansehen* [o], *Achtung* [v] ⋆ erg in tel zijn *großes Ansehen genießen* ▾ op zijn tellen passen *auf der Hut sein*
Tel Aviv *Tel Aviv* [o]

T

telebankieren *als Kunde Bankangelegenheiten per Computer regeln* [mv]
telecommunicatie *Fernmeldetechnik* [v], *Fernmeldewesen* [o]
telefoneren I [ov ww] • (mededelen) *telefonisch mitteilen/berichten* **II** [on ww] • (bellen) *anrufen, telefonieren*
telefonisch *per Telefon, telefonisch*
telefonist *Telefonist* [m]
telefoon • (toestel) *Telefon* [o] ⋆ de ~ gaat *das Telefon läutet/klingelt* ⋆ de ~ opnemen *ans Telefon gehen* ⋆ de hele dag aan de ~ hangen *den ganzen Tag an der Strippe hängen* • (gesprek) *Telefongespräch* [o], *Anruf* [m], ‹oproep› *Telefonat* [o] ⋆ er is ~ voor je *du wirst am Telefon verlangt*
telefoonboek *Telefonbuch* [o]
telefooncel *Telefonzelle* [v]
telefooncentrale *Telefonzentrale* [v], *Fernmeldeamt* [o]
telefoondistrict *Fernsprechbezirk* [m]
telefoongesprek *Telefongespräch* [o], *Telefonat* [o] ⋆ internationaal ~ *Auslandsgespräch* [o] ⋆ interlokaal ~ *Ortsgespräch* [o]; *Ferngespräch* [o]
telefoonklapper ≈ *Telefonverzeichnis* [o]
telefoonnet *Telefonnetz* [o]
telefoonnummer *Telefonnummer* [v] ⋆ ~ 307 *Ruf 307*
telefoontje *Anruf* [m]
telegraaf *Telegraf* [m]
telegraferen *telegrafieren*
telegrafie • (dienst voor het telegraferen) *Telegrafenwesen* [o] • (het telegraferen) *Telegrafie* [v]
telegrafisch *telegrafisch* ⋆ ~ antwoord *telegrafische Rückantwort* [v]
telegram *Telegramm* [o] ⋆ een ~ aanbieden *ein Telegramm aufgeben* ⋆ een draadloos ~ sturen *ein Funktelegramm schicken* [o]
telegramstijl *Telegrammstil* [m]
telelens *Teleobjektiv* [o]
telen *ziehen, anbauen, züchten*
telepathie *Telepathie* [v]
telescoop *Teleskop* [o]
teletekst *Videotext* [m]
teleurstellen *enttäuschen*
teleurstellend *enttäuschend*
teleurstelling *Enttäuschung* [v]
televisie • (toestel) *Fernsehgerät* [o], *Fernseher* [m] ⋆ de ~ aanzetten *den Fernseher einschalten* ⋆ op de ~ *im Fernsehen* ⋆ naar de ~ kijken *fernsehen* • (uitzending) *Fernsehen* [o] ⋆ werken voor de ~ *beim Fernsehen arbeiten* ⋆ op de ~ uitzenden *im Fernsehen übertragen* ⋆ commerciële ~ *Privatsender* [m]
televisieomroep *Fernsehanstalt* [v]
televisieprogramma *Fernsehprogramm* [o]
televisieserie *Fernsehserie* [v]
televisiespel *Quizsendung* [v], *Fernsehquiz* [o]
televisiestation *Fernsehsender* [m]
televisietoestel *Fernsehgerät* [o], *Fernsehapparat* [m], *Fernseher* [m]
televisie-uitzending *Fernsehsendung* [v], *Fernsehübertragung* [v]
telex • (toestel) *Telex* [o], *Fernschreiber* [m] • (bericht) *Telex* [o], *Fernschreiben* [o] • (dienst) *Telex* [o] ⋆ per ~ *fernschriftlich*
telg *Spross* [m]
telkens • (iedere keer) *jedes Mal* • (alsmaar) *andauernd, ständig*
tellen I [ov ww] • (aantal bepalen) *(ab)zählen* • (aantal hebben) *haben, zählen* **II** [on ww] • (getallen noemen) *zählen* • (meetellen) *zählen* • (van belang zijn) *mitzählen*
teller *Zähler* [m]
telling *(Aus)zählung* [v]
telraam *Rechenbrett* [o]
telwoord *Zahlwort* [o]
temeer *umso mehr, zumal*
temen • (lijzig spreken) *schleppend sprechen* • (talmen) *zögern, zaudern*
temmen • (mak maken) *zähmen* • (africhten) *bändigen*
tempel *Tempel* [m]
temperament *Temperament* [o] ⋆ met veel ~ *temperamentvoll*
temperaturen *Fieber messen*
temperatuur • (warmtegraad) *Temperatur* [v] ⋆ ~ opnemen *Fieber messen* ⋆ de gemiddelde ~ *die Durchschnittstemperatur* • (muz.) *Temperatur* [v], *Temperierung* [v] ⋆ van gelijkzwevende ~ *wohl temperiert*
temperen *mäßigen, dämpfen, mildern*
tempo *Tempo* [o]
ten ⋆ ten gevolge van *infolge* [2] ⋆ ten einde gaan *zu Ende gehen* ⋆ ten onder gaan *untergehen* ⋆ ten dienste van *im Dienste von* ⋆ ten uitvoer brengen *ausführen* ⋆ ten voordele/gunste van *zugunsten/zu Gunsten* [2] ⋆ ten eeuwigen dage *auf ewig* ⋆ heden ten dage *heutzutage* ⋆ ten aanzien van *in Hinsicht auf* [4] ⋆ ten hoogste *höchstens* ⋆ ten koste van *auf Kosten* [2] ⋆ ten eerste/tweede etc. *erstens/zweitens etc.*
tendens *Tendenz* [v]
tendentieus *tendenziös*
teneinde *um ... zu, damit*
teneur *Tenor* [m]
tengel *Pfote* [v] ⋆ blijf daar met je ~s af *nimm deine Pfoten/Klauen da weg*
tenger ‹smal/mager› *schmächtig*, ‹teer› *zart*, ‹zwak› *schwächlich*
tengevolge ⋆ ~ van *infolge* [2] ⋆ ~ daarvan *infolgedessen*
tenietdoen *zunichte machen*, ‹annuleren› *rückgängig machen*
tenlastelegging *Anklage* [v]
tenminste *wenigstens, zumindest* ⋆ dat is ~ iets *das ist immerhin etw.*
tennis *Tennis* [o]
tennisarm *Tennisarm* [m]
tennisbaan *Tennisplatz* [m] ⋆ overdekte ~ *Tennishalle* [v]
tennissen *Tennis spielen*
tennisser *Tennisspieler* [m]
tenor *Tenor* [m]
tenslotte • (uiteindelijk) *zuletzt, schließlich* • (welbeschouwd) *schließlich, immerhin*
tent • (openbare gelegenheid) *Lokal* [o], *Kneipe* [v], *Bude* [v] • (onderdak van doek) *Zelt* [o], *Plane* [v] ▾ iem. uit zijn tent lokken *jmdn. aus der Reserve locken* ▾ de tent sluiten *die Bude/die Kneipe/das Lokal schließen* ▾ de tent afbreken *die Bude auf den Kopf stellen* ▾ een gezellige tent *eine gemütliche Kneipe* ▾ ergens zijn tenten opslaan *seine Zelte irgendwo aufschlagen*
tentakel *Tentakel* [m/o]
tentamen *Zwischenprüfung* [v], ‹med.› *Tentamen* [o]
tentamineren *prüfen, Examen abnehmen*
tentdoek *Zeltleinwand* [v]
tentenkamp *Zeltlager* [o]
tentharing *Hering* [m]
tentoonspreiden *entfalten, zur Schau tragen*
tentoonstellen *ausstellen*
tentoonstelling *Ausstellung* [v] ⋆ naar een ~

gaan in *eine Ausstellung gehen* ⋆ reizende ~ *Wanderausstellung* [v]
tentstok *Zeltstange* [v]
tentzeil *Zeltbahn* [v], *Zeltplane* [v]
tenue *Anzug* [m], ‹militair› *Uniform* [v]
tenuitvoerlegging *Vollzug* [m]
tenzij *es sei denn, außer*
tepel *Brustwarze* [v], ‹zoogdier› *Zitze* [v]
ter *zur, zum* ⋆ ter plaatse *an Ort und Stelle* ⋆ ter attentie van de heer/mevrouw Müller *zu Händen Herrn/Frau Müller* ⋆ ter hoogte van Stuttgart *auf der Höhe von Stuttgart* ⋆ ter waarde van *im Wert von*
teraardebestelling *Bestattung* [v], *Beisetzung* [v]
terdege *tüchtig*
terecht I [bnw] *richtig, berechtigt* ⋆ ~e kritiek *berechtigte Kritik* [v] **II** [bijw] • (teruggevonden) *wieder gefunden* • (met recht) *mit Recht, aus gutem Grund* • (op de juiste plaats) *richtig, am rechten Ort*
terechtbrengen *fertig bringen*
terechtkomen • (belanden) *ankommen, landen* ⋆ lelijk ~ *(sehr) unglücklich fallen* ⋆ ik ben in Berlijn terechtgekomen *es hat mich nach Berlin verschlagen* • (in orde komen) *in Ordnung kommen* ⋆ daar komt niets van terecht *daraus wird nichts* ⋆ wat moet er van haar ~? *was soll aus ihr werden?* ⋆ alles komt op zijn pootjes terecht *es wird sich alles finden/geben* ⋆ toch nog goed ~ *doch noch seinen Weg gemacht haben* • (teruggevonden worden) *sich finden, wieder auftauchen, wieder gefunden werden*
terechtstaan *vor Gericht stehen, sich vor Gericht zu verantworten haben*
terechtstellen *hinrichten*
terechtstelling *Hinrichtung* [v]
terechtwijzen *zurechtweisen, tadeln*
terechtwijzing • (vermaning) *Zurechtweisung* [v] • (corrigerende aanmerking) *Verweis* [m], *Tadel* [m]
teren I [ov ww] • (met teer insmeren) *teeren* **II** [on ww] • (~ **op**) *zehren von*
tergen *reizen, quälen, herausfordern* ⋆ ~d langzaam *quälend langsam*
tering ≈ *Lebenshaltungskosten* [mv] ▾ de ~ naar de nering zetten *sich nach der Decke strecken* ▾ krijg de ~! *du kannst mich mal!*
terloops I [bnw] *beiläufig* **II** [bijw] *nebenbei* ⋆ iem. ~ groeten *jmdn. im Vorbeigehen grüßen*
term • (begrip, woord) *Terminus* [m], *Bezeichnung* [v] ⋆ iets in bedekte termen te verstaan geven *etw. mit verblümten Worten zu verstehen geben* • (reden) *Grund* [m] • (wisk.) *Term* [m] ▾ niet in de termen vallen *nicht in Betracht kommen*
termiet *Termite* [v]
termijn • (periode) *Frist* [v] ⋆ op lange ~ *langfristig*; ‹op den duur› *auf die Dauer* ⋆ de ~ in acht nemen *die Frist einhalten* ⋆ voor onbepaalde ~ *unbefristet* ⋆ ~ van één jaar *Jahresfrist* [v] ⋆ ~ van betaling *Zahlungsfrist* [v] • (tijdslimiet) *Termin* [m] • (deel van schuld) *Rate* [v]
termijnbetaling *Ratenzahlung* [v]
termijnhandel *Terminhandel* [m]
terminaal *terminal, End-* ⋆ terminale fase *Endphase* [v]
terminal • (computer) *Terminal* [o] • (aankomst-, vertrekpunt) *Terminal* [o], ‹vliegveld› *Abflughalle* [v]
terminologie *Terminologie* [v]
ternauwernood *kaum, mit knapper Not*
terneergeslagen *deprimiert, niedergeschlagen*
terpentine *Terpentin* [o]
terracotta I [het] *Terrakotta* [v] **II** [bnw] • (kleur) *terrakottafarben* • (materiaal) *aus Terrakotta*
terrarium *Terrarium* [o]
terras *Terrasse* [v]
terrein • (grond) *Gelände* [o], ‹jachtterrein› *Jagdrevier* [o] ⋆ eigen ~ *Privatgelände* [o] ⋆ het ~ verkennen *das Gelände erkunden* ⋆ op eigen ~ spelen *auf dem eigenen Platz spielen* • (gebied, sfeer) *Gebiet* [o], *Revier* [o], *Bereich* [m] ⋆ dat valt buiten mijn ~ *das fällt nicht in meinen Bereich* ⋆ zijn ~ afbakenen *sein Revier abgrenzen* ⋆ op gevaarlijk ~ komen *aufs Glatteis geraten* ▾ dat is verboden ~ *das ist tabu* ▾ ~ winnen/verliezen *an Boden gewinnen/verlieren*
terreur *Terror* [m]
terriër *Terrier* [m] ▾ zich erin vastbijten als een ~ *sich an etw. festbeißen*
territoriaal *Territorial-, territorial* ⋆ territoriale wateren *Hoheitsgewässer* [mv]; *Territorialgewässer* [mv]
territorium *Territorium* [o], *Hoheitsgebiet* [o], ‹bio.› *Revier* [o]
terroriseren *terrorisieren*
terrorisme *Terrorismus* [m]
terrorist *Terrorist* [m]
tersluiks *heimlich, verstohlen*
terstond *gleich*
terts *Terz* [v]
terug • (naar vorige plaats) *zurück* ⋆ ~ naar af gaan *wieder von vorn anfangen (müssen)* • (achteruit) *zurück* ⋆ je kunt nu niet meer ~ *es gibt für dich kein Zurück mehr* • (weer) *zurück, wieder* ⋆ hoe laat ben je ~? *wann bist du wieder da?* ⋆ ik wil het ~ hebben *ich möchte es wiederhaben* ⋆ ~ van weg geweest *wieder da* ⋆ ~ van vakantie zijn *aus dem Urlaub zurück sein* • (geleden) *vor* ⋆ enige jaren ~ *vor einigen Jahren* ▾ ergens niet van ~ hebben *nicht wissen, was man sagen soll*
terugbetalen *zurückzahlen*, ‹het te veel betaalde› *(zurück)erstatten* ▾ iem. iets met gelijke munt ~ *jmdm. etw. mit gleicher Münze heimzahlen*
terugblik *Rückblick* [m], ‹film› *Rückblende* [v]
terugblikken *zurückblicken*
terugbrengen • (weer op zijn plaats brengen) *zurückbringen*, ‹personen› *zurückbegleiten* • (reduceren) *reduzieren* ⋆ iets tot op de helft ~ *etw. auf die Hälfte reduzieren* • (~ **tot**) *zurückführen auf*
terugdeinzen *zurückschrecken* ⋆ voor niets ~ *vor nichts Halt machen/zurückschrecken*
terugdraaien • (achteruitdraaien) *zurückdrehen* • (ongedaan maken) *rückgängig machen*
terugdringen *zurückdrängen*
terugfluiten *zurückpfeifen*, ‹sport› *abpfeifen*
teruggaan • (terugkeren) *zurückkehren* • (zijn oorsprong vinden) *zurückgehen*
teruggang *Rückgang* [m]
teruggave *Rückgabe* [v], ‹van belasting› *Rückerstattung* [v]
teruggetrokken *zurückgezogen* ⋆ zeer ~ leven *sehr zurückgezogen leben*
teruggeven *zurückgeben, wiedergeben*, ‹het teveel terugbetalen› *(zurück)erstatten* ⋆ kunt u van f 100 ~? *können Sie auf 100 Gulden herausgeben?*
teruggooien *zurückwerfen*
terughalen *zurückholen*
terughoudend *zurückhaltend, reserviert*
terugkeer *Rückkehr* [v], ‹naar huis› *Heimkehr* [v]
terugkeren • (teruggaan) *zurückkehren* • (zich weer voordoen) *wiederkehren* ⋆ halverwege ~ *auf*

T

T

halbem Wege umkehren
terugkomen • (terugkeren) *zurückkommen, wiederkommen* • (~ **op**) ⋆ ~ op een onderwerp *auf ein Thema zurückkommen* ⋆ ~ op een besluit *einen Entschluss widerrufen* • (~ **van**) ⋆ van een idee ~ *es sich anders überlegen*
terugkomst Rückkehr [v]
terugkrabbelen *sich zurückziehen,* ‹inf.› *einen Rückzieher machen*
terugkrijgen *zurückbekommen, wiederbekommen*
terugleggen *zurücklegen, zurückgeben*
teruglopen *zurückgehen*
terugnemen • (weer nemen) *zurücknehmen* • (intrekken) *widerrufen*
terugreis Rückreise [v], ‹met vliegtuig› Rückflug [m], ‹met voertuig› Rückfahrt [v], ‹naar huis› Heimreise [v] ⋆ de ~ aanvaarden *die Rückreise antreten*
terugroepen *zurückrufen,* ‹ambassadeur› *abberufen,* ‹op het toneel› *hervorrufen*
terugschrikken *zurückschrecken* ⋆ voor niets ~ *sich vor nichts scheuen*
terugschroeven • (reduceren) *zurückschrauben, reduzieren* • (ongedaan maken) *rückgängig machen*
terugslaan I [ov ww] • (naar zender slaan) *zurückschlagen* • (omslaan) *abschlagen* • (slaag beantwoorden) *zurückschlagen, zurückhauen* **II** [on ww] • (~ **op**) *sich beziehen auf* [4]
terugslag Rückschlag [m]
terugspelen • (retourneren) *zurückgeben* ⋆ zij speelde de vraag terug *sie gab die Frage zurück* • (sport) *zurückspielen*
terugtocht • (aftocht) Rückzug [m] • (reis terug) Rückreise [v], ‹met voertuig› Rückfahrt [v]
terugtraprem Rücktrittbremse [v]
terugtreden *zurücktreten*
terugtrekken I [ov ww] • (achteruit doen gaan) *zurückziehen, einziehen* • (intrekken) *zurückziehen, einziehen, zurücknehmen* ⋆ een belofte ~ *ein Versprechen einziehen* • (opnieuw trekken naar) *zurückgehen* **II** [on ww] • (achteruitgaan) *zurückgehen* **III** [wkd ww] • (zich afzonderen) *sich zurückziehen* • (zijn positie opgeven) *(sich) zurückziehen* ⋆ zich bij een sollicitatie ~ *seine Bewerbung zurückziehen* ⋆ zich uit zijn ambt ~ *von seinem Amt zurücktreten*
terugval Rückfall [m]
terugvallen • (minder presteren) *zurückfallen* • (~ **op**) *zurückgreifen auf* [4]
terugverdienen *wieder hereinholen*
terugverlangen I [ov ww] • (terugvragen) *zurückverlangen, zurückfordern* **II** [on ww] • (verlangen) *sich zurücksehnen*
terugvinden • (vinden) *zurückfinden, wieder finden* • (tegenkomen) *(wieder) vorfinden*
terugvoeren • (terugleiden) ⋆ ~ tot *zurückführen auf* [4] • (als oorzaak aanwijzen) *zurückführen*
terugvorderen *zurückfordern*
terugweg Rückweg [m], ‹met voertuig› Rückfahrt [m], ‹naar huis› Heimweg [m]
terugwerkend *rückwirkend* ⋆ met ~e kracht mit *rückwirkender Kraft*
terugwinnen *zurückgewinnen, wiedergewinnen*
terugzakken *zurückfallen*
terugzien I [ov ww] • (weerzien) *wieder sehen* **II** [on ww] • (terugblikken) *zurückblicken* ⋆ op een rijk leven ~ *auf ein reiches Leben zurückblicken* ⋆ met gepaste trots op iets ~ *auf etw. zurückblicken können*
terwijl *während*
terzijde I [het] Randbemerkung [v] **II** [bijw] • (opzij) *beiseite* ⋆ geld ~ leggen *etw. auf die hohe Kante/auf die Seite legen* ⋆ iets ~ laten *etw. außer Betracht lassen* ⋆ dit ~ *dies nebenbei bemerkt* ⋆ iets ~ leggen *etw. beiseite legen* • (terloops) *beiseite* ⋆ van ~ *von der Seite*
test Test [m], Prüfung [v] ⋆ iem./iets aan tests onderwerpen *jmdn./etw. Tests unterziehen*
testament Testament [o] ⋆ het politiek ~ van Truman *das politische Testament/Vermächtnis Trumans* ⋆ iets bij ~ bepalen *etw. testamentarisch verfügen* ⋆ iem. in zijn ~ zetten *jmdn. in seinem Testament bedenken*
testamentair *testamentarisch* ⋆ ~e beschikking *testamentarische/letztwillige Verfügung* [v]
testbaan Teststrecke [v]
testbeeld Testbild [o]
testen *testen, erproben, prüfen* ⋆ iem. op suikerziekte ~ *jmdn. auf Zucker untersuchen*
testikel Testikel [m]
testimonium • (getuigschrift) Testat [o], Zeugnis [o] • (bewijs) Beweis [m]
testosteron Testosteron [o]
testvlucht Testflug [m]
tetanus Tetanus [m]
tetteren • (toeteren) *schmettern, trompeten* • (kwebbelen) *schnattern* • (zuipen) *bechern, zechen*
teug Zug [m], ‹slok› Schluck [m] ⋆ het glas in één teug leegdrinken *das Glas auf einen/in einem Zug leeren* ⋆ de lucht met volle teugen inademen *die Luft in vollen/tiefen Zügen einziehen* ⋆ met volle teugen van iets genieten *etw. in vollen Zügen genießen*
teugel Zügel [m] ⋆ de ~s in handen hebben ‹ook fig.› *die Zügel fest in der Hand haben* ⋆ de ~s loslaten ‹ook fig.› *die Zügel lockern* ▾ iem. de ~s uit handen nemen *jmdm. das Heft aus der Hand nehmen* ▾ iem. de vrije ~ laten *jmdm. freie Hand lassen*
teut I [de] Trödelfritze [m] [v: Trödelliese], Trödler [m] **II** [bnw] *besoffen, benebelt, blau*
teuten • (treuzelen) *trödeln* • (zeuren) *labern, schwatzen*
teveel Zuviel [o], Übermaß [o], ‹overschot› Überschuss [m]
tevens • (ook) *zugleich* ⋆ zij is zangeres en ~ componiste *sie ist Sängerin und Komponistin zugleich* • (tegelijkertijd) *gleichzeitig*
tevergeefs I [bnw] *vergeblich, erfolglos* **II** [bijw] *vergeblich, vergebens, umsonst* **III** [tw] *umsonst*
te voorschijn *hervor-, heraus-, zum Vorschein*
tevoren *zuvor, vorher* ⋆ daags ~ *tags zuvor*
tevreden *zufrieden* ⋆ ~ over *zufrieden mit* [3]
tevredenheid Zufriedenheit [v]
tevredenstellen *zufrieden stellen*
tewaterlating Stapellauf [m]
teweegbrengen *verursachen, auslösen, bewirken*
textiel • (stof) Textilien [mv] • (textielwaren) Textilwaren [mv] • (industrie) Textilindustrie [v], Textilhandel [m]
textuur Textur [v], Faserung [v]
tezamen *zusammen*
Thailand Thailand [o]
thans • (tegenwoordig) *heutzutage, heute* • (nu) *nun, jetzt*
theater Theater [o]
theatraal *theatralisch*
thee Tee [m] ⋆ thee zetten *Tee aufbrühen/kochen* ⋆ sterke/slappe thee *starke(r)/dünne(r) Tee* ⋆ op de thee vragen *zum Tee einladen*
theeblad • (theeblaadje) Teeblatt [o] • (dienblad)

Tablett [o]
theedoek *Geschirrtuch* [o]
thee-ei *Teeei/Tee-ei* [o]
theelepeltje *Teelöffel* [m]
theelichtje *Teelicht* [o]
theemuts *Teewärmer* [m]
theepauze *Teepause* [v]
theepot *Teekanne* [v]
theeservies *Teeservice* [o]
theewater *Teewasser* [o] ▾ boven zijn ~ zijn *einen im Tee haben*
theezakje *Teebeutel* [m]
theezeefje *Teesieb* [o]
thema • (oefening) *Übersetzungsaufgabe* [v] • (onderwerp) *Thema* [o]
themanummer *Sonderheft* [o]
thematiek *Thematik* [v]
thematisch *thematisch*
theologie *Theologie* [v]
theologisch *theologisch*
theoloog • (godsgeleerde) *Theologe* [m] • (theologiestudent) *Theologiestudent* [m]
theoreticus *Theoretiker* [m]
theoretisch *theoretisch*
theorie *Theorie* [v]
theorie-examen *Theorieprüfung* [v]
theorievorming *Theoriebildung* [v]
theosofie *Theosophie* [v]
therapeut *Therapeut* [m]
therapie *Therapie* [v]
thermiek *Thermik* [v]
thermodynamica *Thermodynamik* [v]
thermohardend *durch Hitze erhärtend*
thermometer *Thermometer* [o]
thermosfles *Thermosflasche* [v]
thermostaat *Thermostat* [m]
thesaurus *Thesaurus* [m]
these *These* [v]
thesis → **these**
thriller *Thriller* [m]
thuis I [het] *Zuhause* [o] **II** [bijw] • (in huis) *zu Hause* ⋆ ben jij de leukste ~? *bist du immer so witzig?* ⋆ ~ bezorgen *ins Haus liefern* ⋆ zich ergens ~ voelen *sich irgendwo zu Hause fühlen* ⋆ niet ~ geven *niemand empfangen*; ‹niet reageren› *sich taub stellen* • (op de hoogte) ⋆ goed ~ zijn in iets *sich mit etw. auskennen* ⋆ altijd voor iem. ~ zijn ‹ook fig.› *für jmdn. immer zu Hause sein* • (naar huis) ⋆ wanneer kom je ~ *wann kommst du nach Hause?* ▾ handen ~! *Hände weg!*
thuisbankieren ≈ *Bankgeschäfte zu Hause über Btx vornehmen*
thuisbasis *Zuhause* [o]
thuisbrengen • (naar huis brengen) *nach Hause bringen/begleiten* • (plaatsen) *unterbringen*
thuisclub *Heimmannschaft* [v]
thuisfront • (organisatie ten behoeve van dienstplichtigen) ≈ *Hilfsorganisation für Wehrpflichtigen* [v] • (familie) ↑ *Familie* [v] ⋆ en, hoe is het aan het ~? *na, wie geht's Kind und Kegel?* • (thuisblijvers) *die Zuhausegebliebenen* [mv]
thuishaven *Heimathafen* [m], ‹bij binnenschepen› *Heimatort* [m]
thuishoren • (zijn plaats hebben) *hingehören* • (wonen) *kommen, sein* ⋆ zij hoort in Leiden thuis *sie kommt/ist aus Leiden*
thuiskomen *nach Hause kommen, heimkommen*
thuiskomst *Ankunft zu Hause* [v], *Eintreffen zu Hause* [o], ‹na langere afwezigheid› *Heimkehr* [v]
thuisland *Homeland* [o]
thuisloos *obdachlos*
thuismarkt *Inlandsmarkt* [m], *einheimische(r) Markt* [m]
thuisreis *Heimreise* [v]
thuiswedstrijd *Heimspiel* [o]
thuiswerker *Heimarbeiter* [m]
ti *Si* [o]
tiara *Tiara* [v] [mv: *Tiaren*]
tic • (zenuwtrek) *Muskelzuckung* [v], *Tic* [m] • (drank) *Schuss* [m] • (aanwensel) *Tick* [m], *Macke* [v]
ticket *Ticket* [o], *Fahrschein* [m], ‹voor vliegreis› *Flugschein* [m]
tien I [de] *Zehn* [v], ≈ ‹schoolcijfer› *Eins* [v] **II** [telw] *zehn* ⋆ met z'n tienen *zu zehnt* ▾ hij ziet eruit alsof hij niet tot tien kan tellen *er sieht aus, als ob er nicht bis drei zählen könnte* → **acht**
tiende I [bnw] *zehntel* **II** [telw] *zehnt* → **achtste**
tiener *Teenager* [m], *Teen* [m], ‹jongere tiener› *Teeny* [m]
tienkamp *Zehnkampf* [m]
tiental *Zehner* [m] ⋆ een ~ boeken *(etwa) zehn Bücher* ⋆ ~len boeken *Dutzende/dutzende von Büchern*
tientje *zehn Gulden* [mv], ‹bankbiljet› *Zehnguldenschein* [m], ‹muntstuk› *Zehnguldenstück* [o]
tierelantijn *Firlefanz* [m]
tieren • (gedijen) *üppig wachsen, wuchern, gedeihen* ⋆ welig ~ *üppig wachsen; wuchern; gedeihen* • (tekeergaan) *toben, lärmen*
tierig • (goed gedijend) *üppig* • (opgewekt) *lebhaft, munter*
tiet *Brust* [v], ‹vulg.› *Zitze* [v], *Titte* [v]
tij *Gezeiten* [mv], ‹vloed› *Flut* [v] ⋆ laag tij *Niedrigwasser* [o] ⋆ hoog tij *Hochwasser* [o] ⋆ het tij keert ‹eb worden› *die Flut kentert*; ‹fig.› *das Blatt hat sich gewendet*
tijd *Zeit* [v], ‹taalk.› *Tempus* [o] [mv: *Tempora*] ⋆ de tijd zal het leren *die Zukunft wird es lehren* ⋆ een kwestie van tijd *eine Frage der Zeit* ⋆ bij tijd en wijle *bisweilen* ⋆ plaatselijke tijd *Ortszeit* [v] ⋆ te allen tijde *jederzeit* ⋆ te zijner tijd *zu gegebener Zeit* ⋆ van tijd tot tijd *von Zeit zu Zeit* ⋆ het is mijn tijd *es ist Zeit für mich* ⋆ het wordt tijd om te gaan *es ist an der Zeit zu gehen* ⋆ bij de tijd zijn *nicht von gestern sein* ⋆ zij is over tijd *ihre Tage bleiben aus* ⋆ voor korte tijd *für kurze Zeit* ⋆ een tijdje *eine Zeit lang* ⋆ de hele tijd *die ganze Zeit* ⋆ een hele tijd geleden *vor langer Zeit* ⋆ voor geruime tijd *für längere Zeit* ⋆ alles op zijn tijd *alles zu seiner Zeit* ⋆ iem. een tijd niet gezien hebben *jmdn. eine Zeit lang nicht gesehen haben* ⋆ sedert onheuglijke tijden *seit undenklichen Zeiten* ⋆ iets in tijden niet gedaan hebben *etw. seit ewigen Zeiten nicht gemacht haben* ⋆ de tijd doden *die Zeit totschlagen* ⋆ waar blijft de tijd! *wie die Zeit verfliegt!* ⋆ na verloop van tijd *nach einiger Zeit* ⋆ op tijd *rechtzeitig* ⋆ iem. de tijd geven *jmdm. Zeit lassen* ⋆ je hebt nog tijd *dir bleibt noch Zeit* ⋆ een goede tijd maken *eine gute Zeit laufen/fahren* ⋆ de tijden zijn veranderd *die Zeiten haben sich geändert* ⋆ in de loop der tijd *im Laufe der Zeit* ⋆ in die tijd iets doen *in der Zwischenzeit etw. machen* ⋆ op tijd lopen *beim Laufen die Zeit stoppen* ⋆ in haar vrije tijd *in ihrer Freizeit* ⋆ zijn tijd uitzitten *seine Zeit absitzen* ⋆ er was een tijd dat ... *es gab Zeiten, dass ...* ⋆ niet meer van deze tijd *überholt* ⋆ ten tijde van Caesar *zu Cäsars Zeiten* ⋆ met zijn tijd meegaan *modern sein* ⋆ bij tijden *zeitweilig* ⋆ veel tijd kosten *zeitaufwendig sein* ⋆ de tijd voor iets

nemen *sich Zeit für etw. nehmen/lassen* ⋆ dat heeft nog tijd *das hat keine Eile* ⋆ iem. geen tijd laten *jmdm. keine Zeit lassen* ⋆ tijd winnen *Zeit gewinnen* ⋆ dat heeft tijd tot morgen *das kann bis morgen warten* ⋆ onvoltooide tijd *Imperfekt* [o] ⋆ verleden tijd *Präteritum* [o]; *Vergangenheit* [v] ⋆ voltooide tijd *Perfekt* [o] ⋆ tegenwoordig tijd *Präsens* [o]; *Gegenwart* [v] ⋆ toekomende tijd *Futur* [o]; *Zukunft* [v] ▾ het zal mijn tijd wel duren *das wird meine Zeit wohl überdauern* ▾ de tijd zal het leren *die Zeit wird es zeigen* ▾ het is hoog tijd *es ist höchste Zeit*

T

tijdbom *Zeitbombe* [v]
tijdelijk I [bnw] • (voorlopig) *zeitlich begrenzt, befristet, zeitweilig* ⋆ een ~e oplossing *eine provisorische Lösung* ⋆ ~ werk *Zeitarbeit* [v] ⋆ ~ contract *Vertrag auf Zeit* [m] • (vergankelijk) *zeitlich, irdisch, vergänglich* ⋆ ~e goederen *irdische(n) Güter* ⋆ het ~e voor het eeuwige verwisselen *dahinscheiden;* ↓ *sterben* • (temporeel) *zeitlich,* ‹taalk.› *temporal* **II** [bijw] *auf Zeit, vorübergehend,* ‹voorlopig› *einstweilen*
tijdens *während* [2]
tijdgebonden *zeitgebunden, zeitbedingt*
tijdgebrek *Zeitmangel* [m]
tijdgeest *Zeitgeist* [m]
tijdgenoot *Zeitgenosse* [m]
tijdig *rechtzeitig*
tijding *Nachricht* [v], *Botschaft* [v], *Kunde* [v]
tijdloos *zeitlos*
tijdmechanisme *Zeitzünder* [m]
tijdmelding *Zeitansage* [v]
tijdnood *Zeitnot* [v], *Zeitmangel* [m] ⋆ in ~ komen *in Zeitnot geraten* ⋆ uit ~ *aus/wegen Zeitmangel*
tijdperk *Ära* [v], *Zeitalter* [o], *Epoche* [v] ⋆ in het ~ van de ruimtevaart *im Zeitalter der Raumfahrt*
tijdrekening *Kalender* [m], *Zeitrechnung* [v]
tijdrit *Zeitfahren* [o]
tijdrovend *zeitraubend*
tijdsbestek *Zeitspanne* [v], *Zeitraum* [m]
tijdschakelaar *Zeitschalter* [m]
tijdschema *Terminplan* [m], *Zeitplan* [m]
tijdschrift *Zeitschrift* [v]
tijdsduur *(Zeit)dauer* [v]
tijdsein *Zeitzeichen* [o]
tijdslot *Zeitschloss* [o]
tijdstip *Zeitpunkt* [m], *Augenblick* [m]
tijdvak *Epoche* [v], *Periode* [v]
tijdverdrijf *Zeitvertreib* [m]
tijdverspilling *Zeitverschwendung* [v], *Zeitvergeudung* [v]
tijdwinst *Zeitersparnis* [v], *Zeitgewinn* [m]
tijger *Tiger* [m]
tijgeren *kriechen*
tijgervel *Tigerfell* [o]
tijm *Thymian* [m]
tik I [de] • (lichte klap) *Klaps* [m] • (stip) *Punkt* [m] **II** [tw] *tick*
tikfout *Tippfehler* [m]
tikje • (klopje) *leichte(r) Schlag* [m] • (beetje) *Spur* [v] ⋆ een ~ te zoet *eine Spur zu süß; ein bisschen zu süß*
tikkeltje *Spur* [v], *Kleinigkeit* [v], *Hauch* [m]
tikken I [ov ww] • (kloppen) *(leise) klopfen* ⋆ op het raam ~ *ans Fenster klopfen* ⋆ de maat ~ *den Takt klopfen* • (aantikken) *tippen* ⋆ aan de rand van zijn hoed ~ *(grüßend) an den Hut tippen* ⋆ iem. op zijn schouder ~ *jmdn. auf die Schulter tippen* • (typen) *tippen* ▾ ben je van Lotje getikt? *bei dir tickt's wohl?* **II** [on ww] • (geluid geven) *ticken* ⋆ de klok tikt *die Uhr tickt*
til • (het tillen) *Heben* [o] • (duiventil) *(Tauben)schlag* [m] ▾ er zijn ingrijpende gebeurtenissen op til *umwälzende Ereignisse stehen vor der Tür* ▾ op til sein *im Anzug sein*
tilde *Tilde* [v]
tillen • (omhoog heffen) *hochheben, (auf)heben* • (afzetten) *übervorteilen* ▾ ergens niet zo zwaar aan ~ *etw. nicht so schwer nehmen*
tilt ▾ op tilt slaan *ausflippen*
timbre *Timbre* [o]
timen *timen*
timide *schüchtern, ängstlich*
timing *Timing* [o]
timmeren *tischlern, schreinern*
timmerhout *Nutzholz* [o], *Bauholz* [o]
timmerman *Zimmermann* [m]
tin *Zinn* [o]
tinctuur *Tinktur* [v]
tingelen *bimmeln, klingeln*
tint • (kleur) *Farbton* [m], *Tönung* [v], ‹van gezicht› *Teint* [m] ⋆ fletse tint *blasse Farbe* ⋆ in grijze tinten *in Grautönen* • (nuancering) *Anstrich* [m], *Note* [v] ⋆ persoonlijk tintje *persönliche Note* ⋆ met een liberaal tintje *liberal angehaucht*
tintelen • (twinkelen) *funkeln* ⋆ ~de wijn *prickelnde(r) Wein* [m] • (prikkelen) *prickeln* ⋆ mijn vingers ~ ‹ook fig.› *mir prickeln die Finger*
tinteling • (prikkelend gevoel) *Prickeln* [o] • (het twinkelen) *Glitzern* [o], *Funkeln* [o]
tinten *tönen,* ‹verven› *färben* ⋆ getinte brillenglazen *getönte Brillengläser*
tip • (uiterste punt) *Zipfel* [m] • (hint) *Tipp* [m], *Wink* [m] • (fooi) *Trinkgeld* [o]
tipgever ≈ *Person, die einen sicheren Tipp gibt* [v]
tippelaarster *Strichmädchen* [o]
tippelen • (lopen) *(zu Fuß) gehen, trippeln* • (prostitutie bedrijven) *auf den Strich gehen*
tippelverbod ↑ *Prostitutionsverbot* [o]
tippelzone *Strich* [m]
tippen I [ov ww] • (fooi geven) *ein Trinkgeld geben* • (hint geven) *einen Tipp geben* • (doodverven) *tippen (auf), favorisieren* ⋆ als opvolger getipt worden *als Nachfolger gehandelt werden* • (punten) *stutzen* **II** [on ww] • (even aanraken) *tippen, leicht berühren* ▾ aan iem. niet kunnen ~ *jmdm. nicht das Wasser reichen können*
tipsy *angeheitert, beschwipst*
tiptoets *Taste* [v]
tiptop *tipptopp*
tirade *Tirade* [v]
tiran *Tyrann* [m]
Tirana *Tirana* [o]
tirannie *Tyrannei* [v]
tiranniek *tyrannisch*
tiranniseren *tyrannisieren*
tissue *Papiertaschentuch* [o], *Tempo* ® [o]
titel *Titel* [m] ▾ op persoonlijke ~ *in eigenem Namen*
titelblad *Titelseite* [v]
titelhouder *Titelträger* [m]
titelrol *Titelrolle* [v]
titelsong *Titelsong* [m]
titelverdediger *Titelverteidiger* [m]
titulatuur *Titulatur* [v]
tja *tja*
tjalk *Tjalk* [v]
tjilpen *schilpen, zwitschern*
tjokvol *gerammelt voll, brechend voll, proppenvoll*
T-kruising *T-Kreuzung* [v]
tl-buis *Neonröhre* [v]
toast • (heildronk) *Trinkspruch* [m], *Toast* [m]

• (brood) *Toast [m], Toastbrot [o]*
toasten *prosten,* ‹form.› *einen Trinkspruch ausbringen*
tobbe *Bottich [m],* ‹badkuip› *Wanne [v]*
tobben • (zwoegen) *sich abmühen,* ↓ *schuften, sich abrackern* ⋆ dat is een heel getob *das ist eine ganz schöne Schufterei* • (piekeren) *grübeln* • (sukkelen) *sich schleppen* ⋆ met zijn gezondheid ~ *kränkeln* ⋆ zij hebben heel wat te ~ met die jongen *sie haben ihre liebe Not mit dem Jungen*
toch • (desondanks) *doch, dennoch, trotzdem* ⋆ ik doe het toch! *ich mache es trotzdem!* • (immers) *doch, ja* ⋆ het is toch nog vroeg *es ist ja noch früh* ⋆ er komt toch niemand *es kommt ja doch keiner* • (als nadruk) *doch, bloß* ⋆ waar was je toch? *wo warst du bloß?* ⋆ kom nou toch na *komm schon* ⋆ zij is toch zo'n irritant kind *sie ist dermaßen nervig* ⋆ waar zou zij toch zijn? *wo mag sie nur sein?* • (als wens) *oder* ⋆ dat hebben we gedaan, toch? *das haben wir doch gemacht?* • (als bevestiging) *denn, doch, aber* ⋆ wat is hier toch gebeurd? *was ist hier denn passiert?* ⋆ je gaat toch niet al! *gehst du schon?* ⋆ zij had me toch een bagage *die hatte aber ein Gepäck* ⋆ kind toch! *aber Kind!* • (nu eenmaal) *sowieso* ⋆ nu ik toch ga *ich muss sowieso gehen* ⋆ ik doe het toch wel *ich mache es sowieso*
tocht • (luchtstroom) *Zug [m], Luftzug [m], Zugwind [m]* ⋆ op de ~ zitten *im Zug sitzen* ⋆ op de ~ komen te staan *ins Wanken geraten* • (reis) *Reise [v], Tour [v], Fahrt [v]* ⋆ een ~ maken *eine Tour/Reise/Fahrt machen*
tochtband *Dichtungsmaterial [o]*
tochtdeur *Windfang [m]*
tochten *ziehen*
tochtig • (met veel tocht) *zugig* • (bronstig) *brunftig, brünstig*
tochtlat *Dichtungsleiste [v]*
tochtstrip *Dichtungsstreifen [m]*
tochtwerend *Zugluft abhaltend*
toe I [bijw] • (heen) *hin, zu* ⋆ tot hier toe *bis hierhin* ⋆ af en toe *ab und zu* ⋆ ergens naar toe werken *auf etw. hinarbeiten [4]* ⋆ ergens naar toe willen *irgendwohin wollen;* ‹fig.› *auf etw. hinauswollen [4]* • (erbij) (noch) *dazu, zusätzlich, hinzu* ⋆ op de koop toe *obendrein* ⋆ ook al kreeg ik geld toe *selbst wenn man mir Geld dazu gäbe* ⋆ blij toe zijn *schon längst froh sein* • (dicht) *zu* • (aan toe) *dazu* ⋆ iem. ertoe krijgen *jmdn. dazu bringen* ⋆ aan iets toe komen *dazu kommen, etw. zu tun* ⋆ aan iets toe zijn *reif für etw. sein* ⋆ weten waar je aan toe bent *wissen, wo man steht* ⋆ aan vakantie toe zijn *urlaubsreif sein* ⋆ zij is er slecht aan toe *es geht ihr schlecht* • (reden aangevend) *zu* ⋆ zij heeft er de moed niet toe *dazu fehlt ihr der Mut* **II** [tw] *komm, na, bitte* ⋆ toe maar! *nur zu!* ⋆ toe, schiet op! *komm/na, mach schon!* ⋆ toe, mag ik? *bitte, bitte, darf ich?* ⋆ mensen nog aan toe! *du meine Güte!* ⋆ verdraaid nog aan toe! *verflixt noch mal!*
toebedelen *zuteilen,* ‹toewijzen› *zuweisen*
toebehoren I [het] *Zubehör [o]* **II** [on ww] *(an)gehören*
toebereiden *zubereiten*
toebrengen *beibringen, zufügen, versetzen* ⋆ schade ~ *Schaden zufügen* ⋆ een stoot ~ *einen Stoß versetzen*
toedekken *zudecken*
toedichten *andichten*
toedienen *verabreichen* ⋆ een geneesmiddel ~ *ein Medikament verabreichen*
toedoen I [het] *Zutun [o]* ▾ het gebeurde buiten mijn ~ *es geschah ohne mein Zutun* **II** [ov ww] • (dichtdoen) *zumachen, schließen* • (bijdragen) *hinzufügen, hinzutun* ⋆ dat doet er niet toe *das tut nichts zur Sache* ⋆ wat doet het ertoe? *was soll's?*
toedracht *Sachverhalt [m], Hergang [m]*
toedragen *sich zutragen, sich ereignen*
toe-eigenen *sich zueignen, sich aneignen*
toef *Büschel [o]* ⋆ een toef haar *ein Haarbüschel* ⋆ een toef slagroom *ein Tupfen Schlagsahne*
toegaan *hergehen, zugehen* ⋆ op het feest ging het er vrolijk toe *auf der Party ging es lustig zu/her*
toegang • (mogelijkheid tot toegang) *Eintritt [m]* ⋆ verboden ~ *Zugang/Zutritt verboten* ⋆ ~ voor alle leeftijden *jugendfrei* • (ingang) *Zugang [m], Zutritt [m]*
toegangsbewijs *Eintrittskarte [v]*
toegangsprijs *Eintrittspreis [m]*
toegangsweg • (afslag) *Zufahrt [v], Zufahrtsstraße [v]* • (weg die toegang geeft) *Zugangsweg [m], Zugangsstraße [v]*
toegankelijk *zugänglich*
toegedaan • (aanhangend) ⋆ een mening ~ zijn *der Meinung sein* ⋆ een overtuiging ~ zijn *der Überzeugung sein* • (gunstig gezind) *zugetan* ⋆ iem. ~ zijn *jmdm. zugetan/geneigt sein*
toegeeflijk *nachgiebig, nachsichtig*
toegenegen *ergeben, geneigt, zugetan*
toegepast *angewandt*
toegeven I [ov ww] • (erkennen) *zugeben, zugestehen* ⋆ iem. iets ~ *jmdm. etw. zugeben/zugestehen* • (extra geven) *zugeben* • (onderdoen voor) *nachgeben* ⋆ iem. niets ~ *jmdm. nichts nachgeben* **II** [on ww] • (inschikkelijk zijn) *nachgeben* • (geen weerstand bieden) ⋆ aan een zwak ~ *einer Schwäche nachgeben*
toegevend *nachgiebig, nachsichtig* ⋆ ~ zijn tegenover iem. *jmdm. gegenüber nachsichtig sein*
toegewijd *hingebend, hingebungsvoll*
toegift *Zugabe [v]*
toehappen • (happen) *zubeißen, zuschnappen* • (ingaan op) *anbeißen* ⋆ bij deze prijs zal hij zeker ~ *bei diesem Preis wird er bestimmt anbeißen*
toehoorder *Hörer [m]* ⋆ de ~s *die Hörerschaft*
toejuichen • (juichend begroeten) *zujubeln* ⋆ een zanger ~ *einem Sänger zujubeln* • (goedkeuren) *begrüßen* ⋆ een maatregel ~ *eine Maßnahme begrüßen*
toekennen • (verlenen) *zuerkennen, zuweisen,* ‹onderscheiding› *verleihen* • (erkennen) *zuerkennen, beimessen*
toekijken *zusehen, zugucken* ⋆ ik mocht alleen ~ *ich durfte bloß zugucken*
toeknikken *zunicken*
toekomen • (naderen) *zukommen* ⋆ op iem. ~ *auf jmdn. zukommen* • (toezenden) *zukommen* ⋆ bijgaand doen wij u onze documentatie ~ *anbei lassen wir Ihnen unsere Dokumentation zukommen* • (toebehoren) *gehören, zustehen* • (~ **met**) *auskommen mit* • (~ **aan**) *kommen zu* ⋆ nergens aan ~ *zu nichts kommen*
toekomend • (toebehorend) *zustehend* • (taalk.) ⋆ de ~e tijd *die Zukunft*
toekomst *Zukunft [v]*
toekomstig *(zu)künftig*
toekomstmuziek *Zukunftsmusik [v]*
toekomstperspectief *Zukunftsaussichten [mv], Zukunftsperspektive [v]*
toekomstvisie *Zukunftsvision [v], Zukunftsvorstellung [v]*
toelaatbaar *zulässig,* ‹geoorloofd› *gestattet*
toelachen • (lachen tegen) *anlachen, zulachen*

T

• (zich gunstig voordoen) *zusagen, wohlgesinnt sein,* ↑ *gewogen sein* ⋆ het geluk lacht haar toe *ihr lacht das Glück* ⋆ dat plan lacht me toe *dieser Plan sagt mir zu/gefällt mir*

toelage • (toeslag) *Zuschuss* [m] • (geldelijke uitkering) *Zulage* [v]

toelaten • (goedvinden) *zulassen, erlauben, gestatten* ⋆ ik kan dat niet ~ *das kann ich nicht zulassen* • (accepteren) *zulassen* • (binnenlaten) *vorlassen*

toelating • (het accepteren) *Aufnahme* [v] • (toestemming) *Zulassung* [v]

toelatingseis *Aufnahmebedingung* [v]

toelatingsexamen *Zulassungsprüfung* [v], *Aufnahmeprüfung* [v]

toeleggen I [ov ww] • (bijbetalen) *dazulegen* ⋆ er geld op toe moeten leggen *draufzahlen müssen* • (~ **op**) *anlegen auf* [4] **II** [wkd ww] *sich verlegen (auf)* [4]

toeleveren *(zu)liefern*

toelichten *erläutern* ⋆ met voorbeelden ~ *mit Beispielen erläutern*

toelichting *Erläuterung* [v], *Erklärung* [v]

toeloop *Zulauf* [m], *Zuspruch* [m], ‹heel veel mensen› *Andrang* [m]

toelopen • (komen aanlopen) *zugehen,* ‹snel› *zulaufen* ⋆ op iem. ~ *auf jmdn. zugehen* • (uitlopen) *zulaufen* ⋆ spits ~ *spitz zulaufen* • (samenlopen) *herbeilaufen*

toen I [bijw] • (vervolgens) *danach, dann* ⋆ van toen af aan *von da an* ⋆ eerst kwam zijn broer en toen kwam hij *erst kam sein Bruder und danach kam er* • (in die tijd) *damals* ⋆ ik heb het toen al gezegd *ich habe es damals schon gesagt* **II** [vw] *als* ⋆ toen ik hem opbelde *als ich ihn anrief*

toenadering *Annäherung* [v]

toenaderingspoging *Annäherungsversuch* [m]

toename *Zunahme* [v], *Anstieg* [m]

toendra *Tundra* [v]

toenemen *zunehmen, sich steigern* ⋆ hand over hand ~ *überhand nehmen* ⋆ de bevolking neemt toe *die Bevölkerung nimmt zu/wächst* ⋆ de wind is toegenomen *die Windstärke hat zugenommen* ⋆ in grootte ~ *an Größe zunehmen* ⋆ in ~de mate *in zunehmendem Maße* ⋆ ~de belangstelling *wachsende(s) Interesse* [o]

toenmaals *damals, seinerzeit*

toenmalig *damalig, seinerzeitig* ⋆ de ~e koloniën *die früheren Kolonien*

toepasbaar *anwendbar*

toepasselijk *passend, geeignet* ⋆ een ~ cadeau *ein geeignetes Geschenk* ▾ ~ zijn op *anwendbar sein auf* [4]

toepassen *anwenden* ⋆ de wet ~ *das Gesetz handhaben*

toepassing *Anwendung* [v] ⋆ doorhalen wat niet van ~ is *Nichtzutreffendes streichen* ⋆ van ~ zijn *anwendbar sein*

toer • (reis) *Tour* [v], *Ausflug* [m], *Rundfahrt* [v] • (omwenteling) *Tour* [v], *Umdrehung* [v], *Schlag* [m] • (reeks breisteken) *Tour* [v], *Reihe* [v] • (kunstje) *Kunststück* [o] ⋆ dat zal een hele toer zijn *das wird eine Heidenarbeit* ▾ over zijn toeren zijn *durchgedreht sein* ▾ op de religieuze toer zijn *auf dem religiösen Trip sein*

toerbeurt *Turnus* [m] ⋆ bij ~ *im Turnus; turnusgemäß*

toereikend *ausreichend, hinreichend* ⋆ ~ zijn *hinreichen; genügen; ausreichen*

toerekeningsvatbaar *zurechnungsfähig,* ‹jur.› *schuldfähig*

toeren *ausfahren, spazieren fahren*

toerental *Tourenzahl* [v], *Umdrehungszahl* [v], *Drehzahl* [v]

toerenteller *Tourenzähler* [m], *Drehzahlmesser* [m]

toerfiets *Tourenrad* [o]

toerisme *Tourismus* [m], *Fremdenverkehr* [m], ‹georganiseerd› *Touristik* [v]

toerist *Tourist* [m]

toeristenbelasting *Kurtaxe* [v]

toeristenkaart • (reisdocument) ≈ *Personalausweis* [m] • (plattegrond) *Karte* [v], *Stadtplan* [m]

toeristenklasse *Touristenklasse* [v]

toeristenmenu *Touristenmenü* [o]

toeristisch *touristisch*

toernooi *Turnier* [o]

toeroepen *zurufen*

toertocht *Tour* [v]

toerusten *ausrüsten*

toeschietelijk *entgegenkommend*

toeschieten I [ov ww] • (naar iem. toe schieten) *zuschießen* **II** [on ww] • (snel naderen) *herbeistürzen, zustürzen, zuschießen* ⋆ ze schoot op me toe *sie schoss/stürzte auf mich zu*

toeschijnen *vorkommen, (er)scheinen* ⋆ het schijnt me toe *es kommt mir vor; es (er)scheint mir*

toeschouwer *Zuschauer* [m]

toeschrijven *zuschreiben* ⋆ is dat aan iem. toe te schrijven? *ist das jmdm. zuzuschreiben?*

toeslaan *zuschlagen*

toeslag *Zuschlag* [m], ‹loon, uitkering e.d.› *Zulage* [v]

toesnellen *herbeieilen* ⋆ op iem. ~ *auf jmdn. zueilen*

toespelen I [ov ww] *zuspielen* ⋆ iem. de bal ~ *jmdm. den Ball zuspielen* **II** [on ww] • (~ **op**) *anspielen (auf)* [4]

toespeling *Anspielung* [v]

toespitsen *zuspitzen*

toespraak *Rede* [v], ‹kort› *Ansprache* [v]

toespreken • (een toespraak houden) *sprechen zu* [3], *eine Rede halten* ⋆ de minister spreekt het parlement toe *der Minister spricht zum Parlament; der Minister hält eine Rede vor dem Parlament* • (toewijzen) *zusprechen* • (aanspreken) *anreden, ansprechen,* ‹met positieve bedoelingen› *zusprechen* ⋆ hoe moet ik haar ~ *wie soll ich sie anreden?* ⋆ iem. vriendelijk ~ *jmdm. freundlich zusprechen*

toestaan • (goedvinden) *erlauben, gestatten, zulassen* • (toewijzen) *bewilligen, zugestehen, gewähren* ⋆ iem. een lening ~ *jmdm. ein Darlehen gewähren*

toestand • (situatie) *Zustand* [m], *Lage* [v], *Verhältnisse* [mv] ⋆ de ~ van de wegen *die Straßenverhältnisse* ⋆ de politieke ~ *die politische Lage* • (gedoe) *Zustände* [mv], *Durcheinander* [o] ⋆ wat een ~! *welch ein Durcheinander!* ⋆ dat geeft altijd een hele ~ *das macht immer viel Umstände*

toesteken I [ov ww] • (aanreiken) *entgegenstrecken, reichen* ⋆ iem. de hand ~ *jmdm. die Hand entgegenstrecken/reichen* ⋆ iem. geld ~ *jmdm. Geld zustecken* **II** [on ww] • (steken) *zustechen*

toestel • (apparaat) *Gerät* [o], *Apparat* [m] • (vliegtuig) *Maschine* [v]

toestemmen ⋆ ~ in *sich einverstanden erklären mit* [3]; *einwilligen in* [4]; *zustimmen in* [3]

toestemming *Einwilligung* [v], *Zustimmung* [v], *Einverständnis* [o], ‹form.› *Genehmigung* [v]

toestoppen • (geven) *zustecken* • (toedekken)

zudecken, zustopfen
toestromen *zuströmen, anströmen,* ‹alleen van personen› *angeströmt kommen, herbeiströmen* ⋆ zij stroomden toe *sie kamen angeströmt; sie strömten herbei*
toet • (gezicht) *Gesicht* [o] ⋆ een aardig toetje *ein hübsches Gesichtchen* • (knoet) *(Haar)knoten* [m]
toetakelen • (ruw aanpakken) *zurichten* ⋆ iem. lelijk ~ *jmdn. übel zurichten* • (opdirken) *aufdonnern, auftakeln*
toetasten *zugreifen, zulangen*
toeten *tuten,* ‹van auto› *hupen* ▾ van ~ noch blazen weten *von Tuten und Blasen keine Ahnung haben*
toeter • (blaasinstrument) *Tuthorn* [o] • (claxon) *Hupe* [v]
toeteren I [ov ww] • (hard zeggen) *brüllen* **II** [on ww] • (op een toeter blazen) *tuten* • (claxonneren) *hupen*
toetje *Nachspeise* [v], *Nachtisch* [m] ⋆ als ~ is er pudding *zum/als Nachtisch gibt es Pudding*
toetreden *bei-/eintreten* ⋆ tot een vereniging ~ *einem Verein beitreten; in einen Verein eintreten* ⋆ op iem. ~ *auf jmdn. zugehen/-treten* ⋆ zij trad toe *sie trat hinzu* ⋆ tot een partij ~ *sich einer Partei anschließen*
toetreding *Beitritt* [m]
toets • (druktoets) *Taste* [v], ‹van strijkinstrument› *Griffbrett* [o] ⋆ op de ~en slaan *in die Tasten hauen* • (examen) *Test* [m], *Prüfung* [v] ⋆ de ~ doorstaan *die Prüfung bestehen* ⋆ afsluitende ~ *Abschlussprüfung* [v] ⋆ iets aan een ~ onderwerpen *etw. einer Prüfung unterziehen/unterwerfen* ⋆ de ~ der kritiek doorstaan *der Kritik standhalten*
toetsen • (testen) *prüfen* • (polsen) *vorsichtig informieren* • (m.b.t. edelmetaal) *prüfen*
toetsenbord *Tastatur* [v], ‹van toetsinstrumenten› *Klaviatur* [v]
toetsenist *Tastenspieler* [m]
toetsing *Prüfung* [v]
toetssteen *Prüfstein* [m]
toeval • (omstandigheid) *Zufall* [m] ⋆ bij ~ *durch Zufall; zufälligerweise* ⋆ iets berust op ~ *etw. ist rein zufällig* ⋆ het ~ wil dat ik dat boek net gelezen heb *rein zufällig habe ich das Buch gerade gelesen* ⋆ stom/louter ~ *reine(r) Zufall* ⋆ iets aan het ~ overlaten *etw. dem Zufall überlassen* • (med.) *epileptische(r) Anfall* [m] ⋆ aan ~len lijden *an Epilepsie leiden*
toevallen • (dichtvallen) *zufallen* • (ten deel vallen) *zufallen*
toevallig I [bnw] *zufällig* **II** [bijw] *zufälligerweise, zufällig*
toevalstreffer *Zufallstreffer* [m]
toeven *verweilen*
toevertrouwen *anvertrauen* ⋆ iem. iets ~ *jmdm. etw. anvertrauen*
toevloed *Zustrom* [m], *Andrang* [m], ‹van water› *Zufluss* [m]
toevlucht *Zuflucht* [v]
toevluchtsoord • (schuilplaats) *Zufluchtsort* [m] • (asiel) *Asyl* [o], ‹voor daklozen› *Obdachlosenasyl* [o]
toevoegen • (erbij doen) *beigeben, zufügen, hinzufügen* ⋆ daar heb ik niets aan toe te voegen *dem kann ich nichts hinzufügen* • (ten dienste stellen) *beigeben,* ‹jur.› *beiordnen* ⋆ ‹jur.› een verdediger ~ *einen Anwalt beiordnen* • (zeggen tegen) *zufügen*
toevoeging • (het toevoegen) *Hinzufügung* [v], *Zufügung* [v] • (toevoegsel) *Zusatz* [m], ‹jur.› *Beiordnung* [v]
toevoer *Zufuhr* [v]
toewensen *wünschen* ⋆ iem. iets ~ *jmdm. etw. wünschen*
toewijding • (zorg) *Widmung* [v] • (vroomheid) *Hingebung* [v], *Hingabe* [v]
toewijzen • (tot rechtmatig verklaren) *zuerkennen, zusprechen,* ‹hand.› *zuschlagen* ⋆ een eis ~ *einer Klage stattgeben* • (toekennen) *zuweisen, zuteilen, zuerkennen*
toezeggen *zusagen, versprechen* ⋆ iem. iets ~ *jmdm. etw. versprechen/zusagen*
toezegging *Zusicherung* [v], *Zusage* [v], *Versprechen* [o]
toezenden *zuschicken, zusenden*
toezicht *Aufsicht* [v], *Beaufsichtigung* [v] ⋆ onder ~ staan *unter Aufsicht stehen* ⋆ ~ houden op iem./iets *die Aufsicht haben über jmdn./etw.*
toezien • (toekijken) *zusehen* ⋆ machteloos ~ hoe iets gebeurt *ohnmächtig mit ansehen, wie etw. passiert* • (toezicht houden) *aufpassen, die Aufsicht führen, wachen* ⋆ ~ op *wachen über* [4] ⋆ ~d voogd *Gegenvormund* [m]
tof • (leuk) *klasse, spitze, toll* ⋆ toffe jongens *patente(n) Jungs* • (geschikt) *fähig, prima, patent*
toffee *Toffee* [o], *Sahnebonbon* [o]
toga • (ambtsgewaad) *Talar* [m] • (Romeins kledingstuk) *Toga* [v] • (soutane) *Soutane* [v]
Togo *Togo* [o]
toilet *Toilette* [v] ⋆ zijn ~ maken *Toilette machen* ⋆ naar het ~ gaan *auf die/zur Toilette gehen*
toiletjuffrouw *Toilettenfrau* [v]
toiletpapier *Toilettenpapier* [o]
toiletpot *Toilette* [v]
toiletrol *Toilettenpapierrolle* [v], *Klopapierrolle* [v]
toilettafel *Frisiertisch* [m]
toilettas *Kulturbeutel* [m]
toiletzeep *Toilettenseife* [v]
tokkelen *spielen, zupfen*
toko • (Indonesische winkel) ≈ *Laden mit indonesischen Waren* [m] • (rommelwinkel) *Trödelladen* [m]
tol • (tolgeld) *Zoll* [m] • (speelgoed) *Kreisel* [m] ▾ zijn tol eisen *seinen Tribut fordern*
tolerant *tolerant,* ‹ruimdenkend› *aufgeschlossen*
tolerantie *Toleranz* [v]
tolereren *dulden*
tolgeld *Zoll* [m], *Gebühr* [v]
tolhuis *Büro einer Zollstelle* [o]
tolk *Dolmetscher* [m]
tolken *dolmetschen*
tolk-vertaler *Dolmetscher und Übersetzer* [m]
tollen • (met een tol spelen) *kreiseln* • (ronddraaien) *kreiseln, taumeln,* ‹dronkenschap, slaap› *torkeln*
tolvrij *zollfrei*
tomaat *Tomate* [v]
tomatenketchup *Tomatenketchup/Tomatenketschup* [m/o]
tomatenpuree *Tomatenmark* [o]
tomatensoep *Tomatensuppe* [v]
tombe *Sarkophag* [m]
tomeloos *maßlos, zügellos*
ton • (gewicht) *Tonne* [v] • (inhoudsmaat) *Tonne* [v] • (geld) *100.000 Gulden* [mv] • (vat) *Tonne* [v], *Fass* [o] • (boei) *Tonne* [v], *Boje* [v]
tondeuse *Haarschneidemaschine* [v]
toneel • (schouwspel) *Theater* [o] • (podium) *Bühne* [v], *Bretter* [mv] • (dramatische kunst) *Theater* [o] ⋆ bij het ~ gaan *zum Theater gehen* • (deel van bedrijf) *Szene* [v], *Bild* [o] • (plaats van handeling) *Schauplatz* [m] ▾ van het ~

verdwijnen *von der Bildfläche verschwinden* ▾ op het ~ verschijnen *auf der Bildfläche erscheinen*
toneelgezelschap *Ensemble* [o], *Theatergruppe* [v]
toneelgroep *Ensemble* [o], *Theatergruppe* [v]
toneelkijker *Opernglas* [o]
toneelknecht *Bühnenarbeiter* [m]
toneelschool *Schauspielschule* [v]
toneelschrijver *Bühnenautor* [m]
toneelspel • (het spelen) *Schauspielerei* [v] • (stuk) *Theaterstück* [o]
toneelspelen • (acteren) *spielen*, ‹als beroep› *am/beim Theater sein* • (zich aanstellen) *schauspielern*
toneelspeler • (acteur) *Schauspieler* [m] • (aansteller) *Komödiant* [m]
toneelstuk *Theaterstück* [o], *Drama* [o]
tonen I [ov ww] • (laten zien) *zeigen* ⋆ belangstelling ~ *Interesse zeigen* **II** [on ww] • (ogen) *aussehen* ⋆ dat toont al een stuk beter *das sieht schon viel besser aus* **III** [wkd ww] *sich erweisen, sich zeigen*
tong • (orgaan) *Zunge* [v] ⋆ het smelt op de tong *es zergeht auf der Zunge* ⋆ met de tong klakken *mit der Zunge schnalzen* ⋆ de tong uitsteken naar iem. *jmdm. die Zunge herausstrecken* • (vis) *Seezunge* [v], *Zunge* [v] ▾ een scherpe tong hebben *eine scharfe/spitze Zunge haben* ▾ de tongen kwamen los *die Zungen lösten sich* ▾ op zijn tong bijten *sich auf die Zunge beißen* ▾ boze tongen beweren *böse Zungen behaupten* ▾ zij gaat over de tong *sie ist ins Gerede gekommen/geraten* ▾ haar tong hing haar op de schoenen *ihr hing die Zunge aus dem Hals* ▾ heb jij je tong verloren? *hast du die Sprache verloren?* ▾ nog liever zijn tong afbijten *sich eher die Zunge abbeißen* ▾ een dubbele tong hebben *mit gespaltener Zunge sprechen* ▾ iets streelt de tong *etw. kitzelt den Gaumen*
Tonga *Tonga* [o]
tongriem *Zungenbändchen* [o] ▾ goed van de ~ gesneden zijn *zungenfertig sein; ein flinkes Mundwerk haben*
tongval • (accent) *Akzent* [m] • (dialect) *Tonfall* [m]
tongzoen *Zungenkuss* [m]
tonicum *Tonikum* [o]
tonijn *Thunfisch* [m]
tonnage • (inhoud, grootte van een schip) *Tonnengehalt* [m] • (scheepsruimte) *Tonnage* [v]
tonsuur *Tonsur* [v]
tonus *Tonus* [m]
toog • (priestertoga) *Soutane* [v] • (tapkast) *Theke* [v], *Schanktisch/Schänktisch* [m] • (gewelfboog) *Bogen* [m]
tooien *schmücken*
toom • (dieren) *Zaum* [m] • (teugel) *Zügel* [m] ▾ iem./iets/zich in toom houden *jmdn./etw./sich im Zaum halten*
toon • (stembuiging) *Ton* [m], *Tonfall* [m] ⋆ op vriendelijke toon *in einem freundlichen Ton* ⋆ op fluisterende toon *mit Flüsterstimme* ⋆ de juiste toon vinden *den richtigen Ton finden* • (kleurschakering) *Farbton* [m], *Ton* [m] • (klank) *Ton* [m], *Timbre* [o] ⋆ ‹muz.› een halve toon te hoog *einen Halbton zu hoch* • (wijze van omgang, sfeer) *Ton* [m], *Umgangston* [m] ⋆ een ongedwongen toon *ein ungezwungener Ton* ▾ een toontje lager zingen *klein beigeben; kleinlaut werden* ▾ uit de toon vallen *fehl am Platz sein* ▾ een hoge toon aanslaan *einen arroganten Ton anschlagen*
toonaangevend *tonangebend, maßgebend*
toonaard *Tonart* [v]
toonbaar *vorzeigbar*
toonbank • (tafel in een winkel) *Ladentisch* [m] ⋆ van onder de ~ *unterm Ladentisch* • (tapkast) *Theke* [v]
toonbeeld *Muster* [o] ⋆ een ~ van geduld *ein Muster an Geduld*
toonder *Inhaber* [m] ⋆ aandeel aan ~ *Inhaberaktie* [v] ⋆ cheque aan ~ *Inhaberscheck* [m] ⋆ obligatie aan ~ *Inhaberschuldverschreibung* [v] ⋆ stuk aan ~ *Inhaberpapier* [o]
toonhoogte *Tonhöhe* [v]
toonkunst *Tonkunst* [v]
toonladder *Tonleiter* [v]
toonloos • (zonder veel klank) *tonlos* • (taalk.) *unbetont*
toonsoort *Tonart* [v]
toonvast *rein, sauber* ⋆ ~ zijn *rein/sauber spielen*
toonzaal *Ausstellungsraum* [m]
toorn *Zorn* [m]
toorts *Fackel* [v]
top • ((hoogste) punt) *Gipfel* [m], *Spitze* [v], ‹mast› *Topp* [m] ⋆ toppen van de bomen *Wipfel der Bäume* ⋆ de onbeschoftheid ten top *der Gipfel der Unverschämtheit* ⋆ op en top een heer *vom Scheitel bis zur Sohle ein Gentleman* ⋆ toppen van de bergen *Gipfel der Berge* ⋆ van top tot teen *von Kopf bis Fuß* ⋆ de stemming steeg ten top *die Stimmung erreichte den Höhepunkt* • (hoogste leiding) *Spitze* [v] • (de besten) *Spitze* [v] ▾ het topje van de ijsberg *die Spitze des Eisbergs*
topaas • (halfedelsteen) *Topas* [m] • (kleur) *Topasfarbe* [v]
topconferentie *Gipfelkonferenz* [v], *Gipfeltreffen* [o]
topdrukte *Hochbetrieb* [m]
topfunctie *Spitzenposition* [v], *leitende Stellung* [v]
tophit *Spitzenschlager* [m], *Tophit* [m]
topjaar *Erfolgsjahr* [o]
topless *oben ohne, mit unbedecktem Busen*
topman *Topmanager* [m], *Spitzenfunktionär* [m]
topografie *Topographie/Topografie* [v]
topografisch *topographisch/topografisch*
topoverleg *Spitzengespräch* [o]
topper • (hoogtepunt) *Höhepunkt* [m], *Spitze* [v] • (wedstrijd) *Spitzenspiel* [o], *Spiel zwischen Mannschaften der Spitzenklasse* [o] • (populair product) *Schlager* [m] ⋆ de ~ van het seizoen *der Hit der Saison*
topprestatie *Höchst-/Spitzenleistung* [v]
toppunt • (uiterste) *Höhepunkt* [m] ⋆ het ~ van geluk/smakeloosheid *der Gipfel des Glücks/der Geschmacklosigkeit* ⋆ op het ~ van haar macht *auf dem Gipfel ihrer Macht* • (hoogste punt) *Gipfel* [m] ▾ dat is het ~ *das ist ja die Höhe/der Gipfel*
topsnelheid *Spitzengeschwindigkeit* [v], ‹maximaal toelaatbaar› *Höchstgeschwindigkeit* [v]
topspin *Topspin* [m]
topsport *Hochleistungs-/Spitzensport* [m]
top-tien *Top Ten/Topten* [v], *Hitliste* [v]
topvorm *Hochform* [v], *Topform* [v], ‹vooral sport› *Bestform* [v], ‹zeer goed› *Höchstform* [v] ⋆ in ~ zijn *in Hochform sein*
topzwaar *oben zu schwer*, ‹scheepv.› *topplastig, oberlastig*, ‹ook fig.› *kopflastig*
tor *Käfer* [m] ▾ zo dronken als een tor *stockbesoffen*
toren *Turm* [m] ▾ hoog van de ~ blazen *große Töne spucken*
torenflat *Hochhaus* [o]
torenhoog *turmhoch*
torenklok • (uurwerk) *Turmuhr* [v] • (luiklok)

Turmglocke [v]
torenspits *Turmspitze* [v]
torenvalk *Turmfalke* [m]
tornado *Tornado* [m]
tornen I [ov ww] • (losmaken) *auftrennen* **II** [on ww] • (~ **aan**) ⋆ daar valt niet aan te ~ *daran ist nicht zu rütteln*
torpederen *torpedieren*
torpedo *Torpedo* [m]
torpedoboot *Torpedoboot* [o]
torpedojager *Zerstörer* [m], ‹vero.› *Torpedobootzerstörer* [m]
torsen *schleppen*
torsie *Torsion* [v]
torso • (romp) *Rumpf* [m] • (kunst) *Torso* [m] [mv: *Torsos/Torsi*]
tortelduif *Turteltaube* [v]
tossen ≈ *eine Münze werfen, um die Seitenwahl vorzunehmen*
tosti-ijzer *Sandwichtoaster* [m]
tot I [vz] • (als/voor) *zu* [3] ⋆ iem. tot een jaar veroordelen *jmdn. zu einem Jahr verurteilen* • (zo ver als) *bis* [4], *bis zu* [3] ⋆ tot 1 mei *bis zum 1. Mai* ⋆ tot nu toe *bis jetzt* ⋆ tot ziens *auf Wiedersehen* • (tegen) *zu* [3] ⋆ tot elke prijs *um jeden Preis* ▾ dat is (nog) tot daar aan toe *das geht ja noch* **II** [vw] *bis*
totaal I [het] • (geheel) *Ganze(s)* [o] • (som) *Gesamtbetrag* [m] ⋆ in ~ *insgesamt* **II** [bnw] *total, völlig, gänzlich, vollständig* ⋆ ~ verschillend *grundverschieden* ⋆ totale winst *Gesamtgewinn* [m] ⋆ totale uitverkoop *Totalausverkauf* [m] ⋆ ~ onbekend *völlig unbekannt*
totaalbeeld *Gesamtbild* [o]
totaalweigeraar *Totalverweigerer* [m]
totalisator *Totalisator* [m]
totalitair *totalitär*
totaliteit *Totalität* [v], *Gesamtheit* [v], ‹volledigheid› *Vollständigkeit* [v]
total loss *schrottreif* ⋆ de auto was ~ *das Auto hatte Totalschaden*
totdat *bis*
totempaal *Totempfahl* [m]
toto I [de] *Toto* [m/o] **II** [bijw] ⋆ pars pro toto *Pars pro toto* [o]
toucheren • ((aan)raken) *touchieren* • (ontvangen) *erhalten, empfangen* • (inwendig onderzoeken) *touchieren*
touperen *toupieren*
toupet *Toupet* [o]
touringcar *Reiseomnibus* [m], *Reisebus* [m]
tournedos *Tournedos* [o]
tournee *Tournee* [v], ‹van artiesten› *Gastspielreise* [v] ⋆ op ~ gaan/zijn *auf Tournee gehen/sein*
touroperator *Reiseveranstalter* [m]
touw *Seil* [o], ‹dik› *Tau* [o], ‹stuk touw› *Strick* [m], ‹touwtje› *Schnur* [v] ⋆ touw draaien *seilen* ⋆ iets aan een touw optrekken *etw. mit einem Seil hochziehen* ⋆ iets met touwen afzetten *etw. mit Seilen abgrenzen* ⋆ het touw laten vieren *das Tau fieren* ▾ in touw zijn *beschäftigt sein* ▾ daar is geen touw aan vast te knopen *daraus wird man nicht klug* ▾ de hele dag in touw zijn *den ganzen Tag eingespannt sein* ▾ iets op touw zetten *etw. inszenieren/organisieren*
touwklimmen *am Tau klettern*
touwladder *Strickleiter* [v]
touwtje ▾ aan de ~s trekken *am Drücker sitzen/sein* ▾ zij trekt aan de ~s *sie hat das Sagen* ▾ de ~s in handen hebben *alle Fäden in der Hand halten* ▾ iem. die de ~s in handen heeft *ein Drahtzieher* [m]
touwtrekken *Tauziehen* [o]
touwtrekkerij *Tauziehen* [o]
touwwerk *Tauwerk* [o]
tovenaar *Zauberer* [m]
tovenarij *Zauberei* [v]
toverdrank *Zaubertrank* [m]
toveren *zaubern*
toverheks • (heks) *Zauberin* [v], *böse Fee* [v] • (lelijke vrouw) *Hexe* [v], *Schreckschraube* [v], *Schrulle* [v]
toverij *Zauberei* [v]
toverkracht *Zauberkraft* [v]
toverkunst *Zauberkunst* [v]
toverslag *Zauberschlag* [m] ⋆ als bij ~ *wie durch/von Zauberhand*
toverspreuk *Zauberspruch* [m]
toxicologie *Toxikologie* [v]
traag • ((te) langzaam) *langsam* • (laks) *träge*
traagheid *Trägheit* [v] ⋆ wet van de ~ *Trägheitsgesetz* [o]
traan • (olie) *Tran* [m] • (oogvocht) *Träne* [v] ⋆ zijn ogen schoten vol tranen *ihm traten Tränen in die Augen* ▾ tranen met tuiten huilen *Rotz und Wasser heulen*
traanbuis *Tränennasengang* [m]
traangas *Tränengas* [o]
traanklier *Tränendrüse* [v]
traanvocht *Tränenflüssigkeit* [v]
tracé ‹aslijn› *Trasse* [v], ‹traject› *Strecke* [v]
traceren *trassieren*
trachten *versuchen* ⋆ iets ~ te vergeten *etw. zu vergessen suchen*
tractor *Schlepper* [m], ‹landbouw› *Traktor* [m] ⋆ ~ op rupsbanden *Raupenschlepper* [m]
traditie *Tradition* [v], *Überlieferung* [v] ⋆ een oude ~ *ein alter Brauch*
traditiegetrouw *traditionsgemäß, traditionell*
traditioneel *traditionell, herkömmlich*, ‹sinds lange tijd› *althergebracht*
tragedie *Tragödie* [v]
tragiek *Tragik* [v]
tragikomedie *Tragikomödie* [v]
tragikomisch *tragikomisch*
tragisch *tragisch*
trailer *Anhänger* [m], ‹scheepv.› *Trailer* [m]
trainen *trainieren*
trainer *Trainer* [m]
traineren I [ov ww] • (vertragen) *hinziehen* **II** [on ww] • (treuzelen) *sich hinziehen*
training *Training* [o]
trainingsbroek *Trainingshose* [v]
trainingspak *Trainingsanzug* [m]
traject *Strecke* [v]
traktaat • (verdrag) *Vertrag* [m], *Pakt* [m] • (verhandeling) *Traktat* [m/o], *Abhandlung* [v]
traktatie *Bewirtung* [v]
trakteren I [ov ww] • (onthalen op) *bewirten (mit)* ⋆ zij trakteerde mij op een reeks verwijten *sie traktierte mich mit Vorwürfen* **II** [on ww] • (rondje geven) ⋆ ik trakteer! *ich gebe einen aus!*
tralie *Gitterstab* [m] ⋆ iets van ~s voorzien *etw. vergittern* ⋆ achter de ~s zitten ‹in de gevangenis› *hinter Gittern sitzen* ⋆ de ~s *das Gitter* [ev]
traliehek *Gitterzaun* [m], *Gitter* [o]
tram *Straßenbahn* [v] ⋆ met de tram gaan *mit der Straßenbahn fahren*
tramhalte *Straßenbahnhaltestelle* [v]
trammelant • (ruzie) *Stunk* [m] ⋆ ~ maken *Stunk machen* • (moeilijkheden) *Schererei* [v], *Ärger* [m]

T

T

trampoline *Trampolin* [o]
trampolinespringen *Trampolin springen*
trance *Trance* [v] ⋆ in ~ raken *in Trance fallen* ⋆ iem. in ~ brengen *jmdn. in Trance versetzen*
tranen *tränen*
tranendal *Jammertal* [o]
tranquillizer *Tranquilizer* [m], *Beruhigungsmittel* [o]
trans • (borstwering) *Wehrgang* [m] • (kooromgang) *Rundgang* [m], *Umgang* [m]
transactie • (schikking) *Vergleich* [m], *Abkommen* [o] • (handelsovereenkomst) *Transaktion* [v], *Geschäft* [o] ⋆ tot een ~ komen *zu einem Geschäftsabschluss kommen*
transatlantisch *transatlantisch*
transcendent *transzendent*
transcontinentaal *transkontinental* ⋆ een transcontinentale vlucht *ein Transkontinentalflug* [m]
transcriptie *Transkription* [v]
transfer *Transfer* [m]
transformatie *Transformation* [v], *Transformierung* [v]
transformator *Transformator* [m], *Trafo* [m]
transformeren *transformieren*
transfusie *Transfusion* [v], *Bluttransfusion* [v]
transistor *Transistor* [m]
transit *Transit* [m]
transitief I [het] *Transitiv(um)* [o] **II** [bnw] *transitiv, zielend*
transito *Transit* [m], *Durchfuhr* [v]
transitohaven *Durchfuhr-/Transithafen* [m]
transitvisum *Transitvisum* [o]
transmissie *Transmission* [v]
transparant I [het] *Transparent* [o] **II** [bnw] *transparent, durchscheinend*
transpiratie • (het zweten) *Transpiration* [v], *Schwitzen* [o] • (zweet) *Hautausdünstung* [v], *Schweiß* [m]
transpireren *transpirieren, schwitzen*
transplantatie *Transplantation* [v]
transplanteren *transplantieren, verpflanzen*
transport • (vervoer) *Transport* [m] ⋆ ~ over de weg *Transport auf der Straße* ⋆ ~ per spoor *Transport mit der Bahn* ⋆ ~ per vrachtwagen *Transport auf/mit Lastwagen* ⋆ ~ per schip/vliegtuig *Transport per Schiff/Flugzeug* ⋆ kosten van ~ *Transportspesen* • (overdracht) *Übertragung* [v] • (administratie) *Übertrag* [m]
transportband • (band om materiaal te vervoeren) *Förder-/Transportband* [o] • (installatie met een dergelijke band) *Bandförderer* [m]
transporteren *transportieren*
transseksueel I [de] *Transsexuelle(r)* [m] **II** [bnw] *transsexuell*
trant *Stil* [m], *Art* [v] ⋆ iets zeggen in de ~ van ... *etw. sagen, wie ...* ⋆ iets in die ~ *etw. in dem Stil* ⋆ naar de oude ~ *im alten Stil* ⋆ in de ~ van Mozart componeren *im Stil/in der Art Mozarts komponieren*
trap • (schop) *Fußtritt* [m], *Stoß* [m] ⋆ vrije trap *Freistoß* [m] • (constructie met treden) *Treppe* [v] ⋆ trappen lopen *Treppen steigen* • (graad) *Stufe* [v], *Stand* [m] ⋆ een hoge trap van ontwikkeling *ein hoher Entwicklungsstand* • (muz.) *Intervall* [o]
trapboot *Tretboot* [o]
trapeze *Trapez* [o]
trapezewerker *Trapezkünstler* [m]
trapezium • (vierhoek, hangrek) *Trapez* [o] • (handwortelbeentje) *große(s) Vielecksbein* [o]
trapgat ≈ *Treppenhaus* [o]
trapgevel *Treppengiebel* [m]
trapleuning *Treppengeländer* [o]
traploper *Treppenläufer* [m]
trappelen *trampeln, trappeln,* ‹spartelen› *strampeln,* ‹van paarden› *scharren* ⋆ ik sta te ~ om te beginnen *mich juckt's in den Fingern*
trappelzak *Strampelsack* [m]
trappen I [ov ww] • (schoppen) *treten* ⋆ iem. ~ *jmdm. einen Tritt versetzen* ⋆ iets kapot ~ *etw. zertreten* ⋆ eruit getrapt zijn *gefeuert worden sein* ▾ lol ~ *Unfug treiben* **II** [on ww] • (voet neerzetten) *treten* • (fietsen) *strampeln, treten*
trappenhuis *Treppenhaus* [o]
trapper • (pedaal) *Pedal* [o] • (schoen) *Treter* [m]
trapportaal *Treppenflur* [m], ‹onderbreking› *Treppenabsatz* [m]
trapsgewijs *stufenweise*
trauma *Trauma* [o]
traumatisch *traumatisch*
travestie • (verkleding) *Transvestismus* [m] • (grappige bewerking) *Travestie* [v]
travestiet *Transvestit* [m]
trawler *Trawler* [m]
trechter *Trichter* [m]
tred *Tritt* [m], *Schritt* [m] ▾ gelijke tred houden *Schritt halten*
trede *Stufe* [v], ‹van een ladder› *Sprosse* [v]
treden I [ov ww] • (trappen) *treten* ⋆ druiven ~ *Trauben keltern* **II** [on ww] • (stappen) *treten* ⋆ op de voorgrond ~ *in den Vordergrund treten* ▾ in iemands voetstappen ~ *in jmds. Fußstapfen treten* ▾ aan het licht ~ *ans Licht kommen* ▾ naar buiten ~ *zum Vorschein kommen* ▾ iem. te na ~ *jmdm. zu nahe treten* ▾ in detail ~ *ins Detail gehen*
tredmolen *Tretmühle* [v]
tree → **trede**
treeplank *Trittbrett* [o]
treffen I [het] *Treffen* [o] **II** [ov ww] • (tot stand brengen) *treffen* ⋆ maatregelen ~ *Maßnahmen treffen/ergreifen* • (raken) *treffen* • (aantreffen) *vorfinden, antreffen* • (opvallen) *treffen* • (overkómen) *betreffen, zutreffen (auf)* [4] • (boffen) *treffen, Glück haben* ⋆ het getroffen hebben *es getroffen haben* ⋆ het niet ~ *es schlecht treffen* • (ontroeren) *treffen, rühren, erschüttern* • (gelijken) ⋆ een goed getroffen portret *ein gut getroffenes Porträt*
treffend • (aandoenlijk) *rührend* • (opvallend) *treffend* ⋆ ~e gelijkenis *täuschende Ähnlichkeit* [v]
treffer *Treffer* [m]
trefpunt *Treffpunkt* [m]
trefwoord *Stichwort* [o]
trefzeker *treffsicher*
trein *Bahn* [v], *Eisenbahn* [v], *Zug* [m] ⋆ iem. naar de ~ brengen *jmdn. zum Zug/Bahnhof bringen* ⋆ de ~ van tien uur *der Zehnuhrzug* ⋆ de ~ halen/missen *den Zug erreichen/verpassen* ▾ dat loopt als een ~ *das läuft wie geschmiert*
treinkaartje *(Zug)fahrschein* [m], *(Zug)fahrkarte* [v]
treinstel *Zug* [m], *Zuggarnitur* [v]
treinverbinding *Zugverbindung* [v]
treinverkeer *Zugverkehr* [m]
treiteren *quälen, triezen, piesacken*
trek • (het trekken) *Zug* [m] ⋆ mag ik een trekje? *darf ich mal ziehen?* ⋆ een trekje aan een sigaret *ein Zug an der Zigarette* • (eigenschap) *Charakterzug* [m], *Wesenszug* [m], *Zug* [m] ⋆ in grote trekken *in groben Zügen* • (lijn in het gezicht) *Zug* [m] ⋆ een ironische trek om de mond *ein ironischer Zug um den Mund* • (zin)

Verlangen [o], *Lust* [v] ⋆ daar heb ik echt geen trek in *dazu habe ich wirklich keine Lust* • (eetlust) *Appetit* [m], *Hunger* [m] ⋆ trek krijgen *Hunger bekommen* ⋆ daar heb ik nu geen trek in *das mag ich jetzt nicht* ⋆ geen trek hebben *keinen Appetit haben* ⋆ ergens trek in hebben *Lust auf etw. haben* • (verhuizing) *Zug* [m], ‹vluchtelingen› *Treck* [m] ⋆ de trek van de wilde ganzen *der Zug der Wildgänse* • (tocht) *Zug* [m], *Luftzug* [m] ▾ in trek zijn *beliebt/begehrt sein* ▾ in trek komen *im Kommen sein* ▾ (niet) aan zijn trekken komen *(nicht) auf seine Kosten kommen*
trekdier *Zugtier* [o]
trekhaak *Anhängerkupplung* [v]
trekharmonica *Schifferklavier* [o], *Ziehharmonika* [v]
trekken I [ov ww] *ziehen* ⋆ uit iets voordeel ~ *einen Vorteil aus etw. ziehen* ⋆ iets omhoog ~ *etw. hochziehen* ⋆ iets naar beneden ~ *etw. hinunterziehen* ⋆ een uitkering ~ *von der Sozialhilfe leben* ⋆ een les uit iets ~ *Lehren aus etw. ziehen* ⋆ een parallel ~ *einen Vergleich ziehen* ⋆ gezichten ~ *Grimassen schneiden/ziehen* ⋆ baantjes ~ *Bahnen schwimmen* ⋆ een zwaard ~ *ein Schwert ziehen* ⋆ een lot ~ *ein Los ziehen* ⋆ iets kapot ~ *etw. zerreißen* ⋆ dat trekt me wel *dazu hätte ich schon Lust* ⋆ iets strak ~ *etw. straff ziehen* ⋆ iets naar zich toe ~ *etw. an sich ziehen* ⋆ de thee laten ~ *den Tee ziehen lassen* ⋆ veel aandacht ~ *alle Blicke auf sich ziehen* ⋆ iets in twijfel ~ *etw. in Zweifel ziehen* **II** [on ww] • (naar zich toehalen) *ziehen* • (gaan) *ziehen* ⋆ de wijde wereld in ~ *in die weite Welt hinausziehen* • (betrekken) ⋆ in een huis ~ *ein Haus beziehen* • (spierbeweging maken) *zucken* ⋆ met een been ~ *ein Bein nachziehen* • (zich vervormen) *sich verziehen*
trekker • (reiziger) *Wanderer* [m] • (tractor) *Traktor* [m] • (onderdeel van vuurwapen) *Abzug* [m] ⋆ de ~ overhalen *abdrücken* • (ketting) *Zugleine* [v] • (iem. die iets trekt) ‹wissel› *Zieher* [m] • (econ.) ‹van rente› *Empfänger* [m], ‹van wissel› *Aussteller* [m]
trekking • (uitloting) *Ziehung* [v] • (het trekken) *Ziehen* [o]
trekkingslijst *Gewinn-/Ziehungsliste* [v]
trekkracht *Zugkraft* [v]
trekpleister • (attractie) *Publikumsmagnet* [m], *Knüller* [m] • (med.) *Zugpflaster* [o], *Ziehpflaster* [o]
trektocht *Wanderung* [v], *Tour* [v], *Fahrt* [v] ⋆ op ~ gaan *auf Fahrt gehen*
trekvogel • (dier) *Zugvogel* [m] • (persoon) *Wandervogel* [m]
trekzalf *Zugsalbe* [v]
trema *Trema* [o]
trend • (ontwikkeling) *Trend* [m], *Tendenz* [v] • (mode) *Trend* [m]
trendgevoelig *modisch*
trendsetter *Trendsetter* [m]
trendvolger • (iem. met een bepaald loon) ≈ *Arbeitnehmer, dessen Lohn an die Beamtengehälter gekoppelt ist* [m] • (iem. die de mode volgt) *Geck* [m] [v: *Modepuppe*]
trendy *modisch*
treuren *trauern*
treurig • (verdrietig) *traurig, betrübt* • (erbarmelijk) *miserabel, erbärmlich*
treurmuziek *Trauermusik* [v]
treurspel *Trauerspiel* [o], *Tragödie* [v]
treurwilg *Trauerweide* [v]
treuzelaar *Trödler* [m], *Trödelfritze* [m] [v: *Trödelliese*]
treuzelen *trödeln*
triangel *Triangel* [m]
triatlon *Triathlon* [m]
tribunaal *Tribunal* [o]
tribune *Tribüne* [v]
tricot • (materiaal) *Trikot* [m] • (kleding) *Trikot* [o]
triest *traurig, trübselig*
triktrak *Tricktrack* [o], *Puff* [o]
triljoen *Trillion* [v]
trillen • (beven) *zittern, beben* • (heen en weer gaan) *vibrieren*
triller *Triller* [m]
trilling • (het trillen) *Zittern* [o], *Beben* [o] • (vibratie) *Vibration* [v], ‹nat.› *Schwingung* [m] ⋆ met een ~ in zijn stem *mit bebender Stimme*
trilogie *Trilogie* [v]
trimaran *Trimaran* [m]
trimbaan *Trimm-dich-Pfad* [m]
trimester *Trimester* [o]
trimmen *trimmen*
trimsalon *(Hunde)trimmsalon* [m]
trimschoen *Sportschuh* [m]
trio • (drietal) ‹bij paardenrennen› *Dreierwette* [v], ‹m.b.t. seks› *Dreier* [m] • (muziekstuk) *Trio* [o]
triomf *Triumph* [m]
triomfantelijk *triumphierend*
triomfboog *Triumphbogen* [m]
triomferen *triumphieren*
triomftocht *Triumphzug* [m]
trip I [de] • (uitstapje) *Trip* [m], *Ausflug* [m] • (effect van drugs) *Trip* [m] ⋆ een trip maken *einen Trip nehmen* **II** [tw] ⋆ trip trap *tipp, tapp*
tripartiet *dreiteilig, dreigliedrig*
triplex I [het] *Sperrholz* [o] **II** [bnw] *aus Sperrholz, Sperrholz-*
triplo ⋆ in ~ *in dreifacher Ausfertigung* [v]
trippelen *trippeln*
trippen • (trippelen) *trippeln* • (onder invloed van drugs zijn) *einen Trip nehmen*
triptiek ‹drieluik› *Triptychon* [o], ‹grensdocument› *Triptyk/Triptik* [o]
triviaal *trivial*
troebel I [de] *Trubel* [m] **II** [bnw] *trübe* ▾ uit een ~e bron *aus fragwürdiger Quelle* ▾ in ~ water is het goed vissen *im Trüben ist gut fischen*
troef *Trumpf* [m] ▾ daar is armoede ~ *dort herrscht Armut*
troefkaart *Trumpf* [m], *Trumpfkarte* [v]
troep • (rommel) *Gerümpel* [o], *Zeug* [o] ⋆ het is me daar een ~! *das ist da vielleicht ein Durcheinander!* • (menigte) *Menge* [v], *Schar* [v], *Haufen* [m] • (mil.) *Trupp* [m], *Truppe* [v]
troepenmacht *Streitmacht* [v]
troetelkind *Hätschelkind* [o]
troetelnaam *Kosename* [m], *Spitzname* [m]
troeven • (een troefkaart spelen) *Trumpf spielen* • (andere kaarten nemen met een troefkaart) *abtrumpfen*
trofee *Trophäe* [v]
troffel *Kelle* [v]
trog • (bak) *Trog* [m] • (geo.) *Trog* [m], ‹in zeebodem› *Graben* [m]
trol *Troll* [m]
trolleybus *Trolleybus* [m]
trom *Trommel* [v] ▾ met stille trom vertrekken *sang- und klanglos abziehen* ▾ de trom slaan/roeren *die Trommel (für jmdn./etw.) rühren* ▾ op de grote trom slaan *große Töne spucken* ▾ met vliegende vaandel en slaande trom *mit Pauken und Trompeten*

T

T

trombone *Posaune* [v]
trombonist *Posaunist* [m]
trombose *Thrombose* [v]
tromgeroffel *Trommelwirbel* [m]
trommel • (doos) *Dose* [v], *Büchse* [v] • (trom) *Trommel* [v] • (cilinder) *Trommel* [v]
trommelaar *Trommler* [m]
trommelen *trommeln*
trommelrem *Trommelbremse* [v]
trommelvlies *Trommelfell* [o]
trompet *Trompete* [v]
trompetgeschal *Trompetenschall* [m]
trompetten *trompeten*
trompettist *Trompeter* [m]
tronen *thronen*
tronie *Visage* [v]
troon *Thron* [m]
troonopvolger *Thronfolger* [m]
troonopvolging *Thronfolge* [v]
troonrede *Thronrede* [v]
troonsafstand *Thronverzicht* [m]
troonsbestijging *Thronbesteigung* [v]
troonzaal *Thronsaal* [m]
troost *Trost* [m] ⋆ ergens ~ in vinden *aus etw. Trost schöpfen* ⋆ dat is een schrale ~ *das ist ein schwacher/magerer Trost* ⋆ de kinderen zijn zijn enige ~ *die Kinder sind sein einziger Trost* ▾ een bakje ~ drinken *einen Kaffee trinken*
troosteloos *trostlos*
troosten *trösten*
troostprijs *Trostpreis* [m]
tropen *Tropen* [mv]
tropenhelm *Tropenhelm* [m]
tropenjaren ≈ *in den Tropen verbrachte(n) Dienstjahre* [mv]
tropenkolder *Tropenkoller* [m]
tropenpak *Tropenanzug* [m]
tropenrooster ≈ *in den Tropen gehandhabte Zeiteinteilung* [v]
tropisch *tropisch, Tropen-*
tros • (bloeiwijze) *Traube* [v] • (scheepv.) *Trosse* [v]
trots I [de] *Stolz* [m] **II** [bnw] *stolz* ⋆ ~ op iets zijn *auf etw. stolz sein* [4]
trotseren *trotzen* [3]
trottoir *Bürgersteig* [m]
trottoirband *Bordstein* [m]
troubadour *Troubadour* [m]
trouw I [de] • (huwelijk) *Ehe* [v] ⋆ de ~ breken *die Ehe auflösen* • (het trouw zijn) *Treue* [v] ⋆ iem. ~ zweren *jmdm. Treue schwören/geloben* ⋆ te kwader ~ zijn *unaufrichtig/hinterhältig sein* ⋆ te goeder ~ zijn *aufrichtig/ehrlich sein* **II** [bnw] • (stipt) *treu, getreu* • (getrouw) *treu* ⋆ iem. ~ blijven *jmdm. die Treue halten* ⋆ iem. ~ zijn *treu zu jmdm. stehen* ⋆ ~ aan zijn beginselen zijn *sich selbst treu sein* ⋆ ~ aan zijn belofte zijn *treu sein Versprechen halten* • (onveranderlijk) *ständig, immer*
trouwakte *Heiratsurkunde* [v], *Trauschein* [m]
trouwboekje *Familienbuch* [o]
trouwdag *Hochzeitstag* [m]
trouweloos • (ontrouw) *treulos* • (vals) *niederträchtig*
trouwen I [ov ww] • (tot echtgenoot nemen) *heiraten* ⋆ iem. ~ *jmdn. heiraten* • (in de echt verbinden) *trauen* **II** [on ww] • (huwen) *heiraten, sich verheiraten* ⋆ voor de wet ~ *standesamtlich heiraten* ⋆ met iem. ~ *jmdn. heiraten* ⋆ wanneer gaan jullie ~? *wann heiratet ihr?* ⋆ in een rijke familie ~ *eine gute Partie machen* ⋆ met iem. getrouwd zijn *mit jmdm. verheiratet sein*
trouwens *übrigens,* ‹evenwel› *allerdings, freilich* ⋆ dat vind ik ~ niet zo raar *das wundert mich allerdings nicht* ⋆ hoe heet jij ~? *wie heißt du übrigens?*
trouwerij • (plechtigheid) *Trauung* [v] • (trouwpartij) *Hochzeit* [v]
trouwfoto *Hochzeitsfoto* [o], *Hochzeitsbild* [o]
trouwhartig • (trouw) *treu* • (eerlijk) *aufrichtig*
trouwjurk *Hochzeitskleid* [o]
trouwkaart *Heiratsanzeige* [v]
trouwpartij • (gezelschap) *Hochzeitsgesellschaft* [v] • (huwelijksfeest) *Hochzeitsfest* [o]
trouwplannen *Heiratspläne* [mv]
trouwplechtigheid *Trauung* [v]
trouwring *Ehering* [m], *Trauring* [m]
truc *Trick* [m], *Kniff* [m]
trucage *Trick* [m]
trucfilm *Trickfilm* [m]
truck *Lastkraftwagen* [m]
trucker *LKW-Fahrer* [m]
truffel *Trüffel* [m/v]
trui *Pullover* [m], *Pulli* [m] ▾ de gele trui *das gelbe Trikot*
trukendoos *Trickkiste* [v] ⋆ zijn ~ opentrekken *in die Trickkiste greifen*
trust • (beheer) *Treuhand* [v], *Treuhandschaft* [v] • (bedrijfscombinatie) *Trust* [m]
trut • (stom mens) *Trine* [v], *Zicke* [v], *Schnepfe* [v], *Zippe* [v] • (vagina) *Möse* [v], *Pflaume* [v]
truttig *zickig*
try-out *Voraufführung* [v]
tsaar *Zar* [m]
T-shirt *T-Shirt* [o]
Tsjaad *Tschad* [m]
Tsjech *Tscheche* [m]
Tsjechië *Tschechien* [o]
Tsjechisch I [het] *Tschechisch(e)* [o] **II** [bnw] *tschechisch*
Tsjecho-Slowaaks *tschechoslowakisch*
Tsjecho-Slowakije *Tschechoslowakei* [v]
tuba *Tuba* [v]
tube • (band) *Schlauchreifen* [m] • (verpakking) *Tube* [v]
tuberculeus *tuberkulös*
tuberculose *Tuberkulose* [v]
tucht *Disziplin* [v] ⋆ orde en ~ *Zucht und Ordnung*
tuchtcollege *Disziplinarbehörde* [v]
tuchtcommissie *Sportgericht* [o]
tuchthuis *Zuchthaus* [o]
tuchtigen *züchtigen*
tuchtrecht *Disziplinarrecht* [o]
tuchtschool *Jugendstrafanstalt* [v]
tuffen • (rijden) *juckeln, tuckern* • (spugen) *spucken*
tuig • (gespuis) *Pack* [o], *Gesindel* [o] • (touwwerk) *Zeug* [o], ‹scheepv.› *Takelage* [v] • (rommel) *Zeug* [o], *Kram* [m], *Krempel* [m]
tuigage *Takelage* [v], *Tauwerk* [o]
tuil • (ruiker) *Strauß* [m] • (bloeiwijze) *Doldentraube* [v]
tuimelen • (omrollen) *taumeln* • (vallen) *fallen, taumeln, purzeln*
tuimeling *Purzelbaum* [m], ‹val› *Sturz* [m]
tuimelraam *Kippfenster* [o]
tuin *Garten* [m] ▾ iem. om de tuin leiden *jmdn. hinters Licht führen*
tuinaarde *Gartenerde* [v]
tuinarchitect *Gartenarchitekt* [m]
tuinboon *Saubohne* [v]
tuinbouw *Gartenbau* [m]
tuinbouwschool *Gartenbauschule* [v]

tuinbroek *Latzhose* [v]
tuincentrum *Gärtnerei* [m]
tuinder *Gärtner* [m]
tuinderij *Gärtnerei* [v]
tuindorp *Gartenstadt* [v]
tuinfeest *Gartenfest* [o]
tuinhek *Gartenzaun* [m]
tuinhuisje *Gartenhaus* [o], *Laube* [v]
tuinier *Gärtner* [m], ‹liefhebber van tuinieren› *Gartenfreund* [m]
tuinieren *gärtnern*, ‹verzorgen› *den Garten pflegen*
tuinkabouter *Gartenzwerg* [m]
tuinkers *Gartenkresse* [v]
tuinkruid *Gartenkraut* [o]
tuinman *Gärtner* [m]
tuinmeubel *Gartenmöbel* [o]
tuinpad *Gartenweg* [m]
tuinslang *Gartenschlauch* [m]
tuit • (spits toelopend einde) *Zipfel* [m] • (schenktuit) *Schnabel* [m], *Ausguss* [m], *Tülle* [v]
tuiten I [ov ww] • (tot tuit maken) *spitzen* ⋆ de lippen ~ *die Lippen schürzen* **II** [on ww] • (suizen) *gellen* ⋆ mijn oren ~ *mir klingen die Ohren* • (een tuit vormen) *heraus-/hervorragen*
tuk I [de] *Nickerchen* [o] ▾ iem. tuk hebben *jmdn. zum Besten haben* **II** [bnw] ⋆ tuk op *scharf/erpicht auf* [4]
tukje *Schläfchen* [o], *Nickerchen* [o]
tulband • (hoofddeksel) *Turban* [m] • (cake) *Topfkuchen* [m], *Napfkuchen* [m]
tule *Tüll* [m]
tulp *Tulpe* [v]
tulpenbol *Tulpenzwiebel* [v]
tumor *Tumor* [m]
tumult *Tumult* [m], *Aufruhr* [m]
tune *Erkennungsmelodie* [v]
tuner *Tuner* [m]
tuner-versterker *Receiver* [m]
Tunesië *Tunesien* [o]
tuniek • (bloes) *Tunika* [v] [mv: *Tuniken*] • (uniformjas) *kurze Uniformjacke* [m]
tunnel *Tunnel* [m], ‹onder spoorweg e.d.› *Unterführung* [v]
turbine *Turbine* [v]
turbo *Turbo-*
turbulent *turbulent*
turbulentie *Turbulenz* [v] ⋆ het vliegtuig had last van ~ *das Flugzeug hatte Turbulenzprobleme*
tureluurs *verrückt, toll*
turen • (zoekend kijken) *spähen* • (staren) *starren*
turf • (veen) *Sode* [v], *Torf* [m] • (dik boek) *Wälzer* [m] ▾ toen hij nog drie turven hoog was *als er noch ein Dreikäsehoch war*
turfmolm *Torfmull* [m]
turfsteken *Torf stechen*
Turk *Türke* [m]
Turkije *Türkei* [v]
Turkmenistan *Turkmenien* [o]
turkoois *Türkis* [m]
Turks I [het] *Türkisch(e)* [o] **II** [bnw] *türkisch*
turnen *turnen*
turven (mit Strichen) *zählen*
tussen I [bijw] ▾ er van ~ gaan *abhauen* ▾ zij werd er ~ genomen *sie wurde auf den Arm genommen* **II** [vz] *zwischen* [3/4] ⋆ ~ de middag *in der Mittagspause* ⋆ ~ ons *unter uns* ▾ ~ neus en lippen door *nebenbei*
tussenbeide *zwischen beiden* ⋆ ~ komen *eingreifen; dazwischenfahren*
tussendeks *im Zwischendeck*
tussendeur *Verbindungs-/Zwischentür* [v]
tussendoor *zwischendurch*
tussendoortje • (vrijpartij) ≈ *Liebelei* [v] • (hapje) *Imbiss* [m], *Happen* [m]
tussengelegen ‹van tijdstippen› *dazwischenliegend*, ‹van zaken› *dazwischenstehend*
tussenhandel *Zwischenhandel* [m]
tussenin ‹komen› *zwischendrein*, ‹zijn› *zwischendrin* ⋆ daar ~ *dazwischen*
tussenkomst *Einschreiten* [o], *Eingreifen* [o], ‹bemiddeling› *Vermittlung* [v]
tussenlanding *Zwischenlandung* [v]
tussenmuur *Zwischenmauer* [v]
tussenpersoon *Mittelsperson* [v], *Vermittler* [m]
tussenpoos *Zwischenraum* [m] ⋆ bij tussenpozen *von Zeit zu Zeit* ⋆ met vrij lange tussenpozen *in längeren Abständen/Zwischenräumen* ⋆ zonder tussenpozen *ununterbrochen*
tussenruimte *Zwischenraum* [m]
tussenschot *Zwischenwand* [v], *Scheidewand* [v], *Trennwand* [v]
tussenstand *Zwischenergebnis* [o]
tussenstation *Zwischenstation* [v]
tussentijd *Zwischenzeit* [v] ⋆ in de ~ *inzwischen; unterdessen*
tussentijds *zwischenzeitlich, in der Zwischenzeit* ⋆ ~e maaltijd *Zwischenmahlzeit* [v] ⋆ ~e landing *Zwischenlandung* [v] ⋆ ~ ontslag *vorzeitige Entlassung* [v] ⋆ ~e verkiezingen *vorgezogene(n) Wahlen*
tussenuit *heraus, hinaus*
tussenuur *Freistunde* [v], *Zwischenstunde* [v]
tussenvoegen *einfügen, einschieben*
tussenwand *Zwischenwand* [v]
tussenweg *Mittelweg* [m]
tussenwerpsel *Interjektion* [v]
tutoyeren *duzen* ⋆ zij ~ elkaar *sie duzen sich*
tutten *trödeln*
tuttig *zimperlich*
tv → **televisie**
tv-uitzending *Fernsehausstrahlung* [v]
twaalf *zwölf* ⋆ met z'n twaalven *zu zwölft* → **acht**
twaalftal *Dutzend* [o]
twaalfuurtje *zweite(s) Frühstück* [o]
twee I [de] *Zwei* [v], ≈ ‹schoolcijfer› *Sechs* [v] **II** [telw] *zwei* ⋆ in tweeën ‹stuk› *entzwei*; ‹verdelen› *in zwei Teile* ⋆ iets in tweeën breken *etw. entzweibrechen* ⋆ dat kun je niet één, twee, drie uitleggen *das kann man nicht mit zwei, drei Worten erklären* ⋆ met z'n tweeën *zu zweit* ⋆ om kwart voor twee *um viertel vor zwei* ▾ zo één, twee, drie *im Handumdrehen* → **acht**
tweebaansweg *zweibahnige Straße* [v]
tweecomponentenlijm *Zweikomponentenkleber* [m]
tweed I [het] *Tweed* [m] **II** [bnw] *aus Tweed, Tweed-*
tweede I [de] *Zweite(r)* [m] ⋆ op de ~ van de maand *am Zweiten des Monats* **II** [het] *Zweitel* [o] **III** [telw] *zweit* ⋆ ten ~ *zweitens* ⋆ ~ druk *Zweitdruck* [m] ⋆ ~ auto *Zweitwagen* [m] ⋆ de ~ keer *das zweite Mal; das zweitemal* ⋆ voor de ~ keer *zum zweitenmal; zum zweiten Mal* ⋆ wagon ~ klas *Zweiter-Klasse-Wagen* [m] → **achtste**
tweedegraads *zweiten Grades*
tweedehands *aus zweiter Hand*, ‹boeken› *antiquarisch* ⋆ ~ auto *Gebrauchtwagen* [m] ⋆ ~ boekhandel *Antiquariat* [o] ⋆ ~ winkeltje *Secondhandladen* [m]; *Trödelladen* [m]
tweedejaars I [de] *Student im dritten/vierten Semester* [m] **II** [bnw] *im dritten/vierten Semester*
tweedelig *zweiteilig*, ‹van boeken› *zweibändig*
tweedelijns *in zweiter Linie*
tweederangs *zweitklassig*, ‹pej.› *zweitrangig*

T

tweedeursauto *zweitürige(s) Auto* [o]
tweedracht *Zwietracht* [v]
twee-eiig *zweieiig*
tweeërlei *zweierlei*
tweegevecht *Duell* [o], *Zweikampf* [m]
tweeklank *Diphthong* [m], *Doppellaut* [m]
tweekwartsmaat *Zweivierteltakt* [m]
tweeledig • (dubbelzinnig) *doppeldeutig, zweideutig* • (uit twee delen/leden bestaand) *zweigliedrig*
tweeling • (twee kinderen) *Zwillinge* [mv] • (één van tweeling) *Zwilling* [m]
tweelingbroer *Zwillingsbruder* [m]
tweemaal *doppelt, zweimal*
tweepersoonsbed *Doppelbett* [o]
tweepits *mit zwei Flammen* ⋆ een ~ gastoestel *Herd mit zwei Gasflammen* [m]
tweerichtingsverkeer *Verkehr in beide Richtungen* [m]
tweeslachtig • (hermafrodiet) *zwittrig, doppelgeschlechtig,* ‹plant.› *zweigeschlechtig* • (amfibisch) *amphibisch* • (ambivalent) *ambivalent, zweideutig*
tweespalt *Zwiespalt* [m]
tweespraak *Zwiegespräch* [o], *Zwiesprache* [v]
tweesprong *Weggabelung* [v] ▾ op een ~ staan *am Scheideweg stehen*
tweestemmig *zweistimmig*
tweestrijd *Zwiespalt* [m] ⋆ in ~ staan *sich in einem Zwiespalt befinden*
tweetal *Paar* [o], *Duo* [o] ⋆ na een ~ maanden *nach etwa zwei Monaten*
tweetalig *zweisprachig*
tweeverdieners *Doppelverdiener* [mv]
tweevoud *Zweifache(s)* [o], *Doppelte(s)* [o] ⋆ in ~ *in zweifacher Ausfertigung*
tweezijdig *zweiseitig*
twijfel *Zweifel* [m], ‹scepsis› *Bedenken* [mv] ⋆ in ~ staan *zweifeln; unschlüssig sein* ⋆ iets in ~ trekken *etw. bezweifeln* ⋆ ~ koesteren *Zweifel hegen* ⋆ zonder ~ *zweifelsohne; zweifellos* ⋆ het lijdt geen ~ *es unterliegt keinem Zweifel* ⋆ in geval van ~ *im Zweifelsfall* ⋆ ik heb daar zo mijn ~s over *ich habe da so meine Bedenken/Zweifel*
twijfelaar • (iem. die twijfelt) *Zweifler* [m] • (bed) ≈ *französische(s) Bett* [o]
twijfelachtig *zweifelhaft*
twijfelen • (onzeker zijn) *zweifeln, schwanken, unschlüssig sein* • (~ **aan**) *zweifeln (an)* [3]
twijfelgeval *Zweifelsfall* [m]
twijg *Zweig* [m]
twinkelen *funkeln,* ‹ogen› *glitzern*
twintig *zwanzig* → **acht**
twist I [de] • (onenigheid) ⋆ ~ zaaien *Zwietracht säen/stiften* ⋆ ~ zoeken *Streit suchen* • (ruzie) *Zwist* [m], *Streit* [m], *Streitigkeit* [v] • (dans) *Twist* [m] **II** [het] *Twist* [m]
twistappel *Zankapfel* [m], ‹mythologisch› *Erisapfel* [m]
twisten • (dansen) *twisten* • (redetwisten) *(sich) streiten* ⋆ daarover valt te ~ *darüber lässt sich streiten* • (ruziën) *(sich) streiten, (sich) zanken* ⋆ met iem. over iets ~ *sich mit jmdm. über etw. streiten*
twistgesprek *Streitgespräch* [o], *Wortgefecht* [o]
twistpunt *Streitgegenstand* [m], *Streitpunkt* [m]
tyfoon *Taifun* [m]
tyfus *Typhus* [m]
type • (soort) *Typ* [m] ⋆ hij is het type van een schoolmeester *er ist ein typischer Lehrer* • (individu) *Typ* [m], *Individuum* [o] ⋆ zij is een raar type *sie ist so 'ne Type* • (grondvorm) *Typ* [m], *Gattung* [v] • (model) *Typ* [m], *Modell* [o], *Bauart* [v] • (drukletter) *Type* [v], *Drucktype* [v]
typecasting *Rollenauswahl* [v]
typediploma *Maschinenschreibdiplom* [o]
typefout *Tippfehler* [m]
typemachine *Schreibmaschine* [v]
typen *Schreibmaschine schreiben, Maschine schreiben,* ‹inf.› *tippen* ⋆ getypt *maschinengeschrieben; maschinenschriftlich* ⋆ getypte kopij *Manuskript in Maschinenschrift* [o]
typeren *charakterisieren, kennzeichnen*
typerend *typisch, kennzeichnend, charakteristisch*
typesnelheid *Anschläge pro Minute* [mv]
typisch • (typerend) *typisch, charakteristisch, bezeichnend* ⋆ ~ iets voor haar *(das ist) typisch für sie* • (eigenaardig) *merkwürdig, sonderbar, komisch*
typist *Schreibkraft* [v]
typografie *Typographie/Typografie* [v]
typoscript *Typoskript* [o]
Tyrrheense Zee *Tyrrhenische(s) Meer* [o]

U

u I [de] *U* [o] **II** [pers vnw] *Sie,* ‹dativus› *Ihnen* ⋆ als ik u was *an Ihrer Stelle*
überhaupt *überhaupt*
ufo *Ufo* [o]
ui *Zwiebel* [v]
uier *Euter* [o]
uil • (nachtvogel) *Eule* [v], *Kauz* [m] • (sukkel) *Dummkopf* [m], *Schafskopf* [m]
uilenbril *Hornbrille* [v]
uilskuiken • (uilenjong) *Eulenjunge(s)* [o] • (domoor) *Dummkopf* [m], *Trottel* [m]
uiltje • (nachtvlinder) *Nachtfalter* [m] • (kleine uil) *kleine Eule* [v] ▾ een ~ knappen *ein Nickerchen machen*
uit I [bijw] • ((naar) buiten) *aus ... heraus/hinaus* ⋆ zij liep de straat uit *sie lief die Straße hinunter* • (beëindigd) *zu Ende* ⋆ het verhaal is uit *die Geschichte ist zu Ende* ⋆ het is uit tussen hen *sie haben Schluss gemacht* ⋆ de school is uit *die Schule ist aus* • (niet populair (meer)) *out* ⋆ hoge hakken zijn uit *Stöckelschuhe sind out* • (niet brandend) *aus* ⋆ de kaars is uit *die Kerze ist aus* **II** [vz] • ((naar) buiten) *aus* [3] ⋆ uit de gratie *nicht in jmds. Gunst* ⋆ het ligt 1 km uit het centrum *es liegt 1 Kilometer außerhalb der Stadt* • (van(daan)) *aus* [3], *von* [3] ⋆ zij komt uit Suriname *sie kommt aus Surinam* ⋆ uit welk boek heb je dat? *aus welchem Buch hast du das?* • (vanwege) *aus* [3], *wegen* [2] ▾ uit het hoofd *auswendig*
uitademen *ausatmen*
uitbakken *auslassen, ausbraten*
uitbalanceren *ausbalancieren,* ‹wiel› *auswuchten* ⋆ een uitgebalanceerde maaltijd *eine ausgewogene Mahlzeit*
uitbannen • (verbannen) *verbannen* • (uitdrijven) *austreiben* ⋆ de duivel ~ ≈ *den Teufel austreiben*
uitbarsten *ausbrechen*
uitbarsting • (uiting) *Ausbruch* [m] ⋆ tot een ~ komen *zum Ausbruch kommen* • (het uitbarsten) ‹geo.› *Eruption* [v]
uitbater *Besitzer* [m], *Inhaber* [m], *Geschäftsführer* [m]
uitbeelden *darstellen, schildern* ⋆ een rol in een film ~ *eine Rolle im Film verkörpern*
uitbenen *die Knochen herauslösen* ▾ iem. ~ *jmdn. ausnutzen*
uitbesteden • (aan anderen overdragen) *vergeben, in Auftrag geben* • (in de kost doen) *unterbringen, in Pflege geben*
uitbetalen *auszahlen* ⋆ per uur ~ *pro Stunde bezahlen*
uitbijten I [ov ww] *wegätzen,* ‹aantasten› *wegfressen* **II** [on ww] *angefressen/zerfressen werden*
uitblazen I [ov ww] • (uitademen) *ausblasen* **II** [on ww] • (op adem komen) *zu Atem kommen,* ‹sich› *verschnaufen*
uitblijven *ausbleiben* ⋆ de gevolgen bleven niet uit *die Folgen ließen nicht auf sich warten*
uitblinken *sich auszeichnen, hinausragen über* ⋆ ~ in *sich auszeichnen durch*
uitblinker *Ass* [o], *Könner* [m]
uitbloeien *ausblühen, verblühen*
uitbotten *ausschlagen, sprießen*
uitbouw • (het uitbouwen) *Anbau* [m], ‹vergroting› *Ausbau* [m] • (aanbouwsel) *Anbau* [m]
uitbouwen • (uitbreiden) *vergrößern, anbauen* • (verder ontwikkelen) *ausbauen*
uitbraak *Ausbruch* [m]
uitbraken • (uitslaan) *ausstoßen* • (door braken uitspuwen) *erbrechen, kotzen* ⋆ de vulkaan braakt vuur uit *der Vulkan speit Feuer* ▾ zijn gal ~ *Gift und Galle speien*
uitbranden I [ov ww] *ausbrennen* ▾ zijn kaars is uitgebrand *sein Licht ist erloschen* **II** [on ww] *ausbrennen*
uitbrander *Rüffel* [m], *Verweis* [m] ⋆ iem. een ~ geven *jmdm. einen Verweis/Rüffel erteilen;* ‹inf.› *jmdm. eine Standpauke halten*
uitbreiden I [ov ww] • (vergroten) *erweitern* **II** [on ww] *ausbauen* **III** [wkd ww] *sich erweitern, sich ausdehnen, sich ausbreiten* ⋆ de gifwolk breidt zich uit *die Giftwolke breitet/dehnt sich aus*
uitbreiding • (het uitbreiden) *Erweiterung* [v], *Vergrößerung* [v] ⋆ voor ~ vatbaar *ausbaufähig* • (toegevoegd deel) *Ausdehnung* [v], *Ausbau* [m], *Ausbreitung* [v]
uitbreidingsplan *Ausbreitungsplan* [m], *Erweiterungsplan* [m], ‹van een stad/gemeente› *Ortbebauungsplan* [m]
uitbreken I [ov ww] • (losmaken) *ausbrechen* ⋆ er brak een strijd uit *ein Streit entflammte* ⋆ er zijn rellen uitgebroken *es sind Unruhen ausgebrochen* ▾ breek er eens even uit! *nimm dir mal frei* **II** [on ww] • (ontsnappen) *ausbrechen* • (uitbarsten) *ausbrechen*
uitbrengen • (kenbaar maken) *abgeben* ⋆ zijn stem ~ *seine Stimme abgeben* ⋆ verslag ~ *Bericht erstatten* ⋆ een advies ~ *ein Gutachten abgeben* • (uiten) *ausbringen, hervorbringen* ⋆ hij kon geen woord ~ *er konnte kein Wort herausbringen* ⋆ een toast ~ *einen Toast ausbringen* • (op de markt brengen) *herausbringen* ⋆ een boek ~ *ein Buch herausgeben* • (openbaar maken) *bekannt machen, aufdecken*
uitbroeden • (beramen) *aushecken* • (eieren doen uitkomen) *ausbrüten*
uitbuiten *ausbeuten, ausnutzen*
uitbundig • (bovenmatig) *übermäßig, unbändig* • (uitgelaten) *ausgelassen, überschwänglich* ⋆ kinderen zijn vaak erg ~ *Kinder sind oft sehr ausgelassen*
uitdagen *herausfordern,* ‹provoceren› *provozieren* ⋆ iem. tot een duel ~ *jmdn. zum Duell herausfordern*
uitdagend *herausfordernd*
uitdager *Herausforderer* [m]
uitdaging *Herausforderung* [v] ⋆ de ~ aannemen *die Herausforderung annehmen*
uitdelen *verteilen, austeilen* ⋆ onder de armen ~ *an die Armen verteilen*
uitdenken *sich ausdenken, sich erdenken* ⋆ hij heeft dit plan uitgedacht *er hat sich diesen Plan ausgedacht/erdacht*
uitdeuken *ausbeulen*
uitdienen *ausdienen* ⋆ zijn tijd ~ *seine Zeit ableisten*
uitdiepen *vertiefen* ⋆ de greppel ~ *den Graben vertiefen* ⋆ een rol ~ *eine Rolle vertiefen*
uitdijen *sich ausdehnen,* ‹door vocht› *aufquellen*
uitdoen • (uittrekken) *ausziehen* ⋆ doet u toch uw jas uit *legen Sie doch Ihren Mantel ab* • (uitschakelen) *ausmachen*
uitdokteren *ausknobeln, austüfteln*
uitdossen *herausputzen*
uitdraai *Ausdruck* [m]
uitdraaien I [ov ww] • (uitdoen) *ausdrehen, ausschalten, ausmachen,* ‹licht› *ausknipsen*

• (printen) *drucken* **II** [on ww] • (~ **op**) *hinauslaufen auf* [4] ⋆ waar zal dit alles op ~? *auf was wird dies alles hinauslaufen?* ⋆ dit draait op niets uit *das führt zu nichts*
uitdragen *verbreiten*
uitdrager *Trödler* [m], *Gebrauchtwarenhändler* [m]
uitdragerij *Trödelladen* [m]
uitdrijven *austreiben*
uitdrogen *austrocknen*

U

uitdrukkelijk *ausdrücklich, nachdrücklich, mit Nachdruck, eigens*
uitdrukken • (uiten) *ausdrücken, zum Ausdruck bringen* ⋆ zacht uitgedrukt *gelinde gesagt* • (uitknijpen) *herauspressen, herausdrücken, auspressen* ⋆ een puistje ~ *einen Pickel ausdrücken* • (drukkend uitdoen) *ausdrücken*
uitdrukking • (uiting) *Ausdruck* [m] ⋆ tot ~ brengen *zum Ausdruck bringen* ⋆ tot ~ komen *zum Ausdruck kommen* ⋆ ~ geven aan iets *an etw. Ausdruck geben* • (zegswijze) *Redewendung* [v] • (gelaatsuitdrukking) ⋆ een gezicht zonder ~ *ein ausdrucksloses Gesicht*
uitdunnen I [ov ww] • (dunner maken) *ausdünnen* **II** [on ww] • (dunner worden) *sich lichten*
uiteen *auseinander*
uiteengaan *auseinander gehen, sich trennen* ⋆ zij zijn uiteen gegaan *sie sind auseinander gegangen; sie haben sich getrennt* ⋆ hier gaan onze wegen uiteen *hier trennen sich unsere Wege*
uiteenlopen • (niet dezelfde kant uitlopen) *auseinander laufen* • (verschillen) *auseinander gehen* ⋆ daarover lopen de meningen uiteen *darüber scheiden sich die Geister*
uiteenvallen *zerfallen, auflösen, auseinander fallen*
uiteenzetten *auseinander setzen, darlegen*
uiteenzetting *Darlegung* [v], *Erörterung* [v]
uiteinde • (uiterste einde) *Ende* [o] • (afloop) *Ende* [o], *Ausgang* [m] ⋆ een zalig ~ *ein glückliches Jahresende*
uiteindelijk *letzten Endes, schließlich, letztendlich, letztlich* ⋆ ~ heb ik het weer gedaan *am Ende kriege ich wieder die Schuld*
uiten I [ov ww] *äußern, von sich geben* ⋆ zijn vreugde ~ *seine Freude äußern* **II** [wkd ww] *sich ausdrücken, sich äußern*
uitentreuren *endlos, bis zum Überdruss*
uiteraard *selbstverständlich, natürlich*
uiterlijk I [het] *Äußerlichkeit* [v], *Äußerliche(s)* [o], *Äußere(s)* [o] ⋆ dat is alleen maar voor het ~ *das ist nur zum Schein* **II** [bnw] *äußerlich* ⋆ de ~e schijn *der äußere Schein* **III** [bijw] • (op zijn laatst) *spätestens* • (van buiten) *von/nach außen, äußerlich* ⋆ ~ was zij rustig *nach außen hin war sie ruhig*
uitermate *ungemein, überaus, außerordentlich, äußerst* ⋆ dat verheugt mij ~ *das freut mich ungemein*
uiterst I [bnw] *äußerst* ⋆ zijn ~e best doen *sein Möglichstes/Bestes tun* ⋆ in het ~e geval *im äußersten Fall; schlimmstenfalls* ⋆ een ~e poging *ein letzter Versuch* ⋆ tot het ~e gaan *zum Äußersten gehen* **II** [bijw] *in höchstem Maße, höchst, äußerst* ⋆ ~ zeldzaam *höchst selten* ⋆ ~ tevreden *in höchstem Maße zufrieden*
uiterste *Extrem* [o], *Äußerste(s)* [o] ⋆ van het ene ~ in het andere vallen *von einem Extrem ins andere fallen* ⋆ iem. tot het ~ drijven *jmdn. zum Letzten treiben* ⋆ in/tot ~n vervallen *in Extreme verfallen* ⋆ zich tot het ~ verdedigen *sich bis aufs Letzte verteidigen* ⋆ iets tot het ~ drijven *etw. bis zum Äußersten/ins Extrem treiben* ▾ de ~n raken elkaar *die Extreme berühren sich*
uiterwaard *Überschwemmungsraum* [m]
uitfluiten *auspfeifen*
uitgaan • (zich gaan vermaken) *ausgehen* • (naar buiten gaan) *hinausgehen, herausgehen* • (doven) *ausgehen* ⋆ het licht gaat uit *das Licht geht aus; das Licht erlischt* • (leegstromen) ⋆ de voorstelling gaat uit *die Vorstellung ist aus* • (~ **van**) *ausgehen von* • (~ **naar**) ⋆ onze steun gaat naar de familie uit *unsere Unterstützung gilt der Familie;* ‹bij overlijden› *unser Beileid gilt der Familie*
uitgaanskleding *Ausgehkleidung* [v]
uitgaansleven *Nachtleben* [o]
uitgaansverbod *Ausgangssperre* [v], *Ausgehverbot* [o]
uitgang *Ausgang* [m]
uitgangspositie *Ausgangsposition* [v]
uitgangspunt *Ausgangspunkt* [m], ‹wetenschappelijk› *Ansatz* [m]
uitgave • (het uitgeven) *Ausgabe* [v] • (uitgegeven geld) *Ausgabe* [v] • (publicatie) *Herausgabe* [v], *Auflage* [v], *Veröffentlichung* [v]
uitgebreid • (veelomvattend) *umfangreich, umfassend* ⋆ ~e kennis hebben *umfassende Kenntnisse haben* • (uitvoerig) *ausführlich, eingehend* ⋆ zich ~ met iets bezig houden *sich eingehend/ausführlich mit etw. beschäftigen* • (van grote omvang) *ausgedehnt, umfangreich* ⋆ ~e landgoederen *ausgedehnte(n) Güter*
uitgebreidheid • (grootte) *Ausdehnung* [v], *Umfang* [m] • (uitvoerigheid) *Ausmaß* [o]
uitgehongerd *ausgehungert*
uitgekookt *ausgekocht, gerissen*
uitgelaten *ausgelassen* ⋆ ~ van blijdschap *außer sich vor Freude*
uitgeleefd *verwohnt*
uitgeleide *Geleit* [o] ⋆ iem. ~ doen *jmdn. hinausbegleiten/hinausgeleiten*
uitgelezen *erlesen*
uitgemaakt *ausgemacht, beschlossen*
uitgemergeld *ausgemergelt*
uitgeput • (doodmoe) *erschöpft* • (verbruikt) ‹mijn/landbouwgrond› *abgewirtschaftet,* ‹voorraad› *ausgegangen*
uitgerekend I [bnw] *berechnend, durchtrieben* **II** [bijw] *gerade, ausgerechnet*
uitgeslapen • (pienter) *schlau, pfiffig, gerissen* • (uitgerust) *ausgeschlafen*
uitgesloten *ausgeschlossen, unmöglich*
uitgesproken *ausgesprochen, unverkennbar*
uitgestorven *ausgestorben*
uitgestreken ⋆ met een ~ gezicht *mit einer Unschuldsmiene; ohne eine Miene zu verziehen*
uitgestrekt *ausgedehnt,* ‹lichaam› *ausgestreckt*
uitgestrektheid *Weite* [v], *Ausdehnung* [v]
uitgeteerd *ausgezehrt*
uitgeteld • (uitgeput) *erschöpft,* ‹inf.› *erledigt* ⋆ hij is ~ *er ist fix und fertig* • (uitgerekend) ⋆ wanneer is zij ~? *wann ist es so weit?*
uitgeven • (publiceren) *herausgeben, verlegen* • (in omloop brengen) ⋆ aandelen ~ *Aktien anbieten* • (besteden) *ausgeben* ⋆ geld ~ *Geld ausgeben* • (doen alsof) ⋆ zich voor iem. ~ *sich als jmdn. ausgeben*
uitgever • (iem. die boeken uitgeeft) *Verleger* [m] • (uitgeverij) *Verlag* [m]
uitgeverij ‹branche› *Verlagswesen* [o], ‹zaak› *Verlag* [m]
uitgewoond *verwohnt*
uitgezakt *zusammengefallen,* ‹van kleding› *ausgebeutelt* ⋆ ~ op de bank zitten *auf dem Sofa*

lümmeln
uitgezocht *prächtig, erlesen*
uitgezonderd I [vz] *bis auf* [4], *außer* [3] ⋆ ~ haar haar lijkt zij op mij *bis auf ihre Haare ist sie mir ähnlich* **II** [vw] *ausgenommen, außer* ⋆ ~ mijn vader *außer mein Vater; mein Vater ausgenommen*
uitgifte ‹boeken/teksten› *Herausgabe* [v], ‹goederen, waardepapier› *Ausgabe* [v], ‹waardepapier› *Emission* [v]
uitgiftekoers *Ausgabekurs* [m]
uitglijden *ausrutschen, ausgleiten*
uitglijder *Ausrutscher* [m], *Schnitzer* [m]
uitgooien *auswerfen, abwerfen* ▾ een visje ~ *einen Köder auswerfen*
uitgraven *ausgraben*
uitgroeien • (boven/buiten iets uitkomen) *hinauswachsen (über)* [4] ⋆ daar ben ik bovenuit gegroeid *ich bin darüber hinausgewachsen* • (~ **tot**) *sich entwickeln, heranwachsen*
uitgummen *ausradieren*
uithaal • (beweging) *Ausholen* [o] ⋆ met een ~ gooien *weit ausholend werfen* • (langgerekte toon) *Dehnung* [v] • (vinnige opmerking) *Seitenhieb* [m], *Hieb* [m]
uithalen I [ov ww] • (baten) *nützen* ⋆ het haalt niets uit *es nützt nichts; es führt zu nichts* • (uitspoken) *anstellen* ⋆ streken ~ *Streiche spielen* ⋆ wat heb je nu weer uitgehaald? *was hast du jetzt wieder angestellt?* • (los-/uithalen) *herausziehen* ⋆ een draad eruit halen *einen Faden herausziehen* **II** [on ww] • (arm/been uitslaan) *ausholen* ⋆ één keer goed ~ *einmal kräftig ausholen* • (uitvaren) *schimpfen auf, ausfahren* ⋆ tegen iem. ~ *gegen jmdn. ausfahren*
uithangbord *Aushängeschild* [o]
uithangen I [ov ww] • (buiten ophangen) *aufhängen, aushängen* ⋆ de vlag ~ *die Fahne aus-/heraus-/hinaushängen* • (zich gedragen als) *herauskehren, spielen* ⋆ de beest ~ *sich schändlich/unmöglich benehmen* **II** [on ww] • (verblijven) *stecken, sich aufhalten* • (breeduit hangen) *aushängen, heraushängen* ▾ het hangt mij mijlenver de keel uit *es hängt mir meilenweit zum Hals heraus*
uitheems *ausländisch, exotisch,* ‹zeden/gewoonten› *fremd, fremdländisch*
uithoek *entlegene(r) Ort* [m], *entlegene(r) Winkel* [m] ⋆ tot in de verste ~ *bis in den entlegensten Winkel* ⋆ in een ~ wonen *am Ende der Welt wohnen*
uithollen I [ov ww] • (ontkrachten) *aushöhlen* • (hol maken) *aushöhlen, auskehlen* **II** [on ww] • (stoppen met rennen) *aufhören zu rennen* • (ergens uitrennen) *hinaus-/herausrennen, rennen aus* ⋆ de school ~ *aus der Schule rennen*
uithongeren *aushungern*
uithoren • (tot einde luisteren) *zu Ende hören* • (uitvragen) *ausfragen, aushorchen*
uithouden • (volhouden) *aushalten* • (uitgestrekt houden) *ausgestreckt halten* ⋆ de armen ~ *die Arme ausgestreckt halten*
uithoudingsvermogen *Ausdauer* [v]
uithuilen *sich ausweinen,* ‹inf.› *sich ausheulen*
uithuizig *unterwegs, außer Haus* ⋆ hij is ~ *er ist außer Haus* ⋆ zij is vaak ~ *sie ist oft unterwegs*
uithuwelijken *verheiraten* ⋆ iem. ~ aan iem. *jmd. mit jmdm./an jmdn. verheiraten*
uiting • (het uiten) *Äußerung* [v] • (wat geuit wordt) *Ausdruck* [m] ⋆ tot ~ komen *seinen Ausdruck finden; zum Ausdruck kommen; sich niederschlagen* ⋆ ~ geven aan iets *etw. äußern* ⋆ ~ geven aan zijn dank *seinen Dank äußern; seinem Dank Ausdruck geben*
uitje *Ausflug* [m]
uitjouwen *ausbuhen*
uitkafferen *beschimpfen, zusammenstauchen*
uitkammen *durchkämmen*
uitkeren *auszahlen,* ‹dividend› *ausschütten*
uitkering • (uitgekeerde som) ‹door sociale verzekering› *Leistung* [v], ‹ondersteuning› *Unterstützung* [v] ⋆ recht op een ~ hebben *Anspruch auf Unterstützung/Sozialhilfe haben* ⋆ de ~ bij werkeloosheid *das Arbeitslosengeld; die Arbeitslosenhilfe* ⋆ een sociale ~ krijgen *Sozialhilfe bekommen* • (het uitkeren) *Auszahlung* [v], ‹dividend› *Ausschüttung* [v]
uitkeringsgerechtigd *unterstützungsberechtigt, sozialhilfeberechtigt*
uitkeringsgerechtigde *Sozialhilfeberechtigte(r)* [m], *Unterstützungsberechtigte(r)* [m]
uitkeringstrekker *Empfänger staatlicher Unterstützung* [m]
uitkienen *ausklügeln, ausknobeln*
uitkiezen *auswählen,* ‹van personen› *auserwählen*
uitkijk *Beobachtungsposten* [m] ▾ op de ~ staan *Ausschau halten; Schmiere stehen*
uitkijken I [ov ww] *zu Ende sehen* **II** [on ww] • (uitzicht geven op) *sehen auf* ⋆ deze kamer kijkt uit op de tuin *dieses Zimmer geht auf den Garten* • (oppassen) *aufpassen, Acht geben* ⋆ kijk uit! *pass auf!; gib Acht!; Vorsicht!* ⋆ ik kijk wel uit *ich werde mich hüten* • (zoeken) *Ausschau halten, sich umsehen, ausschauen* ⋆ naar een baan ~ *sich nach einer Stelle umsehen* ⋆ naar iem. ~ *nach jmdm. ausschauen; nach jmdm. Ausschau halten* • (verlangen naar) *sehnsüchtig entgegensehen* ⋆ naar deze ontmoeting ~ *sich auf dieses Treffen freuen; dieses Treffen herbeisehnen* ▾ erop uitgekeken zijn *sich an etw. satt gesehen haben* ▾ op iem. uitgekeken zijn *jegliches Interesse an jmdm. verloren haben*
uitkijkpost • (persoon) *Spanner* [m] • (plaats) *Beobachtungsposten* [m], ‹inf.› *Ausguck* [m]
uitkijktoren *Aussichtsturm* [m]
uitklaren *abfertigen,* ‹scheepv.› *ausklarieren*
uitkleden • (arm maken) *ausnehmen* ⋆ iem. tot op het hemd ~ *jmdn. bis aufs Hemd ausnehmen* • (ontkleden) *entkleiden, ausziehen* ⋆ zich ~ ‹med.› *sich freimachen* • (sterk versoberen) ⋆ een bouwplan ~ *einen Bauplan zusammenstreichen*
uitkloppen *ausklopfen,* ‹uitdeuken› *ausbeulen*
uitknijpen *auspressen, ausquetschen,* ‹puistjes› *ausdrücken*
uitknippen *ausschneiden* ⋆ het licht ~ *das Licht ausknipsen/ausschalten*
uitkomen • (te voorschijn komen) *herauskommen, erscheinen, zur Geltung kommen* ⋆ in deze jurk kwam haar figuur goed uit *dieses Kleid ließ ihre Figur zur Geltung kommen* • (uitbotten) *ausschlagen* • (in druk verschijnen) *herauskommen, erscheinen* • (aan het licht komen) *ans Licht kommen, an den Tag kommen, herauskommen* • (als eerste spelen) *ausspielen* ⋆ wie moet ~? *wer spielt aus?* ⋆ met tien spelers ~ *mit zehn Spielern spielen* • (opgaan, kloppen) *aufgehen* ⋆ de berekening komt uit *die Berechnung geht auf* • (rondkomen) *auskommen* ⋆ kom je met je geld uit? *kommst du mit deinem Geld aus?* • (aftekenen tegen) *sich abzeichnen* ⋆ geel komt op zwart goed uit *auf Schwarz kommt Gelb gut zur Geltung; auf Schwarz tritt Gelb gut hervor* • (gelegen komen) *passen* ⋆ dat komt goed uit *das trifft sich gut* ⋆ dan komt het mij niet uit *dann passt es mir nicht*

U

• (genoemde uitkomst hebben) *in Erfüllung gehen, sich erfüllen* ⋆ mijn wens kwam uit *mein Wunsch ging in Erfüllung* • (uit ei komen) *schlüpfen* • (naar buiten komen) *herauskommen* ⋆ de deur ~ *zur Tür heraus-/hinauskommen* • (terechtkomen) *kommen, ankommen* ⋆ op hetzelfde punt ~ *am gleichen Punkt ankommen* ⋆ in het park ~ *im Park landen/ankommen*

U

uitkomst • (resultaat) *Resultat* [o], *Ergebnis* [o] • (oplossing) *Lösung* [v]

uitkopen *abfinden, auszahlen* ⋆ iem. ~ *jmdn. abfinden/auszahlen*

uitkramen *schwatzen* ⋆ onzin ~ *Stuss reden; Unsinn/Blödsinn reden*

uitkristalliseren *(sich) auskristallisieren*

uitlaat • (uitingsmogelijkheid) *Ventil* [o] • (opening) *Auslass* [m], ‹auto› *Auspuff* [m]

uitlaatgas *Auspuffgas* [o], *Abgas* [o]

uitlaatklep *Ventil* [o] ⋆ zij is zijn ~ *sie ist seine Seelsorgerin*

uitlachen *auslachen* ⋆ iem. in zijn gezicht ~ *jmdm. ins Gesicht auslachen* ⋆ niet uitgelachen raken *aus dem Lachen nicht herauskommen*

uitladen *ausladen*, ‹scheepv.› *löschen*, ‹voertuigen› *entladen*

uitlaten I [ov ww] • (dier naar buiten laten) *hinauslassen* ⋆ de hond ~ *den Hund ausführen/spazieren führen* • (naar buiten geleiden) *hinauslassen, hinausbringen*, ‹een gast› *hinausbegleiten* • (niet aandoen) *auslassen* **II** [wkd ww] *sich auslassen (über), sich äußern (zu)* ⋆ hij laat zich niet daarover uit *er äußert sich nicht dazu; er lässt sich nicht darüber aus* ⋆ zich negatief over iem. ~ *sich negativ über jmdn. auslassen/äußern*

uitlating • (uiting) *Äußerung* [v] ⋆ uit bepaalde ~en begrijpen dat ... *bestimmten Worten/Äußerungen entnehmen, dass ...* • (weglating) *Auslassung* [v]

uitleentermijn *Leihfrist* [v]

uitleg *Erklärung* [v], ‹geanalyseerde verklaring› *Auslegung* [v], ‹interpretatie› *Interpretation* [v], ‹uitvoerig› *Darlegung* [v] ⋆ een nadere ~ geven *etw. erläutern* ⋆ dit is voor tweeërlei/velerlei ~ vatbaar *das ist doppeldeutig/zweideutig/mehrdeutig*

uitleggen • (verklaren) *darlegen, erläutern, deuten, erklären* ⋆ leg me dat maar eens uit *erklär mir das doch mal* • (vergroten) *auslassen* • (uitspreiden) *auslegen*

uitlekken • (bekend worden) *durchsickern* • (uitdruipen) *abtropfen* • (leeglopen) *auslaufen*

uitlenen *ausleihen*, ‹tegen betaling› *verleihen*

uitleven *sich ausleben*, ‹kinderen› *sich austoben*

uitleveren *ausliefern*

uitlevering *Auslieferung* [v]

uitleveringsverdrag *Auslieferungsvertrag* [m]

uitleveringsverzoek *Auslieferungsantrag* [m]

uitlezen *auslesen, zu Ende lesen*

uitlijnen *auswuchten*

uitlokken *provozieren, reizen, herbeiführen*, ‹protest› *hervorrufen* ⋆ een ongeluk ~ *ein Unglück herbeiführen*

uitloop • (afvoer) *Ausfluss* [m] • (het uitlopen) *Auslauf* [m] • (monding) *Mündung* [v]

uitlopen I [ov ww] • (ten einde aflopen) *zu Ende laufen/gehen* **II** [on ww] • (naar buiten lopen) *gehen aus*, ‹scheepv.› *auslaufen* ⋆ het huis ~ *aus dem Haus gehen/laufen* • (leiden tot) *führen zu, hinauslaufen auf* ⋆ ik weet niet waarop dat moet ~ *ich weiss nicht, wie das enden soll; ich weiss nicht, worauf das hinauslaufen soll* ⋆ dat loopt op niets uit *das läuft auf nichts hinaus; dabei kommt nichts heraus; das führt zu nichts* • (uitbotten) *ausschlagen, auslaufen* • (tot stilstand komen) *auslaufen* • (voorsprong nemen) *einen Vorsprung vergrößern* • (langer duren) *länger dauern, sich in die Länge ziehen* ⋆ de voorstelling liep uit *die Vorstellung dauerte länger* • (uitmonden) *auslaufen* • (vlekkerig worden) ‹make-up› *zerlaufen*, ‹verf› *auslaufen*

uitloper *Ausläufer* [m]

uitloten *auslosen*

uitloven *aussetzen*

uitluiden • (door klokken uitluiden) *ausläuten* ⋆ het oude jaar ~ *das alte Jahr ausläuten* • (het einde vieren van) *abschließen* ⋆ het schooljaar ~ *das Schuljahr abschließen* ⋆ iem. feestelijk ~ *sich festlich von jmdm. verabschieden*

uitmaken • (doen ophouden) *lösen, ausmachen* ⋆ het vuur ~ *das Feuer löschen/ausmachen* ⋆ een verloving ~ *eine Verlobung auflösen* ⋆ zij heeft het uitgemaakt *sie hat Schluss gemacht* • (beslissen) *entscheiden* ⋆ een uitgemaakte zaak *eine ausgemachte Sache* ⋆ maak dat samen maar uit *macht das nur untereinander aus* ⋆ de kwestie is nog niet uitgemaakt *die Sache ist noch nicht entschieden* • (vormen) *ausmachen, bilden* ⋆ dit schilderij maakt deel uit van een collectie *dieses Gemälde ist Teil einer Kollektion* ⋆ deze heren maken het bestuur uit *diese Herren bilden den Vorstand* • (betekenen) *ausmachen* ⋆ het maakt niet uit *es ist egal* • (~ **voor**) *beschimpfen, nennen* ⋆ iem. ~ voor alles wat lelijk is *jmdn. mit Schimpfworten überschütten; jmdn. fürchterlich beschimpfen* ⋆ iem. voor een leugenaar ~ *jmdn. einen Lügner nennen*

uitmelken • (leegmelken) *ausmelken* ⋆ iem. ~ *jmdn. ausquetschen* • (armer maken) *ausbeuten*

uitmeten • (afmeten) *ausmessen* • (uitvoerig noemen) *schildern, ausmalen* ⋆ de belevenissen breed ~ *die Erlebnisse ausführlich schildern* ▾ iets breed ~ *viel Aufhebens von etw. machen*

uitmonden *münden in*

uitmonsteren • (uitdossen) *herausstaffieren, herausputzen*, ‹pej.› *aufdonnern* • (uitrusten) *ausrüsten*

uitmoorden *niedermetzeln, morden*

uitmunten *überlegen sein, sich auszeichnen (vor)* [3], *hinausragen* ⋆ boven anderen ~ *über andere hinausragen; anderen überlegen sein*

uitmuntend *hervorragend, ausgezeichnet*, ‹wijn/eten› *vorzüglich*

uitnemend *exzellent*

uitnodigen *einladen, bitten* ⋆ iem. op een feest ~ *jmdn. zu einem Fest einladen* ⋆ mag ik u ~ haar te volgen *darf ich Sie bitten, ihr zu folgen* ⋆ een dame voor een dans ~ *eine Dame zum Tanz auffordern*

uitnodiging *Einladung* [v] ⋆ een ~ aanvaarden/afslaan *eine Einladung annehmen/ablehnen*

uitoefenen • (bedrijven) *betreiben* ⋆ zij oefent een zelfstandig beroep uit *sie arbeitet freiberuflich* • (doen gelden) *ausüben* ⋆ kritiek ~ *Kritik üben* ⋆ invloed op iets ~ *auf etw. einwirken; etw. beeinflussen*

uitpakken I [ov ww] • (uit verpakking halen) *auspacken* **II** [on ww] • (aflopen) *ausgehen* • (gul zijn) *aufwarten, großen Aufwand treiben* ⋆ voor de bruiloft flink ~ *für die Hochzeit kräftig in die Tasche greifen; eine aufwendige/aufwändige Hochzeit feiern*

uitpersen • (leegpersen) *auspressen* • (uitbuiten) *ausnehmen*

uitpluizen • (uitzoeken) *auf den Grund gehen, nachspüren* ⋆ de zaak ~ *der Sache auf den Grund gehen; der Sache nachspüren* • (ontrafelen) *auseinander zupfen, aufdröseln*
uitpraten I [ov ww] • (oplossen) *sich aussprechen* **II** [on ww] • (ten einde praten) *ausreden* ⋆ uitgepraat zijn *ausgeredet haben;* ‹fig.› mit *seinem Latein am Ende sein*
uitproberen *ausprobieren*
uitpuffen *(sich) verschnaufen*
uitpuilen ‹naar buiten staan› *hervorstehen,* ‹overvol› *überquellen* ⋆ ~de ogen *Froschaugen* [mv]
uitputten • (opmaken) *ausschöpfen* • (moe maken) *erschöpfen, auslaugen* • (iets leegmaken) *erschöpfen*
uitputting *Erschöpfung* [v]
uitputtingsslag *Zermürbungsschlacht* [v]
uitrangeren *ausrangieren* ⋆ iem. ~ *jmdn. kaltstellen; jmdn. aufs tote Gleis schieben*
uitreiken *überreichen,* ‹lintje› *verleihen,* ‹paspoort› *ausstellen,* ‹prijs› *aushändigen*
uitreiking *Aushändigung* [v], ‹plechtig› *Überreichung* [v], ‹prijs› *Verleihung* [v]
uitrekenen *ausrechnen, berechnen*
uitrekken I [ov ww] *strecken,* ‹spieren› *dehnen* **II** [wkd ww] *sich recken, sich strecken*
uitrichten *ausrichten*
uitrijden *zu Ende fahren*
uitrijstrook *Ausfahrtspur* [v], *Verzögerungsspur* [v]
uitrijzen *emporragen (über)* [4] ▾ dat rijst de pan uit *das schießt ins Kraut*
uitrit *Ausfahrt* [v]
uitroeien *ausrotten*
uitroep *Ausruf* [m], *Schrei* [m]
uitroepen *ausrufen*
uitroepteken *Ausrufezeichen* [o]
uitroken *ausräuchern*
uitruimen *ausräumen*
uitrukken I [ov ww] • (los trekken) *(her)ausreißen* **II** [on ww] • (erop uitgaan) *ausrücken*
uitrusten I [ov ww] • (toerusten) *ausstatten, ausrüsten* **II** [on ww] • (rusten) *sich ausruhen, verschnaufen, sich erholen*
uitrusting *Ausrüstung* [v]
uitschakelen • (afzetten) ⋆ de motor ~ *den Motor abschalten/abstellen* • (elimineren) *ausschalten* ⋆ in de wedstrijd uitgeschakeld worden *im Wettkampf ausscheiden* ⋆ iem. ~ *jmdn. erledigen*
uitscheiden I [ov ww] • (afscheiden) *ausscheiden* **II** [on ww] *aufhören* ⋆ wij scheiden ermee uit! *wir machen Schluss!*
uitscheidingsorgaan *Ausscheidungsorgan* [o]
uitschelden *beschimpfen* ⋆ iem. voor leugenaar ~ *jmdn. als Lügner beschimpfen; jmdn. Lügner schimpfen* ⋆ hij heeft me uitgescholden *er hat mich beschimpft*
uitschieten I [ov ww] • (haastig uittrekken) *abwerfen, fahren aus* ⋆ zijn jas ~ *aus seinem Mantel fahren; seinen Mantel abwerfen* **II** [on ww] • (onbeheerst bewegen) *ausrutschen* • (uitspruiten) *ausschlagen* • (heftig uitvallen) *anfahren, anherrschen* ⋆ tegen iem. ~ *jmdn. anfahren*
uitschieter *Spitzenleistung* [v] ⋆ er werden grote ~s gemeten *es wurden große Schwankungen gemessen*
uitschot • (het slechtste) *Schund* [m] • (uitvaagsel) *Abschaum* [m]
uitschrijven • (uitwerken) *ausschreiben* • (invullen) *ausstellen, ausschreiben* • (afkondigen) *einberufen* ⋆ verkiezingen ~ *Wahlen ansetzen* ⋆ een prijsvraag ~ *ein Preisausschreiben veranstalten* ⋆ een vergadering ~ *eine Versammlung einberufen* • (schrappen) *austragen*
uitschudden • (schoonschudden) *ausschütteln* • (plukken) *ausplündern*
uitschuifladder *Ausziehleiter* [v]
uitschuiven *ausziehen*
uitslaan I [ov ww] • (uitkloppen) *herausschlagen* ⋆ een deuk ~ *ausbeulen* ⋆ het tafelkleed ~ *die Tischdecke ausklopfen* • (naar buiten bewegen) *ausbreiten, spreizen* ⋆ de vleugels ~ *die Flügel ausbreiten* • (uitkramen) *reden, von sich geben* ⋆ onzin ~ *dummes Zeug schwatzen;* ‹inf.› *Stuss reden* ⋆ vuile taal ~ *Schweinereien erzählen; unanständige Reden führen* **II** [on ww] • (naar buiten komen) *herausschlagen* ⋆ de ~de brand *das Großfeuer* • (uitslag krijgen) *mit Schimmel anlaufen* ⋆ de muur was groen uitgeslagen *die Wand war mit grünem Schimmel bedeckt*
uitslag • (plek) *Ausschlag* [m] ⋆ ~ aan het plafond *Schimmel an der Decke* • (afloop) *Ergebnis* [o], *Resultat* [o], ‹med.› *Befund* [m] ⋆ de ~ van het examen *das Prüfungsergebnis* • (uitwijking) *Ausschlag* [m] • (geprojecteerde werktekening) *Zeichnung im Maßstab* [v]
uitslapen *ausschlafen* ▾ een uitgeslapen vent *ein gerissener Typ*
uitsloven *sich abquälen, sich abmühen,* ‹inf.› *sich abrackern*
uitslover • (iem. die zich uitslooft) *Streber* [m] • (vleier) ‹vulg.› *Arschkriecher* [m]
uitsluiten • (uitzonderen) *ausschließen* • (buitensluiten) *ausschließen,* ‹staking› *aussperren*
uitsluitend *ausschließlich*
uitsluiting *Ausschluss* [m], ‹arbeiders› *Aussperrung* [v], ‹situaties/zaken› *Ausschließung* [v] ⋆ met ~ van *außer* [3]; *ausschließlich* [2]
uitsluitsel *Aufschluss* [m]
uitsmeren • (smerend uitspreiden) *verstreichen, aufstreichen* • (verdelen) *verteilen* ⋆ we moeten het over dit jaar ~ *wir müssen es über dieses Jahr verteilen*
uitsmijter • (persoon) *Rausschmeißer* [m] • (gerecht) *stramme(r) Max* [m] • (slotnummer) *Kehraus* [m]
uitsnijden • (wegsnijden) *(her)ausschneiden* • (door snijden vormen) *ausschnitzen*
uitspannen *ausspannen*
uitspanning • (ontspanning) *Ausspannung* [v], *Erholung* [v] • (pleisterplaats) *Ausflugslokal* [o]
uitspansel *Firmament* [o]
uitsparen • (besparen) *ersparen* • (open laten) *aussparen*
uitsparing • (besparing) *Einsparung* [v] • (opengelaten plek) *Aussparung* [v]
uitspatting *Exzess* [m]
uitspelen • (manipuleren) *ausspielen* ⋆ mensen tegen elkaar ~ *Menschen gegeneinander ausspielen* • (in het spel brengen) *ausspielen* • (tot het eind spelen) *zu Ende spielen*
uitsplitsen • (ontleden) *verteilen, zergliedern* • (selecteren) *aufteilen, aufschlüsseln* ⋆ naar leeftijd ~ *nach (dem) Alter aufteilen*
uitspoken *treiben, anstellen* ⋆ wat hebben jullie uitgespookt *was habt ihr angestellt?;* ‹inf.› *was habt ihr ausgefressen?*
uitspraak • (wijze van uitspreken) *Aussprache* [v] • (bewering) *Äußerung* [v], *Aussage* [v] ⋆ daar wil

U

ik geen uitspraken over doen *dazu möchte ich mich nicht äußern* • (beslissing) *Entscheidung* [v] ⋆ wanneer wordt daar ~ over gedaan? *wann wird die Entscheidung getroffen?* • (jur.) *Urteil* [o] ⋆ de rechterlijke ~ *der Richterspruch* ⋆ de ~ is maandag *die Urteilsverkündung ist am Montag*
uitspreiden *ausbreiten,* ‹benen› *spreizen* ⋆ het zaad over het grasveld ~ *das Saatgut über den Rasen verteilen*
uitspreken I [ov ww] *aussprechen* ⋆ een vermoeden/verzoek/wens ~ *eine Vermutung/ eine Bitte/einen Wunsch äußern* ⋆ het gerecht sprak de doodstraf over hem uit *das Gericht sprach die Todesstrafe gegen ihn aus* ⋆ uitgesproken *ausgesprochen* ⋆ een veto ~ *ein Veto einlegen* **II** [on ww] • (ten einde spreken) *ausreden, aussprechen* **III** [wkd ww] *sich aussprechen*
uitspringen • (opvallen) *auffallen* ⋆ zijn prestaties springen eruit *seine Leistungen sind auffallend* • (uitsteken) *vorspringen* ⋆ een ~de hoek *ein vorspringender Winkel*
uitspugen *ausspucken*
uitspuwen *ausspucken,* ‹form.› *ausspeien* ▾ zijn gal/venijn over iets ~ *Gift und Galle wegen etw. spucken*
uitstaan I [ov ww] • (dulden) *vertragen, ertragen, ausstehen* ⋆ iem. niet zo goed kunnen ~ *jmdn. nicht so recht leiden können* ⋆ ik kan hem niet ~ *ich kann ihn nicht ausstehen; ich mag ihn nicht leiden* ⋆ met niemand iets uit te staan hebben *mit keinem etw. zu schaffen haben* **II** [on ww] • (uitsteken) *abstehen, nach außen stehen* ⋆ hij heeft ~de oren *er hat abstehende Ohren* • (uitgeleend zijn) *ausstehen* ⋆ ~ tegen een percentage *sich verzinsen; verzinst werden*
uitstalkast *Schaukasten* [m]
uitstallen *ausstellen, zur Schau stellen,* ‹fig.› *zur Schau tragen*
uitstalling *Auslage* [v]
uitstalraam *Schaufenster* [o]
uitstapje *Ausflug* [m]
uitstappen *aussteigen*
uitsteeksel ‹muur› *Vorsprung* [m], ‹uitstekende punt› *Spitze* [v]
uitstek ▾ bij ~ *wie kein anderer; wie keine andere; schlechthin; par excellence*
uitsteken I [ov ww] • (naar buiten steken) *hinausstrecken, herausstrecken* ⋆ de vlag ~ *die Fahne aushängen* • (naar voren steken) *ausstrecken,* ‹tong› *zeigen* ⋆ de tong tegen iem. ~ *jmdm. die Zunge herausstrecken/zeigen* • (eruit steken) *ausstechen* ▾ geen hand ~ *keinen Finger krumm machen; keinen Finger rühren* ▾ iem. de ogen ~ *jmdm. die Augen ausstechen* **II** [on ww] • (zichtbaar zijn) *abstehen* ⋆ boven iem. ~ *über jmdn. hinausragen; jmdn. überragen* • (naar buiten/vooruit steken) *hervorspringen,* ‹naar spreker toe› *herausragen,* ‹van spreker af› *hinausragen* ⋆ de punt steekt uit *die Spitze ragt heraus/hinaus*
uitstekend *ausgezeichnet, hervorragend*
uitstel *Aufschub* [m] ⋆ het ~ van betaling *die Stundung; der Zahlungsaufschub* ⋆ zonder ~ *unverzüglich* ⋆ ~ verlenen *Aufschub gewähren* ⋆ ~ vragen *um Aufschub bitten* ▾ ~ van executie *Gnaden-/Galgenfrist* [v]
uitstellen *aufschieben, verschieben, hinauszögern*
uitsterven *aussterben*
uitstijgen *herausragen* ⋆ niet boven de middelmaat ~ *über das Mittelmaß nicht hinauskommen*
uitstippelen *abstecken* ⋆ een route ~ *eine Strecke festlegen* ⋆ een plan ~ *einen Plan entwickeln/ konzipieren*
uitstoot *Ausstoß* [m]
uitstorten • (legen) *ergießen* • (uiten) *ausschütten* ▾ zijn hart ~ *sein Herz ausschütten; seinem Herzen Luft machen*
uitstoten *ausstoßen*
uitstralen *ausstrahlen*
uitstraling *Ausstrahlung* [v]
uitstrekken I [ov ww] • (doen gelden) *ausweiten* ⋆ zijn macht ~ *seine Macht ausweiten* • (voluit strekken) *ausstrecken* ⋆ de armen naar iem. ~ *jmdm. die Arme entgegenstrecken* **II** [wkd ww] *sich erstrecken* ⋆ deze regeling strekt zich niet uit tot ... *diese Regelung erstreckt sich nicht auf ...*
uitstrijken • (uitsmeren) *ausstreichen* • (wasgoed strijken) *ausbügeln*
uitstrijkje *Ausstrich* [m]
uitstrooien • (strooien) *ausstreuen* • (overal vertellen) *verbreiten, ausstreuen* ⋆ praatjes ~ *Gerüchte in Umlauf bringen; Gerüchte verbreiten/ ausstreuen*
uitsturen *aussenden, ausschicken* ⋆ iem. op verkenning ~ *jmdn. etw. auskundschaften lassen; jmdn. zur Erkundung ausschicken*
uittekenen *zeichnen* ⋆ ik kan deze plek wel ~ *ich kenne diese Stelle wie meine Westentasche*
uittesten *austesten,* ‹uitproberen› *ausprobieren*
uittikken *tippen*
uittocht *Auszug* [m]
uittrap *Abstoß* [m], *Abschlag* [m]
uittreden *austreten, ausscheiden* ⋆ vervroegd ~ *in den vorzeitigen Ruhestand treten; vorzeitig in Rente gehen* ⋆ als priester ~ *als Priester aus dem Amt scheiden*
uittreding • (ontslag) *Ausscheiden* [o], *Austritt* [m] • (parapsychologische toestand) *Austritt* [m]
uittrekken • (uitdoen) *ausziehen* ⋆ een gebreide trui ~ *einen gestrickten Pullover aufribbeln* • (bestemmen) ⋆ geld voor iets ~ *Geld für etw. einplanen* • (loshalen)
uittreksel *Auszug* [m] ⋆ een ~ uit het bevolkingsregister *ein Auszug vom Einwohnermeldeamt*
uittypen *tippen*
uitvaagsel *Abschaum* [m], *Auswurf* [m]
uitvaardigen ‹arrestatiebevel› *ausstellen,* ‹bevelen/orders› *erlassen,* ‹sancties/ uitgaansverbod› *verhängen*
uitvaart *Beerdigung* [v], ‹plechtigheid› *Beisetzung* [v]
uitvaartstoet *Trauerzug* [m], *Leichenzug* [m]
uitval *Ausfall* [m]
uitvallen • (loslaten) *ausfallen* • (wegvallen) *ausfallen,* ‹sport› *ausscheiden* • (agressief spreken) *anfauchen, anfahren* ⋆ tegen iem. ~ *jmdn. anfauchen/anherrschen* ⋆ hij viel me toch uit *er ist vielleicht losgeplatzt* • (mee-/tegenvallen) *ausfallen, geraten* ⋆ het ontwerp viel goed uit *der Entwurf ist gut geraten; der Entwurf fiel gut aus* • (plotseling aanvallen) *einen Ausfall machen* • (een bepaalde aard hebben) *geraten* ⋆ het is klein uitgevallen *es ist klein geraten* ⋆ hij is niet bang uitgevallen *er ist nicht ängstlich*
uitvaren • (naar buiten varen) *auslaufen* • (boos uitvallen) *toben, wettern* ⋆ tegen iem. ~ *jmdn. anfahren*
uitvechten ‹met woorden› *ausfechten,* ‹strijd› *austragen* ⋆ dat moeten zij onderling ~ *das müssen sie untereinander ausmachen/ausfechten*

uitvegen • (schoonvegen) *auskehren, ausfegen* • (uitwissen) *auswischen*
uitvergroten *vergrößern*
uitverkocht • (niet meer te koop) ⋆ het boek is ~ *das Buch ist vergriffen* • (vol) *ausverkauft* ⋆ een ~e zaal *ein ausverkauftes Haus*
uitverkoop *Ausverkauf* [m] ⋆ totale ~ *Räumungsverkauf* [m]
uitverkoren *auserwählt*
uitvinden • (uitdenken) *erfinden* • (te weten komen) *herausfinden*
uitvinder *Erfinder* [m]
uitvinding *Erfindung* [v]
uitvissen *herauskriegen*
uitvlakken *ausradieren* ▾ dat moet je niet ~ *du solltest das zu würdigen wissen*
uitvloeisel • (uitwerking) *Auswirkung* [v] • (gevolg) *Folge* [v]
uitvlooien *ausdenken, ausknobeln*
uitvlucht *Ausflucht* [v], *Ausrede* [v] ⋆ goedkope ~en *faule/billige Ausreden* ⋆ geen ~en alsjeblieft! *nur keine Ausreden!*
uitvoegen *sich ausfädeln*
uitvoegstrook *Ausfädelungsspur* [v]
uitvoer • (uitvoering) *Ausfuhr* [v] • (export) *Export* [m] • (comp.) *Output* [m]
uitvoerbaar • (doenlijk) *ausführbar* • (doorvoerbaar) *machbar, durchführbar* • (jur.) *vollstreckbar*
uitvoerder ‹bouwkunde› *Bauleiter* [m], ‹vonnis/ testament› *Vollstrecker* [m]
uitvoeren • (exporteren) *exportieren, ausführen* • (volbrengen) *erledigen, ausführen, durchführen* ⋆ een opdracht ~ *einen Auftrag erledigen/ ausführen* ⋆ een plan ~ *einen Plan durchführen* • (vertonen) *aufführen* ⋆ iets voor de eerste keer ~ *etw. uraufführen* • (verrichten) *treiben, machen* ⋆ wat voer jij zoal uit? *was machst/treibst du denn so?* ⋆ de hele dag niets ~ *den ganzen Tag faulenzen* ⋆ wat heeft hij nu weer uitgevoerd? *was hat er nun schon wieder angestellt/ausgeheckt?*
uitvoerig *ausführlich, umfassend, eingehend* ⋆ ~ geïnformeerd worden *umfassend informiert werden*
uitvoering • (het uitvoeren) *Ausführung* [v] ⋆ werk in ~! *Achtung, Baustelle!* ⋆ ~ geven aan iets *etw. zur Aus-/Durchführung bringen; etw. aus-/ durchführen* • (voordracht) *Aufführung* [v]
uitvoeroverschot *Exportüberschuss* [m]
uitvoervergunning *Ausfuhrgenehmigung* [v]
uitvogelen *ausknobeln*
uitvragen *ausfragen* ⋆ uitgevraagd zijn *ausgefragt sein; keine Fragen mehr haben*
uitvreten • (uitspoken) *ausfressen* • (klaplopen) *auf der Tasche liegen*
uitvreter ≈ *Halunke* [m]
uitwaaien • (doven) *auswehen* ⋆ de kaars ist uitgewaaid *die Kerze ist ausgeweht* • (frisse neus halen) *frische Luft schnappen* • (ophouden met waaien) *sich legen* ⋆ de wind is uitgewaaid *der Wind hat sich gelegt*
uitwas • (uitgroeisel) *Wucherung* [v] • (exces) *Auswuchs* [m]
uitwassen I [de] *Auswüchse* [mv] **II** [ov ww] *auswaschen*
uitwatering *Entwässerung* [v]
uitwedstrijd *Auswärtsspiel* [o]
uitweg • (uitkomst) *Ausweg* [m] • (uitgang) *Ausgang* [m]
uitweiden *weitläufig über etw. sprechen* ⋆ ik wil daar niet verder over ~ *ich möchte mich nicht weiter darüber auslassen*
uitwendig *äußerlich* ⋆ voor ~ gebruik *für äußerliche Anwendung* ⋆ ~e verwondingen *äußere Verletzungen* ⋆ het ~e *die Äußerlichkeiten; das Äußerliche*
uitwerken I [ov ww] • (bewerken) *ausarbeiten, erarbeiten* ⋆ een bouwplan ~ *einen Bauplan ausarbeiten* ⋆ een nieuw plan ~ *einen neuen Plan erarbeiten* • (oplossen) *lösen, ausrechnen* **II** [on ww] • (effect verliezen) *wirken, sich auswirken* • (effect hebben) ⋆ hoe werkt dat op het gehoor uit? *wie wirkt sich das auf das Gehör aus?*
uitwerking • (het uitwerken) *Ausarbeitung* [v], *Bearbeitung* [v] • (effect) *Auswirkung* [v], *Wirkung* [v] ⋆ een ~ hebben op *sich auswirken auf*
uitwerpselen *Ausscheidungen* [mv], *Exkremente* [mv]
uitwijken • (opzij gaan) *ausweichen* • (de wijk nemen) *ins Exil gehen* ⋆ naar het buitenland ~ *sich ins Ausland absetzen*
uitwijzen • (verdrijven) *ausweisen,* ‹inf.› *abschieben* • (aantonen) *zeigen, beweisen, erweisen* ⋆ de praktijk wijst uit dat ... *die Praxis zeigt, dass ...* ⋆ de tijd zal het ~ *die Zeit wird es lehren*
uitwijzing *Ausweisung* [v]
uitwisselen *austauschen, auswechseln*
uitwisseling *Austausch* [m]
uitwissen *wegwischen,* ‹opnamen› *löschen* ⋆ sporen ~ *Spuren beseitigen*
uitwonend *extern, außerhalb wohnend,* ‹niet-inwonend› *außer Haus*
uitworp • (uitstoot) *Ausstoß* [m] • (sport) *Abwurf* [m]
uitwrijven • (schoonwissen) *sauber machen, auswischen, ausreiben* • (door wrijven verspreiden) *verreiben* ▾ zich de ogen ~ *seinen Augen nicht trauen*
uitwringen *auswringen*
uitwuiven *(zum Abschied) winken*
uitzaaien I [ov ww] *aussäen* **II** [wkd ww] ‹med.› *metastasieren*
uitzaaiing • (zaaiend verspreiden) *Aussaat* [v], ‹med.› *Metastasierung* [v] • (med.) *Metastase* [v]
uitzakken *auseinander gehen,* ‹med.› *prolabieren*
uitzendbureau *Zeitarbeitsbüro* [o], *Arbeitsvermittlungsagentur* [v]
uitzenden • (met opdracht wegsturen) *aussenden* ⋆ een technicus ~ *einen Techniker aussenden* • (telecom.) *senden* ⋆ een concert over de radio ~ *ein Konzert durch den Rundfunk übertragen*
uitzending *Sendung* [v], ‹rechtstreeks› *Übertragung* [v] ⋆ een opgenomen ~ *eine Aufzeichnung* ⋆ einde van de ~ *Sendeschluss* [m]
uitzendkracht *Zeitarbeitskraft* [v], *Gelegenheitsarbeiter* [m]
uitzendwerk *Zeitarbeit* [v]
uitzet *Aussteuer* [v]
uitzetten I [ov ww] • (buiten werking stellen) *ab-/ausschalten* ⋆ de tv ~ *den Fernseher ab-/ ausschalten* • (buiten iets zetten) *aussetzen, ausweisen,* ‹vrijlaten› *aussetzen* ⋆ de sloepen ~ *die Rettungsboote aussetzen* ⋆ wild ~ *Wild aussetzen* ⋆ netten ~ *Netze auslegen* • (uitwijzen) ⋆ iem. het land ~ *jmdn. ausweisen* • (beleggen) *anlegen* ⋆ geld ~ *Geld auf Zinsen legen* • (afbakenen) *abstecken, markieren* ⋆ een uitgezette wandelroute *ein markierter Wanderweg* **II** [on ww] • (uitdijen) *sich ausdehnen* ⋆ veel stoffen zetten door verhitting uit *durch Erhitzung dehnen sich viele Stoffe aus*
uitzetting • (lengte-/volumetoename) *Ausdehnung* [v] • (verwijdering) *Ausweisung* [v]

U

uitzicht • (het uitzien) Aussicht [v] • (vergezicht) Ausblick [m], Blick [m], Sicht [v] ⋆ de keuken biedt ~ op de tuin die Küche geht auf den Garten • (vooruitzicht) Aussicht [v]

uitzichtloos aussichtslos

uitzieken sich auskurieren, ‹de ziekte zelf› auskurieren ⋆ je moet wel ~ du sollst dich schon auskurieren ⋆ deze griep moet eerst ~ diese Grippe muss erst auskurieren

uitzien I [ov ww] zu Ende sehen **II** [on ww] • (op zoek gaan) sich umsehen/umtun nach ⋆ naar een baan ~ eine Stelle suchen; sich nach einer Stelle umsehen/umtun • (zicht geven op) sehen auf [4] • (verlangen) sich sehnen nach, herbeisehnen ⋆ ik zie erg naar hem uit ich sehne ihn sehr herbei; ich sehne mich sehr nach ihm • (uitkijken) Ausschau halten nach, ausschauen nach

uitzingen aushalten ▾ het kunnen ~ es aushalten können

uitzinnig zügellos, unbändig, außer sich ⋆ een ~ publiek ein zügelloses/berauschtes Publikum

uitzitten bis zuletzt teilnehmen, durchstehen, ‹gevangenisstraf› absitzen

uitzoeken • (kiezen) aussuchen • (te weten komen) untersuchen ⋆ iets tot op de bodem ~ etw. auf den Grund gehen • (sorteren) sortieren, ‹vruchten› auslesen ⋆ uitgezochte vruchten Fruchtauslese [v] ▾ zoek het zelf maar uit das musst du selber wissen ▾ het voor het ~ hebben die Qual der Wahl haben ▾ het niet voor het ~ hebben die Dinge so nehmen müssen, wie sie sind

uitzonderen ausschließen

uitzondering Ausnahme [v] ⋆ een hoge ~ eine seltene/große Ausnahme ⋆ bij hoge ~ als große Ausnahme; ganz ausnahmsweise ⋆ zonder ~ ohne Ausnahme; ausnahmslos ▾ ~en bevestigen de regel Ausnahmen bestätigen die Regel

uitzonderingsgeval Ausnahmefall [m]

uitzonderingspositie Ausnahmestellung [v]

uitzonderlijk außergewöhnlich ⋆ een ~ talent ein überragendes/außerordentliches/außergewöhnliches Talent

uitzuigen • (leegzuigen) aussaugen • (uitbuiten) ausbeuten

uitzuiger Ausbeuter [m], Blutsauger [m]

uitzwaaien ‹uitgeleide doen› wegbringen, ‹zwaaien› (zum Abschied) nachwinken

uitzwermen ausschwärmen

uitzweten ausschwitzen

uk Knirps [m], Spatz [m]

ukelele Ukulele [v]

ultiem ‹allerlaatst› allerletzt, ‹uiteindelijk› letztendlich

ultimatum Ultimatum [o]

ultra- Ultra-, ultra-

ultracentrifuge Ultrazentrifuge [v]

ultraviolet ultraviolett ⋆ de ~te straling die UV-Strahlung

umlaut Umlaut [m]

unaniem einstimmig, einhellig

Unctad UNCTAD [v]

underdog Unterlegene(r) [m], Underdog [m] ⋆ in de rol van ~ als Außenseiter

understatement Understatement [o], Untertreibung [v]

Unesco UNESCO [v]

unfair unfair

Unicef UNICEF [v]

unicum Unikum [o]

unie Union [v]

uniek einmalig, einzigartig

UNIFIL Unifil [v]

uniform I [het] Uniform [v] **II** [bnw] einheitlich

uniformeren uniformieren, vereinheitlichen

uniformiteit Uniformität [v], Einheitlichkeit [v]

unilateraal unilateral

uniseks Unisex-, unisex-

unisono unisono

unit • (verzameling) Einheit [v] ⋆ kantoorunit Büroeinheit • (afdeling) Abteilung [v]

universeel universal, universell ⋆ ~ erfgenaam Gesamterbe [m]; Universalerbe [m]

universitair akademisch

universiteit Universität [v]

universiteitsstad Universitätsstadt [v]

universum Universum [o]

updaten ein Update erstellen

uppercut Aufwärtshaken [m]

uppie ▾ in zijn ~ ganz allein

up-to-date auf dem neuesten Stand, up to date, zeitgemäß

uranium Uran [o] ⋆ verrijkt ~ angereichertes Uran

urbanisatie Urbanisation [v]

ure → **uur**

urenlang stundenlang

ureum Harnstoff [m], Urea [v]

urgent dringend

urgentie Dringlichkeit [v]

urgentieverklaring Dringlichkeitsbescheinigung [v]

urine Urin [m], Harn [m]

urineren urinieren

urinewegen Harnwege [mv]

urinoir öffentliche Toilette [v], Pissoir [o]

urn Urne [v]

urologie Urologie [v]

uroloog Urologe [m]

Uruguay Uruguay [o]

utiliteitsbouw Zweckbau [m]

utopie Utopie [v]

utopisch utopisch

uur Stunde [v], ‹tijdsaanduiding› Uhr [v] ⋆ over een uur in einer Stunde ⋆ om het uur jede Stunde; stündlich ⋆ binnen een uur innerhalb einer Stunde ⋆ klokslag 2 uur Punkt zwei Uhr ⋆ om het half uur halbstündlich ⋆ op dit uur zu dieser Stunde ⋆ rond een uur of elf um elf Uhr herum ⋆ uren en uren stundenlang ⋆ 50 km per uur 50 Stundenkilometer; 50 Kilometer in der Stunde ⋆ 15 gulden per uur 15 Gulden pro/die Stunde ▾ te elfder ure in zwölfter Stunde ▾ zijn laatste uur heeft geslagen seine letzte Stunde hat geschlagen ▾ te goeder/kwader ure komen zu gelegener/ungelegener Stunde kommen ▾ in een verloren uurtje in einer müßigen Stunde ▾ het uur van de waarheid heeft geslagen die Stunde der Wahrheit hat geschlagen ▾ een uur in de wind stinken sieben Meilen gegen den Wind stinken ▾ tot in de kleine uurtjes bis in die frühen Morgenstunden

uurloon Stundenlohn [m]

uurwerk • (klok) Uhr [v] • (mechaniek) Uhrwerk [o]

uurwijzer Stundenzeiger [m]

uw Ihr ⋆ de uwen die Ihrigen ⋆ het uwe das Ihre/Ihrige ⋆ Uwe Hoogheid Eure Hoheit

uzi Uzi [v]

V

v *V* [o]
vaag • (onbestemd) *unbestimmt* ⋆ vaag voorgevoel *dunkle Ahnung* [v] • (niet scherp omlijnd) *vage, verschwommen, undeutlich*
vaak *öfters, oft, häufig*
vaal *blass, fahl,* ‹kleur van paarden› *falb*
vaalbleek *aschfahl, fahlbleich*
vaandel • (vlag) *Flagge* [v], *Fahne* [v] • (veldteken) *Banner* [o]
vaandeldrager *Fahnenträger* [m]
vaandrig *Fähnrich* [m]
vaantje *Fähnchen* [o]
vaarbewijs *Segelschein* [m]
vaarboom *Staken* [m]
vaardig *gewandt, geschickt* ⋆ ~ zijn in iets *etw. gut beherrschen/können*
vaardigheid • (vlugheid) *Gewandtheit* [v], *Behändigkeit* [v] ⋆ ~ in het spreken *Sprachfertigkeit* [v]; *Redegewandtheit* [v]; *Geläufigkeit* [v] • (handigheid) *Geschicklichkeit* [v], *Fertigkeit* [v], *Können* [o] ⋆ ~ in het piano spelen *Fertigkeit im Klavierspielen* ⋆ zijn vaardigheden tonen *seine Fähigkeiten zeigen*
vaargeul *Fahrrinne* [v]
vaars *Färse* [v]
vaart • (snelheid) *Geschwindigkeit* [v], *Tempo* [o] ⋆ ~ achter iets zetten *etw. beschleunigen* ⋆ ~ vermeerderen/verminderen *Geschwindigkeit erhöhen/drosseln* ⋆ er wat meer ~ achter zetten *das Tempo erhöhen* • (het varen) *Schifffahrt* [v], *Fahrt* [v], ‹zeereis› *Seefahrt* [v] ⋆ behouden ~! *glückliche Fahrt!* • (kanaal) *Kanal* [m] ▾ het zal zo'n ~ niet lopen *so schlimm wird es schon nicht werden*
vaartuig *Fahrzeug* [o]
vaarverbod *Fahrverbot* [o]
vaarwater *Fahrwasser* [o] ▾ in iemands ~ zitten *jmdm. in die Quere kommen*
vaarwel *Lebewohl* [o]
vaarwelzeggen • (afscheid nemen) *sich verabschieden, Lebewohl sagen* • (nooit meer zien) *vergessen* ⋆ dat boek kun je ~ *das Buch kannst du vergessen;* ‹scherts› *das Buch ist auf Nimmerwiedersehen verschwunden* • (verlaten) *verlassen,* ‹studie› *aufgeben*
vaas *Vase* [v]
vaat *Geschirr* [o], *Abwasch* [m] ⋆ de vaat doen *das Geschirr abwaschen/spülen*
vaatbundel *Gefäßbündel* [o], *Leitbündel* [o]
vaatdoek *Spüllappen* [m], *Spültuch* [o]
vaatwasmachine *Geschirrspüler* [m], *Geschirrspülmaschine* [v]
vaatwerk *Geschirr* [o]
vaatziekte *Gefäßkrankheit* [v]
vacant *unbesetzt, frei, offen*
vacature *offene Stelle* [v] ⋆ in een ~ voorzien *eine offene Stelle besetzen* ⋆ de ~ is bezet *die Stelle ist vergeben*
vacaturebank *Arbeitsstellennachweis* [m]
vacaturestop *Einstellungsstopp* [m]
vaccin *Vakzine* [v]
vaccinatie *Vakzination* [v], *Vakzinierung* [v]
vaccineren *vakzinieren*
vacht *Fell* [o], ‹pels› *Pelz* [m]
vacuüm *Vakuum* [o]
vacuümpomp *Vakuumpumpe* [v]
vacuümverpakking *Vakuumverpackung* [v]
vadem *Faden* [m]
vademecum *Vademekum* [o]
vader *Vater* [m] ⋆ van ~ op zoon *von Vater auf Sohn* ⋆ de natuurlijke ~ *der leibliche Vater* ⋆ de geestelijke ~ *der Urheber; der Schöpfer* ▾ zo ~, zo zoon *so der Vater, so der Sohn* ▾ ~tje Staat *Vater Staat* ▾ Onze Vader *Vaterunser* [o]
vaderbinding *Vaterbindung* [v]
vaderdag *Vatertag* [m]
vaderfiguur *Vaterfigur* [v]
vaderland *Vaterland* [o], *Heimat* [v]
vaderlands • (patriottisch) *patriotisch* • (van het vaderland) *national* ⋆ ~e geschiedenis *die eigene/nationale Geschichte* ⋆ op ~e grond *auf heimatlichem Boden*
vaderlandsliefde *Vaterlandsliebe* [v]
vaderlandslievend *vaterlandsliebend*
vaderlijk *väterlich*
vaderloos *vaterlos*
vaderschap *Vaterschaft* [v]
vadsig *faul, träge*
vagebond *Landstreicher* [m], *Vagabund* [m]
vagevuur *Fegefeuer* [o]
vagina *Vagina* [v]
vaginaal *vaginal*
vak • (hokje) *Fach* [o] ⋆ dat staat in het bovenste vak *das steht im oberen Fach* • (beroep) *Fach* [o], *Beruf* [m] ⋆ een vak leren *einen Beruf erlernen* ⋆ dat behoort niet tot mijn vak *das gehört nicht zu meinem Fachbereich*
vakantie I [de] *Urlaub* [m], *Ferien* [mv] ⋆ met/op ~ gaan *in Urlaub fahren* ⋆ hij is met ~ *er ist in Urlaub* ⋆ grote ~ *Sommerferien* [mv] **II** [voorv] *Ferien-, Urlaubs-*
vakantiebestemming *Urlaubsziel* [o], *Ferienziel* [o]
vakantieboerderij *Ferienbauernhof* [m]
vakantiedag ‹school› *Ferientag* [m], ‹werk› *Urlaubstag* [m]
vakantieganger *Feriengast* [m], *Urlauber* [m]
vakantiegeld *Urlaubsgeld* [o]
vakantiehuis *Ferienwohnung* [o], ‹vrijstaand› *Ferienhaus* [o]
vakantiekolonie *Ferienkolonie* [v]
vakantieland *Reiseland* [o], *Urlaubsland* [o]
vakantieoord *Ferienort* [m], *Urlaubsort* [m]
vakantiespreiding *Ferienstaffelung* [v]
vakantiewerk *Ferienjob* [m], *Ferienarbeit* [v]
vakbekwaam *fachkundig*
vakbeurs *Fachmesse* [v]
vakbeweging • (vakbonden) *Gewerkschaften* [mv] • (streven van de vakbonden) *Gewerkschaftsbewegung* [v]
vakblad *Fachzeitschrift* [v], *Fachzeitung* [v]
vakbond *Gewerkschaft* [v]
vakbroeder *Fachkollege* [m]
vakcentrale *Gewerkschaftsbund* [m]
vakgebied *Fachgebiet* [o]
vakgenoot *Kollege* [m]
vakgroep *Fachbereich* [m], ‹van universiteit› *Fachschaft* [v], ‹van vakvereniging› *Fachgruppe* [v]
vakidioot *Fachidiot* [m]
vakjargon *Fachjargon* [m]
vakkennis *Fachkenntnis* [v], *Fachwissen* [o]
vakkenpakket *Prüfungsfächer* [mv]
vakkring *Fachkreis* [m]
vakkundig *fachkundig, fachmännisch, fachgerecht*
vakliteratuur *Fachliteratur* [v]
vakman *Fachmann* [m] [v: *Fachfrau*]
vakmanschap *fachmännische(s) Können* [o]
vakonderwijs *berufsbildende(r) Unterricht* [m]
vakopleiding *Fachausbildung* [v]
vakorganisatie *Fachverband* [m]

vakpers *Fachpresse* [v]
vaktaal *Fachsprache* [v]
vaktechnisch *fachlich*
vakterm *Fachausdruck* [m]
vakvereniging ‹voor werkgevers› *Arbeitgeberverband* [m], ‹voor werknemers› *Gewerkschaft* [v]
vakwerk • (wandconstructie) *Fachwerk* [o] • (werk van een vakman) *Facharbeit* [v]
vakwerkbouw *Fachwerkbau* [m]
val • (daling) *Sturz* [m], *Fallen* [o] ⋆ de val van de dollar *der Sturz des Dollars* • (ondergang) *Fall* [m], ‹van regering› *Sturz* [m] ⋆ iem. ten val brengen *jmdn. zu Fall bringen* ⋆ de regering ten val brengen *die Regierung stürzen* • (het vallen) *Fallen* [o], *Sturz* [m], *Fall* [m] • (vangtoestel) *Falle* [v] ⋆ in de val lopen *in die Falle gehen*

V

valbijl *Fallbeil* [o]
valeriaan *Baldrian* [m]
valhelm *Sturzhelm* [m]
valide • (gezond) *erwerbsfähig* • (geldig) *rechtsgültig*
validiteit *Gültigkeit* [v], ‹jur.› *Rechtsgültigkeit* [v]
valium *Valium* [o]
valk *Falke* [m]
valkenier *Falkner* [m]
valkenjacht *Falkenjagd* [v]
valkuil *Fallgrube* [v], ‹fig.› *Fallstrick* [m]
vallei *Tal* [o]
vallen • (neervallen) *fallen* ⋆ komen te ~ *hinfallen; (hin)stürzen* • (sneuvelen) *sterben, fallen* • (plaatsvinden) ⋆ er vielen woorden *es gab Streit* • (in toestand geraken) ⋆ de avond valt *es wird Abend* ⋆ de nacht valt *die Nacht bricht (her)ein; es dämmert* ⋆ bij het ~ van de duisternis *bei einbrechender Dunkelheit* • (op zekere wijze zijn) ⋆ daar valt niets te verdienen *da gibt es nichts zu verdienen/zu holen* ⋆ wat valt daarvan te zeggen *was soll man/ich davon sagen* ⋆ het valt niet te ontkennen *es lässt sich nicht leugnen* ⋆ daar valt niet om te lachen *das ist nicht zum Lachen* ⋆ het voorstel viel goed *der Vorschlag fand Anklang* ⋆ in de smaak ~ *Anklang finden* • (~ **over**) ⋆ over iets ~ *über etw. fallen/ stolpern; ‹fig.› Anstoß an etw. nehmen* [3] ▾ ~de ziekte *Fallsucht* [v]
vallicht *Oberlicht* [o]
valluik *Falltür* [v]
valpartij *Sturz* [m]
valreep ▾ op de ~ *auf dem letzten Drücker; kurz vor Toresschluss; in letzter Sekunde/Minute*
vals • (onwaar) *falsch* ⋆ vals alarm *blinde(r) Alarm* [m] • (bedrieglijk) *falsch* ⋆ vals spelen *falsch spielen* • (onecht) *falsch, gefälscht* ⋆ vals geld *Falschgeld* [o]; ‹inf.› *Blüten* [mv] ⋆ valse sleutel *Dietrich* [m] • (onzuiver van toon) *unrein* • (boosaardig) *hinterlistig, bösartig, tückisch* ⋆ een valse streek *eine bösartige/hinterlistige Tat*
valsaard *heimtückische(r)/verschlagene(r) Mensch* [m], ‹inf.› *falsche(r) Fuffziger* [m]
valscherm *Fallschirm* [m]
valselijk *fälschlich* ⋆ iem. ~ beschuldigen *jmdn. zu Unrecht beschuldigen*
valsemunter *Falschmünzer* [m]
valserik *hinterhältige(r) Mensch* [m], ‹inf.› *falsche(r) Fuffziger* [m]
valsheid • (boosaardigheid) *Hinterhältigkeit* [v] • (het onecht zijn) *Falschheit* [v] • (het vervalsen) *Fälschung* [v] ⋆ ~ in geschrifte *Urkundenfälschung* [v]
valstrik *Falle* [v], *Fallstrick* [m]
valuta *Valuta* [v], *Währung* [v] ⋆ vreemde ~ *ausländische Währung; Fremdwährung* ⋆ eigen ~ *Landeswährung*
valutakoers *Währungskurs* [m]
valutamarkt *Devisenmarkt* [m]
vamp *Vamp* [m]
vampier *Vampir* [m]
van I [bijw] *davon* ⋆ zij nam er wat van *sie nahm etw. davon* **II** [vz] *von* [3] ⋆ ik ken hem van gezicht *ich kenne ihn vom Sehen* ⋆ dat geld is van mij *das Geld gehört mir* ⋆ beven van schrik *Zittern vor Schreck* ⋆ een vriend van mij *einer meiner Freunde*
vanaf • (met ingang van) *ab* [3] ⋆ ~ vandaag *ab heute* • (daarvandaan) *von* [3] ⋆ ~ het dak *vom Dach*
vanavond *heute Abend*
vandaag *heute* ⋆ ~ de dag *heute; heutzutage* ⋆ van ~ op morgen *von heute auf morgen* ▾ ~ of morgen *heute oder morgen*
vandaal *Wandale/Vandale* [m]
vandaan • (van afkomstig) *her* ⋆ daar kom ik juist ~ *da komme ich gerade her* ⋆ waar ~? *woher?* ⋆ ergens ~ *irgendwoher* • (van weg) *fort, weg* ⋆ hoe kom ik hier ~? *wie komme ich hier weg?* ⋆ is Amsterdam hier ver ~? *ist Amsterdam weit von hier (entfernt)?* ⋆ blijf daar ~ *bleib da weg* • (van uit) *hervor, heraus* ⋆ de kat kroop van onder de kast ~ *die Katze kam unter dem Schrank hervor* ⋆ hier ~ is het niet te zien *von hier aus kann man es nicht erkennen*
vandaar • (daarvandaan) *von da her, von da aus, von dort* • (daarom) *daher, deshalb*
vandalisme *Wandalismus/Vandalismus* [m]
vangarm *Fangarm* [m]
vangen • (grijpen) *fangen*, ‹in loop/vlucht› *ergreifen/fassen* • (opvangen) *fangen, auffangen, einfangen, fassen* • (erin laten lopen) *hereinlegen* • (verdienen) *einnehmen, verdienen*
vangnet *Fangnetz* [o]
vangrail *Leitplanke* [v]
vangst *Fang* [m]
vangzeil *Sprungtuch* [o]
vanille *Vanille* [v]
vanillestokje *Vanillestange* [v]
vanillesuiker *Vanillezucker* [m]
vanillevla *Creme mit Vanillegeschmack* [v]
vanmiddag ‹na 14 uur› *heute Nachmittag*, ‹rond 12 uur› *heute Mittag*
vanmorgen ‹na 10 uur› *heute Vormittag*, ‹voor 10 uur› *heute Morgen*
vannacht *heute Nacht*
vanouds *von/seit jeher, seit eh und je* ⋆ als ~ *wie ehedem*
vanuit • (uit a naar b) ⋆ ~ het raam keek ze naar beneden *vom Fenster aus schaute sie herunter* • (op grond van) *von ... aus* [3] ⋆ ~ deze opvatting *von dieser Idee aus*
vanwaar • (waarvandaan) *woher, von woher, von wo aus* ⋆ ~ kom je? *woher kommst du?* ⋆ de heuvel ~ men op de bossen neerziet *der Hügel, von dem aus man auf die Wälder hinunterschaut* • (waarom) *woher, warum, weshalb*
vanwege • (van de zijde van) *wegen* [2], *durch* [4], *von* [3] • (wegens) *wegen* [2] • (namens) *im Namen/Auftrag* [2]
vanzelf • (uit eigen beweging) *von sich aus* • (vanzelfsprekend) *von selbst* ⋆ dat spreekt ~ *das versteht sich von selbst; ‹inf.› na klar!*
vanzelfsprekend *selbstverständlich, natürlich*
varen I [de] *Farn* [m], *Farnkraut* [o] **II** [on ww] • (per vaartuig gaan) *fahren* ⋆ het schip vaart uit *das Schiff läuft aus* • (gesteld zijn) ⋆ hoe ~ de

zaken? *wie geht es geschäftlich?* ▾ iets laten ~ *etw. aufgeben/fallen lassen*
varia *Allerlei* [o], *Vermischte(s)* [o], *Varia* [mv]
variabel *variabel, veränderlich* ⋆ ~e werktijden *gleitende Arbeitszeit* [v]
variabele *Variable* [v]
variant *Variante* [v], ‹afwijkende vorm› *Abwandlung* [v]
variatie • (afwisseling) *Abwechslung* [v] ⋆ voor de ~ *zur Abwechslung* • (verscheidenheid) *Variation* [v] ⋆ een ~ op dit lied *eine Variation zu diesem Lied*
variëren I [ov ww] • (afwisselen) *variieren, (ab)wechseln* **II** [on ww] • (onderling verschillen) *verschieden sein* ⋆ de prijzen ~ sterk *die Preise schwanken sehr*
variété *Varieté/Varietee* [o]
variëteit *Varietät* [v], *Verschiedenheit* [v]
varken *Schwein* [o] ▾ dat ~tje zullen we wel wassen *wir werden das Kind schon schaukeln* ▾ gillen als een ~ *schreien wie am Spieß* ▾ zo dom als het achtereind van een ~ *dumm wie Bohnenstroh*
varkensmesterij • (bedrijf) *Schweinemästerei* [v] • (het vetmesten van varkens) *Schweinemast* [v]
varkenspest *Schweinepest* [v]
varkensvlees *Schweinefleisch* [o] ⋆ gebraden ~ *Schweinebraten* [m]
vasectomie *Vasektomie* [v], *Vasoresektion* [v]
vaseline *Vaseline* [v]
vast I [bnw] • (niet beweegbaar) *unbeweglich, fest* ⋆ vast raken *festfahren;* ‹van schip› *auflaufen* • (stabiel) *fest, stabil* • (onveranderlijk) *fest, ständig* ⋆ vaste klant *Stammkunde* [m] ⋆ vaste kosten *Fixkosten* [v] ⋆ een vaste aanstelling hebben *fest angestellt sein* ⋆ een vast bedrag *ein festgesetzter Betrag* ⋆ vast salaris genieten *festes Gehalt beziehen* ⋆ vaste kern *feste(r) Kern;* ‹van arbeiders› *Stammmannschaft* [v] • (stevig) *stabil, solide, fest* ⋆ een vaste constructie *eine solide Konstruktion* • (stellig) *zweifellos, sicher* ⋆ vast en zeker *ganz gewiss; ganz bestimmt; sicher und gewiss* ⋆ zich vast voornemen *sich fest vornehmen* ⋆ je kunt er vast op aan *du kannst dich darauf verlassen* **II** [bijw] • (alvast) *schon* ⋆ begin maar vast *fang schon mal an* • (zeker) *bestimmt* ⋆ dat is vast wel zo *das ist ohne Zweifel so* ⋆ dat is vast te veel geld *das ist bestimmt zu viel Geld* • (stellig) *gewiss, sicher*
vastberaden *entschieden, entschlossen*
vastbesloten *entschieden, entschlossen*
vastbijten *sich festbeißen, sich verbeißen* ⋆ zich ~ *in sich verbeißen in* [4]; *sich festbeißen in* [3]
vastbinden *festbinden, anbinden* ⋆ iem. ~ *jmdn. fesseln*
vasteland • (continent) *Kontinent* [m] • (vaste wal) *Festland* [o]
vasten I [de] *Fastenzeit* [v] **II** [on ww] *fasten*
Vastenavond *Fastnacht* [v]
vastenmaand *Fastenmonat* [m]
vastentijd *Fastenzeit* [v]
vastgoed *Immobilien* [mv]
vastgrijpen *ergreifen, festhalten* ⋆ zich ~ *sich klammern an*
vasthechten *festheften, anheften*
vastheid • (zekerheid) *Gewissheit* [v], *Sicherheit* [v], *Bestimmtheit* [v] • (stevigheid) *Festigkeit* [v]
vasthouden I [ov ww] • (bewaren) *zurückhalten, beibehalten, festhalten an* [3] • (niet loslaten) *festhalten* **II** [on ww] • (~ **aan**) *beharren auf* [3], *festhalten an* [3] ⋆ aan een eis ~ *an einer Forderung festhalten* ⋆ aan zijn mening ~ *auf seiner Meinung beharren*
vasthoudend *hartnäckig, beharrlich* ⋆ ~ zijn *nicht lockerlassen; nicht aufgeben*
vastigheid *Sicherheit* [v], *Festigkeit* [v]
vastklampen *sich festklammern, sich anklammern*
vastleggen • (registreren) *festlegen* ⋆ ~ op film *auf Film aufzeichnen* • (vastmaken) *festlegen,* ‹van hond› *anbinden,* ‹van schip› *anlegen* • (schriftelijk bepalen) *bestimmen, festlegen, festsetzen* ⋆ contractueel is vastgelegd dat ... *vertraglich wurde festgelegt, dass ...* • (beleggen) *festlegen, anlegen*
vastliggen • (vastgebonden zijn) *angebunden/ festgebunden liegen* ⋆ de hond ligt vast *der Hund liegt an der Leine/Kette* • (vastgesteld zijn) *festliegen*
vastlopen • (vast raken) *(sich) festfahren, (sich) festlaufen,* ‹van een mechaniek› *sich festfressen,* ‹van schip› *auflaufen* • (in impasse raken) *sich festlaufen* ⋆ de onderhandelingen zijn vastgelopen *die Unterhandlungen sind festgefahren*
vastmaken *festmachen, befestigen* ⋆ de gordel ~ *den Gurt anschnallen*
vastomlijnd *fest umrissen*
vastpinnen *festnageln* ▾ iem. op iets ~ *jmdn. auf etw. festnageln/festlegen*
vastpraten I [ov ww] *in die Enge treiben* **II** [wkd ww] *sich in Widersprüche verwickeln*
vastrecht *Grundgebühr* [v]
vastroesten *einrosten* ⋆ in zijn gewoontes vastgeroest zijn *verknöcherte Angewohnheiten haben*
vastschroeven *festschrauben*
vaststaan *festliegen, feststehen*
vaststaand • (zeker) *feststehend, festgelegt* • (permanent bevestigd) *fest, Dauer-*
vaststellen • (bepalen) *festsetzen, feststellen, bestimmen* ⋆ de schade ~ *den Schaden beziffern/ feststellen/aufnehmen* ⋆ een termijn ~ *einen Termin festsetzen/festlegen* • (constateren) *feststellen* • (door nasporing te weten komen) *ermitteln*
vastzetten • (gevangen zetten) *festsetzen* • (doen vastzitten) *befestigen* • (beleggen) *festlegen* • (klem praten) *in die Enge treiben*
vastzitten • (gebonden zijn) *gebunden sein an* [4] ⋆ ik zit aan hem vast *ich bin an ihn gebunden* • (bevestigd zijn) *haften, festsitzen* ⋆ dat zit aan de muur vast *das ist an der Wand befestigt* • (klem zitten) *festsitzen, feststecken* • (gevangen zitten) *in Gefangenschaft sein, im Gefängnis sitzen/sein,* ‹inf.› *sitzen* ⋆ hij zit al jaren vast *er sitzt schon seit Jahren im Gefängnis* ▾ daar zit heel wat aan vast *damit hängt vieles zusammen* ▾ aan iets ~ *etw. auf dem Hals haben*
vat I [de] *Einfluss* [m], *Griff* [m] ⋆ vat op iets hebben *etw. im Griff haben* ⋆ geen vat op iem. krijgen *jmdm. nicht beikommen können; jmdm. nichts anhaben können* **II** [het] *Fass* [o] ⋆ communicerende vaten *kommunizierende(n) Röhren* ▾ wat in het vat zit, verzuurt niet *aufgeschoben ist nicht aufgehoben*
vatbaar • (ontvankelijk) *empfänglich sein für, offen sein für, zugänglich* ⋆ niet voor rede ~ zijn *keine Vernunft annehmen wollen* • (zwak van gestel) *anfällig, empfindlich* ⋆ hij is erg ~ voor ziekten *er ist sehr anfällig für Krankheiten* ⋆ niet ~ voor verbetering zijn *nicht verbesserungsfähig sein*
Vaticaan *Vatikan* [m]
Vaticaanstad *Vatikanstadt* [v]
vatten • (grijpen) *fangen, greifen, fassen* • (in iets

V

zetten) *(ein)fassen* • (begrijpen) *verstehen, begreifen,* ‹inf.› *kapieren* ⋆ vat je't? *verstanden?; kapiert?*
vazal *Gefolgsmann* [m], ‹gesch.› *Vasall* [m]
vechten *kämpfen, sich raufen, sich schlagen* ⋆ tegen iem. ~ *mit jmdm. kämpfen; jmdn. bekämpfen*
vechter *Kämpfer* [m]
vechtersbaas *Raufbold* [m], *Kämpfernatur* [v]
vechtjas *Schlägertyp* [m], *Raufbold* [m], *Schläger* [m]
vechtlust *Kampflust* [v], *Streitlust* [v]
vechtpartij *Schlägerei* [v], *Rauferei* [v], *Prügelei* [v]
vector *Vektor* [m]
vedergewicht *Federgewicht* [o]
vederlicht *federleicht*
vedette *Star* [m], ‹film› *Filmstar* [m]
vee *Vieh* [o]
veearts *Veterinär* [m], *Tierarzt* [m]
veeartsenijkunde *Tiermedizin* [v], *Veterinärmedizin* [v]
veeg I [de] • (het vegen) *Wischen* [o] • (vlek) *Fleck* [m], *Streifen* [m] • (oorveeg) *Schlag* [m], *Ohrfeige* [v] ▾ iem. een veeg uit de pan geven *jmdm. eine wischen; jmdm. einen Seitenhieb geben* **II** [bnw] • (in gevaar) ⋆ het vege lijf redden *seine Haut retten* • (onheilspellend) *schlimm, ominös* ⋆ dat is een veeg teken *das ist ein böses Vorzeichen*
veegwagen *Kehrmaschine* [v]
veehouder *Viehhalter* [m]
veehouderij • (veebedrijf) *Viehhof* [m] • (het houden van vee) *Viehwirtschaft* [v], ‹het fokken› *Viehzucht* [v]
veel I [onb vnw] *viel* ⋆ dat heeft me veel verdriet gedaan *das hat mir viel Kummer gemacht* ⋆ weet ik veel! *was weiß ich!* **II** [bijw] • (in ruime mate) *viel, um vieles* • (vaak) *viel, oft* ⋆ dat zie je tegenwoordig veel *das sieht man heutzutage häufig/öfter* **III** [telw] *viel* ⋆ veel kinderen spelen daar *viele Kinder spielen dort* ⋆ dat zijn er behoorlijk veel *das ist eine ganz schöne Menge*
veelal • (doorgaans) *meistens, gewöhnlich* • (vaak) *häufig*
veelbelovend *viel versprechend, hoffnungsvoll*
veelbesproken *viel diskutiert, viel besprochen*
veelbetekenend *bedeutsam, bedeutungsvoll*
veelbewogen *ereignisreich, sehr bewegt*
veeleer *eher*
veeleisend *anspruchsvoll*
veelheid • (groot aantal) *Menge* [v], *Vielzahl* [v] • (het veelvoudig zijn) *Mannigfaltigkeit* [v], *Vielfalt* [v]
veelhoek *Vieleck* [o]
veelkleurig *vielfarbig*
veelomvattend *(viel) umfassend*
veelsoortig *vielfältig, verschiedenartig*
veelstemmig *vielstimmig*
veelvoud *Mehrfache(s)* [o], *Vielfache(s)* [o] ⋆ het kleinste gemene ~ *das kleinste gemeinsame Vielfache*
veelvoudig • (in veelvoud) *vielfach* • (veel voorkomend) *vielfältig*
veelvraat *Vielfraß* [m]
veelvuldig I [bnw] • (veel voorkomend) *mehrfach, wiederholt, vielfach, häufig* • (gevarieerd) *vielseitig, vielfältig* **II** [bijw] *häufig, oftmals*
veelzeggend *viel sagend*
veelzijdig *vielseitig*
veemarkt *Viehmarkt* [m]
veen *Moor* [o]
veenbes *Moosbeere* [v]
veengrond *Torfboden* [m], *Moorboden* [m]
veenkolonie *Moorkolonie* [v], *Moorsiedlung* [v]
veer I [de] *Feder* [v] ▾ pronken met andermans veren *sich mit fremden Federn schmücken* ▾ een veer moeten laten *Haare lassen müssen* **II** [het] *Fährschiff* [o], *Fähre* [v]
veerboot *Fähre* [v], *Fährschiff* [o]
veerdienst *Fährdienst* [m]
veerkracht • (elasticiteit) *Elastizität* [v], *Spannkraft* [v] • (wilskracht) *Spannkraft* [v]
veerkrachtig • (elastisch) *elastisch, federnd* • (wilskrachtig) *vital, energisch*
veerman *Fährmann* [m]
veerpont *Fähre* [v]
veertien *vierzehn* → **acht**
veertig *vierzig* ⋆ ~ plus kaas *Käse mit über vierzig Prozent Fett* → **acht, twintig**
veertiger I [de] *Vierziger* [m] **II** [bnw] *vierziger*
veestapel *Viehbestand* [m]
veeteelt *Viehzucht* [v]
veevoeder *Viehfutter* [o]
veewagen *Viehwagen* [m], ‹wagon› *Viehwaggon/Viehwagon* [m]
veganisme *Veganismus* [m]
vegen I [ov ww] • (vegend reinigen) *kehren, fegen, wischen* ⋆ zijn voeten ~ *sich die Füße abtreten/fegen* ▾ een voorstel van tafel ~ *einen Vorschlag vom Tisch fegen* **II** [on ww] • (snel bewegen) *sausen* • (strijken) *fahren* ⋆ met de vinger over de tafel ~ *mit dem Finger über den Tisch fahren*
veger • (borstel) *Besen* [m] ⋆ ~ en blik *Handfeger und Kehrblech* • (persoon) *Feger* [m]
vegetariër *Vegetarier* [m]
vegetarisch *vegetarisch*
vegetatie *Vegetation* [v]
vegeteren *vegetieren*
vehikel *Vehikel* [o], ‹pej.› *Klapperkiste* [v]
veilen *versteigern*
veilig • (beschermend) *geborgen, geschützt, sicher* ⋆ iets ~ bewaren *etw. sicher verwahren* ⋆ de ~e haven *der sichere Hafen* • (vrij van gevaar) *sicher* ⋆ iets ~ stellen *etw. sicherstellen* • (zonder risico) *gefahrlos, risikofrei* ⋆ ~ vrijen *Safersex/Safer Sex* [m]
veiligheid *Sicherheit* [v] ⋆ de ~ op de openbare wegen *die Verkehrssicherheit*
veiligheidsbril *Schutzbrille* [v]
veiligheidsdienst *Sicherheitsdienst* [m]
veiligheidseis *Sicherheitsbedingung* [v]
veiligheidsglas *Sicherheitsglas* [o], *Verbundglas* [o]
veiligheidsgordel *Sicherheitsgurt* [m]
veiligheidshalve *sicherheitshalber*
veiligheidsklep *Sicherheitsventil* [o]
veiligheidsoverweging *Sicherheitsgründe* [mv] ⋆ uit ~en *aus Sicherheitsgründen*
Veiligheidsraad *Sicherheitsrat* [m]
veiligheidsslot *Sicherheitsschloss* [o]
veiligheidsspeld *Sicherheitsnadel* [v]
veiling • (gebouw) *Auktionsgebäude* [o] • (openbare verkoping) *Versteigerung* [v], *Auktion* [v]
veilingmeester *Versteigerer* [m], *Auktionator* [m]
veinzen I [ov ww] *heucheln, vorgeben* ⋆ hij veinsde ziek te zijn *er gab vor, krank zu sein; er stellte sich krank* ⋆ zijn liefde was maar geveinsd *seine Liebe war nur geheuchelt* **II** [on ww] *sich verstellen, heucheln*
vel • (huid) *Haut* [v], *Fell* [o] • (blad papier) *Bogen* [m], *Blatt* [o] ▾ vel over been zijn *nur noch Haut und Knochen sein* ▾ iem. het vel over de oren halen *jmdm. das Fell über die Ohren ziehen* ▾ het is om uit je vel te springen *es ist, um aus der Haut zu fahren*

veld • (vlakte) *Acker* [m] • (speelterrein) ‹sport› *Spielfeld* [o] • (vakgebied) *Feld* [o] • (grondstuk) *Platz* [m]
veldbed *Feldbett* [o]
veldboeket *Feldblumenstrauß* [m]
veldfles *Feldflasche* [v]
veldheer *Feldherr* [m]
veldhospitaal *Feldlazarett* [o]
veldloop *Geländelauf* [m]
veldmaarschalk *Feldmarschall* [m]
veldmuis *Feldmaus* [v]
veldsla *Feldsalat* [m]
veldslag *Schlacht* [v]
veldsport *Rasensport* [m]
veldtocht *Feldzug* [m]
velen *dulden, ertragen,* ‹lichamelijk› *vertragen* ⋆ ik kan hem niet ~ *ich kann ihn nicht ausstehen/ leiden*
velerlei *allerlei, vielerlei, mancherlei*
velg *Felge* [v]
velgrem *Felgenbremse* [v]
vellen • (doen vallen) *fällen* • (doden) *umbringen*
velours **I** [het] *Samt* [m], *Velours* [m] **II** [bnw] *samten, Samt-*
ven *Heidesee* [m], *Moorsee* [m]
vendetta *Blutrache* [v]
venerisch *venerisch* ⋆ de ~e ziekten *die Geschlechtskrankheiten*
Venetië *Venedig* [o]
Venezuela *Venezuela* [o]
venijn • (gif) *Gift* [o] • (boosaardigheid) *Tücke* [v]
venijnig *gemein, boshaft, giftig*
venkel *Fenchel* [m]
vennoot *Teilhaber* [m], *Gesellschafter* [m] ⋆ stille ~ *stille(r) Teilhaber/Gesellschafter; Kommanditist* [m]
vennootschap *Gesellschaft* [v] ⋆ besloten ~ *Gesellschaft mit beschränkter Haftung (GmbH)* [v] ⋆ naamloze ~ *Aktiengesellschaft (AG)* [v]
vennootschapsbelasting *Körperschaftssteuer* [v]
venster *Fenster* [o]
vensterbank *Fensterbank* [v]
vensterenvelop *Fensterbriefumschlag* [m]
vent *Kerl* [m], *Typ* [m] ⋆ een aardige vent *ein netter Kerl/Typ/Bursche* ⋆ een echte vent *ein echter Mann*
venten • (met koopwaar langs de huizen gaan) *hausieren* • (koopwaar op straat aanbieden) *Straßenhandel treiben*
venter *Hausierer* [m], ‹langs de weg› *Straßenhändler* [m]
ventiel *Ventil* [o]
ventieldop *Ventilkappe* [v]
ventielslang *Ventilgummi* [m/o]
ventilatie *Ventilation* [v], *Belüftung* [v], *Lüftung* [v], *Entlüftung* [v], *Bewetterung* [v]
ventilator *Ventilator* [m]
ventileren *(ent)lüften*
venusheuvel *Venushügel* [m], *Schamhügel* [m]
ver **I** [bnw] *weit, fern* ⋆ een verre reis *eine weite Reise* ⋆ verre bloedverwanten *entfernte(n)/ weitläufige(n) Verwandte* **II** [bijw] *weit, fern* ⋆ niet ver van het park *unweit des Parks* ⋆ hem ver overtreffen *ihn weit übertreffen* ⋆ ver na achten *lange nach acht* ▾ nog verder van huis zijn *noch weiter vom Ziel abgekommen sein* ▾ het ver geschopt hebben *es weit gebracht haben*
veraangenamen *angenehm(er) machen, verschönern*
verabsoluteren *verabsolutieren*
verachtelijk • (verachting verdienend) *verachtenswert* ⋆ haar gedrag is ~ *ihr Benehmen/ Verhalten ist verachtenswert* • (verachting tonend) *verächtlich*
verachten • (minachten) *verachten, missachten* • (versmaden) *verachten*
verachting *Verachtung* [v]
verademing *Erleichterung* [v]
veraf *fern, (weit) entfernt, weit*
verafgelegen *weit entfernt, abgelegen, entlegen*
verafgoden *vergöttern*
verafschuwen *verabscheuen*
veralgemenen *verallgemeinern*
veralgemeniseren *verallgemeinern*
veranda *Veranda* [v]
veranderen **I** [ov ww] • (anders maken) *(ver)ändern* ⋆ volledig ~ *verwandeln* ⋆ een beetje ~ *abändern* ⋆ grotendeels ~ *umändern* ⋆ dat verandert niets aan het feit dat ... *das ändert nichts an der Tatsache, dass ...* **II** [on ww] • (anders worden) *sich (ver)ändern, sich verwandeln* ⋆ hij is veel veranderd *er hat sich sehr verändert/geändert* ⋆ van opinie ~ *seine Meinung ändern; von seiner Meinung zurückkommen* • (wisselen) ⋆ van betrekking ~ *die Stelle wechseln*
verandering • (afwisseling) *Abwechslung* [m] ⋆ voor de ~ *zur Abwechslung* • (wijziging) *Änderung* [v], *Abänderung* [v] ⋆ daar moet ~ in komen *das muss anders werden* ⋆ een ~ teweegbrengen *eine Änderung vornehmen* ▾ ~ van spijs doet eten *Abwechslung macht Appetit*
veranderlijk *unbeständig, veränderlich*
verankeren *verankern*
verantwoord *vertretbar* ⋆ dat is ecologisch niet ~ *das ist ökologisch nicht vertretbar*
verantwoordelijk *verantwortlich* ⋆ voor iets ~ zijn *für etw. verantwortlich sein;* ‹jur.› *für etw. haften* ⋆ iem. voor iets ~ stellen *jmdn. für etw. verantwortlich machen* ⋆ een zeer ~e betrekking *eine verantwortungsvolle Stellung*
verantwoordelijkheid *Verantwortlichkeit* [v], *Verantwortung* [v]
verantwoordelijkheidsgevoel *Verantwortungsgefühl* [o]
verantwoorden **I** [ov ww] *verantworten* ⋆ uitgaven ~ *Ausgaben belegen* ⋆ dat is niet verantwoord *dat ist unverantwortlich* **II** [wkd ww] *sich rechtfertigen, sich verantworten* ⋆ zich voor iets moeten ~ *für etw. zur Rechenschaft gezogen werden; sich für etw. verantworten müssen*
verantwoording • (rekenschap) *Verantwortung* [v], *Rechenschaft* [v] ⋆ ter ~ roepen *zur Rechenschaft/zur Verantwortung ziehen* • (verantwoordelijkheid) *Verantwortung* [v], *Verantwortlichkeit* [v]
verarmen **I** [ov ww] • (armer maken) *arm machen* **II** [on ww] • (armer worden) *verarmen*
verarming *Verarmung* [v]
verassen *einäschern*
verbannen • (uitbannen) *verbannen* • (uitwijzen) *ausweisen*
verbanning *Verbannung* [v]
verbasteren **I** [ov ww] • (vervormen) *entstellen* **II** [on ww] • (ontaarden) *entarten, ausarten* • (vervormd worden van woorden) *entstellt werden*
verbastering *Entstellung* [v]
verbazen **I** [ov ww] *erstaunen* ⋆ het verbaast me *es wundert/erstaunt mich* ⋆ hij verbaasde me met die opmerking *er versetzte mich in Erstaunen mit dieser Bemerkung* **II** [wkd ww] *sich wundern, staunen*
verbazend *erstaunlich*

V

verbazing *Staunen* [o], *Erstaunen* [o], *Verwunderung* [v] ▾ tot mijn stomme ~ *zu meinem großen Erstaunen*
verbazingwekkend *erstaunlich, erstaunenswert*
verbeelden I [ov ww] *darstellen* **II** [wkd ww] • (zich inbeelden) *sich einbilden* ⋆ dat verbeeld je je slechts *das bildest du dir bloß ein* • (zich voorstellen) *sich vorstellen, sich denken*
verbeelding • (verwaandheid) *Überheblichkeit* [v] • (fantasie) *Einbildung* [v], *Phantasie/Fantasie* [v], *Vorstellung* [v] • (inbeelding) *Einbildung* [v] • (uitbeelding) *Darstellung* [v]
verbeeldingskracht *Einbildungskraft* [v], *Phantasie/Fantasie* [v], *Vorstellungskraft* [v]
verbergen *verbergen, verstecken, verhehlen, verheimlichen* ⋆ iets voor iem. ~ *etw. vor jmdm. geheim halten*
verbeten *verbissen*
verbeteren I [ov ww] • (beter maken) *bessern, verbessern, aufbessern* • (herstellen) *verbessern, korrigieren* • (overtreffen) *übertreffen, verbessern* **II** [on ww] • (beter worden) *besser werden, sich (ver)bessern* ⋆ de toestand van de zieke is verbeterd *der Zustand des Kranken hat sich gebessert*
verbetering • (correctie) *Verbesserung* [v] • (het beter maken) *Aufbesserung* [v]
verbeurdverklaren *konfiszieren, einziehen, beschlagnahmen*
verbeurdverklaring *Beschlagnahme* [v], *Konfiskation* [v], *Einziehung* [v]
verbeuren *verwirken,* ‹inf.› *verscherzen*
verbieden *verbieten, untersagen* ⋆ verboden te roken *Rauchen verboten!*
verbijsteren *entsetzen, erschüttern, bestürzen*
verbijstering *Erschütterung* [v], *Bestürzung* [v], *Entsetzen* [o]
verbijten I [ov ww] *verbeißen* ⋆ de pijn ~ *den Schmerz verbeißen* **II** [wkd ww] *sich zusammennehmen, sich zusammenreißen* ⋆ zich ~ van woede *sich die Wut verbeißen/verkneifen*
verbinden • (koppelen) *verbinden* ⋆ er zijn voordelen aan verbonden *es sind Vorteile damit verbunden* • (telefonisch aansluiten) *verbinden* • (omzwachtelen) *verbinden* • (verplichten) *verbinden* ⋆ ~d verklaren *für verbindlich/bindend erklären* ⋆ zich (tot iets) ~ *sich (zu etw.) verpflichten/verbinden*
verbinding *Verbindung* [v] ⋆ ~en leggen *Kontakte legen* ⋆ zich met iem. in ~ stellen *sich mit jmdm. in Verbindung setzen*
verbindingsdienst *Fernmeldedienst* [m]
verbindingsteken *Bindestrich* [m]
verbindingstroepen *Nachrichtentruppen* [mv], *Fernmeldetruppen* [mv]
verbindingsweg *Verbindungsstraße* [v], ‹toegangsweg› *Zubringerstraße* [v]
verbintenis • (contract) *Vertrag* [m] • (verplichting) *Verpflichtung* [v] • (huwelijk) *Verbindung* [v]
verbitterd • (vol wrok) *erbittert* • (grimmig) *verbittert*
verbitteren *verbittern, vergällen*
verbleken ‹kleur/herinnering› *verblassen,* ‹persoon› *erbleichen, erblassen*
verblijden I [ov ww] *erfreuen, beglücken* **II** [wkd ww] *sich (er)freuen*
verblijf • (het verblijven) *Aufenthalt* [m] • (verblijfplaats) ⋆ zijn ~ hebben *seinen Wohnsitz haben* • (onderkomen) *Unterkunft* [v]
verblijfkosten *Aufenthaltskosten* [mv]
verblijfplaats • (plaats waar men zich bevind) *Aufenthaltsort* [m] • (domicilie) *Wohnsitz* [m]
verblijfsvergunning *Aufenthaltserlaubnis* [v], *Aufenthaltsgenehmigung* [v]
verblijven • (vertoeven) *sich aufhalten* • (logeren/wonen) *wohnen* ⋆ in afwachting van uw antwoord verblijf ik *ich verbleibe*
verblinden *blenden*
verbloemen • (in bedekte termen aanduiden) *durch die Blume sagen, verschleiern* ⋆ de ware toedracht ~ *den wahren Sachverhalt beschönigen* • (verzwijgen) *verhehlen, vertuschen, verschleiern* ⋆ iets niet kunnen ~ *etw. nicht verhehlen können*
verbluffend *verblüffend*
verbluft *perplex, verblüfft, verdutzt*
verbod *Verbot* [o]
verbodsbord *Verbotsschild* [o]
verbolgen *verärgert, ärgerlich, erzürnt, aufgebracht*
verbond • (verdrag) *Bündnis* [o], ‹alliantie› *Allianz* [v] ⋆ een ~ sluiten *ein Bündnis schließen* • (vereniging) *Bund* [m], *Verband* [m]
verbondenheid *Verbundenheit* [v]
verbouwen • (veranderen) *umbauen,* ‹vergroten› *ausbauen* • (telen) *anpflanzen, (an)bauen*
verbouwereerd *perplex, verdutzt, bestürzt, verwirrt*
verbouwing • (verandering) *Umbau* [m], ‹vergroting› *Ausbau* [m] • (het telen) *Anbau* [m]
verbranden I [ov ww] • (aantasten) *verbrennen* **II** [on ww] • (aangetast worden) *verbrennen,* ‹van afval› *entsorgen* • (rood worden) *verbrennen*
verbranding *Verbrennung* [v]
verbrandingsmotor *Verbrennungsmotor* [m]
verbrassen *vergeuden, verprassen*
verbreden *erweitern, verbreitern* ⋆ zijn blik ~ *seinen Horizont erweitern*
verbreiden I [ov ww] *verbreiten* **II** [wkd ww] *sich verbreiten, sich ausbreiten*
verbreken • (niet nakomen) *brechen* ⋆ een verdrag ~ *einen Vertrag brechen; einen Vertrag nicht nachkommen* • (af-/stukbreken) *zerbrechen, unterbrechen* ⋆ de relatie ~ *die Beziehung abbrechen/lösen* ⋆ de verbinding werd verbroken *die Telefonleitung wurde unterbrochen*
verbrijzelen • (te pletter slaan/vallen) *zerschmettern* • (kort en klein slaan) *zertrümmern* • (vergruizen) *zermalmen*
verbroederen I [ov ww] • (verenigen) *verbrüdern* **II** [on ww] • (verenigd worden) *verbrüdern* **III** [wkd ww] *sich verbrüdern*
verbroedering *Verbrüderung* [v]
verbrokkelen I [ov ww] • (in stukjes splitsen) *zerbröckeln* **II** [on ww] • (in stukjes uiteenvallen) *auseinander fallen, zerbröckeln*
verbruien *verderben* ⋆ hij heeft het bij mij verbruid *er ist bei mir unten durch*
verbruik *Verbrauch* [m], ‹levensmiddelen› *Konsum* [m]
verbruiken • (door gebruik opmaken) *verbrauchen* • (door misbruik verliezen) *verschwenden, vergeuden, verbrauchen*
verbruikscoöperatie *Verbrauchergenossenschaft* [v]
verbruiksgoederen *Konsumgüter* [mv]
verbuigen • (ombuigen) *(um)biegen, verbiegen* • (taalk.) *beugen, flektieren,* ‹van naamwoorden› *deklinieren,* ‹van wwen› *konjugieren*
verbuiging • (ombuiging) *Beugung* [v], *Verbiegung* [v] • (taalk.) *Beugung* [v], ‹van naamwoorden› *Deklination* [v], ‹van wwen› *Konjugation* [v]
verbum *Verb* [o]
verdacht I [bnw] • (verdenking wekkend)

verdächtig • (onder verdenking) ⋆ iem. ~ maken *jmdn. verdächtigen* • (verdacht worden) *suspekt, verdächtig* ⋆ van diefstal ~ worden *des Diebstahls verdächtig sein* • (~ **op**) *gefasst auf* [4], *vorbereitet auf* [4] ⋆ eer men erop ~ is *ehe man sichs versieht* **II** [bijw] *verdächtig*
verdachte *Beschuldigte(r)* [m], *Verdächtigte(r)* [m], *Tatverdächtige(r)* [m]
verdachtmaking *Verdächtigung* [v]
verdagen *vertagen* ⋆ ~ tot *vertagen auf*
verdampen *verdampfen, verdunsten,* ‹chem.› *verflüchtigen*
verdamping *Verdampfung* [v], *Verdunstung* [v]
verdedigbaar • (te verdedigen) *zu verteidigen* • (te rechtvaardigen) *vertretbar, haltbar*
verdedigen I [ov ww] • (verweren) *verteidigen* • (pleiten voor) *verteidigen, vertreten* • (rechtvaardigen) *verteidigen, eintreten für, vertreten* **II** [wkd ww] *sich verteidigen*
verdediger • (beschermer) *Verteidiger* [m] • (sport) *Abwehrspieler*
verdediging • (het verdedigen) *Abwehr* [v] ⋆ een zwakke plek in de ~ *eine Schwachstelle in der Verteidigung* • (jur.) *Verteidigung* [v] ⋆ het woord is aan de ~ *die Verteidigung hat das Wort*
verdeeld • (uiteenlopend) *uneinheitlich* • (oneens) *geteilt, uneinig*
verdeeldheid *Uneinigkeit* [v] ⋆ dit leidde tot ~ binnen de partij *dies führte zu einer Spaltung innerhalb der Partei* ▾ ~ zaaien *Zwietracht säen*
verdeelsleutel *Verteilerschlüssel* [m]
verdekt *verdeckt*
verdelen • (splitsen) *(ver)teilen, einteilen* ⋆ iets in drie delen ~ *etw. in drei Teile teilen* • (uitdelen) *verteilen*
verdelgen *vertilgen*
verdeling • (het uitdelen) *Verteilung* [v] • (splitsing) *Teilung* [v], *Einteilung* [v]
verdenken *verdächtigen* ⋆ iem. van diefstal ~ *jmdn. wegen Diebstahls in Verdacht haben*
verdenking *Verdacht* [m] ⋆ onder ~ van diefstal staan *im Verdacht des Diebstahls stehen* ⋆ boven iedere ~ verheven zijn *über jeden Verdacht erhaben sein*
verder I [bnw] • (voor de rest) *ferner, ansonsten, sonst, weiter* ⋆ ga ~ *fahre fort* ⋆ ~e opleiding *Fortbildung* [v] • (nader) *weiter, ferner* **II** [bijw] • (vervolgens) *ferner, weiter* • (overigens) *weiter, sonst* • (voorts) *weiter(hin)*
verderf *Verderben* [o] ⋆ zich in het ~ storten *sich ins Verderben stürzen* ⋆ een poel des ~s *ein Sumpf des Lasters*
verderfelijk *verderblich*
verderop *weiter*
verdichten • (condenseren) *komprimieren, verdichten* • (verzinnen) *erdichten*
verdichting • (verzinsel) *Erdichtung* [v] • (condensatie) *Komprimierung* [v], *Verdichtung* [v]
verdichtsel *Erfindung* [v], *Erdichtung* [v]
verdienen I [ov ww] • (als loon/winst krijgen) *verdienen* • (waard zijn) *Wert sein, verdienen* ⋆ zij verdient niet beter *sie hat es nicht besser verdient* **II** [on ww] *verdienen* ⋆ dat werk verdient goed *die Arbeit bringt gut was ein*
verdienste • (loon) *Verdienst* [m], ‹salaris› *Einkommen* [o] • (winst) *Profit* [m] • (verdienstelijkheid) *Verdienst* [o]
verdienstelijk *verdienstvoll, lobenswert* ▾ zich ~ maken *sich um etw. verdient machen*
verdiepen I [ov ww] *vertiefen* **II** [wkd ww] *sich vertiefen (in)* [4]
verdieping • (etage) *Stockwerk* [o], *Stock* [m], *Geschoss* [o], *Etage* [v] ⋆ op de eerste ~ wonen *im ersten Stock wohnen* ⋆ huis met tien ~en *zehnstöckige(s) Haus* • (wat uitgediept is) *Vertiefung* [v]
verdikking *Verdickung* [v]
verdisconteren • (incalculeren) *einkalkulieren* • (hand.) *diskontieren*
verdoemen *verdammen, verfluchen*
verdoemenis *Verdammnis* [v]
verdoen *vergeuden, vertun*
verdoezelen *vertuschen*
verdomd I [bnw] *verflucht, verdammt* **II** [bijw] *verdammt, verflucht* ⋆ ~ als het niet waar is *mich soll der Teufel holen, wenn das nicht stimmt* **III** [tw] *verdammt (noch mal)!*
verdommen • (vertikken) *sich weigern, nicht daran denken* • (schelen) ⋆ wat kan het mij ~ *mir soll's Wurst sein*
verdonkeremanen *sich etw. unter den Nagel reißen*
verdorren *verdorren,* ‹van planten en bloemen› *verwelken*
verdorven *verkommen, verdorben*
verdoven *betäuben* ⋆ plaatselijk ~ *örtlich betäuben*
verdoving • (gevoelloosheid) *Betäubung* [v] • (med.) *Narkose* [v]
verdovingsmiddel *Betäubungsmittel* [o]
verdraagzaam *tolerant, duldsam, verträglich*
verdraaid I [bnw] • (vervelend) *verflixt* • (in de knoop zijn) *verheddert* **II** [tw] *verflixt!* ⋆ ~ nog aan toe! *verflixt noch mal!*
verdraaien I [ov ww] • (anders draaien) *verdrehen* • (fout weergeven) *verdrehen, verstellen* ⋆ iemands woorden ~ *jmdm. das Wort im Munde verdrehen* ⋆ zijn handschrift ~ *seine Handschrift verstellen* • (draaiend verplaatsen) *verdrehen* **II** [on ww] *sich weiterdrehen*
verdraaiing *Verdrehung* [v]
verdrag *Vertrag* [m]
verdragen • (dulden) *ertragen* • (geen last hebben van) *aushalten, vertragen* ⋆ dit medicijn verdraag ik niet *dieses Medikament vertrage ich nicht*
verdriet *Kummer* [m], *Verdruss* [m], *Betrübnis* [v] ⋆ iem. ~ aandoen *jmdm. Kummer machen*
verdrietig *traurig, betrübt*
verdrijven • (verjagen) *vertreiben, verjagen, verscheuchen* • (doen voorbijgaan) *vertreiben* ⋆ de tijd ~ *sich die Zeit vertreiben*
verdringen I [ov ww] • (wegduwen) *wegdrängen, verdrängen* • (onderdrukken) *verdrängen* ⋆ zijn problemen ~ *seine Probleme verdrängen* **II** [wkd ww] *sich drängen*
verdrinken I [ov ww] • (doen omkomen) *ertränken* ⋆ een kat ~ *eine Katze ersäufen* • (wegdrinken) *vertrinken,* ‹inf.› *versaufen* **II** [on ww] • (omkomen) *ertrinken*
verdrinkingsdood *Tod durch Ertrinken* [m]
verdrogen *austrocknen, vertrocknen* ⋆ de bloemen zijn verdroogd *die Blumen sind verdorrt* ⋆ de rivier is verdroogd *der Fluss ist ausgetrocknet*
verdrukking • (onderdrukking) *Unterdrückung* [v] • (knel) *Bedrängnis* [v] ⋆ in de ~ komen *in Bedrängnis geraten* ▾ tegen de ~ in *trotz allem/ alledem*
verdubbelen I [ov ww] • (tweemaal zo groot maken) *duplizieren, verdoppeln* **II** [on ww] • (tweemaal zo groot worden) *sich verdoppeln*
verduidelijken *verdeutlichen, erklären*
verduisteren I [ov ww] • (donker maken)

V

verdunkeln ⋆ de hemel verduisterde *der Himmel verfinsterte sich* • (stelen) *veruntreuen, unterschlagen* **II** [on ww] • (donker worden) *sich verfinstern, sich verdunkeln*

verduistering • (het donker maken) *Verdunklung* [v], *Verfinsterung* [v] • (eclips) ⋆ zons-/maans~ *Sonnen-/Mondfinsternis* [v] • (het stelen) *Unterschlagung* [v], *Veruntreuung* [v]

verdunnen I [ov ww] ‹minder geconcentreerd maken› *verdünnen*, ‹omvang verminderen› *dünner machen* **II** [on ww] *sich verdünnen, dünner werden*

verdunner *Verdünner* [m]

verdunning *Verdünnung* [v]

V

verduren • (doorstaan) *ertragen, erdulden* • (uithouden) *aushalten*

verduurzamen *haltbar machen, konservieren* ⋆ verduurzaamd levensmiddel *konserviertes Lebensmittel*

verdwaasd ‹uitzinnig› *verrückt*, ‹verward› *verstört*, ‹zonder benul› *töricht*

verdwalen ‹lopen/rijden› *sich verlaufen/sich verfahren*, ‹ook fig.› *sich verirren* ⋆ verdwaalde kogel *verirrte Kugel* [v]

verdwijnen *verschwinden*

verdwijnpunt *Fluchtpunkt* [m]

veredelen *veredeln*

vereenvoudigen *vereinfachen*

vereenzamen *vereinsamen*

vereenzelvigen *gleichsetzen, identifizieren* ⋆ zich met iets ~ *sich mit etw. identifizieren*

vereeuwigen *verewigen*

vereffenen • (betalen) *ausgleichen, begleichen* ⋆ een rekening/schuld ~ *eine Rechnung/Schuld begleichen* • (bijleggen) *beilegen*

vereisen *erfordern* ⋆ de vereiste middelen *die erforderlichen Mittel*

vereiste *Erfordernis* [o], ‹voorwaarde› *Voraussetzung* [v]

veren I [bnw] Feder- **II** [on ww] *federn, elastisch sein*

verenigbaar *vereinbar*

Verenigde Arabische Emiraten *Vereinigte(n) Arabische(n) Emirate* [mv]

Verenigde Staten van Amerika *Vereinigte(n) Staaten von Amerika* [mv]

verenigen I [ov ww] • (samenvoegen) *vereinigen* • (overeenbrengen) *vereinigen* ▾ daarmee kan ik me ~ *damit bin ich einverstanden* **II** [on ww] *sich vereinigen*

vereniging • (samenvoeging) *Zusammenschluss* [m], *Vereinigung* [v] • (club) *Verein* [m], *Verband* [m] ⋆ lid van een ~ worden *einem Verein beitreten* • (samenkomst) *Vereinigung* [v] ⋆ recht van ~ *Versammlungsfreiheit* [v]; *Vereinigungsrecht* [o] ⋆ in ~ met *im Verein mit* ⋆ in ~ met anderen *gemeinschaftlich mit anderen*

verenigingsleven *Vereinsleben* [o]

vereren • (aanbidden) *verehren* • (eer bewijzen) *ehren* ⋆ iem. met een bezoek ~ *jmdn. mit einem Besuch beehren*

verergeren I [ov ww] • (erger maken) *verschlimmern, schlimmer machen* **II** [on ww] • (erger worden) *sich verschlimmern, schlimmer werden*

verering *Verehrung* [v]

verf *Farbe* [v] ⋆ de deur staat in de verf *die Tür ist frisch gestrichen* ▾ niet uit de verf komen ‹van opdracht/werkstuk› *nicht ausgearbeitet sein*; ‹van persoon› *nicht gut dastehen; sich nicht deutlich profilieren*

verfbad *Farbbad* [o]

verfbom *Farbbeutel* [m]

verfdoos *Farb-/Malkasten* [m]

verfijnen *verfeinern*

verfijning *Verfeinerung* [v]

verfilmen *verfilmen*

verfje ⋆ het huis mag wel een ~ hebben *das Haus braucht einen neuen Anstrich*

verfkwast *Pinsel* [m]

verflauwen *nachlassen*, ‹handel› *abflauen*

verfoeien *verabscheuen*

verfoeilijk *verabscheuenswert, verachtenswert*

verfomfaaien I [ov ww] • (uit model brengen) *zerknittern, verlottern, zerfleddern* **II** [on ww] • (uit model raken) *herunterkommen, verschlampen* ⋆ ze zag er verfomfaaid uit *sie sah struppig aus*

verfraaien *verschönern*

verfrissen *erfrischen, frisch machen*

verfrissing *Erfrischung* [v]

verfroller *Farbroller* [m], *Farbrolle* [v]

verfrommelen *zerknittern, zerknüllen*

verfspuit *Spritzpistole* [v]

verfstof *Farbstoff* [m]

verfverdunner *Verdünnung* [v]

vergaan • (ten onder gaan) *umkommen, vergehen*, ‹schip› *untergehen* • (voorbijgaan) *ergehen* ⋆ het is hem niet slecht ~ *es ist ihm nicht schlecht ergangen* • (verteren) *zerfallen, vermodern, verfaulen* ⋆ tot stof ~ *verwesen* • (creperen) *umkommen* ⋆ ~ van de honger *vor Hunger sterben/umkommen*

vergaand *weitgehend, weitreichend*

vergaarbak *Sammelbecken* [o]

vergaderen *eine Sitzung abhalten, tagen*

vergadering *Versammlung* [v], *Sitzung* [v], *Tagung* [v] ⋆ algemene ~ *Generalversammlung* [v]; *Hauptversammlung* [v] ⋆ tijdens de gehouden ~ *während der Versammlung* ⋆ ~ achter gesloten deuren *Klausurtagung* [v] ⋆ de algemene ~ van de VN *die UNO-Vollversammlung*

vergaderzaal *Sitzungs-/Versammlungssaal* [m]

vergallen *verleiden, vergällen* ⋆ iemands plezier ~ *jmdm. die Freude vergällen*

vergaloppéren *sich vergaloppieren*

vergankelijk *vergänglich*

vergapen *bestaunen*

vergaren *sammeln* ⋆ moed ~ *Mut fassen*

vergassen I [ov ww] • (met gas doden) *vergasen* • (in gas omzetten) *vergasen* **II** [on ww] *zu Gas werden*

vergasten *aufwarten*, ‹met eten en drank› *bewirten* ⋆ zich aan iets ~ *sich an etw. gütlich tun* ⋆ iem. op een nieuwtje ~ *jmdm. mit Neuigkeiten aufwarten* ⋆ de gasten op champagne ~ *den Gästen mit Champagner aufwarten*

vergeeflijk • (te vergeven) *entschuldbar, verzeihlich* • (vergevingsgezind) *versöhnlich*

vergeefs I [bnw] *vergeblich* **II** [bijw] *vergebens, umsonst*

vergeetachtig *vergesslich*

vergeetboek ▾ in het ~ raken *in Vergessenheit geraten*

vergeet-mij-niet *Vergissmeinnicht* [o]

vergelden *vergelten, heimzahlen*

vergeldingsmaatregel *Vergeltungsmaßnahme* [v]

vergelen *vergilben*

vergelijk • (overeenkomst) *Ausgleich* [m], *Einigung* [v], ‹jur.› *Vergleich* [m] ⋆ een ~ treffen *einen Vergleich treffen* • (het vergelijken) *Vergleich* [m]

vergelijkbaar *vergleichbar*

vergelijken *vergleichen* ⋆ vergeleken met vroeger *im Vergleich zu/gegenüber früher*
vergelijkenderwijs • (in vergelijking tot) *vergleichsweise* • (naar verhouding) *verhältnismäßig*
vergelijking • (het vergelijken) *Vergleich* [m], *Vergleichen* [o] ⋆ in ~ met *im Vergleich mit/zu* ⋆ de ~ met iets niet doorstaan kunnen *den Vergleich mit etw. nicht aushalten* ⋆ een ~ trekken/maken *einen Vergleich ziehen/anstellen* • (wisk.) *Gleichung* [v]
vergemakkelijken *erleichtern*
vergen *fordern, verlangen* ⋆ veel tijd ~ *viel Zeit erfordern* ⋆ hoe kan je zoiets van mij ~? *wie kannst du so etw. von mir verlangen?* ⋆ te veel van zijn krachten ~ *sich verausgaben*
vergenoegd *vergnügt, zufrieden*
vergenoegen I [ov ww] *zufrieden stellen, befriedigen* **II** [wkd ww] ⋆ zich met iets ~ *mit etw. zufrieden sein; sich mit etw. begnügen*
vergetelheid *Vergessenheit* [v]
vergeten I [bnw] *vergessen* **II** [ov ww] *vergessen* ⋆ ik ben ~ hoe zij heet *ich habe ihren Namen vergessen* ⋆ ik zal nooit ~ dat je dat gedaan hebt *das werde ich dir nie vergessen*
vergeven • (vergiffenis schenken) *vergeben, verzeihen* ⋆ vergeef me! *Entschuldigung!; Verzeihung!* • (weggeven) *vergeben* ⋆ ik heb vrijkaartjes te ~ *ich habe Freikarten zu vergeben* • (vergiftigen) *vergiften* ⋆ van stank ~ zijn *vom Gestank durchdrungen sein* ⋆ van ongedierte ~ zijn *es wimmelt hier von Ungeziefer*
vergevensgezind *nicht nachtragend, versöhnlich*
vergeving • (het vergiffenis schenken) *Vergebung* [v], ‹vergiffenis› *Verzeihung* [v] • (vergiftiging) *Vergiftung* [v]
vergevorderd *fortgeschritten, vorgerückt* ⋆ op ~e leeftijd *in vorgerücktem Alter*
vergewissen *sich vergewissern*
vergezellen *begleiten* ⋆ van iets vergezeld gaan *mit etw. einhergehen*
vergezicht • (panorama) *Fernsicht* [v], *Aussicht* [v] • (schilderij) *Panorama* [o]
vergezocht *weit hergeholt*
vergiet *Sieb* [o]
vergif *Gift* [o]
vergiffenis *Verzeihung* [v], *Vergebung* [v] ⋆ ~ vragen *um Verzeihung bitten* ⋆ iem. ~ schenken *jmdm. vergeben; jmdm. verzeihen*
vergiftig *giftig*
vergiftigen *vergiften*
vergiftiging *Vergiftung* [v] ⋆ door ~ sterven *an einer Vergiftung sterben*
vergissen *sich irren, sich täuschen* ⋆ ik heb me vergist *ich habe mich geirrt* ⋆ zich in iets/iemand ~ *sich in etw./jmdm. irren/täuschen* [3] ▾ ~ is menselijk *Irren ist menschlich*
vergissing *Irrtum* [m] ⋆ bij ~ *aus Versehen; versehentlich; irrtümlicherweise*
vergoeden • (goedmaken) *wettmachen, ersetzen* • (terugbetalen) *ersetzen, erstatten, vergüten* ⋆ iem. iets ~ *jmdm. etw. vergüten*
vergoeding • (het vergoeden) *Entschädigung* [v] • (schadeloosstelling) *Ersatz* [m], *Entschädigung* [v] ⋆ ~ voor reiskosten *Erstattung der Reisekosten* [v] • (beloning) *Vergütung* [v]
vergoelijken *beschönigen*
vergokken *verspielen*
vergooien I [ov ww] *wegwerfen,* ‹verspillen› *vergeuden* **II** [wkd ww] *sich verwerfen*
vergrendelen *verriegeln*
vergrijp *Vergehen* [o], *Verstoß* [m] ⋆ ~ tegen de vorm *Formverstoß* ⋆ ~ tegen de goede zeden *Verstoß gegen die guten Sitten*
vergrijpen *sich vergreifen (an)* [3]
vergrijzen • (oud worden) *vergreisen* • (stijgen in gemiddelde leeftijd) *vergreisen* • (grijze haren krijgen) *ergrauen*
vergrijzing *Vergreisung* [v], ‹bevolking› *Überalterung* [v]
vergroeien • (krom groeien) *verkrüppeln, (sich) verkrümmen* • (aaneengroeien) *verwachsen*
vergrootglas *Lupe* [v], *Vergrößerungsglas* [o]
vergroten • (groter maken) *vergrößern, erweitern* • (vermeerderen) *erhöhen, erweitern, vergrößern*
vergroting • (foto) *Vergrößerung* [v] • (vermeerdering) *Erweiterung* [v]
vergruizen *zermalmen, zerschmettern*
verguizen *schmähen, verhöhnen*
verguld • (bedekt met bladgoud) *vergoldet* ⋆ ~ op snee *mit Goldschnitt* • (blij) *erfreut, geschmeichelt* ⋆ ergens ~ mee zijn *über etw. sehr erfreut sein*
vergulden • (bedekken met bladgoud) *vergolden* • (blij maken) *erfreuen*
vergunnen *gestatten, erlauben* ⋆ het was haar niet vergund *es war ihr nicht vergönnt,*
vergunning *Genehmigung* [v], *Konzession* [v] ⋆ ~ voor vuurwapens *Waffenschein* [m] ⋆ een ~ aanvragen *eine Genehmigung beantragen*
verhaal • (vertelling) *Erzählung* [v], *Geschichte* [v], *Bericht* [m] • (vergoeding) *Ersatzanspruch* [m], *Regress* [m], *Entschädigung* [v] ⋆ ~ halen *einen Regress nehmen auf* [4] ⋆ recht van ~ *Rückgriffsanspruch* [m]; *Rückgriffsrecht* [o] ⋆ ~ uitoefenen op iem. *sich an jmdm. schadlos halten* ▾ op ~ komen *sich erholen; (wieder) zu Kräften kommen*
verhalen • (vertellen) *erzählen, berichten* • (verhaal halen) *sich schadlos halten, Schadenersatz fordern* ⋆ de schade op iem. ~ *sich an jmdm. schadlos halten; Schadenersatzansprüche bei jmdm. geltend machen*
verhandelen *handeln mit*
verhandeling ‹mondeling› *Vortrag* [m], ‹schriftelijk› *Abhandlung* [v]
verhangen I [ov ww] *umhängen* **II** [wkd ww] *sich erhängen*
verhapstukken *erledigen* ⋆ aan iets veel te ~ hebben *an etw. noch viel zu feilen haben* ⋆ iets met iem. te ~ hebben *ein Hühnchen mit jmdm. zu rupfen haben*
verhard • (ongevoelig) *gehärtet* • (hard geworden) *befestigt*
verharden I [ov ww] • (ongevoelig maken) *härten,* ‹ook fig.› *verhärten* • (hard maken) *befestigen* **II** [on ww] • (ongevoelig worden) *(ver)härten* • (hard worden) *sich verhärten*
verharen *(sich) haaren*
verhaspelen • (verkeerd uitspreken) *sich verhaspeln* • (verknoeien) *durcheinander bringen*
verheerlijken *verherrlichen, glorifizieren* ⋆ iem. verheerlijkt aankijken *jmdn. anhimmeln* ⋆ met een verheerlijkt gezicht *mit einem verklärten Gesicht*
verheffen I [ov ww] *erheben* **II** [wkd ww] *sich erheben* ⋆ de kerktoren verheft zich boven de stad *der Kirchturm erhebt sich über die Stadt*
verhelderen I [ov ww] • (helder maken) *verdeutlichen* ⋆ ~d werken *klärend wirken* **II** [on ww] • (helder worden) *sich aufklären, sich aufhellen*
verhelen *verhehlen*
verhelpen *beheben* ⋆ dat is gemakkelijk te ~ *dem*

V

ist leicht abzuhelfen ⋆ een moeilijkheid ~ eine Schwierigkeit beseitigen
verhemelte Gaumen [m]
verheugd froh, erfreut
verheugen I [ov ww] (er)freuen **II** [wkd ww] sich freuen ⋆ zich in een goede gezondheid ~ sich einer guten Gesundheit erfreuen ⋆ zich ~ over sich freuen über [4] ⋆ zich ~ op sich freuen auf [4]
verheugend erfreulich
verheven erhaben, ‹stijl, taal› gehoben ⋆ ~ zijn boven erhaben sein über [4]
verhevigen I [ov ww] • (heviger maken) verstärken **II** [on ww] • (heviger worden) sich verstärken
verhinderen ‹iem.› hindern, ‹iets› verhindern ⋆ dat zal haar niet ~ om door te gaan das wird sie nicht daran hindern, weiterzumachen ⋆ door zaken verhinderd zijn geschäftlich verhindert sein
verhindering • (beletsel) Hindernis [o] • (het verhinderen) Verhinderung [v] • (het verhinderd zijn) Verhinderung [v] ⋆ bij ~ im Verhinderungsfalle
verhit erhitzt
verhitten erhitzen
verhoeden verhüten
verhogen erhöhen ⋆ de spanning ~ die Spannung steigern ⋆ verhoogde bloeddruk erhöhte(r) Blutdruck [m]
verhoging • (het hoger/beter maken) Erhöhung [v] • (verhoogde plaats) Erhöhung [v], Erhebung [v] • (vermeerdering) Erhöhung [v], Steigerung [v] ⋆ ~ van salaris Gehaltserhöhung [v] • (koorts) (erhöhte) Temperatur [v] ⋆ ~ hebben Fieber haben
verholen verhohlen ⋆ een ~ blik ein verstohlener Blick
verhongeren I [ov ww] • (uithongeren) aushungern **II** [on ww] • (omkomen) verhungern
verhoor Verhör [o] ⋆ een ~ afnemen jmdn. ins Verhör nehmen
verhoren • (ondervragen) vernehmen, verhören • (inwilligen) erhören
verhouden sich verhalten
verhouding • (relatie) Verhältnis [o], Beziehung [v] ⋆ de ~ tussen moeder en dochter das Verhältnis zwischen Mutter und Tochter • (evenredigheid) Verhältnis [o], Proportion [v] ⋆ naar ~ verhältnismäßig • (liefdesrelatie) Liebesverhältnis [o]
verhuiskaart Adressenänderung [v]
verhuiskosten Umzugskosten [mv]
verhuisonderneming Umzugsspediteur [m], Möbelspediteur [m]
verhuiswagen Möbelwagen [m]
verhuizen I [ov ww] • (inboedel overbrengen) für jmdn. den Umzug übernehmen/machen **II** [on ww] • (elders gaan wonen) umziehen ⋆ wij zijn verhuisd wir sind umgezogen
verhuizer Möbelpacker [m], ‹firma› Möbelspediteur [m]
verhuizing Umzug [m]
verhullen verschleiern, verhüllen
verhuren I [ov ww] vermieten, verleihen **II** [wkd ww] sich verdingen
verhuur Vermietung [v]
verhuurbedrijf Verleihbetrieb [m]
verhuurder Vermieter [m], Verleiher [m]
verificatie Echtheitsnachweis [m], Prüfung [v], ‹bij faillissement› Betriebsprüfung [v]
verifiëren verifizieren
verijdelen vereiteln
vering Federung [v]
verjaardag Geburtstag [m] ⋆ wat krijg je met/voor je ~? was bekommst du zu deinem Geburtstag?
verjaardagkalender Geburtstagskalender [m]
verjaardagscadeau Geburtstagsgeschenk [o]
verjaardagsfeest Geburtstagsfeier [v]
verjagen verjagen, vertreiben
verjaren • (jarig zijn) Geburtstag haben • (ongeldig worden) verjähren
verjaringstermijn Verjährungsfrist [v]
verjongen verjüngen
verkalken verkalken
verkapt verkappt
verkassen ‹inf.› sich verziehen, ≈ seine Zelte abbrechen
verkavelen • (in percelen verdelen) parzellieren • (koopwaar in partijen verdelen) in Kavelingen einteilen
verkeer • (voertuigen, personen) Verkehr [m] ⋆ doorgaand ~ Durchgangsverkehr ⋆ plaatselijk ~ Ortsverkehr • (omgang) Umgang [m] ⋆ geslachtelijk ~ Sexualverkehr [m] ⋆ maatschappelijk ~ gesellschaftliche(r) Verkehr
verkeerd • (niet goed) falsch ⋆ iets ~ doen etw. falsch machen ⋆ dat zal ~ aflopen das wird schief gehen ⋆ we zijn ~ gereden wir haben uns verfahren ⋆ ik heb ~ gekeken ich habe mich versehen • (omgekeerd) verkehrt
verkeersader Verkehrsader [v]
verkeersbord Verkehrsschild [o]
verkeerscentrale Verkehrszentrale [v]
verkeersdrempel Poller [m]
verkeersknooppunt Verkehrsknotenpunkt [m]
verkeersleider Fluglotse/-leiter [m]
verkeerslicht (Verkehrs)ampel [v]
verkeersongeval Verkehrsunfall [m]
verkeersopstopping Verkehrsstockung [v], Verkehrsstau [m]
verkeersovertreder Verkehrssünder [m]
verkeersplein Kreisverkehr [m], ‹bij snelwegen› Autobahnkreuz [o]
verkeerspolitie Verkehrspolizei [v]
verkeersregel Verkehrsregel/-vorschrift [v]
verkeerstoren Tower [m], Kontrollturm [m]
verkeersvlieger Verkehrspilot [m]
verkeersvliegtuig Verkehrsflugzeug [o]
verkeersweg Verkehrsweg [m]
verkeerszuil Verkehrssäule [v]
verkennen auskundschaften, erkunden, ‹leger› aufklären ⋆ het terrein ~ das Gelände erkunden
verkenner • (verspieder) Kundschafter [m], Beobachter [m], Erkunder [m], ‹leger› Aufklärer [m] • (padvinder) ≈ Pfadfinder [m] • (vliegtuig) Aufklärer [m]
verkenning Erkundung [v], Auskundschaftung [v] ⋆ op ~ uitgaan auf Erkundung gehen ⋆ ~ vanuit de lucht Luftaufklärung [v]
verkenningstocht Erkundungsfahrt [v], Streifzug [m]
verkenningsvliegtuig Aufklärungsflugzeug [o], Aufklärer [m]
verkeren • (zich bevinden) sich befinden ⋆ in gevaar ~ in Gefahr schweben; sich in Gefahr befinden ⋆ in de mening ~ der Meinung sein ⋆ in de veronderstelling ~ meinen • (~ **met**) verkehren mit [3], umgehen mit [3] ▼ het kan ~ das Blatt kann sich wenden
verkering (feste) Beziehung [v] ⋆ zij heeft ~ met hem sie geht mit ihm ⋆ vaste ~ hebben einen festen Freund/eine feste Freundin haben
verkiesbaar wählbar ⋆ zich ~ stellen sich zur Wahl stellen
verkieslijk vorzuziehen

verkiezen • (prefereren) *vorziehen* ⋆ het ene ~ boven het andere *das eine dem anderen vorziehen* • (willen) *wünschen* ⋆ zij verkiest het niet te doen *sie ist dazu nicht bereit* • (kiezen) *wählen*
verkiezing *Wahl* [v]
verkiezingscampagne *Wahlkampagne* [v]
verkiezingsstrijd *Wahlkampf* [m]
verkiezingsuitslag *Wahlergebnis* [o]
verkijken I [ov ww] *verpassen* ⋆ de kans is verkeken *dies ist eine verpasste Chance* **II** [wkd ww] *sich irren, sich täuschen* ⋆ zich op iem. ~ *sich in jmdm. irren* ⋆ zich op iets ~ *etw. verkehrt/falsch beurteilen/einschätzen*
verkikkerd *verschossen, vernarrt* ⋆ ~ zijn op iets *in etw. vernarrt sein* ⋆ ~ zijn op iem. *in jmdn. verschossen sein*
verklaarbaar *erklärbar,* ‹te begrijpen› *erklärlich*
verklappen *ausplaudern, verraten* ⋆ iets aan iem. ~ *jmdm. etw. verraten*
verklaren I [ov ww] • (kenbaar maken) *erklären,* ‹jur.› *aussagen* ⋆ nietig ~ *(für) nichtig/ungültig erklären* • (uitleggen) *erläutern, erklären* **II** [wkd ww] *sich erklären* ⋆ verklaar je nader! *erkläre dich deutlicher!*
verklaring *Erklärung* [v] ⋆ de getuige legde een ~ af *der Zeuge machte eine Aussage* ⋆ heb je al een ~ van de dokter? *hast du schon eine ärztliche Bescheinigung/ein ärztliches Attest?*
verkleden • (omkleden) *(sich) umziehen, (sich) umkleiden* • (vermommen) *(sich) verkleiden*
verkleinen • (kleiner maken) *verkleinern* • (verminderen) *verringern,* ‹wisk.› *kürzen* • (kleineren) *herabsetzen*
verkleinvorm *Verkleinerungsform* [v], *Diminutivform* [v]
verkleinwoord *Verkleinerungsform* [v], *Diminutiv* [o]
verkleumd ‹ledematen› *erstarrt/steif vor Kälte,* ‹personen› *durchgefroren*
verkleumen *frieren*
verkleuren • (van kleur veranderen) *sich verfärben* • (kleur verliezen) *an Farbe verlieren, (v)erbleichen*
verklikken *verpfeifen*
verklikker • (toestel) *Kontrolllampe* [v], *Anzeiger* [m] • (verrader) *Verräter* [m], *Zuträger* [m], *Denunziant* [m], *Spitzel* [m], ‹inf.› *Petzer* [m]
verknallen *vermasseln*
verkneukelen *sich klammheimlich freuen, sich ins Fäustchen lachen* ⋆ zich in iets ~ *sich an etw. ergötzen*
verkneuteren *schmunzeln, sich ins Fäustchen lachen, sich heimlich freuen*
verknippen • (verkeerd knippen) *verschneiden* • (in stukken knippen) *zerschneiden*
verknipt *bekloppt*
verknocht ⋆ ~ zijn aan *hängen an* [3]
verknoeien • (verspillen) *verschwenden, vertun, vergeuden* • (bederven) *verderben,* ‹inf.› *verpfuschen, vermasseln*
verkoelen I [ov ww] • (koel maken) *abkühlen* **II** [on ww] • (koel worden) *sich abkühlen*
verkoeverkamer ≈ *Raum im Krankenhaus, in dem Frischoperierte aus der Narkose erwachen* [m]
verkolen I [ov ww] • (tot houtskool maken) *verkohlen* **II** [on ww] • (tot kool worden) *verkohlen*
verkommeren ‹achterblijven› *verkümmern,* ‹vervallen› *verkommen*
verkondigen *verkünden*
verkoop *Verkauf* [m] ⋆ ~ bij opbod *Versteigerung* [v]
verkoopbaar • (aannemelijk) *akzeptabel* • (te verkopen) *verkäuflich*
verkoopleider *Verkaufsleiter* [m]
verkoopprijs *Verkaufspreis* [m]
verkopen I [ov ww] • (tegen betaling leveren) *verkaufen* • (opdissen) *auftischen* ⋆ leugens ~ *Lügen auftischen* ⋆ onzin ~ *dummes Zeug reden* • (toedienen) *versetzen* ⋆ iem. een klap ~ *jmdm. einen Schlag versetzen* • (aannemelijk maken) *verkaufen* ▾ toen ik haar zag, was ik verkocht *als ich sie sah, war ich verloren/verraten und verkauft* **II** [on ww] *sich verkaufen*
verkoper *Verkäufer* [m]
verkoping *Verkauf* [m]
verkorten *(ver)kürzen* ⋆ in verkorte vorm *in Kurzform* [v]
verkouden *erkältet* ⋆ ~ worden *einen Schnupfen bekommen; sich erkälten*
verkoudheid *Erkältung* [v], ‹vooral neus› *Schnupfen* [m]
verkrachten *vergewaltigen*
verkrachting *Vergewaltigung* [v]
verkrampen *sich verkrampfen*
verkrampt *verkrampft*
verkreukelen I [ov ww] • (in elkaar frommelen) *zerknittern, zerknüllen* **II** [on ww] • (kreukels krijgen) *knittern*
verkrijgbaar *erhältlich* ⋆ niet meer ~ *nicht mehr lieferbar* ⋆ afzonderlijk ~ *einzeln erhältlich*
verkrijgen *bekommen, erwerben, erhalten*
verkroppen *verschmerzen, verwinden* ⋆ het niet kunnen ~ *es nicht verwinden können* ⋆ verkropte woede *verhaltene Wut* [v]
verkruimelen I [ov ww] • (tot kruimels maken) *zerkrümeln* • (te zeer verbrokkelen) *verzetteln* **II** [on ww] • (tot kruimels worden) *zerkrümeln*
verkwanselen • (versjacheren) *verschachern* • (verspillen) *vergeuden*
verkwikken *erfrischen, erquicken*
verkwisten *verschwenden, vergeuden*
verkwistend *verschwenderisch*
verlagen • (lager maken) *senken,* ‹prijs, loon› *herabsetzen,* ‹prijs, tarief› *ermäßigen* • (vernederen) *erniedrigen* ⋆ zich tot iets ~ *sich zu etw. hergeben*
verlamd *gelähmt*
verlammen I [ov ww] • (lam maken) *lähmen, lahm legen* ⋆ het verkeer ~ *den Verkehr lahm legen* **II** [on ww] • (lam worden) *erlahmen, lahm werden*
verlamming • (het verlammen) *Lähmung* [v], *Lahmlegung* [v] • (lamheid) *Lähmung* [v] ⋆ eenzijdige ~ *einseitige Lähmung*
verlangen I [het] *Verlangen* [o], *Sehnsucht* [v] ⋆ op ~ *auf Wunsch/Verlangen* **II** [ov ww] • (willen) *wünschen, verlangen* • (eisen) *fordern, verlangen* **III** [on ww] • (~ **naar**) *verlangen (nach), sich sehnen (nach)*
verlanglijst *Wunschzettel* [m]
verlaten I [bnw] • (in de steek gelaten) *verlassen, zurückgelassen* ⋆ zich ~ voelen *sich verlassen fühlen* • (afgelegen) *verlassen, öde,* ‹zonder mensen› *menschenleer* **II** [ov ww] • (weggaan) *verlassen* ⋆ het huis ~ *das Haus verlassen* ⋆ de dienst ~ *aus dem Dienst ausscheiden* • (in de steek laten) *aufgeben* ⋆ men heeft dit denkbeeld inmiddels ~ *diese Idee hat man mittlerweile aufgegeben* **III** [wkd ww] • (te laat komen) *sich verspäten* • (~ **op**) *sich verlassen (auf)* [4]
verlatenheid *Verlassenheit* [v], ‹landschap› *Öde* [v]

V

verleden I [het] *Vergangenheit* [v] **II** [bnw] *vergangen, vorig* ⋆ ~ week *vorige/vergangene Woche*
verlegen • (schuchter) *verlegen, schüchtern* • (geen raad wetend) *verlegen* ⋆ hij is ~ met zijn figuur *er weiß nicht, wie er sich verhalten soll* • (~ **om**) *verlegen um* ⋆ zij zit altijd om geld ~ *sie ist immer um Geld verlegen*
verlegenheid • (het verlegen zijn) *Verlegenheit* [v], *Schüchternheit* [v] • (moeilijkheid) *Verlegenheit* [v] ⋆ iem. in ~ brengen *jmdn. in Verlegenheit bringen*
verleggen *verlegen* ⋆ zijn grenzen ~ *seine Grenzen verschieben*

V

verleidelijk *verführerisch, verlockend* ⋆ een ~ aanbod *ein verlockende(s) Angebot* [o]
verleiden • (tot geslachtsgemeenschap brengen) *verführen* • (verlokken) *verleiten, verführen, verlocken*
verleider *Verführer* [m]
verleiding *Verführung* [v], *Verlockung* [v], ‹verzoeking› *Versuchung* [v]
verlekkerd *versessen* ⋆ ~ op *versessen auf* [4]; *erpicht auf* [4]
verlenen *erteilen, gewähren, geben, verleihen* ⋆ toestemming ~ *Erlaubnis erteilen* ⋆ hulp ~ *Hilfe leisten* ⋆ krediet/voorrang ~ *Kredit/Vorfahrt gewähren* ⋆ een feestelijk aanzien ~ *ein festliches Ansehen verleihen/geben*
verlengde *Fortsetzung* [v], *Verlängerung* [v] ⋆ deze opmerkingen liggen in elkaars ~ *diese Bemerkungen bewegen sich auf der gleichen Linie* ⋆ straat A ligt in het ~ van straat B *Straße B ist die Verlängerung von Straße A*
verlengen • (langer maken) *verlängern* • (langer laten duren) *verlängern,* ‹hand.› *prolongieren*
verlenging *Verlängerung* [v], ‹hand.› *Prolongation* [v]
verlengsnoer *Verlängerungsschnur* [v]
verlengstuk *Verlängerungsstück* [o], *Ansatzstück* [o], *Ansatz* [m]
verleppen *verwelken, verblühen*
verleren *verlernen* ⋆ iets verleerd zijn *etw. verlernt haben*
verlet • (beletsel) *Ausfall* [m] ⋆ ~ wegens weersomstandigheden *witterungsbedingte(r) Arbeitsausfall* [m] • (tijdverlies) *Zeitverlust* [m] • (uitstel) *Aufschub* [m]
verlevendigen I [ov ww] • (levendig maken) ‹neu› *beleben,* ‹kleuren› *auffrischen* **II** [on ww] • (levendig worden) *sich beleben*
verlichten • (beschijnen) *erleuchten, beleuchten* • (kennis bijbrengen) *erleuchten* ⋆ verlicht despoot *aufgeklärte(r) Despot* [m] • (minder zwaar maken) *erleichtern,* ‹verzachten› *lindern*
verlichting • (lampen) *Erleuchtung* [v], *Beleuchtung* [v] • (leniging) *Linderung* [v] • (opluchting) *Erleichterung* [v] • (het voorzien van licht) *Beleuchtung* [v] • (gesch.) *Aufklärung* [v]
verliefd *verliebt* ⋆ een ~ paartje *ein verliebtes Pärchen* ⋆ ~ zijn op *verliebt sein in* [4] ⋆ hij is ~ op haar geworden *er hat sich in sie verliebt*
verliefdheid *Verliebtheit* [v]
verlies *Verlust* [m] ⋆ niet tegen zijn ~ kunnen *ein schlechter Verlierer sein* ⋆ met ~ verkopen mit *Verlust verkaufen*
verliesgevend *nicht rentabel, verlustreich*
verliezen I [ov ww] *verlieren* ⋆ zijn geduld ~ *die Geduld verlieren* ⋆ aan kracht ~ *an Kraft verlieren* ⋆ de wedstrijd ~ *den Wettkampf verlieren* ▾ iets uit het oog ~ *etw. aus den Augen verlieren* ▾ zijn tong ~ *die Sprache verlieren* **II** [wkd ww] *sich verlieren (in)* [3]
verliezer *Verlierer* [m]
verlijden *ausstellen, ausfertigen* ⋆ verleden ten overstaan van notaris A. *beurkundet vor Notar A.*
verlinken *verpfeifen*
verloederen *verludern, versumpfen*
verlof • (vrijstelling) *Urlaub* [m] ⋆ met ~ gaan *in Urlaub gehen; Urlaub nehmen* ⋆ buitengewoon ~ *Sonderurlaub* [m] • (vergunning) *Erlaubnis* [v]
verlofdag *Urlaubstag* [m]
verlokken *verlocken, verführen*
verloochenen *verleugnen*
verloofd *verlobt*
verloofde *Verlobte(r)* [m], *Bräutigam* [m] [v: *Braut*]
verloop • (ontwikkeling) *Verlauf* [m] ⋆ het ~ van de zaak *der Verlauf/Hergang der Sache* • (het verstrijken) *Verlauf* [m] ⋆ na ~ van tijd *nach einiger Zeit* • (achteruitgang) *Abnahme* [v], *Verminderung* [v] • (komen en gaan) *Fluktuation* [v]
verloopstekker *Zwischenstecker* [m]
verloopstuk *Erweiterungs-/Reduzierstück* [o]
verlopen I [bnw] • (ongeldig) *verstrichen, abgelaufen* • (verliederlijkt) *verkommen, verlottert, verludert* **II** [on ww] • (voorbijgaan) *verlaufen, vergehen* ⋆ er zijn al enige maanden ~ *es sind schon einige Monate vergangen* • (zich ontwikkelen) *ablaufen, verlaufen* ⋆ een goed ~d gesprek *ein gut verlaufendes Gespräch* • (ongeldig worden) *ablaufen* • (achteruitgaan) *zurückgehen*
verloren • (kwijt) *verloren, abhanden gekommen, verloren gegangen* ⋆ in de menigte ~ gaan *in der Menge verloren gehen* • (reddeloos) *verloren* ⋆ een ~ generatie *eine verlorene Generation* • (nutteloos) *verloren, vergeblich* ⋆ dat is ~ moeite *das ist vergebliche Mühe*
verloskamer *Kreißsaal* [m]
verloskunde *Geburtshilfe* [v], ‹med.› *Obstetrik* [v]
verloskundige *Geburtshelfer* [m]
verlossen • (bevrijden) *befreien, erlösen* • (helpen bevallen) *entbinden* ⋆ van een kind verlost worden *von einem Kind entbunden werden*
verlosser *Befreier* [m], *Retter* [m], *Erlöser* [m]
verlossing • (bevrijding) *Erlösung* [v], *Befreiung* [v] • (bevalling) *Entbindung* [v]
verloten *verlosen*
verloven *sich verloben* ⋆ zij gaan zich ~ *sie wollen sich verloben*
verloving *Verlobung* [v]
verlovingsring *Verlobungsring* [m]
verluiden ⋆ naar verluidt *wie verlautet* ⋆ ik heb horen ~ dat ... *es verlautete/hieß, dass ...*
verlustigen I [ov ww] *erfreuen, ergötzen* **II** [wkd ww] ⋆ zich ~ in *sich ergötzen an* [3]; *sich erfreuen an* [3]
vermaak *Vergnügen* [o] ⋆ tot ~ dienen *zum Vergnügen/zur Unterhaltung dienen*
vermaard *berühmt, namhaft*
vermaatschappelijking *Vergesellschaftung* [v], *Sozialisierung* [v]
vermageren *abnehmen, abmagern*
vermageringskuur *Abmagerungskur* [v]
vermakelijk *amüsant, unterhaltsam*
vermaken • (amuseren) *amüsieren, unterhalten* ⋆ zich ~ *sich amüsieren* • (nalaten) *vermachen* • (veranderen) *(um)ändern*
vermalen *zermahlen*
vermanen *ermahnen*
vermaning *Ermahnung* [v], *Mahnung* [v]
vermannen *sich zusammenreißen, sich aufraffen, Mut zu etw. fassen*

vermeend *vermeintlich, angeblich*
vermeerderen *vermehren, steigern*
vermelden *erwähnen, angeben, mitteilen*
vermelding *Erwähnung* [v] ⋆ eervolle ~ *ehrende/ehrenvolle Erwähnung*
vermengen I [ov ww] *mischen, vermischen, vermengen* ⋆ wijn met water ~ *Wein mit Wasser mischen/versetzen* **II** [wkd ww] *sich vermischen*
vermenigvuldigen • (verveelvoudigen) *vervielfachen, vervielfältigen, vermehren* • (rekenkunde) *vervielfachen, multiplizieren*
vermenigvuldiging • (verveelvoudiging) *Vervielfachung* [v], *Vermehrung* [v], ‹kopiëren› *Vervielfältigung* [v] • (voortplanting) *Vermehrung* [v] • (wisk.) *Multiplikation* [v]
vermetel *verwegen*
vermicelli *Suppennudeln* [mv]
vermijden *vermeiden*
vermiljoen I [het] *Vermillon* [o], *Zinnober* [m] **II** [bnw] *zinnoberrot*
verminderen I [ov ww] • (minder maken) *vermindern, verringern, herabsetzen* ⋆ het elektriciteitsgebruik ~ *den Stromverbrauch einschränken* ⋆ de straf werd verminderd *die Strafe wurde herabgesetzt* **II** [on ww] • (minder worden) *sich verringern, sich vermindern, abnehmen* ⋆ verminderde weerstand *verringerte Widerstandskraft* [v]
vermissen *vermissen*
vermissing *Verschollenheit* [v]
vermiste *Vermisste(r)* [m]
vermoedelijk *vermutlich, mutmaßlich* ⋆ de ~e dader *der mutmaßliche Täter* ⋆ zij is ~ naar huis gegaan *sie ist vermutlich nach Hause gegangen*
vermoeden I [het] • (veronderstelling) *Vermutung* [v] ⋆ ik had er al zo'n ~ van *ich vermutete schon so etw.* • (voorgevoel) *Vermutung* [v], *Ahnung* [v] • (verdenking) *Verdacht* [m] ⋆ een ~ tegen iem. hebben *jmdn. in/im Verdacht haben* **II** [ov ww] • (veronderstellen) *mutmaßen, vermuten* • (bedacht zijn op) *ahnen*
vermoeid *ermüdet, müde*
vermoeidheid *Ermüdung* [v], *Müdigkeit* [v]
vermoeien • (moe maken) *ermüden, anstrengen* ⋆ zich ~ *sich anstrengen* • (verveeld maken) *ermüden*
vermogen I [het] • (macht) *Vermögen* [o], *Fähigkeit* [v], *Kraft* [v] ⋆ naar mijn beste ~ *nach besten Kräften; nach bestem Ermessen* • (capaciteit) *Leistungsfähigkeit* [v], *Leistung* [v] • (bezit) *Vermögen* [o] **II** [ov ww] *vermögen*
vermogend • (rijk) *vermögend, begütert* • (invloedrijk) *einflussreich*
vermogensaanwas *Vermögenszuwachs* [m]
vermogensaanwasdeling *Mitarbeiterbeteiligung am Vermögenszuwachs* [v]
vermogensbelasting *Vermögenssteuer* [v]
vermolmd *morsch*
vermommen *vermummen, verkleiden*
vermomming *Vermummung* [v], *Verkleidung* [v]
vermoorden *ermorden, umbringen*
vermorzelen *zermalmen,* ‹verbrijzelen› *zerschmettern*
vermurwen *erweichen* ⋆ iem. ~ *jmdn. erweichen* ⋆ zij was niet te ~ *sie ließ sich nicht erweichen; sie blieb unerbittlich*
vernauwen *enger machen, verengen*
vernederen *erniedrigen, demütigen*
vernedering *Erniedrigung* [v], *Demütigung* [v]
vernederlandsen ≈ *sich an das Niederländische anpassen*
vernemen *vernehmen, erfahren* ⋆ naar wij ~ *dem Vernehmen nach*
vernielen *zerstören*
vernieling *Zerstörung* [v]
vernielzucht *Wandalismus/Vandalismus* [m], *Zerstörungswut* [v]
vernietigen • (verwoesten) *vernichten* ⋆ het leger werd volledig vernietigd *die Armee wurde völlig aufgerieben* ⋆ een ~de blik *ein vernichtender Blick* ⋆ een ~de kritiek *eine vernichtende Kritik* • (nietig verklaren) *für nichtig erklären* ⋆ een vonnis ~ *ein Urteil aufheben/für nichtig erklären*
vernietigend • (verwoestend) *verheerend, vernichtend* • (minachtend) *vernichtend*
vernietigingskamp *Vernichtungslager* [o]
vernieuwen *erneuern*
vernikkelen I [ov ww] • (met nikkel bedekken) *vernickeln* **II** [on ww] • (verkleumen) *frieren* ⋆ ~ van de kou *frieren wie ein Schneider*
vernis *Firnis* [m], *Firnisschicht* [v] ⋆ haar beleefdheid is maar een dun ~(je) *ihre Höflichkeit ist nur Tünche*
vernissage *Vernissage* [v]
vernissen *firnissen*
vernoemen *(be)nennen* ⋆ vernoemd naar *benannt/genannt nach* [3]
vernuft • (scherp verstand) *Geist* [m] ⋆ iem. met veel ~ *ein großer Geist; eine geistreiche Person* • (vindingrijkheid) *Erfindungsgabe* [v]
vernuftig • (scherpzinnig) *erfinderisch, findig, scharfsinnig* • (ingenieus) *ingeniös* ⋆ een ~ apparaat *eine sinnvolle Einrichtung*
veronachtzamen *vernachlässigen*
veronderstellen *annehmen, voraussetzen*
veronderstelling • (vermoeden) *Annahme* [v] ⋆ in de ~ dat ... *in der Annahme, dass ...* • (uitgangspunt) *Voraussetzung* [v]
verongelijkt *zurückgesetzt,* ‹beledigd› *gekränkt*
verongelukken ‹personen› *tödlich verunglücken,* ‹schip› *untergehen,* ‹vervoermiddel› *verunglücken,* ‹vliegtuig› *abstürzen*
verontreinigen *verunreinigen*
verontreiniging *Verunreinigung* [v]
verontrusten *beunruhigen*
verontschuldigen I [ov ww] *entschuldigen* **II** [wkd ww] *sich entschuldigen* ⋆ hij verontschuldigde zich voor zijn gedrag *er entschuldigte sich für sein Benehmen* ⋆ zij liet zich ~ *sie ließ sich entschuldigen*
verontschuldiging *Entschuldigung* [v] ⋆ iem. zijn ~en aanbieden *sich bei jmdm. entschuldigen*
verontwaardigd *empört*
verontwaardigen *entrüsten, empören* ⋆ zich over iets ~ *sich über etw. entrüsten*
verontwaardiging *Entrüstung* [v], *Empörung* [v]
veroordeelde *Verurteilte(r)* [m]
veroordelen • (afkeuren) *verurteilen* • (oordeel vellen) *verurteilen* ⋆ iem. tot de dood ~ *jmdn. zum Tode verurteilen*
veroordeling • (vonnis) *Urteil* [o], *Verurteilung* [v] ⋆ ~ bij verstek *Versäumnisurteil* [o] • (afkeuring) *Verurteilung* [v] • (het uitspreken van een oordeel) *Verurteilung* [v]
veroorloven *erlauben, gestatten* ⋆ zo'n huis kan ik me niet ~ *ein solches Haus kann ich mir nicht leisten*
veroorzaken *verursachen,* ‹teweegbrengen› *herbeiführen, hervorrufen*
verorberen *verspeisen, verzehren*
verordenen *befehlen,* ‹bij verordening› *anordnen,* ‹wettelijk› *bestimmen*
verordening *Verfügung* [v], *Anordnung* [v], *Verordnung* [v] ⋆ bij ~ bepaald *durch eine*

V

Verordnung festgesetzt
verouderd • (oud geworden) *gealtert* • (ouderwets) *veraltet, überholt*
verouderen I [ov ww] • (ouder maken) *altern* ⋆ dit heeft haar sterk verouderd *hierdurch ist sie stark gealtert* **II** [on ww] • (ouder worden) *altern* ⋆ hij is erg verouderd *er ist sehr gealtert* • (in onbruik raken) *veralten* ⋆ een verouderd begrip *ein veralteter Begriff* [m] ⋆ verouderd standpunt *überwundene(r) Standpunkt* [m]
veroveraar *Eroberer* [m]
veroveren *erobern*
verovering *Eroberung* [v] ⋆ zij verscheen met haar nieuwe ~ *sie erschien mit ihrer neuen Eroberung*
verpachten *verpachten*
verpakken *verpacken, einpacken*
verpakking • (materiaal) *Packung* [v] • (het verpakken) *Verpackung* [v]
verpakkingsmateriaal *Verpackungsmaterial* [o]
verpanden *verpfänden,* ‹bij de lommerd› *versetzen* ⋆ hij heeft zijn hart aan de natuur verpand *sein Herz gehört der Natur*
verpatsen *verhökern, verkloppen*
verpauperen *verarmen, verelenden*
verpesten *verderben,* ‹de lucht› *verpesten*
verpieteren • (te lang koken) *ver-/zerkochen* • (verkommeren) *verkümmern,* ‹persoon› *vermickern* ⋆ een verpieterd tuintje *ein verkümmerter Garten*
verplaatsen I [ov ww] *umstellen, umräumen, versetzen* ⋆ kasten ~ *Schränke umräumen* ⋆ hij werd naar een andere dienst verplaatst *er wurde in eine andere Dienststelle versetzt* ⋆ het filiaal werd verplaatst *die Zweigstelle wurde verlegt* **II** [wkd ww] • (zich voortbewegen) *sich fortbewegen* • (~ **in**) *sich versetzen (in)* [4] ⋆ zich in iemands toestand ~ *sich in jmds. Lage versetzen*
verplaatsing *Verlegung* [v], ‹verandering van plaats› *Versetzung* [v]
verplanten *verpflanzen, umpflanzen*
verpleeghuis *Pflegeheim* [o]
verpleeghulp *Hilfsschwester* [v]
verpleegkundige *Krankenpfleger* [m]
verpleegster *Krankenschwester/-pflegerin* [v]
verplegen *pflegen*
verpleger *Krankenpfleger* [m]
verpleging *Pflege* [v], ‹ziekenzorg› *Krankenpflege* [v] ⋆ zij werkt in de ~ *sie ist Krankenschwester*
verpletteren • (vermorzelen) *zerschmettern* ⋆ het schip werd op de klippen verpletterd *das Schiff zerschmetterte/zerschellte an den Klippen* • (overweldigen) *niederschmettern* ⋆ een ~de nederlaag *eine vernichtende Niederlage*
verplicht • (voorgeschreven) *verpflichtet, obligatorisch* ⋆ ~ verzekerd zijn *pflichtversichert sein* ⋆ ~e vaccinatie *Impfpflicht* [v] • (genoodzaakt) *verpflichtet* ⋆ ergens toe ~ zijn *zu etw. verpflichtet sein* ⋆ ik voel mij ~ hem uit te nodigen *ich fühle mich verpflichtet, ihn einzuladen* • (verschuldigd) *verbunden, verpflichtet* ⋆ ik ben u zeer ~ *ich bin Ihnen sehr verbunden/verpflichtet*
verplichten • (plicht opleggen) *verpflichten, zwingen, nötigen* ⋆ zich ~ tot betaling *sich verpflichten zu zahlen* • (noodzaken tot dankbaarheid) *verpflichten* ⋆ wij zijn haar zeer verplicht *wir sind ihr sehr verpflichtet*
verplichting • (het verplichten) *Verpflichtung* [v] ⋆ ~ tot schadevergoeding *Ersatzpflicht* [v] • (noodzaak) *Pflicht* [v], *Verpflichtung* [v] ⋆ een ~ op zich nemen *eine Verpflichtung übernehmen* • (noodzaak tot dankbaarheid) *Verpflichtung* [v] ⋆ dat schept ~en *dadurch entstehen Verpflichtungen*
verpoppen *sich verpuppen*
verpoten *verpflanzen, umpflanzen*
verpotten *umtopfen*
verpozen *sich erholen, sich ausruhen*
verprutsen *verpfuschen,* ‹tijd› *vertun*
verpulveren I [ov ww] • (tot pulver maken) *pulverisieren* **II** [on ww] • (tot pulver worden) *zu Puder werden*
verraad *Verrat* [m] ⋆ ~ plegen *Verrat begehen/üben*
verraden *verraten* ⋆ haar accent verried haar afkomst *ihr Akzent verriet ihre Herkunft*
verrader *Verräter* [m]
verraderlijk • (iets verradend) *trügerisch* • (gevaarlijk) *tückisch* • (als verrader) *verräterisch,* ‹geniepig› *heimtückisch*
verramsjen *verschleudern, verramschen*
verrassen • (betrappen) *überraschen* • (verbazen) *überraschen, überrumpeln* • (verblijden) *überraschen*
verrassing *Überraschung* [v]
verrassingsaanval *Überraschungsangriff* [m]
verregaand *weitgehend,* ‹pej.› *maßlos* ⋆ in een ~ stadium *in einem fortgeschrittenen Stadium*
verregenen *verregnen*
verreikend *weitreichend, weitgehend* ⋆ ~e gevolgen *weitreichende(n)/weittragende(n) Folgen*
verrek *verflixt!, verdammt!*
verrekenen I [ov ww] *verrechnen* ⋆ dat ~ we later wel *das können wir später verrechnen* **II** [wkd ww] *sich verrechnen*
verrekijker ‹dubbel› *Fernglas* [o], ‹enkel› *Fernrohr* [o]
verrekken I [ov ww] • (te ver rekken) *verrenken* ⋆ zijn arm ~ *sich den Arm verrenken* **II** [on ww] • (creperen) *verrecken, krepieren* ⋆ van de honger ~ *vor Hunger verrecken* ▼ het kan me niets ~! *es ist mir scheißegal!*
verreweg *bei weitem, weitaus*
verrichten *verrichten, ausführen*
verrichting *Verrichtung* [v]
verrijden • (rijdend verplaatsen) *beiseite fahren* • (aan rijden besteden) *verfahren* • (sport) *ausfahren* ⋆ een kampioenschap ~ *eine Meisterschaft ausfahren*
verrijken *bereichern,* ‹chem.› *anreichern* ⋆ zich ~ *sich bereichern*
verrijzen • (oprijzen) *sich erheben* ⋆ van zijn plaats ~ *sich von seinem Platz erheben* • (opstaan) *aufstehen, auferstehen* ⋆ uit de dood ~ *von den Toten/aus dem Grabe auferstehen* • (opkomen) *aufgehen* • (gaan optreden) *aufstehen*
verrijzenis *Auferstehung* [v]
verroeren *bewegen, rühren* ⋆ zich ~ *sich rühren; sich regen* ⋆ verroer je niet! *rühr dich nicht von der Stelle!* ⋆ zij kon geen vin ~ *sie konnte kein Glied rühren*
verroesten • (roestig worden) *verrosten* • (vastroesten) *einrosten*
verrot I [bnw] • (rot geworden) *faul, verfault* • (vervloekt) *verflucht* ⋆ een ~te samenleving *eine verfluchte Gesellschaft* ▼ iem. ~ slaan *jmdn. zu Brei schlagen* **II** [bijw] *verflucht, verdammt*
verrotten *verfaulen, verwesen* ▼ het kan me niets ~ *es ist mir scheißegal*
verruilen *umtauschen*
verruimen *erweitern, ausweiten* ⋆ zijn blik ~ *seinen Horizont erweitern*
verrukkelijk • (prachtig) *bezaubernd, entzückend*

• (heerlijk) *köstlich, deliziös*
verrukken *entzücken, berauschen, in Begeisterung versetzen*
verrukking *Entzückung* [v], *Begeisterung* [v], *Wonne* [v]
vers I [het] • (dichtregel) *Vers* [m] • (strofe) *Vers* [m], *Strophe* [v] • (gedicht) *Gedicht* [o] • (passage in bijbel) *Vers* [m] **II** [bnw] *frisch* ⋆ verse groente *frische(s) Gemüse* [o]; *Frischgemüse* [o]
versagen *verzagen*
verschaffen *beschaffen, verschaffen, besorgen*
verschalen *schal werden* ⋆ verschaald bier *schale(s)/abgestandene(s) Bier* [o]
verschalken • (verorberen) *verschmausen, zu sich nehmen* • (te slim af zijn) *überlisten* • (vangen) *fangen*
verschansen I [ov ww] *verschanzen* **II** [wkd ww] *sich verschanzen*
verschansing • (bolwerk) *Schanze* [v], *Verschanzung* [v] • (reling) *Reling* [v]
verscheiden I [bnw] *verschieden* **II** [telw] *mehrere* ⋆ ~e keren *mehrere Male*
verscheidenheid • (verschil) *Verschiedenheit* [v], *Verschiedenartigkeit* [v] • (variatie) *Mannigfaltigkeit* [v], *Vielfalt* [v]
verschepen • (per schip verzenden) *verschiffen* • (overladen) *umschiffen, verladen*
verscherpen • (aanscherpen) *verschärfen* • (verergeren) *sich verschärfen*
verscherping *Verschärfung* [v]
verscheuren • (scheuren) *zerreißen, zerfetzen* ⋆ zij verscheurde zijn kleren *sie zerfetzte ihm die Kleider* • (verslinden) *zerreißen, zerfetzen* • (in verdeeldheid brengen) ⋆ twijfel verscheurde haar *Zweifel nagte an ihr* ⋆ innerlijk verscheurd zijn *innerlich zerrissen sein*
verschiet • (verte) *Ferne* [v] • (toekomst) *Perspektive* [v] ⋆ dat ligt nog in het ~ *das steht uns noch bevor* ⋆ iets in het ~ hebben *etw. in Aussicht haben*
verschieten I [ov ww] • (verbruiken) *verschießen* **II** [on ww] • (wegschieten) *davonhuschen* • (verbleken) ‹van gelaat› *erblassen*, ‹van kleur› *verbleichen, verschießen*
verschijnen *erscheinen*
verschijning • (het verschijnen) *Erscheinen* [o] • (persoon) *Erscheinung* [v] ⋆ zij is een elegante ~ *sie ist eine elegante Erscheinung* • (geestverschijning) *Erscheinung* [v]
verschijnsel • (fenomeen) *Erscheinung* [v] ⋆ het gaat hier om een uitzonderlijk ~ *es handelt sich hier um eine Ausnahmeerscheinung* • (symptoom) *Anzeichen* [o], *Symptom* [o] ⋆ de ~en van een ziekte *die Symptome/Anzeichen einer Krankheit*
verschikken I [ov ww] • (anders schikken) *umstellen* **II** [on ww] • (opschuiven) *aufrücken*
verschil • (onderscheid) *Unterschied* [m] ⋆ ~ van mening *Meinungsverschiedenheit* [v] ⋆ ~ in leeftijd *Altersunterschied* [m] • (rekenkunde) *Differenz* [v]
verschillen • (zich onderscheiden) *verschieden sein, sich unterscheiden* ⋆ van grootte/kleur/vorm ~ *in/nach Größe/Farbe/Form verschieden sein* ⋆ de meningen ~ op enkele punten *die Ansichten differieren in manchen Punkten* ⋆ van iem. ~ door iets *sich durch etw. von jmdm. unterscheiden* ⋆ ik verschil met hem van mening *wir sind verschiedener/unterschiedlicher Meinung* • (als verschil hebben) *differieren* ⋆ zij ~ drie jaar in leeftijd *sie sind drei Jahre auseinander*
verschillend I [bnw] *unterschiedlich, verschieden* ⋆ ~ van grootte *unterschiedlicher Größe* ⋆ totaal ~ *grundverschieden* **II** [telw] *einige, mehrere, verschiedene*
verscholen *versteckt, verborgen*
verschonen • (verontschuldigen) *verzeihen* ⋆ zich ~ *Abbitte tun* • (schoon goed aandoen) ‹bedden› *neu beziehen*, ‹ondergoed› *die Wäsche wechseln* ⋆ de baby ~ *das Baby wickeln* • (vrijwaren) *verschonen* ⋆ ik wens van zulke hatelijke opmerkingen verschoond te blijven *ich verbitte mir solche Anzüglichkeiten*
verschoning • (verontschuldiging) *Abbitte* [v], *Verzeihung* [v] ⋆ om ~ vragen *um Verzeihung bitten* • (schoon goed) ‹beddengoed› *frische Bettwäsche* [mv], ‹ondergoed› *Wäsche* [v]
verschoppeling *Ausgestoßene(r)* [m], *Outcast* [m]
verschralen *verengen, schmaler werden, sich verknappen*, ‹minder worden› *dürftiger werden*
verschrijven I [ov ww] *verschreiben* **II** [wkd ww] *sich verschreiben*
verschrikkelijk I [bnw] *schrecklich, furchtbar, fürchterlich, scheußlich* ⋆ een ~ lawaai *ein furchtbarer Lärm* **II** [bijw] *sehr, schrecklich* ⋆ ~ slecht *furchtbar schlecht*
verschrikking • (ontzetting) *Schrecken* [m] • (iets verschrikkelijks) *Schrecken* [m], *Schrecknis* [o] ⋆ de ~en van de oorlog *die Schrecken des Krieges*
verschroeien I [ov ww] • (schroeien) *versengen* ▾ de tactiek van de verschroeide aarde *die Taktik der verbrannten Erde* **II** [on ww] • (verschroeid worden) *versengen*
verschrompelen • (ineenschrompelen) *(zusammen)schrumpfen* • (rimpelig worden) *einschrumpfen, schrumpfen*
verschuilen *sich verstecken, sich verbergen* ⋆ zich achter een pseudoniem ~ *sich hinter einem Pseudonym verbergen*
verschuiven I [ov ww] • (verplaatsen) *verschieben*, ‹meubels› *verrücken* • (uitstellen) *verschieben* ⋆ een afspraak naar de volgende dag ~ *eine Verabredung auf den nächsten Tag verschieben* **II** [on ww] • (zich verplaatsen) *(sich) verschieben* ⋆ zijn toupetje is wat verschoven *sein Toupet hat sich etw. verschoben*
verschuiving *Verschiebung* [v]
verschuldigd *schuldig* ⋆ het ~e bedrag *der schuldige Betrag* ⋆ iem. veel ~ zijn *jmdm. viel verdanken*
versie *Version* [v], *Fassung* [v]
versierder *Schürzenjäger* [m]
versieren • (verfraaien) *schmücken, verzieren* • (voor elkaar krijgen) *organisieren* ⋆ zij versiert dat wel *das kriegt sie schon hin* • (verleiden) *anmachen, aufreißen*
versiering • (decoratie) *Verzierung* [v], *Schmuck* [m] • (het versieren) *Schmücken* [o], *Verzierung* [v]
versiertoer ⋆ op de ~ gaan *versuchen, jmdn. anzumachen*
versjacheren *verschachern*
versjouwen *schleppen*
verslaafd *süchtig* ⋆ aan drugs ~ *drogensüchtig; drogenabhängig* ⋆ aan drank ~ *alkoholsüchtig*
verslaafde *Süchtige(r)* [m]
verslaan • (overwinnen) *schlagen* • (verslag geven) *Bericht erstatten über* [4], *berichten über* [4]
verslag *Bericht* [m] ⋆ ~ geven/doen *Bericht erstatten*
verslagen • (overwonnen) *geschlagen* • (terneergeslagen) *niedergeschlagen*
verslaggever *Reporter* [m], *Berichterstatter* [m]
verslaggeving *Berichterstattung* [v]
verslapen I [ov ww] *verschlafen* **II** [wkd ww]

V

(sich) verschlafen ⋆ zij heeft zich ~ *sie hat (sich) verschlafen*
verslappen I [ov ww] • (slap maken) *erschlaffen lassen* **II** [on ww] • (slap worden) *erschlaffen* ⋆ zijn spieren zijn verslapt *seine Muskeln sind erschlafft* • (teruglopen) *nachlassen*
verslavend *süchtig/abhängig machend*
verslaving *Sucht* [v]
verslechteren *sich verschlimmern, sich verschlechtern*
versleten • (afgeleefd) *verbraucht* • (afgesleten) *abgenutzt, verschlissen,* ‹kleding/schoenen› *abgetragen*

V

verslijten I [ov ww] • (doen slijten) *abnutzen, verschleißen, verbrauchen* • (~ **voor**) *halten für* **II** [on ww] • (slijten) *verschleißen, sich abnutzen* ⋆ deze machines ~ snel *diese Maschinen verschleißen schnell*
verslikken *sich verschlucken* ▾ daar heb je je mooi in verslikt *darin hast du dich wohl getäuscht*
verslinden *verschlingen*
verslingerd ⋆ ~ aan/op *vernarrt in* [4]; *versessen auf* [4]
verslingeren ⋆ zich ~ aan/op *sich vernarren in* [4]
versloffen *verludern, vernachlässigen* ⋆ iets laten ~ *etw. verkommen lassen/vernachlässigen*
verslonzen *verwahrlosen, verkommen lassen, verlottern*
versmachten *verkümmern, verschmachten* ⋆ van liefde ~ *vor Liebe verschmachten* ⋆ ~ van de dorst *vor Durst verschmachten*
versmaden *verschmähen*
versmallen I [ov ww] *verschmälern* ⋆ een weg ~ *eine Straße verschmälern* **II** [on ww] • (smaller worden) *sich verschmälern* ⋆ de weg versmalt (zich) hier *die Straße verschmälert sich hier*
versmelten I [ov ww] • (doen samensmelten) *verschmelzen* • (omsmelten) *umschmelzen* **II** [on ww] • (wegsmelten) *zerschmelzen* • (samensmelten) *verschmelzen*
versnapering *Leckerbissen* [m], ‹zoet› *Süßigkeit* [v]
versnellen I [ov ww] • (de snelheid verhogen van) *beschleunigen* ⋆ met versnelde pas *im Eilschritt* [m] ⋆ versnelde weergave *Zeitraffer* [m] **II** [on ww] • (sneller gaan) *schneller werden*
versnelling • (het versnellen) *Beschleunigung* [v] • (mechanisme) *Gangschaltung* [v] • (stadium van snelheid) *Gang* [m]
versnellingsbak *Getriebe* [o]
versnijden • (kapotsnijden) *zerschneiden* • (aanlengen) *verschneiden, versetzen* • (in stukken snijden) *zerschneiden*
versnipperen • (in snippers snijden) *zerschnippeln* • (te klein verdelen) *verzetteln*
versoepelen I [ov ww] • (soepeler maken) *erleichtern, lockern* ⋆ de regels zijn versoepeld *die Regeln sind gelockert worden* **II** [on ww] • (soepeler worden) *weniger streng werden, sich lockern*
verspelen • (verbeuren) *verscherzen, verspielen* • (spelend verliezen) *verspielen* ⋆ iemands gunst ~ *sich jmds. Gunst verscherzen*
verspenen ‹bosbouw› *verschulen,* ‹plantjes› *pikieren*
versperren *(ver)sperren* ⋆ iem. de weg ~ *jmdm. den Weg versperren* ⋆ die weg is versperd *diese Straße ist gesperrt*
versperring • (het versperren) *Sperrung* [v] • (barricade) *Sperre* [v]
verspillen *verschwenden, vergeuden*
verspilling *Verschwendung* [v], *Vergeudung* [v]
versplinteren I [ov ww] • (tot splinters maken) *zersplittern* **II** [on ww] • (tot splinters worden) *zersplittern*
verspreid *zerstreut* ⋆ een paar ~ staande huizen *einige(n) vereinzelte(n) Häuser*
verspreiden • (uiteen doen gaan) *zerstreuen* ⋆ de menigte verspreidde zich *die Menge zerstreute sich/verlief sich* • (verbreiden) *verbreiten* ⋆ een gerucht ~ *ein Gerücht verbreiten*
verspreken • (iets verklappen) *verraten* • (iets verkeerd zeggen) *sich versprechen*
verspreking *Versprecher* [m]
verspringen • (vérspringen) *weitspringen* • (van plaats veranderen) *springen* • (op een andere datum vallen) *auf ein anderes Datum fallen*
verstaan I [ov ww] • (horen) *(akustisch) verstehen* • (begrijpen) *verstehen* • (beheersen) *beherrschen, verstehen* ⋆ zij verstaat haar vak *sie versteht ihr Handwerk* • (~ **onder**) *verstehen unter* ⋆ daar ~ wij het volgende onder *darunter verstehen wir Folgendes* ▾ iem. iets te ~ geven *jmdm. etw. zu verstehen geben* **II** [wkd ww] *sich verständigen*
verstaander ▾ een goed ~ heeft maar een half woord nodig *Gelehrten ist gut predigen*
verstand • (kennis van zaken) *Verstand* [m], *Ahnung* [v] ⋆ zij heeft daar ~ van *sie versteht sich darauf* ⋆ daar heeft hij helemaal geen ~ van *davon versteht er gar nichts* • (denkvermogen) *Intellekt* [m], *Verstand* [m] ⋆ gebruik je ~ toch! *sei doch vernünftig!* ▾ dat gaat mijn ~ te boven *das geht über meinen Verstand* ▾ iem. iets aan het ~ brengen *jmdm. etw. klarmachen* ▾ met dien ~e *unter der Bedingung*
verstandelijk I [bnw] *verstandesmäßig, intellektuell* ⋆ ~e vermogens *geistige(n) Fähigkeiten* [mv] **II** [bijw] *verstandesmäßig, rational* ⋆ iets ~ beredeneren *etw. rational begründen*
verstandhouding *Einvernehmen* [o] ⋆ een blik van ~ wisselen *einen Blick des Einverständnisses wechseln* ⋆ zij hebben een goede ~ *sie leben in gutem Einvernehmen; sie haben ein gutes Verhältnis* ⋆ in goede ~ met iem. leven *in Harmonie mit jmdm. leben*
verstandig • (met verstand) *klug, gescheit* • (doordacht) *überlegt, vernünftig* ⋆ een ~ antwoord *eine kluge Antwort* ⋆ dat heeft zij ~ gedaan *das hat sie gescheit gemacht*
verstandshuwelijk *Vernunftehe* [v]
verstandskies *Weisheitszahn* [m]
verstandsverbijstering *Geistesverwirrung* [v]
verstarren I [ov ww] *erstarren (lassen)* **II** [on ww] *erstarren*
verstedelijking *Verstädterung* [v]
verstek • (jur.) *Säumnis* [v/o] ⋆ bij ~ veroordeeld *in Abwesenheit verurteilt* ⋆ vonnis bij ~ ‹civiel proces› *Versäumnisurteil* [o]; ‹strafzaak› *Abwesenheitsurteil* [o] • (techn.) *Gehrung* [v] ▾ ~ laten gaan *nicht erscheinen*
verstekbak *Gehrungslade* [v]
verstekeling *blinde(r) Passagier* [m]
versteld *erstaunt, verdutzt, verblüfft* ⋆ ergens ~ van staan *erstaunt sein über etw.*
verstellen • (anders stellen) *verstellen* • (herstellen) *ausbessern, flicken*
verstelwerk *Ausbesserungs-/Flickarbeit* [v] ⋆ hij doet het ~ *er flickt die Kleidung*
verstenen I [ov ww] *versteinern* **II** [on ww] • (wreed worden) *verhärten* • (tot steen worden) *versteinern*
versterken • (sterker maken) *verstärken, stärken, kräftigen* ⋆ het geluid ~ *den Ton verstärken* ⋆ ~d middel *stärkendes Mittel* [o]; *Stärkungsmittel* [o]

• (aanvullen) *verstärken* ⋆ de politie met twintig man ~ *die Polizei um zwanzig Mann verstärken* • (bekrachtigen) *bekräftigen* • (fortificeren) *verstärken, befestigen*
versterker *Verstärker* [m]
versterking • (wat versterkt) *Kräftigung* [v], *Stärkung* [v] • (het versterken) *Stärkung* [v] • (aanvulling) *Verstärkung* [v] ⋆ om ~ vragen *um Verstärkung bitten* • (fortificatie) *Verstärkung* [v], *Befestigung* [v]
verstevigen I [ov ww] *festigen, befestigen, verstärken* **II** [on ww] *sich verstärken*
verstijven I [ov ww] • (stijf maken) *versteifen* **II** [on ww] • (stijf worden) *erstarren, steif werden*
verstikken *ersticken*
verstild *verstummt, still,* ‹dromend› *verträumt*
verstoken I [bnw] ⋆ ~ van hulp *ohne jegliche Hilfe* ⋆ van iets ~ zijn *etw. entbehren müssen* **II** [ov ww] • (brandstof verbruiken) *verheizen* • (aan brandstof uitgeven) *an Brennstoff verbrauchen*
verstokt *verstockt* ⋆ een ~ vrijgezel *ein eingefleischter Junggeselle*
verstommen I [ov ww] • (doen zwijgen) *verstummen lassen* **II** [on ww] • (sprakeloos worden) *verstummen* ⋆ verstomd staan *sprachlos sein*
verstoord *verstimmt, ärgerlich, unwillig*
verstoppen • (verbergen) *verstecken* • (dichtstoppen) *verstopfen*
verstoppertje *Versteckspiel* [o] ⋆ ~ spelen *Verstecken spielen*
verstopping *Verstopfung* [v]
verstoren *stören*
verstoten *verstoßen*
verstouwen • (verduren) *verkraften* • (eten) *(ver)konsumieren,* ‹inf.› *verputzen*
verstrakken I [ov ww] • (strakker maken) *straffen, spannen* **II** [on ww] • (strakker worden) *sich straffen, sich spannen*
verstrekken *verschaffen, geben, liefern* ⋆ inlichtingen ~ *Auskunft erteilen*
verstrekkend *gravierend, weitreichend, weitgehend, einschneidend, weittragend*
verstrijken *verstreichen* ⋆ na het ~ van de termijn *nach Ablauf der Frist*
verstrikken *verfangen, verheddern, verwickeln* ⋆ zich in zijn eigen leugens ~ *sich in seine eigenen Lügen verstricken* ▾ in iemands netten verstrikt raken *jmdm. ins Netz gehen*
verstrooid • (verspreid) *verstreut* • (afwezig) *zerstreut*
verstrooien • (verspreiden) *zerstreuen* • (afleiding bezorgen) *ablenken*
verstrooiing • (verspreiding) *Zerstreuung* [v] • (ontspanning) *Ablenkung* [v]
verstuiken *verstauchen* ⋆ zijn voet ~ *sich den Fuß verstauchen*
verstuiven I [ov ww] • (doen vervliegen) *zerstäuben* **II** [on ww] • (vervliegen) *zerstieben,* ‹zand, sneeuw› *verwehen*
verstuiver *Zerstäuber* [m]
verstuiving • (het verstuiven) *Zerstäubung* [v], ‹zand, sneeuw› *Verwehen* [o] • (terrein) *Wehe* [v]
versturen *verschicken*
versuft • (suffig) *benommen, dösig,* ‹bedwelmd› *betäubt,* ‹duizelig› *duselig* • (onnozel) *verblödet, stumpfsinnig*
versukkeling *Verkümmern* [o], *Verkümmerung* [v] ⋆ in de ~ raken *herunterkommen;* ‹zaken› *ins Hintertreffen geraten*
versus *versus*
versvoet *Versfuß* [m]
vertaalbureau *Übersetzungsbüro* [o]
vertaalwoordenboek *Übersetzungswörterbuch* [o]
vertakken I [ov ww] *abzweigen* ⋆ een telefoondraad ~ *eine Telefonleitung abzweigen* **II** [wkd ww] ⋆ zich ~ *in sich verzweigen;* ‹in twee takken› *sich gabeln;* ‹in vele takjes› *sich verästeln*
vertakking • (het vertakken) *Verzweigung* [v], ‹in twee takken› *Gabelung* [v], ‹in vele takjes› *Verästelung* [v] • (zijtak) *Zweig* [m], *Arm* [m], *Abzweigung* [v]
vertalen • (in andere taal weergeven) *übersetzen, übertragen* • (anders weergeven) *übertragen, umgestalten*
vertaler *Übersetzer* [m]
vertaling *Übersetzung* [v]
verte *Ferne* [v] ⋆ uit de ~ *von weitem* ⋆ in de verre ~ *in weiter Ferne* ▾ in de verste ~ niet *nicht im Entferntesten* ▾ ik denk er in de verste ~ niet aan *ich denke ja nicht im Traum daran*
vertederen I [ov ww] • (teder maken) *rühren* ⋆ zich laten ~ *sich erweichen lassen* **II** [on ww] • (teder worden) *erweichen*
vertedering *Rührung* [v] ⋆ zij keek met ~ *in ihrem Blick lag Zärtlichkeit*
verteerbaar *verdaulich, das ist für mich unakzeptabel*
vertegenwoordigen • (waarde hebben van) *darstellen* ⋆ dat vertegenwoordigt een grote waarde *das stellt einen erheblichen Wert dar* • (handelen namens) *vertreten*
vertegenwoordiger • (afgevaardigde) *Vertreter* [m] ⋆ ~ in rechten *Rechtsvertreter* [m] • (handelsagent) *Handelsvertreter* [m], *Handelsreisende(r)* [m]
vertegenwoordiging *Vertretung* [v]
vertekenen *verzerren, entstellen*
vertellen *erzählen*
verteller *Erzähler* [m]
vertelling *Erzählung* [v]
verteren I [ov ww] • (voedsel afbreken) *verdauen* • (doen vergaan) *verzehren* ⋆ van verdriet verteerd worden *sich vor Gram verzehren* • (verbruiken) *verzehren* • (verkroppen) *verdauen* ⋆ die beslissing kan ik niet ~ *die Entscheidung kann ich nicht hinnehmen* **II** [on ww] • (afgebroken worden) *verdaut werden,* ‹van materie› *vermodern,* ‹van organismen› *verwesen*
vertering • (spijsvertering) *Verdauung* [v] • (consumptie) *Verzehr* [m]
verticaal I [de] *Vertikale* [v], *Senkrechte* [v] **II** [bnw] *vertikal, senkrecht, Vertikal-*
vertier • (afleiding) *Unterhaltung* [v] ⋆ zijn ~ elders zoeken *sich anderswo amüsieren* • (bedrijvigheid) *Verkehr* [m] ⋆ in Amsterdam is 's nachts veel ~ *Amsterdam hat ein reges Nachtleben*
vertikken I [ov ww] *nicht daran denken, nicht tun* ⋆ ik vertik het om dat te doen *ich denke gar nicht daran, das zu tun; ich weigere mich, das zu tun* ⋆ ik vertik het! *ich tue es nicht!; ich danke!* **II** [wkd ww] *sich vertippen*
vertillen I [ov ww] *herüberheben* **II** [wkd ww] • (te hoog grijpen) *sich übernehmen* ⋆ hij vertilde zich aan deze opdracht *er übernahm sich mit dieser Aufgabe* • (te zwaar tillen) *sich verheben*
vertoeven *verweilen, sich aufhalten*
vertolken • (uitbeelden) ‹muziek› *spielen,* ‹toneel› *darstellen* ⋆ een rol ~ *eine Rolle darstellen* • (weergeven) *wiedergeben* ⋆ de gevoelens ~ *den Gefühlen Ausdruck verleihen*

V

vertolking ‹compositie› *Interpretation* [v], *Wiedergabe* [v], ‹rol› *Darstellung* [v]
vertonen I [ov ww] • (opvoeren) *aufführen*, ‹film› *vorführen* • (laten zien/blijken) *zeigen, aufweisen* **II** [wkd ww] *sich zeigen, sich sehen lassen*
vertoning • (het vertonen) *Aufführung* [v], ‹film› *Vorführung* [v] • (schouwspel) *Schauspiel* [o]
vertoon • (het vertonen) *Vorlage* [v], *Vorzeigen* [o] • (tentoonspreiding) *Zurschaustellung* [v] ⋆ ~ van macht *Machtentfaltung* [v] • (ophef) *Aufwand* [m]
vertoornd *erzürnt*
vertragen • (trager maken) *verlangsamen, verzögern* ⋆ de vertraagde film *die Zeitlupenaufnahme* • (uitstellen) *verspäten, verzögern* ⋆ vertraagde trein *verspätete(r) Zug* [m] ⋆ vertraagde ontsteking *Spätzündung* [v]
vertraging • (het vertragen) *Verlangsamung* [v] • (oponthoud) *Verspätung* [v] ⋆ de trein heeft 5 minuten ~ *der Zug hat sich um 5 Minuten verspätet* • (het trager gaan) *Verzögerung* [v]
vertrappen • (stuk-, doodtrappen) *zertreten* • (schenden) *mit Füßen treten*
vertrek • (kamer) *Raum* [m], *Zimmer* [o] • (het vertrekken) *Abreise* [v], *Weggang* [m], ‹vliegtuig› *Abflug* [m], ‹voertuig› *Abfahrt* [m]
vertrekhal *Wartehalle* [v]
vertrekken I [ov ww] • (anders trekken) *verziehen, verzerren* **II** [on ww] • (weggaan) *weggehen* ⋆ u kunt ~! *Sie können gehen!* • (afreizen) *abreisen*, ‹vliegtuig› *abfliegen*, ‹voertuig› *abfahren* ⋆ wij ~ vandaag *wir verreisen heute* ⋆ we ~ met de laatste bus *wir fahren mit dem letzten Bus*
vertreksein *Abfahrtssignal* [o]
vertrektijd *Abfahrtzeit* [v], ‹vliegtuig› *Abflugzeit* [v]
vertroebelen *trüben*
vertroetelen *verhätscheln*
vertroosting *Tröstung* [v], *Trost* [m]
vertrouwd • (bekend) *vertraut* • (op de hoogte) *vertraut* ⋆ met iets ~ raken *mit etw. vertraut werden* • (betrouwbaar) *zuverlässig*
vertrouwelijk *vertraulich*
vertrouweling *Vertraute(r)* [m]
vertrouwen I [het] *Vertrauen* [o], *Zutrauen* [o], *Zuversicht* [v] ⋆ het in hem gestelde ~ *das ihm entgegengebrachte Vertrauen* ⋆ in ~ op *im Vertrauen auf* [4] ⋆ ~ in iem. stellen *Vertrauen zu jmdm. haben; sein Vertrauen in/auf jmdn. setzen* ▾ iem. in ~ nemen *jmdn. ins Vertrauen ziehen* **II** [ov ww] • (betrouwbaar achten) *(ver)trauen* [3] ⋆ hij vertrouwde het zaakje niet erg *er traute der Sache nicht recht* • (~ **op**) *rechnen auf* [4], *vertrauen auf* [4] ⋆ ik vertrouw op je hulp *ich rechne auf dich*
vertrouwensarts *Vertrauensarzt* [m]
vertrouwenskwestie *Vertrauenssache* [v]
vertrouwensman *Vertrauensmann* [m]
vertrouwenspositie *Vertrauensstellung* [v]
vertwijfeld *verzweifelt*
vertwijfeling *Verzweiflung* [v]
veruit *weitaus, bei weitem*
vervaard *bang(e), ängstlich*
vervaardigen *herstellen, anfertigen, verfertigen*
vervaarlijk *beängstigend, Furcht erregend, furchtbar*
vervagen I [ov ww] • (vaag maken) *verwischen* **II** [on ww] • (vaag worden) *verschwimmen, sich verwischen* ⋆ mijn jeugdherinneringen zijn vervaagd *meine Jugenderinnerungen sind verblasst*
verval • (achteruitgang) *Niedergang* [m], *Verfall* [m] ⋆ ~ van krachten *Verfall der Kräfte; Abnahme der Kräfte; Entkräftung* [v] ⋆ in ~ raken *in Verfall geraten*; ‹aan lager wal raken› *herunterkommen* • (hoogteverschil) *Gefälle* [o] • (minder worden) *Abnahme* [v], *Rückgang* [m]
vervaldatum *Verfallsdatum* [o], *Fälligkeitstag* [m]
vervallen I [bnw] • (bouwvallig) *verfallen* • (niet meer geldig) *verfallen, fällig* • (afgetakeld) *verkommen, heruntergekommen* **II** [on ww] • (geraken, komen) ⋆ in herhalingen ~ *sich ständig wiederholen* • (achteruitgaan) *abnehmen*, ‹aan lager wal raken› *herunterkommen* • (bouwvallig worden) *verfallen* • (niet meer gelden) *fällig werden/sein, erlöschen* ⋆ het octrooi vervalt na 18 jaar *nach 18 Jahren wird das Patent hinfällig* • (in eigendom overgaan) ⋆ die bezitting zal aan mij ~ *dieser Besitz wird mir zufallen; dieser Besitz wird an mich fallen* • (uitvallen) *wegfallen, ausfallen*
vervalsen • (namaken) *fälschen, verfälschen* • (veranderen) *verfälschen, verdrehen*
vervalser *Fälscher* [m], *Verfälscher* [m]
vervalsing • (het vervalsen) *Fälschen* [o] • (het vervalste) *Fälschung* [v], *Verfälschung* [v]
vervangen *ersetzen, austauschen* ⋆ iem. ~ *jmdn. vertreten; für jmdn. einspringen*
vervanger *Ersatzkraft* [v], *Vertreter* [m]
vervanging ‹persoon› *Vertretung* [v], ‹zaken› *Ersatz* [m], ‹zaken/sport› *Auswechslung* [v]
vervatten *enthalten* ⋆ het geschrift was in deze bewoordingen vervat *die Schrift hatte folgenden Wortlaut* ⋆ daar is alles in vervat *darin ist alles enthalten*
verve *Begeisterung* [v], *Schwung* [m] ⋆ iets met veel ~ doen *etw. schwungvoll tun*
verveeld *gelangweilt*
vervelen I [ov ww] *langweilen* ⋆ het verveelt me *es langweilt mich*; ‹er genoeg van hebben› *ich habe/bin es satt* ⋆ tot ~s toe *bis zum Überdruss* **II** [wkd ww] *sich langweilen*
vervelend • (onaangenaam) *ärgerlich, unangenehm* • (saai) *langweilig*
verveling *Langeweile* [v]
vervellen ‹dieren› *sich häuten*, ‹personen› *sich schälen* ⋆ ik vervel *ich schäle mich*
verven • (schilderen) *streichen* ⋆ pas geverfd! *frisch gestrichen!* • (kleuren) *färben* ⋆ zijn haar ~ *sich die Haare färben*
verversen • (opfrissen) *erfrischen* • (vervangen) *auswechseln, erneuern* ⋆ olie ~ *Öl wechseln*
verversing • (het verversen) *Erfrischen* [o], ‹vervangen› *Auswechseln* [o] • (eten of drinken) *Erfrischung* [v]
vervilten *verfilzen*
vervlakken • (vlak maken) *abflachen* • (verflauwen) *verblassen, abflauen*, ‹kwalitatief minder worden› *abstumpfen*
vervliegen • (vervluchtigen) *verfliegen, verdunsten, sich verflüchtigen* • (verdwijnen) *verfliegen, dahinfliegen*
vervloeken *verfluchen, verwünschen*, ‹plechtig› *fluchen* [3]
vervloeking *Verfluchung* [v], *Verwünschung* [v]
vervlogen *vergangen, gewesen* ⋆ uit ~ dagen *aus vergangenen/verflossenen/früheren Zeiten* ⋆ mijn hoop is ~ *meine Hoffnung ist dahin*
vervluchtigen *sich verflüchtigen*
vervoegen I [ov ww] *flektieren*, ‹van naamwoorden› *deklinieren*, ‹van wwen› *beugen, konjugieren* **II** [wkd ww] *sich begeben* ⋆ zich bij iem. ~ *sich an jmdn. wenden*
vervoeging *Beugung* [v], *Flektieren* [o], ‹van

naamwoorden› *Deklination* [v], ‹van wwen› *Konjugation* [v]
vervoer *Beförderung* [v], *Transport* [m] ⋆ het ~ van goederen *der Gütertransport* ⋆ het ~ van personen *die Personenbeförderung* ⋆ het ~ per vliegtuig *der Lufttransport* ⋆ het ~ van goederen over lange afstand *der Güterfernverkehr*
vervoerbewijs *Fahrausweis* [m], *Fahrkarte* [v]
vervoeren • (transporteren) *befördern, transportieren* • (meeslepen) *begeistern, hinreißen, berauschen*
vervoering *Verzückung* [v], *Ekstase* [v], ‹geestdrift› *Begeisterung* [v] ⋆ in ~ *in Ekstase; begeistert; verzückt* ⋆ in ~ raken *in Verzückung/Ekstase geraten*
vervoermiddel *Transportmittel* [o], *Beförderungsmittel* [o]
vervolg • (voortzetting) *Fortführung* [v], *Fortsetzung* [v], ‹van verhaal› *Feuilleton* [o] ⋆ in ~ op mijn schrijven van gisteren *im Anschluss an mein gestriges Schreiben* • (komende tijd) ⋆ in het ~ *in Zukunft; künftig(hin)*
vervolgblad *Folgeblatt* [o]
vervolgen • (voortzetten) *fortführen, fortfahren, fortsetzen* ⋆ wordt vervolgd *Fortsetzung folgt* ⋆ aldus vervolgde hij *also fuhr er fort* • (achtervolgen) *verfolgen* [4], *nachsetzen* [3] • (jur.) *verfolgen* [4]
vervolgens *dann, darauf, sodann*
vervolging *Verfolgung* [v]
vervolgingswaanzin *Verfolgungswahn* [m]
vervolgverhaal *Fortsetzungsroman* [m]
vervolmaken *vervollkommnen*
vervormen I [ov ww] • (vertekenen) *umformen, umbilden*, ‹beeld/geluid› *verzerren* **II** [on ww] • (vertekend worden) *sich verformen*, ‹beeld/geluid› *sich verzerren*
vervreemden I [ov ww] • (vreemd maken) *entfremden* • (in eigendom overdragen) *verkaufen, veräußern* **II** [on ww] • (geestelijk verwijderen) *sich entfremden* ⋆ de vrienden zijn van elkaar vervreemd *die Freunde haben sich auseinander gelebt*
vervroegen *verfrühen*, ‹eerder laten beginnen› *früher ansetzen*, ‹vroeger doen beginnen› *vorverlegen* ⋆ vervroegde betaling *verfrühte/vorzeitige Zahlung* ⋆ vervroegde opzegging *vorzeitige Kündigung*
vervuilen I [ov ww] • (vuilmaken) *verunreinigen, verschmutzen* **II** [on ww] • (vuil worden) *verschmutzen, verunreinigt werden*
vervuiler *Verunreiniger* [m]
vervuiling *Verunreinigung* [v], *Verschmutzung* [v]
vervullen • (vol doen zijn) *erfüllen* ⋆ vervuld zijn van haat *von Hass erfüllt sein* • (verwezenlijken) *erfüllen* ⋆ zijn dienstplicht ~ *seine Wehrpflicht (ab)leisten* • (bezetten) *versehen, bekleiden* ⋆ iemands plaats ~ *jmds. Stelle vertreten/versehen* ⋆ een rol ~ *eine Rolle spielen*
vervulling • (verwezenlijking) *Erfüllung* [v] ⋆ in ~ gaan *in Erfüllung gehen; sich erfüllen* • (het voldoen aan) *Erfüllung* [v]
verwaand *hochmütig, eingebildet*
verwaardigen *würdigen* ⋆ iem. met geen blik ~ *jmdn. keines Blickes würdigen* ⋆ zich ~ *sich herablassen*
verwaarlozen *vernachlässigen, verwahrlosen*
verwachten *erwarten* ⋆ niet veel van iets ~ *sich nicht viel von etw. versprechen* ⋆ zoiets had ik niet van je verwacht *dergleichen hätte ich dir nicht zugetraut*
verwachting *Erwartung* [v] ⋆ boven ~ *über Erwarten* ⋆ buiten/tegen alle ~ (in) *wider Erwarten* ⋆ ~en koesteren *Hoffnungen hegen* ⋆ in ~ zijn *schwanger sein*
verwant • (familie zijnd) *verwandt* • (overeenkomend) *verwandt, gleichartig*
verwantschap *Verwandtschaft* [v]
verward • (onordelijk) *verwirrt, wirr*, ‹haar› *zerzaust* ⋆ een ~e boel *ein wirres Durcheinander* • (onduidelijk) *konfus, verworren* ⋆ ~ raken *sich verwirren; in Verwirrung geraten* • (van streek) *wirr, verwirrt*
verwarmen *(er)wärmen*, ‹stoken› *heizen* ⋆ zich aan de kachel ~ *sich an dem Ofen (er)wärmen*
verwarming • (het verwarmen) *Erwärmung* [v] • (installatie) *Heizung* [v] ⋆ centrale ~ *Zentralheizung* [v]
verwarmingsbron *Wärmequelle* [v]
verwarmingsbuis *Heizrohr* [o], *Heizungsrohr* [o]
verwarmingselement *Heizelement* [o]
verwarmingsketel *Heizkessel* [m]
verwarren • (in de war brengen) *durcheinander bringen, verwirren* • (verlegen maken) *verwirren* • (~ **met**) *verwechseln mit*
verwarring • (het verwarren) *Verwechselung* [v] • (wanorde) *Verwirrung* [v], *Unordnung* [v] • (verlegenheid) *Verwirrung* [v], *Konfusion* [v]
verwateren I [ov ww] *verwässern* **II** [on ww] • (waterig worden) *wässrig werden* • (verflauwen) *abflauen, nachlassen*
verwedden *(ver)wetten* ⋆ ik zou er mijn kop om durven ~ *dafür würde ich meinen Kopf verwetten*
verweer *Verteidigung* [v], ‹tegenstand› *Widerstand* [m] ⋆ schriftelijk ~ voeren *sich schriftlich zur Wehr setzen* ⋆ geen ~ tegen iets hebben *nichts dagegen einzubringen haben*
verweerd *verwittert*
verweerschrift *Verteidigungsschrift* [v], *Gegenschrift* [v]
verwekken • (door bevruchting doen ontstaan) *zeugen* • (veroorzaken) *erzeugen, erregen, hervorrufen*
verwekker • (vader) *Erzeuger* [m] • (veroorzaker) *Erreger* [m]
verwelken *verblühen, (ver)welken*
verwelkomen *willkommen heißen, begrüßen*
verwend *verwöhnt, verzogen* ⋆ ~ nest! *verzogener Balg!*
verwennen • (bederven) *verwöhnen* • (vertroetelen) *verzärteln, verwöhnen* ⋆ zich laten ~ *sich verwöhnen lassen*
verwensen *verwünschen, verfluchen*
verwensing *Verwünschung* [v]
verweren I [on ww] *verwittern* **II** [wkd ww] *sich verteidigen, sich wehren*
verwerkelijken I [ov ww] • (tot werkelijkheid maken) *verwirklichen* **II** [on ww] • (werkelijkheid worden) *sich verwirklichen*
verwerken *verarbeiten* ⋆ de fabriek verwerkt huisvuil tot compost *die Fabrik verarbeitet Hausmüll zu Kompost* ▾ iets niet kunnen ~ *etw. nicht verarbeiten können; etw. geistig nicht bewältigen können*
verwerkingseenheid *Verarbeitungseinheit* [v] ⋆ centrale ~ *Zentraleinheit* [v]
verwerpelijk *verwerflich*
verwerpen • (afwijzen) *zurückweisen* • (afkeuren) *verwerfen*, ‹bij stemming› *ablehnen* ⋆ een wetsvoorstel ~ *einen Gesetzentwurf verwerfen* ⋆ een voorstel ~ *einen Vorschlag zurückweisen*
verwerven *erwerben* ⋆ roem ~ *sich Ruhm*

V

erwerben ⋆ iets ~ *(sich) etw. erwerben* ⋆ een vermogen ~ *ein Vermögen erwerben*
verwesteren *verwestlichen*
verweven *verweben,* ‹fig.› *verknüpfen* ⋆ de feiten zijn nauw met elkaar ~ *die Tatsachen sind eng miteinander verknüpft*
verwezenlijken *verwirklichen*
verwijden *vergrößern, erweitern,* ‹kleding› *ausweiten*
verwijderd *entfernt, fern*
verwijderen I [ov ww] • (wegnemen) *entfernen* ⋆ het voorval verwijderde hen van elkaar *durch diesen Vorfall sind sie auseinander gekommen* • (wegsturen) *entfernen, fortschaffen* ⋆ een speler van het veld ~ *einem Spieler Platzverweis erteilen* **II** [wkd ww] ⋆ zich ~ *sich entfernen*

V

verwijdering • (bekoeling) *Entfremdung* [v] • (het verwijderen) *Beseitigung* [v] • (afstand) *Entfernung* [v]
verwijfd *weibisch, verweichlicht*
verwijsbriefje *Überweisungsschein* [m]
verwijskaart *Überweisungsschein* [m]
verwijt *Vorwurf* [m], ‹berisping› *Verweis* [m] ⋆ dat ~ is niet terecht *der Vorwurf ist unberechtigt* ⋆ iem. een ~ van iets maken *jmdm. etw. vorwerfen*
verwijten *vorwerfen,* ‹berispen› *verweisen* ⋆ iem. zijn fouten ~ *jmdm. seine Fehler vorhalten*
verwijzen *verweisen,* ‹doorverwijzen van personen› *überweisen,* ‹doorverwijzen van zaken› *weiterreichen* ⋆ wij ~ naar onze brief *wir nehmen Bezug auf unser Schreiben*
verwijzing • (het verwijzen) *Überweisung* [v] ⋆ onder ~ naar *unter Bezug(nahme) auf* [4] ⋆ met ~ naar *unter Hinweis auf* • (aanwijzing) *Verweis* [m]
verwikkelen *verwickeln*
verwikkeling • (moeilijkheid) *Komplikation* [v] • (het verwikkelen) *Verwick(e)lung* [v]
verwilderd *verwildert*
verwilderen I [ov ww] • (bandeloos maken) *verrohen* **II** [on ww] *verwildern* ⋆ verwilderd gezicht *verstörte(s) Gesicht* [o]
verwisselbaar • (te verruilen) *umtauschbar,* ‹vervangbaar› *auswechselbar* • (te verwarren) *verwechselbar*
verwisselen • (verruilen) *vertauschen, austauschen,* ‹inruilen› *umtauschen,* ‹vervangen› *ersetzen, (aus)wechseln* ⋆ van kleren ~ *die Kleider wechseln; sich umkleiden* ⋆ de band ~ *den Reifen wechseln* • (verwarren) *verwechseln*
verwittigen *benachrichtigen, in Kenntnis setzen*
verwoed • (woedend) *wütend, mit Wut* ⋆ een ~ gevecht *ein heftiger Kampf* • (fervent) *leidenschaftlich* ⋆ een ~ jager *ein leidenschaftlicher Jäger*
verwoesten *verwüsten, zerstören*
verwoesting *Verwüstung* [v], *Zerstörung* [v]
verwonden *verwunden, verletzen*
verwonderen I [ov ww] *erstaunen, verwundern* ⋆ het verwondert me *das wundert mich* **II** [wkd ww] *erstaunen, sich wundern* ⋆ ik ben verbaasd over al die vaardigheden *ich bin erstaunt über so viel Können*
verwondering *Verwunderung* [v], *Erstaunen* [o]
verwonderlijk • (verbazend) *erstaunlich, verwunderlich* • (merkwaardig) *befremdend, wunderlich*
verwonding • (het verwonden) *Verletzung* [v] • (wond) *Verwundung* [v]
verwoorden *in Worte fassen*
verworden • (anders worden) *sich ändern* • (ontaarden) *entarten*
verworvenheid *Errungenschaft* [v]
verwringen *verdrehen,* ‹vervormen› *verzerren*
verzachten *mildern,* ‹pijn/leed› *lindern* ⋆ ~de omstandigheden laten gelden *mildernde Umstände zubilligen*
verzadigen *sättigen* ⋆ hij is niet te ~ *er ist unersättlich* ⋆ de markt is verzadigd *der Markt ist gesättigt*
verzadiging *Sättigung* [v]
verzadigingspunt *Sättigungspunkt* [m], *Sättigungsgrad* [m]
verzaken *vernachlässigen, versäumen,* ‹verloochenen› *entsagen* [3], *verleugnen*
verzakken *(ein)sacken, einsinken, sich senken* ⋆ het gebouw is verzakt *das Gebäude ist versackt*
verzamelaar *Sammler* [m]
verzamelband *Sammelband* [m]
verzamelelpee *Sammelalbum* [o]
verzamelen • (bijeenbrengen) *sammeln, versammeln* ⋆ zijn krachten ~ *seine Kräfte zusammennehmen* ⋆ wij ~ bij het station *wir treffen uns am Bahnhof* • (verzameling aanleggen) *sammeln*
verzameling • (het verzamelen) *Ansammlung* [v] • (collectie) *Sammlung* [v] • (wisk.) *Menge* [v]
verzamelnaam *Sammelbezeichnung* [v], *Sammelname* [m], *(In)begriff* [m]
verzamelplaats *Sammelplatz* [m]
verzamelpunt *Sammelpunkt* [m]
verzamelstaat *Verzeichnis* [o]
verzanden *versanden*
verzegelen *versiegeln*
verzeilen *verschlagen werden* ⋆ ik weet niet waar hij verzeild geraakt is *ich weiß nicht, wohin es ihn verschlagen hat*
verzekeraar *Versicherer* [m]
verzekerd *versichert*
verzekerde *Versicherte(r)* [m] ⋆ verplicht ~ *Pflichtversicherte(r)* [m] ⋆ vrijwillig ~ *freiwillig Versicherte(r)* [m]
verzekeren I [ov ww] • (stellig verklaren) *versichern* • (assureren) *(sich) versichern* ⋆ ik ben niet tegen diefstal verzekerd *ich bin nicht gegen Diebstahl versichert* • (waarborgen) *zusagen, (ver)sichern* ⋆ wij ~ u direct in te grijpen *wir versichern Ihnen, sofort einzugreifen* ⋆ iem. van iets ~ *jmdn. etw. versichern* [2] • (veilig stellen) *sicherstellen* **II** [wkd ww] • (zich overtuigen) *sich vergewissern* ⋆ zich van iets ~ *sich einer Sache vergewissern/versichern* [2] • (zich zeker stellen) *sich versichern* ⋆ zich van een plaats ~ *sich einen Platz sichern*
verzekering *Versicherung* [v] ⋆ ~ tegen wettelijke aansprakelijkheid *Haftpflichtversicherung* [v]
verzekeringsagent *Versicherungsagent* [m], *Versicherungsvertreter* [m]
verzekeringsinspecteur *Versicherungsinspektor* [m]
verzekeringsmaatschappij *Versicherung(sgesellschaft)* [v]
verzekeringsplichtig *versicherungspflichtig*
verzekeringspolis *Versicherungspolice* [v]
verzekeringspremie *Versicherungsprämie* [m]
verzelfstandiging *Verselbständigung* [v], *Verselbstständigung* [v]
verzenden *versenden, verschicken*
verzendhuis *Versand* [m], *Versandhaus* [o]
verzending • (het verzenden) *Versand* [m], *Versendung* [v] ⋆ bericht van ~ *Versandanzeige* [v] • (het verzondene) *Sendung* [v]

verzendkosten *Versandkosten* [v]
verzengen *versengen*
verzet • (tegenstand) *Protest* [m], ‹jur.› *Einspruch* [m] ⋆ ~ aantekenen tegen *Einspruch erheben gegen* • (verzetsbeweging) *Widerstand* [m] ⋆ tegen iem. in ~ komen *sich gegen jmdn. auflehnen* • (fietsversnelling) *Gang* [m]
verzetje *Zerstreuung* [v], *Erholung* [v]
verzetsbeweging *Widerstandsbewegung* [v], *Widerstand* [m]
verzetshaard *Widerstandsnest* [o], *Zentrum des Widerstands* [o]
verzetsstrijder *Widerstandskämpfer* [m]
verzetten I [ov ww] • (elders zetten) *versetzen, umsetzen* • (verrichten) ⋆ werk ~ *Arbeit verrichten* • (afleiding geven) *ablenken* ⋆ zich ~ *sich zerstreuen* ⋆ zijn zinnen ~ *seine Gedanken ablenken; Zerstreuung suchen* • (uitstellen) *versetzen, verlegen* ⋆ ~ naar een andere dag *auf einen anderen Tag verlegen* • (klok verzetten) *(ver)stellen* **II** [wkd ww] *Widerstand leisten, sich widersetzen* ⋆ zich tegen de baas ~ *sich dem Chef widersetzen*
verzieken *verderben, kaputtmachen* ⋆ het spel ~ *das Spiel verderben* ⋆ hij heeft de sfeer verziekt er *hat die Stimmung verpestet*
verziend *weitsichtig*
verzilveren • (met zilver bedekken) *versilbern* • (innen) *einlösen* ⋆ betaalkaarten ~ *Schecks einlösen*
verzinken I [ov ww] • (diep inslaan) *versenken* • (galvaniseren) *verzinken* **II** [on ww] • (verdiept raken) *versinken*
verzinnen *erdichten, (sich) ausdenken, erfinden* ⋆ iets nieuws ~ *sich etw. Neues ausdenken* ⋆ verzin er maar iets op! *lass dir dazu etw. einfallen!* ⋆ smoesjes ~ *Ausreden erfinden*
verzinsel *Erfindung* [v], *Erdichtung* [v] ⋆ wat hij vertelt, zijn allemaal ~s *was er erzählt, sind nur Märchen*
verzitten ‹van houding› *sich anders setzen*, ‹van plaats› *den Platz wechseln*
verzoek • (vraag) *Bitte* [v], *Anliegen* [o], *Wunsch* [m] ⋆ op ~ *auf Wunsch; auf Verlangen* ⋆ tonen op ~ *auf Verlangen vorzeigen* ⋆ ik heb een ~ aan u *ich habe eine Bitte an Sie* ⋆ een ~ aan iem. richten *eine Bitte an jmdn. richten* • (verzoekschrift) *Gesuch* [o], *Antrag* [m] ⋆ een ~ indienen *einen Antrag stellen*
verzoeken • (uitnodigen) *auffordern* ⋆ mag ik u ~ mee te komen *darf ich Sie bitten, mitzukommen* • (beproeven) *versuchen* • (vragen) *verlangen, auffordern, bitten* ⋆ u wordt verzocht niet te roken *bitte nicht rauchen* ⋆ u wordt verzocht op tijd te verschijnen *Sie werden gebeten, pünktlich zu erscheinen*
verzoeking *Versuchung* [v]
verzoekschrift *Bittschrift* [v] ⋆ een ~ indienen *ein Gesuch einreichen; eine Eingabe machen*
verzoendag *Versöhnungstag*
verzoenen • (goedmaken) *versöhnen, aussöhnen* ⋆ zich met iem. ~ *sich mit jmdm. ver-/aussöhnen* ⋆ ~d *versöhnlich* • (vrede doen hebben) ⋆ met iets verzoend raken *sich an etw. gewöhnen*
verzoening *Versöhnung* [v], *Aussöhnung* [v]
verzolen *(neu) besohlen*
verzorgd *gepflegt*
verzorgen • (zorgen voor) *versorgen, sorgen für* [4] ⋆ een zieke ~ *einen Kranken pflegen* • (onderhouden) *pflegen, gut erhalten* ⋆ wil jij mijn planten ~? *willst du meine Blumen pflegen?* ⋆ zij heeft een heel gezin te ~ *sie muss eine ganze Familie ernähren/versorgen*
verzorger *Betreuer* [m], *Versorger* [m], *Ernährer* [m]
verzorging *Pflege* [v], *Betreuung* [v], *Versorgung* [v] ⋆ sociale ~ *soziale Versorgung* [v] ⋆ een goede ~ van het haar *eine gute Haarpflege*
verzorgingsflat *Altenwohnheim* [o]
verzorgingsstaat *Sozialstaat* [m]
verzorgingstehuis *Pflegeheim* [o]
verzot *versessen (auf)* [4], *erpicht (auf)* [4], ‹op personen› *vernarrt (in)* [4]
verzuchten *seufzen, stöhnen, tief aufseufzen*
verzuchting *Seufzer* [m], *Stoßseufzer* [m]
verzuiling ≈ *Aufgliederung einer Gemeinschaft in weltanschaulichen Interessengruppen* [v]
verzuim • (nalatigheid) *Versäumnis* [o], *Unterlassung* [v], *Verzug* [m] ⋆ zonder ~ *ohne Verzug; unverzüglich* ⋆ ‹jur.› in ~ zijn *im Verzug sein* • (het wegblijven) *Ausfall* [m], *Abwesenheit* [v]
verzuimen • (nalaten) *versäumen*, ‹inf.› *verschwitzen* • (niet opdagen) *versäumen, unterlassen* ⋆ de gelegenheid ~ *die Gelegenheit verpassen/versäumen*
verzuipen I [ov ww] • (doen verdrinken) *ersäufen* • (uitgeven aan drank) *versaufen* ⋆ zijn hele salaris ~ *den ganzen Lohn versaufen* • (techn.) *absaufen* **II** [on ww] • (verdrinken) *ersaufen* ⋆ zij verzuipt in het werk *die Arbeit wächst ihr über den Kopf* ⋆ je ziet eruit als een verzopen kat *du bist ja triefend nass* ▾ pompen of ~ *friss, Vogel, oder stirb*
verzuren I [ov ww] • (zuur maken) *säuern, sauer machen* • (vergallen) *verleiden, vergällen* ⋆ iem. het leven ~ *jmdm. das Leben sauer machen* **II** [on ww] • (zuur worden) *versauern, sauer werden*
verzwakken I [ov ww] • (zwakker maken) *schwächen* **II** [on ww] • (zwakker worden) *schwach werden*
verzwakking *Schwächung* [v]
verzwaren I [ov ww] • (zwaarder maken) *schwerer machen* • (vergroten) *erschweren* ⋆ een straf ~ *eine Strafe verschärfen* **II** [on ww] *schwerer werden*
verzwelgen *verschlingen*
verzwijgen *verschweigen, verheimlichen*
verzwikken *verrenken, verstauchen* ⋆ ik heb mijn enkel verzwikt *ich habe mir den Knöchel verstaucht/verrenkt*
vesper • (gebed) *Vesper* [v] • (avonddienst) *Vesper* [v]
vest • (deel van pak) *Weste* [v] • (soort trui) *Jacke* [v]
vestiaire *Garderobe* [v], *Kleiderablage* [v]
vestibule ‹van gebouw› *Eingangshalle* [v], *Vorhalle* [v], ‹van huis› *Flur* [m], *Diele* [v]
vestigen • (tot stand brengen) *gründen, errichten* ⋆ een record ~ *einen Rekord aufstellen* ⋆ een bedrijf ~ *eine Firma gründen* • (richten) *lenken, richten* ⋆ de aandacht op iets ~ *die Aufmerksamkeit auf etw. richten* • (nederzetten) *sich niederlassen* ⋆ het bedrijf is in Duitsland gevestigd *die Firma hat ihren Sitz in der BRD* ⋆ zich in Amsterdam ~ *sich in Amsterdam niederlassen* • (vastleggen) *etablieren, begründen* ⋆ een gevestigde orde *eine etablierte Ordnung*
vestiging • (het vestigen) *Gründung* [v], *Errichtung* [v] • (nederzetting) *Siedlung* [v], *Ansiedlung* [v] • (filiaal) *Niederlassung* [v]
vestigingsvergunning *Zuzugsgenehmigung* [v]
vesting *Festung* [v]
vestingstad *Festungsstadt* [v]
vet I [het] *Fett* [o] ⋆ hoeveel procent vet zit

daarin? *wie hoch ist der Fettgehalt?* ⋆ plantaardige vetten *pflanzliche(n) Fette* ▾ iem. zijn vet geven *jmdm. sein/seinen Teil geben* ▾ zijn vet krijgen *sein Fett (ab)bekommen/(ab)kriegen* ▾ iem. in zijn eigen vet gaar laten worden *jmdn. schmoren lassen* **II** [bnw] • (bevuild met vet) *fett* • (dik) *fett* ⋆ vette krantenkop *Schlagzeile* [v] • (met veel vet) *fett, dick* ⋆ zo vet als modder *so fett wie ein Schwein* • (vruchtbaar) *fett, ertragreich* ⋆ een vette buit *eine fette Beute*

vetarm *fettarm*

vete *Fehde* [v]

veter *Schnürsenkel* [m], *Senkel* [m]

V

veteraan *Veteran* [m]

veteranenziekte *Legionärskrankheit* [v]

veterinair *Veterinär* [m], *Tierarzt* [m]

vetgehalte *Fettgehalt* [m]

vetkuif *fettige Haartolle* [v], ‹inf.› *Schmalzlocke* [v]

vetkussen *Fettpolster* [o]

vetmesten *mästen, fett füttern*

veto *Veto* [o] ⋆ zijn veto over iets uitspreken *sein Veto gegen etw. einlegen*

vetoogje *Fettauge* [o]

vetorecht *Vetorecht* [o]

vetplant *Fettpflanze* [v]

vetpot ▾ het is bij haar geen ~ *bei ihr ist Schmalhans Küchenmeister*

vetpuistje *Pickel* [m]

vetrand *Fettrand* [m]

vetrijk *fett(reich), fettig*

vettig *fettig, speckig*

vettigheid *Fettigkeit* [v]

vetvlek *Fettfleck* [m], *Fettflecken* [m]

vetvrij *fettfrei* ⋆ ~ papier *fettundurchlässige(s) Papier* [o]

vetzak *Fettsack* [m]

vetzucht *Fettsucht* [v]

vetzuur *Fettsäure* [v]

veulen *Fohlen* [o]

vezel *Faser* [v]

V-hals *V-Ausschnitt* [m]

via • (over, langs) *über* [4], *via* [4] ⋆ zij vliegt via Londen *sie fliegt über London* • (door bemiddeling van) *über* [4], *durch* [4] ⋆ via mijn oom *über meinen Onkel* ▾ via via *auf Umwegen; über Dritte*

viaduct *Viadukt* [m], *Überführung* [v]

vibrafoon *Vibraphon/Vibrafon* [o]

vibratie *Vibration* [v], *Schwingung* [v]

vibrato **I** [het] *Vibrato* [o] **II** [bijw] *vibrato*

vibrator *Vibrator* [m]

vibreren **I** [ov ww] • (doen trillen) *lockern* **II** [on ww] • (trillen) *vibrieren, schwingen*

vicaris *Vikar* [m]

vice- *Vize-*

vice versa *vice versa*

vicieus *fehlerhaft*

victorie *Sieg* [m] ⋆ ~! *Viktoria!*

video • (videografie) *Videotechnik* [v], ‹inf.› *Video* [o] • (recorder) *Videorekorder/Videorecorder* [m] • (film) *Videofilm* [m], ‹inf.› *Video* [o]

videoband *Videoband* [o]

videocamera *Videokamera* [v]

videocassette *Videokassette* [v]

videoclip *Videoclip* [m]

video-opname *Videoaufnahme* [v]

videorecorder *Videorekorder/Videorecorder* [m]

videospel *Videospiel* [o]

videotheek *Videothek* [v]

viditel ® *Bildschirmtext* [m]

vief *lebhaft, flink, aufgeweckt* ⋆ een vief kereltje *ein flinkes Bürschchen*

vier **I** [de] • (getal) *Vier* [v] • (roeiboot) *Vierer* [m] • (schoolcijfer) ≈ *Fünf* [v] **II** [telw] *vier* ⋆ een gesprek onder vier ogen *ein Gespräch unter vier Augen* [o] ⋆ huis met vier verdiepingen *vierstöckige(s) Haus* [o] ⋆ op vier december *am vierten Dezember* ⋆ om de vier uur *alle vier Stunden* ⋆ het is bij vieren *es ist gleich vier (Uhr)* ⋆ iets in vieren verdelen *etw. vierteln* ⋆ ze kwamen met z'n vieren *sie kamen zu viert* → **acht**

vierbaansweg *vierspurige Straße* [v]

vierde **I** [het] *Viertel* [o] **II** [telw] *viert* ⋆ ten ~ *viertens* ⋆ dat is al de ~ keer *das ist schon das vierte Mal* ⋆ op de ~ van de maand *am Vierten des Monats* → **achtste**

vierdeursauto *viertürige(s) Auto* [o], *Viertürer* [m]

vieren • (gedenken) *feiern* • (vereren) *feiern, ehren* ⋆ een gevierde diva *eine gefeierte Diva* • (laten schieten) *fieren* ⋆ het touw ~ *das Tau fieren*

vierendelen *vierteilen*

vierhoek *Viereck* [o]

viering *Feier* [v] ⋆ ter ~ van *zur Feier* [2]

vierkant **I** [het] *Quadrat* [o] **II** [bnw] • (rechthoekig) *quadratisch* ⋆ ~e haakjes *eckige(n) Klammern* • (in het kwadraat) *Quadrat-* ⋆ vijf ~e meter *fünf Quadratmeter* • (fors) *vierschrötig* ⋆ een ~ gezicht *ein kantiges Gesicht* **III** [bijw] ▾ iem. ~ uitlachen *jmdm. ins Gesicht lachen* ▾ iem. ~ de waarheid zeggen *jmdm. die ungeschminkte Wahrheit sagen*

vierkantsvergelijking *quadratische Gleichung* [v]

vierkantswortel *Quadratwurzel* [v]

vierkwartsmaat *Viervierteltakt* [m]

vierling *Vierling* [m]

vierspan • (rijtuig met vier paarden bespannen) *Vierspänner* [m] • (span van vier paarden) *Viergespann* [o]

viersprong *Kreuzweg* [m] ▾ op de ~ van het leven staan *am Kreuzweg stehen*

viertal *vier* ⋆ een ~ mensen *vier Menschen* ⋆ een ~ maanden *vier Monate*

viervoeter *Vierfüßer/Vierfüßler* [m]

viervoud **I** [het] *Vierfache(s)* [o] ⋆ in ~ *in vierfacher Ausfertigung* **II** [bijw] *vierfach*

vies • (vuil) *schmutzig* • (onsmakelijk) *übel, unappetitlich* ⋆ dat smaakt vies *das schmeckt ekelhaft* • (onfatsoenlijk) *schmutzig, schmierig* ⋆ vieze moppen vertellen *schweinische Witze erzählen* • (afkeer wekkend) *widerlich, ekelhaft* ⋆ een vies gezicht trekken *ein angewidertes Gesicht machen* ⋆ daar ben ik vies van *das ist mir zuwider* ⋆ een vieze kerel *ein widerlicher Kerl* ▾ dat valt me vies tegen *da bin ich schwer enttäuscht* ▾ er vies bij zijn *geschnappt werden*

viespeuk *Schmutzfink* [m], ‹pej.› *Schwein* [o]

Vietnam *Vietnam* [o]

Vietnamees **I** [de] *Vietnamese* [m] **II** [het] *Vietnamesisch(e)* [o] **III** [bnw] *vietnamesisch*

viezerik • (smerig uitziend persoon) *Schmutzfink* [m], ‹pej.› *Ekel* [o], ‹vooral kinderen› *Schmierfink* [m] • (iem. die vies doet) *schmierige(r)/unflätige(r) Kerl* [m], ‹inf.› *Schwein* [o]

viezigheid *Schmutz* [m], *Dreck* [m]

vignet • (handelsmerk) *Signet* [o], *Markenzeichen* [o] • (boekversiering) *Vignette* [v]

vijand *Feind* [m] ⋆ iem. tot ~ maken *sich jmdn. zum Feind machen* ▾ dat gun ik mijn ergste ~ niet *das wünsche ich meinem ärgsten Feind nicht*

vijandelijk *feindlich*, ‹vooral militair› *gegnerisch*

vijandelijkheid *Feindlichkeit* [v], *Feindseligkeit* [v]

vijandig *feindschaftlich, feindlich, feindselig*

vijandigheid • (het vijandig zijn) *Feindseligkeit* [v], *Feindlichkeit* [v] • (iets vijandigs) *Feindseligkeit* [v]
vijandschap *Feindschaft* [v]
vijf I [de] • (getal) *Fünf* [v] • (schoolcijfer) ≈ *Fünf* [v] **II** [telw] *fünf* ⋆ met z'n vijven *zu fünft* → **acht**
vijfde I [de] *Fünfte(r)* [m] **II** [het] *Fünftel* [o] **III** [telw] *fünft* → **achtste**
vijfenzestigplusser *Senior* [m] ⋆ treinkaart voor ~s *Seniorenpass* [m]
vijfhoek *Fünfeck* [o]
vijfjarenplan *Fünfjahresplan* [m]
vijfje ‹biljet› *Fünfguldenschein* [m], ‹munt› *Fünfguldenmünze* [v]
vijfkamp *Fünfkampf* [m]
vijfling *Fünfling* [m]
vijftien *fünfzehn* ⋆ met z'n ~en *mit fünfzehn Mann* → **acht**
vijftig *fünfzig* ⋆ de jaren ~ *die fünfziger Jahre* → **acht, twintig**
vijftiger *Fünfziger* [m]
vijfvlak *Fünfflach* [m], *Pentaeder* [o]
vijg *Feige* [v]
vijgenblad *Feigenblatt* [o]
vijgenboom *Feigenbaum* [m]
vijl *Feile* [v]
vijlen *feilen* ⋆ zij vijlde haar nagels *sie feilte sich die Nägel*
vijlsel *Feilspäne* [mv], *Feilstaub* [m]
vijver *Teich* [m]
vijzel • (vat) *Mörser* [m] • (krik) *Schraubenwinde* [v]
vijzelen *heraufschrauben*
viking *Wikinger* [m]
vilder *Schinder* [m], *Abdecker* [m]
villa *Villa* [v]
villadorp ≈ *Dorf, das zum größten Teil aus Villen besteht* [o]
villawijk *Villenviertel* [o]
villen • (huid afstropen) *häuten, abhäuten, abdecken* ⋆ iem. wel kunnen ~ *jmdn. nicht riechen können* • (afpersen) *schröpfen*
Vilnius *Wilna* [o]
vilt I [de] *Stoff aus Filz* [m] **II** [het] *Filz* [m]
vilten I [bnw] *filzen* ⋆ ~ hoed *Filzhut* [m] **II** [ov ww] *filzen*
viltje • (bierviltje) *Bierdeckel* [m] • (stukje vilt) *Filzstückchen* [o]
viltstift *Filzstift* [m], *Filzschreiber* [m]
vim ® *Scheuermittel* [o]
vin *Flosse* [v] ▾ geen vin verroeren *kein Glied rühren*
vinaigrette *Vinaigrette* [v]
vinden • (aantreffen) *vorfinden, finden, herausfinden* ⋆ ergens voor te ~ zijn *für etw. zu haben sein* ⋆ zijn weg ~ *seinen Weg machen* ⋆ iem. wel weten te ~ *jmdn. schon noch kriegen* • (van mening zijn) *finden, meinen* ⋆ ik vind het best *es ist mir recht* ⋆ iets jammer ~ *es bedauern* ⋆ ik vind het maar niks *das gefällt mir gar nicht* ⋆ iem. tot iets bereid ~ *jmdn. bereit finden zu etw.* ⋆ vind je dat echt nodig? *hältst du das wirklich für nötig?* ⋆ zij hebben elkaar gevonden *sie sind sich einig geworden* • (ondervinden) *finden* ▾ zij hebben elkaar gevonden *sie haben sich gefunden* ▾ ik vind er wel wat op *ich werde mir schon etw. dazu ausdenken* ▾ het (goed/niet) met iem. kunnen ~ *sich (gut/nicht) mit jmdm. verstehen* ▾ zich ergens in kunnen ~ *mit etw. einverstanden sein*
vindersloon *Finderlohn* [m]
vinding • (het vinden) *Fund* [m] • (uitvinding) *Erfindung* [v]
vindingrijk *findig, erfinderisch,* ‹vol ideeën› *einfallsreich*
vindplaats *Fundort* [m], *Fundstätte* [v], *Fundstelle* [v] ⋆ ~ van erts *Erzvorkommen* [o]
vinger *Finger* [m] ⋆ lange ~s *Löffelbiskuit* [m/o] ⋆ zij kon er met haar ~s niet van afblijven *sie konnte die Finger nicht davon lassen* ▾ met de natte ~ *über den Daumen gepeilt* ▾ dat kun je op je ~s natellen *das kannst du dir an den Fingern abzählen* ▾ een ~ in de pap hebben *eine Hand im Spiel haben* ▾ iem. op de ~s kijken *jmdm. auf die Finger sehen* ▾ zich in de ~s snijden *sich die Finger verbrennen* ▾ iets door de ~s zien *ein Auge zudrücken; etw. durch die Finger sehen* ▾ iem. op de ~s tikken *jmdm. auf die Finger klopfen* ▾ de ~ op de zere plek leggen *den Finger auf die Wunde legen* ▾ geen ~ uitsteken *keinen Finger rühren* ▾ er komt niets uit haar ~s *sie leistet nichts* ▾ de ~ aan de pols houden *auf Tuchfühlung bleiben* ▾ mijn ~s jeuken *mir juckt es in den Fingern* ▾ geef je haar een ~, neemt ze de hele hand *reicht man ihr den kleinen Finger, nimmt sie gleich die ganze Hand* ▾ zij is met een natte ~ te lijmen *sie ist leicht um den Finger zu wickeln* ▾ zijn ~s ergens bij aflikken *sich die Finger nach etw. lecken* ▾ zich lelijk in de ~s snijden *sich die Finger verbrennen* ▾ iets in de ~s hebben *Fingerspitzengefühl für etw. haben*
vingerafdruk *Fingerabdruck* [m]
vingerdoekje ≈ *kleine Serviette* [v]
vingerhoed *Fingerhut* [m]
vingerhoedskruid *Fingerhut* [m]
vingeroefening *Fingerübung* [v]
vingertop *Fingerspitze* [v], *Fingerkuppe* [v]
vingervlug *fingerfertig*
vingerwijzing *Fingerzeig* [m], *Wink* [m], *Hinweis* [m]
vingerzetting *Fingersatz* [m]
vink • (vleeslapje) ⋆ blinde vink ≈ *Kalbsröllchen* [o] • (vogel) *Fink* [m]
vinkentouw ▾ op het ~ zitten *voller Ungeduld sein*
vinnig • (hevig) *flink, direkt* ⋆ ~ kijken *giftig/bösartig gucken* • (bits) *scharf* ⋆ ~e woorden *bissige(n)/scharfe(n)/spitze(n)/stichelnde(n) Bemerkungen*
vinyl *Vinyl* [o]
violet *violett, veilchenfarben*
violist *Geiger* [m], *Geigenspieler* [m]
viool *Geige* [v], *Violine* [v] ⋆ de eerste/tweede ~ spelen *die erste/zweite Geige spielen*
vioolconcert *Violinkonzert* [o], *Geigenkonzert* [o]
vioolkist *Geigenkasten* [m]
vioolsleutel • (muzieksleutel) *G-Schlüssel* [m], *Violinschlüssel* [m] • (schroef) *Wirbel* [m]
viooltje *Veilchen* [o]
vip *V.I.P.* [v]
viriel *viril*
virtueel *virtuell*
virtuoos I [de] *Virtuose* [m] **II** [bnw] *virtuos*
virtuositeit *Virtuosität* [v]
virus *Virus* [m/o]
vis *Fisch* [m] ⋆ zo gezond als een vis *munter wie ein Fisch im Wasser* ⋆ zich voelen als een vis in het water *sich fühlen wie der Fisch im Wasser* ▾ vis wil zwemmen *Fisch will schwimmen* ▾ zo gezond als een vis *kerngesund* ▾ iem. voor rotte vis uitmaken *jmdn. zur Sau machen* ▾ vis noch vlees zijn *weder Fisch noch Fleisch sein*
visafslag *Fischversteigerung* [v]
visagist *Visagist* [m]

V

visboer *Fischhändler* [m]
visburger *Fischburger* [m]
viscose • (grondstof) *Viskose* [v] • (viscosezijde) *Rayon* [m/o]
visgraat • (skeletdeel) *Fischgräte* [v] • (dessin) *Fischgrätenmuster* [o]
vishaak *Angelhaken* [m]
visie • (zienswijze) *Ansicht* [v], *Auffassung* [v], *Betrachtungsweise* [v] ⋆ een geheel andere ~ hebben op iets *eine ganz andere Auffassung von etw. haben* • (inzage) *Einsicht* [v]
visioen *Vision* [v]
visionair **I** [de] *Seher* [m] **II** [bnw] *visionär*
V
visitatie *Visitation* [v], *Durchsuchung* [v], ‹kerkelijk› *Kirchenvisitation* [v]
visite • (bezoek) *Besuch* [m], ‹van arts› *Visite* [v] ⋆ op ~ zijn *zu Besuch sein* • (bezoekers) *Besuch* [m]
visitekaartje *Visitenkarte* [v] ⋆ een ~ achterlaten ‹ook fig.› *seine Visitenkarte hinterlassen*
visiteren *visitieren, durchsuchen*
viskaart *Angelschein* [m]
viskom *Fischglas* [o]
visooglens *Fischauge* [o]
visrestaurant *Fischrestaurant* [o]
visrijk *fischreich*
visschotel *Fischgericht* [o]
visseizoen ≈ *Fangzeit* [v]
vissen • (vis vangen) *fischen* • (trachten te krijgen) ⋆ naar complimenten ~ *nach Komplimenten fischen*
visser *Fischer* [m], *Angler* [m]
visserij *Fischerei* [v], ‹visvangst› *Fischfang* [m]
vissersboot *Fischerboot* [o]
visserslatijn *Garn* [o]
vissersvloot *Fischereiflotte* [v]
vissnoer *Angelschnur* [v]
visstand *Fischbestand* [m]
visstick *Fischstäbchen* [o]
visstoeltje *Klappstuhl zum Angeln* [m]
vistuig *Fischfanggerät* [o], ‹inf.› *Angelsachen* [mv]
visualiseren *visualisieren, veranschaulichen*
visueel *visuell*
visum *Visum* [o] ⋆ aanvraag voor een ~ *Visumantrag* [m]
visumplicht *Visumzwang* [m]
visvijver *Fischteich* [m]
viswater *Fischwasser* [o]
viswijf *Marktweib* [o] ⋆ schelden als een ~ *schimpfen wie ein Rohrspatz*
vitaal • (wezenlijk) *vital, lebenswichtig* ⋆ van ~ belang *lebenswichtig* ⋆ vitale levensfuncties *Vitalfunktionen* • (levenskrachtig) *vital, rüstig*
vitaliteit *Vitalität* [v]
vitamine *Vitamin* [o]
vitrage • (gordijn) *Gardine* [v] • (stof) *Tüll* [m]
vitrine • (etalage) *Schaufenster* [o] • (glazen kast) *Vitrine* [v]
vitriool *Vitriol* [o]
vitten *mäkeln, kritteln* ⋆ op iem. ~ *jmdn. bekritteln*
vivisectie *Vivisektion* [v]
vizier • (kijkspleet in helm) *Visier* [o] ⋆ met open ~ strijden *mit offenem Visier kämpfen* • (richtmiddel) ‹op optische instrumenten› *Diopter* [o], ‹op wapens› *Visier* [o] ▾ iem. in het ~ hebben *jmdn. auf dem Kieker haben*
vizierlijn *Visierlinie* [v]
vla • (nagerecht) ≈ *puddingähnliche Süßspeise* [v] • (vlaai) *Fladen* [m]
vlaag • (windstoot) *Windstoß* [m], *Bö* [v] • (uitbarsting) *Anwandlung* [v], *Anfall* [m] ⋆ bij vlagen *gelegentlich* ⋆ in een ~ van verstandsverbijstering *in einem Anfall von Geistesverwirrung*
vlaai *Fladen* [m]
Vlaams **I** [het] *Flämisch(e)* [o] **II** [bnw] *flämisch* ⋆ ~e gaai *Eichelhäher* [m]
Vlaamse *Flamin* [v]
Vlaanderen *Flandern* [o]
vlag *Fahne* [v], ‹scheepv.› *Flagge* [v] ▾ onder valse vlag varen *unter falscher Flagge segeln* ▾ met vlag en wimpel overgaan *mit Glanz und Gloria versetzt werden* ▾ de vlag dekt de lading ≈ *der Name soll für Qualität bürgen*
vlaggen • (de vlag uithangen) *flaggen* • (sport) *die Fahne heben*
vlaggenschip *Flaggschiff* [o]
vlaggenstok *Fahnenmast* [m], *Fahnenstange* [v], ‹scheepv.› *Flaggenstock* [v]
vlagvertoon *Flaggezeigen* [o] ▾ met veel ~ *mit großer Publicity*
vlak **I** [het] • (platte zijde) *Fläche* [v] • (gebied) *Bereich* [m], *Ebene* [v] ⋆ op sociaal vlak *im sozialen Bereich* ⋆ dat ligt op hetzelfde vlak *das liegt auf gleicher Ebene* ⋆ in het culturele vlak *im kulturellen Bereich* • (wisk.) *Ebene* [v] ⋆ horizontaal vlak *Horizontalfläche* ⋆ hellend vlak *schiefe Ebene* **II** [bnw] • (plat) *flach, eben* ⋆ met de vlakke hand *mit der flachen Hand* ⋆ iets vlak maken *etw. ebnen* ⋆ het vlakke veld *das freie Feld* • (zonder nuance) *flach, farblos* ⋆ vlak van toon *tonlos* **III** [bijw] • (recht) *genau, direkt* ⋆ zij woont vlak tegenover haar vriendin *sie wohnt genau gegenüber der Freundin* ⋆ vlak langs de stoep fietsen *knapp am Bürgersteig vorbeiradeln* ⋆ vlak na elkaar *direkt hintereinander* • (plat) *flach*
vlakgom *Radiergummi* [m]
vlakte *Ebene* [v], *Fläche* [v] ▾ zich op de ~ houden *mit seiner Meinung hinter dem Berg halten* ▾ iem. tegen de ~ slaan *jmdn. zu Boden schlagen* ▾ tegen de ~ gaan ‹sport› *zu Boden gehen*; ‹vernield worden› *dem Erdboden gleich gemacht werden*; ‹flauwvallen› *zu Boden sinken*
vlaktemaat *Flächenmaß* [o]
vlakverdeling *Flächenaufteilung* [v]
vlam • (vuur) *Flamme* [v] ⋆ in vlammen opgaan *in Rauch aufgehen* ⋆ vlam vatten *anfangen zu brennen*; ‹ook fig.› *Feuer fangen* ⋆ een prooi van de vlammen worden *ein Opfer der Flammen werden* ⋆ iemands hart in vlam zetten *jmdn. entflammen* • (geliefde) *Schwarm* [m], *Flamme* [v] • (tekening in hout) *Maser* [v] ▾ de vlam sloeg in de pan *es kam zum Ausbruch* ▾ de vlammen sloegen haar uit *sie wurde rot bis über die Ohren*
Vlaming *Flame* [m]
vlammen • (vlammen vertonen) *sich entflammen, lodern* ⋆ een ~d vuur *ein loderndes Feuer* • (fonkelen) *glühen, leuchten, flammen* ⋆ ~d enthousiasme *glühende Begeisterung* [v] ⋆ met een ~d betoog *mit einer zündenden/flammenden Rede*
vlammenwerper *Flammenwerfer* [m]
vlammenzee *Flammenmeer* [o]
vlamverdeler *Brenner* [m]
vlas *Flachs* [m]
vlasblond *flachsblond*
vlashaar • (lichtblond haar) *Flachshaar* [o] • (baard-/snorhaar) *Flaum* [m]
vlassen **I** [bnw] *flächsern* **II** [on ww] *spannen (auf)* [4], *sich spitzen (auf)* [4]
vlecht *Zopf* [m]
vlechten *flechten* ⋆ het haar ~ *das Haar flechten*

vlechtwerk *Flechtwerk* [o], *Geflecht* [o]
vleermuis *Fledermaus* [v]
vlees *Fleisch* [o] ⋆ goed in het ~ zitten *gut gepolstert sein* ⋆ mensen van ~ en bloed *Menschen von Fleisch und Blut* ▾ weten wat voor ~ men in de kuip heeft *seine Pappenheimer kennen* ▾ zijn eigen ~ en bloed *sein eigen(es) Fleisch und Blut* ▾ de geest is wel gewillig, maar het ~ is zwak *der Geist ist willig, aber das Fleisch ist schwach*
vleesboom *Muskelgeschwulst* [v]
vleeseter *Fleischfresser* [m]
vleesgerecht *Fleischgericht* [o]
vleeskleurig *fleischfarben, fleischfarbig*
vleesmes *Fleischmesser* [o]
vleesmolen *Fleischwolf* [m]
vleestomaat *Fleischtomate* [v]
vleesvork *Tranchiergabel/Transchiergabel* [v]
vleeswaren *Aufschnitt* [m]
vleeswond *Fleischwunde* [v]
vleet *Heringstreibnetz* [o] ▾ zij heeft vrienden bij de ~ *sie hat jede Menge Freunde*
vlegel • (dorsvlegel) *Dreschflegel* [m] • (lomperd) *Flegel* [m], *Lümmel* [m] • (kwajongen) *Bengel* [m]
vleien *schmeicheln* ⋆ zich gevleid voelen *sich geschmeichelt fühlen;* ‹inf.› *sich gebauchpinselt fühlen*
vleiend *schmeichelnd, schmeichlerisch, schmeichelhaft* ⋆ een ~e foto *ein schmeichelhaftes Foto*
vleier *Schmeichler* [m]
vleierij • (het vleien) *Schmeicheln* [o], ‹pej.› *Geschmeichel* [o] ⋆ zonder ~ *in aller Offenheit/ Ehrlichkeit* • (compliment) *Schmeichelei* [v]
vlek I [de] • (anders gekleurde plek) *Flecken* [m] ⋆ een witte vlek op de kaart *ein weißer Fleck auf der Landkarte* • (vuile plek) *Fleck* [m], ‹inf.› *Klecks* [m] ▾ ergens een blinde vlek voor hebben *für etw. blind sein* ▾ dat is een vlek op haar karakter *das ist ein Fleck auf ihrer weißen Weste* **II** [het] *Flecken* [m]
vlekkeloos • (zonder vlek) *fleckenlos, makellos* ⋆ een vlekkeloze naam hebben *einen makellosen Ruf haben* • (foutloos) *fleckenlos, einwandfrei, tadellos*
vlekken I [ov ww] • (vlekken maken) *beflecken* **II** [on ww] • (vlekken krijgen) *flecken* • (vlekken maken) *klecksen* ⋆ de pen vlekt *der Kugelschreiber kleckst*
vlekkenmiddel *Fleckenentfernungsmittel* [o], *Fleckentferner* [m]
vlekkerig *fleckig*
vlektyfus *Fleckfieber* [o], *Flecktyphus* [m]
vlerk • (vleugel) *Flügel* [m] • (vlegel) *Flegel* [m], *Lümmel* [m]
vleselijk • (zinnelijk) *sinnlich* • (lichamelijk) *körperlich*
vleug *Strich* [m]
vleugel • (deel van vliegtuig) *Flügel* [m], *Tragfläche* [m] • (vliegorgaan) *Flügel* [m] • (deel van gebouw) *Trakt* [m], *Flügel* [m] • (piano) *Flügel* [m] ▾ de ~s uitslaan *die Flügel ausbreiten* ▾ iem. onder zijn ~s nemen *jmdn. unter seine Fittiche nehmen*
vleugellam *flügellahm*
vleugelmoer *Flügelmutter* [v]
vleugelspeler *Flügelstürmer* [m]
vleugelverdediger *Außenverteidiger* [m]
vleugje *Hauch* [m], *Schimmer* [m], ‹fig.› *Anflug* [m] ⋆ een ~ hoop *ein Schimmer von Hoffnung* ⋆ een ~ parfum *ein Hauch von Parfüm*
vlezig *fleischig*
vlieg *Fliege* [v] ▾ twee ~en in één klap slaan *zwei Fliegen mit einer Klappe schlagen* ▾ geen ~ kwaad doen *keiner Fliege etw. zuleide/zu Leide tun*
vliegangst *Flugangst* [v]
vliegas *Flugasche* [v]
vliegbasis *Luftstützpunkt* [m]
vliegbrevet *Pilotenschein* [m]
vliegdekschip *Flugzeugträger* [m]
vliegen I [ov ww] *fliegen* **II** [on ww] • (door de lucht bewegen) *fliegen* ⋆ ~de schotel *fliegende Untertasse* [v] ⋆ de scherven vlogen rond *die Scherben flogen durch die Luft* ⋆ in brand ~ *Feuer fangen* • (snellen) *spurten, eilen, rasen* ⋆ iem. naar de keel ~ *jmdm. an die Kehle springen* ⋆ iem. om de hals ~ *jmdm. um den Hals fliegen* • (snel voorbijgaan) ⋆ de tijd vliegt *die Zeit rast* ▾ erin ~ *reinfallen* ▾ eruit ~ *rausfliegen* ▾ de vogel is gevlogen *der Vogel ist ausgeflogen* ▾ zij ziet ze ~ *sie spinnt*
vliegengaas *Fliegengitter* [o], *Fliegendraht* [m]
vliegengordijn *Fliegengitter* [o], *Moskitonetz* [o]
vliegenier *Pilot* [m]
vliegenmepper *Fliegenklatsche* [v]
vliegensvlug *blitzschnell* ⋆ de tijd ging ~ voorbij *die Zeit verging wie im Fluge*
***vliegenzwam** (Wdl: vliegezwam) *Fliegenpilz* [m]
vlieger • (piloot) *Flieger* [m] • (speelgoed) *Drachen* [m]
vliegeren *(einen) Drachen steigen lassen*
vliegramp *Flugzeugkatastrophe* [v]
vliegtuig *Flugzeug* [o]
vliegtuigbouw *Flugzeugbau* [m]
vliegtuigkaping *Flugzeugentführung* [v]
vlieguur *Flugstunde* [v]
vliegveld *Flughafen* [m], *Flugplatz* [m]
vliegverbinding *Flugverbindung* [v]
vliegverkeer *Flugverkehr* [m]
vliegwiel *Schwungrad* [o]
vlier • (vlierboom) *Holunder* [m], *Holunderbaum* [m] • (bladeren en vruchten) *Holunder* [m]
vliering *Boden* [m], *Dachboden* [m]
vlies • (velletje) *Haut* [v] • (dun laagje) *Häutchen* [o] • (vacht) *Vlies* [o] • (bio.) *Membran* [v] ▾ het Gulden Vlies *das Goldene Vlies*
vliet *Bach* [m]
vlijen *schmiegen (an)* [4], *sich (an)schmiegen, kuscheln (an)* [4], *sich (an)kuscheln* ⋆ zich tegen iem. aan ~ *sich an jmdn. schmiegen/kuscheln*
vlijmscherp *messerscharf*
vlijt *Fleiß* [m]
vlijtig *fleißig, emsig*
vlinder • (onbestendig persoon) *Flattergeist* [m], *flatterhafte(r) Mensch* [m] • (insect) *Schmetterling* [m], *Falter* [m] ▾ ~s in zijn buik hebben *verknallt/verschossen sein*
vlinderdas *Fliege* [v]
vlindernet *Schmetterlingsnetz* [o]
vlinderslag *Delphinstil/Delfinstil* [m], *Schmetterlingsstil* [m]
vlo *Floh* [m]
vloed • (hoogtij) *Flut* [v] • (overweldigende massa) *Flut* [v], *Strom* [m] • (med.) *Ausfluss* [m] ⋆ witte ~ *Weißfluss* [m]
vloedgolf *Flutwelle* [v]
vloei • (sigarettenpapier) *Zigarettenpapier* [o] • (absorberend papier) *Fließpapier* [o], *Löschpapier* [o] • (zijdepapier) *Seidenpapier* [o]
vloeibaar *flüssig* ⋆ ~ maken *verflüssigen* ⋆ ~ worden *sich verflüssigen*
vloeiblad *Löschblatt* [o]
vloeien • (vaginaal bloeden) *an Ausfluss leiden*

• (stromen) *fließen, strömen* ⋆ er is veel bloed gevloeid *es ist viel Blut geflossen* ⋆ in elkaar ~ *ineinander fließen*

vloeiend *fließend, geläufig, flüssig* ⋆ ~ in elkaar overgaan *ineinander fließen* ⋆ ~ Frans spreken *fließend Französisch sprechen*

vloeipapier • (absorberend papier) *Löschpapier* [o] • (dun papier) *Fließpapier* [o]

vloeistof *Flüssigkeit* [v]

vloeitje • (sigarettenpapier) *Zigarettenpapier* [o] • (viltje) *Bierdeckel* [m]

vloek *Fluch* [m] ⋆ er rust een ~ op dit huis *ein Fluch liegt auf diesem Haus* ▾ in een ~ en een zucht *in null Komma nichts; im Handumdrehen*

vloeken I [ov ww] *verwünschen* **II** [on ww] • (krachttermen uiten) *fluchen* ⋆ iem. stijf ~ *jmdm. die Leviten lesen* ⋆ op iets ~ *etw. verfluchen* • (schril afsteken) *sich beißen* ⋆ dat vloekt *das beißt sich*

vloer *Fußboden* [m], *Boden* [m] ⋆ ik kon wel door de ~ zakken *ich wäre am liebsten in den Erdboden versunken* ⋆ veel bij iem. over de ~ komen *bei jmdm. ein- und ausgehen* ▾ de ~ met iem. aanvegen *jmdn. zur Sau machen*

vloerbedekking *Fußboden* [m], *Fußbodenbelag* [m], ‹tapijt› *Teppichboden* [m]

vloeren *niederschlagen, zu Boden strecken*

vloerkleed *Teppich* [m]

vlok *Flocke* [v]

vlokkig *flockig*

vlonder • (plankier) *Steg* [m] • (losse houten vloer) *Lattenrost* [m]

vlooien *flöhen*

vlooienband *Flohhalsband* [o]

vlooienmarkt *Flohmarkt* [m], *Trödelmarkt* [m]

vloot • (oorlogsvloot) *Kriegsflotte* [v], *Kriegsmarine* [v] • (groep schepen) *Flotte* [v]

vlootbasis *Flottenbasis* [v], *Flottenstützpunkt* [m]

vlootschouw *Flottenparade* [v], *Flottenschau* [v]

vlot I [het] *Floß* [o] **II** [bnw] • (gemakkelijk) *einfach, flott* ⋆ vlot praten *gewandt sprechen* ⋆ een vlot verloop *ein reibungsloser Ablauf* • (snel) *zügig, flott* • (ongedwongen) *flott*

vlotten *vorankommen, vorangehen* ⋆ het werk wil niet ~ *die Arbeit kommt nicht voran*

vlotter *Schwimmer* [m]

vlotweg *flott, zügig, rasch*

vlucht • (vliegtocht) *Flug* [m] • (het vluchten) *Flucht* [v] ⋆ op de ~ gaan/slaan *die Flucht ergreifen* • (troep vogels) *Flug* [m], *Schwarm* [m] • (het vliegen) *Flug* [m] • (spanwijdte) *Spannweite* [v] • (volière) *Voliere* [v] • (helling) *Schräge* [v] ▾ een hoge ~ nemen *einen stürmischen Aufschwung machen/erleben*

vluchteling *Flüchtling* [m]

vluchtelingenkamp *Flüchtlingslager* [o]

vluchten • (ontvluchten) *fliehen, flüchten* ⋆ voor de vijand ~ *vor dem Feind fliehen* • (uitwijken) *ausreißen, flüchten*

vluchthaven • (toevluchtsoord) *Zufluchtsort* [m] • (vluchtstrook) *Seitenstreifen* [m], *Standspur* [v]

vluchtheuvel • (terp) *Warft* [v], *Wurt* [v] • (stuk trottoir) *Verkehrsinsel* [v]

vluchtig *flüchtig* ⋆ iets ~ lezen *etw. überfliegen*

vluchtleiding *Flugleitung* [v]

vluchtleidingscentrum *Bodenstation* [v]

vluchtschema *Flugplan* [m]

vluchtstrook *Standspur* [v], *Seitenstreifen* [m]

vluchtweg *Fluchtweg* [m]

vlug *schnell, rasch, geschwind* ⋆ vlug van begrip zijn *eine schnelle Auffassungsgabe besitzen*

vluggertje • (vrijpartij) *schnelle Nummer* [v], *Quickie* [m] • (dam- of schaakpartij) *Partie Blitzdame/Blitzschach* [v]

vlugschrift *Flugblatt* [o], *Flugschrift* [v]

vlugzout *Riechsalz* [o]

VN *UNO* [v], *Vereinte(n) Nationen* [mv]

vocaal I [de] *Selbstlaut* [m], *Vokal* [m] **II** [bnw] *stimmlich*, ‹muz.› *vokal* ⋆ vocale solisten *Vokalsolisten*

vocabulaire *Wortschatz* [m], *Vokabular* [o], ‹woordenlijst› *Wörterverzeichnis* [o]

vocalist *Vokalist* [m]

vocht • (vloeistof) *Flüssigkeit* [v] • (vochtigheid) *Nässe* [v], *Feuchtigkeit* [v]

vochtig *feucht*

vochtigheid *Feuchtigkeit* [v]

vochtigheidsgraad *Feuchtigkeitsgrad* [m]

vochtigheidsmeter *Feuchtigkeitsmesser* [m]

vochtvrij • (zonder vocht) *gegen Feuchtigkeit geschützt* ⋆ ~ bewaren *trocken lagern* • (vochtwerend) *feuchtigkeitsbeständig*

vod *Lumpen* [m], *Fetzen* [m] ▾ iem. achter de vodden zitten *jmdm. Dampf machen*

voddenboer *Lumpensammler* [m], *Lumpenhändler* [m]

voeden • (voedsel geven) *nähren, ernähren*, ‹dieren› *füttern* • (zogen) *stillen* • (van toevoer voorzien) *speisen* • (aanwakkeren) *hegen, nähren*

voeder I [de] *Ernährer* [m] **II** [het] *Futter* [o]

voeding • (het voeden) *Ernährung* [v] • (voedsel) *Nahrung* [v] • (techn.) *Speisung* [v]

voedingsbodem *Nährboden* [m]

voedingskabel *Speisekabel* [o]

voedingsleer *Ernährungslehre* [v]

voedingsmiddel *Nahrungsmittel* [o]

voedingswaarde *Nährwert* [m]

voedsel *Nahrung* [v] ⋆ ~ weigeren *die Nahrung verweigern*

voedselhulp *Lebensmittelhilfe* [v]

voedselpakket *Lebensmittelpaket* [o]

voedselrijk *nahrungsreich*

voedselvergiftiging *Lebensmittelvergiftung* [v]

voedselvoorziening *Lebensmittelversorgung* [v]

voedster *Amme* [v]

voedzaam *nahrhaft*

voeg *Fuge* [v], *Naht* [v] ⋆ het huis kraakt in zijn voegen *das Haus kracht in allen Fugen* ▾ het is uit zijn voegen gerukt *es ist aus den Fugen geraten*

voegen I [ov ww] • (verbinden) *verbinden, zusammenfügen, aneinander fügen* ⋆ de delen aan elkaar ~ *die Teile miteinander verbinden* ⋆ zich bij de groep ~ *sich der Gruppe anschließen* ⋆ de daad bij het woord ~ *etw. in die Tat umsetzen* • (met specie opvullen) *fugen, ausfugen* • (~ **bij**) *hinzufügen, beifügen* **II** [on ww] • (betamen) *sich gehören* • (gelegen komen) *passen* **III** [wkd ww] *sich fügen* ⋆ zich naar de omstandigheden ~ *sich den Umständen fügen/anpassen*

voegijzer *Maurerkelle* [v]

voegwoord *Bindewort* [o], *Konjunktion* [v]

voelbaar • (merkbaar) *merklich* • (tastbaar) *spürbar, fühlbar*

voelen I [ov ww] • (gewaarworden) *spüren* ⋆ iem. zijn minachting laten ~ *jmdn. seine Verachtung fühlen lassen* ⋆ zij voelde waar hij heen wilde *sie spürte, worauf er hinauswollte* ⋆ ik voel de wijn in mijn benen *ich spüre den Wein in den Beinen* • (aanvoelen) *fühlen* ⋆ ~ dat je de verkeerde kant op gaat *fühlen, dass man auf dem falschen Weg ist* • (bevoelen) *fühlen* ▾ ik voel het aan mijn water *das sagt mir mein Gefühl* ▾ ik voel nattigheid *ich habe einen Verdacht* **II** [on ww] • (gewaarwording hebben) *fühlen, sich anfühlen*

⋆ aan iets ~ *etw. betasten* ⋆ het voelt zacht/ruw *es fühlt sich weich/rau an* • (~ **voor**) *mögen, zusagen* ⋆ ergens iets voor ~ *Lust zu etw. haben* ⋆ iets voor elkaar ~ *sich mögen* **III** [wkd ww] *sich fühlen* ⋆ zich op zijn gemak ~ *sich wohl in seiner Haut fühlen* ⋆ zich ziek ~ *sich krank fühlen* ⋆ zich met iem. één ~ *sich mit jmdm. eins fühlen* ⋆ zich ergens thuis ~ *sich irgendwo wie zu Hause fühlen*

voelhoorn *Fühler* [m] ▾ zijn ~s uitsteken *seine/die Fühler ausstrecken*

voeling *Fühlung* [v] ⋆ ~ hebben met iem. *mit jmdm. in Fühlung sein; Fühlung mit jmdm. haben* ⋆ ~ krijgen met iem. *mit jmdm. in Fühlung kommen*

voelspriet *Fühler* [m]

voer *Futter* [o] ⋆ voer voor de critici *ein gefundenes Fressen für die Kritiker* ⋆ groen voer *Grünfutter* [o]

voeren • (leiden) *führen* • (hebben) *führen* ⋆ een titel ~ *einen Titel führen* • (doen plaatsvinden) *führen* ⋆ oorlog ~ *Krieg führen* ⋆ het hoogste woord ~ *das große Wort führen* ⋆ een proces ~ *einen Prozess führen; prozessieren* ⋆ een gesprek ~ *ein Gespräch führen* • (van voering voorzien) *füttern* ⋆ met vilt gevoerde kisten *mit Filz ausgeschlagene(n) Kisten* • (voeden) *füttern* ⋆ iem. dronken ~ *jmdn. betrunken/besoffen machen* • (op stang jagen) *aufbringen, ärgern* • (vervoeren) *transportieren, befördern*

voering *Futter* [o]

voerman *Fuhrmann* [m] [mv: *Fuhrleute*]

voertaal *Verkehrssprache* [v], ‹taalk.› *Gemeinsprache* [v], ‹bij onderhandelingen› *Verhandlungssprache* [v]

voertuig *Fahrzeug* [o]

voet *Fuß* [m] ▾ zich uit de voeten maken *sich aus dem Staube machen* ▾ voet bij stuk houden *bei der Stange bleiben; nicht nachgeben* ▾ op vrije voeten stellen *auf freien Fuß setzen* ▾ op de voet volgen *auf Schritt und Tritt verfolgen* ▾ iets met voeten treden *etw. mit den Füßen treten* ▾ onder de voet lopen *überrennen* ▾ op dezelfde voet voortzetten *auf demselben Fuß fortführen* ▾ op goede voet met iem. staan *sich mit jmdm. gut verstehen* ▾ op staande voet ontslaan *fristlos entlassen* ▾ belastingvrije voet *Steuerfreibetrag* [m] ▾ iem. iets voor de voeten gooien *jmdm. etw. vorwerfen* ▾ voet(je) voor voet(je) *Schritt für Schritt* ▾ geen voet verzetten *keinen Schritt tun* ▾ voet aan wal zetten *den Fuß ans Land setzen* ▾ een wit voetje bij iem. halen *sich bei jmdm. lieb Kind machen* ▾ dat heeft veel voeten in de aarde *das ist kein Kinderspiel; das kostet viel Mühe*

voetangel *Fußangel* [v]

voetbad *Fußbad* [o]

voetbal **I** [de] *Fußball* [m] **II** [het] *Fußball* [m] ⋆ het betaalde ~ *der Profifußball*

voetbalelftal *Fußballmannschaft* [v], *Fußballelf* [v]

voetbalknie *Meniskusriss* [m]

voetballen *Fußball spielen*

voetballer *Fußballspieler* [m], ‹inf.› *Fußballer* [m]

voetbalschoen *Fußballschuh* [m]

voetbalveld *Fußballfeld* [o], *Fußballplatz* [m]

voetbalwedstrijd *Fußballspiel* [o] ⋆ internationale ~ *Länderspiel* [o]

voetenbank *Fußbank* [v]

voeteneind *Fußende* [o]

voetganger *Fußgänger* [m]

voetgangersbrug *Fußgängerbrücke* [v]

voetgangerslicht *Fußgängerampel* [v]

voetgangersoversteekplaats *Fußgängerüberweg* [m], *Fußgängerübergang* [m]

voetgangerstunnel *Fußgängerunterführung* [v]

voetlicht *Rampenlicht* [o] ▾ voor het ~ brengen *an die Öffentlichkeit bringen*

voetnoot • (kanttekening) *Anmerkung* [v], *Randbemerkung* [v] • (noot onderaan bladzijde) *Fußnote* [v]

voetpad • (trottoir) *Gehweg* [m] • (paadje) *Fußweg* [m]

voetreis *Fußwanderung* [v], *Fußreise* [v]

voetspoor *Fußspur* [v], *Fußstapfen* [m] ▾ in iemands voetsporen treden *in jmds. Fußstapfen treten*

voetstap • (stap) *Schritt* [m] • (spoor) *Fußspur* [v], *Fußstapfen* [m] ▾ in iemands ~pen treden *in jmds. Fußstapfen treten*

voetsteun *Fußstütze* [v]

voetstoots ⋆ iets ~ aannemen *etw. ohne weiteres annehmen*

voetstuk *Sockel* [m] ▾ van zijn ~ vallen *sein Gesicht verlieren* ▾ zich op een ~ plaatsen *sich aufs hohe Roß setzen* ▾ iem. van zijn ~ stoten *jmdn. diskreditieren*

voettocht *Fußwanderung* [v]

voetveeg *Fußmatte* [v] ▾ iemands ~ zijn *immer jmds. Prügelknaben sein*

voetvolk *Fußvolk* [o]

voetzoeker *Schwärmer* [m]

voetzool *Fußsohle* [v]

vogel • (dier) *Vogel* [m] • (persoon) *Vogel* [m], *Kauz* [m] ⋆ een slimme ~ *ein schlauer Fuchs* ⋆ een rare ~ *ein seltsamer/komischer Vogel* ▾ beter één ~ in de hand dan tien in de lucht *besser ein Spatz in der Hand als eine Taube auf dem Dach*

vogelaar • (vogelvanger) *Vogelsteller* [m], *Vogelfänger* [m] • (vogelliefhebber) *Vogelkenner* [m]

vogelkooi *Vogelkäfig* [m]

vogelnest *Vogelnest* [o]

vogelspin *Vogelspinne* [v]

vogelstand *Vogelbestand* [m]

vogeltrek *Vogelzug* [m]

vogelverschrikker *Vogelscheuche* [v]

vogelvlucht *Vogelperspektive* [v] ⋆ in ~ *aus der Vogelperspektive*

vogelvrij ▾ iem. ~ verklaren *jmdn. für vogelfrei erklären*

Vogezen *Vogesen* [mv]

voile *Schleier* [m]

vol *voll* ⋆ volle melk *Vollmilch* [v] ▾ iem. niet voor vol aanzien *jmdn. nicht für voll nehmen* ▾ vol gas *Vollgas* [o] ▾ zijn buik van iets vol hebben *die Nase gestrichen voll davon haben* ▾ zijn handen vol aan iets hebben *alle Hände voll zu tun haben* ▾ volle neef *richtige(r) Vetter* ▾ in volle zee *auf hoher See* ▾ met het volste recht *mit vollem Recht*

volautomatisch *vollautomatisch*

volbloed **I** [de] *Vollblut* [o], *Vollblüter* [m], *Vollblutpferd* [o] **II** [bnw] *vollblütig* ⋆ hij is een ~ Amsterdammer *er ist durch und durch Amsterdamer* ⋆ een ~ hengst *ein Vollbluthengst* [m]

volbrengen • (uitvoeren) *ausführen* ⋆ een bevel ~ *einen Befehl ausführen* • (afmaken) *vollbringen, vollenden* ⋆ het is volbracht *es ist vollbracht* ⋆ zijn taak ~ *seine Aufgabe vollbringen*

voldaan • (tevreden) *zufrieden*, ‹verzadigd› *satt* ⋆ ~ zijn over iets *zufrieden sein mit etw.* • (betaald) *bezahlt* ⋆ voor ~ tekenen *quittieren*

voldoen **I** [ov ww] • (betalen) *bezahlen, begleichen* • (tevredenstellen) *zufrieden stellen, recht machen* **II** [on ww] • (bevredigen) *genügen, zufrieden*

V

stellen ⋆ er is ~de plaats *es gibt genügend Platz* ⋆ iets voldoet niet *etw. bewährt sich nicht* ⋆ dat is ~de *das reicht/genügt* • (~ **aan**) *genügen, erfüllen, entsprechen* ⋆ aan een verzoek ~ *einer Bitte nachkommen* ⋆ aan de eisen ~ *den Forderungen nachkommen; den Anforderungen genügen*

voldoende I [de] *ausreichende Note* [v] ⋆ een ~ ≈ *eine Drei/Vier* ⋆ ~ reden *genügende(n)/ ausreichende(n) Gründe* [mv] **II** [bnw] • (bevredigend) *ausreichend, hinreichend* • (genoeg) *genügend*

voldoening • (betaling) *Begleichung* [v], *Bezahlung* [v] • (tevredenheid) *Befriedigung* [v], ↑ *Genugtuung* [v] ⋆ dat geeft mij ~ *darüber empfinde ich Genugtuung*

V

voldongen *entschieden, vollendet* ⋆ ~ feit *vollendete Tatsache* [v]

voldragen *ausgetragen*

volgauto ≈ *Geleitwagen* [m]

volgboot *Begleitboot* [o]

volgeboekt *ausgebucht*

volgeling *Anhänger* [m], ‹met name van Christus› *Jünger* [m]

volgen I [ov ww] • (handelen naar) *folgen* [3], *befolgen* [4] ⋆ een advies ~ *einem Rat folgen; einen Rat befolgen* • (achternagaan) *folgen* [3], *verfolgen* [4] ⋆ iem. op de voet ~ *jmdm. auf Schritt und Tritt folgen* ⋆ een weg ~ *einen Weg verfolgen* • (bijwonen) *besuchen* ⋆ colleges ~ *Vorlesungen besuchen* • (nabootsen) *folgen* [3] ⋆ zij volgde ons voorbeeld *sie folgte unserem Beispiel* • (begrijpen, bijhouden) *folgen* [3], *verfolgen* [4] ⋆ iem./iets niet kunnen ~ *jmdm./etw. nicht folgen können* ⋆ de nieuwsberichten ~ *die Nachrichten verfolgen* **II** [on ww] • (erna komen) *folgen* ⋆ wie volgt? *wer folgt?* ⋆ als volgt *folgendermaßen; wie folgt* ⋆ zij liet daar direct op ~ *sie fügte dem gleich hinzu* • (~ **uit**) *folgen aus* [3], *hervorgehen aus* [3] ⋆ daaruit volgt *daraus folgt; daraus geht hervor*

volgens *gemäß* [3], *laut* [2,3], *zufolge* [3] ⋆ ~ mij *meiner Meinung nach* ⋆ ~ afspraak *wie verabredet* ⋆ niet ~ de wet *nicht gesetzesgemäß*

volgnummer • (reeksnummer) *fortlaufende Nummer* [v] ⋆ van ~s voorzien *fortlaufend nummerieren* • (nummer dat je trekt) *Nummer* [v] ⋆ een ~ trekken *eine Nummer ziehen*

volgooien *voll gießen, voll schütten* ⋆ de tank ~ *voll tanken*

volgorde *Reihenfolge* [v] ⋆ op ~ *der Reihe nach*

volgroeid *ausgewachsen*

volgzaam *folgsam, fügsam*

volharden • (volhouden) *durchhalten* • (blijven bij) *beharren, festhalten* ⋆ in zijn standpunt ~ *auf seinem Standpunkt beharren*

volhardend *beharrlich, ausdauernd*

volharding *Ausdauer* [v], *Beharrlichkeit* [v]

volheid *Fülle* [v]

volhouden • (blijven beweren) *durchhalten* ⋆ een bewering ~ *eine Behauptung aufrechterhalten* ⋆ zij houdt vol, dat ... *sie beharrt darauf, dass ...* • (niet opgeven) *ausharren*

volière *Voliere* [v]

volk • (onderdanen) *Volk* [o] • (natie) *Volk* [o] ⋆ de volken van Afrika *die Völker Afrikas* • (lagere klassen) *Volk* [o] ⋆ een vrouw uit het volk *eine Frau aus dem Volke* • (menigte) *Volk* [o], *Leute* [mv], *Menschen* [mv] • (bezoekers) *Leute* [mv], ‹in een kroeg› *Gäste* [mv], ‹klanten› *Kunden* [mv] • (slag van mensen) *Volk* [o], *Leute* [mv] ⋆ raar volk *komische(n)/seltsame(n) Leute* ⋆ het jonge/kleine volk *das junge Volk* • (personeel) *Personal* [o]

Volkenbond *Völkerbund* [m]

volkenkunde *Völkerkunde* [v]

volkenmoord *Völkermord* [m]

volkenrecht *Völkerrecht* [o]

volkomen I [bnw] • (volmaakt) *vollkommen* • (volledig) *völlig, vollständig, vollkommen* **II** [bijw] *vollkommen, völlig* ⋆ ik ben het ~ met je eens *ich bin ganz deiner Meinung* ⋆ ~ gelukkig *wunschlos glücklich*

volkorenbrood *Vollkornbrot* [o]

volks *volkstümlich*

volksaard *Volkscharakter* [m]

volksboek *Volksbuch* [o]

volksbuurt *Arbeiterviertel* [o]

volksdans *Volkstanz* [m]

volksdansen *Volkstanz machen*

volksetymologie *Volksetymologie* [v]

volksfeest *Volksfest* [o]

volksfront *Volksfront* [v]

volksgeloof • (bijgeloof) *Aberglaube* [m] • (volksreligie) *nationale Religion* [v]

volksgezondheid *Volksgesundheit* [v]

volkshuisvesting *Wohnungswesen* [o] ⋆ ministerie van ~ en ruimtelijke ordening ≈ *Ministerium für Wohnungsbau und Raumordnung* [o]

volksjongen *Junge aus dem Volk* [m]

volkslied • (nationaal lied) *Nationalhymne* [v] • (overgeleverd lied) *Volkslied* [o]

volksmond *Volksmund* [m] ⋆ in de ~ *im Volksmund*

volksmuziek *Volksmusik* [v]

volkspartij *Volkspartei* [v]

volksrepubliek *Volksrepublik* [v]

volksstam • (volk) *Volksstamm* [m], *Völkerstamm* [m] • (menigte) ⋆ er trokken hele ~men naar het strand *die Leute fuhren in Massen an den Strand*

volksstemming *Volksabstimmung* [v], ‹pol.› *Volksentscheid* [m]

volkstaal • (landstaal) *Landessprache* [v] • (informele taal) *Volkssprache* [v], *Umgangssprache* [v]

volkstelling *Volkszählung* [v]

volkstoneel *Volksstück* [o], *Volkstheater* [o]

volkstuin *Schrebergarten* [m]

volksuniversiteit *Volkshochschule* [v]

volksverhuizing *Völkerwanderung* [v]

volksverlakkerij *Volksverdummung* [v]

volksvermaak *Volksbelustigung* [v]

volksvertegenwoordiger *Volksvertreter* [m]

volksvertegenwoordiging *Volksvertretung* [v]

volksverzekering *Einheitsversicherung* [v]

volksvrouw *Frau aus dem Volk* [v]

volkswijsheid *Volksweisheit* [v]

volledig *vollständig, völlig, vollkommen* ⋆ de stad was ~ verwoest *die Stadt war vollkommen zerstört* ⋆ de ~e werken van Schiller *Schillers sämtliche Werke* ⋆ de ~e tekst drukken *den vollständigen Text abdrucken* ⋆ ~ dagonderwijs *Ganztagsunterricht* [m] ⋆ ~e narcose *Vollnarkose* [v] ⋆ zij heeft een ~e baan *sie arbeitet ganztags*

volledigheidshalve *der Vollständigkeit halber*

volleerd *ausgelernt*

vollemaan *Vollmond* [m]

volleybal I [de] *Volleyball* [m] **II** [het] *Volleyball* [m]

volleyballen *Volleyball spielen*

vollopen *sich füllen*, ‹met vloeistof› *volllaufen* ⋆ de schouwburg liep langzaam vol *das Theater füllte sich allmählich* ⋆ het bad loopt vol *die Badewanne*

füllt sich/läuft voll
volmaakt *vollkommen* ⋆ het ~e geluk *das vollkommene Glück*
volmacht *Vollmacht* [v] ⋆ bij ~ *per prokura; in Vollmacht* ⋆ iem. een ~ geven *jmdm. eine Vollmacht ausstellen* ⋆ ~ om te onderhandelen *Ermächtigung zum Führen der Unterhandlungen* [v]
volmaken *vervollkommnen, vervollständigen, perfektionieren*
volmondig I [bnw] *offen* **II** [bijw] *offen, rundheraus* ⋆ iets ~ toegeven *etw. rundheraus/offen zugeben*
volop *vollauf* ⋆ zij heeft ~ werk *sie hat vollauf zu tun* ⋆ er was ~ eten en drinken *es gab jede Menge zu essen und zu trinken*
volproppen *voll stopfen*
volslagen *völlig, total* ⋆ ~ onzin *totale(r) Quatsch* [m] ⋆ een ~ idioot *ein Vollidiot* [m]
volslank *vollschlank*
volstaan • (voldoende zijn) *genügen, reichen* ⋆ dat volstaat voorlopig *das genügt fürs Erste* • (~ **met**) *genügen, sich beschränken auf* [4] ⋆ je kunt ermee ~ dit te lezen *es reicht, wenn du dieses liest*
volstoppen *voll stopfen*
volstrekt I [bnw] *absolut* ⋆ ~e meerderheid *absolute Mehrheit* [v] ⋆ onder ~e geheimhouding *unter absoluter Geheimhaltung* **II** [bijw] • (beslist) *absolut, unbedingt* • (helemaal) *absolut, durchaus*
volt *Volt* [o]
voltage *Spannung* [v]
voltallig *vollzählig* ⋆ een ~e vergadering *eine Vollversammlung*
voltigeren *voltigieren*
voltooien *vollenden*
voltooiing *Vollendung* [v]
voltreffer ‹ook fig.› *Volltreffer* [m]
voltrekken I [ov ww] *vollziehen, vollstrecken* ⋆ een vonnis ~ *ein Urteil vollziehen/vollstrecken* ⋆ een huwelijk ~ *eine Ehe vollziehen* **II** [wkd ww] *sich vollziehen*
voltrekking *Vollziehung* [v], *Vollzug* [m], ‹jur.› *Vollstreckung* [v]
voluit *ganz* ⋆ ~ schrijven *ausschreiben* ⋆ ~ zingen *aus voller Brust singen*
volume • (inhoud) *Volumen* [o] • (geluidssterkte) *Lautstärke* [v] • (hoeveelheid) *Menge* [v]
volumeknop *Lautstärkeregler* [m]
volumineus *umfangreich,* ↑ *voluminös*
voluptueus *wollüstig*
volvet *vollfett*
volvoeren *vollführen, vollbringen, vollziehen*
volwaardig *vollwertig* ⋆ ~ voedsel *Vollwertkost* [v]
volwassen *erwachsen,* ‹volgroeid› *ausgewachsen* ⋆ toegang slechts voor ~en *Zutritt nur für Erwachsene*
volwassene *Erwachsene(r)* [m] [v: *Erwachsene*]
volwasseneneducatie *Erwachsenenbildung* [v]
volzin *Satz* [m]
vondeling *Findelkind* [o] ⋆ een kind te ~ leggen *ein Kind aussetzen*
vondst • (het gevondene) *Fund* [m], *Fundsache* [v] • (het vinden) *Fund* [m] ⋆ een ~ doen *einen Fund machen* • (bedenksel) *Einfall* [m]
vonk *Funke* [m] ⋆ de vonk sloeg over *der Funke sprang über*
vonken *funken, Funken sprühen*
vonnis *Urteil* [o], *Urteilsspruch* [m] ⋆ een ~ vellen/voltrekken/aanvechten *ein Urteil fällen/vollstrecken/anfechten*
vonnissen *das Urteil sprechen über* [4], *verurteilen*
voodoo *Wodu* [m]
voogd *Vormund* [m] ⋆ toeziend ~ *Gegenvormund* [m]
voogdij *Vormundschaft* [v]
voogdijraad *Vormundschaftsgericht* [o]
voor I [de] *Furche* [v] **II** [het] *Für* [o] ⋆ het voor en tegen *das Für und Wider* **III** [bijw] • (voorafgaand aan) *vorweg* • (aan de voorkant van) *vorne* ⋆ van voor naar achter *von vorne nach hinten* • (met voorsprong) *vor* ⋆ de klok loopt voor *die Uhr geht vor* • (pro) *für* ⋆ voor zijn *dafür sein* **IV** [vz] • (aan de voorkant van) *vor* [3] ⋆ voor het huis *vor dem Haus* • (naar voren) *vor* [3/4] • (in tegenwoordigheid van) *vor* [3] • (jegens) *vor* [3], *für* [4] ⋆ achting hebben voor iem. *Achtung haben vor jmdm.* • (gedurende) *für* [4] ⋆ zij gaat voor een jaar weg *sie verreist für ein Jahr* • (in ruil voor) *für* [4] ⋆ voor 5 gulden *für 5 Gulden* • (wat ... betreft) *für* [4] ⋆ voor mijn part *von mir aus* ⋆ niet slecht voor een beginner *nicht schlecht für einen Anfänger* • (na) *nach* [3] ⋆ een voor een *eins nach dem anderen* • (eerder dan) *vor* [3] • (ten bate/behoeve van) *vor* [3], *für* [4] ⋆ ik deed het voor jou *ich tat es für dich* ⋆ een buiging maken voor iem. *sich vor jmdm. verbeugen* **V** [vw] *ehe, bevor*
vooraan *voran, vorn(e)* ⋆ zij ging ~ *sie ging an der Spitze* ⋆ ~ zitten *vorne sitzen*
vooraanstaand *prominent, hervorragend, bedeutend*
vooraanzicht *Vorderansicht* [v]
vooraf *im Voraus, vorab* ⋆ de pers werd ~ ingelicht *die Presse wurde vorab informiert* ▾ het ~je *die Vorspeise*
voorafgaan *vorangehen,* ‹eerder› *vorhergehen, vorausgehen* ⋆ het ~de *das Vorangehende* ⋆ zij werden voorafgegaan door paarden *Pferde gingen ihnen voran*
voorafje *Vorspeise* [v]
vooral • (voornamelijk) *vor allem, namentlich, hauptsächlich* ⋆ deze treinen rijden ~ overdag *diese Züge fahren vor allem tagsüber* • (in het bijzonder) *besonders, insbesondere* ⋆ doe dat ~ niet *mach das ja nicht* ⋆ ik wil er ~ op wijzen *ich möchte besonders darauf hinweisen*
vooralsnog *vorerst, zunächst, fürs Erste*
voorarrest *Untersuchungshaft* [v]
vooravond • (begin van de avond) *frühe(r) Abend* [m] ⋆ in de ~ *am frühen Abend* • (avond voor iets) *Vorabend* [m]
voorbaat ⋆ iets bij ~ al weten *etw. von vornherein schon wissen* ⋆ bij ~ dank *vielen Dank im Voraus*
voorbarig *voreilig, vorschnell*
voorbeeld • (iets ter navolging) *Vorbild* [o], *Beispiel* [o], *Vorlage* [v] ⋆ naar het ~ van *nach dem Vorbild von* ⋆ het goede ~ geven *mit gutem Beispiel vorangehen* ⋆ een ~ voor de jeugd *ein Leitbild für die Jugend* • (iets ter illustratie) *Beispiel* [o] ⋆ bij ~ *zum Beispiel* ⋆ met ~en toelichten *anhand von Beispielen erläutern* ⋆ iets dient als ~ *etw. dient als Beispiel*
voorbeeldig *vorbildlich, beispielhaft, mustergültig* ⋆ een ~e leerling *ein musterhafter Schüler* ⋆ haar gedrag is ~ *ihr Verhalten ist vorbildlich*
voorbehoedmiddel *Verhütungsmittel* [o]
voorbehoud *Vorbehalt* [m], *Einschränkung* [v] ⋆ een ~ maken *Einschränkungen machen* ⋆ onder ~ *ohne Gewähr* ⋆ zonder ~ *ohne Vorbehalt/Einschränkung*
voorbehouden *vorbehalten* ⋆ wijzigingen ~

V

Änderungen vorbehalten ⋆ ik behoud mij het recht voor *ich behalte mir das Recht vor*
voorbereiden *vorbereiten* ⋆ het ~de werk *die Vorarbeit* ⋆ iem. op slecht nieuws ~ *jmdn. auf schlechte Nachrichten vorbereiten* ⋆ op het ergste voorbereid zijn *auf das Schlimmste gefasst sein* ⋆ daar waren wij niet op voorbereid *darauf waren wir nicht vorbereitet*
voorbereiding *Vorbereitung* [v]
voorbeschikken *vorherbestimmen, prädestinieren*
voorbeschouwing ‹film, boek, opvoering› *Vorbesprechung* [v], ‹film, tv› *Vorschau* [v], ‹wetsontwerp› *Vorberatung* [v]
V
voorbespreking *Vorbesprechung* [v]
voorbestemmen *vorherbestimmen* ⋆ voorbestemd zijn tot grote daden *zu Großem ausersehen sein* ⋆ zij is voorbestemd om dokter te worden *sie hat die Prädestination zur Ärztin*
voorbij I [bnw] *vorbei* **II** [bijw] • (langs) *vorbei* • (verder dan) *vorbei, vorüber* **III** [vz] *vorbei an* [3] ⋆ ~ de kerk *an der Kirche vorbei*
voorbijgaan • (passeren) *vorbeigehen, vorübergehen* ⋆ in het ~ *im Vorbei-/Vorübergehen* ⋆ aan iem. ~ *an jmdm. vorbeigehen* • (verstrijken) *vorbeigehen, vorübergehen, vergehen* ⋆ de weken gingen voorbij *die Wochen vergingen* • (~ **aan**) *entgehen* ⋆ dat is geheel aan mij voorbijgegaan *das ist mir völlig entgangen*
voorbijgaand *vorübergehend, zeitweilig*
voorbijganger *Passant* [m]
voorbijpraten ⋆ zijn mond ~ *sich verplappern*
voorbijstreven *überholen, überflügeln* ⋆ zij is haar klasgenoten voorbijgestreefd *sie hat ihre Mitschüler überflügelt/überholt*
voorbode *Vorbote* [m]
voordat *ehe, bevor* ⋆ je krijgt geen zakgeld, ~ je kamer opgeruimd is *du kriegst kein Taschengeld, bis dein Zimmer aufgeräumt ist*
voordeel • (wat gunstig is) *Nutzen* [m] ⋆ ergens ~ bij hebben *Vorteil haben von/durch* ⋆ zij is in haar ~ veranderd *sie hat sich zu ihrem Vorteil verändert* ⋆ de voor- en de nadelen *das Pro und Kontra* ⋆ op zijn eigen ~ uit zijn *auf seinen eigenen Vorteil bedacht sein* ⋆ in het ~ van *zugunsten/zu Gunsten* [2] • (winst) *Vorteil* [m] • (sport) *Vorteil* [m]
voordeur *Haustür* [v]
voordeurdeler ≈ *zwei Mietparteien mit gemeinsamer Eingangstür* [mv]
voordien *früher*
voordoen I [ov ww] • (als voorbeeld doen) *vormachen* ⋆ zij deed de oefeningen voor *sie machte die Übungen vor* • (aandoen) *vorbinden* ⋆ een schort ~ *eine Schürze vorbinden* **II** [wkd ww] • (zich gedragen) *sich ausgeben* ⋆ zich goed voor weten te doen ≈ *einen günstigen Eindruck hinterlassen* ⋆ zich als een vriend ~ *sich für einen Freund ausgeben* • (plaatsvinden) *eintreten, auftreten* ⋆ wanneer de gelegenheid zich voordoet *bei der nächsten Gelegenheit*
voordracht • (het voordragen) *Vortrag* [m], ‹wijze› *Vortragsweise* [v] • (nominatie) *Empfehlung* [v], *Vorschlag* [m], ‹lijst van kandidaten› *Kandidatenliste* [v], *Vorschlagsliste* [v] ⋆ op ~ van de minister *auf Vorschlag des Ministers* • (lezing) *Vortrag* [m] ⋆ een ~ houden over *einen Vortrag halten über* [4]
voordragen • (ten gehore brengen) *vortragen* • (aanbevelen) *vorschlagen, empfehlen* • (toelichten) *vortragen, erläutern*
voordringen *sich vordrängen*
vooreerst *vorerst, einstweilen*
voorfilm *Vorfilm* [m]
voorgaan • (voorrang hebben) *vorgehen, Vorrang haben* ⋆ leden gaan voor *Mitglieder haben Vortritt* • (voorlopen) *vorgehen, vorangehen, vorausgehen* • (voor iem. gaan) *vorgehen* ⋆ iem. voor laten gaan *jmdm. den Vortritt lassen; jmdn. vorgehen lassen*
voorgaand *vorhergehend*
voorganger • (iem. die men opvolgt) *Vorgänger* [m] • (rel.) *Prediger* [m]
voorgeleiden *vorführen*
voorgenomen *beabsichtigt, geplant*
voorgerecht *Vorspeise* [v]
voorgeschiedenis *Vorgeschichte* [v]
voorgeschreven *vorgeschrieben, vorschriftsmäßig*
voorgeslacht *Vorfahren* [mv]
voorgevel • (gevel) *Fassade* [v] • (boezem) *Vorderfront* [v]
voorgeven *vorgeben, vorschützen*
voorgevoel *Ahnung* [v], *Vorgefühl* [o] ⋆ ergens een ~ van hebben *etw. ahnen*
voorgoed *endgültig, definitiv*
voorgrond *Vordergrund* [m] ⋆ op de ~ treden *in den Vordergrund treten/rücken* ⋆ op de ~ staan *im Vordergrund stehen* ⋆ zichzelf op de ~ plaatsen *sich in den Vordergrund spielen/rücken*
voorhamer *Vorschlaghammer* [m]
voorhand *Vorhand* [v], *Vorderhand* [v] ⋆ op ~ *im Voraus*
voorhanden *vorhanden*, ‹voorradig› *vorrätig*
voorhebben • (voor zich hebben) *vor sich haben* ⋆ u heeft de verkeerde voor u *Sie irren sich in der Person; Sie haben den Falschen vor sich* • (beogen) *vorhaben* ⋆ wat heb jij met me voor? *was hast du mit mir vor?* • (als voordeel hebben) *für sich haben, voraushaben* ⋆ veel op iem. ~ *jmdm. viel voraushaben* • (dragen) *vorgebunden haben* ⋆ een schort ~ *eine Schürze anhaben*
voorheen *vormals, einst, früher*
voorhistorisch • (prehistorisch) *vorgeschichtlich, prähistorisch* • (ouderwets) *vorsintflutlich*
voorhoede *Vorhut* [v], ‹sport› *Sturm* [m] ⋆ tot de ~ behoren *zu den Vorkämpfern gehören; den Vorreiter machen*
voorhoofd *Stirn* [v]
voorhoofdsholte *Stirnhöhle* [v]
voorhoofdsholteontsteking *Stirnhöhlenentzündung* [v]
voorhouden • (voor iem. houden) *vorhalten* • (wijzen op) *Vorhaltungen machen*
voorhuid *Vorhaut* [v]
voorin *vorn(e)*
vooringenomen *voreingenommen*, ‹jur.› *befangen*
voorjaar *Frühling* [m]
voorkamer *Vorderzimmer* [o]
voorkant *Vorderseite* [v]
voorkauwen *vorkauen*
voorkennis *Vorwissen* [o]
voorkeur *Vorzug* [m] ⋆ mijn ~ gaat uit naar *meine Präferenz hat*
voorkeursbehandeling *Sonderbehandlung* [v]
voorkeurspelling *bevorzugte Schreibweise* [v]
voorkeurstem *Wählerstimme, die nicht dem Spitzenkandidaten zugute kommt* [v]
voorkoken • (voorbereiden) *vorbereiten* ⋆ de antwoorden werden hem voorgekookt *die Antworten wurden ihm vorgekaut* • (vooraf koken) *vorkochen*
voorkómen *verhindern, zuvorkommen* [3], *vermeiden, verhüten, vorbeugen* [3] ⋆ om problemen te voorkomen *um Probleme zu*

vermeiden ▾ voorkomen is beter dan genezen *vorbeugen ist besser als heilen*
vóórkomen I [het] *Aussehen* [o], *Erscheinungsbild* [o] **II** [on ww] • (gebeuren) *vorkommen* • (te vinden zijn) *vorkommen* ⋆ rugklachten komen in zijn familie vaak voor *Rückenbeschwerden kommen in seiner Familie häufig vor* • (toeschijnen) *vorkommen* ⋆ het komt ons onwaarschijnlijk voor *es erscheint uns unwahrscheinlich; es kommt uns unwahrscheinlich vor* • (jur.) *vor Gericht erscheinen* ⋆ hij moet morgen voorkomen *er muss morgen vor Gericht erscheinen*
voorkomend *liebenswürdig, gefällig*
voorlangs *vor...entlang* [3]
voorleggen • (ter beoordeling geven) *vorlegen, darstellen* • (voor iem. leggen) *vorlegen*
voorleiden *vorführen*
voorletter *Initiale* [v], *Anfangsbuchstabe* [m]
voorlezen *vorlesen*
voorlichten *aufklären*
voorlichting *Aufklärung* [v]
voorlichtingsdienst *Informationsamt* [o], ‹van overheid› *Presseamt* [o]
voorliefde *Vorliebe* [v]
voorliegen *vorlügen*
voorliggen • (verder zijn) *einen Vorsprung haben, vorliegen, vorn(e) liegen* ⋆ hij ligt ver voor *er hat einen großen Vorsprung* • (aan de voorkant liggen) *an der Vorderseite liegen*
voorlijk *frühreif*
voorlopen • (voorop lopen) *vorausgehen, vorauslaufen* • (te snel gaan) *vorgehen*
voorloper *Vorläufer* [m]
voorlopig *vorläufig*
voormalig *ehemalig, einstig*
voorman • (ploegbaas) *Vorarbeiter* [m] • (leider) *Anführer* [m]
voormiddag *Vormittag* [m]
voorn *Weißfisch* [m]
voornaam I [de] *Vorname* [m] **II** [bnw] • (aanzienlijk) *vornehm* • (belangrijk) *wichtig*
voornaamwoord *Pronomen* [o]
voornamelijk *hauptsächlich*
voornemen I [het] *Vorhaben* [o], *Plan* [m] **II** [wkd ww] *sich vornehmen* [3], *beabsichtigen*
voornemens *beabsichtigen, vorhaben*
voornoemd *oben genannt, oben erwähnt*
vooronderstellen *voraussetzen, annehmen, unterstellen*
vooronderstelling • (vermoeden) *Annahme* [v], *Unterstellung* [v] • (voorwaarde) *Voraussetzung* [v]
vooronderzoek *Voruntersuchung* ⋆ gerechtelijk ~ *Ermittlungsverfahren* [o]
vooroordeel *Vorurteil* [o] ⋆ vooroordelen wegnemen *Vorurteile abbauen*
voorop *vorn*
vooropgezet *vorausgesetzt*
vooropleiding *Vorbildung* [v]
vooroplopen *vor(an)laufen, vor(an)gehen, tonangebend sein*
vooropstellen *voraussetzen* ⋆ vooropgesteld dat *vorausgesetzt, dass*
voorouder *Vorfahre* [m]
voorouders *Ahnen* [mv], *Vorfahren* [mv]
voorover *nach vorn* ⋆ ~ vallen *vornüberfallen*
voorpagina ‹boek› *Titelblatt* [o], ‹krant› *Titelseite* [v]
voorpaginanieuws *Schlagzeile* [v]
voorpoot *Vorderpfote* [v]
voorpret *Vorfreude* [v]
voorproef *Vorgeschmack* [m], *Kostprobe* [v]
voorprogramma *Vorprogramm* [o]
voorpublicatie *Vorveröffentlichung* [v]
voorraad *Vorrat* [m], ‹hand.› *Bestand* [m]
voorraadkast *Vorratsschrank* [m]
voorradig *vorhanden, vorrätig*
voorrang *Priorität* [v], *Vorrang* [m] ⋆ een auto ~ verlenen *einem Auto Vorfahrt geben*
voorrangsbord *Vorfahrtsschild* [o]
voorrangskruising *Vorfahrtskreuzung* [v]
voorrangsweg *Vorfahrtsstraße* [v]
voorrecht *Vorrecht* [o], *Privileg* [o]
voorrijden • (voorop rijden) *vorausfahren* • (voor de deur rijden) *vorfahren*
voorrijkosten *Anfahrtskosten* [mv]
voorronde *Vorrunde* [v], ‹sport› *Qualifikationsrunde* [v]
voorruit *Frontscheibe* [v]
voorschieten *vorstrecken*
voorschijn ▾ te ~ komen *zum Vorschein kommen; hervorkommen*
voorschoot *Schürze* [v]
voorschot *Vorschuss* [m] ⋆ iem. om een ~ vragen *jmdn. um Vorschuss bitten*
voorschotelen *vorsetzen, auftischen*
voorschrift • (regel) *Vorschrift* [v], *Bestimmung* [v] • (het voorschrijven) *Vorschreiben* [o], ‹med.› *Verordnung* [v]
voorschrijven ‹med.› *vorschreiben, verschreiben*
voorseizoen *Vorsaison* [v], *Nebensaison* [v]
voorsorteren *einordnen*
voorspel *Vorspiel* [o]
voorspelen *vorspielen*
voorspellen • (voorspelling doen) *voraussagen* ⋆ de toekomst ~ *die Zukunft prophezeien* ⋆ het weer ~ *das Wetter vorhersagen* • (beloven) *prophezeien, verheißen*
voorspelling *Vorhersage* [v], *Prophezeiung* [v] ⋆ haar ~en zijn uitgekomen *ihre Vorhersagen sind eingetroffen*
voorspiegelen *vortäuschen, vorspiegeln*
voorspoed *Glück* [o], ‹welvaart› *Wohlstand* [m] ⋆ in voor- en tegenspoed *in guten und in schlechten Zeiten; im Glück und Unglück*
voorspoedig • (gunstig) *erfolgreich* ⋆ alles verliep ~ *alles verlief nach Wunsch* ⋆ een ~e reis! *gute Reise!* [v] • (gelukkig) *glücklich* ⋆ een ~ leven *ein glückliches Leben*
voorspraak *Fürsprache* [v] ⋆ op ~ van zijn ouders *auf Fürsprache seiner Eltern*
voorsprong *Vorsprung* [m], *Führung* [v]
voorst *erst, vorderst, vorder*
voorstaan • (voorstander zijn) *vertreten, befürworten* • (voorsprong hebben) *führen* • (voor iets staan) *vorgefahren sein* ⋆ de taxi staat voor *das Taxi ist vorgefahren* • (heugen) *vor Augen stehen*
voorstad *Vorort* [m]
voorstander *Befürworter* [m], ‹actief› *Verfechter* [m]
voorstel *Vorschlag* [m], ‹ambtelijk› *Antrag* [m] ⋆ een ~ doen *einen Vorschlag machen;* ‹ambtelijk› *einen Antrag einreichen*
voorstellen I [ov ww] • (presenteren) *vorstellen, darstellen* ⋆ het erger ~ dan het is *es schlimmer darstellen, als es ist* • (betekenen) *bezeichnen* • (verbeelden) *darstellen, vorstellen* • (de rol spelen) *darstellen* ⋆ zij stellen Romeo en Julia voor *sie stellen Romeo und Julia dar* • (als plan opperen) *vorschlagen* ▾ stel je voor! *stell dir vor!; na so was!* **II** [wkd ww] • (zich indenken) *sich vorstellen* ⋆ hoe stel jij je dat voor? *wie stellst du dir das vor?* ⋆ u kunt zich ~ hoe blij we waren

V

Sie können sich denken/vorstellen, wie froh wir waren • (van plan zijn) *sich vorstellen*
voorstelling • (vertoning) *Vorstellung* [v], ‹theater/opera/musical› *Aufführung* [v] • (denkbeeld) *Vorstellung* [v] • (afbeelding) *Bild* [o], *Darstellung* [v]
voorstellingsvermogen *Vorstellungskraft* [v], *Vorstellungsvermögen* [o]
voorsteven *Vordersteven* [m]
voorstudie *Vorstudie* [v]
voorstuk *Vorderteil* [m]
voort *vorwärts*
voortaan *fortan, künftig, in Zukunft*
voortand *Vorderzahn* [m]
voortbestaan *Fortbestand* [m], ‹personen› *Weiterleben* [o]
voortbewegen I [ov ww] *fortbewegen, antreiben* **II** [wkd ww] *sich fortbewegen*
voortborduren *weitersticken* ⋆ op een gedachte ~ *einen Gedanken weiterspinnen*
voortbrengen • (doen ontstaan) *hervorbringen, erzeugen, verursachen,* ‹kinderen› *zeugen* • (opleveren) *produzieren*
voortbrengsel *Erzeugnis* [o], *Produkt* [o], ‹creatie› *Schöpfung* [v]
voortduren *andauern, fortdauern*
voortdurend *ständig, fortwährend, andauernd*
voorteken *Vorzeichen* [o], *Omen* [o], *Anzeichen* [o]
voortgaan • (verder gaan) *weitergehen* • (doorgaan) *fortfahren* ⋆ ga zo voort! *fahre fort wie bisher!;* ‹inf.› *mach(e) so weiter!*
voortgang • (voortzetting) *Weitergehen* [o] ⋆ ~ maken *etw. beschleunigen* • (vooruitgang) *Fortschritt* [m] • (vordering) *Fortgang* [m]
voortgezet *fortgesetzt* ⋆ ~ onderwijs *Fortbildung* [m]
voortijdig *vorzeitig*
voortjagen I [ov ww] • (opjagen) *aufscheuchen* **II** [on ww] • (rusteloos zijn) *dahinjagen, dahinrennen*
voortkomen • (voortvloeien) *sich ergeben, hervorgehen* • (afkomstig zijn) *stammen (aus)* [3], *abstammen (von)* [3] • (verder komen) *weiterkommen, fortkommen, vorwärts kommen* ⋆ maak dat je voortkomt! *scher dich weg!* • (ontstaan) *entstehen*
voortleven *weiterleben, fortleben*
voortmaken *sich beeilen*
voortouw ▾ het ~ nemen *die Initiative ergreifen*
voortplanten I [ov ww] • (verder verspreiden) *verbreiten* • (vermenigvuldigen) *fortpflanzen* **II** [wkd ww] *sich fortpflanzen, sich vermehren*
voortplanting *Fortpflanzung* [v]
voortreffelijk *ausgezeichnet, vorzüglich, vortrefflich, hervorragend*
voortrekken *vorziehen*
voortrekker *Pionier* [m], *Bahnbrecher* [m], *Wegbereiter* [m]
voorts *weiter(hin), ferner(hin)*
voortschrijden *fortschreiten*
voortslepen I [ov ww] *fortschleppen, weiterschleppen* **II** [wkd ww] *sich hinziehen, sich hinschleppen*
voortspruiten • (voortkomen) *hervorgehen* • (ontspruiten) *entsprießen*
voortstuwen *vorwärts treiben,* ‹aandrijven› *antreiben*
voortstuwing ‹aandrijving› *Antrieb* [m]
voortuin *Vorgarten* [m]
voortvarend *energisch*
voortvloeien *hervorgehen, sich ergeben* ⋆ dit vloeit voort uit dit gesprek *das ging aus diesem Gespräch hervor; das ergab sich aus diesem Gespräch*
voortvluchtig *flüchtig,* ‹deserteren› *fahnenflüchtig,* ‹doorrijden na een auto-ongeluk› *fahrerflüchtig,* ‹een land ontvluchten› *landesflüchtig*
voortwoekeren *weiterwuchern*
voortzetten *weiterführen, fortführen, fortsetzen* ⋆ zijn werk ~ *seine Arbeit fortsetzen*
voortzetting *Fortsetzung* [v], *Weiterführung* [v]
vooruit I [bijw] • (verder) *weiter, voran, voraus* ⋆ iem. ~ zijn *jmdm. voraus sein* ⋆ volle kracht ~ *volle Kraft voraus* • (van tevoren) *vorher, zuvor, im Voraus* **II** [tw] *los* ⋆ ~ maar! *nur los!; nur zu!*
vooruitbetalen *voraus(be)zahlen*
vooruitbetaling *Vorauszahlung* [v], *Vorauskasse* [v]
vooruitblik *Vorausblick* [m]
vooruitgaan • (voorop gaan) *vorangehen* • (voorwaarts gaan) *vorwärts gehen,* ‹voertuig/schip› *vorwärts fahren* • (vorderingen maken) *aufwärts gehen, Fortschritte machen* ⋆ het gaat vooruit *es geht aufwärts* ⋆ zij gaat met sprongen vooruit *sie macht Riesenfortschritte* • (van tevoren gaan) *vorausgehen,* ‹voertuig/schip› *voran-/vorausfahren*
vooruitgang *Fortschritt* [m]
vooruithelpen *weiterhelfen* [3], *vorwärts helfen*
vooruitkomen *vorwärts kommen, weiterkommen*
vooruitlopen • (voorop lopen) *vorausgehen, vorauslaufen* • (anticiperen) *vorwegnehmen* • (bij voorbaat handelen/reageren) *vorgreifen* ⋆ op de gebeurtenissen ~ *den Ereignissen vorgreifen*
vooruitsteken *vorstrecken, hervorstechen*
vooruitstrevend *progressiv, fortschrittlich*
vooruitzicht *Aussicht* [v], *Perspektive* [v] ⋆ in het ~ stellen *in Aussicht stellen*
vooruitzien *voraussehen*
vooruitziend *vorausschauend* ⋆ zij heeft een ~e blik *sie hat Weitblick*
voorvader *Vorfahre* [m]
voorval *Vorfall* [m], ‹van belang› *Ereignis* [o]
voorvallen *geschehen, sich ereignen, vorfallen*
voorvechter *Verfechter* [m], *Vorkämpfer* [m]
voorverkoop *Vorverkauf* [m]
voorverpakt *vorverpackt*
voorverwarmen *vorwärmen,* ‹oven› *vorheizen*
voorvoegsel *Vorsilbe* [v], *Präfix* [o]
voorvoelen *vorfühlen*
voorwaarde *Bedingung* [v] ⋆ ~n stellen *Bedingungen stellen* ⋆ op ~ dat ... *unter der Bedingung, dass ...*
voorwaardelijk • (onder bepaalde voorwaarde) *bedingt* ⋆ ~e veroordeling *Strafaussetzung zur Bewährung* [v] • (taalk.) *konditional* ⋆ ~e (bij)zin *Bedingungssatz* [m]; *Konditionalsatz* [m]
voorwaarts *vorwärts*
voorwas *Vorwäsche* [v]
voorwenden *vorgeben, vortäuschen, fingieren, simulieren*
voorwendsel *Vorwand* [m]
voorwereldlijk *vorweltlich, vorsintflutlich*
voorwerk • (voorafgaand werk) *Vorarbeit* [v] • (deel van boek) *Titel und Vorwort* [m]
voorwerp • (ding) *Gegenstand* [m], *Objekt* [o] ⋆ bureau van gevonden ~en *Fundbüro* [o] • (figuurlijk) *Gegenstand* [m], *Objekt* [o] ⋆ het ~ van zijn liefde *das Objekt seiner Liebe* • (taalk.) *Objekt* [o] ⋆ meewerkend ~ *Dativobjekt*
voorwetenschap *Vorwissen* [o]
voorwiel *Vorderrad* [o]
voorwielaandrijving *Vorderradantrieb* [m]
voorwoord *Vorwort* [o]

voorzeggen vorsagen
voorzet • (eerste zet in bord- of kaartspel) erste(r) Zug [m] • (sport) Flanke [v], Vorlage [v]
voorzetsel Präposition [v], Verhältniswort [o]
voorzetten I [ov ww] • (vooruit zetten) vorsetzen, vorstellen • (plaatsen voor) vorsetzen **II** [on ww] • (sport) flanken
voorzichtig vorsichtig ⋆ ~ zijn vorsichtig sein; ‹op zijn hoede zijn› sich vorsehen
voorzichtigheid Vorsicht [v] ▾ ~ is de moeder van de porseleinkast Vorsicht ist die Mutter der Porzellankiste
voorzichtigheidshalve vorsichtshalber
voorzien I [bnw] versehen (mit) [3], ausgestattet (mit) [3], versorgt (mit) [3] ⋆ van iedere luxe ~ mit jeglichem Luxus ausgestattet **II** [ov ww] • (zien aankomen) voraussehen • (~ **in**) vorsehen ⋆ in een behoefte ~ ein Bedürfnis befriedigen ⋆ in de vacature is ~ die Stelle ist vergeben ⋆ hierin voorziet het contract niet das ist im Vertrag nicht vorgesehen ⋆ daarin heeft de wet niet ~ das ist im Gesetz nicht vorgesehen ⋆ in het onderhoud ~ den Unterhalt bestreiten können • (~ **van**) versehen (mit) [3], versorgen (mit) [3], ausstatten (mit) [3] ⋆ iem. van iets ~ jmdn. mit etw. versehen/ versorgen ▾ het niet op iem. ~ hebben jmdn. nicht leiden können ▾ het op iem. ~ hebben es auf jmdn. abgesehen haben
voorzienigheid Vorsehung [v]
voorziening • (faciliteit) Versorgung [v] ⋆ sociale ~en soziale(n) Einrichtungen • (maatregel) Maßnahme [v] ⋆ ~en treffen Vorkehrungen treffen • (het voorzien) Vorkehrung [v]
voorzijde Vorderseite [v], ‹gebouw› Vorderfront [v]
voorzingen vorsingen
voorzitten • (een vergadering leiden) vorsitzen ⋆ de vergadering ~ die Versammlung leiten • (vooraan zitten) vorn sitzen
voorzitter Vorsitzende(r) [m] [v: Vorsitzende]
voorzitterschap Vorsitz [m]
voorzorg Vorsorge [v] ⋆ uit ~ vorsorglich; zur Vorsorge ⋆ ~en nemen Vorkehrungen treffen
voorzorgsmaatregel Vorsorge [v], Vorkehrung [v] ⋆ ~en nemen Vorkehrungen treffen
voos • (saploos) mürbe • (niet deugend) unmoralisch, verdorben
vorderen I [ov ww] • (eisen) fordern, verlangen, ‹in beslag nemen› beschlagnahmen **II** [on ww] • (vorderingen maken) vorwärts kommen, vorangehen, Fortschritte machen ⋆ het werk vordert die Arbeit geht voran ⋆ hoever ben je met het werk gevorderd? wie weit bist du mit der Arbeit vorangekommen?
vordering • (vooruitgang) Fortschritt [m] ⋆ maakt hij ~en? macht er Fortschritte? • (eis) Forderung [v], ‹jur.› Klage [v] ⋆ een ~ indienen eine Forderung anmelden • (het (op)eisen) Forderung [v]
voren • (eerder) vorn(e) ⋆ van ~ af (aan) von Anfang an ⋆ van ~ (von) vorn(e) • (aan de voorkant) vorn(e), vor ⋆ iets naar ~ brengen etw. zur Sprache bringen
vorig • (direct voorafgaand) letzt • (vroeger) vorig, früher
vork Gabel [v] ▾ weten hoe de vork in de steel zit wissen, wie der Hase läuft
vorkheftruck Gabelstapler [m]
vorm Form [v] ⋆ iets vorm geven etw. gestalten
vormelijk förmlich, formell
vormen • (vorm geven) formen, bilden ⋆ een beeld uit klei ~ aus Ton eine Plastik formen ⋆ een kring ~ einen Kreis bilden • (doen ontstaan) bilden • (zijn) bilden • (opvoeden) bilden, ‹door scholing› ausbilden
vormgeving Formgebung [v], Gestaltung [v]
vorming • (geestelijke ontwikkeling) Bildung [v] • (het vormen) Ausbildung [v]
vormingscentrum ≈ Fortbildungszentrum [o]
vormingswerk ≈ Fortbildung [v]
vormingswerker jmd., der in der Bildungsarbeit tätig ist
vormleer Formenlehre [v]
vormloos formlos
vormsel ⋆ het Vormsel die Firmung
vorsen forschen ⋆ naar iets ~ nach etw. forschen
vorst • (monarch) Fürst [m] • (het vriezen) Frost [m] • (nok van een dak) First [m]
vorstelijk fürstlich
vorstendom Fürstentum [o]
vorstenhuis Fürstenhaus [o]
vorstgrens Frostgrenze [v]
vorstperiode Frostperiode [v]
vorstverlet Arbeitsausfall durch Frostwetter [m]
vorstvrij frostfrei
vos Fuchs [m] ▾ een vos verliest wel zijn haren maar niet zijn streken der Fuchs ändert wohl den Balg, behält aber den Schalk
vossenjacht Fuchsjagd [v]
voucher Voucher [m/o], Gutschein [m]
vouw Falte [v], ‹broek› Bügelfalte [v], ‹papier› Knick [m]
vouwblad Faltblatt [o]
vouwboot Faltboot [o]
vouwcaravan Klappanhänger [m], Faltwohnwagen [m]
vouwdeur Falttür [v]
vouwen falten, falzen
vouwfiets zusammenklappbare(s) Fahrrad [o], Klapprad [o]
voyeur Voyeur [m], ‹inf.› Spanner [m]
vozen bumsen
vraag • (taaluiting) Frage [v] • (kooplust) Nachfrage [v] ⋆ er is veel ~ naar dit artikel dieser Artikel ist sehr gefragt • (vraagstuk) Problem [o], Frage [v] ⋆ dat is nog maar de ~ das ist noch die Frage; das ist noch fraglich
vraagbaak • (persoon) Ratgeber [m], ‹gids› Führer [m] • (boek) Nachschlagewerk [o]
vraaggesprek Interview [o]
vraagprijs Angebotspreis [m]
vraagstelling Fragestellung [v]
vraagstuk • (probleem) Problem [o], Frage [v] • (opgave) Aufgabe [v]
vraagteken Fragezeichen [o]
vraatzucht Gefräßigkeit [v], ‹inf.› Fressgier [v]
vraatzuchtig gefräßig, ‹pej.› verfressen
vracht • (lading) Ladung [v], Fracht [v], ‹wagen/ kar› Fuhre [v] • (grote massa) Ladung [v] • (vervoerloon) Fracht [v]
vrachtauto Lastkraftwagen [m], Lastwagen [m]
vrachtbrief Frachtbrief [m], ‹binnenscheepvaart› Ladeschein [m]
vrachtgoed Frachtgut [o]
vrachtprijs Frachtpreis [m]
vrachtrijder Frachtführer [m]
vrachtruimte Laderaum [m], Frachtraum [m]
vrachtschip Frachter [m], Frachtschiff [o], ‹binnenschip› Lastschiff [o], Fracht-/Lastkahn
vrachtvaart Frachtschifffahrt [v]
vrachtverkeer • (verkeer) Frachtverkehr [m] • (vervoer) Güterverkehr [m]
vrachtvervoer Fracht-/Güterbeförderung [v], Fracht-/Gütertransport [m]
vrachtwagen Last(kraft)wagen [m], Lastauto [o]

vragen I [ov ww] • (vraag stellen) *fragen*, ‹jur.› *befragen* ⋆ iem. de weg ~ *jmdn. nach dem Weg fragen* ⋆ daar vraag je me wat! *da bin ich überfragt!; da fragst du mich zu viel* • (verzoeken) *bitten* ⋆ mij werd gevraagd ook te komen *ich wurde gebeten, auch zu kommen* • (verlangen) *fordern, verlangen* ⋆ het onmogelijke van iem. ~ *von jmdm. Unmögliches verlangen* ⋆ secretaris gevraagd *Sekretär gesucht* ⋆ dit artikel wordt veel gevraagd *diese Ware ist gefragt/wird häufig verlangt* • (uitnodigen) *bitten, einladen, auffordern* ⋆ iem. ten dans ~ *jmdn. zum Tanz auffordern* ⋆ iem. op een feestje ~ *jmdn. zu einer Fete einladen* • (in kaartspel) *ausspielen* ⋆ ik vraag schoppen *du musst Pik bedienen* **II** [on ww] • (~ **naar**) *fragen (nach), sich erkundigen (nach)* ⋆ naar iem. ~ *sich nach jmdm. erkundigen* • (~ **om**) ⋆ om de hand van iem. ~ *um jmds. Hand anhalten*

V

vragenlijst *Fragebogen* [m]
vragenuurtje *Fragestunde* [v]
vrede *Frieden* [m] ⋆ zij ruste in ~ *sie ruhe in Frieden* ⋆ ~ met iets hebben *sich mit etw. zufrieden geben/abgefunden haben* ▾ ter wille van de lieve ~ *um des lieben Friedens willen*
vredelievend *friedliebend, friedfertig*
vredesbeweging *Friedensbewegung* [v]
vredesnaam ▾ in ~ *um Himmels willen!; in Gottes Namen!*
vredespijp *Friedenspfeife* [v]
vredestichter *Friedensstifter* [m]
vredestijd *Friedenszeit* [v] ⋆ in ~ *in Friedenszeiten*
vredesverdrag *Friedensvertrag* [m]
vredig *friedlich*
vreedzaam • (vredelievend) *friedsam, friedfertig* ⋆ een vreedzame aanblik *ein friedlicher Anblick* • (rustig) *friedlich*
vreemd • (ongewoon) *sonderbar, eigenartig, merkwürdig, seltsam* ⋆ ~ genoeg vond zij het wel leuk *eigenartigerweise gefiel es ihr ganz gut* ⋆ ~ opkijken *verwundert aufblicken* • (uitheems) *fremd, ausländisch* ⋆ een ~e taal *eine Fremdsprache* ⋆ ~e valuta *ausländische(s) Geld* ⋆ ~ woord *Fremdwort* [o] • (niet bekend) *fremd* ⋆ ik ben hier ~ *ich bin hier fremd*
vreemde I [de] *Fremde(r)* [m] **II** [het] ⋆ in den ~ *in der Fremde*
vreemdeling *Fremde(r)* [m]
vreemdelingendienst *Ausländerbehörde* [v]
vreemdelingenlegioen *Fremdenlegion* [v]
vreemdelingenpolitie *Ausländerpolizei* [v], *Fremdenpolizei* [v]
vreemdelingenverkeer *Fremdenverkehr* [m] ⋆ bureau voor ~ *Fremdenverkehrsamt* [o]
vreemd gaan *fremdgehen*
vreemdsoortig *fremdartig, seltsam,* ‹ongewoon› *sonderbar*
vrees *Furcht* [v], *Angst* [v], *Befürchtung* [v] ⋆ uit ~ voor *aus Angst/Furcht vor* [3]
vreesachtig *furchtsam, ängstlich*
vreetzak *Fresssack* [m], *Vielfraß* [m]
vrek *Geizhals* [m]
vrekkig *geizig,* ‹inf.› *knauserig*
vreselijk *schrecklich, furchtbar*
vreten I [het] *Fressen* [o], *Fraß* [m] **II** [ov ww] *fressen* **III** [on ww] • (knagen) *fressen*
vreugde *Freude* [v] ⋆ ~ beleven aan iets *an etw. Freude haben*
vreugdeloos *freudlos*
vrezen I [ov ww] • (bang zijn voor) *fürchten* ⋆ het ergste ~ *das Schlimmste befürchten* ⋆ ik heb niets te ~ *ich habe nichts zu befürchten* ⋆ ik vrees dat ... *ich fürchte, dass ...* **II** [on ww] • (~ **voor**) *fürchten um* ⋆ zij vreesde voor haar leven *sie fürchtete um ihr Leben*
vriend *Freund* [m] ⋆ even goede ~en! *nichts für ungut!* ⋆ hoor eens, ~! *hör mal, Freundchen!* ⋆ je moet haar te ~ houden *du musst dir ihre Freundschaft erhalten*
vriendelijk *freundlich*
vriendelijkheid *Freundlichkeit* [v]
vriendendienst *Freundschaftsdienst* [m], *Freundesdienst* [m] ⋆ iem. een ~ bewijzen *jmdm. einen Freundschaftsdienst erweisen*
vriendenkring *Freundeskreis* [m]
vriendenprijsje *Freundschaftspreis* [m]
vriendin *Freundin* [v]
vriendjespolitiek *Vetternwirtschaft* [v]
vriendschap *Freundschaft* [v]
vriendschappelijk *freundschaftlich* ⋆ ~e wedstrijd *Freundschaftsspiel* [o]
vriesdrogen *gefriertrocknen*
vrieskist *Gefriertruhe* [v], *(Tief)kühltruhe* [v]
vrieskou *frostkalte(s) Wetter* [v]
vriespunt *Gefrierpunkt* [m]
vriesvak *Gefrierfach* [o]
vriesweer *Frostwetter* [o]
vriezen I [on ww] *gefrieren* **II** [onp ww] *frieren* ▾ het vriest dat het kraakt *es friert Stein und Bein* ▾ het kan ~ of dooien *es kann gut oder schlecht ausgehen*
vrij I [bnw] *frei* ⋆ vrije trap *Freistoß* [m] ⋆ dat staat u vrij *das bleibt ihnen unverwehrt* **II** [bijw] *ziemlich* ⋆ vrij lange tijd *ziemlich lange; längere Zeit* ⋆ een vrij oude dame *eine ältere Dame*
vrijaf ⋆ ~ hebben *frei haben*
vrijage *Liebschaft* [v] ⋆ een korte ~ *eine flüchtige Liebschaft; ein kurzes Liebesverhältnis*
vrijblijvend *freibleibend*
vrijbrief *Freibrief* [m]
vrijbuiter *Freibeuter* [m]
vrijdag *Freitag* [m] ▾ Goede Vrijdag *Karfreitag*
vrijdags *am Freitag*
vrijdenker *Freidenker* [m]
vrijelijk *frei*
vrijen • (geslachtsgemeenschap hebben) *miteinander schlafen* • (liefkozen) *schmusen* ⋆ zij zaten met elkaar te ~ *sie schmusten miteinander* • (verkering hebben) *miteinander gehen, ein (festes) Verhältnis haben*
vrijer *Freund* [m], *Liebhaber* [m]
vrijerij *Liebelei* [v]
vrijetijdsbesteding *Freizeitgestaltung* [v], *Freizeitbeschäftigung* [v]
vrijetijdskleding *Freizeitkleidung* [v]
vrijgeleide • (escorte) *Geleitschutz* [m] • (vrije doorgang) *freie(s)/sichere(s) Geleit* [o]
vrijgeven I [ov ww] • (niet meer blokkeren) *freigeben* **II** [on ww] • (vrijaf geven) *freigeben*
vrijgevig *großzügig, freigebig*
vrijgevochten *unkonventionell*
vrijgezel *Junggeselle* [m] ⋆ ~ zijn *ledig sein*
vrijhandel *Freihandel* [m]
vrijhandelszone *Freihandelszone* [v]
vrijhaven *Freihafen* [m]
vrijheid *Freiheit* [v] ⋆ zich vrijheden veroorloven *sich Rechte herausnehmen* ⋆ ~ van godsdienst *Religionsfreiheit* ▾ ~, blijheid *jeder soll nach seiner Fasson selig werden*
vrijheidlievend *freiheitsliebend*
vrijheidsberoving *Freiheitsberaubung* [v]
vrijheidsstrijder *Freiheitskämpfer* [m]
vrijhouden *freihalten*
vrijkaart *Freikarte* [v]

vrijkomen • (beschikbaar komen) *freikommen* • (vrijgelaten worden) *freigelassen werden* • (zich afscheiden) *frei werden* ⋆ met de schrik ~ *mit dem Schrecken davonkommen*
vrijlaten • (onbezet laten) *freihalten* • (de vrijheid geven) *freilassen* • (niet verplichten) *freie Hand lassen* ⋆ iem. ~ in een keuze *jmdm. die freie Wahl lassen*
vrijmaken *freisetzen, befreien,* ‹inf.› *freimachen* ⋆ zich ~ *sich freimachen*
vrijmetselaar *Freimaurer* [m]
vrijmetselarij *Freimaurerei* [v]
vrijmoedig *freimütig*
vrijpartij *Knutscherei* [v], ‹inf.› *Schäferstunde* [v]
vrijpleiten *freisprechen*
vrijpostig *frech, unverfroren, unverschämt, dreist*
vrijspraak *Freispruch* [m]
vrijspreken *freisprechen*
vrijstaan • (geoorloofd zijn) *freistehen* • (los staan) *für sich (allein) stehen, frei stehen*
vrijstaand *für sich stehend, frei stehend* ⋆ een ~ huis *ein Einfamilien-/Einzelhaus* [o]
vrijstaat *Freistaat* [m]
vrijstellen *befreien,* ‹van werk, militaire dienst› *freistellen* ⋆ vrijgesteld van belasting *ohne Steuerpflicht*
vrijstelling *Freistellung* [v], *Befreiung* [v] ⋆ ~ van militaire dienst *Freistellung vom Wehrdienst*
vrijuit *offen, freiheraus* ⋆ ~ praten *offen/freiheraus sprechen* ▾ hij gaat ~ *er ist ungestraft/ohne Strafe davongekommen*
vrijwaren *schützen, behüten, bewahren,* ‹form.› *feien* ⋆ gevrijwaard tegen *geschützt gegen;* ‹form.› *gefeit gegen*
vrijwel *nahezu, ungefähr, fast*
vrijwillig *freiwillig*
vrijwilliger *Freiwillige(r)* [m]
vrijwilligerswerk *ehrenamtliche Arbeit* [v]
vrijzinnig *freiheitlich gesinnt, liberal*
vroedvrouw *Hebamme* [v]
vroeg I [bnw] • (aan het begin) *früh* ⋆ in de ~e morgen *am frühen Morgen* ⋆ de ~e Middeleeuwen *das frühe Mittelalter* ⋆ ~ in de morgen *früh am Morgen* • (eerder dan verwacht) *früh, zeitig* ⋆ ~e kersen *frühe(n) Kirschen* ⋆ een ~e Pasen *frühe Ostern* **II** [bijw] *früh* ⋆ ~ of laat *früher oder später* ⋆ ~ gaan slapen *früh schlafen gehen*
vroeger I [bnw] *früher* **II** [bijw] *früher*
vroegertje ⋆ gisteren had ik een ~ *gestern war ich früh fertig*
vroegrijp *frühreif*
vroegte *Frühe* [v] ⋆ in alle ~ *in aller Frühe*
vroegtijdig *frühzeitig*
vrolijk • (blij) *froh, fröhlich* • (vermakelijk) *fröhlich, lustig* ⋆ een ~e boel *ein lustiges Treiben* • (aangenaam stemmend) *fröhlich, heiter* • (druk) *lebendig, munter* ⋆ een ~e drukte *ein lebhafter Betrieb* [m]
vrolijkheid *Fröhlichkeit* [v], *Lustigkeit* [v], *Heiterkeit* [v]
vroom *fromm*
vrouw • (vrouwelijk persoon) *Frau* [v], *Dame* [v] ⋆ de ~ des huizes *die Hausherrin; die Dame des Hauses* • (echtgenote) *Frau* [v], *Ehefrau* [v] ⋆ hoe gaat het met uw ~? *wie geht es Ihrer Frau?* • (speelkaart) *Dame* [v]
vrouwelijk *weiblich*
vrouwenarts *Frauenarzt* [m]
vrouwenbeweging *Frauenbewegung* [v]
vrouwenblad *Frauenblatt* [o]
vrouwenemancipatie *Frauenemanzipation* [v]
vrouwenkiesrecht *Frauenstimmrecht* [o], *Frauenwahlrecht* [o]
vrouwspersoon *Frauenzimmer* [o], *Weibsbild* [o]
vrouwtje • (kleine vrouw) *Frauchen* [o] • (vrouwelijk dier) *Weibchen* [o] • (bazin) *Frauchen* [o]
vrouwvriendelijk *frauenfreundlich*
vrucht *Frucht* [v]
vruchtafdrijving *Abtreibung* [v], *Abort* [m]
vruchtbaar *fruchtbar*
vruchtbaarheid *Fruchtbarkeit* [v]
vruchtbeginsel *Fruchtknoten* [m]
vruchtboom *Obstbaum* [m]
vruchtdragend *fruchttragend, fruchtbringend,* ‹fig.› *fruchtbar*
vruchteloos *fruchtlos, vergeblich*
vruchtensalade *Obstsalat* [m]
vruchtensap *Obst-/Fruchtsaft* [m]
vruchtenwijn *Obst-/Fruchtwein* [m]
vruchtgebruik *Nießbrauch* [m]
vruchtvlees *Fruchtfleisch* [o]
vruchtwater *Fruchtwasser* [o]
vruchtwaterpunctie *Fruchtwasserpunktion* [v]
VS *USA* [v], ‹inf.› *Staaten* [mv]
V-snaar *Keilriemen* [m]
V-teken *V-Zeichen* [o]
vuil I [het] • (viezigheid) *Schmutz* [m], *Dreck* [m] • (afval) *Abfall* [m], *Müll* [m] **II** [bnw] • (niet schoon) *schmutzig, dreckig* ⋆ witte kleren worden gauw vuil *weiße Kleider werden leicht schmutzig* • (gemeen) *gemein, niederträchtig* ⋆ vuile leugenaar dat je bent! *du bist ein gemeiner Lügner!* • (vulgair) *schmutzig* ⋆ een vuile mop *ein dreckiger Witz* • (oneerlijk) *faul, gemein, schmutzig* ⋆ een vuil zaakje *eine schmutzige Sache; eine faule Geschichte;* ‹hand.› *ein schmutziges Geschäft* ⋆ een vuile streek *ein gemeiner Streich* • (nijdig) *giftig, schief* ⋆ hij keek haar vuil aan *er sah sie giftig an* ▾ het vuile werk opknappen *die Dreck(s)arbeit machen*
vuilak • (gemenerik) *Dreckskerl* [m], *Sau-/Schweinehund* [m] • (viezerik) *Ferkel* [o]
vuiligheid • (gemeenheid) *Schweinerei* [v] • (vuil) *Schmutz* [m], *Dreck* [m]
vuilnis *Müll* [m]
vuilnisbak *Mülleimer* [m]
vuilnisbakkenras *Promenadenmischung* [v]
vuilnisbelt *Müllhalde/-kippe* [v], *Müllabladeplatz* [m], ‹administratie› *Mülldeponie* [v]
vuilnisman *Müllmann* [m]
vuilniswagen *Müllwagen* [m]
vuilniszak *Müllbeutel* [m], ‹groter en steviger› *Mülltüte*
vuiltje *Stäubchen* [o] ▾ er is geen ~ aan de lucht *alles ist in Ordnung*
vuilverbranding *Müllverbrennung* [v]
vuist *Faust* [v] ▾ in zijn ~je lachen *sich ins Fäustchen lachen* ▾ voor de ~ weg spreken *aus dem Stegreif sprechen* ▾ uit het ~je eten *aus der Hand essen*
vuistregel *Faustregel* [v]
vuistslag *Faustschlag* [m]
vulgair *vulgär*
vulkaan *Vulkan* [m]
vulkanisch *vulkanisch,* ‹fig.› *explosiv*
vullen ‹gerechten, tanden e.d.› *füllen,* ‹in flessen› *abfüllen,* ‹kussen, pop› *ausstopfen,* ‹leemte/tijd/open ruimte/vlak› *ausfüllen* ⋆ dit eten vult niet *dieses Essen sättigt nicht*
vulling • (vulling in kies) *Füllung* [v] • (vulsel) *Polster* [o] • (penpatroon) *Patrone* [v], ‹van ballpoint, potlood› *Mine* [v]

vulpen *Füllfederhalter* [m], ‹inf.› *Füller* [m]
vulpotlood *Dreh-/Druckbleistift* [m]
vulsel *Füllung* [v], ‹van worst, vlees› *Füllsel* [o]
vulva *Vulva* [v]
vunzig • (muf) *moderig* • (smerig) *dreckig, schmutzig* • (schunnig) *dreckig, schweinisch, säuisch*
vuren I [bnw] *aus Fichtenholz, Fichten-* **II** [on ww] *feuern, schießen*
vurenhout *Fichtenholz* [o]
vurig • (hartstochtelijk) *feurig,* ‹gebed, hoop, verlangen› *inbrünstig,* ‹geloof› *fanatisch,* ‹liefde, verlangen, wens etc.› *heiß,* ‹minnaar› *leidenschaftlich* • (gloeiend) *feurig* • (fonkelend) *feurig*

V

VUT *Vorruhestand* [m] ⋆ met de VUT gaan *in den Vorruhestand gehen/treten* ⋆ vut-regeling *Vorruhestandsregelung* [v]
vuur • (brand) *Feuer* [o] ⋆ een zee van vuur *ein Flammenmeer* [o] • (geestdrift) *Eifer* [m] ⋆ in het vuur van het spel *im Feuer des Spiels* • (het schieten) ⋆ het vuur openen *das Feuer eröffnen* ▾ voor iem. door het vuur gaan *für jmdn. durchs Feuer gehen* ▾ met vuur spelen *mit dem Feuer spielen* ▾ haar ogen schoten vuur *ihre Augen sprühten Feuer* ▾ iem. het vuur na aan de schenen leggen *jmdm. die Hölle heiß machen* ▾ iets/iemand met vuur verdedigen *etw./jmdn. mit Feuereifer verteidigen* ▾ in het vuur van de strijd *im Eifer des Gefechts*
vuurbol *Feuerball* [m], ‹meteoor› *Feuerkugel* [v]
vuurdoop *Feuertaufe* [v]
vuurdoorn *Feuerdorn* [m]
vuurgevecht *Feuergefecht* [o]
vuurhaard *Brandherd* [m], *Feuerherd* [m]
vuurlinie *Feuerlinie* [v]
vuurmond • (kanon) *Geschütz* [o] • (voorste deel van vuurwapen) *Mündung* [v]
vuurpeloton *Exekutionskommando* [o]
vuurpijl *(Leucht)rakete* [v]
vuurproef *Feuerprobe* [v]
vuurrood *feuerrot*
vuurspuwend *Feuer speiend*
vuursteen *Feuerstein* [m]
vuurtje *kleine(s) Feuer* [o] ⋆ heb je een ~ voor mij? *hast du mal Feuer für mich?* ▾ als een lopend ~ *wie ein Lauffeuer*
vuurtoren • (iem. met rood haar) *Rotschopf* [m] • (lichtbaken) *Leuchtturm* [m]
vuurvast *feuerfest*
vuurvreter *Feuerfresser* [m]
vuurwapen *Feuerwaffe* [v]
vuurwerk *Feuerwerk* [o]
vuurzee *Flammen-/Feuermeer* [o]
VVV *(Fremden)verkehrsamt* [o], *(Fremden)verkehrsverein* [m]
vwo ≈ ‹BRD› *Gymnasialschule* [v], *Schule für vorwissenschaftlichen Unterricht* [v]

W

w *W* [o]
WA *Haftpflicht* [v] ⋆ WA verzekerd *haftpflichtversichert*
waadvogel *Watvogel* [m]
waag *Stadtwaage* [v]
waaghals *Draufgänger* [m], *waghalsige(r) Mensch* [m]
waagschaal *Waagschale* [v] ▾ het leven in de ~ stellen *das Leben aufs Spiel setzen*
waagstuk *Wagnis* [o], *Wagestück* [o]
waaien I [on ww] *wehen* ▾ alles maar laten ~ *sich um nichts kümmern* **II** [onp ww] *wehen*
waaier *Fächer* [m]
waak *Wache* [v]
waakhond *Wachhund* [m]
waaks *wachsam*
waakvlam *Zündflamme* [v]
waakzaam *wachsam*
waakzaamheid *Aufmerksamkeit* [v], *Wachsamkeit* [v]
Waal *Wallone* [m]
Waals *wallonisch*
waan *Wahn* [m] ⋆ iem. in de waan laten *jmdn. in dem Wahn/Glauben lassen*
waandenkbeeld *Wahnidee* [v]
waanidee *Wahnidee* [v]
waanvoorstelling *Wahnvorstellung* [v]
waanzin *Irrsinn* [m], *Wahnsinn* [m]
waanzinnig *wahnsinnig, irrsinnig, verrückt*
waar I [de] *Ware* [v] **II** [bnw] • (waarheidsgetrouw) *richtig* ⋆ de ware grootte *die natürliche Größe* • (echt) *wahr* ⋆ zo waar ik hier sta *so wahr ich hier stehe* **III** [bijw] • (betrekkelijk) *wo* • (vragend) *wo* ⋆ waar gaat hij zitten? *wohin setzt er sich?* ⋆ waar denk je aan? *woran/an was denkst du?*
waaraan • (vragend) *woran, an was* ⋆ ~ heeft hij dat te danken? *welchem Umstande hat er das zu verdanken?* • (betrekkelijk) *woran* ⋆ de gevaren ~ hij zich blootstelt *die Gefahren, denen er sich aussetzt*
waarachter *hinter wem, hinter was*
waarachtig I [bnw] • (waar) *wahrhaftig* • (oprecht) *wahrhaft, aufrichtig* **II** [bijw] *wahrhaft, wahrhaftig, wirklich* ⋆ het is ~ waar *es ist wirklich wahr*
waarbij • (vragend) *wobei* • (betrekkelijk) *wozu, bei* [3], *zu* [3], *wobei* ⋆ de partij ~ hij zich heeft aangesloten *die Partei, der er sich angeschlossen hat*
waarborg *Gewähr* [v], *Garantie* [v], ‹jur.› *Bürgschaft* [v]
waarborgen *bürgen, garantieren, verbürgen, gewährleisten*
waarborgfonds *Garantiefonds* [m]
waarborgsom *Kautionssumme* [v], *Haftsumme* [v], ‹m.b.t. borgtocht› *Bürgschaft* [v]
waard I [de] *Wirt* [m] ▾ buiten de ~ rekenen *die Rechnung ohne den Wirt machen* ▾ zoals de ~ is, vertrouwt hij zijn gasten *wie der Wirt, so die Gäste* **II** [bnw] • (waardig) *wert* ⋆ ~e heer *geehrter Herr* • (dierbaar) *verehrt, lieb* ⋆ ~e vriend *lieber Freund* • (genoemde waarde hebbend) *wert* ⋆ 't is de moeite niet ~ *es ist nicht der Mühe wert*
waarde *Wert* [m] ⋆ ~ aan iets hechten *auf etw. Wert legen* ⋆ in ~ stijgen/verminderen *im Wert steigen/an Wert verlieren* ⋆ van geen ~ zijn *keinen Wert haben; ohne Wert/wertlos sein*
waardebon *Gutschein* [m]

waardeloos • (zonder waarde) *unnütz, wertlos* ⋆ waardeloze spullen/troep *unnütze(s) Zeug* [o] • (slecht) ⋆ dit is ~! *so ein Mist!*
waardeoordeel *Werturteil* [o]
waardepapier *Wertpapier* [o]
waarderen • (waarde bepalen) *bewerten, schätzen, taxieren* • (op prijs stellen) *schätzen, anerkennen, würdigen*
waardering • (waardebepaling) *Bewertung* [v] • (erkenning) *Anerkennung* [v], *Achtung* [v]
waardevast *wertbeständig*
waardevermindering *Wertminderung* [v], ‹devaluatie› *Abwertung* [v] ⋆ ~ van het geld *Geldentwertung* [v]
waardevol *wertvoll*
waardig *würdig* ⋆ ~ sterven *würdevoll sterben*
waardigheid • (eigenwaarde) *Würde* [v] ⋆ het beneden zijn ~ achten *es für unter seiner Würde erachten* • (chem.) *Valenz* [v], *Wertigkeit* [v]
waardin *(Gast)wirtin* [v]
waardoor • (vragend) *wodurch* • (betrekkelijk) *durch* [4], *wodurch*
waarheen *wohin*
waarheid *Wahrheit* [v] ⋆ de ~ te kort doen *der Wahrheit zu nahe treten* ▾ een ~ als een koe *eine Binsenweisheit*
waarheidsgetrouw *wahrheitsgetreu, wahrheitsgemäß*
waarin • (vragend) ‹beweging› *wohinein*, ‹statisch› *worin* • (betrekkelijk) *in* [3,4]
waarlangs • (vragend) *wo entlang*, ‹voorbij› *wo vorbei* • (betrekkelijk) ⋆ de rivier ~ we liepen *der Fluss, an dem wir entlanggingen*
waarlijk *wirklich*, ‹form.› *wahrhaftig*
waarmaken I [ov ww] *verwirklichen, wahr machen* **II** [wkd ww] *sich bewähren*
waarmee • (vragend) *womit* • (betrekkelijk) *womit*
waarmerk *Siegel* [o], *Stempel* [m]
waarna • (vragend) *wonach, worauf* • (betrekkelijk) *nach* [3], *wonach*
waarnaar • (vragend) *wonach* • (betrekkelijk) *nach* [3], *zu* [3], *wonach*
waarneembaar *wahrnehmbar*
waarnemen • (benutten) *nützen, wahrnehmen* • (gewaarworden) *wahrnehmen* • (vervullen) *wahrnehmen*, ‹ambt/betrekking› *versehen, bekleiden*, ‹plichten› *erfüllen, beobachten*, ‹vervangen› *stellvertretend übernehmen* ⋆ voor iem. ~ *jmdn. vertreten; jmds. Stelle vertreten* ⋆ iemands ambt ~ *jmdn. in seinem Amt vertreten* ⋆ zijn zaken ~ *seinen Geschäften nachgehen*
waarnemend *stellvertretend*
waarnemer • (iem. die waarneemt) *Beobachter* [m], *Betrachter* [m] • (vervanger) *Stellvertreter* [m]
waarneming • (perceptie) *Wahrnehmung* [v], *Beobachtung* [v] • (vervanging) *Stellvertretung* [v], *Vertretung* [v]
waarnemingspost *Beobachtungsposten* [m]
waarom • (vragend) *warum, weshalb* • (betrekkelijk) *um* [4], *worum*
waaronder • (vragend) *worunter* • (betrekkelijk) *unter* [3], *unter* [4], *worunter*
waarop • (betrekkelijk) *auf* [3,4], *worauf* ⋆ de dag ~ *der Tag, an dem* ⋆ de manier ~ *die Art und Weise, wie* • (vragend) *worauf*
waarover • (betrekkelijk) *über* [4], *worüber, wovon* • (vragend) *worüber, wovon*
waarschijnlijk *wahrscheinlich*
waarschijnlijkheid *Wahrscheinlichkeit* [v] ⋆ naar alle ~ *aller Wahrscheinlichkeit nach*
waarschuwen • (verwittigen) *verständigen*, ‹alarmeren› *alarmieren*, ‹inlichten› *benachrichtigen*, ‹op gevaar wijzen› *warnen* • (vermanen) *mahnen, verwarnen*
waarschuwing • (het waarschuwen) *Warnung* [v], *Verwarnung* [v] • (vermaning) *Mahnung* [v], *Mahnzettel* [m] • (teken) *Zeichen* [o]
waarschuwingsbord *Warntafel* [v], *Warnschild* [o]
waartegen • (vragend) *wogegen* • (betrekkelijk) *gegen* [4], *wogegen*
waartoe • (vragend) *wozu* • (betrekkelijk) *zu* [3], *wozu*
waaruit • (vragend) *woraus* • (betrekkelijk) *aus* [3], *woraus*
waarvan • (vragend) *wovon, woraus* • (betrekkelijk) *von, wovon, woraus* ⋆ de man ~ ik de moeder goed ken *der Mann, dessen Mutter ich gut kenne*
waarvoor • (vragend) *wofür, wovor, wozu* • (betrekkelijk) *für den/die/das, wofür, wozu*
waarzeggen *wahrsagen*
waarzegger *Wahrsager* [m]
waas • (nevelige sluier) *Schleier* [m] • (rijp op vruchten) *Hauch* [m], *Schleier*
wacht • (het waken) *Wache* [v] ⋆ de ~ betrekken *Wache beziehen* • (één persoon) *Wächter* [m] • (wachtkwartier) *Wach(t)stube* [v], *Wache* [v] ▾ in de ~ slepen *ergattern; einheimsen* ▾ iem. de ~ aanzeggen *jmdn. streng (ver)warnen* ▾ ~ kloppen *Wache schieben*
wachtdienst *Wache* [v], *Wachdienst* [m]
wachten • (nog niet beginnen) *warten*, ‹lang› *harren* • (in afwachting zijn) *erwarten* • (in het vooruitzicht staan) *zu erwarten sein, bevorstehen* ⋆ dat staat me nog te ~ *das steht mir noch bevor* ⋆ hem staat nog wat te ~! *ihm blüht noch etw.!*
wachter *Wache* [v], *Wächter* [m]
wachtgeld *Wartegeld* [o]
wachthuisje • (schildwachthuisje) *Schilderhäuschen* [o] • (bus-/tramhokje) *Wartehäuschen* [o]
wachtkamer ‹dokter› *Wartezimmer* [o], ‹station› *Wartesaal* [m]
wachtlijst *Warteliste* [v]
wachtmeester *Wachtmeister* [m]
wachtpost • (persoon) *Wachposten* [m] • (plaats) *Wache* [v]
wachttijd *Wartezeit* [v], ‹bij verzekering› *Karenzzeit* [v]
wachtwoord *Kennwort* [o], *Losung* [v], *Parole* [v], ‹theater› *Stichwort* [o]
wad • (doorwaadbare plaats) *Furt* [v] • (bij eb droogvallend gebied) *Watt* [o]
waddeneiland *Watteninsel* [v]
waden *waten*
wadlopen *eine Wattwanderung machen*
wafel • (koek) *Waffel* [v] • (mond) *Klappe* [v]
wafelijzer *Waffeleisen* [o]
wagen I [de] *Wagen* [m] **II** [ov ww] • (durven) *sich getrauen, sich unterstehen, wagen* ⋆ waag 't eens! *untersteh dich!* • (riskeren) *wagen* ▾ wie waagt, die wint *frisch gewagt ist halb gewonnen*
wagenpark *Wagenpark* [m]
wagenwijd *sperrangelweit*
wagenziek *reisekrank*
waggelen *watscheln*
wagon *Waggon/Wagon* [m]
wajangpop *Wajangpuppe* [v]
wak ‹natuurlijk› *Wake* [v], ‹uitgehouwen› *Wune* [v]
waken *wachen* ⋆ over iem. ~ *über jmdn. wachen; auf jmdn. aufpassen* ⋆ daar waak ik wel voor *davor*

pass ich schon auf
waker • (dijk) *Hauptdeich* [m] • (iem. die waakt) *Wächter* [m]
wakker *wach* ⋆ ~ worden *wach werden*; ‹fig.› *erwachen* ⋆ ~ maken *wecken* ⋆ ~ schrikken *aus dem Schlaf aufschrecken* ⋆ iem. ~ houden *jmdn. wach halten*
wal • (dam) *Wall* [m] • (vasteland) *Ufer* [o], *Land* [o] ⋆ van wal steken *abfahren; absegeln*; ‹fig.› *loslegen* • (huiduitzakking onder ogen) *Wulst* [m], *Sack* [m] ▾ van de wal in de sloot raken *vom Regen in die Traufe kommen*
waldhoorn *Waldhorn* [o]
Wales *Wales* [o]
walgelijk *ekelhaft, widerlich, eklig*
walgen I [on ww] *ekeln* ⋆ ik walg ervan *mir ekelt davor; es ekelt mich an* ⋆ ik walg van dit eten *mir ekelt es vor diesem Essen* **II** [wkd ww] *sich ekeln*
W
walging *Abscheu* [m], *Ekel* [m]
walkie-talkie *Walkie-Talkie* [o]
walkman ® *Walkman* [m]
Wallonië *Wallonien* [o]
walm *Qualm* [m]
walmen *qualmen*
walnoot • (vrucht) *Walnuss* [v] • (boom) *Walnussbaum* [m]
walrus *Walross* [o]
wals • (dans) *Walzer* [m] • (pletrol) *Walze* [v]
walsen I [ov ww] • (pletten) *walzen* **II** [on ww] • (dansen) *Walzer tanzen*
walserij *Walzwerk* [o]
walvis *Wal* [m]
walvisvaarder *Walfangschiff* [o], *Walfänger* [m]
wanbegrip *Missverständnis* [o]
wanbeheer *Misswirtschaft* [v]
wanbetaler *schlechte(r) Zahler* [m]
wand *Wand* [v]
wandaad *Untat* [v]
wandbetimmering *Wandtäfelung* [v]
wandel • (gedrag) *Lebenswandel* [m] • (het wandelen) *Spaziergang* [m] ⋆ aan de ~ zijn *einen Spaziergang machen* • (afstand bij het wandelen) *Strecke* [v], *Abstand* [m]
wandelaar *Spaziergänger* [m], ‹sport› *Wanderer* [m]
wandelen *spazieren*, ‹form.› *wandeln* ⋆ gaan ~ *spazieren gehen; einen Spaziergang machen*
wandelgang *Wandelhalle* [v]
wandeling *Spaziergang* [m] ▾ in de ~ *gewöhnlich; gemeinhin*
wandelkaart *Wanderkarte* [v]
wandelpad *Fußweg* [m], ‹voor wandelingen› *Spazierweg* [m]
wandelroute *Wanderroute* [v]
wandelschoen *Laufschuh* [m], ‹voor tochten› *Wanderschuh* [m]
wandelsport *Wandersport* [m]
wandelstok *Spazierstock* [m]
wandeltocht ‹kort› *Spaziergang* [m], ‹lang› *Wanderung* [v]
wandelwagen *Kinderwagen* [m]
wandkleed *Wandbehang* [m], *Wandteppich* [m]
wandluis *Wanze* [v]
wandmeubel *Anbaumöbel* [o], *Schrankwand* [v], *Anbauschrank* [m]
wandrek *Sprossenwand* [v]
wanen I [ov ww] *wähnen, glauben* **II** [wkd ww] *sich wähnen*
wang *Wange* [v]
wangedrag *schlechte(s) Benehmen* [o]
wangedrocht *Scheusal* [o], *Missgeburt* [v], *Ungeheuer* [o]
wanhoop *Verzweiflung* [v] ⋆ iem. tot ~ brengen *jmdn. zur Verzweiflung bringen* ⋆ de ~ nabij zijn *der Verzweiflung nahe sein*
wanhoopsdaad *Verzweiflungstat* [v]
wanhopen *verzweifeln*
wanhopig *verzweifelt*, ‹hopeloos› *hoffnungslos* ⋆ het is om ~ van te worden *es ist zum Verzweifeln* ⋆ iem. ~ maken *jmdn. zur Verzweiflung bringen*
wankel • (onvast) *wackelig* ⋆ ~ evenwicht *labile(s) Gleichgewicht* [o] • (ongewis) *schwankend, wankend*
wankelen • (weifelen) *schwanken* • (onvast gaan/staan) *wanken, schwanken* ⋆ zijn troon wankelde al lang *sein Thron wackelte schon lange*
wankelmoedig • (onstandvastig) *wankelmütig, unbeständig* • (besluiteloos) *unschlüssig*
wanklank *Missklang* [m], *Misston* [m]
wanneer I [bijw] *wann* **II** [vw] *wenn*
wanorde • (ordeloosheid) *Unordnung* [v] • (verwarring) *Durcheinander* [o], *Verwirrung* [v]
wanordelijk *ungeordnet, unordentlich*, ‹inf.› *schlampig*
wanproduct *schlechte(s) Produkt* [o]
wansmaak *Geschmacklosigkeit* [v], *üble(r) Geschmack* [m]
wanstaltig *missgestaltet*
want I [de] *Fäustling* [m], *Fausthandschuh* [m] **II** [het] • (tuigage) *Tauwerk* [o], *Want* [v/o], *Gut* [o] • (visnetten) *Netze* [mv] ▾ hij weet van wanten *er versteht seine Sache* **III** [vw] *denn*
wantoestand *Missstand* [m]
wantrouwen I [het] *Misstrauen* [o] **II** [ov ww] *misstrauen*
wantrouwend *misstrauisch*
wantrouwig *misstrauisch*
wanverhouding *Missverhältnis* [o]
WAO *Erwerbsunfähigkeitsversicherungsgesetz* [o] ⋆ in de WAO zitten *Erwerbsunfähigkeitsrente beziehen*
wapen • (strijdmiddel) *Waffe* [v] ⋆ de ~s oppakken *zu den Waffen greifen* ⋆ onder de ~en komen *(zum Dienst) eingezogen/einberufen werden* • (wapenschild) *Wappen* [o]
wapenbeheersing *Rüstungskontrolle* [v]
wapenbezit *Waffenbesitz* [m]
wapenembargo *Waffenembargo* [o]
wapenen • (bewapenen) *bewaffnen* • (versterken) *wappnen*
wapenfeit • (oorlogsdaad) *Kriegshandlung* [v] • (roemrijke daad) *Heldentat* [v]
wapengeweld *Waffengewalt* [v]
wapenleverantie *Waffenlieferung* [v]
wapenrusting *Rüstung* [v]
wapenspreuk *Wappenspruch* [m]
wapenstilstand *Waffenstillstand* [m]
wapenstok *Gummiknüppel* [m]
wapentuig *Kriegsgerät* [o], *Kriegsmaterial* [o]
wapenwedloop *Wettrüsten* [o]
wapperen *flattern*
war ⋆ in de war ‹wanorde› *in Unordnung*; ‹door elkaar› *durcheinander*; ‹verwarring› *in Verwirrung; verwirrt* ⋆ iem. in de war brengen *jmdn. verwirren*; ‹van zijn stuk› *jmdn. aus der Fassung bringen*; ‹van de wijs› *jmdn. aus dem Konzept bringen* ⋆ hij is in de war ‹zich vergissen› *er irrt sich*; ‹van streek› *er ist ganz verwirrt*
waranda *Veranda* [v]
warboel *Wirrwarr* [m], *Durcheinander* [o]
warempel *richtig, leibhaftig*
waren I [de] *Waren* [mv], *Güter* [mv] **II** [on ww] *irren, schweifen*, ‹van spoken› *umgehen*

warenhuis *Warenhaus* [o], *Kaufhaus* [o]
warhoofd *Wirrkopf* [m]
warm • (met hoge temperatuur) *warm*, ‹heet› *heiß* • (hartelijk) *warm* ⋆ een warm onthaal *ein herzlicher Empfang* • (geïnteresseerd) *warm* ⋆ iem. warm maken voor iets *jmdn. für etw. begeistern* ⋆ een warm voorstander *ein eifriger Verfechter*
warmbloedig • (vurig) *heißblütig* • (bio.) *warmblütig*
warmdraaien *warm laufen*, ‹sport› *sich aufwärmen*
warmen *(er)wärmen*
warming-up *Aufwärmen* [o]
warmlopen • (te heet worden) *heißlaufen* • (enthousiast worden) *sich erwärmen, sich begeistern* • (warmdraaien) *warm laufen* • (sport) *sich warm laufen, sich einlaufen*
warmpjes *warm*
warmte *Wärme* [v]
warmtebron *Wärmequelle* [v]
warmtegeleider *Wärmeleiter* [m]
warmwaterkraan *Warmwasserhahn* [m]
warrelen *wirbeln* ▾ gedachten ~ door haar hoofd *Gedanken schwirren ihr durch den Kopf*
warrig *verwirrt*, ‹onduidelijk› *verworren*
wars *abgeneigt*
Warschau *Warschau* [o]
wartaal *verworrene(s) Zeug* [o] ⋆ ~ uitslaan *verworrenes Zeug/Unsinn reden*
warwinkel *Wirrwarr* [m], *Durcheinander* [o]
was I [de] *Wäsche* [v] ⋆ de was doen *waschen* ▾ goed in de slappe was zitten *gut bei Kasse sein* ▾ de vuile was buiten hangen *seine schmutzige Wäsche (vor anderen) waschen* **II** [de/het] *Wachs* [o] ⋆ met was bestrijken *wachsen*
wasautomaat *Waschautomat* [m], ‹volautomatisch› *Waschvollautomat* [m]
wasbak *Waschbecken* [o]
wasbeer *Waschbär* [m]
wasbenzine *Waschbenzin* [o]
wasbeurt ⋆ iem./iets een ~ geven *jmdn./etw. gründlich waschen*
wasdom *Wachstum* [o]
wasdroger *Wäschetrockner* [m]
wasecht *waschecht*, ‹in de wasmachine› *waschmaschinenfest*
wasem *Dunst* [m], *Dampf* [m]
wasemen *ausdunsten, dampfen*
wasgelegenheid *Waschgelegenheit* [v]
wasgoed *Wäsche* [v]
washandje *Waschlappen* [m]
wasinrichting *Wäscherei* [v]
wasknijper *Wäscheklammer* [v]
waslijn *Wäscheleine* [v]
waslijst *Auflistung* [v], *(lange) Liste* [v]
wasmachine *Waschmaschine* [v]
wasmand *Wäschekorb* [m]
wasmiddel *Waschmittel* [o]
waspeen *(gewaschene) Möhre* [v], *Karotte* [v]
waspoeder *Waschpulver* [o]
wassen I [bnw] *wächsern, Wachs-* ⋆ ~ beeld *Wachsfigur* [v] **II** [ov ww] *waschen* ⋆ borden ~ *Teller spülen* ⋆ zijn handen ~ *sich die Hände waschen* **III** [on ww] • (toenemen) *zunehmen, im Zunehmen sein*, ‹groeien› *wachsen* ⋆ ~d water *das wachsende/steigende Wasser*
wasserette *Waschsalon* [m]
wasserij *Wäscherei* [v], ‹stomerij› *(chemische) Reinigung* [v]
wasstraat *Waschstraße* [v]
wastafel *Waschbecken* [o]
wastobbe *Waschzuber* [m], *Waschtrog* [m]
wasverzachter *Weichspüler* [m]
wasvoorschrift *Waschanleitung* [v]
wat I [vr vnw] *was, welch* **II** [betr vnw] *was* **III** [onb vnw] *was, etwas* • (een beetje) *was, etwas* ⋆ voor wat hoort wat *eine Hand wäscht die andere* **IV** [uitr vnw] ⋆ wat een leven! *was für ein Leben!* ⋆ wat een fouten! *so viele Fehler!* ⋆ wat is je broer een geluksvogel! *ist dein Bruder aber ein Glückspilz!* **V** [bijw] • (erg) *sehr* ⋆ je deed het maar wat graag! *du tatest es nur zu gern!* • (een beetje) *etwas* ⋆ heel wat gehoord *sehr viel gehört* ⋆ nogal wat *ziemlich viel; nicht wenig* ⋆ vrij wat *bedeutend viel* ⋆ ik heb wat moois *ich habe etw./was Schönes*
water *Wasser* [o] ⋆ een schip te ~ laten *ein Schiff vom Stapel laufen lassen* ⋆ de Nederlandse ~en *die Gewässer von den Niederlanden* ⋆ laag ~ *Niedrigwasser* ⋆ het verkeer te ~ *der Wasserverkehr* ▾ stille ~s hebben diepe gronden *stille Wasser sind tief* ▾ ~ bij de wijn doen *gelindere Saiten aufziehen* ▾ ~ naar de zee dragen *Eulen nach Athen tragen* ▾ weer boven ~ komen *wieder auftauchen* ▾ in het ~ vallen *ins Wasser fallen; in die Binsen gehen* ▾ het ~ stijgt hem tot de lippen *das Wasser geht/steht ihm bis an den Hals* ▾ op ~ en brood *bei Wasser und Brot*
waterafstotend *Wasser abweisend, wasserfest, Wasser abstoßend*
waterballet *Wasserballett* [o]
waterbed *Wasserbett* [o]
waterbekken *Wasserbecken* [o]
waterbouwkunde *Wasserbau* [m]
waterdamp *Wasserdampf* [m]
waterdicht • (onweerlegbaar) *einwandfrei, lückenlos* • (niet waterdoorlatend) *wasserdicht, wasserfest, wasserundurchlässig*
waterdrager *Wasserträger* [m]
waterdruk *Wasserdruck* [m]
wateren • (vocht afscheiden) *wässern* • (urineren) *sein Wasser abschlagen, urinieren*
waterfiets *Tretboot* [o]
waterfietsen *mit einem Tretboot fahren*
watergekoeld *wassergekühlt*
waterglas *Wasserglas* [o]
watergolf *Wasserwelle* [v]
watergolven *Wasserwellen legen*
waterhoen *Teichhuhn* [o]
waterhoofd *Wasserkopf* [m]
waterhuishouding ‹van gebied› *Wasserwirtschaft* [v], ‹van organisme› *Wasserhaushalt* [m]
waterig *wässrig*
waterijs *Wassereis* [o], *Fruchteis* [o]
waterjuffer *Libelle* [v], *Wasserjungfer* [v]
waterkanon *Wasserwerfer* [m]
waterkant *Ufer* [o]
waterkering *Wehr* [o]
waterkers *Kresse* [v]
waterkoeling *Wasserkühlung* [v]
waterkraan *Wasserhahn* [m]
waterkracht *Wasserkraft* [v]
waterkrachtcentrale *Wasserkraftwerk* [o]
waterlanders *Tränen* [mv]
waterleiding *Wasserleitung* [v]
waterleidingbedrijf *Wasserwerk* [o]
waterlelie *Seerose* [v], *Teichrose* [v]
waterlijn *Wasserlinie* [v]
waterlinie *zur Verteidigung unter Wasser gesetzter Landstrich* [m], ≈ *Wasserlinie* [v]
Waterman *Wassermann* [m]
watermeloen *Wassermelone* [v]

watermerk *Wasserzeichen* [o]
watermolen *Wassermühle* [v]
wateroverlast *Schwierigkeiten durch (Hoch)wasser* [mv], *Unannehmlichkeiten durch (Hoch)wasser* [mv]
waterpas I [het] *Wasserwaage* [v] **II** [bnw] *waagerecht, horizontal*
waterpeil • (hoogte) *Wasserstand* [m], *Pegelstand* [m] • (instrument) *Pegel* [m], *Wasserstandsanzeiger* [m]
waterpistool *Wasserpistole* [v]
waterplaats *öffentliche Toilette* [v], *Pissoir* [o]
waterplant *Wasserpflanze* [v]
waterpokken *Wasserpocken* [mv], *Windpocken* [mv]
waterpolitie *Wasserpolizei* [v]
waterpolo *Wasserball* [m]
waterpomptang *Rohrzange* [v]
waterproof I [de] • (waterdichte regenjas) *Waterproof* [m] • (watermonster) *Wasserprobe* [v] • (waterdichte stof) *Waterproof* [m] **II** [bnw] *wasserdicht, wasserfest*
waterput *Brunnen* [m], ‹opvang van regenwater› *Zisterne* [v]
waterrat • (persoon) *Wasserratte* [v] • (dier) *Wasserratte* [v], *Schermaus* [v]
waterrijk *wasserreich*
waterschade *Wasserschaden* [m]
waterschap *Waterschap* [o], ≈ *niederländische Wasserbehörde* [v]
waterschuw *wasserscheu*
waterscooter *Wasserscooter* [m]
waterskiën *Wasserski fahren*
waterslang • (dier) *Wasserschlange* [v] • (slang) *Wasserschlauch* [m]
watersnip *Bekassine* [v]
watersnood *Hochwasserkatastrophe* [v], ‹overstroming› *Überschwemmung* [v]
waterspiegel *Wasserspiegel* [m]
watersport *Wassersport* [m]
waterstaat • (watergesteldheid) *Wasserwirtschaft* [v] • (dienst) *Wasserwirtschaftsamt* [o] ⋆ het ministerie van Verkeer en Waterstaat ≈ *das Verkehrsministerium*
waterstaatkundig *wasserwirtschaftlich*
waterstand *Wasserstand* [m]
waterstof *Wasserstoff* [m]
waterstofperoxide *Wasserstoffperoxid* [o]
watertanden *sich alle zehn Finger lecken, begehren* ⋆ iem. doen ~ *jmdm. den Mund wässrig machen* ⋆ het is om van te ~ *da läuft einem das Wasser im Munde zusammen*
watertoerisme *Wassertourismus* [m]
watertoren *Wasserturm* [m]
watertrappen *Wasser treten*
waterval *Wasserfall* [m]
waterverf *Wasserfarbe* [v]
watervlak *Wasserfläche* [v], ‹oppervlak› *Wasseroberfläche* [v]
watervliegtuig *Wasserflugzeug* [o]
watervlug *wieselflink*
watervogel *Wasservogel* [m]
watervoorziening *Wasserversorgung* [v]
watervrees *Wasserscheu* [v]
waterweg *Wasserstraße* [v]
waterwerk • (geheel van fonteinen) *Wasserspiele* [mv] • (bouwwerk in het water) *Wasser(bau)werk* [o]
watje • (propje watten) *Wattebausch* [m] • (persoon) *Schlappschwanz* [m]
watt *Watt* [o]
watten *Watte* [v]
wattenstaafje *Wattestäbchen* [o]
watteren *(aus)wattieren*
wauwelen *faseln, schwafeln*
WA-verzekering *Haftpflichtversicherung* [v]
waxinelichtje *Teelicht* [o]
wazig *verschwommen, neblig, dunstig* ⋆ ~e omtrekken *verschwommene(n) Umrisse*
wc *Toilette* [v], *WC* [o], ‹inf.› *Klo* [o] ⋆ naar de wc moeten/gaan *auf die Toilette müssen/gehen;* ‹inf.› *aufs Klo müssen/gehen*
wc-bril *Klosettsitz* [m], ‹inf.› *Klobrille* [v]
wc-papier *Toilettenpapier* [o], ‹inf.› *Klopapier* [o]
we *wir*
web • (spinnenweb) *Spinnennetz* [o] • (netwerk) *Netz* [o]
wecken *einmachen, einwecken*
weckfles *Einweckglas* [o]
wedde *Gehalt* [o]
wedden *wetten*
weddenschap *Wette* [v]
wederdienst *Gegendienst* [m], *Gegenleistung* [v]
wedergeboorte *Wiedergeburt* [v]
wederhelft *Ehegatte* [m], ‹inf.› *bessere Hälfte* [v]
wederkerend *rückbezüglich,* ‹taalk.› *reflexiv*
wederkerig *wechselseitig, gegenseitig* ⋆ ~ voornaamwoord *reziproke(s)/wechselseitige(s) Fürwort* [o]
wederom *abermals, wiederum*
wederopbouw *Wiederaufbau* [m]
wederopstanding *Auferstehung* [v]
wederrechtelijk *widerrechtlich, rechtswidrig*
wedervaren I [het] *Erlebnis* [o] **II** [on ww] *widerfahren*
wederverkoper *Wiederverkäufer* [m], *Zwischenhändler* [m]
wedervraag *Gegenfrage* [v], *Rückfrage* [v]
wederzijds *wechselseitig, gegenseitig, beiderseitig*
wedijver *Wetteifer* [m], ‹concurrentie› *Konkurrenz* [v]
wedijveren *wetteifern*
wedloop *Wettlauf* [m] ⋆ bewapenings~ *Wettrüsten* [o]
wedren *(Wett)rennen* [o], ‹paardenrace› *Hindernisrennen* [o]
wedstrijd *Wettkampf* [m], ‹auto's/boten e.d.› *Wettfahrt* [v], ‹concours› *Wettbewerb* [m], ‹race› *(Wett)rennen* [o], ‹voetbalmatch e.d.› *Spiel* [o]
wedstrijdsport *Leistungssport* [m]
weduwe *Witwe* [v]
***weduwen- en wezenpensioen** (Wdl: weduwe- en wezenpensioen) *Witwen- und Waisenrente* [v]
weduwnaar *Witwer* [m]
wee I [de] *Wehe* [v] **II** [bnw] ⋆ wee van de honger *schwach vor Hunger* ⋆ weeë lucht *fade(r)/ widerliche(r) Geruch*
weed *Gras* [o]
weefgetouw *Webstuhl* [m]
weefsel *Gewebe* [o]
weegbrug *Brückenwaage* [v], ‹treinwagons› *Gleiswaage* [v]
weegs ⋆ zijns ~ gaan *seines Weges gehen*
weegschaal *Waage* [v] ⋆ het sterrenbeeld ~ *das Tierkreiszeichen Waage* ▾ zij legt elk woord op de ~ *sie legt jedes Wort auf die Goldwaage*
week I [de] • (zeven dagen) *Woche* [v] ⋆ door de week *werktags; unter der Woche* ⋆ de Goede Week *die Karwoche* • (het weken) *Einweichen* [o] ⋆ in de week zetten *einweichen* **II** [bnw] • (zacht) *weich* • (teerhartig) ⋆ iem. week maken *jmdn. erweichen*
weekblad *Wochenzeitschrift* [v], *Wochenblatt* [o]

weekdier *Weichtier* [o]
weekend *Wochenende* [o]
weekenddienst Notdienst [m]
weekendretour *Sonntagsrückfahrkarte* [v]
weekendtas ≈ *Reisetasche* [v]
weekhartig *weichherzig*
weeklagen *wehklagen*, ↓ *jammern*
weekloon *Wochenlohn* [m]
weekoverzicht *Wochenschau* [v]
weelde • (overvloed) *Überfluss* [m], *Fülle* [v], *Üppigkeit* [v] ⋆ een ~ aan kleuren *eine Farbenfülle* • (luxe) *Luxus* [m], *Pracht* [v] • (geluk) *Wonne* [v]
weelderig • (luxueus) *luxuriös* • (overvloedig) *aufwendig/aufwändig*, ‹groei› *üppig*
weemoed *Wehmut* [v] ⋆ met ~ aan iets denken *mit Wehmut an etw. zurückdenken*
weemoedig *wehmütig*
weer I [de] *Widerstand* [m] **II** [het] • (weersgesteldheid) *Wetter* [o], ‹weertype over langere periode› *Witterung* [v] ⋆ weer of geen weer *wie das Wetter auch ist* • (verwering) *Verwitterung* [v] ▾ mooi weer spelen *gut Wetter machen* ▾ mooi weer spelen met andermans geld *ein Herrenleben führen auf Kosten anderer Leute* ▾ het weer zit in de spiegel *der Spiegel ist blind* **III** [bijw] • (opnieuw) *wieder* • (terug) *zurück, wieder* ⋆ heen en weer *hin und her; hin und zurück* • (nog eens) *aufs Neue* ⋆ hoe heet hij ook weer? *wie heißt er doch/denn gleich?*
weerbaar *wehrhaft*
weerbarstig • (koppig) *störrisch, aufsässig, widerspenstig* • (stijf en stug) *starr, steif*
weerbericht *Wetterbericht* [m], *Wettervorhersage* [v]
weerga *seines-/ihresgleichen* ▾ om de ~ niet *beileibe nicht*
weergalmen *widerhallen, schallen*
weergaloos *unvergleichlich, beispiellos*
weergave *Wiedergabe* [v]
weergeven *wiedergeben* • (teruggeven) *zurückgeben*
weerhaak *Widerhaken* [m]
weerhaan *Wetterfahne* [v], *Wetterhahn* [m]
weerhouden • (terug-/afhouden) *zurückhalten, abhalten* • (beletten) *verhindern*
weerkaart *Wetterkarte* [v]
weerkaatsen I [ov ww] • (terugkaatsen) *zurückwerfen, zurückstrahlen, reflektieren* **II** [on ww] • (teruggekaatst worden) *zurückprallen*, ‹geluid› *widerhallen*, ‹licht› *zurückstrahlen*
weerklank • (echo) *Widerhall* [m] • (instemming) *Anerkennung* [v], *Beifall* [m], *Anklang* [m]
weerklinken *ertönen, erschallen*
weerkunde *Wetterkunde* [v], *Meteorologie* [v]
weerleggen *widerlegen*
weerlegging *Widerlegung* [v]
weerlicht *Wetterleuchten* [o]
weerlichten *wetterleuchten*, ‹bliksemen› *blitzen*
weerloos *wehrlos*
weermacht *Wehrmacht* [v]
weerman *Präsentator der Wettervorhersage im Fernsehen* [m], ‹scherts› *Wetterfrosch* [m]
weerom *wieder, zurück*
weeromstuit ⋆ van de ~ ook lachen *vom Lachen angesteckt werden*
weeroverzicht *Wetterbericht* [m]
weerschijn *Widerschein* [m], *Glanz* [v], ‹zeer lichte reflectie› *Schimmer* [m]
weerschijnen *widerspiegeln*
weersgesteldheid *Witterung* [v], ‹situatie› *Wetterlage* [v]
weerskanten *beide(n) Seiten* [mv] ⋆ aan ~ *auf beiden Seiten* ⋆ van ~ *von beiden Seiten; beiderseits*
weerslag *Rückwirkung* [v]
weersomstandigheden *Wetterverhältnisse* [mv], *Witterungsverhältnisse* [mv]
weerspannig *widerspenstig*, ↑ *renitent*
weerspiegelen *widerspiegeln*
weerspiegeling *Widerspieg(e)lung* [v], ‹afspiegeling› *Spiegelbild* [o]
weerspreken *widersprechen* ⋆ iem. ~ *jmdm. widersprechen*
weerstaan *widerstehen*
weerstand *Widerstand* [m] ⋆ ~ bieden *Widerstand leisten* ▾ de weg van de minste ~ kiezen *den Weg des geringsten Widerstandes wählen*
weerstandsvermogen *Widerstandsfähigkeit* [v]
weersverwachting *Wetteraussichten* [mv]
weersvoorspelling *Wettervorhersage* [v]
weerszijden ⋆ aan ~ *an beiden Seiten; beidseitig* ⋆ van ~ *von beiden Seiten; beiderseitig* ⋆ ter ~ van *zu beiden Seiten* [2]
weerwil ⋆ in ~ van *trotz* [2,3]; *ungeachtet* [2]; *ohne Rücksicht auf* [4]
weerwolf *Werwolf* [m]
weerwoord *Erwiderung* [v], *Entgegnung* [v], ‹tegenspraak› *Widerwort* [o], *Widerrede* [v]
weerzien I [het] *Wiedersehen* [o] **II** [ov ww] *wieder sehen*
weerzin *Widerwille* [m]
weerzinwekkend • (stuitend) *widerlich, widrig* • (walgelijk) *ekelhaft, eklig*
wees *Waise* [v]
weeshuis *Waisenhaus* [o]
weeskind *Waisenkind* [o]
weet *Wissen* [o] ⋆ aan de weet komen *erfahren*; ‹door zoeken vinden› *ausfindig machen* ⋆ nergens weet van hebben *nichts wissen* ⋆ het is maar een weet *man muss es nur wissen* ⋆ hij heeft er geen weet van *er weiß es nicht*
weetal *Alleswisser* [m]
weetgierig *wissbegierig*
weg I [de] • (doortocht) *Weg* [m] ⋆ hij zal zijn weg wel vinden *er wird seinen Weg schon machen* • (manier, middel) *Weg* [m] ⋆ langs de officiële weg *auf dem Dienstweg* • (straat) *Weg* [m], *Straße* [v] ⋆ op de openbare weg *auf öffentlicher Straße* ⋆ de grote weg *die Hauptstraße* ⋆ op weg gaan *sich auf den Weg machen* • (traject) *Strecke* [v], *Route* [v] ▾ zijn eigen weg gaan *seinen eigenen Weg gehen* ▾ aan de weg timmeren *seinen Weg gehen/machen* ▾ iem. op weg helpen *jmdm. auf die Sprünge helfen* ▾ uit de weg ruimen *aus dem Weg räumen/schaffen* ▾ altijd op de weg zitten *immer auf der Straße liegen* ▾ op de goede weg zijn *auf dem rechten Weg sein* ▾ goed op weg zijn *auf dem besten Wege sein* ▾ als niets in de weg komt *wenn nichts in die Quere kommt* **II** [bijw] • (zoek) *verschwunden, weg* • (afwezig) *weg, fort* ⋆ ik durf niet weg *ich wage mich nicht wegzugehen* • (verwijderd) ⋆ weg met hem! *fort/nieder mit ihm!* ⋆ weg ermee! *fort/weg damit!* • (~ **van**) *hingerissen, weg* ▾ veel van iem. weg hebben *jmdm. ähnlich sehen* ▾ het heeft er veel van weg dat... *es sieht sehr danach aus, dass...*
wegbereider *Wegbereiter* [m]
wegbergen *wegräumen*, ‹leggen› *weglegen*, ‹opsluiten› *wegschließen*
wegblazen *wegblasen*
wegblijven • (niet komen) *wegbleiben* • (niet terugkomen) *fernbleiben*
wegbranden I [ov ww] • (verbranden)

wegbrennen ⋆ weefsel ~ *Gewebe wegätzen* **II** [on ww] • (verbrand worden) *wegbrennen* ▾ ze is er niet weg te branden *sie ist dort nicht wegzukriegen*
wegbrengen • (elders brengen) *fortbringen*, ‹arrestant e.d.› *abführen* • (vergezellen) *wegbringen*
wegcijferen *außer Acht lassen*
wegdek *Fahrbahndecke* [v], *Straßendecke* [v]
wegdenken *fortdenken, wegdenken*
wegdoen • (niet langer houden) *abschaffen* • (opbergen) *wegschließen, weglegen, wegstecken, wegtun*
wegdoezelen *einnicken*
wegdragen • (verwerven) *wegtragen* • (naar elders dragen) *forttragen*
wegdrukken *wegdrücken, zur Seite drücken*
wegduiken *sich (weg)ducken*, ‹in water› *untertauchen*, ‹zich in veiligheid brengen› *von der Bildfläche verschwinden*
wegduwen *wegschieben* ⋆ gedachten ~ *Gedanken verdrängen*
wegebben *langsam verschwinden*, ‹geluid› *verebben*
wegen I [ov ww] • (gewicht bepalen) *wiegen* • (goed overdenken) *wägen* ⋆ na lang wikken en ~ *nach reiflicher Erwägung; nach langem Hin und Her* **II** [on ww] *wiegen*, ‹fig.› *ins Gewicht fallen*
wegenaanleg *Straßenbau* [m]
wegenbelasting *Kraftfahrzeugsteuer* [v]
wegenkaart *Straßenkarte* [v]
wegennet *Straßennetz* [o]
wegens *wegen* [2], *auf Grund/aufgrund von* [3]
wegenwacht • (dienst) *ADAC* [m] • (persoon) *Straßenwacht* [v]
weggaan • (verdwijnen) *fortgehen* • (vertrekken) *weggehen*
weggebruiker *Verkehrsteilnehmer* [m]
weggeven • (ten beste geven) *weggeben* ⋆ een show ~ *eine Show zum Besten geben* • (cadeau doen) *wegschenken, verschenken*
weggevertje *Kleinigkeit* [v], ‹cadeautje› *kleine(s) Geschenk* [o], ‹tentamenvraag› *leichte Examensfrage* [v]
weggooien *wegwerfen*
weghalen • (wegnemen) *wegnehmen* • (stelen) *mitgehen lassen* • (wegvoeren) *wegholen* ⋆ een gevangene ~ *einen Gefangenen abführen*
weghelft *Straßenseite* [v], ‹rijstrook› *Fahrspur* [v] ⋆ op de verkeerde ~ komen *auf die Gegenfahrbahn geraten*
wegjagen *wegjagen, fortjagen*
wegkapen *wegnehmen*, ‹inf.› *stibitzen*
wegkomen *wegkommen, fortkommen* ⋆ maak dat je wegkomt! *scher dich weg!* ⋆ maken dat men wegkomt *sich davonmachen*
wegkruipen • (weggaan) *wegkriechen, fortkriechen* • (zich verstoppen) *sich verstecken, sich verkriechen*
wegkwijnen *verkümmern*, ‹door verdriet› *(ver)schmachten*, ‹door ziekte› *(da)hinsiechen*
weglaten *weglassen, fortlassen*, ‹woord e.d.› *auslassen*
wegleggen • (terzijde leggen) *weglegen* • (sparen) *aufbewahren, aufheben* ▾ dat is niet voor iedereen weggelegd *das wird nicht jedem zuteil*
wegligging *Straßenlage* [v]
weglopen • (er vandoor gaan) *ausreißen* • (wegvloeien) *abfließen* • (naar elders lopen) *fortlaufen, weglaufen* • (~ **met**) ⋆ niet met iem. ~ *sich nicht viel aus jmdm. machen*
wegmaken • (zoekmaken) *wegmachen, verlegen* • (onder narcose brengen) *betäuben* • (verwijderen) *wegmachen*
wegnemen • (weghalen) *fortnehmen, wegnehmen* • (doen verdwijnen) *beseitigen* ▾ dat neemt niet weg dat ... *das ändert nichts daran, dass ...*
wegomlegging *Umleitung* [v]
wegpesten *wegärgern, wegekeln*
wegpiraat *Verkehrsrowdy* [m]
wegpromoveren *wegloben, fortloben*
wegraken *wegkommen, abhanden kommen, verloren gehen*
wegrestaurant *Raststätte* [v]
wegrijden ‹rijdier› *fortreiten, wegreiten*, ‹vertrekken van bus/trein› *abfahren*, ‹voertuig› *wegfahren*
wegroepen *wegrufen, abrufen*
wegrotten *verfaulen, wegfaulen*, ‹kadaver› *verwesen*
wegscheren I [ov ww] *abrasieren, wegrasieren* **II** [wkd ww] *sich wegscheren*
wegschrijven *speichern*
wegslaan I [ov ww] • (verwijderen) *wegschlagen, abschlagen* ⋆ hij is niet bij haar weg te slaan *man kann ihn nicht von ihr loseisen* **II** [on ww] • (verwijderd worden) *wegschlagen, wegreißen* ⋆ de dijk werd weggeslagen *der Deich wurde weggespült/weggerissen*
wegslepen *fortschleppen, wegschleppen*, ‹auto› *abschleppen*
wegslikken *hinunterschlucken*
wegsmelten *wegschmelzen, schmelzen* ⋆ de sneeuw is weggesmolten *der Schnee ist weggeschmolzen*
wegspoelen I [ov ww] • (meevoeren) *fortspülen, wegspülen, wegschwemmen* • (spoelend verwijderen) *hinunterspülen* **II** [on ww] • (meegevoerd worden) *weggespült werden, weggeschwemmt werden*
wegstemmen *abwählen*, ‹met meerderheid› *überstimmen*
wegsterven *ausklingen, verhallen*
wegstoppen *wegstecken*
wegstrepen *streichen, durchstreichen, wegstreichen*
wegsturen *wegschicken, fortschicken*
wegteren *dahinsiechen* ⋆ doen ~ *zehren*
wegtrekken I [ov ww] • (van zijn plaats trekken) *wegziehen, fortziehen* **II** [on ww] • (verdwijnen) ⋆ het onweer trekt weg *das Gewitter verzieht sich* ⋆ mijn hoofdpijn trekt weg *meine Kopfschmerzen lassen nach*
wegvagen *auslöschen*, ‹ook fig.› *wegfegen* ⋆ de huizen werden door de storm weggevaagd *die Häuser wurden vom Sturm weggefegt* ⋆ herinneringen ~ *Erinnerungen (aus)löschen* ⋆ hij had zijn concurrenten weggevaagd *er hatte seine Konkurrenten ausgeschaltet*
wegvallen • (weggelaten worden) *ausfallen* • (vervallen) *entfallen* ⋆ dit programma valt weg *diese Sendung entfällt* • (uitvallen) *ausfallen, wegfallen* ⋆ deze cursus valt weg *dieser Kurs fällt aus*
wegverkeer *Straßenverkehr* [m]
wegversperring *Straßensperre* [v]
wegvervoer *Transport auf der Straße* [m]
wegvliegen • (vliegend weggaan) *wegfliegen* • (snel heengaan) *fortfliegen*
wegvoeren *wegführen*, ‹gevangenen› *abführen*
wegwaaien I [ov ww] • (wegvoeren) *wegwehen, fortwehen, verwehen* **II** [on ww] • (weggevoerd worden) *wegwehen, fortwehen*
wegwerp- *Wegwerf-*
wegwerpmaatschappij *Wegwerfgesellschaft* [v]

wegwerpverpakking *Wegwerfverpackung* [v], *Einwegverpackung* [v]
wegwezen *abhauen* ⋆ ~ jullie! *verschwindet!* ⋆ terug van weggeweest *wieder da*
wegwijs *im Bilde, auf der Höhe*
wegwijzer • (wegaanduiding) *Wegweiser* [m] • (gids) *Anleitung* [v], *Führer* [m]
wegwuiven *beiseite schieben, bagatellisieren*
wegzakken • (verdwijnen) *versinken, einsinken,* ‹geluid› *abklingen* • (versuffen) *wegtreten, eindämmern* ⋆ haar krachten zakten weg *ihr schwanden die Kräfte*
wegzetten • (terzijde zetten) *wegsetzen* • (wegbergen) *wegstellen*
wei • (weiland) ‹om te grazen› *Weide* [v], ‹om te hooien› *Wiese* [v] • (melkwei) *Molke* [v] • (med.) *Blutserum* [o]
weidegrond *Weideland* [o]
weiden I [ov ww] • (laten grazen) *weiden lassen, hüten* **II** [on ww] • (grazen) *weiden, grasen* • (rondgaan) *weiden, schweifen*
weids • (groots) *großartig, prunkhaft, imposant* • (statig) *stattlich*
weifelaar *Zauderer* [m], *unentschlossene(r) Mensch* [m]
weifelachtig *unentschlossen, unschlüssig,* ‹aarzelend› *zögernd,* ‹onzeker› *wankelmütig*
weifelen • (onzeker zijn) *schwanken* • (geen besluit kunnen nemen) *unschlüssig sein* • (aarzelen) *zögern*
weifeling • (het onzeker zijn) *Schwanken* [o] • (besluiteloosheid) *Unschlüssigkeit* [v], *Unentschlossenheit* [v] • (aarzeling) *Zögern* [o]
weigeren I [ov ww] • (niet willen doen) *sich weigern, versagen, verweigern* ⋆ zij weigerde mij het boek te geven *sie weigerte sich, mir das Buch zu geben* • (niet aannemen) *ablehnen* **II** [on ww] • (het niet doen) *versagen* ⋆ het paard weigerde *das Pferd scheute*
weigering *Verweigerung* [v], *Weigerung* [v]
weiland *Weide* [v], *Weideland* [o]
weinig *wenig* ⋆ van ~ waarde *von geringem Wert*
wekelijks *wöchentlich, Wochen-* ⋆ zij verdient ~ 300 gulden *sie verdient 300 Gulden in der Woche* ⋆ ~e termijn *Wochenrate* [v] ⋆ aantal ~e lesuren *Wochenstundenzahl* [v]
weken I [ov ww] *(auf)weichen,* ‹wasgoed› *einweichen* **II** [on ww] • (zacht worden) *weich werden, (auf)weichen*
wekken • (opwekken) *erwecken, erregen, wachrufen* ⋆ bij iem. verwachtingen ~ *jmdm. Hoffnungen machen* • (wakker maken) *wecken*
wekker *Wecker* [m]
wekkerradio *Radiowecker* [m]
wel I [de] *Quelle* [v] **II** [het] *Wohl* [o] ⋆ in wel en wee *in Freud und Leid* ⋆ het wel en wee *das Wohl und Weh* **III** [bijw] • (goed) *wohl* ⋆ als ik het wel heb *wenn ich (mich) nicht irre* ⋆ wel thuis! *komm gut nach Hause!* ⋆ moeder en kind maken het wel *Mutter und Kind sind wohlauf* ⋆ dank je wel *danke schön; vielen Dank* • (tegenover niet) *schon, ja* ⋆ zie je nu wel dat ik gelijk heb *siehst du wohl, dass ich Recht habe* ⋆ dat wist je wel *das wusstest du schon* ⋆ zeg dat wel! *da hast du Recht!* • (waarschijnlijk) *wohl, schon* ⋆ hij zal wel geen tijd hebben *er wird wohl keine Zeit haben* ⋆ zij zal het wel weten *sie wird es schon wissen* ⋆ hij zal je wel helpen *er wird dir schon helfen* • (vragend) ⋆ weet je wel wie ik ben? *weißt du eigentlich, mit wem du es zu tun hast?* ⋆ wat denk je wel? *wo denkst du hin?* • (minstens) ⋆ hij kwam te laat en wel 'n heel uur *er kam zu spät und zwar eine ganze Stunde* • (versterkend) ⋆ wel nee! *nicht doch!; aber nein!* ⋆ wel ja *doch;* ‹ironisch› *das fehlte noch!* ⋆ wel zeker! *gewiss!; ja freilich!* ⋆ dat komt wel in orde *das findet sich schon* • (weliswaar) *zwar, wohl* ⋆ hij is wel rijk, maar niet gelukkig *er ist zwar reich, aber nicht glücklich* **IV** [tw] *na* ⋆ wel! wel! *ei! ei!* ⋆ wel? *nun?*
welbehagen • (genoegen) *Wohlbehagen* [o], *Vergnügen* [o] ⋆ het gevoel van ~ *das Wohlgefühl* • (believen) *Wohlgefallen* [o]
welbekend *wohl bekannt, allgemein bekannt*
welbeschouwd *genau genommen, bei Licht besehen*
welbespraakt *sprachgewandt, redegewandt*
welbesteed *gut benutzt, gut angelegt*
welbewust *ganz bewusst*
weldaad *Wohltat* [v]
weldadig • (heilzaam) *wohltuend* • (aangenaam) *angenehm*
weldenkend *redlich, rechtschaffen*
weldoen *Gutes tun,* ‹form.› *Wohltaten erweisen* ▾ doe wel en zie niet om *tue recht und scheue niemand*
weldoener *Wohltäter* [m], ‹form.› *Gönner* [m]
weldra *bald*
weledel ⋆ de ~e heer A. ‹adres› *Herrn A.* ⋆ ~(e) heer A. ‹briefaanhef› *Sehr geehrter Herr A.*
weledelgeboren ⋆ ~ heer/mevrouw A. *Sehr geehrte Frau A.; Sehr geehrter Herr A.*
weledelgeleerd ⋆ ~e heer/mevrouw A. *Sehr geehrter Herr A.; Sehr geehrte Frau A.*
weledelgestreng *sehr geehrt*
weledelzeergeleerd ⋆ ~e heer *Sehr geehrter/verehrter Herr Doktor;* ‹briefaanhef› *Sehr geehrter Herr Doktor* ⋆ de ~e heer, dr. Jansen ‹adres› *Herrn Dr. Jansen*
weleer *einst*
weleerwaard *hochehrwürdig, hochwürdig* ⋆ de ~e heer A. ‹adres› *Herrn Pfarrer A.* ⋆ Weleerwaarde Heer ‹briefaanhef› *Hoch(ehr)würdiger Herr!* ⋆ Weleerwaarde ‹aanspreektitel› *Hochwürden*
welgemanierd *manierlich, wohlerzogen, anständig*
welgemeend *gut gemeint*
welgemoed *wohlgemut*
welgeschapen *wohlgestaltet,* ‹van kinderen› *wohlgeraten*
welgesteld *wohlhabend*
welgevallen I [het] *Wohlgefallen* [o] ⋆ naar ~ *nach Belieben* **II** [onv ww] ⋆ zich iets laten ~ *sich etw. gefallen lassen*
welgevallig *angenehm*
welgezind *gut gesinnt, wohlgesinnt* ⋆ iem. ~ zijn *jmdm. gewogen sein*
welhaast *fast*
welig *üppig* ▾ ~ tieren *üppig wachsen; wuchern*
welingelicht *wohl unterrichtet* ⋆ van ~e zijde *aus zuverlässiger Quelle*
weliswaar *zwar, freilich, allerdings*
welk I [vr vnw] *welch* [m] **II** [betr vnw] *der* [m], *die* [v], *das* [o], *welch*
welkom I [het] *Willkommen* [o], *Begrüßung* [v] **II** [bnw] *willkommen* ⋆ ~ heten *willkommen heißen; begrüßen* ⋆ een ~e gast *ein willkommener Gast*
welkomstwoord *Begrüßungswort* [o]
wellen I [ov ww] • (weken) *heiß werden lassen* • (lassen) *schweißen* **II** [on ww] • (opborrelen) *quellen*
welles *doch*
welletjes *genug* ⋆ zo is het ~ *so ist es genug*
wellevend *wohlanständig*

W

wellicht *vielleicht, möglicherweise*
welluidend *wohllautend, wohlklingend*
wellust *Wollust* [v]
wellustig *wollüstig*
welnemen *Erlaubnis* [v], *Billigung* [v] ⋆ met uw ~ *mit Ihrer Erlaubnis*
welnu *also, nun denn*
welopgevoed *wohlerzogen*
weloverwogen • (opzettelijk) *wohlerwogen* • (doordacht) *wohl bedacht*
welp • (dier) *Welpe* [m] • (padvinder) *Wölfling* [m] • (jonge sportbeoefenaar) *Junior* [m]
welslagen *Gelingen* [o]
welsprekend • (welbespraakt) *redegewandt, beredt, wortgewandt* • (overtuigend) *überzeugend, viel sagend*
welsprekendheid *Beredsamkeit* [v], *Redegewandtheit* [v]

W

welstand • (welvaart) *Wohlstand* [m] • (gezondheid) *Wohlbefinden* [o] ⋆ in blakende ~ verkeren *sich ausgezeichneten Wohlbefindens erfreuen*
welterusten *gute Nacht*
welvaart *Wohlstand* [m]
welvaartsmaatschappij *Konsumgesellschaft* [v], *Wohlstandsgesellschaft* [v]
welvaren I [het] *Wohlbefinden* [o], *Wohlsein* [o] ▾ hij ziet eruit als Hollands ~ *er sieht aus wie die Gesundheit selbst* **II** [on ww] *gesund und wohlauf sein, sich wohl befinden* ⋆ hij vaart wel *es geht ihm gut* ⋆ er wel bij varen *gut bei etw. wegkommen*
welvarend *wohlhabend*
welven I [ov ww] *wölben* **II** [wkd ww] *sich wölben*
welverdiend *wohlverdient*
welving *Wölbung* [v]
welwillend *wohlwollend* ⋆ een ~ gehoor vinden *ein geneigtes Ohr finden* ⋆ met ~e medewerking *mit freundlicher Mitwirkung*
welzijn • (welbevinden) *Wohlergehen* [o], *Wohl* [o] • (gezondheid) *Wohlbefinden* [o] ⋆ het algemeen ~ *das öffentliche Wohl*
welzijnssector *Sozialwesen* [o], *soziale(r) Bereich* [m]
welzijnswerk *Sozialarbeit* [v], *Sozialwesen* [o]
welzijnswerker *Sozialarbeiter* [m]
welzijnszorg *Sozialfürsorge* [v], *Sozialwesen* [o]
wemelen *wimmeln*
wendbaar *wendig*
wenden I [ov ww] *wenden, (um)drehen* **II** [on ww] • (van koers veranderen) *wenden* **III** [wkd ww] ⋆ zich tot iem. ~ *sich an jmdn. wenden* ⋆ voor inlichtingen wende men zich tot ... *Auskunft erteilt ...*
wending *Wendung* [v]
wenen *weinen*
Wenen *Wien* [o]
wenk • (gebaar) *Wink* [m] ⋆ iem. op zijn wenken bedienen *jmdm. auf den kleinsten Wink hin gehorchen* • (aanwijzing) *Wink* [m], *Hinweis* [m] ⋆ iem. een wenk geven *jmdm. einen Hinweis/Wink geben*
wenkbrauw *Augenbraue* [v] ⋆ de ~en bijtekenen *die Augenbrauen nachziehen*
wenken *winken* ⋆ hij wenkte me naderbij *er winkte mich näher heran*
wennen I [ov ww] • (vertrouwd maken) *gewöhnen* **II** [on ww] • (vertrouwd raken) *sich gewöhnen,* ‹aarden› *sich einleben, sich eingewöhnen* ⋆ dat went wel *daran gewöhnt man sich*
wens *Wunsch* [m] ▾ de wens is de vader van de gedachte *der Wunsch ist der Vater des Gedankens* ▾ uw wens is mijn bevel *Ihr Wunsch ist mir Befehl* ▾ de beste wensen voor het nieuwe jaar *das Allerbeste zum neuen Jahr*
wenselijk • (raadzaam) *erwünscht* • (te wensen) *wünschenswert*
wensen *wünschen* ⋆ het is gewenst *es ist erwünscht* ⋆ de gewenste grootte *die gewünschte Größe* ▾ dat laat niets te ~ over *das lässt nichts zu wünschen übrig*
wenskaart *Glückwunschkarte* [v]
wentelen I [ov ww] • (laten draaien) *wälzen* **II** [on ww] • (draaien) ⋆ de aarde wentelt om haar as *die Erde dreht sich um ihre Achse* **III** [wkd ww] *sich wälzen*
wentelteefje *arme(r) Ritter* [m]
wenteltrap *Wendeltreppe* [v]
wereld *Welt* [v] ⋆ de hele ~ bewondert deze daad *alle Welt bewundert diese Tat* ⋆ ter ~ komen/brengen *zur Welt kommen/bringen* ⋆ geen land ter ~ *kein Land der Welt* ⋆ hij heeft heel wat van de ~ gezien *er ist weit in der Welt herumgekommen* ▾ een ~ van verschil *ein Unterschied wie Tag und Nacht* ▾ de zaak is uit de ~ *die Sache hat sich erledigt* ▾ moeilijkheden uit de ~ helpen *Schwierigkeiten aus der Welt schaffen* ▾ voor niets ter ~ *nicht um alles in der Welt* ▾ iem. naar de andere ~ helpen *jmdn. ins Jenseits befördern*
Wereldbank *Weltbank* [v]
wereldbeker *Weltmeisterschaft* [v]
wereldberoemd *weltberühmt*
wereldbeschouwing *Weltanschauung* [v]
wereldbol *Erdball* [m], *Erdkugel* [v], ‹globe› *Globus* [m]
wereldburger *Weltbürger* [m]
werelddeel *Erdteil* [m], ↑ *Kontinent* [m]
wereldeconomie *Weltwirtschaft* [v]
wereldgeschiedenis *Weltgeschichte* [v]
wereldje *Kreis* [m]
wereldkampioen *Weltmeister* [m]
wereldkampioenschap *Weltmeisterschaft* [v]
wereldkundig *weltkundig* ⋆ ~ worden *bekannt/ruchbar werden*
wereldlijk *weltlich,* ‹rel.› *profan*
wereldliteratuur *Weltliteratur* [v]
wereldmacht *Weltmacht* [v]
wereldnaam *Weltruf* [m]
Wereldnatuurfonds *WWF* [m], ≈ *Umweltstiftung Deutschland* [v]
wereldnieuws • (uit de hele wereld) *Nachrichten aus aller Welt* [mv] • (belangstelling) *Nachrichten von weltweitem Interesse* [mv]
wereldomroep *weltweite(r) Rundfunksender der Niederlande* [m]
wereldoorlog *Weltkrieg* [m]
wereldorganisatie *Weltorganisation* [v]
wereldrecord *Weltrekord* [m]
wereldreis *Weltreise* [v]
wereldreiziger *Weltreisende(r)* [m]
werelds • (aards) *welt-, Welt-, weltlich, profan* ⋆ ~e goederen *irdische(n) Güter* • (mondain) *mondän* • (wereldsgezind) *weltlich gesinnt*
wereldschokkend *weltbewegend, welterschütternd*
wereldstad *Weltstadt* [v]
wereldtaal *Weltsprache* [v]
wereldtentoonstelling *Weltausstellung* [v]
wereldtitel *Weltmeisterschaftstitel* [m]
wereldvrede *Weltfrieden* [m]
wereldvreemd *weltfremd*
wereldwijd *weltweit*
wereldwijs *welterfahren, weltklug*
wereldwinkel *Dritte-Welt-Laden* [m]

wereldwonder *Weltwunder* [o] ⋆ de zeven ~en *die sieben Weltwunder*
wereldzee *Ozean* [m], *Weltmeer* [o]
weren I [ov ww] *abwehren, verhüten* ⋆ iem. ~ *jmdn. nicht zulassen*; ‹de toegang weigeren› *jmdm. den Zutritt verweigern*; ‹uitsluiten› *jmdn. ausschließen* **II** [wkd ww] • (zich inspannen) *sich anstrengen* • (zich verdedigen) *sich wehren*
werf *Werft* [v]
werk • (daad) *Werk* [o] ⋆ de werken van God *die Werke Gottes* • (arbeid) *Arbeiten* [o], *Beschäftigung* [v], *Arbeit* [v] ⋆ publieke werken *öffentliche(n) Arbeiten*; ‹instelling› *Bauamt* [o] ⋆ te werk gaan *vorgehen; verfahren* ⋆ wetenschappelijk werk *wissenschaftliche Arbeit* ⋆ de werken van Schiller *Schillers Werke* ⋆ dit was zijn werk *das war sein Werk* ⋆ vast werk vinden *dauernde Beschäftigung finden* ⋆ iets kost veel werk *etw. macht viel Arbeit* ⋆ deze fabriek geeft aan 300 arbeiders werk *diese Fabrik beschäftigt 300 Arbeiter* ⋆ aan het werk zijn *arbeiten; bei der Arbeit sein* ⋆ alle pogingen in het werk stellen *alles aufbieten* ⋆ iem. te werk stellen *jmdn. einstellen* • (raderwerk) *Werk* [o] ▾ een goed begin is het halve werk *frisch gewagt ist halb gewonnen*
werkbank *Werkbank* [v]
werkbezoek ‹pol.› *Arbeitsbesuch* [m]
werkbij *Arbeitsbiene* [v]
werkbriefje *Laufzettel* [m]
werkcollege *Seminar* [o]
werkcoupé *Arbeitsabteil* [o]
werkdag *Wochentag* [m], *Werktag* [m]
werkelijk I [bnw] • (bestaand) *wirklich, tatsächlich* • (effectief) ⋆ ~e waarde *Realwert* [m] ⋆ ~e uitgave *Istausgabe* [v] ⋆ ~ inkomen *Realeinkommen* [o] ⋆ Nederlands ~e schuld *niederländische Staatsschuld* [v] ⋆ ~e ontvangst *Isteinnahme* [v] **II** [bijw] *wirklich*
werkelijkheid *Wirklichkeit* [v], *Realität* [v] ⋆ rekening houden met de ~ *die Tatsachen berücksichtigen* ⋆ iets is in strijd met de ~ *etw. entspricht nicht den Tatsachen*
werkelijkheidszin *Realitätssinn* [m], *Wirklichkeitssinn* [m]
werken I [ov ww] • (in genoemde toestand brengen) *bringen, führen* ▾ zich in de nesten ~ *sich in Schwierigkeiten bringen* **II** [on ww] • (beroep uitoefenen) *berufstätig sein* • (werk doen) *arbeiten, schaffen* ⋆ bij een baas ~ *bei einem Meister in Arbeit stehen/sein* ⋆ gaan ~ *sich an die Arbeit machen; an die Arbeit gehen* • (uitwerking hebben) *wirken* • (functioneren) *funktionieren* ⋆ de vulkaan werkt *der Vulkan ist tätig* ⋆ de machine werkt niet *die Maschine funktioniert/geht nicht* • (vervormen) ‹deeg› *gären, aufgehen*, ‹hout, schip› *arbeiten*
werker *Arbeiter* [m]
werkezel *Arbeitstier* [o]
werkgeheugen *Arbeitsspeicher* [m]
werkgelegenheid *Arbeitsmöglichkeit* [v], *Arbeitsplätze* [mv] ⋆ de verruiming van de ~ *das Schaffen von mehr Arbeitsplätzen*
werkgemeente ≈ *Gemeinde, in der man arbeitet* [v]
werkgever *Arbeitgeber* [m]
werkgeversbijdrage *Arbeitgeberanteil* [m]
werkgroep *Arbeitsgemeinschaft* [v], *Arbeitsgruppe* [v]
werking • (het functioneren) *Funktionieren* [o], *Betrieb* [m], *Tätigkeit* [v] ⋆ in ~ treden *in Kraft treten* ⋆ het in ~ treden *In-Kraft-Treten* [o]; ‹jur.› *Inkraftsetzung* [v] ⋆ het in ~ stellen *die Inbetriebsetzung* ⋆ een wet buiten ~ stellen *ein Gesetz außer Kraft setzen* ⋆ de machine in ~ zetten *die Maschine einschalten* • (uitwerking) *Wirkung* [v]
werkje • (klusje) *Kleinarbeit* [v] ⋆ geen gemakkelijk ~ *keine leichte Aufgabe* • (dessin in textiel) *Muster* [o] • (klein boek) *Heftchen* [o]
werkkamer *Arbeitszimmer* [o]
werkkamp *Arbeitslager* [o] ▾ op ~ gaan *eine Projektwoche haben*
werkkapitaal *Betriebskapital* [o], *Geschäftskapital* [o]
werkklimaat *Arbeitsatmosphäre* [v], *Arbeitsklima* [o]
werkkracht • (werknemer) *Arbeitskraft* [v] • (arbeidsvermogen) *Leistungsfähigkeit* [v]
werkkring • (werkomgeving) *Aufgabenkreis* [m], *Geschäftskreis* [m] • (betrekking) *Beschäftigung* [v], *Tätigkeit* [v], *Arbeitsbereich* [m]
werkloos *arbeitslos*
werkloosheid *Arbeitslosigkeit* [v]
werkloosheidsuitkering *Arbeitslosengeld* [o], *Arbeitslosenhilfe* [v]
werkloze *Arbeitslose(r)* [m]
werklunch *Arbeitsessen* [o]
werklust *Arbeitslust* [v]
werkmaatschappij *Tochtergesellschaft* [v]
werkman *Arbeiter* [m]
werknemer *Arbeitnehmer* [m]
werknemersbijdrage *Arbeitnehmeranteil* [m]
werkonderbreking *Arbeitsunterbrechung* [v]
werkplaats *Werkstatt* [v]
werkschuw *arbeitsscheu*
werksfeer *Arbeitsatmosphäre* [v]
werkster *Putzfrau* [v], *Reinemachefrau* [v] ⋆ sociaal ~ *Fürsorgerin* [v]
werkstudent ≈ *Student, der nebenher arbeitet* [m]
werkstuk • (vervaardigd stuk werk) *Arbeit* [v] • (scriptie) *Referat* [o], ‹voor school› *Hausarbeit* [v]
werktafel *Schreibtisch* [m], *Arbeitstisch* [m]
werktekening *Arbeitsvorlage* [v]
werkterrein *Arbeitsfeld* [o], *Arbeitsgebiet* [o]
werktijd *Arbeitszeit* [v]
werktuig *Werkzeug* [o], *Gerät* [o], *Instrument* [o]
werktuigbouwkunde *Maschinenbau* [m]
werktuigbouwkundig *Maschinenbau-, mechanisch*
werktuiglijk *mechanisch, automatisch*
werkvergunning *Arbeitsgenehmigung* [v], *Arbeitserlaubnis* [v]
werkverschaffing *Arbeitsbeschaffung* [v], ‹voor werklozen› *Notstandsarbeiten* [mv]
werkvloer *Arbeitsplatz* [m], *Arbeitsstelle* [v]
werkweek • (deel van de week) *Arbeitswoche* [v] ⋆ een zesdaagse ~ *eine Sechstagewoche* • (werkkamp voor scholieren) *Projektwoche für Schüler* [v]
werkwijze *Arbeitsweise* [v], *Arbeitsmethode* [v]
werkwillige *Arbeitswillige(r)* [m]
werkwoord *Verb(um)* [o], *Zeitwort* [o]
werkzaam • (arbeidzaam) *arbeitsam* • (uitwerking hebbend) *heilsam, wirksam* • (werkend) *tätig* ⋆ in een zaak ~ zijn *in einem Geschäft betätigt/tätig sein* ⋆ het meisje dat in een beroep ~ is *das berufstätige Mädchen*
werkzoekende *Arbeitssuchende(r)* [m]
werpen • (gooien) *werfen, schleudern* ⋆ het anker ~ *den Anker auswerfen* • (baren) *werfen, gebären*
werper *Werfer* [m]
wervel *Wirbel* [m]
wervelen *wirbeln*

W

wervelend *wirbelnd*
wervelkolom *Wirbelsäule* [v]
wervelstorm *Wirbelsturm* [m]
wervelwind *Wirbelwind* [m] ⋆ als een ~ *wie ein Wirbelwind*
werven *(an)werben*
wesp *Wespe* [v]
wespennest *Wespennest* [o]
wespentaille *Wespentaille* [v]
west I [de] *Westen* [m] **II** [bnw] • (uit het westen) *von West* • (naar het westen) *westwärts, nach Westen*
West-Duitsland *Westdeutschland* [o]
westelijk *westlich* ⋆ de ~e mogendheden *Westmächte* [v]
Westelijke Sahara *Westsahara* [v]
westen *Westen* [m] ▾ buiten ~ zijn *bewusstlos/ohnmächtig sein*

W

westenwind *Westwind* [m]
westerlengte *westliche Länge* [v]
westerling *Abendländer* [m]
western *Western* [m], *Wildwestfilm* [m]
westers *abendländisch*
West-Europa *Westeuropa* [o]
West-Europees *westeuropäisch*
West-Samoa *Westsamoa* [o]
westwaarts *westwärts*
wet • (wetmatigheid) *Gesetz* [o] ⋆ de wet op de echtscheiding *das Ehescheidungsgesetz* ⋆ bij de wet *durch das Gesetz* ⋆ bij de wet verboden *gesetzlich verboten* ⋆ volgens de wet *nach dem Gesetz; gesetzmäßig* • (voorschrift) *Gebot* [o], *Gesetz* [o] • (geheel van regels) *Gesetz* [o] ⋆ zich buiten de wet stellen *sich außerhalb des Gesetzes stellen* ⋆ de wet op... *das Gesetz zum...* ▾ iem. de wet voorschrijven *jmdm. Vorschriften machen*
wetboek *Gesetzbuch* [o] ⋆ Burgerlijk Wetboek *Bürgerliche(s) Gesetzbuch (BGB)* [o] ⋆ ~ van Strafvordering *Strafprozessordnung (StPO)* [v] ⋆ ~ van Burgerlijke Rechtsvordering *Zivilprozessordnung (ZPO)* [v] ⋆ ~ van Koophandel *Handelsgesetzbuch (HGB)* [o] ⋆ ~ van Strafrecht *Strafgesetzbuch (StGB)* [o]
weten I [het] *Wissen* [o] ⋆ bij mijn ~ *meines Wissens* ⋆ buiten mijn ~ *ohne mein Wissen* **II** [ov ww] • (kennis/besef hebben van) *wissen* ⋆ te ~ *nämlich* ⋆ weet ik veel! *was weiß ich!* ⋆ wie weet *wer weiß* ⋆ niet dat ik weet *nicht, dass ich wüsste* ⋆ probeer dat eens te ~ te komen *versuche das mal ausfindig zu machen* ⋆ wanneer ben je dat te ~ gekomen? *wann hast du das erfahren?* ⋆ ik weet er alles van *ich kenne das* ⋆ ik weet er wat op *ich weiß einen Rat/Ausweg* ⋆ God mag het ~! *weiß Gott!* • (~ **te**) ⋆ ~ te zwijgen *zu schweigen wissen* ▾ wat niet weet, wat niet deert *was ich nicht weiß, macht mich nicht heiß*
wetenschap *Wissenschaft* [v]
wetenschappelijk *wissenschaftlich*
wetenschapper *Wissenschaftler* [m]
wetenschapsfilosofie *Wissenschaftsphilosophie* [v]
wetenswaardig *wissenswert*
wetenswaardigheid *Wissenswerte(s)* [o] ⋆ veel wetenswaardigheden *viel Wissenswertes*
wetering *Wasserlauf* [m]
wetgevend *gesetzgebend*
wetgever *Gesetzgeber* [m]
wetgeving *Gesetzgebung* [v]
wethouder ≈ *Stadtrat* [m], *Beigeordnete(r)* [m]
wetmatig *gesetzmäßig*
wetmatigheid *Gesetzmäßigkeit* [v]
wetsartikel *Artikel* [m]
wetsbepaling *rechtliche Bestimmung* [v], ‹jur.› *Rechtsbestimmung* [v]
wetsontwerp *Gesetzentwurf* [m], *Gesetzesvorlage* [v]
wetsovertreding *Gesetzesübertretung* [v]
wetsvoorstel *Gesetzesvorlage* [v], *Gesetzentwurf* [m]
wetswinkel ≈ *Rechtsberatung(sstelle)* [v]
wettekst *Gesetzestext* [m]
wettelijk *gesetzlich*
wetten *wetzen*
wettig *gesetzmäßig, gesetzlich* ⋆ het ~ gezag *die gesetzmäßige Gewalt* [v] ⋆ ~ kind *eheliche(s) Kind* [o] ⋆ ~ betaalmiddel *gesetzliche(s) Zahlungsmittel* [o]
wettigen *für echt erklären,* ‹kind› *legitimieren*
weven *weben* ⋆ deze stof is met de hand ge~ *dieser Stoff ist handgewebt*
wever *Weber* [m]
weverij *Weberei* [v]
wezel *Wiesel* [o] ▾ zo bang zijn als een ~ *ein Angsthase sein*
wezen I [het] *Wesen* [o] **II** [on ww] *sein* ⋆ bij wie moet u ~? *zu wem möchten Sie?* ⋆ zij is ~ vragen *sie hat sich erkundigt* ▾ hij mag er ~ *er kann sich sehen lassen*
wezenlijk • (essentieel) *wesentlich, wirklich, wahrhaftig* • (werkelijk bestaand) *wirklich, wahrhaftig*
wezenloos • (uitdrukkingsloos) *geistesabwesend,* ‹verbazing, schrik› *entgeistert* ⋆ iem. ~ aanstaren *jmdn. anstieren* • (onwerkelijk) *unwirklich*
whisky *Whisky* [m]
whodunit *Kriminalroman* [m]
wichelroede *Wünschelrute* [v]
wicht • (kind) *Wicht* [m] • (meisje) *Göre* [v]
wie I [vr vnw] *wer* ⋆ wie z'n vrouw is dat? *wessen Frau ist das?* ⋆ wie waren dat? *wer war das?* ⋆ wie zijn dat? *wer sind die Leute?* ⋆ wie komen er vanavond? *wer kommt heute Abend?* ⋆ wie is die vrouw? *wer ist diese Frau?* **II** [betr vnw] *der* [m], *die* [v], *wer,* ‹met antecedent› *das* [o]
wiebelen • (schommelen) *wippen* • (onvast staan) *wackeln* ⋆ de tafel/de stoel wiebelt *der Tisch/Stuhl wackelt*
wieden *jäten*
wiedes ⋆ nogal ~! *na klar!* ⋆ dat is nogal ~ *das liegt ja auf der Hand*
wiedeweerga ▾ als de ~ *wie der geölte Blitz*
wieg *Wiege* [v] ▾ voor de handel in de wieg gelegd zijn *zum Kaufmann geboren sein*
wiegen *wiegen*
wiek • (vleugel) *Schwinge* [v], *Fittich* [m] • (molenwiek) *Flügel* [m] • (lampenpit) *Docht* [m] ▾ op eigen wieken drijven *auf eigenen Füßen stehen* ▾ in zijn wiek geschoten zijn *sich verletzt fühlen*
wiel *Rad* [o] ▾ iem. in de wielen rijden *jmdm. in die Quere kommen*
wieldop *Radkappe* [v]
wielerbaan *Radrennbahn* [v]
wielerploeg *Radrennmannschaft* [v]
wielersport *Rad(fahr)sport* [m]
wielewaal *Pirol* [m], *Goldamsel* [v]
wielklem *Radklemme* [v]
wielophanging *Radaufhängung* [v]
wielrennen I [het] *Radrennen* [o] **II** [ww] *Radsport betreiben*
wielrenner *Radrennfahrer* [m]
wielrijder *Radfahrer* [m]
wier *Tang* [m], *Seegras* [o]

wierook *Weihrauch* [m]
wiet *Gras* [o]
wig *Keil* [m] ▾ een wig drijven tussen *einen Keil treiben zwischen* [3]
wigwam *Wigwam* [m]
wij *wir*
wijd *weit*
wijdbeens *breitbeinig, mit gespreizten Beinen*
wijden • (inzegenen) *weihen* • (~ **aan**) *widmen, weihen* ⋆ zijn leven aan de kunst ~ *der Kunst sein Leben widmen* ⋆ zich aan een taak ~ *sich einer Aufgabe widmen* ⋆ aandacht aan iets ~ *einer Sache Aufmerksamkeit schenken*
wijdte *Weite* [v]
wijdvertakt *weit verzweigt*
wijf *Weib* [o]
wijfje *Weibchen* [o]
wijk • (stadsdeel) *(Stadt)viertel* [o] • (rayon) *Bezirk* [m], ‹van politieagent› *Revier* [o], ‹van postbode› *(Zustell)bezirk* [m] • (toevlucht) ⋆ de wijk nemen *die Flucht ergreifen*
wijkagent *Polizist (in einem Revier)* [m]
wijkcentrum *Bürgerhaus* [o], *Gemeindezentrum* [o]
wijken • (verdwijnen) *entweichen, fliehen* • (zich terugtrekken) *weichen* ⋆ voor iem. ~ *jmdm. weichen*
wijkgebouw *Stadtteilzentrum* [o]
wijkplaats *Zufluchtsort* [m]
wijkraad ≈ *Rat eines Wohnviertels* [m]
wijkverpleegkundige *Bezirkskrankenpfleger* [m] [v: *Bezirkskrankenschwester*]
wijkverpleging *Hauspflege* [v]
wijkzuster *Hauspflegerin* [v], ‹kerkelijk› *Gemeindeschwester* [v]
wijlen I [bnw] *selig* ⋆ ~ heer A. *der verstorbene Herr A.* ⋆ ~ mijn vader *mein seliger Vater* **II** [on ww] *(ver)weilen*
wijn *Wein* [m] ⋆ wijn op flessen *Flaschenwein* ⋆ wijn op fust *Fasswein* ▾ goede wijn behoeft geen krans *gute Ware lobt sich selbst* ▾ klare wijn schenken *reinen Wein einschenken*
wijnazijn *Weinessig* [m]
wijnbouw *Weinbau* [m]
wijnbouwer *Winzer* [m], *Weinbauer* [m]
wijngaard *Weingarten* [m], *Weinberg* [m] ▾ de ~ des Heren *der Weinberg des Herrn*
wijnglas *Weinglas* [o]
wijnhandel • (winkel) *Weinhandlung* [v] • (handel) *Weinhandel* [m]
wijnhuis *Weinlokal* [o]
wijnjaar *Weinjahr* [o]
wijnkaart *Weinkarte* [v]
wijnkelder *Weinkeller* [m]
wijnkenner *Weinkenner* [m]
wijnkoeler *Weinkühler* [m]
wijnoogst *Weinlese* [v], *Weinernte* [v]
wijnpers *Kelter* [v]
wijnrank *Weinranke* [v]
wijnrood *bordeauxrot, bordeaux, weinrot*
wijnstok *Weinrebe* [v], *Weinstock* [m]
wijnstreek *Weingegend* [v]
wijntje *Gläschen Wein* [o]
wijnvlek • (vlek door wijn) *Weinfleck(en)* [m] • (huidvlek) *Feuermal* [o]
wijs I [de] • (manier) *Art* [v], *Weise* [v] ⋆ bij wijze van spreken *sozusagen* • (melodie) *Melodie* [v] ⋆ geen wijs kunnen houden *unrein singen* • (taalk.) *Modus* [m] ⋆ aantonende wijs *Indikativ* [m] ▾ 's lands wijs, 's lands eer *andere Länder, andere Sitten* **II** [bnw] • (verstandig) ⋆ ben je niet wijs? *spinnst du?* ⋆ er niet wijs uit worden *nicht durchblicken* • (wetend) *weise* ⋆ de wijze vrouw *die weise Frau* [v]
wijsbegeerte *Philosophie* [v]
wijselijk *wohlweislich*
wijsgeer *Philosoph* [m]
wijsgerig *philosophisch*
wijsheid *Weisheit* [v] ▾ hij meent de ~ in pacht te hebben *er glaubt, die Weisheit gepachtet zu haben*
wijsmaken *weismachen* ⋆ iem. iets ~ *jmdm. etw. weismachen*
wijsneus *Naseweis* [m]
wijsvinger *Zeigefinger* [m]
wijten *zuschreiben* ⋆ dat heb je aan jezelf te ~ *das hast du dir selbst zuzuschreiben* ⋆ dat heb je aan hem te ~ *das hast du ihm zu verdanken*
wijting *Wittling* [m], *Merlan* [m]
wijwater *Weihwasser* [o]
wijze • (manier) *Art* [v], *Weise* [v] • (persoon) *Weise(r)* [m]
wijzen I [ov ww] • (attenderen) *zeigen, weisen* • (uitspreken) *fällen* ⋆ een vonnis ~ *ein Urteil sprechen* • (aanduiden) *weisen, zeigen* ⋆ met de vinger naar iets ~ *auf etw. zeigen/weisen* ⋆ iem. de weg ~ *jmdm. den Weg zeigen* **II** [on ww] • (aanwijzen) *zeigen (auf)* [4] ⋆ iem. op iets ~ *jmdn. auf etw. hinweisen* • (doen vermoeden) *deuten (auf)* [4], *hinweisen (auf)* [4] ⋆ alles wijst erop *alles deutet darauf hin*
wijzer *Zeiger* [m] ⋆ grote/kleine ~ *Stunden-/Minutenzeiger; große(r)/kleine(r) Zeiger*
wijzerplaat *Zifferblatt* [o]
wijzigen • (veranderen) *ändern, verändern,* ‹klein deel› *abändern* • (reorganiseren) *umändern, umgestalten, verändern* ⋆ onder de gewijzigde omstandigheden *unter den veränderten Umständen*
wijziging *Änderung* [v], ‹kleine wijziging› *Abänderung* [v] ⋆ er is een ~ gekomen *es ist eine Veränderung eingetreten* ⋆ ~en aanbrengen *Änderungen vornehmen* ⋆ voorstel tot ~ *Änderungsvorschlag* [m]
wikkelen • (betrekken) *verwickeln* • (inwikkelen) *(ein)wickeln* ⋆ in dekens gewikkeld *in Decken gehüllt*
wikken *(er)wägen* ⋆ ~ en wegen *hin und her überlegen; wiegen und wägen*
wil *Wille* [m] ▾ tegen wil en dank *wider Willen* ▾ iem. ter wille zijn *jmdm. zu Willen sein* ▾ voor elk wat wils *jedem das Seine/das seine* ▾ ter/om wille van *wegen* [2]; *um ... willen* [2]; *zuliebe* [3]
wild I [het] • (natuurstaat) ⋆ in het wild opgroeien *wild aufwachsen* • (dieren) *Wild* [o] ⋆ klein wild *Niederwild* ⋆ groot/grof wild *Hochwild* ▾ in het wilde weg praten *ins Blaue hineinreden* **II** [bnw] • (in natuurstaat) *wild* • (onbeheerst) *wild* ⋆ wild om zich heen slaan *wild um sich schlagen* • (dol, uitbundig) *wild* ⋆ wild op *wild auf* [4]
wildbaan *(Wild)gehege* [o]
wildbraad *Wildbret* [o], *Wildbraten* [m]
wilde *Wilde(r)* [m]
wildebras *Wildfang* [m]
wildernis *Wildnis* [v]
wildgroei *Wildwuchs* [m]
wildpark *Wildpark* [m]
wildstand *Wildbestand* [m]
wildvreemd *wildfremd*
wildwatervaren *Wildwasser fahren*
wilg *Weide* [v]
willekeur • (goeddunken) *Belieben* [o] • (eigenmachtigheid) *Willkür* [v] ⋆ naar ~ *nach Belieben* ⋆ dat is pure ~ *das ist die reine Willkür*

willekeurig • (naar willekeur) *willkürlich* • (onverschillig welk) *zufällig, willkürlich, beliebig* ⋆ een ~e keuze *eine willkürliche Wahl*
willen *wollen* ⋆ wil ik het raam voor u sluiten? *soll ich das Fenster für Sie schliessen?* ⋆ het gerucht wil dat hier vroeger een burcht gestaan heeft *hier soll früher eine Burg gestanden haben* ⋆ dat wil zeggen *das heißt* ⋆ ik wil er het mijne van weten *ich will wissen, woran ich bin* ▾ dat wil er bij mij niet in *das will mir nicht einleuchten; das kann ich nicht glauben; das geht/will mir nicht in den Kopf*
willens *willentlich* ⋆ ~ en wetens *wissentlich und willentlich* ⋆ ~ zijn *beabsichtigen; die Absicht haben*
willig *gefügig, fügsam*
willoos *willenlos*
wilsbeschikking *Willenserklärung* [v] ⋆ laatste ~ *letztwillige Verfügung* [v]
wilskracht *Willenskraft* [v], *Energie* [v]
wimpel *Wimpel* [m]
wimper *Wimper* [v]
wind • (luchtstroom) *Wind* [m] ⋆ de wind tegen hebben *Gegenwind haben* ⋆ de wind is gedraaid *der Wind hat sich gedreht* • (scheet) *Darmwind* [m], *Furz* [m] ⋆ een wind(je) laten *einen fahren lassen* ▾ wie wind zaait, zal storm oogsten *wer Wind sät, wird Sturm ernten* ▾ de wind van voren krijgen *sein Fett bekommen* ▾ in de wind slaan *in den Wind schlagen* ▾ van de wind leven *von der Luft leben* ▾ zoals de wind waait, waait zijn jasje *er hängt den Mantel nach dem Wind* ▾ weten waar de wind vandaan komt *wissen, woher der Wind weht* ▾ waait de wind uit die hoek? *daher weht also der Wind!* ▾ met alle winden meewaaien *wetterwendisch sein*
windbestuiving *Windbestäubung* [v]
windbuil *Schaumschläger* [m], *Aufschneider* [m]
windbuks *Luftgewehr* [o]
windei *Windei* [o] ▾ dat zal haar geen ~eren leggen *das wird ihr zum Vorteil gereichen*
winden *winden, wickeln* ⋆ de klimop windt zich om de pilaar *der Efeu windet sich um den Pfeiler* ⋆ op een kluwen ~ *auf ein Knäuel wickeln* ▾ iem. om zijn vinger ~ *jmdn. um den Finger wickeln*
windenergie *Windenergie* [v]
winderig *windig*
windhandel *Spekulationsgeschäft* [o]
windhond *Windhund* [m]
windhoos *Windhose* [v]
windjack *Windjacke* [v]
windkracht *Windstärke* [v]
windmolen *Windmühle* [v]
windrichting *Windrichtung* [v]
windroos *Windrose* [v]
windscherm *Windschirm* [m], *Windschutz* [m], ‹autovoorruit› *Windschutzscheibe* [v]
windstil *windstill*
windstilte *Windstille* [v]
windstoot *Windstoß* [m], *Bö* [v]
windstreek *Himmelsrichtung* [v]
windsurfen *(wind)surfen*
windtunnel *Windkanal* [m]
windvaan *Windfahne* [v], *Wetterfahne* [v]
windvlaag *Windstoß* [m]
windwijzer *Windfahne* [v], *Wetterfahne* [v]
wingerd • (klimplant) *Wein* [m] • (wijnstok) *Weinstock* [m], *Rebe* [v]
wingewest *eroberte(s) Gebiet* [o]
winkel *Geschäft* [o], *Laden* [m] ▾ er is (veel) werk aan de ~ *wir haben alle Hände voll zu tun; es gibt (viel) Arbeit*
winkelbediende *Ladenangestellte(r)* [m], *Verkäufer* [m]
winkelbedrijf *Ladengeschäft* [o]
winkelcentrum *Einkaufszentrum* [o] [mv: *Einkaufszentren*]
winkeldief *Ladendieb* [m]
winkeldiefstal *Ladendiebstahl* [m]
winkeldochter *Ladenhüter* [m]
winkelen *einkaufen*, ‹statten› *einen Einkaufsbummel machen*
winkelgalerij *Passage* [v]
winkelhaak • (scheur) *Dreieck* [o] • (gereedschap) *Winkelmaß* [o], *Winkel(haken)* [m]
winkelier *Ladenbesitzer* [m], *Geschäftsinhaber* [m]
winkeljuffrouw *Ladenangestellte* [v], *Verkäuferin* [v]
winkelketen *Ladenkette* [v]
winkelpersoneel *Verkäufer* [mv]
winkelprijs *Einzelhandelspreis* [m], *Ladenpreis* [m]
winkelpromenade *Fußgängerzone* [v], *Geschäftsstraße* [v]
winkelstraat *Geschäftsstraße* [v]
winkelwagen *Einkaufswagen* [m]
winnaar *Gewinner* [m], ‹overwinnaar› *Sieger* [m], ‹van prijs› *Preisträger* [m]
winnen • (zegevieren) *siegen, gewinnen* ⋆ het van iem. ~ *jmdm. überlegen sein* • (verwerven) *gewinnen* • (vorderen) *gewinnen* • (behalen) *gewinnen* ⋆ voordeel ~ *Vorteil erzielen; Gewinn machen*
winning *Gewinnung* [v]
winst *Gewinn* [m], ‹bij spel› *Sieg* [m] ⋆ ~ maken *Gewinn machen/erzielen*
winstbejag *Gewinnstreben* [o], ‹pej.› *Gewinnsucht* [v]
winstbewijs *Gewinnanteilschein* [m]
winstdeling *Gewinnbeteiligung* [v]
winstderving *Gewinnausfall* [m]
winst-en-verliesrekening *Gewinn- und Verlustrechnung* [v]
winstgevend *einträglich, Gewinn bringend, rentabel* ⋆ een ~ zaakje *ein einträgliches Geschäft*
winstmarge *Gewinnspanne* [v]
winstoogmerk *Gewinnstreben* [o], *Profitstreben* [o] ⋆ een instelling zonder ~ *eine Institution ohne Erwerbszweck*
winstpunt *Siegpunkt* [m], *Punkt* [m], ‹fig.› *Gewinn* [m]
winstuitkering *Gewinnausschüttung* [v]
winter *Winter* [m] ⋆ 's ~s *im Winter*
winterdag *Wintertag* [m]
winterdijk *Winterdeich* [m]
winteren *wintern* ⋆ het wintert *es ist/wird Winter* ⋆ het wintert behoorlijk *es ist ein richtiger Winter*
wintergast • (vogel) *Wintergast* [m] • (persoon) *Winterferiengast* [m]
wintergroente *Wintergemüse* [o]
winterhanden *Frostbeulen an den Händen* [mv]
winterhard *winterhart, frostbeständig*
winterjas *Wintermantel* [m]
winterkoninkje *Zaunkönig* [m]
winterlandschap *Winterlandschaft* [v]
winters *winterlich, winter-, Winter-*
winterslaap *Winterschlaf* [m], ‹met onderbrekingen› *Winterruhe* [v]
winterspelen *Winterspiele* [mv]
wintersport *Wintersport* [m] ⋆ naar de ~ gaan *in den Wintersport fahren*
wintersportcentrum *Wintersportzentrum* [o]
wintertenen *Frostbeulen an den Zehen* [mv]
wintertijd • (periode) *Winterzeit* [v] • (tijdrekening) *Normalzeit* [v]

wintervoeten *Frostbeulen an den Füßen* [mv]
winterwortel *Mohrrübe* [v]
wip I [de] • (speeltuig) *Wippe* [v] • (nummertje) *Nummer* [v] • (wipbeweging) *Wippe* [v], *Satz* [m], *Sprung* [m] ▾ in een wip *im Nu/Handumdrehen* ▾ op de wip zitten *das Zünglein an der Waage sein* **II** [tw] *schwupp, husch* ⋆ wip, weg was hij *wupp, fort war er*
wipneus *Stupsnase* [v]
wippen I [ov ww] • (ontslaan, afzetten) *rauswerfen, entlassen* ⋆ iem. ~ *jmdn. kippen/ wippen;* ‹uitschakelen› *jmdn. ausschalten* • (met een hefboom oplichten) *heben* • (ten val brengen) *stürzen* **II** [on ww] • (met sprongetjes bewegen) *hüpfen, schnellen* • (spelen op de wip) *wippen, schaukeln* • (vrijen) *bumsen*
wipstoel *Schaukelstuhl* [m] ▾ op de ~ zitten *eine wack(e)lige Stellung haben*
wirwar *Wirrwarr* [m], *Gewirr* [o]
wisent *Wisent* [m]
wiskunde *Mathematik* [v] ⋆ zij heeft een 10 voor ~ *sie hat eine 1 in Mathe(matik)*
wiskundeknobbel *Begabung für Mathematik* [v]
wiskundig *mathematisch* ⋆ ~ probleem *mathematische(s) Problem* [o]
wispelturig *wetterwendisch, launenhaft*
wissel • (spoorwissel) *Weiche* [v] • (hand.) *Wechsel* [m]
wisselautomaat *Geldwechselautomat* [m]
wisselbad *Wechselbad* [o]
wisselbeker *Wanderpokal* [m]
wisselbouw *Wechselwirtschaft* [v]
wisselen • (geld ruilen) *tauschen, wechseln* ⋆ geld ~ *Geld wechseln* ⋆ heb je kleingeld? ik kan niet ~ *hast du Kleingeld? ich kann nicht herausgeben* • (uitwisselen) *wechseln, austauschen* ⋆ over iets van gedachten ~ *Gedanken über etw. austauschen* • (veranderen) *wechseln, schwanken* ⋆ van plaats ~ *den Platz wechseln* ⋆ van paarden ~ *die Pferde wechseln* ⋆ de trein wisselt van spoor *der Zug wechselt die Gleise*
wisselgeld *Wechselgeld* [o]
wisseling • (ruil) *Wechsel* [m], *Austausch* [m] • (variëring) *Wechsel* [m], *Schwankung* [v]
wisselkantoor *Wechselstube* [v], *Wechselstelle* [v]
wisselkoers *Wechselkurs* [m]
wissellijst *Wechselrahmen* [m]
wisselmarkt *Wechselmarkt* [m]
wisselslag *Lage* [v] ⋆ kampioenschap 400 m ~ *Meisterschaft über 4 x 100 m Lagen* [v]
wisselspeler *Auswechselspieler* [m]
wisselstroom *Wechselstrom* [m]
wisseltruc ≈ *betrügerische(s) Geldwechseln* [o]
wisselvallig *unbeständig, veränderlich, unstet*
wisselwerking *Wechselwirkung* [v]
wisselwoning *Übergangswohnung* [v]
wissen *wischen,* ‹van computer, magneetband e.d.› *löschen*
wisser *Wischer* [m]
wissewasje *Bagatelle* [v], *Lappalie* [v]
wit I [het] *Weiß(e)* [o] ⋆ in het wit gekleed *in Weiß gekleidet* ⋆ het wit is de kleur van de onschuld *das Weiß ist die Farbe der Unschuld* ⋆ wit begint *Weiß eröffnet das Spiel* ⋆ het wit van het oog *das Weiße im Auge* ▾ zwart op wit hebben *schwarz auf weiß haben* **II** [bnw] *weiß* ⋆ het witte doek *die weiße Wand* ⋆ Witte Donderdag *Gründonnerstag* [m] ⋆ wit metaal *Weißmetall* [o] ⋆ witte wijn *Weißwein* [m]
witheet *weiß glühend*
witjes *blass* ⋆ zij ziet ~ *sie ist blass*
witkalk *weiße Tünche* [v]
witkiel *Gepäckträger* [m]
witlof *Chicorée* [m/v], *Schikoree* [m/v]
Wit-Rusland *Weißrussland* [o]
witteboordencriminaliteit *Wirtschaftskriminalität* [v]
wittebrood *Weißbrot* [o]
wittebroodsweken *Flitterwochen* [mv]
witten • (wit schilderen) *tünchen, weißen* • (geld legaal maken) *waschen*
witvis *Weißfisch* [m]
WK *WM (Weltmeisterschaft)* [v]
wodka *Wodka* [m]
woede *Wut* [v], *Raserei* [v] ⋆ ~-uitbarsting *Wutausbruch* [m]
woeden *wüten, toben, rasen*
woedend *wütend*
woekeraar *Wucherer* [m]
woekeren *wuchern*
woekering *Wucherung* [v]
woekerprijs *Wucherpreis* [m]
woekerrente *Wucherzins* [m]
woelen • (onrustig bewegen) *sich wälzen, wühlen* • (wroeten) *wühlen, herumkramen*
woelig *unruhig* ⋆ een ~e straat *eine belebte Straße* ▾ ~e tijden *bewegte Zeiten*
woelwater *Wirbelwind* [m]
woensdag *Mittwoch* [m]
woensdags *am Mittwoch, mittwochs*
woerd *Enterich* [m]
woest • (wild) *wüst, wild,* ‹van mensen› *ungestüm* ⋆ de ~e zee *das wilde Meer* • (ongecultiveerd) *wüst, öde* ⋆ ~e grond(en) *Ödland* [o] ⋆ de ~e streek *die wilde/wüste/öde Gegend* • (woedend) *wild, fuchsteufelswild* ⋆ hij was ~ op me *er war wütend auf mich*
woesteling *Wüterich* [m]
woestenij *Wüstenei* [v]
woestijn *Wüste* [v]
woestijnklimaat *Wüstenklima* [o]
wok *Wok* [m]
wol *Wolle* [v] ▾ onder de wol kruipen *unter die Decke kriechen* ▾ een door de wol geverfde kerel *ein mit allen Wassern gewaschener Kerl*
wolf • (dier) *Wolf* [m] • (tandbederf) *Zahnfäule* [v]
wolfshond *Wolfshund* [m]
wolfskers *Tollkirsche* [v]
wolfsklauw • (klauw van de wolf) *Wolfsklaue* [v] • (plant) *Wolfsfuß* [m], *Bärlapp* [m]
wolk *Wolke* [v] ▾ met zijn hoofd in de wolken lopen *jmdm. hängt der Himmel voller Geigen* ▾ zij is in de wolken *sie ist im siebten Himmel* ▾ een wolk van een kind *ein prächtiges Kind*
wolkbreuk *Wolkenbruch* [m]
wolkeloos *wolkenlos*
wolkendek *Wolkendecke* [v]
wolkenhemel *Wolkenhimmel* [m]
wolkenkrabber *Wolkenkratzer* [m]
wolkenlucht *wolkenbehangene(r) Himmel* [m]
wolkenveld *Wolkenfeld* [o]
wollig *wollig*
wolmerk *Wollsiegel* [o]
wolvin *Wölfin* [v]
wond I [de] *Wunde* [v] **II** [bnw] *wund* ⋆ de wonde plek *die wunde Stelle*
wonder *Wunder* [o] ⋆ economisch ~ *Wirtschaftswunder* ⋆ geen ~ *kein Wunder* ▾ ~ boven ~ *Wunder über Wunder*
wonderbaarlijk • (wonderlijk) *wunderbar, wundersam* • (verbazingwekkend) *erstaunlich*
wonderdokter *Wunderdoktor* [m]
wonderkind *Wunderkind* [o]
wonderlijk • (wonderbaar) *wunderlich*

• (merkwaardig) *sonderbar*
wondermiddel *Wundermittel* [o]
wonderolie *Rizinusöl* [o]
wonderschoon *wunderschön*
wonderwel *vortrefflich, vorzüglich*
wondkoorts *Wundfieber* [o]
wonen *wohnen* ⋆ kleiner gaan ~ *in eine kleinere Wohnung ziehen* ⋆ zij woont hier al jaren *sie wohnt hier schon seit Jahren* ⋆ in A. gaan ~ *nach A. ziehen* ⋆ aan de achter-/voorkant ~ *zum Hof/zur Straße hin wohnen*
woning *Wohnung* [v]
woningbouw *Wohnungsbau* [m]
woningbouwvereniging *Wohnungsbaugenossenschaft* [v]
woninginrichting *Wohnungseinrichtung* [v]
woningnood *Wohnungsnot* [v]
woningruil *Wohnungstausch* [m]
woningwet *Wohnungsbaugesetz* [o]
woningzoekende *Wohnungsuchende(r)* [m]
woonachtig *wohnhaft*
woonblok *Wohnblock* [m]
woonboot *Hausboot* [o]
wooneenheid • (appartement) *Wohneinheit* [v], *Appartement* [o] • (geheel van woningen en winkels) *Wohnanlage* [v], *Wohnkomplex* [m]
woonerf *Wohnstraße* [v]
woongemeenschap *Wohngemeinschaft* [v]
woongroep *Wohngemeinschaft* [v]
woonhuis *Wohnhaus* [o]
woonkamer *Wohnzimmer* [o], *Wohnstube* [v]
woonkazerne *Mietskaserne* [v]
woonkern *Wohnhäuser, die den Ortskern bilden* [mv]
woonkeuken *Wohnküche* [v]
woonlasten *Wohnkosten* [mv]
woonplaats *Wohnort* [m], ‹officieel› *Wohnsitz* [m] ⋆ geen vaste ~ hebben *keinen ständigen Wohnsitz haben*
woonruimte *Wohnraum* [m]
woonvergunning *Wohnberechtigung* [v]
woonwagen *Wohnwagen* [m]
woon-werkverkeer *Berufsverkehr* [m]
woonwijk *Wohnviertel* [o]
woord *Wort* [o] ⋆ ~en van deelneming *Beileidsworte* ⋆ iem. te ~ staan *jmdm. Rede und Antwort stehen* ⋆ het ~ is aan u *Sie haben das Wort* ⋆ het ~ nemen *das Wort ergreifen/nehmen* ⋆ het ~ vragen *ums Wort bitten* ⋆ zijn ~ houden *sein Wort halten* ⋆ iem. aan zijn ~ houden *jmdn. beim Wort nehmen* ⋆ op mijn ~ van eer *Ehrenwort* ⋆ onder ~en brengen *in Worte fassen* ⋆ het is ~ voor ~ hetzelfde *es ist wortwörtlich dasselbe* ▾ in één ~ *mit einem Wort; geradezu* ▾ het hoogste ~ hebben *das große Wort führen* ▾ een goed ~je voor iem. doen *ein gutes Wort für jmdn. einlegen* ▾ je haalt me de ~en uit de mond *du nimmst mir das Wort aus dem Munde* ▾ ~en met iem. hebben *sich mit jmdm. zanken*
woordbeeld *Wortbild* [o]
woordblind *legasthenisch*
woordbreuk *Wortbruch* [m]
woordelijk *wörtlich*
woordenboek *Wörterbuch* [o]
woordenlijst *Vokabular* [o], *Wortindex* [m], *Wortverzeichnis* [o], ‹met verklaringen› *Glossar* [o]
woordenschat *Wortschatz* [m]
woordenstrijd • (verbale ruzie) *Wortgefecht* [o], *Wortgeplänkel* [o] • (onenigheid over woordbetekenissen) *Wortstreit* [m]
woordenvloed *Redeschwall* [m], *Wortschwall* [m]
woordenwisseling *Wortwechsel* [m]
woordgroep *Wortgruppe* [v]
woordkeus *Wortwahl* [v]
woordsoort *Wortart* [v]
woordspeling *Wortspiel* [o]
woordvoerder • (iem. die namens anderen spreekt) *Wortführer* [m], ‹van regering› *Regierungssprecher* [m] • (iem. die het woord voert) *Redner* [m]
woordvolgorde *Wortfolge* [v]
worden *werden* ⋆ er wordt gebeld *es klingelt* ⋆ wat is er van hem ge~? *was ist aus ihm geworden?* ⋆ hij is ziek ge~ *er ist krank geworden* ⋆ zijn wens werd vervuld *sein Wunsch wurde erfüllt*
wording *Entstehen* [o], *Werden* [o] ⋆ in ~ zijn *im Entstehen begriffen sein*
wordingsgeschiedenis • (evolutie) *Entstehungsgeschichte* [v] • (ontwikkelingsgang) *Werdegang* [m]
workaholic *Workaholic* [m]
workshop *Workshop* [m]
worm • (made) *Made* [v] • (pier) *Regenwurm* [m], *Wurm* [m] • (schroef) *Schnecke* [v], *Wurm* [m]
wormstekig *wurmstichig*
worp • (gooi) *Wurf* [m], ‹kegelen› *Schub* [m] • (nest jongen) *Wurf* [m]
worst *Wurst* [v]
worstelaar *Ringer* [m], *Ringkämpfer* [m]
worstelen *ringen*
worsteling *Ringen* [o]
worstenbroodje *Bratwurst im Schlafrock* [v]
wortel • (plantenorgaan) *Wurzel* [v] ⋆ ~ schieten *Wurzel schlagen/fassen* • (groente) *Möhre* [v], *Mohrrübe* [v], *Karotte* [v], *gelbe Rübe* [v] • (tandwortel) *Wurzel* [v] • (wisk.) *Wurzel* [v] ▾ met ~ en tak uitroeien *mit Stumpf und Stiel ausrotten*
wortelen *wurzeln*
wortelkanaal *(Zahn)wurzelkanal* [m]
wortelteken *Wurzelzeichen* [o]
worteltrekken *Wurzelziehen* [o]
woud *Wald* [m]
woudloper *Waldläufer* [m]
wouw • (plant) *Wau* [m], *Reseda* [v] • (vogel) *Rote(r) Milan* [m]
wraak *Rache* [v] ⋆ dat roept om ~ *das schreit nach Rache* ⋆ ~ nemen op iem. *Rache an jmdm. nehmen* ⋆ ~ is zoet *Rache ist süß*
wraakactie *Vergeltungsaktion* [v], *Racheakt* [m]
wraakneming *Rache* [v], *Racheakt* [m]
wraakoefening *Vergeltung* [v], *Racheakt* [m]
wraakzuchtig *rachsüchtig*
wrak I [het] *Wrack* [o] **II** [bnw] *wrack, schwach*, ‹goederen› *schadhaft*, ‹meubels› *wack(e)lig*
wraken • (afkeuren) *verwerfen, rügen, ablehnen* ⋆ een kandidaat ~ *einen Kandidaten ablehnen* • (jur.) ⋆ een clausule ~ *eine Klausel verwerfen*
wrakhout *Treibholz* [o]
wrakkig *klapprig*, ‹huis› *baufällig*
wrang • (zuur) *sauer, herb* • (bitter) *bitter* ▾ een ~e ervaring *eine bittere Erfahrung*
wrat *Warze* [v]
wreed • (gruwelijk) *grausam* • (ruw) *rau, hart*
wreedaard *Unmensch* [m]
wreedheid *Grausamkeit* [v]
wreef *Spann* [m]
wreken *rächen* ⋆ zich op iem. ~ *sich an jmdm. rächen*
wreker *Rächer* [m]
wrevel *Unwille* [m], *Ärger* [m], *Unmut* [m]
wrevelig *unwillig, ärgerlich, unmutig*
wriemelen • (peuteren) *fummeln* ⋆ zij

wriemelde aan haar jasje *sie fummelte an ihrer Jacke* • (krioelen) *kribbeln, wimmeln*
wrijfpaal *Scheuerpfahl* [m]
wrijven • (strijken) *reiben* • (boenen van meubels) *bohne(r)n*
wrijving • (het wrijven) *Reibung* [v] • (onenigheid) *Friktion* [v]
wrikken *rütteln*
wringen *winden, ringen,* ‹wasgoed› *wringen* ⋆ zich in allerlei bochten ~ *versuchen sich herauszuwinden*
wroeging *Gewissensbisse* [mv]
wroeten • (snuffelen) *wühlen* • (graven) *wühlen, buddeln*
wrok *Groll* [m] ⋆ een wrok koesteren tegen iem. *einen Groll gegen jmdn. hegen*
wrokkig *nachtragend*
wrong • (tulband) *Turban* [m] • (haardracht) *Knoten* [m]
wrongel *Käseteig* [m], *Bruch* [m]
wuft *leichtfertig, frivol, flatterhaft*
wuiven • (heen en weer bewegen) *wiegen* • (groeten) *winken* ⋆ naar iem. ~ *jmdm. zuwinken*
wulp *Brachvogel* [m] ⋆ kleine wulp *Regenbrachvogel* [m]
wulps *sinnlich, lüstern*
wurgcontract ≈ *Vertrag zu nachteiligen Bedingungen* [m]
wurgen *würgen, erwürgen*
wurggreep *Würgegriff* [m]
wurm • (kind) *Wurm* [o], *Knirps* [m] • (worm) *Wurm* [m]
wurmen *drängen, zwängen* ⋆ zich ertussen ~ *sich dazwischen zwängen/drängen*
Württemberg *Württemberg* [o]
WW *Arbeitslosenversicherungsgesetz* [o] ⋆ in de WW zitten *Arbeitslosengeld/-hilfe beziehen*

X

x X [o]
x-as *x-Achse* [v]
x-benen *X-Beine* [mv]
xenofobie *Xenophobie* [v]
xenofoob *xenophob*
xylofoon *Xylophon* [o]

Y

y Y [o]
yang Yang [o]
y-as *y-Achse* [v]
yell *Schrei* [m], ‹leus› *Parole* [v]
yen *Yen* [m]
yin *Yin* [o]
yoga *Yoga* [m/o], *Joga* [m/o]
yoghurt *Joghurt/Jogurt* [m]
ypsilon *Ypsilon* [o]
yucca *Yucca* [v], *Palmlilie* [v]
yuppie *Yuppie* [m]

Z

z Z [o]
zaad • (kiem) *Saat* [v], *Saatgut* [o] • (sperma) *Samen* [m], *Samenflüssigkeit* [v] ▾ op zwart zaad zitten *knapp bei Kasse sein*
zaadbal *Hoden* [m]
zaadbank *Samenbank* [v]
zaadcel *Samenzelle* [v]
zaaddodend *Samen tötend* ⋆ ~e pasta *Samen tötende Creme*
zaaddonor *Samenspender* [m]
zaaddoos ‹plant.› *Samenkapsel* [v]
zaadlob *Keimblatt* [o]
zaadlozing *Ejakulation* [v], *Samenerguss* [m]
zaag *Säge* [v]
zaagmachine *Sägemaschine* [v]
zaagmolen *Sägemühle* [v]
zaagsel *Sägemehl* [o], *Sägespäne* [mv]
zaagsnede *Sägeschnitt* [m]
zaagvis *Sägefisch* [m]
zaaibed *Saatbeet* [o]
zaaien *säen* ⋆ paniek ~ *Panik heraufbeschwören* ⋆ tweedracht ~ *Zwietracht säen* ▾ dun gezaaid zijn *dünn gesät sein*
zaaigoed *Saat* [v], *Saatgut* [o]
zaak • (handel) *Geschäft* [o], *Geschäftsabschluss* [m] ⋆ zaken zijn zaken *Geschäft ist Geschäft* ⋆ ik heb goede zaken gedaan *ich habe ein gutes Geschäft gemacht* ⋆ voor zaken op reis zijn *geschäftlich unterwegs sein* • (winkel) *Geschäft* [o], *Unternehmen* [o], ‹bedrijf› *Betrieb* [m], *Firma* [v] ⋆ op kosten van de zaak *auf Kosten der Firma* ⋆ ik ben op de zaak *ich bin in der Firma* ⋆ een zaak oprichten *eine Firma gründen* ⋆ zij richten een nieuwe zaak op *sie eröffnen ein neues Geschäft* • (rechtszaak) *Sache* [v] • (aangelegenheid) *Angelegenheit* [v], *Sache* [v] ⋆ zeker van zijn zaak zijn *seiner Sache gewiss sein* ⋆ onverrichter zake *unverrichteter Dinge* ⋆ ter zake! *zur Sache!* ⋆ het is zaak om snel te handelen *es ist Sache, schnell zu handeln* ⋆ hoe de zaken er nu voor staan *wie die Dinge jetzt liegen* ⋆ zich met zijn eigen zaken bemoeien *sich um seine eigenen Angelegenheiten kümmern* ⋆ een vervelend zaakje *eine unangenehme Geschichte* ⋆ dat doet niets ter zake *das tut nichts zur Sache* ⋆ het ergste van de zaak is *das Schlimmste bei der Sache ist* • (ding) *Sache* [v] ▾ gedane zaken nemen geen keer *vorbei ist vorbei* ▾ orde op zaken stellen *klar Schiff machen* ▾ het is zaak om dat te doen *es empfiehlt sich, das zu tun* ▾ ter zake doen *eine Rolle spielen*
zaakgelastigde *Bevollmächtigte(r)* [m], *Geschäftsträger* [m]
zaakregister *Sachverzeichnis* [o], *Sachregister* [o]
zaakwaarnemer *Sachwalter* [m]
zaal *Saal* [m], ‹sport› *Halle* [v], ‹toeschouwersruimte› *Zuschauerraum* [m] ▾ lege zaal ‹theater› *leere(s) Haus*
zaalsport *Hallensport* [m]
zaalvoetbal *Hallenfußball* [m]
zaalwachter *Saalordner* [m], ‹suppoost› *Museumsaufseher* [m]
zacht I [bnw] • (niet ruw) *sanft, mild, weich* ⋆ een ~ verwijt *ein leiser Vorwurf* ⋆ met ~e middelen *mit sanften Mitteln* ⋆ een ~e stem *eine leise Stimme* • (teder) *sanft, zart* ⋆ hij heeft een ~ karakter *er hat einen weichen Charakter* • (niet schel) *zart, sanft* • (week) *weich* ⋆ een ~ gekookt ei *ein weich gekochtes Ei* • (gematigd) *mild, sanft,*

Y

leise ⋆ op een ~ vuur laten koken bei niedriger Temperatur kochen ▾ met ~e hand mit sanfter Hand ▾ op z'n ~st genomen/gezegd gelinde gesagt **II** [bijw] langsam

zachtaardig sanft(mütig), milde ⋆ een ~ karakter hebben einen milden Charakter haben

zachtgroen zartgrün

zachtjes ‹niet luid› leise, ‹niet snel› langsam, ‹zonder druk of kracht› sanft ⋆ ~ lopen schleichen ⋆ de deur ~ dichtmaken die Tür leise schließen ⋆ iem. ~ iets bijbrengen jmdm. etw. schonend beibringen ⋆ ~ schommelen sanft schwanken ⋆ ~! leise!

zachtmoedig sanftmütig, sanft

zachtzinnig sanftmütig, sanft

zadel Sattel [m] ▾ vast in het ~ zitten fest im Sattel sitzen ▾ iem. uit het ~ lichten jmdn. aus dem Sattel stoßen/heben ▾ iem. in het ~ helpen jmdm. in den Sattel helfen

zadeldak Satteldach [o], Giebeldach [o]

zadeldek Satteldecke [v]

zadelen satteln

zagen sägen

zagerij Sägerei [v], Sägewerk [o]

Zaïre Zaire [o]

zak • (verpakking) Tüte [v], Sack [m] ⋆ een plastic zak eine Plastiktüte ⋆ een zak aardappels ein Sack Kartoffeln ⋆ een zak suiker eine Tüte Zucker • (persoon) Sack [m] ⋆ een oude zak ein alter Knacker ▾ in zak en as zitten in Sack und Asche gehen ▾ iem. in zijn zak hebben jmdn. um den Finger gewickelt haben ▾ dat gaat je geen zak aan das geht dich einen Dreck an ▾ daar geloof ik geen zak van den Bären kannst du einem anderen erzählen ▾ dat kan mij geen zak schelen das ist mir völlig egal ▾ een duit in de zak doen seinen Senf dazugeben ▾ heb je soms je ogen in je zak? hast du denn Tomaten auf den Augen? ▾ dat kun je in je zak steken! schreib dir das hinter die Ohren! ▾ geen geld op zak hebben kein Geld in der Tasche haben ▾ op vaders zak leven seinem Vater auf der Tasche liegen

zakagenda Taschenkalender [m]

zakboekje Notizbuch [o]

zakcentje Taschengeld [o]

zakdoek Taschentuch [o] ▾ ~je leggen Plumpsack spielen

zakelijk • (commercieel) dienstlich, geschäftlich ⋆ een goed ~ inzicht hebben einen guten Geschäftssinn haben ⋆ krediet op ~ onderpand Sachkredit [m] ⋆ ~ recht dingliche(s) Recht [o] • (bondig) sachlich • (ter zake zijnd) nüchtern

zakelijkheid Sachlichkeit [v]

zakenadres Geschäftsadresse [v]

zakenlunch Arbeitsessen [o]

zakenman Geschäftsmann [m]

zakenreis Geschäftsreise [v]

zakenrelatie Geschäftsverbindung [v], ‹persoonlijke handelsrelatie› Geschäftsbeziehung [v]

zakenwereld Geschäftsleben [o]

zakformaat Taschenformat [o]

zakgeld Taschengeld [o]

zakjapanner Taschenrechner [m]

zakken • (lager/minder worden) fallen ⋆ de pijn is wat gezakt der Schmerz hat etw. nachgelassen ⋆ het water in de rivier zakt das Wasser im Fluss fällt ⋆ de prijzen zijn gezakt die Preise sind gesunken ⋆ de dollar is gezakt der Dollar ist gefallen ⋆ de temperatuur is gezakt die Temperatur ist gesunken • (dalen) sinken, fallen ⋆ door het ijs ~ auf dem Eis einbrechen ⋆ zich aan een touw laten ~ sich an einem Seil herunterlassen ⋆ het doek laten ~ den Vorhang herunterlassen • (niet slagen) durchfallen ⋆ ~ als een baksteen mit Pauken und Trompeten durchfallen ▾ de moed laten ~ den Mut sinken lassen

zakkenroller Taschendieb [m] ⋆ pas op voor ~s! Achtung, Taschendiebe!

zakkenvuller Profitmacher [m]

zaklamp Taschenlampe [v]

zaklopen sackhüpfen

zakmes Taschenmesser [o]

zalf Salbe [v]

zalig • (heerlijk) herrlich, himmlisch • (gelukzalig) selig ▾ ~ verklaren selig sprechen

zaligheid • (hoogste geluk) Seligkeit [v], Glückseligkeit [v] • (iets heerlijks) Wonne [v]

zaligmakend selig machend

zalm Lachs [m]

zalmforel Lachsforelle [v]

zalmkleurig lachsfarben

zalmsalade Lachssalat [m]

zalven • (met zalf bestrijken) einsalben • (wijden) salben

zalvend salbungsvoll ⋆ ~e woorden tröstende(n) Worte

Zambia Sambia [o]

zand Sand [m] ▾ zand erover! Schwamm drüber! ▾ iem. zand in de ogen strooien jmdm. Sand in die Augen streuen ▾ in het zand bijten ins Gras beißen ▾ als los zand aan elkaar hangen ohne jeden Zusammenhang sein; keinen Zusammenhang haben

zandbak Sandkiste [v], Sandkasten [m]

zandbank Sandbank [v]

zanderig sandig

zandgebak Sandgebäck [o]

zandgrond Sandboden [m]

zandkasteel Sandburg [v]

zandkoekje ≈ Plätzchen [o] ⋆ ~s Sablés [mv]; Sandgebäck [o]

zandloper Sanduhr [v]

zandplaat Sandriff [o]

zandsteen Sandstein [m]

zandstorm Sandsturm [m]

zandstralen sandstrahlen

zandverstuiving Wanderdüne [v], Sandverwehung [v]

zandweg Sandweg [m]

zandzuiger Saugbagger [m]

zang Gesang [m]

zanger Sänger [m]

zangerig melodisch

zangkoor Chor [m], Sängerchor [m]

zangles Gesangstunde [v]

zanglijster Singdrossel [v]

zangstem Singstimme [v]

zangvereniging Gesangverein [m]

zangvogel Singvogel [m]

zanik Nörgler [m]

zaniken nörgeln, ‹dreinen› quengeln, ‹leuteren› faseln ⋆ om iets ~ um etw. betteln

zat I [bnw] • (dronken) besoffen, voll • (beu) satt ⋆ ik ben het zat ich habe/bin es satt; ich habe die Nase voll davon • (verzadigd) satt **II** [bijw] massig, massenweise ⋆ hij heeft geld zat er hat massenhaft Geld ⋆ dat is zat das ist genug; das reicht

zaterdag Samstag [m], Sonnabend [m] ⋆ 's ~s samstags; am Sonnabend

zatlap Trunkenbold [m]

ze • (onbepaald voornaamwoord) man, die Leute ⋆ zoals ze zeggen wie man sagt • (meewerkend

voorwerp enk.) *ihr* • (meewerkend voorwerp mv.) *ihnen* • (onderwerp) *sie* • (lijdend voorwerp) *sie*
zebra *Zebra* [o]
zebrapad *Zebrastreifen* [m]
zede • (zedelijk gedrag) *Sitten* [mv], *Moral* [v] * in strijd met de goede zeden zijn *gegen die guten Sitten verstoßen* • (gewoonte) *Sitte* [v], *Brauch* [m] * zeden en gewoonten *Sitten und Gebräuche*
zedelijk *sittlich, moralisch*
zedelijkheid *Sittlichkeit* [v], *Moralität* [v]
zedeloos *sittenlos*
zedenbederf *Sittenverfall* [m]
zedendelict *Sittlichkeitsdelikt* [o], *Sexualstraftat* [v]
zedendelinquent *Sittlichkeitsverbrecher* [m], *Sexualverbrecher* [m]
zedenleer *Sittenlehre* [v]
zedenmeester *Sittenlehrer* [m], ‹moraliserend criticus› *Sittenrichter* [m]
zedenmisdrijf *Sittlichkeitsverbrechen* [o], *Sexualverbrechen* [o]
zedenpolitie *Sittenpolizei* [v]
zedenpreek *Moralpredigt* [v]
zedenwet *Sittengesetz* [o]
zedig *sittsam*
zee • (zoutwatermassa) *See* [v], *Meer* [o] * zee kiezen *in See stechen* * in volle/open zee *auf hoher/offener See* * de Middellandse Zee *das Mittelmeer* • (grote hoeveelheid) *Meer* [o], *Sturzflut* [v] * een zee van bloemen *ein Meer von Blumen* * er barstte een zee van vragen los *es kam eine Sturzflut von Fragen* • (hoge golf) *Seegang* [m] ▾ met iem. in zee gaan *sich mit jmdm. einlassen* ▾ recht door zee *offen und ehrlich*

Z

zeeanemoon *Seeanemone* [v], *Seerose* [v]
zeearm *Bucht* [v], *Meeresarm* [m]
zeebaars *Seebarsch* [m]
zeebanket ‹fruits de mer› *Meeresfrüchte* [mv], ‹maaltijd met vis› *Fischmahlzeit* [v]
zeebenen * ~ hebben ≈ *seefest sein*
zeebeving *Seebeben* [o]
zeebodem *Meeresboden* [m], *Meeresgrund* [m]
zeebonk *Seebär* [m]
zee-egel *Seeigel* [m]
zee-engte *Meeresstraße* [v], *Meerenge* [v]
zeef *Sieb* [o]
zeefdruk *Siebdruck* [m]
zeegang *Seegang* [m]
zeegat *Mündung* [v] ▾ het ~ uitgaan *in See stechen*
zeegevecht *Seeschlacht* [v]
zeegezicht • (uitzicht) *Meeresblick* [m] • (schilderij) *Seestück* [o]
zeegroen *meergrün*
zeehaven *Seehafen* [m]
zeehond *Seehund* [m], *Robbe* [v]
zeehoofd *Mole* [v], ‹bij haven› *Hafenmole* [v]
zeekaart *Seekarte* [v]
zeeklimaat *Seeklima* [o], *Meeresklima* [o]
zeekoe *Seekuh* [v]
zeeleeuw *Seelöwe* [m]
zeelieden *Seeleute* [mv]
zeelucht *Seeluft* [v], *Meeresluft* [v]
zeem • (zeemleer) *Sämischleder* [o] • (zeemlap) *Lederlappen* [m], *Fensterleder* [o]
zeemacht *Marine* [v]
zeeman *Seemann* [m]
zeemanschap *Seemannschaft* [v], *seemännische Tüchtigkeit* [v]
zeemanshuis *Seemannsheim* [o]
zeemeermin *Meerjungfrau* [v], *Seejungfrau* [v]
zeemeeuw *Seemöwe* [v]
zeemijl *Seemeile* [v]
zeemlap *Fensterleder* [o]
zeemleer *Sämischleder* [o]
zeemogendheid *Seemacht* [v]
zeen *Sehne* [v]
zeeolifant *Seeelefant* [m], *Elefantenrobbe* [v]
zeeoorlog *Seekrieg* [m]
zeep *Seife* [v] ▾ iem. om zeep helpen *jmdm. den Garaus machen* ▾ iets om zeep helpen *etw. vermasseln*
zeepaardje *Seepferdchen* [o]
zeepbakje *Seifenschale* [v]
zeepbel *Seifenblase* [v]
zeepdoos *Seifendose* [v]
zeepost *Postbeförderung auf dem Seeweg* [v]
zeeppoeder *Waschpulver* [o], *Seifenpulver* [o]
zeepsop *Abwaschwasser* [o]
zeer I [het] *Schmerz* [m] * een oud zeer *ein altes Übel* **II** [bnw] *schmerzhaft* * een zeer hoofd *ein schmerzender Kopf* * de wond doet zeer *die Wunde tut weh* ▾ iem. tegen het zere been schoppen *jmdn. vor den Kopf stoßen* **III** [bijw] *sehr* * al te zeer *allzu sehr* * dat is zeer modern *das ist hochmodern* * dank u zeer! *besten Dank!*
zeeramp *Schiffbruch* [m]
zeerecht • (belasting) *Schifffahrtsabgabe* [v] • (jur.) *Seerecht* [o]
zeereis *Seereise* [v]
zeergeleerd *gelehrt* * Zeergeleerde heer Jansen, *Sehr verehrter Herr Dr. Janssen,*
zeerob • (dier) *Seehund* [m] • (persoon) *Seebär* [m]
zeerover *Seeräuber* [m]
zeeschip *Hochseeschiff* [o]
zeeschuimer *Seeräuber* [m]
zeeslag *Seeschlacht* [v]
zeeslang *Seeschlange* [v]
zeesleper *Bergungsschiff* [o], *Hochseeschlepper* [m]
zeespiegel *Meeresspiegel* [m]
zeester *Seestern* [m]
zeestraat *Meeresstraße* [v], *Meerenge* [v]
zeestroming *Meeresströmung* [v]
zeevaarder *Seemann* [m]
zeevaart *See(schiff)fahrt* [v]
zeevaartschool *Seefahrtschule* [v]
zeevarend *seefahrend*
zeevis *Seefisch* [m]
zeevisserij *Seefischerei* [v]
zeewaardig *seetüchtig*
zeewaarts *seewärts*
zeewater *Meerwasser* [o], *Seewasser* [o] * schade door ~ *Seewasserschaden* [m]
zeeweg *Seeweg* [m]
zeewering *Küstenbefestigung* [v]
zeewezen *Seewesen* [o]
zeewier *Meeresalge* [v]
zeewind *Seewind* [m]
zeezeilen *Hochseesegeln* [o]
zeeziek *seekrank*
zeeziekte *Seekrankheit* [v]
zeezout *Meersalz* [o], *Seesalz* [o]
zege *Sieg* [m]
zegekrans *Siegeskranz* [m]
zegel I [de] *Marke* [v] **II** [het] • (zegelafdruk) *Siegel* [o], *Amtssiegel* [o] * het ~ verbreken *das Siegel brechen* • (stempel) *Siegelstempel* [m]
zegelen *(ver)siegeln*
zegellak *Siegellack* [m]
zegelring *Siegelring* [m]
zegen • (weldaad) *Segen* [m] • (sleepnet) *Zugnetz* [o] • (rel.) *Segen* [m]
zegenen *segnen*

zegening *Segnung* [v]
zegenrijk *segensreich*
zegepalm *Siegespalme* [v]
zegepraal *Sieg* [m], *Triumph* [m], ‹intocht› *Triumphzug* [m]
zegeteken *Siegeszeichen* [o]
zegetocht *Triumphzug* [m], *Siegeszug* [m]
zegevieren • (te boven komen) *überwinden* • (overwinnen) *siegen, triumphieren*
zegevierend *siegreich, triumphierend, siegend*
zeggen • (bevelen) *zu sagen haben* ⋆ als ik wat te ~ had *wenn es nach mir ginge* ⋆ ik heb het hier voor het ~ *ich habe hier das Sagen* • (oordelen) *sagen* • (beduiden) *heißen, besagen* ⋆ dat zegt mij niets *das sagt mir nichts* ⋆ dat zegt nog niets *das braucht noch nichts zu heißen* • (aanmerken) *aussetzen* ⋆ tegen het voorstel valt niets te ~ *gegen den Vorschlag ist nichts einzuwenden* ⋆ hij heeft op alles wat te ~ *er hat an allem was auszusetzen* • (meedelen) *erzählen, sagen, sprechen* ⋆ zeg niet dat je het vergeten bent! *sag bloß, du hast es vergessen!* ⋆ de waarheid ~ *die Wahrheit sagen* ⋆ iets hardop ~ *etw. laut sagen* ⋆ ik heb het hem horen ~ *ich habe gehört, wie er es sagte* ⋆ ik zeg geen nee *da sage ich nicht nein/Nein* • (veronderstellen) *annehmen* ⋆ zeg dat ik een uur weg was *nehmen wir mal an, ich war eine Stunde weg* ▾ zo gezegd, zo gedaan *gesagt, getan* ▾ eens gezegd, blijft gezegd *versprochen ist versprochen* ▾ zeg dat wel! *das kann man wohl sagen!* ▾ dat wil ~ *das heißt* ▾ daar valt veel voor te ~ *das hat viel für sich* ▾ houd dat voor gezegd *lass dir das gesagt sein* ▾ om zo te ~ *sozusagen*
zeggenschap *Verfügungsgewalt* [v], *Verfügungsrecht* [o]
zeggingskracht • (welbespraaktheid) *Beredsamkeit* [v] • (overtuigingskracht) *Überzeugungskraft* [v]
zegje ▾ zijn ~ doen *seinen Senf dazu geben*
zegsman *Gewährsmann* [m]
zegswijze *Redensart* [v]
zeiken • (plassen) *pissen* • (zeuren) *quengeln, meckern, nörgeln*
zeiknat *klatschnass*
zeil • (dekzeil) *Abdeckplane* [v], *Plane* [v] • (vloerbedekking) *Linoleum* [o] • (scheepv.) *Segel* [o] ⋆ de zeilen strijken/hijsen *die Segel streichen/hissen* ▾ alle zeilen bijzetten ‹fig.› *alle Kräfte anstrengen*
zeilboot *Segelboot* [o]
zeildoek *Segeltuch* [o]
zeilen *segeln*
zeiler *Segler* [m]
zeilkamp *Segelkurs* [m]
zeilschip *Segelschiff* [o], ‹groot› *Segler* [m]
zeilschool *Segelschule* [v]
zeilsport *Segelsport* [m]
zeilvliegen *Drachenfliegen* [o]
zeilwagen *Segelwagen* [m]
zeilwedstrijd *Segelregatta* [v] [mv: *Segelregatten*]
zeis *Sense* [v]
zeker I [bnw] • (overtuigd) *sicher, gewiss* ⋆ ~ van zijn zaak zijn *sich seiner Sache sicher sein* • (vaststaand) *zuverlässig, sicher* ⋆ van hem ben je nooit ~ *auf ihn kann man sich nicht verlassen* ⋆ ik weet het ~ *ich bin mir (völlig) sicher* ⋆ de uitkomsten zijn ~ *die Ergebnisse sind zuverlässig* • (veilig) *sicher* • (denkelijk) *bestimmt, gewiss* ⋆ zij wil ~ niet meedoen? *sie will wohl nicht mitmachen?* **II** [onb vnw] *gewiss* ▾ op ~e dag *eines Tages* **III** [bijw] *sicher, bestimmt, entschieden, gewiss* ⋆ vast en ~ *todsicher* ⋆ ~ weten! *hundert Prozent!; sicher!* ⋆ een ding is ~ *eins ist sicher* ⋆ het ~e voor het on~e nemen *auf Nummer Sicher gehen*
zekerheid • (het zeker zijn) *Gewissheit* [v] • (veiligheid) *Sicherheit* [v] • (waarborg) *Sicherheit* [v]
zekerheidshalve *sicherheitshalber*
zekering *Sicherung* [v]
zelden *selten*
zeldzaam • (uitzonderlijk) *außergewöhnlich* • (vreemd) *seltsam, eigenartig* • (schaars) *selten, rar*
zeldzaamheid • (het zeldzaam zijn) *Seltenheit* [v] • (iets zeldzaams) *Seltenheit* [v], *Rarität* [v]
zelf I [het] *Ich* [o], *Selbst* [o] **II** [aanw vnw] *selbst*
zelfbedieningsrestaurant *Selbstbedienungsrestaurant* [o]
zelfbedrog *Selbstbetrug* [m]
zelfbeheersing *Selbstbeherrschung* [v]
zelfbehoud *Selbsterhaltung* [v] ⋆ drang tot ~ *Selbsterhaltungstrieb* [m]
zelfbeklag *Selbstmitleid* [o]
zelfbeschikking *Selbstbestimmung* [v]
zelfbeschikkingsrecht *Selbstbestimmungsrecht* [o]
zelfbestuiving *Selbstbestäubung* [v]
zelfbestuur *Selbstverwaltung* [v]
zelfbevrediging *Selbstbefriedigung* [v]
zelfbewust *selbstbewusst*
zelfbewustzijn *Selbstbewusstsein* [o]
zelfde *selb, gleich, ähnlich* ⋆ deze ~ man *derselbe Mann* ⋆ een ~ geval *ein ähnlicher Fall*
zelfdiscipline *Selbstdisziplin* [v]
zelfdoding *Selbsttötung* [v]
zelfgekozen *selbst gewählt*
zelfgenoegzaam *selbstgenügsam, selbstzufrieden*
zelfhulp *Selbsthilfe* [v]
zelfingenomen *selbstgefällig*
zelfkant • (dubieus grensgebied) *Rand* [m] ⋆ aan de ~ van de samenleving *am Rande der Gesellschaft* • (buitenkant van stof) *Salkante* [v]
zelfkennis *Selbsterkenntnis* [v]
zelfklevend *selbstklebend, selbsthaftend*
zelfkritiek *Selbstkritik* [v]
zelfmoord *Selbstmord* [m]
zelfmoordenaar *Selbstmörder* [m]
zelfmoordneiging *Selbstmordgedanken* [mv]
zelfmoordpoging *Selbstmordversuch* [m]
zelfontspanner *Selbstauslöser* [m]
zelfopoffering *Selbstaufopferung* [v]
zelfoverschatting *Selbstüberschätzung* [v]
zelfoverwinning *Selbstüberwindung* [v]
zelfportret *Selbstbildnis* [o], *Selbstporträt* [o]
zelfrespect *Selbstachtung* [v]
zelfrijzend ⋆ ~ bakmeel *Mehl mit Backpulver*
zelfs *selbst, sogar*
zelfspot *Selbstspott* [m]
zelfstandig *selbständig/selbstständig* ⋆ ~ naamwoord *Substantiv* [o]
zelfstandigheid *Selbständigkeit/Selbstständigkeit* [v]
zelfstudie *Selbststudium* [o]
zelfverdediging *Selbstverteidigung* [v]
zelfverloochening *Selbstverleugnung* [v]
zelfvertrouwen *Selbstvertrauen* [o]
zelfverwijt *Gewissensbisse* [mv]
zelfverzekerd *selbstsicher*
zelfvoldaan *selbstzufrieden*
zelfwerkzaamheid *Selbsttätigkeit* [v]
zelfzucht *Selbstsucht* [v]
zelfzuchtig *selbstsüchtig*
zemel • (vlies van graankorrel) *Kleie* [v]

• (persoon) *Nörgler* [m]
zemelen *nörgeln*
zemen I [bnw] *sämischledern* ⋆ ~ lap *Fensterleder* [o] **II** [ov ww] *mit einem Fensterleder putzen*
zendamateur *Funkamateur* [m]
zendapparatuur *Sendegerät* [o], *Sendeanlage* [v]
zendeling *Missionar* [m]
zenden I [ov ww] • (sturen) *senden, schicken* **II** [on ww] • (telecom.) *ausstrahlen, senden*
zender • (persoon) *Absender* [m] • (zendstation) *Sender* [m] • (apparaat) *Sendegerät* [o]
zendgemachtigde *Sendebevollmächtigte(r)* [m]
zending • (het zenden) *Sendung* [v] • (missie) *Mission* [v]
zendingswerk *Arbeit der Mission* [v]
zendinstallatie *Sendeanlage* [v]
zendmast *Sendemast* [m]
zendschip *Piratensender auf See* [m]
zendstation *Sender* [m], *Sendestation* [v]
zendtijd *Sendezeit* [v]
zendvergunning *Sendelizenz* [v]
zengen *sengen*
zenit *Zenit* [m]
zenuw *Nerv* [m] ⋆ in de ~en zitten *sehr angespannt sein* ⋆ jij werkt mij op mijn ~en! *du gehst mir auf die Nerven!* ▾ daarvan krijg je het op je ~en *das geht einem auf die Nerven*
zenuwaandoening *Nervenkrankheit* [v], *Nervenleiden* [o]
zenuwachtig *nervös*
zenuwarts *Nervenarzt* [m]
zenuwgas *Nervengas* [o]
zenuwgestel *Nervensystem* [o]
zenuwinrichting *Nervenklinik* [v]
zenuwlijder • (zenuwpatiënt) *Nervenkranke(r)* [m] • (zenuwachtig persoon) *Nervenbündel* [o], ‹pej.› *Nervensäge* [v]
zenuwontsteking *Nervenentzündung* [v]
zenuwpees *Nervenbündel* [o]
zenuwslopend *nervenaufreibend*
zenuwstelsel *Nervensystem* [o]
zenuwtoeval *Nervenzusammenbruch* [m]
zenuwziek *nervenkrank*
zenuwziekte *Nervenkrankheit* [v], *Nervenleiden* [o]
zepen *einseifen*
zeppelin *Zeppelin* [m]
zerk *Grabplatte* [v]
zes I [de] • (getal) *Sechs* [v] • (schoolcijfer) ≈ *Vier* [v] **II** [telw] *sechs* ⋆ met z'n zessen *zu sechst* → **acht**
zesdaags *sechstägig* ⋆ de wieler~e *das Sechstagerennen*
zesde *sechst* ⋆ een ~ *ein Sechstel* [o] ⋆ ten ~ *sechstens* → **achtste**
zeshoek *Sechseck* [o]
zestien *sechzehn* → **acht**
zestig *sechzig* → **acht, twintig**
zestiger *Sechziger* [m]
zestigpluskaart *Seniorenpass* [m]
zet • (duw) *Stoß* [m], *Ruck* [m] • (zet in spel) *Zug* [m] ⋆ aan zet zijn *am Zuge sein* • (daad) *Einfall* [m] ⋆ een domme zet *kein guter Einfall* ▾ iem. een zetje geven *jmdm. auf die Sprünge helfen*
zetbaas *Geschäftsführer* [m], ‹stroman› *Strohmann* [m]
zetduiveltje *Druckfehlerteufel* [m]
zetel • (vestigingsplaats) *Sitz* [m] • (zitplaats) *Sitz* [m], *Sessel* [m] • (pol.) *Sitz* [m]
zetelen *seinen Sitz haben, residieren*
zetelwinst *Mandatsgewinn* [m]
zetfout *Setzfehler* [m]
zetmachine *Setzmaschine* [v]
zetmeel *Stärkemehl* [o], *Stärke* [v] ⋆ het ~ van aardappelen *Kartoffelstärke* [v]
zetpil *Zäpfchen* [o]
zetsel *Schriftsatz* [m], *Satz* [m]
zetspiegel *Satzspiegel* [m]
zetten • (plaatsen) *setzen,* ‹neerzetten› *stellen* ⋆ zijn handtekening ~ *unterschreiben* ⋆ iem. gevangen ~ *jmdn. einsperren* ⋆ zich op een lijst laten ~ *sich in einer Liste eintragen lassen* ⋆ iem. uit het land ~ *jmdn. ausweisen* ⋆ iets op de grond ~ *etw. hinstellen* ⋆ de bloemen in een vaas ~ *die Blumen in eine Vase stellen* ⋆ de diamant in goud ~ *den Diamanten in Gold fassen* ⋆ 100 werknemers worden op straat gezet *100 Mitarbeiter werden auf die Straße gesetzt* ⋆ de wekker ~ *den Wecker stellen* • (bereiden) *kochen* ⋆ ik heb koffie gezet *ich habe einen Kaffee gekocht/gemacht* • (arrangeren) *setzen* • (doen beginnen) *sich an etw. machen* • (doen zitten) *setzen, stellen* • (monteren) *zusammenbauen* • (med.) *richten* ▾ dat kun je uit je hoofd ~ *das kannst du dir aus dem Kopf schlagen* ▾ iem. voor aap ~ *sich über jmdn. lustig machen* ▾ zich over iets heen ~ *sich über etw. hinwegsetzen* ▾ een punt achter iets ~ *einen Schlussstrich ziehen* ▾ schaak ~ *Schach bieten*
zetter *Setzer* [m]
zetterij *Setzerei* [v]
zetwerk *Satz* [m]
zeug *Sau* [v]
zeulen *schleppen*
zeur *Nörgler* [m], *Quengler* [m]
zeuren • (zaniken) *nörgeln, quengeln* • (eentonig geluid voortbrengen) *leiern* ▾ een ~de pijn *ein bohrender Schmerz*
zeurkous *Nörgler* [m]
zeurpiet *Nörgler* [m]
zeven I [de] • (getal) *Sieben* [v] • (schoolcijfer) ≈ *Drei* [v] **II** [ov ww] *sieben* **III** [telw] *sieben* ⋆ met z'n ~en *zu siebt* → **acht**
zevende *siebt* ⋆ een ~ *ein Siebtel* [o] ⋆ ten ~ *siebtens* → **achtste**
zeventien *siebzehn* → **acht**
zeventig *siebzig* → **acht, twintig**
zich *sich* ⋆ op zich *an sich; für sich*
zicht *Sicht* [v] ⋆ het ~ belemmeren *die Sicht versperren* ⋆ land in ~! *Land in Sicht!* ⋆ het ~ is minder dan 50 meter *die Sicht(weite) beträgt weniger als 50 Meter* ⋆ in het ~ komen *in Sicht kommen* ⋆ een artikel één week op ~ hebben *eine Ware eine Woche zur Ansicht haben* ⋆ geen ~ op iets hebben *keinen Einblick in etw. haben* ▾ het einde is in ~ *das Ende ist abzusehen*
zichtbaar I [bnw] • (te zien) *erkennbar, sichtbar* • (merkbaar) *wahrnehmbar* **II** [bijw] ⋆ hij is ~ verouderd *er ist sichtbar gealtert*
zichzelf *sich selbst* ⋆ voor ~ beginnen *sich selbständig/selbstständig machen* ⋆ in ~ praten *Selbstgespräche führen* ⋆ op ~ wonen *einen eigenständigen Haushalt führen* ⋆ met ~ ingenomen zijn *selbstzufrieden sein* ⋆ van ~ heet zij Müller *sie ist eine geborene Müller*
ziedaar *siehe!, sieh da!, sieh mal einer an!*
zieden I [ov ww] • (laten koken) *sieden* **II** [on ww] • (koken) *sieden* ▾ ~d *schäumend vor Wut* ▾ zij ziedde van woede *sie kochte vor Wut*
ziek *krank* ⋆ hij heeft zich ziek gemeld *er hat sich krankschreiben lassen* ⋆ hij is ernstig ziek *er ist schwer krank*
ziekbed *Krankenbett* [o], *Krankenlager* [o]
zieke *Kranke(r)* [m], *Patient* [m]
ziekelijk • (abnormaal) *krankhaft* ⋆ ~e

Z

gewoontes hebben *krankhafte Gewohnheiten haben* • (telkens ziek) *kränklich, kränkelnd*
zieken *stänkern*
ziekenauto *Krankenwagen* [m]
ziekenbezoek *Krankenbesuch* [m]
ziekenboeg *Krankenzimmer* [o]
ziekenfonds *Krankenkasse* [v]
ziekenfondsbril *Kassengestell* [o]
ziekenfondspatiënt *Krankenkassenpatient* [m]
ziekengeld *Krankengeld* [o]
ziekenhuis *Krankenhaus* [o]
ziekenomroep *Krankenhausrundfunk* [m]
ziekenverpleger *Krankenpfleger* [m] [v: *Krankenschwester*]
ziekenverzorger ≈ *Schwesternhelfer* [m]
ziekenwagen *Krankenwagen* [m]
ziekmelding *Krankmeldung* [v]
ziekte *Erkrankung* [v], *Krankheit* [v] ⋆ een ~ oplopen *sich eine Krankheit zuziehen* ⋆ een ~ onder de leden hebben *eine Krankheit in den Knochen haben* ⋆ wegens ~ *krankheitshalber* ⋆ in geval van ~ *im Erkrankungsfall* ⋆ besmettelijke ~ *ansteckende Krankheit* ⋆ een heersende ~ *eine grassierende Krankheit* ⋆ bezwijken aan een ~ *einer Krankheit erliegen*
ziektebeeld *Krankheitsbild* [o], *Syndrom* [o]
ziektekiem *Krankheitskeim* [m]
ziektekosten ≈ *die bei der Krankheit angefallenen Kosten* [mv]
ziektekostenverzekering *Krankenversicherung* [v]
ziekteleer *Pathologie* [v]
ziekteverlof *Erholungsurlaub* [m]
ziekteverschijnsel *Krankheitserscheinung* [v]
ziekteverzuim *Versäumen wegen Krankheit* [o]
ziektewet *Krankenversicherungsgesetz* [o] ▾ in de ~ lopen *Krankengeld beziehen*
ziel *Seele* [v] ▾ met zijn ziel onder de arm lopen *nichts mit sich selbst anzufangen wissen* ▾ iem. op zijn ziel trappen *jmdm. in die Seele schneiden* ▾ hoe meer zielen hoe meer vreugd *je größer die Gesellschaft, je größer die Freude* ▾ hij is ter ziele *er ist gestorben*
zielenheil *Seelenheil* [o]
zielenroerselen *Seelenregungen* [mv]
zielenrust *Seelenruhe* [v]
***zielepiet** (Wdl: zielenpiet) *arme(r) Tropf* [m]
zielig *bedauernswert, jämmerlich, kläglich, bedauerlich* ⋆ het is ~ voor hem *es ist bedauernswert für ihn* ⋆ zo met dieren omgaan, is ~ *Tiere so zu behandeln, ist Quälerei*
zielloos *unbeseelt, seelenlos,* (levenloos) *entseelt*
zielsbedroefd *tief betrübt*
zielsblij *heilfroh*
zielsgelukkig *überglücklich, selig*
zielsveel *von ganzem Herzen, innig*
zielszorg *Seelsorge* [v]
zieltogen *im Sterben liegen*
zien I [ov ww] • (waarnemen) *sehen* ⋆ iem. iets laten zien *jmdm. etw. zeigen* ⋆ iets te zien krijgen *etw. zu sehen bekommen* • (inzien) *verstehen, sehen* • (proberen) *zusehen* ⋆ zie zelf maar hoe je het klaar speelt *sieh zu, wie du damit fertig wirst* ⋆ zie maar! *mach, was du willst!* • (bezien) *erwarten, sehen* ⋆ we zullen zien! *wir werden sehen!* ⋆ ik zie niets in het voorstel *ich halte nichts von dem Vorschlag* ⋆ niet veel in iets zien *sich nicht viel von etw. versprechen* • (beleven) *sehen, erleben* • (overwegen) *sehen* ⋆ gezien de stand van zaken *nach Lage der Dinge* ▾ het niet meer zien zitten *schwarz sehen* ▾ het voor gezien houden *genug davon haben* ▾ veel van de wereld gezien hebben *viel herumgekommen sein* **II** [on ww] • (kunnen zien) *sehen* ⋆ hij ziet scheel *er schielt* • (eruitzien) *aussehen* ⋆ bleek zien *blass aussehen* ⋆ wat zie jij eruit! *wie du aber aussiehst!* • (uitzicht geven) *gehen auf* ⋆ de ramen zien uit op de tuin *die Fenster gehen auf den Garten* • (kijken) *sehen, gucken* ⋆ moet je dat zien! *sieh dir das an!*
zienderogen *zusehends*
ziener *Seher* [m], *Prophet* [m]
zienswijze *Betrachtungsweise* [v], *Sicht* [v], *Ansicht* [v] ⋆ naar haar ~ *aus ihrer Sicht*
ziezo *so!*
zigeuner *Rom und Sinto* [m] [v: *Romni und Sintiza*], (pej.) *Zigeuner*, (in Europa levend volk) *Roma und Sinti* [mv]
zigzag I [de] *Zickzack* [m] **II** [bijw] *zickzack, im Zickzack*
zigzaggen *zickzacken, im Zickzack gehen/fahren*
zij I [de] • (vrouwelijk wezen) *Sie* ⋆ het is een zij *es ist ein Mädchen* • (kant) *Seite* [v] **II** [pers vnw] *sie* ⋆ zij, die zo iets doen *diejenigen, die so etw. tun*
zijaanzicht *Seitenansicht* [v], (techn.) *Seitenriss* [m]
zijbeuk *Seitenschiff* [o]
zijde • (zijkant) *Seite* [v] ⋆ van vaders ~ *väterlicherseits* ⋆ de schuine ~ van een driehoek *die Hypotenuse* ⋆ iem. in zijn ~ trappen *jmdm. in die Seite treten* ⋆ niet van iemands ~ wijken *jmdm. nicht von der Seite weichen* • (stof) *Seide* [v] • (partij) *Seite* [v]
zijdeglans *Seidenglanz* [m]
zijdelings *indirekt, seitlich* ⋆ een ~e toespeling *eine indirekte Mitteilung* ⋆ ~e blik *Seitenblick* [m]
zijden *seiden* ▾ aan een ~ draadje hangen *an einem seidenen Faden hängen*
zijderups *Seidenraupe* [v]
zijdeur *Seitentür* [v]
zij-ingang *Seiteneingang* [m]
zijkamer *Nebenzimmer* [o]
zijkant *Seite* [v]
zijlijn • (zijspoor) *Nebenlinie* [v] • (sport) *Seitenlinie* [v]
zijlinie *Seitenlinie* [v]
zijn I [het] *Sein* [o] **II** [on ww] • (bestaan) *sein* ⋆ hoe het ook zij *wie dem auch sei* ⋆ wat is er? *was ist los?* ⋆ wat was ook weer het punt? *wo waren wir stehen geblieben?* ⋆ er is wat met de auto *etw. stimmt nicht mit dem Wagen* ⋆ zij mag er zijn *sie kann sich sehen lassen* • (plaatsvinden) *stattfinden, sein* ⋆ het was in 1960 *das war im Jahre 1960* • (zich bevinden) *sich befinden, sein* ⋆ er is nog bier *es gibt noch Bier* ⋆ er zijn mensen voor u gekomen *es ist Besuch für Sie gekommen* • (leven) *leben, sein* ⋆ er was eens een koning *es war einmal ein König* • (bedragen in geld) *betragen, machen, sein* ⋆ dat is dan 10 gulden *das macht 10 Gulden* • (~ **aan**) *beschäftigt sein* ⋆ hij is aan het werk *er arbeitet* ⋆ de kinderen zijn aan het spelen *die Kinder spielen* • (~ **van**) *gehören* ⋆ het is van haar *es gehört ihr* ▾ wat is er? *was ist los?* **III** [hww] *sein* **IV** [kww] • (in hoedanigheid toestand zijn) *sein* • (~ **te**) *sein* **V** [bez vnw] *sein* ⋆ hij is met de zijnen vertrokken *er ist mit den Seinen/seinen abgefahren* ⋆ hij wast zijn handen *er wäscht sich die Hände* ⋆ mijn kamer is groter dan de zijne *mein Zimmer ist größer als seines* ⋆ ieder het zijne geven *jedem das Seine/seine geben*
zijpad ▾ ~en bewandelen *vom Thema abkommen*
zijrivier *Nebenfluss* [m]
zijspan • (wagentje) *Beiwagen* [m] • (motor) *Motorrad mit Beiwagen* [o]

zijspiegel *Seitenspiegel* [m]
zijspoor *Nebengleis* [o] ▾ op een ~ gezet worden *ausrangiert werden*
zijstraat *Seitenstraße* [v]
zijtak • (van een rivier) *Seitenarm* [m] • (van een boom) *Ast* [m] • (aftakking) *Verzweigung* [v]
zijwaarts *seitlich, seitwärts* ⋆ ~e beweging *Seitenbewegung* [v]
zijweg *Seitenweg* [m]
zijwind *Seitenwind* [m]
zilt *salzig*
zilver *Silber* [o]
zilverachtig *silbrig*
zilveren *aus Silber, silbern, Silber-*
zilvergeld *Silbergeld* [o]
zilvermeeuw *Silbermöwe* [v]
zilverpapier *Silberpapier* [o]
zilverreiger *Silberreiher* [m]
zilversmid *Silberschmied* [m]
zilverspar *Silbertanne* [v], *Edeltanne* [v]
zilveruitje *Silberzwiebel* [v]
zilververf *Silberfarbe* [v]
zilvervliesrijst *ungeschälte(r) Reis* [m]
zilvervos *Silberfuchs* [m]
zilverwerk *Silberarbeit* [v]
Zimbabwe *Simbabwe* [o]
zin • (zintuig) *Sinnesorgan* [o], *Sinn* [m] ⋆ dit prikkelt de zinnen *dies reizt die Sinne* • (lust) *Lust* [v] ⋆ ik heb er geen zin in *ich habe keine Lust dazu* ⋆ vandaag heb ik geen zin in tomaten *heute mag ich keine Tomaten* • (volzin) *Satz* [m] • (betekenis) *Sinn* [m] ⋆ in zekere zin *in gewissem Sinne* ⋆ in de eigenlijke/figuurlijke/strenge zin van het woord opgevat *im eigentlichen/bildlichen/strengen Sinne des Wortes verstanden* • (wil) *Sinn* [m], *Wille* [m] ⋆ zijn zin doordrijven *seinen Willen durchsetzen* ⋆ je kunt het hem nooit naar de zin maken *man kann ihm nichts recht machen* ⋆ iets tegen zijn zin doen *etw. gegen seinen Willen tun* ⋆ zijn zinnen op iets gezet hebben *sich etw. in den Kopf gesetzt haben* ⋆ ik volg mijn eigen zin *ich handle nach eigenem Ermessen* • (nut) *Sinn* [m], *Zweck* [m] ⋆ dat heeft geen zin *das hat keinen Zweck* • (verstand) *Verstand* [m], *Sinne* [mv] ⋆ buiten zinnen zijn *außer sich sein* ⋆ weer bij zinnen komen *wieder zu Bewusstsein kommen*
zindelijk ‹dieren› *stubenrein*, ‹kinderen› *sauber* • (proper) *sauber, rein(lich)*
zinderen *flimmern* ⋆ de lucht zindert van de hitte *die Luft flimmert vor Hitze*
zingen *singen*
zink *Zink* [o]
zinken I [bnw] *Zink-* ⋆ ~ dak *Zinkdach* [o] **II** [on ww] *untergehen, (ver)sinken* ⋆ een schip tot ~ brengen *ein Schiff versenken*
zinklood *Senkblei* [o]
zinkput *Sickergrube* [v]
zinloos *sinnlos*
zinnebeeld *Sinnbild* [o], *Symbol* [o]
zinnebeeldig *sinnbildlich, symbolisch*
zinnelijk *sinnlich*
zinnen • (bevallen) *gefallen, zusagen* ⋆ dat zint mij niet! *das passt mir nicht!* • (~ **op**) *sinnen auf*
zinnenprikkelend *sinnlich*
zinnig *vernünftig*
zinsbegoocheling *Sinnestäuschung* [v]
zinsbouw *Satzbau* [m]
zinsdeel *Satzglied* [o], *Satzteil* [m]
zinsnede *Satzteil* [m]
zinsontleding *Satzanalyse* [v]
zinspelen *anspielen* ⋆ ~ op *Anspielungen machen auf* [4]; *anspielen auf*

Z

zinspreuk *Sinnspruch* [m], ‹devies› *Wahlspruch* [m]
zinsverband • (context) *Zusammenhang* [m], *Kontext* [m] • (betrekking tussen twee zinnen) *Satzrelation* [v], *Satzzusammenhang* [m]
zinsverbijstering *Sinnesstörung* [v], *Geistesverwirrung* [v]
zinswending *Redewendung* [v]
zintuig *Sinn* [m], *Sinnesorgan* [o]
zintuiglijk *sinnlich* ⋆ ~e waarneming *sinnliche Wahrnehmung*
zinverwant *sinnverwandt*
zionisme *Zionismus* [m]
zit *Sitz* [m] ▾ dat was een hele zit *es dauerte lange*
zitbad *Sitzbad* [o]
zitelement *Sitzelement* [o]
zithoek *Sitzecke* [v]
zitje *kleine(r) Sitz* [m]
zitkamer *Wohnzimmer* [o]
zitplaats *Sitzplatz* [m] ⋆ voertuig met 2 ~en *Zweisitzer* [m]
zitten • (bedekt zijn met) ⋆ er zit een vlek op je broek *du hast einen Fleck auf deiner Hose* ⋆ de auto zit onder het roest *der Wagen hat viel Rost* ⋆ onder de vlekken ~ *völlig bekleckert sein* • (in positie/toestand gelaten worden) *sitzen (bleiben)* ⋆ op school blijven ~ *in der Schule sitzen bleiben* ⋆ iets laten ~ *es dabei belassen* ⋆ daar zit je dan! *da hast du die Bescherung!* ⋆ hij zit met problemen *er hat Probleme* • (gezeten zijn) *sitzen* ⋆ aan tafel ~ *bei Tisch sitzen* ⋆ ga ~! *setz dich!; setzen Sie sich!* ⋆ hij zat in de kamer te lezen *er saß im Zimmer und las* • (zich bevinden) *stecken, wohnen, sein* ⋆ waar zit hij nu weer? *wo steckt er jetzt schon wieder?* ⋆ op school ~ ‹zich op school bevinden› *in der Schule sein*; ‹naar school gaan› *zur Schule gehen* ⋆ de sleutel zit in de deur *der Schlüssel steckt in der Tür* • (bevestigd zijn) *sitzen* ⋆ de knoop zit los *der Knopf ist lose* ⋆ stevig in elkaar ~ *gut gebaut sein* • (passen) *sitzen* • (bezig zijn met) *stehen, liegen, sein* ⋆ het zit mij hoog *es ärgert mich sehr* ⋆ de woordjes ~ er goed in *die Vokabeln sitzen gut* ⋆ het zit er helaas niet in *das ist leider nicht drin* ⋆ daar zit iets achter *da steckt etw. dahinter* ⋆ het zit hem hier in *es liegt daran* • (doel treffen) *sitzen* • (gevangen zitten) ⋆ hij moet 5 jaar ~ *er muss 5 Jahre sitzen* • (werken) *funktionieren, verhalten* ⋆ hoe zit een computer in elkaar? *wie funktioniert ein Computer?* ▾ het zit erop *das hätten wir geschafft* ▾ er warmpjes bij ~ *keine Not leiden; gut betucht sein* ▾ dat zit goed in elkaar *das hat Hand und Fuß* ▾ hoe zit het met de zaak? *wie steht die Sache?* ▾ het er niet bij laten ~ *es nicht dabei bewenden lassen* ▾ dat laat ik niet op mij ~ *das lasse ich mir nicht bieten*
zittenblijver *Sitzenbleiber* [m]
zittend • (een functie bekledend) *amtierend* • (zittende houding) *sitzend*
zitting • (deel van stoel) *Sitz* [m] • (vergadering) *Sitzung* [v], ‹langer dan één dag› *Tagung* [v] ⋆ hij heeft ~ in het bestuur *er ist Mitglied des Vorstandes*
zitvlak *Gesäß* [o]
zitvlees *Sitzfleisch* [o]
zo I [bijw] • (op deze wijze) *so* • (in deze mate) *genauso, ebenso, so* ⋆ om 10 uur of zo *etwa um/rund 10 Uhr* ⋆ dat is al zo vaak gebeurd *das ist schon so oft passiert* • (direct) *so* ⋆ ik kom zo *ich komme gleich/sofort* • (uitstekend) *prima, ausgezeichnet* ⋆ hij is zó *er ist ein prima Kerl* • (gelijk zijn) *so* **II** [vw] • (zoals) *wie* • (indien) *wenn* • (naar) *wie* **III** [tw] *so* ⋆ hoe zo? *wieso?* ⋆ o

zo ach so ⋆ zo, zo soso
zoal eigentlich ⋆ waar ben je zoal mee bezig? was machst du zurzeit?
zoals I [bijw] wie **II** [vw] (gleich)wie
zodanig I [aanw vnw] solch, derartig ⋆ als ~ als solcher; ‹op zichzelf beschouwd› an sich **II** [bijw] in solchem Maße, in solcher Weise, derart ⋆ zij heeft mij ~ beledigd dat... sie hat mich dermaßen beleidigt, dass...
zodat so dass/sodass
zode Sode [v], Rasenstück [o], Plagge [v] ▾ zij ligt onder de groene zoden sie deckt der grüne/kühle Rasen
zodoende also, somit, ‹dientengevolge› folglich, deshalb
zodra sobald
zoek fort, weg ⋆ zoek raken verloren gehen; abhanden kommen ⋆ er is een kind zoek es wird ein Kind vermisst ▾ op zoek gaan auf die Suche gehen
zoekactie Suchaktion [v]
zoekbrengen verschwenden
zoeken suchen ⋆ na vergeefs ~ nach vergeblicher Suche ▾ dat had ik niet achter je gezocht das hätte ich dir nicht zugetraut
zoeker Sucher [m]
zoeklicht Scheinwerfer [m]
zoekmaken verkramen, verlegen
zoekplaatje Suchbild [o], Vexierbild [o]
zoel lind
Zoeloe Zulu [m]
zoemen summen
zoemer Summer [m]
zoemtoon Summton [m]
zoen Kuss [m]
zoenen küssen ⋆ dat is om te ~ das ist zum Anbeißen
zoenoffer Sühneopfer [o]
zoet I [het] Süße(s) [o] **II** [bnw] • (zoet smakend) süß • (braaf) artig
zoetekauw Süßmaul [o]
zoethoudertje ‹scherts› Beruhigungspille [v]
zoethout Süßholz [o]
zoetig süßlich
zoetigheid Süßigkeit [v], ‹snoep› Süßigkeiten [mv]
zoetje Süßstoff [m], Süßstofftablette [v]
zoetsappig süß, süßlich
zoetstof Süßstoff [m]
zoetwaren Süßwaren [mv]
zoetzuur I [het] ≈ Mixedpickles/Mixed Pickels [mv] ⋆ in ~ ingelegd sauersüß eingemacht **II** [bnw] sauersüß ⋆ zoetzure augurken sauersüße(n) Gurken
zoeven schwirren
***zoëven** (Wdl: zo-even) (so)eben, vorhin, gerade
zog • (moedermelk) Muttermilch [v] • (kielzog) Kielwasser [o]
zogeheten so genannt
zogen säugen, ‹bij mensen› stillen
zogenaamd • (zogeheten) sogenannt • (quasi) so genannt, angeblich
zogezegd • (om zo te zeggen) gewissermaßen, sozusagen • (nagenoeg) praktisch, so gut wie
zoiets so etw., so ungefähr
zojuist gerade, (so)eben
zolang I [bijw] unterdessen, inzwischen, einstweilen **II** [vw] solang(e) ⋆ voor ~ het duurt solang es dauert
zolder Dachboden [m], Boden [m], Speicher [m] ⋆ met het haar op ~ mit den Haaren hochgesteckt
zoldering Decke [v]
zolderkamer Dachkammer [v], Bodenkammer [v]
zolderluik Dachluke [v]
zoldertrap Bodentreppe [v]
zomaar • (zonder aanleiding) nur so, unvermittelt • (zonder beperkingen) ohne weiteres ⋆ kan dat ~? geht das so ohne weiteres?
zombie Zombie [m]
zomen säumen
zomer Sommer [m] ⋆ in het hartje van de ~ mitten im Sommer
zomerhuis Sommerhaus [o]
zomerkleed Sommerkleid [o]
zomers sommerlich
zomerseizoen Sommersaison [v]
zomersproeten Sommersprossen [mv]
zomertijd Sommerzeit [v]
zomervakantie Sommerferien [mv]
zomin ebenso wenig ⋆ net ~ als genauso/ebenso wenig wie
zon Sonne [v] ⋆ een door de zon verbrand gezicht ein sonnenverbranntes Gesicht ▾ er is niets nieuws onder de zon es gibt nichts Neues unter der Sonne ▾ voor niets gaat de zon op umsonst ist nur der Tod ▾ een plek onder de zon hebben einen Platz an der Sonne haben ▾ de zon opzoeken eine fröhliche Natur sein
zo'n • (zo één) so ein, solch ein • (ongeveer) so in etwa, so an/um
zonaanbidder Sonnenanbeter [m]
zondaar Sünder [m] ⋆ een verstokte ~ ein unverbesserlicher Sünder
zondag Sonntag [m] ⋆ 's ~s sonntags; am Sonntag
zondags I [bnw] sonntäglich, Sonntags- ⋆ op zijn ~ gekleed sonntäglich angezogen sein **II** [bijw] sonntags, am Sonntag
zondagsdienst Sonntagsdienst [m]
zondagskind • (kind geboren op zondag) Sonntagskind [o] • (gelukskind) Sonntagskind [o], Glückskind [o]
zondagsrijder Sonntagsfahrer [m]
zondagsschilder Sonntagsmaler [m]
zondagsschool Kindergottesdienst [m]
zonde • (slechte daad) Sünde [v] • (jammer) ⋆ wat ~! wie schade! ⋆ dat/het is eeuwig ~ das/es ist jammerschade ⋆ het is ~ van het geld es ist schade um das Geld
zondebok Sündenbock [m] ⋆ iem. als ~ aanwijzen jmdm. den schwarzen Peter zuschieben
zonder ohne ⋆ ~ dat ohne dass ⋆ ~ te ohne zu
zonderling I [de] Sonderling [m] **II** [bnw] sonderbar, merkwürdig, seltsam
zondeval Sündenfall [m]
zondig sündhaft, sündig
zondigen sündigen ⋆ tegen de regels ~ gegen die Regeln verstoßen
zondvloed Sintflut [v] ▾ na ons de ~ nach uns die Sintflut
zone Zone [v]
zonet (so)eben, gerade
zonkant Sonnenseite [v]
zonlicht Sonnenlicht [o]
zonnebad • (zonnebank) Solarium [o] • (het zonnebaden) Sonnenbad [o]
zonnebaden sich sonnen
zonnebank Sonnenbank [v]
zonnebloem Sonnenblume [v]
zonnebrandolie Sonnenöl [o]
zonnebril Sonnenbrille [v]
zonnecel Sonnenzelle [v], Solarzelle [v]
zonnecollector Sonnenkollektor [m], ‹apparaat dat zonnestraling in stroom omzet› Sonnenofen [m]
zonne-energie Sonnenenergie [v], Solarenergie [v]

zonneklaar *sonnenklar*
zonneklep • (klep in auto) *Sonnenblende* [v] • (klep van pet) *Schirm* [m]
zonnen *sich sonnen*
zonnepaneel *Sonnenkollektoren* [mv]
zonnescherm *Markise* [v]
zonneschijn *Sonnenschein* [m]
zonnesteek *Sonnenstich* [m]
zonnestelsel *Sonnensystem* [o]
zonnestraal *Sonnenstrahl* [m]
zonnetje *Sonne* [v] ▾ iem. in het ~ zetten *jmdn. ins rechte Licht rücken/setzen* ▾ zij is het ~ in huis *sie ist der Sonnenschein der Familie*
zonnevlek *Sonnenfleck* [m]
zonnewijzer *Sonnenuhr* [v]
zonnig *sonnig*
zonovergoten *sonnenüberflutet*
zonsondergang *Sonnenuntergang* [m]
zonsopgang *Sonnenaufgang* [m]
zonsverduistering *Sonnenfinsternis* [v]
zonwering *Sonnenschutz* [m]
zonzijde *Sonnenseite* [v]
zoogdier *Säugetier* [o]
zooi • (flinke hoeveelheid) *Masse* [v], *Menge* [v] ⋆ de hele zooi ‹mensen› *die ganze Bande* • (troep) *Kram* [m], *Plunder* [m] ⋆ de hele zooi *der ganze Kram* ⋆ het is daar een zooi *dort herrscht eine Sauwirtschaft* ⋆ bijeengeraapte zooi *aller mögliche Plunder* ⋆ zo'n zooi! *so'n Schlamassel!*
zool *Sohle* [v] ▾ halve zool *Idiot* [m]
zoolganger *Sohlengänger* [m]
zoölogie *Zoologie* [v]
zoöloog *Zoologe* [m]
zoom • (omgenaaide rand) *Saum* [m] • (buitenrand) *Rand* [m]
zoomlens *Zoomobjektiv* [o], *Zoom* [o]
zoon *Sohn* [m] ▾ de verloren zoon *der verlorene Sohn*
zootje • (hoeveelheid) *Menge* [v], *Haufen* [m] • (rommeltje) *Kram* [m], *Chaos* [o]
zorg *Sorge* [v] ⋆ vrij van zorgen *sorgenfrei; frei von Sorgen* ⋆ onder zorgen gebukt gaan *den Kopf voller Sorgen haben* ⋆ zorg dragen voor ... *dafür sorgen, dass ...* ⋆ veel zorg besteden aan *große Sorgfalt verwenden auf* ▾ dat zal mij een zorg wezen *das ist nicht mein Bier*
zorgelijk • (vol bezorgdheid) *sorgenvoll, besorgt* • (onrustbarend) *Besorgnis erregend, beängstigend*
zorgeloos • (zonder zorgen) *sorglos, unbeschwert* • (achteloos) *unachtsam, sorglos*
zorgen • (het nodige doen) *sorgen (für)* [4], *sich kümmern (um)* [4] • (verzorgen) *versorgen* ⋆ voor iem. ~ *für jmdn. sorgen; sich um jmdn. kümmern; jmdn. versorgen* • (regelen) *bewirken, zur Folge haben*
zorgenkind *Sorgenkind* [o]
zorgvuldig • (met zorg) *sorgfältig* • (nauwkeurig) *gewissenhaft*
zorgwekkend *Besorgnis erregend, beunruhigend*
zorgzaam *fürsorglich, sorgsam*
zot I [de] *Narr* [m], *Tor* [m] ▾ kinderen en zotten zeggen de waarheid *Kinder und Narren sagen die Wahrheit* **II** [bnw + bijw] *verrückt, irre*, ‹onverstandig› *dumm*
zout I [het] *Salz* [o] ⋆ in het zout leggen *einpökeln* ▾ het zout der aarde *das Salz der Erde* ▾ het zout in de pap niet verdienen *nicht das Salz in der Suppe verdienen* **II** [bnw] *salzig*, ‹gezouten› *gesalzen* ⋆ zoute haring *Salzhering* [m] ⋆ het eten te zout maken *das Essen versalzen* ▾ heb je het ooit zo zout gegeten *so etw. hast du noch nicht erlebt*

Z

zoutarm *salzarm*
zouteloos *fade, abgeschmackt*
zouten • (inzouten) *pökeln* ⋆ ge~ vlees *Salzfleisch* [o]; *Pökelfleisch* [o] • (zout maken) *salzen*
zoutje *Salzgebäck* [o]
zoutkoepel *Salzstock* [m]
zoutloos *salzlos, salzfrei*
zoutpan *Salzgarten* [m]
zoutvaatje *Salzstreuer* [m], *Salzfässchen* [o]
zoutzak *Salzsack* [m], ‹slap persoon› *Schlappschwanz* [m]
zoutzuur *Salzsäure* [v]
zoveel I [bijw] *so viel* ⋆ ~ te beter *umso besser; desto besser* **II** [telw] ⋆ net ~ *genauso viel* ⋆ tweemaal ~ *doppelt so viel* ⋆ ~ mogelijk *so viel wie möglich* ⋆ dat maakt toch niet ~ uit? *das macht doch nicht so einen großen Unterschied?* ▾ uit het jaar ~ *von anno dazumal*
zover ⋆ voor ~ ik weet *soviel ich weiß* ⋆ voor ~ zij daartoe in staat is *sofern sie dazu in der Lage ist* ⋆ in ~re *insoweit*
zowaar *tatsächlich, wahrhaftig*
zowat *ungefähr, etwa*
zowel *sowohl*
zozeer *so, so sehr* ⋆ ben je moe? dat niet ~ *bist du müde? das nicht gerade* ⋆ het gaat niet ~ daarom *es geht nicht so sehr darum*
zozo *leidlich, so lala* ⋆ ik vind het maar zozo *ich finde es nur so lala*
zucht • (uitademing) *Seufzer* [m] ⋆ een ~ slaken *seufzen* • (drang) *Begierde* [v], *Sucht* [v] ⋆ de ~ om te behagen *die Gefallsucht* [v]
zuchten • (lijden) *schmachten* • (uitademen) *seufzen* • (~ **naar**) *schmachten nach*
zuchtje *Hauch* [m], *Lüftchen* [o]
zuid I [de] *Süden* [m] **II** [bijw] *südlich* ⋆ de wind is zuid *der Wind kommt von Süden*
Zuid-Afrika *Südafrika* [o]
Zuid-Amerika *Südamerika* [o]
Zuid-Amerikaans *südamerikanisch*
zuidelijk I [bnw] *südlich* **II** [bijw] *südwärts*
zuiden *Süden* [m] ⋆ kamers op het ~ hebben *Zimmer nach Süden haben*
zuiderbreedte *südliche Breite* [v]
zuiderkeerkring *südliche(r) Wendekreis* [m]
zuiderlicht *Südlicht* [o]
zuiderling *Südländer* [m]
Zuid-Korea *Südkorea* [o]
zuidkust *Südküste* [v]
zuidpoolcirkel *südliche(r) Polarkreis* [m]
zuidvrucht *Südfrucht* [v]
zuidwaarts I [bnw] *südlich* **II** [bijw] *südwärts*
zuidwester • (wind) *Südwestwind* [m] • (hoed) *Südwester* [m]
zuigeling *Säugling* [m]
zuigelingenzorg *Säuglingspflege* [v]
zuigen I [ov ww] • (opzuigen) *aufsaugen* • (stofzuigen) *saugen, staubsaugen/Staub saugen* **II** [on ww] • (sabbelen) *saugen*
zuiger • (deel van motor) *Kolben* [m] • (persoon) *Sauger* [m]
zuigfles *Saugflasche* [v]
zuigkracht • (zuigvermogen) *Saugfähigkeit* [v] • (aantrekkingskracht) *Saugkraft* [v]
zuignap *Saugnapf* [m]
zuigtablet *Lutschtablette* [v]
zuil *Säule* [v]
zuilengalerij *Säulengang* [m]
zuinig *sparsam, wirtschaftlich* ⋆ ~ met zijn woorden zijn *wortkarg sein* ⋆ ~ op zijn spullen zijn *schonend mit seinen Sachen umgehen* ▾ ~

kijken *verdrießlich dreinschauen*
zuinigheid *Sparsamkeit* [v] ▾ ~ met vlijt bouwt huizen als kastelen *Sparsamkeit führt zu Reichtum*
zuipen I [ov ww] • (slurpen) *saufen* **II** [on ww] • (alcohol gebruiken) *sich besaufen*
zuiplap *Säufer* [m]
zuivel *Milcherzeugnisse* [mv], *Molkereiprodukte* [mv]
zuivelfabriek *Molkerei* [v]
zuivelindustrie *Milchwirtschaft* [v]
zuiver I [bnw] • (puur) *sauber, rein* ⋆ ~ goud *reine(s) Gold* [o] ⋆ hij is ~ in de leer *er ist rechtgläubig* ⋆ zij heeft een ~e stem *sie hat eine reine Stimme* • (zonder blaam) *rein* ⋆ een ~ geweten *ein reines Gewissen* • (netto) *rein* ⋆ de ~e winst *der Netto-/Reingewinn* ⋆ het ~e inkomen *das Nettoeinkommen* • (louter) *rein* ⋆ ~e bedoelingen *lautere(n) Absichten* • (schoon) *sauber* ▾ dit is geen ~e koffie *die Sache ist mir nicht geheuer* **II** [bijw] *rein, pur* ⋆ ~ en alleen *einzig und allein* ⋆ dat is ~ gelogen *das ist pur gelogen*
zuiveren • (reinigen) *säubern* • (vrijpleiten) *befreien* ⋆ iem. van alle blaam ~ *jmds. Ehre wiederherstellen*
zuivering *Reinigung* [v], ‹ook fig.› *Säuberung* [v] ⋆ water~ *Klärung* [v]
zuiveringsinstallatie *Aufbereitungsanlage* [v], *Kläranlage* [v]
zuiveringszout *Natron* [o]
zulk I [aanw vnw] *solch* **II** [bijw] *so, solch*
zullen I [on ww] *sollen* ⋆ gij zult niet doden *du sollst nicht töten* **II** [hww] • (toekomst uitdrukkend) *werden* ⋆ we ~ wel zien *wir werden sehen* ⋆ ik zal het je zeggen *ich werde es dir sagen* ⋆ het schijnt spoedig te ~ regenen *es scheint, dass es bald regnen wird* • (modaliteit uitdrukkend) *sollen, werden* ⋆ dat zal wel *das mag sein* ⋆ ik zou het niet gedaan hebben *ich hätte es nicht getan* ⋆ ik zou graag iets drinken *ich möchte etw. trinken* ⋆ hier zou ik wel willen wonen *hier würde ich gerne wohnen* ⋆ zal ik het raam sluiten? *soll ich das Fenster schließen?* ⋆ het zou mij verwonderen als ... *es sollte mich wundern, wenn ...* ⋆ zou je denken? *meinst du?* ⋆ wie zou het zijn? *wer mag es sein?* ⋆ u zou zich kunnen vergissen *Sie könnten sich irren* ⋆ de meesten van u ~ het wel weten *die meisten unter Ihnen dürften es bereits wissen* ⋆ zonder hulp zou het je niet gelukt zijn *ohne Hilfe wäre es dir nicht gelungen* ⋆ wat zou jij in mijn plaats doen? *was würdest du an meiner Stelle tun?*
zult *Sülze* [v]
zurig *säuerlich*
zuring *Sauerampfer* [m]
zus I [de] *Schwester* [v] ⋆ hé zus, dat gaat zo maar niet *he, junge Frau, das geht aber nicht* ▾ je zus! *denkste!; Pustekuchen!* **II** [bijw] *so* ⋆ zus en zo *so und so*
zuster *Schwester* [v] ⋆ een ~ van het Rode Kruis *eine Rotkreuzschwester* ▾ je ~ *das könnte dir so passen*
zusterhuis *Schwesternwohnheim* [o]
zusterlijk *schwesterlich*
zusterorganisatie *Schwesterorganisation* [v]
zuur I [het] • (azijn) *Saure(s)* [o] ⋆ haringen/augurken in het zuur *saure(n) Heringe/Gurken* • (chem.) *Säure* [v] ⋆ bestand tegen zuren *säurebeständig* **II** [bnw] *sauer* ⋆ de nederlaag was een zuur moment *die Niederlage war ein bitterer Augenblick* ⋆ een zure smaak *ein bitterer Geschmack* ⋆ zure melk *saure Milch* ⋆ de zure regen *der saure Regen* ⋆ een zuur leven hebben *ein saures/schweres Leben haben* ▾ zure vent *sauertöpfische(r) Kerl* [m] ▾ dat zal hem zuur opbreken *das wird ihm teuer zu stehen kommen* **III** [bijw] ⋆ zuur kijken *sauer dreinblicken*
zuurdesem *Sauerteig* [m]
zuurgraad *Säuregrad* [m]
zuurkool *Sauerkraut* [o]
zuurpruim *Griesgram* [m]
zuurstof *Sauerstoff* [m]
zuurstofapparaat *Sauerstoffgerät* [o]
zuurstofcilinder *Sauerstoffflasche* [v]
zuurstofmasker *Sauerstoffmaske* [v]
zuurstok *Zuckerstange* [v]
zuurtje *Drops* [m]
zuurverdiend *sauer verdient* ⋆ ~ geld *sauer verdiente(s) Geld* [o]
zwaai *Schwung* [m], *Schwenk* [m] ⋆ met één ~ *mit einem Schwung* ⋆ een ~ naar rechts maken *einen Schwung/Schwenk nach rechts machen*
zwaaien I [ov ww] • (heen en weer bewegen) *schwingen* ▾ er zwaait wat *es setzt was* **II** [on ww] • (groeten) *winken* • (slingeren) *torkeln* • (heen en weer bewogen worden) *schwingen* ⋆ de takken ~ in de wind *die Äste wiegen sich im Wind* • (zwenken) *schwenken* ⋆ de hoek om ~ *um die Ecke schwenken*
zwaailicht *Blaulicht* [o]
zwaan *Schwan* [m]
zwaar I [bnw] *schwer* ⋆ zware onkosten *hohe(n) Unkosten* ⋆ alcohol is een zware drug *Alkohol ist eine starke Droge* ⋆ de zware industrie *die Schwerindustrie* ⋆ zware klei *fette(r) Klei* ⋆ zware mist *dichte(r) Nebel* ⋆ zware rouw *tiefe Trauer* ⋆ ~ weer *böse(s)/schwere(s) Wetter* ▾ met ~ geschut aanrukken *schwere Geschütze auffahren* **II** [bijw] *stark, schwer* ⋆ hij heeft het ~ te verduren *er hat eine Menge auszustehen* ⋆ ~ gewond *schwer verletzt*
zwaarbeladen *schwer beladen*
zwaarbewapend *schwer bewaffnet*
zwaard *Schwert* [o]
zwaardvis *Schwertfisch* [m]
zwaargebouwd *stämmig, kräftig gebaut*
zwaargewicht I [de] *Schwergewicht* [o], *Schwergewichtler* [m] **II** [het] *Schwergewicht* [o]
zwaarlijvig *beleibt, korpulent*
zwaarmoedig *schwermütig*
zwaarte • (gewicht) *Gewicht* [o], *Schwere* [v] • (ernst) *Schwere* [v] • (afmeting) *Stärke* [v]
zwaartekracht *Schwerkraft* [v], *Gravitation* [v]
zwaartelijn *Seitenhalbierende* [v]
zwaartepunt *Schwerpunkt* [m]
zwaartillend *grüblerisch*
zwaarwegend *schwerwiegend*
zwaarwichtig *schwerwiegend, gewichtig*
zwabber *Mopp* [m]
zwabberen I [ov ww] • (schoonmaken) *moppen,* ‹scheepv.› *schwabbern* **II** [on ww] • (pierewaaien) *sumpfen*
zwachtel *Binde* [v]
zwachtelen *eine Binde wickeln um, verbinden*
zwager *Schwager* [m]
zwak I [het] *Schwäche* [v] **II** [bnw] *schwach*
zwakbegaafd *schwach begabt*
zwakheid *Schwachheit* [v], *Schwäche* [v]
zwakjes *ziemlich schwach,* ‹zonder kracht› *matt*
zwakkeling *Schwächling* [m]
zwakstroom *Schwachstrom* [m]
zwakte *Schwäche* [v]
zwaktebod ‹houding› *Zeichen von Schwäche* [o], ‹voorstel› *Angebot aus Schwäche* [o]

zwakzinnig *schwachsinnig*
zwakzinnigenzorg *Schwachsinnigenfürsorge* [v]
zwalken *herumtreiben, umhertreiben*
zwaluw *Schwalbe* [v]
zwaluwstaart *Schwalbenschwanz* [m]
zwam *Pilz* [m], *Schwämme* [mv]
zwammen *quatschen, faseln*
zwanenhals *Schwanenhals* [m]
zwanenzang *Schwanengesang* [m]
zwang ⋆ in ~ zijn *im Schwange sein* ⋆ in ~ komen/raken *in Schwang kommen* ⋆ in ~ brengen *in Umlauf setzen*
zwanger *schwanger*
zwangerschap *Schwangerschaft* [v]
zwangerschapsonderbreking *Schwangerschaftsabbruch* [m], *Abtreibung* [v]
zwangerschapstest *Schwangerschaftstest* [m]
zwangerschapsverlof *Mutterschaftsurlaub* [m]
zwart I [het] *Schwarz* [o] **II** [bnw] • (vuil) *dreckig, schwarz* • (clandestien) *schwarz* ⋆ ~ kijken *schwarzsehen* ⋆ ~ werken *schwarzarbeiten* ⋆ de ~e markt *der Schwarzmarkt* [m] • (somber) *schwarz* ⋆ het ~ inzien *pessimistisch sein* ⋆ ~e humor *schwarze(r) Humor* [m] ⋆ een ~ jaar in de geschiedenis *ein schwarzes Jahr in der Geschichte* ⋆ een ~ vooruitzicht schetsen *ein düsteres Bild malen* • (m.b.t. kleur) *schwarz* ⋆ ~e koffie *schwarze(r) Kaffee* [m] ⋆ hij is zo ~ als roet *er ist (kohl)rabenschwarz* • (donker) *schwarz, dunkel* ⋆ ~ van de mensen *schwarz von Menschen* ▾ de ~e lijst *die schwarze Liste* ▾ iem./iets ~ maken *jmdn./etw. schwarz machen* ▾ de Zwarte Dood *der schwarze Tod*

Z

zwartboek *schwarze Liste* [v]
zwarte *Schwarze(r)* [m]
zwartepiet • (knecht van Sinterklaas) *Knecht Ruprecht* [m] • (schoppenboer) *Pikbube* [m] • (houder van schoppenboer) *schwarze(r) Peter* [m]
Zwarte Woud *Schwarzwald* [m]
Zwarte Zee *Schwarze(s) Meer* [o]
zwartgallig • (pessimistisch) *pessimistisch, schwarzseherisch* • (melancholiek) *melancholisch, schwermütig*
zwarthandelaar *Schwarzhändler* [m]
zwartkijker • (pessimist) *Pessimist* [m] • (telecom.) *Schwarzseher* [m]
zwartrijden *schwarzfahren*
zwartrijder *Schwarzfahrer* [m]
zwartwerker *Schwarzarbeiter* [m]
zwart-wit • (met beeld in zwart en wit) *schwarzweiß/schwarz-weiß* ⋆ een ~ film *ein Schwarzweißfilm* [m] • (ongenuanceerd) *schwarzweiß/schwarz-weiß* ⋆ ~ denken *Schwarzweißdenken* [o]
zwavel *Schwefel* [m]
zwaveldioxide *Schwefeldioxid* [o]
zwavelzuur I [het] *Schwefelsäure* [v] **II** [bnw] *schwefelsauer*
Zweden *Schweden* [o]
Zweed *Schwede* [m]
Zweeds I [het] *Schwedisch(e)* [o] **II** [bnw] *schwedisch*
zweefbrug *Hängebrücke* [v]
zweefmolen *Kettenkarussell* [o]
zweefsport *Segelflugsport* [m]
zweeftrein *Schwebebahn* [v]
zweefvliegen *segelfliegen*
zweefvliegtuig *Segelflugzeug* [o]
zweefvlucht ‹met stopgezette motor› *Gleitflug* [m], ‹vogel/zweefvliegtuig› *Segelflug* [m]
zweem • (een klein beetje) *Schimmer* [m], *Hauch* [m] ⋆ er was een ~ van ironie te bespeuren *man spürte einen Hauch von Ironie* • (lichte schijn) *Anstrich* [m] ⋆ alles had een ~ van luxe *alles hatte den Anstrich von Luxus*
zweep *Peitsche* [v] ▾ het klappen van de ~ kennen *wissen, wie der Hase läuft*
zweepslag • (slag met zweep) *Peitschenhieb* [m] • (med.) *Wadenmuskelriss* [m]
zweer *Geschwür* [o]
zweet *Schweiß* [m] ⋆ zich in het ~ werken *ins Schwitzen kommen/geraten* ⋆ nat van het ~ *schweißnass/-gebadet* ▾ het ~ stond me in de handen *mir brach der Angstschweiß aus* ▾ het koude ~ brak me uit *mir brach der Angstschweiß aus* ▾ de met bloed, ~ en tranen verworven vrijheid *die teuer erkaufte Freiheit*
zweetband *Schweißband* [o]
zweetdruppel *Schweißtropfen* [m]
zweetklier *Schweißdrüse* [v]
zweetlucht *Schweißgeruch* [m]
zweetvoeten *Schweißfüße* [mv]
zwelgen I [ov ww] • (gulzig eten/drinken) *schlingen* **II** [on ww] • (~ **in**) *schwelgen in*
zwellen I [ov ww] • (in volume doen toenemen) *(an)schwellen* ⋆ bonen laten ~ *Bohnen aufquellen lassen* **II** [on ww] ▾ zijn borst zwelt van trots *seine Brust schwillt vor Stolz* ▾ mijn hart zwelt van ontroering *mein Herz quillt über vor Rührung*
zwelling • (het zwellen) *Schwellen* [o] • (gezwollen plek) *Schwellung* [v]
zwembad *Schwimmbad* [o], ‹onoverdekt› *Freibad* [o], ‹overdekt› *Hallenbad* [o]
zwembroek *Badehose* [v]
zwemdiploma *Schwimmabzeichen* [o] ⋆ ~ A ≈ *Zeugnis für Freischwimmer* [o] ⋆ ~ B/C ≈ *Zeugnis für Fahrtenschwimmer* [o] ⋆ ~ D ≈ *Jugendschwimmschein* [m]
zwemen ⋆ naar rood ~ *ins Rötliche spielen*
zwemmen *schwimmen* ▾ iem. laten ~ *sich nicht mehr um jmdn. kümmern*
zwemmer *Schwimmer* [m]
zwempak *Badeanzug* [m]
zwemsport *Schwimmsport* [m]
zwemvest *Schwimmweste* [v]
zwemvlies • (vlies) *Schwimmhaut* [v] • (schoeisel) *Schwimmflosse* [v]
zwemvogel *Schwimmvogel* [m]
zwendel *Betrug* [m], *Schwindel* [m]
zwendelaar *Schwindler* [m], ‹gentleman-oplichter› *Hochstapler* [m]
zwendelarij *Schwindel* [m], ‹inf.› *Schiebung* [v]
zwendelen *schwindeln*, ↑ *betrügen*
zwengel *Schwengel* [m], ‹van een klok› *Pendel* [o], ‹van een motor› *Kurbel* [v]
zwenken I [ov ww] • (zwaaien) *schwingen* • (draaien) *wenden* **II** [on ww] • (van richting veranderen) *schwenken*
zwenkwiel *Rolle* [v]
zweren I [ov ww] • (eed doen) *schwören* ⋆ een heilige eed ~ *einen heiligen Schwur leisten* ⋆ ik zou toch ~ dat zij er was *ich könnte/möchte schwören, dass sie da war* ⋆ ik heb gezworen dat nooit meer te kopen *ich habe mir geschworen, das nie mehr zu kaufen* **II** [on ww] • (ontstoken zijn) *eitern* • (~ **bij**) ⋆ ik zweer bij alles wat heilig is *ich schwöre beim Bart des Propheten* ⋆ ik zweer bij dat middel *ich schwöre auf dieses Mittel*
zwerfkat *streunende Katze* [v]
zwerftocht *Streifzug* [m], ‹dwaaltocht› *Irrfahrt* [v]
zwerm *Schwarm* [m]
zwermen *schwärmen*
zwerven • (ronddwalen) *herumstreunen,*

umherstreifen, herum-/umherirren, herum-/umherziehen ⋆ langs de straat ~ *sich auf der Straße herumtreiben* ⋆ een ~d bestaan *ein Wanderleben* [o] • (rondslingeren) *herumliegen, herumfliegen*

zwerver *Streuner* [m], *Landstreicher* [m]

zweten *schwitzen* ▾ water en bloed ~ *Blut und Wasser schwitzen*

zweterig *schweißig, verschwitzt* ⋆ ~ zijn *verschwitzt sein*

zwetsen • (dom kletsen) *labern* • (pochen) *angeben, aufschneiden*

zweven *schweben* ▾ het zweeft me voor de geest *es schwebt mir vor*

zweverig • (vaag) *vage, verschwommen* ⋆ een ~ boek *ein weltfremdes Buch* [o] • (duizelig) *schwindlig,* ‹bedwelmd› *benommen*

zwezerik *Brieschen* [o], *Bries* [o]

zwichten *weichen,* ‹bezwijken› *erliegen,* ‹toegeven› *nachgeben* ⋆ voor de overmacht ~ *der Übermacht weichen* ⋆ voor de verleiding ~ *den Verlockungen erliegen*

zwiepen I [ov ww] • (smijten) *schwingen, schmeißen* **II** [on ww] • (doorbuigen) *federn* • (krachtig slaan) *schwingen*

zwier • (zwaai) *Schwung* [m] • (gratie) *Eleganz* [v] • (opschik) *Pomp* [m], *Prunk* [m] ▾ aan de ~ gaan/zijn *einen draufmachen*

zwieren • (slingerend draaien) *schweben, gleiten* ⋆ over het ijs ~ *über das Eis gleiten* ⋆ dronken over straat ~ *über die Straße torkeln* • (zich heen en weer bewegen) *schaukeln, hin- und herschwingen*

zwierig *schwungvoll*

zwijgen I [het] *Schweigen* [o] ▾ iem. het ~ opleggen *jmdn. zum Schweigen bringen* ▾ er het ~ toe doen *dazu schweigen* **II** [on ww] *schweigen* ⋆ om nog maar te ~ van ... *ganz zu schweigen von...* ▾ tot ~ brengen *zum Schweigen bringen*

zwijggeld *Schweigegeld* [o]

zwijgplicht *Schweigepflicht* [v]

zwijgzaam *schweigsam, verschwiegen*

zwijm ⋆ in ~ vallen *in Ohnmacht fallen; ohnmächtig werden* ⋆ in ~ liggen *ohnmächtig sein*

zwijmelen *berauscht sein (von)* [3]

zwijn • (dier) *Schwein* [o] ⋆ wild ~ *Wildschwein* [o] • (persoon) *Schweinehund* [m]

zwijnenstal *Schweinestall* [m], *Saustall* [m]

zwijnerij *Schweinerei* [v]

zwik • (verstuiking) *Verrenkung* [v] • (boel) *Kram* [m], *Plunder* [m] ⋆ de hele zwik *der ganze Plunder/Kram;* ‹personen› *die ganze Bande*

zwikken I [ov ww] • (knakken) *knacken* **II** [on ww] • (verstuiken) *verstauchen, verrenken*

Zwitser *Schweizer* [m]

Zwitserland *Schweiz* [v]

Zwitsers I [het] *Schweizerdeutsch(e)* [o] **II** [bnw] *schweizerisch*

zwoegen • (hijgen) *keuchen* • (zwaar werken) *sich plagen,* ‹inf.› *sich abrackern, schuften*

zwoel *schwül*

Grammaticaal compendium

WOORDSOORTEN

1 *Het werkwoord*

Naar de manier van vervoegen onderscheidt men drie soorten werkwoorden: sterke, zwakke en onregelmatige. Bij zwakke werkwoorden blijft de stamklinker in de vervoeging gelijk. Het voltooid deelwoord heeft de uitgang -*(e)*t. Bij sterke werkwoorden kan de stamklinker in de vervoeging veranderen. Het voltooid deelwoord heeft de uitgang -en. Onregelmatige werkwoorden worden, zoals de naam al zegt, onregelmatig vervoegd.

1.1 Onregelmatige en sterke werkwoorden

In die gevallen waar meerdere vervoegingen mogelijk zijn, is de meest gebruikelijke opgenomen. Kan een werkwoord in al zijn betekenissen én sterk én zwak vervoegd worden, dan is dat werkwoord niet opgenomen.

infinitief	3e persoon enkelvoud o.t.t.	o.v.t.	volt. deelwoord	vertaling
aufschrecken	schreckt auf	schrak auf	aufgeschreckt	opschrikken
backen	backt/bäckt	backte	gebacken	bakken
befehlen	befiehlt	befahl	befohlen	bevelen
beginnen	beginnt	begann	begonnen	beginnen
beißen	beißt	biss	gebissen	bijten
bergen	birgt	barg	geborgen	bergen
bersten	birst	barst	geborsten	barsten
bewegen	bewegt	bewog	bewogen	overhalen
biegen	biegt	bog	gebogen	buigen
bieten	bietet	bot	geboten	bieden
binden	bindet	band	gebunden	binden
bitten	bittet	bat	gebeten	vragen
blasen	bläst	blies	geblasen	blazen
bleiben	bleibt	blieb	geblieben	blijven
bleichen	bleicht	blich	geblichen	bleken
braten	brät	briet	gebraten	braden
brechen	bricht	brach	gebrochen	breken
brennen	brennt	brannte	gebrannt	branden
bringen	bringt	brachte	gebracht	brengen
denken	denkt	dachte	gedacht	denken
dreschen	drischt	drosch	gedroschen	dorsen
dringen	dringt	drang	gedrungen	dringen
dürfen	darf	durfte	gedurft	mogen
empfehlen	empfiehlt	empfahl	empfohlen	aanbevelen
erschrecken	erschrickt	erschrak	erschrocken	schrikken
essen	isst	aß	gegessen	eten
fahren	fährt	fuhr	gefahren	rijden
fallen	fällt	fiel	gefallen	vallen
fangen	fängt	fing	gefangen	vangen
fechten	ficht	focht	gefochten	vechten
finden	findet	fand	gefunden	vinden
flechten	flicht	flocht	geflochten	vlechten
fliegen	fliegt	flog	geflogen	vliegen
fliehen	flieht	floh	geflohen	vluchten
fließen	fließt	floss	geflossen	vloeien
fressen	frisst	fraß	gefressen	vreten
frieren	friert	fror	gefroren	het koud hebben
gären	gärt	gor	gegoren	gisten
gebären	gebärt	gebar	geboren	bevallen
geben	gibt	gab	gegeben	geven
gedeihen	gedeiht	gedieh	gediehen	gedijen
gehen	geht	ging	gegangen	gaan
gelingen	gelingt	gelang	gelungen	lukken

infinitief	3e persoon enkelvoud o.t.t.	o.v.t.	volt. deelwoord	vertaling
gelten	gilt	galt	gegolten	gelden
genesen	genest	genas	genesen	herstellen
genießen	genießt	genoss	genossen	genieten
geschehen	geschieht	geschah	geschehen	gebeuren
gewinnen	gewinnt	gewann	gewonnen	winnen
gießen	gießt	goss	gegossen	gieten
gleichen	gleicht	glich	geglichen	lijken op
gleiten	gleitet	glitt	geglitten	glijden
glimmen	glimmt	glomm	geglommen	glimmen
graben	gräbt	grub	gegraben	graven
greifen	greift	griff	gegriffen	grijpen
haben	hat	hatte	gehabt	hebben
hängen[1]	hängt	hing	gehangen	hangen
hauen	haut	hieb	gehauen	slaan
heben	hebt	hob	gehoben	tillen
heißen	heißt	hieß	geheißen	heten
helfen	hilft	half	geholfen	helpen
hochschrecken	schreckt hoch	schrak hoch	hochgeschreckt	opschrikken
kennen	kennt	kannte	gekannt	kennen
klingen	klingt	klang	geklungen	klinken
kneifen	kneift	kniff	gekniffen	knellen
kommen	kommt	kam	gekommen	komen
können	kann	konnte	gekonnt	kunnen
kriechen	kriecht	kroch	gekrochen	kruipen
laden	lädt	lud	geladen	laden
lassen	lässt	ließ	gelassen	laten
laufen	läuft	lief	gelaufen	lopen
leiden	leidet	litt	gelitten	lijden
leihen	leiht	lieh	geliehen	lenen
lesen	liest	las	gelesen	lezen
liegen	liegt	lag	gelegen	liggen
lügen	lügt	log	gelogen	liegen
mahlen	mahlt	mahlte	gemahlen	malen
meiden	meidet	mied	gemieden	mijden
messen	misst	maß	gemessen	meten
misslingen	misslingt	misslang	misslungen	mislukken
mögen	mag	mochte	gemocht	graag hebben
müssen	muss	musste	gemusst	moeten
nehmen	nimmt	nahm	genommen	nemen
nennen	nennt	nannte	genannt	noemen
pfeifen	pfeift	pfiff	gepfiffen	fluiten
preisen	preist	pries	gepriesen	prijzen
quellen[1]	quillt	quoll	gequollen	wellen
raten	rät	riet	geraten	raden
reiben	reibt	rieb	gerieben	wrijven
reißen	reißt	riss	gerissen	scheuren
reiten	reitet	ritt	geritten	rijden
rennen	rennt	rannte	gerannt	rennen
riechen	riecht	roch	gerochen	ruiken
ringen	ringt	rang	gerungen	worstelen
rufen	ruft	rief	gerufen	roepen
saufen	säuft	soff	gesoffen	zuipen
saugen	saugt	sog	gesogen	zuigen
schaffen	schafft	schuf	geschaffen	creëren
schallen	schallt	scholl	geschallt	klinken
scheiden	scheidet	schied	geschieden	scheiden
scheinen	scheint	schien	geschienen	schijnen
scheißen	scheißt	schiss	geschissen	poepen
schelten	schilt	schalt	gescholten	berispen
scheren	schert	schor	geschoren	afknippen
schieben	schiebt	schob	geschoben	schuiven
schießen	schießt	schoss	geschossen	schieten
schinden	schindet	schund	geschunden	afbeulen
schlafen	schläft	schlief	geschlafen	slapen
schlagen	schlägt	schlug	geschlagen	slaan
schleichen	schleicht	schlich	geschlichen	sluipen
schleifen	schleift	schliff	geschliffen	slijpen
schließen	schließt	schloss	geschlossen	sluiten
schlingen	schlingt	schlang	geschlungen	schrokken

infinitief	3e persoon enkelvoud o.t.t.	o.v.t.	volt. deelwoord	vertaling
schmeißen	schmeißt	schmiss	geschmissen	gooien
schmelzen	schmilzt	schmolz	geschmolzen	smelten
schneiden	schneidet	schnitt	geschnitten	snijden
schreiben	schreibt	schrieb	geschrieben	schrijven
schreien	schreit	schrie	geschrien	schreeuwen
schreiten	schreitet	schritt	geschritten	schrijden
schweigen	schweigt	schwieg	geschwiegen	zwijgen
schwellen[1]	schwillt	schwoll	geschwollen	groter worden
schwimmen	schwimmt	schwamm	geschwommen	zwemmen
schwinden	schwindet	schwand	geschwunden	afnemen
schwingen	schwingt	schwang	geschwungen	vibreren
schwören	schwört	schwor	geschworen	zweren
sehen	sieht	sah	gesehen	zien
sein	ist	war	gewesen	zijn
senden	sendet	sandte	gesandt	sturen
singen	singt	sang	gesungen	zingen
sinken	sinkt	sank	gesunken	zinken
sinnen	sinnt	sann	gesonnen	peinzen
sitzen	sitzt	saß	gesessen	zitten
sollen	soll	sollte	gesollt	moeten
spalten	spaltet	spaltete	gespalten	splijten
speien	speit	spie	gespien	spuwen
spinnen	spinnt	spann	gesponnen	spinnen
spleißen	spleißt	spliss	gesplissen	splitsen
sprechen	spricht	sprach	gesprochen	praten
sprießen	sprießt	spross	gesprossen	kiemen
springen	springt	sprang	gesprungen	springen
stechen	sticht	stach	gestochen	steken
stecken	steckt	stak	gesteckt	zitten in
stehen	steht	stand	gestanden	staan
stehlen	stiehlt	stahl	gestohlen	stelen
steigen	steigt	stieg	gestiegen	klimmen
sterben	stirbt	starb	gestorben	overlijden
stinken	stinkt	stank	gestunken	ruiken
stoßen	stößt	stieß	gestoßen	stoten
streichen	streicht	strich	gestrichen	strijken
streiten	streitet	stritt	gestritten	ruzie maken
tragen	trägt	trug	getragen	dragen
treffen	trifft	traf	getroffen	treffen
treiben	treibt	trieb	getrieben	drijven
treten	tritt	trat	getreten	trappen
trinken	trinkt	trank	getrunken	drinken
trügen	trügt	trog	getrogen	vertroebelen
tun	tut	tat	getan	doen
verderben	verdirbt	verdarb	verdorben	bederven
verdrießen	verdrießt	verdross	verdrossen	ontstemmen
vergessen	vergisst	vergaß	vergessen	vergeten
verlieren	verliert	verlor	verloren	verliezen
verzeihen	verzeiht	verzieh	verziehen	vergeven
wachsen	wächst	wuchs	gewachsen	groeien
wägen	wägt	wog	gewogen	wiegen
waschen	wäscht	wusch	gewaschen	wassen
weben	webt	wob	gewoben	weven (fig.)
weichen	weicht	wich	gewichen	toe-/meegeven
weisen	weist	wies	gewiesen	wijzen
wenden	wendet	wandte	gewandt	wenden
werben	wirbt	warb	geworben	werven
werden	wird	wurde	geworden	worden
werfen	wirft	warf	geworfen	werpen
wiegen	wiegt	wog	gewogen	wiegen
winden	windet	wand	gewunden	winden
wissen	weiß	wusste	gewusst	weten
wollen	will	wollte	gewollt	willen
wringen	wringt	wrang	gewrungen	wringen
ziehen	zieht	zog	gezogen	trekken
zusammen-schrecken	schreckt zusammen	schrak zusammen	zusammen-geschreckt	van schrik ineenkrimpen
zwingen	zwingt	zwang	gezwungen	dwingen

[1]alleen bij onovergankelijk gebruik

1.2 Hulpwerkwoorden

Over het algemeen komt het gebruik van de hulpwerkwoorden *haben* en *sein* overeen met het gebruik van de Nederlandse hulpwerkwoorden hebben en *zijn*. De volgende werkwoorden die in het Nederlands met *zijn* gaan, gaan in het Duits echter met *haben*:

aanvangen, beginnen	anfangen, beginnen
doorgaan	fortfahren
toenemen	zunehmen
afnemen, minder worden	abnehmen, nachlassen
ophouden, eindigen	aufhören, enden
bevallen	gefallen, gebären
trouwen	heiraten
promoveren	promovieren
vergeten	vergessen

2 *Het lidwoord*

2.1 Het bepaald lidwoord

		enkelvoud		meervoud
	mannelijk	vrouwelijk	onzijdig	alle geslachten
1	der	die	das	die
2	des	der	des	der
3	dem	der	dem	den
4	den	die	das	die

Op dezelfde wijze worden verbogen:
all-, dies-, jed-, jen-, manch-, solch-, welch-.

2.2 Het onbepaald lidwoord

		enkelvoud		meervoud
	mannelijk	vrouwelijk	onzijdig	alle geslachten
1	ein	eine	ein	keine
2	eines	einer	eines	keiner
3	einem	einer	einem	keinen
4	einen	eine	ein	keine

Op dezelfde wijze worden verbogen:
kein en de bezittelijke voornaamwoorden (*mein, dein, sein, ihr, unser, euer, ihr, Ihr*).

NB Na de stammen van *all-, dies-, jed-, jen-, manch-, solch-, welch-, kein-* en de bezittelijke voornaamwoorden komt voor de uitgang altijd een *-e*. Is de uitgang van het suffix al een *-e*, dan wordt slechts één *-e* geschreven (*all-e-r Munde all-e Leute*).

3 *Het voornaamwoord*

3.1 Het persoonlijk voornaamwoord

enkelvoud:

	1e persoon	2e persoon	3e persoon		
			mannelijk	vrouwelijk	onzijdig
1	ich	du	er	sie	es
2	meiner	deiner	seiner	ihrer	seiner
3	mir	dir	ihm	ihr	ihm
4	mich	dich	ihn	sie	es

meervoud:

	1e persoon	2e persoon	3e persoon
1	wir	ihr	sie
2	unser	euer	ihrer
3	uns	euch	ihnen
4	uns	euch	sie

beleefdheidsvorm ev/mv

1	Sie
2	Ihrer
3	Ihnen
4	Sie

3.2 Het betrekkelijk voornaamwoord

		enkelvoud		meervoud
	mannelijk	vrouwelijk	onzijdig	alle geslachten
1	der	die	das	die
2	dessen	deren	dessen	deren
3	dem	der	dem	denen
4	den	die	das	die

Het betrekkelijk voornaamwoord en het woord of zinsdeel waarnaar dit betrekkelijk voornaamwoord verwijst, hebben hetzelfde geslacht en getal.

4 Het *zelfstandig naamwoord*

Met het oog op de verbuiging van de zelfstandige naamwoorden wordt de *tweede naamval enkelvoud* van het zelfstandig naamwoord vermeld.

Onverbogen blijven:

alle vrouwelijke woorden — Vb.: *die Frau-der Frau*
de mannelijke woorden op *-mus* — Vb.: *der Idealismus-des Idealismus*

Op -*(e)s* eindigen:

de meeste mannelijke woorden	Vb.: *der Baum-des Baumes*
de meeste onzijdige woorden	Vb.: *das Fahrzeug-des Fahrzeuges*
eenlettergrepige woorden	Vb.: *das Kind-des Kindes*
woorden die op een sisklank eindigen	Vb.: *das Haus-des Hauses*

Op -*ns* eindigen:

de woorden:	*Buchstabe, Funke, Glaube, Name, Wille.* Vb.: *der Funke-des Funkens*

Deze woorden krijgen in de derde en vierde naamval -*n*.

Op -*en* eindigen:

zwakke zelfstandige naamwoorden	Vb.: *der Dozent-des Dozenten*

Hieronder wordt vermeld welke zelfstandige naamwoorden welke uitgang in het *meervoud* krijgen.

uitgang -*e*

mannelijke leenwoorden	Vb.: *der Apparat-die Apparate*
de mannelijke woorden:	*Arm, Beruf, Besuch, Erfolg, Hund, Laut, Monat, Mord, Ort, Pfad, Punkt, Schuft, Schuh, Stoff, Tag, Verlust, Versuch.* Vb.: *der Beruf-die Berufe*
de meeste vrouwelijke woorden op -*nis*	Vb.: *die Erkenntnis-die Erkenntnisse*
de meeste vrouwelijke woorden op -*sal*	Vb.: *die Mühsal-die Mühsale*
de meeste onzijdige woorden	Vb.: *das Bein-die Beine*

uitgang -*e* plus umlaut

de meeste mannelijke woorden	Vb.: *der Baum-die Bäume*
vrouwelijke woorden op -*kunft*	Vb.: *die Auskunft-die Auskünfte*
de vrouwelijke woorden:	*Angst, Ausflucht, Bank, Brust, Faust, Frucht, Gans, Hand, Kraft, Kuh, Kunst, Laus, Macht, Maus, Nacht, Nuss, Stadt, Wand, Wurst.* Vb.: *die Nacht-die Nächte*

uitgang *-er* plus umlaut (tenzij de stamklinker(s) *ei, i* of *e* zijn)

de mannelijke woorden:	*Geist, Gott, Leib, Mann, Rand, Strauch, Wald, Wurm.* Vb. *der Mann-die Männer*
mannelijke woorden op *-tum*	Vb.: *der Irrtum-die Irrtümer*
onzijdige woorden op *-tum*	Vb.: *das Eigentum-die Eigentümer*
de onzijdige woorden:	*Amt, Bad, Band, Bild, Brett, Buch, Dach, Dorf, Fach, Fass, Feld, Geld, Glas, Glied, Grab, Haus, Kraut, Land, Licht, Loch, Nest, Rad, Schild, Schloss, Schwert, Tal, Tuch, Weib, Wort.* Vb. *das Rad-die Räder*

alleen een umlaut

de woorden:	*Acker, Apfel, Bruder, Faden, Garten, Graben, Hafen, Hammer, Kasten, Laden, Mangel, Mutter, Nagel, Ofen, Schaden, Tochter, Vater, Vogel.* Vb.: *der Vogel-die Vögel*

uitgang *-(e)n*

zwakke mannelijke woorden	Vb.: *der Bauer-die Bauern*
mannelijke woorden eindigend op onbeklemtoond *-or of op -us of -mus*	Vb.: *der Typus-die Typen*
de mannelijke woorden:	*Mast, Muskel, Nerv, Pantoffel, Schmerz, See, Staat, Stachel, Strahl, Untertan, Zins.* Vb. *der Mast-die Masten*
de meeste vrouwelijke woorden	Vb.: *die Frau-die Frauen*
onzijdige woorden op *-eum, -ium, -um*	Vb.: *das Museum-die Museen*
vreemde onzijdige woorden	Vb.: *das Drama-die Dramen*
de onzijdige woorden:	*Auge, Bett, Hemd, Herz, Ohr.* Vb. *das Bett-die Betten*

uitgang *-s*

woorden op *-i, -o* of *-u*	Vb.: *die Mutti-die Muttis*
enkele vreemde woorden	Vb.: *der Chef-die Chefs*
andere zogenaamde letterwoorden (deze kunnen in het meervoud ook onveranderd blijven).	Vb.: *der LKW-die LKWs/LKW*

uitgang *-n*

alle zelfstandige naamwoorden in de derde naamval meervoud

In enkelvoud en meervoud gelijk zijn de mannelijke en onzijdige woorden op *-el* en *-en* — Vb.: *der Wagen-die Wagen*

onzijdige woorden die met Ge- beginnen en op *-e* eindigen — Vb.: *das Gebäude-die Gebäude*

alle onzijdige verkleinwoorden op *-chen* en *-lein* — Vb.: *das Märchen-die Märchen*

woorden die een maat, gewicht of bedrag aanduiden (behalve vrouwelijke woorden op *-e*) — Vb.: *zwei Pfund Äpfel*

Een verdubbeling van de eindmedeklinker krijgen woorden op *-nis* en *-in* — Vb.: Ergebnis-Ergebnisse, Freundin-Freundinnen

5 *Het bijvoeglijk naamwoord*

Het bijvoeglijk naamwoord kan op drie manieren verbogen worden:

A voor het bijvoeglijk naamwoord staat een woord uit de zogenaamde 'der'-groep (*der/die/das/die, dies-, jen-, jed-, solch-, welch-, all-, beid-*).

		enkelvoud	
	mannelijk	vrouwelijk	onzijdig
1	der nett-e Mann	die kalt-e Milch	das klar-e Wasser
2	des nett-en Mannes	der kalt-en Milch	des klar-en Wassers
3	dem nett-en Mann	der kalt-en Milch	dem klar-en Wasser
4	den nett-en Mann	die kalt-e Milch	das klar-e Wasser

	meervoud alle geslachten
1	die alt-en Bücher
2	der alt-en Bücher
3	den alt-en Büchern
4	die alt-en Bücher

B voor het bijvoeglijk naamwoord staat een verbogen woord uit de zogenaamde 'ein'-groep (*ein*, *kein* en de bezittelijke voornaamwoorden)

	enkelvoud		
	mannelijk	vrouwelijk	onzijdig
1	ein gut-er Roman	eine schön-e Katze	ein neu-es Jahr
2	eines gut-en Romans	einer schön-en Katze	eines neu-en Jahres
3	einem gut-en Roman	einer schön-en Katze	einem neu-en Jahr
4	einen gut-en Roman	eine schön-e Katze	ein neu-es Jahr

	meervoud alle geslachten
1	seine alt-en Bücher
2	seiner alt-en Bücher
3	seinen alt-en Büchern
4	seine alt-en Bücher

C voor het bijvoeglijk naamwoord staat óf niets óf een onverbogen bijvoeglijk naamwoord (*manch*, *solch*, *viel*, *welch*, *wenig*) óf onverbogen woorden die een hoeveelheid aangeven zoals *etwas* en *mehr*:

	enkelvoud			meervoud
	mannelijk	vrouwelijk	onzijdig	alle geslachten
1	heiss-er Tee	kalt-e Milch	klar-es Wasser	alte Bücher
2	heiss-en Tees	kalt-er Milch	klar-en Wassers	alter Bücher
3	heiss-em Tee	kalt-er Milch	klar-em Wasser	alten Büchern
4	heiss-en Tee	kalt-e Milch	klar-es Wasser	alte Bücher

5.1 De trappen van vergelijking

Bijvoeglijke naamwoorden krijgen in de vergrotende trap de uitgang *-er* en in de overtreffende trap de uitgang *-st*. Eindigt een bijvoeglijk naamwoord op een *-d*, een *-t* of op een sisklank en is bovendien de laatste lettergreep beklemtoond, dan is de uitgang van de overtreffende trap *-est*.

De volgende eenlettergrepige bijvoeglijke naamwoorden krijgen in de vergrotende en overtreffende trap een umlaut:

alt (älter-ältest)
arg (ärger-ärgst)
arm (ärmer-ärmst)
dumm (dümmer-dümmst)
grob (gröber-gröbst)
hart (härter-härtest)
jung (jünger-jüngst)
kalt (kälter-kältest)
klug (klüger-klügst)
krank (kränker-kränkst)
kurz (kürzer-kürzest)
lang (länger-längst)
rot (röter-rötest)
scharf (schärfer-schärfst)
schwach (schwächer-schwächst)
stark (stärker-stärkst)
warm (wärmer-wärmst)

Onregelmatig zijn:

groß (größer-größt)
gut (besser-best)
hoch (höher-höchst)
nah (näher-nächst)
viel (mehr-meist)
wenig (minder/weniger-mindest/wenigst)

De vergrotende en overtreffende trap worden als gewone bijvoeglijke naamwoorden verbogen.

6 Voorzetsels

Voorzetsels met de vierde naamval:

durch, für, ohne, um, bis, gegen, entlang.

Voorzetsels met de derde naamval:

mit, nach, nächst, nebst/samt, bei, seit, von, dank, zu aus, außer, binnen, entgegen, gegenüber, gemäß, zuwider.

Voorzetsels met de derde of vierde naamval:

an, auf, hinter, neben, in, über, unter, vor, zwischen.

De derde naamval geldt wanneer de zin een 'zich bevinden' uitdrukt, de vierde wanneer het om een 'er komen' gaat. Deze voorzetsels hebben altijd de derde naamval in de combinaties:

erscheinen in, landen auf, Platz nehmen auf, verschwinden in, verbergen in, verstecken in, zweifeln an.

Deze voorzetsels hebben altijd de vierde naamval in de combinaties:

denken an, erinnern an, gehören an, gewöhnen an, glauben an, grenzen an, passen in, warten auf.

Na *bis* in combinatie met één van deze voorzetsels volgt altijd de vierde naamval, behalve bij *bis vor* als tijdsbepaling.

über in de betekenis van over heeft altijd de vierde naamval.

Voorzetsels met de tweede naamval:

während, wegen, innerhalb, außerhalb, (an)statt, trotz, infolge.

De nieuwe Duitse spelling

Op 1 juli 1996 werd in Wenen door politieke vertegenwoordigers van de Duitstalige landen en andere belangstellende landen een gezamenlijke verklaring over een nieuwe Duitse spelling ondertekend. Sinds 1 augustus 1998 mag op Duitstalige scholen uitsluitend volgens de nieuwe spellingregels worden gedoceerd. De oude spelling geldt tot en met het einde van het schooljaar 2004/2005 niet als fout, maar wordt wel als achterhaald beschouwd.

De nieuwe regels vallen uiteen in zes categorieën:
I Gewijzigde spelling op basis van klank en verwantschap c.q. herkomst van woorden
II Los of aan elkaar
III Het koppelteken
IV Hoofdlettergebruik
V Kommagebruik
VI Afbreekregels

I Gewijzigde spelling op basis van klank en verwantschap c.q. herkomst

1 Een belangrijke wijziging heeft betrekking op het gebruik van de **ss** en de Duitse letter **ß**. De nieuwe regel hiervoor luidt:
Als de **s** na een korte klinker komt, schrijft men altijd **ss**: das Schloss, er isst, ich muss ...
Deze regel geldt ook voor het voegwoord *dass* (voorheen *daß*), dat volgens de nieuwe regels altijd met **ss** wordt geschreven.
Na een lange klinker of tweeklank (diftong) schrijft men **ß** als er in de stam van het woord geen medeklinker volgt: *Straße, Füße en Fuß, größte (van groß), außen, Maß...*

oud	**nieuw**
hassen - Haß	hassen - Hass (haten - haat)
küssen - Kuß	küssen - Kuss (kussen - kus)
lassen - sie läßt	lassen - sie lässt (laten - zij laat)
müssen - sie muß	müssen - sie muss (moeten - zij moet)
Wasser - wässerig/wäßrig	Wasser - wässerig/wässrig (water - waterig)
daß	dass

2 Een andere belangrijke regel is het '**stamprincipe**': bij woorden uit dezelfde woordfamilie (stam) is deze verwantschap in principe ook herkenbaar in de schrijfwijze. Deze regel vormt de grondslag voor de nieuwe spelling van o.a.:

oud	**nieuw**
Bendel (verwant met Band)	Bändel (lintje, smalle strook)
numerieren (verwant met Nummer)	nummerieren (nummeren)
plazieren/placieren (verwant met Platz)	platzieren (plaatsen)
schneuzen (verwant met Schnauze)	schnäuzen (neus snuiten)
Stukkateur (verwant met Stuck)	Stuckateur (stukadoor)
Stengel (verwant met Stange)	Stängel (stengel)

3 Ook in samenstellingen geldt het stamprincipe. In tegenstelling tot vroeger laat men bij samenstellingen geen letters weg, zelfs niet als er daardoor een woord ontstaat met opeenvolgend drie gelijke medeklinkers. Ook bij samenstellingen eindigend op *heit* blijft volgens de nieuwe regels dus ook de **h** aan het eind van het eerste deel van de samenstelling staan. Met de nieuwe spellingregels is het wel altijd moge-

lijk om in samenstellingen een koppelteken te gebruiken. Het koppelteken wordt over het algemeen steeds meer gebruikt om lange samengestelde woorden beter leesbaar te maken. Volgens de nieuwe regels is dit altijd toegestaan. (Zie ook III Het koppelteken.)

oud	nieuw
Ballettänzer	Balletttänzer of Ballett-Tänzer (Ballett + Tänzer)
Roheit	Rohheit (afgeleid van roh)
Schiffahrt	Schifffahrt of Schiff-Fahrt (Schiff + Fahrt)
Stoffetzen	Stofffetzen of Stoff-Fetzen (Stoff + Fetzen)

Een uitzondering op deze regel is *selbständig*. Daarvoor zijn twee schrijfwijzen mogelijk: *selbständig* en *selbstständig*.

4 Woorden eindigend op -*au* worden allemaal op dezelfde manier geschreven. Het is dus nog steeds *genau*, *schlau*, *grau* en *blau*, maar ook *rau* (voorheen *rauh*). De spelling van (buitenlandse) dierennamen wordt ook gelijkgetrokken: het was reeds *Kakadu* en *Gnu* en het is nu ook *Känguru* (voorheen *Känguruh*), etc.

5 Bij woorden als *essenziell* (voorheen *essentiell*) is de schrijfwijze met *enz* de hoofdvorm omdat die direct afgeleid kan worden van het overeenkomstige zelfstandig naamwoord (hier: *Essenz*). De oude schrijfwijze is ook nog toegestaan. Hetzelfde geldt voor woorden die zijn afgeleid van woorden eindigend op *anz*.

oud	nieuw
essentiell (vgl. Essenz)	essenziell, maar ook: essentiell
Differential (vgl. Differenz)	Differenzial, maar ook: Differential
Potential (vgl. Potenz)	Potenzial, maar ook: Potential
potentiell (vgl. Potenz)	potenziell, maar ook: potentiell

6 Vreemde woorden worden bij voorkeur geschreven zoals in de taal van herkomst. In sommige gevallen, bijvoorbeeld als het vreemde woord al langer in het Duits bestaat, worden vreemde woorden geschreven volgens de Duitse klankregels. Soms betekent dit dat er twee gelijkwaardige schrijfwijzen van een woord bestaan. Naast de officiële buitenlandse schrijfwijze is er bijvoorbeeld een officiële verduitste spelling van een woord, omdat dit woord erg lijkt op andere woorden die al lange tijd in het Duits worden gebruikt (bijvoorbeeld: *Frigidaire* en *Frigidär* zijn beide mogelijk, de verduitste schrijfwijze is afgeleid van 'oude' vreemde woorden als *Mohär*, *Militär*).

oud	nieuw
Frigidaire	Frigidaire, maar ook: Frigidär
Necessaire	Necessaire, maar ook: Nessessär
Geographie	Geographie, maar ook: Geografie
Orthographie	Orthographie, maar ook: Orthografie
Megaphon	Megaphon, maar ook: Megafon
Delphin	Delphin, maar ook: Delfin
Joghurt	Joghurt, maar ook: Jogurt
Spaghetti	Spaghetti, maar ook: Spagetti
Exposé	Exposé, maar ook: Exposee
Varieté	Varieté, maar ook: Varietee
Ketchup	Ketchup, maar ook: Ketschup

II Los of aan elkaar

Samengestelde uitdrukkingen bestaande uit verschillende woordsoorten worden doorgaans los geschreven en alleen bij uitzondering aan elkaar.
Samengevat geldt voor de volgende samenstellingen dat ze los worden geschreven:

1 alle samenstellingen met het hulpwerkwoord sein:
außerstande sein (ook: außer Stande sein), fertig sein, zufrieden sein, etc.
2 bijwoord en werkwoord:
abwärts gehen, abhanden kommen, etc.
3 woorden eindigend op -ig, -isch of -lich en werkwoord:
spöttisch reden, freundlich grüßen, übrig bleiben, etc.
4 deelwoord en werkwoord:
gefangen nehmen, getrennt schreiben, etc.
5 zelfstandig naamwoord en werkwoord:
Auto fahren, Rad fahren, Halt machen, Eis laufen, etc.
6 werkwoord en werkwoord:
kennen lernen, gehen lassen, sitzen bleiben, etc.
7 bijvoeglijk naamwoord en werkwoord:
bekannt machen, schwer nehmen, schwer fallen, schlecht gehen, gut gehen, etc.
8 samenstellingen met aneinander/auseinander/beieinander, etc. plus werkwoord:
aneinander fügen, zueinander finden, etc.
9 alle vormen van so viel en wie viel:
so viel, so viele, wie viel, wie viele, etc.

Maar alle samenstellingen met *irgend* worden altijd aan elkaar geschreven: *irgendetwas, irgendjemand*, etc.

Let op: in sommige gevallen is er een betekenisverschil afhankelijk van de schrijfwijze van het woord. '*Eine Summe gutschreiben*' betekent een bedrag crediteren, maar '*Eine Arbeit gut schreiben*' betekent een proefwerk goed doen of een opstel goed schrijven!

III Het koppelteken

Samenstellingen worden in principe aan elkaar geschreven. Niettemin mag een koppelteken worden gebruikt om onoverzichtelijke samenstellingen overzichtelijk(er) te maken. Let daarbij wel op de eventuele hoofdletter na het koppelteken. Ook kunnen met het koppelteken samenstellingen worden gemaakt van bijv. getallen en woorden. In de nieuwe spelling kan de schrijver vaak zelf kiezen of hij wel of geen koppelteken wil gebruiken.

oud	**nieuw**
Ichform	Ichform, maar ook: Ich-Form
14jährig	14-jährig
3tonner	3-Tonner
4silbig	4-silbig
Kaffee-Ersatz	Kaffeeersatz, maar ook: Kaffee-Ersatz
Ballettruppe	Balletttruppe, maar ook: Ballett-Truppe

Voor samengestelde leenwoorden uit het Engels gelden dezelfde regels, dus in principe moet men samenstellingen aan elkaar schrijven, maar met koppelteken mag ook.

oud	nieuw
Hair-Stylist	Hairstylist, maar ook: Hair-Stylist
Midlife-crisis	Midlifecrisis, maar ook: Midlife-Crisis
Sex-Appeal	Sexappeal, maar ook: Sex-Appeal

IV Hoofdlettergebruik

1 Een zelfstandig naamwoord in combinatie met een voorzetsel of een werkwoord wordt doorgaans met een hoofdletter geschreven.

oud	nieuw
in bezug auf	in Bezug auf
radfahren	Rad fahren

2 *Angst, Bange, Gram, Leid, Schuld* en *Pleite* worden met een hoofdletter geschreven, behalve in combinaties met de werkwoorden sein, bleiben en werden. Het is dus *Ich habe Angst*, maar: *Mir wird angst; Sie sind schuld daran*, maar: *Sie hat Schuld daran.*

3 Zelfstandig gebruikte bijvoeglijk naamwoorden, sommige onbepaalde telwoorden en bijvoeglijk naamwoorden in vaste combinaties worden met een hoofdletter geschreven:

oud	nieuw
der, die, das letzte	der, die, das Letzte
der nächste, bitte	der Nächste, bitte
alles übrige	alles Übrige
nicht das geringste	nicht das Geringste
im großen und ganzen	im Großen und Ganzen
des näheren	des Näheren
im allgemeinen	im Allgemeinen
auf dem trockenen sitzen	auf dem Trockenen sitzen

4 In de regel worden zelfstandig gebruikte woorden met een hoofdletter geschreven:

oud	nieuw
heute morgen/mittag/abend	heute Morgen/Mittag/Abend
gestern morgen/mittag/abend	gestern Morgen/Mittag/Abend
auf deutsch	auf Deutsch
groß und klein	Groß und Klein
jung und alt	Jung und Alt

MAAR:

aufs beste	aufs Beste, maar ook: aufs beste
aufs herzlichste	aufs Herzlichste, maar ook: aufs herzlichste

5 Bij vaste uitdrukkingen met een bijvoeglijk naamwoord en een zelfstandig naamwoord wordt het bijvoeglijk naamwoord doorgaans met een kleine letter geschreven, maar dat is bij namen (bijv. geografisch) niet het geval.

oud	**nieuw**
das Schwarze Brett	das schwarze Brett
die Erste Hilfe	die erste Hilfe

MAAR:

der Stille Ozean	der Stille Ozean
Heiliger Abend	Heiliger Abend

6 Volgens de nieuwe regels wordt de tweede persoon enkelvoud/meervoud in een brief niet meer met een hoofdletter geschreven. Het moet dus zijn: '*Lieber Martin, es hat mich sehr gefreut, von dir zu hören...*' De beleefdheidsvorm (*Sie, Ihr..., Ihnen*) wordt wel nog steeds met hoofdletter geschreven.

V Kommagebruik

Het gebruik van komma's is sterk vereenvoudigd. Er zijn minder absolute regels, de schrijver bepaalt vaak zelf waar de komma's in zijn tekst horen te staan. Er hoeft niet per se een komma te staan tussen twee hoofdzinnen die verbonden zijn met het voegwoord *und* of *oder*. Ook bijwoordelijke bepalingen hoeven niet per se tussen komma's te staan. Eventueel kan men daar voor de duidelijkheid wel voor kiezen. Bijzinnen met een infinitief hoeven niet tussen komma's te staan, tenzij door gebruik van een komma dubbelzinnigheid van de zin wordt vermeden (*Wir empfehlen, ihm nichts zu sagen*: Wij raden aan om niets tegen hem te zeggen; of *Wir empfehlen ihm, nichts zu sagen*: Wij raden hem aan om niets te zeggen.)
Verder blijven de oude regels bestaan.

VI Afbreekregels

1 Het is wel toegestaan om een woord af te breken tussen **s** en **t**:

oud	**nieuw**
We-ste	Wes-te
Fen-ster	Fens-ter

2 De regel dat **ck** in een woord bij afbreken verandert in **k-k** vervalt:

oud	**nieuw**
Zuk-ker	Zu-cker
Wek-ker	We-cker

3 Vreemde woorden kunnen volgens de oude manier worden afgebroken, maar ook op de manier waarop vergelijkbare Duitse woorden afgebroken worden:

oud	**nieuw**
Chir-urg	Chir-urg en Chi-rurg
Heliko-pter	Heliko-pter en Helikop-ter

4 Ook als een lettergreep uit slechts één klinker bestaat, mag het woord daar worden afgebroken:

oud	**nieuw**
Ofen (onscheidbaar)	O-fen
Ufer (onscheidbaar)	U-fer

Bij Uitgeverij Het Spectrum verschenen onder meer de volgende taalboeken:

Prisma Woordenboeken:

ISBN 90 274 6689 0	Prisma Woordenboek Nederlands
ISBN 90 274 5152 4	Prisma Woordenboek Nederlands-Frans
ISBN 90 274 5153 2	Prisma Woordenboek Frans-Nederlands
ISBN 90 274 5148 6	Prisma Woordenboek Nederlands-Engels
ISBN 90 274 5149 4	Prisma Woordenboek Engels-Nederlands
ISBN 90 274 6662 9	Prisma Woordenboek Nederlands-Duits
ISBN 90 274 6661 0	Prisma Woordenboek Duits-Nederlands
ISBN 90 274 5154 0	Prisma Woordenboek Nederlands-Italiaans
ISBN 90 274 5155 9	Prisma Woordenboek Italiaans-Nederlands
ISBN 90 274 5156 7	Prisma Woordenboek Nederlands-Spaans
ISBN 90 274 5157 5	Prisma Woordenboek Spaans-Nederlands

ISBN 90 274 6169 4	De grote Prisma Nederlands
ISBN 90 274 6708 0	De grote Prisma Latijn-Nederlands

ISBN 90 274 5655 0	De kleine Prisma Nederlands-Engels
ISBN 90 274 5656 9	De kleine Prisma Engels-Nederlands
ISBN 90 274 6149 X	De kleine Prisma Nederlands-Frans
ISBN 90 274 6150 3	De kleine Prisma Frans-Nederlands
ISBN 90 274 6151 1	De kleine Prisma Nederlands-Duits
ISBN 90 274 6152 X	De kleine Prisma Duits-Nederlands
ISBN 90 274 4031 X	De kleine Prisma Nederlands-Italiaans
ISBN 90 274 4032 8	De kleine Prisma Italiaans-Nederlands
ISBN 90 274 6148 1	De kleine Prisma Nederlands-Spaans
ISBN 90 274 6147 3	De kleine Prisma Spaans-Nederlands

Prisma Grammatica's:

ISBN 90 274 6387 5	Prisma Grammatica Nederlands
ISBN 90 274 6432 4	Prisma Grammatica Engels
ISBN 90 274 6628 9	Prisma Grammatica Duits
ISBN 90 274 6269 0	Prisma Grammatica Frans
ISBN 90 274 6431 6	Prisma Grammatica Spaans
ISBN 90 274 4778 0	Prisma Grammatica Italiaans
ISBN 90 274 6158 9	Prisma Grammatica Zweeds

Prisma Brieven schrijven:

ISBN 90 274 6472 3	Brieven schrijven in het Nederlands
ISBN 90 274 6462 6	Brieven schrijven in het Engels
ISBN 90 274 6388 3	Brieven schrijven in het Duits
ISBN 90 274 3293 7	Brieven schrijven in het Frans
ISBN 90 274 6646 7	Brieven schrijven in het Spaans
ISBN 90 274 4168 5	Brieven schrijven in het Italiaans

Prisma Spreekwijzers:

ISBN 90 274 6548 7	Spreekwijzer Engels
ISBN 90 274 2445 4	Spreekwijzer Duits
ISBN 90 274 6565 7	Spreekwijzer Frans
ISBN 90 274 6711 0	Spreekwijzer Spaans
ISBN 90 274 2442 X	Spreekwijzer Italiaans
ISBN 90 274 3109 4	Spreekwijzer Russisch

Prisma Zo leer je:

ISBN 90 274 2376 8	Engels leer je zo
ISBN 90 274 4276 2	Frans leer je zo
ISBN 90 274 3234 1	Russisch leer je zo
ISBN 90 274 4028 X	Zo leer je Spaans

Prisma Taaltraining:

ISBN 90 274 6764 1	Prisma Taaltraining Frans - Basiswoordenschat
ISBN 90 274 6768 4	Prisma Taaltraining Engels - Basiswoordenschat
ISBN 90 274 6765 X	Prisma Taaltraining Duitse spelling

Prisma Taalboeken:

ISBN 90 274 6564 9	Prisma Spreekwoorden
ISBN 90 274 6573 8	Prisma Spreekwoorden verklaard
ISBN 90 274 6624 6	Prisma Synoniemen
ISBN 90 274 3410 7	Prisma Vreemde woorden
ISBN 90 274 6689 0	Prisma Woordenboek Nederlands
ISBN 90 274 6169 4	De grote Prisma Nederlands
ISBN 90 274 6472 3	Prisma Brieven schrijven in het Nederlands
ISBN 90 274 5659 3	Etymologisch woordenboek
ISBN 90 274 6378 6	Prisma Rijmwoordenboek
ISBN 90 274 3359 3	Prisma van de citaten
ISBN 90 274 6299 2	De nieuwe spellinggids van de Nederlandse taal

Prisma *Elektronische producten*

ISBN 90 5344 065 8	Elektronisch woordenboek Engels
ISBN 90 5344 066 6	Elektronisch woordenboek Duits
ISBN 90 5344 071 2	Elektronisch woordenboek Frans
ISBN 90 5344 206 5	Elektronisch woordenboek Spaans
ISBN 90 5344 205 7	Elektronisch woordenboek Italiaans
ISBN 90 5344 067 4	Brieven schrijven Engels/Frans/Duits
ISBN 90 5344 069 0	Idioom Engels/Frans/Duits
ISBN 90 5344 068 2	Zakentermen Engels/Frans/Duits
ISBN 90 5344 129 8	Vertaal! Engels
ISBN 90 5344 130 1	Vertaal! Duits
ISBN 90 5344 131 X	Vertaal! Frans